Anton Göbel

Lexilogus zu Homer und den Homeriden

Anton Göbel

Lexilogus zu Homer und den Homeriden

ISBN/EAN: 9783742894717

Hergestellt in Europa, USA, Kanada, Australien, Japan

Cover: Foto ©Thomas Meinert / pixelio.de

Manufactured and distributed by brebook publishing software
(www.brebook.com)

Anton Göbel

Lexilogus zu Homer und den Homeriden

LEXILOGUS

ZU

HOMER UND DEN HOMERIDEN.

MIT ZAHLREICHEN BEITRÄGEN

ZUR GRIECHISCHEN WORTFORSCHUNG ÜBERHAUPT

WIE AUCH ZUR LATEINISCHEN

UND GERMANISCHEN WORTFORSCHUNG.

VON

DR. ANTON GOEBEL,

PROVINCIAL-SCHULRATH ZU MAGDEBURG.

ERSTER BAND.

BERLIN

WEIDMANNSCHE BUCHHANDLUNG.

1878.

Vorbemerkungen.

Den Titel „Lexilogus" hat Vf: für seine Untersuchungen gewählt in dankbarem Hinblicke auf Buttmann's in manchem Betracht noch heut zu Tage so lehrreiches Werk. Das Motto S. 1 ist freie Wiedergabe von Hor. Carm. III 6, 6.

Die Ueberschriften der einzelnen Abschnitte geben nur die Stichwörter für diese ab, während oft Dutzende, ja manchmal Hunderte von weiteren Wörtern in den btr. Abschnitten zur Behandlung gelangen.

Die Indices anbetreffend, so gebot der Raum, vorläufig nur ein Verzeichniss der berücksichtigten homerischen Wörter zu bringen; die fernerweit behandelten griechischen, lateinischen und germanischen Wörter sollen am Schlusse des ganzen Werks zusammengestellt werden. Es empfiehlt sich dieses um so mehr, als manche Wurzeln in vorliegendem Bande nur erst andeutungsweise und gelegentlich berührt werden. Die weitere Behandlung derselben kann um so kürzer sein, je mehr in lautlicher wie begrifflicher Hinsicht die Wege im I. Bande geebnet sein werden.

Die Lautgesetze, welche zu Grunde gelegt werden, sind so einfach und natürlich, als nur irgend denkbar, und bei ihrer Einfachheit von grösster Tragweite, indem sie alle und jede „unregelmässige Lautvertretung" überflüssig machen. Eines der wichtigsten dieser Lautgesetze ist das von mehren bedeutenden

Gelehrten bereits aufgestellte Gesetz des Ablauts (WW. σπα-σπι-σπυ). Ist dasselbe im Griechischen auch nicht für die Formation wie im Deutschen (sang, singen, gesungen) zum Durchbruch gekommen, so unterstehen demselben doch die Wurzeln von W. ἀ-ἰ-ὑ*) angefangen bis herab zu Wf. ψα-ψι-ψυ statt σπα-σπι-σπυ (ψεδ-ών, ψιδ-ών, ψυδ-ρός). Curtius erkennt S. 60 eine durch Ablaut dreifach variirte Wurzel ταχ (τεχ)-τιχ-τυχ an und N. 412 stellt er neben einander WW. φλα (φλε)-φλι-φλυ. Nichts anderes als Ablautung liegt auch vor z. B. in τείρω (ταρ), τι-τρά-ω — τρί-β-ω — τρύ-ω || σκαίρω — σκιρ-τάω — σκυρ-άω || πολ-ιός, πελλός — πιλ-νός — lat. pullus || κνάω — κνίζω — κνύω || κελλός — κίλλιξ — κυλλός | λέχ-ριος st. λέκ-ριος — λικ-ρι-φίς — lat. luxus || βρε-ν-θ-ύομαι — βρί-θ-ω — βρύω, strotzen || δόρ-υ — δρί-ον — δρῦ-ς || λάμπω — latein. limp-idus — Ὄ-λυμπ-ος (N. 339) || γλά-μη, klebriger Schleim — γλί-α, γλοι-ός — lat. glu-t-en || σκαλ-ηνός, σκολ-ιός, krumm, gebogen — σκίλλα, Zwiebel — σκυλλίς, Ranke || κάρ-υον, Rundes, Nuss — κίρ-κος — κυρ-τός || σκαμβός — σκιμβός — (σ)κύμβ-αχος, gebogen || πο-τόν (πα) — πί-νω — im-bu-o (N. 371) || σχάζω — σχίζω || χραίνω, χράω — χρίω, streichen etc. || χλάζω, κέ-χλαδ-α — χλιδ-ᾶν || θλά-ω — θλί-β-ω || γλάφω — γλύφω || καλ-ινδέω — κυλ-ινδέω || κερ-άννυμι — κίρ-νημι || σκεδ-άννυμι — σκίδ-ναμαι || χαίνω (χα) — hi-sco || σταλ-αγ-μός — στίλ-η, stilla || σταλ-αγ-εῖν, glänzen (Hes.) — στίλ-β-ω || σκῆπ-τρον, σκᾶπ-ος — σκίπ-ων, scip-io || σκήπτω — σκίμπτω || σκάφ-η, σκαφ-ίς,

---

*) Ueber W. ἀ vgl. S. 464. — W. ἰ in ἰέναι fällt begrifflich zusammen mit θύω (W. θυ, hauchen S. 3), stürmen, eilen, fliegen etc.; daher auch ἰέναι von Wolken, Rauch und Sturm (Δ 278, Φ 522, N 796 ö.) || ἴ-της und ἰ-τα-μός = stürmisch, ungestüm, heftig, aber nicht = Wanderer, gehend, sondern = θρασύς. ἰσχυρός Hes. || οἶμα· ὁρμή || οἴ-μη· φωνή. λόγος. ᾠδή || οἴ-σομαι, I shall heave; vgl. φέρω S. 588 || οἶ-τος, fors, fortuna. — W. ὑ in ὕ-να· εἰρήνη d. i. Ruhe = Aufathmen S. 175 || ὕ-θλος· φλυαρία, φληναφία. ὑ-θλεῖν· ληρεῖν || ὕ-μνος: tönen = hauchen S. 2 ö. || ὑ-μήν, Blase, Haut, Beutel || ὕ-εν· εὖεν (Hes.) d. i. er erwitterte S. 143 ff. || Ὑή· ἡ Σεμέλη d. i. begrifflich = θυ-ώνη || Ὑ-εύς· Σαβάζιος d. i. ὁ θυωναῖος || lat. ü-ber, Blähung, Fülle, Schwellung, Euter, gebildet wie tu-ber von W. tu, τυ; Adj. ü-ber, gebläht, voll, reich; οὔθ-αρ aber gehört zu WW. ἀθ-ἰθ-ὑθ. Doch genug der vorläufigen Andeutungen über Wurzeltrias ἀ-ἰ-ὑ.

σκαφ-ίον — σκύφ-ος ‖ σμῆρ-ις — σμίρ-ις — σμύρ-ις ‖ στόρ-θη
— στύρ-αξ ‖ νέομαι — νίσσομαι (N. 432) ‖ κάμπτω — κύπτω
u. s. w.

Dutzendfache weitere Beispiele im Verlaufe der Untersuchungen; man vergleiche auch das Wurzelverzeichniss am
Schlusse. Hier nur noch drei Beispiele: πρή-θ-ω, blasen —
πρί-ω, blasen — πρού-ρα, Lunge als Blasendes (H.), προῦ-νος,
Hügel = Anschwellung, Aufblähung, προῦ-μορ, Schwellfrucht,
Gurke (H.), u. a. W. ‖ ἱ-στά-ναι — στί-οντες· ἱστάμενοι Hes.,
*στί-ξ G. στι-χ-ός, Aufstellung = Reihe, lat. sti-va, Pflug-
sterz — στύω, steifen, aufrichten ‖ γί-γν-ομαι (γεν, γαν) —
γίν-υμαι, γιννός, γῖνος, Junges — γυν-ή *). Neben Urwurzel
γα (γέ-γα-μεν) die Ablautung γι in νεο-γι-λός, neugeboren,
jung.

Was anderes als Ablautung liegt eigentlich der Iota-
Reduplikation (τι-ταίρω, γί-γας, βι-βά-ω κτλ.) zu Grunde?

Ein zweites Gesetz, von welchem durchgreifender Gebrauch
gemacht wird, ist das der Wurzel-Erweiterung bzw. der Bildung von Secundär- und Tertiär-Wurzeln durch „Determinative".
Nichts ist von vorne herein unnatürlicher und unwahrschein-
licher, als die Ansicht, dass die Urwurzeln so complicirte Gebilde gewesen seien, wie ϑϝρι, voraus Benfey fast die Hälfte
des griech. Sprachschatzes will entstehen lassen, oder wie dhars,
parsk, arbh etc. Nichts ist umgekehrt so natürlich, als dass
alle Urwurzeln so einfach wie möglich gewesen sind und später
erst weitere Ausgestaltung erfahren haben. Man belausche
nur die ersten Sprechversuche des Kindes. Curtius lässt N. 216
aus W. στα hervorgehen die Secundärbildungen σταθ, σταλ,
στελ, σταϝ, στερ, στυπ, στυφ. Mit gleichem Rechte gesellen
sich z. B. zu WW. σπα-σπι-σπυ die Secundärformen σπα-τ,
σπα-δ, σπα-θ ‖ σπα-κ, σπα-γ, σπα-χ ‖ σπα-σ, σπα-ϝ ‖ σπα-λ,
σπα-ρ, σπα-ν (incl. Ablautungen) κτλ. — Umgekehrt lässt
sich aus gleichbedeutigen Secundärformen auf die Urwurzel
schliessen; wenn z. B. im Englischen für den Bgr. „schlagen"
die Verba to sla-m, to sla-p, to sla-sh und la-sh, to sla-y (y

---

*) Böot. βα-νά, Weib, ist mit γυνή ebenso wenig zusammenzuwerfen,
wie βου-νός, Hügel, mit γου-νός, Hügel, wie βοῦς mit γαῖα κτλ.

für g, wie in to say = sa-g[en]), to slaughter etc. existiren, so ist es auch dem kurzsichtigsten Auge erkennbar, dass als Primär-Wurzel sla vorliegt, die auch im Griechischen ungeahnte Ausdehnung gewonnen hat.

Ein drittes ebenso einfaches Lautgesetz betrifft die Umgestaltung der Wurzeln im Anlaute. Dieselbe ist gar manichfaltig und kann bestehen in voller bzw. verstümmelter Reduplication, in euphonischen Vorschlägen (S. 31 ff.), in Lautwandelungen wie z. B. von σπ zu σφ, ψ, πτ etc., in Abfall von Sigma u. s. w. Dadurch entstehen Wurzel-Variationen oder Wurzel-Spielarten, manchmal unter Modification der Grundbedeutung. In der animalischen Natur geht Aehnliches vor sich. Wer z. B. jemals auf einer Hühner- oder Hunde-Ausstellung war und die Hunderte von Ab- und Spielarten sah, möchte es kaum für möglich halten, dass sie alle zu einem und demselben Genus von Thieren gehören; und doch ist dem so. Wie viel erklärlicher ist ähnliche Erscheinung auf dem immateriellen Gebiete des Geistes und des Hauches!

Wundern mag man sich vielleicht, dass es so viele Wurzeln des Begriffs „hauchen" geben soll. Und doch ist nichts natürlicher. „Wurzel ist derjenige bedeutungsvolle Lautcomplex, welcher übrig bleibt, wenn man alles Formelle von einer gegegeben Wortform abstreift" (Curtius S. 45 f.). Jeder „Lautcomplex" aber wird hervorgehaucht, entsteht durch Hauch, ja ist selber Hauch. Darum bedeutet auch jede Urwurzel „hauchen", ursprünglich allerdings mit verschiedener Nüancirung des Begriffs, je nachdem der Hauch ein wehender (ϝα, ϝι*]), ein explosiver (σπα-σπι-σπυ), ein gleitender (σλα-σλι-σλυ), ein rauschender (σρα-σρι-σρυ) etc. etc. ist. Wie sich nach Verallgemeinerung des Begriffs bzw. nach Verwischung der feineren Unterschiede daraus die weiteren Begriffe entwickeln konnten und entwickelt haben, wird sattsam unter W. σπι S. 321—329, W. σπα-λ S. 498—511, W. σπα-ρ S. 519—529, W. σχα-λ S. 557 ff. und sonst oft genug dargethan werden. Hierin liegt auch die einfache Beantwortung der Frage nach dem **Ursprunge der Sprache.** Die Sprache ist mit dem Verstande dem

---

*) Zu ϝι, hauchen, duften z. B. ϝί-ον, vi-ola „Duftiges" = Veilchen.

Menschen angeboren, vom Schöpfer verlichen. Hauchen, tönen kann auch das unvernünftige Thier; aber nur der mit Verstand begabte Mensch verbindet eine Idee mit seinen Tönen, seinen Hauchen; nur er ist im Stande, zu combiniren, zu vergleichen etc., Laut (Hauch) und Begriff weiter auszugestalten. Sprache ist nur Verlautbarung des Denkens, Verkörperung des Denkens, ist von diesem ebenso unzertrennlich, wie das Athmen vom Leben: λόγος, Wort, und λόγος, Verstand, Vernunft, gehören unzertrennlich zusammen. Die allerneueste Entdeckung, dass die Grundbegriffe der Wurzeln alle auf die schaffende Thätigkeit des Menschen hinweisen, von dorther entlehnt sind, ist nicht besser als Darwin's Meinung, „dass die Sprache ihren Ursprung der Nachahmung und den durch Zeichen und Gesten unterstützten Modificationen verschiedener natürlicher Laute, der Stimmen anderer Thiere und der eigenen instinctiven Ausrufe des Menschen verdankt" (vgl. Steinthal, Ursprung der Sprache, Berlin 1877, S. 352).

Die weiter folgenden Untersuchungen über W. ἀ-ἰ-ὐ, W. ἀσ-ἰσ-ὐς, W. ἀδ-ἰδ-ὐδ, W. ἀϑ-ἰϑ-ὐϑ κτλ., σκα-σκι-σκυ κτλ. werden hoffentlich noch fernere Bestätigungen der vorhin aufgestellten Ansicht bringen.

Wenn sich Jemand darüber wundern sollte, dass von den germanischen Sprachen die englische eine so bevorzugte Berücksichtigung gefunden hat, so erfolgte solche einmal deshalb, weil gerade sie in weiteren Gelehrtenkreisen bekannt ist und einen wichtigen Unterrichtszweig bildet, mehr jedoch aus dem Grunde, weil die englische Sprache bei ihrer Vorliebe für Abstreifung aller Flexionsansätze so ganz besonders geeignet ist, die Operationen des Sprachgeistes betreffs Weiterbildung der Urwurzeln durch „Determinativa" zur unmittelbaren Anschauung zu bringen: man denke an die vorhin berührte Weiterbildung von W. sla und vergleiche u. a. W. spä-spi-spu S. 139, W. swa (σϝα) S. 272 f. u. a. Ueberdies hat das Englische bzw. Angelsächsische uralte Anlautsgruppen (sp, sl, sm, sw etc.) in ursprünglicher Reinheit bewahrt, während solche in anderen verwandten Sprachen oft bis zur Unkenntlichkeit modificirt erscheinen. Und in begrifflicher Hinsicht geht keine Sprache so direct aufs Ziel los, wie die englische. Man vergleiche

z. B. die Begriffsentwickelung von the fan, to fan S. 42, von
spawn, spat S. 139, von to smoke, to smell, to scent S. 143,
von to breathe S. 174, S. 329, von the blast = 1) puff of wind
(Blasen, Blast), 2) the sound made by any instrument of wind
musick, 3) the stroke of a malignant planet; — to blast =
1) to strike with some sudden plague, 2) to make wither,
3) to injure, to invalidate, 4) to confound, to strike with
terror; — the blaster = one who strikes as with a blast
(Johnson Dict.). Noch lehrreicher ist die Begriffsentwickelung
von to blow, urspr. blasen = 1) to move with a current of
air, 2) to puff, to pant, 3) to breathe, 4) to sound, 5) to
drive by the force of wind, 6) to inflate with wind, 7) to
swell, 8) to warm with the breath, 9) to spread by report
etc. Doch genug hierüber.

Die Begriffsentwickelungen, welche in vorliegendem
Bande vorgetragen werden, entbehren, wie Vf. sich schmeichelt,
nirgends der Vermittelung, nirgends des Erweises aus zahlreichen Analogien. Curtius trägt N. 235 unter W. τεκ, W. τυκ,
τυχ bzw. Skr. tak etc. Bildungen folgender Begriffe zusammen:
„zeugen, Geburt, Zins — Ziel, Merkmal, Bogen, treffen —
Kunst, Zimmermann — Glück, bereiten, Meissel — behauen,
Axt, schneiden, Schale, Tasse — Holz, Geschoss, Deichsel,
weben — gedeihen, erlangen, Hacke, Kelle, Flachs-brechen —
Widder, zu Theil werden, taugen, passen, recht, heften, aus-
graben" etc. All diese Begriffe sollen aus den drei Hauptbedeutungen „erzeugen, treffen, bereiten" hervorgehen. Sieht
man schon nicht ab, wie die zweite „Hauptbedeutung" mit der
ersten und dritten zusammenzubringen ist, so noch weniger, wie
sich auf ungezwungene Weise aus diesen drei Bedeutungen alle
obigen Begriffe vermitteln lassen. Man fürchte nicht, dass in
vorliegendem Bande ähnlich verfahren werde.

Hinsichtlich der Schreibweise von Wörtern aus dem
Sanskrit, Zend etc. ist jedesmal einfach· die Schreibweise der
angezogenen Quellen beibehalten worden. Fick und andere
setzen z. B. j (mit englischer Aussprache), wo Curtius, Oppert etc.
ǵ schreiben (spaj = spaǵ).

Eigennamen, welche unverändert aus dem Griechischen
herübergenommen sind, wie Hektor, Sophokles etc. sind mit k,

nicht mit c geschrieben; Eigennamen, welche wir gewohnt sind mit lateinischer Form zu sprechen, wie Hercules, Circe etc. führen das lat. c. Da übrigens k und c für die Etymologie gleichwerthig, so würden auch etwaige Versehen im Gebrauche von k und c kein crimen für solche Augen abgeben, welche wichtigeren Dingen geöffnet und zugewandt sind.

Die Citate aus den griech. Dramatikern erfolgen nach W. Dindorf's Ausgabe der Poetae scenici graeci. Leipzig und London 1830.

Dadurch dass Vf. mit Citirung und Widerlegung abweichender Ansichten, wo solche überflüssig erschien, zurückgehalten hat, sind ganze Bogen Drucks erspart worden. Einen kleinen Theil dieses ersparten Raumes hat Vf. dazu verwenden zu sollen geglaubt, dass er in den einzelnen Abschnitten das Beweismaterial, auch wenn die btr. Data in anderer Verwerthung bereits dagewesen waren, wieder vorgeführt hat, statt sich mit blosser Verweisung zu begnügen. Denn ein Werk von der Natur des vorliegenden wird selten, so wünschenswerth solches auch wäre, uno tenore gelesen, vielmehr vorzugsweise zum Nachschlagen etc. benutzt. Verweisungen auf früher Dagewesenes pflegen aber nur zu häufig weniger beachtet zu werden, wovon denn geringere Wirkung auf die Ueberzeugung die natürliche Folge ist. Man werfe daher dem Vf. nicht „unnöthige Wiederholungen" vor, zumal es sich im Ganzen um etwa drei Druckblätter handelt. Manches ist auch nur scheinbare Wiederholung, insofern es sich z. B. an der einen Stelle um Erweis der Laut-, an der anderen um Erweis der Begriffs-Modificationen handelt.

Innigsten Dank schuldet Vf. dem Herrn Gymnasial-Director Rhode zu Wittenberg, der, als tüchtiger Homeriker durch mehrere werthvolle Abhandlungen bekannt, sich mit unverdrossensten Fleisse der Mit-Correctur sämmtlicher Druckbogen in liebender Hingebung unterzogen hat. Auch dem sprachkundigen Leipziger Corrector Hrn. Dr. Wilbrandt ist Vf. für verschiedene werthvolle Notizen zu aufrichtigem Danke verpflichtet.

Schliesslich wird gebeten, nachstehende Berichtigungen gefälligst vornehmen zu wollen*):

S. 28, 10 Ἀπτο-επής ‖ 68, 20 dazu st. „davon" ‖ S. 76, S. 99, S. 110 Circe st. „Kirke" ‖ 95, 24 δι-σχιδ-ής ‖ 140, 31 und 141, 31 πάϝ-ις (nicht oxyt.) ‖ 144, 5 π ν είουσα ‖ 166, 36 πτερ-όν ‖ 168, 7 neben φῑ-άλη st. „in φῑάλη" ‖ 171, 23 breathe st. „breath" ‖ 218, 21 fehlt hinter „Worttheils" in letzterem ‖ 222, 17 blähen st. „bälien" ‖ 278, 30 π ό ρρωϑεν ‖ 291, 7 l. 69 st. „96" ‖ 292, 8 Umlautung st. „Ablautung" ‖ 331, 36 Gedeihen ‖ 364, 3 W. ἀϝ st. „W. ϝα" ‖ 374, 13 l. 358 st. „258" ‖ 379, 32 in den st. „in dem" ‖ 409, 18 πληϑ-ύς ‖ 418, 3 ächtgriechisches ‖ 419, 23 κραδίη (parox.) ‖ 440, 4 dem Apollo st. „jenem" ‖ 440, 30 fluctu st. „fluctus" ‖ 441, 8 fehlt hinter *I* 35 die Parenthese (v. Mars) ‖ 444, 5 οὔδει ‖ 457, 6 trenne πελ-ιδνός ‖ 487, 31 und unser *Schale* st. „mit u. Sch." ‖ 499, 27 ὀ-φελ-ή st. „ὀ-φλε-ή" ‖ 509, 21 nicht st. „nict" ‖ 558, 28 u. 37 Schale st. „Schaale".

---

*) Wenn in einigen Exemplaren hie und da Accent oder Spiritus abgestossen bzw. nicht ausgeprägt ist, so ist das etwas leicht zu Entschuldigendes.

Lexilogus

zu Homer.

Ab Jove principium. *Hor.*

1. Θεός

ist noch immer ein etymologisches Räthsel, vielleicht gerade
deshalb, weil die Wurzel u. E. so gar nahe liegt. Wenn die
Wilden Americas die Gottheit als „den grossen Geist" oder
„den Geist" bezeichnen, sollen wir den Urahnen der Griechen
geringere Tiefe der Auffassung zutrauen? „Gott ist ein Geist"
lebte sicherlich als Erbgut der Uroffenbarung im Bewusstsein,
wie aller Völker, so auch der Griechen, ehe denn die Vergött-
lichung der Naturkräfte und die weitere Ausgestaltung der
Mythologie Platz griff. Θε-ός steht für θεϝ-ός und stammt
von W. θυ = Skr. dhu, hauchen: ἐν-θου-σία, Begeisterung,
ἐν-θου-σι-άω, ἐν-θου-σι-άζω κτλ. Θεϝ-ός deckt sich begrifflich mit scythischem ἄν-ορ· νοῦς (Hes.) von W. ἀν, hauchen,
mit νόος von W. να, hauchen, das nichts mit γι-γνώ-σκω zu
schaffen hat (s. w. u.), mit spiritus, animus etc. Skr. W. dhu,
griech. θυ ist nur gekürzte Form für dhav, θαϝ (vgl. Fick
WB. I 119) d. i. W. θα+ϝ, wonach sich Urwurzel θα mit
der Nebenform θι ergiebt, aus welcher letzteren die Kreter ihr
θι-ός entnahmen.

W. θυ, hauchen, darf als bekannt vorausgesetzt werden;
Urwurzel θα, hauchen, (bzhw. θα+ϝ) ist zu folgern aus θηβ-
άρας· ἄνεμος bei Hesychius (Aristot. de ventis 973, 8) st.
θηϝ-άρας, wie θῆβ-ος st. θῆϝ-ος = θαῦ-μα. Skr. dha-m,
blasen, ist nur M-Erweiterung, wie δρέ-μ-ω aus δρα (δι-δρά-
σκω), τρέ-μ-ω aus τρέ-ω u. s. f. Dazu θάμ-ιξ, eigentlich

1

Anschwellung, Geblähtheit, dann = αἱ κατὰ τὴν ὀσφὺν σάρκες,
welche sonst auch ἀλώπεκες heissen = ψυῖαι, lacon. ϛοῦαι st.
ϛῦαι, ψειαί, ψίαι und daneben im Singular ψύα, ψόα, ψοία κτλ.
welche Wörter mit ὀ-σφύς, Hüfte, sammt und sonders zu W.
σπυ bzhw. σπι „blasen, blähen, schwellen" gehören (vgl. Pott,
Curtius etc.) — Eben dahin (ϑα+μ) gehört auch unter gleicher
Begriffsvermittelung ϑαμ-ής, gebläht, gehäuft = häufig, viel, wie
cu-m-ulus, Haufe, zu W. ku, κυ, blähen, schwellen, tu-m-ulus
zu W. tu, tu-m-eo. — Zur Secundärwurzel ϑαμ (Skr. dham)
gehört ferner Θάμ-υρ-ις, Name eines Barden der thracischen
Vorzeit = Sänger; denn wehen = tönen: „Und nun wehen
Lerchenlieder" v. Eichendorff. Vgl. Curtius über ἄω, ἄϋτή
N. 587 unter W. ἀϝ. — Auch Θέμ-ις, die Heroldin der
Götter, gehört hieher als Ruferin, Kündigerin; und ἡ ϑέμ-ις
ist = lat. fas zu fari. Ein Suffix -μιστ giebt es nicht, weshalb
Ableitung von τί-ϑη-μι auch lautlich nicht zu halten ist.*) —
Secundär-Wurzel ϑα+ν liegt vor in ϑαν-ειν = aushauchen,
ausathmen = sterben, engl. to die aus derselben Wurzel; in
ϑείνω St. ϑεν, hauen (Bgr. schwingen); vgl. engl. to blow,
hauen, neben to blow, blasen. — Und so erklären sich nach
ganz gäng und gäben Begriffsvermittelungen aus W. ϑα, hauchen,
die Weiterbildungen resp. Secundär-Wurzeln ϑαλ, ϑαρ (ϑερ,
ϑορ), ϑρα (ϑρε, ϑρο) κτλ. — Θάϝ-ομαι, staunen, eigtl. angehaucht werden, geistig bestürmt werden, erklärt sich nach
dem unter ἄν-εω w. u. Gesagten; ϑά-ομαι, saugen, geht, wie
alle Wörter dieser Bedeutung, aus Bgr. „einathmen" hervor.**)
Mag man nun für ϑεϝ-ός (ἐν-ϑου-σία) aus W. ϑυ oder
besser direct aus W. ϑα+ϝ ausgehen, so gesellt sich das Wort
auf die ungezwungenste Weise zum Begriffe „hauchen" als Geist.
Der Grundbegriff von W. ϑυ spricht sich noch deutlich aus

---

*) Wenn daher Fick WL. unter Skr. W. dham bemerkt, diese Wurzel
sei auffallender Weise sonst nicht nachzuweisen, so hat er nicht aus-
reichende Rundschau gehalten.

**) Es wird ein für allemal gebeten, die am Schlusse des Bandes
folgenden Begriffstabellen zu vergleichen, und zwar bei jeder anscheinend auffälligen Begriffsvermittelung. Die dort beigebrachten zahlreichen Analoga werden hoffentlich den jedesmaligen Zweifel sehr bald
beheben.

im kretischen ἐχ-ϑύσῃ· ἐκπνεύσῃ Hes., da die Kreter ἐχ statt
ἐκ sagten: ἔχ-λυσεν· ἔκ-λυσεν Hes., ferner in ἀπο-ϑύσει· ἀπο-
πνεύσει Hes., in ϑύ-ελλα = ἄϝ-ελλα, in ϑυ-μός = an-i-mus κτλ.

Gewöhnlich leitet man ϑεός von ϑέσσασϑαι, flehen, beten,
ab als „der Angeflehte", und beruft sich für die angebliche
Form ϑεσ-ός auf ϑέ-σφα-τος, ϑέ-σπις, ϑέ-σκελος, ϑε-σπέσιος
κτλ. Wir werden später mit mathematischer Sicherheit nach-
weisen, dass diese Wörter so, wie vorhin geschehen, zu trennen
sind, und dass das σ zum zweiten Theile der Zusammensetzung
gehört, so gut wie in ἐπί-σφατος, berufen, περί-σφατος,
umrufen, πρό-σφατος, hervorscheinend = recens κτλ. Uebrigens
geht Thema ϑασ, ϑεσ von ϑέσσασϑαι ebenfalls aus W. ϑα
hervor mit dem Bgr. wehen = tönen (in allen Begriffsschattirungen). — Wie in Βό-σπορος st. Βόϝ-σπορος, Ochsenfurt,*)
das Digamma vor σ wich, ebenso in den Zusammensetzungen
mit W. σπα (σφα), σπι u. W. σκαλ: ϑέ-σφα-τος st. ϑέϝ-σφα-
τος κτλ. Wenn im ersten Theile von Zusammensetzungen die
Form ϑευ- auch in solchen Eigennamen und Wörtern erscheint,
die nicht Dialecten angehören, welche εο in ευ zu contrahiren
pflegen, so erklärt sich solches nur aus ϑεϝ-ός, wie auch aus
βοϝ- sich βου- ergiebt: βου-λυτός, βου-νόμος κτλ.

Nicht zu unterschätzen ist die Aehnlichkeit von τὸ ϑεῖον,
Schwefel, mit ϑεῖος, göttlich; jenes steht für ϑέϝ-ιον, wozu
epische Nebenformen ϑέ-ειον, ϑή-ϊον und weist auf Bgr. brennen
(= sichtbar gewordenes hauchen) oder Bgr. rauchen, wozu
auch u. a. ϑύ-ος, Räucherwerk; ϑεῖος, göttlich, steht ebenfalls für ϑέϝ-ιος, Nebenform ϑέ-ειος.

Kurz: ϑε-ός st. ϑεϝ-ός bedeutet ἄν-ορ, νοῦς, Geist,
πνεῦμα, Gott. Wer naturalistische Anschauung vorzieht, könnte
aus dem Begriff stürmen, den ja ϑύω so oft darstellt, wie in
ϑύ-ελλα = ἄϝ-ελλα, aus W. ϑυ ϑεός als Stürmer, Sturmgott
auffassen und ahd. Wuotan, ags. Vôden, altnord. Ôdinn, longob.
Gwodan vergleichen, welche Wörter zu goth. vod-s, wüthig,
ags. vôd, altn. ôdhr dass., ahd. wûti, woti, nhd. Wuth (W. va,
ϝα, wehen) gehören. — Ebenso liesse sich auch aus W. ϑυ,
hauchen, wehen, der Begriff Luft bzhw. Himmel gewinnen für

---

*) S. u. W. σπαρ, wozu πείρω, περᾶν, lat. forare etc.

ϑεός. Allein beiden Deutungen steht die Thatsache entgegen,
dass ϑεός die allgemeine Bezeichnung für Gottheit ist und
nicht diesen oder jenen Specialgott als solchen bedeutet, nicht
diese oder jene Naturerscheinung, wie Feuer, Wasser, Luft etc.
Wo ϑεός von einem einzelnen Gotte zur Anwendung kommt,
bezeichnet es diesen Einzelgott als im Besitze desjenigen allgemeinen Wesens seiend, welches eben als Gottheit, als Gött-
liches aufgefasst wird. Darum kann ϑεός (ὁ u. ἡ) jede Gottheit,
männliche und weibliche, des Himmels, der Luft, des Wassers,
des Feuers, der Oberwelt wie der Unterwelt bezeichnen.

Worin das, was nach den Vorstellungen der alten Griechen
das göttliche Wesen ausmacht oder doch kennzeichnet,
eigentlich bestehe, das deuten unter anderm die homerischen
Beiwörter, welche ϑεοί bzhw. ϑεός bei sich hat, vernehmlich
genug an: ἀν-αίμονες, blutlos, E 342 (d. i. ohne den grob
materiellen Stoff der Irdischen), ἀϑάνατοι, αἰὲν ἐόντες,
αἰειγενέται, ἄμβροτος, ἀγήρως, μάκαρες, ῥεῖα ζώοντες.
Was anders wird durch diese Epitheta ausgedrückt, als ein
Gegensatz zwischen dem Wesen der Götter und der materiellen Natur der Irdischen und Sterblichen? Der Gegensatz
aber von Materie ist Geist. Θεός bezeichnet also bei den
alten Griechen dasselbe, was die weit roheren und weniger
denkgeübten Wilden mit ihrer Benennung der Gottheit „der
grosse Geist“, „der Geist“ (par excellence) ausdrücken.

2. Ζεύς

sammt Ζῆ-ν, Ζῆ-ς, Ζά-ς soll durchaus mit Δις, Δι-ός zu W. δι,
διϝ, glänzen, gehören, wie nicht minder lat. Jov-is, und soll
sich mit Skr. djâus, Himmelsgott, decken. Wenn auch zugegeben werden muss, dass Δις, δι-ος, div-us, dies etc. zu W. di,
div gehören, so ist der Beweis für die lautliche Identität von
Jov-is und di-es, von Ζεύ-ς, Ζήν und Δίς u. E. weder erbracht,
noch zu erbringen. Mag im lesbisch-äolischen Dialecte für δια-
auch ζα- stehen, so berechtigt das nicht, auch für die griechische Ursprache, der doch das Wort Ζεύς, Ζήν angehört,
solchen Aeolismus aufzustellen. Wenn man für die homerische
Sprache Präfix ζα- aus διά entstanden sein lässt, so ist das

eben eine ungerechtfertigte Willkür, da sich nirgends im Homer ζ aus δι entwickelt. Die Erklärung von ἀζηχής aus ἀ-δι-εχής ist, wie wir später sehen werden, ebenso albern als unhaltbar. **Präfix** ζα- entstammt der Wurzel ζα, hauchen, blasen: ζαέντες· πνέοντες ‖ ζάει· πνεῖ. Κύπριοι ‖ ζαές· μέγα, πολύ ‖ ζᾶ· μέγα, πολύ ‖ ζάλ· μέγα, πολύ Hes. Aus dem Begriffe blasen, blähen entwickelt sich überall Bgr. gross, viel, sehr, heftig. — Ebenso gehört das verstärkende **Präfix** βου- nicht direct zu βοῦς, sondern mit diesem zu einer Wurzel βυ, wehen, blasen, blähen, schwellen; dazu βύ-ω, schwellen, füllen ‖ βύ-κ-της (βυ+κ), nach Hes. = φυσῶν ‖ βου-νός = tumulus (tumeo) ‖ βου-βών, Drüse (Blase, Anschwellung) ‖ βύ-νη· οἶδμα, θάλασσα u. v. a. W. — Das verstärkende **Präfix** λαι- ist Eines Ursprungs mit λα-μός, λα-μός κτλ. und gehört zu der weit verbreiteten Wurzel λα, hauchen, blasen (s. w. u.). — **Präfix** δα- ist nicht Verkürzung aus διά, sondern stellt Urwurzel δα von gleicher Bedeutung „hauchen, blasen, blähen" dar. Es gehört dazu u. a. δῶ-μα u. δῶ, Wohnung (wo man lebt und athmet); denn Herleitung aus δέμω ist lautlich unmöglich; δέ-μ-ω ist selbst erst μ-Erweiterung von W. δα, wie δρέμω von δρα, δι-δρά-σκω κτλ. und bedeutet wohnen machen = bauen. Aus δα+ϝ: δαύ-ειν, ruhen (Sappho) d. i. aufathmen, wie z. B. engl. to breathe: 1) athmen, 2) ruhen. ‖ δαῦ-κος· θρασύς, muthig, animosus ‖ δαϝ, δαίω, st. δαϝ-ιω, brennen=πρήθω: 1) hauchen, 2) brennen, wie fast durchweg die Wörter für Feuer, Glut (Gluthauch), brennen, aus Wurzeln des Begriffs hauchen hervorgehen. Nicht minder Bgr. glänzen, schimmern (= sichtbares Hauchen), weshalb W. di, div nur eine Spielart von W. da ist. Wenn daneben W. di „schwingen" besteht, so erklärt sich diese Identität aus dem gemeinschaftlichen Urbegriffe wehen, fachen, indem Bgr. schwingen, raschbewegen, sich regelmässig an Bgr. wehen anlehnt: engl. the fan = 1) Blasebalg, 2) Schwinge, Flügel. ‖ Δα-τέ-ομαι, theilen, weist auf ein Nomen δα-τή, Oeffnung, d. i. spiraculum, wie denn regelmässig die Begriffe „Oeffnung, Loch, Spalt" als spiracula aufgefasst werden, und demnächst die Begriffe „öffnen, spalten (klaffen machen), theilen" auf Wurzelbegriffe „hauchen, gähnen, klaffen" zurückweisen: engl. to breathe ist athmen, ruhen, aber auch öffnen; δαίω

= to breathe. || Δέομαι, entbehren, ist ursprünglich adspirare, anhelare, jappen nach etwas, sich sehnen nach etwas u. s. w. — Goth. **Präfix ga-**, ursprünglich verstärkend wie ζα, βου, λαι, δα, bietet germ. Wurzel ga = lat. ha = griech. χα, deren Grundbegriff „hauchen" z. B. im engl. ga-le, Wind, im lat. ha-la-re (vom Nomen ha-la = engl. ga-le) und sonst noch in aller Ursprünglichkeit vorliegt. Nach diesen Analogien wird man wohl Präfix ζα nicht mehr auf Präpos. διά, sondern auf W. ζα, ζά-ειν, ζά-ημι, wehen, .blasen, blähen, zurückzuführen haben.

Lat. j entspricht regelmässig griechischem ζ (jug-um = ζυγ-όν), entsteht aber nicht aus griech. δ; daher kann Jov-is nicht lautlich mit de-us, div-us, δῖ-ος zusammengeworfen werden, sondern gehört zu griech. ζα resp. ζα+ϝ. Wenn neben Jovis altl. Diovis angeführt wird, so ist diese Form nur beweisend für die Aussprache von ζ bzhw. j im Altlateinischen, und sinnbildlicht den Uebergang von ζ zu j auch fürs Auge.

Aus W. ζα bzhw. ζα+ϝ, ζο-ϝ (ζυ), deren angegebene Grundbedeutung, selbst wenn die ausdrücklichen Zeugnisse darüber nicht vorlägen, schon aus ζάω, ζόω, ζώω, leben d. i. athmen, gefolgert werden müsste, bzhw. aus der entsprechenden lat. Gestalt ja bzhw. jav, jov, juv, geht hervor: Jâ-nus als Appellativ=Oeffnung, Durchlass, spiraculum, als Nom. prop. oder Gott = der Eröffner des Jahrs || ja-n-ua, Thür, wie θύ-ρη aus W. θυ, das gleichbedeutige αἰβ-άρη (Hes.) st. αἰϝ-άρη aus W. αϝ, σα-ρίς aus W. σα, φωστήρ aus W. σπα κτλ. mit dem Bgr. spiramen (engl. to breathe, hauchen, auch = öffnen) || jac-io als K-Erweiterung mit dem Begr. schwingen (vgl. ζαγ-μά, die Zügel Hes.) || Jâ-na, Mond (Begr. schimmern) || joc-us oder jo-cus: aus Bgr. tönen, laut sein ergiebt sich Bgr. Scherz, Spiel || jus, jous, Recht = fas: fari (Bgr. tönen, künden) || jus, Brühe=ζύ-ος, ζύ-θος, ζω-μός und unserem *Jau-che*. || juv-a-re, fördern, aus W. ζα, ja+v, wie ἄν-ω und ὀν-ίν-ημι, fördern, aus W. αν || ju-ba, Mähne = Wehendes, Flatterndes = χαί-τη: χα, σό-βη: W. σα κτλ. || ju-b-ar, Glanz, wie au-ra 1) Hauch, 2) Schimmer: W. av, αϝ || jē-jū-nus (redupl.) ursp. = leer (luftig, windig), wie va-nus, va-ca-re: W. va, in-an-is zu W. an κτλ. || juv-en-is und ju-n-g, goth. *juggs* (juv-en-tas, goth.

ju-n-d-s) erklärt sich als lebendig κατ' ἐξοχήν, frisch = νέ-ος, νέϝ-ος, novus: W. na + v. Vgl. homerisches αἰ-ζήϊος st. ζαι-ζήϝ-ιος w. u.

Weit 'entfernt also, Ζεύς, Ζῆν, Ζάν mit Δίς G. Δι-ός, δί-ος, lat. Jov-is mit dĕ-us, div-us, di-es durcheinander werfen zu müssen, kann und muss man sie in lautlicher Beziehung völlig auseinander halten. Sie stimmen begrifflich überein, weil sie von Wurzeln gleichen Grundbegriffs ausgehen, die einen von W. ζα, ζα+ϝ, ja, ja+v, die anderen aus W. δα, Wf. δι, διϝ. Auf W. ζα brachte den Namen Ζεύς bereits Heraclitus in seinen homerischen Allegorien Cap. 23 zurück, wenn er aufstellt, der Name sei entweder so viel als τὸ ζῆν παρεχόμενος τοῖς ἀνθρώποις, ἢ παρὰ τὴν ἔμπυρον ζέσιν οὕτως ὠνομασμένος. Denn sowohl ζῆν als ζέω gehört zu W. ζα. Auch Pseudo-Orph. Hymn. 73, 5 dsgl. von ζῆν. Wenn die Alten, freilich mit fehlgehender Begriffsvermittelung dĕ-us und τὸ δέ-ος zusammenstellen, so leitete sie ein richtiges Sprachgefühl, insoweit beide Wörter aus derselben Wurzel δα entspringen. Denn Furcht ist ein geistiges Erschüttertsein, weshalb z. B. σαίνω (W. σα), wedeln = fachen, fächeln, auch sich fürchten bedeutet, und goth. ag-is, Furcht, gehört sammt Sippe zur germanischen W. ag = griech. W. ἀχ (s. u.), welche gleiche Begriffe entwickelt hat, ϝέβομαι, ϝόβος gehören zu W. σπα- σπι- σπυ (s. u.), ebensogut wie φόβη, Mähne (Flatterndes, Wehendes).

Dĕ-us werden wir direct von der Urwurzel da, nicht aber wie div-us etc. von der Nebenform di, div, abzuleiten haben. Da deus, ganz wie θεός, die Gottheit im Allgemeinen, nicht aber diesen oder jenen bestimmten Gott bezeichnet, so dürfen wir auch nicht „Glanz, Luft, Himmel" deuten, sondern Geist. Unter W. χα = germ. ga werden wir sehen, wie unser *Gott*, goth. *gu-th*, ahd. *go-d*, *go-t*, altn. *gu-đh* ebenfalls Geist bedeutet und altn. *gu-đh* sich zu altn. *go-đh-i*, Opferer, verhält, wie θεϝ-ός zu θυ-τήρ.

Auch δαί-μων von W. δα bedeutet Geist bzhw. Genius; daher δαίμονες allerartige genii.

Ζεύς dagegen, weil einen bestimmten Gott bezeichnend, ist Luft bzhw. Himmelsraum; dasselbe Jov-is. Nur zum Grundbegriffe „Luft", nicht aber zum Bgr. „Glanz" passen die zahlreichen homerischen Epitheta, welche sich auf die Erscheinungen in der Luft, in dem Himmelsraume beziehen. Die meisten derselben sind ihrer Etymologie und Bedeutung nach bekannt, wie *ἀργι-κέραυνος, ἀστεροπητής, βαρύκτυπος, ἐριβρεμέτης, ἐρίγδουπος, νεφεληγερέτα, ὑψιβρεμέτης, στεροπηγερέτα κτλ.*; minder ist dieses der Fall mit *κελαι-νεφής, εὐρύ-οπα, αἰγί-οχος.* Daher über diese einiges Nähere.

3. *Κελαι-νεφς.*

Dass *νέφος*, Wolke, Etymon des zweiten Theiles ist, bedarf keiner Erwähnung. Aber was ist der erste Theil? Syncope aus *κελαινο-νεφής* kann *κελαι-νεφής* nicht füglich sein trotz Curtius S. 509. *Κελαινός* selbst kann nicht anders als aus einem Nomen *τὸ κέλας* Schwärze, Dunkel, + Suffix *νός* gebildet sein, steht also für *κελασ-νός*, wie *σκοτει-νός* st. *σκοτεσ-νός, φαει-νό-* st. *φαεσ-νός κτλ.* zu *τὸ σκότος, φάος κτλ.*

Gewiss mit Recht fügt Curtius N. 46 *κελαινός* zu W. skal, wozu auch lat. squal-or gehört. Dann steht das geheischte Nomen *τὸ κέλ-ας* dem lat. squal-or gerade so gegenüber, wie *τὸ ῥῖγ-ος*: rig-or (denn frigus gehört zu *φρίσσω*), *τὸ κρύ-ος*: cruor, *τὸ φλέγ-ος*: fulg-ur, *τὸ μῦκ-ος*: muc-or u. s. w. Denn die Neutral-Endung *ος* ist nur jüngere Gestalt für -*ας*.

Und gerade dieses aus *κελαι-νός* zu erschliessende *τὸ κέλ-ας* steckt unseres Erachtens in *κελαι-νεφής* st. *κελασ-νεφής.* Das syntactische Verhältniss des ersten Worttheils zum zweiten wäre kein anderes, als in *χαλκο-βατής*, eine Schwelle von Erz habend, *χρυσό-θρονος*, einen Thron von Gold habend, *μελι-ηδής* Süsse des Honigs habend, *λινο-θώρηξ*, einen Panzer von Linnen habend, oder in *χρυσ-άορος, χρυσ-άμπυξ, ἀργυρό-τοξος, ἱππό-κομος κτλ.* vorliegt. Darnach wäre *κελαι-νεφής* nicht „Wolkenschwärzer", sondern = Wolken von Finsterniss habend. Nur bei dieser Etymologie erklärt sich die Verbindung von *κελαι-νεφής* bei *αἷμα Δ* 140, *E* 798, *Ξ* 437, *Π* 667, *Φ* 167, *λ* 36, 153.

Das Blut ist nicht „Wolkenschwärzer". Wenn Lobeck Path. El. I 361 diese Verbindung mit der Deutung „quia in cruore quoque apparet quaedam nubecularum similitudo" zu erklären vermeint, so ist das etwas gar naiv. Auch wird damit

von allem Zusammenhange an den betreffenden Stellen völlig
abgesehen.

Vom Blute steht κελαι-νεφής nur da, wo es als frisch
hervorquellend erscheint: die rasch hinter einander sich
folgenden Blutwellen stellen im Kleinen ganz dasselbe Bild
dar, wie die am Himmel sich hinter und übereinander wälzen-
den Wolken. Daher übersetzt Minckwitz sehr passend „dunkel-
wolkiges“ Blut.

Zeus heisst „dunkelwolkig“, d. i. Wolken von Dunkelheit
habend, bringend: A 397, B 412, Z 267, Δ 78, O 46, Φ 520,
X 178, Ω 290, ι 552, ν 25. 147.

4. Εὐρύοπα Ζεύς.*)

Wenn ein noch so schlichter, ungebildeter Mensch von
Gott mit Anwendung von Beiwörtern spricht, so wird er ihm
niemals solche Epitheta beilegen, die nicht im Zusammenhange
des vorgebrachten Gedankens ihre volle Begründung hätten.
Wer die Pracht des neuerstandenen Frühlings oder die Fülle
der Herbstesgaben bewundernd, Gott preist, wird Gott nicht
als den strengen Richter bezeichnen; diese Bezeichnung wird
man nur anwenden, wenn von den göttlichen Strafgerichten die
Rede ist; wer die weisen Einrichtungen im Haushalte der Natur
anstaunt, wird Gott als den Allweisen verehren u. s. f. Hätte
man denselben gesunden Sinn, denselben Tact dem grössten der
alten Dichter zugetraut, es würden nicht so viele der homerischen Epitheta so verschieden, so unpassend gedeutet worden
sein, auch nicht εὐρύοπα Ζεύς.

Der zweite Theil des Wortes εὐρύοπα**) wird bekanntlich
schon von den Alten theils auf ὀπ (ὄπτω), und zwar bald auf
den Verbalstamm ὀπ, bald auf den Substantivstamm ὀπ (ὄψ,
ὀπός), theils auf das Subst. ὄψ, ὀπός (von *ἔπω) zurückgeführt,
so dass sich als Erklärungen ergeben: ἤτοι ὁ μεγάλως ἐφορῶν
ἢ ὁ μεγάλους ἤχους καὶ ψόφους ἀποτελῶν, wie es bei dem
alten Lexikographen Homers Apollonius heisst, oder, wie in

---

*) Vgl. Zeitschr. f. d. österr. Gymnas. 1858. X. u. XI. Heft.

**) Als Accusativ zu εὐρύοψ nur Δ 498, Θ 206, Ξ 265, Ω 98. 331,
sonst = εὐρύοπης.

den Scholien zu A 498 zu lesen ist: ἤτοι μεγαλόφθαλμον, παρὰ τοὺς ὦπας, ἢ μεγαλόφωνον, παρὰ τὴν ὄπα, ὅ ἐστι τὴν φωνήν; ABD. ψιλῶς μεγαλόφωνον, ὡς τὸ ἐριβρεμέτης, ἢ μεγαλόφθαλμον, διὰ τὸ προνοητικόν AB. Abzuweisen ist von vorn herein die Zurückführung auf ὤψ, ὠπός = ὀφθαλμός, da eine solche Kürzung des Substantivstammes ὠπ durchaus unstatthaft ist, auch in allen sonstigen hicher gehörenden Zusammensetzungen, worin der Begriff Auge, sei es im natürlichen oder übertragenen Sinne (= Oeffnung) obwaltet, durchaus ὠπ beibehalten erscheint: ἀγανῶπις (milden Auges), ἀγριῶπις (wilden Auges), ἀμβλυώπης, βλοσυρῶπις, γλαυκῶπις, ἑλικῶπις, κελαινῶπις .... | βοῶπις, κυανῶπις, κυνῶπις .... | ἑλιῶπις, εὐῶπις .... | Κύκλωψ, μύωψ (ωπος) .... | αὐλῶπις | ἐνωπή, ἐνώπια, κατένωπα, μέτωπον, παρώπια, πρόσωπον, πολυωπός, στεινωπός, ὑπώπιον u. v. a., wohingegen in denjenigen Zusammensetzungen, in welchen der Verbalbegriff sehen, Aussehen, Gesicht gefordert wird, durchweg auch der Verbalstamm ὀπ zu Tage tritt: ἄνοπτος, ἀπόπτης, διοπτρον, ἐσοπτρίς, ἐποπτικός, ὑπερόπτης, Πανοπεύς, Πανόπη, Αἰθίοπες, μῆλοψ, οἶνοψ und die anderen Epitheta in οψ. So blieben uns noch von εὐρύοπα die beiden Erklärungen weithinschend und mit weitem Schalle = weithinschallend, weithindonnernd übrig. Jene erste Deutung wird theils im natürlichen, theils im figürlichen Sinne = „allwissend", „allfürsehend", „waltend", „Ordner der Welt" aufgefasst. Eine jede der beiden Ableitungen aber hat unter den neueren ihre gewichtigen Anwälte: für die Ableitung von ὄπτω stimmen unter anderen Heyne, Wolf, Thiersch, Voss, Lucas, Düntzer, für die andere das Passow'sche Lexikon, Fäsi, Doederlein, Ameis. Vielfach pflegt man förmlich die Stimmen zu sammeln und gegen einander abzuwägen. Aber auf diese Weise wird man der Wahrheit nie näher kommen; denn *non tam auctoritates in disputando quam rationis momenta quaerenda sunt*, wie Cicero d. Nat. Deor. I 5 sagt. Man muss vielmehr, wenn beide Erklärungsweisen etymologisch statthaft sind, die sämmtlichen homerischen Stellen prüfen und abwägen, und zwar mit Zugrundelegung des gleich Eingangs aufgestellten und in der Natur der Sache so begründeten Denk- und Sprachgesetzes.

Diesem aber trägt, wie sich zeigen wird, einzig und allein die Erklärung weithintönend Rechnung. Vorher aber ist die Frage zu beantworten: Ist diese Erklärung auch sprachlich gerechtfertigt?

Man hat geltend zu machen gesucht, ὄψ bezeichne eigentlich die articulierte Sprache und stände demgemäss bei Homer nur von der Stimme der Menschen und Götter und in etwas kühnerer Anwendung nur noch von der Stimme der Cicaden und der Lämmer. Allein, wenn jenes wirklich die Grundbedeutung des Wortes wäre, so liesse sich die Uebertragung auf thierische Laute kaum rechtfertigen; aber auch, von Göttern und Menschen gebraucht, bezeichnet ὄψ nichts weniger als „vocem articulatam", wie es u. a. Duncan-Damm-Rost erklären, sondern nur einfach Ton, Stimme. Ὄψ steht nämlich, um den homerischen Gebrauch des Wortes vollständig zusammenzustellen: 1) als Dativ des begleitenden Umstandes (weniger genau wird er hier auch als Dat. instrum. gefasst) bei μῦθον εἰπεῖν ξ 492 (ὀλίγῃ ὀπί), bei ἀείδειν u. dgl. (ὀπὶ καλῇ) Α 604, ω 60 von den Musen, ε 61 von Kalypso, χ 221 von Kirke; 2) als Object zu ἵημι; und zwar ergeben sich in Folge des ὄπα ἱέναι bald ἔπεα: Γ 221 ἀλλ᾽ ὅτε δή ῥ᾽ ὄπα τε μεγάλην ἐκ στήθεος ἵει | καὶ ἔπεα νιφάδεσσιν ἐοικότα χειμερίῃσιν, bald melodische Töne, Gesang: μ 192 von den Sirenen, Γ 151 von den Cicaden, bald unmelodische unarticulierte Rufe: Ξ 150 von Poseidon, der laut aufruft (μέγ᾽ ἄυσεν) wie neun- oder zehntausend Männer zusammengenommen; Ε 860 dasselbe vom Ares, aber ἔβραχε; 3) als Object zu φωνεῖν, die Stimme erheben, in ähnlicher Weise. wie man πόλεμον πολεμίζειν u. dgl. sagt, ω 535, wenn anders die Stelle echt ist: πάντα δ᾽ ἐπὶ χθονὶ πῖπτε θεᾶς ὄπα φωνησάσῃς*); 4) als Object zu ἀκούειν oder Verben gleicher Bedeutung ξυνίημι, ἀίω, und zwar wiederum von Tönen der mannigfachsten Art: Β 182 = Κ 512 von der Stimme der ermahnenden Athene; ähnlich Υ 380 von Apollo; Π 53 von den Mittheilungen der Götter an den Wahrsager; Σ 222 von dem wilden ehernen Schlachtgeschrei des

---

*) Die Stelle ist offenbar eine wenig homerische Nachahmung von Β 182 ὁ δὲ ξυνέηκε θεᾶς (i. e. Ἀθηναίης) ὄπα φωνησάσης. Vgl. Υ 380 ἄκουσε θεοῖ ὄπα φωνήσαντος.

Achilles, *A* 137 vom harten Anfahren Agamemnons, *r* 92,
λ 421 vom Schluchzen und Weinen einer Frau, *μ* 52, 160,
185, 187 (hier mit dem Zusatze *ἀπὸ στομάτων*) vom Gesange
der Sirenen, vom Blöcken der Lämmer *A* 435, endlich bei
κλέω: *Ἀτρείδεω ὁπὸς ἔκλυον αὐδήσαντος Π* 76, und mit Beziehung auf den Vers *κωκυτοῦ δ' ἤκουσε καὶ οἰμωγῆς ἀπὸ
πύργου X* 447 vier Verse weiter *αἰδοίης ἐκυρῆς ὁπὸς ἔκλυον*.
Bedeutet demnach, wie aus dieser Uebersicht unwiderleglich
hervorgeht, *ὄψ* einfach Stimme, Ton, ja steht es sogar von
unarticulierten Tönen mannigfachster Art, vom wilden Auf-
schrei im Kriegsgetümmel bis herab zu dem Gewimmer einer
leidenden Frau, ja bis zum Zirpen der Cicade: so steht doch
wohl nichts mehr im Wege, anzunehmen, dass auch die Stimme,
womit sich Zeus als Weltherrscher vernehmbar macht, der
Donner, durch *ὄψ* bezeichnet werde. Und wirklich hat auch
Pindar in seiner Bezeichnung des Zeus durch *βαρυόπης κεραυ-
νῶν πρύτανις* so das Wort gesetzt. Pyth. VI 24. Damit haben
wir auch zugleich die älteste ausserhomerische Erklärung von
εὐρύοπα Ζεύς, indem jenes nur eine offenbare Nachahmung
von diesem ist. Auch braucht bekanntlich derselbe Dichter
Fragm. 338 *εὐρύοπα* als Epitheton zum Accus. *κέλαδον*. —
Man könnte noch geltend machen, dass das lateinische *vox*,
vocis*) gleicher Weise von allerartigem Schalle gebraucht wird:
z. B. vom Krächzen der Papageie Ovid Am. II 6, 18, vom Ge-
brülle des Ochsen Ovid Trist. III 11, 48, von den Tönen des
Horns Ovid. Met. I 337, Virg. Aen. VII 519, vom Brausen
des Meeres ebendas. III 555. .

So hat also die Erklärung weithinschallend in sprachlicher Hinsicht ihre volle Begründung. Es spricht aber noch
mehr für dieselbe. Man hat mit Recht hervorgehoben, dass
die Analogie der übrigen Epitheta des Zeus, die von Naturerscheinungen entlehnt sind, uns zwinge, auch *εὐρύοπα* so zu
beziehen; man denke nur an *ἀρχικέραυνος, ἀστεροπητής, βαρύκτυπος, ἐριβρεμέτης, ἐρίγδουπος, κελαινεφής, νεφεληγερέτα,
παρομφαῖος, στεροπηγερέτα, τερπικέραυνος, ὑψιβρεμέτης, ὑψι-

---

*) vo-c-s ist K-Erweiterung von W. *ϝα*, wie *ϝο-π-ς* II-Erweiterung
derselben Wurzel ist. Aus Bgr. hauchen, wehen entwickelt sich ja regelmässig Bgr. tönen. Vgl. Curtius N. 587.

ζυγος. Dagegen findet sich unter all den zahlreichen Epitheten des Zeus auch kein einziges, welches dem Begriffe, den die anderen . Erklärer in εὐρύοπα finden, irgend entspräche. Ja, gibt überhaupt weithinsehend einen angemessenen Sinn? Findet sich doch sogar Zeus, um dem Kampfe besser zusehen zu können, bemüssigt, nach dem Gipfel Gargaros auf dem Idagebirge zu fahren Θ 41 ff. (Vgl. auch weiter unten Ω 331 nebst Fäsi's Bemerkung.) Und liegt die übertragene Bedeutung „allfürsehend" den religiösen Vorstellungen des homerischen Zeitalters nicht allzu fern?

So viele gewichtige Momente wir nun auch bereits für unsere Erklärung des Epithetons haben, so fehlt uns doch noch immer die den eigentlichen Ausschlag gebende Stimme: Homer selbst.

Bekannt ist der Mythus, dass Zeus gerade mit Hilfe der Donnerkeile und des Blitzes seinen Vater entthronte; daher in directer Beziehung hierauf Ξ 203: ὅτι τε Κρόνον εὐρύοπα Ζεύς | γαίης νέρθε καθεῖσε καὶ ἀτρυγέτοιο θαλάσσης. — Θ 205 sagt Here zum Poseidon: εἴπερ γάρ κ᾽ ἐθέλοιμεν, ὅσοι Δαναοῖσιν ἀρωγοί, | Τρῶας ἀπώσασθαι καὶ ἐρυκέμεν εὐρύοπα Ζῆν, | αὐτοῦ κ᾽ ἔνθ᾽ ἀκάχοιτο καθήμενος οἷος ἐν Ἴδῃ. Warum hier εὐρύοπα? Zeus sitzt, von Wettern umhüllt, auf dem Gipfel des Ida, die Geschicke der Schlacht lenkend Θ 51; unter Donner hatte er von hier aus seinen furchtbar flammenden Blitzstrahl gerade vor die Pferde des Diomedes herniederfahren lassen, um diesen vom weiteren Vordringen abzuhalten, und um zu verhindern, dass die Troer wie Lämmer in die Stadt zurückgedrängt würden Θ 130—136; dreimal hatte er von hier aus, den Troern zum günstigen Zeichen, seinen Donner erschallen lassen Θ 170. — Mit Bezug gerade auf dieses Walten des Zeus vom Idagebirge aus zu Gunsten der Troer und des Hektor sagt Achilles I 419 = 686: μάλα γάρ ἔθεν εὐρύοπα Ζεὺς | χεῖρα ἑὴν ὑπερέσχε, τεθαρσήκασι δὲ λαοί. Und dieses sagt Achilles in der Antwort auf des Odysseus Rede, die selbst I 236 jenes Eingreifen des Zeus hervorgehoben hatte: Ζεὺς δέ σφι Κρονίδης ἐνδέξια σήματα φαίνων | ἀστράπτει. — Aus eben dieser Situation erklärt sich die Stelle N 732 (in der Rede des Polydamas an Hektor): ἄλλῳ

δ' ἐν στήθεσσι τιθεῖ νόον εὐρύοπα Ζεύς | ἐσθλὸν κτλ., gleichwie das Epitheton ἐρίγδουπος Ν 154 - in Hektors Zuruf an
seine Mannen, sowie ἐριβρεμέτης Ν 624 in Menelaus' Hohnrede
auf Peisander. Denn immerfort noch sitzt Zeus ἐπ' ἀκροτάτης
κορυφῆς πολυπίδακος Ἴδης, wie es Ξ 157 heisst. Daher denn
auch der Situation so angemessen Ξ 265 in Here's Worten an
den Schlafgott: ἦ φῂς ὡς Τρώεσσιν ἀρηξέμεν εὐρύοπα Ζῆν, |
ὡς Ἡρακλῆος περιχώσατο; Gleiches gilt von Ο 724 in Hektors
Aufforderung, die Schiffe zu verbrennen, da Zeus den Troern
jetzt helfe.

Dass wir mit Recht ein solches Gewicht auf die besprochene Situation legen, zeigt der Umstand, dass gerade in diesen
Büchern der Ilias, in denen Zeus als vom Ida aus die Kriegsgeschicke lenkend dargestellt wird, die anderen Epitheta, welche
unbestrittenermassen auf Blitz und Donner und Wetter hinweisen, verhältnissmässig so überaus häufig gesetzt sind: Θ 2.
38. 387. 469, Κ 329. 552, Λ 78. 318. 773, Μ 68. 235. 252.
275, Ν 154. 624, Ξ 54. 293. 312. 341, Ο 154. 220. 293, Π 88.
121. 232. 298 u. ö. Dasselbe gilt auch von den Vergleichen
und Gleichnissen; es werden überwiegend gerade solche
herangezogen, welche auf Sturm, Gewitter u. dgl. Bezug haben:
Ι 4, Κ 5, Λ 27. 62. 155. 305. 492, Μ 132. 156. 278, Ν 242.
334. 795, Ξ 394. 414, Ο 170. 381. 618, Π 384. 765, Ρ 263.
547 u. a. Mag auf die Anwendung derartiger Gleichnisse
die Beschaffenheit des darzustellenden Stoffes, des unbändigen
Kampfgetümmels, auch noch so sehr von Einfluss gewesen
sein: sicherlich darf die speciellere Beziehung auf des Zeus
Walten vom Ida her nicht als bedeutungslos angesehen werden.
Homer ist ein zu geschickter Maler, als dass er die Farben
seiner Darstellung mit jenem Hintergrunde des Gemäldes
nicht hätte in Einklang bringen sollen. Mahnt er uns doch
selbst zu häufig an das Wettern des Zeus vom Ida her. Man
sehe nur ausser den oben bereits beigebrachten Stellen unter
anderen noch

Δ 182:

τότε δή ῥα πατὴρ ἀνδρῶν τε θεῶν τε
Ἴδης ἐν κορυφῇσι καθέζετο πιδηέσσης,
οὐρανόθεν καταβάς· ἔχε δ' ἀστεροπὴν μετὰ χερσίν.

und *P* 593:

> *καὶ τότ' ἄρα Κρονίδης ἕλετ' αἰγίδα θυσανόεσσαν*
> *μαρμαρέην, Ἴδην δὲ κατὰ νεφέεσσι κάλυψεν,*
> *ἀστράψας δὲ μάλα μεγάλ' ἔκτυπε, τὴν δ' ἐτίναξεν.*

oder *O* 377: *μέγα δ' ἔκτυπε μητίετα Ζεύς.*

Passend steht weiterhin das Epitheton *εὐρύοπα* auch *Θ* 442, da wo Zeus zeitweilig vom Idagebirge sich entfernend zur Götterversammlung ging; man beachte nur den gleich darauffolgenden Vers, der das Epitheton selbst fast erläutern zu sollen scheint:

> *αὐτὸς δὲ χρύσειον ἐπὶ θρόνον εὐρύοπα Ζεὺς*
> *ἕζετο, τῷ δ' ὑπὸ ποσσὶ μέγας πελεμίζετ' Ὄλυμπος.*

Aehnlich verhält es sich mit *A* 498, wo Thetis „den weithindonnernden Kroniden gesondert von den übrigen Göttern auf der höchsten Spitze des vielgipfeligen Olympos findet", — gewiss die beste Bezeichnung des Gottes, wo er dargestellt wird in seiner vollen Herrlichkeit auf dem Olympos, von dem aus er gerade seinen Donner und Blitzstrahl entsendet, und den er bald durch blosses Zwinkern mit seinen Augenbrauen erschüttern wird *A* 528. — Gleiches gilt von *Ω* 98, wo zum andernmale Thetis den „weithindonnernden Kroniden" aufsucht. — Wenn sodann *Ω* 290 Hekuba den Priamus auffordert, ehe er seinen Gang zum Achilles antrete, vorerst „zum idäischen Zeus zu beten, dem ·Wolkensammler" (*κελαινεφέι*), auf dass er ihm einen Weissagevogel erscheinen lasse, und dann also fortfährt (v. 296): *εἰ δέ τοι οὐ δώσει ἑὸν ἄγγελον εὐρύοπα Ζεύς,* so findet hier das Epitheton seine Erklärung in jenen voraufgehenden Worten: als *κελαινεφής* und Donnerer erschien ja den Trojanern ganz besonders der auf dem Idagebirge thronende Gott; denn um den Ida sammeln sich die Wolken, entladen sich häufige Gewitterschauer. Vgl. Forchhammer, die Ebene von Troja, S. 17 ff. — Demgemäss ist auch *E* 265 zu fassen, wo vom Raube des Ganymedes die Rede ist. — Diese Beziehung ist auch die einzig richtige in der allein noch übrigen Stelle der Ilias *Ω* 331: *τὼ δ' οὐ λάθον εὐρύοπα Ζῆν' | ἐς πεδίον προφανέντε. ἰδὼν δ' ἐλέησε γέροντα.* Ein flüchtiger Leser dieser Stelle könnte vielleicht einwenden, gerade das *οὐ λάθον* und *ἰδών* spräche für die gegnerische Deutung des

Wortes; allein sehr fein und richtig bemerkt Fäsi: „Es ist, als ob der Gott des weiten Himmels, sie erst bemerkte, als sie in's Freie kommen." Wir wenden uns jetzt zu dem Gebrauche des Wortes in der Odyssee. Wenn γ 288 erzählt wird, dass Zeus verderbliche Rückkehr verhängt, brausende Sturmwinde und gewaltige, riesige, berghohe Wogen aufgeregt, habe, so ist gewiss weitdonnernd hier das bezeichnendste Epitheton des Gottes; ja es vervollständigt gewissermassen das Gemälde des Sturmes und deutet an, was zum Beispiel ε 131 näher ausgeführt wird: οἱ ῆα θοὴν ἀργῆτι κεραυνῷ | Ζεὺς ἔλσας ἐκέασσε μέσῳ ἐνὶ οἴνοπι πόντῳ, hier freilich mit Hinzufügung einer Wirkung, die γ 288 nicht gerade obwaltete. — Ganz ebenso verhält es sich mit ξ 235: ἀλλ' ὅτε δὴ τήν γε στυγερὴν ὁδὸν εὐρύοπα Ζεύς ' ἐφράσαθ' — —, ähnlicher Weise auch mit δ 172: εἰ νῶιν ὑπὲρ ἅλα νόστον ἔδωκεν | νηυσὶ θοῇσι γενέσθαι Ὀλύμπιος εὐρύοπα Ζεύς. Menelaus nämlich vergegenwärtigt sich lebhaft Zeus als den Sturmsender und Donnerer; er hoffte, gleichsam im stummen Aufblicke flehend, bei der Rückkehr von Zeus' Donnerkeilen verschont zu bleiben.

Eine ganz naturgemässe Ideen-Association ruft dieses Epitheton auch hervor, wo Zeus als Verderben und Unheil bringend erscheint, wie λ 436: ὢ πόποι, ῆ μάλα δὴ γόνον Ἀτρέος εὐρύοπα Ζεὺς | ἐκπάγλως ἤχθηρε γυναικείας διὰ βουλάς — — oder ρ 322: ἥμισυ γάρ τ' ἀρετῆς ἀποαίνυται εὐρ. Ζ. | ἀνέρος, εὖτ' ἄν μιν κατὰ δούλιον ἦμαρ ἔλῃσιν, hier im Munde des Eumäus nicht ohne einen gewissen gemüthlich-naiven, komischen Anstrich.

Gleich natürlich erscheint endlich die Ideen-Association, wenn β 146 „der weithin donnernde Zeus hoch von des Berges Gipfel" dem Telemach als günstiges Wahrzeichen zwei Adler entsendet; sind ja doch die Berggipfel die Sammelplätze der Gewitterwolken, aus denen Zeus seinen Donner hallen lässt.

5. Αἰγί-οχος.

Um dieses so vielgebrauchte Wort klar zu legen, haben wir etwas weiter auszuholen und andere Wörter, welche dem ersten Theile nach Stammesangehörige sind, mitzunehmen bzhw. vorher zu beleuchten, wie ἐπ-αιγίζω, Αἴγισθος, αἰγί-λιψ, αἰγιαλός, Αἰγαίων, Αἰγαί, ebenfalls lauter homerische Wörter.

I. Αἰγίς im Sinne von Sturm steht nicht bloss aus dem homerischen ἐπ-αιγίζω, aus κατ-αιγίζω Aesch. etc., κατ-αιγίς Aristot. etc. fest, sondern findet sich auch als Simplex in lebendigem Gebrauche, z. B. Aesch. Choeph. 591: ἀνεμοέντων αἰγίδων φράσαι κότον, Pherecr. bei Suidas: οἴμοι κακοδαίμων, αἰγίς, αἰγὶς κατέρχεται, und Hesychius erwähnt αἰγίζει = καταιγίζει und aus Aeschylus αἰγίζεσθαι = καταιγίζεσθαι, ἀπὸ τῶν καταιγίδων. — Wir dürfen aber auch auf eine noch einfachere Form St. αἰγ, Nom. αἴξ, in gleichem Sinne, schliessen aus Artemid. 2, 12, wo αἶγες = τὰ μεγάλα κύματα (cf. Suid. s. v. αἶγες· τὰ μεγάλα κύματα ἐν τῇ συνηθείᾳ), und aus Hesych. αἶγες = τὰ κύματα. Δωριεῖς, noch mehr aus dem bei Aesch. Ag. 303 vorkommenden Namen eines Berges in Megaris Αἰγίπλαγκτον d. i. Sturmgepeitscht. Nach Suidas hätte auch das agäische Meer als ein φοβερώτατον hiervon seinen Namen Αἰγαῖον. Geradezu als lächerlich muss die selbst von einem Preller vertretene Ansicht bezeichnet werden, wonach die Wellen deswegen αἶγες genannt worden seien, weil sie wie die Ziegen „hüpfen und springen". Nicht alle Wellen heissen αἶγες, sondern nur die . grossen, die Sturmwellen, als die natürlichste und allgemeinste Verkörperung der Stürme (αἶγες), wenigstens für die meeranwohnenden Griechen. Der hochragende Berg Αἰγί-πλαγκτον, auf dessen Kuppe Aeschylus das Feuerzeichen abbrennen lässt (Agam. 303), hat nichts mit Wellen und Wasser zu schaffen, ist aber vermöge seiner Höhe und der geographischen Lage der Landschaft Megaris desto mehr den Sturmwinden ausgesetzt. Ueber die Wurzel vgl. G. Curtius N. 140, wo auch zu lesen ist, dass bereits das entsprechende sanskritische Wurzelverb von Wind und Wellen vorkommt.

Wenn demnach ein Vorgebirge in Aeolis Αἰγά, eine ganze Reihe von Seestädten und Seeorten Αἰγαί, ein Theil des hohen Idagebirges auf Kreta Αἰγαῖον ὄρος, ein Berg in Messenien Αἰγ-αλέον, ein anderer in Attika Αἰγ-άλεως, wenn der hundertarmige Riese, des Uranus und der Gäa Sohn, der

Schwiegersohn des „lauttosenden Ennosigaios" (Hes. Th. 818)
Aἰγ-αἰων heisst, wenn überhaupt der Stamm *αἰγ-* in einer
Menge von Eigennamen für Berg- und Meer-Localitäten wieder-
kehrt, so begreift sich das nach dem Gesagten mit Leichtigkeit.
Erst einer späteren Zeit, welcher das lebendige Bewusstsein der
ursprünglichen Bedeutung des St. *αἰγ-*, und der Sinn der Alt-
vorderen für tiefempfundene plastische Naturwahrheit abhanden
gekommen war, sollte es vorbehalten bleiben, bei manchen der
btr. Namen eine banausische Beziehung zum platten Alltags-
leben aufzustellen und an „Ziegen" zu denken; so z. B. beim
kretischen Berge *Αἰγαῖον ὄρος*.

So soll auch *Αἴγισθος* seinen Namen davon haben, dass
er von einer Ziege aufgesäugt worden sei. Erwägt man aber,
dass sein Vater *Θυέστης* d. h. der Stürmer (von *θύω*), seine
Mutter *Πελοπία*, die Tummlerin, sein Grossvater *Πέλ-οψ*, der
Tummler, sein Mörder *Ὀρέστης*, der Bergmann, ist, so wird
man nicht umhin können, auch in dem Namen *Αἴγι-σθος* den
Bgr. *Sturm* wiederzufinden, mag man nun in *-σθος* ein blosses
Suffix (?) oder vielmehr eine Bildung aus *σθέ-ρ-ω*, Urwurzel
σθα, Skr. sthâ (bei G. Curt. II 85), annehmen, in welch letzterem Falle *Αἴγι-σθος* = Sturmkraft oder sturmkräftig. Die
Kürzung in *σθος* = *σθένης* darf nicht auffallen, sobald man
an *Πάτρο-κλος* aus *-κλέης*, *ἀρτί-πος* st. *ἀρτί-πους*, *Πόλυ-βος*
st. *-βους* u. a. Eigennamen denkt.

II. Das äschyleische *αἰγί-πλαγκτον ὄρος* dürfte uns auch
am ehesten verhelfen zur Erklärung von

$$αἰγί-λιψ.$$

Das Wort begegnet uns dreimal als Epitheton zu *πέτρη*,
und zwar in folgenden Verbindungen. *N* 63:

αὐτὸς τ' ὥστ' ἴρηξ ὠκύπτερος ὦρτο πέτεσθαι,
ὅς ῥά τ' ἀπ' αἰγίλιπος πέτρης περιμήκεος ἀρθεί;
ὁρμήσῃ πεδίοιο διώκειν ὄρνεον ἄλλο,
ὣς ἀπὸ τῶν ἤϊξε Ποσειδάων ἐνοσίχθων.

I 15 = *II* 4:

δακρυχέων ὥστε κρήνη μελάνυδρος,
ἥτε κατ' αἰγίλιπος πέτρης δνοφερὸν χέει ὕδωρ.

Endlich als Eigennamen *B* 633 *Αἰγίλιπα τρηχεῖαν*, woselbst
ein Theil der Mannen des Odysseus seine Stammsitze hat.

Kann *Αἰγίλιψ* eine Oertlichkeit bezeichnen, welche von Menschen bewohnt ist, so fällt die Deutung der Alten „selbst von Ziegen oder Gemsen verlassen, unbetreten", „selbst für Ziegen unbewohnbar" trotz Pott Et. F. II 748 in sich selbst zusammen. Dass *αἰγίλιψ* keineswegs auf eine unerreichbare Höhe hinweist, zeigt deutlich genug *N* 63, wo der Dichter, um den Felsen als hoch zu bezeichnen, sich veranlasst oder gezwungen sieht, *πετρμήκεος* hinzuzufügen; zeigt noch deutlicher der Vergleich *I* 15, *II* 4. Wer nämlich jemals den Staubbach in der Schweiz gesehen hat oder auch nur ein Auge für Beobachtungen in der Natur besitzt, der weiss, dass nicht einmal eine Höhe von 1000 Fuss dazu gehört, um selbst einen starken Bach in Wasserstaub aufzulösen, geschweige denn eine blosse Quelle, *κρήνη*, der weiss, dass da weder die Bezeichnung *κρ. μελάνυδρος* mehr zutrifft, noch auch Rede sein kann von einem *δνοφερὸν χέει ὕδωρ*. Ein Herabgiessen des Wassers und die Erscheinung des Wassers als schwarzes ist nur möglich bei geringer Höhe. Aber es muss, damit das Wasser als schwarz oder dunkel erscheine, noch eine bestimmte physikalische Bedingung erfüllt sein. Glitte das Wasser sanft von glatter Felswand herab, so würde sich die vom Dichter so stark betonte Art des Lichtreflexes *μελάνυδρος, δνοφερόν* ebenso wenig bemerklich machen, wie bei dem Quellbach, der auf der Insel der Kalypso sanft „zwischen weichen Wiesen voll Veilchen und Eppich" dahingleitet *ε* 72; wir würden dann, so gut wie *ε* 70 der Fall ist, mit einem „*ὕδατι λευκῷ*" zu thun haben. Schwarz erscheint das Wasser nach Aristot. de col. I, *ὅταν τραχυνθῇ, καθάπερ ἡ τῆς θαλάσσης φρίκη*, also, wenn die Oberfläche aufgeregt ist, zumeist durch Windschauer.

Hiernach würde an unseren beiden Stellen *αἰγί-λιψ* = *αἰγί-πλαγκτος* vorzüglich passen, nicht minder *N* 63, lieben doch Habichte und Falken *sturmgepeitschte, windumtoste* Felsen und Berge (cf. *O* 237, *Σ* 616, *Φ* 494, *X* 139). Nun existirt ein Ztw. *λίπτω* = *ἐπιθυμῶ*, nicht bloss bei den Lexikographen erhalten und bei späteren Dichtern, wie Nikander, Lykophron, im Gebrauche, sondern auch bei Aeschylus, welcher das Part. Pf. Med. *λελιμμένος* im Sinne von *begehrend* öfters gebraucht: Sept. 355 u. 380 (hier *μάχης λελιμμένος*); vgl. Agam. 876(?).

2*

20

Hesychius führt auch ein Subst. λίψ = ἐπιθυμία auf; auch gehört hieher das Aesch. Choeph. 756 vorkommende λιψ-ουρία, urinae crebra cupiditas. Darnach wäre αἰγί-λιψ = vom Sturme, vom Winde begehrt, oder, da begehren und andringen, anstürmen correlative Begriffe sind (vgl. μέμαα, ὁρμή, petere etc. in den verschiedenen Bedeutungen) = vom Winde bestürmt, ventis petitus.

Nach diesem Ergebnisse können wir wohl Düntzer's Aufstellung, αἰγίλιψ sei = glatt, von einem Stamme γλιπ (den er selbst erst erfunden hat und in ὀλιβ-ρός,*) γλισχρός st. γλιτχρός irrigerweise zu erkennen vermeint) und verstärkendem angeblichem Präfixe αἰ- gebildet, auf sich beruhen lassen; nur sei auf die contradictio in adiecto, welche sich bei Dü.'s Erklärung für Αἰγίλιψ τρηχεῖα ergibt, hingewiesen, auch die Frage aufgeworfen, warum denn der Dichter den hohen Felsen, auf welchem der Habicht horstet N 63, gerade als glatt habe bezeichnen zu müssen geglaubt, endlich die weitere Frage, wie das vom Dichter so nachdrücklich hervorgehobene Farbenspiel des Wassers entstehen könne, wenn dieses I 15, II 4 von niedriger glatter Felsenwand herabglitte. Man vergesse doch nicht, dass es nie einen Dichter gegeben, der ein so aufmerksamer Naturbeobachter, ein so treuer Naturmaler gewesen wäre, wie Homer.

III. Von dem erwähnten Stamme αἰγ- im Sinne von Woge (αἶγες = τὰ μεγάλα κύματα) entstammt auch

αἰγι-αλός, Gestade.

Die gewöhnliche Herleitung von ἀίσσω St. ἀῑκ und ἅλς ist schon wegen des γ unhaltbar; die Wurzel von St. αἰγ ist ἰγ, und das mit ἀίσσω gleichstammige ἀϊκή O 709, sowie πολυ-άῑξ, κορυθ-άῑξ, τριχ-άῑξ Gen. ἶκος zeigen wohl sprechend genug, wie weit St. αἰγ und St. ἀῑκ lautlich auseinanderfallen.

Haben wir im ersten Theile von αἰγι-αλός den Nominalstamm αἰγ-, so kann im 2. Theile nur ein Verbalstamm stecken, nämlich W. ἀλ oder vielmehr σαλ, lat. sal-ire, griech. ἅλλομαι.

---

*) ὀ-λιβ-ρός st. ὀ-σλιβ-ρός ist Einer Wurzel mit schlüpferig, mit engl. slip, slippy, slippery, mit ahd. sliafen, schleifen etc. und hat nichts mit γλισχρός zu schaffen.

Der Hiatus von *αἰγι-αλός* spricht dafür, dass die ursprüngliche Form *αἰγι-σαλός* gewesen. Dass noch bei Homer der sigmatische Anlaut der W. *σαλ, αλ* lebendig gewesen sei, folgt mit Gewissheit aus *ἐπι-άλμενος ω* 320, *προ-αλής*, vorsprüngig *Φ* 262, *ὠκύ-αλος*, welches Wort, da *schnellmeerig* ein Unsinn ist, nichts anderes bedeuten kann, als *schnellspringend, schnellhüpfend*, ein passendes Beiwort schneller Schiffe *O* 705, *μ* 182, *ο* 473. *Αἰγι-αλός* könnte nun bedeuten das *Wogengespringe*, das *Wogengehüpfe*, der *Wogenanlauf*, oder auch, weniger wahrscheinlich, *von Wogen besprungen*, — auf alle Fälle eine nicht bloss lebendige, sondern auch im höchsten Masse zutreffende Bezeichnung des M e e r g e s t a d e s, indem gerade hier der Anlauf der Wogen am meisten zu Tage tritt. — Die Ableitung von *ἄγνυμι* (W. *ϝαγ*) und *ἅλς* wird h. z. T. wohl kein Einsichtiger mehr zu vertreten wagen, noch weniger die wunderliche Ansicht des Scholiasten zu *A* 316, das Wort sei entstanden *παρὰ τὸ αἶαν ἐγγὺς ἁλὸς ἔχειν*, bestehe also aus *αἶα+ἐγγύς+ἅλς.* — Ganz dieselbe Figur, wonach *Wogenanlauf* für das Gestade, d. i. für den Ort, wo jener statthat, gesetzt wird, liegt der Benennung *ῥηγμίν* zu Grunde, welches Wort, von *ῥήγ-νυμι* stammend, eigentlich = *Brechung, Brandung* d. i. *Wogenbruch, Wogenbrandung*, zur Bezeichnung des Ortes, wo diese vor sich geht, verwandt wird.

IV. Auf den Nominalstamm *αἰγ-, Sturm, Wind*, und nicht auf St. *αἰγιδ-*, Nom. *αἰγίς*, ist auch zurückzuführen

αἰγί-οχος.

Bei Ableitung von *αἰγίς* und *ἔχω* müsste, nach Analogie von *κλειδοῦχος, κληδοῦχος, δᾳδοῦχος* etc. die Zusammensetzung *αἰγιδοῦχος* lauten. Der Hiatus ferner in *αἰγί-οχος* spricht dafür, dass Homer *αἰγί-ϝοχος* gesagt habe. Das führt auf W. *ϝεχ*, lat. veh-o, im Griechischen in *ϝόχος* (*ὄχος*), *ϝοχί-ομαι* etc., im Althochdeutschen in wag-an etc. vertreten. Dann ist Zeus *der im Sturmwinde, in Wettern einherfahrende*. Analog singt der Psalmist 104, 3 „Du fährest auf den Wolken, wie auf einem Wagen.“*)

---

*) Vgl. die Stelle im schwedischen Dichter Geiser:
„Thor fährt ewig
Auf donnernden Wagen,
Herrscher des Himmels.“

Mit dieser Auffassung wären wir in die Zeiten einer älteren Naturreligion entrückt, die freilich den anthropomorphisirenden Epigonen der nachhomerischen Zeit weder zusagend mehr, noch auch verständlich war. Homer steht gewissermassen zwischen beiden Entwickelungsperioden der griech. Religion in der Mitte; er bahnt den Uebergang an. Deutliche Spuren der älteren Religionsanschauung sind noch genug bei ihm vorhanden und ganz besonders in den altüberlieferten Götterbeiwörtern enthalten. Zu den ältesten dieser gehört offenbar unser αἰγί-ϝοχος. Der Uebergangsperiode entstammt die Versinnlichung der *Sturmwolke* (αἰγίς, ἐπ-αιγίζω etc.) mittels des hundertquastigen Schildes, den Homer Zeus führen lässt (αἰγίς ϑυσανόεσσα). Aber bei Homer blickt noch deutlich genug auch für diese αἰγίς die Beziehung auf Sturm, Donner und Blitz hervor; nirgends findet sich auch nur die leiseste Vorstellung von einem *Ziegenfell;* erst der folgenden, auch die Religionsanschauungen in das Niveau der Alltagswelt herniederdrückenden Zeit sollte die verwunderliche Enthüllung aufgespart bleiben, dass trotz der sieben Rindshäute am Schilde des Ajas man in alten Zeiten vermuthlich „Ziegenfelle" zu Schilden verwandt und darum Schilde überhaupt αἰγίδας genannt habe, weiterhin, dass die Aegis des Zeus „aus dem Felle der Ziege Amalthea gefertigt" worden sei. Von alle dem Nichts bei Homer; nur eine Stelle sei angeführt, um seine Vorstellung von der αἰγίς zu vergegenwärtigen, P 593: „Alsbald ergriff der Kronide die troddelnumflatterte Aegis, die flimmernde, umhüllte den Ida mit Gewölk, schleuderte Blitze und donnerte auf das gewaltigste, während er die Aegis schüttelte."

So grossartig auch die in dieser Stelle hervortretende Vorstellung sein mag, grossartiger war die der vorhomerischen Zeit, wo die αἰγίς die Sturmwolke, die Wetterwolke selbst bezeichnete, wo Zeus noch aufgefasst wurde als im Sturme, als in den Wettern einherfahrend, αἰγί-ϝοχος. Sicherlich hat nicht erst Homer dieses Wort gebildet, sondern als Erbtheil einer früheren Zeit überkommen und übernommen.

Diese Auffassung, nur dass von αἰγίς, nicht vom Stamme αἰγ-, ausgegangen wurde, hatten bereits im griech. Alterthume einsichtsvollere Erklärer und tiefere Denker, wie u. a. aus

Schol. *B* 157 hervorgeht: οἱ δὲ (sagen, dass Zeus die Benennung αἰγί-οχος habe) ἀπὸ τοῦ καταιγίζειν τοῖς ἀνέμοις
καὶ τοῖς πνεύμασι· καλεῖται γὰρ ὁ ἄνεμος αἰγίς. Eine
Ahnung, aber auch nur eine solche, hatten von dem wahren
Sinne unseres Epithetons die Allegoriker, deren im Schol.
O 229 gedacht wird: ἀλληγοροῦσι τὴν αἰγίδα καὶ λέγουσιν ὡς
νέφος τι πυρῶδες τοὺς Ἕλληνας ἐσκότιζε τοῦ μὴ κατ᾽
εὐθεῖαν πορεύεσθαι.

Erwähnt sei auch noch, um zu zeigen, wie wenig die Alten
über die eigentliche Bedeutung von αἰγί-οχος im Reinen waren,
die abgeschmackte Erklärung des Worts im Schol. *A* 202,
B 157: αἰγίοχος = ὁ ἀπὸ τῆς αἰγὸς — Ἀμαλθείας — ὀχὴν
λαβών, der *Ziegenernährte!*

Wie sehr unser Epitheton in dem oben angegebenen Sinne
mit den Beiwörtern des Zeus κελαινεφής, νεφεληγερέτα, αἰθέρι
ναίων (*Δ* 166), ἀστεροπητής, στεροπηγερέτα, ὑψιβρεμέτης, ἐριβρεμέτης, ἐρίγδουπος, τερπικέραυνος, ἀργικέραυνος ... im
Einklange stehe, bedarf keiner Ausführung. Dass dasselbe vorzugsweise angewendet wird, wo Zeus blitzeschleudernd und
donnernd erscheint, ist schon von älteren Erklärern hervorgehoben worden (vgl. *Δ* 66, Hes. Scut. 322 στεροπὴ πατρὸς
Διὸς αἰγιόχοιο).

Noch mehr stimmen zu unserer Auffassung verschiedene
ausführlichere Schilderungen. So heisst es *M* 279: „der rath-
kundige Zeus erhebt sich (ὤρετο) zu schneien, um den Menschen seine Keile zu versichtbaren; alsdann schläfert er die
Winde ein und wettert so lange fort, bis er die Gipfel hoch-
ragender Bergkämme, ingleichen die Spitzen der Vorgebirge ...
eingehüllt hat." — *H* 364: „Vom Olympos her jagt eine Wolke
über das Himmelsgewölbe, wenn Zeus aus dem göttlichen Aether
den Sturm ausstreckt" (λαίλαπα τείνῃ). — *M* 252 erregt der
donnerschwingende Zeus vom Idagebirge her einen Sturm-
windwirbel. — *Δ* 184 lässt sich Zeus, vom Himmel hernieder-
fahrend (καταβάς), auf dem Gipfel des Ida nieder, in den Händen den Blitzstrahl. — *N* 796 jagt unter dem Donnergeröll des
Vaters Zeus eine Windsbraut zur Erde hernieder und fährt
mit Gebräus in das Meer. — *H* 384 lastet ein Platzregen-
wirbel auf dem gesammten dunklen Erdreiche, und schüttet

Zeus reissende Wassermassen herab. — ε 303: „Wie umhüllt jetzt mit Gewölk den weiten Himmel Zeus und wühlte er das Meer auf!" Doch genug. Dass Gewölk, Unwetter, Regen und Sturm geradezu „des Zeus Gewölk" etc. genannt werden, ist etwas Gewöhnliches; z. B. *B* 146 πατρὸς Διὸς ἐκ νεφελάων, *E* 91 Διὸς ὄμβρος; vgl. *M* 286, ι 111, ε 176 etc. Wenn dagegen Homer Θ 41 ff. den Wolkensammler Zeus vorführt, wie er „an seinen Wagen das erzhufige Rossepaar, das schnellfliegende, von güldenen Mähnen umwallte, anschirrt, sich selbst in ein Goldgewand hüllt, die goldene, schöngefertigte Geissel ergreift, auf seinen Wagenthron steigt, die Rosse zur Eile antreibt und nun mitten zwischen der Erde und dem sternenreichen Himmel dahinfährt": so thut diese und andere derartige Schilderung unserer Auffassung keineswegs Eintrag. Einerseits sind Ungleichartigkeiten, selbst Widersprüche in der dichterischen Behandlung der Himmlischen gar nichts Ungewöhnliches bei Homer; andrerseits aber handelt es sich, wie gesagt, bei αἰγί-ϝοχος nicht etwa um eine erst von Homer erfundene Bezeichnung des Zeus, sondern, was sowohl die stehende Anwendung derselben, als auch die unläugbar archaistische Form des Wortes hinlänglich erkennen lässt, um eine aus früherer Zeit sich bereits herschreibende und dem Dichter überkommene Bezeichnung des Gottes. Wir aber haben kein Recht, von der ursprünglichen Bedeutung des Wortes, einem Theile der späteren Erklärer zu lieb, abzugehen, sollten vielmehr von dem überlieferten Unverstande kühn uns lossagen und mit den einsichtigeren alten Erklärern dem Beherrscher des Himmels und der Erde (cf. Schol. *B* 157 oben) auch in unseren Schulen die würdigere Bezeichnung geben „des in Wettern einher-fahrenden".

6. Ἥρη.

Dem Zeus steht als weibliche Gottheit gleiches Wesens, als Schwester und Gemahlin Ἥρη zur Seite. Bedeutet daher Ζεύς Luft, Himmelsraum, so wird gleicher Begriff für Ἥρη schon von vorne herein aufzustellen sein. Im lat. Juno aus Jov-on(a), Jav-on(a) ist auch lautlich diese Wesensgleichheit zum Ausdrucke gelangt.

Die alten Griechen fassen meist Ἥρη als die personificirte
Luft; so. z. B. Plato im Cratylus 404, die Scholien zu A 50. 53.
399. 400, O 21, Y 67, Φ 6 u. s. w. Daher wird sie in den
s. g. orphischen Hymnen XVI angerufen mit ἠερόμορφε, ἀνέμων
τροφέ, ψυχοτρόφος, αὔρας θνητοῖς παρέχουσα προσηνεῖς κτλ.
Deshalb aber mit Plato Ἥρη aus ἀήρ, ἀϝ-ήρ abzuleiten, geht
nicht an, trotzdem Pott, Döderlein, Christ u. a. sich für diese
Etymologie ausgesprochen haben. Denn es ist kein gesetzmässi-
ger Lautübergang zu erkennen, und wenn Homer zur Bezeichnung der Luft ἠϝ-ήρ beibehalten hat, so ist nicht zu begreifen,
wie in dem gewiss schon Jahrhunderte vor Homer entstandenen Gottheitsnamen die W. ἀϝ bzhw. ϝα zur vollsten Unkenntlichkeit sollte zusammengeschrumpft sein, Digamma sollte eingebüsst haben. Aus W. ἀϝ konnte wohl αὔ-ρη, au-ra, aber
nimmermehr Ἥ-ρη hervorgehen.

Aber gleichbedeutig mit W. ἀϝ, W. ϝα ist W. ἀς, hauchen,
(G. Curt. N. 564), welche auch im Griechischen eine ungeahnte
Ausdehnung gewonnen hat, nicht etwa bloss in der Gestalt von
W. ἐς, wesen, sein (d. i. athmen, leben), oder mit dem Begriffe
ruhen, engl. to breathe (athmen — ruhen) in ἥ-μαι, sondern
auch in ursprünglicher Gestalt, wie z. B. in ἄσ-ις st. ἄσ-σις
Unrath (Bgr. wehen = dunsten, übelriechen, πνεῖν), oder mit
ursprünglichstem Begriffe in der Gestalt von Wf. ἰς z. B. in
ἴσ-θ-μα· ἄσ-θ-μα ‖ ἰσ-θ-μαίνοντα· πνευστιῶντα ‖ ἰσ-θ-
μαίνων· ἀσ-θ-μαίνων ‖ ἴσ-θ-μια· περιτραχήλια ‖ ἴσ-θ-μιον·
περι-τραχήλιον, περι-στόμιον ‖ παρ-ισ-θ-μια· τὰ περὶ τὸν
φάρυγγα (Hes.), weshalb die Erklärung, ἰσ-θ-μός komme von
W. ἰ, gehen, wie lautlich (vgl. εἰσ-ί-θ-μη, Eingang, aber nicht
εἰς-ισθμη), so auch begrifflich unhaltbar ist: ἰσ-θ-μός bedeutet Luftröhre, engl. wind-pipe, Hals, φάρυγξ, τράχηλος und
wird wie lat. faux und andere Wörter gleichen Urbegriffs auch
vom „Halse“ zwischen zwei grösseren Ländermassen gebraucht,
wie unser Su-nd (aus W. sa = as) vom Halse zwischen zwei
grösseren Meerestheilen (= lat. faux). Ohne θ begegnet uns
ἴσ-μα· ἀνάψυξις, das Aufathmen, die Ruhe, engl. breath ‖ ἰσ-
μαίνει· ἀναψύχει. ὄζει. ἀποψύχει (Hes.). Genug W. ἀς, hauchen,
steht fest. Wie nun ἡμεῖς = äol. ἄμ-μες st. ἄσ-μες = Skr. as-
mat (Curt. S. 677), wie überhaupt unzählige mal ασ zu η wird,

und zwar im Anlaute zum öfteren auch noch mit weiterer Nachwirkung des Sigma im Spiritus asp., so ist aus ἄσ-ρη (= Hauch, Luft, au-ra) Ἥρη entstanden. Andere Beispiele dieser Lautwandlung sind ἡμέρη und ἦμαρ aus W. σμαρ, glänzen, hellsein; woher urspr. ἀ-σμέρ-η, ἄ-σμαρ = Helle d. i. Tag || ἠπύω st. ἀ-σπύ-ω aus W. σπν, hauchen, blasen, mit dem Bgr. tönen, rufen || ἠπανία (worüber zu vgl. Curt. S. 714) aus ἀ-σπανία neben σπανία || ἤμορος und Fem. ἠμορίς bei Aeschylus neben homerischem ἄμμορος st. ἀ-σμορος aus W. σμαρ, σμερ, deren sigmatischen Anlaut G. Curtius mit Recht aus ἔμ-μορα st. ἔ-σμορα, εἴ-μαρται st. σέ-σμαρται κτλ. folgert. Weitere Einzel-Beispiele werden uns noch in Menge begegnen. Seitdem die Sprachforschung erwiesen hat, dass die Neutralstämme in ος Gen. εος st. εσ-ος ursprünglich auf ας auslauteten, erklärt sich als für ασ stehend das η in Bildungen wie ἀδη-φάγος (τὸ ἄδος), ἀνθη-φόρος, ξιφη-φόρος, σκευη-φόρος κτλ., in ἀλή-ϝεις (τὸ ἄλπος), τειχή-ϝεις, τελή-ϝεις, θνή-ϝεις κτλ., in ἀχθη-ρός, πενθη-ρός κτλ.

Bei vorstehender lautlich wie begrifflich so einfachen Ableitung von Ἥρη = ἄσ-ρη, Luft, können wir wohl der anderen mehr der Verzweifelung entstammenden Etymologien dieses Namens entrathen, wie von W. ϝαλ, ϝαρ, woraus Benfey für die Luftgöttin den Bgr. virtus vermitteln will, von lat. hĕra (Preller), von ἔρα (Welcker), von Ρέα (Hartung), von W. ἀρ, ἀραρίσκω (Hermann), aus SkrW. var, bedecken (Muys), aus Skr. svar, Himmel (L. Meyer) u. s. w.

Nach Hesychius ist Πύρνα ein anderer Name für Hera; zweifelsohne entstammt diese Benennung aus W. σπν, hauchen, blasen, bedeutet also ebenfalls Luft. Gänzlicher Abfall von Sigma kommt ja hundertfach vor, wie aus Curtius Et. ersehen werden mag.

Dass Homer Ἥρη als die Luftgöttin aufgefasst hat, geht unter anderm aus der wunderbar poetischen Verbindung ἐρί-γδουπος πόσις Ἥρης überzeugend hervor. Nur da, wo Zeus als Donnergott, ἐρίγδουπος, vorgeführt wird, hat er die Bezeichnung πόσις Ἥρης: der Donner erschüttert eben die Luft.

Vom Zeus ist Here des Hephästos, des Feuers, Mutter
A 578, *Σ* 396, *Φ* 378; denn Feuer bedarf zu seiner Existenz
der Luft.

7. Ἡρα-κλέης

bringen spätere griechische Etymologen in der Weise mit Ἥρα
in Verbindung, dass sie bald erklären ὅτι δι᾽ Ἥρας ἔσχε κλέος,
bald παρὰ τὸ ἀπὸ τῆς Ἥρας ἀκλεᾶ εἶναι. Hesiod scheint den
Namen aus αἴρω+κλέος abgeleitet zu haben: Scut. Here. 107
ἵνα κλέος ἐσθλὸν ἄρηαι. Vgl. Ebeling. Lex. Hom. Der Scholiast zu *Ξ* 323 findet die Namenserklärung in dem Orakel:
Ἡρακλέην δέ σε Φοῖβος ἐπώνυμον ἐξονομάζει·
ἦ ρα γὰρ ἀνθρώποισι φέρων κλέος ἄφθιτον ἕξεις.
Wir haben statt der offenbar falschen Form „Ἡρακλέουν“
die bei Apoll. Rhod. II 767, Theocr. XIII 73 vorkommende Form
setzen zu müssen geglaubt, zumal bei Aelian. Var. Hist. II 32,
wo dasselbe Orakel citirt wird, Ἡρακλῆν gelesen wird.

Die Scholien zu *Ξ* 323 bringen noch eine andere alte Deutung: οἱ δέ, ὅτι Πορφυρίωνος ἐρασθέντος Ἥρας προσκαλεσα-
μένης αὐτῆς ἐβοήθησε· διὸ παρὰ τὸ ὑπὸ τῆς Ἥρας κληθῆ-
ναι Ἡρακλῆς λέγεται. Andere Griechen lassen den Namen von
den Aegyptern herübergekommen sein (Herodot). Fast alle diese
Aufstellungen haben ihre Vertreter auch unter den Neueren
gehabt.

Movers dagegen hält den Namen für phönizisch, entstanden
aus einem angeblichen Ἐρ, Ἡρ und hebr. jakhal, siegen, mit der
angeblichen Bedeutung „der Feuergott siegt“. Muys, Griechenland und Orient S. 64, diese Deutung verwerfend, geht zurück
auf SkrW. var, umringen, wahren, wehren, wohin er auch ἦρα,
ἐπί-ηρα zieht, und deutet „wehrberühmt, kraftberühmt“. Allein
Ἡρα-κλέης erscheint nirgends digammirt und ἦρα ist keineswegs
τὴν ἀλκήν.

U. E. ist Ἡρακλέης allerdings griechischen Ursprungs
und von Ἥρη nicht zu trennen, so wenig wie der homerische
Eigenname Διο-κλῆς *E* 542, *γ* 488 ö. von Δι-ός (Δίς), oder
wie die späteren Namen Ἑρμο-κλῆς, Ἀθηνο-κλῆς, Θεο-κλῆς etc.
von Ἑρμῆς, Ἀθήνη, θεός κτλ. geschieden werden dürfen. Man
braucht darin keine kosmologisch-mythologischen Geheimnisse

zu suchen. So gut wie Namenbildungen aus κλέος mit Appellativis, wie πατήρ, Πατρο-κλέης κτλ. gangbar waren, konnten solche auch mit Götternamen (Διο-κλῆς κτλ.) erfolgen. Dadurch wurde der betreffende Sohn bei der Namensgebung gewissermassen der betr. Gottheit geweiht.

Soll aber in dem Namen Ἡρα-κλέης durchaus eine Naturgewalt gefunden werden, so würde sich bei obiger Ableitung von Ἥρη als Luft mit Leichtigkeit ergeben der Begriff Luftschall, Luftbraus, Windsbraut, Windbraus.

8. Ἄπτο-επής.

Die Epitheta der Here bedürfen keinerlei Erläuterung, mit Ausnahme von dem einmal damit verbundenen Adjectiv

$$ἄπτο-επής,$$

das indess nicht als „zierendes", sondern als recht bedeutungsvolles Beiwort Θ 209 steht, sonst aber nicht weiter vorkommt. Dort sagt Poseidon:

Ἥρη ἀπτο-ϝεπές, ποῖον τὸν μῦθον ἔειπες;

Indem Aristarch ἀπτο-επές änderte, glaubte er im ersten Worttheile ein Adj. ἄ-πτο-ος = ἄ-πτόητος, ohne Furcht (πτόα, πτοίη) finden zu müssen, so dass sich der Bgr. „furchtloseu Wortes", „furchtlos redend" ergäbe. Gesetzt, dass es jemals ein Adj. ἄ-πτο-ος, furchtlos, gegeben habe, so würde man nach Analogie von ἀμετρο-ϝεπής, ἁμαρτο-ϝεπής (v. ἁμαρτός) doch wohl ἀπτο-ο-ϝεπής haben erwarten können, zumal wo πτό-α entschieden πτόϝ-α lautete und mit lat. pav-or zusammengehört: πτοϝ-έ-ω = pav-e-o. Aus ἀπτοϝο-ϝεπής konnte aber schwerlich ἀπτο-ϝεπής werden. Andere alte Erklärer suchten im 1. Worttheile Adj. ἄ-απτος und erklärten δεινο-επής. — Bei Apollonius (Lex. Hom.) findet sich auch die Erklärung ἄπτωτε τοῖς λόγοις, als ob Adjectiv ἄ-πτω-τος, ἄ-πτώς, nicht fallend, in solcher Weise verstümmelt werden könnte.

Die gewöhnliche Lesart ἀπτο-επές mit Spir. asp. glaubte man unter Hinweis auf καθάπτεσθαί τινα ἔπεσιν (β 240, O 127, σ 415, υ 323 ö.) als καθαπτομένη τοῖς ἔπεσιν erklären zu können. Allein auch trotz der Redensart ἔπεσίν τινος ἅπτεσθαι kann aus der Construction καθαπτόμενος, ἁπτόμενος ἔπεσιν nie die Composition ἀπτο-ϝεπής hervorgehen. Bei derartigen Bildungen mit Verbalstamm im ersten und Substantiv· Stamm im zweiten Theile kann letzterer nicht den Dativus Instrumenti darstellen, sondern nur entweder a) als Object des Verbs stehen, oder b) durch den Participialbegriff des Verbs erläutert werden (Appositionsverhältniss). Es könnte sich hiernach bei Ableitung von ἅπτω nur ergeben a) Worte heftend, anknüpfend, verba serens, b) von angreifenden oder auch zündenden, brennenden Worten.

Sehen wir uns nun den Zusammenhang der Stelle an, so ist in den Worten, welche Vs 201—207 Here zu ihrem Verbündeten Poseidon gesprochen hatte, im Entferntesten nichts Beleidigendes gegen diesen enthalten, sondern nur die Aufforderung an ihn, gemeinsam mit ihr den Danaern zu helfen. Alle Erklärungen daher, welche eine Beleidigung Seitens des Antwortenden voraussetzen, wie „schmähsüchtig", „mit Reden angreifend" oder „von zündenden, kränkenden Worten", sind völlig unbrauchbar.

Desto besser aber passt der Bgr. verba serens, Worteknüpferin, Wortmacherin mit dem Nebenbegriffe des gedankenlosen Geredes. Denn darauf zielt die ganze Entgegnung Poseidons hin: „Here, du Wortmacherin, was für ein Wort hast du gesprochen! Ich wenigstens möchte nimmer, dass wir anderen gegen Zeus den Kroniden angingen, da er weit mächtiger ist." — In der That ist schon im Alterthume ἀπτο-επής Θ 209 als „unverständig redend" aufgefasst worden, wie die Glosse bei Hesychius besagt: κακολόγε ἢ ἀνόητε. Hiernach bleiben wir getrost bei der gemeinen Lesart ἀπτο-ϝεπές Θ 209 stehen und deuten es als verba serens, Wortmacherin mit dem angegebenen Nebenbegriffe, als synonym mit ἐπεσ-βόλος B 275. Das einzige Beiwort besagt darnach soviel, als wenn Poseidon den Gedanken ausgeführt hätte: „Worte, gedankenloses Gerede kannst du wohl machen; aber sie in That zu wandeln, vermagst du dem mächtigen Zeus gegenüber doch nicht." Da Poseidon Verbündeter der Here ist, so liegt eine wunderbare Feinheit darin, dass der Dichter ihn nur den Ausdruck „Worte-macherin" (nicht aber „Thörichtes-redend" oder dgl.) gebrauchen lässt.

9.

Verwandten Sinnes ist das ebenfalls missverstandene

ἀρτι-επής.

Dasselbe soll „gewandt im Reden" bedeuten. Weder ist
abzusehen, wie sich dieser Begriff ergeben könne, noch auch
passt derselbe an der einzigen Stelle, wo das Wort vorkommt
X 281.

Offenbar ist ἀρτι-ϝεπής gebildet wie ἀρτί-ϥρων, ἀρτί-πος,
ἀρτί-πους mittels des Adverbs ἄρτι. Letzteres bedeutet später
gemäss seiner Abstammung von W. ἀρ, fügen, urspr. „angefügt"
d. i. eben erst, gerade jetzt, unmittelbar anschliessend, dem
entsprechend in Zusammensetzungen sogar frisch, neu: ἀρτί-
τοκος, neugeboren = νεηγενής, ἀρτί-δρεπος, frisch gepflückt,
ἀρτί-καυστος, frisch gebrannt, ἀρτι-φυής, frisch gewachsen,
ἀρτι-θαλής, frisch blühend u. dgl. m.

Hiernach sind auch die homerischen Zusammensetzungen
mit ἄρτι zurechtzulegen. Man lehrt insgemein, bei Homer
drücke ἄρτι „durchweg das Vollkommene, Vortreffliche aus".
Vielmehr lehnt sich an den Bgr. „eben erst, neu, frisch" ganz
ungezwungen der Nebenbegriff des Nichtverschlissenen. Wir
können im Deutschen ebenso unser „frisch" verwerthen: ἀρτί-
πους ist = frischfüssig, ἀρτί-ϥρων = frischen Geistes.

Demgemäss wäre ἀρτι-ϝεπής eigtl. = frischwortig d. i.
frisch drauf losschwatzend. Dass die Erklärung „fertig oder
gewandt im Reden" falsch ist, hätte der oberflächlichste Einblick in *X* 281 lehren können und sollen: „Du hast gefehlt
(nicht getroffen); also wusstest du, ob den Göttern vergleich-
barer Achilles, noch nichts aus des Zeus Munde über mein
Todesloos, wiewohl du es behauptetest; vielmehr erweisest du
dich als einen, der frisch drauf losschwatzt und mit Worten
trügt":

ἀλλά τις ἀρτιεπής καὶ ἐπίκλοπος ἔπλεο μύθων.

Man halte nur neben das Gesagte die treffende Bemerkung bei
Hesychius: ἀρτιεπής· λέγεται δὲ οὕτως καὶ ὁ ἐπιτροχάδην
ϥράζων· ὅθεν καὶ ἐπὶ ψόγου τάσσεται.

10. Ἀπόλλων.

Es gibt nichts an und für sich Haltloseres und Unwissen-schaftlicheres, als die Aufstellung, dass im Griechischen nach Belieben die Vocale ἀ, ἐ, ὀ, ἰ vorgeschlagen werden könnten. Wir werden weiter unten in besonderer Darlegung zeigen, dass „Prothese" nur 1) als natürlicher Vorhauch vor ϝ: ἐϝέϱσῃ, 2) als natürlicher Vorschlag behufs leichterer Aussprache von σπ, σκ, στ, σλ, σμ etc. statthatte, und dass, nach Verdrängung von σ die übrig gebliebene „Prothese" (vgl. franz. étable aus e-stable, lat. stabulum) bzhw. s. g. prothetisches ἀ, ὀ, ἰ auf sigma-tischen Anlaut der Wurzeln schliessen lässt. Angesichts dieses bisher verkannten Sprachgesetzes schwinden u. E. mit Einem male alle Zweifel über Herkunft des Götternamens Apollo. Ἀ-πόλλων steht für Ἀ-σπόλλων, die Nebenform Ἀ-πέλλων (Ἀ-πέλλης) für Ἀ-σπέλλων und fügt sich zu W. σπαλ, πάλλω, schwingen, schleudern, werfen: πάλλειν λίθον E 304, δοῦρα, ἔγχος, αἰχμήν κτλ. Apollo ist der Schütze κατ᾽ ἐξοχήν, der ἀργυρό-τοξος, ἑκη-βόλος, ἑκατη-βόλος, ἑκατη-βελέτης, ἑκά-ϝεργος, κλυτό-τοξος etc. Die Pfeile bezeichnen symbolisch die Strahlen, welche er als Lichtgott schiesst.

Unser Strahl, mhd. strâle vereinigt sogar beide Begriffe „Pfeil" und „Strahl" in demselben Worte. Die bei den Pariern und Pergamäern nach Hesychius gebräuchliche Benennung Apollos Πα-σπάρ-ιος gehört zu der mit W. σπαλ parallel laufenden und gleichbedeutigen W. σπαρ, welche mit jener keineswegs vermengt werden darf: jene ist λ-Erweiterung, diese ϱ-Erweiterung derselben Urwurzel. W. σπαρ und W. σπαλ haben mit allen möglichen Erweiterungen, Um- und Ausgestal-tungen ein kaum überschbar grosses Gebiet in allen verwandten Sprachen eingenommen: eine uns hier interessirende Erweiterung ist engl. spar-k, Sprühfunken, to spar-k, Funken sprühen, to spar-k-le, dass. So gewiss Πα-σπάρ-ιος zu W. spar, schwin-gen, schleudern, so sicher gehört zu W. spal desselben Gottes Bezeichnung Ἀ-πόλλων.

Wenn Christ Gr. Lautl. 234 meint, die zum Oefteren vor-kommende Längung des anlautenden ἀ stamme aus einer alten Form Ἀππόλλων für Ἀπϝόλλων, und wenn man dann diese

Längung für den Ursprung aus ϝέλλειν, ϝείλειν glaubt geltend
machen zu können, so spricht diese Längung noch weit mehr
für die ursprüngliche Form Ἀ-σπόλλων, Ἀ-σπίλλων. Ἀ kann
hier aus demselben Grunde verlängert gebraucht werden, wie
solches mit ὁ bei ὄφις der Fall ist *M* 208. Denn die gleichbedeutigen Wörter ἁ-σπίς, ἁ-ψίς, lat. aspis, zeigen, dass ὅ-φις
statt ὅ-σφις steht und zu W. σπι „hauchen, zischen", nicht
aber zu ὅπ-τω gehört. Das σ hinter dem prothetischen ἁ und
ὁ war eben beweglicher Natur und wurde bald gefühlt oder
gehört, bald nicht.

Wie aus Vb. ϝέλλειν, ϝείλειν, dessen Wurzel ϝαλ, ϝελ doch
noch bei Homer digammirt erscheint, in einem so uralten,
vorhomerischen Gottesnamen man Ἀπόλλων ohne Digamma
habe bilden können statt ἀπο-ϝόλλων (!), ist ebenso unbegreiflich, als die Aufstellung, Digamma sei zwar verblieben, aber
aus ἀπό trotz alledem ἀπ-ϝόλλων geworden. Noch unge-
heuerlicher fast ist jene Etymologie, die aus ἀϝέλιος (ἠέλιος),
welches die Kreter ἀβέλιος aussprachen, Ἀπόλλων entstehen
lässt. Das einzig Brauchbare an letzterer Etymologie ist die
begriffliche Beziehung des Namens auf die Sonne. Gegen
die Herleitung aus ἀπό+ϝαλ spricht auch der angebliche Begriff „Abwehrer": es fehlt darin ein Hauptbegriff: Abwehrer
wessen?, welchen Begriff ἀλεξί-κακος hübsch bringt. Aber
so heisst nicht Apollo, sondern nur die μῆτις *K* 20. Und ist
es glaublich, dass eine Naturgottheit in uralter Zeit ihre Benennung von einem so abstracten Begriffe wie „Abwehrer"
(etwa der Mäuse!?!) erhalten habe? Der uralte Name kann
nur das Wesen der Gottheit ausdrücken: der Schiesser d. i.
der Strahler, Πα-σπάρ-ιος, Ἀ-σπόλλων. Interessant ist
die Glosse von Hesychius ἄ-σπαλ-ος· ὁ ἰχθύς. Weil der Fisch
dahinschiesst, hat er seinen Namen; denn auch ἰχ-θ-ύς,
wofür dialectisch auch ἰκ-τάρον, hat den Begriff Schiesser,
Schneller; es gehört sammt ἴκ-ταρ, treffend, etc. zu W. ἰκ,
ic-o, treffen, stossen.

Dass es ein phonetisches ἁ, ὁ, ἑ prothet. zur Erleichterung
der Aussprache von σ mit folgendem Consonanten (σπ, σκ,
στ etc.) giebt, ist aus Curtius Et. S. 712 ff. bekannt: ἁ-σπάλαξ:
σπάλαξ ‖ ἁ-σπαίρω: σπαίρω ‖ ἁ-στράπτω: στράπτω ‖ ἁ-σφάρ-

αγος: φάρ-υγξ κτλ. Wie nun hinter solchem euphonischen Vocal-Vorschlage auch z. B. im Französischen Sigma wich: état, früher estat = lat. stat-us etc., nicht anders sehr oft im Griechischen. Hätte man dieses Gesetz erkannt, so würden gar viele Unbegreiflichkeiten der Etymologie unterblieben, und viele Dutzende von griechischen Wörtern ihrem Ursprunge nach erkannt sein. Hier nur einige vorläufige Beispiele:

'Ο-κιμβάζω neben σκιμβάζω und κιμβάζω.

Ἀ-τέραμνος = στέρεμνος, τέρεμνος, τέραμνος. Bereits Lobeck Path. Pr. 158 dachte an Zusammengehörigkeit mit στερρός.

Ἀ-τύζω St. ἀ-τυγ = στυγ-εῖν.

Ἀ-μαρ-ύσσω, ἀ-μαρ-υγή etc. zu W. smar, glänzen, wozu u. a. auch σμαρ-ίλη, μαρ-ίλη, glühende Kohle, σμάρ-αγ-δος = franz. é-meraude etc.

Ἀ-λιτ-αίνω St. σλιτ = englisch to slide, gleiten, fehlen (W. sli+t).

Ἀ-κιδ-νός: W. σκιδ, spalten etc.

Ἀ-κρίς, Heuschrecke = Hüpfer: W. σκαρ, ἀ-σκαίρω, σκαίρω, Wf. σκιρ in σκιρ-τ-άω, hüpfen; in Metathese σκρι.

Ἀ-λαπ-άζω St. σλαπ, wozu unser schlaff st. slaff (W. sla+p).

Ἄ-τλας: τλάω, dessen Urgestalt aus altlat. stla-tus = la-tus zu erkennen ist (Wf. stla = sta+l).

Ἀ-πά-τη = σπά-τη in οἰ-σπά-τη, ovis fimus. Grundbegriff von σπά-τη (σπα-τ-ίλη) ist Dunst; Bgr. „Dunst, Gestank" nimmt in οἰ-σπάτη und σπατίλη den gleichen Begriff an, wie ἄσ-ις, Unrath, von W. ἀς, κόπ-ρος von W. καπ (καπ-νός), ὄν-θ-ος von W. ἀν, fi-mus zu W. spi, fio, hauchen, rauchen, dagegen in ἀπάτη den von καπ-νός (Plato) = Dunst, blauer Dunst = Trug.

Ἀ-πελλόν, Zitterpappel (Hes.) = lat. pô-pulus st. po-spul-us, von W. σπαλ, da dieser Baum als besonders schwingend und vom Winde geworfen gilt.

Ἀ-κάρα· τὰ σκέλη (kretisch), jenes von W. σκαρ, dieses von W. σκαλ.

Ἀ-πή-νη = Ge-spann, Spa-nn (W. spa).

Ἀ-πέλλη, Hürde. neben σπάλ-ιον, ψάλ-ιον, Kreis, Ring, Fessel, neben ψέλλιον, ψέλιον, σπέλλιον, Armband etc. von W. σπαλ; denn „schwingen" = biegen, „geschwungen" = gebogen = lat. pandus von Wf. spand, schwingen (σφενδ-όνη), wie Fick richtig das lat. Wort deutet. Dahin gehört auch πτόλ-ις, (σ)πόλ-ις, Ring, orbis, urbs. Ἔ-πιζα st. σπίζα, σπιζία Hes. Ὀ-τρη-ρός = stre-nu-us, von W. στρα, = στρη-ρός (W. stu+r). Ὀ-λιβ-ρός, glitscherig, Stamm σλιβ, ist Eines Ursprungs mit unserm schlüpferig, engl., slippy, slippery, mit ahd. sliafan, sliufan, amhd. sliefen (gleiten): W. sli durch Labiale erweitert. Ὀ-λισθ-άνω St. σλιτ = engl. to slide; vgl. Schlitten, Un-schlitt u. s. w.: W. sli durch Dentale erweitert. Ὀ-λίγ-ος ist verwandt mit schlicht, schlecht, engl. sli-gh-t (W. sli+g). Ὀ-τρύ-νω verwandt mit engl. to stir, mit Stur-m etc. Ὀ-φέλλω st. σφέλλω. Näheres weiterhin.

Genug der einstweiligen Beispiele. Wie nun ἀ-πελλόν, pô-pul-us, ἀ-πέλλη u. a. W. auf W. σπαλ (πάλλω) weisen, so auch Ἀ-πόλλων, Ἀ-πέλλων st. Ἀ-σπόλλων etc., weshalb auch öfters Ἀ-πόλλων gemessen wird.

Die vielfachen anderweitigen Deutungen von Ἀπόλλων können wir wohl als abgethan ansehen. Den Sonnengott, Lichtgott, λυκη-γενής, den Gott der Gesanges- und Wahrsagerkunst als seinem Wesen nach „verderblichen Gott" aufzufassen, was bei der Etymologie von ἀπ-όλλυμι geschieht, ist denn doch allzu banausisch. Die Deutung Benfey's WL. II 371 aus ἀπο-λούων „abwaschend" (= rein!) ist wohl nur der etymologischen Verzweifelung entsprungen; sie geht weder lautlich, noch begrifflich an. Buttmann's Gleichstellung mit hebräischem Jabal, wie der Gründer des Hirtenlebens heisst (Mythol. II 138), ist längst aufgegeben worden. Sogar mit lat. aperio hat man in seiner Verlegenheit unseren Sonnengott in Verbindung gebracht als aperiens.

Obiges so einfache Lautgesetz, worüber später mehr, wird hoffentlich eine allseitig befriedigende Ableitung und Deutung vermittelt haben: Ἀ-πόλλων = stråler (Schiesser, Schütz κατ᾽ ἐξοχήν).

11.

Ein anderer Name Apollo's ist

Πύθιος.

Hymn. in Ap. 373, Pind., Aesch. etc. Der Name hängt offenbar zusammen mit *Πυθώ*, der Lieblingsstätte dieses Gottes. Woher der Name *Πύθ-ώ*? Die Alten sagen, „weil der von Apollo erlegte Drache dort verfault sei: πύ-θω, faulen machen." — So bereits der Dichter des homerischen Hymnus auf Apollo Vs. 372. Abgeschmackt wie diese Deutung auch ist, so liegt ihr doch ein richtiges Sprachgefühl und Sprachbewusstsein zu Grunde, nämlich die Ahnung gemeinschaftlicher Wurzel. Denn πύ-θω, faulen machen, sammt τὸ πῦ-ον, Eiter (Gefaultes), lat. pû-t-eo, foe-t-eo (aus pû-tus, foe-tus st. fov-i-tus), pûter, äol. ποῦ-τρις· σα-πρός Il., πυ-νός, podex, etc. gehört zu W. σπυ, hauchen, blasen, mit dem euphemistischen Begriffe ἀποπνεῖν = stinken, übelriechen. Alle Wörter dieses Begriffs, aus welcher Wurzel immer, weisen auf Grundbegriff πνεῖν. Lateinisch foe-tus st. fov-i-tus = pû-tus, woraus pû-t-eo etc., hat in f noch die Nachwirkung des ursprünglichen Sigma von sp gewahrt, wie ja auch griech. φ so oft, wo nicht immer, aus σπ entstanden ist, während in pû-t-eo Sigma, · wie hundertmal, abgefallen ist. Neben spuo, spûtare läuft (im Sinne von re-spuo) fûtare: refûtare. Die gewöhnliche Herleitung von foe-t-eo etc. aus W. θυ beruht auf dem vorgefassten Aberglauben, dass das lateinische f ein „Knecht für Alles", ein Allerweltsbuchstabe sei, der bald für θ, bald für δ, bald für χ u. s. w. stehen könne.

Lat. f im Anlaute entspricht nur griech. φ, σπ bzhw. σφ: funda = σφενδόνη: Wf. spand, fungus = σπόγγος und σφόγγος, fallo = σφάλλω etc.

För-es gehört (mit för-a-re, durchbohren etc.) zu W. σπαρ, woher πείρω, περ-ᾶν, Βό-σπορ-ος, ὁδοι-πόρος st. ὁδο-σπόρος (denn nur Object, nicht aber ein Locativ kann der erste Theil sein), hat aber mit θύ-ρη nichts zu schaffen, desto mehr mit por-ta.

Fû-mus, Rauch, gehört zu W. σπυ, hauchen, blasen, dampfen, dagegen θυ-μός zu der nur begrifflich identischen Wurzel θυ.

Fi-o in sub-fi-o, räuchern, sub-fi-men gehört zu der weitverzweigten W. σπι, hauchen, wozu auch fi-s-tula, Blasrohr
etc. || fi-d-es und σφί-δ-η, Darm (Blase) und das daraus Ge-
machte, Saite || fi-mus, Mist || fi-n-d-o, spalten, d. i. klaffen-,
gähnen-machen (vgl. spiraculum, Oeffnung) u. a. W.

Fê-la, mamma, woher fê-la-re, ist nur dem Suffixe nach verschieden von ags. spa-na, mamma, altn. spe-ni; auch σπάω
bedeutet saugen, und βδάλλω st. βδαλ-ίω hat πτ st. σπ
erweicht zu βδ, wie in ἕβδομος aus ἑπτά u. ö. Das dem
βδάλλω zu Grunde liegende Nomen βδα-λή st. πτα-λή =
σπα-λή deckt sich möglichst mit fe-la. Vgl. ἁ-φα-τ-ῆλες·
μαστοί (Hes.) st. ἁ-σφα-τ-ῆλες, wie ἁ-φλε-τῆρες· μαστοί (H.)
st. ἁ-σφλε-τῆρες: Wf. σφαλ, blähen, schwellen. Denn, wie
wir später sehen werden, steht anlautendes πτ stets für σπ:
πτύω = spuo κτλ. Θη-λή, mamma, ist nur begrifflich
mit fê-la identisch.

Fen-d-o gehört zu Wf. spand, schwingen, schlagen, θείνω aber
zu W. θα. Vgl. S. 2.

Fas-tus kann zu θάρσος (Curt. N. 315) nicht gestellt werden,
sondern gehört zur Wf. fa-s st. spa+s, W. σπα, hauchen,
(s. u.) mit dem Begriffe Aufgeblasenheit = Stolz.

Fundo ist = σπένδω, aber nicht = χίω || fel, nicht lautlich
= χολή, sondern gehört mit dem Grundbegriffe Blase zu W.
σπα bzhw. σπα+λ.

Fĕr-us und fĕr-io etc. gehören zur W. spar, schwingen bzhw.
sich schwingen, stürmen, nicht zu θήρ G. θηρ-ός, mögen
auch die Aeoler, gerade wie in verschiedenen Gegenden Eng-
lands „fink" für think, „wif" für with etc. gesprochen wird,
„φλίβω" st. θλίβω, „φήρ" st. θήρ gesprochen haben. Im
Griechischen steht dem lat. fĕr-us gegenüber φαρ-υμός·
θρασύς Hes.

Ein Mehres später; vor der Hand möge dieses genügen,
um zu zeigen, dass allerdings foe-tus auch wurzelhaft = pû-tus
in pû-teo. Wie sich dazu pŭ-tus, gefegt, rein, pŭ-tus und
pū-sus, Knabe, verhalten, werden wir später sehen.

Πύ-θω, faulen machen, verdunsten, geht also aus W. σπυ
hervor. Man vergleiche noch mit ψ st. σπ (wie in ψάλιον = σπά-
λιον): ψώ-α und ψω-ί-α, Fäulniss || Adj. ψώ-ι-ζος, faulig

Subst. ψώιζος, Gestank und Mist: δυσωδία καὶ ἣν καλοῦσι μίνθον Hes. || ψῶζα st. ψώ-δ-ια, Fäulniss (Eupolis bei Suidas) σπα-τ-ίλη, fimus, οἰ-σπά-τη, οἴ-σπη, οἰ-σπώ-τη, οἰ-σπό-τη zu W. σπα = σπυ.

Bedeutet aber πύ-ϑ-ω´ eigentlich hauchen, dunsten, so ist Πῦϑ-ώ eine Dunststätte; der Drache Πύϑ-ων aber (= hauchend, dampfend, schnaubend) ein schnaubendes Ungethüm. Der Sinn, welcher in der mythischen Erzählung von Erlegung dieses Schnaufers durch Apollo und Gründung des Orakels liegt, ist kein anderer als der, dass der Weissagergott sich die vulkanische Natur des Ortes zu seinen Zwecken dienstbar gemacht habe. Strabo p. 419 erzählt von Pytho oder Delphi, es sei dort eine Höhle, woraus ein πνεῦμα ἐνϑουσιαστικόν hervordringe; über der Mündung derselben aber befinde sich der Dreifuss der Pythia, welche hier nach Einathmung des Dampfes weissage. Πυϑοί könnte man also auch mit Dunst-ingen, Dampf-hausen, Hauch-heim wiedergeben. Der Name Πύϑ-ιος kann aber lautlich weder aus Πυϑοί, G. οῦς, noch aus Πύϑ-ων, G. ωνος, hervorgehen, sondern nur direct aus Vb. πύ-ϑ-ω in seiner Urbedeutung hauchen als inspiratus oder inspirans.

Durchweg hat sich der Cultus Apollo's als Wahrsagergottes an solchen Orten festgesetzt, wo aus Klüften und Höhlen Dämpfe emporstiegen, die zur Betäubung oder Extase der Wahrsagenden verwerthet werden konnten. Man denke nur an die kumäische Sibylle und ihre Grotte in der Nähe des graveolentis Averni. Aeneis VI 201. So ist eine bekannte Orakelstätte Θύμβρη.

12. Θύμβρη

in Troas K 430, woher Apollo Θυμβραῖος heisst Eur. Rhes. 224 u. ö. Es unterliegt keinem Zweifel, dass Θύ-μ-βρη sammt dem Appellativ ϑύ-μ-βρα, Thymian (Theophr.), von ϑύ-ω, SkrW. dhu, hauchen, stammt. Der troische Ort war also auch ein „Hauch-ingen". — Vom karischen Θυμβρία bezeugt Strabo

p. 636 das Vorhandensein einer mephitischen Grotte: παρ' ἦν
ἄορνόν ἐστι σπήλαιον ἱερόν.

Eine andere Orakelstätte war das phocische Ἄβαι, woher
Apollo Ἀβ-αῖος. Wir werden nicht fehl gehen, den Namen aus
Ἀϝ-αι, W. ἀϝ, hauchen, zu deuten.

Auch in Θήβη hatte dieser Gott einen Orakelsitz. Dass
Θήβη st. Θήϝη mit ϑηβ-άνας· ἄνεμος, mit ϑῆβ-ος· ϑαῦμα
u, s. w. einerlei Ursprungs ist, besagt die lautliche Uebereinstimmung. S. 1.

Die Orakelstätte Θέ-σπι-α, Θε-σπι-αί gehört zu ϑέ-
σπις d. i. gottgehaucht (s. u.). W. σπι, hauchen, haben wir z. B.
in πε-μφίς st. πε-σφίς, Hauch, Blase, Tropfen, Strahl, Feuer
lat. spi-ra-re von *spi-ra = au-ra ‖ ἀ-σπίς, ἀ-ψίς, a-spis,
Schlange, Natter (vom Gifthauche oder vom Zischen) ‖ ψι-άς
= πε-μφίς, Bläschen = Tropfen ‖ ψι-αρός, duftig ‖ ψί-μαρον,
Luftloch, Loch ‖ ψι-ή, ψί-α, Anschwellung d. i. das dicke Hüft-
fleisch = ψύ-α, ψό-α, φοῦ-αι (φῦ-αι), ὀ-σφύς ‖ ἄ-ψι-ν-ϑος,
ἀ-ψίνϑιον und ἀ-σπίνϑιον (starkduftend =) Wermuth ‖ ψιδ-ών, ψι-ϑ-υ-ρός = ψυ-δ-ρός, ψευδής ‖ lakon. ἀ-ψίαι, Opfer-
fest ‖ lakon. ἀ-ψι-ορ, aufgebläht = ausgedehnt = σπι-δ-ής
ἀ-ψίον (Mund = Angesicht), os, ora ‖ ἀ-σφί-ας st. ἀ-σφί-ας,
Altar = ϑύ-μ-έλη: ϑύω ‖ ἐ-ψι-σ-ϑη, er verhauchte H. ‖ ἀ-πί-
αλος st. ἀ-σπί-αλος = ψῦχος ‖ ἔ-πιζα cyprisch st. ἔ-σπιζα =
σπίζα st. σπί-δ-ια, σπί-νος, σπί-να, σπι-ν-ϑ-ίον, σπίγγος (σπι+γ), πίγγος, πίγγας, engl. spink neben finch,
deutsch Fink, alles = Bläser, Flöter d. i. Singvogel; daneben
aus W. σπυ+γ: σπύγγας, Fink. Vgl. πί-φιγξ (Arist.), dsgl.
zu W. σπι. Weitere Belege w. u.

Nach Vorstehendem wird sich erklären Σπίνϑεος (wohl
verschrieben für Σπίνϑιος)· Ἀπόλλων Hes. Es wird bedeuten
„Haucher" d. i. inspirator oder auch inspiratus, wiewohl sich
auch aus „hauchen = tönen" (Curt. unter W. ἀϝ), aus „hauchen
= strahlen" (πε-μφίς auch = Strahl) eine passende Bezeichnung
gewinnen liesse. In letzterem Falle wäre σπινϑ-ήρ zu vergleichen, welches ebenfalls zu W. σπι gehört und sich zu
σπινϑ-ίον, Fink, verhält, wie Funke zu Finke; aber mit
scintilla hat σπινϑ-ήρ nichts zu schaffen. Wenn σπίνϑιος
auch Pflug bedeutet, desgleichen σπινδειρα (H.), so erklärt

sich solches sammt findo, spalten, aus Bgr. öffnen, löchern
(klaffen-machen, gähnen-machen), wie englisch to breathe =
1) hauchen, 2) öffnen, engl. vent (ventus) auch ≟ Oeffnung und
wie Dutzende von anderen Wörtern aus Bgr. hauchen den Bgr.
spiraculum, spiramen, Oeffnung, Loch, darstellen. — Σπίνθιος
oder Σπίνθεος mahnt an das etymologisch so übel berufene
Σμινθεύς.

13. Σμινθεύς,

woneben auch Σμίνθιος. Wir begegnen einer Wf. σμι = σπι
in μίνθος, σμίνθος, Koth (Bgr. dunsten) ‖ in μίνθη st. σμίνθη,
mentha (Bgr. duften) | μίνδαξ, persisches Räucherwerk ‖ σμοι-ός
und μόι-ός = ήερόεις, finster, neben σμυ-ός und μυ-ός, dass.,
zu W. σμυ ‖ σμίς· μῦς, σμίνθα, σμίνθος· μῦς st. σμῦς, wohl
von der runden Gestalt — Bgr. blähen, schwellen —, weshalb
μῦς auch bedeutet 2) die Mies-Muschel mit gewölbten (auf-
geblähten) Schalen, ferner 3) Muskelknoten (Fleischanschwel-
lung), 4) eine grosse Walfischart, mus-culus, Aristot. H. A.
III 12. Vgl. φύσαλος, φυσητήρ (Bläser =) Walfisch. Unser
Mau-s hängt wurzelhaft zusammen mit Mau-e (gebauschter
Aermel), Mau-l etc. ‖ μι-αίνω wird wohl für σμι-αίνω stehen
und mit Schmie-r, Schmu-tz etc. zusammenhängen, μί-ασ-μα,
Gestank ‖ σμι-ρ-ις neben σμῆ-ρις, σμύ-ρις und σμάω =
ψάω, über dessen Begriffsvermittelung w. u. s. v. ‖ σμι-νύς,
σμι-νύ-η, Haue, Hacke; vgl. to smi-te d. i. to blow, to blast,
to strike with a blast (the blast, das Geblase, Wind; to blow
1) blasen, 2) hauen): Begr. schwingen ‖ σμί-λη (Spalter, Oeff-
ner =) Messer etc. ‖ σμι-κ-ρός, μικρός (verhauchend, verschwindend =) klein, pau-lus, pau-cus = σπι-γ-νός· W. spa,
spi, spu ‖ σμῑ-λος, σμῑ-λ-αξ, ein Schotengewächs (Schote =
gebläht) oder κιττοειδὲς φυτὸν ἑλισσόμενον, was auf Bgr. schwingen = schlingen, winden, führt ‖ σμῖλαξ, Eibenbaum, führt die
Aehnlichkeit mit dem Fächer (fachen = wehen) vor, σμῖλαξ,
Steineiche, den verallgemeinerten Bgr. schwingen, schütteln oder
auch rauschen, vom Winde bewegt sein. — Dass W. σμι nur
Ablaut von W. σμα ist, geht schon aus einzelnen der aufgeführten Beispiele hervor. Ueber W. σμα vergleiche man u. a.:
σμώ-νη (wie φω-νή: Wf. φα) und σμω-σή· ἀνέμου πνοή ‖

ὀμώς, Windstoss ‖ σμῶ-δ-ιξ, Blase, Beule ‖ σμώ-χ-ειν· ἱ.ιερ-
γεῖν μετὰ σπουδῆς. d. i. σπεύδειν, das mit spu-tcn zu W. spu
gehört ‖ σμω-ν•θ-ί-οντα· τὰ ταρασσόμενα, ζέοντα, πομφό-
λυγας ποιοῦντα ‖ σμῆ-νος, Bienenkorb (geblähtes, gewölbtes)
to smo-k-e, schmau-ch-en = dampfen, hauchen = ἀ-σμόσ-
σειν· ἀναπνεῖν (Hes.) = σμύ-χ-ω aus Wf. σμυ+χ ‖ ἐπι-σμο-
γ-ερός, σμογ-ερός (σμα+γ) neben σμυγερός, μυγερός (σμυ+γ),
urspr. keuchend = mühvoll.
Wir werden später sehen, wie W. σμαρ nur ρ-Erweiterung
aus W. σμα ist, und wie nur daraus sich die scheinbar so aus-
einanderliegenden Begriffe von W. σμαρ deuten lassen: 1) hauchen = tönen: σμαρ-αγ-έω = σφαρ-αγ-έω, tosen etc.: σμαρ-
αγ-ή, Getöse, Dröhnen, σμαρ-άσσω, μαρ-άσσω; 2) hauchen
= schimmern (vgl. au-ra, Hauch, Schimmer, πε-μφίς, desgl.
κτλ.): σμάρ-αγ-δ-ος, σμαρ-κός· καθαρός; 3) to fan, to blow
= hauen, schwingen: σμαρ-άγ-ρα und μαρ-άγ-να, Peitsche,
σμηρ-ία, σμῆρ-ιγξ, μῆρ-ιγξ, Schlingpflanze, σμήρ-ινθος,
μήρ-ινθος, Schlinge, κτλ.; 4) spalten, öffnen (= theilen), to
breathe: μέρ-ος, μείρομαι: ἔμμορε st. ἔ-σμορ-ε; 5) erschüttern, schrecken, σαίνειν: σμερ-δ-νός κτλ.; 6) dampfen: engl.
to smore, to smoor (= to smo-k-e, to smo-th-er), unser
smor-en, schmoren u. s. w. u. s. w. Daneben die parallel laufende Secundär-Wurzel σμαλ: 1) σμῆλαι· ῥῖψαι (Bgr. schwingen); 2) σμηλ-ακ-ετ· φωνεῖ (Bgr. tönen); 3) riechen: engl.
to smell etd.; 4) glühen: to smel-t, schmelzen etc.; 5) verschwinden bzhw. verhauchen: engl. small, nhd. schmal = σμι-κ-
ρός, verschwindend = klein u. s. w. Doch genug der vorläufigen
Andeutungen.
Es wird wenigstens das daraus hervorgegangen sein, dass
Σμίνθιος und Σμινθεύς nicht zu trennen sind von μί-ν-θος
st. σμί-ν-θος, übler Hauch, Dunst, weiterhin = ὄν-θος, nicht
von μί-ν-θη st. σμί-ν-θη, mentha, eigtl. Duft oder Duftendes
etc., und dass die dem Apollo heilige Stadt Σμίνθη und τὰ
Σμίνθια begrifflich zusammenfällt mit Θύμβρη, Ἄβαι st. Ἄϝ-αι,
Πύθω, und dass Σμίνθιος, Σμινθεύς = Σπίνθιος ist. Wenn
auch nach Aristarch Apollo von der Stadt Σμίνθη benannt wäre,
so würde die lautliche wie die begriffliche Deutung doch auf
dasselbe hinauslaufen, da Σμίνθη selber vom Hauche, Dampfe

benannt und gleichsam „Hauch" = „Hauchingen" ist. Apollo ist inspiratus und inspirans. Da der Name Σπίνθιος mit keiner Stadt in Verbindung zu bringen ist, da ferner, wenn das troische Städtchen Σμίνθη schon zu Homers Zeiten existirt hätte, es wohl sicher im Homer erwähnt worden wäre, und da dieses Städtchen auch in späterer Zeit so wenig bekannt war, dass man, statt Σμινθεύς davon abzuleiten, den Σμινθεύς gar zu einem „Mäusetödter" machen konnte, trotzdem Bgr. tödten nirgends lautlich herauszufinden ist: so wird man direct auf's Appellativ σμίνθη, Hauch, gehen müssen, das mit dem schattirten Begriffe „Duft, Würze" in μίνθη st. σμίνθη vorliegt. Also auch Σμίνθιος und Σμινθεύς = inspirans oder inspiratus, wie Σπίνθιος, wie Πύθιος. Nichts anderes besagt auch der Name Φοῖβος.

14. Φοῖβος.

Curtius Et. S. 641 deutet φοῖβος mittels Epenthese von Jota und Erhärtung von ϝ zu β als aus φόϝ-ιος entstanden. Damit aber ständen wir der Wurzel σπυ nach Curtius' sonstigen Grundsätzen eigentlich weit näher, als der Wf. φα: πτόϝ-ος aus πνυ, χόϝ-ος aus χυ κτλ. Und dass φ aus σπ entstehe, wird von Curtius zum Oefteren mit vollem Fug und Recht gelehrt. Darnach aus W. σπυ abgeleitet, würde φόϝ-ιος, φοῖβος ohne Weiteres inspiratus und inspirans bedeuten können.

In lautlicher Hinsicht könnte Φοῖβος aber noch eher für φόϝ-ι-βος mit Suffix βος = ϝος stehen, über welches Suffix L. Meyer II 244 ff. handelt. Allein näher liegt bei gleichem Suffixe Lautsteigerung aus Wf. φι = W. σπι (S. 38), wie in οἶ-τος aus W. ι (Curt. N. 615). Dann stände Φοῖ-βος dem lat. spi-ra-tus, inspiratus noch um so viel näher.

I. Φοῖβος ist natürlich kein anderes Wort, als in Adj. φοῖβος, rein, vorliegt; derselbe Begriff liegt vor in Skr. pû-ta, gefegt, in lat. pû-rus, pû-tus, fe-bru-us. Letzteres Wort weist auf W. spa, wie φι-αρός, rein, auf W. σπι. Die Sanskrit-W. pû bedeutet 1) wehen: pâv-ana, Wind etc.; 2) fegen, reinigen: pû-ta, gefegt, rein, und steht für spu, sich deckend mit W. σπυ. Es ist ein grobes Versehen, hierfür zwei verschiedene Wurzeln pû aufzustellen. Denn die Begriffe „fegen" und „wehen" gehören zusammen. Unser fegen ist = 1) heftig wehen: „Der Wind fegt durch die Felder"; 2) abstäuben, fächeln, reinigen. Unser *pusten* und *putzen* gehören auch wurzelhaft zusammen. Engl. to fan aus spa+n bedeutet 1) fächeln, 2) Getreide reinigen; Subst. fan 1) Blasebalg; 2) Fächel; 3) vannus, πτύον; 4) Schwinge, Flügel. Griech. πτύ-ον = vannus gehört zu W. σπυ; wie vannus, womit das Getreide gereinigt wird, zu W. va; ventilabrum = vannus; windigen = reinigen; ahd. *fow-jan*, mhd. *väwen* = Getreide reinigen (Fick I 147); ψαίρω nach Hesychius unter διαψαίρουσι = 1) πτεῖν; 2) καθαίρειν: δια-ψαί-ρουσι· δια-πνέουσι, δια-ψαίρειν· δια-καθαίρειν; ahd. *wintôn*, mhd. *winden* = windigen, Getreide reinigen (Fick III 279). Wenn also φοῖβος gefegt, rein bedeutet, so fügt sich das ganz natürlich zu W. σπι = σπυ, wehen S. 38. 45.

Aber nun beachte man Folgendes: φοιβάζω bedeutet 1) fegen, reinigen, 2) prophetisch begeistert sein, 3) trans. begeistern; — φοιβάω ist = reinigen, fegen; aber φοιβητός, welches offenbar dazu gehört, 1) prophezeit, 2) begeistert; φοι-βήτρια = 1) Fegerin, καθάρτρια Hes. 2) Wahrsagerin. — So wenig wie φοιβάζω, fegen, vom Eigennamen Φοῖβος entstammen kann, ebensowenig auch φοιβάς, begeistert, weissagend = φοι-τ-άς.

Nur der Begr. „begeistert" tritt uns ferner entgegen in φοίβασμα, Weissagung, φοιβαστήρ und φοιβαστής, Wahrsager, φοιβαστικός, wahrsagend, φοιβάστρια, Prophetin, φοιβητεύω, ein φοιβητής sein, φοιβήτωρ κτλ.

Die Attiker nannten nach Hesychius die Rasenden φοί-βους: φοῖβοι· Ἀττικοὶ ἐπὶ τῶν λυσσωδῶν. Also schon das einfache Adj. φοῖβος bedeutet 1) gefegt, 2) begeistert, rasend etc., welche letzteren beiden Begriffe zusammenfallen, wie auch aus μανία, μάντις, μαίνομαι etc. zu ersehen ist. Dazu nehme man nun noch φοίβα· ἀγὼν δρόμου Hes., Wettkampf im Laufen. Sicherlich stammt auch diese Benennung nicht aus φοῖβος mit dem Begriffe rein, noch aus dem N. pr. Φοῖβος, sondern stellt dar den Bgr. θῦ-νος· πόλεμος, ὁρμή, δρόμος Hes., zu θύ-ω, θύ-νω, W. θυ, wehen, blasen, stürmen. Vom prophetischen Wahnsinne steht θυίω = θύω im Hymn. Merc. 557. Daher die Begriffsgleichungen:

φοῖβος (= λυσσώδης) verhält sich zu θυιάς (= λυσσώδης),
wie φοῖβος, prophetisch begeistert, zu θυίω, wie φοίβα, Lauf,
zu θῦ-ρος, Lauf, θύω, θύνω, stürmen. Also hüben W. θυ,
drüben W. σπι oder, wenn man lieber will, W. σπυ.
Darnach ist *Φοῖβος* zu fassen als inspiratus, inspirans, als θυίων.
II. Dafür spricht auch das wurzelhaft mit φοῖβος zusammen-
gehörige φοῖ-τος entweder st. φόϝ-ι-τος oder besser aus Wf.
φι (W. σπι), wie οἶ-τος aus W. ι. Hesychius bietet dazu keine
andere Erklärung als μανία, λύσσα, wie denn das Wort auch
nur im Sinne von Raserei nachweisbar ist: Aesch. Sept. 661
σὺν φοίτῳ φρενῶν. Beim Scholiasten zu Apoll. Rh. IV 55
bedeutet es bacchische Wuth (vgl. θυιάς, Bacchantin).
Φοιτάς heisst bei Aeschylus Ag. 1273 Kassandra, indem sie
selber es beklagt, dass sie, die von Apollo Begeisterte, als
φοιτάς, Rasende, gelte:

καλουμένη δὲ φοιτὰς ὡς ἀγύρτρια
πτωχὸς τάλαινα λιμοθνὴς ἠνεσχόμην.

Und so werden bei Späteren die Bacchantinnen, wie durch
μαινάδες, θυιάδες, so auch durch φοιτάδες bezeichnet.
Φοιταλέος weist beständig auf wahnsinniges Wesen hin, z. B.
Eur. Or. 326 λύσσας μανιάδος φοιταλέου; die wuthgetriebene
Io sagt Aesch. Prom. 596 von sich: θεόσυτόν τε νόσον ὠνό-
μασας, ἃ μαραίνει με χρίουσα κέντροισι φοιταλέοισιν.
Φοιταλιώτης heisst Dionysus als ἐμμανής, μανιώδης, derselbe
auch φοιταλιός.
Φοιτίζω steht vom bacchischen Umherschwärmen Hymn. Hom.
25, 7:

αὐτὰρ ἐπειδὴ τόνδε θεαὶ πολύυμνον ἔθρεψαν,
δὴ τότε φοιτίζεσκε καθ᾽ ὑλήεντας ἐναύλους,
κισσῷ καὶ δάφνῃ πεπυκασμένος· αἱ δ᾽ ἅμ᾽ ἕποντο
νύμφαι· ὁ δ᾽ ἐξηγεῖτο.

Φοιτάω, aus ὁ φοῖτος gebildet, ist bei den Dichtern der Anthologie fast terminus technicus für den Begriff „in Verzückung
umherschwärmen" von Bacchantinnen und Priestern der Cybele
VI 172, V 207. Im Sinne von umherrasen steht es bereits
bei Sophokles und Euripides: Soph. Ai. 59: ἐγὼ δὲ φοιτῶντ᾽
ἄνδρα μανιάσιν νόσοις ὤτρυνον (vom rasenden Aias); von
Phädra Eur. Hipp. 144. 148 ö. Vgl. Stephan. Thes. s. v.

Sieht man sich den homerischen Gebrauch von φοιτᾶν näher an, so zeigt sich, dass es nirgends ein ruhiges Gehen bezeichnet, sondern, seinem Ursprunge gemäss, stets = stürmen, rennen, fliegen, eilen = θύω. Ω 532

> καί ἑ κακὴ βούβρωστις ἐπὶ χθόνα δῖαν ἐλαύνει.
> φοιτᾷ δ' οὔτε θεοῖσι τετιμένος οὔτε βροτοῖσιν.

Die Verbindung β 181 ὄρνιθες δέ τε πολλοὶ ὑπ' αὐγὰς ἠελίοιο φοιτῶσ' erinnert lebhaft an die Begriffserscheinung von θύω in θύσανος, eigtl. Flatterndes d. i. Troddel etc.

Dem Befehle von Zeus, die Götter zur Versammlung zu berufen, kommt Themis eiligst nach, indem sie allwärts mit ihrer Botschaft hinflog, hineilte: πάντῃ φοιτήσασα Υ 6. — Menelaus stürmt, einem wilden Thiere vergleichbar, durch das Schlachtgewühl, um den Paris zu suchen Γ 449. — Der Atride eilt hierhin und dorthin durch das Getümmel, Befehle zu ertheilen Ε 528. — Polydamas flog (φοίτα) durch die Vorkämpfer hindurch Ν 760 = 755, wo dafür πέτετο von ebendemselben gesagt wird. — Von Aias, dem Vertheidiger der Schiffe, sagt der Dichter, ihn mit einem Rossetummler vergleichend, der durch die Ebene dahinstürmend (σεύας), bald auf dieses, bald auf jenes Ross springt (θρώσκων):

> ὡς Αἴας ἐπὶ πολλὰ θοάων ἴκρια νηῶν
> φοῖτα μακρὰ βιβάς —

d. i. Aias stürmte, sprang mit gewaltigem Ausschritt bald auf dieses, bald auf jenes Verdeck Ο 686. — Hinter den eiligst fliehenden Gefährten des Odysseus stürmen die Lästrygonen hinterdrein κ 119. — Mit gewaltigem Getöse stürmen die Schatten auf die Grube zu, um vom Blute zu kosten λ 42.

Genug, überall bei Homer deckt sich φοιτάω mit σεύομαι, θύνω. Wenn Curtius N. 417 in φοιτάω gleichsam ein Iterativum zu φυ, fu-i, ein fu-i-to sucht mit dem Begriffe der Anwesenheit an einem Orte (futavit: fuit), so hat er sich weder den Gebrauch von φοιτάω näher angesehen, noch an die gleichstämmigen Wörter φοῖτος, φοιτάς, φοιταλέος κτλ. gedacht. Φοιτ-ά-ω ist ganz regelrecht aus φοῖτος (urspr. Wüthen, dann = rasche Bewegung) gebildet. Die Ableitung von Christ Gr. Lautl. 263 aus οἶτος ist ganz unbegreiflich.

Bei unserer Etymologie dagegen begreift sich φοιτάς = φοιβάς, φοιτάω bei Sophokles etc. = φοιβάω in φοιβητός u. s. w. Diese lautlichen wie begrifflichen Uebereinstimmungen sprechen aber laut für die Herleitung aus Einer Wurzel, aus derselben nämlich, welche auch πε-μφίς, Hauch ‖ φι-αρός, rein ‖ φι-λ-υρός· εὐώδης (Hes.) ‖ ψι-αρός· εὐώδης (Hes.) ‖ ψι-ν-ύθιος· φαῦλος, ursprüngl. windig ‖ σφει-ϑ-ρός· καϑαρός. εὐώδης ‖ Σφί-γ-ξ und Φίξ, schaubendes Ungethüm ‖ πτι-λή, flatterndes Insect (Hes. unter κνιπά) u. v. a. W. hervorgetrieben hat.

III. Bedeutet Φοῖβος inspiratus, inspirans, was ist dann Φοίβη? Homer hat letzteren Namen noch nicht. Nach Aeschylus Eum. 6 war Φοίβη vor Apollo Vorsteherin des delphischen Orakels, also eine Prophetin. Nach Hesiod. Theog. 136 stammt sie ab von Uranus und Gäa: nun wohl, wenn Erde und Himmel sich mischen, giebt es Dampf und Dunst (= Hauch), aber, nimmer „Glanz". Alles weist wiederum hin auf Grundbegriff hauchen, auf Wf. φι, W. σπι = W. σπυ. Erst recht spät wird Phoebe Schwester von Phoebus.

Wunderlich klingt Pott's Deutung: Φοῖβος = ὁ ἐν φῷ βάς. Da wäre noch eher vorzuziehen die des Scholiasten zu A 72: Φοῖβον αὐτὸν ἀπὸ τῶν ἀκτίνων ὀνομάζει ὡς λαμπρόν, welche Etymologie sich freilich die meisten Neueren zu eigen gemacht haben, mit welchem Unrechte, ist vorhin dargethan.

Warum steht ἀκερσεκόμης, „wallenden Haupthaars", nur in der Verbindung Φοῖβος ἀκερσ.? warum nicht bei Ἀπόλλων? Weil mit dem Wesen des Gottes als Schiessers, Strahlers der Begriff jenes Epithetons gar nichts zu schaffen hat, desto mehr aber mit seinem Wesen als begeisterten Gottes, als Schers und Sängers. Dem begeisterten Propheten geziemt ungeschorenes, lang flatterndes Haar als äusserer Ausdruck des wogenden, aufgeregten, angehauchten Geistes.

Woher die Verbindung Φοῖβος Ἀπόλλων? Um den Gott nach seinen beiden Wesens-Eigenthümlichkeiten vorzuführen, einmal als den göttlichen Seher und dann zugleich als Strahler.

15. Ἴηϊε

steht ebenfalls nur in der Verbindung mit Φοῖβε. Als Φοῖβος
ist dieser Gott kein „Ferntreffer", abgesehen davon, dass der
Bgr. fern nirgends in ἤιος zu sehen ist und sich nur aus verkehrter Deutung von ἑκη-βόλος κτλ. herschreibt. Aristarch
änderte, seiner vorgefassten Deutung aus ἵημι zu lieb, ἤϊε, aber
mit Unrecht, worüber die Citate aus den Alten bei Ebeling
Lex. Hom. nachgelesen werden mögen.

Ebensowenig können die Deutungen aus ἠΰς, aus ἰάομαι,
oder aus ἠ+ἰά befriedigen.

Genügen kann nur eine Deutung und Etymologie, welche
die gleichanlautigen Wörter ἤϊων, ἠϊών, Ἱἱόνη, ἠϊόεις, ἤϊα miterklärt. Das geschieht beim Ausgehen von W. ἀϝ, hauchen,
welche auch Bgr. tönen so vielfach darstellt. Curtius N. 587
rechnet dazu „αὔειν, rufen, αὔσας, αὐ-τή, Geschrei, αὐτέ-ω, ἰ-ω-ή
für ἰ-ωϝ-ή, Stimme, Schall, mit einer wie ἰ-ονθος, ἰ-άλλω
zeigt, auch vor Spir. lenis nicht unerhörten Reduplicationssilbe."
Wenn er auch ἄν-εως als „stumm" bedeutend dahin zieht, so
werden wir weiter unten eine den homerischen Stellen mehr
Rechnung tragende Etymologie aufstellen. Uebersehen hat Curtius, dass auch ἰή, Stimme, Laut, dahin gehört; denn dass hier
Wf. ἰϝ = W. ἀϝ vorliegt, und das Wort für ἰϝ-ή steht, ist
leicht zu erweisen. Aus Dialecten, welche ϝ als β aussprachen,
führt Hesychius u. a. an: ἴβ-α, Pause = engl. breath 1) Athem,
2) Ruhe = Aufathmen, ἀνά-ψυξις, παῦ-λα (zu W. σπυ, σπα
+ϝ) ‖ ἴβ-ηνος· νοερός d. i. πεπνυμένος, πνυ-τός ‖ ἰβ-ιβ-ύς·
παιανισμός ‖ ἴβ-ι-νος· ἀετός = ἀϝ-ε-τός ‖ ἰβ-ύς· ἡ. εὐφημία
‖ ἰβ-ύ-ει· βοᾷ ‖ ἰβ-ύ· τὸ βοᾶν d. i. das Geschrei; οἱ δὲ τὸ
πολύ (lydisch) d. i. gebläht ‖ ἰβ-ῶν· εὐφημῶν. στάζων (böo-
tisch), in letzterem Sinne, gerade wie auch φυσᾶν, φύσημα, ἐκφυσᾶν gebraucht wird ‖ ἴβ-υξ, ein Vogel, wie σπί-νος κτλ. aus
W. σπι = Singer, Flöter ‖ ἰβ-ύ-κη· εὐφημία ‖ ἰβυκινῆσαι·
βοῆσαι ‖ ἰβ-υδ-ῆνας· τοὺς εὐφημοῦντες ‖ ἴβ-ην· σορόν, ein
hohles Gefäss: Bgr. blähen ‖ ἴβ-ηνος· πλησμόνη: Bgr. blähen,
schwellen u. a. — Daneben aus W. ἀϝ ohne Ablaut ἄβ-α.
βοή, statt ἄϝ-α.

Wie nun Homer $\eta_F\text{-}\dot\eta\varrho = \dot\alpha_F\text{-}\dot\eta\varrho$, $\dot\alpha\beta\text{-}\dot\eta\varrho$ sagt, so dürfen wir sein $\dot\eta\iota o\varsigma$ auf $\eta_F\text{-}\eta$, $\dot\alpha_F\text{-}\alpha = \dot\alpha\beta\text{-}\alpha\cdot\beta o\dot\eta$ zurückführen. "$H\iota o\varsigma$ ist einfach = tönend d. i. canorus. Und wie $\pi o\iota\eta\tau o\varsigma$ E 198, M 470 ö. $= \varepsilon\ddot v\text{-}\pi o\dot\iota\eta\tau o\varsigma$, oder $\xi\varepsilon\sigma\tau o\varsigma = \varepsilon\ddot v\text{-}\xi\varepsilon\sigma\tau o\varsigma$, $\tau v\varkappa\tau o\varsigma$ $= \varepsilon\ddot v\text{-}\tau v\varkappa\tau o\varsigma$ $\varkappa\tau\lambda.$, ebenso bedeutet $\dot\eta\iota o\varsigma =$ wohl-tönend, wie ja auch für canorus der Bgr. bene-sonans geheischt wird; vgl. $\iota\beta\text{-}\ddot\omega\nu\cdot\ \varepsilon\ddot v\text{-}\varphi\eta\mu\ddot\omega\nu.$ Mit dem Begriffe sonorus aber hätten wir ein Epitheton gewonnen, welches derjenigen Bedeutung des Gottes entspricht, welche durch $\Phi o\tilde\iota\beta o\varsigma =$ inspiratus ausgedrückt wird. Denn dass auch bei Homer Apollo der Sangesgott ist, zeigt A 603, wo er die Götter durch seine Phorminx erfreut, zeigt ϑ 488:

$$\ddot\eta\ \sigma\acute\varepsilon\ \gamma\varepsilon\ Mo\tilde\iota\sigma'\ \dot\varepsilon\delta\dot\iota\delta\alpha\xi\varepsilon,\ \varDelta\iota\dot o\varsigma\ \pi\alpha\tilde\iota\varsigma,\ \ddot\eta\ \sigma\acute\varepsilon\ \gamma'\ A\pi\dot o\lambda\lambda\omega\nu.$$

Es müsste in der That wunderlich zugehen, wenn bei den zahlreichen Epitheten Apoll's kein einziges von der Sangeskunst des Gottes her entnommen worden wäre.

Dass unser Adjectiv nur in der Anrede vorkommt, und an beiden Stellen der Ilias $\dot\eta\iota\varepsilon$ $\Phi o\tilde\iota\beta\varepsilon$ O 365, Y 152 (Hymn. Ap. 120) jedesmal nur da steht, wo Apollo als Kämpfer auftritt oder aufgetreten war, muss bedeutungsvoll erscheinen. Aehnlich wie Horaz Od. II 19, 25 von Bacchus singt:

> Quanquam choreis aptior et jocis
> Ludoque dictus, non sat idoneus
> Pugnae ferebaris, sed idem
> Pacis eras mediusque belli:

so sagt Homer O 365: „Ebenso warfst auch du jetzt, Phöbus, o Wohltönender (d. h. der du sonst mit Gesang und Saitenspiel dich und die Götter ergötzest), das mühsalreiche und jammerselige Werk der Achäer zusammen und flösstest ihnen zugleich Flucht ein"; — oder Y 149: „Daselbst liessen sich nun Poseidon und die übrigen Götter nieder, indem sie zugleich ihre Schultern mit einem unzerreissbaren Gewölke umringten; die gegnerischen Götter sassen jenseits auf den Brauen des Hügels Kallikolone um dich her, o Phöbus, Wohltönender (d. h. der du sonst auf dem Olympus die Phorminx meisterst) und um den Städteverwüster Ares."

Der Vocativ hätte hiernach einen eigenthümlichen, wunderbar tiefsinnigen, ethischen Charakter und wäre der Ausdruck einer besonderen theilnehmenden, hingebenden Verehrung für den Gott der Sangeskunst Seitens des Dichters selbst.

Die Stelle im Hymnus auf Apollo Vs 120, wo von der Geburt des Gottes die Rede ist, kann und muss füglich zu Vs 131 in Beziehung gebracht werden, wo der neugeborene Gott ausruft:

εἴη μοι κίθαρίς τε φίλη καὶ κάμπυλα τόξα!

Das spätere Epitheton ἰ-ή-ιος unterscheidet sich vom homerischen ἤ-ιος nur durch die Jota-Reduplication, wie ἰ-άλεμος = ἀλεμός (Hes.) = ἀλ-αλ-ά (W. ἀλ, wehen, tönen). An der Bedeutung des ἰ-ήιος lassen (nach Erkenntniss der Wurzel) auch nicht den geringsten Zweifel übrig die Anwendungen des Wortes: z. B. ἰήιον δὲ καλέω Παιᾶνα Aesch. Ag. 146; ἰήιε Δάλιε Παιάν Soph. Oed. R. 154; ἰήιε παιάν Aristoph. Vesp. 874 u. dgl. Der Grundbedeutung „tönend" entsprechend, konnte Euripides auch verbinden ἰήιον κλύων γόον ματρός El. 1211, oder Sophokles von den ὠδῖνες sagen: ἰήιοι κάματοι, lauttönende Schmerzen.

16. *Ἠ-ί-ων, ἠ-ι-ών, ἠ-ι-ό-εις.*

I. Zenodot wollte β 42 lesen (statt ἀγγελίην)
οὔτε τιν' ἠίονα στρατοῦ ἔκλυον ἐρχομένοιο.

Dass Zenodot dieses Wort selbst fabricirt haben sollte, ist kaum anzunehmen, war es ihm doch darum zu thun, das auffällige ἀγγελίην durch ein verständlicheres Wort zu ersetzen. Es ist aber zu vermuthen, dass die Accentuation ἠίονα (proparox.) eine irrige und durch ἠιόνα (parox.) zu ersetzen ist, wofern nicht die Absicht sollte obgewaltet haben, dieses Wort von ἠιών, Meeresgestade, scharf geschieden zu halten. Mag dem sein, wie ihm wolle, der Bedeutung nach ist das zenodoteische Wort von ἠιών, Gestade, zwar verschieden, nicht aber der Etymologie nach. Bedeutet jenes Bote (d. i. Sprecher), so ist das wirklich homerische ἠιών nichts anderes als „das tönende, brausende", nämlich das, was vorzugsweise den Griechen als „schallend, hallend" vorkommen musste, was sich ihnen überall als „tönend, rauschend" entgegenstellte, das Meeresgestade.

Bei Homer und den Schriftstellern der guten Zeit wird *ηἰών* denn auch ausschliesslich vom Meeresufer gebraucht; erst von Apollonius aus Rhodus ab steht es, ganz vereinzelt, auch vom Flussufer. Diese Erweiterung der Bedeutung thut aber nichts zur Sache. Sehr bezeichnend ist von den homerischen Stellen *P* 265:

$$\mathrm{ἀμφὶ}\ δέ\ τ'\ \mathrm{ἄκραι}$$
$$\mathrm{ἠιόνες}\ \mathrm{βοόωσιν}\ \mathrm{ἐρευγομένης}\ \mathrm{ἁλὸς}\ \mathrm{ἔξω.}$$

Ebenso *Ψ* 61:

$$\mathrm{ὅθι}\ \mathrm{κύματ'}\ \mathrm{ἐπ'}\ \mathrm{ἠιόνος}\ \mathrm{κλύζεσκον.}$$

Vgl. Quint. Smyrn. Posthom. *A* 323:

$$\mathrm{βοόωσι}\ δὲ\ \mathrm{πάντοθεν}\ \mathrm{ἄκραι}$$
$$\mathrm{πόντου}\ \mathrm{ἐρευγομένοιο}\ \mathrm{ποτὶ}\ \mathrm{χθονὸς}\ \mathrm{ηόνα}\ \mathrm{μακρήν.}$$

Auch als Eigennamen hat Homer *Ἠιόνες B* 561, eine Stadt von Argolis, beim Vorgebirge Skyllaion, dessen Name auf *Σκύλλα* weiset, welches Wort Döderlein 2130 als „bellende" deutet.

Wenn Hesiod Theog. 255 eine Meeresgöttin *Ἠιόνη* nennt, so wird dieser Name nichts anderes als das Rauschen des Meeres personificiren sollen. Von dem Rauschen des Meeres haben auch die Nereiden *Κλυμένη* und *Ἀμφιτρίτη* ihren Namen.

II. Was fangen wir nun an mit dem streitigen Epitheton *ἠιόεις*?

In der Glosse des Hesychius (s. v.) *ἢ καλὰς ἔχων φωνάς* haben wir den richtigen Fingerzeig.

Von W. *ἀϝ*, wehen, tönen, ist Subst. *ἠιά* oder *ἠ-ι-ή*, Schall, entstanden, gebildet wie *κραδ-ίη*, *πτο-ι-ή*, *μανία*, *ταμ-ίη* etc. Davon *ἠ-ι-ό-εις*, schall-reich, rauschend.

So heisst, durchaus seiner Natur gemäss, *E* 36 der Scamander, welcher nach Forchhammer (Ebene von Troja) in der Nähe von Troja zwischen hohen Ufern und hartem Gesteine dahinfliesst, sonst aber vom Dichter als *δινήεις X* 148, *βαθυδινήεις Φ* 603, cf. 329 (die Strudel aber rauschen) dargestellt wird. In der Personification *Φ* 305 ff. erscheint dieser Fluss als hoch seine Wogen erhebend und laut dem Simoïs zurufend, überhaupt als gewaltig tosend (324 ff.). Eine derartige Personification des Flusses würde Homer gewiss nimmer vorgenommen

haben, wenn sie nicht mit der Natur des Flusses genau über-
eingestimmt hätte. Wenden wir unsere Aufmerksamkeit noch etwas näher der
einzigen Stelle zu, wo Homer unser Epitheton zur Anwendung
bringt, *E* 36.

Athene führte den Ares aus dem Kampfe heraus und liess
ihn sich niedersetzen am Ufer des (brausenden, rauschenden)
Scamander. Dieser Platz lag, wie aus Vs. 355 zu ersehen ist,
links vom Schlachtfelde, natürlich von Troja aus gerechnet,
lag in der Nähe des Schlachtfeldes. In einiger Entfernung
von Ilios, links von der Wahlstatt, am Scamander, in der
Richtung des skäischen Thores, lag aber auch diejenige Stelle,
welche uns Homer durch ἐρινεός als eine mit wilden Feigen-
bäumen bewachsene bezeichnet *Z* 433, *A* 167 ff., *X* 145, Strabo
ed. Mein. p. 836, 28 ff. Diese Stätte aber wird von Strabo
p. 837 als τραχύς τις τόπος καὶ ἐρινεώδης, von Homer selbst
aber *X* 145 als „den Winden ausgesetzt" geschildert. Dorther,
über rauhes Gestein fliessend, musste der Scamander naturgemäss besonders rauschend, brausend, wildrauschend
sein. Wie so oft, liegt in der Bildung auf -ό-εις die Bedeutung, dass etwas in besonders hohem Grade vorhanden
sei: so ist τειχιόεις nicht bloss einfach = mit Mauern versehen, sondern = mit gewaltigen, mit cyclopischen Mauern
versehen, ὠτώ-εις = mit grossen Ohren versehen, σκιόεις
= δάσκιος, dichtschattig, ὑλήεις = mit vielem Gehölze bewachsen.

Irrig und schon durch *E* 355 widerlegt ist die Annahme,
dass Athene den Kriegsgott an die Mündung des Scamander
geführt habe, dorthin, wo derselbe von Meeresufern (ἠιόνες)
eingeschlossen erscheine. Auch könnte nicht wohl statt ἠιονό-
εις die Form ἠόεις stehen. Damit ist denn auch hinfällig des
Suidas' Glosse: ἠόεις· ὁ αἰγιαλώδης.

Die gewöhnliche Deutung „geufert", „mit hohen und schönen Ufern" setzt voraus, dass ἠιών bei Homer auch Flussufer
bedeuten könne, was nicht der Fall ist, und bei der Herkunft
von ἠιών auch nicht der Fall sein kann. In lautlicher Hinsicht spricht ebenfalls hiergegen der Umstand, dass ἠιονό-εις
nicht zu ἠό-εις werden kann.

Döderlein's Deutung aus αἶα: „voll erdiger Theile" d. i.
„schlammig", widerspricht der wirklichen Beschaffenheit des
Flusses, da der Scamander, h. z. T. Bunarbaschi, wie alle über
Felsengrund hinrauschenden Wasser, nach Forchhammer S.
10 jederzeit klares und treffliches Trinkwasser hat. — Noch
unhaltbarer ist die Erklärung ἠόεις = ἰόεις, ἰοειδής, sowohl
von lautlicher, als von begrifflicher Seite her. — Mehr als
paradox ist Schrader's Herleitung von einem Stamm „A oder
Ah = Wasser" (Stendal Progr. 1836) oder Buttmann's Deutung
aus angeblichem „ἤιον, Aue", oder Lobeck's aus angeblichem
„ἤια, ripae spatiosae et amoenae". — Aber auch die von Hesychius
mitaufgeführte Deutung ἠόεντι = ἀφρώδει ist unhaltbar; denn
gesetzt auch, τὰ ἤια ε 368 sei wirklich „Spreu", so ist doch
„Spreu" noch lange nicht „Schaum".

Wie immer, so muss auch E 36 das Epitheton der Situation
entsprechen. Es kam der Athene darauf an, sich mit Ares auf
einen Platz ausserhalb des Schlachtfeldes zu begeben, von wo
aus dem Kampfe zugeschaut werden konnte, und der Platz
war nach dem oben Gesagten dort, wo der Scamander, weil
zwischen Felsen herbrausend, besonders laut rauschte, war
auf diesem einschliessenden Felsen selbst.

17. Τὰ ἤια.

Es harrt seiner etymologischen Erklärung noch immer das
homerische ἤια, jenes achtmal beim Dichter vorkommende Plurale tantum. Mit Ausnahme von ε 368 wird demselben allgemein der Bgr. „Kost, Speise" zugeschrieben. Weil zufällig
an mehren Stellen die „Speise", welche Reisende mitnehmen,
damit bezeichnet wird, so deutet man — incredibile dictu —
„Wegekost", „Reisekost", und führt das Wort auf ein imagi-
näres * ἴω = εἶμι zurück. Abgesehen davon, dass der Stamm
von εἶμι doch ἰ ist, und dass die beliebte Hinweisung auf Im-
perf. ἤιον allen Bildungsgesetzen Hohn spricht, da ein von W. ἰ
hergeleitetes Nomen doch nicht das Imperfect-Augment annehmen wird, kann auch begrifflicherseits die erkünstelte Deutung
„Wege-, Reise-kost" nicht zugestanden werden. Denn N 103
bilden Hirschkühe die ἤια der Schakale, Pardel und Wölfe!

Wie φίλ-ιος aus St. φιλ, ἄγ-ιος aus St. ἀγ (ἄζω), σφάγ-ιος aus St. σφαγ (σφάζω), ῥόϑ-ιος aus St. ῥοϑ, φρύγ-ιος aus St. φρυγ, πλάγ-ιος aus St. πλαγ, κτλ. gebildet ist, so entsteht aus ἄω, sättigen, ἠ-ιός, sättigend, und τὰ ἤια ist = Sättigendes, Sättigungsmittel d. i. Speise, und bei Thieren Frass. Natürlich ist dieses ἤιος etwas anders gebildet, als ἠ-ιος, das wir in ἤιε Φοῖβε hatten: ἤιος, sättigend, steht für ἤϝ-ιος, von W. ἀϝ, SkrW. av, sättigen, nähren. Diese Wurzel ist aber keineswegs verschieden von ἀϝ, hauchen: der Grundbegriff ist nur übergesprungen in den Bgr. blähen, schwellen, füllen, wie denn auch lat. al-o nicht wurzelhaft verschieden ist von W. al, ol, hauchen, duften etc., noch ἡ πα-ν-ία· πλησμόνη, τὰ πά-ν-ια· πλήσμια (messapisch), πάνεια· κεχορτασμένη, gemästet (Hes.), von W. σπα, blasen, noch πί-μ-πλη-μι von W. σπα-λ, oder πί-ων, πι-αρός, πι-ερός, πῖ-αρ κτλ. von Wf. σπι, oder σπι-δ-νός· πεπηγός, lakon. ἀ-ψί-ορ· μέγα von Wf. σπι. Vgl. unser feist, fett, engl. fa-t, unser Futter und viele andre Analogien weiter unten. Nach gleicher Begriffsvermittelung ist lat. sa-t, sa-tis, unser satt aus W. σα = W. ἀς, hauchen (blasen, blähen, füllen), hervorgegangen.

Die Anwendung unseres τὰ ἤια im Einzelnen anlangend, so steht dasselbe β 289. 410, δ 363, μ 329 allgemein von Nahrung überhaupt, ι 212 und ε 266 im Gegensatze zu Trank, und zwar an letzterer Stelle zu Wasser und Wein, an ersterer zu Wein allein; ε 266 wird auch noch ὄψα als das Besondere neben ἤια genannt; von der Nahrung wilder Thiere haben wir unser Wort N 103.

Der ε 368 stehende Genitiv ἠΐων wird gewöhnlich als ein ganz verschiedenartiges Wort aufgefasst und als „Spreu" gedeutet. Sehen wir näher zu. Die Stelle lautet:

ὡς δ' ἄνεμος ζαὴς ἠΐων ϑημῶνα τινάξῃ
καρφαλέων, τὰ μὲν ἄρ τε διεσκίδασ' ἄλλυδις ἄλλῃ,
ὡς τῆς δούρατα μακρὰ διεσκίδασ'.

Schon die Anwendung des Ztw. τινάσσω bei „Spreu" muss Angesichts der Verbindungen αἰγίδα, ἀστεροπὴν τινάσσειν oder Ὄλυμπος... οὔτ' ἀνέμοισι τινάσσεται ζ 43 und ähnlichen Anwendungen von τινάσσω bedenklich machen. — Auch bedarf es, um „Spreu" auseinander zu stieben, keines heftig wehen-

den Windes: „Spreu" verfliegt überdiess bei heftig wehen-
dem Winde in einer Weise, dass sich die Einzeltheile der
Beobachtung entziehen, während doch der Vergleich zu dem
Behufe vorgebracht wird, damit sich unsere Phantasie das Aus-
einanderstieben der einzelnen Schiffsbalken um so lebhafter
vorstellen kann. Nun begegnen wir N588 folgendem Vergleiche:

ὡς δ᾽ ὅτ᾽ ἀπὸ πλατέος πτυόφιν μεγάλην κατ᾽ ἀλωὴν
θρώσκωσιν κύαμοι μελανόχροες, ἢ ἐρέβινθοι ~
πνοιῇ ὕπο λιγρῇ καὶ λικμητῆρος ἐρωῇ —.

Da nun τὰ ἤια überhaupt *Nahrungsmittel* bedeutet, in jedem
einzelnen Falle aber der Zusammenhang entscheiden muss, was
für eine Art von Nahrungsmitteln gemeint sei, so könnte man
ε 368 auch recht wohl an dieselben Feld- und Gartenfrüchte
denken, welche in dem analogen Vergleiche N 588 vorkommen.
Allein das wäre doch eine mehr oder weniger erkünstelte Deutung. Erwägt man nun, dass unser ἤια in demselben Buche
ε 266 von dem Hauptnahrungsmittel „Getreide" steht, und ausdrücklich von Wasser, Wein und Zukost (ὄψα) geschieden wird;
dass ε 266 nur die thatsächliche Ausführung dessen angegeben
wird, was ε 165 Kalypso dem Odysseus versprochen hatte, dass
aber hier der Ausdruck σῖτον steht: dann wird man nicht
umhin können, auch in dem Vergleiche ε 368 den Gen.
ἠίων diesem Ausdrucke gleich zu fassen: ἠίων θημῶνα = σίτου
θημῶνα, „einen Haufen Getreide". Nun kommt Licht und
Sinn in die Stelle, und die ominöse „Spreu" für ἤια, die sonst
nirgends in der ganzen griechischen Litteratur für ἤια zu erweisen, sind wir, trotz Photius' Erklärung zur Stelle ἤια· τὴν
τῶν ὀσπρίων καλάμην, glücklich losgeworden. Wäre ἤια als
„Spreu" anderweitig zu erweisen, so würde man es als „Ab-
geschwungenes" = palea von W. spal, schwingen, zu deuten
haben. Vgl. πα-σπάλη, πια-πάλη, πάλη.

Was die Längung von ἀ sowohl in ἤιε, als in ἤια anbelangt,
so genüge es hinzuweisen auf ἠγερέθομαι, ἠερέθομαι, ἠλάσκω,
ἠλαίνω, ἠμαθόεις, ἠρεμόεις, ἠνορέη, ἤνυστρον κτλ.

Um hiernach auf ἤιε Φοῖβε zurückzukommen, so wird
wohl kein Zweifel mehr darüber statthaft sein, 1) woher
jene Benennung kommt, und 2) warum nur Φοῖβος dies Epitheton hat.

54

Umgekehrt hat niemals allein stehendes *Φοῖβος* bei Homer
solche Epitheta, welche auf's Schiessen.Bezug haben, sondern
solche werden nur dem *Ἀπόλλων* d. i. dem Schiesser, Strahler,
beigelegt. Aber die betreffenden Epitheta waren u. E. seither
ebenso unerklärt geblieben, als sie geläufig sind.

18. *Ἕκατος, ἑκηβόλος, ἑκατηβόλος, ἑκατηβελέτης, ἑκάεργος.**)

Ἕκατος, welches Wort bald als Epitheton, bald als selbst-
ständige Bezeichnung Apollo's vorkommt, kann unmöglich von
ἑκατηβόλος, ἑκη-βόλος κτλ. getrennt werden, wie G. Hermann
und Döderlein gethan haben. Das geht schon zur Genüge aus
der Rede Achill's A 365 ff. hervor, wo unser Wort nicht bloss im
Wechsel mit *ἑκατηβόλος* Vs 370 und *ἑκηβόλος* Vs 373 unter
ganz gleichen Verhältnissen und in gleicher Umgebung Vs 385,
sondern auch unter ausdrücklicher Beziehung auf die Geschosse
des ·Gottes (382. 383) gebraucht wird, so dass an der Identität
von *Ἕκατος* (385) mit *ἑκατηβόλος* (370) und *ἑκηβόλος* (373)
nicht im Mindesten gezweifelt werden kann.

Auch *Y* 71 *Ἄρτεμις ἰοχέαιρα, κασιγνήτη ἑκάτοιο* spricht
auf's Entschiedenste gegen die Sonderung, indem *ἰο-χέαιρα*
sagittas fundens und *ἑκάτοιο* in einem offenbar beabsichtigten
Parallelismus zu einander stehen. Die Unhaltbarkeit der Her-
mann-Döderlein'schen Ableitung für *ἕκατος* von *εἴκειν* mit dem
wunderlichen Begriffe „der Nachgiebige, Zugestehende = Gnädige"
braucht hiernach wohl kaum weiter dargethan zu werden. Und
doch liegt diesem Erklärungsversuche ein richtiges Gefühl zu
Grunde, nämlich das Gefühl der Unstatthaftigkeit der seitherigen
Erklärung von *ἕκατος* als „ferntreffend".

Alte. wie neuere Etymologen leiten die Wörter *ἑκά-εργος,*
ἑκατη-βελέτης, ἑκατη-βόλος, ἑκη-βόλος sammt *ἕκατος* von
ἑκάς ab und geben auch dem *ἕκατος* die Bedeutung „fernhin
treffend". Gesetzt aber, dass die Ableitung von *ἑκάς* angänglich
wäre, so würde doch *ἕκατος* höchstens „der Ferne", aber nimmermehr „fern-treffend" bezeichnen können, da der Begriff des
Treffens doch nicht in der Endung -*τος* stecken kann. In

---

*) Zeitschr. f. d. Gymnasialwesen. XXIX. S. 641 ff.

ἑκατη-βόλος, ἑκατη-βελέτης giebt man dem gleichartig gebildeten ἑκατη- denn auch nur die Bedeutung „fern". Der Eigenname Ἑκάτη hinwiederum, der doch nur Femininum von Ἕκατος sein kann, soll die Fern-treffende bezeichnen? Hätte der Dichter wirklich aus ἑκάς und βάλλω ein Compositum bilden wollen, so würde er doch wohl ἑκάσ-βολος gebildet haben, nach Analogie von ἐπεσ-βόλος, σακέσ-παλος, ἐγχέσ-παλος etc. Nun aber soll ἑκάς bald zu ἑκη-, bald zu ἑκατη-, bald zu ἑκα- geworden sein? Der Comparativ ἑκασ-τέρω η 321 und der Superlativ ἑκασ-τάτω Κ 113, beide sigmatisch gebildet, sprechen wahrlich auch nicht für die Richtigkeit sigmaloser Formen ἑκατη-, ἕκατος aus ἑκάς. Vielmehr präsentirt sich uns von vornherein ἑκη-βόλος als eine Bildung wie ξιφη-φόρος, σκευη-φόρος, ἀχθη-φόρος etc., ἑκατη-βόλος aber als eine Bildung wie ἐλαφη- βόλος, βουλη-φόρος, νικη-φόρος etc. In ἑκά-ϝεργος aber stellt sich uns älteres α für späteres ο dar, wie denn neben ξιφη- φόρος, σκευη-φόρος κτλ. auch ξιφο-φόρος, ξιφο-κτόνος, σκευο- φόρος κτλ. gebräuchlich sind.

Unserer Ueberzeugung nach steckt in dem ersten Worttheile von ἑκη-βόλος, ἑκά-ϝεργος ein Neutral-Substantiv τὸ ἕκος = Pfeil. Das lehrt auch Hesychius mit seiner Glosse ἑκη-βολίαι· προέσεις τῶν βελῶν. Denn da -βολίαι = προέσεις, so ist ἕκη = τὰ βέλη.

Die Wurzel ἑ (von ἵημι) hat, wie andere Wurzeln z. B. ὀλ in ὀλέκω, πτα in ἔ-πτακ-ον, βα in βάκ-τρον, ἐρυ in ἐρύκω u. a., gleichfalls eine Erweiterung mittels κ erfahren, und diese Wurzelform ἑκ bietet der Aorist ἧκ-α, der gerade so gebildet ist, wie Aor. εἷπ-α von W. ϝεπ. Das Subst. τὸ ἕκ-ος ist nicht anders von Wf. ἑκ gebildet, als die Neutral-Substantive τὸ πλέκ-ος, ἕλκ-ος, ἔρκ-ος, γέν-ος, λέχ-ος etc. von ihren bezüglichen Wurzeln, oder wie das begrifflich identische τὸ βέλ-ος von W. βαλ; τὸ ἕκ-ος wäre darnach begrifflich = jac-ulum.

In gleicher Bedeutung ist mittels anderen Suffixes aus eben derselben Wurzelform ἡ ἑκ-άτη gebildet. Dasselbe ist zweifelsohne ursprünglich Femininum zu einem Verbal-Adjectiv ἕκ-ατος von passiver Bedeutung, welche überhaupt bei den Verbal- Adjectiven in τος, α-τος, ε-τος die gewöhnlichere ist: ἀ-κάμ- ατος, unermüdet, unermüdlich, ἀ-δάμ-ατος, unbezwungen, unbezwinglich, ἐλ-ετός, ergreifbar, ἀρι-δείκ-ετο;, schenswerth, ὄρχ-ατος, umzäumt (Subst. umzäumter ·Platz) κτλ. Darnach ist Adj. ἕκατος = *missilis, missile;* das substantivirte ἡ ἑκάτη = *missile, telum,* βέλος. Dafür spricht wiederum Hesychius: ἑκάτη· ξύλον ἐν τοῖς φυλακίοις, ᾧ τοὺς κακούργους προσδεσμεύοντες ἐμαστίγουν, wonach ἑκάτη wie κῆλον, das sonst = τὸ βέλος, auch ein Holzscheit bedeutet, hier zum speciellen Zwecke des Knebelns. — Interessant ist das ganz analog gebildete ἠλακάτη, Spindel und Pfeil, von ἐλάω = ἐλαύνω gleichfalls mit κ-Erweiterung, eigentlich = Getriebenes, in Bewegung Gesetztes, welcher Begriffsbestimmung auch lat. *col-us,* von W. *kal,* κελ (κέλλω), in Bewegung setzen, gefolgt ist.

Die Verbal-Adjectiva in τος, *tus* haben aber auch oft genug active Bedeutung, manchmal sogar neben der passiven: lat. *consideratus* ist sowohl = bedächtig, bedenkend, als = betrachtet, *cen-atus, jur-atus, sci-tus* (kundig), *consul-tus,* „kundig" und „berathen" etc., δακ-ετόν, beissendes (Thier), ἑρπετόν, kriechendes Thier δ 418, αὐτό-μα-τος, selbststrebend, ποτή-τός, fliegend, θνη-τός, βρο-τός κτλ. Vgl. Leo Meyer Gr. II 92. Darnach kann es auch nicht auffallend erscheinen, wenn wir für ὁ ἕκ-ατος, den Beinamen Apoll's, den Begriff schiessend, Schütz in Anspruch nehmen; seine Schwester ist Ἑκ-άτη, die Schützin, oder, wie sie sonst heisst, ἰο-χέ-αιρα, *sagittas fundens.*

Nach dem Gesagten ergäbe sich für ἑκη-βόλος, ἑκατη-βόλος, ἑκατη-βελέτης so einfach, wie naturgemäss der Begriff Pfeilsender. Nur ἑκά-ϝεργος bedarf noch näherer Klarlegung. Es kann darüber kein Zweifel obwalten, dass der zweite Worttheil digammirt ist. Aber weder W. ϝεργ, wirken, noch εἴργω (ϝείργω), abwehren, helfen uns weiter, wohl aber die aus W. *var,* drehen (Leo Meyer Gr. I 354), erweiterte Wurzelform *varg* (ib. 375) = lat. *verg-ere,* neigen, abwärts richten: *in terras igitur quoque solis vergitur ardor.* Lucret. II 212. Vergegenwärtigt man sich, dass Apollo λυκηγενής, der Gott des Lichtes und der Sonne, ist, so springt in die Augen, wie vollständig sich der Begriff „Pfeile niederwärts richtend" mit der Stelle des Lucrez deckt, indem gerade die Glutstrahlen der Sonne die Pfeile des Gottes sind; so springt auch in die Augen

einerseits, wie passend der Begriff *vergere*, der ausdrücklich auf
die Richtung nach abwärts hinweist, gerade von des Sonnengottes Pfeilen gesetzt wird, und warum anderseits von keinem irdischen Schützen *tela vergens*, ἑκά-ϝεργος ausgesagt
worden ist, während doch ἑκη-βολίαι *E* 54 auch einem Scamandrius von Homer beigelegt wurden. Wenn spätere Dichter
auch die Artemis ἑκα-έργη genannt haben, so waren sie nach
dem Gesagten von richtigstem Gefühle geleitet. Wem die
Bezugnahme auf die Strahlen der Sonne resp. des Mondes nicht
gefällt, der mag aus der Wurzel *var*, drehen, für die Wurzel-
erweiterung ϝεργ einfach den Begriff *torquere* herleiten und
ἑκά-ϝεργος durch *tela torquens* deuten. Homer selbst gebraucht
dieses Wort *A* 147. 474. 479 und sonst im einfachen Wechsel
unter denselben Situationen wie ἑκη-βόλος *A* 14. 21. 96. 110.
373. 438, oder ἑκατη-βόλος 370, oder ἑκατη-βελέτης 75 oder
endlich wie ἕκατος 385.

Unsere Epitheta finden sich, um wenigstens in Kürze auf
ihre Anwendung in etwa näher einzugehen, ganz besonders
häufig, wie die vorhin aufgeführten Stellen zeigen, im ersten
Buche der Ilias gebraucht. Kein Wunder! Apollo, von Chryses
angefleht, mit seinen Pfeilen (Vs 42) die seinem Priester an-
gethane Schmach zu rächen, steigt zürnenden Herzens von den
Gipfeln des Olymps herab, den Bogen und den Köcher um die
Schultern gehängt, dass die Pfeile beim Dahinschreiten erklingen,
setzt sich abwärts von den Schiffen der Achäer und entsendet
seine Pfeile, zuerst auf Maulthiere und Hunde, sodann aber
richtet er die spitzen Geschosse auch auf die Achäer selbst.
Neun ganze Tage flogen die Pfeile des Gottes durch das
Lager.

Wenn hier innerhalb weniger Verse (42—53) immer und
immer wieder die Pfeile des Gottes unserem Vorstellungsver-
mögen vorgeführt werden (βέλεσσιν, ὀϊστοί, ἰόν, βέλος, κῆλα)
und zwar, wie man sieht, unter allen möglichen Variationen des
Ausdrucks: so spricht solches fast mit zwingender Nothwendigkeit für unsere Deutung der in dieser Umgebung vorkommenden
Epitheta ἑκη-βόλος, ἑκά-ϝεργος κτλ. Die seitherige Auffassung
„fern-treffend“, die u. a. auch Leo Meyer beanstandet hat, nimmt
sich dagegen geradezu komisch aus, dem Umstande gegenüber,

dass der Dichter seinen Gott vom Olymp herabsteigen und seitwärts der Schiffe oder des Schiffslagers in möglichster Nähe seiner Opfer Platz nehmen lässt, um von da aus den Bogen und die Pfeile zu handhaben. Wenn ferner *A* 93 gesagt wird

οὔτ᾽ ἄρ᾽ ὅ γ᾽ εὐχωλῆς ἐπιμέμφεται οὐθ᾽ ἑκατόμβης.
ἀλλ᾽ ἕνεκ᾽ ἀρητῆρος, ὃν ἠτίμησ᾽ Ἀγαμέμνων,
οὐδ᾽ ἀπέλυσε θύγατρα καὶ οὐκ ἀπεδέξατ᾽ ἄποινα.
τοὔνεκ᾽ ἄρ᾽ ἄλγε᾽ ἔδωκεν ἑκηβόλος ἠδ᾽ ἔτι δώσει —:

so ist hier in ἑκηβόλος offenbar enthalten die Art und Weise, wie der Gott die Leiden verhängt hat und event. weiter verhängen wird, nämlich κῆλα βάλλων, βέλη ἐφιείς. Ganz ebenso Vs 110:

τοῖσδ᾽ ἕνεκά σφιν ἑκηβόλος ἄλγεα τεύχει.

Und wenn Kalchas *A* 75, von Achill dazu aufgefordert, erklärt, er wolle den Achäern darlegen μῆνιν Ἀπόλλωνος ἑκατηβελέ- ταο ἄνακτος, so besagt dieses im Zusammenhange nichts anders, als: er wolle ihnen darthun, warum Apollo seinen Groll durch Entsendung seiner Todesgeschosse sie fühlen lasse. Der Vers 147

ὄφρ᾽ ἡμῖν ἑκάεργον ἱλάσσεαι ἱερὰ ῥέξας

wird rücksichtlich der Tragweite von ἑκάϝεργον Vs 444 vom Dichter selbst erklärt durch die analogen Worte ὄφρ᾽ ἱλασσό- μεσθα ἄνακτα, ὃς νῦν Ἀργείοισι πολύστονα κήδε᾽ ἐφῆκεν (nämlich βέλεσσιν Vs 42).

Und so gewinnen wir an allen übrigen Stellen des Homer eine höchst bedeutungsvolle Beziehung für die fraglichen Benennungen des Gottes, wofern wir uns nur mit liebender Hingebung in die Gedankenwelt des Dichters versenken. Es möge aus dem 1. Buche der Ilias nur noch Vs 479 hervorgehoben werden, weil er beim ersten Anblicke dem Gesagten zu widerstreiten scheint:

τοῖσιν δ᾽ ἴκμενον οὖρον ἵει ἑκάϝεργος Ἀπόλλων.

Hier wird durch das Epitheton gegensätzlich auf das Wehe hingewiesen, welches der jetzt besänftigte Gott vorhin bereitet hatte: versöhnt sendet jetzt Apollo den Achäern, die er vordem in seinem Grolle mit seinen Todesgeschossen heimgesucht hatte, günstigen Fahrwind.

Es würde zu weit führen, wollten wir auch die übrigen
Gesänge durchgehen, um zu zeigen, wie überall bei der vorgetragenen Deutung sich der passendste Sinn ergiebt. Nur
E 54, wo das Subst. ἐκηβολίαι erscheint, erheischt nähere Be-
sprechung.

Menelaus hatte Scamandrius, den jagdkundigen, αἴμονα
θήρης, mit seiner Lanze getödtet —

> ἐσθλὸν θηρητῆρα· δίδαξε γὰρ Ἄρτεμις αὐτὴ
> βάλλειν ἄγρια πάντα, τάτε τρέφει οὔρεσιν ὕλη.
> ἀλλ' οἵ οἱ τότε γε χραῖσμ' Ἄρτεμις ἰοχέαιρα,
> οὐδὲ ἐκηβολίαι, ᾗσιν τὸ πρίν γ' ἐκέκαστο.

Worin die ἐκηβολίαι bestanden, ist deutlich genug zu ersehen
aus βάλλειν ἄγρια πάντα (nämlich βέλεσσιν) und aus dem
significanten Beiwort seiner göttlichen Lehrmeisterin, ἰοχέαιρα:
die Kunst, worin sich Scamandrius auszeichnete, bestand eben
in der Geschicklichkeit, Pfeil und Bogen sicher zu handhaben.
Dass hierzu auch die Geübtheit gehört, selbst in relativer Ferne
noch sein Ziel zu treffen, versteht sich ganz von selbst. Aber
dieser Nebenbegriff wird an unserer Stelle nicht nur nirgends
gefordert, sondern geradezu abgewiesen: wie Artemis ἰοχέαιρα,
sagittas fundens, so war ihr Zögling ἐκη-βόλος = ἰο-βόλος;
aber die Pfeilkunst erlag der Lanzenkunst.

Von nachhomerischen Stellen mit ἑκάεργος verdient noch
besondere Beachtung Vs 357 aus dem Hymn. Hom. in Apoll.

> πρίν γέ οἱ ἰὸν ἐφῆκεν ἄναξ ἑκάεργος Ἀπόλλων,

und ebendaselbst Vs 440:

> ἔνθ' ἐκ νηὸς ὄρουσεν ἄναξ ἑκάεργος Ἀπόλλων,
> ἀστέρι εἰδόμενος μέσῳ ἤματι· τοῦ δ' ἀπὸ πολλαὶ
> σπινθαρίδες πωτῶντο, σέλας δ' εἰς οὐρανὸν ἷκεν.

19. Ἀφήτωρ

kann in der Stelle *I* 404

> οὐδ' ὅσα λάινος οὐδὸς ἀφήτορος ἐντὸς ἐέργει,
> Φοίβου Ἀπόλλωνος, Πυθοῖ ἔνι πετρηέσσῃ

nicht „Pfeilschütz" bedeuten. Der Tempel zu Pytho ist nicht
ein Tempel des „Pfeilschützen", sondern ein Tempel des Wahr-
sagers. Auch kann von ἀφ-ίημι nicht ἀφ-ήτωρ gebildet

werden, sondern nur $\dot{\alpha}\varphi\text{-}\dot{\epsilon}\text{-}\tau\omega\varrho = \dot{\alpha}\varphi\text{-}\epsilon\text{-}\tau\dot{\eta}\varrho$, $\dot{\alpha}\varphi\text{-}\dot{\epsilon}\text{-}\tau\eta\varsigma$, welche letzteren beiden Wörter ja wirklich existirten = Schleuderer und Losgelassener. Wie Bildung aus $\ddot{\iota}\eta\mu\iota$ lauten musste, zeigen auch $\ddot{\alpha}\varphi\text{-}\epsilon\text{-}\tau o\varsigma$, $\dot{\alpha}\varphi\text{-}\epsilon\tau\dot{\eta}\varrho\iota\alpha$, $\dot{\alpha}\varphi\text{-}\epsilon\tau\dot{\eta}\varrho\iota o\varsigma$, $\dot{\alpha}\varphi\text{-}\epsilon\tau\iota\varkappa\acute{o}\varsigma$, $\dot{\epsilon}\varphi\text{-}\dot{\epsilon}\text{-}\tau\alpha\iota$, Befehlshaber, Aesch. Pers. 79, $\dot{\epsilon}\varphi\text{-}\epsilon\tau\iota\varkappa\acute{o}\varsigma$, hom. $\dot{\epsilon}\varphi\text{-}\epsilon\tau\mu\dot{\eta}$, $\dot{\epsilon}\varphi\text{-}\epsilon\tau\acute{o}\varsigma$, $\dot{\epsilon}\nu\text{-}\epsilon\text{-}\tau\dot{\eta}\varrho$, hom. $\dot{\epsilon}\nu\text{-}\epsilon\text{-}\tau\dot{\eta}$, $\dot{\alpha}\nu\text{-}\epsilon\text{-}\tau\acute{o}\varsigma$, $\dot{\alpha}\nu\text{-}\epsilon\tau\iota\varkappa\acute{o}\varsigma$ $\varkappa\tau\lambda$.

Die begrifflich wie lautlich einzig brauchbare Deutung, welche schon von den alten Erklärern vorgetragen wurde, ist fatidicus, $\pi\varrho o\varphi\dot{\eta}\tau\eta\varsigma$, $\mu\acute{\alpha}\nu\tau\iota\varsigma$: Hes. $\dot{\alpha}\varphi\dot{\eta}\tau o\varrho o\varsigma\cdot$ $\pi\varrho o\varphi\eta\tau\epsilon\acute{v}o\nu\tau o\varsigma$, $\dot{\alpha}\varphi\eta\tau o\varrho\epsilon\acute{\iota}\alpha\cdot$ $\mu\alpha\nu\tau\epsilon\acute{\iota}\alpha$. Auch Aristarch ging von $\varphi\acute{\alpha}\nu\alpha\iota$ aus, nur dass er in $\dot{\alpha}$ den Begriff $\dot{o}\mu o\tilde{v}$ suchte. Andere suchten in $\dot{\alpha}$ den Bgr. $\pi o\lambda\acute{v}$. Wieder andere deuteten $\dot{\alpha}\sigma\alpha\varphi\dot{\eta}\tau o\varrho o\varsigma$ von $\dot{\alpha}\sigma\alpha\text{-}\varphi\dot{\eta}\varsigma$ mit dem angeblichen Begriffe obscura canens! Vgl. Lex. Hom. ed. Ebeling.

Der Zusammenhang der Stelle erfordert offenbar den Bgr. Kündiger d. i. fatidicus, $\chi\varrho\eta\sigma\tau\dot{\eta}\varsigma$, Orakelgeber. Wir werden später sehen, wie auch $\chi\varrho\acute{\alpha}\omega$, Orakel geben, aus dem Bgr. tönen, reden hervorgegangen ist: $\chi\acute{\alpha}\varrho\text{-}\mu\eta$, Getöse, Kriegsbraus, $\chi\alpha\varrho\acute{\alpha}$, Jubel, $\chi\alpha\acute{\iota}\varrho\omega$, jubeln (bei Homer nie von stiller Freude): SkrW. ghar, tönen (Fick WB. I 82 N. 6), german. W. gar in vielfachen Wörtern gleicher Bedeutung, wie z. B. altnord. Gar-m-s, der mythische grosse Hund (Beller).

An der wohlbewährten altgriechischen Deutung $\dot{\alpha}\varphi\dot{\eta}\tau\omega\varrho$, begrifflich $= \chi\varrho\eta\sigma\tau\dot{\eta}\varrho$, fatidicus, hätten neuere Etymologen und Erklärer wohl keinen Anstand genommen, wenn sie 1) das Wesen des $\Phi o\tilde{\iota}\beta o\varsigma$ mitsammt der Bedeutung von $\Pi v\vartheta\acute{\omega}$ erkannt und damit zugleich erkannt hätten, welcher Begriff I 404 förmlich geheischt wird; wenn sie 2) inne geworden wären, dass Wf. $\varphi\alpha$ vordem sigmatisch anlautete, und 3) erkannt hätten, dass s. g. $\dot{\alpha}$ prothet., $\dot{\epsilon}$ proth., $\dot{o}$ proth. kein willkürlich und beliebig vorgeschlagener Laut ist und sein kann, sondern mit Absehung derjenigen Fälle, wo solcher Vorschlag als naturgemässer Vorhauch zur leichteren Aussprache von Digamma sich auch schriftlich fixirte, nur da möglich und in sich begründet ist, wo Wurzel oder Stamm ursprünglich mit Sigma und anderen Consonanten ($\sigma\pi$, $\sigma\varkappa$, $\sigma\tau$, $\sigma\varphi$ $\varkappa\tau\lambda$.) anlautete, wie — vorbehaltlich ausführlicherer Darlegung — bereits oben S. 33 erörtert worden ist. Dass Wf. $\varphi\alpha$ vordem sigmatisch

anlautete und für σφα steht, hätte man schon hinlänglich entnehmen können aus den deutlichen Glossen von Hesychius:
περί-σφατα (cf. Trag. inc. frgm. 266)· ἐπιθρήνητα καὶ μο-
χθηρᾶς ἐπιφωνήσεως ἄξια d. i. umtönt, umrufen ‖ περι-σφά-
τως· περι-βοήτως, also περί-σφατος = περι-βόητος ‖ ἐπί-
σφα-τον· ἐπιμωμητὸν ἢ ἐπὶ κακῷ ὠνομασμένον, also ἐπί-
σφα-τος == (übel) berufen, besprochen. Näheres im Folgenden.

20. Φάω

leibt und lebt noch im homerischen φάε δὲ χρυσόθρονος Ἠώς
ξ 502. Gewiss mit Recht fügt Curtius N. 407 φάω, leuchten,
und φη-μί, St. φα, zusammen. Aber wie͏̈ kann ohne Künstelei
Bgr. „sprechen" aus. Bgr. „leuchten" vermittelt werden? Kann
man wirklich glauben, dass der Sprachgeist Bgr. „sprechen"
durch die abstracte Vorstellung „zur Erscheinung bringen"
aus φάω, leuchten, erzeugt hat? Sowie der Mensch für die
Erscheinung des Leuchtens eine lautliche Bezeichnung (φάω)
aufstellte, musste er doch sprechen können (φημί); jedenfalls
liegt That und Begriff des Sprechens vor der Bezeichnung
des Leuchtens. Die Wurzelbegriffe sind durchweg so sinnlicher Natur, wie irgend denkbar, nichts weniger als ab-
stracter Art.

Alles Sprechen ist ein (hörbares) Hauchen, weshalb
sämmtliche Wörter für Sprechen, Sprache, Ton etc. aus Wurzeln des Begriffs Hauchen hervorgehen (s. Tabelle); Glänzen,
Schimmern ist nur ein sichtbares Hauchen; man denke an
vapor solis, an aura = Hauch, Strahl, an πε-μφίς st. πε-σφίς
= Hauch, Strahl, an unser „Hauch der Sonne" u. s. w. (s. Tabelle).

Es wäre also nichts natürlicher, als die Begriffseinheit
für Wf. φα, sprechen, Wf. φα, leuchten, in einer Wurzel des
Begriffs „hauchen, blasen" zu suchen.

Dass Wf. φα, sprechen, tönen, für σφα (= σπα) steht, ist
bereits am Schlusse des vorigen Paragraphen erwiesen worden.
Dass Wf. φα, leuchten, ursprünglich sigmatisch müsse angelautet haben, vermuthet mit gutem Fuge Curtius S. 494 aus

dem Nebeneinanderbestehen von πα-ρός, Fackel, und ϑα-ρός, Fackel. Schade, dass er diese Frage nicht ·weiterer Untersuchung gewürdigt hat.

Zunächst nehmen wir Act davon, dass aus seiner Wurzel ϑα G. Curtius fünf secundäre Wurzeln sich entwickeln lässt: ϑα+ν, ϑα+σ, ϑα+ϝ, ϑα+κ, ϑα+δ. Hiernächst berücksichtige man, dass W. σπυ, hauchen, blasen, besonders in der Gestalt ϑυ vorkommt: ϑῦ-σα, ϑῦ-σ-ιγξ, ϑυσάω. Es müsste förmlich auffallen, wenn W. σπυ, Wf. ϑυ nicht aus W. σπα+ϝ, Wf. ϑα+ϝ, ϑαυ entstanden wäre.

II. Zum Erweise, dass Wf. ϑα bzhw. ϑα+ϝ etc. den Begriff „hauchen, blasen, blähen" etc. darstellt, betrachte man nur folgende Wörter:

Φαῦ-σ-ιγξ, Blase = ϑῦσιγξ, ϑῦσα κτλ., fügen wir mit· demselben Rechte, womit Curtius N. 407. ἱπό-ϑαυσις, ϑαῦος, πι-ϑαύ-σκω zu Wf. ϑα, ϑα+ϝ gesellt, zu Wf. ϑα+ϝ, und nicht zu Wf. ϑυ, W. σπυ.

Φω-ῖς und ϑο-ῖς, Blase, fügen sich in gleicher Weise zu Wf. ϑα, wie Curtius N. 407 ϑω-ρή zu ϑα gesellt.

Φαυ-λ-ία ἐλαία ist eine besonders fleischige Art Olive (Bgr. aufgebläht, gedunsen); lat. pau-s-ea, posia: ϑ neben p ist beweisend für ursprünglich σπ, sp. — Adj. ϑαύλιος kommt auch in anderen Verbindungen mit dem Bgr. „aufgeblasen, aufgedunsen" vor: μῆλα ϑαύλια, aufgedunsene, dicke Aepfel.

Wie bei pau-s-ea = ϑαυ-λ-ία die Wurzel einfachen Abfall von Sigma erlitten hat, so auch in pa-pav-er, Mohn (= Geblähtes, Blasiges von wegen der Fruchtform), in pav-o, pav-us, pav-a, Pfau, das sich blähende Thier. — Im Lateinischen zeugen laut für Bgr. hauchen, blasen: Fau-x = Luftröhre, engl. windpipe ‖ Fau-nus, personificirter Frühlingshauch ‖ Fav-on-ius, ein lauer Wind ‖ fav-eo = adspirare, πνεῖν, im Sinne von günstig sein; fav-or = aura, ventus (popularis), Skr. av-as, Gunst (W. av, ἀϝ), goth. an-st-s, nhd. G-unst st. Ge-unst, alts. gi-onsta zu W. an ‖ follis, Blasebalg, Schlauch, aus Wf. fa+l, woraus desgleichen fla-re ‖ fas-tus, Aufgeblasenheit ‖ faba, Bohne, von wegen der Schoten = Blasen, wie πύ-ανος aus W. σπυ = ϑά-σ-ηλος; dazu ἀ-ϑάκη·

ὄσπριον (Hes.) neben φακῆ, φακός, Linsenpflanze, ebenfalls
Schotengewächs; vgl. κύ-αμος aus W. κυ, schwellen ‖ fa-m-ex
u. pâ-nus, Geschwulst, Aufblähung ‖ fe-men, fe-mus=ὀ-σφύς,
d. i. Anschwellung ‖ fe-n-d-icae ·(aus fa+d), Gedärme = Blasen = φύσκαι aus W. σπυ; daneben pa-n-t-ex, Wanst =
φύσκη, Bauch ‖ fê-la, mamma = ags. spa-na, nur mit anderem
Suffix: Bgr. Anschwellung = ἀ-φα-τ-ῆλες, φά-γ-υλοι ‖ fa-mes
= σπά-νις, entweder aus Bgr. begehren, aspirare, oder aus
Bgr. Hohlheit, Leere ‖ fa-ma, im Oskischen = Haus d. i.
Wohnort, wo man athmet, lebt; dazu fa-m-ulus etc.; vgl. kretisch ἀ-φα-μ-ι-ῶται· οἰκέται ἀγροῖκοι ‖ fe-s-tra, fe-n-estra
erklären sich neben pac-mina, Ritze, als spiracula, Luftlöcher
= Oeffnungen ‖ fes-t-ino = ποιπνύω, σπεύδω, schnaufen
d. i. hasten, sich sputen ‖ fes-t-uca = caulis aus Wf. cav:
Bgr. blähen = hohlsein ‖ fe-n-i-culum, Fenchel, vom starken
Dufte so benannt ‖ fa-t-i-sco 1) Ritze bekommen, aufklaffen
d. i. gähnen = stark athmen; vgl. spiraculum etc., 2) ermatten
d. i. jappen, keuchen = schwer athmen, hinter den Athem
kommen; fa-t-igo, fes-sus st. fat-tus ‖ fae-x, Hefen, Boden-
satz, Schmutz: Bgr. übelriechen, neben pac-d-or, Unrath, pē-
d-o, Gestank machen ‖ fä-t-uus, Thor = τετιφωμένος, du-m-b:
diese beiden zu SkrW. dhu, hauchen, rauchen = W. θυ, germ.
W. du in Du-s-el, Du-n-st etc. ‖ fav-illa, Verwehendes = Asche
= σπο-δ-ός ‖ fav-issa, Loch, Oeffnung, spiraculum ‖·fe-n-d-o
= engl. to blow 1) blasen, 2) hauen. Vgl. u. σφενδόνη,
σπόνδυλος ‖ Aus Wf. fra st. fa+r: fra-g-um, Erdbeere von
wegen des Duftes, fra-g-ra-re, duften, πνεῖν.

Doch genug der lateinischen Wörter aus Wf. fa bzhw. fa+s,
fa+d, fa+l, fa+r etc. mit den Begriffen hauchen, athmen,
schnaufen, duften, blasen, blähen. All diese Wörter, die sich
noch erheblich vermehren liessen, stimmen lautlich in merk-
würdigster Weise zu Wf. fa in fa-ri = φη-μί, in fa-c-s (fax),
Fackel, fa-c-etus, glänzend, schön etc., die man allgemein und
mit Recht neben griech. Wf. φα, sprechen, leuchten, glänzen,
brennen, stellt.

III. Dass letztere signatischen Anlaut hatte, und φα aus σφα,
σπα entstanden ist, dafür spricht ausser den bereits erwähnten
Wörtern πᾱ-ρός (Aesch. Eur.) neben φᾱ-ρός (Aristoph.), fax,

ἐπί-σφατος, besprochen, berufen, περί-σφατος, umtönt, noch folgendes:

Πρό-σφατος, hervorscheinend, re-cens, neu (s. u.).

Ψαιδρός sagten die Cyprier für φαιδρός; daneben hat Hesychius bewahrt σφειδρός· καθαρός, aber auch εὐώδης, duftig.

Σφήξ, Wespe, aus Wf. σφα, und ψήν hat, wie Fick längst erkannt hat, lautlich nichts zu schaffen mit vespa; wogegen sich desto einfacher der Name von der brennend-gelben Farbe des Thieres erklärt. Daneben σφά-κ-ος, gelbe Salbei.

Παι-φάσσω, einherblitzen, steht für πα-σφάσσω, gerade wie ποι-φύσσω st. πο-σφύσσω, παι-πάλη st. πα-σπάλη, welche Form noch vorhanden ist.

Ἀκραι-φνής kann weder lautlich noch begrifflich aus ἀκεραιοφανής gedeutet werden; es ist ἀκρα-σφανής, sehr leuchtend, sowohl im natürlichen, wie figürlichen Sinne; älteres ἀκρα- = jüngerem ἀκρο- ist verstärkend, wie in ἀκρό-σοφος, hochweise, sehr weise (Pind.), ἀκρά-χολος, sehr zornig, jähzornig (Ar. etc.), ἀκρ-αής, scharf-, stark-wehend u. a. In gleicher Weise steht παραίφασις, παραιφάμενος, παραιφασία für παρά-σφασις κτλ. ·

Κατηφής = κατωπός, gesenkten Auges, aus τὰ φάεα, die Augen, steht für κατα-σφής; anders ist das η absolut nicht zu erklären; ὑπερήφανος st. ὑπερά-σφανος. Vgl. S. 26.

Σφάκ-ελος, Brand, deckt sich mit fac-s, Fackel, natürlich vom Suffix abgesehen.

Δῖ-φάω erklärt sich nur aus δι-σφάω (s. u.); πῖ-φαύ-σκω aus πι-σφαύ-σκω, neben πῖ-φαύσκω mit Schwund von σ.

Ψώ-δ-η· γλῶσσα (Hes.) und φω-νή sind Eines Ursprungs: ψ durchweg = σπ; ψύττω: spuo; ψύ-χ-ω aus W. σπυ κτλ.

Ψαι-θόν· ὑποφοινίσσον: Bgr. glänzen.

Δί-φας, eine Art Schlange, hat zur Nebenform δι-ψάς (Hes.), d. i. schillernd, zweifach schimmernd; mit Erweichung zu β: δί-βας, dasselbe.

Die Deutung von δι-ψάς aus δίψα, Durst, weil der Biss dieser Schlange heftigen Durst verursacht hätte, gehört der lallenden Kindheit der Etymologie an. Eine andere Frage ist,

ob das noch räthselhafte δίψα sammt διψάω etc. nicht aus
δί-ψα st. δί-σπα zu erklären sei, mit dem Grundbegriffe aus-
einanderklaffen, da Bgr. gähnen, klaffen sich aus Bgr. hauchen,
athmen durchweg entwickelt hat. Der Durst äussert sich eben
als ein Jappen, Klaffen.

Wir werden im Folgenden noch weiteren Belegen für ursprünglich sigmatischen Anlaut begegnen. Aus dem Germanischen sei nur erwähnt engl. (spa-ke) spea-k, sprechen, spee-ch,
Sprache, welches nur Unverstand aus „sprechen" mit Ausfall
von r ableiten kann: es deckt sich·völlig mit griech. Wf. σπε
= σπα, sprechen, in ἀρί-σπης· εὔλαλος (Hes.), wozu, wie
wir zeigen werden, auch ἔ-σπε-τε st. σέ-σπε-τε, ἐνι-σπεῖν
κτλ. gehören.

IV. Lautete aber Wf. φα, sprechen, glänzen, sigmatisch an,
und giebt es eine W. σπα mit den Nebenformen σφα, ψα etc.
vom Grundbegriffe hauchen, so erklärt sich sprechen als hauchen
= tönen, glänzen als hauchen = schimmern. Nun erwäge man
noch folgende Wörter:

Σπα-τ-ίλη, Koth (hauchen = stinken, πνεῖν), neben σπά-τη
und σπή in οἰ-σπάτη, οἴ-σπη, ovis fimus; daneben οἰ-σπώ-
τη, οἰ-σπό-τη und aus W. σπυ: οἰ-σύπη = οἰ-σπύ-η.
Also W. σπα = W. σπυ.

Gleichen Begriffs sind die bereits erwähnten Wörter mit
ψ st. σπ: ψω-ί-α, ψώ-α, ψῶζα, ψώιζος.

Σί-φων, st. σι-σφα-ων = Blasrohr, Rohr, Wasserhose (Bgr.
hohl, gebläht).

Σῑ-φῶμαι st. σι-σφά-ομαι, leer, hohl werden (va-nus: W. va)
und verschwinden d. i. verhauchen; σι-φνός st. σι-σφα-νός,
σι-φλός st. σι-σφα-λός, windig = leer, hohl; σι-φνίς st.
σι-σφα-νίς, Blase, Beutel.

Σπη-λός· σκληρός, trocken = αὖος: ἀϝ, d. i. ausgewindet,
verdunstet = trocken. Trockenheit entsteht eben dadurch,
dass alle feuchten Bestandtheile verdunsten.

Σπή-λ-αιον und σπέ-ος = ἄν-τρον: W. ἀν = spiraculum von
spirare; mit K-Erweiterung lat. spe-c-us.

Ψῶ-σαι (cyprisch)· θάλψαι (Hes.), warm hauchen = fov-eo.
So gut aus ψύχω, hauchen, der Bgr. „kalthauchen, kälten"
in ψῦχος hervorgehen kann, so gut kann auch Bgr. warm-

66

hauchen aus hauchen hervorgehen. Will man lieber vom Bgr. „brennen" ausgehen (vgl. fac-s, σφάκελος), immerhin gehört ψῶ-σαι zu W. σπα. Daneben φῶ-σαι (Hippocr.), φῶ-ξαι (hier mit G-Erweiterung, wie in τμή-γ-ω: τμα, ταμ), ebenfalls = θάλψαι.

Ψακ-άς und ψεκ-άς (K-Erweiterung, wie in ὀλ-έ-κω κτλ.) Bläschen = Tropfen, wie πεμφίς, Hauch, Blase, auch = Tropfen; daneben aus W. σπι: ψι-άς, Tropfen.

Ψάκ-αλ-ον urspr. Blase, dann erst das darin befindliche: ἔμβρυον; denn auch ψακαλοῦχον (von der Blase gehalten, eingeschlossen) bedeutet ἔμβρυον. Daneben φάκ-ται, Blasen, Beutel, allerartige hohle Behälter; φάγ-υλοι (φα+γ) bedeutet ebenfalls Blase, Beutel, aber auch μαστοί = ags. spa-na (Geblähtes, Anschwellung). Nach ähnlicher Begriffsvermittelung ist auch φῦσα (W. σπυ) = ἀσκός II. Daneben aus Wf. φα+σ: φάσ-κ-αλος, φάσκωλος und φάσκωλον = Beutel, Blase.

Ψαι-ν-ύσσω, wohl aus Wf. σπα+σ, ψαινύζω, ψαινύρω = fächeln, Luft machen, κατα-ψύχειν, engl. to fa-n (W. spa).

Ψαῖ-μα· ὀλίγον, ψαί-νυ-ος· ἀχρεῖος, ψαίνυσμα· ὀλίγον, ψαιδρός· ἀραιός decken sich mit φαῦ-λος, ἀπο-φώ-λ-ιος oder begrifflich mit va-nus, windig, leer, hohl. Gleichbedeutig ψη-νός· ἀραιός und ψαυ-κ-ρός· κοῦφος II.

Ψαυ-ρός, ψαύ-ρ-ιος nebst ψηκ-εδών· κονιορτός, Staubwirbel.

Ψό-θ-ος 1) = ψό-λ-ος, Rauch, Dampf, 2) = ψό-φ-ος, Ton, Schall (wehen = tönen).

Ψό-θ-οι-ος, Schmutz (Bgr. πνεῖν in üblem Sinne).

Ψέ-φ-ος, Rauch, Dunst, Finsterniss, ψεφ-η-νός, dunkel (Pind.), st. ψεφασ-νός aus gleichbedeutigem τὸ ψέφας, Rauch, Dunkelheit. Dasselbe wie ψέ-φ-ος bedeutet ψά-φ-α, Hes., wovon ψαφαρός· αὐχμηρός. Von ψέφος: ψεφαῖος, ψεφαρός, ψεφοειδής κτλ. Neben den btr. Substantiven das Ztw. ψέφω (Hes.), verräuchern, verfinstern. Es liegt hier Weiterbildung mittels φ vor, wie in κναφεύς neben κνάω, wie in τύφω st. θύ-φω neben W. θυ, τρύφος neben τρύω, wie in στιφ-ρός, starr, neben Wf. στι = W. στα, wie in στέ(μ)φω neben στα u. s. w. Obige Wörter neben φαι-ός = fu-s-cus (W. spu).

Ψελός und ψόλος, Rauch, Russ.

Ψό-φ-ος, Schall (wehen = tönen), neben ψέ-φ-ος, Rauch etc., wie auch ψόθος 1) Schall und 2) Rauch. Auch πνόος = φθόγγος Hes.

Für σπ tritt auch πτ ein, welcher Anlaut stets auf σπ zurückweist, und dafür unter Nachwirkung des Sigma oft φθ, welches ebenfalls stets auf σπ weist: φθύζω in ἐπι-φθύζω = spuo, πτύω, ψύττω, πυτίζω st. σπυτίζω ‖ φθά-ν-ω neben ψα-τ-ῆσαι st. σπα-τ-ῆσαι ‖ φθείρω st. σπείρω = (σ)πέρ-θω, cf. dispersio urbis u. s. w. Daher Φθη-ρά, Beutel, Ranzen = πή-ρη st. σπή-ρη (Hes. unter κίρβα). Φθέγγομαι, φθόγγος mit gleicher Weiterentwickelung wie φέγγος d. i. mittels Wurzeldeterminativs γ unter Nasalirung, jenes mit Bgr. hauchen = tönen, dieses mit Bgr. hauchen = schimmern.

Πο-μφός = πε-μφίς, Hauch. Wie sich Sigma assimilirt zu μ in ἐμμί st. ἐσ-μί, in ἄμμες st. ἄσ-μες u. s. w., ebenso auch zu μ vor β, π, φ: πε-μφίς st. πε-σφίς aus W. σπι, πα-μφαίνω st. πα-σφαίνω, πί-μπρημι st. πί-σπρη-μι (Wf. σπρα aus σπαρ, vgl. engl. spar-k-le), πί-μπλημι st. πί-σπλημι, πο-μφόλ-υξ st. πο-σφόλυξ (Wf. σπα+λ) u. s. w. Entsprechend ist aus urspr. W. spu gebildet Skr. pu-pphu-sa-s, Lunge, pu-pphu-la-m, Blähung, wo s zu p assimilirt worden ist. Weiteres später.

Ἰ-σφαίνει· μεριμνᾷ, ἀγωνιᾷ, ἴ-σφα-τον· βίαιον πεπραγμένον Hes. Entweder steckt in dem vorschlagenden ἰ eine verstümmelte Reduplication σι oder ein phonetisches ἰ prothet., gerade wie ἐ, ἀ, ὀ verwendet werden: ἀ-σπάραγος κτλ. Im Italienischen ist derartiges phonetisches Jota sogar die Regel: i-stesso und stesso etc. Warum sollte nicht Jota auch im Griechischen phonetisch-prothetische Verwendung haben finden können, wenn auch nur dialectisch, ebenso gut wie ἐ, ἀ, ὀ? Oder sollte lakon. ἴ-σφωρ-ες, Diebe (Hes.), etwas anderes sein als φῶρ-ες, fur-es? Es ist eine sehr wohlfeile Kritik, alles was man nicht versteht, anzuzweifeln; daher sind natürlich auch ἰ-σφαίνει, ἴ-σφατον, ἴ-σφωρες verdächtigt worden. Weitere Beispiele aber von phonetischem ἰ als Vorschlag sind: cypr. ἰ-σχερώ· ἐξῆς, das sich freilich auch als für ἰνσχερώ = ἐν-σχερώ = ἐπι-σχερώ stehend allenfalls erklären liesse ‖ ἴ-φλη-μα, Spalte, Loch, Wunde, offenbar zu W. spal gehörend ‖ ἰ-σκάνδιον· σαλπίγγιον ‖ ἰ-σκανδοτόν· σαλπιγγωτόν. Will man aber lieber in ἰ-σφαίνω, ἴ-σφατος verstümmelte Reduplication für σι annehmen, immerhin fügen sich beide mittels Begriffs „schnaufen" zu unserer Wurzel.

Ψεδ-ών und ψεδ-υρός werden als gleichbedeutig mit ψιθυρός, ψιδών, ψυδρός, ψευδής überliefert. Von W. σπυ+δ leitet man unbeanstandet ψεύδω, ψυδρός ab. Aber so nothwendig ψιδ-ών auf W. σπι+δ weist, ebenso zwingend ψεδ-ών auf W. σπα+δ. (Grundbegriff blasen, zischen, Ohrenbläserei treiben.)

Φέ-ψαλος, Dampf, Qualm (Aristoph.), wovon φε-ψαλ-όω (Aesch.) und φε-ψάλ-υξ (Archiloch.), ist nichts anderes als ein reduplicirtes ψόλος, böot. ψελός, und steht für σπέ-ψαλος, σπέ-σπαλος, wie die Nebenform φέ-ψελος für σπέ-σπελος.

Σφά-ν-ιον (vgl. lat. sponda)· κλινίδιον, ist wohl urspr. Pfühl, Polster (Bgr. blähen, schwellen).

Σφαγή, Gurgel, Kehle, Luftröhre, englisch windpipe, ist nur G-Erweiterung, davon σφάζω, jugulare, abkehlen, st. σφαγ-ιω.

Σπα-τ-άλη, Ueppigkeit, Schwelgerei (Bgr. aufblasen, blähen), neben σπα-τ-ίλη, σπά-τη, Koth (Bgr. riechen, πνεῖν). Oder ist σπα-τά-λη nebst σπα-τα-λός, üppig, von σπά-τη (cf. οἰ-σπά-τη, οἰ-σπη) im Sinne von „Schlamm" als = Schlämmerei, schlämmend (Schlemmerei, schlemmend) entstanden? Oder liegt Bgr. schwingen d. i. schleudern, wegschleudern zu Grunde? Bgr. schwingen entwickelt sich ja regelmässig aus Bgr. wehen, fachen (vgl. fechten, fuchteln). Alle diese Möglichkeiten führen sammt und sonders auf Urbegriff wehen, fachen etc. zurück. Σπατάλη bedeutet auch Armband, dsgl. σπατάλιον und σπα-θ-άλιον, gewiss nicht als Bgr. „Luxus", sondern mit Bgr. Geschwungenes (pandum) d. i. Rundes. Auch σπά-θ-η ist Geschwungenes, Schwingendes (Spatel, Ruderblatt etc.), davon σπα-θά-ω, das ebenfalls auch verschleudern, vergeuden, schlemmen bedeutet.

Σπάκα nannten die Meder den Hund Hdt. 1, 110 (Bgr. wehen = tönen d. i. bellen). Σπά-δ-ακ-ες· κύνες Hes.

Σπά-νη, σπά-νις etc. nebst ἠπανία st. ἀ-σπανία erklärt
sich aus Bgr. aspirare, nach etwas jappen, schnen, als urspr.
= Sehnsucht, desiderium d. i. Mangel. Auch wenn man
vom Bgr. leer-, hohl-sein ausgeht, kommt man wiederum auf
Urbegriff hauchen, wehen: vgl. va-nus von W. va.

Σπά-τ-ος (böot.), Fell, erklärt sich als Hülle, Hohles, Balg,
wie auch unser Hau-t mit Hau-ch urwurzelhaft verwandt ist.
Will man nicht von der Vorstellung Balg, lat. follis, ausgehen, so ist „Hülle" sowohl das, was sich bläht, wölbt, als das,
was sich umschwingt, umschmiegt. Fick weist WB. I 251
eine Sanskritwurzel sphâ, schwellen d. i. blähen, nach.
Die von ihm S. 252 nachgewiesene indogerman. W. spad,
spa-n-d, d. i. spa+d, schwingen, hat im Griechischen ihre
reiche Vertretung: σφαδ-άζω, schwingen, sich heftig bewegen, σφεδ-ανός, σφοδ-ρός, heftig, σφεν-δόνη, Schleuder, σφόνδ-υλος, Wirbel κτλ. Von welchem Urbegriffe
hier Bgr. „schwingen" ausgeht, kann man erschliessen aus
σφορδ-ύλη, σπονδ-ύλη, ein Stinkkäfer: ὀσμὴν φαύλην
προϊέμενος, aus σφόδ-ελος (Hes.) und ἀ-σφόδ-ελος und
dem homerischen Adj. ἀ-σφοδ-ελός, duftig (s. u.). Also
Grundbegriff „wehen".

Σποδ-ός (W. σπα+δ), ψάμμος st. ψάσ-μος (W. spa+s),
Staub, ψάμμη, Mehl, Staub, mit der Nebenform φάμμη,
erklären sich wie ἄμμος st. ἄσ-μος (W. as, wehen), wie
Sa-n-d, lat. sa-bulum aus W. sa, wehen, wie engl. du-s-t,
Staub, aus germ. W. du = Skr. dhu, gr. ϑυ, u. a. Wö. als
Wehendes, Gewehtes. Stau-b, goth. stubjus, ist selbst Eines
Ursprungs mit altn. stybba, Rauch, mit engl. stew, dämpfen,
schmoren, mit engl. stea-m, Rauch, mit mhd. ge-stu-me,
Wetter, mit westf. stü-men etc. Man denke an Arndt's:
„Ist's wo der Sand der Dünen weht?"

Σπάλλω, schwingen, später erst πάλλω (Curt. Nr. 389), St.
σπαλ, ist aus σπα+λ erweitert, wie die parallel laufende Secundär-W. σπαρ aus σπα+ρ. Irriger Weise wirft man beide
durcheinander. Von welchem Urbegriffe sich W. σπαλ entwickelt hat, ist schon zu erschliessen aus πα-σπάλη, Staub,
und σπλη-δ-ός = σπο-δ-ός, Staub, Asche, aus σπέλ-ε-ϑος
nebst πέλ-ε-ϑος, σπέλληξ, πελλίον κτλ., die alle Koth be-

zeichnen (wehen = dunsten, πνεῖν), aus σπολ-άς, Balg, Fell
= σπά-τος. Ueber Urbegriff von W. σπαρ giebt Auskunft u. a.
πί-μπρη-μι st. πί-σπρη-μι, πρή-θω, blasen und brennen,
σπόρ-θ-υγξ und πορθυγγίς (H.) = σπα-τ-ίλη, (οἰ-)σπά-τη,
(οἴ-)σπη, Stinkendes ferner σπαρ-γ-ή, Aufblähung = Begier,
Strotzen etc.‖ σπαρ-γάω, schwellen, strotzen (blasen = blähen)
‖ σπεῖρον st. σπέρ-ιον, Hülle ‖ πτόρ-θος, πόρ-θος st. σπόρθος, Spross d. i. Hervorgeblasenes, -geblähtes. Genug, σπαλ
und σπαρ haben ihren gewöhnlichen Begriff schwingen, rasch
bewegen, aus Urbegriff wehen = wegen, wehen = fachen
gewonnen: engl. fan = Blasebalg und Futterschwinge und
Flügel. · Die Wurzel-Spielart ψαίρω hat noch geradezu Bgr.
πνέω behalten, und die andere Wurzel-Spielart πταίρω bezeichnet nichts anderes als eine besondere Art von Athem-
hervorstossen: „niesen, prusten".

V. Das Sanskrit hat W. sphâ, blähen (Fick I 251); „Skr.
ava-pha (pha = spa), laute Blähung" Fick I 833; in Skr.
pâv-ana, Wind, pav-âka, Sturm, pav-ate, der Wind weht (Fick I
147), ist ebenfalls Sigma abgefallen. Lat. spirare leitet Fick aus
indogerm. Wf. spas d. i. spa+s her mit dem Begriffe „wehen,
hauchen". Vgl. aber S. 38 oben. Die bei Fick 831 angesetzten
Wurzelformen spa-g, tönen, spa-g, strahlen, erklären sich als
G-Erweiterungen aus W. spa, hauchen. Mit Recht stellt Fick
zu jener φθέγγ-ομαι, φθέγ-μα, φθόγγ-ος, φθογγ-ή, lit. speng-in,
klingen, zu dieser φέγγ-ος, φέγγ-ω, lit. spog-alas, Glanz, Skr.
pâjas, „wohl für spâjas", Glanz.

In den germanischen Sprachen ist nicht nur ebenfalls noch
oft der volle Anlaut gewahrt, sondern es wird beim Ausgehen
von Urwurzel spa, spi, spu, hauchen, der Ariadnefaden gewonnen für das „Labyrinth" (Diefenbach) gleichbedeutiger Wörter
der Anlaute b, p, f, die allen Lautverschiebungsgesetzen sonst
Hohn sprechen. Halten wir uns aber vor der Hand bloss bei
einigen mit sp beginnenden Wörtern:

Altn. spe-ni, ags. spa-na, ahd. spunnî, mhd. spünne (Grund-
thema nach Fick spa-nja) = mamma (Bgr. blähen, schwellen);
vgl. nhd. Span-ferkel, mhd. span-verc. Fick III 353. ‖ Altn.
ahd. Spo-r (aus spo-ra), nhd. *Spur*, ist begrifflich = πνεῦμα,
Witterung, Spur (des Wildes) ‖ mhd. altn. spâ-n, nhd. Span er-

klärt sich als Abgespaltenes, wie engl. spall, Span, zeigt; spalten aber ist = klaffen-, gähnen-machen ‖ engl. spoo-n, Löffel: Bgr. hohles ‖ nhd. Spu-n-d = Oeffnung, spiraculum ‖ nhd. Spi-n-d = Behältniss (hohl) ‖ engl. spu-n-k, Zunder, Feuer, neben funk, Gestank ‖ spi-n-k und finch, Töner = Singvogel ‖ mhd. spa-h-t, Lärm (Bgr. tönen) ‖ engl. speak (altes Impf. spa-k-e), sprechen, φη-μί ‖ engl. spoke, Strahl, Speiche, gleichlautig mit Impf. spoke, sprach ‖ engl. spook, nhd. *Spu-k* = Geist ‖ engl. spang und spang-le, Flitter, Schimmerndes; the spangled skies, der gestirnte d. i. mit Schimmerndem besetzte Himmel: Ztw. to spangle u. v. a.

Hiernach unterliegt es keinem. Zweifel, dass es eine gemeinsame Wurzel spa, spi, spu, hauchen, blasen, blähen, gab. Um bei W. $σπα$ zu bleiben, so konnte diese auch annehmen die Gestalten $σφα$, $ψα$, $πτα$, $φϑα$, ferner nach Abfall von Sigma $φα$, $πα$. Nimmt man dazu alle statthaften Um- und Ablautungen, Consonant-Erweichungen, alle Wurzel-Erweiterungen durch Determinativa ($ϝ$, $σ$, $λ$, $μ$, $ν$, $ρ$, $δ$, $τ$, $ϑ$ etc.), dazu die Metathesen, wie Wf. $φα+λ$ zu flä (fla-re), Wf. $σπα+ρ$ zu $σπρα$, $πρα$ ($πρή$-$ϑω$): so begreift sich, welch ein unendlich weites Gebiet Urwurzel spa mit spi und spu in Besitz genommen hat. Natürlich setzten sich die meisten der Wurzel-Ausgestaltungen bzhw. Wurzelspielarten als besondere Secundär-Wurzeln auch mit besonders gefärbten Bedeutungen fest und mögen in diesem Sinne als Wurzeln für sich selbst betrachtet werden.

VI. Bezüglich der Wandlungen des Anlauts $σπ$ zu $σφ$, zu $ψ$, zu $πτ$, zu $φϑ$, zu $φ$, zu $π$ genügt es eigentlich auf das einzige $σπυ$, spu-o, hinzuweisen, welches sie alle mitsammt durchgemacht hat. „Speien" ist ein Hervorblasen (W. spu), weshalb auch $φυσᾶν$, blasen, den Bgr. „speien" ebenfalls entwickelt hat, insbesondere auch $ψύχω$, hauchen, blasen: $ἔψυξεν$· $ἀπ$-$έπτυσεν$, Hes. Wir haben lat. spu-o, spu-ta-re neben fu-ta-re in re-futare = re-spuere, dazu pituita, Speichel, nach Curtius N. 370 st. ptu-ita; im Griechischen ausser den erwähnten $φυσᾶν$ und $ψύχειν$ noch $ψύττω$ st. $ψυ$-$τ$-$ιω$, $πτύ$-$ω$, $φϑύζω$: $ἐπι$-$φϑύ$-$ζω$, $πυ$-$τ$-$ίζω$, lat. pytissare; dazu die Substantiva $πύτισμα$, $πτύσμα$, $πτύελον$, $πτύαλον$ κτλ. und Adj. $ἀσύφηλος$ st. $ἀ$-$σφύ$-$ηλος$ = respuendus (s. u.). Es mögen aber der Uebersicht wegen noch einige weitere Beispiele der beregten Lautwandelungen hier zusammengestellt werden:

$\Sigma \varphi = \delta \pi$: σφόγγος und σπόγγος, lat. fungus ‖ σφαραγέω, strotzen, σφριγάω, desgl., neben σπαργάω ‖ ἀ-σφάραγος neben ἀ-σπάραγος, Spargel ‖ σφόνδυλοι neben σπόνδυλοι und ψένδυλοι ‖ σφονδύλη neben σπονδύλη ‖ σφαλός, Fessel (Hes.), neben. σπάλιον und ψάλιον ‖ σφάν-ιον = lat. spon-d-a ‖ ἀ-σφάλαξ neben ἀ-σπάλαξ ‖ σφυρίς, σφυράς neben σπυρίς, σπυράς ‖ σφαίλειν, füllen (Hes.), neben πί-μπλημι st. πί-σπλη-μι, schwellen machen, blähen = füllen.

$\Psi = \delta \pi$, δφ: ψένδυλοι neben σπόνδυλοι, σφόνδυλοι ψάλιον, ψέλλιον neben σπάλιον, σφαλός ‖ ψή-ν, Wespe, neben σφή-ξ ‖ ἀ-ψίνθιον neben ἀ-σπίνθιον, Wermuth d. i. Duftiges: W. σπι ‖ ἀ-ψίς neben ἀ-σπίς, a-spis, giftige Schlange ‖ ψίλον, Schwinge, Flügel, neben πτίλον, ἄ-ψιλος, flügellos, neben ἄ-πτιλος ‖ ψι-λός neben σπι-νός, tenuis ‖ dor. ψίν = σφίν, ψέ = σφέ ‖ ψυ-τ-ίζω, ψύττω = spu-ta-re ‖ ψώ-α, putredo = σπω-τή in οἰ-σπω-τή und οἰ-σπώ-τη, οἴ-σπη ‖ ψί-δ-ιον neben σπί-δ-ιον Hes. ‖ lakon. ἀ-ψί-ορ, gebläht, ausgedehnt, gross, neben σπι-δ-ής, σπι-δ-νός, dass. ‖ ψάλλω, schwingen, ist nur Spielart von (σ)πάλλω ‖ ψείρει· φθείρει (Hes.) neben (σ)πέρθω, σπαρ-άσσω ‖ ψύ-χ-ω, ψυ-θ-ός, ψύ-θ-ιος, ψεύ-δ-ω, ψυ-δ-ρός κτλ. zu W. σπυ ‖ ψῶ-μ-ιγξ = σφή-κ-ωμα, Hes. ‖ cypr. ψι-αρός, duftig, zu W. σπι, u. v. a. ‖ ψιλάς· πέτρα Hes. neben σπιλάς ‖ ψάρ und ψήρ neben unserem Sprehe = Staar, welches letztere Wort man irriger Weise‘ mit ψάρ identificirt hat: ψ ist nic = st ‖ cypr. ψάμμη neben (σ)φάμμη ‖ ψυῖα und ψό-α = ὀ-σφύς ‖ ψαλ-άσσειν· τινάσσειν neben σπαρ-άσσειν· (τινάσσειν) ταράσσειν Hes., jenes zu W. σπαλ, dieses zu Parallelwurzel σπαρ ‖ ψόμμος· ἀκαθαρσία. καπνός Hes. = (οἰ-)σπώ-τη, σπα-τ-ίλη ‖ ψόα· ὀχεύτρια Hes. neben engl. to spaw-n = φύειν, γεννᾶν ‖ u. s. w.

$\Pi \tau = \delta \pi$ (σφ, ψ): πτύω nebst Sippe = spuo ‖ πτίλον = ψίλον ‖ πτη-νός neben ἀ-σβη-νός mit Erweichung von σπ zu σβ: ἀ-σβη-νοί· ὄρνιθες H. ‖ ἴ-πτα-μαι erklärt sich nur aus οἴ-σπα-μαι ‖ πτερόν (= πτίλον, ψίλον) deckt sich mit ksl. pero, Skr. parṇa, zend. parena, lit. spàr-na-s, Flügel, bei Fick I 832 und fügt sich weit natürlicher zu W. spar bzw. W. spa,

schwingen, sammt. plu-ma zu W. spal im Ablaut, als zu πίπτω,
fallen (s. u.). Dazu nehme man verschiedene Vogelnamen aus W.
σπαρ: σπαρ-άσιον, σπέρ-γ-ουλος, πέρ-γ-ουλος, Sperling, engl.
sparrow, und mit πτ: πτέρ-νις, mit Schwingen versehen:
εἶδος ἱέραχος. ‖ πτόλ-ις erklärt sich aus W. σπαλ, schwingen,
als Umschwingung = Einfriedigung bzhw. Ring (S. 34) = urbs:
orbis; vgl. σπάλ-ιον, ψάλιον ‖ πτόλεμος, dsgl. als Getümmel ‖
πτόρ-ϑ-ος = Spross: W. spar ‖ πταίω erweist sich = σπαίω aus
παραίπαιμα st. παρά-σπαιμα ‖ πτό-α erweist sich als für σπόα
stehend aus den Anlauten von φόβος (st. φόϝ-ος?) und pav-or:
πτ, φ und p neben einander nur aus ursprüngl. σπ erklärbar ‖
Aehnlich πταίρω neben unserem pru-s-ten st. sprusten, neben
φυρ-μᾶ-ται· πτάρνυται Hes. ‖ πτύρ-ω neben φρίσσω, Stamm
φρι+χ = engl. to spri-gh-t ‖ πτέρ-να, Ferse, obwohl mit „Ferse‟
wurzelhaft verwandt, steht noch näher. dem nhd. Spor-n, engl.
spur: wie nahe sich die Begriffe Ferse und Sporn berühren,
zeigt engl. heel 1) Ferse, 2) Sporn, calx und calcar; ja πτερ-
ν-ίζειν ist geradezu = spor-nen, to spur, calcitrare; und
πτέρ-να· τοῦ ἀρότρου τὸ σιδήριον, τὸ κατατεῖνον ὑπὸ τὴν
γύην (Hes.) könnte geradezu mit „Sporn‟ übersetzt werden: „des
Pfluges Sporn‟ = Pflugschar.

    Φϑ = σπ (σφ, ψ): φϑί-σις neben ψί-σις (Hes.), das Hin-
schwinden (verhauchen, verduften = schwinden) ‖ φϑείρω und
ψείρω s. o. ‖ ἐ-φϑίσ-ϑη und ἐ-ψίσ-ϑη· ἀπέϑανεν Hes. ‖ φϑόη
und ἄ-φϑα, Geschwulst, neben ψόα, Anschwellung ‖ φϑύζω =
spuo, πτύω ‖ φϑί-δ-ιος, verschwindend d. i. klein, neben σπι-γ-
νός und ψύ-ϑ-ιος, dass. ‖ φϑέγγω, φϑόγγος neben ψέγω, ψόγος
mit gemeinsamem Grundbegriffe tönen, Ton, ψόγξαι· ἀκοῦσαι
Hes. Vgl. indogerm. W. spag, spang, tönen, bei Fick ‖ φϑά-νω,
φϑα-τά-ω neben ψα-έναι· φϑάσαι, und ψα-τά-ω Hes. ‖ φϑινάς
neben ψινάς Hes. ‖ ἴ-φϑι-μος = lakon. ἄ-ψί-ορ = σπι-δ-ής,
σπι-δ-νός, gebläht, ausgedehnt = amplus, ὄγκος, erhaben, gross.

    Φ = σπ, σφ, ψ: σι-φῶμαι, verhauchen, schwinden, st. σι-
σφῶμαι ‖ σί-φων st. σι-σφάων ‖ σι-φλῶσαι· ἀφανίσαι (Hes.)
st. σι-σφλῶσαι (fla-re) = σι-φῶμαι, φϑίω; in diesen freilich
mit Ersatzdehnung in σῑ-, aber auch: *Φίξ* neben *Σφίγξ*, schnaubendes Ungethüm, von W. σπι ‖ φάρ-υγξ neben ἀ-σφάρ-αγος·
‖ φάμμη, Staub, Mehl, neben ψάμμη ‖ φάσ-κον und φάσ-γανον,

langhaariges, flatterndes Moos, neben gleichbedeutigem σφά-
κος, σφάγ-νος ‖ φαιδρός neben ψαιδρός ‖ τὸ φᾶρος, Hülle,
neben σπάρ-γ-ανον, σπεῖρον ‖ φάρ-αγξ, Spalt, Kluft, φάρ-ος,
Furche, φαρ-κ-ίς, Furche = Runzel, φάρ-σος, Abgespaltenes,
pars, φαρ-άω, φαρ-όω, spalten, furchen = pflügen, cypr. φόρ-
κ-ες, Klüfte, lat. por-ca, Beet zwischen zwei Furchen, κτλ. neben
σπαρ-άσσω, zerspalten: φάραγγα βροντῇ καὶ κεραυνίᾳ φλογὶ
πατὴρ σπαράξει τήνδε Aesch. Prom. 1017 ‖ φοῦαι lakon. =
ψόαι, Anschwellungen ‖ φορ-μ-ίς, φορ-μ-ός = spor-ta, σπυρ-ίς,
σφυρ-ίς ‖ φέρ-μ-ια = σπυρ-ίδια ‖ φορ-ύνω, φορ-ύσσω, φύρω
= σπερ-ύνω ‖ φρυ-άσσομαι = πτύρ-ομαι ‖ φηλ-ό-ω von φηλός,
fallax, φηλ-έ-ω, φηλητής, φηλητεύω neben σφάλλω, fallo ‖ φυσάω zu W. σπυ. Dazu die vielen oben schon vorgekommenen
Beispiele besonders aus dem Lateinischen, wie fungus = σπόγγος etc.

Beispiele, wo vor π Sigma gänzlich schwand, sind schon
genug dagewesen und kann man zu Dutzenden bei Curtius und
Fick finden. S. oben die Finken-Benennungen aus W. σπι
(blasen, flöten): πίγγος, πίγγας neben σπίγγος, σπίζα, ἔ-πιζα
st. ἔ-σπιζα, σπινθίον κτλ.; aus derselben W. πί-νος, Schmutz,
neben σπῖ-λος, Fleck, altböhm. spi-na (Curt. N. 365) ‖ πάρ-μη
= σπαρα im pers. σπαρα-βάραι, Schildträger Hes. ‖ πόρθυγξ =
σπόρθυγξ ‖ πέλεθος, πέλληξ = σπέλεθος, σπίλληξ ‖ παρ-τ-άς,
vimen, neben σπάρ-τος ‖ πέργυς und σπέργυς ‖ πέργουλος und
σπέργουλος ‖ σι-πύα st. σι-σπύα, Blase, Beutel ‖ ἐρυσί-πελας
st. ἐρυσί-σπελας (daher lang ι), Rothhaut, Hautröthe; vgl. σπολάς, pellis, Fell, Balg ‖ πλέκω, plecto und flecto, neben σπλεκ-
ό-ω, amplecti. — Weiteres begegnet uns in Menge bei den WW.
σπαλ und σπαρ.

In den betreffenden Sanskrit-Wörtern wie pâv-ana, Wind,
neben lat. fav-onius, deutschem fön etc. ist meist s geschwunden.

Vorstehende Beispiele werden zur Genüge gezeigt haben,
wie berechtigt es war, wenn wir S. 64 für W. σπα = W. σπυ
auch z. B. ψώ-δ-η = φωνή, ψαιδρός = φαιδρός, ψήν und σφήξ
κτλ. in Anspruch nehmen.

W. σπα in allen lautlich möglichen Gestalten liegt also
mit dem Grundbegriffe hauchen, wehen, blasen, weiterhin erst
= tönen, schimmern, flammen so unabweisbar zu Tage, dass wir

von hier aus getrost es unternehmen können, noch manche ungelöste Räthsel der homerischen Sprache lautlich und begrifflich zurechtzulegen. Nachdem wir auch W. σπι, hauchen, oben S. 38 kennen gelernt haben, so stellt sich jetzt die Wurzel-Trias σπα-σπι-σπυ statt der seither allein erkannten W. σπυ heraus.

21. Ἥφαιστος

findet jetzt seine einfache Erklärung; es stammt nicht von ἅπτω (Schol. A 600), nicht aus ἅπτω+ἅιστος (G. Hermann), nicht aus Skr. abhi = lat. ob+αἴθω (Bopp), nicht von ἅπτω+αἴθω (Pott), nicht aus Skr. Sabhejas (Kuhn, Christ), noch aus φαίνω+ἡ praef. (Helffter), noch aus ἀνά+φαίνω (Döderlein), noch aus hebr. âb, Vater, +aramäischem esthâ, Feuer, etc., sondern Ἥφαιστος steht einfach für ἅ-σφαιστος mit Präf. ἅ = lat. con-, und bedeutet com-burens, con-flagrans = πῦρ. Der zweite Worttheil ist Einer Wurzel mit ψαιδ-ρός = φαιδρός, mit ψαιθός, roth, mit ψῶσαι, glühen, brennen, φῶ-σαι = φρύξαι, φώ-γ-ειν = φρύγειν, mit φα-νός und πα-νός, φα-νή, fax, Fackel, σφάκελος, Brand κτλ. Adjectiv φαιστός st. σφαιστός ist zu erschliessen aus dem Städtenamen Φαιστός B 648, dem Mannsnamen Φαῖστος E 43. Σφαιστός, später φαισ-τός = φαιδρός, ψαιδρός ist mittels Suff. τός gebildet aus Wf. σφαιδ in ψαιδρός, φαίδ-ιμος, φαιδ-ρός κτλ. Wie so oft, hat Suff. τός auch hier active Bedeutung; und der auch sonst in W. σπα, σφα so häufig vertretene Begriff flammen, brennen gelangt eben hier zum vollen Durchbruch. Darnach deckt sich Ἥφαιστος = der Flammende, Brennende, vollständig mit lat. Vulc-a-nus, worüber man vergleichen möge Fick WL. I 213: Skr. ulkâ, Feuerbrand.

Als Appellativ steht Ἥφαιστος B 426

σπλάγχνα δ' ἄρ' ἀμπείραντες ὑπείρεχον ἡφαίστοιο.

Wegen der Wandelung von ἅ+σ- zu ἡ- vergleiche man oben S. 26 und unten Abschn. 84.

22. Πρό-σφατος.

Πρό-σφατος kommt bei Homer nur Ω 757 vor, desto häufiger in nachhomerischer Zeit, von Aeschylus und Pindar ab, und hier unbestreitbar in dem Sinne von lat. recens. So wenig wie lat. re-cens von can-d-eo zu trennen ist, so wenig πρό-σφατος von Wf. σφα = lucere; es enthält dasselbe Verbal-Adjectiv wie die vorhin erwähnten περί-σφατος = περι-βόητος, ἐπί-σφατος = ἐπι-βόητος, nur dass sich in diesen nicht der Bgr. des sichtbaren Hauchens (glänzen, strahlen), sondern des hörbaren Hauchs (tönen) geltend macht. Πρό-σφατος erklärt sich nach ι 145 σελήνη προὔφαινε als = προ-φαίνων = re-cens.

Ω 757 führt Hekabe aus, dass für Hektor auch nach seinem Tode noch die Götter Sorge trügen, indem er ungeachtet der vielmaligen Schleifung um des Patroclus Grab, doch noch da liege ἐρσήεις καὶ πρό-σφατος, wie einer, der von Apollo's Geschossen einen sanften Tod gefunden. Die Stelle erläutert sich durch Vs 418 ff., wo Hermes zu Priamus sagt: „Staunen würdest du, hinzutretend, wie Hektor so frischthauig daliegt, wie er rings abgespült vom Blute und an keiner Stelle besudelt ist; zugleich haben sich seine sämmtlichen Wunden geschlossen, die ihm geschlagen wurden; denn mit zahlreichen Lanzenstichen hatte man ihm doch den Leib durchbohrt. Dergestalt sorgen die seeligen Götter selbst im Tode noch für deinen wackeren Sohn, dieweil er ihrem Herzen vorzugsweise theuer."

Also: frischthauig liegt Hektor da und hervorglänzend, nämlich nichts weniger als besudelt, zerfallen und entstellt. Hektor war eine strahlende, schöne, frisch aussehende Leiche.

Die alten Scholiasten zu E 401, Ω 757 gehen von πρός + W. φα, φένω aus und deuten νεωστὶ πεφονευμένος. Wie πρός jemals zu der Bedeutung νεωστί gelangen könne, ist ebenso wenig zu begreifen, als wie man bei der neueren Erklärung aus πρό + σφάζω jemals lautlich πρό-σφα-τος und begrifflich „frisch-geschlachtet" zu gewinnen im Stande ist. Und wie könnte „frischgeschlachtet" jemals in den Bgr. „neu, frisch" übergehen, zumal in Verbindungen wie πρό-σφατοι δίκαι Aesch., πρό-σφατος ὀργή Lys..? Oder wie kann aus „frischgeschlach-

tet" jemals Bgr. nuper, recenter entstehen, in welchem Sinne
Adv. $\pi\varrho o\text{-}\sigma\varphi\acute{\alpha}\tau\omega\varsigma$, Neutr. $\pi\varrho\acute{o}\text{-}\sigma\varphi\alpha\tau o\nu$ so gäng und gäbe sind?
z. B. Pind. Pyth. IV 299 $\pi\varrho\acute{o}\text{-}\sigma\varphi\alpha\tau o\nu$ $\Theta\acute\eta\beta\alpha$ $\xi\varepsilon\nu\omega\vartheta\varepsilon\acute{\iota}\varsigma$.
Diese Bedenken hatten wohl Döderlein zu dem verzweif-
lungsvollen Versuche bestimmt, das homerische $\pi\varrho\acute{o}\sigma\varphi\alpha\tau o\varsigma$ als
„ansprechbar" ($\pi\varrho\acute{o}\varsigma$+$\varphi\eta\mu\acute{\iota}$) d. i. „freundlich" zu erklären. Weder
passt dieser Begriff in die homerische Stelle ihrem ganzen
Zusammenhange nach, noch stimmt er zu dem späteren Gebrauche.
Wie wir gesehen, ist der spätere Gebrauch des Wortes
kein anderer, als der des Homer:' $\pi\varrho\acute{o}\text{-}\sigma\varphi\alpha\text{-}\tau o\varsigma$ ist $=\pi\varrho o\text{-}\varphi\alpha\acute{\iota}$-
$\nu\omega\nu$ = re-cens.

23. $\Theta\acute{\varepsilon}\text{-}\sigma\varphi\alpha\text{-}\tau o\varsigma$

würde bei der gewöhnlichen Trennung $\vartheta\acute{\varepsilon}\sigma\text{-}\varphi\alpha\tau o\varsigma$ ewig ein
etymologisches Räthsel bleiben; denn $\vartheta\varepsilon\acute{o}\varsigma$ kann nicht zu $\vartheta\varepsilon\varsigma$
werden. So gut Curtius N. 632 $\vartheta\acute{\varepsilon}\text{-}\sigma\pi\iota\varsigma$, $\vartheta\varepsilon\text{-}\sigma\pi\acute{\varepsilon}\text{-}\sigma\iota o\varsigma$, $\vartheta\acute{\varepsilon}\text{-}\sigma\varkappa\varepsilon$-
$\lambda o\varsigma$ trennt, haben wir auch $\vartheta\acute{\varepsilon}\text{-}\sigma\varphi\alpha\tau o\varsigma$ zu trennen. Es ent-
stammt aus W. $\sigma\varphi\alpha$, hauchen, tönen.
Wenn die unsichtbar machende Luftschicht, worein Odysseus
von Athene gehüllt war, η 143 $\vartheta\acute{\varepsilon}\text{-}\sigma\varphi\alpha\text{-}\tau o\varsigma$ $\acute{\alpha}\acute{\eta}\varrho$ heisst, was ist
das anders, als eine gottgehauchte Luft? Wenn weiterhin
$\vartheta\acute{\varepsilon}\text{-}\sigma\varphi\alpha\text{-}\tau o\nu$, Götterspruch, dei fatum, wenn $\vartheta\acute{\varepsilon}\text{-}\sigma\varphi\alpha\tau\alpha$, Göttersprüche, Orakelsprüche sind: was sind Göttersprüche eigentlich
anders, als flamina Dei, afflatus divini? Wenn irgendwo, so
durchdringen sich gerade hier die Begriffe hauchen und
sprechen in unverkennbarster Weise, und zeigt sich die Iden-
tität von $\sigma\varphi\alpha$ = hauchen und $\sigma\varphi\alpha$, $\varphi\alpha$ = fa·ri, die Vf. übrigens bereits im Conitzer Progr. 1861 S. 14 aufgestellt hatte.
Alter Orakelsprüche gedenkt Polyphem ι 507 mit den
Worten

$$\mathring{\eta}\ \mu\acute{\alpha}\lambda\alpha\ \delta\acute{\eta}\ \mu\varepsilon\ \pi\alpha\lambda\alpha\acute{\iota}\varphi\alpha\tau\alpha\ \vartheta\acute{\varepsilon}\sigma\varphi\alpha\vartheta'\ \iota\varkappa\acute{\alpha}\nu\varepsilon\iota,$$

wie mit denselben Worten Alkinoos ν 172. $\Theta\acute{\varepsilon}\sigma\varphi\alpha\tau\alpha$ verkün-
digt der Seher λ 151. 297, $\vartheta\acute{\varepsilon}\sigma\varphi\alpha\tau\alpha$ theilt Kirke μ 155 mit. —
Und Apollo sagt im Hymn. Hom. in Merc. 539

$$\mu\acute{\eta}\ \mu\varepsilon\ \varkappa\acute{\varepsilon}\lambda\varepsilon\upsilon\varepsilon$$
$$\vartheta\acute{\varepsilon}\sigma\varphi\alpha\tau\alpha\ \pi\iota\varphi\alpha\acute{\upsilon}\sigma\varkappa\varepsilon\iota\nu,\ \ddot{o}\sigma\alpha\ \mu\acute{\eta}\delta\varepsilon\tau\alpha\iota\ \varepsilon\mathring{\upsilon}\varrho\acute{\upsilon}o\pi\alpha\ Z\varepsilon\acute{\upsilon}\varsigma\ -$$

ebendort Vs 471 Hermes:

καὶ τιμὰς σέ γε φασὶ δαήμεναι ἐκ Διὸς ὀμφῆς,
μαντείας θ᾽, Ἑκάεργε, Διὸς πάρα, θέσφατα πάντα.

Der Singular erscheint stets in der Verbindung *θέσφατόν ἐστι,*
fas est, fatum est: Θ 477 *ὣς γὰρ θέσφατόν ἐστι.* — δ 561
σοὶ δ᾽ οὐ θέσφατόν ἐστι ... θανέειν. — κ 473 *εἴ τοι θέσφατόν*
ἐστι σαωθῆναι. — Hymn. Merc. 534 *οὔτε σὲ θέσφατόν ἐστι*
δαήμεναι.

24. Ἀ-θέ-σφα-τος

kann unmöglich mit· *ἀ* priv. zusammengesetzt sein. Denn die
Deutung „nicht von Gott aussprechbar" streift schon an und für
sich an's Unvernünftige und zeigt sich in den bezüglichen Verbindungen als völlig haltlos. Düntzer nimmt *ἀ* intens. an mit
der Maassgabe, dass in unserer Zusammensetzung *θέσφατος*
„nur im Sinne von gewaltig stehen solle".

Wie für Homer, der noch so sichtlich *θέσφατος* im Sinne
von gottgehaucht, gottgesprochen anwendet, der Bgr. „gewaltig" daraus hervorgehen könne, ist nicht klar. Wir müssen
uns daher nach einer anderen Deutung von *ἀθέσφατος* umsehen, die mit dem homerischen *θέσφατος* in vollem Eiuklange
steht.

In der Verbindung *θέσφατόν ἐστι,* urspr. = Dei fatum, fas
est, ist *θέσφατος* bereits in den Bgr. fatalis übergegangen:
Präfix *ἀ-* ist nun, wie oft, der Bedeutung nach = lat. con- in
consimilis, compar u. s. w.; *ἀ-θέσφατος* entspräche hiernach dem
lat. Worte con-fatalis Cic. Fat. 13, 30. Und wirklich ist Bgr.
verhängnissvoll, fatalis, derjenige, den für *ἀ-θέ-σφατος*
die btr. homerischen Stellen erheischen; und zwar spielt *ἀ-θέ-*
σφατος, ganz wie lat. fatalis, häufig in den Bgr. Unheil
drohend, perniciosus hinüber: aurum fatale· nennt Ovid das
Unheil bringende, verhängnissvolle Halsband der Eriphyle;
annus fatalis bei Cicero; telum fatale bei Virgil u. dgl. m.

Von Poseidon erzählt Odysseus η 273 *ὤρινεν δὲ θάλασσαν*
ἀθέσφατον d. h. verhängnissvoll regte Pos. das Meer auf;
wie denn in der That der sich erhebende Meeressturm für
Odysseus verhängnissvoll wurde: *ἀθέσφατον* ist in dieser

Stelle keineswegs zierendes Beiwort zu ϑάλασσαν, sondern prädicative Apposition, wie denn ja nirgends ἀϑέσφ. als Epitheton ornans vom Meere steht.

• Von den Kranichen heisst es Γ 4 χειμῶνα φύγον καὶ ἀϑέσφατον ὄμβρον: sie flohen vor dem Winter und dem verhängnissvollen (Winter-) Regen, der für sie verhängnissvoll, fatalis, verderblich geworden wäre, wenn sie sich ihm nicht entzogen hätten. Dem entsprechend Κ 6:

ὡς δ' ὅτ' ἂν ἀστράπτῃ πόσις Ἥρης ἠϋκόμοιο,
τεύχων ἢ πολὺν ὄμβρον ἀϑέσφατον ἠὲ χάλαζαν.

Dass hier πολύν durch ἀϑέσφατον noch gesteigert werden solle, ist denn doch mehr als unwahrscheinlich; eher könnte man noch letzteres Wort als gottentstammend (W. σφα = W. (σ)φυ, φῦναι) deuten, wofern nicht der Gleichmässigkeit wegen solche Sonderstellung zu widerrathen wäre.

Der Wein, welcher dem Elpenor das Leben gekostet hatte, war gewiss verhängnissvoll für diesen geworden; daher λ 61

ἆσέ με δαίμονος αἶσα κακὴ καὶ ἀϑέσφατος οἶνος.

Das voraufgehende δαίμονος αἶσα ist wohl zu beachten: das Mittel, wodurch δαίμονος αἶσα den Elpenor in's Verderben stürzte, war eben der verhängnissvolle Wein (vinum fatale), so er bei Kirke getrunken hatte. Dass Elpenor davon zu viel getrunken hatte, ist eine Sache für sich, kann aber unmöglich in ἀϑέσφατος liegen.

Fatalis manus, Virg. Aen. XII 232, ist nicht eine unermesslich grosse Mannschaft, sondern = manus, quae fataliter (dem Verhängnisse gemäss) in Italiam venit. Servius. Ganz ähnlich heisst es Hymn. in Ap. 298:

ἀμφὶ δὲ νηὸν ἔνασσαν ἀϑέσφατα φῦλ' ἀνϑρώπων
κτιστοῖσιν λάεσσιν, ἀοίδιμον ἔμμεναι αἰεί.

Nicht „unermesslich grosse", „unermesslich viele" Menschenstämme siedelte Apollo zu Delphi an, sondern manus fatales, die vom Schicksale bestimmten Menschenstämme, wie der Dichter Vs 388 ff. selbst ausführt: „Und nun überlegte Apollo in seinem Gemüthe, οὕστινας ἀνϑρώπους ὀργίονας εἰσαγάγοιτο." Es wird nun erzählt, wie Apollo ein Schiff mit kretischen Männern um den Peloponnes herum nach Krissa geleitete, und darauf die Mannschaft nach Delphi führte. Angesichts dessen nimmt sich die gewöhnliche Deutung von ἀθέσφατα φῦλα durch „unermessliche Stämme" mehr als verwunderlich aus; sie ist geradezu blödsinnig. Vgl. noch Virg. Aen. VI 409 virga fatalis = a fato data.

So mehren sich v 211 die Rinder des Odysseus dem Schicksale gemäss (fataliter) als ἀθέσφατοι, fatales, welcher Ausdruck um so zutreffender ist, da gemäss Vs 213 diese Rinder nicht dem Odysseus, sondern den Freiern zu Gute kommen: τὰς δ᾽ ἄλλοι με κέλονται ἀγινέμεναι σφίσιν αὐτοῖς ἔδμεναι. Schon dieses ewige Schmausen Seitens einer so grossen Anzahl von Freiern widerstrebt der Auffassung, als ob sich die Rinder „in unermesslicher Menge" mehrten.

Wenn es v 242 von Ithaka heisst: „zwar ist es steinig und nicht zum Rossetummeln geeignet, doch auch nicht allzu traurig und keineswegs ausgedehnt angelegt": so kann das sofort folgende ἐν μὲν γάρ οἱ σῖτος ἀθέσφατος, ἐν δέ τε οἶνος γίγνεται doch nicht wohl bedeuten: „es gedeiht in ihr Getreide in unermesslicher Fülle", sondern: es gedeiht aber auch dem Schicksale gemäss Getreide alldort und Wein: ein gütiges Geschick lässt auch Getreide und Wein dort wachsen.

Wenn λ 373 gesagt wird νὺξ δ᾽ ἥδε μάλα μακρή, ἀθέσφατος, so ist nicht abzusehen, wie neben der schon überstarken Bezeichnung der „Herbstnacht" als einer μάλα μακρή noch eine stärkere Angabe über ihre Dauer mit ἀθέσφατος beabsichtigt sein könne. Aber die Herbstnächte sind wegen der Nebel etc. noctes fatales, wie denn überhaupt ὀλοὴ νύξ X 102, λ 19 gesagt wird. Alkinoos scheut sich in religiöser Scheu die Nacht eine ὀλοή oder böse zu nennen; darum — nennt er sie fatalis: „diese Nacht ist ja sehr lang, eine dem Götterrathschlusse gemässe"; es liegt eben in der gottgewollten Ordnung der Dinge, dass diese Nacht so ist. Wir müssen daher die Deutung „die heutige Nacht währt ja überaus lang, von unermesslicher Dauer" (Minckwitz) unbedingt verwerfen.

Entsprechend ist auch o 392 zu fassen:

αἵδε δὲ νύκτες ἀθέσφατοι· ἔστι μὲν εὕδειν,
ἔστι δὲ τερπομένοισιν ἀκούειν.

Es könnte scheinen, als ob hier wenigstens, weil nicht, wie

λ 373, μάλα μακρή dabeisteht, ἀθέσφατος = unermesslich lang
bedeute, wenn man einmal die „Herbstnacht" als solche glaubt
bezeichnen zu dürfen. Aber auch hier ist an dem Bgr.
fatalis
festzuhalten: Diese Nächte sind verhängnissvolle, sind vom
Schicksale geordnet, sind dem Schicksale, der Ordnung der
Natur gemäss so, wie sie eben sind. Es scheut sich der Hirt
deutlich zu sagen, dass sie ὀλοαί seien; das deutet er nur scheu
und ehrfurchtsvoll an.

Das wären sämmtliche homerischen Stellen mit ἀθέσφατος. Wenn Hesiod Op. 660 sagt

Μοῦσαι γάρ μ' ἐδίδαξαν ἀθέσφατον ὕμνον ἀείδειν:

so kann das Gedicht an Perses doch unmöglich als ein „unermesslich grosser Gesang" gelten sollen, noch auch kann der
Ausdruck, wie Buttmann Lex. I 169 will, „die Fülle des Sänger-
talentes" bezeichnen. Hesiod verspricht Vs 646 ff. 659 dem
Perses, ihm, wenngleich er selbst in Sachen der Schifffahrt unerfahren sei, gleichwohl μέτρα πολυφλοίσβοιο θαλάσσης zu
zeigen, und begründet sein Unterfangen mit dem angeführten
Verse d. h. er weist darauf hin, dass es seine Bestimmung sei,
singend zu belehren; dass sein Gesang höheren Ursprungs sei.
Wir können hier geradezu auf die Grundbedeutung von θέσφατος, divinitus inflatus, inspiratus zurückgreifen. — In
der Theogonie Vs 830 nennt Hesiod die Stimme des Typhoeus
ὄψ ἀθέσφατος d. i. vox fatalis.

Der vorgetragenen Deutung von θέσφατος und ἀθέσφατος
entspricht auch der Gebrauch dieser Wörter bei Apollonius
Rhodius. Besonders bezeichnend ist die Stelle Arg. II 196:

ὧν οἱ ἰόντων
θέσφατον ἐκ Διὸς ἦεν ἑῆς ἀπόνασθαι ἐδωδῆς.

II 234:

τὰς μὲν θέσφατόν ἐστιν ἐρητύσαι Βορέαο
υἱέας.

II 186: θέσφατα πευθόμενοι d. i. oracula sciscitantes. — II 315:
Zeus selbst will den Menschen nur unvollständige Göttersprüche
der Weissagung offenbaren (ἐπιδευέα θέσφατα). — Vs 341: O
ihr Elenden, wagt es nicht, wider meine Göttersprüche (Orakelsprüche) weiter zu dringen (παρὲξ ἐμὰ θέσφατα). —

Vom verhängnissvollen, unheilvollen Regen, der furchtbare Ueberschwemmungen anrichtete, steht II 1116 ὄμβρος ἀθέσφατος. — Die Sümpfe, welche im Keltenlande den Irrfahrern schmähliches Verderben bereitet haben würden (ἔνθα κεν οἵ γε ἄτῃ ἀεικελίῃ πέλασαν), heissen IV 636 λίμναι — ἀθέσφατοι. — Ausdrücklich aus göttlichen Händen gespendeter Reichthum heisst IV 1140 ὄλβος ἀθέσφατος. — III 294 freilich ist an der Bedeutung göttlich = infinitus, plurimus, in welchem Sinne ἀθέσφατος in nachhomerischer Zeit oft genug vorkommt, nicht vorbeizukommen.

25. Θέ-σπι-ς

ist durchaus synonym mit θέ-σφα-τος, entstammt aber der W. spi (= spa), hauchen, welche Wurzel wir u. a. in ψι-α-ρός, duftig, in σπί-νος, σπί-να, σπι-ν-θ-ίον, σπίγγος, σπίζα, (pfeifend =) Fink, in πε-μ-φίς, Hauch, Blase, in ἀ-σπίς, Natter (Bgr. blasen = zischen), in ἀ-σπίς, Schild (Bgr. blähen), in fi-o, hauchen (sub-fire), in fi-s-t-ula, Flöte (Bgr. blasen), in Σφί-γ-ξ und Φίξ (Bgr. schnauben) u. s. w. bereits kennen gelernt haben.

In θέ-σπι-ς, Gen. θέ-σπι-ος erscheint die Wurzelform ohne alle Determinative. Die jetzt gewöhnliche Herleitung aus einer angeblichen W. σεπ, sagen, bei Curtius u. a. setzt nicht bloss weniger einfache Stammveränderung voraus, sondern trifft auch gar nicht den geforderten Sinn.

Homer gebraucht nämlich θέ-σπις nur in Verbindung mit ἀοιδή α 328, ϑ 498 (dsgl. Eur. Med. 425) und mit ἀοιδός ρ 385. Θέσπις ἀοιδή ist ein von Gott eingehauchter Gesang; θέσπις ἀοιδός ist ein von Gott behauchter, begeisterter Sänger, vates inspiratus. Vgl. Hesiod Theog. 31 (Μοῦσαι) ἐνέπνευσαν δέ μοι αὐδὴν θείην. Was in aller Welt könnte ein „gottgesprochener" Gesang sein? was ein „gottgesprochener" Sänger sein? Oder soll θέσπις bei ἀοιδός auf einmal „gottsprechend" bedeuten? — Kurz θέ-σπις ist = gottgehaucht, a Deo, divinitus inspiratus.

Noch mehr spricht für die vorgetragene Ableitung aus W. σπι, hauchen, und wider die Herleitung aus angeblicher W. σεπ, sagen, die Zusammensetzung

θεσπι-δαής.

Hier soll ϑέσπις auf einmal „gewaltig" bedeuten. Wie dieser Begriff aus angeblichem „gottgesprochen" oder „gottsprechend" hervorgehen könne, ist auch trotz Buttmann Lexil. I 166 ff. nicht zu erfinden. Homer bietet nur die Verbindung ϑεσπιδαὲς πῦρ M 177. 441, O 597, Y 490, Φ 342. 381, Ψ 216, δ 418. Aus dem für ϑέσπις aus W. σπι, hauchen, ermittelten Begriffe „gottgehaucht" ergibt sich für ϑεσπιδαὲς πῦρ der Sinn „ein Feuer von gottgehauchter Flamme" (τὸ δάος δ 300 ö.), „ein Feuer von gottangefachtem Brande", sowohl im natürlichen, als auch im übertragenen Sinne, wie M 177 von dem heftigen Kampfe, den die Götter um Troja entbrennen liessen. Sprechend ist die Stelle Φ 342:

Ἥφαιστος δὲ τιτύσκετο ϑεσπιδαὲς πῦρ.

Wie alles, was von der Gottheit ausgeht, so ist auch ein von ihrem Hauche angefachtes Feuer ein gewaltiges; aber das ist nicht der Grundbegriff von ϑεσπιδαής, sondern nur eine Folgerung aus der Grundbedeutung: „von gottgehauchter Flamme, von gottgefachter Flamme". —

Grossartig schön ist bei der vorgetragenen Herleitung von ϑέσπις die bezeichnende Verbindung ϑέσπις ἄελλα im homerischen Hymnus auf Aphrodite Vs 209 = ein gottgehauchter Sturmwind.

Hochpoetisch nennt Sophokles den Orakelfels von Delphi mit seinem aus der Kluft emporsteigenden, prophetisch begeisternden Odem ϑεσπι-έπεια, gottgehauchte Worte habend (von τὸ ἔπος), durch Götterhauch redend. Oed. R. 464. Nur beim Zurückgehen auf W. spi, hauchen, erklärt sich auf ungekünstelte Weise ϑεσπι-φδός (Aesch. etc.) = gottbegeistert-singend, weissagend, ϑεσπι-φδεῖν = gottbegeisterter Sänger sein = weissagen. Wie ϑέ-σπις, so ist auch das spätere ϑέ-σπι-ος zu fassen. Hesiod im Frgm. 54:

Μουσάων, αἵ τ' ἄνδρα πολυφραδέοντα τιϑεῖσι,
Θέσπιον, αὐδήεντα,

also ganz im Sinne des homerischen ϑέσπις ἀοιδός. — Entsprechend im Orakel des Bakis Aristoph. Av. 977:

κἂν μέν, ϑέσπιε κοῦρε, ποιῇς ταῦϑ', ὡς ἐπιτέλλω,
αἰτὸς ἐν νεφέλῃσι γενήσεαι —

d. i. „o gottbegeisterter Jüngling".

6*

Wie das Zeitwort ϑε-σπίζω, gottbegeistert sein, weissagen, von Aeschylus ab sammt dem˚ abgeleiteten ϑέσπισμα, Orakel etc. mit dem Gesagten im Einklange stehe, bedarf keiner Ausführung: nur sei der Merkwürdigkeit halber auf das Zusammenklingen des zweiten Theils von ϑε-σπίζω mit σπίζα = σπί-νος (Sänger, Singvogel) aufmerksam gemacht. Ist es Zufall, dass der erste tragische Dichter Athens Θέσπις heisst, oder hat er diesen Namen erst in Folge seines Auftretens als dionysischer Sänger und Dichter erhalten? Es wäre allerdings erklärlich genug, wenn seine neue Kunst so zündenden Eindruck auf das Volk gemacht hätte, dass es ihm den Namen „gottbegeistert" verliehen hätte.

Schliesslich sei hier nur noch erinnert an das oben über Apoll's Benennung Σπίνϑιος Gesagte. Auch hier wieder muss der Gleichklang mit σπινϑίον bezhw. σπί-νος (Sänger = Singvogel) und ά-σπίνϑιον, ά-ψίνϑιον, Duftkraut, auffallen. Der Erklärungsgrund ist: gemeinschaftliche Wurzel spi mit dem Bgr. hauchen bzhw. duften bzhw. pfeifen.

Mit ϑέ-σπις ist synonym ϑε-σπί-σιος, gottgehaucht. Ehe wir aber dieses Wort erörtern, müssen wir erst ἔ-σπε-τε, ἐνισπεῖν in's Klare bringen.

26. Ἔσπετε

nebst Zubehör soll einen angeblichen Stamm σεπ = ϝεπ, εἰπεῖν enthalten. Den einzigen Anhalt für diese Erfindung bietet der angebliche lat. Stamm sec = sagen. Allein es ist unschwer zu zeigen, dass es mit lat. sec = εἰπεῖν nichts ist. Der einfache Stamm in dem Sinne von sagen ist nirgends erweisbar; man kann sich nur berufen auf Zusammensetzungen mit in und citirt aus Cato in-secendo = dicendo, aus Ennius und Livius Andronicus in-sece, weiterhin aus Glossatoren in-sectiones = narrationes, in-sequis = „narras, refers et interdum pergis". Letzterer Zusatz des alten Glossators hätte aber doch stutzig machen und auf andere Fährte leiten sollen. Cicero in Verr. III 20, 51 sagt: pergam atque insequar longius. Konnte Cicero in-sequar (zu insequor) von sprachlicher Darstellung anwenden, warum nicht die früheren Darsteller das Activ insequis, insece? Der

angebliche Stamm sec, sagen, läuft einfach auf den Stamm von
sequor hinaus, der auch sonst vielfach vom Verfolgen mit Worten, vom Darstellen gebraucht wird; so ausser in-sequor (Cic.)
noch insbesondere per-sequor: omnia persequi (Cic.) = alles
durchgehen i. e. besprechen; versibus persequi (Cic.) = in Versen
darstellen; de vita alicuius persequi (Nep.) = narrare, referre.
Mit demselben Rechte, womit man aus dem Composi-
tum in-sece, in-sequis (= späterem in-sequere, in-sequeris)
auf eine W. sec, sagen, schliessen wollte, könnte man aus con-
sequor „ich begreife, verstehe" auf eine W. sec „verstehen"
schliessen. Auch con-sequor steht vom Darstellen: laudes alicuius verbis consequi (Cic.); omnia verbis consequi (Ovid.)
d. i. alles mit Worten darstellen, vollständig sagen, ausdrücken.
Muss hiernach die angebliche Wurzel sec „sagen" fallen gelassen werden, so fällt auch die Gleichstellung sec $=$ σεπ, sagen.
Vielmehr liegt in ἔ-σπε-τε und ἐπι-σπεῖν kein metathesirter
Stamm σεπ vor, sondern W. σπε $=$ W. σπα (bzhw. σφα), in
ἀρί-σπης· εὔλαλος (Hes.), in σφα-τός: θέ-σφατος, πρό-σφατος, ἐπί-σφα-τος, περί-σφατος κτλ. Es ist dieselbe Wurzel,
die im engl. to speak, speech mit Guttural-Erweiterung vorliegt, dieselbe, die wir in ψαιδρός = φαιδρός, in σπη-λός·
σκλη-ρός (Hes.) und mit Guttural-Erweiterungen in σφάκελος,
σφίκος, σφῆξ u. a. W. kennen gelernt haben.
Eine höchst wohlfeile Kritik ist es, solche Glossen alter
Lexikographen, die man nicht versteht, einfach anzuzweifeln und
zu verdächtigen, statt der Sache tiefer auf den Grund zu gehen.
So ist es auch geschehen mit dem Glossem des so bedächtigen
Hesychius σπέ-ται· ἵστατα neben σπί-σ-ο-νται· συνέσονται
und σπίσονται· συνῶνται. In συνῶνται steckt offenbar Conj.
Aor. 2 Med. zu συνίημι, wonach sich σπίσονται (Itacismus) als
σπήσονται von Wf. σπε entpuppt = „dass sie verstehen". Vgl.
ἐ-δά-ην zu W. δα, brennen, leuchten; im Passiv = erleuchtet
sein d. i. wissen, verstehen. Dem entsprechend ist die erste
Glosse einfach verdorben aus σπέται· ἐπίστατα d. i. er versteht; und in der zweiten Glosse ist, wie hundertmal sonst,
statt langen E-Lauts der kurze fälschlich eingedrungen und zu
lesen σπήσονται· συνήσονται, sie werden verstehen (συνίημι).
So hätten wir zu den vielen anderen Erweisen für W. σπα $=$

σφα = φα drei neue gewonnen und zugleich die abgeschwächte Wf. σπε = σπα sichtlich erhalten gefunden. Vgl. ἀρί-σπης, wohl-redend!

Da nun nach Curtius die Begriffe leuchten und sprechen identisch sind (wir vermitteln freilich einfacher den Bgr. sprechen aus hauchen): so wird man, zumal Angesichts der anderweitigen Stützpunkte (speak, speech etc.), an der Wf. σπε, sagen, nicht mehr zweifeln dürfen.

Ἔ-σπε-τε in dem wiederkehrenden ἔσπετε νῦν μοι, Μοῦσαι Β 484, Λ 218, Ξ 508, Π 112 steht für σέ-σπε-τε, wie Curtius treffend erkannt hat: ἑ ist nicht prothetisch, sondern Verstümmelung der aoristischen Reduplicationssilbe σε-.

Häufiger, als der einfache Stamm, ist die Zusammensetzung mit ἐνί. Dazu gehören die Formen

ἐνι-σπεῖν

γ 93, δ 323; Ind. Aor. 2 P. ἐνι-ϑπες Ω 388, 3 P. ἔνι-σπε Β 80, Ζ 438; — Imp. Aor. ἔνι-σπε δ 642; ἐνί-σπες (stets am Versende) Λ 186, Ξ 470, γ 101. 247, δ 314. 331, λ 492, μ 112, ξ 185, χ 166, ψ 35; — Conj. ἐνί-σπω Λ 839, ι 37, ἐνί-σπῃ γ 327, ϑ 101. 251, ρ 529; — Opt. ἐνί-σποις δ 317, ἐνί-σποι Ξ 107; — Fut. ἐνι-σπήσω ε 98.

Mit diesem Futur vergleiche man σπήσονται bei Hesychius, nur dass hier der Bgr. von W. φα in φάος etc. obwaltet.

Das begrifflich identische ἔννεπε (ἐνέπω mit Zuhehör) ist dagegen lautlich von ἐνι-σπεῖν vollständig zu trennen und mit Christ. Gr. Lautl. S. 222, Savelsberg Dig. II 42. 49 auf ϝέπω zurückzuführen: ἔννεπε, sage an, steht für ἔν-ϝεπε, und ἔν-νεπον (Hom. Hymn. XVIII 29) für ἔν-ϝεπον; in ἐν-έπω dagegen ist das Digamma geschwunden.

Ebenso wenig gehört Fut. ἐν-ίψω zu ἐνι-σπεῖν, vielmehr zu ἐν-ίπτω. Zwar steht ἐν-ίπτω gewöhnlich im Sinne von anlassen, anfahren (im Zusammenhange öfters = schelten), aber auch wie unser „anlassen" einfach im Sinne von anreden bzhw. ansagen, sagen. So Pind. Pyth. IV 358 (201) ἀδείας ἐνίπτων ἐλπίδας. So υ 17, wo Odysseus, sein Herz tröstend, sagt:

κραδίην ἠνίπαπε μύθῳ·
τέτλαϑι δή, κραδίη· καὶ κύντερον ἄλλο ποτ᾽ ἔτλης.

Ein deutlicher Fingerzeig, dass dem ἐνίπτω nicht an und für

sich schlimme Bedeutung innewohnt, liegt darin, dass es der
Dichter für nöthig findet, sobald harter Sinn hervortreten soll,
die Worte χαλεπῷ μύθῳ oder entsprechende Ausdrücke hinzuzufügen. *B* 245:

καί μιν ὑπόδρα ἰδὼν χαλεπᾷ ἠνίπαπε μύθῳ.

So κακῷ μύθῳ *E* 650, χαλεποῖσιν ὀνείδεσι *Γ* 438. Vgl.
ἔπεσσ᾽ αἰσχροῖσιν ἐνίσσων *Ω* 238, ἔπεσίν τε κακοῖσιν ἐνίσ-
σομεν ω 161. Das gleiche Bewusstsein, dass ἐν-ίπτω nicht an
und für sich eine schlimme Bedeutung habe, leitete denn auch
die alten Grammatiker, sowie den Scholiasten zu *B* 245 bei
ihrer freilich irrthümlichen Herleitung von ἐνίπτω aus ἐννέπω.

Wie nun Pindar ἐνίπτων mit dem Objecte ἀδείας ἐλπίδας verbinden konnte, so konnte nach dem Dargelegten
Homer das Futur ἐν-ίψω mit νόον καὶ μῆτιν *Π* 447, mit τοῦτον μῦθον β 137, mit νημερτές λ 148 verbinden. Wie dagegen
aus ἐνϝέπω jemals ἐνίψω hätte entstehen können, ist reinweg
unerfindlich. Wenn zu εἰμί der Imperativ ἴσ-θι lautet, weiterhin aber ἔσ-τω κτλ. formirt, so liegt der Grund einfach darin,
dass W. ἀς auch die abgelautete Wurzelform ἰς entwickelt
hat: ἰσ-θ-μός, faux, κτλ. S. 25.

Nach unserer Darstellung dürfte durch Auffindung der Wf.
σπε =ʼφημί dem entsetzlichen Wirrwarr, welcher in den
Grammatiken mit εἰπεῖν, mit angeblichem Präsens ἐν-ίσπω,
wozu nach Buttmann sowohl ἐνισπήσω als ἐνίψω Futur sein
soll, mit ἔννεπε, ἐνέπω, ἔσπετε κτλ. getrieben wird, wohl glücklich ein Ende gemacht sein.

27. Ἄ-σπε-τος und θε-σπέ-σι-ος.

I. Ἄ-σπε-τος, in-fandus, unsäglich, unbeschreiblich bzhw.
„über alle Beschreibung gross oder viel" erklärt sich aus der
erschlossenen Wf. σπε = σπα, hauchen, tönen (als hörbares
Hauchen), auf die einfachste Weise von der Welt.

Die alten Erklärer, welche Wf. σπε, sprechen, nicht erkannt
hatten, glaubten das Wort von W. σεπ, ἕπομαι ableiten zu
müssen; so z. B. Schol. zu *P* 332, Apoll. lex. Hom. etc.: ὃ οὐκ
ἄν τις παρακολουθήσειε διὰ τὸ μέγεθος. Das begrifflich Er-
zwungene dieser Deutung ergiebt sich in der Anwendung auf

Schritt und Tritt: ἀσπέτῳ ὄμβρῳ N 139, ἄσπετος ἀλκή Π 157, κλαγγὴ ἄσπετος συῶν § 412, ἄσπετος κυδοιμός K 523, ἄσπετον ὕλην B 455, Ψ 127, Ω 784, ζωὴ ἄσπετος § 96, vgl. ἄσπετος ὄλβος Hesiod. Op. 377 κτλ.

II. Θε-σπέ-σ-ιος leiteten die Alten von πίπτω, ἔπεσον ab, wie der Scholiast zu P 118, I 2, N 797 u. a. Bei dieser Ableitung aber setzt man voraus, dass aus θεο- auch θεσ- werden könne! Aber s. S. 3. Auch begrifflich erweist sich diese Deutung im Gebrauche als unverwerthbar. Desto einfacher ist Herleitung aus W. σπε als Abschwächung von W. σπα. Aber mit dem Begriffe „sprechen" kommen wir hier nicht recht vorwärts: „gottgesprochen" bzhw. „von der Gottheit gesprochen" kann ohne Einschmuggelung fremder Begriffe nie zu dem angeblichen Bgr. „unendlich" u. dgl. gelangen. Man hat das Wort erklärt = „nur von der Gottheit aussprechbar". Allein wo ist in dem Worte der Bgr. „nur" angegeben? Im Zusammenhange der betr. Stellen macht sich diese Deutung geradezu lächerlich.

Gehen wir dagegen zurück auf den Grundbegriff hauchen, so gewinnen wir für manche Verbindungen die zutreffendste Bedeutung. Die Stelle B 600 Μοῦσαι . . . ἀοιδὴν θεσπεσίην ἀφέλοντο bietet ein Analogon zu α 328, θ 498 θέσπις ἀοιδή d. i. von der Gottheit eingehauchter Gesang. — Die Σειρῆνες θεσπέσιαι μ 158 stehen gegenüber dem θέσπις ἀοιδός ρ 385: sie sind gottbehauchte, göttlich inspirirte Sängerinnen, wie ja alle Sänger als göttlich inspirirt gelten: ἐνέπνευσαν δέ μοι αὐδὴν θείην Μοῦσαι. Hesiod. Th. 31. — Der Vers β 12 (vgl. θ 19) = ρ 63

θεσπεσίην δ' ἄρα τῷ γε χάριν κατέχευεν Ἀθήνη

erläutert sich durch Stellen, wie Hymn. Hom. in Cer. 277 περί τ' ἀμφί τε κάλλος ἄητο, oder Hesiod. Scut. Herc. 7

τῆς καὶ ἀπὸ κρῆθεν βλεφάρων τ' ἀπὸ κυανεάων
τοῖον ἄηθ', οἷόν τε πολυχρύσου Ἀφροδίτης.

Wenngleich auch χάρις δ' ἀπελάμπετο πολλή Ξ 183, σ 298 verglichen und von dem Begriffe der W. φα (= σπα), wie ihn φάος, φαεινός darstellt, ausgegangen werden könnte: so empfiehlt es sich doch, lieber an dem Grundbegriffe festzuhalten, also:

„gottgehauchte Anmuth", wie ja auch unsere Dichter so gewöhnlich vom „Hauche der Anmuth" singen. — Der Nebel, worein Athene den Odysseus hüllt η 42, war ein gottgehauchter: ἀχλὺς θεσπεσίη, ebenso war der Nebel, den Poseidon Y 342, oder die Nebelwolke (νέφος ἀχλύος θεσπέσιον), welche Athene fortnimmt O 669, gottgehaucht. Derselbe Nebel, womit Athene η 42 den Odysseus umgiebt, heisst η 143 θέ-σφα-τος ἀήρ. — „Gottgehaucht" ist der Sturmwind, welchen Zeus ι 68, μ 314 loslässt, λαῖλαψ θεσπεσίη. — Die den Najaden heilige und von ihnen bewohnte Grotte auf Ithaka, deren Beschreibung ν 103 bis 112, 347 ff. gegeben wird, heisst ν 363 ἄντρον θεσπέσιον, nicht wegen angeblicher ungeheurer Grösse (denn auch die Fledermausgrotte ω 6 heisst ebenso), sondern, weil jede Höhle den Eindruck des Geheimnissvollen macht, und den Alten als gottdurchhaucht, als divini spiraminis galt: stammt doch ἄντρον selbst von W. ἀν, hauchen, als spiraculum(: spirare)!

Wenn von dem kostbaren Weine, dessen ι 203 ff. gedacht, und welcher Vs 205 als θεῖον ποτόν bezeichnet wird, sich erhebt eine ὀδμή ... ἡδεῖα θεσπεσίη (211): so kann dieser süsse Duft als ein gottgehauchter, als ein ambrosischer aufgefasst werden, ohne dass man speciell an Dionysos zu denken brauchte. So sagt auch Herodot III 113 ἀπόζεν θεσπέσιον ὡς ἡδύ. Vgl. δ 446 ἀμβροσίην ... ἡδὺ μάλα πνείουσαν. Goethe singt: „Nachtviole, ... hauchest du köstlichen Geist."

Die Furcht und Flucht, so ausdrücklichst P 118 Apollo einjagt, einhaucht, wird mit Recht φόβος θεσπέσιος genannt: Und war die θεσπεσίη φύζα, welche I 2 die Achäer erfasste, auch allerdings zunächst durch Hektor und seine Mannen bewirkt, so waren diese doch nur Werkzeuge von Zeus, der, um den Sohn der Thetis zu ehren, den Troern zu Sieg verhalf: Διὸς δ' ἐτελείετο βουλή A 5.

Da sich die Begriffe hauchen, flammen und tönen (bzhw. fa-ri), wie wir so oft gesehen, gegenseitig durchdringen, indem Flamme, Glanz oder Strahl als sichtbarer, Ton als hörbarer Hauch aufgefasst wird: so kann es nicht Wunder nehmen, wenn sich θε-σπέ-σιος auch an letztere beiden Begriffe anlehnt. Man denke an Dichterstellen wie folgende:

Schiller: „Ein Laut, verstümmelt in die Luft gehaucht" ‖ Göthe:
„Sie hauchte mit süsser, leiser Stimme harmonische Laute zu
ihrem Spiele" ‖ Gutzkow: „Er hauchte bebend: ‚meine Olga'"
Körner: „Unsre Freuden, unsre Schmerzen hauchen wir in's
warme Lied." (Vgl. Grimm's WB.). ‖ v. Eichendorff: „Und nun
wehen Lerchenlieder" ‖ v. Schenkendorf: „Ach das ist ein Leben,
wenn es weht und klingt."
Wenn wir *B* 367 lesen

γνώσεαι δ', εἰ καὶ ϑεσπεσίῃ πόλιν οὐκ ἀλαπάξεις
ἢ ἀνδρῶν κακότητι καὶ ἀφραδίῃ πολέμοιο:

so springt der Bgr. divino fato sofort in die Augen.
Wenn irgend etwas, so ist der Himmel gottheitstrahlend; daher *A* 591 durch βηλὸς ϑεσπέσιος glücklich bezeichnet.
— Der Reichthum, welchen der Kronide *B* 670 über die Rho-
dier ausgoss (aushauchte), ist ein gottheitenthauchter, ϑεσπέσιος
πλοῦτος. Vgl. Göthe Ged. 74: „Weibchen, o sieh den Segen,
der unsere Flur durchweht".

Nach *ω* 47 steigt Thetis mit ihren Meergöttinnen auf die
Kunde von Achill's Tode aus dem Meere empor und stimmt
mit ihnen ein Wehegeschrei an: βοὴ δ' ἐπὶ πόντον ὀρώρει
ϑεσπεσίῃ (49) d. i. es erhob sich ein gottgehauchtes, gottertönendes Geschrei: sagt doch sogar Cicero: sonum inflare,
einen Schall ertönen lassen, verba inflata, hervorgeblasene, er-
hallende Worte.

Wenn die Windsbraut *N* 797, ἥ ῥά ϑ' ὑπὸ βροντῆς πατρὸς Διὸς εἶσι πέδονδε, sich mit dem Meere mischt unter
ϑεσπεσίῳ ὁμάδῳ: so war dies Gebrause, weil von Zeus selbst
bewirkt, gewisslich ein gottgehauchtes, gottertönendes.
Solchem gottertönenden Getöse war auch der Lärm ähnlich, mit
welchem *Π* 295 die Troer fliehen (ϑεσπεσίῳ ὁμάδῳ), mag auch
die directe Beziehung auf eine bestimmte Gottheit fehlen; —
ebenso das Geschrei, womit die Griechen *Σ* 149 vor Hektor
fliehen (ϑεσπ. ἀλαλητῷ).

Solch abgekürzten Vergleich stellt auch die häufige
Verbindung ἠχῇ ϑεσπεσίῃ, stets am Versanfange stehend, dar:
Θ 159, *M* 252, *N* 834, *O* 355. 590, *Π* 769, *Ψ* 213, γ 150, λ 633
oder ϑεσπεσίῃ ἰαχῇ λ 43: es ist ein Getöse, wie von der Gottheit her gehaucht, ertönend. So ist's auch mit dem Getöse
des Drachen Pytho im Hymn. Ap. 360 ϑεσπείῃ δ' ἐνοπὴ γένετ'

ἄσπετος, wo die Verbindung von *ἄ-σπε-τος*, unaussprech-
lich, mit *θε-σπέ-σιος* laut genug gegen die gangbare Deutung
„nur (?) von der Gottheit aussprechbar" Verwahrung einlegt.
Ein abgekürzter Vergleich steckt auch in der Stelle
B 457

$$\text{ὡς τῶν ἐρχομένων ἀπὸ χαλκοῦ θεσπεσίοιο}$$
$$\text{αἴγλη παμφανόωσα δι' αἰθέρος οὐρανὸν ἷκεν.}$$

Es ist bezeichnend, dass nur an dieser Einen Stelle *χαλκός*
mit *θεσπέσιος* verbunden wird, ungeachtet *χαλκός* im Ganzen
über 210mal in Ilias und Odyssee vorkommt. Das kann nicht
Zufall sein. Die Verbindung B 457 ist eben durch den Zusammenhang geboten. Es rücken nämlich hier die gesammten Streitkräfte zum erstenmale in die Schlacht und (Vs 455),
„gleichwie das verheerende Feuer über einen unsäglich grossen
Wald hinlodert . . ., und der Glanz desselben weithin in die
Ferne leuchtet: so stieg der Schimmer, welchen die Erzrüstung
(*χαλκ. θεσπ.*) der dahinziehenden Schaaren ausstrahlte, hell-
leuchtend durch den Aether himmelwärts." Minckwitz übersetzt
ziemlich zutreffend „die gottherrliche Erzrüstung". Der Glanz
des Erzes machte hier auf den geistig anwesenden Dichter einen
solchen Eindruck, dass er das Erz selbst als gottstrahlend
auffasst. Vgl. *βηλὸς θεσπέσιος Α* 591.

Hiermit hätten wir sämmtliche homerische Stellen bis
auf *ι* 434 an uns vorübergeführt. In dieser Stelle wird das
mächtige Vliess des kyklopischen Widders mittels des Ausdrucks
ἀώτου θεσπεσίοιο geschildert. Minckwitz übersetzt „die gott-
hehre Wolldecke", wie er denn überhaupt *θεσπέσιος* stets mit
„gotthehr", „gottherrlich" wiedergiebt, womit er der dichterischen Anschauung und Absicht Homer's jedenfalls weit näher
kommt, als die verschwommenen Deutungen Buttmann's, Döderlein's etc. thun. Das Vliess dieses Widders war ein gottheit-
hauchendes, göttlichschönes, oder, wenn man lieber will,
gotthehres. Göthe's „wellenathmend" von Sonne und Mond,
die sich im Meere gebadet, ist kaum minder gewählt.

Im Hymn. Hom. XXXI auf Helios heisst es, nachdem in
überschwenglicher Fülle der Glanz und das Glänzen des Sonnengottes gefeiert ist, der Handschrift zufolge V. 16

$$\text{θεσπέσιος πέμπῃσι δι' οὐρανοῖ Ὠκεανόνδε --}$$

Ist auch vor Vs 15 mit G. Hermann eine Lücke zu constatiren, und erscheint auch der ganze Satz unvollständig: so liegt doch kein zwingender Grund vor, mit Ruhnken ϑεσπέσιος mittels gewaltsamer Aenderung durch ἑσπέριος zu ersetzen. Der Bgr. gottgehaucht, gottstrahlend passt nur zu gut in die ganze Umgebung.

Wenn Hesiod Theog. 700 den Weltbrand, den des Zeus Blitzstrahlen im Titanenkampfe entzündeten, ein καῦμα ϑεσπέσιον nennt, so war dieser Weltbrand freilich ein gewaltiger; aber das Gewaltige desselben ist bereits vorher als ein so furchtbares vom Dichter ausgemalt worden, dass das Epitheton im blossen Sinne von „gewaltig" herzlich matt sein würde: der Weltbrand war ein gottentflammter. Uhland: „Er hauchet Dampf und Flamme."

Nicht anders ist's mit der Stelle Theog. 862 πολλὴ δὲ πελώρη καίετο γαῖα ἀτμῇ ϑεσπεσίῃ: es war gleichfalls die Wirkung von Zeus Blitzstrahlen: „in gottgefachter Glut".

Wenn es Hes. Theog. 827 von dem hundertköpfigen Typhoeus heisst:

ἐκ δέ οἱ ὄσσων
ϑεσπεσίῃς κεφαλῇσιν ὑπ' ὀφρύσι πῦρ ἀμάρυσσε:

so dürften wir immerhin die feuerfunkelnden Drachenköpfe als gottentflammte, göttlich flammende auffassen; aber, da diese Drachenköpfe „Dampf und Flammen hauchen", so scheint die wörtliche Uebersetzung mit „gottbehauchte, göttlich hauchende, -schnaufende" noch vorzuziehen.

Wem es nicht in den Sinn will, dass -σπέ-σι-ος bald Bgr. hauchen (schnaufen), bald Bgr. tönen, bald Bgr. strahlen, flammen darstelle, trotzdem unser „hauchen" für die gleichen Vorstellungen gebraucht wird: dem liesse sich mit unserer Wf. σπε = W. σπα = (σ)φα gleichwohl zu Hülfe kommen, und zwar mittels der Deutung „gott-erschienen" d. i. von der Gottheit her erschienen, -kommend, -stammend. Allein die poetischen Schönheiten in den bezüglichen Stellen gingen damit verloren, und Homer ist kein „eisendärmiger Didymus" weder alter, noch neuer Zeit! —

Wie auch ϑέ-σκελος und Θε-σπρω-τοί zu trennen, und jenes auf W. skal, dieses auf W. spar zurückzuführen ist, wer-

den wir später sehen. Zu W. skal gehört u. a. engl. squall,
Windstoss, to squall, rufen, tönen, lat. a-quil-o st. a-squilo,
Nordwind, a-quilus st. a-squilus, begrifflich = ἠερόεις (W. ἀϝ),
a-quila st. a-squila = ἀϝ-ε-τός (aus W. αϝ), Adler, und zwar
nach dem S. 33 entwickelten Gesetze über die sogenannte
Prothese.

28. Διῑ-πετής.

Das Wort soll aus πίπτω, St. πετ componirt sein und ἀπὸ
Διὸς πεπτωκώς bedeuten. So ein Theil der Alten; andere, wie
namentlich Zenodorus Schol. Π 174, P 263 erklären das Wort
durch λαμπρός, διαφανής, διαυγής; Hesychius bietet die Glosse:
διιπετέος· ὑπὸ τοῦ Διὸς πληρουμένου. Noch andere alte
Deutungen liegen vor.

Bei Euripides Bacch. 1268 haben wir die Verbindung αἰθὴρ λαμπρότερος καὶ διιπετέστερος, im Rhesus 43 διιπετῆ
νεῶν πυρσοῖς σταθμά. Das Etymologicon M. giebt dazu die
Glosse διαυγέστερος. Jedenfalls ist hier mit ἀπὸ Διὸς πεπτωκώς nichts anzufangen. Und dass Euripides selbst in dieser
Weise sein Wort nicht verstanden wissen will, bekundet er
dadurch, dass er zur Bezeichnung des Begriffes ἀπὸ Διὸς πεπτωκώς nur διο-πετής Iph. Taur. 977 gebraucht. Man erwäge
ferner: Angesichts der sonstigen homerischen Zusammensetzungen
διο-γενής, διο-τρεφής κτλ. wäre eine Bildung mittels Dativs
Διί höchst befremdlich. Die Länge ferner von ῑ gegenüber dem
ὑψῐπετής muss stutzig machen. Sie ist nur zu erklären als
Ersatzdehnung für ausgefallenes Sigma, wie in δῑ-φάω st. δι-
σφάω ‖ σῐ-φων st. σι-σφά-ων ‖ ῐ-φνον st. σί-σφνον ‖ πῑ-
φαύσκω st. πι-σφαύ-σκω ‖ δῐῑ-φιλος st. δῐῑ-σφιλος aus Wf.
σφι (s. u.) κτλ. Da nun διά unter keinen Umständen zu διῑ
werden kann, so steht διῑπετής für διῑ-σπε-τής und gehört zu
derselben Wurzel, wie ἄ-σπε-τος, θε-σπέ-σι-ος, ἀρί-σπης,
wohlredend (hauchen = tönen, sprechen), wie ἐνι-σπεῖν, ἔ-σπε-τε,
σπη-λός κτλ. Es deckt sich darnach mit θε-σπέ-σι-ος.

Neben Adjectiven in ος (ρος, λος, τος κτλ.) finden sich so
häufig gleichwerthige in ής, z. B. ὁμα-λής: ὁμα-λός ‖ ἀ-πη-ρής:
ἄ-πη-ρος ‖ τρᾱ-ής: τρα-ός ‖ θεο-φιλής: θεόφιλος ‖ εὐ-εργής:

εὔ-εργος ‖ ἀιανής: ἀιανός ‖ γαληνής: γαληνός ‖ ἄζυγής: ἄζυγος ‖
πληρής: *πληρός, woher πληρόω ‖ κατ-ώρυχής: κατ-ώρυχος ‖
νεοθηλής: νεόθηλος ‖ δυσ-πονής: δύσ-πονος ‖ ὁμο-στιχής: ὁμό-
στιχος ‖ ὑγιηρής: ὑγιηρός und Dutzende von anderen Wörtern
aus allen Zeitaltern, und so νη-πεκ-τής: νή-πεκ-τος ‖ *σπε-
τής: *σπε-τός in δι-σπε-τής neben ἄ-σπε-τος.
Nun wird Alles klar; und wir brauchen nicht mit Hartung
Rel. der Gr. S. 52 zu dem verzweiflungsvollen Auswege zu greifen, den Bgr. λαμπρός für διπετής aus διά und angeblichem
ἵπω, brennen, zu erzwingen: δι-σπε-τής heisst ursprünglich =
gottgehaucht; so noch bei Nonnus Dion. V 250 ἄνεμοι διπετέες, venti ab Jove inflati. Die οἰωνοὶ διπετέες Hymn. Ven. 4*)
sind aves divinitus inspiratae, inflatae, wie Stolberg singt: „Und
wenn die neue Ahnung mir Apollo haucht“. Der αἰθὴρ λαμπρότερος καὶ διιπετέστερος bei Euripides Bacch. 1268 ist ein
„in höherem Grade von Gott durchhauchter bzhw. bestrahlter“
(denn hauchen = schimmern, strahlen). Nicht anders Rhes. 43
διπετῆ νεῶν πυρσοῖς σταθμά mit Bezug auf die unmittelbar
voraufgehenden Worte πυραίθει στρατὸς Ἀργόλας πᾶσαν ἀν᾽
ὄρφναν. — Der Fluss der Insel Scheria, derselbe, welchem
ζ 85 der Dichter ῥόον περικαλλέα beilegt von solcher Reinheit,
heit, dass er auch noch so Schmutziges zu reinigen vermag,
heisst η 284 διπετής d. i. gottgehaucht oder gottheitstrahlend,
gottstrahlend. — Wenn Φ 268. 326 der wildangeschwollene,
von Schaum, Blut und Leichen angefüllte Scamander so heisst,
so springt hier Bgr. hauchen, blasen in Bgr. blähen, schwellen,
inflare, über: a Deo, Jove inflatus, wie so zutreffend Hesychius
erklärt ὑπὸ τοῦ Διὸς πληρούμενος. — Ebenso ist das Epitheton vom Nil δ 477. 581, vom thessalischen Spercheios Ψ 174
zu fassen. — Wenn Plutarch Mar. 21 mit διιπετέσιν ὕδασιν
den Regen bezeichnet, so trifft auch hier der Bgr. a Jove inflatus zu; nicht minder, wenn Hesiod frgm. (Schol. Ap. Rhod. I
757) einen vom Regen angeschwollenen Fluss so nennt.

---

*) Ganz mit Unrecht hat man hier διιπέτεας (proparox.) geändert;
eben weil man Ursprung und Bedeutung nicht begriff, nahm man ein
διπετής aus πίπτω und ein anderes διιπέτης aus πέτομαι an.

29. Δῖ-φάω

heisst unbestrittener Maassen erspähen = aufsuchen: τήθεα διφῶν Π 747; τεὴν διφῶσα καλίην Hes. Op. 372. Das Wort erklärt sich aus δι-σφάω bzhw. aus Wf. σφα mit dem Begriffe, welchen τὰ φάεα, φά-ηκ-ες, φῶ-τα, φωτία, Augen, φαίνομαι, conspicior, φαίδει· ὄψει etc. darstellen und ist ursprünglich = di-spicio. Unser spähen und lat. spe-c-io sind nur Erweiterungen derselben Wurzel: man denke an die Zusammengehörigkeit von λεύσσω und λευκός, glänzend, von blicken und blinken. Das Präfix δι statt δίς, wie in δί-πλαξ, δί-πτυχος, δι-φυής, würde dasselbe sein, welches in δί-ζη-μαι: W. ζα in ζη-τ-έω (Curt. S. 610) zu Tage tritt. Denn δι in δί-ζημαι als Reduplication zu fassen, hat doch gar grosse Bedenken. Das Präfix δίς, sonst im Griechischen zweifach bedeutend, würde in δι-φάω, δί-ζημαι dem lat. dis in dis-cerno, di-spicio etc. entsprechen. Oder sollte es zu gewagt sein, anzunehmen, dass auch griech. δίς, welches doch mit lat. dis völlig identisch ist, auch im Griechischen, namentlich in ältester Zeit, noch oft genug, wie das lateinische dis, die Bedeutung „auseinander“, „zer-“ gehabt habe? Freilich ist in diesem Sinne das wurzelhaft verwandte διά in Zusammensetzungen so geläufig geworden, dass es jenes δις- ganz verdrängt zu haben scheint. Aber das scheint auch nur. Es sind genug Wörter vorhanden mit Präfix δις = zer.

Δι-σχι-δής, wie bei Aristoteles etc. jedes Thier mit gespaltener Klaue heisst, kann doch nicht „zweimal gespalten“ bedeuten, sondern nur auseinander gespalten = di-scissus.

Δί-σκελλα (Hes.) ist identisch mit δια-σκελίς, Koth (vgl. lat. squal-or). Das Glossem σπυρίς ist offenbar Schreibfehler für σπυράς = σπύραϑος, Koth. Grundbgr. von δί-σκελλα, διασκελίς ist also Zerduftung, Verwesung.

Δι-ώκω kann man nicht füglich als Weiterbildung von δίημι aufstellen; vielmehr steckt in -ώκω derselbe Stamm, den wir in ὠκ-ύς haben, nämlich W. ἀκ, wonach δι-ώκω st. δισ-ώκω in erster Bedeutung „ab-schnellen“ wäre: νηῦς ῥίμφα δι-ωκομένη ν 162, das rasch ab-geschnellte Schiff. Wir haben hier Zusammensetzung mit *δις-* deswegen anzunehmen, weil *διά* im Sinne von ab nicht vorkommt. Dem entsprechend ist auch *δι-άκ-ονος, δι-άκ-τωρ* aus W. *άκ* (schnell sein, schnell bewegen) zu erklären.

Δι-φθέρα kann nicht von *δέψω* entstammen, wie sonst insgemein angenommen wird, sondern erklärt sich mit dem gleichbedeutigen *δι-ψάρα* (Hes.) aus W. spar mit Bgr. spalten, trennen als „ab-gezogene Haut". Vgl. *σπαρ-άσσω*. Genug, nach Allem werden wir wohl berechtigt sein, *δῑ-φάω* st. *δι-σφάω* mit lat. di-spicio, erspähen, gleichzusetzen, und di-spicio, dis-cerno als Grundbedeutung anzusetzen, woraus sich die Bedeutung suchen ohne Zwang ergiebt.

Mit *δί-ζημαι* dagegen, wie einige neuere Sprachvergleicher behauptet haben, hat *δῑ-φάω* lautlich gar nichts zu schaffen: *φ* kann nie = *ζ* sein.

Wie zutreffend unsere Erklärung ist, beweist *δι-ψάς* (Hesychius) neben *δί-ψας* und *δί-φα-τος*, eine Schlangenart: in jenem steht Wf. *ψα* statt *σπα*, in diesem Wf. *φα* st. *σπα*. Die Bedeutung wird sein „zweifach schimmernd" d. i. schillernd. Die Kreter haben dafür mit Erweichung von *σπ* zu *σβ* (wie in *ά-σβολος* = *ψόλος*) und Abfall von *σ*: *δί-βας*. Das jonische *δι-φάσιος* = *δι-πλάσιος* Hdt. II 36 u. ö. erklärt sich als zweifach erscheinend, und *δί-φα-τος* = *διπλάσιος* (Hesych.) ebenso; desgleichen ist *δι-φασία* = *δια-λογία* (Suidas) einerlei Wurzel.

Zum Schlusse noch einige Andeutungen über lat. spe-c-io und unser *spähen*. In lat. species, Gewürz, hat die mit *κ* erweiterte Wurzel noch Bgr. *πνεῖν*, duften, in species, Schönheit, denselben Begriff, den wir in *ψαιδρός, φαιδρός, φαίνω, φάος, φαεινός κτλ.* haben. Altnord. spå und spâ-dh-a, prophezeien, ist = inspiratum esse; spå-kona, Wahrsagerin = *φοιτάς* (s. o.); ahd. spëha, mhd. spëhe, Untersuchung, ahd. spåhi = *πεπνυμένος*, klug, ahd. spåhî, Klugheit = *πινυτή*. Und nun die merkwürdigen Glossen bei Hesychius: *ἐπι-πνεῦσαι· ἐφο-ρᾶν, ἐπισκοπεῖν, ἐπι-πνεύων· ἐπι-βλέπων.* Mit *σκέπτω, σκόπος κτλ.* hat weder specio, noch spähen das Geringste zu schaffen.

30. *Eἰλῡ-φάζω*

soll Verlängerung aus *εἰλύω* sein d. h. es soll für *εἰλυ-ϝ-άζω*
stehen. Man mag die Freigebigkeit mit Digamma noch so weit
treiben, aber, wie ein zweites Auslauts-Digamma aus *ϝελϝ* =
volv-o zu entwickeln sei, ist gar nicht abzusehen; das Schluss-
Digamma von *ϝελϝ* ist in der Gestalt von *v* in *εἰλυ-* bereits da;
woher also nochmals ein Digamma?

Nun hat aber Homer, wie die griechische Sprache überhaupt, oft genug sogar Zusammensetzungen von Stämmen synonymer Bedeutung, wie *στρεφε-δινεῖν*; um wie viel eher sind
Zusammensetzungen solcher Art möglich, wo der eine Begriff
durch den anderen näher bestimmt wird? *Eἰλῡ-φάζω* st.
εἰλυ-σφάζω erklärt sich leicht als wirbelhauchen, im Wirbel
wehen, blasen, wirbelblasen. Damit stimmt der Gebrauch
bei Homer *Υ* 492, wo bezüglich eines grossen Waldbrandes es
heisst:

πάντῃ τε κλονέων ἄνεμος φλόγα εἰλυφάζει.

Im hesiodeischen Verse Scut. Herc. 275

τῆλε δ' ἀπ' αἰθομένων δαΐδων σέλας εἰλύφαζε
χερσὶν ἔνι δμώων

konnte das Wort nach der früheren Darlegung der Wf. *σφα*
ebenso berechtigter Weise die Bedeutung wirbelschimmern
d. i. im Wirbel-, im Kreise- oder geschwungen-schimmern,
-erglänzen, annehmen. Es steht dort nämlich vom Glanze geschwungener, gewirbelter Fackeln bei einem Hochzeitszuge.
Die Erklärung „daherrollen" giebt keinen zutreffenden Sinn: es
wird der wirbelnde Schein geschwungener Fackeln einzig
schön durch diese Zusammensetzung gemalt. — Die kürzere
Form

εἰλυ-φάω

begegnet uns gleichfalls bei Homer und bei Hesiod. Ebenfalls
von einem Waldbrande heisst es *Λ* 156

πάντῃ τ' εἰλυφόων ἄνεμος φέρει (nämlich πῦρ).

Und Theog. 692:

οἱ δὲ κεραυνοὶ
ἴκταρ ἅμα βροντῇ τε καὶ ἀστεροπῇ ποτέοντο
χειρὸς ἄπο στιβαρῆς, ἱερὴν φλόγα εἰλυφόωντες
ταρφέες.

Erstere Stelle deckt sich mit Y 492 ($εἰλυφάζει$), zweite
Stelle mit Scut. Herc. 275. Dass an der hesiodeischen Stelle
der Bgr. hauchen nicht ‑passt, liegt auf der Hand; hier wird
das wirbelnde Leuchten des Blitzes ausgemalt.

Es ist aber auch nicht einmal nöthig, weder bei $εἰλυφάζω$,
noch bei $εἰλυφάω$ eine Scheidung in die beiden Begriffe blasen
und leuchten vorzunehmen; da jedesmal an allen 4 Stellen vom
Feuerscheine die Rede ist, so könnte auch für Y 492 und A 156
der Bgr. des wirbelnden Leuchtens festgehalten und übersetzt
werden: „nach allen Seiten liess der tummelnde Wind die
Flamme wirbelnd leuchten“, und dem entsprechend A 156. Doch
geben wir der ersten Erklärung wegen der unmittelbaren Verbindung mit $ἄνεμος$ den Vorzug.

Ob die Lesart $εἰλῠ$-$φόων$ die ursprüngliche und' nicht vielmehr späteren Ursprungs statt $εἰλῡ$-$φῶν$ ist, mag dahin gestellt
sein. Ist $εἰλῠ$-$φόων$ die ältere, dann wäre hier $σ$ einfach abgefallen, während es in $εἰλῡ$-$φάζω$ Ersatzdehnung bewirkt hat.
Wie richtig die Zurückführung von $εἰλῡ$-$φάζω$, $εἰλυ$-$φάω$
auf W. $σπα$ ist, beweist das Vorhandensein von $εἰλυ$-$σπάω$.
Auch hierin hat man unerhörter Weise blosse Weiterbildung
aus $εἰλύω$ angenommen. Wenn Hesychius erklärt $εἰλυ$-$σπῶνται$·
$περὶ τὸν αὐτὸν τόπον στρέφονται μετὰ καμάτου$: so ergiebt
sich einfach die Erklärung $εἰλυόμενον σπεύδειν$, indem, wie
sich zeigen wird, $σπεύδω$ St. $σπυ+δ$ (aus W. $σπυ = σπα$) denselben Begriff, wie $ποιπνύω$, schnauben, stark hauchen, darstellt.

31. Ὀλο-φώϊος

stellt im ersten, wie im zweiten Theile die gleichen Wurzeln
dar, wie $εἰλυ$-$φάω$. Vgl. W. $ϝελ$, $ϝαλ$ bei Curtius N. 527. Dass
es nichts mit $ὄλλυμι$ zu thun hat, dafür spricht, abgesehen von
allem Uebrigen, der digammatische Anlaut x 289:

$$πάντα δέ τοι ἐρέω ϝολο-φώϊα δήνεα Κίρκης.$$

Desgl. $δ$ 410, wo nur der Schluss des Verses anders ist: $τοῖο$
$γέροντος$. Die beiden noch übrigen Stellen $δ$ 460, $ρ$ 248 haben
consonantisch schliessende Längen vor $ὀλοφώϊα$, widerstreiten
also dem Digamma nicht: $γέρων ὀλοφώϊα εἰδώς$, $κύων ὀλοφ$.
$εἰδώς$. Im ersten Theile steckt die W. $ϝαλ$, $ϝελ$, lat. volvo, im

zweiten Theile die Wf. $\varphi\alpha$, leuchten, bzw. $\varphi\tilde{\omega}\varsigma$, $\varphi\acute{\alpha}o\varsigma$, Licht. Das Wort steht $\varkappa$ 289 in Verbindung mit $\delta\acute{\eta}\nu\epsilon\alpha$, δ 410. 460 und ϱ 248 substantivirt und für sich, allemal aber in dem Sinne von Gaukeleien, gleichsam von $\varphi\alpha\nu\tau\alpha\sigma\mu\alpha\gamma o\varrho\acute{\iota}\alpha$. Gaukeleien sind die Vornahmen der Kirke, die Wandelungen des Proteus δ 410. 460; als Gaukeleien bezeichnet Melanthius die Worte des göttlichen Sauhirten ϱ 248. — Diesen, gebieterisch an den homerischen Stellen geforderten, Begriff gewinnen wir nur auf dem angegebenen Wege: wir könnten wörtlich $\digamma o\lambda o$-$\varphi\acute{\omega}\iota o\varsigma$ mit rolllichtig, wendelichtig übersetzen d. i. im mannichfachsten Lichte erscheinend, die Erscheinung wechselnd, wandelnd, also $\acute{o}\lambda o$-$\varphi\acute{\omega}\iota\alpha$ $=$ Gaukeleien. In der That wechselt Proteus seine Erscheinung, indem er bald dies, bald das ist. Auch die Zauberin Kirke treibt Phantasmagorien und Gaukeleien durch ihre Verwandelungen; und wenn Melanthius seinem Mithirten $\acute{o}\lambda o\varphi\acute{\omega}\iota\alpha$ vorwirft, so will er damit nicht auf „Verderbliches" hinweisen, sondern nur sagen, dass Eumäus wandelbaren Sinnes sei, indem er jetzt zu Gunsten des Odysseus spreche; dass er ein Gaukler sei, wenn man will, ein Schwindler.

Hiernach wird es überflüssig sein, uns mit weiterer Beleuchtung der verunglückten Deutungen „Verderben zeigend" oder „Menschen verderbend" zu befassen, oder unerhörte „Verlängerung aus $\acute{o}\lambda o\acute{o}\varsigma$" mit angeblichem Suffix -$\varphi\acute{\omega}\iota o\varsigma$, welches Suffix nirgends existirt, zurück zu weisen.

Wenn spätere Schriftsteller, wie Theokrit 25, 185 $\lambda\acute{v}\varkappa\omega\nu$ τ' $\acute{o}\lambda o\varphi\acute{\omega}\iota o\nu$ $\check{\epsilon}\varrho\nu o\varsigma$, unser Wort im Sinne von $\acute{o}\lambda o\acute{o}\varsigma$ gebrauchen, so rührt solches einfach aus missverstandener Etymologie her. Der Umstand, dass man über die Ableitung des Wortes nicht im Reinen war, hat umsichtigere Schriftsteller abgehalten, dasselbe zur Anwendung zu bringen.

Was die Gestalt der Wf. $\varphi\alpha$ in -$\varphi\acute{\omega}$-$\iota o\varsigma$ anbelangt, so ist sie keine andere, als in $\varphi\omega$-$\acute{\iota}\varsigma$, Blase; als im Stamme $\varphi\omega$-τ von $\varphi\tilde{\omega}\varsigma$ und $\varphi\acute{\omega}\varsigma$, als in $\varphi\omega$-$\nu\acute{\eta}$.

Man vergleiche noch aus Hesychius: $\varphi\acute{\omega}$-$\sigma\varkappa$-$\epsilon\iota$ · $\delta\iota\alpha\varphi\alpha\acute{\nu}\epsilon\iota$ $\|$ $\varphi\tilde{\omega}$-τ-$\iota\gamma\xi$ · $\sigma\tilde{v}\varrho\iota\gamma\xi$, $\lambda\acute{\omega}\tau\iota\nu o\varsigma$ $\alpha\dot{v}\lambda\acute{o}\varsigma$, $\epsilon\tilde{\iota}\delta o\varsigma$ $\sigma\acute{\alpha}\lambda\pi\iota\gamma\gamma o\varsigma$. $\|$ $\varphi\omega$-τ-$\acute{\iota}\alpha$ · $\lambda\alpha\mu\pi\varrho\acute{\iota}\alpha$. $\varkappa\alpha\grave{\iota}$ $\check{o}\mu\mu\alpha\tau\alpha$ $\|$ $\varphi\acute{\omega}$-τ-$\iota o\nu$ · $\pi\varrho o\sigma\varphi\iota\lambda\acute{\epsilon}\varsigma$, $\acute{\eta}\delta\acute{v}$ (cf. fav-ere, fav-or) $\|$ $\varphi\omega$-σ-$\tau\acute{\eta}\varrho$ · $\vartheta v\varrho\acute{\iota}\varsigma$ (vgl. festra, fenestra) $\|$ $\varphi\omega$-τ-$\epsilon\acute{v}\epsilon\iota$ $\gamma\epsilon\nu\nu\tilde{\alpha}$, also $=$ φv-τ-$\epsilon\acute{v}\epsilon\iota$, ein Beweis wiederum für die

7*

Identität von W. (σ)φυ und W. (σ)φα ‖ φῶ-σαι (Hippokr. 639, 34)· φῶξαι, φρύξαι, θάλψαι, welche Glosse uns Aufschluss giebt über die Wurzel von φώ-γ-ω (urspr. brennen). Die Cyprier haben daneben ψῶ-σαι, wiederum ein Beweis für ursprünglich sigmatischen Anlaut der W. φα, in welcher Beziehung auch ψώ-δ-η· γλῶττα (doch wohl ursprüngl. = φω-ρή) nicht zu übersehen ist.

32. Παι-φάσσω.

Wie εἰ-μί für ἐσ-μί, παι-πάλη für πα-σπάλη, κραι-πάλη st. κρα-σπάλη, Kopf-schwanken i. e. Taumel, Rausch, wie ποι-φύσσω für πο-σφύσσω (Stamm σφυγ, W. σπυ) steht, so παι-φάσσω für πα-σφάσσω.

Nicht reduplicirt und mit Abfall von Sigma haben wir dieselbe Form, die παι-φάσσω darstellt, in δια-φάσσειν· δια-φαίνειν bei Hesychius. Also (σ)φάσσω = φαίνω. Der Stamm wird kein anderer sein, als wir in σφάκ-ελος, in lat. fac-s, facies, fac-etus etc. haben. Unser deutsches fackeln, rasch sich hin und her bewegen, aus Fackel, bzhw. fachen, entspricht möglichst. Aus ursprünglich sigmatischem Anlaute erklärt sich allein die Identität von fac-s, fax, und Fack-el, das ebenso wenig ein „Lehnwort" ist, wie Flamme (Wf. σφαλ, [σ]φλα: W. spal).

Die Reduplicationssilbe in παιφάσσω wiederholt gleichsam malerisch den Grundbegriff und will diesen nachdrucksvoll beim Hörer zur Vorstellung bringen.

Höchst bezeichnend und wählerisch gebraucht Homer sein παι-φάσσω. Nachdem er das Auftreten der Athene mit ihrer Aegis geschildert hat, fährt er B 450 also fort:

σὺν τῇ παιφάσσουσα διέσσυτο λαὸν Ἀχαιῶν
ὀτρύνουσ' ἰέναι.

„Athene durchstürmte, mit ihrer Aegis (σὺν τῇ) daherblitzend, die Mannen der Achäer." Geht das Partizip auch vorzugsweise auf die rasche blitzartige Bewegung, so ist doch Beziehung auf das unmittelbar Voraufgehende nicht ausgeschlossen, wo es von der Aegis heisst: τῆς ἑκατὸν θύσανοι παγχρύσεοι ἠερέθονται. Mit dieser goldstrahlenden Aegis blitzte Athene daher.

Fälschlich trennt man *σὺν τῇ* gänzlich von *παφάσσουσα*, wozu es doch zunächst gehört. Auch ist die markante Stellung von *σὺν τῇ* an der Spitze des Verses nicht zu übersehen. Die Erklärung des Scholiasten *πάντῃ τὰ φάη ἀίσσουσα* übersicht dies Alles, übersicht auch, dass die Zusammensetzung

$$\grave{\epsilon}κ\text{-}παι\text{-}φάσσω$$

E 803 die Deutung „umherblicken" vollständigst ausschliesst. Athene rühmt hier den Feuermuth des Tydeus, der in den Kampf gestürmt sei, auch wenn ihn die Göttin habe zurückhalten wollen:

> *καί ῥ', ὅτε πέρ μιν ἐγὼ πολεμίζειν οὐκ εἴασκον*
> *οὐδ' ἐκπαιφάσσειν*

d. h. auch wenn ich ihn nicht wollte hervorblitzen lassen. So gebraucht Virgil öfter emico, z. B. Aen. V 319

> primus abit longeque ante omnia corpora Nisus
> emicat et ventis et fulminis ocior alis.

VI 5:

> Juvenum manus emicat ardens | litus in Hesperium.

33. *Πα-πταίνω*

hat schon den Alten unendlich viel Kopfzerbrechens gemacht. Um bloss die Ilias-Scholien heranzuziehen, so hat Schol. *B* 450 das Wort auf angebliches *πταίω*, Schol. *Δ* 200 auf *πετῶ* („*πτῶ, πταίω, πταίνω*"), desgl. *E* 803 auf „*πτῶ, πταίνω*" zurückzuführen versucht. Gegenwärtig scheint man sich bei Lobeck's Etymologie von Wf. *πτα, πτε* in den Nebenformen zu *πτήσσω*: *πε-πτη-ώς, πε-πτη-ῶτες* beruhigt zu haben. Pathol. El. I 159. Die Herleitungen aus *πάντῃ*, wie die aus *ὅπτω*, oder aus *πετάννυμι* verdienen nur der Wunderlichkeit wegen erwähnt zu werden.

Allein, was hat der Bgr. blicken mit ducken (*πτήσσω*) zu schaffen? Weil *Λ* 546 gelesen wird *τρέσσε δὲ παπτήνας ἐφ' ὁμίλου*, so schmuggelte man den Bgr. „anxie" hinein und erklärte *παπταίνω* als anxie circumspicere; ein merkwürdiges Etymologisirungsverfahren! Mit demselben Rechte könnte man aus *λ* 608 *δεινὸν παπταίνων, αἰεὶ βαλέοντι ἐοικώς* den Bgr.

„schrecklich umherblicken" gewinnen, und aus anderen Stellen noch andere Begriffe.

Steht es fest, dass πτ so oft für σφ bzhw. σπ eintritt, dass ferner Wf. φα (φά-ος, φάεα, Augen etc.) ursprüngl. σπα, σφα lautete, so ist das etymologische Räthsel gelöst: πα-πταίνω st. πα-πταν-ιω deckt sich begrifflich und wurzelhaft mit spähen, mit specio, nur dass anderartige Wurzelerweiterung und Lautfärbung statt hatte: παπταίνω drückt eben durch seine Reduplicationssilbe ein häufiges Hin- und Herspähen aus. Nicht anders der homerische Gebrauch des Wortes, der durchweg den Bgr. circumspectare aufweist: Talthybius eilt durch's Heer hin, παπταίνων ἥρωα Μαχάονα Δ 200. — In der Unterwelt schaute Odysseus auch den Schatten des Herakles, der mit dem Bogen in der Hand und dem Pfeile auf der Sehne dastand, δεινὸν παπταίνων λ 608. — Odysseus schüttete die raschen Pfeile aus, δεινὸν παπταίνων, und traf den Antinous ω 179. — Menelaus späht nach dem gewaltigen Aias aus, um ihn herbei zu rufen P 115; — desgleichen nach dem Sohne des Nestor P 674:

πάντοσε παπταίνων ὥς τ᾽ αἰετός, ὅν ῥά τέ φασιν
ὀξύτατον δέρκεσθαι ὑπουρανίων πετεηνῶν . . . . ,

worauf, nach Ausführung des Vergleichs, Vs 679 das παπταίνων mit den Worten erläutert wird:

ὥς τότε σοι, Μενέλαε διοτρεφές, ὅσσε φαεινὼ
πάντοσε δινείσθην πολέων κατὰ ἔθνος ἑταίρων,
εἴ που Νέστορος υἱὸν ἔτι ζώοντα ἴδοιο.

— Nachdem Phöbus dem Hektor vorgeworfen, dass er hinter den Rossen des Achilles herjage, während Euphorbus von Menelaus erschlagen und beraubt werde, heist es von Hektor P 84: πάπτηνεν δ᾽ ἄρ᾽ ἔπειτα κατὰ στίχας, αὐτίκα δ᾽ ἔγνω | τὸν μὲν ἀπαινύμενον κλυτὰ τεύχεα, τὸν δ᾽ ἐπὶ γαίῃ | κείμενον. — Odysseus suchte die Skylla zu erblicken; aber er konnte sie nicht sehen; die Augen wurden ihm müde, wie er nach allen Richtungen hin den luftigen Felsen hinan spähte (πάντῃ παπταίνοντι) μ 233. — Andromache war auf die Mauer geeilt, um zu schauen, wie die Sachen ständen (X 450 ff.); und dann heisst es weiter (Vs 463) ἔστη παπτήνασ᾽ ἐπὶ τείχεϊ. — Besonders gern wird das Zeitwort von Kämpfenden gebraucht, die nach

einem Feinde spähen, den sie treffen könnten, oder, während
sie selber kämpfen, sorglich die Augen allwärts hinwerfen, um
selbst nicht unbemerkt getroffen zu werden *Δ* 497, *N* 551,
Θ 269, *O* 574, *Ψ* 690 u. ö. Vgl. die citirten Stellen *λ* 608
und *ω* 179 oben. — Dass es auch von solchen gebraucht wird,
die nach Hülfe spähen, ausschauen *M* 333 (πάπτηνεν δ᾿ ἀνὰ
πύργον Ἀχαιῶν, εἴ τιν᾿ ἴδοιτο ἡγεμόνων), oder von solchen, die
nach dem Rettungswege spähen, ausschauen, auf dem sie dem
Verderben entrinnen könnten *Ξ* 507, *Π* 283, *χ* 43, *P* 603 ö.,
ist natürlich genug. — Lehrreich ist noch die Stelle *Ψ* 463,
wo Idomeneus sagt:

νῦν δ᾿ οὔ πῃ δύναμαι ἰδέειν. πάντῃ δέ μοι ὄσσε
Τρωικὸν ἂμ πεδίον παπταίνετον εἰσορόωντι.

Hier schimmert sogar noch die Grundbedeutung durch:
allwärts leuchten mir die Augen hin dem schauenden.

Genug, nirgends auch nur die leiseste Spur des Begriffs
von πτήσσω, überall nur der Bgr. die Augen leuchten lassen,
spähen, circumspectare. Das Compositum

ἀπο-παπταίνω

Ξ 101 heisst einfach „wegspähen". Die Stelle lautet:

οὐ γὰρ Ἀχαιοὶ
σχήσουσιν πόλεμον νηῶν ἅλαδ᾿ ἑλκομενάων,
ἀλλ᾿ ἀποπαπτανέουσιν, ἐρωήσουσι δὲ χάρμης.

Agamemnon hatte Vs 75 ff. den Vorschlag gemacht, man
solle die vordersten Schiffe ins Meer ziehen und auf hoher See
vor Anker legen, bis dass die Nacht hereinbreche, vorausgesetzt,
dass alsdann wenigstens die Troer vom Kampfe abliessen; dann
könne man sämmtliche Schiffe ins Meer lassen, um dem Verderben bei Nachtzeit zu entfliehen. Gegen diesen Vorschlag
eiferte gewaltig Odysseus, indem er nicht bloss das Schimpfliche
der Flucht vorhält, sondern auch ausführt, wie unverständig es sei,
ungeachtet des noch tobenden Schlachtgewühls bereits einen Theil
der Schiffe ins Meer lassen zu wollen; das würde das Verderben
über die Achäer nur beschleunigen, den Feinden aber zu um so
grösserem Ruhme verhelfen; denn die zur Zeit noch kämpfenden
Achäer würden, sobald sie jene Maassnahme gewahrten, „keineswegs im Kampfe noch standhalten, sondern wegspähen,
den spähenden Blick abwenden (nämlich vom Kampfe und Feinde)

und von der Schlachtlust sich abkehren." Ihre Augen würden also von ihrem dermaligen Ziele abgelenkt und den beabsichtigten Vorkehrungen am Meere zugewendet werden. Das dem *ἀποπαπτανέουσιν* voraufgehende *οὐ σχήσουσι πόλεμον* und das folgende *ἐρωήσουσι χάρμης* geben selbst deutlich genug die Erläuterung an die Hand. Dass in den Achäern, sobald ihre Aufmerksamkeit vom Kampfe abgezogen und auf die event. Vorgänge an der See hingelenkt würde, der Gedanke an Flucht, auch ihrerseits aufsteigen musste, liegt nahe genug, liegt aber nicht in dem Worte selbst. Ja, es mag eine psychologische und oratorische Absicht des Redners darin gefunden werden, dass, während er dem Agamemnon schonungslos Feigheit vorwirft, er es vermeidet, von den kämpfenden Mannen gleiches vorauszusetzen oder auszusagen, und nur einen so diplomatischen Ausdruck wie *ἀποπαπτανέοντες* zur Anwendung bringt. Wie dem auch sei, die Deutung „scheu sich umsehen, um zu fliehen", muss aufs Entschiedenste verworfen werden.

34. *Παρθεν-οπίπης* und *ὀπιπτεύω*

sind u. E. etymologisch noch gar nicht aufgehellt. Man nimmt für *ὀπίπης* und *ὀπιπτεύω* Reduplication aus W. *ὀπ* (*ὄπτω*) an und trennt *ὀπ-ἰπ-ης, ὀπ-ιπ-τ-εύω*. Vergebens sieht man sich nach einem Analogon für so unerhörte Reduplication um. Curtius weist auf *ὀνίνημι* und *ἠρίπαπον* hin. Allein *ὀν-ίν-ημι* hat kurzes *ι*. Woher das lange *ι* in *ὀπίπης*? Der Vergleich mit *ἠν-ίπ-απ-ον* aber hinkt vollends: *ἐν-ίπ-τω* stammt offenbar von Wf. *ἰπ* = W. *ἀπ*, treffen; daher *ἐν-ίπτω*, auf Einen treffen, einen anfahren: *ἴπτομαι*, treffen, züchtigen *B* 193. Ist Wf. *ἰπ* selbst nur „Abschwächung" aus W. *ἀπ*, so war es um so leichter, die ursprüngliche Gestalt der Wurzel in der Reduplication *ἴπ-απ-ον* wieder zu Tage treten zu lassen: es ist mit Ausnahme des „abgeschwächten" *ι* keine andere Aoristbildung, als *ἤγ-αγ-ον*, *ἤρ-αρ-ον* κτλ. bieten; unregelmässig ist nur die Augmentirung auch der Präposition *ἐν*, die übrigens nicht ohne Beispiel dasteht: *ἠν-ώχλουν* von *ἐν-οχλέω*. Vgl. *ἠμπ-ισχόμην*, *ἠν-εσχόμην* (*ἀν-έχω*), *ἠν-ώρθουν* (*ἀν-ορθόω*) u. a. Wie *δῑ-φάω* steht für *δι-σφάω*, *πῑ-φαύσκω* für *πι-σφανσκω* (W. *σφα*), so *ὀ-πί-πης*

für ὀ-(σ)πί-σπης von W. σπα, wie πα-πταίνω st. πα-σπαίνω.
Dann ist einerseits die Länge von ῑ erklärt, ist anderseits die
Bildung ὀ-πι-πτεύω st. ὀ-πι-σπεύω lautgemäss und braucht
dem Homer nicht mehr vorgeworfen zu werden, sein ὀπιπτεύω
sei aus ὀπιπεύω „verderbt“, das sich erst bei Koluth und
Manetho findet. Das ὀ proth. ist nach dem S. 33 Gesagten zu
fassen. Der Stamm πτεύω steht für σπέϝ-ω, Abschwächung
von σπάϝ-ω, das ist W. σπα+ϝ, mit Digamma-Erweiterung,
während Guttural-Erweiterung vorliegt in gleichbedeutigem Skr.
spa-ç, wozu gleichfalls mit Abfall von Sigma Skr. paç-já-mi
sehe = lat. spe-c-io, spe-c-to, ahd. spe-h-ôn. Man vergleiche
§§ 33 und 29 πα-πταίνω und διφάω.

35. Κατηφής

leiteten die Alten übereinstimmend von κατά und φάος ab: ὁ
κάτω βάλλων τὰ φάεα. Gegenüber steht κατ-ωπός mit nieder-
geschlagenen Augen, beschämt, eigtl. nieder-äugig, gesenkt-äugig,
davon das Subst. κατ-ωπία, Beschämtheit, und κατωπιάω
(Aristot.), aus Beschämung die Augen niederschlagen. Φάεα,
die Augen, begegnet uns bei Homer in dem Verse π 15 = ρ 39
(vgl. τ 417)

κύσσε δέ μιν κεφαλήν τε καὶ ἄμφω φάεα καλά.

Aus derselben Wurzel, woraus τὰ φάεα stammt, haben wir mit
der gleichen Bedeutung noch φά-ηκ-ες, φῶ-τα, φω-τ-ία bei
Hesychius, ferner φαίδει· ὄψει wohl von einem Nomen φαῖδις
(nicht φαῖδος), an dessen Grundbegriff „Licht, Glanz“ sich φαίδ-
ι-μος, φαιδιμ-ό-εις anschliessen. Den Bgr. blicken haben
wir ferner kennen gelernt u. a. in δῖ-φάω st. δι-σφάω, dispicio,
in πα-πταίνω und mit K-Erweiterung im lat. spec-io, deutschen
spähen.

Hätte man die im Voraufgegangenen bereits hinlänglich
erwiesene ursprüngl. sigmatische Anlautung von W. σπα, σφα
gekannt, so hätte man wohl nicht auf so bedenkliche Etymologien des Wortes κατηφής, wie aus καθάπτομαι oder aus einer
angeblichen Wurzel ἀφ, treffen, verfallen können. Denn das Einzige, was man gegen die antike Ableitung aus φάεα eingewendet
hat, war die Unerklärbarkeit des η in der Mitte.

Diese vermeintliche Unerklärbarkeit schwindet jetzt, da
κατηφής statt *κατα-σφής* steht. Vgl. § 84 und S. 26, S. 64.
Vielleicht könnte noch die Kürzung *-φής* neben *φά-ος* auffallen; allein weit stärkere Kürzungen treten hervor in *ἑκατόμ-βη*
aus *βοῦς*, *βοϝ-ός*, in *ἀρτί-πος* aus *πούς*, *ποδ-ός*, in *Πάτρο-κλος*
Gen. ου aus *κλέος*, in *ἄργυ-φος*, *Ἀντι-φος* aus *φάος* u. a.
Den Gebrauch anlangend, so erscheint *κατηφής* selbst nur
einmal bei Homer ω 432:

.. *ἢ καὶ ἔπειτα κατηφέες ἐσσόμεθ' αἰεί·*
λώβη γὰρ τάδε γ' ἐστὶ καὶ ἐσσομένοισι πυθέσθαι,
εἰ δὴ μὴ παίδων τε κασιγνήτων τε φονῆας
τισόμεθ'.

d. h. wie Minckwitz richtig übersetzt: andernfalls würden wir
auch in Zukunft allezeit beschämten Auges dastehen: wir
würden die Augen nicht erheben dürfen.

Häufiger ist das abgeleitete Substantiv

κατήφεια

gleichsam Augengesenktheit oder Niederäugigkeit, *κατ-ωπία*
d. i. Beschämung, Schande *P* 556:

σοὶ μὲν δή, Μενέλαε, κατηφείη καὶ ὄνειδος
ἔσσεται, εἴ κ' Ἀχιλῆος ἀγαυοῦ πιστὸν ἑταῖρον
τεῖχει ὕπο Τρώων ταχέες κύνες ἑλκήσουσιν.

Aehnlich *Π* 498, *Γ* 51. Dem entsprechend das Zeitwort

κατηφεῖν

mit geringer Modification des Sinnes. Als Hektor seinen Speer
fruchtlos entsandt hatte, und er nun ohne Lanze war, heisst es
X 293:

στῆ δὲ κατηφήσας, οὐδ' ἀλλ' ἔχε μείλινον ἔγχος.

Das ist keineswegs „er stand erschrocken da", sondern er stand
da, die Augen in Verlegenheit gesenkt. Es malt damit der
Dichter das naturgemässe Aussehen eines Mannes, der einerseits beschämt und ärgerlich darüber ist, dass er sein Ziel
verfehlt hat, und der anderseits seinem triumphirenden, vielleicht hohnlachenden Gegner gegenüber sich in die grösste Verlegenheit versetzt sieht. In dieser Stimmung kann man nicht
frisch, frei und froh die Augen aufschlagen, sondern steht da
defixis luminibus. Man vergleiche Virgil Aen. VI 156, wo freilich der Grund des Niederblickens ein andrer ist:

VIII 520

Aeneas maesto defixus lumina voltu
Ingreditur.
... defixique ora tenebant
Aeneas Anchisiades et fidus Achates
multaque dura suo tristi cum corde putabant.

Was Homer in unvergleichlicher Kürze nur andeutet, führt Virgil im letzten Verse gewissermassen näher aus. — Uebertragung aufs Gemüth findet sich π 342:

μνηστῆρες δ' ἀκάχοντο κατήφησάν τ' ἐνὶ θυμῷ.

Aus κατήφεια bilden spätere Schriftsteller κατηφία = κατωπία, und daraus das Zeitw. κατηφιάω = κατωπιάω = κατηφέω. Offenbar war bei diesen Wortbildnern das Bewusstsein, dass das nachhomerische κατήφεια aus κατη-φεσ-ια statt κατηφαεσια entstanden, vollständig geschwunden.

Das hiehergehörige homerische

κατη-φών

Gen. κατηφόνος bietet ähnliche Kürzung, wie Ἀντι-φος: τὸ φάος, ἑκατόμ-βη: βοϜ, wie Πάτρα-κλος, nur anderes Suffix, nämlich ων.

Priamus schilt Ω 253 seine Söhne mit den Worten:

σπεύσατέ μοι, κακὰ τέκνα, κατηφόνες.

Die Erklärung einiger Alten ἄξιοι τοῦ φονεύεσθαι (Schol. zur Stelle) kann neben der sonstigen Herleitung alter Erklärer aus κατηφεῖν (Schol. Ω 253, vgl. Apoll. lex. etc.) nicht auf Berücksichtigung Anspruch machen.

In κατηφών ein Femininum zu finden, dazu liegt auch nicht der leiseste Anlass vor: man hat bei dieser Aufstellung wohl nicht gedacht an Wörter wie πέπων G. πέπονος, Πολέμων, Ἀντρών u. a. von Lobeck zu Soph. Ai. 222 beigebrachte Wörter; ebenso wenig an Bildungen wie κί-ων, ἀρηγ-ών, κανών, φλεδ-ών κτλ. bei Leo Meyer II 141.

Gewiss zutreffend übersetzt Meyer κατηφών mit „Schandbube" und erklärt Benfey WL. II 102 κατη-φών = κατα-φαϜς.

36. Ὑπερη-φανεῖν,

wovon bei Homer ὑπερη-φανέοντες (Ἐπειοί) Δ 694, stammt zunächst von ὑπερή-φανος, welches bereits aus Hesiod nachweisbar ist. Dass im ersten Theile, wie man früher lehrte, die Präposition ὑπέρ mit eingeschobenem η stecke, wird wohl h. z. T. Niemand mehr vertreten wollen. Vielmehr ist Curtius beizupflichten, der N. 392 nachweist, dass in ὑπερη- der Stamm des Adj. ὑπερος, lat. superus vorliege, wozu u. a. ἡ ὑπέρα, das obere Seil, gehöre. Aber „epische Dehnung" erklärt nicht ohne Weiteres das η, wie man denn nur im äussersten Nothfalle, wo organische Lautentwickelung nicht vorliegt, auf poetische Willkür-Maassregeln sich berufen darf. In vorliegendem Worte aber erscheint letzterer Ausweg, selbst wenn organische Lautentstehung des η nicht nachweisbar wäre, um so bedenklicher, als ὑπερή-φανος keineswegs bloss episches Wort, sondern ausser bei Hesiod Theog. 149 auch bei Pindar, Aeschylus etc., sowie bei Prosaikern (Plato, Plutarch) ganz gäng und gäbe ist. Auch ὑπερη-φανία kommt von Plato ab bei allen möglichen Prosaikern vor, und selbst ὑπερη-φανέω ist ein Wort der Prosaiker geworden, wie des Polybius, Lucian u. a. Wir glauben daher nicht fehl zu gehen, wenn wir η als aus α+σ entstanden und ὑπερή-φανος st. urspr. ὑπερά-σφανος annehmen. Ebenso ist

νεή-φατος

im hom. Hymnus auf Merkur 443 θαυμασίην γὰρ τήνδε νεή-φατον ὄσσαν ἀκούω aus νεά-σφατος, neugehaucht bzhw. neugesprochen, zu erklären. Man denke nur an ἐπί-σφατος, περί-σφατος, θέ-σφατος.

37. Σφάζω und σφάττω

wozu ἔσφαξα, ἐ-σφαγ-μένος, steht unzweifelhaft für σφαγ-ιω. Und wie θωρήσσω auf das Nomen θώρηξ St. θωρηκ, κηρύσσω auf κήρυξ, φυλάσσω auf φύλαξ zurückweist, so setzt σφάττω oder σφάζω einen Nominalstamm σφαγ voraus, Nominativ σφάξ, gleich dem bei Aristoteles u. a. vorkommenden Subst. σφαγή, die Kehle. Denn σφάζω ist, bei Lichte betrachtet, nichts anderes als jugulare (von jugulum, Kehle), als „abkehlen", frz. égorger.

Als Simplex ist σφάξ zwar nicht mehr erhalten, wohl aber in der Zusammensetzung δια-σφάξ = lat. faux in übertragener Anwendung = Schlund, Schlucht Hdt II 158, III 117, VII 199 und sonst. Vgl. in begrifflicher Hinsicht u. a. *ἄντρον* (W. *ἀν*), *σπέος*, lat. spiraculum. Wie lat. faux, ursprünglich Schlund, als das Hauchende, als das, woraus der Athem hervorströmt, so ist auch *σφάξ*, Stamm *σφα-γ*, aus Wf. *σφα* (W. *σπα*), hauchen, mit G-Erweiterung gebildet, ursprünglich „das Hauchende, der Schlund, die Kehle".

Wie nun aus dem synonymen lat. jugulum das Ztw. jugulare entstanden ist, so aus *σφάξ* = jugulum das Ztw. *σφάττω, σφάζω* = jugulare.

Zum Ueberflusse belehrt uns Homer recht vernehmlich, wie er sein *σφάζω* verstanden wissen will: *ἀνέρυσαν μὲν πρῶτα καὶ ἔσφαξαν καὶ ἔδειραν Α* 459 = *Β* 422; zuerst bogen sie den Kopf des Opferthieres zurück, dann schnitten sie die Kehle durch, jugulaverunt. Fast noch bezeichnender ist die Stelle *γ* 454: nachdem bereits mit dem Beile dem Ochsen das Genick eingeschlagen war (Vs 450), schnitt Pisistratus die Kehle durch (*σφάξεν*), damit „das schwarze Blut herausfliessen" konnte.

Und so steht bei Homer *σφάζω* stets de jugulandis bubus, ovibus etc., aber noch nie von Menschen, welche Verwerthung des Wortes erst seit Aeschylus und Pindar Platz greift. Die Beziehung auf den angegebenen Vorgang beim Opferschlachten haftete übrigens dem Worte so fest an, dass z. B. *σφάγιον* das Opferthier, *σφαγία* der Opfertag, *σφαγιάζω*, Opferthiere schlachten, *σφαγίς* Opfermesser bedeutet.

Das bei Plutarch etc. vorkommende, von Hesychius durch *ἀμνός* erklärte *φάγ-ιλος* wird wohl etwas anderes sein, als ein „essbares"; essbar sind tausenderlei Dinge, ohne darum *ἀμνοί* zu sein und *φάγ-ιλοι* zu heissen. Dagegen würde *φάγ-ιλος* st. *σφάγ-ιλος* als Opfer-lamm sich weit besser fügen.

38. *Φαγ-εῖν*

schwebt scheinbar so in der Luft und erscheint so ohne alle Verwandtschaft, dass man sich, um es unterzubringen, nicht anders zu helfen gewusst hat, als durch Zusammenbringung mit Skr. bhag', austheilen, Zd. baz, vertheilen, baghas, Stück (Curt. N. 408). Mag nun auch Skr. bhaksh „geniessen" bedeuten, griech. *φαγεῖν* steht nie vom „Geniessen", nie vom ruhigen

Portions-essen oder Verzehren zugetheilter Portionen.
Ueberblicken wir den homerischen Gebrauch des Wortes, so
steht φαγεῖν bzhw. καταφαγεῖν vom Verschlingen durch Raub-
fische ξ 135, ω 291, Φ 127, durch Hunde und Raubvögel Ω 411,
durch einen Drachen B 317. 326, durch Skylla μ 310, durch
einen Kyklopen ι 347; vom Verschlingen von Odysseus Hab und
Gut Seitens der Freier γ 315, ο 12 (κατὰ πάντα φάγωσιν),
β 76; ähnlich von Räubern π 429; vom gierigen Verschlingen
der Lotusfrucht ι 94. 102; vom gierigen Ilinabschlingen Seitens
Ausgehungerter ι 232 (τυρῶν αἰνύμενοι φάγομεν); mit gewisser
Absichtlichkeit vom Verschlingen von Gastgeschenken δ 33; mit
Verächtlichkeit vom gierigen Essen, Verschlingen Seitens des
dickwanstigen Bettlers σ 3, mit Absicht im Munde Telemach's
vom Schlemmen der Freier ρ 404; von dem Essen Seitens der
Sklaven ο 378; von dem einsamen, theilnahmlosen Essen (Speise-
verschlingen) des Laertes π 143 (im Munde des Eumäus), ω 254;
ein gewisser aristokratischer Ton scheint darin liegen zu sollen,
wenn König Alkinous dem Sänger Speise reichen lässt mit den
Worten ὄφρα φάγῃσιν ϑ 477. Endlich noch κ 386, wo Odysseus zu Kirke sagt:

ἀλλ᾽ εἰ δὴ πρόφρασσα πιεῖν φαγέμεν τε κελεύεις,
λῦσον, ἵν᾽ ὀφθαλμοῖσιν ἴδω ἐρίηρας ἑταίρους.

Auch hier dürfte das Wort mit einer gewissen Absichtlichkeit
gesetzt sein, mag man nun an den Hunger des Odysseus denken,
oder will er selber von sich nur den niederen Ausdruck zur
Anwendung bringen. Kurz — φαγεῖν ist eigentlich = schlingen,
schlinden, und wird erst in weiterer Uebertragung als niederer
Ausdruck und mit gewisser Absicht bei Homer im Sinne von
verzehren gebraucht.

Dies tritt auch in den Zusammensetzungen mit φαγεῖν
hervor:

ἀνδρο-φάγος, der Menschenverschlinger, Menschenfresser,
κ 200, wie Polyphem heisst;

ὠμο-φάγος, rohschlingend, ist Beiwort von Raubthieren im
Allgemeinen Hymn. in Ven. 124, von Löwen E 782, Π 256,
O 592, von Schakalen Λ 479, von Wölfen Π 157.

Und wenn die Hippomolgen N 6 γλακτο-φάγοι heissen, und
eine fabelhafte Völkerschaft in der Odyssee den Namen Λωτο-

φάγοι hat, so erscheint auch hier mit einer gewissen Absichtlichkeit -φάγος gebraucht. Es ist gewiss bezeichnend, dass σιτο-φάγος nur an einer einzigen Stelle bei Homer erscheint, nämlich ι 191, wo es von dem Menschenfresser (ἀνδροφάγος) Polyphem heisst, er gleiche nicht einem ἀνδρὶ σιτοφάγῳ. Mag man aber auch in den drei letzteren Zusammensetzungen φαγεῖν lieber in der verblassten Bedeutung „essen" auffassen wollen, so' bleibt doch bestehen, dass die Grundbedeutung von φαγεῖν verschlingen, schlinden war. Daher auch φάγος und φαγός, φαγ-ών, vorax, φάγαινα, Fresssucht. Die φαγ-όν-ες bei Hesychius bedeuten keineswegs „Zähne", sondern werden von ihm ausschliesslich durch σιαγόνες, γνάθοι erklärt d. i. Kinnbacken, Kinnladen. Nun bedenke man, dass γνάθος auch = Schlund, wie Aesch. Prom. 726 (πόντου γν.), auch = Mundhöhle.

Nach Allem können wir unmöglich φαγεῖν auf einen Stamm mit dem Grundbegriffe „austheilen", der im Griechischen ohnehin nirgends zu finden ist, zurückführen; desto zutreffender wäre Herleitung des vorauszusetzenden Präsens φάττω oder φάζω st. φαγ-ιω aus einem Nomen φάξ, Gen. φαγ-ός, Schlund. So λαιμάζω, λαιμάω, λαιμάσσω, schlingen, gierig essen, von λαιμός, Schlund. Nehmen wir jenes *φάξ st. σφάξ, so ist das Etymon gefunden in δια-σφάξ. Lat. faux, Schlund, hat gleichfalls das Sigma eingebüsst; nur weist es auf die Wurzelform φα+ϝ (φαυ-), fau-, woraus es Gutturalbildung ist, während (σ)φάξ, Stamm φαγ direct aus der Wf.. φα st. σφα entstammt. Man vergleiche übrigens S. 109.

II. Von φαγεῖν hat man alles Ernstes

φηγός,

lat. fagus, ableiten wollen. Gesetzt •auch, es bedeute φαγεῖν speisen, soll wirklich der bezügliche Baum als „speisbar" oder „speisend" vom Sprachgeiste angesehen worden sein?

Bedeutet nun aber φαγεῖν „verschlingen", so passt diese Etymologie erst recht nicht. Die entsprechenden Wörter der verwandten Sprachen φηγός, fagus, ahd. buoche, ags. bôce, engl. beech, nhd. Buche, bezeichnen übrigens keineswegs denselben Baum. Denn φηγός nennt Sophokles Trach. 171 eben jenen

Baum, welchen er Vs 1168 δρῦς nennt, nämlich die dodonäische Eiche. Und wenn Homer *E* 693, *H* 60 die φηγός als
dem Zeus geheiligt bezeichnet: φηγῷ ἐφ᾽ ὑψηλῇ πατρὸς Διὸς
αἰγιόχοιο, so stimmt das mit ξ 328 = τ 297: ὄφρα θεοῖο | ἐκ
δρυὸς ὑψικόμοιο Διὸς βουλὴν ἐπακούσαι zu sehr überein, als
dass wir an verschiedenartige Bäume denken dürften. Kurz, wie
bereits längst erwiesen, bedeutet φηγός bei Homer nur „Eiche".
Aber wo die geringste Andeutung, dass die dodonäische Zeus-
Eiche oder die troische Zeus-Eiche eine „Speis-Eiche"
gewesen sei?

Wenn φηγός Eiche, lat. fagus Buche bedeutet, so folgt
daraus, dass die Grundbedeutung überhaupt Baum war. Je
nach den verschiedenen Gegenden wurde der resp. vorzüglichste
Baum, in Griechenland die Eiche, in Italien und Germanien
die Buche, als „Baum" κατ᾽ ἐξοχήν angesehen und genannt.
So bedeutete auch δρῦς urspr. Baum.

Ein anderes Wort für „Eiche" ist φί-ν-αξ· δρῦς Hesych.
Offenbar ist dieses desselben Ursprungs, wie φι-τρός, welches
keineswegs „Klotz", sondern Baum bzhw. Baumstamm bedeutet:
μ 11 φιτροὺς δ᾽ αἶψα ταμόντες, ὅθ᾽ ἀκροτάτη πρόεχ᾽ ἀκτή |
θάπτομεν ἀχνύμενοι. Φ 314 (vom wildangeschwollenen Strome)
πολὺν δ᾽ ὀρυμαγδὸν ὄρινε | φιτρῶν καὶ λάων d. i. „von Bäu-
men und Steinen". Denn es reisst der Wildbach die ganzen
Bäume mit Wurzeln und Aesten aus. Wenn *M* 29 θεμείλια
... φιτρῶν καὶ λάων vorkommen, so ist hier allerdings an
zugehauene Bäume zu denken: brauchen doch auch wir unser
„Baum" gerade so frei. — Φι-τρός, Baum, wird nun allgemein
auf φύω zurückgeführt, richtiger auf Wf. φι = Wf. φυ. Auf
W. φι geht auch· φί-ν-αξ, das gleichbedeutige φη-γ-ός auf
Wf. φα, die in fa-ber, Erzeuger = Verfertiger, in fa-c-io, erzeugen, dem Activ von fīo, u. s. w. genugsam vertreten ist. Im
§ 49 und 50 wird der Nachweis geliefert werden, dass diese
dreifache Wurzelform φα-φι-φυ, wachsen und erzeugen, nur
ein Gebilde aus W. σπα-σπι-σπυ ist, indem hervorblasen so
viel ist als hervorströmen machen, quellen lassen (φυσᾶν:
fundit terra fruges). Φη-γ-ός entstammt dieser Trias mit
G-Erweiterung der Wurzel, und ist als „Gewachsenes" Einer
Familie mit φί-ν-αξ, φι-τρός, fi-lius, fa-m-ul, fê-mina, fê-num,

ἀφαμιῶται κτλ., ist Einer Familie mit goth. ba-g-ms, Baum, altn. ba-dh-mr, ahd. boum, as. bôm, bâm, ‚fris. bâm, ags. beám, engl. beam. Bei dieser Etymologie erklärt sich auch das Zusammenlauten von φηγός mit φώγω, brennen, rösten (§ 64 und S. 66), wie mit φαγεῖν; nur bei ihr wird es klar, dass neben engl. beam, Baum (Gewachsenes), ein beam, Strahl (hauchen = schimmern, strahlen) bestehen kann; ags. sunnebeám, Sonnenstrahl („der Sonne Hauch" Göthe); to beam, strahlen. In engl. bea-n, Bohne, ahd. bô-na, altn. bau-n, liegt wie in lat. fa-ba, in φά-σ-ηλος, πύ-αν-ος κτλ. der Bgr. blasen, blähen vor: Schote = Geblähtes.

39. Φοινός,

roth *Π* 159, ist nicht von φόνος abzuleiten, sondern steht für φοϝι-νός aus Wf. φαϝ im Sinne von brennen, aber nicht direct für φοϝ-νός, da ϝ nicht = ι; φοι-νός: Wf. φαϝ = lakonisch πυ-τός (roth): Wf. πυ (πῦ-ρ) st. σπυ. Den Bgr. brennen für Wf. φα (resp. φαϝ) haben wir u. a. in fac-s (fax), in φα-νός neben πα-νός und φα-νή, Fackel, in φῶ-σαι = φῶξαι, in φώ-γ-ω u. s. w. kennen gelernt. Vgl. § 64. Vgl. auch φό-α, Entzündungen der· Haut (Hes.). Die begriffliche Vermittelung giebt die Erklärung des Hesychius an die Hand: φοινόν· πυρρόν. Der Grundbegriff ist brennend, feurig = feuerfarbig, roth. Das begriffliche Verhältniss von φοινός zu Wf. φα ist dasselbe, wie von αἰθός, αἴθων zu αἴθω. Der Umstand, dass zufällig bei Homer nur die Stelle *Π* 159 πᾶσιν δὲ παρήϊον αἵματι φοινόν vorkommt, gab zu dem Irrthume Anlass, dass es mit φόνος zusammenhange; aber wie man aus „mörderisch" zum Begriffe roth gelangen könnte, ist nicht zu erfinden. Der Sprachgeist operirt so kindisch nicht, dass er denkt: „Beim Morde giebt es Blut; Blut ist roth; folglich ist mörderisch = roth". Schon der Umstand, dass das offenbar von φοινός nur weitergebildete

φοίνιξ

den Purpur, die glänzende, feurige Purpurfarbe bezeichnet, hätte vom Morde und Blute abmahnen sollen, vollens Verbindungen wie φοίνιξ πυρὸς πνοά Eur. Trod. 815, φοίνισσα φλόξ Pind. Pyth. I 45 und Aehnliches. Auch giebt es u. W. nirgends

114

in der Welt blutig-rothe Pferde oder Rinder. Das Ross, welches
Ψ 454 als *φοῖνιξ* gekennzeichnet wird, war offenbar röthlich-
braun oder ein Brandfuchs, wie denn in gleichem Sinne *B* 839,
M 97 *ἵπποι αἴθωνες* vorkommen. Die *φοίνισσα ἀγέλα ταύ-
ρων* bei Pindar Pyth. IV 365 erklärt sich durch *Π* 488 *ταῦ-
ρον αἴθωνα, σ* 372 *βόες αἴθωνες.*

Wenn es im Hymnus auf Apollo Vs 361 heisst: *λεῖπε δὲ*
θυμὸν φοινὸν ἀποπνείουσα, so thut man Unrecht, hier ein
verschiedenartiges *φοινός* im Sinne von mörderisch anzunehmen.
Der getödtete Drache haucht sein rothes Leben, seine rothe
Seele aus d. h. unter Blutströmen, denn *φοινός* mit seinen
Weiterbildungen *φοῖνιξ* etc. bezeichnet eben jede Schattirung
von Roth, also natürlich auch die Farbe des Blutes. Vgl. Ovid.
Met. VI 253 cumque anima cruor est effusus in auras.

II. Nur bei der vorgetragenen Ableitung von *φοι-νός* war
die Weiterbildung zu

φοίνιος

überhaupt möglich. Dieselbe wäre aber unerhört, wollte man
φοινός als aus *φον-ιος* entstanden auffassen; denn aus Adjectiven in -ιος kann nicht eine abermalige Bildung mit -ιος entstehen. *Φοίνιος* kommt bei Homer nur in der Verbindung
vor: *ἦλθεν ἀνὰ στόμα φοίνιον αἷμα σ* 97 d. i. ruber sanguis.
Gegen die Ableitung von *φοινός* aus *φόνιος* spricht auch die
Accentuation *φοι-νός*. Dies so accentuirte *νός* erweist sich als
das so häufige Suffix *νός*: *δει-νός, φαει-νός* etc.

III. Für unsere Herleitung spricht weiterhin das mit verstärkendem Suffix aus *φοι-νός* gebildete

δα-φοι-νός.

Die Verbindung *δαφοινὸν δέρμα λέοντος K* 23 steht parallel
der Verbindung *λέων αἴθων K* 24. 178, *Λ* 548, *Σ* 161. Dem
δαφοινοὶ θῶες Λ 474 steht zur Seite *αἴθων ἀλώπηξ* Pind. Ol.
XI 20. Endlich hat Homer noch *δράκων ἐπὶ νῶτα δαφοινός*
B 308. Ueberall ist *δαφοινός = αἴθων*, brandfarbig bzhw. roth.
Demnach werden wir auch

φοινήεις

in dem Verse *M* 202 (vgl. 220)

φοινήεντα δράκοντα φέρων ὀνύχεσσι πέλωρον
ζωόν, ἔτ' ἀσπαίροντα

nicht auf das Blut zu beziehen haben, welches da, wo der
Adler die Schlange gepackt hat, herausfliessen mag, sondern
nach Anleitung der vorhin citirten Stelle *B* 308 von der natürlichen Farbe des Thiers verstehen müssen.

Die Bildung anlangend, so setzt φοινήεις ein weibl. Substantiv φοινή voraus (Fem. von φοινός) im Sinne von „rothe
Farbe", „Roth".

Interessant ist die hesychische Glosse φοινιάς· ἐρυσίβη
wegen des erklärenden Wortes. Wie ἐρυσί-πελας statt ἐρυσί-
σπελας, so steht ἐρυσί-βη für ἐρυσί-σβη, d. h. σβ steht für σπ
als Erweichung; mit anderen Worten σβη kommt auf W. σπα
= σπυ, hauchen, hinaus. Also ἐρυσί-βη ist = Roth hauch,
robigo, Rothangehauchtsein, Rothangelaufensein. Das gleichbedeutige φθί-να (Hesych.) ist einerlei Ursprungs und Grundbegriffs mit φθί-νω zu Wf. φθι = W. σπι.

IV. Das Adj. φοίνιξ, fem. φοίνισσα (wie ἕλιξ, ἀμφι-έλισσα)
haben wir substantivirt als

ὁ φοίνιξ

in manchfacher Verwendung. Bereits bei Homer bezeichnet es
a) die feurige, glänzende Purpurfarbe *Δ* 141, *Z* 219, *Π* 305,
O 538, ψ 201: b) den Dattelbaum ζ 163, Hymn. Ap. 117, der
ohne Zweifel von der durch ihre Purpurröthe auffallenden
Frucht so benannt ist. Ist ὁ φοίνιξ im Sinne von Dattel als
Frucht auch erst bei späteren Schriftstellern nachweisbar, so
dürfte es doch nahe liegen, dass zunächst die purpurrothe
Dattel φοίνιξ genannt wurde und dann erst der Baum. Es ist
ja ohnehin auch in der griech. Sprache gäng und gäbe, Frucht
und Träger der Frucht mit gleichem Namen zu belegen, z. B.:
ὄγχνη a) Birne η 120, b) Birnbaum η 115 ö. || ῥοιά a) Granate
Hymn. in Cer. 373. 412, b) Granatbaum η 115, λ 589 (Grundbedeutung „Rothes").

Der ägyptische Wundervogel φοίνιξ, der bereits bei Hesiod
Frgm. 50, 4 vorkommt, hat gewiss auch nur von seiner Farbe
den Namen, wie nicht minder die Grasart, welche so heisst.
Und sicherlich mit Recht erklären Damm-Duncan den Eigennamen

Φοίνικες

aus der Gesichts- oder Hautfarbe der Phönizier. Man denke

8*

nur an φοινός = πυρρός = αἴθων und daran, dass Schakale und Löwen sogar δαφοινοί heissen, dass mithin das Stammwort φοινός gerade wie αἴθων die verschiedensten Abstufungen von feuerfarben, vom Roth des Purpurs bis hinab zur Farbe des gelblichen Löwen bezeichnet. Nun stach die Hautfarbe der aus fernem Süden kommenden gebräunten Seefahrer gegen die wohlgepflegte weissere Haut der Griechen so merklich ab und fiel diesen so sehr auf, dass es kein Wunder war, wenn jene Seefahrer von den Griechen nach der Hautfarbe benannt wurden. Wurden doch auch die Libyer Αἰθίοπες „verbrannt aussehend" nach ihrer Farbe benannt. Die Weiterbildungen aus φοίνιξ, wie φοινίσσω, φοινικόεις, φοινίκεος u. s. w. bedürfen keiner näheren Erörterung. Dagegen sind noch die bezügl. lat. Wörter kurz zu berühren: Poenus deckt sich mit φοινός = Φοίνιξ; puniceus mit φοινίκεος. Der verschiedenartige Anlaut erklärt sich aus ursprünglich sigmatischem Anlaute der Wurzel σπα = σπυ auf die einfachste Weise von der Welt. Daraus erklärt sich aber auch das Lautverhältniss von poena, ποινή zu Poenus, insofern nämlich nach Pott I 1107 ποινή und poena von W. pu, windigen d. i. reinigen, stammt, als deren frühere Gestalt W. spu gelten muss. Die Urwurzel ist eben die gemeinsame W. spa = spu, wehen.

Ein höchst merkwürdiges Glossem steht bei Hesychius: ἐκφοινίξαι· ἀναγνῶσαι (st. ἀναγνῶναι). Ist die Angabe richtig, so spricht sie laut für unsere Ableitung aus φάω, leuchten, erhellen. Man vergleiche in begriffl. Hinsicht δαῆναι und δαίω.

40. Πᾶς, ἔμπης.

I. Dass Bgr. wehen, blasen so gewöhnlich in Bgr. blähen, schwellen übergeht, darf als allgemein zugestanden vorausgesetzt werden: fa-s-tus, Aufgeblasenheit, u. a. W. § 20. Daher bedeutet SkrW. spâ, sphà geradezu auch schwellen (Fick I 251). Da in hunderten von Wörtern Sigma spurlos abfällt, so fügt sich zu W. spa, hauchen, blasen, blähen, auf die ungezwungenste Weise lat. pâ-nus, Geschwulst || messap. ἡ πα-ν-ία· πλησμονή (Ath. III 111) nebst τὰ πά-ν-ια· πλήσμια || messap. πάνεια· κεχορτασμένη, gemästet, bei Hesychius. Weil man W. spa nicht erkannt hatte, wollte man παμπησία deuten als „Gesammt-besitz" aus πᾶν+πάομαι: es ist einfach mit Redupl. πανία, Fülle, Gesammtheit, und πα-μπησία st. πα-σπη-σία. Daher bei Aeschylus Sept. 799 διέλαχον κτημάτων παμπησίαν; vgl. Eur. Ion. 1305, Aristoph. Ekkles. 868. Es wäre unerhörter Pleonasmus, κτημάτων παμπησίαν zu verbinden, wenn in letzterem Wort πᾶν+πάομαι = κτάομαι steckte. Wie dem auch sei, παμπησία ist nicht zu trennen von πα-μπή-δην st. πα-σπή-δην, ganz und gar, völlig. Wie dieses aus einer Redupli-cation von πᾶς, St. παντ, hervorgegangen sein könnte, ist nicht abzusehen: (σ)πή-δην ist aus W. (σ)πα gebildet, wie τμή-δην aus Wf. τμα, W. ταμ, wie ὑπο-βλή-δην aus Wf. βλα, W. βαλ, wie κλή-δην in ὀνομα-κλήδην, wie σύ-δην, δια-ρρή-δην u. a. dgl., und πα-μπήδην st. πα-σπή-δην mit Redupli-cation (πα st. σπα) bedeutet eigtl. „geschwellter Weise" d. i. völlig. — Gleiche Assimilirung von σ zu μ vor π liegt vor in δια-μπάξ = διαπαντός, völlig, ganz und gar (Aeschyl., Eur.). In πάξ den Stamm παντ zu erkennen, ist auch dem Scharf-sichtigsten unmöglich; auch ἀπο-πάξ (falsch ἀπόπαξ)= σύμπαν (Hes.) enthält keinen Stamm παντ, ebenso wenig πᾶ-ρυ, πάγχυ, ἔμπης κτλ.

Alles erklärt sich lautlich wie begrifflich beim Ausgehen von W. spa, blasen, schwellen: πᾶς St. πα-ρτ ist Participial-bildung zu (σ)πα, wie St. στα-ντ von W. στα: στάς, στᾶσα, in welchem Falle nur die Accentuation πᾶς, πᾶν abweichend ist. Dieserhalb allein Contraction aus παϝ-αντ anzunehmen bei sonst gleicher Declination mit στάς, στᾶσα, στάν wäre un-gerechtfertigt; πα-μπή-δην ist aus W. σπα hervorgegangen wie στή-δην aus W. στα, πα-μπη-σία gebildet wie στήσιος, wie ἐκ-κλησία κτλ.

Πᾶ-ρυ ist direct aus W. (σ)πα hervorgegangen, wie τά-ρυ in τανυ-γλώχιν κτλ. aus W. τα (τείρω: τέ-τα-μαι), oder wie λιγ-ρύς aus St. λιγ. Wie τανυ- Neutrum eines Adj. τα-ρύς ist, so auch πᾶ-ρυ Neutr. von einem verlorenen πα-ρύς.

Das Verschwinden der Adjectivform wird die eigenthüm-liche Accentuirung von πάρυ im Gefolge gehabt haben; in den Adverbien τάχα, ὦκα κτλ. zu ταχύς, ὠκύς ist übrigens ohne solche Veranlassung gleichfalls Zurückziehung des Accents erfolgt. Direct aus der Wurzel entstammt auch ἔμ-πης, aus Guttural-Erweiterung δια-μπάξ, ἀπο-πάξ, πάγχυ mit Nasalirung. Daneben ohne Nasalirung παχύς = spissus nebst Sippe (Bgr. gebläht, feist etc.). Zu δια-μπάξ vergleiche man ἀνα-μίξ (μίγ-νυμι), ὀ-δάξ (δάκ-νω), zusammenbeissend u. a. Die Zusammensetzungen ἅ-πας, σύμ-πας, πρό-πας erheischen gebieterisch Verbal-Ableitung, zumal letzteres, da es ein verstärkendes πρό nicht giebt.

Wie in den bereits angegebenen Wörtern, so liegt Assimilation von σ zu μ auch in πα-μπη-δόν (Theognost.), πά-μπα-νν (Dio Cass.), πά-μπᾰ-ν vor. Es ist dieselbe Wandelung von Sigma wie in ἅμμες st. ἅσμες, ἔμμεναι st. ἔσ-μεναι, wie in πα-μφαίνω st. πα-σφαίνω, πε-μφί-ς st. πε-σφίς, πο-μφόλ-νξ st. πο-σφόλ-νξ und vielen Dutzenden von anderen Wörtern, worüber später.

II. Aus dem Begriffe blähen, schwellen ergiebt sich Bgr. schwellend, gehäuft, voll, ganz. — Unser *ganz*, unser *gar* gehören zur german. W. ga = χα, hauchen, blasen (s. u.); unser *all*, *alla* fasst Fick III 26 mit Bezzenberger als Participialbildung für al-na aus W. al, blähen, mästen; Grundbegriff dieser Wurzel ist, wie wir später sehen werden, hauchen (blasen, duften etc.). Also goth. *allas*, all, ganz, begrifflich identisch mit πᾶς, St. πα-ντ. — Lat. tô-tus geht mit tô-mentum, Polsterung d. i. Schwellung, tu-ba, tu-m-eo, tu-ber, tu-m-ulus etc. auf dieselbe Wurzel tu, blasen, blähen, schwellen. Die „pronominale Abänderung" von to-tus, Gen. ius kann dagegen ebenso wenig Einsprache erheben, als die gleiche Abänderung von solus, unus abgehalten hat, diese ebenfalls aus anderen, als aus „Pronominalstämmen" herzuleiten. Man sollte überhaupt endlich aufhören, mit ursprungs- und begriffslosen (?!) „Pronominalstämmen" zu operiren, statt auch für diese Ursprung und Begriff aufzusuchen. — Pott und Schmidt, denen Curtius N. 631 beipflichtet, leiten πᾶς aus dem Interrogativ-Stamme πο in πό-θι, πό-σος, ποῖος κτλ. her und deuten St. πα-ντ für πα-ϝαντ = quantus!! Am Ende soll hiervon auch πᾶ-νυ, ἔμ-πης κτλ., oder gar πάνειά, gemästet, πανία, Fülle, entstammen?!

Die Zusammensetzungen ἅ-πας und σύμ-πας erklären sich als „zusammengeblasen" d. i. zusammt, all, ganz; oder will man lieber den Bgr. „zusammen-geschwellt", immerhin. Das lat. cunctus, aus co-iunctus, und uni-versus, wie unser *sammt*, sind weit weniger plastisch, als die beiden griech. Wörter, obwohl aus ähnlicher Vorstellung („vereinigt") hervorgegangen.

III. Das vielbesprochene Adverb

$$\text{ἔμ-πης und ἔμ-πα}$$

stammt nicht von πέδον (Döderlein), nicht von angeblicher Wurzel ἐμπ, ἐπ, „erstreben" (Düntzer), sondern ist direct aus W. (σ)πα gebildet mit Präpos. ἐν, wie ἔμ-πλην B 526 aus ἐν+πέλω, heran-bewegt = nahe, wie ἔμ-παλιν aus ἐν+ W. σπαλ, eigtl. ein-gebogen = rückwärts etc., wie ἔμ-πλειος aus ἐν+πλε, an-gefüllt u. a. W. So ist ἔμ-πης = an-geschwellt, an- gefüllt, in Fülle, völlig, vollens. Vgl. πα-ν-ία, Fülle, pā-nus, Geschwulst.

In vielen Fällen können wir noch geradezu „vollens" übersetzen und gewinnen damit den zutreffendsten Sinn: *H* 196 ἐπεὶ οὔτινα δείδιμεν ἔμπης, da wir vollens Niemanden fürch- ten". — *A* 562 πρῆξαι δ᾽ ἔμπης οὔτι δυνήσεαι „aber vollens etwas auszurichten wirst du nicht vermögen." — *M* 325 „O Trautester, wäre es möglich, dass wir allezeit in ewiger Jugend und Unsterblichkeit prangten, wenn wir aus dem gegenwärtigen Kriegsbrause entronnen wären, ja, dann würde ich weder mich selbst unter die vordersten Reihen stellen, noch auch dich in die Schlacht forttreiben; so aber, vollens da (ἔμπης γάρ)*) uns die Keren des Todes in tausendfältiger Anzahl umringen, welchen der Sterbliche nicht zu entrinnen, noch zu entschlüpfen vermag, — lass uns hingehen" etc. — Es liegt auf der Hand, dass hier mit „gleichwohl" etc. nichts anzufangen ist. — *Ξ* 98: Odysseus wirft dem Agamemnon höhnend vor, „dass er die Griechen auffordere, die Schiffe in's Meer zu ziehen, damit den Troern, die doch die Oberhand vollens schon haben, ihr Wunsch in Erfüllung gehe" d. i. was nicht geschehen darf, vollens wo die Troer bereits die Oberhand haben. — Sollte nicht *Ξ* 174

τοῦ καὶ κινυμένοιο Διὸς κατὰ χαλκοβατὲς δῶ,
ἔμπης ἐς γαῖάν τε καὶ οὐρανὸν ἵκετ᾽ ἀϋτμή

der noch ursprünglichere Begriff völlig am besten passen?

---

*) praesertim cum, cum praesertim.

„Der Duft dieses Oels drang, auch wenn es nur aufgerüttelt wurde, völlig bis zur Erde und zum Himmel." — Nach Maassgabe der Verbindung οὐ πάνυ, οὐ πάνυ τι dürfte es sich empfehlen, in Sätzen, wie O 399 οὐκέτι τοι δύναμαι χατέοντί περ ἔμπης ἐνθάδε παρμενέμεν, das Adverb ἔμπης mit der Negation zu verbinden: „ich bin völlig ausser Stande, wie sehr du es auch bedarfst, länger hier bei dir zu bleiben." — So Ξ 1: Νέστορα δ᾽ οὐκ ἔλαθεν ἰαχὴ πίνοντά περ ἔμπης = dem Nestor entging es keineswegs, wie eifrig er auch forttrank, das Gejauchze." — Auch in den positiven Sätzen, wo πέρ und ἔμπης zusammenstehen, wird man ἔμπης nicht zu der Participial-Construction, sondern zu dem übergeordneten Satze zu ziehen haben. Π 229 ὃς δέ κε Πάτροκλον καὶ τεθνηῶτά περ ἔμπης Τρῶας ἐς ἱπποδάμους ἐρύσῃ, εἴξῃ δέ οἱ Αἴας: wer mir aber vollens den P., ungeachtet er todt ist, zu den Troern hinschleift und den Aias zum Weichen bringt, dem will ich geben" etc. — o 361 „So lange vollens jene noch lebte (des Odysseus Mutter), wie betrübt sie auch immer war, so lange war es mir angenehm, nach ihr zu forschen und nachzufragen." — Noch schlagender tritt der Bgr. vollens hervor P 632, wo Aias darüber klagt, dass Zeus selbst den Troern helfe (630), dass alle ihre Geschosse, sowohl die der guten, wie die der schlechten Krieger von ihnen, treffen, und dann fortfährt: Ζεὺς δ᾽ ἔμπης πάντ᾽ ἰθύνει = „denn Zeus vollens lenket sie alle". — Die Stelle T 308 δύντα δ᾽ ἐς ἠέλιον μενέω καὶ τλήσομαι ἔμπης übersetzt sogar Rost (Dammii lex.). „will völlig aushalten bis zu Sonnenuntergange."

Es würde zu weit führen, wollten wir hier alle 17 Stellen der Ilias und alle 20 Stellen der Odyssee mit ἔμπης einzeln durchgehen. Darum erwähnen wir nur noch τ 37, wo nur bei unserer Ableitung und Deutung Sinn in die Stelle zu bringen ist:

ὦ πάτερ, ἦ μέγα θαῦμα τόδ᾽ ὀφθαλμοῖσιν ὁρῶμαι.
ἔμπης μοι τοῖχοι μεγάρων καλαί τε μεσόδμαι
εἰλάτιναί τε δοκοὶ καὶ κίονες ὑψόσ᾽ ἔχοντες
φαίνοντ᾽ ὀφθαλμοῖς ὡς εἰ πυρὸς αἰθομένοιο.

d. i. ... „erscheinen meinen Augen völlig wie" etc.

Endlich Ω 522:

ἀλλ᾽ ἄγε δὴ κατ᾽ ἄρ᾽ ἕζευ ἐπὶ θρόνον, ἄλγεα δ᾽ ἔμπης
ἐν θυμῷ κατακεῖσθαι ἐάσομεν ἀχνύμενοί περ·

d. i. „doch wohlan, nimm nunmehr auf dem Sessel Platz; die Schmerzen aber lass uns (vollens) völlig in der Tiefe der Seele begraben." Letztere Stelle ist um so lehrreicher, als wir auch hier Participial-Construction mit περ haben, wenn auch mit anderer Stellung, als in den obigen Beispielen.
Die Stelle σ 354

> ἔμπης μοι δοκέει δαΐδων σέλας ἔμμεναι αὐτοῦ
> κὰκ κεφαλῆς, ἐπεὶ οὔ οἱ ἔνι τρίχες, οὐδ' ἠβαιαί.

übersetzt auch Rost mit „völlig". Und so an anderen Stellen. Oft genug aber hat ἔμπης die Bedeutung von franz. toutefois, was sich aus dem Bgr. omnino ohne sonderliche Schwierigkeit von selbst erklärt.

41. Πάγχυ

ist seiner Bedeutung nach („ganz und gar" etc.) hinlänglich klar; nicht so seiner Ableitung nach. Mit Recht wird Herkunft von πᾶς, Stamm παντ bestritten; ebenso wenig kann es eine besondere Ausgestaltung von πάνυ sein. Nachdem wir aber die Wurzel von πᾶς, πά-νυ etc. erkannt haben, wird uns auch πάγχυ erklärlich. Die Wf. πα hat zum Oefteren Guttural-Erweiterung erfahren, sowohl mittels κ, als mittels γ, als mittels χ: man denke nur an πα-χ-ύς, πά-χ-ος, πά-χ-ε-τος, πά-χ-νη, πῆ-χ-υς. Einschiebung eines ν, das vor χ zu γ werden muss, ist aber etwas ganz Gewöhnliches. Demnach dürfen wir πά-γ-χυ als solche N-Erweiterung der Wurzelform πα+χ auffassen. Döderlein war daher der Wahrheit mit seinem so oft richtig fühlenden Instincte sehr nahe gekommen, wenn er Verwandtschaft mit παχύς aufstellte; aber einerseits hat er nicht die eigentliche Wurzel erkannt, andererseits wieder alles verdorben durch die Deutung „thörichter Weise". Wie der Grundbegriff von παχ-ύς kein anderer ist als „geschwollen" = dick, so ist es auch mit πᾶς, πά-νυ etc. = geschwollen, völlig, vollens, ganz (vgl. πα-ν-ία, Fülle). Dass sich πάγχυ seinem Gebrauche nach ganz und gar von παχύς entfernt, wie Curtius S. 510 bemerkt, ist allerdings richtig; aber es kommt eben auf die Grundvorstellung an. Die weitere Beziehung und Anwendung der Grundvorstellung ist eine Sache für sich. Hat die Grund-

bedeutung von παχ-ύς, gebläht, geschwollen, sich zu dem Bgr.
dick fortgesetzt, so andererseits in dem mittels ν (γ) verstärkten πά-γ-χυ zu dem Bgr. voll, völlig, ganz und gar, vollens.
Das bereits erwähnte Adv. δια-μ-πάξ = διαπαντός spricht
nicht wenig für die Zusammengehörigkeit mit Wf. παχ; ebenso
ἀπο-πάξ· σύμπαν Hes.

Wir werden es nicht verabsäumen dürfen, wenigstens diejenigen Stellen, welche einem Döderlein Anstoss gegeben haben,
näher ins Auge zu fassen. M 268 νείκεον, ὅντινα πάγχυ μάχης μεθιέντα ἴδοιεν kann allerdings nicht heissen: sie schalten (bloss) die „ganz und gar Lässigen", die minder oder
überhaupt Lässigen schalten sie nicht. Das wäre freilich Unsinn. Vielmehr heisst die Stelle im Zusammenhange: „Beide
Aias rannten unter häufigen Mahnrufen auf den Mauern nach
allen Seiten hin und her, um den Muth der Achäer anzufeuern;
den einen schalten sie mit holdschmeichelnden, den anderen
mit harten Worten, so oft sie vollens einen sahen, der im
Kampfe lässig war" d. i. vollens schalten sie den, welchen
sie etc. lässig sahen, — ganz wie wir so oft ἔμπης gebraucht
finden. — E 24: „Hephästus schirmte und rettete den Idäus,
indem er ihn in Nacht einhüllte, damit vollens sein greiser
Vater nicht vor Kummer verginge," ὡς δή οἱ μὴ πάγχυ γέρων
ἀκαχήμενος εἴη d. i. sowohl aus anderen Gründen schirmte ihn
der Gott (sowohl aus persönlichem Interesse für Idäus), vollens
aber, damit nicht etc. Selbst die gewöhnliche Erklärung: „damit nicht der greise Vater ganz und gar (gar zu sehr) betrübt
würde" giebt einen besseren Sinn, als Döderlein's „male, pro
dolor!" — M 164: Ζεῦ πάτερ, ἦ ῥά νυ καὶ σὺ φιλοψευδὴς
ἐτέτυξο πάγχυ μάλ᾽ d. i. „so bist denn vollens auch du, Vater
Zeus, zum Lügenfreund geworden!" — Wenn Hesiod nach anderen Mahnungen fortfährt: σκολιῶν δὲ δικῶν ἐπὶ πάγχυ
λάθεσθε Op. 262, so heisst das nicht, wie Döderlein will,
„vergesst das Unrechtthun; denn das ist abscheulich (πάγχυ)",
sondern: „vollens aber vergesset das Unrechtthun". — o 327:
„Weh mir, o Fremdling, was für ein Gedanke kommt dir da
in den Sinn? Sehnst du dich denn vollens darnach, dort
umzukommen?" ἦ σύγε πάγχυ λιλαίεαι αὐτόθ᾽ ὀλέσθαι; Döderlein übersetzt „thörichter Weise"!

Man erwäge ausser diesen von Döderlein citirten Stellen noch einige andere: O 196 χερσὶ δὲ μή τί με πάγχυ κακὸν ὡς δειδισσέσθω „mit Fäusten vollens suche er mich nimmermehr in Schrecken zu setzen". — N 747 „Denn, traun, ich fürchte, dass die Achäer uns die gestrige Schuld vollständig wieder bezahlen, da ja im Bereiche des Schiffslagers der des Krieges gierige Mann noch harrt, der vollens, wie ich glaube, des Kampfs nicht länger mehr sich enthalten wird." Hier, wie auch sonst, streift πάγχυ, ganz wie wir auch bei ἔμπης gefunden haben, an den Bgr. des lat. praesertim (praesertim cum, cum praesertim), zumal.

Dagegen fehlt es auch nicht an Stellen, wo πάγχυ, wie auch ἔμπης, den Begriff völlig, ganz und gar, darstellt; z. B. O 467:

ὤ πόποι, ἦ δὴ πάγχυ μάχης ἐπὶ μήδεα κείρει
δαίμων ἡμετέρης.

42. Πρό-πας

ist eine so eigenthümliche Bildung, dass es ordentlich auffallen muss, wie sich noch kein Erklärer daran gestossen hat. Denn wo giebt es ein verstärkendes πρό? Wenn wir also von πᾶς selbst ausgehen wollten, würde die Zusammensetzung πρό-πας nimmer zu erklären sein; desto leichter aber, wenn wir, wie bei ἅ-πας, σύμ-πας, direct von der Wf. πα ausgehen. Wie προ-φαίνω, hervorleuchten, hervorscheinen, nur ein sinnlicher, plastischer ausgedrücktes φαίνω ist, so wäre πρό-πας = hervorschwellend (hervorgeblasen, -quellend) nur ' eine plastischere Modification für πᾶς, schwellend, geschwollen, völlig, und konnte demnach, wie ἅ-πας urspr. zusammengeblasen, zusammengeschwollen = völlig, in gleichem Sinne wie πᾶς verwerthet werden. Mit Ausnahme der Stelle B 493 ῥῆάς τε προπάσας hat Homer nur die Verbindung πρόπαν ἦμαρ ἐς ἠέλιον καταδύντα A 601, T 162, Σ 713, ι 161. 556, κ 183, μ 29, τ 424, endlich ἡμεῖς δὲ πρόπαν ἦμαρ ἐμαρνάμεθα ω 41. Da B 493 mitsammt dem folgenden Katalog späteren Ursprungs ist, so muss es billiger Weise auffallen, dass in den ältesten Stellen nur die Verbindung πρόπαν ἦμαρ beliebt worden ist. Man könnte daher auf den Gedanken kommen, dass in dieser Verbindung ein Anklang an die Grundbedeutung etwa im Sinne von „hervorquellend, hervorschwellend, wachsend" zu suchen sei: „sie schmausten, sie tranken den hervorschwellenden, den anwachsenden Tag hindurch bis zum Untergange der Sonne." Doch lassen wir dieses Paradoxon lieber bei Seite. Das Neutrum von . πᾶς lautet πᾶν St. παντ. Aber in πρό-πᾶν, ἄ-πᾶν, σύμ-πᾶν etc. und in den Zusammensetzungen πᾶν-αίθιος, πᾶν-αίολος, πᾶν-άργυρος, πᾶν-αφῆλιξ, Πᾶν-αχαιοί κτλ. haben wir kurzes α. Liegt hier Verstümmelung aus παντ vor oder Rückkehr zur Wurzel πα st. σπα?

43. Ἀσφοδελός.

Der ἀσφοδελὸς λειμών bei Homer wird zur Zeit noch immer in einer Weise erklärt, dass aus diesem lieblichen Aufenthaltsorte der seligen Schatten das pure Gegentheil von Lieblichkeit gemacht wird. Es soll nämlich eine Asphodill-Wiese sein. Nun ist aber der Asphodill „eine lilienartige Pflanze mit grossen (groben) Stengeln und Blättern und vielen blassfarbigen Blüthen, deren Knollen an den Wurzeln eine Nahrung armer Leute waren." Billerbeck, Flora class. S. 92. Schilling, Pflanzenreich S. 76.

Eine Wiese, voll Pflanzen mit grossen und groben Stengeln und Blättern wäre in der That eine wunderliche „Wiese", unter welchem Worte man sich doch sonst keine Fläche mit noch gröberen Pflanzen, als Runkelrüben sind, vorzustellen pflegt. Eine so bewachsene „Wiese" wäre nichts weniger als lieblich zum Lagern, wozu man sonst weiches Rasenpolster auswählt, wäre im höchsten Grade unbequem als Aufenthalt, unbequem zum Lustwandeln, zum Lustjagen etc. Das Adjectiv ἀ-σφοδ-ελός ist gebildet aus einer D-Erweiterung von W. σπα, σφα, welche Wurzel-Erweiterung auch sonst so häufig vertreten ist, und hat aus dem Grundbegriffe hauchen den Bgr. hauchend = duftend `entwickelt.*) Aus

---

*) „O welche Ambradüfte hauchen da!" Grabbe. — „Zwar die Blätter duften frisch und die Knospen hauchen." Rückert.

dem Adj. *ὰ-σφοδ-ελός* ist erst das Subst. *ὰ-σφόδελος, σφόδελος* unter Accentveränderung, wie so gewöhnlich, entstanden. Dass *ὰ-σφόδελος* und *σφόδελος* ihre Benennungen vom starken Dufte haben, ist schon zu erschliessen aus Hesychius' Worten: *σφόδε-λος· ἡ ἅλιμος, δασὺ ἄνϑος* (salzig schmeckend); noch deut-licher aus der Erklärung vom Subst. *ἀσφόδελος· εἶδος φυτοῦ, οἳ τὴν ῥίζαν ἐδώδιμόν φησιν Ἀρίσταρχος, καὶ ἄπαν εὔοσμον.*

So gut wie die unerweiterte Wurzel *σπα, σφα* den Be-griff „duften" (*πνεῖν*) annehmen konnte, freilich der Anwendung nach öfters auch in malam partem: *οἴ-σπη, οἰ-σπά-τη, οἰ-σπώ-τη, ψώα, ψωία, ψῶζα κτλ.*, eben so gut auch *σπα+δ, σφα+δ.* Daher *σπονδ-ύλη* und *σφονδ-ύλη* (mit eingeschobenem *ν*) = Stinkkäfer, *ὰ-πφοδ-έον* (statt *ὰ-σφοδέον*)· *δυσῶδες* H. || lat. pôd-ex st. spod-ex || lat. pêd-o st. spêd-o (wo keineswegs r aus-gefallen ist) || paed-or=*ψῶζα, σπα-τ-ίλη.* — Daneben halte man *σφειδ-ρόν· εὐῶδες* Hes., wohlduftend || *ψι-αρός· εὐώδης* aus Wf. *σπι* = W. *σπα*, und andere Wörter, worüber w. u.

Wenn Damm-Duncan Subst. *ὰ-σφόδ-ελος* aus *σποδ-ός*, Staub, Asche, erklärten und die Benennung von der Aschenfarbe der Blüthe herleiteten, so haben sie insofern eine dunkele Ahnung von der Wurzel gehabt, als auch *σποδ-ός* als Wehendes, Stie-bendes = Staub auf W. *σπα* zurückgeht.*)

Aus dem Grundbegriffe wehen hat die Secundär-Wurzel *σπαδ, σφαδ* (ganz wie z. B. *ϑύω, ϑύνω, ϑυιάς, ϑύελλα κτλ.* aus W. *ϑυ,* hauchen, wehen) auch den Begriff heftiger Be-wegung entwickelt in *σφαδ-άζω, σφοδ-ρός, σφεδ-ανός, σφένδ-αμνος* und *σπένδ-αμνος* (H.), Ahorn, Rüster (als vom Winde besonders bewegt, vgl. pô-pulus: W. spal) *κτλ.* und es verhält sich *ὰ-σφοδ-ελός,* duftig, zu *σφοδ-ρός,* heftig, wie *ϑνήεις, ϑνό-εις, ϑυ-ώδης,* duftig, zu *ϑύελλα,* Sturmwind, *ϑύνω,* in heftiger Bewegung sein, stürmen. Vgl. auch u. a. *ϑύ-μος* und *ϑύ-μον,* (Duftendes =) Thymian, neben *ϑῦ-ρος,* heftige Bewegung, neben *ϑυ-μός κτλ.*

Die homerischen Stellen von *ἀσφοδελός* sind *ω* 13:

αἶψα δ' ἵκοντο κατ' ἀσφοδελὸν λειμῶνα,
ἔνϑα τε ναίουσι ψυχαί, εἴδωλα καμόντων.

---

*) „Ist's, wo der Sand der Dünen weht?" Arndt.

λ 539:

φοίτα μακρὰ βιβᾶσα κατ᾽ ἀσφοδελὸν λειμῶνα,

endl. λ 573:

τὸν δὲ μετ᾽ Ὠρίωνα πελώριον εἰσενόησα
θῆρας ὁμοῦ εἰλεῦντα κατ᾽ ἀσφοδελὸν λειμῶνα.

Im hom. Hymnus auf Mercur 221 steht der Ausdruck von einer Wiese auf Erden. Von derselben Wiese steht Vs 198 *μαλακοῦ λειμῶνος*: „weich" ist aber keine Flur, die von so grob-stengeligen Pflanzen bewachsen ist, als der Asphodill ist. Also *ἀ-σφοδ-ελός* = duftend.

44. Σφενδόνη

gehört zu derselben Secundär-Wurzel. *σφαδ* (mit *N*-Einschub), von welcher vorhin die Rede war; es deckt sich mit lat. funda. Dieses Wort bedeutet aber nicht bloss a) Schleuder, sondern auch b) Beutel, Sack (d. i. urspr. Blase), woher auch fundula = Sack, Sackgasse c) ein beutel-, trichter-, tuba-förmiges Netz, Reuse d) die Höhlung, worin der Edelstein am Siegelringe liegt, in diesem Sinne = *πυ-ελ-ίς* aus W. *σπυ*. Griech. *σφενδ-όνη* bedeutet ebenfalls a) Schleuder b) Ringmulde, Ringhöhlung c) sackartige Binden aller Art.

Woher diese verschiedenartigen Bedeutungen von funda und *σφενδόνη*? Aus dem Bgr. „schwingen, schleudern" erklären sie sich nimmer: eine „Schleuder" kann nie zum Sacke, zur Sackgasse, nie zur Reuse, nie zum Ringkasten etc. werden. Sobald wir aber・von dem Grundbegriffe „blasen" ausgehen, ist alles klar. Die funda, die *σφενδόνη* hat ihren Namen von dem blasenartigen, sackartigen Haupttheile, worein der Schleuderstein gelegt wird, und die Grundbedeutung von *σφενδόνη* ist eben Blase = Sack. Daher auch, wie die lautliche, so auch der begriffliche Zusammenhang von funda mit fundus: fundus ist = Sackung, Vertiefung.

Die Wörter des Begriffs Höhlung, Vertiefung u. dgl. gehen durchweg aus Wurzeln des Begriffs blasen, blähen (= hohl sein) hervor. So aus W. *ἀϝ*: *αὐλός*, Röhre, Loch ‖ *αὐλών*, vertiefte Gegend, Einsackung, Schlucht ‖ *αὖλαξ*, Furche u. s. w.; — aus W. *κυ*, blähen, schwellen: *κύ-α-θος*, Becher ‖ *κύ-αρ*, Höhle,

Loch || *κυ-ν-έη*, Helm || lat. cav-us, cav-ea, cav-erna etc.; — aus
W. **tu,** blähen, schwellen: tu-bus, tu-ba, tu-m-ulus etc.; — aus
unserer Wurzel-Trias **spa, spi, spu** (einschliesslich aller Erweiterungen und Anlautsveränderungen): lat. fav-issa, fov-ea, Grube
|| pu-t-eus, Grube, Cisterne || pu-t-e-al, Brunnen || *πύ-ελος* mit
der bei Hesychius bewahrten Nebenform *πτύ-ελος* st. *σπύ-ελος,*
Wanne, Trog, Sarg; von Curtius aus *πλύνω* hergeleitet! || *πύν-
δαξ* = fundus, Grund oder Boden eines Gefässes || *πυϑμήν,* desgl.
|| *φι-άλη,* Schale, Krug, Schild, lacunar || *φῖ-μός,* Becher || *φι-
δάκνη, πιϑάκνη, πί-ϑος,* fidelia || *φάσηλος,* faselus, Kahn || *φά-
τ-νη, πάϑνη,* Krippe und lacunar || *φα-τ-νόω,* aushöhlen || patina,
Pfanne, Krippe || patera, patella, Schale || *πτύ-ξ,* Bausch, Falte
|| *πυ-ελίς,* Ringkasten = *σφενδόνη* = funda || *πατάνη,* patena,
Schüssel || *σι-πύη* und *σι-πύα* st. *σι-σπύ-η, σι-πύς, σι-πυίς* =
Blase, Beutel, Sack, Bütte || *ἱ-πύα* st. *σι-πύα, σι-πύη* || *φάκ-ται·
ληνοί, σιπύαι, πύελοι* Hes. || *ψύτταρον· σκαφίον* || *φῦ-σα· ἀσκός*
Hes. || *φάγ-υλοι· μάρσιπποι,* Blasen, Beutel || *φάσκαλος,* Beutel ||
φϑηρά st. *σπηρά* und *πήρα,* Ranzen *κτλ.*

Gleicher Secundär-Wurzel ist auch *σπάδ-αξ,* Kläffer,
Beller = Hund Hes.: Bgr. tönen || *σπάδ-ιξ,* ein Saiteninstrument:
Bgr. tönen oder Bgr. schwingen (cf. *ψαλ-τήριον*) || *σπάδ-ιξ,* Ab-
gespaltenes = Zweig: Bgr. spalten = klaffen-, gähnen-, hauchen-
machen || *σπαδ-ίζω,* klaffen-machen, abspalten, trennen || *σπάδ-
ων,* lat. spad-o || daneben *σπαδ-ών,* Riss, Zuckung, Krampf. Auch
Ztw. *σπάω* legt für mehrere Tempora die Wurzel-Erweiterung
σπαδ zu Grunde: *σπάσσατο, σπασσάμενος, σπάσσασϑε, σπασϑείς
κτλ.* (bei Homer); daher auch *νεο-σπαδ-ής* (Aesch.) = *νεό-σπα-
στος.* Das führt auf die Frage, wie sich denn mit der gefun-
denen W. *σπα,* hauchen, blasen, das Ztw. *σπάω* reimen lasse.

Wenn Curtius S. 106 mit solcher Zuversicht aufstellt,
σπάω habe nur die Bedeutung „ziehen, zerren, schleppen", aber
niemals die des Auseinanderreissens, so sind ihm wohl nicht
in den Sinn gekommen, um nur einzelne Beispiele anzuführen,
die Wörter: *ἀπο-σπάς,* abgerissen || *ἀπο-σπάσματα,* Fetzen ||
σπάσματα, Fetzen (*ϑωράκων* Plut. Sulla 21, Lys. 12) || *διά-
σπασμα,* Lücke || *διά-σπασμος,* Trennung || *διά-σπασις,* das Zer-
reissen || noch *σπάω,* im Sinne von „verrenken, auseinander-
renken" Hdt. VI 134, Plutarch. Arat. 33; noch weniger die

vielfachen Verwendungen von σπάω im Sinne von „zerreissen,
zerfleischen" Seitens wilder Thiere, Soph. Ant. 258. 990, wo
der Scholiast richtig σπαράττω zur Erklärung verwendet.
Fick WB. I 251 geht vom Bgr. „sich ausdehnen, schwellen,
spannen" aus, was schliesslich auf Bgr. blähen hinausläuft.
Nimmt man mit Curtius „zerren" als Grundbedeutung, so kommt
dieser Begriff hinaus auf Bgr. „heftige Bewegung machen", „hin
und her fachen" (vgl. σφαδ-άζω). Beide Deutungsweisen führen
zum Wurzelbegriffe „wehen" d. i. a) blasen, blähen, schwellen
b) fachen, wegen, schwingen. Wenn σπάω von Aeschylus ab
auch „saugen" bedeutet, so ist das nicht als „zerren, ziehen,
spannen", sondern als „einathmen" zu fassen. Und gerade dieses
führt auf eine dritte Möglichkeit, σπάω in seiner gewöhnlichen
Bedeutung zurechtzulegen: nach Analogie nämlich von engl. to
vent a) Luft machen, lüften b) hervorkommen lassen, öffnen ||
oder Subst. the vent (lat. ventus): a) Luft b) Oeffnung, Spiel-
raum: to give a vent || to lift, lüpfen || to breathe, öffnen etc.
In der That ist im homerischen Gebrauche des Wortes σπάομαι
fast überall engl. to vent, to lift zu gebrauchen: T 387 ἐκ δ'
ἄρα σύριγγος πατρώιον ἐσπάσατ' ἔγχος, he lifted the lance etc.
Bei dieser Begriffsvermittelung erklärt sich auch auf die einfachste Weise lat. spa-t-ium d. i. Spielraum, Raum (Luft); daneben argivisches σπάδ-ιον, welches trotz der Erklärung von
Hesychius durch στάδιον (W. στα) mit diesem lautlich nichts
zu schaffen hat, sondern zu W. σπα gehört. Und wenn σπάω
namentlich in Zusammensetzungen auch soviel als σπαράσσω
ist, so führt das auf Bgr. öffnen, spalten, klaffen-machen d. i.
hauchen-machen, to breathe. Vgl. vorhin διά-σπασμα, Lücke etc.
Doch wie dem auch sei, so viel liegt auf der Hand, dass für
σπάω keine Sonderwurzel σπα angesetzt zu werden braucht.
Es kann überhaupt rationeller Weise keine verschiedenartigen
Wurzeln geichen Lautes geben: gleichlautige Wurzeln
fallen stets, wie dem Laute, so auch ihrer Urbedeutung nach zusammen; es gilt da eben nur, diesen einheitlichen Urbegriff herauszufinden.

45. Σφονδύλιος

hat Homer nur Υ 483 μυελὸς αὖτε σφονδυλίων ἔκπαλθ᾽. Der
Singular bedeutet Wirbelknochen, der Plural die Wirbelknochen
= die Wirbelsäule. Das Wort ist offenbar Verlängerung aus
σφόνδυλος, woneben auch σπόνδυλος als ursprünglichere Form ·
besteht, ausserdem gleichbedeutig ψένδυλος: σφ = σπ, ψ = σπ.
Σφόνδυλοι bedeutet aber nicht bloss a) Wirbelknochen,
sondern auch b) nach Hesychius αἱ ἁρμογαὶ τῶν μελῶν, c) dsgl.
οἱ τῶν φυτῶν πυθμένες (fundi s. § 44); es bedeutet σφόνδυλος auch d) Reif am Säulenknaufe, e) Kopf der Artischocke
oder vielmehr den fleischigen Blüthenboden derselben (fundus),
der als Leckerbissen galt, f) σφόνδυλοι = runde Steinchen zum
Abstimmen, g) Wirtel an der Spille der Spinnerinnen, h) verti-
cillus, Wirtel, Quirl an Pflanzen.

Das Alles will sich nicht recht aus der Bedeutung „in heftige Bewegung setzen", σφαδ-άζω, deuten lassen, desto leichter
aber aus dem ursprünglicheren Begriffe unserer Wurzel blasen = blähen, woraus sich einerseits Bgr. schwellen, runden, andererseits Bgr. hohl sein, vertieft sein, entwickelte. S. § 44.
Die Bedeutungen d und c mahnen nachdrücklich an die Grundbedeutung von σφενδόνη, funda, bzhw. fundus. Und es wird
auch Bedeutung a und b nicht die ursprüngliche sein, sondern
aus Bgr. Höhlung, Pfanne, worin sich der Wirbelknochen bewegt, wird erst Uebertragung zum Bgr. Wirbelknochen, als des
in der Pfanne, in der ἁρμογή τῶν μελῶν sich Bewegenden, Befindlichen, erfolgt sein. Der Wirtel an der Spille ist die Höhlung, worin sich die Spindel dreht; der Wirtel, Quirl, an den
Pflanzen ist der durch die rundherumstehenden Stengel der
Dolden gebildete fundus, πυθμήν, aus welchem der Haupt-
stengel der Pflanze wie aus einer Mulde weiter emporschiesst.
Diese Verwendung des Wortes kommt also so ziemlich hinaus
auf die unter c aus Hesychius beigebrachte Glosse.

46. Σπένδω

deckt sich ebenso mit lat. fundo, wie σφενδ-όνη mit lat. funda.
W. σπυ, blasen, hat in πτύω, spuo etc. den Bgr. hervorblasen

9

= hervorströmen lassen entwickelt; in *φυσᾶν* desgleichen. Daher *ϥ ὑσημα* = Fichtenharz bei Galenus d. i. Hervorgesprudeltes; *μέλανος αἵματος φυσήματα* Eur. Iph. Aul. 1114 von dem aus der Wunde geschlachteter Kühe hervorströmenden Blute || *ϥ υσητήρ* ist ein Werkzeug zum Hervorströmenlassen von Wasser etc., die Blaseröhre der Walfische, die Spritze der Tintenfische || *φυσητήρ* und *φύσαλος* ist auch der Walfisch selbst als Hervorbläser von Wasser || lat. re-fû-t-are deckt sich mit re-spu-ere || fû-tis, Giesskanne, gehört direct zu Wf. fu = spu, spa || ebenso fû-t-io, effutio. Vgl. *ψύττα· πρόχυμα* Hes.

Ἀϥύσσω st. *ἀ-σϥύσσω* ist absolut nicht zu verstehen, sobald man „schöpfen" als Grundbedeutung annimmt, desto besser, sobald man es auf W. *σπυ*, blasen, in der weiter entwickelten Bedeutung von *φυσᾶν*, hervorströmen lassen, schütten, auffasst. Vgl. darüber die folgende Nummer.

Σπέ-ν-δω ist mit *N*-Einschub aus Wf. *σπα*+*δ* gebildet. Mit der Grundbedeutung ausströmen lassen = spritzen, besprengen (vgl. *φυσᾶν*, *φυσητήρ* κτλ.) erklärt sich aufs Ungezwungenste die ganze Verwendung und Construction des Wortes, wie der lautliche und begriffliche Zusammenhang mit den in den §§ 43 ff. behandelten Wörtern. Das Wort steht sowohl mit Objectsaccusativ: *οἶνον σ* 151, *Λ* 775, als mit dem Instrumental-Dativ: *χρυσέῳ δέπαϊ Ψ* 196 ö., *δεπάεσσιν η* 137 ö., als auch mit dem Dativ des Gegenstandes: *ὕδατι σπένδοντες μ* 363. Herodot VII 54 verbindet *ἐκ χρυσέης ϥιάλης ἐς τὴν θάλασσαν σπένδειν* = ausgiessen.

Das abgeleitete *σπονδή* ist eigtl. = *ϥύσημα*, Ausguss, dann als term. techn. Weiheguss, weiterhin das bei Weihegüssen Stattfindende: Bündniss, Vertrag *B* 341, *Δ* 159. Lat. spondeo ist wohl als Lehnwort aus *σπονδή* gebildet.

Deutsches *spenden* stammt nach Pott. E. F. I 216 aus ital. spendere = expendere, wie Spese = ital. spesa, lat. expensa.

47. Ἀϥύσσω.

Ἀϥύσσω weist einen doppelten Stamm auf nach den verschiedenen homer. Formen in: a) *ἤϥύσαμεν*, *ἀϥύσσας*, *ἀϥύσσατο*, *δι-ηϥύσε* κτλ., b) *ἀϥύξειν Α* 171; vgl. *ἀϥύξιμος*, *ἄϥυξις*.

Nach dem S. 33 f. entwickelten Gesetze steht *ά-φύσσω*
für *ά-σφύσσω*. Die unerweiterte Wurzelform begegnet uns in
$$ξ-α-φύ-οντες$$
§ 95, wo es von den Freiern heisst: *οίνον δὲ φθινύθουσιν ὑπέρ-
βιον ἐξαφύοντες* d. i. übermüthig oder maasslos ausschüttend.
Dieses *άφύω* st. *ά-σφύω* deckt sich mit der § 46 besprochenen
Verwendung von *φυσᾶν*, hervorströmen lassen, fundere, fû-t-ire,
σπένδειν, spuere. Wf. *σφυδ* (*σπυ+δ*) begegnet uns auch in *ἐ-σφυδ-ρω-
μένος*, gebläht, geschwellt, in einem Citate aus Timokles bei
Athenäus VI 59; *σφυδ-νό-ω* weist auf ein Adj. *σφυδ-νός*, aufgeblasen, also mit der Grundbedeutung von W. *σπυ*, hauchen,
blasen. Dazu aus Hesychius *σφυδ-ῶν· ἰσχυρός, εὔρωστος* d. i.
gebläht, in übertragenem Sinne = gross, stark. Daneben *σφυδ-
ρά* (Hes.)· *ἡ περιφέρεια τῶν ποδῶν* (Bgr. gerundet) || *δια-
σφυδ-ῶσαι· αὐξῆσαι* (Bgr. blähen, schwellen) bei Hesychius. Wf.
σφυγ (*σπυ+γ*) haben wir in *ποιφύσσω* st. *πο-σφύσσω*, blasen,
schnauben, keuchen, anfachen || *ποιφύγδην*, blasend, schnaubend |·
ποίφυξις, das Blasen, Schnauben || *ποίφυγμα*, das Geblasene,
Geschnaubte (hervorgeschnaubtes, -geblasenes Drohwort = *ά-πει-
λή* § 94) Aesch. Sept. 262 || *σφύζω* st. *σφυγ-ιω*, in Wallung, in
heftiger Bewegung sein || *σφυγ-μός*, Wallung, Begierde || *σφύξις*
(Aristot.) || *σφυγ-μή* (Galen.), dasselbe || dazu *δια-σφύξιες* bei
Hippokrates, Pulsschlag (Bgr. schwingen) || mit Abfall von *σ*:
φύγι-θλον, Geschwulst, Entzündung, das man weder mit
φρύγω, noch mit *φλέγω*, wie Pott II 778 und Curtius N. 412
thun, hätte zusammenbringen sollen; denn *λ* oder *ρ* fällt so ohne
Weiteres nicht aus, wie auch hom. *πύελος*, Trog, Wanne, keineswegs zu *πλύνω* gehört (Curt. N. 369), sondern wegen der
Nebenform *πτύελος* (Hes.) sich als zu W. *σπυ* gehörig legitimirt.
Vgl. S. 127.

Hiernach haben wir Wf. *σφυδ* mit dem Bgr. blasen, blähen,
schwellen; Wf. *σφυγ* mit Bgr. blasen, blähen, schwellen, bzhw.
schnauben, erregt sein, schwingen, (*σ*)*πάλλειν*, bzhw. angefacht
sein, wallen, pochen, von heftiger Erregtheit der Adern etc. bei
Fieberanfällen, wie ja auch unser *pochen* mit ahd. *pfûchôn*,
nhd. *pfauchen*, *fauchen* = heftig blasen, zusammenfällt (Fick
WB. III 167). Dass auch die german. Wörter aus W. spu sich

entwickelt haben, sei nebenbei bemerkt. Ist sonach der Grundbegriff derselbe, wie von φυσᾶν, blasen etc., so konnten Wf. σφυδ, Wf. σφυ auch wie φυσᾶν den Bgr. hervorblasen, hervorströmen lassen, fundere, entwickeln. Ἀ-ϙ ύσσω st. ά-σφύσσω (St. σφυδ und St. σφυγ) bedeutet hervorblasen = hervorströmen lassen = schütten. Das bei Nicander Th. 603 vorkommende ἀφύξιμος mit dem Bgr. „reichlich" leitet der Scholiast richtig ab von ἀφύσσω, man denke nur an lat. Adv. effuse, verschwenderisch, übermässig, reichlich, effusio, Verschwendung. Daher ist Schneider's Etymologie aus ἀ priv. und φύξιμος, flüchtig, woraus er Bgr. „dauerhaft" vermitteln will, durchaus verfehlt.

. Zu dem unerweiterten ἀφύω (hom. ἐξ-αφύοντες) gehört ἀ-φύ-τρις, Giesskanne (Hes.)*) = lat. fu-tis ‖ zur erweiterten Wf. σφυ-δ: ἀ-φύστα· κοτύλη Hes. ‖ tarentinisches ἀ-φυσσα, kleiner Becher, κοτύλη Hes.

Bei Hippokrates begegnet uns auch ἀ-φ ύειν (schimmern), blass-, weiss-werden, was erst recht für Herkunft aus W. σπυ, hauchen, blasen spricht, da „hauchen" = schimmern (aura auri Virg., πεμφίς, Schimmer, Strahl etc.), da auch unser *blass* Einer Wurzel mit *blasen*, lat. fla-vus mit fla-re ist, engl. wan, blass, aus W. va, hauchen entstammt (S. Tabellen). Wenn Hesychius ἀφύειν, blasswerden von ἀφύη, Sardelle ableitet, so ist das natürlich kindisch; aber ein richtiges Sprachgefühl liegt insofern zu Grunde, als ἀφύη st. ά-σφύ-η den Namen von der hellen, schimmernden Farbe hat. Vgl. γα-λός, weiss, zur Wf. γα = σπα.**) Für diese Ableitung von ἀφύη spricht auch γ αληρικὰς ἀφύας beim Scholiasten zu Aristophanes Av. 76: „die weissschimmernden Sardellen".

Genug, ἀφύσσω st. ά-σφύσσω von W. σπυ bedeutet, wie φυσᾶν, bei Homer a) ausströmen lassen d. i. schütten, von Flüssigem, Wein, Nektar, Wasser etc.: ἀφυσσάμεθ᾽ ὕδωρ ι 85, κ 56: in-fudimus nobis aquam ‖ ἀφύσσατο δ᾽ αἴθοπα οἶνον

---

*) Mit Recht liest M. Schmidt ἀρύταινα st. ἄρπαινα.

**) Das Nebeneinanderbestehen von πολιός, πελιός, πελλός (Wf. σπα+λ.) neben lat. fulvus, ahd. falo, nhd. *fahl*, fal-b, φαλός, altslav. plavŭ etc. weist mit zwingender Nothwendigkeit auf sigmatischen Anlaut der gemeinsamen Urwurzel.

Π 230: infudit sibi vinum ex cratere in poculum || *νέκταρ ἀπὸ*
κρητῆρος ἀφύσσων A 598: infundens ex cratere || *ἄγε δή μοι*
οἶνον ἐν ἀμφιφορεῦσιν ἄφυσσον β 349 und ähnlich oft; b) steht
ἀφύσσω vom Aufschütten auch nicht-flüssiger Dinge, wie
Laub: *ἀμφὶ δὲ φύλλα ἠφυσάμην η* 286: schüttete ich mir auf;
c) in freierer Uebertragung vom Aufschütten, Aufhäufen:
οὐδέ σ' οἴω ἐνθάδ' ἄτιμος ἐὼν ἄφενος καὶ πλοῦτον ἀφύξειν
A 171.

Das zusammengesetzte *δι-αφύσσω* bedeutet a) gänzlich
ausschütten, ähnlich wie lat. per-fundo: *οἶνον διαφυσσόμενον*
π 110 d. i. den verschütteten, vergeudeten (ausströmengelassenen)
Wein; ähnlich sagt Terenz effundite (vergeudet), emite, facite,
quod vobis lubet. b) steht es nach Analogie von *διa-χέω**),
welches urspr. auseinanderschütten, dann aber so ganz gewöhnlich im Sinne von „auseinanderfallen machen" d. i. in grössere
Stücke zerschneiden, zerlegen, oder vielmehr „klaffen machen =
spalten": *βοῦν διαχέειν Η* 316, *γ* 456, *τ* 421, *ὖν ξ* 427. Ganz
ebenso *δι-αφύσσω N* 507, *Ξ* 517 *διὰ δ' ἔντερα χαλκὸς ἄφυσσε,*
zerschnitt d. i. spaltete, machte klaffen, *τ* 450 (*σῦς*) *πολλὸν δὲ*
διήφυσε σαρκὸς ὀδόντι. Fälschlich hat man an den beiden
Stellen der Ilias an das Herausfallen der Eingeweide gedacht;
davon steht aber auch nicht die leiseste Andeutung bei Homer;
umgekehrt wird diese Vorstellung *Ξ* 517 durch den Zusammenhang förmlich ausgeschlossen, indem der Dichter hier erläuternd
fortfährt: *δῃώσας· ψυχὴ δὲ κατ' οὐταμένην ὠτειλὴν ἔσσυτ'*
ἐπειγομένη. Hätte der Dichter wirklich das Hervorquellen,
Ausschütten der Gedärme hier im Sinne gehabt, so würde er
überdiess, wie an anderen Stellen, so auch hier solches ausdrücklich gezeichnet haben, wie z. B. *Y* 418 *προτὶ οἶ δ' ἔλαβ'*
ἔντερα χερσὶ λιασθείς || 420 *ἔντερα χερσὶν ἔχοντα* || *Δ* 526,
Φ 181 *ἐκ δ' ἄρα πᾶσαι χύντο χαμαὶ χολάδες.*

Gerade die Verwendung von *ἀφύσσω* im Sinne auch von
spalten d. i. klaffenmachen, gähnenmachen, engl. to breathe,

---

*) Wir werden weiterhin sehen, dass *χέω*, hervorströmen lassen =
schütten, giessen, nur lautliche Nebenwurzel von W. *χα*, hauchen, blasen
ist, lat. W. ha, germ. W. ga: lat. ha-la-re von *ha-la, Hauch = engl.
ga-le, Hauch, Wind. Die Begriffsvermittelung ist die gleiche, wie bei
φυσᾶν, hervorströmen lassen.

öffnen, spricht laut für die Zurückführung von ἀφύσσω st. ἀ-σϙύσσω auf W. σπυ, to breathe, hauchen.

Die homerische Zusammensetzung ἐπ-αφύσσω bedeutet „dazu schütten": ὕδωρ δ᾽ ἐνεχεύατο πουλὺ ψυχρόν, ἔπειτα δὲ· θερμὸν ἐπήϙυσεν τ 388.

48. Φυσάω

ist bereits im Voraufgehenden so oft berührt worden, dass es endlich an der Zeit ist, es selbst in's Auge zu fassen. Allgemein wird es von W. σπυ, spu, sphu, blasen abgeleitet. Zunächst geht dies Zeitwort hervor aus ἡ φῦ-σα, Blase, Blasebalg, welches Substantiv natürlich mittels Suff. -σα aus Wf. (σ)ϙυ abgeleitet ist. Curtius zählt unter N. 652 zur W. spu ausser φῦσα, φυσάω: φυσιάω, schnauben ‖ φυσαλίς, ϙυσαλλίς, Blase ‖ φύσκα, Blase, Schwiele ‖ φύσκη, Darm, Wurst ‖ ϙύσκων, Dickbauch ‖ ϙυσί-γναθος, Pausback ‖ ποιφύσσω, blase, keuche, und ποίϙυγμα (Aesch.) ‖ lat. pûsula, pustula, Bläschen ‖ lit. pús-ti, blasen, wehen, pus-lé, Blase ‖ Skr. pupphu-sas, Lunge, pupphulam, Blähung (das p vor ph ist doch wohl Assimilation von s), phu-t, blasen. Germ. paus-, pusten etc. sind übersehen worden. Zweifelnd stellt Curtius lat. spû-ma, spu-ere dazu. Dagegen führt er S. 692, und gewiss mit Recht, auf W. spu zurück: ψύ-χ-ω, ψῦ-χ-ος, ψυ-χ-ρός, ψυ-χ-ή sammt Sippe, und S. 518 Wf. ψυ-δ in ψεύδω, ψεῦδος κτλ., Wf. ψυ-ϑ in ψύϑ-ος, ἔ-ψυϑ-εν, ψυϑ-ῶνες, indem er als Grundbegriff hierfür „zischeln" d. i. ein Hauchen, Blasen besonderer Art, ansetzt. Wenn er auch ψιϑυρός etc. und S. 708 πεμϙίς, πέμϙιξ auf W. spu zurückführt, so hat er, da υ nicht ι werden kann, die Parallelwurzel spi, die so unendlich zahlreich vertreten ist, nicht erkannt; ψεδόναι, ψέδυρα (= ψιϑυρά) etc., welche auf W. spa weisen, werden einfach ignorirt. Doch wir haben es jetzt mit W. spu zu thun. Pott Etym. F. II 424 rechnet dazu auch ὀ-σφύς, Hüfte, eigtl. Blähung = Anschwellung.

W. spu hat aber im Griechischen viel weitere Ausdehnung gewonnen. Es gehört dazu u. A. auch: οἱ-σύπη, οἴ-συπο; st. οἰ-σπύη, οἰ-σπυ-ος = οἴ-σπη, οἰ-σπά-τη, οἰ-σπώ-τη ‖ lat. fû-mus, fu-s-cus, fû-nus ‖ σπύγγας mit G-Erweiterung und Nasalirung

= ὅπί-νος, σπίγγος κτλ., engl. spi-n-k, fi-n-ch aus W. spi =
Bläser, Flöter, Finke ‖ φῦ-σ-ιγξ, φυ-σ-ίγγη, Blase ‖ ψυῖαι, φοῦ-αι
κτλ. = ὁ-σφύς s. ob. S. 2 ‖ πύ-ανος, Bohne (Bgr. gebläht)*), neben
πύ-νους· κυάμους Hes. ‖ πυ-ρός, πυ-γ-ή, πού-ν-ιον = pod-ex
(Bgr. πνεῖν in malam partem, wie Legerlotz meint, oder Bgr. blähen, schwellen, runden?) ‖ πύ-θω, faulen-machen (Bgr. stinken) ‖
πῦ-ον, Eiter (Bgr. faulen) ‖ σφυ-δ-νό-ω, δια-σφυδῶσαι, σφύζω
κτλ. s. § 47 ‖ σι-πύ-α, σι-πύ-η, σι-πυ-ίς, σι-πύς st. σι-σπύ-α
κτλ. = Blase, Beutel ‖ σι-πυ-ίς· πυξίς ‖ πευ-δ-ρ-ία, von Hesychius zur Erklärung von σι-πύ-η gebraucht, Blase, Beutel ‖
ψυ-δ-νός, ψύ-θ-ιος, nach Hesychius = ἀραιός, ὀλίγος, verhauchend = verschwindend d. i. klein, gering, va-nus (aus W.
va) ‖ πύ-ελος, πύ-αλος, πτύ-ελος, ein Hohlgefäss; vgl. § 47 ‖
πτύγξ, ein unbekannter Wasservogel, auch πῶ-υξ, πῶ-υγξ geheissen ‖ πευ-ίς· λαμπάς, denn Feuer, Glanz ist sichtbar gewordener Hauch; vgl. daneben lat. fû-nus, Scheiterhaufen. Dass
auch πτύω, spuo hieher gehört, beweist ἔ-ψυξεν· ἀπέπτυσεν;
also auch ψύχω = spuo, wie auch φυσάω = spuo.

Andere zu W. spu gehörige Wörter sind bereits im Voraufgehenden dagewesen und werden uns noch massenhaft begegnen.

II. **Φῦ-σα**, das Stammwort von φυσάω, steht a) bei
Homer nur im Sinne von Blasebalg Σ 372. 409. 412. 468. 470.
Bei späteren Schriftstellern hat das Wort auch noch andere
Bedeutungen, welche für die Begriffsentwickelungslehre von
grosser Tragweite sind, nämlich b) ἀσκός, Beutel, Sack Hes·
c) = φαρέτρα als hohles Behältniss Hes. d) Krater eines
feuerspeienden Berges, e) Hauch (die ursprünglichste Bedeutung)
bei Plato etc.: τὸ πνεῦμα καὶ ὁ ἀήρ Hes. f) die Lohe des
Feuers: φλὸξ φῦσαν ἱεῖσα πυρός Hymn. Merc. 114. Soph.
Fgm. 753, also ganz wie πνοιὴ Ἡφαίστοιο Φ 355. Auch
πέμφιξ, Hauch, entwickelt den Bgr. Flamme. — Das abgeleitete
Φυσάω gebraucht Homer a) vom Wehen der Winde: φυσῶν-
τες λιγέως Ψ 218; vgl. Babrii fab. 18 βορέης δ᾽ ἐφύσα**) b) vom
Blasen der Blasebälge Σ 470; bei späteren Schriftstellern be-

---

*) κύ-αμος gehört zu W. κυ, blähen, schwellen und hat nichts mit
πύ-ανος zu schaffen. — **) Ed. Alfr. Eberhard 1875.

deutet φυσᾶν auch noch c) aufblasen, blähen, schwellen: φλέβας φυσεωμένας Hdt, τὰς γνάθους φυσᾶν Aristoph., ποταμοῦ δὲ φυσηθέντος .... ἐξ ὄμβρων Babr. 151. d) im übertragenen Sinne = aufgeblasen, hochmüthig machen Demosth. e) = πρήθω, πίμπρημι Hesych. f) schnauben: φυσῶντ᾽ ἄνω πρὸς ῥῖνας Soph.; in Uebertragung vom Zorne bei Euripides, g) flöten: φυσῶν ἔκαμνε καὶ μάτην ηὖλει Babr. 9. h) herausblasen = ausströmen lassen = lat. fû-t-io, fundo; vgl. § 46 und lat. fons St. font- (aus fav-ont oder fov-ont) = hervorströmendes d. i. Quelle, wie unser Quelle*) zu W. skal, squal, blasen, gehört. S. 93.

Φύσημα bedeutet a) Hauch Eur. b) Gezisch der Schlangen (giftiges Hauchen); daher zu W. σπι: a-spis, ἀ-σπίς, Schlange. c) Blase und Geblähtes, z. B. hohle Perlen u. dgl. d) Hervorsprudelung Eur. Iph. A. 1114. e) Hervorgesprudeltes = Harz. — Das zusammengesetzte ἐκ-φύσημα ist a) Geschwulst, b) πέτρα ὑπερέχουσα τῆς γῆς Hes.

Φυσητήριον ist a) Blasebalg, b) Blaseinstrument, fistula etc. c) Luftloch, spiraculum. Vgl. pae-mina od. pae-men, Ritze, Spalte (aus paeminosus zu erschliessen), festra, fenestra.

Diese Begriffsentwickelungen des Einen Wortes φυσάω sind von lehrreichster Bedeutsamkeit.

III. Interessant und für Homer von Wichtigkeit ist das äschyleische φυσί-φρων (Hes.), leichtsinnig, eitel, eigtl. geblähten, windigen, hohlen Sinnes. Offenbar ist das Wort dem homerischen ἀεσί-φρων nachgebildet, welches demnach dem Altvater der griech. Tragödie zufolge von ἄημι abzuleiten ist und = φυσί-φρων ist.

Das homerische

φυσιάω

steht a) Δ 227, Π 506 von schnaubenden Rossen; b) vom Zischen der Schlangen gebraucht Oppian das Wort; c) Sophokles Ant. 1223 hat es in einer Verbindung, wo sich die Begriffe blasen und hervorströmen lassen bzw. speien innigst berühren: φυσιῶν ὀξεῖαν ἐκβάλλει πνοὴν φοινίου σταλάγματος.

---

*) Die Identificirung von griech. βάλλω, Skr. galámi, träufele, und ahd. quillu, mhd. quelle (Curt. N. 637) ist lautlich wie begrifflich unmöglich.

IV. Vergleicht man mit ϥῡσί-ϥϱωϱ, ϕῡσί-γϱαϑος das homerische

$$\varphi\bar{v}\sigma\iota\text{-}\zeta o o \varsigma,$$

das Epitheton von αἶα bzhw. γῆ Γ 243, Φ 63, λ 301, so drängt sich unwillkürlich die Frage auf: sollte dieses φῡσι- denn wirklich ein anderes sein, als das völlig gleichlautende φῡσι- in jenen Compositis? Man könnte geradezu übersetzen „Leben, Lebensunterhalt (ζόη) hauchend d. i. hervorspriessend". Vgl. unten βωτι-άνειϱα von W. ἀν, hauchen.

49. Φύω.

I. Ist wirklich der Stamm von φύω, φῠ-ναι ein anderer, als die Wurzel von φῠ-σα, von φῡ-σι- ? Ist es Zufall, dass lat. fio, hauchen, in suf-fire, sub-fi-men lautlich völlig zusammentrifft mit fi-o = φῦναι? Weiterhin fällt das dem lat. foeteo zu Grunde liegende Participial-Adjectiv foe-tus, hauchend, stinkend, mit foe-tus und fê-tus, befruchtet, zusammen, und fû-to in refûto = respuo klingt vernehmlich genug mit fū-t-uo, φῠ-τ-εύω zusammen. Fu-mus, Hauch, Rauch, und fu-i = ἔ-φυ-ν haben lautlich. gleichen Stamm; gehören sie nicht auch begrifflich zusammen? Sicherlich, und zwar nach derselben Begriffsvermittelung, wie unter sich unser „ge-wesen" und „Wasem" (Hauch, Dampf etc.) zusammenhangen: „wesen" ist urspr. hauchen, athmen d. i. sein. Nicht anders ist's mit W. ας, sein. In der Conjugation von lat. esse durchkreuzen sich die beiden WW. as, hauchen, und fu (σπυ), hauchen d. i. athmen, sein. In die Conjugation unseres deutschen sein theilen sich 1) Wf. german. bi = lat. fi (aus σπι): bi-n. 2) Secundär-Wurzel germ. was = va+s, ϝα-ς, hauchen, wesen, sein. 3) W. as bzhw. is: is-t, gleichen Begriffs. 4) W. sa ebenfalls = hauchen: si-nd neben Sa-nd = sa-bulum (Wehendes)*), Su-nd, faux (Athmendes) = Hals, ge-su-nd = sa-nus, wohlsciend. — Φύσις deckt sich begrifflich mit' unserem Wesen || φῠ-ναι mit wesen, ge-wesen || φῠ-σα mit Wasem d. i. Hauch, Dampf etc. || lat. fi-o hauchen = wesen || fi-o (φῦναι) = wesen || fi-mus und φύ-ημα·

---

*) Vgl. Anmerkung S. 125.

κόπρος (Hes.) = *Wasen* in *Wasen*-meister d. i. der das zum
Ver-wesen, Faulen, bestimmte Vieh zu behandeln hat ‖ *ver-wesen*
ist begrifflich = πύ-ϑω, putere, foetere.

II. Ja, es giebt noch deutliche Spuren ursprünglich sigmatischen Anlauts für φύω, φῦναι: ἀπφύς st. ἀ-σφύς, Erzeuger, Vater ‖ ἴ-φυον st. σί-σφυ-ον = φυτόν, Pflanze ‖ ἴ-φύ-η
(Suid.), dsgl. ‖ ὀ-πύω und ὀ-πυ-ί-ω st. ὀ-σπύ-ω gehören zusammen mit fu-t-uo, φυ-τ-ευω § 91 ‖ οἰφάω, οἰφέω und gekürzt οἴφω st. ὀ-σφά-ω, ὀ-σφέ-ω fallen begrifflich mit ὀ-πύω
zusammen, weisen aber auf W. σπα, σφα = W. σπυ.

III. Homer selbst scheint die lautliche wie begriffliche
Zusammengehörigkeit von Wf. φυ, blasen und Wf. φυ, hervorblasen = hervorbringen, erzeugen, noch deutlich empfunden zu
haben, wenn er z. B. η 119 sagt

> Ζεφυρίη πνείουσα τὰ μὲν φύει, ἄλλα δὲ πέσσει.

Vgl. *Z* 148, *Ξ* 347. Und wenn Homer χ 347 den Sänger
sagen lässt

> αὐτοδίδακτος δ᾽ εἰμὶ, θεὸς δέ μοι ἐν φρεσὶν οἴμας
> παντοίας ἐνέφυσεν:

so kann man wirklich schwanken, ob man inflare oder ingignere
übersetzen soll: so sehr durchdringen sich hier beide Begriffe.
Die Verbindung ἡ γῆ ἐκφύει πάντα Aristot. mund. 4 erinnert
lebhaft an mancherlei Verwendungen von φυσᾶν und fundere:
terra fundit fruges. Cic.; quem Maia fudit Virg. — Von dem
Drachen im Kolcherlande heisst es Apoll. Rh. Arg. II 1211 ὃν
αὐτὴ Γαῖ᾽ ἀνέφυσε Καυκάσου ἐν κνημοῖσι, und bei Herodot
haben wir ἡ ποίη ἀναφυομένη. Damit vergleiche man ἀνα-
φύσημα, ἀνα-φύσσις von feuerspeienden Bergen bei Aristoteles.

Ἐκ-φύσημα, Geschwulst, und ἔκ-φυμα, φῦ-μα, Geschwulst,
können unmöglich von einander getrennt werden; Hesychius
erklärt φύματα durch ψυ-δ-ρ-άκ-ιᾶ, Bläschen, das doch
sicher zu ψυ+δ = σπυ+δ, also zu W. σπυ gehört; φύ-σας
durch a) γεννήσας. b) τοὺς ἀσκοὺς πληρώσας d. i. φυσήσας,
ἀπό-φυσις (Hipp.) durch ἐκ-φύσησις. Nimmt man zu dem
allen noch hinzu, dass neben Wf. φυ, zeugen, eine gleichbedeutige W. pu, zeugen (Curt. N. 387), existirt, die beide in Urwurzel spu ihre Vereinigung finden: so darf man an ursprüng-

licher Zusammengehörigkeit von $(\sigma)\varphi v$, blasen, und $(\sigma)\varphi v$, hervorblähen, hervorströmen lassen d. i. erzeugen $= \varphi v\sigma\tilde{\alpha}v$, fundere, wohl nicht länger zweifeln: „Hauch ist alles ird'sche Leben." IV. Wir sahen früher, dass spu-o, $\pi\tau\acute{v}$-ω urspr. hervorblasen d. i. euphemistisch „speien" ist und wurzelhaft mit $\varphi v\sigma\tilde{\alpha}v$, das ebenfalls oft genug „speien" bedeutet, zusammenfällt: engl. spaw-n (Gespieenes $=$) Laich, Brut, bildet to spawn, hervorbringen, erzeugen $= \varphi\acute{v}\omega$; engl. spat, Fisch-, Austernlaich, stammt von to spit, speien; dazu to spat, laichen. Lehrreich sind die verschiedenen engl. Wörter für Bgr. „speien", indem man daran ersehen kann, wie der Sprachgeist durch Weiterbildungen mittels Wurzeldeterminativen eine einfache Urwurzel (spa-spi-spu) üppigst auszugestalten im Stande ist: to spit (Impf. spat), to spatter, spaw-l, spet, spew, spue, sputter, nebst den Substantiven für „Speichel": spawl, spet, spathe, spattle, spit, spittle etc. Dazu eine ganze Reihe verwandter Wörter des Begriffs spritzen, verschütten, sprossen.

Andere Analogieen für unsere Deutung von $\varphi\acute{v}\omega$ sind: $\varkappa v\varepsilon\tilde{\iota}v$, gebären, $\varkappa\acute{v}\omega$, zeugen, aus Wf. $\varkappa v$ $(\sigma\varkappa v)$, blähen, schwellen. — „Blühen" ist ein Hervorblasen, Blähen; goth. $bl\hat{o}$-ma st. blôs-ma, ags. blôstma ist so wenig von goth. $bl\hat{e}san$, blasen, blähen, zu trennen, wie flos von fla-re; ags. $bl\hat{o}van$, florere, ist nur Lautschattirung von $bl\hat{a}van$, flare; im engl. to blow, blühen, und to blow, blasen, erscheinen die angelsächsischen Wörter auch lautlich wieder vereinigt. — $\H{A}v$-$\vartheta o\varsigma$ ist so wenig von W. $\H{\alpha}v$ zu trennen, wie flos von flare; $\dot{\varepsilon}\xi$-$\acute{\alpha}v\vartheta\eta\mu\alpha$ deckt sich begrifflich mit $\varphi\tilde{v}\mu\alpha$, $\H{\varepsilon}\varkappa$-$\varphi v\mu\alpha$. — A-$\digamma\acute{\varepsilon}\xi\omega$ und wachsen sind nur Weiterbildungen aus W. $\digamma\alpha$, va. — Engl. to grow bedeutet nicht bloss blähen, schwellen (the growing sea), sondern auch hervorkeimen, wachsen, und ist auch $=$ lat. fio, werden. — Engl. to teem ist a) ausgiessen, schütten, $\dot{\varepsilon}\varkappa\varphi v\sigma\tilde{\alpha}v$, b) gebären, hervorbringen, $\varphi\acute{v}\varepsilon\iota v$. — $\Theta\acute{\alpha}\lambda\lambda\omega =$ blähen, schwellen (Wf. $\vartheta\alpha + \lambda$), $\tau\grave{o}$ $\vartheta\acute{\alpha}\lambda$-$o\varsigma = \tau\grave{o}$ $\varphi v\tau\acute{o}v$. — Und so in zahllosen weiteren Analogieen. Genug, wachsen, zeugen ist hervorhauchen, hervorblasen, ist $\varphi v\sigma\tilde{\alpha}v$, fundere. Sagt doch Wieland sogar: „Warum hauchte der Schöpfer ein Wesen mit mächtigen Kräften?" — Vgl. Uhland, Frühlingsglaube: „Die linden Lüfte sind erwacht, sie säuseln und weben Tag und Nacht, sie schaffen an allen

Enden. — Max v. Schenkendorf: „Ach, das ist ein Leben, wenn
es weht und klingt, wenn dein stilles Weben wonnig uns
durchdringt." — Rob. Prutz, Heimat: „Schon fühl' ich mich
von deinem Odem gleichwie vom Frühlingshauch beschwingt." — Masius: „Es bricht der Frühling aus allen Hecken
und Winkeln unaufhaltsam hervor. Der Himmel hängt voll
Lerchenklang; aus dem Acker steigt der alte Erdathem heilend, nährend, verjüngend." — Gotter: „Der Hauch des Lenzes
weckte die schlafende Natur." — v. Eichendorff: „Ach, was
frommt das Wehen, Sprossen in der schönen Frühlingszeit?"
— „Einst blüht von Gottes Odem die Welt so wunderreich"
v. Eichendorff 472. — Nicht minder poetisch ist Homer; er
gebraucht φύω fast durchweg vom hervorspriessen-lassen bzhw.
hervorsprossen d. i. hervorhauchen, hervorblasen, ἐκφυσᾶν:
Ξ 347

τοῖσι δ᾽ ὑπὸ χθὼν δῖα φύεν νεοθηλέα ποίην·

Z 147 φύλλα . . . ὕλη τηλεθόωσα φύει. Α 234 οὔποτε
φύλλα καὶ ὄζους φύσει. So in passivem Sinne θάμνος ἔφυ
ἐλαίης ψ 190, vgl. ε 477. 481. — Ὄζοι ἐπ᾽ ἀκροτάτῃ (αἰγείρῳ)
πεφύασιν Δ 484; vgl. Ξ 288. — Ὅθι δένδρεα μακρὰ πεφύκει
ε 238 ö.

Unendlich poetischer aber, als alle Dichter, ist der
wortbildende Sprachgeist.

50. Ποιεῖν.

wird von Curtius u. a. gewiss mit vollstem Rechte zur W. pu,
zeugen, gesellt. Wenn aber diese Wurzel neben sich φύω hat,
so deutet das auf ursprüngliche Einheit in einer sigmatisch anlautenden W. spu, welche nach dem Voraufgehenden keine
andere sein kann, als W. σπυ, hauchen, blasen, hervorströmen
lassen, φυσᾶν. Man leitet von W. pu (oder vielmehr von der
älteren Gestalt pav) u. a. auch παῖς st. παϝ-ίς, altlat. pov-er,
pu-er ab. Für früheren sigmatischen Anlaut zeugt noch das
leukadische λαί-σπαις = βού-παις, ferner das lak. ἄ-μπαιδες
st. ἄ-σπαιδες, Mitknaben: οἱ τῶν παίδων ἐπιμελούμενοι παρὰ
Λάκωσιν. S. § 65 am Ende.

Schade, dass des Hesychius Glosse φαύ-ειν· ποιεῖν un-

vollständig zu sein scheint, um mit voller Sicherheit Wf. *φαυ*
st. *σπαϝ = ποιεῖν* aufstellen zu können. Mag man darüber
denken wie man will, wie unterscheidet sich denn lat. pu-sa,
Mädchen = *φυ-τή*, nata, von dem Stammworte *pu-sa zu pusula, Bläschen? Woher kommt es, dass pŭ-tus = *φυτός*, natus,
mit dem Stammworte *pû-tus (gehaucht) von pûteo, übelduften,
zusammenklingt, und vollständig mit pŭ-tus = pû-rus zusammenfällt? Es wird wohl derselbe Grund sein, welcher fio, hauchen,
und fio, *φῦναι*, fu-mus (Hauch, Rauch) und fui etc. zusammenbringt.

Wenn man sodann eine abermalige Sonderwurzel pu, reinigen, fegen, aufstellt, so ist man nicht inne geworden, dass
Bgr. fegen, windigen aus Bgr. wehen hervorgeht: unser fegen
ist = a) heftig wehen: „der Wind fegt durch die Felder".
b) abstäuben, reinigen (= fachen); vgl. das oben unter *Φοῖβος*
Gesagte. Skr. pû st. spû bedeutet a) wehen: pâvana, Wind
b) fegen: pûta, gefegt. Vgl. engl. to fan und the fan, ahd.
fowen st. fow-jan, mhd. vaewen, väen etc.

II. Geht man von W. spa-spi-spu aus, die bald Sigma
gänzlich abwarf, bald als Nachhauch von Sigma Aspiration zu-
rückliess, so erklärt sich der Zusammenklang einer Unmasse
von Wörtern nach den wiederholt vorgetragenen Begriffsver-
mittelungsgesetzen: pŭ-tus = pû-rus: pŭ-tus = pu-er, *παῖς*: pŭ-
ter, stinkend, faul ‖ pû-rus, gefegt: pûrulentus, pus, pûris, *πῦ-ον* ‖
pu-sus, pusa: pusula, pustula ‖ pŭ-tus in seinen zwei Bedeutungen: pŭ-t-eus, Luftloch, Höhlung: pŭ-t-e-al, Brunnen, Vertiefung ‖ pû-m-ex, Bims-stein, urspr. Hohles, Luftiges, Poröses:
pû-m-ilus, Zwerg, urspr. = putus, pusus, puer ‖ fă-ber, Erzeuger,
Verfertiger: fă-ba, *φάσηλος*, Bohne, *πύανος* (Bgr. blähen) ‖ fă-
m-ul, famulus = puer, *ἀφαμιώτης*: fă-m-ex, Geschwulst, fă-m-es,
Begehr, Hunger ‖ *παϝ-ίς*, altlat. pov-er, pu-er: pav-o, pav-us,**)
pa-pav-er, pau-s-ea, posia = *φαυ-λ-ία* (Bgr. blähen) ‖ fa-c-io d. i.
K-Erweiterung der W. spa = transitivem *φύω*: fio = *φῦναι*;
fa-c-io: fa-c-s, fax, fa-c-etus*) ‖ *παῖς*, puer: fi-lius, *φῖ-τυ* ‖ fê-mina,

---

*) Weil man fa-c-io nicht anders deuten konnte, brachte man es
mit *τί-ϑη-μι* zusammen! Fa-c-io gehört als K-Erweiterung zu W. *σπα*,
(σ)*φα*, wie das Passiv fio zur gleichbedeutigen W. *σπι*, (σ)*φι*, wie fu-o
zu W. *σπυ*, (σ)*φυ*. — **) Vgl. über pav-o u. *τα-ώς* Anm. zu Abschn. 92.

feo = φύω: fĕ-men, fĕ-m-ur = ὀσφύς ‖ fê-num = πόα, ποίη
fe-bru-us, reinigend, wohl von fe-brum, Fegemittel: pû-rus etc.
fe-l-ix, be-atus: ψί-ης· μακάριος u. s. w.

III. Wie wir oben χ 347 eine Stelle hatten, in der ἐνέ-
φυσεν ebenso gut als „einhauchen" wie als „erzeugen" gefasst
werden kann, so können wir ein Gleiches bei ποιέω aufstellen:
ξ 273

αὐτὰρ ἐμοὶ Ζεὺς αὐτὸς ἐνὶ φρεσὶ τοῦτο νόημα
ποίησ'.

In gleicher Verbindung gebraucht K 482, ι 381, τ 138 der
Dichter ἐμπνέω. In der That erscheint die Uebersetzung
„machte" hier so entsetzlich prosaisch, dass man unwillkürlich
zu der Annahme hinneigt, es liege hier wenigstens ein Nach-
hall der ursprünglichen Grundbedeutung der W. spu vor, nämlich Bgr. inflare. Auf gleicher Stufe steht die Stelle N 55:

σφῶιν δ' ὧδε θεῶν τις ἐνὶ φρεσὶ ποιήσειεν,
αὐτώ θ' ἑστάμεναι κρατερῶς καὶ ἀνωγέμεν ἄλλους.

Ist es ferner Zufall, dass keines der vielen anderen griech.
Wörter vom Bgr. machen, schaffen, zeugen, wenn auch erst in
nachhomerischer Zeit, die Benennung für den Dichter, ποιητής,
und für die Dichtkunst, ποίησις, abgegeben hat; oder aber
leitete hier den wortbildenden Sprachgeist instinctiv das Bewusstsein, das lebendige Gefühl von der ursprünglichen Zusammengehörigkeit des Wortes ποιέω (W. pu) mit W. spu,
hauchen, inspirare, inflare? Denn den Dichter als „Macher",
die Poesie als „Machung" aufzufassen, wem will das in den
Sinn?

IV. Wie man aber auch hierüber denken möge, jedenfalls hängt

ποίη,

Gras, Kraut, Gewachsenes, mit ποιέω zusammen, hat auch wie
ποι-έω sein πο-έω, so ein πό-α zur Seite: nicht als ob πόα
von ποιέω abstamme, eher umgekehrt; sondern beide sind
einerlei Ursprungs aus W. (σ)πυ: ποίη, πό-α ist das Hervor-
gehauchte, Hervorgesprossene, ist βλάστημα, βλάστησις, und
ποιέω ist Hervorsprossung bewirken = hervorbringen, schaffen.
Lat. fê-num (von fê-o = φύω) ist eigtl. nichts anderes, als
πό-α, ποίη, φυτόν: denn feni-seca, feni-sex, fenum caedere, falx

fenaria zeigen, dass fênum an und für sich nicht „das ge-
trocknete Gras", sondern „Gras" überhaupt bedeutet d. i. das
Hervorgesprossene.*) Das synonyme lat. prâ-tum, Wiese und
Gras, weist dieselbe Wurzelform pra auf, wie πρή-ϑω, hauchen,
blasen, πί-μπρη-μι st. πί-σπρη-μι d. i. Secundärwurzel σπαρ in
Metathesis, wovon auch *sprossen*, engl. sprout, πτόρϑος und
πόρϑος etc. nur Weiterbildungen sind; vgl. to sprit und to spirt
a) spritzen, b) keimen, sprossen, to sprig desgl. und zahlreiche andere germanische Wörter.

51. Πεύϑομαι, πυνϑάνομαι,

Stamm πῠϑ, hat im Zend neben sich nicht pud, sondern bud,
bemerken. Curtius bemerkt dazu N. 328: „Seltsam, dass im
Zend bud auch riechen, in Compositis sogar räuchern bedeutet." Die Seltsamkeit hört auf bei Herleitung aus W. spu, hauchen, wozu ganz entschieden Wf. πῠϑ gehört, ebenso gut wie
πύϑω.

Die Begriffsvermittelung von πεύϑομαι, St. πῠϑ aus W.
σπυ erläutert sich am sprechendsten nach Analogie des engl.
to smoke. Dieses bedeutet a) rauchen = dampfen, hauchen.
b) riechen, wittern. c) auswittern, ausspüren. — Gleicher Weise
bedeutet engl. to smell 1) dunsten, riechen, stinken. 2) wittern,
to perceive by the nose. 3) to find out by mental sagacity,
ausfindig machen etc. Johnson Dict. — Aehnlich to scent. —
Das deutsche *schnüffeln*, verwandt mit *schnauben* d. i. stark
athmen, bedeutet auch ausfindig machen.

Πνεῦμα (W. πνυ), wie ἀυτμή (W. ἀϝ) stehen auch von der
Witterung des Wildes. Πι-πνυ-μένος ist = sagax.
Ἀίσϑω, hauchen *II* 468, *V* 403, ist nicht zu trennen vom
αἰσϑ-άν-ομαι, welches Xenophon Mem. III, 11, 8, Cyneg. III 3
denn auch noch vom Geruche anwendet. — Ἀίω, hauchen,
O 252 ist von ἀίω, merken, σ 11 etc. ebenso wenig zu
trennen. Die Wörter treffen in W. ἀϝ, hauchen = duften,

---

weiterhin = wittern d. i. merken, zusammen: $\dot{\alpha}\nu\tau\mu\dot{\eta}$ = Witterung.

Lat. sapio, duften, riechen (unguenta crocum sapiunt Cic.), wird im übertragenen Sinne zu $\pi\epsilon\pi\nu\nu\mu\dot{\epsilon}\nu o\nu$ $\epsilon\dot{\iota}\nu\alpha\iota$ (neben $\dot{\eta}\delta\dot{\upsilon}$ $\pi\epsilon\dot{\iota}o\nu\sigma\alpha$ δ 446, $\mu\dot{\upsilon}\varrho o\upsilon$ $\pi\nu\dot{\epsilon}o\nu$ Soph.), weshalb die Frage gerechtfertigt ist, ob nicht die Grundbedeutung von sapio „duften, riechen" ist, und ob das Wort nicht mit $\sigma\alpha\pi$-$\varrho\dot{o}\varsigma$, urspr. duftend, übelduftend = faul, bzw. mit $\sigma\dot{\eta}\pi$-ω identisch ist. Laute und Begriffe liegen näher, als bei der gangbaren Zusammenbringung mit $\dot{o}\pi\dot{o}\varsigma$, sucus, Saft. Daher denn auch $\sigma\dot{\alpha}\pi$-ι-$\vartheta o\varsigma\cdot$ $\vartheta\upsilon\sigma\dot{\iota}\alpha$ (Hesych.). Dies paphische Wort verhält sich begrifflich zu W. $\sigma\alpha\pi$, hauchen, duften, wie $\vartheta\upsilon\sigma\dot{\iota}\alpha$ zu $\vartheta\dot{\upsilon}\omega$, hauchen. Das aus Rhinthon citirte $\sigma\alpha\pi$-$\dot{\upsilon}\lambda\lambda\epsilon\iota\nu$, wedeln: $\sigma\alpha\pi$ = $\psi\alpha\iota$-$\dot{\iota}\sigma\sigma\omega$, fächeln: W. $\sigma\pi\alpha$, wehen. $\Sigma\tilde{\eta}\pi$-$\epsilon\varsigma$ (Hesych. Nic. Th. 817) sind Schlangen, die vom Zischen, Hauchen auch $\dot{\alpha}$-$\sigma\pi\dot{\iota}$-$\delta\epsilon\varsigma$ heissen. $\Sigma\eta\pi$-$\dot{\iota}\alpha$ ist ein Spritzfisch, ein $\varphi\upsilon\sigma\eta\tau\dot{\eta}\varrho$ (s. unter $\varphi\upsilon\sigma\tilde{\alpha}\nu$) eigener Art, der, verfolgt, eine schwarze Flüssigkeit ausspritzt ($\dot{\epsilon}\kappa$-$\varphi\upsilon\sigma\tilde{\alpha}$). Was $\sigma\omega\pi$-ι-$\alpha\dot{\iota}\nu\omega$, das nach Hesychius von den Hunden bei Xenophon gebraucht sei, bedeutet habe, ist nicht bestimmt zu ersehen; aber die kurze Fassung der Glosse $\sigma\omega\pi\iota\alpha\dot{\iota}$-$\nu o\upsilon\sigma\iota\nu\cdot$ $o\dot{\iota}$ $\kappa\dot{\upsilon}\nu\epsilon\varsigma$ deutet darauf hin, dass es etwas bedeute, was den Hunden charakteristisch ist; das wäre $\sigma\alpha\pi$-$\dot{\upsilon}\lambda\lambda\epsilon\iota\nu\cdot$ $\sigma\alpha\dot{\iota}$-$\nu\epsilon\iota\nu$, wedeln, fächeln (Grundbegriff wehen), oder auch Bgr. „spüren, wittern".

Wie dem aber auch sei, Homer gebraucht sein $\pi\epsilon\dot{\upsilon}\vartheta o\mu\alpha\iota$, $\pi\upsilon\nu\vartheta\dot{\alpha}\nu o\mu\alpha\iota$ in der doppelten Bedeutung a) erwittern = aufspüren = to smell 3. b) erwittern = to smell 2 d. i. (übertragen) = merken, vernehmen.

An die sinnliche Bedeutung streift noch dicht heran P 427 $\ddot{\iota}\pi\pi o\iota$ ..., $\dot{\epsilon}\pi\epsilon\iota\delta\dot{\eta}$ $\pi\varrho\tilde{\omega}\tau\alpha$ $\pi\upsilon\vartheta\dot{\epsilon}\sigma\vartheta\eta\nu$ $\dot{\eta}\nu\iota\dot{o}\chi o\iota o$ $\pi\epsilon\sigma\dot{o}\nu\tau o\varsigma$ d. i. als die Rosse witterten, spürten.

Die begriffliche Reihenfolge wäre demnach in vorliegendem Falle folgende: 1) W. $\sigma\pi\upsilon$, $\pi\upsilon$ = hauchen, wehen, 2) Wf. $\pi\upsilon$-ϑ = riechen, wittern, Wind von etwas bekommen, woraus sich die weitere Anwendung sowie die Verallgemeinerung auf alle Sinne und die Uebertragung auf's Geistige unschwer ergiebt. Den gleichen Ideengang für $\dot{\alpha}\dot{\iota}\omega$ haben Damm-Duncan richtig erkannt, wenn sie bemerken: proprie est sentio aliquam exhalationem, „I smell something" (habe Witterung wovon); nam est ab ἄω spiro. — Vgl. ὀδμάομαι und ὀσμάομαι, riechen, wittern, spüren, aus Wf. ὀδ = W. ἀδ, hauchen. Dass unser *finden* derselben Begriffsvermittelung sein Dasein verdankt, sei nur nebenbei bemerkt. Ist die Glosse ἐκ-πτύστων· φανερῶν, ἢ πολλοῖς ἀκουστῶν bei Hesych. richtig, so hätten wir hier in πτ st. σπ noch den ursprünglichen Anlaut bewahrt; denn ἔκ-πτυστος = ἔκ-πυστος, bekannt, ruchbar Thuc. IV 70.

52. Πτύ-ω, spu-o

gehören nach den unter φυσᾶν gegebenen Begriffsentwickelungen entschieden zu W. spu, blasen: das Auswerfen von Speichel wird euphemistisch durch „*hervorblasen*" ausgedrückt. Wir erinnern nur kurz daran, dass von der Thätigkeit feuer-speiender Berge die Wörter ἀνα-φυσᾶν, ἀνα-φύσησις, ἀνα-φύσημα, dass φυ-σ-ᾶν (Wf. σφυ = σπυ) im Sinne von „ausströmen lassen" gebraucht wird, dass der wasser-speiende Walfisch φυσητήρ, φύσαλος, der Krater feuer-speiender Berge φῦσα heisst, dass Euripides Iph. Aul. 1114 den Ausdruck μέλανος αἵματος φυσήματα hat.

Dem entspricht die einzige homerische Stelle Ψ 697 αἷμα παχὺ πτύοντα.

Betreffs der verschiedenen Erscheinungsformen desselben Begriffs aus derselben Wurzel sei auf das Frühere verwiesen. Wenn neben φθύζω, spuo, sich dorisch φθύσδω findet, so beweist das nicht nothwendig dentalen Stamm für φθύζω; denn auch neben σφύζω mit σφυγμός, σφυγμή κτλ. lautet die dorische Nebenform σφύσδω.

Gutturale Erweiterung der Wurzel aber setzen manche parallelstehende germanische Wörter für spuo voraus, wie ahd. spîhan (neben spîwan), speien, *Speichel*, *spucken*.

Die mannigfachste Ausgestaltung der Urwurzel spu, spa, spi hat das Englische im Sinne von „speien" aufzuweisen, nämlich: spue, spew, spawl, spit, spet, spatter, sputter. Von diesen werden die beiden letzteren auch in der Bedeutung spritzen, bespritzen (vgl. φυσᾶν) gebraucht. Diesen selben Begriff stellen aber auch die offenbar urwurzelhaft verwandten Verba spot, spout, speck dar. Aus dem Bgr. bespritzen geht der Begr. beflecken, im übertragenen Sinne = beschimpfen, bespotten, tadeln, hervor; daher z. B. engl. spot-less = un-tadelig. Wir werden also nicht fehlgehen, wenn wir unser *Spott* und *spotten* als verwandt mit *spüttern* (speien) auffassen. Dies auf's Griechische angewandt, könnte $\psi\acute{\epsilon}\gamma$-$\omega$ als G-Erweiterung der W. spa = spu in verloren gegangener Grundbedeutung auch gewesen sein = „bespeien, beflecken", weiterhin = to spot one's honour, to spot one's reputation. Vielleicht so zutreffender, als Vermittelung aus Bgr. tönen (S. 73). — Das dem Griechischen näher stehende engl. Wort speck*) = little spot (Johnson) bedeutet noch Flecken; to speck-le ist = flecken, besprenkeln, to mark with small spots. Das von $\psi\acute{\epsilon}\gamma\omega$ entstammende Subst. $\psi\acute{o}\gamma o\varsigma$ entspräche vollständigst der von Johnson (Dict.) an zweiter Stelle angegebenen Bedeutung von spot: „a taint, a disgrace, a reproach". Demnach $\ddot{a}$-$\psi o\gamma o\varsigma$ und $\dot{a}$-$\psi\epsilon\gamma$-$\acute{\eta}\varsigma$ = spotless, „free from reproach or impurity; immaculate, untainted".

Lat. macula, macula-re ist ähnlicher Begriffsvermittelung gefolgt: vitae splendorem aspergere maculis Cic.; belli gloriam morte turpi maculare. Noch bezeichnender ist die Verwendung von aspergere: aspergi infamiâ Cic.; linguâ aspergere (Auct. ad Her.) = begeifern, schimpfen, tadeln.

Doch „wozu in die Ferne schweifen?" $\varkappa\alpha\tau\alpha$-$\pi\tau\acute{v}$-$\omega$, $\varkappa\alpha\tau\acute{\alpha}\pi\tau v$-$\sigma\tau o\varsigma$, lat. con-sputare, sputatilicus, re-spuo, missbilligen, die aus derselben Urwurzel mit $\psi\acute{o}$-γ-$o\varsigma$, $\psi\acute{\epsilon}$-γ-ω stammen, vermitteln selbst unschwer den begrifflichen Zusammenhang.

53. $\Phi\vartheta\acute{o}$-$\nu o\varsigma$, $\varphi\vartheta o\nu\acute{\epsilon}\omega$

beanspruchen gleichfalls Zusammengehörigkeit mit W. spa = spu. Das Subst. $\varphi\vartheta\acute{o}$-$\nu o\varsigma$ selbst kommt bei Homer nicht vor; aber das davon entstammende Verbum $\varphi\vartheta o$-ν-$\acute{\epsilon}\omega$ bedeutet fast überall

---

*) Unser S p e - c k, Fett, stellt Bgr. blähen, schwellen dar und ist Einer Wurzel. Vgl. § 74.

so viel wie re-spuo im Sinne von verwerfen, missbilligen, von sich weisen; z. B. *Δ* 55

εἴ περ γὰρ φϑονέω τε καὶ οὐκ εἰῶ διαπέρσαι,
οὐκ ἀνύω φϑονέουσ', ἐπειὴ πολὺ φέρτερός ἐσσι:

si respuerim neque concesserim ut tu urbem perdas, nihil efficiam respuendo etc.; oder *τ* 348

τῇ δ' οὐκ ἄν φϑονέοιμι ποδῶν ἅψασϑαι ἐμεῖο:

non respuerim, non recusaverim, quin haecce attingat pedes meos. Selbst *σ* 18, nach Düntzer die einzige homerische Stelle, welche den Bgr. „beneiden" zulässt: *οὔτε τινὰ φϑονέω δόμεναι καὶ πόλλ' ἀνελόντα* kann mit respuere, recusare oder tadeln übersetzt werden.

Das Subst. *φϑόνος* bedeutet bei Plato u. a. noch oft genug Tadel, Bemängelung, ist also = engl. spo-t = „a taint, a disgrace, a reproach."

Bedenkt man ferner, dass das Wesen der Missgunst darin besteht, einen anderen zu begeifern (*πτύειν*, sputare), zu verunglimpfen, oder, wie die engl. Sprache sich ausdrückt, to spatter one's honour; ferner, dass engl. spite, Widerwille, mit to spit = lat. spuo zusammenhängt; dass auch *πτύω* = verabscheuen Soph. Ant. 653. 1232 etc., ferner = wegwerfen, verachten ist: dann wird man die Zusammenstellung von *φϑό-νος* mit W. spa = W. spu lautlich wie begrifflich für weit rationeller anerkennen müssen, als die von Pott Et. F. I 798, freilich nicht ohne Bedenken seinerseits, versuchte Herleitung aus *ἀπό*+*ϑείνω* oder als die in vielen Wörterbüchern spukende Deutung aus *φϑίνω*, oder als die von Damm-Duncan aufgestellte Etymologie aus *φάος* „quia in oculis maxime apparet invidiae affectus". Den Anlaut *φϑ* anlangend, so denke man an *φϑύζω* = *πτύω* = *ψύττω* = spuo, an *φϑη-ρά* = (*σ*)*πή-ρα*, Blase, Beutel, Ranzen.

54. *Ἀ-σύφηλος*

steht u. E. für *ἀ-σφύ-ηλος*. Umstellung von *υ* bzhw. *ϝ* ist gar nichts Seltenes: *γούνατα* st. *γόνϝατα*, *δούρατα* st. *δόρϝατα*, *πνύξ* st. *πυκνς* (L. Meyer I 270) u. s. w. Aus unsrer Wurzel haben wir *οἰ-σύπη* st. *οἰ-σπύη* (W. *σπυ*) = *οἰ-σπώ-τη*, *οἰ-σπά-τη*, *οἴ-σπη* (W. *σπα*).

In unserem Worte lag solche Umstellung eigentlich noch weit näher, indem dadurch einerseits schwierigerer Aussprache vorgebeugt wurde, anderseits der Anklang von φ förmlich dazu einlud. Man versuche nur, $\dot{a}$-$\sigma\varphi\dot{v}$-$\eta\lambda o\varsigma$ bequem auszusprechen, und es entsteht unvermerkt im Munde $\dot{a}$-$\sigma\dot{v}\varphi$-$\eta\lambda o\varsigma$. Als Bedeutung ergäbe sich, bei Ableitung aus W. $\sigma\pi v$, spu-o, Gleichheit mit $\dot{a}\pi\dot{o}$-$\pi\tau v\sigma\tau o\varsigma$ (Aesch., Soph., Aristoph.) = re-spu-endus, sputalicus d. i. verächtlich etc. Die suffixale Bildung anlangend, so vergleicht sich u. a. $\tau\varrho\dot{a}\chi$-$\eta\lambda o\varsigma$, $\varphi\dot{a}\sigma$-$\eta\lambda o\varsigma$, $\varkappa\dot{a}\pi$-$\eta\lambda o\varsigma$, Adj. $\pi\acute{\epsilon}\tau$-$\eta\lambda o\varsigma$, ausgebreitet, $\dot{\epsilon}\varrho\pi$-$\acute{\eta}\lambda\eta$ = $\dot{\epsilon}\varrho\pi$-$\epsilon\tau\acute{o}v$ L. Meyer II 202. Wie sehr die Bedeutung respuendus, verächtlich, dem bei Homer geforderten Sinne entspricht, zeigen die betr. Stellen. Ω 767

$\dot{a}\lambda\lambda'$ $o\check{v}$ $\pi\omega$ $\sigma\epsilon\tilde{v}$ $\alpha\varkappa o v\sigma a$ $\varkappa a\varkappa\dot{o}v$ $\check{\epsilon}\pi o\varsigma$ $o\dot{v}\delta'$ $\dot{a}\sigma\dot{v}\varphi\eta\lambda o v$:

„aber niemals hörte ich von dir ein böses oder verächtliches Wort" (ein Wort der Verachtung). I 646 sagt Achilles zu Aias

$\dot{a}\lambda\lambda\dot{a}$ $\mu o\iota$ $o\dot{\iota}\delta\dot{a}v\epsilon\tau a\iota$ $\varkappa\varrho a\delta\acute{\iota}\eta$ $\chi\acute{o}\lambda\omega$, $\dot{o}\pi\pi\acute{o}\tau'$ $\dot{\epsilon}\varkappa\epsilon\acute{\iota}v\omega v$
$\mu v\acute{\eta}\sigma o\mu a\iota$, $\dot{\omega}\varsigma$ μ' $\dot{a}\sigma\dot{v}\varphi\eta\lambda o v$ $\dot{\epsilon}v$ $\dot{A}\varrho\gamma\epsilon\acute{\iota}o\iota\sigma\iota v$ $\check{\epsilon}\varrho\epsilon\xi\epsilon v$
$\dot{A}\tau\varrho\epsilon\acute{\iota}\delta\eta\varsigma$ — •

„wie er mich so verächtlich behandelt hat". Beide Stellen, besonders aber letztere, erheischen gebieterisch den Bgr. respuendus, verächtlich.

Sophisterei ist es, aus $\sigma o\varphi\acute{o}\varsigma$ mit dem Scholiasten, mit Eustathius $\dot{a}\sigma\dot{v}\varphi\eta\lambda o\varsigma$ als $\check{a}\sigma o\varphi o\varsigma$ „thöricht" deuten zu wollen. Da passte, abgesehen von der unerhörten Weiterbildung des Adjectivs $\sigma o\varphi\acute{o}\varsigma$ zu $\dot{a}$-$\sigma\dot{v}\varphi$-$\eta\lambda o\varsigma$, begrifflich und lautlich noch weit eher Herleitung aus $\sigma v\varphi\epsilon\acute{o}\varsigma$, Saustall, mit Vorsetzung desselben $\dot{a}$, welches wir z. B. in $\dot{a}$-$\tau\acute{a}\lambda a\nu\tau o\varsigma$ haben, = saustallmässig!! Doch Scherz bei Seite, selbst der Hinweis auf $\Sigma\acute{\iota}$-$\sigma v\varphi$-$o\varsigma$ verfängt nicht. Denn, auch angenommen, dieser Eigenname sei wirklich mittels Reduplication aus $\sigma o\varphi\acute{o}\varsigma$, äol. $\sigma\dot{v}\varphi o\varsigma$, gebildet: so ist Hinübernahme eines Eigennamens eine Sache für sich und kann aus allen Dialecten, sogar aus fremden Sprachen erfolgen; beweist aber nicht, dass die in dem Eigennamen zur Erscheinung gelangende dialectische oder fremdsprachliche Eigenthümlichkeit darum auch der Sprache des bezüglichen Schriftstellers angehöre. Kurz: 1) $\sigma\dot{v}\varphi o\varsigma$ für σo-$\varphi\acute{o}\varsigma$ ist eine Unmöglichkeit für die homerische Sprache; 2) aus

Adj. σύφος könnte auch überdies nie σύφ-ηλος oder συφ-ηλός werden. Denn die Adjectivbildung in λος bzhw. ηλος hat nur statt entweder von Verbalstämmen: βεβη-λός, μιμη-λός, πέτη-λος etc. oder von Substantivstämmen: ὑδρηλός, ὑψηλός, ἀπα-τηλός, ἐρύγμηλος etc. Leo Meyer Gr. II 201. 580. Aber auch diese beiden Unmöglichkeiten zugestanden, so gibt 3) „thöricht" keinen angemessenen Sinn. Oder soll der zornerfüllte, grollende Achilles sich damit begnügen, seine schmachvolle Behandlung Seitens des Agamemnon als eine bloss „thörichte" zu benennen?! Man beachte doch die Worte ἀλλά μοι οἰδάνεται κραδίη χόλῳ .... In dieser Umgebung und im Munde des Achilles selbst kann der Ausdruck ὅς μ᾽ ἀσύφηλον ἔρεξεν nichts anderes als eine gewaltige Steigerung des Begriffs ἠτίμησας sein, womit in demselben Buche Nestor dem Atriden ins Angesicht die Behandlung des Achilles gekennzeichnet hatte *I* 111: ἄνδρα φέριστον, ὃν ἀθάνατοί περ ἔτισαν, ἠτίμησας. Wie daher *I* 647 ganz allein die gefundene Bedeutung ἀσύφηλος = respuendus der Stimmung des Achilles Rechnung trägt, so passt auch sie allein zu dem, was dem Hektor Ω 767 Helene nachrühmt. Zum Ueberflusse lässt der Dichter, was man nicht hätte übersehen sollen, Helene selbst im folgenden Verse 768 die Erklärung zu ἀσύφηλον geben mit den Worten

ἀλλ᾽ εἴ τίς με καὶ ἄλλος ἐνὶ μεγάροισιν ἐνίπτοι
δαέρων ἢ γαλόων ..., σὺ τόν γε ... κατέρυκες.

Also: wenn auch von den übrigen Helene geschmäht, schimpf-lich angelassen wurde, von Hektor hörte sie nie ein böses, nie ein verächtliches Wort.

In gleichem Sinne erscheint das Wort von Dius bei Sto-baeus floril. 65, 16 gebraucht λόγος οὐκ ἀσυφάλως μυθευόμενος. Selbst Quintus Smyrnaeus hat seinen Homer besser verstanden, als die beregten Erklärer, wenn er IX 521 (vgl. 491 ff.) ἀσύ-φηλον im Sinne von schimpfend, schmähend anwendet. Man könnte es dort sogar mit geifernd übersetzen:

οὐδ᾽ αἰεὶ χαλεπὸν θέμις ἔμμεναι, οὐδ᾽ ἀσύφηλον·
ἀλλ᾽ ὁτὲ μὲν σμερδνὸν τελέθειν, ὁτὲ δ᾽ ἤπιον εἶναι.

55. Ἀ-φυσγετός

steht unseres Erachtens für ἀ-σφυγ-ετός (Ausspeisel) mit derselben Umstellung, welche Christ Gr. L. S. 146 mit den Alten wie mit dem Scholiasten zu Λ 190 für φάσγανον st. σφάγανον aufstellt. Die Guttural-Erweiterung σφυ+γ aus unserer Wurzel haben wir bereits in σφύζω, σφυγ-μός etc., in ποι-φύσσω st. πο-σφύσσω kennen gelernt und begegnet uns auch in φύγ-ε-θλον, Geschwulst, st. σφύγ-ε-θλον u. s. w. Die homerische Stelle lautet Λ 492 ff.

> ὡς δ᾽ ὁπότε πλήθων ποταμὸς πεδιόνδε κάτεισιν
> χειμάρρους κατ᾽ ὄρεσφιν, ὀπαζόμενος Διὸς ὄμβρῳ,
> πολλὰς δὲ δρῦς ἀζαλέας, πολλὰς δέ τε πεύκας
> ἐσφέρεται, πολλὸν δέ τ᾽ ἀφυσγετὸν εἰς ἅλα βάλλει.

Döderlein, Glosse 2438, von σφύζω ausgehend, glaubt in „Wogenschwall" die zutreffende Bedeutung gefunden zu haben. Aber was soll die Angabe, dass „der Strom viel Wogenschwall ins Meer sende", noch besagen, nachdem bereits ausgeführt ist, dass der Strom so arg angeschwollen sei, dass er sogar viele morsche Eichen und viele Fichten fortwälzt? Da muss ἀφυσγετός unbedingt einen Gegenstand bezeichnen, der nicht eine Umschreibung für den angeschwollenen Fluss selbst, was „Wogenschwall" sein würde, sondern der, mit δρῦς und πεύκας coordinirt stehend, das angiebt, was ferner noch die Wogenmasse in's Meer wälzt. Wird das „Schlamm" sein, wie andere Erklärer wollen? Gewiss nicht. Denn den sieht der Zuschauer bzhw. zuschauende Dichter nicht. Vielmehr wird sich die Aufmerksamkeit des den wilden Strom beobachtenden Dichters zunächst auf die grossen Baumstämme lenken, welche dahin gewälzt werden, sodann auf das weitere, massenhaft auf dem Strome schwimmende kleinere Zeug, wie Reiswerk, Stroh, Graswerk, Röhricht etc. Dies Alles wird mit ἀ-φυσγετός st. ἀ-σφυγ-ε-τός = Ausspeisel zusammengefasst. Daher so treffend Hesychius: ἀφυσγετόν· ἀκαθαρσίαν, κόπριον, συρφετόν.

Ganz im Einklange mit der Bedeutung seines Etymons W. σπυ+γ im Sinne von spu-o, bezeichnet unser Wort bei späteren Schriftstellern Unreinigkeiten aller Art. Stammt auch lat. spu-ma = engl. spoom, foam, nhd. feim, gleichfalls von der-

selben Wurzel und bezeichnet es auch etwas Aehnliches, so
muss man sich doch hüten, *ἀφυσγετός* = spuma zu setzen; denn
der Bgr. „Schaum" stellt sich von selbst bei der Vorführung
eines wildaugeschwollenen Bergstromes ein; es wäre aber zu
lächerlich, den Dichter neben *πολλὰς δρῦς, πολλὰς πεύκας*
auch noch vielen „Schaum" in's Meer werfen zu lassen.*)
Ganz verschieden vom homerischen Substantiv ist das wunderliche Adjectiv *ἀφυσγετός* bei Nicander Al. 597 *νέκταρ*
ἀφυσγετόν, das vom Scholiasten durch *πολύ* erklärt wird. Ist
diese Erklärung richtig, so hat Nicander wohl eine absonder-
liche Bildung aus *ἀφύσσω* im Sinne von „aufhäufen", wie
A 171 oder wie *η* 286 (*φύλλα ἠφυσάμην*) vorgenommen, wie
er aus *ἀφύσσω* auch *ἀφύξιμος*, reichlich, gebildet hat. S. 132.

56. Φῦκος

kommt gleichfalls nur an Einer Stelle im Homer vor, die aber eine
gewisse Aehnlichkeit mit der Stelle von *ἀφυσγετός* hat. *Ι* 4 ff.

> ὡς δ' ἄνεμοι δύο πόντον ὀρίνετον ἰχθυόεντα,
> Βορέης καὶ Ζέφυρος, τώ τε Θρήκηθεν ἄητον,
> ἐλθόντ' ἐξαπίνης· ἄμυδις δέ τε κῦμα κελαινὸν
> κορθύεται, πολλὸν δὲ παρὲξ ἅλα φῦκος ἔχευαν.

Was gemeint ist, unterliegt keinem Zweifel, nämlich See-
tang. Aber wie ist das Wort etymologisch zu erklären? Es
steht u. E. für *σφῦ-κ-ος* und bezeichnet ejectamentum maris
(Tacit. Germ. 45). Dafür spricht der Gebrauch des davon abgeleiteten

φυκιόεις

in der einzigen homerischen Stelle *Ψ* 693

> ὡς δ' ὅθ' ὑπὸ φρικὸς Βορέω ἀναπάλλεται ἰχθὺς
> θίν' ἐν φυκιόεντι —.

Denn am Gestade wächst kein Tang, am wenigsten auf
dem sandigen Gestade, auf den Sanddünen, in welchem Sinne
θίς durchweg gebraucht erscheint. Dagegen ist das sandige

---

*) Unser Schau-m, amhd. schû-m, altn. skû-m, engl. scu-m, frz. écu-me
hat gar nichts mit lat. spuma zu schaffen, sondern gehört mit mhd. schî-m,
altn. ski-ma, Schimmer, mit nordengl. scaumy, schimmernd, u. a. W. zu
W. ska-ski-sku, begrifflich = spa-spi-spu.

Gestade durch die vom Boreas aufgewühlte und gepeitschte
See mit Tang aus der Seetiefe vollbespieen, ist voll von ejecta-
mentis maris. Schol. I 7 φῦκος: τὸ χορτῶδες τῆς θαλάσσης
ἀπόβλημα. — Bezeichnend ist auch die Bemerkung des Scholiasten zu Ψ 693: φῦκος δέ ἐστιν ἤτοι ἡ ἀχνὴ τῆς θαλάσσης (i. q. spuma), ἢ πόα παραθαλασσία οὕτως καλουμένη, insofern auch hier auf den Begriff des Ausspeiens in ἀχνή hin-
gedeutet wird.

Wenn in späterer Zeit φῦκος, lat. fucus, statt das ejectamentum maris noch zu bezeichnen, auch den wachsenden
Tang, Seegewächse überhaupt bezeichnen konnte, so lag diese
Verwendung des Wortes um so näher, je lauter das urwurzelhaft verwandte Ztw. φύω anklang.

57. Σπεύδω

hat offenbar zum Stamme σπυδ, der nichts weiter ist als eine
D-Erweiterung aus W. σπυ, wie wir eine solche von der Wf.
σφυ = σπυ in σφυδ-ρ-όω, von der Wf. σφι, W. σπι in σφί-δ-η,
fides κτλ. kennen gelernt haben. Σπεύδω deckt sich in begrifflicher Hinsicht mit ποι-πνύω, schnaufen (: πνέω, Stamm πνυ).

Wie nun ποι-πνύω zu dem Bgr. sich sputen, emsig, eilig
sein, sich tummeln übergegangen ist, so auch σπεύδω. Ja,
manche der homerischen Stellen mit σπεύδω stehen solchen
mit ποιπνύω noch vollständig parallel: Δ 225

ἂν ἴδοις Ἀγαμέμνονα δῖον
... μάλα σπεύδοντα μάχην ἐς κυδιάνειραν

deckt sich mit Ξ 155

(ἔγνω) τὸν μὲν ποιπνύοντα μάχην ἀνὰ κυδιάνειραν.

Vgl. Δ 232

οὓς μὲν σπεύδοντας ἴδοι.

Hephästos wird in seiner geschäftigen Rührigkeit Α 600
als ποιπνύων, Σ 373. 472 als σπεύδων vorgeführt, während
es hinwiederum von seinen künstlichen Dienerinnen Vs 421
heisst: αἱ μὲν ὕπαιθα ἄνακτος ἐποίπνυον.

Priamus ruft Ω 253 seinen Söhnen zu: σπεύσατέ μοι; dagegen sagt der Dichter von den Söhnen des Nestor, welche

ebenfalls Befehle ihres Vaters zur hurtigen Ausführung erhielten: οἱ δ᾽ ἄρα πάντες ἐποίπνυον γ 430.

Bisweilen würde sogar die wörtliche Wiedergabe mit schnaufen nicht unzulässig sein, wie Ψ 506 von Rennpferden: τὼ δὲ σπεύδοντε πετέσθην.

Es hätte daher, um σπεύδω (σπυ+δ) zu erklären, weder der lautlich unhaltbaren Zusammenbringung mit lat. studeo*) (Curt. 687), noch Fick's künstlicher Begriffsvermittelung aus Skr. sphî-ti, Wachsthum, Glück = ahd. spuot, as. spôd, Erfolg, (Wl. I 251) bedurft. Der sinnliche Begriff (blasen etc.) ist naturgemäss der frühere, sowohl für σπεύδω, als für die verwandten germanischen Wörter ahd. spuon, ahd. spuotôn, ags. spêdan, engl. speed, nhd. *sputen* etc. Der übertragene Begriff Glück, guter Fortgang ist naturgemäss der spätere und abgeleitete, wie auch schon daraus hervorgeht, dass er im griech. Worte nicht zum Vorschein kommt. Die im Skr. sphî-ti steckende Wf. sphî, spi ist eben = W. σπι, blasen, blähen, schwellen. Die Zusammengehörigkeit von σπεύδω und nhd. *sputen* wird allgemein zugegeben; aber auch *spu-ten* oder spu-den und *spüttern, spucken* etc. = lat. spu-o gehen auf Eine Wurzel, — ein weiterer Beweis für die Richtigkeit der Zurückführung von Stamm σπυ-δ auf W. σπυ. Nebenbei sei bemerkt, wie sich auch *Spu-k* (Geistererscheinung), *spu-ken* zu unserem Wurzelkleeblatt fügt; man denke an W. spa in Wf. φα, wozu φάσμα = *Spuk* = lat. *species*, nur dass jedes dieser drei Substantiva seinen eigenen weiteren Gang gegangen ist aus W. spa bzhw. spu.

Im Lateinischen steht dem σπεύδω gegenüber festinare, das zunächst vom Adj. festinus entstammt. Das diesem zu Grunde liegende *fe-s-tus = σπευστός lehnt sich aber an W. spa bzhw. fa+s = W. spu an. Wurzelhaft identisch ist fe-s-t-us, festlich, stellt aber den in φάος, φαίνω, φαιστός etc. zu Trage tretenden Bgr. glänzen dar. Wie festra, Fenster, festuca, Halm etc. zur selben Wurzel sich vermitteln, ist früher angedeutet worden.

---

*) Stu-d-eo ist Einer Wurzel mit unserem *stü-m* in *Ungestü-m, stü-m-en*, mit engl. stea-m, Dampf, Hauch, to stuc, stew, dämpfen u. s. w., aus W. stu, die aber nur begrifflich = W. spu.

58. *Ποι-πνύω*

weist mit seinem Jota auf urspr. *πο-σπνέω*, wie *παιπάλη* st. *πα-σπάλη*, *ποιφύσσω* st. *πο-σφύσσω*, *παιφάσσω* st. *πα-σφάσσω* 'κτλ. — Dass *ποιπνύω* nur Reduplication von *πνέω* St. *πν* ist, wird allgemein zugegeben. Daraus würde dann weiter folgern, dass auch Wf. *πνυ*, älter *σπνυ*, aus W. *σπυ*, hauchen, hervorgesprossen wäre. Aber woher das *ν*? Die Lautverbindung *πν* im Anfange eines Wortes ist dem griechischen Sprachgefühle so fremd, dass sie sich, abgesehen von *πνύξ* G. *πυκνός*, auf W. *πνυ* und das (von Benfey, Curtius etc. auf *πν* zurückgeführte!) *πνίγω* beschränkt. Eine solche Vereinzelung des Anlauts *πν* erregt gerechten Zweifel an seiner Ursprünglichkeit und lässt vollens die Annahme eines nasalen Einschubs nicht aufkommen. Nun finden sich neben *πνέω* als dazu gehörig *πινύω*, *πινυτός*, *πίνυσις*, *πινύσσω* κτλ. Wie nun *τα-ρύ-ω*, *ὀμ-νύ-ω*, *ὀρ-νύ-ω*, *κτι-ρύ-ω* κτλ. Weiterbildungen aus WW. *τα*, *ὀμ*, *ὀρ*, *κτι* sind, so könnte *πι-νύ-ω* Weiterbildung aus W. *σπι* = W. *σπυ* sein st. *σπι-νύ-ω*; das Jota könnte später ausgestossen sein und daraus Wf. *πνυ* sich erhärtet haben.

Allein es giebt noch eine andere Erklärung: Secundär-Wurzel (*σ*)*πνυ* kann auch Umstellung für (*σ*)*πυν* d. i. *σπυ*+*ν* sein. Dafür spricht die Analogie von altn. fna-sa, hauchen, ags. fnae-st, Athem, ahd. fnâ-st-ôd, anhelitus etc. Diese Wörter haben neben sich Wf. fan, aus W. spa+n, wie engl. foam neben spoom, engl. to fan = wehen, fächeln etc., the fan = Blasebalg (*φῦσα*), Fächer etc. Diese Wf. fan, metathesirt zu fna und durch Sigma erweitert, giebt fna-s, durch h erweitert ahd. fnë-h-an, spirare, anhelare. Und so giebt Wf. fu (*σπυ*)+n, Wf. fun in Metathesi ahd. Subst. (fnu-h-t) phnu-h-t, Schnauben, Keuchen, singultus, ahd. (fnu-rf-en) phnurren, schnauben, (fnu-s-t) phnu-s-t, Gepruste, Gekicher. Nicht anders Wf. (*σ*)*πνυ* st. (*σ*)*πυ*+*ν*. Damit wäre das seither als griechisches Findelkind ein verwaistes Dasein fristende Ztw. *πνέω* dem Ganzen des indogermanischen Sprachkörpers wieder als lebendiges Glied einverleibt. — *Πνίγω*, dämpfen, sticken, kann nicht füglich von Wf. *πνυ* entstammen, sondern fügt sich zu W. (*σ*)*πι*+*ν*, in Metathesi *πνι*, worauf dann G-Erweiterung vorgenommen wurde, wie z. B. in $\tau\mu\acute{\eta}$-γ-ω aus Wf. $\tau\mu\alpha = \tau\alpha\mu$, $\tau\acute{\alpha}\mu$-$\nu\omega$, $\tau\acute{\epsilon}\mu$-$\nu\omega$. Denselben Bgr. stellt dar $\varkappa\alpha\tau\alpha$-$\varphi\acute{\upsilon}\xi\epsilon\iota$ $\varkappa\alpha\tau\alpha$-$\sigma\beta\acute{\epsilon}\sigma\epsilon\iota$ Hes. Wir haben darin Wf. $\varphi\upsilon + \gamma$ st. $\sigma\varphi\upsilon + \gamma$ d. i. denselben Wortstamm, welchen wir in $\pi o\iota$-$\varphi\acute{\upsilon}\sigma\sigma\omega$, $\sigma\varphi\acute{\upsilon}\zeta\omega$ haben.

II. Von Wf. $\pi\nu\upsilon$ entstammt ohne Zweifel $\pi\nu\epsilon\acute{\upsilon}$-$\mu\omega\nu$ als Athmendes $=$ Lunge. Hiermit das gleichbedeutige $\pi\lambda\epsilon\acute{\upsilon}$-$\mu\omega\nu$ auch lautlich zu identificiren, geht nicht an, da λ nicht $= \nu$. Vielmehr gehört $\pi\lambda\epsilon\acute{\upsilon}$-$\mu\omega\nu$ und lat. pul-mo mit $\pi\lambda\epsilon\upsilon$-$\varrho\acute{\alpha}$, $\pi\lambda\epsilon\upsilon$-$\varrho\acute{o}\nu$ zu W. spal, schwingen etc., wozu auch lat. pello, pulsus, indem sich auch die ablautenden Wurzeln spil und spul, metathesirt (s)plu, daneben entwickelt haben: $\pi\lambda\acute{\upsilon}$-$\nu\omega$ $=$ spülen, Grundbegriff hin- und herwegen, schwingen. Vgl. Spule, Spille u. a. Doch darüber später.

Wie wir WW. spa-spi-spu neben einander haben, so hätten wir also auch Wf. spna-spni-spnu vertreten in fna-sa aus spna-sa, in $\pi\nu\acute{\iota}$-γ-ω aus $\sigma\pi\nu\acute{\iota}$-$\gamma$-$\omega$, in πo-$\sigma\pi\nu\acute{\upsilon}\omega$ nebst resp. Sippen. Lehrreich ist noch ahd. fno-t-ôn, quassare, weil es wiederum zeigt, wie nahe sich Bgr. „schwingen, wegen" und Bgr. „wehen, hauchen" stehen.

Aus der nicht umgestellten german. Wf. fa + n bzhw. mit Ablaut seien hier erwähnt bloss aus dem Englischen: fin, Flossfeder d. i. Schwinge || fin-ch, Fin-k (Bgr. tönen) neben spink || to fin-d, erwittern || findy, fest, derb ($\sigma\pi\iota\delta\nu\acute{o}\varsigma$) || fan, Blasebalg etc. || fen, Moor (Koth) || fenne, Drache $=$ schnaubendes Ungethüm || fon, Narr ($\tau\epsilon\tau\upsilon\varphi\omega\mu\acute{\epsilon}\nu o\varsigma$) || fon-d, thöricht (vgl. dumb und Dampf zu W. du $= \vartheta\upsilon$) || funge, Dummkopf || fun-k; Gestank || funnel, Röhre || funny, Kahn ($\varphi\acute{\alpha}\sigma\eta\lambda o\varsigma$) u. s. w. Doch zurück zum Griechischen.

III. Lehrreich ist der Ideengang im Gebrauche von $\pi\nu\acute{\epsilon}\omega$.

Es bedeutet a) wehen, blasen, hauchen: $o\mathring{\upsilon}\varrho o\iota$ $\pi\nu\epsilon\acute{\iota} o\nu\tau\epsilon\varsigma$ $\mathring{\alpha}\lambda\iota\alpha\acute{\epsilon}\varsigma$ δ 361 etc. b) schnauben, keuchen, athmen: $\tau\grave{\omega}$ $\delta\grave{\epsilon}$ ($\mathring{\iota}\pi\pi\omega$) $\pi\nu\epsilon\acute{\iota} o\nu\tau\epsilon$ N 385 etc. c) athmen $=$ leben σ 131 etc. d) duften, Hauch von sich geben, riechen: $\mathring{\alpha}\mu\beta\varrho o\sigma\acute{\iota}\eta$ ... $\mathring{\eta}\delta\grave{\upsilon}$ $\mu\acute{\alpha}\lambda\alpha$ $\pi\nu\epsilon\acute{\iota} o\upsilon\sigma\alpha$ δ 406; e) günstig sein, afflare Callim.

Auf der Gränze zwischen sinnlicher und geistiger Bedeutung steht der so häufige Ausdruck $\mu\acute{\epsilon}\nu\epsilon\alpha$ $\pi\nu\epsilon\acute{\iota} o\nu\tau\epsilon\varsigma$, Muth schnaubend, muthbeseelt B 536 ö.

Im eigentlich geistigen Sinne hat Homer nur Formen
aus dem Perfect-Passiv, was wohl zu beachten ist: πέ-πνυ-
μαι, eigentl. = bin behaucht worden, πε-πνυ-μένος = behaucht. Jedoch bei der einfachen Auffassung von behaucht =
beseelt würde sich diejenige Anwendung, welche Homer seinem
πέ-πνυ-μαι, πε-πνυ-μένος ausschliesslich vorbehalten hat, nämlich von der Klugheit, Verständigkeit, sagacitas, perspicacia,
nicht recht wohl erklären lassen; desto besser aber, wenn wir
daran denken, dass, wie αὐτμή, so auch πνεῦμα (und πνέω)
von der Witterung des Wildes gebraucht wird, mit anderen
Worten, wenn wir den sinnlichen Begriff der „Witterung" hier
in geistiger Anwendung nicht aus dem Spiele lassen: πε-πνύ-
σθαι = behaucht d. i. mit Witterung versehen sein. Daher πε-
πνυ-μένος und πνυ-τός = sagax.

59. Σί-συφ-ος

soll aus σοφός gebildet sein. Homer scheint allerdings selbst
so zu etymologisiren, wenn er Z 152 sagt

ἔστι πόλις Ἐφύρη μυχῷ Ἄργεος ἱπποβότοιο,
ἔνθα δὲ Σίσυφος ἔσκεν, ὃ κέρδιστος γένετ᾽ ἀνδρῶν,
Σίσυφος Αἰολίδης.

Allein das hindert nicht, der Sache tiefer auf den Grund zu
gehen. Ist Sisyphus, wie Preller Griech. Mythol. so ansprechend
auseinandergesetzt hat, ursprünglich eine Meeresgottheit, so
muss dem Namen, wie Muys Hellenika S. 205 richtig bemerkt,
eine Natur-Bedeutung beigelegt werden, wie sie auf einen Gott
des Meeres oder aber der Luft einzig und allein passt. Muys
vergleicht „σίσυβος· θύσανος, nhd. schweben und σοβέω", und
deutet Σίσυφος „schwebend, schwankend, hin und her bewegt,
unstät, beweglich." — Aus Wf. σφυ, spu, blasen, dürfte sich
eine noch passendere Deutung ergeben; wir nehmen Σί-συφ-ος
als aus Σί-σφυ-ος entstanden an. S. 147 ol-σύπη st. ol-σπύη.
Die ursprüngliche Positionslänge wäre dann auch nach erfolgter
Umstellung in Σί-συφος erhalten geblieben. Unseres Bedünkens
hat man noch weit kühnere Lautumstellungen annehmen zu
dürfen geglaubt, wie wenn man aus Skr. varkas werden lässt
vrakas, vlakas, vlukos, ϝλύκος, endlich λύκος (Curt. N. 89)!

Σί-συφ-ος st. Σί-σφυ-ος würde bedeuten „heftig blasend". Bezugnahme auf Wind und Wasser kommt in der Genealogie des Sisyphus mehrfach vor: sein Vater ist der Hellenide Acolus d. i. der Schnelle; seine Gemahlin ist eine der Pleiaden, ist Tochter des Atlas, der des ganzen Meeres Tiefen kennt (α 52); Sisyphus ist Vater des Glaukus (vgl. γλαυκὴ θάλασσα Π 34), des Ornytion (ὄρνυται ἄνεμος), des Halmus (ἄλλεσθαι, ἅλς). Für unsere Ableitung von Σίσυφος spricht auch die Etymologie von ἀ-σύφ-ηλος § 53, von σῦφ-αρ und σύφ-αξ. Σῦφ-αρ st. σφῦ-αρ bezeichnet a) die blasenartige Haut, welche die sich häutenden Schlangen und Insecten abgestreift haben i. q. Blase; b) die Blasenhaut auf der Milch; c) jede runzelige Haut. Angesichts der massenhaften Bildungen aus W. spa, spi, spu mit dem Bgr. Blase u. dgl. ist Wf. σφυ = W. spu, blasen, hier eine gegebene Grösse.

Σύφ-αξ, Most, st. σφύ-αξ, wird von den alten Lexicographen als gleichbedeutend mit γλεῦκος gesetzt, dieses aber erklärt als τὸ ἀπὸ τῆς ληνοῦ ἀπόσταγμα, αὐτομάτως καταῤῥέον ἀπὸ τῆς σταφυλῆς. Also ist σύφ-αξ das Hervorquellende = φύσημα(: φυσάω, Wf. σφυ), worüber oben S. 136.

60. Πτύ-ον,

die Wurfschaufel, Futterschwinge, entstammt nicht direct von πτύω = spuo; wenigstens hat das Wort nichts mit dem Begriffe speien zu thun. Es stellt vielmehr mit πτ statt sp die Wurzel spu nicht mit dem abgeleiteten Begriffe des Zeitworts spu-ere, sondern in ursprünglicherer Bedeutung dar, nämlich windigen. Dafür spricht die lat. Benennung desselben Gegenstandes ventila-brum aus ventila-re, ven-tus; dafür spricht lat. vannus (W. va, wehen), dafür das aus W. (s)pa = spu entstammende engl. the fan = Fächer, Blasebalg, Futterschwinge, vannus. In der einzigen Stelle, wo Homer unser Wort hat, wird ausdrücklichst auf das Windigen Bezug genommen. N 588

ὡς δ' ὅτ' ἀπὸ πλατέος πτυόφιν μεγάλην κατ' ἀλωὴν
θρώσκωσιν κύαμοι μελανόχροες ἢ ἐρέβινθοι
πνοίῃ ὕπο λιγυρῇ καὶ λικμητῆρος ἐρωῇ.

In späterer Zeit ist neben πτύον auch πτέ-ον (attisch) auf-

gekommen. Da das Digamma damals völlig ausser Gebrauch
war, so wird man wohl kaum πτέϝον als die Grundform an-.
sehen dürfen, vielmehr für πτέ-ον auf die abgeschwächte Wurzelform σπε = W. σπα zurückzugehen haben, die uns auch im
Sinne von hauchen in ϑε-σπέ-σιος und sonst mehrfach vor-
gekommen ist, besonders aber in dem Sinne von hauchen =
sprechen: ἔ-σπε-τε κτλ.
Aus πτύον ist zusammengesetzt δί-πτυ-ον· μέτρον. Κύπριοι. οἱ δὲ τὸ ἡμιμέδιμνον Hes., wird also wohl ein Maass
= „zwei Wurfschaufeln gross" gewesen sein.
Ein hochinteressantes Wort ist λαι-πτύηρον· ἀναπεπλα-
σμένον. ἰσχυρόν (Hes.) d. i. a) bossirt, b) stark. Der beider-
seitige Grundbegriff ist „gebläht" — ein neuer Beweis für die
Zusammengehörigkeit von πτύω, hervorblasen, πτύον. the fan,
und W. σπυ, blasen.

61. Πτύξ, πτύσσω.

Mit den vorhin behandelten Wörter klingt πτύξ, St. πτυχ,
πτύσσω st. πτυχ-ιω so nahe an, dass sich wurzelhafter Zusammenhang von vorne herein als unabweisbar aufdrängt.
Wurzelerweiterungen mittels χ sind ja häufig genug: ῥή-χ-ομαι
von ῥέ-ω, σμή-χ-ω von σμάω, ψύ-χ-ω von ψυ = σπυ u. dgl. m.
Und so entsteht aus der anderen Spielart der W. σπυ, aus Wf.
πτυ, der erweiterte Stamm πτυ-χ. Πτύξ, G. πτυχ-ός ist urspr.
Blähung, Bauschung, Wölbung, erst später „Falte"; πτύσσω
ist bauschen, erst später „falten". Wegen der Begriffsvermittelung vergleiche man das ebenfalls aus W. spu weitergebildete
engl. puff: a) Hauch; b) etwas Aufgeblasenes, Leichtes, Lockeres;
c) der Bovist, Puster (der bekannte mit Staub gefüllte Schwamm);
d) die Rundfalte, Falte, daher e) Falbel, faltiger Kleider-
besatz; to puff = a) die Backen aufblasen; b) blasen, pusten,
keuchen, schnauben, schnaufen; c) schwellen, blähen; d) blasend
treiben, bewegen etc. Unser *puffen* daneben = schlagen
(mit Geräusch).*)

---

*) Der Anlaut p neben f und b so vieler anderer german. Wörter
gleichen Grundbegriffs ist nur aus ursprüngl. sigmatischem Anlaute sp
zu erklären.

Man entkleidet die homerischen Gedichte nicht bloss mancher Schönheit, sondern lässt den Dichter förmliche Lächerlichkeiten vortragen, sobald man nicht von der Grundbedeutung „Bauschung" für $\pi\tau\acute{v}\xi$ ausgeht. Der Schild, $\acute{\alpha}$-$\sigma\pi\acute{\iota}\varsigma$, hat seinen Namen aus W. $\sigma\pi\iota$ = W. $\sigma\pi v$ und bedeutet Blähung, Wölbung, Gewölbtes. Und so bestand der Schild des Achilles nicht aus fünf „Falten", sondern aus fünf übereinander liegenden Wölbungen, $\pi\tau\acute{v}\chi\varepsilon\varsigma$, verschiedenartiger Stoffe Σ 481, V 269 ff. Mit der Uebersetzung „Schicht" st. „Falte" täuscht man sich nur selbst; seit wann ist denn Falte = Schicht? — Im Schilde des Aias waren sieben Stierhäute über einander gewölbt, gebauscht; daher H 247 $\check{\varepsilon}\xi$ $\delta\grave{\varepsilon}$ $\delta\iota\grave{\alpha}$ $\pi\tau\acute{v}\chi\alpha\varsigma$ $\mathring{\eta}\lambda\vartheta\varepsilon$ $\delta\alpha\acute{\iota}\zeta\omega\nu$ $\chi\alpha\lambda\grave{o}\varsigma$ $\mathring{\alpha}\tau\varepsilon\iota\varrho\acute{\eta}\varsigma$, | $\mathring{\varepsilon}\nu$ $\tau\tilde{\eta}$ δ' $\mathring{\varepsilon}\beta\delta o$-$\mu\acute{\alpha}\tau\eta$ $\mathring{\varrho}\iota\nu\tilde{\omega}$ $\sigma\chi\acute{\varepsilon}\tau o$ d. i. durch sechs Wölbungen, sechs gewölbt (gebauscht)-liegende Häute drang das Eisen hindurch; in der siebenten Haut aber blieb es stecken.

Wenn Zeus den Kriegsvorgängen zuschauen will, sitzt er bald auf dem höchsten Gipfel des Olympus: $\mathring{\alpha}\chi\varrho o\tau\acute{\alpha}\tau\eta$ $\varkappa o\varrho v\varphi\tilde{\eta}$ $\pi o\lambda v\delta\varepsilon\iota\varrho\acute{\alpha}\delta o\varsigma$ $O\mathring{v}\lambda\acute{v}\mu\pi o\iota o$ A 499, E 754 ö., bald auf dem höchsten Gipfel des Ida $\varXi$ 157 ö. Wenn er daher zu gleichem Zwecke V 22 $\pi\tau v\chi\grave{\iota}$ $O\mathring{v}\lambda\acute{v}\mu\pi o\iota o$ sitzt, so werden wir ihn uns auch hier als auf einer Böschung, Kuppe, Wölbung des Olymp sitzend vorzustellen haben, wie bereits Damm-Duncan Lex. Hom. richtig erkannten. Es ist gradezu lächerlich, in dieser Situation und Absicht den Gott in einer „Falte" oder „Schlucht" des Olymp Versteckens spielen zu lassen.

Nach $\varLambda$ 77 befinden sich die Wohnungen der einzelnen Götter $\varkappa\alpha\tau\grave{\alpha}$ $\pi\tau\acute{v}\chi\alpha\varsigma$ $O\mathring{v}\lambda\acute{v}\mu\pi o\iota o$. Diese Wohnungen aber liegen sammt und sonders in der von Hephästus angelegten und mit Thoren (E 749, $\varTheta$ 393) versehenen Stadt; diese aber ist auf dem höchsten Gipfel des Olymp in wolkenloser Heitre angelegt ζ 42; vgl. $\varXi$ 154. 225, T 114, V 5 etc. Mit diesen Angaben verträgt es sich nie und nimmer, die einzelnen Götter in den „Falten" oder „Schluchten" des Olymp hausen zu lassen. Auf jenem glanzumflossenen Gipfel haben „Schluchten" keinen Platz; „Schluchten" gehören in keine Stadt, am wenigsten in die Götterstadt. Desto schöner und malerischer gestaltet sich das Bild, sobald wir $\pi\tau\acute{v}\chi\varepsilon\varsigma$ als Erhebungen (Anschwellungen),

Kuppen fassen: auf der allerobersten Kuppe thronet Zeus; ringsum auf den niedrigeren Bodenanschwellungen, Kuppen, liegen die Wohnungen der anderen Götter.

Dass der Olymp reich an solchen Kuppen oder mamelons ist, beweist sein Beiwort *πολυδειράς* Α 499, Ε 754, Θ 3, und der Wortlaut der beiden ersten Stellen spricht vernehmlich genug für das über die Göttersitze eben Gesagte. Α 498

εὗρεν δ᾽ εὐρύοπα Κρονίδην ἄτερ ἥμενον ἄλλων
ἀκροτάτῃ κορυφῇ πολυδειράδος Οὐλύμποιο.

Wenn daher der Olymp

πολύ-πτυχος

heisst, und zwar nur der innerhalb der Thore der Götterstadt liegende Theil des Olymp Θ 411, Υ 5, so werden wir dieses Epitheton als identisch mit *πολυδειράς* zu fassen haben. Θ 411

πρώτῃσιν δὲ πύλῃσι πολυπτύχου Οὐλύμποιο
ἀντομένη κατέρυκε.

Die Stelle Υ 5

Ζεὺς δὲ Θέμιστα κέλευσε θεοὺς ἀγορήνδε καλέσσαι
κρατὸς ἀπ᾽ Οὐλύμποιο πολυπτύχου —

steht parallel mit Θ 2

Ζεὺς δὲ θεῶν ἀγορὴν ποιήσατο τερπικέραυνος
ἀκροτάτῃ κορυφῇ πολυδειράδος Οὐλύμποιο.

Nicht anders ist denn auch *πολύπτυχος* als Epitheton des Ida zu fassen Φ 449, Χ 171 = viel-wölbig, vielbuckelig, kuppenreich, plein de mamelons.

Um zu *πτύξ* zurückzukehren, so liegt die Stadt Krissa, deren Lage im Hymn. Ap. 269, Hymn. Merc. 555 durch *ὑπὸ πτυχὶ Παρνησοῖο* charakterisirt wird, doch offenbar nicht „unter einer Schlucht des Parnassus", sondern unter der Kuppe des P., und die unsterblichen Götter versammeln sich gewiss nicht in den „Schluchten" des Olymp, sondern auf seinen Höhen: Hymn. Merc. 326

ἀθάνατοι δὲ
ἄφθιτοι ἠγερέθοντο ποτὶ πτύχας Οὐλύμποιο.

In Anwendung von Kleidungsstücken begegnet uns das Wort bereits Hymn. Cer. 176

ὣς αἱ ἐπισχόμεναι ἑανῶν πτύχας ἱμεροέντων
ἤιξαν —

d. h. um im Laufen nicht behindert zu sein, hielten sie die Bauschungen (Aufblähungen) der Gewänder an sich. Mit „Falten" ist hier absolut nichts anzufangen. — So ist *E* 315 auch *πτύγμα* aufzufassen, wo Aphrodite um ihren Sohn Aeneas die Bauschung ihres strahlenden Gewandes hüllt als Schutzwehr gegen die Geschosse der Feinde:

πρόσθε δέ οἱ πέπλοιο φαεινοῦ πτύγμ᾿ ἐκάλυψεν
ἕρκος ἔμεν βελέων.

Die „Falte" ihres Gewandes giebt keinen Sinn. Zutreffend Hesychius: *πτύγμα· κόλπωμα.*

Wenn ferner nach dem Scholiasten zu Apoll. Rh. I 1089 am Schiffe *πτυχή* dasjenige genannt wird, worauf der Name des Schiffs eingeschrieben steht, so kann auch das keine „Falte" sein, sondern nur eine schildartige Wölbung, eine gewölbte rundliche Tafel. — Und sollte nicht auch Pindar Ol. I 105 mit seinen *κλυταῖσι ὕμνων πτυχαῖς* die Anschwellungen d. i. die begeisterten Erhebungen des Liedes gemeint haben? Man denke an Horaz Od. IV 2.

Wie sich am Schilde des Aias sieben Stierhäute über einander wölbten; wie der Schild Achills aus fünf Wölbungen verschiedener Metalle bestand: so war Hektors Helm, den Apollo geschenkt hatte, dreiwölbig, dreifach gewölbt und heisst deshalb *Λ* 353

τρί-πτυχος

d. h. er war gebildet dadurch, dass sich drei gesonderte Metallplatten über einander wölbten; er bestand aus drei verschiedenen dicht über einander liegenden Metall-Wölbungen. Mag man immerhin hier beim Helme wie beim Schilde die *πτύχες* als „Lagen" oder „Schichten" fassen wollen: wie kommt es denn, dass nur bei solchen Gegenständen, welche, wie Schild und Helm, gewölbter Art sind, überhaupt das Wort *πτύχες* zur Verwendung gelangt? Der Grund liegt eben darin, dass *πτύξ* seiner Wurzel nach den Bgr. des Blähens, Bauschens, Wölbens in sich selber trägt.

Darnach ist auch zu erklären

δί-πτυχος,

welches in dieser Gestalt bei Homer nur *ν* 224 in Verbindung mit *λώπη* vorkommt: *δίπτυχον ἀμφ᾿ ὤμοισιν ἔχουσ᾿ εὐεργέα λώπην.* Der Ueberwurf, welchen die als Fürstensohn verkleidete Athene hier anhatte, bauschte sich doppelt um die Schultern und war eben deshalb ein *δίπτυχος*. Der Falten selbst bildeten sich sicherlich weit mehr als zwei. Der „metaplastische" Accusativ *δίπτυχα*, scil. *κνίσην*, in der Verbindung *κατά τε κνίσῃ ἐκάλυψαν (μηροὺς), δίπτυχα ποιήσαντες A* 461, *B* 424, *γ* 458, *μ* 361 entspricht ebenfalls dem gegebenen Grundbegriffe; denn auch hier haben wir Wölbung um einen rundlichen Gegenstand, die Schenkelknochen: die einhüllende Fetthaut wölbt sich doppelt um diese herum. Das synonyme *δί-πλαξ* von Wf. *πλεκ* bzhw. W. *σπαλ* (*σπλεκόω* = am-plecti) bedeutet urspr. zweifach gebogen, zweifach sich biegend: *δίπλακι δημῷ Ψ* 243, *δίπλακα πορφυρέην* scil. *χλαῖναν Γ* 126 ö.

Bei der Correlation übrigens von convex und concav, von Emporbiegen und Einbiegen, von Höhe und Tiefe (vgl. altus, profundus; profundum = Meerestiefe, aber auch = Himmelshöhe) darf es nicht Wunder nehmen, wenn *πτύξ*, so gut wie engl. puff etc., weiterhin auch Bgr. Einbiegung, Falte (in der Anwendung = Thalsenkuug etc.) angenommen hat. Daher konnte das abgeleitete

πτύσσω,

eigtl. Biegungen (Bauschungen) machen, biegen, vom Dichter sowohl bei den schwanken Speerschäften aus elastischem Eschenholz, als auch bei Kleidungsstücken zur Verwendung kommen. Das viel besprochene *ἔγχεα δ᾽ ἐπτίσσοντο N* 134 ist einfach „die Speere bogen sich", und *εἵματα πτύσσειν ζ* 111. 252, *τ* 256, *χιτῶνα πτ. α* 439 ist nichts anderes als die Kleider etc. umbiegen (die Theile derselben über einander bauschen) d. i. (frei übersetzt) falten. Die albernen Deutungen von *N* 134, wie „die Speere verwirrten sich" u. dgl. mögen auf sich beruhen bleiben. Didymus in den Scholien a. O. hat die verständige Erklärung *ἔγχεα ἐκάμπτετο*. Wie diese Bedeutung etymologisch herauskommt, haben wir gesehen.

Nebenbei mag hier erwähnt sein, dass bereits die alten Scholiasten zu *N* 134 die Zusammengehörigkeit von *πτύσσω* und *πτύω* herausgefühlt haben; wie sie aber hinsichts der lautlichen Vermittelung fehlgehen, wenn sie für *πτύσσω* Hinzufügung von σ aufstellen, so auch in begrifflicher Hinsicht, wenn sie βάλλω als gemeinschaftliche Vorstellung voraussetzen. — Noch möge aus Hesychius Platz finden: πτυκτόν· καμπτόμενον ‖ πτύξ· ἡ πλέξις ‖ πτύξις· κάμψις ‖ πτυχαί· περιβολαί. Hiernach werden wir der absurden, in den Wörterbüchern sich spreitzenden, Begriffsvermittelung aus „sich anfalten" für

$$προσ-πτύσσομαι$$

glücklich los. Aus Bgr. „sich anbiegen" d. i. „sich anschmiegen" ergiebt sich a) Bgr. umarmen λ 451; b) sich anschmiegen mit Worten: ποτιπτυσσοίμεθα μύθῳ β 77 (vgl. Hymn. Cer. 199), was δ 647 zu „schmeichlerisch bitten" wird, dsgl. ρ 509 (ohne den Zusatz μύθῳ), γ 22 zu „schmeichlerisch, freundlich anreden, begrüssen"; c) geistiger Weise gleichsam umarmen d. i. seine Zuneigung beweisen ϑ 478.

Wie nahe sich die Begriffe „blähen (blasen), schwellen und biegen" etc. berühren, zeigt, statt zahlloser anderer Analogien, das Eingangs erwähnte engl. to puff, das derselben Urwurzel angehörige engl. to bunt, aufblasen, aufschwellen, the bunt, alles Aufbauschende, Bausch etc. neben to bend (Urwurzel spa), ausdehnen, beugen, the bent, Beugung, Krümmung, Hügelabhang etc., the bending of a vault, Bogenrundung eines Gewölbes, the bend, Krümmung, Biegung; to bunch, blähen, schwellen, the bunch, Geschwulst, Beule, Buckel, Bündel (fascis) etc. Neben to puff, aufblasen, haben wir to buff, puffen, to fuff, aufblähen. Aus dem ganzen Wortlabyrinth gleichbedeutiger oder synonymer germanischer Wörter mit b, f bzhw. hartem v, pf, p findet man sich nur zurecht beim Ausgehen von WW. spa-spi-spu, aber dann auch desto leichter, da für σπ auch φ = germ. b, für σπ auch π = germ. f eintritt. Gleiches gilt von den Wurzelerweiterungen σπαλ, σπλα etc., σπαρ, σπρα etc. Doch schweifen wir nicht zu weit ab.

62. Πτήσσω

St. πτακ verhält sich zu Wf. πτα = W. σπα, wie πτύσσω St. πτυχ zu Wf. πτυ = W. σπυ, nur dass hier X-Erweiterung, dort K-Erweiterung vorliegt, wie z. B. in ὀλ-έ-κω von W. ὀλ und oft. Es ist bereits längst richtig erkannt worden, dass gerade Bgr. sich bücken, niederwärts einen Buckel machen d. i. sich ducken, zusammenkrümmen, zusammenkauern, to bend down, to duck der für die homerischen Stellen geforderte ist. Wie sich dieser Begriff aus Bgr. „blasen, blähen, schwellen" naturgemäss entwickelt, ist S. 163 hinlänglich gezeigt worden: vgl. to bunch, blühen, schwellen, the bunch, Buckel, to bend, blähen, ausdehnen, aber auch = beugen. Bedarf es noch weiterer Belege, so hat sogar πρήθω, blasen, blähen, schwellen, diese Bedeutung entwickelt: ἔπρησας· ἐκύρτωσας Hes. Und hauchen ist auch = kauern: „So hauch hernieder in das Gras" Hans Sachs (Grimm's WB.). — Engl. to wind = 1) blasen, 2) winden, biegen: winding curve. U. s. w.

Bei Homer ist der unerweiterte Stamm πτα fast häufiger noch als St. πτακ vertreten. Unwissenschaftliche Grammatik lässt hier natürlich κ ausgeworfen sein, gerade wie man ἔσταμεν κτλ. nach der alten Grammatik als aus ἑστήκαμεν κτλ. „zusammengehauen" auffasste. Wenn man für πτήσσω den Bgr. fürchten zu Grunde legte, so ist solches nicht besser, als jene angebliche Synkopirung. Denn von Furcht kann z. B. ξ 353 ἔνθ᾽ ἀναβάς, ὅτι τε δρίος ἦν πολυανθέος ὕλης | κείμην πεπτηώς doch wohl keine Rede sein; ebenso wenig ξ 474, wo ein Hinterhalt beschrieben wird: ὑπὸ τεύχεσι πεπτηῶτες κείμεθα. — Wenn χ 362 πεπτηὼς γὰρ ἔκειτο ὑπὸ θρόνον, ἀμφὶ δὲ δέρμα | ἕστο βοὸς νεόδαρτον, ἀλύσκων κῆρα μέλαιναν allerdings Furcht und Angst mit im Spiele sind, so liegt solches in der ganzen Situation, aber nicht im Worte πεπτηώς. — Als Transitiv erscheint πτήσσω in dem als unächt geltenden Verse Ξ 40 πτῆξε δὲ θυμὸν ἐνὶ στήθεσσιν Ἀχαιῶν d. i. beugte nieder den Muth.

Das Compos καταπτήσσω ist ein verstärktes πτήσσω in der angegebenen Bedeutung „sich bücken, ducken": ϑ 190 κατὰ δ᾽ ἔπτηξαν ποτὶ γαίῃ Φαίηκες . . . λᾶος ὑπὸ ῥιπῆς. Dass der Bgr. der Furcht nicht im Worte selbst liegt, geht auch hervor aus Θ 136 τὼ δ᾽ ἵππω δείσαντε καταπτήτην ὑπ᾽ ὄχεσφι, insofern der Dichter den Zusatz δείσαντε für nothwendig erachtete. Nichts als das Niederducken haben wir auch X 191, wo es von einem Hirschkalbe heisst εἴ πέρ τε λάϑῃσι καταπτήξας ὑπὸ ϑάμνῳ. Dazu bei Aeschylus Eum. 243 κατα-πτακ-ών. Eine andere homerische Zusammensetzung ist ὑπο-πτήσσω, unterducken, *B* 312 von kleinen Vögeln: πετάλοις ὑποπεπτηῶτες. Wenn in späterer Zeit πτήσσω meist im Sinne von „sich fürchten" gebraucht wird, so geschieht das mittels der Figur efficiens pro effectu. Das Adj. πτάξ St. πτακ mit den Feminin-Bildungen πτακ-ίς und πτεκ-άς hat die Bedeutung „scheu, furchtsam" angenommen, wie nicht minder das mit anderer Vocalisation auftretende

πτώξ

St. πτωκ, sich duckend d. i. (efficiens pro effectu) scheu, furchtsam; es steht *X* 310 als Beiwort des Hasen, bezeichnet *P* 676 die Hasen selbst. Das davon abgeleitete

πτώσσω,

st. πτωκ-ιω, mit κατα-πτώσσω, steht begrifflich dem πτήσσω parallel: *Φ* 26 „die Troer duckten sich unter die Flussüberhänge". *H* 129 πτώσσοντας ὑφ᾽ Ἕκτορι. *ρ* 227 von einem Bettler, der, statt Arbeitslust zu haben, lieber, im Volke sich herumduckend, betteln geht. Aehnlich *σ* 363. Von „Furcht" ist bei dem unverschämten Bettler keine Rede; aber er bückt und krümmt sich, um seinen Zweck zu erreichen. — *Φ* 14 fliehen Heuschrecken vor der Glut eines plötzlich ausbrechenden Feuers nach dem Strome hin und ducken sich unter das Wasser, ähnlich *χ* 304 verfolgte Vögel unter die Wolken. — Wie *H* 129 unser Wort von Kriegern, die sich ducken, so auch *E* 634, *Y* 427, *Δ* 371. Letztere Stelle bietet durch den hinzugefügten Gegensatz gleichsam die homerische Erklärung von πτώσσειν und gleichbedeutigem πτωσκάζειν:

τί πτώσσεις, τί δ᾽ ὀπιπεύεις πολέμοιο γεφύρας;
οὐ μὲν Τυδέι γ᾽ ὧδε φίλον πτωσκαζέμεν ἦεν,
ἀλλὰ πολὺ πρὸ φίλων ἑτάρων δηίοισι μάχεσϑαι.

Das mit χ aus Wf. πτω = πτα (vgl. ζώ-ω: ζά-ω, ὁμώ-χ-ω: ὁμά-ω) weiter gebildete πτωχ-ός, sich duckend, bückend = Bettler, nebst abgeleitetem πτωχ-εύω bedarf keiner weiteren Auseinandersetzung. — Lehrreich ist noch πτωκὰς κύπειρος, aus Simmias citirt (Hes.) = the bending grass. Vgl. engl. bent = *Binse*.

63. Πτῆ-ναι, ἴ-πτα-μαι.

Vergleicht man den Stamm von κατα-πτή-την Θ 136 „sie duckten sich nieder“, von πε-πτη-ώς „geduckt“ ξ 354. 474, χ 362, von ὑπο-πε-πτη-ῶτες „untergeduckt“ B 312 mit dem zu Tage liegenden Stamme in πτῆ-ναι, fliegen, πτή-σομαι, πτη-νός, ἔ-πτα-το, ἔ-πτη-ν, πέ-πτη-κα, πτῆ-σις, ἴ-πτα-μαι κτλ., so liegt die vollste Lautgleichheit vor.

Ebenso wenig lässt sich in Abrede stellen, dass sich letztere Formen nicht ohne die grösste Schwierigkeit aus St. πετ- in πέτομαι zurechtlegen lassen. Bei blosser Metathesis zu πτε hätte sich doch Abänderung wie bei W. ϑε, τί-ϑη-μι, ergeben müssen, als Part. Aor. πτείς, nicht πτάς u. s. w. Alle Formen aber zu πτῆ-ναι ähneln den Bildungen von W. στα: στῆ-ναι, στή-σομαι, στή-μων etc. so sehr, dass die Frage gerechtfertigt erscheint, ob das wenngleich erst später in der Schriftsprache nachweisbare ἴ-πτα-μαι gegenüber ἴ-στα-μαι nicht älteres Präsens ist, als πέτομαι, und ob es nicht, im Volksmunde immer lebendig geblieben, bloss zufällig erst bei Attikern auftritt. Nimmt man dazu das mit πτη-νοί identische ἀ-σβη-νοί, worin Erweichung von σπ zu σβ, wie so oft, vorliegt, so wird man genöthigt, Wf. πτα aus W. σπα entstanden sein zu lassen (πτύ-ω = spu-o). Es könnte dann πέτ-ομαι, Skr. pat-â-mi, fliege, erst durch Metathesis aus Urgestalt πτα st. σπα entstanden sein, ganz so wie Curtius N. 45b. mit Ascoli Ztschr. XVI 207 bei weniger zwingenden Gründen lat. sec-are, saxum, ahd. sah-s aus W. ska umgestellt sein lässt. Indessen vergleiche man unten Art. 86, wo Wf. σπα-τ neben σπα-δ, schwingen, erwiesen werden wird.

Wäre im Griechischen ursprünglicher Stamm πετ gewesen, so wäre nicht zu verstehen, wie daraus ἴ-πτα-μαι hätte hervorgehen können; steht aber πτα st. σπα, so ist ἴ-πτα-μαι st. σί-σπα-μαι, wie ἴ-στα-μαι st. σί-στα-μαι. Beweiskraft aber für Wf. πτα st. σπα liegt, ausser in ἀ-σβη-νοί st. σπηνοί = πτηνοί, ausser dem lautlichen Zusammenfall von πτῆ-ναι mit πε-πτη-ώς κτλ. (zu πτήσσω), in πτί-λον nebst dorisch ψί-λον st. σπί-λον = πτε-ρόν, Flügel; denn πτί-λον, ψί-λον (vgl.

ἄ-ψιλος· ἄ-πτερος Hes.) weisen mit Naturnothwendigkeit auf W. σπι = W. σπα. Auf W. πτι, σπι = W. σπα weist auch ἰϑυ-πτί-ων, geradefliegend, πτι-λή, ein geflügeltes Insect, von Hesychius zur Erklärung von κιπά = κιίψ· ζῶον πτη-νόν, ὅμοιον κώνωπι vorgebracht. Daneben halte man πτέ-ον = πτύ-ον, engl. fa-n, welches letztere sowohl Futterschwinge, als auch Flügel (neben Blasebalg, Fächel etc.) bedeutet.

Die begriffliche Vermittelung anlangend, so ist die Deutung „fliegen = fallen" (Curt. N. 214) denn doch mehr als erkünstelt, während die Begriffsverwandtschaft von „fliegen, flattern, fächeln, schwingen und wehen" so naturgemäss ist, wie engl. fan deutlichst zeigt. Wenn man goth. fintha, ahd. findu, nhd. finde mit πέτομαι identificirt hat als „fallen auf etwas", so zeigt das, wohin die Verkennung von W. spa-spispu führen konnte: „finden" erklärt sich wie πυνϑάνομαι aus unserer Wurzeltrias als = (riechen) wittern, aufspüren. S. 143.

Dass „wehen" = „fliegen, flattern" mag man auch ersehen aus unseren Dichtern. „Sausend wehen über seinem Haupte | Tausend Flaggen durch die Lüfte" Goethe. — „Weil die rothen Fahnen wehen" v. Eichendorff 285. Daneben 442 „Die „Fahn' im Winde zerflogen". — „Die Fahne in ihrer Mitte weht über den grünen Plan" ders. 164. — „Im Winde weht ihr Schleier" ders. 404. — „Die Fahnen wehn im Morgenwind" Rud. Gottschall. — „Rosig und goldig wehen die Wolken drüber her" Uhland 206.

In begrifflicher Hinsicht ist auch lehrreich engl. wing (aus W. va, wehen): Subst. wing = 1) vannus, πτύον, ventilabrum, a fan to winnow, 2) Flügel, Fittig; Ztw. wing = 1) beschwingen, 2) schwingen, 3) fliegen.

II. Das oben erwähnte homerische

ἰϑυ-πτί-ων,

geradeaus-fliegend, Beiwort der Lanze Φ 169, erklärt sich durch ἰϑὺ βέλος πέτετ' Υ 99; darum aber ἰϑυ-πτ-ίων zu trennen, wie Curtius thut, verbietet πτί-λον, ψί-λον st. σπί-λον, Fittig, πτι-λή· ζῶον πτηνόν, welche Wörter doch auf W. σπι hinweisen, obwohl auch hier Curtius πτ-ίλον trennt; freilich ψί-

λορ = σπί-λορ wird ausser Betracht gelassen. Wo giebt es
ferner ein Suffix ίων für Verbal-Ableitungen? Desto häufiger ist Suffix ων in solchen Ableitungen: λάμπ-ων, γνίφ-ων,
δράπ-ων, σχήπ-ων, σχίπ-ων, χήλ-ων, err-o, rap-o, palp-o,
mand-o (Gen. ônis) etc. bei Leo Meyer II 139. Was die Länge
in πτί-ων anbelangt, so erscheint W. σπι = W. σπα, σπυ mit
langem i auch in lat. fio (S. 137), in φῑ-άλη, bauchiges Gefäss etc., in ί-φϑῑ-μος, φῑ-μός, σπῑ-λος u. a.

64. Πυ-ρός, Πῦρ.

I. Πυρός, Weizen, lautete bei den Syrakusanern noch
σπυ-ρός, wie Hesychius bezeugt. Damit sind wir auf W. σπυ
hingewiesen. Nun bietet Hesychius ferner πυ-ρὰ μνία· ἡ μέ-
λισσα || πυ-τά· Λάχωνες τὰ ἐρυϑρὰ ἱμάτια. Es lag u. E.
kein Grund vor, eine dieser Angaben in Zweifel zu ziehen, bloss
weil man sich die betr. Wörter nicht etymologisch zurecht zu
legen verstand. Wie häufig die WW. σπα-σπι-σπυ den Bgr.
brennen, flammen, glänzen entwickeln, braucht nicht wiederholt
zu werden. Aus Bgr. brennen, flammen aber hat sich in allen
Sprachen Bgr. roth, gelb, feuerfarben in allen Nüancirungen
bis herab zu „blond" entwickelt. Daher ist πυ-ρὰ μνία, „die
braungelbe Fliege", eine glückliche Bezeichnung für die
Biene; daher ist πυ-τός = lat. pu-n-iccus = φοινός (S. 113).
Aus dem Adj. πυ-ρός st. σπυ-ρός, röthlich, gelb, flâ-vus (: fla-
re) wurde nun πυ-ρὸς καρπός zur Bezeichnung der gold-
gelben Frucht der Demeter, des Weizens, verwendet, und
schliesslich wurde auch bloss πυ-ρός für μῆλοψ καρπός, wie
η 104, für ξανϑὴ Δημήτηρ, wie E 500 der Weizen genannt
wird, gebräuchlich.

II. Πῦρ, Feuer, ist schon wegen des entsprechenden german.
Wortes Feu-er, ahd. fu-ir, fiur, viur, mhd. viur, fiwer, fiuwer,
viure, md. vûr, vûwer, as. fiur, ags. fŷr, engl. fire etc., sowie
wegen der aus Simonides von Amorgus bei Herodian citirten
Nebenform πύ-ιρ von Wf. πρα in πρή-ϑω, πί-μπρη-μι st. πί-
σπρη-μι zu trennen, kann auch nicht von Skr. pru-sh, geschweige
denn von φλέγω hergeleitet werden.

Fick WB. I 147 geht von einer W. pu, reinigen, aus und vergleicht Skr. pav-ana, Feuer, goth. fôn und funa, Feuer, πα-νός, Fackel. Nachdem wir aber S. 41, S. 141 gesehen, dass W. pu, reinigen, mit W. pu, wehen, in Urwurzel spu zusammenfällt, werden wir auch πῦ-ρ, πύ-ιρ, fu-ir, fu-na, fô-n hierher zu ziehen haben. Wie aus Bgr. „reinigen" der Bgr. „Feuer" hervorgehen soll, ist nicht abzusehen; desto einfacher ist die Vermittelung aus Bgr. „hauchen". Wie Ton der hörbar gewordene Hauch, so ist Flamme, Feuer der sichtbar und fühlbar gewordene Hauch. Es ist dies eine ebenso naheliegende, wie hochpoetische und ergreifend schöne Auffassung Seitens des Sprachgeistes, die ihren Ausdruck auch bei den Dichtern noch vielfach gefunden hat.

„Ich will dich zu Asche hauchen" Klinger. — „Hoch Aurora flammend weht" v. Eichendorff 1. — „O Herr, lass diese Lohen wehen (der eigenen Häuser Brände), sich breitend, auffordernd über alle deutschen Lande" v. Eichendorff 148. — „In des Morgenrothes Lohen im Norden angefacht" ders. 189. Vom „Hauche der Sonne" sprechen unsere Dichter unaufhörlich, wie Aeschylus fgm. 158 vom πέμφιξ ἡλίου, Ovid vom vapor solis. Vgl. semen tepefactum vapore. Cic. || finditque vaporibus arva Phoebus Ovid. — Bei Virgil ist vapor nahezu = Feuer: carinas est vapor Aen. V 682, vgl. 698 || Columella verbindet halitus solis, halitus caloris || Euripides Troad. 815 φοίνιξ πυ-ρὸς πνοά || der Dichter des homerischen Hymnus auf Mercur 114 φλὸξ φῦσαν ἱεῖσα πυρός || Homer Φ 355 πνοιῇ τειρόμενοι πολυμήτιος Ἡφαίστοιο || Φ 366 τεῖρε δ' ἀυτμή (πυρός) || bezüglich Polyphems heisst es ι 389

πάντα δέ οἱ βλέφαρ᾽ ἀμφὶ καὶ ὀφρύας εὗσεν ἀυτμή,

nämlich die Glut des brennenden Pfahls.

Damit vergleiche man Soph. frgm. 319

ἀπῇξε πέμφιξ ὡς ἱπνοῦ σελασφόρου,

während doch der Grundbegriff von πεμφίς und πέμφιξ „Hauch" ist. Ja, man mag nehmen, welche Wurzel des Grundbegriffs „hauchen" man will, stets gehen daraus Wörter des Bgr. brennen, sengen, dörren, Feuer, Flamme, Glut u. dgl. hervor; oder auch es bedeuten eben dieselben Wörter Hauch und Feuer, hauchen und brennen.

Die Wurzel ἀν, an, hat nicht bloss ἄν-ε-μος, Hauch, Wind, Skr. an-a-s, Hauch, an-ila-s, Wind, sondern auch an-ala-s, Feuer, abgegeben.

Aus W. ἀϝ, av, geht u. a. hervor Skr. avi = 1) Wind, 2) Sonne (Benfey WB. I 26) || ἀυτμή = 1) πνοή, 2) φλόξ || ἀετμός· πνεῦμα neben ἄετμα· φλόξ Hes.

Ἀτ-μός, Hauch, Rauch, aber ἀτ-μή Hesiod. Theog. 862 Glut. Aus Wurzeltrias σπα-σπι-σπυ haben wir bereits S. 75 viele Wörter des Begriffs brennen kennen gelernt, wie φα-ρός, πα-ρός, φα-νή, fax || φῶσαι = φρύξαι || φώγειν = φρύγειν || ψῶσαι = θάλψαι || σπη-λός = σκλη-ρός κτλ. S. 113, S. 75. Vgl. Skr. pâvana, Wind, pavana, Feuer. Fick I 147.

Τύφω, blasen, aber auch = brennen: τυφός, heftiger Wind || τυφεδών, Brand, Fackel || ἐπι-τυφῇ = ἐπι-καῇ Hes. || ἐπι-τυφῶσαι = ἐπι-πυριάσαι Hes.

W. θυ, hauchen, duften, rauchen, aber auch = verbrennen (als Opfer). Die entsprechende SkrW. dhu giebt sogar das Wort dhuv-ana, Feuer, ab. Fick WL. I 119.

Πρί-θω = a) hauchen, blasen, b) brennen.

Αἴθω, brennen, ist Einer Wurzel mit αἰθ-ήρ, Luft || αἰθ-αί, Blasen, πομφόλυγες Hes. || αἰθ-ύσσω, fächeln, flattern || αἴθ-υια, Sturmvogel u. s. w. Αἴθω ist bekanntlich nur Gunirung von W. ιθ, deren Grundbedeutung vorliegt in ιθ-μαίνω, athmen (zunächst von τὸ ἴθ-μα, Hauch, πνεῦμα) || ιθ-αρός ist begriffl. = pû-rus, pŭ-tus || ιθ-μ-ία, Bienenduft.

Aus den weitverzweigten WW. sa-si-su neben goth. saiv-ala, See-le (d. i. ψυχή, Hauch), auch So-nne (wie Wo-nne aus W. wa = ϝα), neben σαίνω, fächeln, auch lakon. σῆ-να· θυσία Hes.; neben lat. sa-bulum, Sa-nd (Wehendes), auch sô-l, Sonne.

Die lat. Wf. ol in ad-ol-eo, verbrennen, ist dieselbe Wurzel wie in ad-ol-eo, ol-eo, duften || ol-or, Schwan (tönen = hauchen) || ab-ol-eo und griech. ὄλλυμι st. ὄλ-νυμι d. i. verwehen, verwesen-machen*) || dieselbe wie in ad-ol-esco, wachsen. Es ist diese Wf. ol nichts anderes, als die weit-

*) „Sie sind verweht und zerstoben" v. Eichendorff.

verbreitete Wurzel *ἀλ*, al, hauchen etc., wozu auch *ἀλ-εός·*
διάπυρος, θερμός Hes. || *ἀλ-έα*, Wärme, Hitze*) *κτλ.*
Lat. Wf. cand in cand-eo, in-cend-o, ac-cend-o lautete urspr.
sigmatisch an (so Benfey, Corssen etc.); dann ist Wf. sca-n-d,
brennen, nicht verschieden von Wf. *σκα-ν-δ*, duften, riechen,
in *σκάνδιξ*, Duftkraut, Kerbel, und Schwester von Wf. *σκανϑ*,
riechen = schnüffeln, in *σκαρϑ-αρ-ίζω, σκινϑ-αρίζω*, durch-
suchen, durchstöbern, wie von engl. to scent, duften, riechen,
wittern, the scent, Geruch, Witterung u. a. W.

Wf. skal, brennen, in *σκέλλω*, in lat. cal-or etc., in unserem
Kohle, engl. *coal***) etc. ist dieselbe, wie in engl. *cool*, kühl
(d. i. *ψυχ-ρός*) || engl. *keel*, desgl. || the *skeel*, die Kühle, Kühl-
schiff || to *skale*, zerstreuen d. i. verwehen || squall, Windstoss,
Bö || lat. squal-or, Schmutz u. s. w.

Καίω, brennen, st. *σκαϝ-ιω*, W. *σκα+ϝ*, wie schon aus *κά-*
γκα-νος st. *κά-σκα-νος, κα-γκής* (in *πολυ-καγκής*) st. *κα-*
σκής, aus *σκη-ρός· σκλη-ρός* II. zu erschliessen, gehört mit
Wf. *σκαλ*, Wf. *σκανδ κτλ.* zu der unendlich weit verbreiteten
W. *σκα* (*σκι-σκυ*), welche sich begrifflich mit WW. *σπα-σπι-*
σπυ deckt.

Δαίω, brennen, st. *δαϝ-ιω*, Wf. *δα+ϝ*, steht neben *δαῦ-τα*,
Lauch: Bgr. blähen || *δαύ-ειν· κοιμᾶσθαι* Hes. d. i. erathmen,
aufathmen, engl. to breath; — gehört also dem grossen Gebiete der WW. *δα-δι-δυ* an, wozu auch goth. taud-jan, nhd.
zünden || goth. tund-nan, sich entzünden || engl. ti-ne und tind,
anzünden || engl. tinder, nhd. *Zunder* || mit anderer Erwei-
terung: *Zunge*, engl. tongue || *Zuber* || *Zagel*, engl. tail d. i.
Wedel, u. a. Wörter des Grundbegriffs hauchen (tönen), blasen (blähen), wehen (wedeln), wie z. B. engl. to tee-m 1) her-

---

*) Wer ein Auge für Naturerscheinungen hat, wird oft genug be-
merkt haben, wie z. B. die Ofenwände förmlich die Hitze aushauchen,
wie im Frühling, um mit Masius zu sprechen, „der alte Erdathem“
vom Erdreiche ausgehaucht wird; unsere Dichter sprechen fortwährend
vom Hauche der Sonne, bald im Sinne von Strahl, bald im Sinne von
Wärme: vapor solis. Die Urvölker aber hatten schärfere Organe als ihre
der Natur mehr entwöhnten Nachkommen.
**) Wegen urspr. Sigma-Anlauts findet keine s. g. Lautverschiebung
statt.

vorblasen = hervorgiessen, 2) gebären, erzeugen, 3) schwellen: teeming huts.

Aὔω st. *αὔσω*, lat. uro st. uso, SkrW. ush, brennen, geht auf Wf. vas (Curt. N. 610, Fick I 32. 218), welche keine andere ist, als W. vas, wehen (hauchen, leben, wohnen), mit anderen Worten als S-Erweiterung der W. va, wehen. Lat. ig-nis st. ing-is, Skr. agni, Feuer, Skr. ang-ara, Kohle, stammen aus einer G-Erweiterung der W. an, so gut wie auch ahd. an-ch-â, ên-ch-a, Luftröhre, Röhre, Hals; denn ahd. ch = k entspricht Skr. g, griech. γ. — Engl. ing-le, Feuer, entspricht griechischer χ-Erweiterung der W. an; daneben to ing-le, begrifflich = *ψαίρειν*, fächeln, wehen, streicheln. As. blas-ma, Flamme, an. blys, desgl., ags. blysan, exardere, ags. blase, bläse, engl. blaze, mhd. blas, Glut, etc. gehören zu goth. blesan, nhd. blasen d. i. germ. Wf. bla+s = lat. fla-re (Fick III 221). Blas-t im Sinne von Wind noch bei v. Spee, Trutznachtigall 161; mhd. blâs = Hauch.

Φλέ-γ-ω und lat. fla-g-ro sind nur G-Erweiterungen der Wf. *φλα*, fla: fla-re, urspr. *σπλα*, spla, weshalb auch keine s. g. Lautverschiebung in unserem *Flamme*, engl. fla-me, in *flackern*, *Flagge*, engl. flag u. s. w., welche keineswegs Lehn-, sondern ächt urgermanische Wörter sind.

Unser *brennen* und *Brunnen*, goth. brinnan und brunna, engl. burn, Brand, und ags. burna, Born, zusammenzubringen, hat den Sprachforschern viel Kopfzerbrechens gemacht. Hätte man gewusst, dass sichtbar gewordener Hauch = Flamme, dass ferner hervorblasen = hervorströmen, quellen (*φυσᾶν* S. 136), so wäre das Räthsel längst gelöst. Ist *φρέ-αρ* = Brunnen (Curt. N. 415), und *πί-μπρη-μι* = brennen, so ist die Vereinigung der beiderseitigen Wörter in Wf. *σπρα* st. *σπαρ* gegeben. Dass auch *πί-μπρη-μι* st. *πί-σπρη-μι* noch den Bgr. blasen gehabt hat, beweist Hes. *πεπρημένος· πε-φυσημένος*. Vgl. engl. spar-k, Funken, to spar-k-le 1) funken, 2) „to emit bubbles in a liquid" = Blasen werfen.

Goth. fô-n und fu-na, Feuer, deckt sich mit Skr. pav-ana, Feuer; — Fön, Föhn, Wind, mit Skr. pâv-ana, Wind, wie anderseits auch mit lat. Fav-onius, woraus urspr. sigmatischer

Anlaut folgt. Den *Föhn, Fön* aus dem lat. favonius entstanden sein zu lassen, ist Angesichts von goth. *fa-ni*, Koth (Bgr. übel riechen, πνεῖν), ahd. *fenna* aus fau-ja, engl. *fen*, Morast, Angesichts von *Finne*, φῦμα (Bgr. blasen, blähen, schwellen), von engl. to *fa-n*, fachen, fächeln, von *fa-ch-en*, von *pha-no**) st. fa-no = σπάξ, σπά-ϑ-αξ, Hund (Bgr. tönen), wie Angesichts von goth. fön, funa mehr als unnöthig. Die Wf. fa = σπα, wehen, blasen etc. ist gar massenhaft im Germanischen vertreten; man denke noch an engl. faw-n, wedeln, neben faw-n = φυ-τόν, Junges, an ahd. (faw-jan, fow-jan) fow-en, mhd. vaewen, vä-en = windigen, to fan.

Kurz, der Bgr. flammen, brennen geht durchweg aus Bgr. hauchen hervor, d. h. die Wörter des Bgr. „Flamme, Feuer, Brand, brennen" lehnen sich durchweg an Wurzeln des Bgr. „hauchen, wehen" an, wie desgleichen die Wörter des Bgr. Glanz, glänzen thun. Flamme und Glanz fasst der hochpoetische Sprachgeist als sichtbar gewordenen Hauch auf. Vgl. Goethe Gd. S. 57 „des Mondes freundlicher Zauberhauch". S. 116 „Labt sich die liebe Sonne nicht, Der Mond sich nicht im Meer? Kehrt wellen-athmend ihr Gesicht Nicht doppelt schöner her?"

Dass die Begriffe brennen und glänzen sich durchdringen, erkennt Curtius zum Oefteren an.

Nach Vorstehendem ist auch lat. fû-nus (W. spu), gebildet wie fe-nus, mu-nus, vul-nus, γλῆ-νος, δῆ-νος κτλ., urspr. = πυ-ρή, Scheiterhaufe Suet. Dom. 15, bzhw. Verbrennung, erst später = Leiche als das, was verbrannt wird.

65. Παύω

steht scheinbar so einsam und verwaist da, dass Curtius N. 351 aus der grossen indogerm. Sprachenfamilie keine anderen Verwandtschaften hat namhaft machen können, als pau-lus, paucus, pau-per, goth. fav-ai, wenige.

Aber glaubt man wirklich aus dem Bgr. „aufhören-machen", genannte Wörter erklären zu können, oder dass der Sprachgeist seine Bildungen mittels solcher erkünstelten Abstractionen

---

*) In der lex salica. S. Grimm WB. unter fenn, Hündin.

vornehme? Die zahlreichen anderen gleichbedeutigen bzhw. synonymen Wörter, welche aus WW. spa-spi-spu hervorgegangen sind, weisen weit natürlicheren und geraderen Weg; auch darf man pau-lus, pau-cus etc. nicht trennen von pau-s-ea, papav-er, nicht von φαῦ-λος etc. S. 62. Die von Curtius zu παύω aufgeführten Adjective erklären sich (aus W. spa, spa+v) nach Analogie von va-nus aus W. va als urspr. „windig, hohl, leer" bzhw. als „verhauchend, verschwindend" d. i. klein. Vgl. σπα-νός, ψυδ-νός, ψύθιος (nach Hesychius auch = ὀλίγος), φαῦ-λος, ἀποφώλιος, ψαυ-κ-ρός, ψινύθιος, ψη-νός, ψαιδρός, ψαίνυος, ψαίννσμα, ψαῖμα, σιφνός κτλ., alles Synonyma aus W. σπα-σπι-σπυ. So stände nun παύω völlig isolirt da? Nur scheinbar. Παύομαι ist „erathmen" d. i. sich erholen, παύω, „aufathmenmachen", womit wir wieder bei W. σπα+ϝ angelangt wären.

Begriffliche Analoga sind ausser unserem erathmen, aufathmen, ausser lat. respirare statt vieler anderer z. B. folgende:

Engl. to breathe 1) hauchen, athmen, 2) ruhen; — the breath 1) Hauch, Athem, 2) Ruhe, Rast, Erholung; the breathing-place, Pause in dem Redesatze.

Ἀνα-ψύχομαι, sich erholen Plat. Tim. 70 ‖ ἀνα-ψυχή, Erholung Eur. Suppl. 615, Ion 1604, Plat. Conv. 176 ‖ ἀν-έψυξα (Diphil.) = ἀν-επαυσάμην Hesych. Die Deutung der Lexika „sich abkühlen" ist nichtig: ψύχω urspr. hauchen, athmen; daher ἀνα-ψύχομαι (sich) erathmen.*)

Ἀέσκοντο, Iterativform von ἄημι = ἀνεπαύοντο, ἐκοιμῶντο ‖ ἀέσαι· κοιμηθῆναι Hes.

Ἀνά-πνευσις Σ 201: ὀλίγη δέ τ' ἀνάπνευσις πολέμοιο deckt sich fast mit παῦ-λα bei Sophokles: παῦ-λα κακῶν, νόσου, mit ἀνά-παυλα κακοῦ Soph. Phil. 878, El. 873 (κακῶν); vgl. Thuc. II 38. Ἀνάπνευμα, ἄμπνευμα ist bei Pindar „Erholung, Ruheplatz". Der homerische Gebrauch von ἀναπνέω mit Gen. κακότητος Λ 382, πόνοιο Ο 235, Τ 227, ist nicht wesentlich verschieden von dem gleichconstruirten

---

*) Wir hätten also ψύχω = 1) πνέω Υ 440, 2) πτύω, spuo S. 71, 3) παύω, dazu 4) dörren, trocknen Plutarch. Them. 30, 5) kühlen Ildt. III 104. Plat., 6) aushauchen oder verwesen-machen, tödten Alexis bei Athen. VIII 336, Ap. Rh. IV 1527.

$\pi \alpha \dot{v} \varepsilon \sigma \vartheta \alpha \iota$: $\dot{o} \iota \zeta \dot{v} o \varsigma$ δ 812, $\pi \acute{o} \nu o v$ A 467, $\varphi v \lambda \acute{o} \pi \iota \delta o \varsigma$ Σ 241, $\pi o \lambda \acute{\varepsilon} \mu o \iota o$ Γ 150 $\varkappa \tau \lambda$. -

$\varPi \alpha v \sigma \omega \lambda \acute{\eta}$ (scil. $\pi o \lambda \acute{\varepsilon} \mu o \iota o$) B 386 deckt sich vollständig mit $\dot{\alpha} \nu \acute{\alpha} \pi \nu \varepsilon v \sigma \iota \varsigma$ $\pi o \lambda \acute{\varepsilon} \mu o \iota o$ Σ 201.

Die Zusammensetzung $\dot{\alpha} \nu \alpha$-$\pi \alpha \dot{v} \omega$ ist schlechterdings nicht zu erklären, wofern wir nicht von der angegebenen Grundbedeutung ausgehen: $\dot{\alpha} \nu \alpha$-$\pi \alpha \dot{v} o \mu \alpha \iota$ = $\dot{\alpha} \nu \alpha$-$\pi \nu \acute{\varepsilon} \omega$ = auf-athmen. Man vergleiche nur $\dot{\alpha} \nu \acute{\alpha}$-$\pi \nu \varepsilon v \sigma \iota \varsigma$ $\pi o \lambda \acute{\varepsilon} \mu o \iota o$ $\varLambda$ 801, $\varPi$ 43, Σ 201 mit $\dot{\alpha} \nu \acute{\alpha}$-$\pi \alpha v \sigma \iota \varsigma$ $\varkappa \alpha \varkappa \tilde{\omega} \nu$ Thuc., Plat. etc., $\ddot{\alpha} \mu$-$\pi \alpha v \mu \alpha$ $\mu \varepsilon \varrho \mu \eta \varrho \acute{\alpha} \omega \nu$ Hesiod. Th. 55, $\dot{\alpha} \nu \acute{\alpha}$-$\pi \alpha v \lambda \alpha$ $\varkappa \alpha \varkappa o \tilde{v}$, $\pi \acute{o} \nu \omega \nu$ $\varkappa \tau \lambda$. || $\ddot{\alpha} \mu \pi \nu \varepsilon v \mu \alpha$ Pind. Nem. I 1, Ruheplatz = $\dot{\alpha} \nu \acute{\alpha}$-$\pi \alpha v \lambda \alpha$ ($\varkappa \alpha \tau \dot{\alpha}$ $\tau \dot{\eta} \nu$ $\dot{o} \delta \acute{o} \nu$), Ruheplatz Plat. Leg. I 625 = $\dot{\alpha} \mu \pi \alpha v \sigma \tau \acute{\eta} \varrho \iota o \varsigma$ $\vartheta \tilde{\omega} \varkappa o \varsigma$ Hdt. I 181. Dem intrans. $\dot{\alpha} \nu \alpha \pi \nu \varepsilon \tilde{\iota} \nu$ $\varkappa \alpha \varkappa \acute{o} \tau \eta \tau o \varsigma$ $\varLambda$ 382, $\pi \acute{o}$-$\nu o \iota o$ O 235, T 227 steht gegenüber das transit. $\ddot{\varepsilon} \varrho \gamma \omega \nu$ $\dot{\alpha} \nu$-$\vartheta \varrho \acute{\omega} \pi o v \varsigma$ $\dot{\alpha} \nu \acute{\varepsilon} \pi \alpha v \sigma \varepsilon \nu$ $\dot{\varepsilon} \pi \grave{\iota}$ $\chi \vartheta o \nu \acute{\iota}$ ($\chi \varepsilon \iota \mu \acute{\omega} \nu$) P 550.

$M \varepsilon \tau \alpha$-$\pi \alpha v \sigma \omega \lambda \acute{\eta}$ ($\pi o \lambda \acute{\varepsilon} \mu o \iota o$) T 201 deckt sich mit $\mu \varepsilon \tau \alpha$-$\pi \nu o \acute{\eta}$, Erholung || $\mu \varepsilon \tau \alpha$-$\pi \alpha \dot{v} o \mu \alpha \iota$ P 373 mit $\mu \varepsilon \tau \alpha$-$\pi \nu \acute{\varepsilon} \omega$, sich erholen.

Bei der Uebersetzung kann man noch oft genug im Homer für $\pi \alpha \dot{v} \varepsilon \iota \nu$ und $\pi \alpha \dot{v} \varepsilon \sigma \vartheta \alpha \iota$ die Grundbedeutung „aufathmen lassen bzhw. aufathmen, to breathe" zur Anwendung bringen: z. B. o 342 μ' $\ddot{\varepsilon} \pi \alpha v \sigma \alpha \varsigma$ $\ddot{\alpha} \lambda \eta \varsigma$ $\varkappa \alpha \grave{\iota}$ $\dot{o} \iota \zeta \dot{v} o \varsigma$ „liessest mich aufathmen von" etc. — Γ 112 $\dot{\varepsilon} \lambda \pi \acute{o} \mu \varepsilon \nu o \iota$ $\pi \alpha \dot{v} \sigma \varepsilon \sigma \vartheta \alpha \iota$ $\dot{o} \iota \zeta v \varrho o \tilde{v}$ $\pi o \lambda \acute{\varepsilon} \mu o \iota o$ „aufathmen von" etc. Vgl. H 376. 395 ö. — H 290 $\pi \alpha v$-$\sigma \acute{\omega} \mu \varepsilon \sigma \vartheta \alpha$ $\mu \acute{\alpha} \chi \eta \varsigma$ $\varkappa \alpha \grave{\iota}$ $\delta \eta \iota o \tau \tilde{\eta} \tau o \varsigma$ $\sigma \acute{\eta} \mu \varepsilon \varrho o \nu$ „lasset für heute uns aufathmen vom Kampfe d. i. mit dem Kampfe pausiren". Vgl. O 160. 176 ö. — A 467 = B 430, H 319 $\alpha \dot{v} \tau \grave{\alpha} \varrho$ $\dot{\varepsilon} \pi \varepsilon \grave{\iota}$ $\pi \alpha \dot{v}$-$\sigma \alpha \nu \tau o$ $\pi \acute{o} \nu o v$ ..., $\delta \alpha \acute{\iota} \nu v \nu \tau o$. — ε 493 $\ddot{\iota} \nu \alpha$ $\mu \iota \nu$ $\pi \alpha \dot{v} \sigma \varepsilon \iota \varepsilon$ .. $\delta v \sigma \pi o \nu \acute{\varepsilon} o \varsigma$ $\varkappa \alpha \mu \acute{\alpha} \tau o \iota o$. Und ähnlich zum Oefteren.

Die Synonyma von $\pi \alpha \dot{v} \omega$, $\pi \alpha \dot{v} o \mu \alpha \iota$ bei Hesychius $\dot{\varepsilon} \varphi \acute{\omega} \delta \varepsilon \iota$· $\dot{\varepsilon} \pi \acute{\varepsilon} \lambda \eta \gamma \varepsilon$. $\varLambda \acute{\alpha} \varkappa \omega \nu \varepsilon \varsigma$ || — $\dot{\alpha} \mu \pi \acute{\alpha} \xi \alpha \iota$· $\pi \alpha \tilde{v} \sigma \alpha \iota$. $\varLambda \acute{\alpha} \varkappa \omega \nu \varepsilon \varsigma$ || — lak. $\dot{\alpha} \mu \pi \acute{\alpha} \zeta o \nu \tau \alpha \iota$· $\dot{\alpha} \nu \alpha \pi \alpha \dot{v} o \nu \tau \alpha \iota$ werden wohl Einer Wurzel sein: $\varphi \omega$-δ-$\acute{\varepsilon} \omega$ begegnet sich mit $\varphi \omega \sigma \tau \acute{\eta} \varrho$ st. $\varphi \omega \delta$-$\tau \acute{\eta} \varrho$· ϑv-$\varrho \acute{\iota} \varsigma$ d. i. spiraculum, Oeffnung, festra, mit $\psi \acute{\omega} \delta \eta$· $\gamma \lambda \tilde{\omega} \tau \tau \alpha$, Sprechendes = Hauchendes. Zweifelsohne lautete auch von $\varphi \tilde{\omega} \sigma \alpha \iota$ = $\varphi \tilde{\alpha} \xi \alpha \iota$, $\varphi \varrho \acute{v} \xi \alpha \iota$ der Stamm $\varphi \omega \delta$, und von cypr. $\psi \tilde{\omega} \sigma \alpha \iota$ = $\vartheta \acute{\alpha} \lambda \psi \alpha \iota$ St. $\psi \omega \delta$; denn Adj. $\psi \omega \delta$-$\alpha \varrho$-$\acute{\varepsilon} o \nu$· $\alpha \dot{v} \chi \mu \eta$-$\varrho \acute{o} \nu$ spricht laut dafür. Wie Bgr. brennen für $\varphi \tilde{\omega} \sigma \alpha \iota$ und ψῶσαι zu vermitteln ist, geht hinlänglich aus S. 169 ff. hervor. Ἀμπάζω aber könnte sowohl für ἀνα-πάζω, als auch für ἀ-σπάζω stehen; denn die Lakoner liebten Assimilation von σ: ἀκκόρ = ἀσκός ‖ ἄμπαιδες st. ἄ-σπαιδες, eigtl. Mitknaben (vgl. λαί-σπαις S. 140) ἀ-μπίτταρ statt ἀ-σπίτταρ S. 184 ‖ αἰχχούνα st. αἰσχύνη Hes.

Nach Allem dürfen wir παύω st. σπαύω zu W. σπυ bzhw. σπα+ϝ (hauchen, athmen) gesellen. Dafür spricht auch lat. fî-nis, indem dieses mit gleicher Begriffsvermittelung, wie η παῦ-λα, Aufathmen d. i. Rast, Ruhe, weiterhin „Ende, Beendigung" aus W. σπα+ϝ, so aus W. σπι = σπα, σπυ hervorgeht; παῦ-λα: σπα+ϝ = fî-nis: fi-o, hauchen, dampfen. — Die gewöhnlichen Herleitungen aus findo, spalten, oder figo, heften, können wohl auf sich beruhen bleiben. — Auch unser En-de, ahd. an-ti, en-ti, an. en-di, Skr. an-ta vermittelt sich nach gleicher Vorstellung als „Aufathmung, Rast, Pause, Beendigung" aus W. an, hauchen, athmen.

Λή-γ-ω = παύω ist G-Erweiterung, (vgl. τμή-γω) aus W. λα, über deren Grundbedeutung bereits S. 5 die Rede war.

Stammt παύω aus W. σπα+ϝ = W. σπυ, so ist es urwurzelhaft verwandt mit lat. spi-ra-re, respirare, dessen Gebrauch so lehrreich ist: oppugnatio respiravit Cic. ‖ a metu respirare Cic. ‖ sine respiratione pugnabant Liv. VIII 38 d. i. ohne Aufhören, ohne Ende.

Nach diesen Darlegungen wird man wohl nicht mehr mit Pott und Christ παύω auf Skr. svâs-ajâmi trotz der gleichen Bedeutung, noch mit L. Meyer I 397 auf SkrW. pus, zermalmen, zurückführen wollen, sondern ἀνα-παύομαι Eines Ursprungs sein lassen müssen mit gleichbedeutigem ἀνα-ψύχω, ἀνα-πνέω, lakon. φωδέω, lakon. ἀμπάζομαι, lat. re-spi-ra-re.

66. Πατήρ und Sippe.

Man beruhigt sich allgemein bei der Herleitung von πατήρ, Skr. pi-tâ St. pitar, lat. pa-ter, goth. fa-dar, ahd. fa-tar aus SkrW. pâ, nähren, schützen, lat. pa-sco, weiden.

In der That eine merkwürdige Begriffsvermittelung! Und wie will man πά-ις, Kind, und πα-τήρ, Vater, von einander zu trennen sich unterfangen! Hesychius scheint uns mehr etymologisches Verständniss gehabt zu haben, wenn er πατήρ durch ὁ φύσας, aber παῖς durch πᾶς ὁ φύσει υἱὸς ὢν τινος erklärt. Πα-τήρ ist = φύ-τωρ d. i. γεννήτωρ, παῖς = φυ-τός d. i. γεννητός, natus. Während φύω zufolge S. 137 zu W. σπυ, gehört πα-τήρ, πάϝ-ις zu' W. σπα bzhw. σπα+ϝ = W. σπυ. Dazu gehört freilich auch W. på, schützen = lat. foveo; es ergiebt sich die Gleichung pa-sco: W. spa = fov-eo: W. spu. Dass die griech. W. πα, πο, weiden, nähren, auf sigmatische Urwurzel zurückgeht, folgt aus dem Nebeneinanderbestehen von ποι-μήν, πῶ-υ κτλ. neben βό-σκω, βο-τήρ κτλ. Solche Wurzelerweichungen im Anlaute von π zu β wurden ermöglicht durch das vorschlagende Sigma: σπ konnte zu σφ und σβ werden, wie z. B. ἄ-σβολος· φόλος ‖ ἀ-σβη-νοί· πτη-νοί. Noch beweisender für urspr. Sigma ist die Thatsache, dass neben Wf. πα und βο auch Wf. φα in gleichem Sinne sich findet: συ-φαιός· χοιρο-βοσκός ‖ συ-φεός· τόπος, ὅπου αἱ σῦς τρέφονται Hes. ‖ συ-φειοί· οἱ τῶν συῶν οἶκοι.

Aber trotzdem können wir Wf. på, pa-sco nicht gebrauchen für πα-τήρ und Sippe. Denn es wollen ausser πα-τήρ und πά-ις auch erklärt sein πά-τρη und verschiedene Verwandtschaftsnamen, wie πη-ός, πα-ῶται, πα-ώταρ (πα-ώτας) u. s. w., bei welchen mit Bgr. „nähren, füttern, schützen" erst recht nichts anzufangen ist. Oder wenn es N 354 von Poseidon und Zeus heisst

ἦ μὰν ἀμφοτέροισιν ὁμὸν γένος ἠδ' ἴα πάτρη
ἀλλὰ Ζεὺς πρότερος γεγόνει καὶ πλείονα ᾔδη —:

so wird hier πά-τρη doch wohl niemand als „Ernährung", noch auch als „Vaterland" auffassen, sondern es ist = φύ-τρα Hes., φύ-τλα Pind., φύσις (Soph.) oder φύστις, Geschlecht, Aesch. Pers. 890.

Neben πάτρα, Geschlecht, Abstammung, ferner = Stamm, Geschlecht = ἡ ἐκ τοῦ αὐτοῦ πατρὸς γέννησις, wie zum Oefteren bei Pindar, und neben πατριά, Geschlecht, Stamm, Kaste (Hdt. I 200) waren auch im Gebrauche φάτρα und φατρία (Hes.), ein Zeichen früheren sigmatischen Anlauts. Irriger Weise glaubt man letztere Bildungen durch Ausstossung von ρ aus φρήτρη, φράτρα, φρατρία entstanden: aber stammhaftes ϱ wird nicht ausgestossen. Doch ist φϱή-τϱη allerdings urwurzelhaft verwandt, insofern es sammt φϱέ-αϱ, πίμπϱη-μι κτλ. aus Wf. σπϱα st. σπα+ϱ hervorgegangen ist: φϱέ-αϱ ist (S. 172) τὸ ἐκφύσημα, das Hervorquellende, Quelle, Spring, φϱή-τϱη, das Hervorquellen, Ursprung d. i. Geschlecht etc., fra-ter, φϱά-τωϱ = ἴην πάτϱην ἔχων oder γεννήτης d. i. Stammverwandter (συγγενής, ὁμόγοϱος). Nichts anderes ist lakon. πα-ώταϱ· συγγενής, Plur. πα-ῶται· συγγενεῖς, οἰκεῖοι Hes., nichts anderes nach Hesych's zutreffender Erklärung homer. πη-οί· συγγενεῖς, nur dass πη-οί vorzugsweise von solchen Stammesangehörigen gebraucht wird, die erst durch Heirath Mitglieder des Stammes geworden sind: οἱ κατ᾽ ἐπιγαμίαν οἰκεῖοι Hes.

Weil man die Glossen bei Hesychius ἐπάμονες· ἀπόγονοι. ἀκόλουθοι ‖ ἐπάμων· δοῦλος, λάτϱις nicht verstand, änderte man den Spiritus lenis in den Sp. asper, als ob von ἕπω jemals ἐπήμων oder ἐπάμων entstehen könnte. Wie statt σπίζα mit vorschlagendem ἐ auch ἔσπιζα gesprochen wurde und so cypr. ἔ-πιζα entstand, so aus W. σπα: ἐ-σπά-μων, woraus nach Schwund von σ unser ἐ-πά-μων hervorging, das ganz identisch ist mit lakon. πα-ώταϱ, und gerade wie πα-ῶται aus der Grundbedeutung συγγενεῖς den weiteren Begriff οἰκεῖοι entwickelt hat d. i. Hausgenossen, famuli, ebenso ist auch ἐ-πάμο-νες = famuli.

Synonym und desselben Ursprungs ist ἐ-πά-σι-οι st. ἐ-σπά-σιοι, die Angehörigen (Hes.) ‖ ἔ-παισοι st. ἔ-σπαι-σοι, die Angehörigen ‖ ἐ-παί-μονες st. ἐ-σπαί-μον-ες· ἀπόγονοι. Angesichts der vorhin angeführten Wörter ἐ-πάμονες, ἐ-πάσιοι κτλ. wird man ἐπαίμονες wohl nicht von αἷμα ableiten wollen. So wenig wie in ἔ-παισοι wird man auch in ἄ-φαιμοι· ἀπόγονοι (Hes.) das Subst. αἷμα suchen wollen. Ἄφαιμοι ist desselben Ursprungs wie kret. ἀ-φαμιῶται st. ἀ-σφα-μι-ῶται· οἰκέται ἀγροῖκοι Hes.; der Begriff läuft auf οἰκεῖοι, famuli, Hausgenossen hinaus.

Wenn oskisch fa-ma „Haus" bedeutet, so ist, wie familia, famuli, famulus beweist, die Grundbedeutung φῦ-λον bzhw. „Haus" im Sinne von Geschlecht, Familie. Oskisch fa-ma: W. fa (spa) = φῦ-λον: Wf. φυ (σπυ). Zweifelsohne gehört hieher auch *ἐ-φημίαι· ἀγροί* (Hes.) st. *ἐ-σφη-μ-ί-αι* = Pflanzung, Wachsung ≕ *φυταλιή**). Wenn daher Hesychius bietet *Ἐ-φάμιος· Ζεύς*, so hätte man dieses nicht für *Εὐ-φάμιος* auffassen sollen; denn *Εὐ-φάμιος· Ζεύς* hatte Hesychius einige Spalten früher in richtiger alphabetischer Ordnung bereits aufgeführt; wenn nun zwischen *ἐφάμιλλον* und *ἔφαν* ein besonderes *Ἐφάμιος* folgt, so kann das nicht verschrieben sein für *εὐφάμιος*. Vielmehr: wenn das dem *ἀ-φαμιώτης* zu Grunde liegende *ἀ-φαμία* = oskisch fa-ma = *φύ-τλη*, und wenn das identische *ἐ-φημία* = *φυταλιά* ist: so ist *ἐφάμιος Ζεύς* = *φυτάλιος* und *φυτάλμιος Ζεύς*. Vgl. *Φύτιος· Ζεύς* Hes. — Oder wenn *ἀφαμία* und *ἐφημία* = *γένεθλον*, so ist *ἐφάμιος Ζ.* = *Ζ. γενέθλιος* Pind. Ol. VIII 16 ö. Alle die aufgeführten Wörter reden laut für W. *σπα* = *σπυ*, mit dem Begriffe von *φύω*, engl. to spawn, hervorbringen, zeugen, neben faw-n, Junges.

Dazu gehört auch macedon. *ἄππας* st. *ἄ-σπας*, Vater. Zu dieser Wurzel gehört auch *δι-πά-ν-ας· τοὺς διδύμους γεγεννημένους*, Zwillinge: ferner *Πάν*, als der Befruchter der Heerde (Inuus) trotz der lächerlichen Etymologie im homer. Hymnus auf Pan 47

Πᾶνα δέ μιν καλέεσκον, ὅτι φρένα πᾶσιν ἔτερψεν.

Die richtigere Deutung ist zu entnehmen aus Hesychius: *πάνες· τοὺς ἐσπουδακότας σφοδρῶς περὶ τὰς συνουσίας ἔλεγον.* In Heraclea hiess Demeter *Πά-μπα-νος* ◄(Hes.) st. *Πάσπα-νος* d. i. *ἡ φύτιος, ἡ φυταλμία, ἡ φύσις.*

Dazu nehme man *Δειπάτυρος* st. *Δε-σπάτυρος*, Erdvater ‖ *ἀ-μπίτταρ* st. *ἀ-σπίτταρ*, Mitvater (O-piter), worüber Näheres S. 184.

Genug, nach allem werden wir *πα-τήρ* als „ὁ φύσας‟ (Hes.), als *φύ-τωρ* = *φῑ-τυς* aufzufassen haben, so dass wir auch den Bgr. Vater in allen drei Lautungen der W. *σπα-σπισπυ* haben, gerade wie auch den Bgr. Sohn: *παῖς* st. *πάϝ-ις*: W. *σπα+ϝ* ‖ *φῑ-τυ*, fi-l-ius ‖ *φυ-τός* = Bube. Es ist unglaublich, welche Lautverdrehungen die Etymologie vorgenommen hat, um aus *φύω* die Formen mit Iota oder Alpha

---

*) Die Specialbeziehung des Wortes auf Baum- und Weingärten Z 195, M 311, Y 185 bleibt bei dieser Gleichung natürlich aus dem Spiele. Bezeichnend ist, dass Hesych dem Anlaute *ἀ* den Vorzug giebt.

zu gewinnen. Hätte man die Wurzeltrias σπα-σπι-σπυ erkannt, so wäre alles so einfach wie natürlich zu erklären gewesen: φιτύω kann so wenig wie φωτεύω aus ϝυτεύω lautlich
entstanden sein; jenes gehört zu Wf. ϙι, ϙωτεύω zu Wf. ϙα,
und φυτεύω zu Wf. ϙυ. Man vergleiche nur aus W. σπα und
σπι nachstehende Wörter:

W. σπα bzhw. φα, πα: φά-τρα, φα-τρία, πά-τρη, * fa-ma,
familia, Geschlecht ‖ παῖς st. πάϝ-ις von (σ)πα+ϝ, vgl. λαί-
σπαις ‖ ἀ-φαμιῶται, famuli ‖ ἐ-φάμιος = φυτάλιος, φύτιος ‖
ἅππας st. ἅ-σπας ‖ δι-πά-ϝης, Zwilling ‖ Πάν, Inuus ‖ πη-οί,
πα-ῶται ‖ φω-τ-εύω = to spawn κτλ.

W. σπι bzhw. ϙι: ἀ-πϙί-ον und ἀ-πϙίδιον st. ἀ-σϙί-ον, ἀ-σϙί-
διον, Brüderchen ‖ ϙι-τρός, Baum, Gewächs ‖ ϙί-τις =
πατήρ ‖ ϙί-τυ, ϙίτυμα ‖ ϙιτύω = φωτεύω, φυτεύω ‖ fîo,
filius etc.

Hat es seine Richtigkeit, dass ποιέω zur W. (σ)πυ gehört,
wie S. 140 näher dargelegt wurde, so gehört * πάομαι bzhw.
πέ-πᾱ-μαι zu W. (σ)πα mit dem Bgr. mihi pario, mihi peperi;
und τὸ πᾶ-μα ist weder lautlich, noch begrifflich von lat. fe-nus
(G. oris) wesentlich verschieden. Damit kommt Laut- und Be-
griffs-Einheit in das scheinbar grösste Durcheinander von zusammenklingenden Wörtern. Man vergleiche die desfallsige
Tabelle S. 141. Und wenn Hesychius πάτορες· πλούσιοι bietet, oder Photius πάτωρ· κτήτωρ, so erklärt sich solches aus
* πά-ομαι, mihi pario, mihi facio, *feo, auf die einfachste Weise:
πά-τωρ ist = qui peperit 1) liberos d. i. πατήρ, 2) bona d. i. κτήτωρ, πλούσιος. — Aehnlich ist engl. the getter 1) one who begets
on a female; 2) one who procures, obtains, gains a profit. Auf
diese Weise ist πάομαι nebst Sippe u. E. weit zutreffender zurecht gelegt, als aus Bgr. wahren, schützen, abgesehen von dem
dann unerklärlichen Pf. Med. πέπαμαι; denn Bgr. „ich habe
mir gewahrt, ich habe mich geschützt" wird doch nie zu
Bgr. I have got, mihi peperi d. i. ich besitze.

Aber wie ist der Bgr. schützen, hüten etc. zu gewinnen
aus W. σπα, hauchen, blasen? Auf doppelte Weise: 1) entweder mittels Begriffs fov-eo (welches zu W. spu gehört) d. i.
anhauchen, wärmen, hegen und pflegen, wozu fô-mes, Zunder,
fô-mentum, Bähung, oder 2) mittels Begriffs „wesen" = walten.

Unser „wesen" bedeutet urspr. wehen (athmen, sein): „Wasem" = Odem, „Wasen-meister" = Aas-meister, „ge-wesen" = fui etc. Aber in Ver-weser, Reichs-verweser etc. wird wesen = walten, und zwar aus dem Mittelbegriffe „wesen" = wohnen, verweilen, bleiben bei etwas, woraus Begriff „hüten, walten, wahren" sofort hervorspringt.

Mit letzterem Begriffe geht aus der gleichen Wurzel hervor πό-τις, πό-σις, δε-σπό-της, lat. po-tis, potens.

67. Πόσις, δε-σπότης und Sippe.

I. Nach dem am Schlusse des vorigen Artikels Gesagten müsste πό-τις, πό-σις, Skr. pa-ti-s, goth. -fath-s so viel sein, als „Weser, Verweser" = Walter, Herr. Und das ist in der That die Grundbedeutung, wie πότνα, πότνια, Herrin, zeigt. Wenn πόσις st. πότις „Gatte" bedeutet, so ist das eine bezeichnende Verwendung des Begriffs „Herr" = Eheherr.

Aber wie in aller Welt kommt es, dass πό-σις, Walter, Herr und ἡ πό-σις, Trank ‖ πῶ-μα, Deckel, Schützendes, und πῶ-μα, Trank, sich lautlich völlig decken? Weil Wf. pa und Wf. pi, trinken mit der Wurzel von πόσις, πότνια, lat. potis, potior etc. in der That zusammenfällt. Denn trinken, schlürfen, saugen geschieht mittels Einathmens, ist nur möglich dadurch, dass der Athem die Flüssigkeit einzieht; daher fasste der Sprachgeist „trinken", „saugen", „schlucken" als „einathmen"; daher κάπτω, urspr. athmen, happen, jappen = schlucken, schlingen, neben κάπυς· πνεῦμα, neben καπύω, athmen. Dazu ἐγ-κάπτω, ein-schnappen, einschlucken etc. ἔγ-καφος, der Schluck ‖ μύζω = 1) athmen, schnaufen; 2) saugen ‖ lat. haustus, Schluck und Hauch: apibus esse haustus aetherios Virg., haustus caeli, Einathmen der Luft ‖ engl. to soup 1) to breathe, hervorhauchen; 2) schlürfen, trinken d. i. einathmen; the sup, Schluck ‖ mhd. sûft, Seufzer, hörbares, tiefes Aufathmen, mhd. sûfen, schlürfen, trinken. Wenn seuf-zen und sauf-en verwandt sind, so liegt der Grund nicht darin, weil „seuf-zen" eine „Ausschlürfung der Luft" sei, wie Fick III 326 will, sondern weil das eine wie das andere eine besondere Action des Athmens ist.*) Goth. sup-on,

---

*) Friedr. v. Spee Trutznachtigall S. 160 gebraucht „Herzens-wind" für Seufzer.

ga-sup-on bedeutet nur noch „würzen" d. i. würzig-, duftig machen = schmackhaft machen. Wenn wir das einemal Wf. πο (πόσις, πῶ-μα), das andere-mal Wf. πι (πί-νω) haben, so liegt der Grund darin, dass eben Wurzel-Trias σπα-σπι-σπυ besteht. Und wenn sich im Latei-nischen neben po-tus etc. Ztw. bi-bo findet, so war diese Er-weichung von p nur möglich unter dem Schutze des urspr. sigmatischen Anlauts: z. B. bulla neben πο-μφόλ-υξ, Skr. pu-pphul-a st. πο-σφόλ-υξ bzhw. pu-sphula || buro bzhw. buso st. spauso = (σ)φαύζειν· φρύγειν, wozu φαῦσ-μα, Gebäck. Vgl. ψῶσαι und φῶσαι κτλ. S. 75 || balteus von W. spal, schwingen: das Umgeschwungene; vgl. ψάλ-ιον, σπάλ-ιον || bûra, Krümmel am Pfluge, deckt sich in seinem Grundbegriffe mit σφῦρα , bal-bus, stotternd = ψελλός st. ψελ-ϝός (ψαλ-ϝός), stotternd Bâjae (Ort mit warmen Quellen =) Dämpfe, fällt wurzelhaft und begrifflich zusammen mit unserem Badeorte Spaa: W. spa, hauchen, dampfen || be-atus und fe-l-ix, be-o und fe-o kommen zusammen in W. spa u. dgl. m.

Doch kehren wir zurück zu ὁ πόσις, der Verweser = Wal-ter, Herr.

Fälschlich trennt man vielfach ὁ πόσ-ις, aber ἡ πό-σις. Ist ἡ πό-σις, Trank, gebildet durch das Feminimal-Suffix σις = τις, so ὁ πό-σις st. ὁ πό-τις durch das Suffix τις bzhw. σις, welches wir haben in ὁ μάν-τις, ὁ σίν-τις, μάρπ-τις, for-tis, mi-tis etc. Leo Meyer VGr. II 328.

Dieses ausserhalb der Zusammensetzung freilich nicht allzu häufige Suffixum personae agentis hat sich fast durchweg durch Suff. της verdrängen lassen, so σίν-της neben veraltetem und nur als N. propr. verbliebenem σίν-τις: οἱ Σίν-τι-ες Α 594. Bei πόσις und μάντις hat wohl der ehrwürdige Begriff Wah-rung der alten Form gesichert. Wie bei Homer σίν-της neben σίν-τις, so (σ)πό-της neben (σ)πό-τις in δε-σπό-της.

II. Δε-σπό-της ist nur bei solcher Trennung allseitig zu erklären. Den Beweis für urspr. sigmatischen Anlaut glauben wir S. 180 ff. erbracht zu haben. Aber was ist alsdann δε-?

Aus γῆ, γαῖα entsteht in Zusammensetzungen sowohl γα- und γη-, wie z. B. in γα-φάγας (Syracus.), eine erdfressende

Wurmart ‖ γά-φυτος· γη-γενής ‖ γά-φυτον· ἐκ γῆς ῥέον*) ‖ γα-μόροι ‖ γά-πεδα, Landwohnungen: ἀγροικικαὶ οἰκίαι ‖ γά-κινος (attisch)· σεισμὸς γῆς ‖ γα-κίνα dass. κτλ., als auch γε-: γέ-γειος＝γη-γενής ‖ γε-ώρυχος, γε-ωρυχέω, γε-ωρυχία ‖ γε-ϝω-ροί· γεω-φύλακες ‖ γέ-φυρα, Erd-wall, im zweiten Theile von derselben Wurzel wie φύρ-κος· τεῖχος, lak. φοῦρ-κορ.

Gerade so steht es mit gleichbedeutigem δῆ, dorisch δᾶ, Erde. Weil man den Ursprung nicht erkannte, warf man das Wort trotz der zahlreichen, so bestimmt lautenden Angaben der Alten als „unsichere Ueberlieferung" leichtlich über Bord. Dass γ und δ sich nicht vertauschen, also lautlich δῆ nicht γῆ sein kann, ist gewiss. Aber δῆ, δᾶ ist eben aus ganz anderer Wurzel hervorgegangen: es gehört zu der weitverbreiteten W. δα-δι-δυ, wovon später (vgl. S. 171). Δᾶ, δῆ ist begrifflich nichts mehr und nichts weniger als die Hervorhauchende, -sprossende ＝ φύσις, natura; fruges fundens ‖ Δη-ώ ist nicht „Sucherin", sondern Erzeugerin ＝ Δη-μήτηρ ＝ γῆ μήτηρ ‖ δά-πεδον ＝ γά-πεδον, natürlich nicht lautlich, sondern nur begrifflich ‖ lakon. δι-φοῦρα ＝ γέ-φυρα, Erdwall, Erdwölbung; δι ist lakonisch für δε, wie lakon. σιός ＝ θεός. Der zweite Theil des Wortes lautet ganz entsprechend dem lakon. φοῦρ-κορ ＝ φύρ-κος. Und so ist δε-σπό-της ＝ Land-herr, engl. land-lord, Grund-herr.

Dasselbe wird auch sein αἰ-δίας· δε-σπό-της Hes., aus αἶα, Erde und W. δα, begrifflich ＝ W. σπα: „der Grund-herr".

Sollte nicht hieher gehören der tymphäische (epirot.) Gottheitsname Δειπάτυρος bei Hesychius? Δε-σπάτυρος, Erd-vater, Erdgebieter, würde alsdann das männliche Gegenstück zu Δημήτηρ sein.

Der W. δα-δι-δυ entspricht goth., ags., engl. W. ta-ti-tu, nhd. za-zi-zu. Nun denke man an goth. tau-jan, erzeugen, hervorbringen, machen ‖ goth. tai-n-s, Spross, Zweig ‖ engl. tee-m**) 1) fundere, 2) liberos fundere, gebären, hervorbringen überhaupt ‖ the teemer, genetrix. Vgl. S. 171 u. S. 5.

Also m. m. Δη-ώ, Δῆ, Δᾶ ＝ the teemer.

Angesichts dessen, Angesichts der so bestimmt auftretenden

---

*) Also auch hier Wf φυ ＝ hervorströmen, φυσᾶν.
**) Natürlich eine M-Erweiterung, wie see-m: see.

184

zahlreichen Zeugnisse der Alten für *Δᾶ, Δῆ*, Erde*) wird man
hoffentlich auch nichts gegen „*δε-σπό-της* = Grundherr", weiterhin „Herr" überhaupt, einwenden können. Diese Deutung ist
natürlicher und einfacher, als alle fünf oder sechs Erklärungen,
welche bei Curtius N. 377 verzeichnet stehen. Bloss die Misskennung der eigentlichen Wurzel von *πατήρ, πόσις κτλ.* hatte
die fruchtlosen etymolog. Versuche im natürlichen Gefolge.

Wenn es feststeht, dass Juppiter zu schreiben, dass Ju-aus Jov- entstanden ist, wie Jū-no aus (Jav-ona) Jov-ona: woher
kommt dann noch das p vor -piter? Es ist u. E. nur aus Assimilation von s zu deuten st. Jov-spiter. — Der röm. Vorname
Opiter soll nach Vaniček WB. für av-piter, au-piter stehen als
avi-piter. Da hätte man denn doch eher au-piter erwarten
dürfen, wie au-ceps. Oder ist. O-piter vielleicht = ovi-piter
(wie ō-pilio, Schafhirt)? Aber „Vogel-vater", „Schafs-vater"
was für Vornamen! U. E. deckt sich O-piter mit *ἀμπίτταρ*
bei Hesychius. Wie lakon. *ἄ-μπαιδες* st. *ἄ-σπαιδες* d. i. Mitknaben Name für die den Knaben beigegebenen Aufseher ist,
so bedeutet *ἀ-μπίτταρ* st. *ἀ-σπίτταρ* „Mitvater", der (als Vormund) beigeordnete, *παραταττόμενος*, wie Hesychius erklärt.
Ist diese Erklärung richtig, dann hätten wir neben den vielen
S. 179 ff. vorgetragenen Zeichen für früheren sigmatischen Anlaut
von *πατήρ* hiermit einen neuen Beweis.

Interessant ist, dass zufolge Hesychius die dialectische Form
δέ-σπινα = *δέ-σποινα* (für *δέ-σποσ-να* st. *δέ-σποτ-να*) bei den
Thessalern die Frauen überhaupt, *γυναῖκας* bedeutet: das Wort
hat gleiches Loos gehabt, wie unser „Frau", ahd. frouwâ, welches
ja ursprünglich ebenfalls „Herrin" war, Fem. zu ahd. frô, goth.
frauja „Herr": aus W. spar, schwingen, wie *πάλ-μ-υς*, König,
Herr, aus W. *σπαλ*, schwingen.

Schon vom Comödiendichter Alexis ab ist die Zusammensetzung *οἰκο-δεσπότης κτλ.* nachweisbar, was allein schon gegen
die Auffassung von *δε-σπότης* als „Hausherr" Einsprache einlegt, abgesehen davon, dass aus *δῶ, δῶμα, δόμος* doch niemals
δε- werden kann.

*) Vgl. Eur. Bacch. 275 f. ‖ *δῆ · γῆ* Hes. ‖ Diod. Sic. I 12 *Δημήτηρ* =
γῆ μήτηρ, dgl. in seinem Citat aus „Orpheus" ‖ *οὐ δᾶν* Theocr. IV 17
= *μὴ τὴν γῆν* Schol. u. dgl. m.

68. *Ποσειδάων.*

I. So verschiedenartige Versuche auch zur Deutung dieses Namens schon seit den alten Zeiten gemacht worden sind, so ist derselbe doch noch keineswegs aufgehellt. Allgemein wird zugegeben, dass eine zweitheilige Zusammensetzung vorliege. Im ersten Theile sucht man bald ἡ πό-σις, Trank, bzhw. W. πο, pa, trinken, bald ὁ πό-σις st. ὁ πό-τις, Herrscher; Muys Griechenl. u. Or. 1856 S. 136 sucht darin eine Wurzel des Begriffs „schlagen". Im zweiten Theile findet der Scholiast zu *B* 413 τὸ δάος: Ποσειδῶν παρὰ τὸ πόσιν ἀναπίνειν τῷ δάει, τουτέστι τῷ ἡλίῳ! Ahrens in seiner ausführlichen Abhandlung über Poseidon Philol. XXIII 1 ff., 193 ff. findet darin *Δάν, Ζάν, Ζεύς,* so dass herauskäme „der Trank-Zeus", und, indem man „Trank" zu „Wasser" oder gar zu „Meer" macht, gewinnt man „Wasser-Zeus", „Meeresgott"! Andere suchen im zweiten Theile W. da, δο, geben, und machen Poseidon zu einem „Trank-geber". Wie „Trunk" zu „Wasser" überhaupt, vollens gar zu „Meer" werden könne, ist ebenso wenig erfindlich, als woher bei diesen Ableitungen das ει der Mittelsilbe kommt. Um dieses zu erklären, glaubte Muys a. a. O. Zusammenhang mit *Εἰδώ, Εἰδο-θέα* und ἴδη aufstellen zu sollen. Allein wenn er *Εἰδώ* und *Εἰδο-θέα* als „Wogen-göttin" auffasst, so ist das sehr irrig. Denn der andere Name dieser Göttin *Θεο-νόη* beweist, dass in *Εἰδο-* der Stamm ϝιδ (εἰδ-ώς) zu suchen ist: wie ihr Vater Proteus, so war auch sie selbst von weissagerischer Natur, war eine „wissende Göttin" (εἰδο-θέη) und „gott-verständig" (θεο-νόη). Vgl. Preller unter Proteus.

Während nun nach Muys Poseidon „anschlagender Wogengott" sein soll, macht ihn Fick Spracheinheit S. 304 zum „Herrscher des Wogenschwalls", indem er, wie Muys, von ἴδη bzhw. W. ιδ, schwellen, ausgeht. Er trennt *Ποτ-ῑδ-ᾱν, Ποσ-ειδ-άων.* Diese Erklärung könnte gewiss sehr ansprechen, wenn nur irgend nachweisbar wäre, dass ἴδη jemals vom Meere gebraucht worden wäre. Nicht einmal οἶδμα heisst bei Homer schlechthin das Meer, sondern nur „Schwall, Gewoge"; so *Φ* 234 von einem Flusse ὁ δ᾽ ἐπέσσυτο οἴδματι θύων, so *Ψ* 230 von dem im Meere enstehenden Wogenschwalle

οἱ δ' ἄνεμοι πάλιν αὖτις ἔβαν οἰκόνδε νέεσθαι
Θρηΐκιον κατὰ πόντον· ὁ δ' ἔστενεν οἴδματι θύων.

Soll Meeres-schwall gemeint sein, so wird noch im Hymn. Cer.
14 θαλάσσης, oder im Hymn. Apoll. 417 noch ἅλιον dazu-
gesetzt.

II. Hiernach werden wir also gewiss nicht für ἴδη mit
Muys und Fick den Bgr. „Wogenschwall = Meer" ansetzen
dürfen. Was ἴδη ist, sagt deutlich Hesychius: ἴδας ,(Acc. Plur.)·
πάντα τὰ ὑψηλά. und unter εἴδῃ: Αἰολεῖς καὶ Ἴωνες εἴδας
τὰς ὕλας λέγουσι. Dazu Schol. Δ 475 Δίδυμος δὲ πάντα τὰ
ὄρη ἴδας λέγει, ἀπὸ τοῦ δύνασθαι ἀπ' αὐτῶν πάντα καθορᾶν.
So falsch die Etymologie von Didymus auch ist, so steht doch
fest, dass ἴδη = Berg, Höhe, urspr. Anschwellung. Die Wurzelform ist aber ἰδ, schwellen; dazu οἰδ-άω, οἶδ-μα, τὸ οἶδ-ος
κτλ., welche Formationen sich zu Wf. ἰδ verhalten wie λέ-λοιπ-α,
λοιπ-ός zu Wurzel λιπ ‖ ἴδ-η als Appellativ Hdt I 110, V 23,
Theocr. XVII 9 ‖ *ἰδ-νός, gebläht = gekrümmt, woher ἰδ-
νό-ω, krümmen B 266, N 618 ‖ ἰδ-ανός, üppig Hes. ‖ εἰδ-αρ
und böot. ἰδ-αρ, Nahrung d. i. Blähen-, Schwellen-machendes:
Ableitung von ἔδω ist lautwidrig, während anderseits Bgr.
„nähren" und „Nahrung" so gewöhnlich aus Bgr. „hauchen =
blähen, schwellen" hervorgeht. Vgl. al-ere etc. Nach Hesychius
bedeutet εἰδαρ auch ὄφελος (Anschwellung, Wachsthum =)
Nutzen; bei der obendrein lautwidrigen Herleitung aus ἔδω
hätte sich dieser Begriff nie ergeben können.

Die Bedeutung Emporschwellung = Berghöhe, Höhe muss
ἴδη aber bereits in uralter vorhomerischer Zeit fest gewonnen
haben; dafür zeugen die Benennungen hoher Berge und Gebirge:
Ἴδη (--) in Phrygien, Ἴδη auf Kreta. Wie wäre es nun, wenn
Ποτ-ειδᾶν, Ποτ-ειδάων, Ποσ-ειδάων soviel wäre, als Herrscher der Höhen, Herrscher der Berge, Herrscher,
Walter auf den Höhen? Die suffixale Bildung wäre die
gleiche wie in Ἑλικά-ων von ἑλίκη, Ἀρετά-ων von ἀρετή und
a., worüber am Schlusse dieses Paragraphen.

Wir wollen und können hier nicht untersuchen, inwieweit
diejenigen Gelehrten Recht haben, welche aufstellen, Poseidon
selbst sei „ein Himmelsgott, sei wesentlich gleich, ja in vielen

Culten völlig identisch mit dem altgriechischen $Z\epsilon\grave{v}\varsigma\ \ddot{o}\mu\beta\rho\iota o\varsigma$"*),
oder lehren, dass der entsprechende Name aus der lat. Mytho-
logie Neptunus st. Nemetunus wörtlich nichts andres besage,
als „Himmelsgott"**) oder nach Anderen Wolkengott ($\nu\acute{\epsilon}\varphi o\varsigma$):
aber so viel steht fest, dass auch noch bei Homer Poseidon
Erde und Himmel zugleich in dichtes Gewölk hüllt ϵ 293,
dass er stahlfarbene Wolken heraufführt, dass er bald Stürme
und Regen, bald auch günstigen Wind und glückliche Fahrt
sendet δ 500, ϵ 291, l 362. — Poseidon ferner ist Vater des
Donner- und Wolkenrosses Pegasus. Unter den Monaten
ist ihm bei den Ioniern vorzüglich der der regnerisch-stür-
mischen Jahreszeit des Winters vor der Sommerwende heilig —
alles Beziehungen genug zu Sturm und Regen. — Sturm und
Regen aber haben ihren Sitz auf den Gipfeln hoher Berge.
Wenn daher Poseidon allgemein das nasse Element ist, $\tau\grave{o}$
$\ddot{v}\delta\omega\rho$, wie es Schol. A 399. 400, oder $\acute{\eta}$ $\dot{v}\gamma\rho\grave{\alpha}$ $o\dot{v}\sigma\acute{\iota}\alpha$, wie Schol.
O 189, oder $\dot{v}\gamma\rho\acute{\alpha}$ $\tau\iota\varsigma$ $\ddot{v}\lambda\eta$, $\dot{v}\gamma\rho\grave{\alpha}$ $\varphi\acute{v}\sigma\iota\varsigma$, wie es bei Heraklit in
seinen homerischen Allegorien wiederholt heisst (Cap. 7 etc.),
so ist es eigentlich nur ganz folgerichtig, dass ihm Sturm und
Regen unterthan sind, wie noch in der Odyssee mehrfach zu
Tage tritt. Kein Wunder daher, wenn sich Poseidons Tempel
vorzugsweise auf Berg- und Felsenhöhen erheben, wenn ihm
Berghöhen ($\ddot{\iota}\delta\alpha$) heilig sind: so der Helikon zufolge Hom.
Epigr. VI 2 $\epsilon\dot{v}\rho v\chi\acute{o}\rho o v$ $\mu\epsilon\delta\acute{\epsilon}\omega\nu$ $\acute{\eta}\delta\grave{\epsilon}$ $\zeta\alpha\vartheta\acute{\epsilon}o v$ $\text{'}E\lambda\iota\chi\ddot{\omega}\nu o\varsigma$, wonach
er Y 404 $\text{'}E\lambda\iota\chi\acute{\omega}\nu\iota o\varsigma$ heisst; so der hochjähe Mimas Hom.
Ep. VI 5, die Vorgebirge Rhion, Sunion, Taenarum, Malea etc.
($\Sigma o v\nu\iota\acute{\alpha}\rho\alpha\tau o\varsigma$ Aristoph. Eq. 560, $T\alpha\nu\acute{\alpha}\rho\iota o\varsigma$ Paus., Taenarius
deus Propert. I 13, 22); so die Felsenorte $A\emph{\i}\gamma\alpha\acute{\iota}$ und $\text{'}E\lambda\acute{\iota}\chi\eta$
Θ 203, B 575, die Höhe von Mykale mit ihrem berühmten
Panionion, das Vorgebirge Geraestus u. s. w. Nach Pindar wird
in Thessalien Poseidon als $\Pi\epsilon\tau\rho\alpha\iota o\varsigma$ verehrt Pyth. IV 138,
sicherlich nur wegen der beregten Eigenthümlichkeit, nicht aber
„weil er die thessalischen Felsen gesprengt". Nach N 12 war
eine Lieblingsstätte Poseidons

---

*) Vgl. Gilbert, Gött. Gel. Anzeiger 1873 p. 93 in einer Recension
von Émile Burnouf la Légende athénienne, étude de mythologie com-
parée Par. 1872.

**) Cuno in Fleckeisen's Jahrb. 1873 S. 657 ff.

ὑψοῦ ἐπ᾽ ἀκροτάτης κορυφῆς Σάμου ὑληέσσης
Θρηικίης.

Genug, Poseidon ist nicht bloss μεδέων Ἑλικῶνος, wie ihn
der Verfasser der s. g. Hom. Epigramm. VI 2 nennt, sondern
ist überhaupt μεδέων, πόσις τῶν εἰδῶν, ἰδῶν, ist Ποσειδάων: er thronet als Gott des Regens und Gewölkes auf
den Berg- und Waldeshöhen und hüllet von da aus „mit
'Gewölk Erde zugleich und Meer ein" ε 293. Also selbst diejenigen, denen Poseidon Repräsentant des Wasser-Elementes ist,
können ihn immerhin als „Herrscher der Höhen" gelten lassen.

III. Erwägt man nun das Durcheinander der verschiedenartigen kosmogonischen Ansichten über das Meer, wie sie in
den bezüglichen Mythologien auch bei Homer zu Tage treten,
so wird man fast förmlich gedrängt zu der Auffassung, dass
der Mythus von der Dreitheilung der Welt unter die drei Kroniden O 187 ff., bei welcher dem Poseidon das Meer zufiel, weit
jüngeren Ursprungs ist, als der Name Poseidon selbst. Jedenfalls ist die Ξ 201. 302. 246 vorgetragenen Anschauung, wonach
Ὠκεανός aller Götter Ursprung, θεῶν γένεσις, ja aller Dinge
Ursprung ist: ὅσπερ γένεσις πάντεσσι τέτυκται, eine weit ältere.
Gleiches gilt von der Aufstellung Φ 196, dass alle Flüsse und
das ganze Meer und alle Quellen und alle Borne vom Ὠκεανός entstammen:

ἐξ οὗ περ πάντες ποταμοὶ καὶ πᾶσα θάλασσα
καὶ πᾶσαι κρῆναι καὶ φρείατα μακρὰ νάουσιν.

Wenn nun eine spätere mehr anthropomorphisirende Mythologie die Welt unter die drei Kroniden theilen lässt, so lag
nichts näher, als dass dem Urheber von Regen und Gewölk (ε 293), dem Gotte, der das nasse Element überhaupt
repräsentirt, das Meer zufiel als seine Special-Domaine.

Dass Poseidon nicht ursprünglich das Meer bedeutet, oder
nicht ursprünglich als Herrscher des Meeres galt, geht u. E.
mit Nothwendigkeit daraus hervor, dass von den alten Epitheten, welche Ποσειδάων bei Homer führt, auch nicht ein einziges ausdrückliche Bezugnahme auf das Meer bringt. Erst
später in dem s. g. Hymn. Hom. XXI 3 heisst er πόντιος.

Κυανοχαίτης, mit stahlfarbenen Locken, heisst Poseidon
Ν 563, Ξ 390, ι 528. Dieses selbe Beiwort steht O 174. 201

bei Γαιήοχος (ohne Ποσιδάων), γ 6 bei Ἐνοσίχθων (ohne Ποσ.), steht Υ 144, ι 536 selbständig zur Bezeichnung des Gottes. Nun erwäge man, dass nirgends im Homer dem Meere Adj. κυάνεος beigelegt wird, desto öfter aber dem Gewölke, νεφέλη, νέφος, wie E 345, Υ 418, μ 75. 405, ξ 303, Η 66, Ψ 188. Die stahlfarbenen Locken symbolisiren eben das stahl-farbene Gewölk des auf den Höhen thronenden Gottes, des Herrschers der Höhen.

Sonst kommt κυανοχαίτης nur noch Υ 224 vor, wo Bo-reas die Gestalt eines stahlfarbmähnigen Rosses annimmt, um in den Unterbergen des Ida sich unter die Rosse des Erich-thonius zu mischen, — also abermals allegorische Bezugnahme auf Wind und Wetter und Gewölk.

Wenn Poseidon als Schöpfer des Rosses gilt, so liegt es weit näher, die jagenden Wolken als seine Rosse aufzu-fassen, denn die Wogen: ist Poseidon · ja doch auch Vater des Wolkenrosses Pegasus. Selbst der Name Πήγασος deutet auf Beziehung zu Wolken und Bergen; Quellen, πηγαί, ent-springen vorzugsweise auf wolkengetränkten Bergen. „Pegasus schwang sich zu den Unsterblichen empor und weilt nun im Pallaste des Zeus, dem er Donner und Blitz trägt." Hesiod. Th. 281 ff. Vgl. Jacobs Mythol. s. v. Offenbar erscheint hier die Wolke als geflügeltes Pferd, wie Preller richtig bemerkt. Aber Vater desselben ist „der Herrscher der Berghöhen", ist Poseidon. Auch die spätere Sage, wonach Pegasus durch seinen Hufschlag auf dem Helikon die Musenquelle ἱπποκρήνη ent-stehen lässt, hängt mit jener Vorstellung innig zusammen. Der andere Name dieses Wolkenrosses ist Πήδασος von πηδᾶν, springen und quellen. „Jedenfalls hängt aber der Name und die Vorstellung mit der von der quellenden Wolke zusammen." Preller.

Wenn daher Ψ 307. 584 Poseidon als Gott der Rossekunst erscheint, so erklärt sich solches nach dem Gesagten aufs Natür-lichste.

Fast noch mehr sprechen für den ermittelten Grundbegriff von Ποσ-ειδάων als πόσις (potens) oder μεδίων τῶν εἰδῶν, τῶν ἰδῶν = ὁρῶν die Wörter Γαιήοχος und Ἐννοσίγαιος. Jenes ist, wie im folgenden Paragraphen gezeigt werden soll, „der

über die Erde dahin fahrende", dieses der „Erdnässer". Indem
der „Fürst der Höhen" mit seinem Gewölke über die Erde
dahin fährt, netzet er diese. So ergänzen sich die drei Begriffe gegenseitig, können für und neben einander stehen und
geben in der Gesammtverbindung *Ποσειδάων γαιήοχος ἐννοσίγαιος* ι 528 eine grossartig schöne Naturmalerei ab.

IV. Die Wortbildung von *Ποσ-ειδάων* anlangend, so
liegt zunächst gerade solche Composition vor, wie in *ταμεσί-
χρως, ἀερσί-πους, γαμψ-ῶνυξ, τανυσί-πτερος κτλ.* Leo Meyer
Gr. II 328 ff. hat u. E. überzeugend nachgewiesen, dass im ersten
Theile derartiger Composita keineswegs ein Feminin-Substantiv
in *σις* vorliegt („Schneidung der Haut habend"!!), sondern ein
Verbal-Adjectiv in *τις* bzhw. *σις*, wie deren die lat. Sprache
noch recht viele hat, aber auch die griechische mehr, als
Meyer glaubt: for-tis, tri-s-tis, mi-tis etc., insbes. auch po-tis,
vermögend, herrschend = *πό-σις*, Skr. pa-ti-s. Dass auch *πό-σις*
st. *πό-τις* urspr. Adjectiv war, ist aus lat. potis zu folgern.
Von derlei griech. urspr. Adjectiven in *τις, σις* führt L. Meyer
an: *νῆσ-τις*, nicht essend (*νη+ἔδ-τις*), *βορβορο-τάραξις*, Schlamm-
aufwühler, *ὠτο-κάταξις*, Ohren-zerschläger, *μάν-τις, μάρπ-τις,
κά-σις, Σίν-τις, Φίν-τις.* Als derartige Verbal-Adjectiva zweier
Endung sicht er nun den ersten Theil in all solchen Zusammensetzungen an, wie *ταμεσί-χρως, τανυσί-πτερος κτλ.* Wir fügen
der Meyerschen Sammlung noch folgende Masculin-Eigen-
namen hinzu: *Ἄκεσις, Ἄλεξις, Ἄναξις, Ἀπόληξις, Ἄρ-ε-τις,
Γνῶ-σις, Δί-ερξις, Ἔρξις, Ἔρυξις, Ἔρωτις, Ζεῦξις, Κλῆ-τις,
Κτῆ-σις, Λύ-σις, Πρᾶξις, Σῶ-σις, Τί-σις, Μοῦ-σις, Μύρ-τις,
Μέμψις κτλ.* Wie Unrecht Pape Wörterb. der Eigennamen S. 6
thut, derlei masculinische Eigennamen aus Formen auf *-ιας,
-ιος* gekürzt sein zu lassen, geht schon aus dem Vorhingesagten
unwiderleglich hervor; umgekehrt ist z. B. *Ἀλεξίας, Ἀναξίας* erst
eine Weiterbildung aus der kürzeren Form. Und nun vergleiche
man folgende Bildungen:

Ἄλεξις, abwehrend, der Abwehrer: *ἀλεξί-κακος K* 20, *ἀλεξί-
μορος, ἀλεξ-άνεμος ξ* 529, *ἀλεξι-άρη κτλ.*

Ἄκε-σις, heilend, Heiler: *ἀκεσί-μβροτος, ἀκεσί-νοσος, ἀκεσί-
πονος.*

Ἄναξις, herrschend, Herrscher: ἀναξι-φόρμιγγες ὕμνοι, Cither-beherrschende Gesänge Pind.

Ἔρξις: Ἔρξ-ανδρος, Ἐρξι-κλείδης, Ἐρξι-μένης.

Ἔρυξις, zurückhaltend: Ἐρυξί-μαχος, Ἔρυξι-δαΐδας.

Ζεῦξις, jungens: ζευξί-λεως Soph. fragm. 136, Ζευξί-δᾱμος, Ζευξί-θεος, Ζευξ-ίππη, Ζεύξ-ιππος.

Κτῆ-σις, besitzend, Besitzer: κτησί-βιος, Κτήσ-ιππος υ 287, χ 279. 285, Κτήσ-αρχος, Κτησι-έπης, Κτησί-κλεια, Κτησι-κλῆς, Κτησι-κράτης, Κτησι-φῶν.

Λῦσις, lösend, befreiend: λυσι-μελής υ 57, ψ 343, Λύσ-ανδρος, λυσί-πονος, λυσι-πήμων, λυσί-μαχος, λυσ-ανίας, λυσ-έρως, λυσ-ήνωρ, λυσί-γαμος, λυσι-γυία, λυσί-κακος, λυσι-τελής κτλ.

Πρᾶξις, thuend, ausführend: Πραξι-δίκη, (πραξί-κοπος) πραξι-κοπέω, Πραξι-τέλης, Πραξί-λεως, Πραξι-κλῆς, Πραξι-νόη, Πραξί-εργος, Πραξί-βουλος κτλ.

Σῶ-σις, rettend: σωσί-βιος, σωσί κοσμος, σωσί-οικος, σωσί-πολις, Σωσι-άναξ, Σωσί-δᾱμος, Σωσί-μαχος, Σωσι-κράτης, Σωσί-θεος, Σωσί-νεως, Σωσί-νικος, Σωσί-πατρος, Σωσι-μένης κτλ.

Τί-σις, ehrend, rächend: Τισ-αγόρας, Τίσ-ανδρος, Τίσ-αρχος, Τισι-κράτης, Τισί-μαχος, Τισί-φονος, Τισι-φόνη.

Μέμψις, tadelnd, klagend: μεμψί-μοιρος, μεμψι-μοιρία, μεμψι-μοιρέω.

Und so werden wir ein Verbal-Adjectiv ἄρχε-σις für Ἀρχεσί-λαος vorauszusetzen haben ‖ desgl. ἀνά-βη-σις für Ἀνα-βησί-νεως (vgl. βητ-άρμων) ‖ ἄλφε-σις: ἀλφεσί-βοιος ‖ ἄερ-σις: ἀερσί-πους, ἀερσι-πότης, ἀερσί-πνοος κτλ. ‖ ἄε-σις: ἀεσί-φρων ... ‖ ἕλκε-σις: ἑλκεσί-πεπλος ... ‖ ἔρυ-σις: ἐρυσί-πτολις, ἐρυσ-άρματος ‖ ὄρ-σις = ὀρθός: Ὀρσί-λοχος, ὀρσί-κτυπος, ὀρσι-νεφής .... ‖ τάλα-σις = τλή-μων: ταλασί-φρων ‖ τλῆσις = τλη-τός: τλησι-κάρδιος, τλησί-πονος .... u. s. w.

Es ist annehmbar, dass die vorauszusetzenden Verbal-Adjectiva in σις = τις nicht alle im lebendigen Gebrauche ge-wesen sein mögen. War einmal der Bildungsweg gewiesen, so konnte auch die Zwischenstufe übersprungen bzhw. vorausgesetzt werden. Bei Ποσ-ειδάων dagegen liegt πό-σις und πό-τις =

lat. po-tis bzhw. potens ebenso sicher vor, wie in den Eigennamen ὁ Ἄλεξις, ὁ Λῦσις, ὁ Ζεῦξις κτλ. Also wörtlich Ποσειδάων = die Höhen beherrschend.

Den Ausgang unseres Compositums anlangend,. so haben wir zunächst zu beachten, dass die Vocativ-Form, in welcher bekanntlich möglichst nackt der ursprüngliche Stamm zu Tage tritt, Ποσείδαον lautet Υ 115, γ 55, ϑ 350, ι 528. Die Abwandlung Ποσειδάωνος ist wohl des feierlicheren Klanges wegen beliebt worden. Es stehen sich übrigens öfters -ων, Gen. ωνος und -ων, G. ονος zur Seite.

Demnach ist rücksichtlich des suffixalen Ausgangs Ποσειδά-ων gerade so gebildet, wie Ἀρετά-ων Ζ 31 von ἀρετή wie Μαχά-ων: μάχη Β 732 ö. || Ἑλικά-ων: ἑλίκη, Windung, Bergkrümmung' Γ 123 || Λυκά-ων Δ 89 ö.: λύκη, Licht (ἀμφιλύκη) oder zu λύκος, Wolf || Ἀλκμά-ων Μ 394: ἄλκιμος mit ausgestossenem Iota || Τυφά-ων (Τυφῶν) Hymn. Ap. 306. 352: ὁ τῦφος, Qualm.

Neben Ἑρμῆς hatte Hesiod zufolge Strabo I 42 Ἑρμά-ων. Dunkleren Ursprungs sind Ἀμυϑά-ων λ 259, Ἀπισά-ων Λ 578, Ἀμοπά-ων Θ 276 u. a. Da letzteres Wort nicht ἀμ- anlautet, so ist u. E. die Ableitung von ἅμα+ὀπάων verfehlt; eher ist es verwandt mit Μόψος.

69. Γαιήοχος. Ἐννοσίγαιος, Ἐνοσίχϑων. Εἰνοσίφυλλος.

Die Vorstellung des homerischen Poseidon einerseits als des die Erde haltenden oder die Erde umfassenden, umgürtenden Gottes, anderseits als des Erderschütterers hat sich so fest eingewurzelt, dass es als ein kühnes Wagniss angesehen werden mag, diesen Auffassungen entgegenzutreten, beziehungsweise andere Erklärungen der homerischen Wörter γαιήοχος und ἐννοσίγαιος, ἐνοσίχϑων zu versuchen. Indessen schon die Alten selbst waren über die Deutung von γαιήοχος so wenig einig, dass sich bei den Scholiasten nicht weniger als viererlei Erklärungen finden; und an der Richtigkeit der gangbaren Ableitung von ἐννοσίγαιος bzhw. ἐνοσίχϑων hat u. a. bereits Pott in seinen E. F. II 417 gezweifelt, wie nicht minder einer der neuesten Homeriker Fr. Schaper (Progr. Coeslin 1873 S. 11), welcher geradezu erklärt, er wisse nicht, wie ἐννοσίγαιος, ἐνοσίχθων sammt dem davon untrennbaren Epitheton waldreicher Berge, εἰροσίφυλλος, abzuleiten und zu deuten seien; die überlieferte Erklärung könne nicht befriedigen.

Wenn der Dichter, welchen wir uns unter dem Namen Homer vorstellen, seine Sprache nicht erst selbst geschaffen, sondern überkommen hat, so werden gewiss so geläufige Götterbezeichnungen, wie da sind γαιήοχος, ἐνοσίχθων, ἐννοσίγαιος, zu dem überlieferten älteren Erbgute zu rechnen sein, zumal sie keineswegs zu den s. g. zierenden Beiwörtern gehören, sondern geradezu oft genug die völlige Geltung von förmlichen Eigennamen haben. Ἐννοσίγαιος nämlich findet sich nur einmal und zwar in Verbindung mit γαιήοχος als Apposition zu Ποσειδάων N 43; sonst steht es jederzeit in selbständiger Währung und zwar bald ganz allein λ 102, Υ 20. 310, Φ 462 (in den drei letzten Stellen sogar in der Anrede), bald mit Epitheton, wie κλυτός Θ 440, I 362, Ξ 135. 510, O 173. 184, ε 423, ζ 326, ι 518 oder εὐρυσθενής H 455, Θ 201, ν 140, bald neben γαιήοχος I 183, Ξ 355, O 222, Ψ 584, N 59. 677, λ 241.

Gleicherweise steht auch ἐνοσίχθων in der Währung eines Eigennamens für sich allein Υ 13. 405, η 35, ι 525, μ 107, ν 125. 162, oder mit dem Epitheton κρείων Θ 208, N 10. 215, Ξ 150, Φ 435, ε 282. 375 bzhw. εὐρυκρείων Λ 750, einmal mit dem Epitheton κυανοχαίτης γ 6, häufig als Apposition zu Ποσειδάων Μ 445, N 34. 65. 231. 554, Ξ 384, O 41. 205, Υ 63. 132. 291. 318. 330, Φ 287, α 74, ε 339. 366, η 56. 271, ϑ 354, ι 283, λ 252, ν 146. 159.

Γαιήοχος endlich wird ebenfalls ganz selbständig zur Bezeichnung des Wassergottes verwandt, zweimal ohne weitere Beiwörter N 83. 125, zweimal mit dem Epitheton κυανοχαίτης O 174. 201, häufiger jedoch in Verbindung mit Ἐννοσίγαιος, und zwar an sieben Stellen ohne Ποσειδάων N 59. 677, O 222, Ψ 584, I 183, Ξ 355, λ 241, an sechs weiteren Stellen als Apposition zu Ποσειδάων α 68, γ 55, ϑ 322. 350, ι 528, Υ 34.

Sind wir nach dem Gesagten berechtigt, in unseren Wörtern γαιήοχος, ἐνοσίχθων, ἐννοσίγαιος uralte Bezeichnungen des Wassergottes anzunehmen, so dürfte sich die weitere Folgerung ergeben, dass eine derartige Erklärung dieser Wörter, welche mit den älteren Vorstellungen von Poseidon, wie sie vor der Zeit der Anthropomorphisirung der Gottheiten geläufig waren, im Einklange steht, den Vorzug vor einer solchen Erklärung verdient, die nur den Anschauungen einer erst weit späteren Zeit entspricht. Ebenso nahe liegt die Folgerung, dass diesen Wörtern ein Sinn innewohnt, der das Wesen des Gottes charakterisirt; denn andernfalls könnten sie nicht allein und für sich genügen, um diejenige Macht oder Naturkraft zu bezeichnen, die sonst Poseidon heisst; noch weniger hätten sie je zu der Ehre gelangen können, als nomina propria die Insignien und den Ornat dieses Gottes, ich meine dieselben Epitheta wie Poseidon zu führen.

Gehen wir nach diesen Vorbemerkungen zur näheren Betrachtung vorerst von γαιήοχος über.

Die gewöhnliche Erklärung „Erdumfasser“ widerlegt Döderlein durch folgende Gründe: ἔχειν bedeute niemals so viel als συνέχειν, περιέχειν, zusammenhalten, umfassen; bei einer Ableitung von ἔχω könne sich nur die Bedeutung „Landbesitzer“*) ergeben; zwar sei Poseidon der Gott des Meeres, und das Meer umfasse allerdings die Länder; aber der leibhaftige Meergott thue dies nicht; eher als dem Poseidon käme ein Beiwort „erdumfassend“ dem Okeanos zu; ein echt homerisches anschauliches Epitheton, wie τερπικέραυνος von Zeus, ἰοχέαιρα von Artemis, sei γαῖαν συνέχων „erdumfassend“ gewiss nicht.

Indem Döderlein aus diesen Gründen die gangbare Deutung „Erdumgürter“ (wie Voss übersetzt) mit Recht verwirft, bekennt er sich zu einer zweiten von den Alten überlieferten Erklärung: ὁ χαίρων τοῖς ἅρμασι „wagenfroh, auf dem Wagen prangend“, wonach im ersten Worttheile das Zeitw. γαίειν, im zweiten das Hauptwort ὄχος, Wagen (currus), stecken soll.

Allein gegen diese Ableitung erheben zunächst die Gesetze

---

*) Bei Sophokl. Oed. R. 160 soll nach den Lexiken etc. Artemis dies Epitheton im Sinne von „das Land innehabend, beschirmend“ haben?!? Vgl. weiter unten.

der Etymologie lauten Einspruch: in der ganzen grossen Reihe
jener homerischen Zusammensetzungen, deren erster Theil einen
Verbalstamm und deren zweiter Theil ein Nomen darstellt, ist
kein einziges Beispiel aufzutreiben, wo der Verbalstamm
mittelst η als Bindevocal vorgefügt wäre, wie in γαι-ή-οχος
(nach D's. Auffassung) der Fall sein würde. In τλη-πόλεμος
stellt η den verlängerten Stammvocal dar.

Sodann was für ein Begriff wäre mit „wagenfroh" gewonnen? Wohl erscheint Poseidon des Oefteren „auf dem
Wagen prangend"; aber das thun auch andere Gottheiten; das
thun noch weit häufiger auch sterbliche Helden. „Wagenfroh" ist somit kein charakteristisches Merkmal des Poseidon allein. Und ein solcher Begriff soll sogar die Stelle eines
Eigennamens zur alleinigen Bezeichnung des Gottes einnehmen
können; soll sogar für sich als Anrede des Gottes dienen, oder
gar, wie O 174. 201, mit dem gewichtigen Epitheton „der
stahlhaarumlockte" κυανοχαίτης an Stelle des Eigennamens aus-
geschmückt werden können? Nimmermehr.

Was Döderlein wider die Erklärung „Erdumfasser, Erdumgürter" vorgebracht hat, ist, im Grunde genommen, auch wider
die übrigen, wenn auch etwas modificirten, Deutungen aus ἔχειν
geltend zu machen; so wider Düntzer's Erklärung „die Erde
haltend = die Erde festhaltend" und wider Preller's Deutung
„die Erde haltend = die Erde tragend". Sodann ist die Vorstellung, dass die Erde vom Meere getragen oder festgehalten
werde, weder eine naturgemässe noch auch eine homerische
Vorstellung. Wie es in Wirklichkeit der Fall ist, so lässt auch
Homer an vielen Stellen das Meer ausdrücklich festen Boden
haben, also umgekehrt auf der Erde ruhen; vgl. N 21. 32,
Λ 358, Σ 36. 49, α 53 u. s. w.; ferner lässt Homer den Atlas
die gewaltigen Säulen tragen, welche Himmel und Erde auseinander halten α 53. Diese Vorstellung, sowie die geläufige
Schwurformel ἴστω νῦν τόδε Γαῖα καὶ Οὐρανὸς εὐρὺς ὕπερθεν
bezeugen deutlich genug, dass auch dem Homer die Erde als
der übergeordnete Begriff gilt, in welchem der Begriff des
Meeres mit eingeschlossen ist. Daher haben wir nicht einmal nöthig, auf Hesiod uns zu berufen, welcher die Erde aus
sich selbst erst das Meer erzeugen lässt, noch auf die homeri-

schen Hymnen, in denen Gaia als die Allmutter gefeiert wird, noch daran zu erinnern, dass der Name *Ποσ-ειδά-ων* ursprünglich nichts mit dem Meere zu schaffen hat.

Nur nebenbei mag noch erwähnt sein, dass auch die von Döderlein bloss Spottes halber gegebene Uebersetzung „Landbesitzer", freilich mit der Ummodelung in *„dominus terrae"*, ihre Vertreter gefunden hat. Wie Autenrieth aber diese seine Erklärung begründen will, ist rein unerfindlich. Ein weit richtigeres Sprachgefühl hat m. E. diejenigen der alten Erklärer geleitet, welche *γαιήοχος* umschreiben durch *ὁ ἐπὶ γῆς ὀχούμενος* Apoll. lex. Hom., Scholion zu *N* 125. Denn dass im ersten Worttheile nur *γαῖα* zu suchen ist, scheint ebenso unzweifelhaft, als dass der zweite Worttheil mit Digamma anlautet: *γαιή-ϝοχος*. Das führt auf W. *ϝεχ*, Skr. *vah*, lat. *veh-o*, gothisch in *ga-vig-an, ga-vag-ja, vêg-s* (Bewegung), *vêg-os* (Plur.), Wogen u. a. — W. *ϝεχ* giebt im Griechischen ab τὸ *ϝόχος* = Wagen (*ὄχος*), *ϝοχέω*, fahren *κτλ.* Dem ersten Worttheile (*γαιη-*) wohnt Locativ-Bedeutung inne, nach Analogie zahlreicher ähnlicher Bildungen, wie z. B. *θαλαμη-πόλος*, im Gemache waltend, *λυκη-γενής*, im Lichte geboren, *μοιρη-γενής*, im Glücke geboren, *μυλή-φατος*, auf der Mühle zermalmt u. v. a.

Es ergäbe sich also für *γαιή-ϝοχος* als Bedeutung „auf der Erde dahinfahrend" oder „über die Erde dahinfahrend" oder, wenn wir das mit *ϝόχος* wurzelhaft identische Wort vorziehen wollen, „der über die Erde wogende". Die alten Scholiasten verstanden freilich unter ihrer Paraphrase *ὁ ἐπὶ γῆς ὀχούμενος* nichts anderes, als was die abgewiesene Döderlein'sche Erklärung besagt, *ὁ χαίρων τοῖς ἅρμασι*, wie denn der Scholiast zu *N* 125 beide Deutungen als gleichwerthig zusammenstellt und durch *ἵππιος γὰρ ὁ θεός* zu begründen versucht.

Erwägen wir aber, was denn die Rosse im Poseidon-Mythus eigentlich zu bedeuten haben; bedenken wir, dass *γαιή-ϝοχος* zweifelsohne vorhomerischen Ursprungs ist und seinem Gebrauche nach das Wesen der Wassergottheit darzustellen hat: so werden wir uns zu einer tieferen Auffassung bereit finden lassen. Wie Zeus der in der Wetterwolke dahinfahrende, *αἰγί-οχος,* heisst: so ist Poseidon der über die Erde dahinfahrende.

Ist nun Poseidon „der über die Erde dahinfahrende", im Regengewölke dahinziehende, und offenbart er sich als solcher namentlich im Regengewölk, so thut sich uns mit einem Male eine überraschend grossartige Vorstellung auf: wie wir S. 188 gesehen, werden im Epitheton *κυανοχαίτης* die dunklen Regenwolken symbolisirt; das stahlfarbige Gewölk ist es, was Poseidon als mit stahlfarbenen Locken ausgestattet erscheinen lässt, und so ausgestattet 'fährt er über die Erde dahin, ist er *γαιήοχος κυανοχαίτης.* Wenn Sophokles Oed. R. 160 Artemis als *γαιάοχος* bezeichnet, so passt auch hierauf unsere Deutung „über die Erde fahrend" ganz vortrefflich. Können wir auch die bei den Alten gangbare Ableitung von *Ἄρτεμις ἡ τὸν ἀέρα τέμνουσα* Schol. zu *Υ* 67 (von Pott Etym. Forsch. I 222 vertreten) nicht annehmen, so ist doch Artemis als Luna, *σελήνη,* gewiss eine über die Erde hinschwebende Göttin.*)

Wir kommen nunmehr zu *ἐννοσίγαιος* und *ἐνοσίχθων.*

So unläugbar es ist, dass eine nachhomerische Zeit den Poseidon als den Erdbebenbewirker, als Erderschütterer aufgefasst hat, wie solches u. a. aus den späteren beiwörtlichen Bezeichnungen desselben als *σεισίχθων* bei Pindar, als *ἐλελίχθων* bei Pindar, als *γαίης κινητὴρ καὶ ἀτρυγέτοιο· θαλάσσης* in den s. g. homerischen Hymnen (XXI), oder als *γῆς τε καὶ ἁλμυρᾶς θαλάσσης ἄγριος μοχλευτής* bei Aristophanes Nub. 568 sattsam hervorgeht: ebenso zweifelhaft erscheint es, dass schon die vorhomerische Zeit oder auch nur Homer selbst Poseidon als den Urheber der Erdbeben angesehen habe. Wohl handhabt Poseidon bei Homer seinen Dreizack, um das Meer aufzuwühlen, Sturm und Wolken zu erregen ε 291, um Waldströme gegen Menschenwerke loszulassen und diese zu zertrümmern *M* 18—32, oder um einen Felsblock abzuspalten und ins Meer zu stürzen *δ* 506; aber er erscheint nicht als der Urheber von Erdbeben bei Homer.

---

*) Wieland, Serafina: „O waudle nicht so schnell vorüber, sanfter Mond!"

198

Nur eine einzige Stelle, die aber von einsichtigen Kritikern
längst als späteres Einschiebsel erkannt worden ist, scheint
für die beanstandete Auffassung zu sprechen. Sie findet sich
im Anfange des 20. Buches der Ilias. Dort heisst es Vs 54 ff.:
„Dergestalt feuerten die seligen Götter beide Heere zum Zu-
sammenstosse an, während sie zugleich wider sich selbst das
schwere Zwietrachtswetter losbrechen liessen. Denn mit schreck-
lichen Schlägen donnerte der Vater der Götter und Menschen
aus der Höhe herab; in der Tiefe indessen rüttelte Poseidon
das unermessliche Erdreich, sowie die steilen Zinnen der Bergkämme. Insgesammt erbebten die Fusswurzeln sowol als die
Gipfel des quellengesegneten Ida, die Stadt der Troer sowie
das Schiffslager der Griechen. In Bangen gerieth unterhalb
selbst Aidoneus, der Fürst der Unterirdischen, und bangend
sprang er von seinem Throne empor und schrie laut, aus Furcht,
Poseidon könne ihm droben das Erdreich aufreissen, so dass
vor den Unsterblichen wie vor den Sterblichen sein grässliches
modererfülltes Haus sichtbar würde, vor dem auch selbst die
Götter Grauen empfinden. Ein so gewaltiges Getös erhob sich
von Seiten der in Zwietracht aufeinander losrückenden Götter.“
(Nach Minckwitz.)

Wenn an dieser Stelle der Ida vom Scheitel bis zum Fusse,
die Stadt der Troer und das Schiffslager der Griechen erschüttert werden, so rührt diese Erscheinung nicht etwa bloss davon
her, dass Poseidon, der im 13. Buche beim Kampfe nur das
Meer aufregt, hier mit seinem Dreizacke wider die Erde und
die Berge schlägt, sondern auch, wie der Schlussvers besagt,
von dem gesammten Kampfe der Göttergewalten unter einander,
und nicht zum geringsten Theile daher, dass jener Gott, dessen
blosses Zwinkern mit den Augenbrauen den gewaltigen Olymp
erbeben macht, „schrecklich von obenher dreindonnerte“
(Vs 56). Allein dies Alles wollen wir hier nicht betonen. Vielmehr ist die ganze Stelle von dem angeblichen und scheinbaren
Götterkampfe, der so pomphaft in Scene gesetzt wird und doch
kein Kampf ist, von Vs 33—78, so voll von inneren Wider-
sprüchen, so voll von sprachlichen Wunderlichkeiten und sonst
nicht üblichen Ausdrücken, zerreisst und stört den Zusammenhang in so gröblicher Weise, dass sie sich selbst verurtheilt.

Die Kritiker, welche unsere Stelle aus den nur kurz angedeuteten Gründen mit Recht als unecht gestrichen haben, haben ein wichtiges Argument übersehen, welches hier in Kürze nachgetragen werden soll.

Nicht allein dass die Scene von Aidoneus in den wichtigeren Ausdrücken übereinstimmend in Hesiods Theogonie 850 ff. zu lesen ist, stehen von den zehn angeblichen Versen Homers 56—66 nicht weniger als drei in Hesiods Beschreibung des Titanenkampfes. Vs 56

$$\delta\epsilon\iota\nu\grave{o}\nu \ \delta\grave{\epsilon} \ \beta\varrho\acute{o}\nu\tau\eta\sigma\epsilon \ \pi\alpha\tau\grave{\eta}\varrho \ \grave{\alpha}\nu\delta\varrho\tilde{\omega}\nu \ \tau\epsilon \ \vartheta\epsilon\tilde{\omega}\nu \ \tau\epsilon$$

deckt sich mit Hes. Theog. 838

$$\dots \pi\alpha\tau\grave{\eta}\varrho \ \grave{\alpha}\nu\delta\varrho\tilde{\omega}\nu \ \tau\epsilon \ \vartheta\epsilon\tilde{\omega}\nu \ \tau\epsilon.$$
$$\sigma\varkappa\lambda\eta\varrho\grave{o}\nu \ \delta' \ \grave{\epsilon}\beta\varrho\acute{o}\nu\tau\eta\sigma\epsilon \ - \ -.$$

Vs 65

$$\sigma\mu\epsilon\varrho\delta\alpha\lambda\acute{\epsilon}' \ \epsilon\check{\upsilon}\varrho\acute{\omega}\epsilon\nu\tau\alpha, \ \tau\acute{\alpha} \ \tau\epsilon \ \sigma\tau\upsilon\gamma\acute{\epsilon}o\upsilon\sigma\iota \ \vartheta\epsilon o\acute{\iota} \ \pi\epsilon\varrho$$

steht (bloss um eine Silbe abweichend) Theog. 739 und 810 (gleichfalls von der Unterwelt).

$$\grave{\alpha}\varrho\gamma\alpha\lambda\acute{\epsilon}' \ \epsilon\check{\upsilon}\varrho\acute{\omega}\epsilon\nu\tau\alpha, \ \tau\acute{\alpha} \ \tau\epsilon \ \sigma\tau\upsilon\gamma\acute{\epsilon}o\upsilon\sigma\iota \ \vartheta\epsilon o\acute{\iota} \ \pi\epsilon\varrho.$$

Vs 66

$$\tau\acute{o}\sigma\sigma o\varsigma \ \check{\alpha}\varrho\alpha \ \varkappa\tau\acute{\upsilon}\pi o\varsigma \ \tilde{\omega}\varrho\tau o \ \vartheta\epsilon\tilde{\omega}\nu \ \check{\epsilon}\varrho\iota\delta\iota \ \xi\upsilon\nu\iota\acute{o}\nu\tau\omega\nu$$

entspricht dem Verse Theog. 705

$$\tau\acute{o}\sigma\sigma o\varsigma \ \delta o\tilde{\upsilon}\pi o\varsigma \ \check{\epsilon}\gamma\epsilon\nu\tau o \ \vartheta\epsilon\tilde{\omega}\nu \ \check{\epsilon}\varrho\iota\delta\iota \ \xi\upsilon\nu\iota\acute{o}\nu\tau\omega\nu.$$

Und dieser Vers 66 paradirt auch hier bei Homer, obwohl doch hier von einem Kampfe der Götter unter einander eigentlich keine Spur zu Tage tritt, wie Düntzer mit Recht hervorhebt.

Nimmt man dazu $\iota\acute{\alpha}$ statt $\iota o\acute{\upsilon}\varsigma$ (68), die $\check{\alpha}\pi\alpha\xi \ \lambda\epsilon\gamma\acute{o}\mu\epsilon\nu\alpha$ im Vs 35 $\grave{\epsilon}\pi\iota\varkappa\acute{\epsilon}\varkappa\alpha\sigma\tau\alpha\iota$, Vs 39 $\grave{\alpha}\varkappa\epsilon\varrho\sigma\epsilon\varkappa\acute{o}\mu\eta\varsigma$, Vs 67 $\check{\epsilon}\nu\alpha\nu\tau\alpha$, Vs 62 $\check{\iota}\alpha\chi\epsilon$ ohne Digamma (überall sonst bei Homer digammirt); ferner die wunderliche Construction Vs 49 und 50 bei $\grave{o}\tau\grave{\epsilon} \ \mu\acute{\epsilon}\nu$ und $\check{\alpha}\lambda\lambda o\tau\epsilon$, desgl. die inconcinne Anwendung von $\grave{\alpha}\gamma\tilde{\omega}\nu\alpha$ $\nu\epsilon\tilde{\omega}\nu$ Vs 33 zur Bezeichnung „der Achäer, die bereits aus dem Lager aufgebrochen waren" (Düntzer), und anderes von den Erklärern Angemerkte: so charakterisirt sich die einzige Stelle Homers, welche für den „Erderschütterer" herangezogen werden könnte, als ein erbärmliches Flickwerk und Einschiebsel späterer Zeit und als unbrauchbar zur Vertheidigung der gangbaren Deutung von $\grave{\epsilon}\nu\nu o\sigma\acute{\iota}\gamma\alpha\iota o\varsigma$ für Homer.

Gesetzt aber auch, die Stelle Y 33—78 wäre echt; gesetzt auch, die Vorstellung, dass Poseidon die Erdbeben verursache, wäre schon der homerischen Zeit geläufig gewesen: so ist doch Erdbeben eine so seltene Erscheinung, dass von ihr aus unmöglich eine so gangbare Bezeichnung des Wassergottes entnommen werden konnte; denn nicht weniger als 67 mal wird diese Gottheit durch ἐννοσίγαιος und ἐνοσίχθων charakterisirt. Eine Bezeichnung aber, welche rücksichtlich ihres Gebrauchs so sehr in den Vordergrund springt, ist doch gewiss auch bestimmt, eine Eigenschaft des Gottes auszudrücken, welche diesem dauernd und ständig anhaftet, stetig in die Erscheinung tritt, nicht aber eine Wirksamkeit, die sich oft in ganzen Decennien nicht zeigt. Und aus der Thatsache, dass Ἐννοσίγαιος und Ἐνοσίχθων so gewöhnlich geradezu als nomina propria für Poseidon zu fungiren haben, kann mit Recht gefolgert werden, dass sie einen Sinn bergen, wodurch das Wesen des Gottes völlig klar und verständlich dargelegt werden soll. Wer will aber behaupten, dass solches geschehe durch Bezugnahme auf Naturereignisse, die manchmal ganze Menschenalter hindurch ausbleiben?

Stellen sich hiernach der gewöhnlichen Erklärung unserer Wörter von begrifflicher Seite, selbst wenn man die ursprüngliche Bedeutung von Ποσ-ειδά-ων nicht betonen wollte, grosse Bedenken entgegen, so noch grössere von etymologischer Seite.

Der erste Worttheil von ἐννοσί-γαιος, ἐνοσί-χθων soll angeblich herkommen von ἐν+ϝωθέω oder einer nicht nachweisbaren kürzeren Wurzel ϝοθ (mit ο) = Skr. vadh, stossen. Wenn aber ὠθέω so hartnäckig sein Digamma behauptet, dass es noch in der spätesten attischen Sprache das Augmentum syllabicum in ἔωσα, ἔωσμαι etc. hat, so kann sicherlich für die vorhomerische Zeit, in welcher ἐνοσίχθων, ἐννοσίγαιος entstand, kein Schwund des Digamma angenommen werden: in ἐνοσί-χθων etc. ist aber auch nicht die leiseste Spur mehr von einem Digamma zu entdecken.

Das bei Hesiod Theog. 681. 706. 849, Eurip. Bacch. 585, Hel. 1363 vorkommende ἔν-ο-σις bedeutet „Getöse", keineswegs „Erschütterung", wie unten s. v. nachgewiesen wird, und gehört mittels O-Erweiterung (vgl. $\mathring{ο}μ$-o-$τός$ etc. von $\mathring{ο}μ$-$νυ$-$μι$) zu W. $\mathring{α}ν$, hauchen mit dem Begriffe „tönen", ebenso gut wie $\mathring{ο}ν$-o-$μα$ „Ruf, Laut, Name", $\mathring{ο}ν$-o-$μαι$ „berufen, schmähen", $\mathring{ο}ν$-o-$τ$-$\acute{α}ζω$ und dessen Stammwort $\mathring{ο}ν$-o-$τός$, wie $\mathring{α}ν$-$αρός$, Bote, Kündiger, $\mathring{α}π$-$αν$-$\~αν$, rufen, $\mathring{ο}ν$-$νρ$-$ίζομαι$, jammern, u. a. W. Wenn daher Buttmann zur Erklärung von $\mathring{ε}ν$-o-$σις$ einen Verbalstamm $\mathring{ε}ν$-o- ansetzte, so war er von feinem Sprachgefühle geleitet. Aber weder hat er sich die richtige Bedeutung, noch die Wurzel von $\mathring{ε}ν$-o-$σις$ klar gemacht. Aber aus diesem $\mathring{ε}ν$-o-$σις$ (W. $\mathring{α}ν$) kann nimmer $ε\mathring{ι}νοσις$, nimmer $\mathring{ε}ννοσις$ hervorgehen.

Gewiss ist, dass das homerische $ε\mathring{ι}νοσίφυλλος$ seinem ersten Worttheile nach von $\mathring{ε}ννοσίγαιος$ und $\mathring{ε}νοσίχθων$ nicht zu trennen ist; gewiss, dass für jenes Adjectiv wenigstens mit dem Subst. $\mathring{ε}νοσις$ weder lautlich noch begrifflich etwas anzufangen ist. $E\mathring{ι}νοσί$-$φυλλος$ ist das Epitheton laubiger Berge. Soll hier der Begriff gewaltigen Getöses in den Begriff des Rauschens, des Säuselns von Blättern übergegangen sein? Döderlein weiss freilich Rath: wie er $\mathring{ε}νοσίχθων$ übersetzt durch „der seinen Dreizack in die Erde stösst", so giebt er $ε\mathring{ι}νοσίφυλλος$ wieder durch „mit vom Winde durchschüttelten Blättern = den Winden ausgesetzt". Wenn $\mathring{ε}ν$-o-$σις$ nur Schüttelung, Stoss bedeutete!?

Wie mag es aber kommen, dass von all den zahlreichen Bergen in Ilias und Odyssee kein anderer als der Neriton auf Ithaka und der Pelion durch $ε\mathring{ι}νοσίφυλλος$ charakterisirt wird; dass die übrigen mit $\mathring{υ}λήεις$, $\mathring{ε}πιειμένος$ $\mathring{ι}λη$, $\mathring{η}νεμόεις$, $σκιόεις$ $κτλ.$ abgefunden werden? Die Gründe werden wohl tiefer liegen, als in „metrischer Bequemlichkeit oder Verlegenheit".

Alle vorgetragenen Bedenken werden beglichen, allen dargelegten Rücksichten wird Rechnung getragen, und neue Dichtungsschönheiten erschliessen sich bei folgender Ableitung und Erklärung.

Bei Homer schon begegnen uns die Wörter $νοτίη$, Nässe, $νότιος$, nass, feucht, $Νότος$, der feuchte, Regen bringende Wind (Südwestwind); bei den Tragikern und anderen Autoren sind die gleichen Wörter ganz geläufig, dazu auch $νοτίς$, die Nässe, $νοτ$-$ίζω$, benetzen, $νοτερός$, feucht, aber auch = feucht-

machend, u. a. Wörter. Als Urwurzel liegt all diesen Wörtern
anerkanntermaassen W. *sn a* zu Grunde: griech. *νά-ω* für *σνάϝω*,
fliessen, *νᾶ-μα* st. *σνᾶ-μα*, Flüssigkeit, das Nass, *ρα-ρός*, *ρη-ρός*,
fliessend, *Νη-ι-άς*, die Quellennymphe, das homerische *άι-νά-*
οντα (*ὕδατα*) *v* 109, *Νηρεύς*, der Wassergott, *Νάρ*, ein Fluss
κτλ., alle mit Schwund des ursprünglichen Sigma. Auch
griech. *νέω* für *σνέϝω* mit der Wurzelgestalt *σνυ*, lat. *na-re*,
natare u. s. w. werden hieher gerechnet, sowie goth. *nat-jan*,
netzen, nebst Sippe, wenn auch mit anderem Wurzeldeterminativ gebildet. S. G. Curtius E. No. 443, Fick Wb. s. v.

Wie nun aus W. *pa*, trinken, *πόσις*, Trank, *πότος*, Trank
hervorgeht, so aus W. *sna*: **σνόσις*, später *νόσις* (= *νοτίς*),
Nässung, *σνότος*, später *νότος κτλ.* Der ursprüngliche doppelconsonantische Anlaut der Wurzel ist noch deutlich zu erkennen
in dem homerischen Imperfect *ἔννεον* st. *ἔ-σνεον* zu *νέω*. Natürlich, dass in jener Zeit, wo *ἐννοσίγαιος*, *ἐνοσίχθων*, *εἰνο-*
σίϕυλλος gebildet wurden, der doppelconsonantische Anlaut
noch weit fühlbarer zu Tage trat, beziehungsweise noch weniger
verwischt war. Dies zugegeben, so wird folgende Aufstellung
nichts Befremdliches mehr haben.

ἐννοσι- mit Doppel-*ν* und *εἰνοσι-* stehen beide für älteres
ἐ-σνοσι- mit dem so häufig vor *ϝ* und *σ* vorkommenden prothetischen bzhw. phonetischen *ε*, das zur leichteren Aussprache
des anlautenden Doppelconsonanten zu Hilfe genommen wurde:
ἐ-ννοσι : *ἐ-σνοσι-* = *ἔννυμι* : *ἔσνυμι*; *εἰνοσι-* : *ἐσνοσι-* = *εἰμί* : *ἐσμί*.
Unter der Stütze des vorschlagenden *ἐ* konnte aber auch *σ*
leicht ganz schwinden, so dass neben *ἐννοσι-* und *εἰνοσι-* auch
ἐ-νοσι- mit Einem *ν* in *ἐνοσίχθων* erscheinen konnte.

So gut sich von W. *sna* ein Subst. *ἡ* (*σ*)*νοτίς* entwickeln
konnte, ebenso gut ein Masculin-Adjectiv in *σις* statt *τις*, wie
ὁ *Ἄκε-σις*, *Ἄλεξις*, *Ζεῦξις*, *Αὔ-σις*, *Κτῆ-σις*, *Σῶ-σις κτλ.* S. 190,
also ein *ἐ-σνο-σις* = netzend, nässend, bewässernd.

Hiernach ergäbe sich nun für *ἐννοσίγαιος* und *ἐνοσίχθων*
die Bedeutung erdenetzend, Erdbewässerer, für *εἰνοσίϕυλ-*
λος aber die Bedeutung feuchtlaubig. In den beiden ersten
Wörtern wäre der erste Worttheil activen, im letzten Worte
passiven Sinnes, welcher Bedeutungswechsel um so weniger
auffallen kann, als auch das gleichwurzelige Adj. *νοτερός*

bald befeuchtet, nass, bald feuchtmachend, benetzend bedeutet.

Feuchtlaubig *εἰνοσίφυλλος* nennt nun Homer bloss den Berg Neriton auf Ithaka (*B* 632, *ι* 22) und den Pelion (*B* 757, *λ* 316). Dass der Neriton diese Eigenschaft gehabt haben müsse, können wir aus Od. *ν* 245 ff. mit Sicherheit ersehen, wo es von Ithaka heisst: „immer umfängt Regen die Insel und üppigquellender Thau; sie hat trefflichen ziegennährenden Boden und rindernährenden; ist mit Waldung bedeckt, und es giebt auf ihr das ganze Jahr hindurch quellende Trinkplätze.“

Dass auch der Pelion in der angegebenen Beziehung mit Recht *εἰνοσίφυλλος* genannt wird, darf aus seiner eigenthümlichen Lage zwischen dem sumpfigen See Boebe, dem pagasäischen Meerbusen und dem Thraker Meere, sowie aus dem Umstande, dass er nach Plinius Hist. Nat. 25, 53 als besonders kräuterreich gilt, dass er als die Heimath der Kastanienbäume und vorzüglicher Eschen angesehen wird, und dass er nach Euripides Med. 3 reich an Thalgründen (*νάπαισι*) war, mit Sicherheit gefolgert werden.

Die Eigenschaft der Feuchtlaubigkeit ist nun eine solche, dass sie nicht etwa bloss in der nächsten Nähe wahrgenommen werden kann, sondern sich in ihren Folgen (Farbenspiel, Schattirung der Berge) schon aus weiter Ferne bemerklich macht. Daher kann das hierauf zielende Epitheton von dem Dichter auch da zur Anwendung gebracht werden, wo der betreffende Berg einfach namhaft gemacht wird, ohne dass gerade eine Scene als unmittelbar unter dem Laubdache des bezüglichen Bergwaldes vor sich gehend dargestellt wird.

Umgekehrt würde es gegen alle Regeln der homerischen Dichtkunst verstossen, von dem Rauschen und der Bewegung der Blätter anders als da zu reden, wo diese Bewegung für die bei einer Scene betheiligten Personen auch wirklich wahrnehmbar ist. Eine derartige Scene liegt aber nirgends vor, wo *εἰνοσίφυλλος* gesetzt ist. Schon hierdurch allein richtet sich die gewöhnliche Erklärung des Wortes als unhaltbar von selbst.

Wie sehr wir aber mit dem Begriffe Erdwässerer eine

das Wesen des Poseidon, des „Herrschers der Berg- und Waldhöhen" treffende und zugleich eine immer zutreffende Bezeichnung des Gottes gewonnen haben, bedarf keiner weiteren Ausführung.

Aber jetzt erst gewinnt die so häufige und beliebte Verbindung γαιήοχος ἐννοσίγαιος innere Bedeutsamkeit: dadurch nämlich, dass Poseidon über die Erde dahinfährt, γαιή-ϝοχος ist, wirkt der Gott erdnässend und ist er selber erdnetzend, erdbewässernd, ἐννοσίγαιος, ἐνοσίχθων. Daher stehen Ποσειδάων γαιήϝοχος ἐννοσίγαιος mit Recht und bedeutungsvoll neben einander, und es bietet diese Nebeneinanderstellung „der über die Erde dahinfahrende, die Erde bewässernde Poseidon" in ihren paar Worten eine Naturschilderung, die an Grossartigkeit und erschöpfender Vollständigkeit vergebens ihres Gleichen sucht.

70. Ἑλλήσποντος. Πόντος.

I. Wer da glauben kann, dass der Hellespont von einer ertrunkenen Prinzessin Helle benannt worden sei, der darf mit Etymologie sich nicht befassen. Homer weiss noch nichts von dieser Prinzessin, so da auf einem goldenvliessigen, mit menschlichem Verstande und menschlicher Sprache begabten Widder, der über das Meer und durch die Luft zu wandeln vermochte, mit ihrem Bruder Phrixus nach Kolchis habe entfliehen wollen und unterwegs ins Wasser gefallen sei. Gleichwohl hat Homer das Wort Ἑλλήσποντος elfmal. Wir haben daher in der Deutung „Meer der Helle" nur einen späteren Versuch, dieses Wort etymologisch zurecht zu legen, vorliegen. Aber gleichwohl verhilft uns der spätere Mythus von Helle vielleicht zur Aufhellung des Wortes.

Helle ist Tochter der Wolke, Νεφέλη, und des Ἀθ-ά-μας d. i. des Sturmwindes, und Schwester des Φρίξος. Zweifelsohne hängt der Name Φρίξος mit φρίσσω und ἡ φρίξ zusammen. Letzteres Wort aber bedeutet bekanntlich das Aufschauern des Meeres und ὁ φρίξος das Schauern. Ἀθ-ά-μας gehört mit dem stürmischen Vorgebirge Ἄθ-ως u. a. W. zu der weitverbreiteten W. ἀθ-ιθ-ύθ = W. θα-θι-θυ und ist so viel als θύ-

ελλα. Also Sturmwind und Wolke erzeugen Meeresschauer
(Φρίξος) und Ἕλλη, die im Meere versinkt. Der Meeresschauer
gelangt glücklich weiter, geht vorüber, aber Ἕλλη verbleibt im
Wasser. Was könnte da Ἕλλη anders sein, als das wilde Gewoge des Wassers? In der That heisst der Hellespont, und
nur dieser, bei Homer ἀγάρροος, heftig strömend, B 845, M 30.
Im Hymnus auf Demeter 34 haben wir freilich auch noch πόντος ἀγάρροος, und in der Anthologie VII 747 heisst noch der
reissende Tigris ἀγάρροος.

Kann nun im ersten Theile von Ἑλλήσποντος nicht der
Name der angeblichen Prinzessin stecken, so muss darin ein
Appellativum, welches auch jener Wolken- und Sturmestoch-
ter den Namen gegeben hat, enthalten sein.

Curtius N. 656 vermuthet sehr sinnreich, dass die dodo-
näischen Priester Σελλοί (Π 234) oder Ἑλλοί (Pind.) den römi-
schen Salii entsprechen und ihren Namen von ἅλλομαι haben.
Auf ἅλλομαι wird auch wohl ἑλλός, Hirschkalb, als „Spring-
ling" zurückzuführen sein, und ἔλ-α-φος, Hirsch, wird für
ἔλ-α-φος stehen und gleichfalls „Springer" bedeuten. Dafür
sprechen die anderen Namen für Hirsch: προκάς, πρόξ, πράξ
κτλ., welche mit πρόκα, schnell, jach = σπερχ-νῶς (σπέρ-χ-ω) zu
W. σπαρ gehören und „Springer" bedeuten, wie weiterhin nachgewiesen werden wird. Ἑλλός steht für ἑλ-ϝός, springend.
Die Wurzel von ἅλλομαι lautet bekanntlich σαλ, weshalb die
Ableitungen bald mit Sigma, bald mit Spir. asper (in ἔλ-α-φος
ist dieser wegen des folgenden φ in Spir. lenis verwandelt) anlauten. Dazu gehört auch pergäisches σι-σίλ-αρος, Rebhuhn
= πέρ-δ-ιξ (W. σπαρ) als Springer, Hüpfer ‖ σάλ-ος (πόντιος
Eur. Iph. T. 1443 ö.), σαλεύω ‖ σόλ-ος, Wurfscheibe oder Wurf-
kugel ‖ und — ausser vielen anderen Wörtern — auch der
Flussname Σελλή-εις 1) in Elis B 659, O 531, 2) in Troas
B 839, M 97, 3) bei Sicyon Strabo VIII 338. Bei der Grundbedeutung des Suffixes ϝεις, „versehen mit, reich an" wird
Σελλή-εις sein „reich an Sprüngen d. i. reich an Schnellen,
Stromschnellen". Das vorauszusetzende Nomen σέλλη wird für
σέλ-ϝη stehen mit dem aus Leo Meyer II 249 bekannten Suffixe
ϝα, wie in ὕλη st. ὑλ-ϝα, πέλλα st. πέλ-ϝα, val-va, vol-va, lar-va,
cal-va etc. Mit Spir. asper für Sigma ἕλλη st. ἕλ-ϝη. Steckt

aber dieses Nomen in Ἑλλήσποντος, so ist zu trennen Ἑλλή-σποντος, „Meer der Schnellen", und es lautete πόντος vordem σπόντος, wofür, wie wir gleich sehen werden, auch noch andere Gründe sprechen. Zunächst noch Einiges über die Helle-Fabel. Die Stiefmutter der Helle war Ἰνώ, welche mit anderem Namen Λευκο-θέα „Weissgöttin" heisst ε 333: καλλίσφυρος Ἰνώ, Λευκοθέη. Sie ist eine Meeresgöttin, errettet durch Ueberreichung ihres Schleiers den Odysseus aus Meeressturm und -Noth. Dadurch ist, wie obendrein ihr Name erschliessen lässt, angedeutet, dass sie das Gegentheil von Meeressturm, dass sie „Meeresruhe", „helles Wetter" ist. Sie erscheint in dem späteren Mythus als geschworene Feindin der Νεφέλη, deren Kindern sie fortwährend nachstellt, ist neben Nephele Gemahlin des Athamas, des Sturmwindes. Der Sturm (Ἀθάμας) paart sich mit der Wolke (Νεφέλη); aber nachmals ist der Himmel um so heller und reiner (Λευκο-θέη). Ist auch Nephele zeitweilig die bevorzugte Gemahlin von Athamas, so kommt doch auch Ino zur Anerkennung, sobald sie sich ins Meer gestürzt hat: nach Austobung des Sturmes tritt Heitere ein, post nubila Phoebus. Ino nöthigt die Kinder des Sturmes, vor ihr zu fliehen: Helle versinkt ins Meer, allwo nun die Wogen wallen und springen. Wir werden später sehen, dass der Name Ἰν-ώ „Glanz, Heitere" bedeutet und zu W. ἰν = W. ἀν gehört, ebenso gut wie macedonisch ἰν-δ-έα, Mittag, Tageshelle (aura, Schimmer: W. ἀϝ) ‖ ἰν-ύ-εσθαι, fächeln, fegen ‖ ἰνεῖν und ἰν-ᾶν = ἐκφυσᾶν ἰν-ύρ-ομαι neben gleichbedeutigen ἐν-υρ-εῖν, ὀν-υρ-ίζειν ‖ ἰν-ύ-ομαι, jammern ‖ ἰν-ῶνται· ζῶσι κτλ.

II. Sind wir nach dem Voraufgehenden gezwungen, als Urform σπόντος, als jüngere Form πόντος anzusetzen, so fällt auf einmal ungeahntes Licht auf mehre Wörter der verwandten Sprachen. Πόντος bedeutet bei Homer 1) Meerestiefe, das tiefe Meer, 2) das hohe Meer*), wie der Verf. ausführlich nachgewiesen hat in Brl. Ztschr. f. GW. 1855 S. 513 ff. Sodann steht bei Homer nur πόντος zur Bezeichnung von Sonder-

*) Nach derselben Begriffsvermittelung wie pro-fundus 1) tief, 2) hoch.

meeren bzhw. mit Eigennamen: *Ἰκάριος π. B* 145, *Θρηίκιος π.,*
Μέλας π., das ikarische etc. Meeresbecken.

In letzterem Sinne gebrauchen wir ebenso *Bodden*, wenngleich von kleineren Meereskesseln: Rügenscher Bodden, Greifswalder Bodden, *der Bodden* (zwischen Stralsund und Rügen), Saaler Bodden und so dutzendfach von einzelnen Meerestheilen um Rügen etc. Bodden ist hier dasselbe, was man in anderen Meeresgegenden mit „Tief", holländ. „Diep" bezeichnet, z. B. Groninger Diep. — In der That ist Bodden, Boden, fundus, βάϑος, βένϑος („Tief") die Urbedeutung von πόντος. Und wenn die Alten πόντος mit βένϑος, fundus verglichen, so waren sie von einem nicht so ganz unrichtigen Sprachgefühle geleitet. Die neuere Etymologie musste selbstverständlich, so lange nicht sigmatischer Uranlaut erwiesen war, diese Vergleichungen rundweg abweisen. Lautete aber das Wort sigmatisch an, so erklärt sich die Verwandtschaft; denn aus σπ wird lat. f, welchem germ. b entspricht; die verschiedenartigen Wurzel-Determinative sind eine Sache für sich. Lautlich am meisten klingt πόντος an das lat. pant-ex, Wanst (Geblähtes), pons St. pont, Brücke, ponto, Transportschiff, und an Pont-inum (Pomptinum) an.

Letzteres Wort ist Sumpfgegend, Moor d. i. ursprünglich entweder Dunst, Miasma oder tiefes Loch, Bodensenkung. Vgl. ahd. fenna, altn. fen, engl. fen, „a low and moist ground."

Wie die Wurzeln des Begriffs blasen, blähen, schwellen in ihrer Weiterentwickelung so gewöhnlich Wörter mit dem Bgr. hohl, Höhle, Vertiefung abgeben, haben wir zum Oefteren gesehen. Für den Sprachgeist sind bei seinen Bildungen die Richtungen concav und convex identisch. Während pant-ex convexe Wölbung darstellt*), bezeichnet πόντος zunächst concave, desgl. fundus, welches nur verschiedenartiges Determinativ hat, wie πύνϑ-αξ — πυϑμήν (W. σπυ). Lat. pons ist, von oben her besehen, convexe, von unten her besehen, concave Wölbung (Blähung); pons kann zuweilen mit „Steg" übersetzt werden; aber dass dieses der ursprüngliche Begriff gewesen, dafür

---

*) Man könnte daher versucht sein, πόντος als Schwellung, als οἶδμα aufzufassen; aber zu Vieles spricht dagegen.

spricht auch nicht das Mindeste: die aus Cicero angezogenen pontes, welche bei den Abstimmungen in den Comitien zur Anwendung kamen, waren eben brückenartige Gänge.*) Pons kann weder von Pont-inum, noch von pant-ex, noch von pont-o, Transportfahrzeug, getrennt werden. Die pontones waren ihrer Bestimmung gemäss von bauchiger Vertiefung und Höhlung. Und πόντ-ος bedeutet ursprünglich Tief, holl. Diep, Bodden.

Dass das Meer seine Benennung davon erhalten haben soll, dass es (wie Curtius will) als Pfad, πάτος, angesehen wurde, ist denn doch mehr als unwahrscheinlich. Das uralte Wort wird doch wohl entstanden sein, ehe man überhaupt Schifffahrt kannte, ehe man wusste, dass jenseits des tiefen und weiten Wassers Land sei, zu welchem man über dasselbe hingelangen könne. Oder ist es auch nur denkbar, dass eine so mächtig die Sinne treffende Erscheinung, wie das Meer ist, nicht von vornherein ihre Bezeichnungen je nach der verschiedenen Auffassung derselben sollte erhalten haben, noch ehe der Mann, „cui robur et aes triplex circa pectus erat", geboren war? Oder ist es denkbar, dass neben früheren Bezeichnungen des Meeres in späterer Zeit, nachdem die Schifffahrt bereits vervollkommnet war, noch ein Name für Meer habe aufkommen können, welcher in dem Maasse die früheren Benennungen überholte, dass zunächst er allein zur Bezeichnung von Sondermeeren gewählt bzhw. mit Eigennamen verbunden wurde? Denn erst nach Homer wurden auch πέλαγος, ἅλς, θάλασσα mit adjectivischen Eigennamen verbunden. Zudem bietet das Meer eine solche Unendlichkeit von Pfaden, dass es als „der Pfad" auch von einer noch so raffinirt und abstrahirend verfahrenden Wortbildungsperiode nicht wohl hätte aufgefasst werden können.

Mit Pott, Benfey, Kuhn u. A. lässt Curtius N. 329 πύνθ-αξ,

.*) Auch wenn man pons lieber mit πατέω zusammenbringen will, so kommt man auf W. spa+t, freilich mittels des Bgr. schwingen. Vgl. Abschn. 86. Die Begriffe wehen == schwingen (geschwungen, pandus == gebogen) und wehen == blähen berühren sich in manchen Ableitungen von W. spa so nahe. dass man oft im Zweifel sein kann, ob von diesem oder von jenem Begriffe auszugehen ist.

πυϑμήν und lat. fund-us, ahd. bod-am, altn. bot-n, Skr. budh-
n-as, Zd. bu-na zusammengehören. Wie man solches aufstellen
konnte, ohne von W. spu auszugehen, ist gar nicht abzusehen,
war wenigstens, so lange man nicht vom urspr. Anlaute sp aus-
ging, eine Versündigung gegen alle Lautgesetze. Geht man
aber von W. spu aus, so ist Alles ganz einfach; aus sp, σπ
kann unter spurlosem Abfall von Sigma p, π (πύνδαξ) werden,
ebenso aber auch φ, f (fundus) und nach Erweichung von σπ
zu σβ und Abfall von Sigma β (βυϑός, Skr. budh-na-s, Zd.
bu-na). Bei dem Nebeneinanderbestehen von W. σπα-σπι-σπυ
erklärt sich auch βάϑος, βένϑος neben βυϑός, βυσσός u. E.
weit natürlicher, sowohl nach der lautlichen wie nach der begrifflichen Seite, als bei Ableitung aus Skr. gâh „sich tauchen,
baden". Auch βόϑρος, Grube, lat. fodio, graben, u. a. W.
stellen sich hieher als Stammverwandte von πύνδαξ, βάϑος,
fundus κτλ. Die Ausgestaltung der resp. Wurzel und Wurzelformen (σ)πα, (σ)πυ, φα, fu, βα, βυ mittels Determinativen und
Suffixen ist natürlich bei den verschiedenen Wörtern eine verschiedene. Wenn Curtius N. 329 für πυϑμήν κτλ. auf W. bhu
(φυ), wachsen, verfällt, was ist das schliesslich anders, als W.
σπυ, da, wie S. 137 ff. nachgewiesen, φύω mit φυ-σά-ω zusammenfällt. Aber nicht „Wuchs, Stätte des Wachsens" ist für
unsere Wörter die Grundbedeutung, sondern „Höhlung, Tief".
Die germanischen Wörter mit b entsprechen griechischen,
lateinischen mit φ, f. Den vollen Anlaut hat noch unser
Spund = Loch (Oeffnung, Mund); daneben steht engl. bung
(mit anderer Bildung aus W. spu) = Spund, nebst altengl.
bung, Blase, Beutel, altn. bûnga, Geschwulst, Haufen, goth.
puggs (Blase), Beutel u. s. w. In das wunderliche angebliche
Chaos kommt Licht und Luft beim Ausgehen von W. spa-
spi-spu.

Doch wie man auch über πύνδαξ, fundus etc. denken mag,
urbegrifflich verhält sich πόντ-ος zu pant-ex, wie engl.
bung (Spund) zu altn. bûnga. Πό-ρ-τ-ος f. σπόντος erklärt
sich als „Bodden", begrifflich als Tief, holl. diep, als Becken,
Wasserbecken. Man vergleiche die vielen anderen Wörter
derselben Wurzel-Trias mit dem Begriffe Loch, Tiefe, Grube,
wie pu-t-eus, Grube, tiefes Loch, Schacht || pu-t-e-al, Brunnen

14

Puteoli, die Brunnenstadt (der Badeort) ‖ pu-ti-culi und pu-ti-culac, die Katakomben (Varro, Festus) etc. S. 127. Dass πόντος wirklich urspr. „Tiefe" bedeutet, zeigt u. a. auch noch die Verbindung πόντος ἁλὸς πολιῆς Φ 59 „die Tiefe des graulichen Meeres". So fasste diese Verbindung offenbar auch Virgil, wenn er Aen. X 377 sagt

eccc, maris magna claudit nos obice pontus,

indem er damit sogar den Sinn der Stelle Φ 59 wiedergiebt

οὐδέ μιν ἔσχεν
πόντος ἁλὸς πολιῆς, ὃ πολέας ἀέκοντας ἐρύκει,

natürlich mit Abschung von der Negation.

71. Πυθμήν

ist ebenfalls urspr. nichts anders als Höhlung, Vertiefung. Daher die von Hesiod ab so geläufige Verbindung πυθμὴν θαλάσσης, λίμνης, πελάγους κτλ. = hom. βένθος ἁλός, βένθος θαλάσσης. Wie der homerische Ausdruck zu verstehen, geht aus α 53 hervor ὅστε θαλάσσης πάσης βένθεα οἶδεν d. i. Austiefungen des Meeres. Und so lässt Hesiod den Triton die Tiefe (den Boden) des Meeres inne haben: θαλάσσης πυθμέν' ἔχων. — Gehen wir die homerischen Stellen von πυθμήν durch, so zeigt sich, dass die angegebene Grundbedeutung ganz allein einen zutreffenden Sinn giebt, nicht aber die Deutung „Wuchs, Stätte des Wuchses" (Curt. N. 329), wiewohl bei dieser Deutung aus Wf. φυ insofern wenigstens richtiges Sprachgefühl leitete, als auch φυ, wie S. 137 ff. bewiesen, aus W. σπυ hervorgegangen ist.

Viel Staub, um nicht zu sagen Unsinn, hat die Beschreibung von Nestors Prachtbecher Λ 632—635 aufgewirbelt, weil man sich von der Vorstellung, πυθμήν müsse Boden bzhw. Fuss bedeuten, nicht trennen konnte:

πὰρ δὲ δέπας περικαλλές, ὃ οἴκοθεν ἦγ' ὁ γεραιὸς
χρυσείοις ἥλοισι πεπαρμένον· οὔατα δ' αὐτοῦ
τέσσαρ' ἔσαν, δοιαὶ δὲ πελειάδες ἀμφὶς ἕκαστον
χρύσειαι νεμέθοντο, δύω δ' ὑπὸ πυθμένες ἦσαν.

Wie schon manche der alten Erklärer richtig erkannt haben (Schol. D.), war's ein ἀμφίθετον δέπας oder ἀμφικύπελλον, ein „Becher, der auf beiden Seiten einen Kelch bildete, wie unsere Römer". Nur bei einem solchen Becher konnten vier Henkel

angebracht sein mit je zwei Tauben um jeden Henkel. Ein
ungeschickteres, seinem Zwecke mehr widersprechendes Ding,
als diejenigen Erklärer, welche nur Einen Kelch, nur Eine Vertiefung gelten lassen wollen, ersonnen haben, ist kaum denkbar.
Mit zwei gegenüberstehenden Henkeln wird das schwere
Gefäss zum Munde geführt; die Zwischenlücken müssen für den
Mund frei bleiben, können und dürfen nicht abermals mit
Henkeln und je zwei Tauben ausgefüllt sein, soll man überhaupt
daraus trinken können. Es ist natürlich, dass die hervor-
ragenden, mit pickenden Tauben ausgestatteten Henkel die Aufmerksamkeit des Beschauers und Beschreibers am meisten auf
sich zogen. Daher hierauf bezogen δύω δ᾽ ὑπὸ πυθμένες
ἦσαν, d. h. unter je zwei Henkeln mit zusammen vier Tauben
wölbte sich ein κύπελλον; im Ganzen also waren zwei κύπελλα da.

Wozu ein „doppelter Boden“ bei nur Einem Kelche, wie
Düntzer will? Düntzer meint „zur grösseren Schwere und zum
Schmucke“! Wie kann zum „Schmucke“ dienen, was nicht
gesehen wird. Denn Ein Kelch mit „Doppelboden“ ist nur
denkbar, wenn ein Boden in dem anderen steckt, wie bei den
Zauberbechern der Taschenspieler. Und wie könnte ein Becher
oben rundum mit vier Henkeln und acht Tauben besetzt und
mit „zwei Böden“ als besonders schön gelten?

Andere machen aus δύω πυθμένες „zwei Säulenfüsse“!
Ein Becher — oben mit vier Henkeln, unten mit „zwei Säulen-
füssen“ wäre ein reines Monstrum. Didymus allein führt uns
einen nicht bloss construirbaren, sondern auch ge-
schmackvollen, schönen (περικαλλές) und seinem Zwecke
entsprechenden Becher vor, wenn er πυθμήν als κύπελλον
fasst, welcher Begriff aus Grundbgr. „Höhlung“ sofort hervorspringt. — Eine andere Stelle von πυθμήν ist Σ 375

> — — τρίποδας γὰρ ἐείκοσι πάντας ἔτευχεν
> ἑστάμεναι περὶ τοῖχον ἐϋσταθέος μεγάροιο,
> χρύσεα δέ σφ᾽ ὑπὸ κύκλα ἑκάστῳ πυθμένι θῆκεν.

Hier soll πυθμήν „Fuss, Bodengestell“ bedeuten! Wie aus
„Boden“ jemals „Fuss“ werden solle, ist nicht zu ersehen. Bedenken wir dagegen, dass der Haupttheil des homerischen
τρίπους, welcher u. a. zum Sieden von Wasser gebraucht wurde

Σ 344. 346 u. ö., eben der kesselförmige Bauch ist, so liegt eine andere Erklärung nahe: „Höhlung" wird hier zum Kessel. Jeder der Kessel hatte an Stelle der Füsse Räder, oder genauer: jeder der drei Füsse bestand aus einem zweispaltigen Ansatze mit einem Rädchen innerhalb dieses; also „goldene Räder brachte er bei den Dreifüssen (σφ′) unter jedem Kessel an."

Könnte πυθμήν „Fuss" sein, so wäre es sehr incorrect gewesen, zu sagen: unter jedem Fusse brachte er Räder (κύκλα) an. Zudem können die Räder nicht wohl „unter dem Fusse" angebracht sein, sondern nur innerhalb zweier kleinen Ständer, in denen das Rad drehbar eingezapft ist; mit diesen zusammen kämen hier erst die „Füsse" heraus.

An anderen Stellen soll πυθμήν „das Stammende eines Baumes" sein. Sehen wir zu. Die phäakischen Fährleute verbergen ν 122 die Geschenke des Odysseus, damit kein Vorübergehender den Schlafenden berauben könne, abseits des Weges παρὰ πυθμέν′ ἐλαίης. Dieser Oelbaum ist nach Vs 102 ein grosser, steht dicht neben einer weiten Felsgrotte, am äussersten Ende des von Felsen gebildeten Hafens. Auf so beschaffenem Grunde zumal erheben sich die mächtigen Wurzelenden, wo sie mit dem Stammende zusammentreffen, sichtbar über den Boden und bilden mit dem Stamme eine merkliche Mulde, κοίλωμα ῥίζης. Gleiches können wir sogar auf fettem Erdreiche bei Eichen, Buchen, Tannen, kurz bei jedem grösseren Baume, dessen Wurzeln nicht vollständig von Erde bedeckt sind, so dass der Stamm allein unmittelbar aus der Erde hervorkommt, alle Tage wahrnehmen. Eine solche Mulde oder, wenn man will, ein solches gewölbtes und getieftes Verbörgniss passte vortrefflich zum Verstecken der Schätze, ganz wie Babr. fab. 86 κοίλωμα ῥίζης φηγὸς εἶχεν ἀρχαίη | ἐν τῇ ἔκειτο ῥωγὰς αἰπόλου πήρη. Wir schlagen also vor, ν 122. 372 zu übersetzen: „entlang der Mulde eines Oelbaums".

Nichts anderes, als ein κοίλωμα ῥίζης, wie's (von unten aufgefasst) der Stamm und die dicken Wurzelenden jedes grösseren Baumes bei ihrem Zusammentreffen bilden, ist mit πυθμήν ἐλαίης ψ 204 gemeint; denn der dort erwähnte Oelbaum hatte einen Stamm so dick wie eine Säule Vs 191.

Dieser Auffassung entspricht auch die sicherlich auf guten
alten Quellen beruhende Glosse des Hesychius: σφόνδυλοι·
αἱ ἁρμογαὶ τῶν μελῶν· καὶ οἱ τῶν φυτῶν πυθμένες.
Nichts anderes, als eine ἁρμογή τῶν μελῶν ist nach unserer
Auffassung πυθμήν ἐλαίης, jedoch nur in dem Sinne, den wir
für σφόνδυλος glauben erwiesen zu haben.

Für Homer glauben wir hiernach an der Grundbedeutung
„Vertiefung" bzhw. Kessel, Mulde festhalten zu sollen; wie denn
auch πυθμήν θαλάσσης etc. bei Späteren eigtl. nur die kessel-
artige Bodensenkung des Meeresgrundes bezeichnet. Uebergang von da zum Bgr. Boden überhaupt lag dann weiterhin
nahe genug. Nach Hesychius bezeichnet πυθμήν (bei Aristot.
H. A. IX 4) auch τῆς μήτρας τὸ ἄνω μέρος‚ welcher Anwendung ganz dieselbe Vorstellung zu Grunde liegt, die wir für
πυθμήν ἐλαίης ψ 204 in Anspruch genommen haben.
Dass mit πυ-θ-μ-ήν einerlei Wurzel πύ-ν-δ-αξ ist, bedarf keines Nachweises. — Das lat. fu-n-d-us bezeichnet ursprüngl. dasselbe wie πύνδ-αξ, πυθ-μήν, Vertiefung, Höhlung
(fundoque exaestuat imo Aetna Virg. Aen. III 577); daher auch
bei Martial VIII, 6, 9 = Trinkgeschirr, und das Diminutiv
fundulus = Blinddarm.

72. Πέν-ομαι, πόν-ος, πον-έ-ομαι

führt Curtius N. 354 auf eine sigmatisch anlautende W. spa zurück. Ist diese eine andere als W. spa, hauchen, athmen
(keuchen)? Sehen wir zu.

In der Beschreibung von Hephästus' Thätigkeit wechseln
die Ausdrücke σπεύδειν (W. spu s. o.) Σ 373. 472. mit πονεῖσθαι 380. 413. Die Anstrengung der Kämpfer wird bald durch
σπεύδειν, bald durch ποι-πνύ-ειν, bald durch πονεῖσθαι bezeichnet: ὡς οἱ μὲν πονέοντο κατὰ κρατερὴν ὑσμίνην Ε 84.
627 (vgl. Η 442 etc.); dagegen ἔγνω | τὸν μὲν ποιπνύοντα
μάχην ἀνὰ κυδιάνειραν Ξ 155.

Δ 372

οἳ μὲν Τυδέι γ᾽ ὧδε φίλον πτωσκαζέμεν ἦεν,
ἀλλὰ πολὺ πρὸ φίλων ἑτάρων δηίοισι μάχεσθαι,
ὡς φάσαν οἵ μιν ἴδοντο πονεύμενον.

Der Stelle *K* 70 *ἀλλὰ καὶ αὐτοί περ πονεώμεθα* steht gegenüber *Θ* 293 *τί με σπεύδοντα καὶ αὐτὸν ὀτρύνεις;* || der Stelle *Θ* 219 *εἰ μὴ ἐπὶ φρεσὶ θῆκ' Ἀγαμέμνονι πότνια Ἥρη, αὐτῷ ποιπνύσαντι, θοῶς ὀτρῦναι Ἀχαιούς* vergleicht sich auch *N* 288 *εἴπερ γάρ κε βλεῖο πονεύμενος ἠὲ τυπείης,* und so oft von Kampfesarbeit.

Auch bei anderen Beschäftigungen begegnet uns gleicher Wechsel: *αἱ μὲν (ἀμφίπολοι) ὕπαιθα ἄνακτος ἐποίπνυον* *Σ* 421. Von denselben Dienerinnen, denen *v* 149 befohlen wird *δῶμα κορήσατε ποιπνύσασαι,* heisst es *v* 159 bezüglich der Ausführung dieses Befehls *αἱ δ' αὐτοῦ κατὰ δώματ' ἐπισταμένως πόνεοντο.* Von der Besorgung des Mahls haben wir *Ω* 444, *ϱ* 258, *v* 281 u. ö. *πονεῖσθαι, β* 322, *δ* 624 ö. *πένεσθαι,* daneben in gleichem Sinne *γ* 430 *οἱ δ' ἄρα πάντες ἐποίπνυον.* Und so liessen sich noch weitere Parallelen ziehen. Auch *πόνος* steht mit *σπουδή* oft genug parallel: *ἄτερ σπουδῆς τάνυσεν μέγα τόξον φ* 409 = ohne Mühe; || *ἄνευθε πόνου η* 192. Namentlich steht der Dativ *σπουδῇ* so häufig im Sinne von Mühe, Anstrengung, *πόνος.*

Dies Alles erwogen, möchte man sich geneigt fühlen, ur-wurzelhaften Zusammenhang von *(σ)πένομαι* · und *σπεύδω* anzunehmen und die Gleichung aufzustellen *σπέρομαι*: W. spa = *σπεύδω*: W. spu. Als Grundbedeutung böte sich dar schnaufen, keuchen, weiterhin = sich abquälen.

Höchst beachtenswerth ist's, dass auch *ἄεσις* von W. *ἀϝ,* hauchen, nach Hesychius gleichbedeutend mit *πόνος* ist. Desgleichen *ἀτμενία· δουλεία, ἄτμενον· ἄπαυστον οἰκέτην, ἄτμενον οἶτον· δουλικὸν μόρον* im Verhältniss zu *ἀτμός· πνοή.* Vgl. weiterhin *ἔγκ-ονος,* lat. anc-us etc. aus W. *ἀν+κ.*

Die engl. Sprache, welche bei ihrer Abneigung für Flexions-fülle die Wurzeln und Wurzelformen so oft ohne verdunkelndes Beiwerk bringt, unterstützt diese Vermuthung: to *pan-t,* keuchen, schwer athmen (st. spant) ist ü. E. nur durch das Wurzel-Determinativ verschieden von to *pan-g* (st. span-g), bangen, quälen. Unser *bangen* in seinem Verhältnisse zu *pang* erklärt sich leichtlich aus dem ursprünglich sigmatischen Anlaute sp, *σϝ, φ.* Auch *Pein* wird derselben Urwurzel entstammen.

Begriffliche Analogie bietet ausser *ἄεσις* = *πόνος* auch

unser Qual, quälen im Verhältnisse zu *Qual-m*, nicht als ob *Qualm* von *quälen* stamme, aber es gehen beide Wörter auf eine Wurzel skal von dem Bgr. φυσᾶν zurück. Dazu u. a. engl. *squall*, Windstoss, Bö ‖ to *squall*, (wehen =) tönen ‖ to *squeal*, winseln ‖ to *cool* und to *keel*, ψύχειν ‖ to *quail*, in Ohnmacht fallen, eigtl. jappen, καπύειν. Darnach ist unser *quälen* urspr. „keuchen, schnaufen, jappen"; und es ergiebt sich die Begriffsgleichung to *quail* und nhd. *quälen*: Qualm = καπύω: καπνός = ποιπνύω: πνοή = σπεύ-ϑ-ω: fu-mus etc. Und so ist auch (σ)πένομαι urspr. sich quälen bzhw. keuchen, schnaufen.

Πένομαι selbst ist nur N-Erweiterung mit Abschwächung von α zu ε aus W. (σ)πα, welche unerweitert vorliegt in πῆ-μα, Qual, mit ϑ-Erweiterung in πα-ϑ-εῖν, πά-ϑ-ος; daneben ϑ-Erweiterung der Wf. πεν in πέν-ϑ-ος, πενθεῖν, πέπονθα.

Πένομαι selbst theilt sich in die beiden Hauptbedeutungen 1) sich abmühen (keuchen, schnaufen), 2) darben, entbehren, arm sein. Es ist lächerlich und unlogisch, diese zweite Bedeutung mittels der Umschreibung „aus Armuth arbeiten, folglich arm sein" gewinnen zu wollen. Nicht viel besser kommt man mit „spannen" zurecht; desto ungezwungener und natürlicher beim Ausgehen von W. spa und Bgr. hauchen, athmen. Wie Bgr. athmen einerseits in Bgr. schnaufen, keuchen umspringen kann, so auch anderseits in Bgr. jappen d. i. aspirare, trachten nach etwas, begehren. Begehren und bedürfen sind aber überall correlative Begriffe, wie χατέω, χάτις, χῆ-τος, goth. gai-d-va (Begehr) Mangel, ahd. mhd. gî-t, Gier, und Dutzende von weiteren Analogien beweisen. Daher πεῖνα st. πέν-ια 1) Begierde, 2) Hunger = lat. fa-m-es aus derselben Wurzel mit f statt sp. Und so erklärt sich σπά-ν-ις, Mangel, σπα-νός, dürftig, σπάνιος, πένης, πενία κτλ. Neben πέν-ης und σπα-νός, bedürftig, führt Hesychius ein ἀ-πτάς auf: σημαίνει δὲ ἀττάν πένητα. Nach S. 72 f. steht ἀ-πτάς für ἀ-σπάς, da anlautendes πτ stets für σπ, wie anlautendes κτ für σκ steht.

73. Πέ-φα-μαι,

angeblich „bin getödtet worden", φα-τός „getödtet" und Sippe sammt goth. *banja*, Wunde, ahd. *bano*, Mörder, hat den Etymologen von jeher viel zu schaffen gemacht, ohne dass es ihnen gleichwohl gelungen wäre, ins Klare zu kommen. Und doch ist nichts einfacher, als diese ganze Wortsippe etymologisch und begrifflich zurechtzulegen. Es liegt hörbar und sichtbar für jeden, der hören und sehen will, zu Tage, dass die hier hervortretende Wurzelform φα keine andere ist, als wir in φα-τός, gesprochen, φη-μί, in φά-ος κτλ. hatten, d. i. W. σπα, [σ]φα, hauchen. Dass die Wurzeln bzhw. Verba des Begriffs hauchen in der Zusammensetzung mit ἀπό, ἐκ, ex, ab, ver- den Bgr. verhauchen = sterben annehmen, wird man natürlich finden: ex-halare ist = verscheiden, sterben z. B. Ovid. Met. VII 581 ff. ex-spirare, dsgl. so ganz gewöhnlich, besonders bei Livius ἀπο-πνέω ist auch ohne das Object θυμόν, ψυχήν = sterben Batrach. 99 || dsgl. ἐκ-πνέω Soph. Ai. 1026, Eur. Herc. fur. 885 ö. || dsgl. ἀπο-ψύχω Bion I 9, Alciphr. III, 72, Aesch. fgm. 90 u. a. W.

Aber auch ausserhalb der Zusammensetzung haben die Wörter des Bgr. hauchen die Bedeutung von aushauchen bzhw. aushauchen machen:

W. ἀϝ mit ἀίω, hauchen: ἐπεὶ φίλον ἄιον ἦτορ O 252 || ἀίσθω: αὐτὰρ ὁ θυμὸν ἄισθε Y 403, θυμὸν ἀίσθων Ll 468 | αὔ-ονα· νεκρόν Hes.

Ψύχω:
αὐτίκα δὲ κλίνας δαπέδῳ βεβαρηότα γυῖα
ψύχετ᾽ ἀμηχανίῃ

bei Apoll. Rh. Arg. IV 1527 d. i. exspiravit, nicht „deriguit" activisch ψύξει σ᾽ ὁ δαίμων τῷ πεπρωμένῳ χρόνῳ Alexis bei Ath. VIII 336.

Τυφόω: τετύφωται· ἀπόλωλεν || τυφῶσαι· ἀπολέσαι Hes. Wf. καπ, καφ, wozu καπ-νός κτλ.: κέκηφε· τέθνηκε || κεκαφηότα· ἐκπεπνευκότα Hes.

W. ἀλ, ὀλ, hauchen, duften: ab-ol-eo, verhauchen-, verschwinden-machen, vernichten || ab-ol-esco, verduften, verschwinden || ex-ol-esco etc. || ὄλλυμι st. ὄλ-νυμι mit οἱ ὀλ-ωλ-ότες, die Todten Aesch. Ag. 337.

W. ἀν, Wf. ἐν: οἱ ἔν-εροι = οἱ αὔονες || ἔν-ω, tödten, neben ἐν-ϑρ-ία, an-i-malia etc.

Unser *âs, Aas* d. i. cadaver, Todtes, wird wohl mit Osc. Schade als contrahirt aus awas, aus W. aw, ἀϝ, zu deuten sein. Unser *Wasen* = cadaver in Wasen-meister gehört zu wesen, W. va+s ebenso gut, wie *Wasen* = Rasen d. i. πόα, φυτόν. Lat. vanescere, evanescere, schwinden, stammt von va-nus, windig, hohl, eitel, und dieses von W. va, ϝα. Ahd. swî-nan, nhd. *schwinden* st. *swi-n-d-en* ist Einer Wurzel mit ahd. *swe-d-a*, Dampf || mhd. *swa-d-em*, nhd. *Schwa-d-en*, Dampf || mit altn. *swinnr*, πινυτός || ags. *svâ-p-an*, flare [' engl. *swoo-n*, Ohnmacht (Jappen) || engl. *swa-d*, Schote (Geblähtes) || *swa-sh*, Lärm (wehen = tönen) || *swa-p* = to blow u. a. Wörtern der Ur-W. swa, σϝα, hauchen.

Aus W. σκα (σκῆν· ψυχήν): καίνω st. (σ)καίνω, St. (σ)κα-ν = κτείνω, Wf. κτα st. σκα; aus W. σκι: κτίννυμι = (σ)καίνω, verhauchen machen d. i. tödten.

Θα-ν-εῖν gehört zu W. ϑα, hauchen. S. 2.

II. Und so geht mit dem Bgr. verschwinden machen (bald = verderben, bald = vernichten etc.) bzhw. verschwinden etc. aus W. σπα, σφα hervor: σῑ-φῶμαι st. σι-σφά-ομαι = τήκομαι Hes. || mit φϑ st. σπ: φϑό-σις und φϑό-η (Plato) = ψίσις, φϑίσις || aus W. σπι = σπα: ψί-σις und φϑί-σις neben σφί-σις in σφισί-μολος, die Bewegung entkräftend, abschwächend Hes.*) || ψι-ν-άς = φϑινάς || ψινάζω = φϑινάζω || ἐ-ψί-σ-ϑη und ἐ-φϑί-σ-ϑη· ἀπέϑανεν Hes. || mit φϑ st. σπ: φϑίω, φϑίνω, φϑίσις κτλ., οἱ φϑι-τοί· νεκροί Hes. Und φα-τός· τεϑνηκώς (Hes.) deckt sich mit φϑι-τός, αὔων, ἔνερος, κεκαφηώς κτλ., πέ-φα-μαι mit ἔ-φϑι-μαι κτλ.

Dass πέ-φα-μαι von einer urspr. sigmatisch anlautenden Wurzel entstammt, lässt sich nicht bloss aus σῑ-φῶμαι st. σῑ-σφάομαι, aus φϑό-η, φϑόσις erschliessen, sondern folgt auch

---

*) Gebildet wie φϑισί-μβροτος, φϑισί-φρων; die Lesart διαφορὰ τῆς κινήσεως giebt gar keinen Sinn; zu lesen διαφϑορὰ τῆς κινήσεως.

mit Nothwendigkeit aus μιαι-φόνος st. μια-σφόνος, ἀνδρει-φόντης st. ἀνερε-σφόντης. Denn *φένω ist nur Weiterbildung aus Wf. φα.

Μιαι-φόνος, mordbefleckt, Beiwort des Ares E 31. 455. 844, Φ 402, kann nicht aus μιαίνω nach Abwerfung von -νω gebildet sein, sondern von dem diesem μιαίνω selbst wieder zu Grunde liegenden Stamme μια, welchen wir in μια-ρός Ω 420, μια-ρ-ία, μιά-σ-τωρ κτλ. haben.

Ἀνδρει-φόντης, männermordend, Beiwort des Ἐννάλιος B 651 ö. hat aus ἀνερ-ε-σφόν-της, wo ε Bildungsvocal ist, wie in φοβ-έ-στρατος, ἀρχ-έ-κακος, ἀγχ-έ-μαχος, das σ gerade so verwandelt (ει Ersatzdehnung für εσ), wie εἰ-μί st. ἐσ-μί, ὀρει-ρός st. ὀρεσ-νός, φαει-νός st. φαεσ-νός (neben φαεννός mit Assimilation des σ, wie ἐμμί st. ἐσ-μί), σκοτεινός st. σκοτεσ-νός κτλ.

Auch ὀδυνή-φατος, μυλή-φατος erklären sich aus ὀδυνά-σφατος, μυλά-σφατος trotz des Locativ-Charakters des ersten Worttheils.

III. Sieht man sich nun den Gebrauch des homerischen πέφαμαι an, so ist zunächst zu constatiren, dass die unerweiterte Wurzelform φα ausser in φατός nur in den Formen πέφαται, πέφανται, Inf. πεφάσθαι, Fut. 3 πεφήσεαι, πεφήσεται sich vorfindet. Geht man die Stellen durch, so kommt man mit der Grundbedeutung aushauchen sogar weiter als mit „morden". Das beweist zunächst ἐκπέφαται Τ 27 ἐκ δ᾽ αἰὼν πέφαται „das Leben ist ausgehaucht". Ο 140

> Ἤδη γάρ τις τοῦ γε βίην καὶ χεῖρας ἀμείνων
> ἢ πέφατ᾽ ἢ καὶ ἔπειτα πεφήσεται· ἀργαλέον δέ
> πάντων ἀνθρώπων ῥῦσθαι γενεήν τε τόκον τε.

Athene fordert Ares auf, den Groll wegen seines Sohnes fahren zu lassen, und fährt dann fort: „denn es ist schon mancher, der tüchtiger als dieser, verhaucht (gestorben) und es wird auch weiter noch mancher verhauchen (sterben); denn es ist unthunlich, aller Sterblichen Geschlecht und Nachkommenschaft zu retten". Der Begriff „morden" gäbe der ganzen Stelle eine schiefe Beleuchtung. — Ebenso Ρ 689 πέφαται δ᾽ ὤριστος Ἀχαιῶν „verhaucht ist der beste der Achäer". In die elegische Stimmung, mit welcher Menelaus dem Antilochus Auftrag giebt,

dem Achilles den Heimgang von Patroclus zu melden, passt
die Uebersetzung mit „morden" herzlich schlecht. — Wenn
E 531, *O* 563 gesagt wird

$$\text{αἰδομένων ἀνδρῶν πλέονες σόοι ἠὲ πέφανται,}$$

so passt zu dem Gegensatze σόοι besser Bgr. „sind umgekommen", ἔφθιται, d. i. verhaucht, als „sind gemordet". Und so
können wir überall den Begriff „verhaucht sein, ausgehaucht
haben, umgekommen sein" anwenden, wohingegen es logisch rein
unmöglich ist, in *T* 27 (s. ob.), Bgr. morden zu verwerthen.

IV. Auch in

$$\text{ὀδυνή-φατος}$$

ist mit „tödten, morden" nichts anzufangen. Die φάρμακα ὀδυ-
νήφατα *E* 401. 900, sind Mittel, welche den Schmerz schwinden machen, φάρμακα ἅ φθίνει τὰς ὀδύνας. Man denke
nur, um die Begriffsverwandtschaft zwischen verwehen und
verschwinden zu fühlen, an v. Eichendorff Ged. S. 334 „Denk'
ich dein, muss bald verwehen alle Trübniss weit und breit."
— S. 151 „Da mag vergehn, verwehen das trübe Herzeleid."
— Ῥίζα ὀδυνήφατος *A* 847 ist eine Wurzel, welche den Schmerz
„verwehen", vergehen, verschwinden macht. Wie in so vielen
Verbal-Adjectiven in τος, hat hier Verbal-Adjectiv φα-τός
activen Sinn. Leo Meyer (Vgl. Gr. II 302 ff. 306) stellt Beispiele
genug zusammen von Adjectiven in τος, tus, welche bald active,
bald passive Bedeutung haben.

V. Auch in

$$\text{μυλή-φατος}$$

ist mit „tödten, morden" nichts Gescheidtes anzufangen, ebenso
wenig mit „hinschwinden machen", mit „verderben". Aber was
ist denn μυλή-φατον ἄλφιτον *β* 355? U. E. tritt hier derselbe
Begriff zu Tage, welchen goth. *banja*, Wunde, darstellt. Die
Wurzeln und Wörter vom Bgr. „hauchen" springen auch über
in den Bgr. gähnen, klaffen, bzhw. gähnen-machen, klaffen-
machen d. i. spalten. So ist u. a. engl. to breathe, athmen, auch
= öffnen. Goth. *banja* erklärt sich weder aus „morden, tödten",
noch aus „verderben" etc.; sondern ist = Spalt, Oeffnung, engl.
ga-p von germ. W. ga = χα. So gehört οὐ-λή, Wunde, zu
W. ἀϝ ebenso gut wie οὐ-ρος, Wind, wie οὐ-ρά, Wedel, Fächel

(Wehendes), κτλ. Auch οὐ-ϱός, Kanal, Erdöffnung ‖ αὔ-λ-αξ, Furche ‖ αὐ-λ-ών, Schlucht, eingeschnittenes Thal, folgen gleicher Vorstellung wie οὐ-λή. Und οὐ-τά-ω, verwunden, hat ein Nomen οὐ-τή = οὐ-λή zur Voraussetzung. Nur nach dieser Begriffsvermittelung erklärt sich die lautliche Zusammengehörigkeit von *Wunde, Wunder* (ϑαῦ-μα), *Wind, winden* etc. aus W. wa, ϝα, von lat. vol-nus mit vol-va, val-va, vol-are etc. Und so gehört zu W. σπα auch ψαίω, spalten = schroten, mahlen ‖ ψαιστόν, Geschrotenes ‖ ψα-φ-αϱός, rissig (klaffend) ‖ ὁ-φνίς st. ὁ-φα-νίς, Pflugschaar als spaltendes u. a. W. — *Μυλή-φατος* ist also = auf der Mühle gespaltet, geschroten. Dagegen ist

. ἀϱηί-φατος

„von Ares umgekommen" (φϑι-τός) λ 41, T 31, Ω 415.

VI. Wie sich nun aus W. μα der Stamm μεν, aus W. γα St. γεν, W. κτα St. κτεν, W. τα St. τεν κτλ. entwickelt hat, so aus W. (σ)φα St. (σ)φεν: *φένω (mit φόν-ος, φον-εύς κτλ.) = φϑίω, φϑίνω: W. σπι = ἔνω: W. ἀν κτλ. mit Bgr. verhauchen machen = tödten. Dazu u. a. ἀνδϱει-φόν-της st. ἀνεϱ-ε-σφόν-της. Sollte hieher auch

. *Ἀϱγειφόντης*

gehören mit dem Bgr. „Argustödter"?!

Homer selbst weiss anscheinend nichts von dem bezüglichen Mythus. Dürfen wir annehmen, dass hier spätere Volksetymologie zum Durchbruche gekommen ist, gerade wie z. B. in unserem „Sündflut" st. Sintflut, und dass Homer selbst Ἀϱγειφάντης gesprochen hat? Zwar sagen die Aeoler regelmässig φόντης st. φάντης, und Alkman nennt einen weiss-ausschenden Käse ἀϱγι-φόνταν. Aber bei Homer lautet Wf. φαν, leuchten, sonst niemals φον, weshalb wir diese Formen für ihn nicht wohl verwerthen dürfen.

Hat Homer Ἀϱγει-φάν-της gesagt, dann ergäbe sich als einzig stichhaltige Deutung ὁ ἀϱγῶς (ταχέως) ἀποφαινόμενος, Eilbote. Schol. Lips. B 104, Hesych. Oder aber dürfen wir annehmen, dass ebenso gut wie Homer -βολ-ος aus Wf. βαλ, -πολ-ος aus Wf. παλ gebildet hat, er auch -φόν-της st. φάν-της habe sagen können? Jedenfalls ist „Eilbote", der

rasch-erscheinende, die zutreffendste Deutung. Alle anderen
zahlreichen Deutungsversuche sind theils lautlich, theils begrifflich unhaltbar, es sei denn, dass man trotz Allem aufstellen
wollte, Homer müsse auch schon die Argussage gekannt haben!
Lautlich erklärt sich *Ἀργει-φόν-της* als für *Ἀργε-σφόν-της*
stehend. Die Dorer hatten die Form *Ἀργε-φόντης* mit spurlosem Schwund von Sigma.

Hat es seine Richtigkeit, dass goth. *banja*, Wunde, ahd.
bano, Verderben (*φθόη*) und Mörder, *φονεύς*, mit *πέφαμαι κτλ.*
zusammengehören, so wird man auch viele andre anklingende
german. Wörter mit W. *σπα, (σ)φα* zusammenzubringen haben.
Ihre Begriffsentwickelung zeigt die Richtigkeit unserer Gleichstellung von Wf. *φα* in *πέ-φα-μαι* mit Wf. *φα* in *φημί, φάος.*
Engl. *ban*, Fluch, to ban, verfluchen, ahd. *ban*, lautes Gebot etc.:
Bgr. tönen ‖ ahd. *bansch*, Skr. bhansas, Bauch: Bgr. blähen ‖
goth. *bansts*, Scheune, Skr. bhâsa, Kuhstall = *αὐ-λή*: W. *ἀϝ* ‖
goth. *bandi*, ahd. bant, nhd. *Band* (Ba-n-d), Fessel etc., wie
σπάλιον, ψάλιον: Wf. *σπαλ*, schwingen, umschwingen = umschlingen ‖ engl. *bang*, Schlag (Schwung), to bang, schlagen =
to blow ‖ to *bangle* = *σπα-τ-αλ-ᾶν*, verschleudern ‖ *bandy*, geschwungen = gebogen ‖ *bank*, Damm, Hügel, Ufer (d. i. Bauschung, Böschung, vgl. *βουνός*), Bank ‖ *bin*, Behälter: Bgr. hohl
nhd. *Binde*, ahd. bintâ, bindâ, goth. ga-binda = Band ‖ *Bund*,
mhd. bunt = Band ‖ *Bündel* und *Bund* = lat. fa-s-cis; dieses zu
Wf. fas st. spa+s ‖ engl. to *bunt*, to *bunch*, blähen, schwellen ‖
bunch, *bunt*, Bausch, Geschwulst, *bump*, Beule ‖ to *bump*, schreien,
bum, lärmen, *bounce*, pochen, Getöse ‖ *boung*, Blase, Beutel u. s. w.
Geht man von W. *σπα, (σ)φα* bzhw. ihren Ablautungen aus,
natürlich unter Ansetzung von verschiedenen Suffixen bzhw.
Wurzel-Determinativen, so giebts Licht in das scheinbare Chaos.
Doch wir haben es hier mit dem Griechischen zu thun.

74. Πηγή

bedeutet bei Homer nur Quell, Quelle *B* 523, *ζ* 124. Lieber
als unser *Bach*, ahd. pach, mhd. bach, ags. becc, engl. beck,
altn. beckr, schwed. bäck, nnd. beek, plattd. bieke etc. damit

zusammenzubringen, leitet man die german. Wörter ab von *backen*, ahd. pachan, packan, mhd. bachen, engl. to bake, und tröstet sich mit brunna: brinnan. Welches das Verhältniss von brunna zu brinnen ist, haben wir S. 172 gesehen. Gerade so ist allerdings das Verhältniss von *Bach* zu *backen*; aber aus Bgr. backen, brennen gewinnt man nie und nimmer Bgr. quellen, sprudeln. Unser *backen* entspricht dem griech. ϕώγειν, brennen, rösten; dieses entstand aus W.(σ)ϕα+γ, πη-γ-ή aus W.(σ)πα+γ, wie τμή-γ-ω aus Wf. τμα = ταμ. Haben wir in ϕώγειν und *backen* den Bgr. sichtbarliches hauchen d. i. brennen, so in (σ)πηγή den Bgr. ϕυσᾶν, hervorblasen, hervorfliessen lassen = quellen, worüber zu vergleichen S. 136. In engl. beck, Bach, haben wir diesen Begriff, aber in franz. bec, engl. beak, Schnabel, den Bgr. klaffen, öffnen, in nhd. *Backe* den Bgr. blähen, in engl. to bicker, flackern, rasch hin und her bewegen, den Bgr. wehen, fächeln, to fan, schwingen, in nhd. *Becken* den Bgr. bähen = hohl sein, in nhd. *Bock* den Bgr. stinken (cap-er: W. καπ mit καπ-νός etc.), in mhd. bochen, nhd. pochen den Bgr. tönen, in engl. buck, nhd. *Bauche*, Lauge, den Bgr. dampfen, bähen, in nhd. *Bauch* den Bgr. blähen (vgl. lat. pantex etc.). Diese wie hundert weitere german. Wörter finden ihre lautliche wie begriffliche Aufhellung aus W. spa-spi-spu, (σ)ϕα, (σ)ϕι, (σ)ϕυ.

II. *Πηγή* kann nicht verschiedener Wurzel sein von

πηγός

d. i. aufgeblasen, gebläht = feist, fett, dick: κῦμα πηγόν, geschwollene Woge ε 388, ψ 235, ἵπποι πηγοί, feiste Rosse I 124. 266. — Πήγ-ανον, πηγ-άνιον ist eine Pflanze mit fleischigen Blättern. Die Kreter nannten dieselbe ϕαίκ-ανον Hes., wodurch uns der Weg zur Wurzel gewiesen ist. Denn ϕαίκ-ανον gehört zweifelsohne zusammen mit ϕαι-κός· λαμπρός = ϕαι-ϑ-ρός. Wir werden darin wohl Vocalsteigerung von Wf. ϕι zu suchen haben; denn ϕαι-κός ist = ϕι-αρός, glänzend. Vgl. cypr. ψαιδ-ρός, glänzend, ψαιϑός· ὑποϕοινίσσων. Wir wären also einerseits auf W. σπα+γ, anderseits auf W. σπι hingewiesen. Aus Bgr. blasen = blähen ergiebt sich Bgr. gebläht, feist, wie ja auch unser *feist* von Wf. fi-s nicht zu trennen ist

und mit *fis-t*, Wind, *fis-ten* zusammengehört. Aus Bgr. hauchen
= schimmern ergiebt sich Bgr. schimmernd, glänzend, hell. Daher bedeutet πηγ-ός auch „weiss" (Strato bei Athenaeus IX 382,
Lykophr., Lexikogr.), wie umgekehrt φι-αρός auch „feist" bedeutet = πι-αρός st. σπι-αρός, πί-ων κτλ. In unserem *fei-n*,
mhd. vî-n, engl. fi-ne, schön, hat die unerweiterte german. Wf.
fi = spi die Bedeutung von φαι-κός, φι-αρός, ψαιδ-ρός, φαιδ-
ρός entwickelt. Umgekehrt wiederum entspricht ahd. alts. fag-
ar, ags. faeg-r, engl. fai-r, schön, altn. feg-urd, Glanz, lautlich
der griech. Wf. in παχ-ύς = πηγ-ός, stellt aber nicht die Bedeutung feist, sondern Bgr. glänzend (πηγ-ός bei Strato etc.)
dar. Das Alles erklärt sich nur beim Ausgehen aus W. spa
bzhw. spi, hauchen, blasen.

Dem πηγ-ός, glänzend, steht möglichst nahe zur Seite
Skr. pâj-as (pâgas), Glanz, welches Fick WB. I 831 gewiss mit
Recht als für spâj-as stehend auffasst, freilich bloss wegen des
gegenüberstehenden φέγγ-ος. Φέ-γ-γος mit N-Einschub ist nur
eine andere Erscheinungsform von W. spa+g. Aus Wf. σπαγ
konnte ebenso gut φαγ, φεγ und mit N-Einschub φέγγ-ος hervorgehen, als (σ)πηγ-ός, weiss.

Die Deutelei „was fett ist, glänzt; daher πηγός, φιαρός
auch = glänzend, weiss" ist unlogisch; wohl kann man in gewissen Anwendungen, z. B. vom Vieh, nitidus mittels der Figur
effectus pro efficiente auf die Wohlgenährtheit beziehen; aber
das Umgekehrte geht nicht an. Auch spricht der Gebrauch
sowohl von πηγός, weiss, als von φιαρός laut gegen solche
Gaukelei: πηγός (λευκός) nennt Strato das Salz, Lykophron
die Locke; und Callimachus z. B. nennt die Morgenröthe φιαρή.
Noch mehr sprechen gegen den beregten Deutungsversuch die
Analogien aus dem Germanischen.

Dass πηγ-ός, fett, aus W. σπα+γ hervorgegangen, erweist
sich — neben dem Gesagten — auch aus unserem *Speck* =
Fett, welches vollständig griechischem σπηγ- entspricht; im
engl. bac-ọn ist Lautverschiebung aus φ st. σπ erfolgt. Engl.
speck hat die gleiche Bedeutung mit σπῑ-λος, πί-νος (W. σπι),
Schmutz, entwickelt und gehört nach öfters dagewesener Begriffsvermittelung ebenfalls zu W. σπα+γ, german. spa+k.

III. Aus W. σπι entwickelte sich synonymes σπι-δ-ϝός·
πυκνός, lat. spissus st. spid-tus, aus W. σπυ aber

$$\pi\upsilon\varkappa\text{-}\iota\text{-}\nu\acute{o}\varsigma, \pi\upsilon\varkappa\nu\acute{o}\varsigma$$

mit weiterbildendem κ. Die Πνύξ, St. πυκ-ν (Curt. S. 637) ist Anschwellung
d. i. Erhöhung, Hügel = βου-νός: W. βυ, blasen, blähen. Der
Bgr. gebläht, geschwollen geht über in den Bgr. dick, weiterhin dicht, so in πυκ-νός, wie in spissus; aus Bgr. dicht wird
weiterhin „häufig": „es regnete dicke Schläge" sagen wir noch
heut zu Tage. In manchen Verbindungen von πυκ-ι-νός, πυκ-
νός können wir noch die wörtliche Uebersetzung „schwellend,
geschwollen" mit Vortheil verwerthen.

Ursprünglich sigmatischen Anlaut beweist salaminisches
πτοκ-άζω = πυκ-άζω (Hesychius unter ἐ-πτόκ-ασεν), da anlautendes πτ stets für σπ steht: πτύω = spuo.

Die δέρματα πυκινά, worein β 291 Mehl gethan wird, sind
nicht „festgenähte", sondern schwellend-runde Schläuche;
die πυκναὶ ὁμώδιγγες Ψ 716 „schwellende, dickanlaufende
Striemen", Beulen (ἀνέδραμον, wie B 267 ἐξυπανέστη ὁμῶδιξ
αἱματόεσσα) ‖ πυκινὴ νεφέλη Η 298, πυκινὸν νέφος Ε 751,
Θ 395, geblähtes, dickes Gewölk ‖ πυκινὸν λέχος Ι 621.
659 ö., ein schwellendes Lager, Bett. — Ξ 347 ff. lässt die
Erde Gras, Lotus und Krokus und Hyacinthen emporschiessen,
schwellend und weich (πυκνὸν καὶ μαλακόν), um dem Zeus
und der Here ein Lager zu bereiten. — Ἠκιναὶ μελεδῶναι
τ 516 = schwellende Sorgen ‖ πυκινὸν ἄχος Η 599 schwellender Schmerz. Und so kann noch häufig statt „dick, dicht"
die ursprüngliche Bedeutung gesetzt werden.

Gar häufig steht πυκινός und πυκνός in Verbindung mit
νόος, φρένες, μήδεα, βουλή, δόλος, ἔπος, μῦθος, ἐφετμή, sowie
πύκα, πυκινά adverbiell bei φρονέων, πυκινῶς bei ὑποθήσο-
μαι κτλ. Dazu nehme man die Zusammensetzungen πυκι-μηδής,
πυκινο-φρών. Man deutet hier allgemein „klug, weise, verständig". Aber wie gelangt man zu diesem Begriffe? Das
Räthsel ist gelöst bei der Etymologie des Wortes aus W. σπυ,
hauchen, blasen: man denke an πε-πνυ-μένος, πνυ-τός, πινυτός
aus πνέω. Das eine Mal ist πυκ-νός = gebläht, das andere Mal

= behaucht, inspiratus, klug, weise. — Wieder einen anderen
Begriff der Wurzel σπυ stellt Thema πυ+κ in

$$\pi υκ-άζω,$$

salaminisch πτοκ-άζω, dar. Nirgends im ganzen Homer bedeutet πυκάζω „verdichten", sondern nur verhüllen. Mit der
Deutung „dicht bedecken" täuscht man sich nur selbst; solche
Begriffseinschmuggelung ist unstatthaft. Wir haben oft genug
gesehen, wie sich aus Bgr. blasen, blähen der Bgr. bauschen,
hohl machen, wölben und weiterhin Bgr. Hülle, hüllen entwickelt
hat. — Demgemäss P 551 (Ἀθήνη) πορφυρέῃ νεφέλῃ πυκάσασα
ἓ αὐτήν „Athene bauschte sich, hüllte sich in eine Wolke" d. i.
die Wolke machte einen Bausch um sie. — K 271 „der Helm
hüllte sein Haupt ein". — Ω 581 wird ein Leichnam eingehüllt.
— B 777 stehn die Wagen wohlverhüllt (und ungebraucht) da. —
Θ 124 umhüllt, umwölkt heftiger Schmerz Hektors Herz. Dsgl.
P 83. — Der Schlafgott sitzt Ξ 289, einem Vogel ähnlich, auf
hoher Tanne, von dichtem Gezweige verhüllt. — Ψ 503 können
wir sogar Bgr. schwellen, strotzen bestens anwenden: ἅρματα
δὲ χρυσῷ πεπυκασμένα κασσιτέρῳ τε „die Wagen waren aufge-
bauscht, strotzten von Gold und Zinn". — λ 320 umhüllt
sich das Kinn mit blühendem Barthaare. — μ 225 sollen sich
die Gefährten des Odysseus nicht innerhalb des Schiffes ver-
bergen. — χ 488 sind Schultern in Lumpen gehüllt.

IV. Πυγ-μή, Faust, πύξ, fäustlings, sammt Sippe sind
sicherlich urverwandt. Dass hier γ nur weiterbildend ist (τμή-
γ-ω), beweist ahd. fû-s-t, nhd. Fau-s-t, engl. fi-s-t, die ihrerseits
wieder mit fau-ch-en, blasen, fisten, Wind lassen, zusammengehören. Man könnte zwar vom Bgr. hauen, to blow, ausgehen;
aber πύξ G. πυγ-ός, nebst πυγ-ή = πυ-γός, lakon. που-γός·
weist andere Wege für die Begriffsvermittelung. Aus Bgr. blasen, blähen vermittelt sich Bgr. schwellen, runden, ballen. Πυγ-
μή ist urspr. Geballtes, Gerundetes, πυγή desgleichen;*) ebenso
πυ-γός, während πύ-ανος, lakon. πού-ανος, Bohne, fa-ba, den
Begriff blähen selbst darstellt, Skr. pûg-a-s, Haufe, aber die

---

*) Angesichts von engl. funk (mit Nasalirung) = Gestank, to funk,
stinken, liesse sich auch andere Begriffsvermittelung aus W. spu für πυγή
aufstellen; aber Καλλί-πυγο; (Ἀφροδίτη) bei Athen. XII 554!

gleiche Begriffsvermittelung, wie lat. cu-m-ulus aus W. ku, blähen, schwellen, durchgemacht hat. Während lat. pug-na, pug-na-re von pug-nus, Faust, nicht zu trennen ist, fügt sich pungo, pu-pug-i mit pug-io zu unserer Wurzel mittels des Begriffs klaffen machen, öffnen, löchern = durchbohren, stechen, worüber zu vergleichen z. B. S. 5, S. 63, S. 128.

V. *Πυγ-ών*, Ellenbogen, wozu hom. πυγ-ούσιος, einen Ellenbogen lang x 517, λ 25, kann nicht verschiedener Wurzel von den vorgenannten Wörtern sein. Die von Hesychius aufbewahrte Stammform πυγ-ός wird wohl urspr. Höhlung, speciell die Eintiefung, Einbiegung zwischen Ober- und Unterarm bezeichnet haben, gerade wie das begrifflich identische, aber zu Wf. (σ)πα+χ gehörige πῆχυς. Denn πῆχυς bedeutet ausser 1) Ellenbogen auch noch 2) am Bogen den eingebogenen Mitteltheil, wo die linke Hand eingreift (Hes.) Λ 375, N 583, φ 419 ö.; 3) an der Lyra die beiden Einbiegungen, zwischen denen der Steg angebracht ist Hdt. IV 192; 4) bei den Mathematikern Einbiegung = Winkel. Und nun die Gleichung πυγ-ός, πυγ-ών: Wf. (σ)πυ+γ = πῆχ-υς: Wf. (σ)πα+χ = ἀγκ-ών: W. ἀν+κ*) = ὀλ-ένη und ul-na: W. ἀλ. Aus Bgr. blähen entwickelte sich aber weiterhin Bgr. wölben, biegen. Letzterer Bgr. vermittelt sich sonst auch durch Bgr. schwingen, to fan, den wir aber hier minder gut verwerthen können. Vgl. Abschnitt 84.

Mit πῆχ-υς wären wir wieder bei παχ-ύς, πάχ-ος angelangt; die etymol. Zusammengehörigkeit wird hoffentlich klar geworden sein.

VI. Mit dem oben besprochenen πηγ-ός, gebläht, dick, lautet zusammen πηγ-άς, Reif, Hesiod. Op. 503, πάγ-ος, Reif etc., πηγ-υλίς, kalt. Wie ist die Begriffsvermittelung herzustellen? Die verschiedenen Bedeutungen von

πάγ-ος

weisen uns sicheren Weg. Dieses Wort bedeutet 1) bei den Medicinern Darm, Darmfell, φύσκη d. i. Blase; 2) Haut auf der Milch d. i. Blase Nic. Al. 91; 3) das Meer d. i. als οἴδμα,

---

*) Vgl. ὄγκ-ος· ϥύσημα κτλ., worüber später.

Anschwellung, Wogenschwall Lykophr. 134; 4) Berg, Hügel
d. i. als *βου-νός*, Anschwellung, Hesiod. Scut. 439, Pind.
5) Berghöhe ε 405. 411: *πάγοι· αἱ ἐξοχαὶ τῶν πετρῶν καὶ
τῶν ὀρῶν* Hes. 6) Kälte, Frost, Reif = *ψῦχος: ψύχω*, hauchen.
Dazu nehme man *πάγ-ασα· θύρα* (Hes.) d. i. spiraculum
= *γωστήρ· θυρίς*, so auch *τὸ φῶς* (Hes.) || *παγ-ηνός*, auf-
wirbelnder Staub Hes. || *παγ-ελός* und *πάγ-ανον* Hes., Knö-
chel am Fusse: Bgr. schwellen, rund || *πάγ-η* und *παγ-ίς*,
Mausefalle: Bgr. Höhlung, Loch. Daher auch vom Bauche des
trojanischen Pferdes *δουρατέη παγίς* Anthol. IX 152, vom
Schlag-bauer der Vogelsteller *πάγη* Xen.; daher *πάγη* auch
Schiffer-reuse. Die Bedeutung Fallstrick, Schlinge ist erst
spätere Abstraction || scyth. *παγ-αίη*, Hund = *σπάξ, σπάδαξ*,
Beller.

Wie man diese und andere Wörter aus *πήγ-νυμι* zurechtlegen will, ist nicht abzusehen, wogegen sich aus Wf. (*σ*)*πα*+*γ*
mit dem Bgr. hauchen, blasen in allen möglichen Schattirungen
Alles so einfach deuten lässt.

Πήγ-νυμι selbst deckt sich mit lat. pango, Pf. pēgi und
pe-pig-i und hat die Grundbedeutung schlagen (urspr. schwingen),
to blow, woraus sich weiterhin Bgr. festschlagen, festklopfen,
festigen entwickelte: clavum pangere. In ahd. spangâ, mhd.
nhd. spange, Beschlag u. dgl., ist noch der ursprüngliche volle
Anlaut erhalten; natürlich ist german. g nicht = *γ*, sondern
eigenartiges Wurzeldeterminativ = *χ*. Vgl. engl. to spank,
schlagen (mit der flachen Hand). Das bei Hesychius erhaltene
ἁ-σπά-ν-ιον = *πάσσαλος* bzhw. com-pag-es ist ohne weiterbildendes *γ*, aber mit urspr. vollem Anlaute. Wenn nun auch
πήγνυμι aus Bgr. festigen den Bgr. gerinnen, gefrieren lassen
entwickelt hat, so darf man darum doch nicht *πάγος*, Kälte,
πηγ-άς, Reif etc. aus *πήγνυμι* deuten wollen. Das lassen die
anderen Bedeutungen von *πάγος* etc. nicht zu. Vielmehr
hat der Verbalstamm *παγ* von *πήγ-νυμι* eben nur den abgeleiteten Begriff schlagen bzhw. schwingen (to blow) gewahrt,
während die ursprünglichen Begriffe dieses selben Verbalstamms
παγ, nämlich Bgr. blasen, blähen und *ψύχειν* in *πάγος, πηγ-άς*
κτλ. hervortreten.

Πηγ-υλ-ίς, kalt, deckt sich mit *ψυχ-ρός*. § 475

κείμεϑα, νὶ̓ξ δ' ἄῤ ἐπῆλϑε κακὴ Βορέαο πεσόντος,
πηγυλίς· αὐτὰρ ὕπερϑε χιὼν γένετ̓ ἠΰτε πάχνη,
ψἰχρή.

Apoll. Rhod. II 737:

... ἔνϑεν ἀντμὴ
πηγυλὶς, ὀκρυόεντος ἀναπνείουσα μυχοῖο
συνεχές, ἀργινόεσσαν ἀεὶ περιτέτροφε πάχνη.

Ob wir übrigens πηγ-ᾱ́ς, πᾰ́χ-νη, παγ-ε-τός, πᾱ́γος, Reif,
zum Theil auch = Schnee, aus Bgr. hauchen = kalthauchen,
ψύχειν, oder aus Bgr. hauchen = schimmern zu deuten haben,
kann zweifelhaft erscheinen Angesichts von πηγ-ός· λευκός, Angesichts von lat. pru-ina, prû-na, Reif, neben prû-na, glühende
Kohle; denn beide lat. Wörter entstammen der Wurzelform
pru = (σ)πρα in πρή-ϑω 1) wehen, 2) brennen: pruina = Weiss-
schimmerndes, pru-na = Glühendes; daneben pru-num, (Geblähtes, fleischige Schwellfrucht =) Pflaume. Ist πᾰ́χ-νη urspr.
Schimmerndes, Schimmer, so würde es sich decken mit engl.
spang, Flimmerndes, Flinter, welches zwar mit unserem Spange,
urspr. Beschlag, verwandt ist, aber wesentlich anderen Begriff
darstellt. Vgl. noch engl. sping-el (spignel, spicknel), Bären-
fenchel (Bgr. duften); spink, Fink (Bgr. tönen), spunk, Zunder,
Feuer (Bgr. brennen).

75. Πεύκη und Sippe.

Πεύκη Λ 494, Ψ 328 ist theils ein nahverwandter, theils
ganz derselbe Baum, wie πί-τυς, Skr. pitu-dâru, pûtu-dâru,
lat. pî-nus, altn. fu-ra, engl. fir, nhd. *Föhre*, ahd. *fiuhta*,
nhd. *Fichte*. All diese Bäume haben das Eigenthümliche, dass
sie Harz hervorströmen lassen. Nun haben wir S. 136 ff.
gesehen, dass φύειν und φυσᾶν, blasen, auch hervorströmen
lassen, hervorquellen bedeuten, woher φύσημα geradezu = Harz
d. i. Hervorgeblasenes, Hervorgequollenes. Denselben Begriff „hervorquellen" hatten wir S. 221 in πηγή, Quelle; denselben stellt
dar πί-δ-αξ, Quelle, aus W. σπι = σπα, σπυ, ferner *πι-δ-ή
in πιδή-εις, quellenreich, πῑ-σος, Bequelltes = feuchte Wiese,
lat. fons aus fav-ont-s (W. spa+v).

Πίσσα st. πίκ-ια, lat. pix, deutsch *Pech* (ohne Lautverschiebung wegen urspr. Anlauts sp) erklärt sich gleichfalls als

φύσημα aus W. σπι mit weiterbildendem κ: umschreibt doch Euripides Med. 1200 Pech, Harz durch πεύκινον δάκρυ.

Darnach dürfen wir pi-nus und πί-τυς aus W. σπι, blasen, als „hervorsprudelnder" (Baum) auffassen, nicht minder πεύκη aus W. σπυ mit weiterbildendem κ. Die Erklärung als „Spitzbaum" ist geradezu komisch. Gleiche Begriffsvermittelung haben wir für die anderen obigen Wörter anzunehmen. Wenn Fick III 187 goth. fauhôn-, an. fôa, mhd. vohe, nhd. *Fuch-s* mit fiuhta zusammenstellt und eine unerwiesene Wurzel fuh, stechen, ansetzt, so möchte man doch fragen, was hat „Fuchs" mit Bgr. „stechen" zu schaffen. Und doch ist „Fuchs" verwandt; er hat aber seinen german. Namen von der brennend rothen Farbe, da W. spa-spi-spu auch brennen, flammen bedeutet. S. 168 ff. Vgl. puniceus, φοινός, φοίνιξ Abschnitt 39. Der Fuchs ist φοινός = αἰθός, αἴθων. An den Zusammenklang von altn. fura, engl. fir mit altn. fŷr, ags. fîr, engl. fire, Feuer, sei nur nebenbei erinnert.

Und nun vergleiche man aus Hesychius: πευ-ίδας· λαμπάδας ‖ mit weiterbildendem κ: πευκ-αλέον· ξηρόν neben πευκ-αλέον· ἀγγεῖον, dort Bgr. brennen, hier Bgr. blasen, blähen, wie auch in πευ-δ-ρία, mit welchem Worte Hesychius σι-πύη, Blase, Beutel erklärt ‖ πευκ-αλ-εῖται· ξηραίνεται πευκ-αλ-ίμη· θερμή und im übertragenen Sinne θρασεῖα ‖ πευκαλίμη· φλεγμαίνουσα.

II. Da nun πεύκη mit Bgr. Spitze nirgends zu erweisen ist, so werden wir

$$πευκ-εδανός$$

in der Verbindung πτόλεμος π. K 8 nach Anleitung vorstehender Glossen und nach dem unter πῦρ Abschn. 64 Gesagten durch ardens, bellum ardens = δήιος πόλεμος Λ 281, Η 119. 174 ö. (δήιος von δαίω) zu erklären haben. Dasselbe ist

$$ἐχε-πευκής$$

von einem *τὸ πεῦκος = πευ-ίς, Flamme. Βέλος ἐχεπευκές heisst Α 51 das Geschoss, womit Apollo im Lager der Griechen die Pest entbrennen macht. — Δ 129 wehrt Athene dem Menelaus das brennende = schmerzliche (verderbliche) Geschoss ab

ἥ τοι πρόσθε στᾶσα βέλος ἐχεπευκὲς ἄμυνεν.

Bei der voraufgehenden Beschreibung des Schusses auf Menelaus Vs 122—126 heisst der Pfeil ὀιστὸς ὀξυβελής 126.

Wenn irgendwo, war in dieser Detail-Malerei, wo uns alle Theile des Bogens bis zur Sehne, der Pfeil vom Eisen an der Spitze (123) bis herab zur Kerbe (122), in ihren Bestimmungen vorgeführt werden, das Epitheton ὀξυβελής nothwendig.

Aber Vs 129 handelt es sich nur um Abwehr des Verderbens; da kann ἐχε-πευκές nicht eine müssige Wiederholung von dem kurz voraufgegangenen ὀξυβελής sein sollen, sondern muss eine andere Beziehung ausdrücken, wie auch der Scholiast deutlich und richtig erkannt hat: μᾶλλον ἤμυνε πρὸς τὸ μὴ ἐχεπευκὲς γενέσθαι. Erläutert wird diese Bemerkung durch Schol. K 8: πευκεδανοῖο· διὰ τοὺς ἀναιρουμένους. — τοῦ πολέμου τὸ στόμα φθαρτικὸν τῶν σωμάτων.

Also an beiden Stellen fassen wir ἐχε-πευκής als ardens in gleichem Sinne, wie Lucrez dolor vulneris ardentis hat; sagt doch Livius aculeus sagittae urit.

Auf gleichen Begriff läuft hinaus

Δ 845:

περι-πευκής

ἔνθα μιν ἐκτανύσας ἐκ μηροῦ τάμνε μαχαίρῃ
ὀξὺ βέλος περιπευκές.

Das dabei stehende ὀξύ schliesst jede Möglichkeit aus, περιπευκές als „sehr spitz" zu deuten: „er schnitt aus der Wunde das spitze arg-brennende Geschoss", sagittam valde urentem (nach Livius).

III. Nach Anleitung von πευκεδανός, ἐχεπευκής, περιπευκής und den oben aufgeführten Glossen aus Hesychius, wie nach Maassgabe der Begriffsentwickelung von Wf. (σ)πυ+κ, können wir auch

πευκ-άλιμος

nicht mehr als „spitz, scharf, durchdringend" auffassen; aus Bgr. φλεγμαίνων (Hes.), brennend, flammend ergiebt sich Bgr. glänzend, hell, der in der Verbindung φρεσὶ πευκαλίμῃσι, in welcher allein das Wort bei Homer vorkommt, den einzig brauchbaren Sinn darstellt. Ξ 165 soll dem Zeus Schlaf auf die Augenlider und in seinen (feurigen) hellen Geist gesenkt werden. Zeus' Geist soll dadurch umnebelt werden, damit er die Vorgänge auf dem Schlachtfelde zeitweilig nicht sehe. — *Y* 35 heisst es vom Hermes ὅς ἐπὶ φρεσὶ πευκαλίμῃσι κέκασται. — *Θ* 366 sagt Athene: „Wenn ich das gewusst hätte in hellem Geiste". — Endlich haben wir das Wort in einem Vergleiche *O* 81: „Gleichwie im Fluge sich bewegt der Gedanke eines Mannes, der über ein weites Stück Erde gekommen ist, und hinterdrein in hellsichtigem Geiste bei sich denkt ...." Minckwitz hat hier mit seiner Uebersetzung „hellsichtig" unzweifelhaft das Richtige getroffen.

IV. Wie die vorbehandelten Wörter aus Einer Wurzelform mit πεύκη entstammen, so gehört

πιχ-ρός

mit πίσσα st. πίχ-ια zusammen. Seit Buttmann Lex. I 17 hat man sich so daran gewöhnt, πικρός als urspr. „spitz" aufzufassen, dass es bedenklich erscheinen mag, dagegen aufzutreten. U. E. ist aber auch hier als Grundbedeutung „brennend" anzunehmen. Stellt W. σπι+κ in πίκ-ια bzhw. πίσσα den Bgr. hervorblasen = hervorströmen lassen (φυσᾶν) dar, so in πικ-ρός, wie in' πέμφιξ st. πέ-σφιξ aus W. σπι+γ (Hauch, Strahl, Feuer) den Bgr. brennen. Δάκρυον πικρόν δ 153 deckt sich mit δάκρυα θερμά δ 523, *ΙΙ* 426, *Π* 3 ö. — Die πικραὶ ὠδῖνες *Α* 271 sind brennende Schmerzen, dolores ardentes. — Salz und Seewasser brennt auf der Zunge und im Munde; daher ε 323 στόματος δ' ἐξέπτυσε ἅλμην πικρήν. — Der Dunst, welchen δ 406 die Robben aushauchen, wird wohl weniger ein „spitzer" oder ein „bitterer", als ein heisser, warmer gewesen sein. — Wenn Antinous dem als Bettler verkleideten Odysseus, nachdem dieser von seinen angeblichen Abenteuern in Aegypten und Cypern erzählt hatte, ρ 448 höhnend droht, er würde ihn bald befördern πικρὴν Αἴγυπτον καὶ Κύπρον, wofern er nicht aus seiner Nähe sich fortmache: so kommt man weder mit Bgr. „spitz", noch mit Bgr. „bitter" recht aus. Der angebliche Begriff „verhasst" ist aber nicht so leicht zu gewinnen. Dagegen würde „glühend, heiss" recht wohl passen, zumal es gleichzeitig einen trefflichen figürlichen Sinn abgäbe. — Wenn Homer unser Adjectiv so häufig Pfeilen und Geschossen beilegt *Δ* 118. 217, χ 8, *Χ* 206 ö., so deckt sich dieser Gebrauch mit dem von ἐχεπευκής, περιπευκής. – Wenn in späterer Zeit (Aeschyl., Eur. etc.) πικρός so oft „heftig, jähzornig" bedeutet, so lässt sich diese Uebertragung aus „spitz" doch wahrlich nicht vermitteln, desto leichter aus Bgr. ardens. – Aus dem naheliegenden Begriffe hell ergiebt sich mit Leichtigkeit die Uebertragung auf den Gehörsinn = gellend: „heller Ton" u. s. w.

76. Φοξός.

Buttmann Lex. I 242 leitet nach dem Vorgange des Etym. M. dieses Wort von φώγω, dörren, ab: die Benennung sei hergenommen von irdenen Gefässen, die sich im Ofen geworfen und statt der Rundung zugespitzt hätten. Auch Curtius N. 164 bekennt sich zu dieser Etymologie, indem er als Grundbedeutung „schief-gebrannt" annimmt, woraus sich Bgr. „spitz" ergeben soll. Solche Schleich- und Umwege sollte der Sprachgeist bei seinen Begriffsvermittelungen gegangen sein?! In einem Worte, welches von „irdenem Geschirre" auch nicht die leiseste Ahnung enthält, soll der resp. Begriff durch Vergleichung mit irdenen Töpfen gewonnen worden sein?! Angenommen, aus φώγω könnte statt φωκ-τός (φωξός?) ein φοξός mit kurzem o hervorgehen, so würde sich doch nur Bgr. geröstet, gebrannt ergeben, aber nimmer „schief-gebrannt", und „schief-gebrannt" ist doch noch lange nicht „spitz". Pott II 322 bezeichnet daher gewiss mit Recht diese Etymologie als eine nur „durch Verzweifelung eingegebene". Aber ebenso wenig können wir ihm folgen, wenn er φοξός aus ἐπί+ὀξύς oder Skr. abhi+ὀξύς oder aus Skr. bhuǵ, biegen, erklären will. Herleitung aus ὀξύς mit vorgeschobenem Digamma, wie ebenfalls vorgebracht worden ist, spottet noch mehr allen etymologischen Gesetzen.

Vielmehr, wie sich ὀξύς zu W. ἀκ verhält, so φοξός zu Wf. φακ. Letztere haben wir in ἀ-φάκ-η, Hülsenfrucht, ὄσπριον Hes. (Bgr. blähen) ‖ φακ-ός 1) die Linsenpflanze, 2) flachrunde Wärmeflasche (Bgr. blähen) ‖ φακ-ῆ, Hülsenfrucht der Linse φάκ-ελος, Bündel (Bgr. blähen, runden) ‖ φάκ-ται· σιπύαι Hes., also urspr. Blase, Beutel (engl. bag mit eigenartigem Wurzeldeterminativ) ‖ φώκ-η, (wulstige Masse =) Robbe. Die-

selbe Wurzelform mit o st. α bietet der erste Theil von φοξί-
χειλος, wie in einem Fragmente von Simonides ein Becher zubenannt wird.

Aus φώγω kann nicht φοξός entstehen: „gebrannt-randig"
wäre zudem albern. Ein Becher mit spitzem, scharfem Rande
wäre ein gar unpractisches Ding, abgesehen davon, dass
man nicht absicht, woher Bgr. spitz gewonnen werden könnte.
Mögen auch die argivischen Becher „nach oben enger zusammen
laufend" gewesen sein, was freilich noch erst zu erweisen wäre,
φοξί-χειλος kann nimmer diese Eigenschaft bezeichnen, sondern sich nur auf die Form der Lippen, des Randes (χείλεα)
dieser Becher beziehen.

Um das silberne Spinnkörbchen der Helena δ 132 lief ein
goldener Lippenrand (χείλεα) d. i. doch offenbar ein goldener
wulstiger Reif, Rand. Wenn es daher ebenso vom Becher
des Menelaus heisst χρυσῷ δ᾽ ἐπὶ χείλεα κεκράανται δ 616,
o 116, so wird auch hier mit Nothwendigkeit an wulstigen
Rand zu denken sein; denn nur so kommt überhaupt Aehnlichkeit mit den Lippen heraus: Lippen sind weder scharf, noch
„spitz". Mit Recht fasst daher Döderlein 2478 φοξίχειλος
κύλιξ als synonym mit παχυχειλής, und wirft zu des Athenäus'
wunderlicher Erklärung εἰς ὀξὺ ἀνηγμένη die Frage auf, wie
man sich das denken solle. „Nach oben sich verengend" könne
nie und nimmer φοξί-χειλος bedeuten. Döderlein stellt nun
unter Hinweis auf φύσκος, φύσκη, Blase, φύσκων, Dickbauch,
für φοξός den Bgr. „aufgedunsen" auf und φοξὸς κεφαλήν ist
ihm Dickkopf, capito, ein Symbol der Unverschämtheit. Seine
Deutung würde sicherlich auf mehr Beifall haben rechnen können, wenn er im Stande gewesen wäre, sie lautlich zu rechtfertigen. Aber φύσ-κη aus W. φυ+σ (φυσάω) und φοξός st.
φοκ-σός liegen lautlich weit aus einander. Desto näher liegt
φοκ-σός mit den oben aufgeführten Wörtern der Wf. φακ vom
Begriffe blähen, schwellen. Suffix σός st. τός kommt vereinzelt
auch sonst noch im Griechischen vor, während es im Lateinischen desto häufiger geworden ist, z. B. in γαμψός st. γαμπ-
σός, γαμπ-τός. Leo Meyer II 312.

Darnach ist auf lautrichtigerem Wege als bei Döderlein
für φοξός st. φοκ-σός Bgr. gebläht, geschwollen, godunsen

ermittelt worden. Mit dem Bgr. gedunsen, dick an Kopf ist für φοξὸς ἔην κεφαλήν B 219 in der Beschreibung des Thersites die passendste Bedeutung gefunden worden; durch sie wird das Bild der Hässlichkeit erst recht vollständig für den Mann, von dem es heisst (216) αἴσχιστος δὲ ἀνὴρ ὑπὸ Ἴλιον ἦλθεν: unten war Thersites säbelbeinig (φολκός), lahm; die Schultern krumm und buckelig; höckerig die Brust; oben auf sass ein unförmlich dicker Kopf, auf welchem windige Wollflocken herumwehten. Bei einem unförmlich dicken Kopfe musste sich gerade letzterer Umstand doppelt missfällig bemerklich machen.

Mit Recht bemerkt Döderlein, dass ein „spitzer" Kopf den Alten keineswegs als absolute Hässlichkeit gegolten habe, da ja auch Perikles σχινοκέφαλος war, und dass, wenn des Perikles' Zeitgenossen schon φοξός ebenso verstanden hätten wie die späteren Grammatiker, nämlich als „spitz", die Aehnlichkeit des Perikles mit Thersites schwerlich, am wenigsten Seitens der Komiker, ganz unerwähnt geblieben wäre.

Auffallen muss Buttmanns apodiktische Bemerkung, Thersites habe allen alten Erklärern als ὀξυκέφαλος gegolten. Denn Hesychius bringt neben der Erklärung von φοξός durch ὀξυκέφαλος noch die Deutung λιπόδερμος, ohne Haut, und zwar an erster Stelle. Die Scholien zu B 219 bringen auch noch die Deutung τὸν ἐπὶ τὰ φάη, τουτέστι τὰ ὄμματα, ἀπωξυμμένην ἔχοντα τὴν κεφαλήν, als ob φοξός aus τὰ φάεα + ὀξύς zusammengesetzt wäre!

Wenn Hesychius ein φοῦσκος = φοξός (freilich mit verkehrter Deutung von φοξός) überliefert hat, so spricht dieses Wort laut für die Erklärung „gedunsen"; denn φοῦσκος ist offenbar nur dialektisch für φύσκος, wozu φύσκη, Blase, Dickdarm, gefüllte Wurst, φύσκων, Dickbauch. Nebenbei mag erwähnt sein, dass ahd. bûh, bûch, pûch, nhd. Bauch (Geblähtes, Wanst) urwurzelhaft (W. spu = W. spa) mit φάκ-ται, φώκ-η, φοξός zusammenhängt, dsgl. engl. paunch, Bauch: in bûh entspricht b dem φ, in pau-n-ch steht p für urspr. sp.

235

77. *Πτοιέω*

und *πτο-έω* ist Denominativ von *πτοία, πτό-α,* woneben *πτοῖος*. Als Bedeutungen von *πτοία* führt Ilesychius an *πτυρμός*. *φόβος. θόρυβος, ἢ ταραχή*; es bedeutet also geistige Erregtheit, geistiges Bestürmtsein aller Art; daher auch heftige Liebe, Leidenschaft überhaupt. Das nach Christ Gr. Lautl. 82. 272 damit zusammenfallende lat. pav-or bezeichnet ebenfalls nicht bloss Angst, sondern jegliche Erregtheit, wie Beben vor Freude, Ehrgeiz etc.

Πτοέω, πτοιέω, πτοιάω bedeutet demnach Erregung machen, concitare, perturbare, bestürmen u. dgl., im Passiv, worin es gewöhnlich vorkommt, perturbari etc.: *ἔρωτι δ᾽ αὐτὸς ἐπτοάθης* Eur. I. A. 586 ‖ *πτοιῶμαι δ᾽ ἐσορῶν ἄνθος ὁμηλικίης* Theogn. 1018. Vgl. Mimnermus 3, 2, Hesiod. Op. 445 ‖ *περὶ τὰς ἐπιθυμίας μὴ ἐπτοῆσθαι* Plat. Phaed. 68. c.
Darnach ist auch *χ* 298 zu verstehen. Athene liess ihre Aegis am Dachgewölbe erscheinen; darob geriethen die Herzen der Freier in Aufregung, Wallung: *τῶν δὲ φρένες ἐπτοίηθεν*. Welcher Art diese Aufregung war, besagt erst der folgende Vers: *οἱ δὲ φέβοντο*.

Πτό-α st. *πτόϝ-α, πτοία* st. *πτοϝ-ία* enthält nur eine andere Erscheinungsform der W. *σπα+ϝ*. Wie sich aus Begriff wehen der Begriff heftiger Bewegung überhaupt entwickelt, haben wir oben unter *σφεδανός, σφοδρός* κτλ. S. 125 gesehen. Man denke an *θύω, θύνω, θυιάς* κτλ. aus W. *θυ*, wehen; an *φοῖτος, φοιτάω, φοιτάς* S. 43 ff., an lat. ventilare, anblasen, fächeln, aber häufiger = schwenken, schwingen, auch fuchteln; an engl. blowing, stürmisch, von to blow, blasen; an flurry, Windstoss, aber auch heftige Bewegung, Unruhe. Die begriffliche Verwandtschaft mit Wf. *πτα,* fliegen, S. 166 mag man sich klar machen aus engl. to flutter, flattern, aber auch verwirren, beunruhigen, the flutter = vibration; tumult; disorder of mind; confusion (Johns. Dict.); — die mit *πταίω,* lat. pav-io aus engl. to blow 1) blasen und 2) hauen.

Nur eine andere Erscheinungsform derselben Wurzel bietet *φάβα* 1) *μέγας φόβος,* 2) *ὄσπριον,* lat. faba (Geblähtes), 3) eine Taubenart d. i. flatternd, flutternd. Neben *φάβα,* Taube, auch ϛάψ G. φαβός und φάσσα, Taube. Letzteres steht für φάσ-ja, wie zu erschliessen aus φασ-κάς: φασκάδες· ὄρνεις ποιοί Hes., welches nur Femininalbildung zu φάσ-κος bzhw. φασ-κός ist. Vgl. ϛάσ-κος u. φάσ-κον (Flatterndes=) langhaariges Baummoos. Thema φα+ς haben wir auch in lat. fas-tus, Aufgeblasenheit, φάσ-κωλος, φάσ-κωλον, Blase, Beutel, ϛάσ-αξ, Sykophant, Anzeiger (hauchen = sprechen, ϛημί) u. a. W. Im homerischen φή-νη, Adler, erscheint die unerweiterte Wurzelform φα st. ϭπα mit Bgr. schwingen, fliegen = ἀετός: W. ἀϝ, maced. παρ-α-ός aus W. σπαρ, schwingen; daneben aus W. σπι = ϭπα bei Dioskorides ϛίνις = φή-νη.

Φόβη, Mähne, ist eigtl. Flatterndes, Wehendes (scil. χαίτη, θρίξ): „Mähnen flattern durch die Büsche" Freiligrath (Unter Palmen). — „Die Mähne flattert und die Augen rollen" v. Eichendorff S. 204. Nicht verschiedenen Ursprungs kann ϛόβος, ϛοβέομαι κτλ., φέβομαι sein. Vergleiche in begrifflicher Hinsicht engl. to flit 1) flattern, 2) fliehen ‖ to flutter 1) flattern, 2) verscheuchen, 3) beunruhigen. — Ahd. fahs = ϛόβη, altn. fax, altengl. fax, Haar, fax-ed, haarig, entstammen einer K-Erweiterung derselben Wf. φα st. ϭπα. F neben φ erklärt sich nur aus urspr. sigmatischem Anlaut; dasselbe gilt von fachen, wehen.

Im Hesychius steht handschriftlich πεφοϳεῖσθαι· κομᾶν (von κόμη, Haar); mit Unrecht hat man daraus πεφοιβῆσθαι gemacht; es gehört ebenso zu ϛόβη, Mähne, langes Haar, wie πεφόβημαι (Hom.) aus ϛοβέω zu ϛόβος. Ueber den Zusammenklang und die Zusammengehörigkeit mit feb-ru-us, febris etc. S. 41.

Mit φέβομαι fällt begrifflich zusammen

φεύγω,

St. φυγ, lat. fug-io: es ist u. E. G-Erweiterung aus Wf. φυ st. ϭπυ, die begriffliche Vermittelung die gleiche, wie bei φέβομαι, bei engl. to flit, to flutter, bei πτοιέω, und einfacher und naturgemässer, als aus Begriff biegen, goth. biuga (κάμπτω), Skr. bhuǵ. Desto näher klingt St. φυγ an ποί-φυγ-μα, Geschnaube, ποιφύσσω st. πο-σφυγ-ιω, blasen, ποι-φύγ-δην, blasend, schnaubend, an; und vollständig gleichlautiger Stamm liegt in ϛύγ-ε-θλον st. σφύγ-ε-θλον, Aufblasung, Geschwulst, vor.

Erwägt man nun aber, dass Bgr. schwingen so häufig in den Bgr. umschwingen d. i. biegen, krümmen übergeht, wie Wf. spand in pand-us (Fick WB. I 252), σπαλ in σπάλ-ιον, ψάλ-ιον etc., σπαρ in σπάρ-τον etc., so liegt die Frage nahe, ob Skr. bhuǵ so gut wie goth. biuga nicht eigenartige Ausgestaltungen derselben Urwurzel spu darstellen. Engl. bug, stinkendes Insect (Bgr. πνεΐν) ‖ bog, Morast, Schmutz, boggy = swampy ‖ neben to boggle = to fly back ‖ bog-le = bug-bear ‖ bug = a frightful object ‖ big = swelling ‖ bag, Blase, Beutel ‖ to bag = to swell like a full bag u. v. a. W. legen solches nahe genug; entwickelt doch sogar die oben besprochene Wf. φας, lat. fas, germ. bas die gleiche Bedeutung biegen bzhw. umbiegen, winden, binden, z. B. in lat. fas-ci-a, Binde ‖ fes-tu-ca, Biegsames = 1) Grashalm, 2) Ruthe = σπάρτος, λύγος, vimen*) | fis-cus, geflochtener Korb, fis-ci-na, dsgl. mit Wf. fis, wie in fis-tu-la, Blaspfeife ‖ ahd. mhd. bas-t und mhd. buos-t, Haut, Bast, Binde u. a. W. Vgl. O. Schade, Ahd. WB. s. v.

Dass auch W. σπυ, σφυ den Bgr. schwingen bzhw. biegen entwickelt hat, beweist σφυ-ρόν, Knöchel am Fusse als Gebogenes, Δ 147. 518 ö., dazu aus σφυ+δ: σφυδ-ρόν, welches Hesychius sogar zur Erklärung von σφυ-ρόν verwendet. Dazu σφυδ-ρά· ή περιφέρεια τῶν ποδῶν. Dasselbe Thema σφυδ haben wir aber auch in σφυδ-νό-ω mit dem Bgr. blähen, schwellen, έ-σφυδ-νω-μένοι, angeschwellt, σφυδ-ῶν· ίσχυρός. Ob σφῦρα, Schwengel d. i. Hammer, direct aus Wf. σφυ oder aus der Secundärwurzel σφυρ, σπυρ d. i. σπυ+ρ = σπαρ abzuleiten sei, kann zweifelhaft erscheinen. Für ersteres würde sprechen αἴ-ρα 1) Schwengel, Hammer, 2) Lolch d. i. schwingendes, wehendes Gras aus W. άς, begrifflich = W. σπυ.

78. Ἄργυ-φος,

Ω 621 Epitheton zu ὄις, κ 85 zu μῆλα, deckt sich diesem Gebrauche nach allerdings mit άργεννός in dessen gleichartiger Verbindung als Beiwort von ὄιες Ζ 424, Σ 529. 588 ö. Aber darum sind wir keineswegs berechtigt, mit Leo Meyer II 461

---

*) Vgl. *Bin-se* aus ahd. bin-uz, mhd. bin-ez = alts. bin-et, ags. beon-et, engl. ben-t = bending grass.

ein singuläres Suffix φος aufzustellen, oder mit anderen -φος aus -ϝος, lat. -vus entstanden sein zu lassen. Vielmehr ist mit Pott III 582 u. Curtius N. 121 -φος auf φάω zurückzuführen: ἀργυ-φος = weiss-schimmernd. So ist Ἀντι-φος jedenfalls = Ἀντι-φάνης, Τήλε-φος = Τηλε-φάνης, weithin-glänzend, ist doch der mythische Telephos (Pind. Ol. IX 73) Sohn von Herakles und von Αὔγη d. i. αὐγή, Glanz.

Aber wie ist das υ in ἀργυ- zu erklären? Aus ἀργεν-ϝός st. ἀργεσ-ϝός, aus ἐν-αργής κτλ. ist ein τὸ ἄργος zu erschliessen, welches noch im N. pr. Ἄργος leibt und lebt. Neben Neutral-Substantiven in -ος finden sich nun durchweg Adjective in ύς, τὸ τάχος: ταχ-ύς ‖ εὖρος: εὐρ-ύς ‖ πάχος: παχ-ύς κτλ. Und so wird auch neben τὸ ἄργος ein ἀργ-ύς bestanden haben, das dann später durch ἀργ-ός, ή, όν verdrängt wurde. Darnach wäre ἀργυ-φος eine Zusammensetzung wie Εὐρυ-φάεσσα, εὐρυ-φυής, πολύ-φημος, πολύ-τλας κτλ. Und das substantivirte ἄργυρος (aus Adj. *ἀργυρός) verhielte sich zu *ἀργύς, wie z. B. λιγυρός zu λιγύς, γλαφυρός zu γλάφυ.

Wf. φα ist voller erhalten mit Abschwächung von α zu ε in

ἀργύ-φεος,

hell-schimmernd, weissglänzend, wo Leo Meyer abermals ein Unicum von Suffix erkennen will.

Abschwächung von Wf. φα zu φε haben wir ja mehrfach, wie in ἄ-φε-ος = ἄ-φωνος (Hes.), in συ-φεός, Schweine-koben, (S. 177), und zweifelsohne auch in

αἱ Φεαί

ο 297, mit der Nebenform ἡ Φειά H 135, wozu Φεά bei Steph. Byz. Das Wort ist Name verschiedener Städte und gleichbedeutig mit Ἄργος. Φεαί = Argi.

Lässt aber Wf. φα st. σπα Abschwächung zu ε zu, wie ja auch das volllautige σπα die Nebenform σπε so vielfach entwickelt hat (S. 85 ff.), und auch Wf. φαν als φεν erscheint z. B. in φέν-αξ, einer der scheint, vorspiegelt, Betrüger: so steht nichts im Wege, das vielbesprochene

ἄ-φε-νος

ebenfalls auf W. σπα, Wf. φα zurückzuführen, freilich, was auch bei συ-φεός der Fall war, mit einem anderen Begriffe als in ἀργύ-φεος, ἄ-φε-ος vorliegt. Aber so gut W. σπα den Bgr.

hauchen = schimmern, hauchen = sprechen entwickelt, ebenso
auch den Bgr. blasen, blähen, schwellen: dann·wäre ἄφενος
einfach identisch mit messap. (σ)πα-ν-ία, Fülle, Reichthum.
Das Neutralsuffix νος, lat. nus bildet so häufige Nomina
im Griechischen wie im Lateinischen: κτῆ-νος, Erworbenes,
Besitzthum, ἔρ-νος, ἴχ-νος, ἔϑ-νος, δῆ-νος, γλῆ-νος, faci-nus,
pe-nus, fe-nus, fu-nus etc. Das ά würde als vorschlagendes ά
(S. 33) wie in ἀφήτωρ st. ά-σφή-τωρ κτλ. zu gelten haben,
wiewohl auch Auffassung im Sinne von ά, begrifflich con, an-
ginge. Jedenfalls ist diese Etymologie lautrichtiger, als Herleitung aus Skr. ap-nas, Ertrag, lat. op-s, aus Skr.W. ap, erreichen, gewinnen, oder als E. Hoffmanns aus Schol. A 171
entlehnte Deutung aus ἀπό und angebl. ἔνος, Jahr, oder Buttmanns aus ἄφϑονος oder Döderleins aus angebl. φάνος, Ansehn.
Wenn Pindar Kürzung zu ά-φνος vornimmt, oder Homer
Adj. ἀφνειός st. ἀφ(ε)νεσιός bildet, so ist das keine stärkere
Kürzung als in πέ-πλος st. πέ-παλ-ος = lat. palla, pallium aus
(σ)πάλλω, schwingen, umwerfen, in ἔ-πλ-ετο st. ἐ-πέλ-ετο,
ἔ-πλ-ετο st. ἐ-πέλ-εο, ἔ-πλ-ε st. ἔ-πελ-ε, περι-πλ-όμενος st.
περι-πελ-όμενος, in γί-γν-ομαι st. γι-γέν-ομαι (Wf. γεν, W. γα),
in μί-μν-ω st. μι-μέν-ω u. s. w. vorliegt. Unsere Wurzel hat
den Vocal ausgestossen auch in σί-φνον, σί-φνις st. σί-σφα-
νον, σί-σφανις: W. σπα = σι-πύα, Blase, Beutel st. σι-σπύ-η:
W. σπυ || in σι-φνός st. σι-σφα-νός, windig, leer (κενός Hes.)
neben σί-φων st. σι-σφα-ων, alles Hohle, (Blasrohr =) Wein-
heber, ferner = τυφών (τύφω, hauchen, blasen) im Sinne von
Wasserhose || in ὀ-φνίς S. 220.

79. Πηνελόπεια

und Πηνελόπη soll nach Welcker Götterlehre I 659 „Weberin"
(vgl. Pott E. F. II 261) bedeuten. Damm-Duncan lassen die
Wahl zwischen Ableitung aus πένεσϑαι und λοπός (Hülle,
Schale), λῶπος, Gewand, oder aus πηνίον + ἑλεῖν! Andere
deuteten „Faden-Abreisserin" aus πῆνος und ὀλόπτω! Curtius
N. 362 geht von einer angebl. Wurzel „ὀπ, arbeiten", aus und
erklärt „Gewebe-Arbeiterin", indem er annimmt, aus πῆνος,
πήνη habe sich ein gleichbedeutiges πηνέλη entwickelt.

Muys Hellenika 178 nennt derartige Deutungen eine ganz verwerfliche etymolog. Spielerei, da Penelope jedenfalls ein bedeutsames mythol. Wesen sei, und bringt den Namen, worauf übrigens schon Damm-Duncan hingewiesen, mit πηνέλοψ zusammen, wie eine bunte, purpurstreifige Entenart heisst. Er deutet πηνέλ-οψ als bunt-aussehend. Darnach könne Πηνελόπη zwar die „bunte" und nach der Begriffsentwickelung von ποικίλος, die „listige" sein, aber besser sei sie als „eine bunt-, schillernd-aussehende Göttin des Meeres oder der Wolken" zu fassen. Schade, dass Muys, wie fast durchgehend, so auch hier mit den abenteuerlichsten Lautverwandlungen operirt. Denn wie aus „W. hvan oder hvat" jemals *πηνελός, bunt, hervorgehen könnte, ist nicht abzusehen. Aber darin ist ihm beizustimmen, dass Πηνελ-όπη nicht von πηνέλ-οψ zu trennen ist. Es bleibe dahin gestellt, ob Penelope durchaus ein mythol. Wesen, eine Göttin sein müsse; desto zutreffender wäre es, wenn auch des klugen Odysseus Gattin als die „listige" (ποικιλομήτης) gelten könnte.

Dass πηνέλ-οψ bunt-, gestreift-aussehend bedeute, ist mehr als wahrscheinlich; aber wie wäre Adj. *πην-ελός entstanden?! Und Zusammensetzungen mit -οψ = -ειδής bilden sich doch sonst aus Substantiven: μῆλ-οψ, οἶν-οψ κτλ. Oder gab es ein Subst. πηνέλη? Es müsste zweifelsohne mit πῆ-νος, πή-νη zusammenhangen. Gewiss mit Recht bringt Curtius 362 diese Wörter zusammen mit lat. pannus, goth. fana. Als Grundbedeutung „Gewebe" anzunehmen, geht aber nicht an: es existirt nirgends ein Verbalstamm πα, σπα = weben. Goth. fa-na, Streifen, Fetzen Tuchs, ist nicht zu trennen von goth. fa-ni, Koth. Haben wir in letzterem den Bgr. πνεῖν als übel riechen (W. spa, hauchen = duften), gerade wie in πη-λός, Koth, so in fa-na, nhd. Fahne, engl. fa-ne, Dachfahne, den Bgr. wehen = flattern, fliegen.*) Fetzen und alles Zerfaserte weht, flattert; daher auch aus W. spi lat. fi-bra, fi-m-bria. Lat. pannus bedeutet ebenfalls Fetzen, Streifen Tuchs, Fahne, Binden aller Art, herabwehendes Gewächs am Baume (vgl.

---

*) „Lässt der Morgen von den Höhen weit die rothen Fahnen wehen" v. Eichendorff 285. — „Sausend wehen über seinem Haupte tausend Flaggen durch die Lüfte" Goethe.

ϝάσ-κον, langhaariges, flatterndes Baummoos). Auch hier vermittelt Bgr. wehen = flattern am einfachsten die verschieden-artig aussehenden Bedeutungen zur Einheit. Und wie sich fa-na neben fa-ni vermittelt, so pannus neben pâ-nus, Geschwulst (Bgr. blähen).

II. Πῆ-νος, πή-νη, πη-ν-ίον ist nun nach den über-einstimmenden Angaben der Alten in der Webkunst der Ein-schlagfaden d. i. der mit der Spule oder dem Weberschiffchen zwischen den stramm gespannten Fäden des Aufzugs oder der Kette hin- und herfliegt, ist also Gegensatz zu στή-μων, Aufzug, Kette. Bei der Ableitung aus W. σπα, wehen, flattern, fliegen, ist der Gegensatz zu W. στα, woher στή-μων (Hesiod. Op. 536) von selbst gegeben. Für diese Ableitung stimmt nun auch, dass πηνίον noch die fliegende Spule selbst bedeuten kann (Hes.), ferner dass auch ein geflügeltes Insect so heisst Aristot. II. A. V 19. S. Lexica.

Wenn nach Hesychius πῆνος auch ὕφασμα bedeutet, so liegt hier dieselbe Figur vor, wie wenn κρόκη (κρέκω), der Einschlagfaden, bei Aristoteles als Spinngewebe, bei Pindar als Gewebe überhaupt verwerthet wird. Aber das ist so wenig bei πῆνος als bei κρόκη die Grundbedeutung.

Vielleicht könnte man sich versucht fühlen, wie das gleich-bedeutige κρόκη von κρέκω, schlagen, abstammt, so πῆνος von παίω, πταίω, lat. pavio, schlagen, abzuleiten. Allein, trotzdem wir damit bei derselben Urwurzel verbleiben würden, wider-räth sich diese Etymologie durch die bereits aufgeführten Wör-ter mit ihren resp. Bedeutungen, wie auch durch andere ver-wandte Wörter: πάν-υσσα, Haarbinde (Hes.), ist entweder Umgeschwungenes oder Flatterndes ‖ lat. pê-nis ist ursprünglich Wedel d. i. Wehendes, wie οὐ-ρά aus. W. ἀϝ*), wie σόβη, Schweif, nebst σαίρω, wedeln, aus W. σα-σι-συ, wehen ‖ πη-ρ-ίκη nach Hesychius 1) Haar d. i. Flatterndes, wie χαίτη: W. χα, wehen, φόβη: W. σπα, σπυ, 2) ἐμπλοκή, Einflechtung, ver-muthl. soviel als ἐμπλόκιον, ins Haar geflochtenes Band, πάν-υσσα ‖ πή-ρη, Beutel, Ranzen: Bgr. blasen, blähen, mit der

---

*) Die Herleitung aus ὄρρος st. ὄρσος, ahd. ars (Curt. N. 505 nach Pott und Benfey) begreife, wer da kann.

Nebenform φϑη-ϱά, welche Hesychius zur Erklärung von κίϱβα verwendet: φϑ st. πτ, σπ.

Aus πῆ-ϱος, πή-νη mit Grundbgr. Flattertfles konnte sich nun recht wohl ein πηϱέλη nach Analogie von ϑυμ-έλη, νέφ-έλη, κυψ-έλη, πιμ-ελή, άγ-έλη (Leo Meyer II 589, Curtius N. 362) entwickeln, und zwar mit der Bedeutung „Band, Streifen," wie πάν-υσσα, pannus, goth. fa-na. Dann wäre πηϱέλ-οψ = streif-ig, bandelirt, bunt, eigtl. streifen-ähnlich, mit -οψ = -ειδής gebildet wie οἶν-οψ, μῆλ-οψ κτλ. Der Name der bunten, purpur-streifigen Ente zwingt u. E. zu dieser Etymologie. Dann wäre Πηνελ-όπη, Πηνελ-όπεια = ἡ ποικίλη im übertragenen Sinne d. i. listig, klug. Ihr ständiges Epitheton ist περίφϱων (c. 50mal) und ἐχέφϱων δ 111 ö. Interessant ist auch, wie unser Adj. bunt, mhd. bunt, gestreift, streifig, einerseits mit mhd. bunt, Fessel, Bündel (Geschlungenes), mhd. bant und pant, nhd. band, engl. bond (Band, Streif), anderseits mit engl. bunt, Bausch, Anschwellung (lat. pá-nus), to bunt, aufschwellen (bläben), bunt-ing, Weisskehlchen (streifiger Vogel), bunt-ing-s, Lappen, Fetzen (= lat. pannus), bunt-er, Lumpensammlerin, bunting-iron, Blaserohr (in Glashütten) zusammenhängt. Der wurzelhafte Zusammenhang mit W. σπυ, (σ)φυ macht Alles klar.

Bei Hesychius findet sich auch ein Adj. σφη-κός, bunt: σφηκῶν· ποικίλων.

III. Den homerischen Flussnamen

Πηνειός

deutet Curtius als „Faden". Dass der thessalische Penēus denn doch etwas mehr als ein „Faden" gewesen sei, ist schon aus seinem Epitheton ἀϱγυϱοδίνης B 753 zu erschliessen, vollens aber aus Strabo C. 430, welcher angiebt, dass er, viele Flüsse aufnehmend, oft Ueberschwemmungen anrichtet. Ebenderselbe Geograph stellt den Penēus 329 fgm. 4 dar als an seiner Mündung Macedonien gegen Griechenland absperrend und unzugänglich machend. Das will nicht zum Begriff „Faden" passen, wie allenfalls ein sickerndes Bächlein genannt werden mag. Auch der elische Penēus mit seinem Nebenflusse Ladon ist etwas mehr gewesen Paus. VI 22. 3, Strabo 337. 338. Wir werden daher wohl nicht fehl gehen, wenn wir den oft überschwemmenden Fluss als „geschwollenen" auffassen und an lat. pâ-nus, Geschwulst, pan-t-ex; Wanst, an messapisch πάῖ'ε ιᾳ· κεχορτασμένη (Hes.), gemästet*), an messapisch ἡ παν'ία, Schwellung, Fülle (Athen. III 111) und τὰ πάν' ια· πλήσμια (das.) appelliren. In suffixaler Hinsicht erscheint Πηγειός gebildet wie ἀφγειός von τὸ ἄφγος (Pindar), ἄφγγνος, wonach ein τὸ πῆ-γος = ἡ παν'ία vorauszusetzen wäre. IV. Den Namen des böot. Heerführers

$$\Pi\eta\nu\acute{\epsilon}\lambda\epsilon\omega\varsigma$$

B 494 ö. deutet man (Seiler Lex.) als Leut-wart von πένομαι und λαός, als ob jemals πήνομαι für πένομαι gesagt werden könnte, und als ob jemals πένομαι, die unmögliche Lautgestalt πήνομαι vorausgesetzt, jemals warten oder dgl. bedeuten könnte! Sollte nicht vielmehr aus dem oben besprochenen *πην-έλη ein Adj. πηνέλεος, streifig, bunt = πηνέλ-οψ d. i. metaphor. „listig, klug" haben hervorgehen können, wie λίϑ-εος, χάλκ-εος, σιδήρ-εος, χοίρ-εος, ἀργύρ-εος, μαρμάρ-εος, vollens wie πορφύρ-εος von πορφύρα? Es wäre dann in der handschriftl. Form Πηγελέοιο Ξ 489 von Πηγέλεος oder Πηνελέος die ältere Wortgestalt erhalten, und die Form Πηνέλεως nur dem Anklange an wirkliche Zusammensetzungen mit (λαός) λεώς zu Liebe umgestaltet worden, oder auch ohne solche Veranlassung daneben aufgekommen, wie z. B. neben dem Bergnamen Αἰγαλέον auch der Name Αἰγάλεως besteht (S. 17). — Und in der That ist das kennzeichnende Epitheton des Peneleus Ξ 487 δαΐφρων. •

80. Σπέος.

Virgils Verse VII 568

Hic specus horrendum et saevi spiracula Ditis
monstrantur, ruptoque ingens Acheronte vorago
pestiferas aperit fauces

leiten uns am richtigsten auf den Weg zur Etymologie von σπέος.

Wie spira-culum, Luftort, Luftloch, Höhle, gebieterisch auf spirare, hauchen, wie faux, Schlund, Kluft, Krater auf Wf. fav

---

*) Doch wohl Fem. von *πάν-νς, Neutr. πάνν mit Accentuation wie ϑῆλ-νς.

st. spav, hauchen, fov-ea, Grube, Loch auf Wf. fov = $\sigma\varphi v$, puteus, Cisterne, auf Wf. (s)pu hinweiset: ebenso zwingend $\tau\grave{o}$ $\sigma\pi\acute{e}\text{-}o\varsigma$ auf Wf. $\sigma\pi\varepsilon$ = W. $\sigma\pi\alpha$, hauchen, und lat. spe-c-us auf die öfters besprochene K-Erweiterung derselben Wurzel, woher auch spec-i-es, Gewürz (Bgr. duften), spec-i-es, äussere Erscheinung neben fac-i-es, dass. ($\varphi\alpha\acute{\iota}\nu\varepsilon\sigma\vartheta\alpha\iota$), spec-i-o, begrifflich = $\lambda\varepsilon\acute{v}\sigma\sigma\omega$ von $\lambda\varepsilon v\varkappa\acute{o}\varsigma$, glänzend (vgl. $\tau\grave{\alpha}$ $\varphi\acute{\alpha}\varepsilon\alpha$ $\varkappa\tau\lambda$. S. 105), di-spic-io = $\delta\bar\iota\text{-}\varphi\acute{\alpha}\omega$ st. $\delta\iota\text{-}\sigma\varphi\acute{\alpha}\omega$. $"A\nu\text{-}\tau\varrho o\nu$ aus W. $\check{\alpha}\nu$, hauchen, ist nichts anderes als spiraculum. „Bar-adla" d. h. Ort des Hauchs ist der Name der berühmten ungarischen Höhle im Gömörer Comitat (Leipz. illustr. Zeitung 1875, 4. Decbr.). Man denke auch an die S. 35 ff. behandelten Namen $\Pi v\vartheta\acute{\omega}$, $\Theta\acute{v}\mu\beta\varrho\eta$ $\varkappa\tau\lambda$.

Mag man nun $\sigma\pi\acute{e}o\varsigma$, spec-us als Windort, spira-culum, oder als Gähnendes, Schlund, als faux (urspr. als Hauchendes), oder als Hohles, als cav-erna fassen, stets kommen wir zurück auf Bgr. hauchen; denn die angegebenen Begriffe begegnen und durchdringen sich alle in W. $\sigma\pi\alpha$, wie wir des Oefteren gesehen haben.

Unstreitig am poetischesten ist es, die Vorstellung spiraculum, $\check{\alpha}\nu\text{-}\tau\varrho o\nu$ zu Grunde zu legen; denn zumal in den heissen Südgegenden macht sich in Folge des Gegensatzes zwischen der heissen Luft vor den Höhlen und der kalten Luft in den Höhlen stets ein starker Luftzug am Eingange der Höhlen bemerklich; daher so poetisch wie naturwahr die Bezeichnungen. Wer dem Sprachgeiste poetische Auffassung nicht zutraut, der mag sich spec-us aus spec-io als „Loch" nach Analogie von $\acute{o}\pi\acute{\eta}$ (Aristoph.) von *$\check{o}\pi\tau\omega$ deuten, trotz spiraculum, spiramen, spiramentum; an der W. spa ist doch nicht vorbeizukommen.

Wer ein Schwärmer für Digamma ist, mag sich $\sigma\pi\acute{e}\text{-}o\varsigma$ = spiramen als $\sigma\pi\acute{e}\digamma\text{-}o\varsigma$ von W. $\sigma\pi v$ zurechtlegen, obschon nirgends ein zwingender Grund für $\digamma$ vorhanden ist; denn Homer schreckt wahrlich nicht vor dem Zusammentreffen von Vocalen zurück.

Das spätere $\sigma\pi\acute{\eta}\lambda\alpha\iota o\nu$ (Plato etc.) gehört zu derselben Wurzel. Durch $\sigma\pi\eta\lambda\acute{\alpha}\text{-}\delta\iota o\nu$ (Theopomp), $\sigma\pi\eta\lambda\text{-}\acute{\omega}\delta\eta\varsigma$ (Schol. Ap. Rh. II 356), erweist sich $\sigma\pi\eta\text{-}\lambda\alpha\text{-}\iota o\nu$ als eine Bildung wie

δίκαιος von δίκη ‖ μάταιος: μάτη ‖ κρηναῖος: κρήνη ‖ ὀργναῖος:
ὄργνη κτλ.; weitere Beispiele bei Leo Meyer II 456 ff. Denn
σπηλ-ώδης kann nimmer aus σπηλαι-ώδης gekürzt, noch mit
σπηλάδιον anders als aus einem σπη-λή, Höhle, gebildet sein.
Dieses durch σπήλαιον später verdrängte Nomen lehnt sich an
Adj. σπη-λός· σκληρός (Hes.), ursprüngl. zweifelsohne = αὖος:
Durchwehtes wird trocken. Das substantivirte σπη-λή, ursprünglich Hauchendes oder Durchhauchtes, nahm nach dem
Voraufgehenden ganz naturgemäss den Bgr. Höhle, ἄν-τρον,
spira-men an. Adj. σπήλαιος bedeutete zunächst „die Höhle
betreffend“, woraus τὸ σπήλαιον substantivirt wurde, wie τὸ
δίκαιον = ἡ δίκη Aesch. Prom. 187, Hdt VII 137, τὸ ἀναγκαῖον
= ἡ ἀνάγκη Thuk. V. 99.

Das noch spätere σπῆ-λ-υγξ, lat. spe-l-unca ist dann
eine anderartige Weiterbildung aus *σπη-λή.

81. Ἀπατάω

ist Denominativ von ἀ-πά-τη, welches S. 33 aus ἀ-σπά-τη st.
σπά-τη als = Dunst, καπνός, blauer Dunst, Bethörung, Trug
gedeutet wurde. Die Versuche, das Wort von ἀϝάω, von ἅπτω,
ἀφάω abzuleiten, scheitern an lautlichen wie begrifflichen
Schwierigkeiten. Sieht man sich die homerischen Stellen von
ἀπάτη, ἀπατάω, ἀπατη-λός, ἀπατήλιος an, so überzeugt man
sich bald, wie gerade die Bezugnahme auf den Bgr. Dunst,
καπνός nach dem Gebrauche von Plato Rep. IX 581 (blauer
Dunst, eitel Täuschung) in den Vordergrund springt, indem
diese Wörter vorzugsweise von trügerischen Vorspiegelungen und Bethörungen mittels erdichteter Reden, unauf-
richtiger Vorspiegelungen u. dgl. zur Anwendung kommen. So
sagt ν 294 Athene, nachdem der noch unerkannten Göttin
Odysseus allerlei vorgeschwindelt hatte über die Art und
Weise, wie er nach Ithaka gekommen sei:

> σχέτλιε, ποικιλομῆτα, δόλων ἆτ’, οὐκ ἄρ’ ἔμελλες,
> οὐδ’ ἐν σῇ περ ἐὼν γαίῃ, λήξειν ἀπατάων
> μύθων τε κλοπίων.

Und Eumäus klagt ξ 127 darüber, dass, wer nur immer auf
seinen Irrfahrten nach Ithaka komme, zur Penelope gehe und

dieser blauen Dunst vorschwatze (*ἀπατήλια βάζει*), als wäre er mit Odysseus 'mal irgendwo zusammengetroffen. — In den Entgegnungsworten versichert Odysseus, dass es mit ihm sich anders verhalte: ihm sei gleich den Pforten des Hades verhasst, wer, der Armuth nachgebend, blauen Dunst vormache, Schwindeleien spreche, *ἀπατήλια βάζει* 157. — Der Phönizier, welcher angeblich den Odysseus unter trügerischen Vorspiegelungen überredet hatte, aus Aegypten nach Phönizien mitzufahren, wird von diesem ξ 288 bezeichnet als *ἀπατήλια εἰδώς*. — Wenn δ 348 (cf. ρ 139) Menelaus dem nachforschenden Telemach erklärt *οὐκ ἄν ἔγωγε ἄλλα παρὲξ εἴποιμι παρακλιδόν, οὐδ' ἀπατήσω*, so besagt das: Ich will dir keinen blauen Dunst vorschwindeln. — In der Ilias wird O 31 *ἀπάτη* und O 33 *ἀπατᾶν* vom erwachenden Zeus der Here vorgeworfen mit Bezug auf die berückenden Vorspiegelungen derselben Ξ 300 ff., denen der Götterkönig erlegen war. — Δ 168 steht *ἀπάτη* von den unaufrichtig gemeinten *ὅρκια*. — In der Rede, womit B 110—142 Agamemnon seine Mannen versucht, heisst es: Zeus hat mich in schwere Bethörung verstrickt; verhiess er mir doch früher, dass ich das wohlummauerte Ilion zerstören und als Sieger nach Hause zurückkehren solle. Aber nun zeigt sich, dass sein Versprechen nichts als verderblicher blauer Dunst war. Vs 114

νῦν δὲ κακὴν ἀπάτην βουλεύσατο, καί με κελεύει
δυσκλέα Ἄργος ἱκέσθαι.

Τ 97 steht *ἀπατᾶν* von der Here Ueberlistung des Zeus gelegentlich der Geburt des Herakles; die Ueberlistung erfolgte dadurch, dass Here ihrem Gemahle den unvorsichtigen Eid (108 ff.) abschwindelte.

Eine recht bezeichnende Stelle ist A 526 (Worte des Zeus):

οὐ γὰρ ἐμὸν παλινάγρετον οὐδ' ἀπατηλόν
οὐδ' ἀτελεύτητον, ὅτι κεν κεφαλῇ κατανεύσω.

Schon die Alten haben darauf hingewiesen, wie bedeutungsvoll hier die Häufung der Prädicate ist: „keiner meiner Beschlüsse, den ich einmal mit dem Haupte zugewinkt, ist widerruflich, noch von eitlem Dunste, noch bleibt er unerfüllt." Wird durch das erste Prädicat mit der Negation auf die Festigkeit hingewiesen, so durch das zweite auf die Realität, durch das dritte auf die Sicherheit bezüglich der Verwirklichung. Hiernach bleibt nur noch *I* 344 übrig, wo Achill vom Agamemnon sagt

νῦν δ' ἐπεὶ ἐκ χειρῶν γέρας εἵλετο καί μ' ἀπάτησεν.

Ungezwungen drängt sich auch hier Bezugnahme auf frühere Versprechungen bezhw. Worte auf, mit denen Agamemnon vordem das Ehrengeschenk zugesichert hatte. — In gleichem Sinne steht Vs 371 von Vorspiegelungen, citlen Versprechungen des Agamemnon:

εἴ τινά που Δαναῶν ἔτι ἔλπεται ἐξαπατήσειν.

Im Hymn. Ven. 7. 33 steht ἀπατᾶν von den Berückungen der Aphrodite; im Hymn. Merc. 462. 545 die Formel οὐκ ἀπατήσω zur Bekräftigung, dass die Versprechungen wirkliche und nicht blauer Dunst seien.

Im Philolog. XXXVI S. 32 glaubt Vf. nachgewiesen zu haben, dass auch ἀάω, ἀϝ-άω (W. ἀϝ) bei Homer nichts anderes ist, als umnebeln, bedunsten = bethören, und ἀϝ-άτη, ἄτη = Benebelung, Bethörung. Achnlich giebt u. a. τυφόω in τετυφωμένος, und τύφω, hauchen, dampfen, in τῦφος, Blödsinn, τυφεδανός, blödsinnig, nahverwandte Begriffe ab. — Unser *be-dümpeln* (zu dum-b, dum-p: germ. W. du = ϑυ) ist ebenfalls = bethören, betrügen. — Lat. in-fatuare, bethören, geht mit seinem Stammworte fä-tu-us, thöricht (= du-m-b: du, ϑυ) ebenfalls, wie. ἀ-πα-τά-ω st. ἀ-σπα-τά-ω auf W. spa zurück. Anderweitige Analogien Philol. a. a. O. S. 35.

Derselben Wurzel entstammt auch φέ-ν-αξ, Betrüger, mit Vocalabschwächung von α zu ε, st. φά-ν-αξ, eigtl. Scheiner, Schwindler, Vorspiegeler (S. 238).

II. Synonym mit ἀπατᾶν ist

ἀπαφίσκω,

Inf. Aor. ἀπαφεῖν, Fut. ἀπαφήσω. Das Wort begegnet uns λ 217 und ψ 216. — An ersterer Stelle antwortet Antikleia ihrem Sohne Odysseus auf die Frage, ob vielleicht Persephone ein Trugbild heraufgeschickt habe (εἴδωλον τόδ' ὤτρυν'):

οὔ τί σε Περσεφόνεια, Διὸς θυγάτηρ, ἀπαφίσκει,
ἀλλ' αὕτη δίκη ἐστὶ βροτῶν, ὅτε κέν τε θάνωσιν.

Die Beziehung zu dem Ausdrucke εἴδωλον ὤτρυνε ist zu
merklich, um übersehen werden zu können. — Die Stelle ψ 216
μή τίς με βροτῶν ἀπάφοιτ' ἐπέεσσιν steht mit dem zu ἀπάτη
Bemerkten in vollster Uebereinstimmung.

Sollten ἀ-παφ-ίσκω und ἀ-πα-τᾶν nicht auch urwurzelhaft
zusammenhängen? Aus W. σπα könnte mittels φ-Erweiterung ein Thema (σ)παφ und hieraus Subst. πάφ-ος, „Schein"
(Vorspiegelung) oder auch „Dunst" hervorgehen.

So gehört zu Wf. ψα = σπα: ψάφ-α und ψέφ-ας, Nebel,
Dunkel, ἠήρ ‖ ψέφ-ος, Hauch, Rauch, καπνός Hes. ‖ ψῆφ-ος·
λόγος. ἀπόφασις διὰ λαλιᾶς Hes. ‖ ψόφ-ος· ἦχος: Bgr. wehen =
tönen ‖ ψαφ-αρός· αὐχμηρός. ξηρός ‖ ψεφ-αρός = ἠερόεις
ψέφω, verfinstern ‖ ἀ-ψεφής unklug (Soph.), doch wohl =
umnebelt, umdüstert: ψέφας urspr. = καπνός, ἠήρ + ἀ cop.
Die W. ζα, hauchen, wehen, bildet von dem erweiterten
Thema ζαφ: ζόφ-ος, Nebel (d. i. Duft, Dunst), Dunkel ‖ ζοφ-
ερός, nebelig, finster ‖ Ζέφ-υρος, ein Wind.

Zu W. να = W. ἀν: νέφ-ος und νεφ-έλη ‖ νήφ-ω, je-
junum esse, urspr. leer sein.

Zu W. θα (vgl. S. 1 f.) mit Wandlung von θ zu τ wegen
der folgenden Aspirata: τὸ τάφ-ος = θαῦ-μα ‖ ὁ τάφ-ος, ἡ
ταφ-ή, urspr. Verbrennung, das Aufgehenlassen der Leichen
in Rauch: θάπτω mit ἐ-τάφ-ην, verbrennen ‖ τάφ-ρος, Höhlung, Grube.

Zu W. θυ mit τ st. θ: τύφ-ω, dampfen, rauchen (ursprüngl. hauchen) ‖ τῦφ-ος, Dunst, Dampf ‖ τυφ-λός, umnebelt, finster, blind ‖ τυφ-ώς, Wirbelwind, Unwetter ‖ Τυ-
φωεύς, der Dampfende.

Zu Wf. δυα st. δα+ν, W. δα (vgl. S. 5): δνέφ-ας, begrifflich = ψέφας, in ἰο-δνεφής, veilchen-dunkel ‖ δνόφ-
ος = ζόφος ‖ δνοφ-ερός = ζοφ-ερός.

Zu Wf. κνα st. (σ)καν, W. σκα+ν: κνέφ-ας = σκό-τος,
begrifflich = δνέφ-ας, ψέφ-ας.

Zu W. ἀν mit Assimilation von ν zu μ vor φ u. a.: lak.
ὀμφ-ά, Duft (Hauch) ‖ ὀμφ-ή, Hauch = Ton*) ‖ ἀμφ-ή· αὐ-

---

*) Die Ableitung von ϝέπω widerlegt sich durch lakon. ὀμφά, wie
durch den Mangel alles Digammas.

λή: W. ἀϝ ‖ ἀμφ-ής· οἴνου ἄνθος: Bgr. duften ‖ ἀμϝ-ί-ας·
γένος οἴνου: Bgr. wie vor ‖ ὄμφ-αξ, Hervorblähendes, -schwel-
lendes (Knospe, Beere).

Genug, Wurzel-Erweiterung mittels φ ist etwas gar
häufiges, wie man auch aus L. Meyer's Wurzelbildungen in bh,
φ I 388 ff. erschen mag.
Und so könnte recht wohl aus W. σπα ein Subst. σπάφ-ος,
und mit Abfall von Sigma πάφ-ος, Hauch, Duft, Dunst, hervorgehen. Sollte

Πάφ-ος,

der Name der opferduftigen Stadt Aphrodite's auf Cypern
etwas anderes sein? Schon Homer berichtet davon ϑ 363:
ἐς Πάφον· ἔνθα δέ οἱ (Ἀφροδίτῃ) τέμενος βωμός τε ϑυήεις.
Und im Hymn. Ven. 58 heisst es:

ἐς Κύπρον δ' ἐλθοῦσα, ϑυώδεα νηὸν ἔδυνεν,
ἐς Πάφον· ἔνθα δέ οἱ τέμενος βωμός τε ϑυώδης.

Vgl. 66 προλιποῦσ' εὐώδεα Κύπρον.
Giebt es ein Nomen πάφ-ος von der angegebenen Bedeutung, wie N. pr. Πάφος so nahe legt, dann wäre ἀ-παφ-ίσκω
st. ἀ-σπαφ-ίσκω in gleicher Weise wie ἀ-πατάω st. ἀ-σπα-τά-ω
= Dunst machen, bethören, berücken. Neben ἀπαϝεῖν
bietet Hesychius ein ἀ-ποφ-εῖν· ἀπατῆσαι, mit o st. α.
Im üblen Sinne hätten wir den Bgr. von (σ)πάφ-ος in
ἀ-παφ-ός st. ἀ-σπαφ-ός, Wiedehopf (Hes.); denn dieses Thier,
das sich von den Maden in Aasen etc. nährt, „hat einen sehr
üblen Geruch an sich und gilt dem Volke als ein Muster
grösster Unreinlichkeit". — Sollte nicht auch ἔποψ für ἔ-σποψ
stehen und Eines Ursprungs sein können? Gewöhnlich deutet
man diesen Vogelnamen als „Schallwort", als ob der Ruf des
Vogels den Griechen bald ἐπ-οπ, bald ἀπ-αφ, den Lateinern
aber gleichzeitig up-up habe klingen können!

82. Ψωμός,

jenes ἅπ. λεγόμενον bei Homer ι 374, ist eines der schwierig-
sten Wörter, die es für die Etymologie giebt. Man beruhigt
sich allerdings insgemein bei der Deutung „Bissen, Brocken"
und der Herleitung aus ψάω.

Aber was ist ψάω selbst, welches bei Homer freilich noch nicht nachweisbar ist? Durfte man ψεύδω und ψίχω als Weiterbildungen aus W. σπυ auffassen, so liegt es noch näher, ψάω als eine eigenartige und selbstwerthige Erscheinungsform von W. σπα, wehen, hinzustellen. Die Bedeutungen, welche für ψάω angegeben werden, sprechen genugsam dafür: 1) zerstieben, sich in Staub auflösen d. i. verwehen, zerwehen; 2) fegen d. i. fachen, fächeln (vgl. S. 41 f.); daraus 3) über etwas hinfegen = streichen, streifen, streicheln (übertr. schmeicheln); daraus 4) berühren; an die intrans. Bedeutung 1 lehnt sich ungezwungen die transitive 5) zerstieben-, zerwehenmachen d. i. zermalmen u. dgl. — Das erweiterte ψή-χ-ω hat ebenfalls die vorgenannten Begriffe 2 bis 5 entwickelt; ähnlich ψώ-χ-ω, wozu ψῶχ-ος, Staub, Sand, ψωχὸς γῆ· ψαμμώδης Hes. — Die ρ-Erweiterung ψαίρω (W. σπα+ρ) bedeutet wehen, säuseln, fegen, streichen, hin- und herbewegen; vgl. δια-ψαίρω· δια-πνέω. δια-καθαίρω Hes. — Die ϝ-Erweiterung ψαύ-ω st. ψάϝ-ω entwickelte aus dem Grundbegriffe wehen, fächeln die Bedeutungen fegen, streichen, endlich „berühren" weit einfacher, als sich der Begriff von ψεύδω aus dem Grundbegriffe von W. σπυ ergiebt.

Man vergleiche wegen der Begriffsvermittelung statt vieler Analogien ags. svâpan, sveóp 1) flare, afflare, 2) fegen, 3) schwingen; das identische engl. to sweep 1) fegen, kehren, putzen, 2) streichen, 3) streichend berühren, streifen, 4) schnell über etwas hinfahren u. dgl.

Wess Geistes Kind Wf. ψαϝ (ψαύω) ist, geht hervor aus ψαυρός und ψαύριος, Aufgewehtes, aufgewirbelter Staub (κονιορτός Hes.), wie auch aus ψαυ-κ-ρός, windig, wehend, fliegend = leicht, flink, schnell; ψαυκρό-πους, wie bei Pindar ἀελλό-πους, so bei Arion Epitheton der Pferde. Wenn nach Hesychius ψαυ-κ-ρός auch καλλωπιστής bedeutet, so sind wir damit ebenfalls auf den Grundbegriff von W. σπα hingewiesen. Vgl. S. 61, S. 76.

Das homerische ψαύω streift noch öfters an die Grundbedeutung heran; so könnte man Ψ 519

τοῦ μέν τε ψαύουσιν ἐπισσώτρου τρίχες ἄκραι
οὐραῖαι

fast übersetzen mit „wehen, flattern an die Radschiene". —

N 132 $= II$ 216

> ψαῖον δ' ἱππόκομοι κόρυθες λαμπροῖσι φάλοισι
> νενόντων

deutet sich nach Analogie von $π$ 283 ῥεύσω κεφαλῇ wohl am zutreffendsten: „wenn sie nickten mit den strahlenden Bügeln, streiften die rossbuschhaarigen Helme sie" (wurden sie von den Rossschweifen der Helme gleichsam beweht, umflattert).

Der Grundbegriff von ψα $=$ σπα tritt noch deutlicher hervor in ψόμμος (wohl aus Wf. ψα$+$ς) $=$ ἀκαθαρσία, Schmutz (Bgr. dunsten) und καπνός Hes. ‖ in ψάμμος st. ψάσ-μος, ψάμμη st. ψάσ-μη, sowie in ψά-μα-θος $=$ ἄμμος: W. ἄς $=$ lat. sa-bulum und Sa-nd*): W. sa $=$ Düne: germ. W. du, griech. ϑυ, wehen; Grundbgr. ist Wehendes, Stiebendes. Darnach sind weder der Wurzel noch dem Grundbegriffe nach verschieden ψάμμος, ψάμμη und φάμμη, Mehl, Staub, σπο-δ-ός, Staub, Asche, lat. fav-illa „die leicht verwehende Asche". Eine andere Schattirung des Grundbegriffs von ψα $=$ σπα bietet auch ψώ-ρα 1) Krätze, Räude d. i. bläs-chen-artiger Ausschlag: Bgr. blasen; 2) Motte, sonst auch ψυχή genannt $=$ Hauch und Flatterndes: πνεῦμα καὶ ζωύφιον πτηνόν — wiederum deutliche Hinweisung auf den Grundbegriff von W. σπα bzhw. ψα.

Auf den Grundbegriff von W. σπα weisen auch die zahlreichen Erweiterungen von Wf. ψα $=$ σπα mittels φ, κ, γ, δ, ϑ . . ., von denen uns manche bereits begegnet sind: ψάφα, ψέφ-ας, Nebel, Dunkel ‖ ψόφ-ος, Ton etc. Vgl. S. 248 ‖ ψακ-άς, ψεκ-άς, Bläschen $=$ Tropfen; auch Staub ‖ ψάγ-δ-ας, duftige Salbe**) ‖ ψάγ-ιος, gebogen, pandus; vgl. § 237 ‖ ψάδ-ιος und ψόδ-ιος $=$ pandus st. spa-n-d-us, geschwungen d. i. gebogen ‖ ψεδ-όνη· λόγος: Bgr. tönen ‖ ψεδ-υρός $=$ ψιθυρός ‖ ψώδ-η· γλῶττα ‖ ψωδ-αρ-έος· αὐχμηρός ‖ ψαϑ-αρός· σαϑρός. ξηρός ‖ ψοϑ-ός, ψόϑ-ιος, nebelig, rauchig, dunkel ‖ ψοϑ-άλλειν· ψοφιῖν ‖ ψαϑ-άλλειν $=$ ψάω, ψαύω κτλ.

Um nach dieser scheinbaren Abschweifung zu ψω-μός

---

*) Gebildet wie Sta-nd: W. sta.

**) Bei Athenacus 690 aus Aristophanes, Eubulus citirt; die Stelle aus letzterem Αἰγυπτίῳ ψάγδανι τρὶς λελουμένη beweist nichts für ägyptische Herkunft auch des Wortes.

zurückzukehren, so ist nicht abzusehen, wie nach dem Dargelegten sich der Bgr. „Bissen, Brocken" aus ψάω ergeben könnte.
Die Stücke Menschenfleisch, welche der berghohe Polyphem ausspie, werden doch nicht „Tröpfchen" oder „Stäubchen" zu vergleichen sein, nichts „Zerstiebendes" bilden, sondern erheblich grösserer Art gewesen sein. Denkt man an das offenbar verwandte ψω-ία· σαπρὰ δυσωδία (Hes.), wie an die Grundbedeutung von Wf. ψα = σπα, so liesse sich die Frage aufwerfen, ob ι 374 φάρυγος δ᾽ ἐξέσσυτο οἶνος ψωμοί τ᾽ ἀνδρόμεοι nicht zu deuten wäre etwa als „Menschen-Aas", insofern das aus dem Magen des Riesen wieder hervorkommende Menschenfleisch sicherlich nicht lieblich duftete, sondern eine ψώα, ψω-ία bildete.

Eine andere Erklärung von ψω-μός wäre die, dass, wie aus W. σπυ Vb. ψύχω gebildet ist, so ψω-μός aus W. σπα in σπάω mit dem Bgr. von σπά-σ-μα, Fetzen (vgl. θωράκων σπάσματα Plut. Sull. 21; coll. Lys. 12) hervorgegangen wäre. Vgl. S. 128.

— Die ungezwungenste Deutung aber ist: ψω-μός ist begriffl. = Happen oder = engl. snap, Schnappen und Bissen (wonach man jappt). Vgl. Abschn. 112 und oben S. 181 ἔγ-καφος κτλ.

83. Ψεδ-νός,

ebenfalls ein ἅπ. λεγόμενον bei Homer *B* 219, wird gerade wie ψω-μός durchweg von ψάω mit der unnachweisbaren Bedeutung „schaben" abgeleitet: aus angeblichem „abgeschabt" macht man dann „dünn"!? — Döderlein verwirft mit Recht diese Deutung. Er vermeint daher vom Begriffe „zerreiben" ausgehen zu müssen und deutet „zerreibbar d. i. trocken, struppig" — ebenfalls eine wunderliche Begriffsvermittelung, abgesehen davon, dass die Bedeutung „zerreiben" für ψάω erst bei späteren Grammatikern nachweisbar ist, und „zerreibbar, struppig" für *B* 219 durchaus nicht passt; dass ferner ψεδ-νός nicht von den anderen Wörtern der Wf. ψα+δ st. σπα+δ getrennt werden darf. Wf. ψαδ haben wir in ψάδ-δα (st. ψάδ-ϝα)· κινάβαρις, Zinnober d. i. rothe Farbe = φοῖνιξ (aus Wf. φαϝ) ψαδ-αρός und ψαδ-υρός, luftig, locker = pumiceus || ψεδ-ών, zischelnd: Bgr. tönen || ψεδ-όναι· λόγοι: Bgr. ders. || ψεδ-υρός = ψεδ-όν || ψάδ-ιος und ψόδ-ιος = (s)pandus, gebogen

ψένδ-υλοι (ψενδύλοι accent.?)· σπόνδ-υλοι, σφόνδυλοι zu Wf.
spa(n)d, schwingen: vgl. σφεδ-ανός κτλ. In keinem einzigen
dieser Wörter, denen ψεδ-νός doch näher steht, als dem ψάω
mit der unerweisbaren Bedeutung „schaben", tritt der Bgr. „zerreiben" oder gar „schaben" hervor; dagegen stellen sie alle verschiedenartige Schattirungen des Grundbegriffs von W. σπα,
wehen, dar.

Bei späteren Schriftstellern, wie in der Anthologie IX 430,
wird ψεδ-νός von spärlichem Haarwuchse gebraucht, bei
Lucian daher im Sinne von „kahl". Das ist auch die Erklärung
von Hesychius und von Apollonius im Lex. Hom. Darnach fiele
ψεδ-νός mit ψη-νός· ἀραιός (Simon. Amorg. bei Hes.), mit
ψαιδ-ρός· ἀραιόθριξ, mit ψαδ-αρός, welches auch als μαδα-
ρός d. i. ἀραιόθριξ erklärt wird, mit ψαίνυσμα· ὀλίγον zusammen, und wäre synonym mit den urwurzelhaft verwandten
Wörtern lat. pau-cus, pau-lus, goth. fav-ai, engl. few, φαῦ-λος,
urspr. gering, φαῦ-ρος und homer. ἀ-φαυ-ρός st. ἀ-σφαυ-
ρός, gering, schwach, παῦ-ρος, gering, ἀπο-φώ-λιος, vanus
u. a. W.

Aus dem Bgr. wehend, windig ergiebt sich Bgr. leer,
va-nus (W. va), nichtig, gering, wie nicht minder aus Bgr.
verweht d. i. verstreut, aus Bgr. verwehend d. i. verschwindend (verschwindend klein) sich Bgr. „gering, klein" ergiebt.
Der Sprachgeist folgt bald der einen, bald der anderen Vorstellung: im letzten Grunde fallen sie übrigens zusammen.
Lehrreich ist das vorhin erwähnte ψαίνυσμα· ὀλίγον: es entstammt zweifelsohne dem Ztw. ψαιτέζω, ψαινσσω, wehen,
fächeln, bedeutet also urspr. Wind, weiterhin Nichtiges, Ge-
ringes. Im übertragenen Sinne wird windig, leer, vanus zu
ἀχρεῖος; daher ψαίνυος· ἀχρεῖος (Hes.), welche übertragene
Bedeutung auch ἀπο-φώ-λιος (urspr. verweht, va-nus, windig)
durchweg bei Homer, und bei späteren Schriftstellern φαῦ-λος
so oft entwickelt hat.

Wir hätten also für ψεδ-νός den Bgr. gering, spärlich
auf die naturgemässeste Weise gewonnen.

Es entsteht aber die Frage, ob wir in der homerischen
Thersites-Stelle *B* 219

φοξὸς ἔην κεφαλήν· ψεδνὴ δ' ἐπενήνοθε λάχνη

.nicht lieber die ursprüngliche Bedeutung zu Grunde legen sollen. Bei der Auffassung „er war aufgedunsenen*), unförmlich dicken Kopfes; drüber hin wehten windige Wollflocken" würde das Bild des hässlichen Mannes an packender Plastik nur gewinnen. Wehten auf Thersites' unförmlichem Kopfe nur windige Wollflocken, so wird der missgestaltete grosse Schädel damit zugleich als ein im Uebrigen kahler geschildert (ἀραιόθριξ). Dass ἐπ-εν-ήνοθε zu W. ἄν gehört, glaubt Vf. in Oestr. Ztschr. f. Gymn. 1858 S. 792 ff. nachgewiesen zu haben. Man vergleiche Hymn. Cer. 280 ξανθαὶ κόμαι κατ-ενήνοθεν ὤμους „blondes Haar wehte die Schultern herab". — Hesiod. Scut. 269 κόνις κατ-ενήνοθεν ὤμους „Staub war über die Schultern hingeweht". — Hesychius citirt aus ungenanntem Dichter κνηχὶς ἐπ-ενήνοθε „ein Flecken, ein Wölkchen war angehaucht, angeflogen". — ϑ 365 und Hymn. Ven. 62 (von der Anmuth) οἷα θεοὺς ἐπ-ενήνοθεν αἰὲν ἐόντας „wie den ewigen Göttern angehaucht ist", womit zu vergleichen Hymn. Cer. 277 περί τ' ἀμφί τε κάλλος ἄητο. Auch unsere Dichter sagen so oft „Anmuth hauchend".

84. Ἠπεδανός.

Kaum ein homerisches Wort hat so viele Sünden gegen die einfachsten Gesetze der Etymologie veranlasst, als ἠπεδανός. Obwohl es nirgends ein πεδανός, fest, nirgends ein ἡ priv. giebt, soll nach Düntzer (Kuhn'sche Ztschr. XIII 19) ἠπεδανός „nicht-fest" bedeuten, in welchem Falle die Accentuation obendrein grundfalsch wäre und ἠπέδανος lauten müsste, weshalb auch Hesychius οἷον ἀπέδανος (Proparox.), wenigstens mit regelrechtem Accente deutet. Ein πεδανός existirt neben πεδινός von τὸ πέδον, aber nur mit gleichem Begriffe wie hum-ilis von humus. Wenn ἔμ-πεδος = ἐν τῷ πέδῳ ὤν zu „fest" wird, so kann daraus nimmer ein πεδανός „fest" gefolgert werden. — Nicht besser sieht es mit Döderlein's Deutung ἀνα-πεδανός „non in solo consistens" aus, abgesehen da-

---

*) Ueber ψοξός vorhin S. 232 ff.

von, dass aus *ἀνα-* niemals *ἠ* werden kann. — Noch weniger geht Hesychius' Ableitung aus *ἀ* priv. und *πούς* an. — Gar komisch ist die Erklärung „solo affixus, Stubenhocker" (Ebeling Lex. Hom.), als ob Hephästus und Nestor's Wagenlenker, denen allein bei Homer dieses Epitheton gegeben wird, „Stubenhocker" gewesen wären. — Benfey II 356 verfällt auf SkrW. vap, „schaben"! Aber wo hat, abgesehen von allem Anderen, *ἠπ.* jemals Digamma? — Schneider's Zusammenbringung mit *ἥπιος* verkennt sowohl dieses Wort, als die Bedeutung von *ἠπεδανός* selbst. Genug an diesen und anderen verfehlten Versuchen. Weit eher hätte man an W. *ἀπ*, treffen, denken können, um daraus den Bgr. *βεβλημένος = βεβλαμμένος*, geschädigt etc., zu entnehmen. Auch Herleitung aus *τὸ ἄπος· κάματος* (Eur. Phoen. 851) liesse sich weit eher hören, als irgend eine der seither vorgebrachten Etymologien; man hätte in diesem Falle wegen der suffixalen Elemente an *ῥιγ-εδανός* von *τὸ ῥῖγος* u. a. appelliren können. Gleichwohl werden wir keine dieser beiden Deutungsversuche, an die Vf. allerdings früher gedacht, zu vertreten unternehmen.

Sehen wir zunächst zu, welches die für *ἠπεδανός* geheischte Bedeutung ist. Die Stelle ϑ 306—311 lässt darüber keinen Zweifel:

Ζεῦ πάτερ ἠδ' ἄλλοι μάκαρες θεοὶ αἰὲν ἐόντες,
δεῦθ', ἵνα ἔργα γελαστὰ καὶ οὐκ ἐπιεικτὰ ἴδησθε,
ὡς ἐμὲ χωλὸν ἐόντα Διὸς θυγάτηρ Ἀφροδίτη
αἰὲν ἀτιμάζει, φιλέει δ' ἀΐδηλον Ἄρηα,
οἵνεχ' ὁ μὲν καλός τε καὶ ἀρτίπος, αὐτὰρ ἔγωγε
ἠπεδανὸς γενόμην.

Offenbar decken sich hier begrifflich *ἠπεδανός* und *χωλός*, und *ἀρτίπος* bildet beabsichtigten Gegensatz dazu. Was soll hier der angebliche Begriff „schwach", „nicht fest"? Und wie könnte der gewaltige Werkmeister Hephästus, welcher Γ 36 als kraftstrotzend, *σθένεϊ βλεμεαίνων*, Σ 410 als πέλωρ *αἴητον**) erscheint, wie könnte der überhaupt als „schwach"

---

*) Wörtl. feueriges, glutathmendes Ungethüm d. i. glutstrahlender Hüne, Recke. *Ἀΐητος*: ἄ-ητος (rasend) = αἰ-ε-τός: ἀ-ε-τός = αἰ-εί: ἀ-εί aus W. ἀϝ. Vf. im Philol. XXXVI S. 53.

bezeichnet werden? — Nicht minder lehrreich ist die Schilderung des Hephästus aus dem Munde seiner Mutter Hymn. Apoll. 316:

> αὐτὰρ ὅγ᾿ ἠπεδανὸς γέγονεν μετὰ πᾶσι θεοῖσι
> παῖς ἐμὸς Ἥφαιστος, ῥικνὸς πόδας.

Den Gegensatz bildet Vs 315, wo es von Athene heisst: ἢ πᾶσιν μακάρεσσι μεταπρέπει ἀθανάτοισιν. Auch hier ist von Hinweis auf „Schwäche" keine Spur!

Die letzte homerische Stelle Θ 104 lässt ebenso wenig den Bgr. „schwach" zu:

> ὦ γέρον, ἦ μάλα δή σε νέοι τείρουσι μαχηταί,
> σὴ δὲ βίη λέλυται, χαλεπὸν δέ σε γῆρας ὀπάζει,
> ἠπεδανὸς δέ νύ τοι θεράπων, βραδέες δέ τοι ἵπποι.

Offenbar stehen sich ἠπεδανός und βραδέες parallel. Derselbe Wagenlenker Eurymedon, welcher hier als ἠπεδανός bezeichnet wird, heisst zehn Verse weiter ἴφθιμος und ἀγαπήνωρ.

Wie sich hier ἠπεδανός und βραδέες gegenseitig erläutern, so sagt der Dichter θ 330 unter deutlicher Bezugnahme auf die Schilderung 311 ff. von Hephästus:

> ὡς καὶ νῦν Ἥφαιστος ἐὼν βραδὺς εἶλεν Ἄρηα,
> ὠκύτατόν περ ἐόντα θεῶν, οἳ Ὄλυμπον ἔχουσιν,
> χωλὸς ἐών, τέχνῃσι.

U. E. springt es in die Augen, dass ἠπεδανός synonym ist mit χωλός, βραδύς, ῥικνὸς πόδας.

Fick WB. I 831 weist eine indogerm. (Secundär-)Wurzel spad, schwingen nach: er rechnet dazu: σφαδ-άζω, σφεδ-ανός, σφοδ-ρός, σφενδ-όνη, Schleuder, σφόνδ-υλος, lat. funda, pendēre, „aufhängen, wägen = schwanken lassen", pond-us, Gewicht, pendēre, hangen, pand-us, geschwungen = gebogen. Aus welcher Urwurzel W. spad, welche in σφεδ-ανός, σφαδ-άζω κτλ. die so beliebte Wandelung von σπ zu σφ vorgenommen hat, hervorgegangen ist, haben wir S. 125 gesehen.

Es hat aber diese Wurzelform ein weit grösseres Gebiet eingenommen, als Fick glaubt. Es fügt sich dazu u. a. σπάδ-ιξ, Schwingendes = 1) σπάρ-τος, vimen, Zweig, 2) schwingendes Saiteninstrument; vgl. ψάλλειν aus W. σπαλ. 3) Rinde; vgl.

φλοιός, Borke. Mit Abfall von Sigma: lat. ped-um, Hirtenstab: Bgr. geschwungen = gebogen, pandus ‖ πηδ-όν, πηδ-ός,
das Geschwungene, was geschwungen wird = Ruder = σπά-ϑη;
recht lächerlich ist die Deutung als „Fussähnliches"*). ‖ πηδ-ᾶν,
schwingen = springen; mit Recht identificirt Hesychius ἀνα-
σφαδ-άζειν und ἀνα-πηδ-ᾶν, ἀνα-σφοδ-άξαι und ἀνα-
πηδ-ῆσαι ‖ πέδ-η, Fessel (= Umgeschwungenes) = ψάλ-ιον,
σπάλ-ιον, Fessel, aus Sec.W. σπαλ. Vgl. σπα-τ-άλη, Armband,
Fussband, σπα-ϑ-άλιον, σπα-τ-άλιον, Armband. Von πέδ-η
Ztw. πεδάω, fesseln, umstricken, verschlingen ‖ lat. ped-ica,
Schlinge, Fessel = πέδ-η; com-pes, G. com-pĕd-is, Fessel, auch
Halskette; im-ped-io, verschlingen etc. So wenig die wurzelhaft identischen ahd. fazzil, fezzil, nhd. Fessel, altn. fetill,
Band, Binde, Fessel, ags. fetel, cingulum, balteus, von Fuss,
goth. fôtus, ahd. fuoz etc. entstammen, so wenig auch πέδ-η
von πούς, com-pes etc. von pes.

Doch wie man auch über letztere Wörter denken mag,
Sec.W. spa-d, schwingen bzhw. schwenken, steht fest. Daraus
ἠπεδανός statt ἀ-σπεδ-ανός mit dem verstärkten Begriffe schwankend = wackelig, vacillans. Hephästus ist
wackelig (auf den Beinen), nicht ἀρτίπος, wie Ares ϑ 310;
er ist χωλός ϑ 308. 332, Σ 397, lahm und hinkend, ist κυλλοποδίων Σ 371, Y 270, ist ῥικνὸς πόδας Hymn. Ap. 317. Und,
wenn auch der Diener und Gefährte des alten Nestor nicht
gerade krummfüssig gewesen ist, so war er doch wackelig
bzhw. lahm vor Alter. Die Folge davon war Langsamkeit, wie
denn auch der lahme Hephästus ϑ 330 βραδύς heisst. Eurymedon's Eigenschaft wird mit der Langsamkeit von Nestor's
Pferden in Parallele gebracht: βραδέες δέ τοι ἵπποι.

Wie nahe sich Bgr. wackelig, schwankend mit Bgr. lahm,
hinkend berührt, zeigt u. a. lat. vacillare: Tota res vacillat
et claudicat; — justitia vacillat vel jacet potius (Cic.).

Aus dem Bgr. wackelig, schwankend entwickelten spätere

---

*) Wenn Hesychius πηδός von παίω ableitet, so hat er damit jeden-
falls mehr etymol. Verständniss bekundet, als diejenigen Etymologen,
welche auf ποές zurückgehen, „weil der untere Theil des Steuerruders
breit wie ein Fuss ausläuft" (!). Denn nach S. 73 weist auch πταίω,
παίω auf Urw. σπα.

Schriftsteller den Bgr. nicht fest = schwach, welcher letztere Begriff aber für Homer noch abzuweisen ist. So Apoll. Rh. II 800

ἢ γὰρ θέμις ἠπεδανοῖσιν
ἀνδράσιν, εὖτ' ἄρξωσιν ἀρείονες ἄλλοι ὀφέλλειν.

Derselbe giebt III 82 der Aphrodite χέρες ἠπεδαναί. Wenn in der Anthologie IX 521 κλυτᾶς φάμας ἔσσεαι ἠπεδανά verbunden wird, so ist das „du wirst des hehren Ruhmes unsicher sein".

Bei unserer Ableitung allein erklärt sich denn auch, wie zufolge des Citats bei Hesychius Ion in seinem Agamemnon im Sinne von ἠπεδανός das einfache πεδανός verwenden konnte: πεδανῷ ὕπνῳ „in schwankendem, unsicherem Schlafe". Ion hat einfach das verstärkende ά weggelassen.

Wie aus ά+ς so häufig η wird, haben wir bereits S. 26 gesehen: ἦμαρ st. ἄ-σμαρ, ἤμορος st. ἄ-σμορος und ἄ-μμορος (hier mit Assimilation von σ zu μ), ἠπαρία st. ἀ-σπανία, ἠπύω st. ἀ-σπύω, stark tönen. Also sowohl ά priv., als ά cop. wird mit folgendem σ zu η (Ersatzdehnung), desgleichen α+ς in der s. g. Commissur, um einen Lobeck'schen Ausdruck zu gebrauchen. Einige weitere Beispiele.

Ἡπάω und ἠπάομαι, flicken = ά-σπάω (mit ά begriffl. = con, σύν) = συ-σπάω, flicken, zusammennähen (urspr. zusammenziehen), wie Xenophon An. I 5, 10 συ-σπάω gebraucht. Davon ἠπητής, Flicker, Batrach. 183.

Κατηφής (= κατ-ωπός) st. κατα-σφής S. 105.

Κατήρυδες· αἱ βρίθουσαι καὶ καταρρέουσαι ἄμπελοι (Hes.) st. κατά-σρυ-δ-ες aus κατά+ W. σρυ d. i. ῥέω.

Τητά-ω, berauben (τήτη, Beraubung, Mangel Hes.), bringt Fick I 249 mit SkrW. sta, stehlen, zusammen. Hat er Recht, dann wird doch wohl τητάω für τα-στά-ω st. στα-στά-ω stehen. W. sta, stehlen, wird so wenig von W. sta, stellen, stehen, zu trennen sein, wie unser stehlen von stehen, stellen; stehlen ist = wegstellen, wegheben.

Κηκίω, hervorquellen ε 455, st. κα-σκί-ω gehört sammt lat. sca-t-eo zu der weitverzweigten W. σκα-σκι-σκυ, welche sich begrifflich mit W. σπα-σπι-σπυ deckt. Κηκίω ist begrifflich = ἐκφυσᾶν.

Ἄπειρος st. ἀ-σπερ-ιος, nicht befahrbar: W. σπαρ in Βό-σπορος, Ochsenfurt ‖ ὁδοι-πόρος st. ὁδο-σπόρος (vgl. S. 3) ‖
πέρ-ας st. σπέρας, Rand, Gränze: πολυ-σπερής, vielgränzig,
aus vielen Gebieten B 804, λ 365 ‖ δια-μπερ-ές st. δια-σπερ-ές
ἀ-μπερ-ής st. ἀ-σπερ-ής mit Assimilation von σ wie in
ἄ-μμορος st. ἄ-σμορος neben ἤμορος, ἠμορίς (Aesch.).

Ἀπεροπεύς st. ἀ-σπερ-οπ-εύς von σπείρω, streuen, +ὄψ, Gesicht (Empedokl. 284): quasi pulverem ob oculos aspergens
(Gell. Noct. V 21, 4), glaucomam ob oculos obiciens (Plaut.
Mil. II 1, 70), fuliginem ob oculos jaciens (Gell. I, 2, 7),
die Augen vollstreuend (= Sand, Staub in die Augen
streuend) d. i. Augenverblender, Bethörer, Schwindler (Betrüger) Γ 39, N 769, Hymn. Merc. 282.

Ἄβολος st. ἄ-σβολος, zusammentreffend ‖ ἐπ-ήβολος β 319 ‖
δυσ-ήβολος· δυς-άντητος ‖ ὑπ-ήβολος Suid. ‖ συν-ηβολεῖν
Hes.; συν-ηβολίη, Zusammentreffen Ap. Rhod. ‖ κατηβολή st.
κατα-σβολή, das Niederwerfen, die Ohnmacht Galen.; dass. κα-
τηβολίς Galen.; κατηβολεῖν, in Ohnmacht fallen. Dass βάλλω
urspr. σβάλλω lautete (Erweichung von (σ)πάλλω, schwingen),
zeigt auch ἐλαφηβόλος st. ἐλαφα-σβόλος ‖ ἐκατηβόλος st.
ἑκατα-σβ. ‖ παραίβολος st. παρά-σβολος ‖ ὀ-βελός st.
ὀ-σβελός A 465 ö. ‖ κραταίβολος (Eur.) st. καρτά-σβολος,
stark- d. i. mit Kraft geworfen, u. a. m.

Ἀπελής st. ἀ-σπελής in ὀλιγ-ηπελής, ὀλιγ-ηπελεῖν (Hom.) ‖
εὐ-ηπελής, εὐ-ηπελία ‖ κακ-ηπελία, κακ-ηπελεῖν ‖ ἀν-ηπελίη
(Hes.)· ἀσθένεια ‖ ηπελεῖν Hipp. — alles von (σ)πέλομαι,
für dessen urspr. sigmat. Anlaut auch δικα-σπόλος, δα-σπλής,
δα-σπλῆ-τις, θυ-σπολίαι = θυηπολίαι, ὑ-σπόλος, ὑ-σπολεῖν,
πτόλεμος (πτ = σπ) κτλ. zeugen.

Ἀπιάλης, Alp, mit den Nebenformen ἠπιόλης und ἠπίαλος
st. ἀ-σπι-άλης κτλ. von W. σπι, athmen: der Alp besteht
. in einer Athembeklemmung, verursacht und ist schweres
Keuchen = ἄσθμα, anhelitus; daher ἀ-σπι-άλης, ἀ-σπί-αλος
= sehr keuchend, schwer athmend bzhw. = schwerathmen-
machend. Ableitung aus ἐπ-ιάλλω ist ein Unding.

Ἀπίολος, Lichtmotte, sonst auch ψυχή, γάλαιρα und σκῆ genannt; vgl. Hesychius unter ψυχή, σκῆν und die Lexika.

Wie gleichbedeutiges φάλαινα aus φα-λός auf Wf. φα =
W. σπι, ψυχή zu ψύχω auf W. σπυ zurückgeht, so ἠπίολος
st. ἀ-σπί-ολος auf W. σπι.

Ἠπίαλος (Fieberfrost, Fieber) st. ἀ-σπί-αλος verhält sich begrifflich zu W. σπι, wie lat. febris zu Wf. fa = spa, wie τὸ
ψῦχος, Frost, zu W. σπυ.

Ἤπιος, hold, gnädig, erklärt sich st. ἀ-σπι-ος aus W. σπι, wie
fav-ens (faveo) aus W. spa, wie ahd. *funs*, ags. *fús*, günstig,
aus W. spu. Vgl. ad-spi-ra-re, günstig sein; s. S. 62.

Ἠβαιός neben βαιός ist nur aus ἀ-σβαιός zu erklären, während βαιός st. σβαιός bei der Unbeliebtheit des Anlauts σβ
einfach das Sigma schwinden liess. Beide entstammen aus
W. σβα, Erweichung von W. σπα, mit dem gleichen Begriffe,
den aus W. σπα+ϝ entwickelt haben φαῦ-ρος, ἀ-ϛαυ-ρός
st. ἀ-σφ., παῦ-ρος, pau-cus, pau-lus, παυ-νί· μικρόν κτλ.,
oder aus W. σπυ: ψυ-δ-νός· ὀλίγος, ψύ-θ-ιος· ὀλίγος
(Hes.) κτλ. — Die W. σβα = W. σπα mit fast ursprünglichem Begriffe begegnet uns u.a. in ἀπο-σβά-ιος· νεκρός
d. i. ausgehaucht (s. S. 216 ff.) || ἀ-σβη-νοί· ὄρνιθες: Bgr.
wehen = flattern (S. 166) || σι-βαία st. σι-σβαία, Blase,
Beutel = πή-ρη (Hom.) und φθη-ρά (Hes. unter κίρβα) aus
W. σπα, blasen = σι-πύη st. σι-σπύη, σι-πυ-ίς, σι-πύς aus
W. σπυ || neben σιβαία auch σίββα st. σί-σβα mit Assimi-
lation des σ || ἀμφί-σβαινα, urspr. zwiefach schimmernd,
schillernd d. i. Schlange = δι-ψάς, δί-φας S. 64 || δί-βας
st. δί-σβας = dem vorigen. Wie hier W. σβα = W. σπα, so
giebt es auch eine W σβι = W. σπι in βι-ός st. σβι-ός =
σφί-δ-η, Darm, Sehne || in βίος, Hauch = Leben, st. σβί-ος,
welches in φερέ-σβιος noch leibt und lebt.

Ἴλιψ, eine Art Schuhe, mit dor. ἀν-άλιπος (ἀν-ήλιπος),
unbeschuht Theokr. IV 56, deckt sich mit nhd. *Schlipfer*,
plattd. *Schluffe*, engl. *slipper* = slip-shoe, Pantoffel, zu ahd.
sliphan, slipfan, nhd. schlipfen, schlüpfen, engl. to *slip*, gleiten, schlüpfen: W. sli+p (vgl. S. 34 ὀ-λιβ-ρός st. ὀ-σλιβ-
ρός). Daher ἤλιψ st. ἄ-σλιψ. Die Ableitung des Scholiasten
zu Theokrit aus ἑλίσσων τὸν πόδα ist nur der Wunderlichkeit wegen zu verzeichnen.

$Kατ\text{-}ῆλιψ$ G. $φος$ ist gleicher Wurzel, wie das vorige Wort. Wie sich z. B. St. $κυφ$ neben St. $κυβ$ und $κυπ$ findet: $κυφ$-$ός$, $κῦφ$-$ος$: $κύβ$-$ας$, $κύβ$-$ος$: $κύπ$-$η$, $κύπ$-$ελλον$ κτλ., so auch WSt. $σλιφ$ neben $σλιβ$ und $σλιπ$: $ἀν\text{-}ήλιπ\text{-}ος$ st. $ἀν\text{-}ά\text{-}σλιπ$-$ος$, $ὁ\text{-}λιβ\text{-}ρός$ st. $ὁ\text{-}σλιβ\text{-}ρός$ und nun $ῆλιψ$ mit Gen. $ῆλιφ$-$ος$ st. $ἅ\text{-}σλιφ\text{-}ος$. Bei dieser Etymologie würde sich für $κατ$-$ῆλιψ$ als Grundbedeutung ergeben „hinab-gleitend" — d. i. wie engl. slope = sich neigend, abschüssig, schräg, Abhang, Schräge.

Die Alten deuten-$κατῆλιψ$ bald als Treppe, Leiter, $κλῖμαξ$, bald als Querbalken, bald als Giebel des Hauses, bald als Mitte des Dachs, bald als das schräggebaute Obergeschoss des Hauses. All diese scheinbar so weit auseinander liegenden Begriffe kommen in dem aus St. $σλιφ = σλιπ$, $σλιβ$ (W. $σλι$) sich ergebenden Grundbegriffe überein, und wahrscheinlich hat $κατ\text{-}῀λιψ$, urspr. hinabgleitend, sich neigend (engl. slope) alle die angegebenen Verwendungen gefunden. Denn es ist nicht denkbar, dass das Wort nur an Einer Stelle sollte gebraucht sein, und dass die verschiedenen Angaben der Alten alle auf diese Eine Stelle sollten gemünzt sein.

Doch genug der Nachweise, wie $ἠπεδανός$ aus $ἀ\text{-}σπεδ\text{-}ανός$ entstehen konnte und sich zu der weitverzweigten Sec.W. $σπαδ$, $σφαδ$ fügt. $Ἠπεδ\text{-}ανός$ und $σφεδ\text{-}ανός$ sind nur verschiedene Färbungen oder gleichsam Strahlenbrechungen derselben Wurzel mit verschiedener Färbung auch der Bedeutung: jenes = schwankend d. i. wackelig, dieses = geschwungen d. i. heftig, erregt, ungestüm.

85. $Πούς$, $πέδον$ und Sippe.

Wenn die Alten $ἠπεδανός$ so hartnäckig bald mit $πούς$, bald mit $πέδον$ in Verbindung brachten, und hinwiederum diese Wörter mit $πέδη$, Fessel, $πηδόν$, Ruder, $πηδᾶν$ κτλ., sollte dem nicht eine dunkle Ahnung gemeinschaftlicher Wurzel zu Grunde gelegen haben?

Es ist freilich zu naiv, $πέδη$ als Fussiges d. i. Fussfessel zu deuten, gebraucht doch Sophokles Trach. 1046 $πέδη$ sogar von dem vergifteten Gewande: dieses ist etwas Umgeschwungenes,

ist ein περίβλημα; und bei Plinius H. N. XXXIII 54 bedeutet
compes auch Halskette! Ebenso naiv ist es, πέδη zu deuten
als „etwas, worein man fällt oder tritt".
Wenn Skr. pad „fallen" bedeutet, so wird sich dieser Begriff wohl nicht anders entwickelt haben, als wie aus Sec.W.
spal, schwingen, schwanken, unser *fallen* und griech. σφάλλω
(vgl. Fick I 833) hervorgegangen ist: schwanken, wackeln,
fallen sind gar nah verwandte Begriffe. So ist σφάλλω Ψ 719
noch „schwanken machen", ρ 464 „fällen", ἀ-σφαλ-ής ζ 42
„nicht-wankend", σφάλ-μα „Fall". Wenn weiterhin dasselbe
Skr. pad „gehen" bedeutet, wie kann man gesunder Weise „gehen"
als ein „Fallen" auffassen? Wie Sec.W. spal in πέλομαι den
Bgr. „sich bewegen" entwickelt hat, so auch Sec.W. spad, schwingen,
in Skr. pad den Bgr. „gehen" d. i. sich schwingen, sich bewegen.
Spuren urspr. sigmatischen Anlauts für πούς und
πέδον liegen noch vor. Dem πέδ-ον steht im Polnischen zur
Seite spód, Boden. Neben Skr. pad, pâd, Fuss steht mit anderweitigen Determinativen hind. pâñv, pâ, pâon, Fuss, Bein, womit Diefenbach I 418 (vgl. 416) poln. spo-na, Klaue, engl.
paw, Pfote, u. a. zusammenstellt. — Beim Ausgehen von urspr.
sigmatischer Wurzel erklärt sich auch, wie neben goth. fôt-us,
Fuss, sich finden dän. pôte, nnl. poot, nhd. Pfote, franz.
patte, welche Wörter hinwiederum nicht zu trennen sind von
engl. pat, Schlag, nhd. *Patsch, Patsche,* mhd. *pfatte,* Einzäunung
(Umgeschwungenes) u. s. w. In diese und massenhafte andere
bei Diefenbach I 414—418 gesammelte Wörter kommt lautlich
und begrifflich Luft und Licht, sobald man von W. spa resp.
spa-d, spa-v, spa-t etc. und von dem Begriffe „schwingen" ausgeht: Fuss ist u. E. so viel als Schwängel und hängt so
allerdings mit πηδ-ός, Ruder, ἀνα-πηδᾶν = ἀνα-σφαδ-άζειν κτλ.
(S. 257) zusammen,
Spuren sigmat. Anlauts für πούς und πέδον im Griechischen selbst liegen vor in:
Καρταίπους (Pind.) st. καρτά-σπους, starkfüssig, das gerade so
mit Adverb κάρτα zusammengesetzt ist, wie εὔ-πους mit
Adv. εὐ, ἀρτί-πους mit Adv. ἄρτι κτλ.
Κραταίπους (Hom. Ep. 15, 9) steht nur für καρτά-σπους
mit Metathese.

Λαι-σποδ-ίας N. pr. kann kaum etwas anderes sein, als grossfüssig oder auch = *καρτά-σπους*.

Κρατaίπεδος, von hartem Boden, hartflächig ψ 46, ist = *καρτά-σπεδος*, zusammengesetzt mit Adverb *κάρτα*, wie *εὐπέδιος* mit Adv. *εὖ*. Vgl. poln. spód, Boden. *Κρανaήπεδος* st. *κρανaί-σπεδος* mit *η* für *α+ς*, worüber zu vergleichen S. 258 ff.

Κρά-σπεδον, jenes die Etymologie in Verzweifelung setzende Wort, erklärt sich so einfach wie natürlich als = den Boden streifend, von W. (σ)*καρ*, scharren, schürfen etc., wozu auch *κορ-εῖν*, fegen. Darnach bezeichnet *κρά-σπεδον*, den Boden scharrend, fegend, streifend (gebildet wie *ἐχέ-θυμος κτλ.*), zunächst den „Stoss", den unteren Rand von Kleidungsstücken, weiterhin = Saum, auch = Theil des Berges, welcher an die Ebene streift.

Ἐμπεδ-ώ neben *Πεδ-ώ*, Name einer Quelle (Hes. unter *κλεψύδρα*), erweist sich durch den Accent als Simplex, steht also für *ἑ-σπεδ-ώ* mit Assimilirung von σ zu μ und vorschlagendem *ἑ* (S. 33 ff.). Die Bedeutung kann nur sein „Quell, Spring": vgl. *πηδ-ᾶν*, springen, und *πίδ-αξ* (W. σπι). Um etwaigem Einwande bezüglich der mit *καρται-* und *κραται-* beginnenden Wörter zu begegnen, so haben wir *κραταίβολος* st. *καρτά-σβολος* (Eur.) bereits S. 259 besprochen. Es sind noch übrig *κραταίλεως*, hartsteinig (Aesch. Eur.), *κραταιγ'υαλος*, starkgewölbt *T* 360, *κραταίπīλος*, starkhaarig (Aesch.) und *κραταίρινος*, starkhäutig Hdt *I* 47 (in einem Orakel), endlich N. pr. *Κραταιμένης*. Auch von diesen Zusammensetzungen lauteten die Stammwörter urspr. sigmatisch an. *Λᾶας*, *Leie*, Stein, hängt mit engl. sla-te, Schiefer, zusammen, wie *λίς*, glatter Stein, mit *λισσί* st. *λιτιή*, mit engl. to slide, gleiten, wie *ἄλιψ* st. *ἄ-σλιψ* und *λίψ*, glatter Stein, mit to slip, gleiten (Urw. sla, sli). — *Γύαλον*, Höhlung, Wölbung, sammt *γυῖον*, urspr. Biegung, *γύης*, Krümmel, *ἀ-γυιά* st. *ἀ-σγυ-ιά*, urspr. Biegung, dann = *ἀταρπός*, *ἀτραπός* (Biegung = Pfad) nebst anderen Wörtern werden wir später als zu W. σγυ (einer Erweichung von W. σκυ, σκαϝ) gehörig erkennen; einstweilen vergleiche man lat. scu-tum, Gewölbtes = Schild || scu-tra, Gehöhltes = Schüssel || altn. skau-n, Schild || *σκύ-τος* und *κύ-τος*,

Fell, Haut ‖ γογγύλος st. γο-σγύλος = (σ)κυλός, (σ)κυλλός ·
γυιός = σκαιός, scaevus ‖ γύαλον = (σ)κοῖλον ‖ γυ-ρός =
lat. scau-rus κτλ. — Πιλ-ος, unser *Fil-z*, latein. pĭl-us gehört
sammt pĭl-a, Ball, Kugel, pīl-a, Mörser etc. zu W. spil = spal,
schwingen; der Grundbegriff ist pandus, gebogen; πῑλ-ος (vielleicht st. πῑλ-ϝος, daher lat. pilleus) ist urspr. gekrümmtes, ge-
krümpeltes; daher πῑλ-ος auch = Ball, Kugel = lat. pila (Ur-
W. σπι). — Ῥινός, Haut, lautete nach Christ 230, L. Meyer
u. a. urspr. ϝρινός (bei Hesychius äol. γρῖνος· δέρμα st. ϝρῖ-
νος). Ist dem so, dann ist in κραταίρινος Ersatzdehnung für
ϝ, wie sonst für σ, eingetreten. — Μένος, aus W. μα, hängt
zusammen mit μαι-μάω st. μα-σμάω, wonach sich als Urwurzel
σμα ergiebt (S. 39 f.). Darnach ist μέν-ος begrifflich = an-imus,
spiritus.

Ist nun πούς St. ποδ st. σποδ urspr. Schwingendes,
gleichsam Schwüngel, was ist dann (σ)πέδ-ον ursprünglich?
Neutr. πέδ-ον ist doch wohl nicht vom Fem. πέδ-η zu
trennen. Ist πέδ-η = lat. panda, so könnte πέδ-ον = pandum
sein: die Wörter für Boden (vgl. S. 207 ff.) stellen auch sonst
den Bgr. des nach unten Gebogenen dar. So hängt *χαμή,
wovon χαμαί κτλ., sicherlich mit χαμός, gebogen (W. χα) zusammen; und es deckt sich πέδον-δε mit χαμᾶζε, πέδοι mit
χαμαί, πεδόθεν mit χαμᾶθεν.

Mit der zu Grunde liegenden Vorstellung werden wir in
die ältesten Zeiten versetzt, wo die Wohnplätze der Menschen
noch die Höhen hinan oder gar auf den Höhen angelegt waren,
wie u. a. aus Y 216 ff. zu ersehen ist:

> κτίσσε δὲ Δαρδανίην, ἐπεὶ οὔπω Ἴλιος ἱρή
> ἐν πεδίῳ πεπόλιστο, πόλις μερόπων ἀνθρώπων, ·
> ἀλλ᾽ ἔθ᾽ ὑπωρείας ᾤκεον πολυπίδακος Ἴδης.

Das vor Troja bestandene Dardania lag hiernach an dem Fuss-
abhange des Ida; Troja aber tiefer und, von Dardania aus betrachtet, in der niederwärts gehenden Biegung. Und so könnte
sich der Bgr. von πέδον sehr wohl als Gegensatz gegen die
Höhe gebildet haben. Daher Αἴτνας ἐν κορυφαῖς καὶ πέδῳ
Pind. Pyth. I 27. Homer gebraucht πέδον-δε nur N 796 von
dem unter des Zeus' Donner hernieder-fahrenden Sturmwinde
und λ 598 von dem vom Berge hernieder-rollenden Steinblocke.

Das in einem Bergkessel gelegene Delphi bezeichnet Euripides Iphig. Taur. 972 durch *Φοίβου πέδον*.

Γύ-α, Feld, sammt *γύης*, das nach Hesychius auch *γῆ* bedeutete, ist nicht zu trennen von *γύ-ης*, Krümmel am Pfluge, nicht von *γύ-αλον*, Krümmung, Wölbung, Höhlung, nicht von *γυ-ρός*, krumm, *γυιός*, nicht von *γυῖον*, das sich biegende (krümmende) Glied, *κτλ.*, worüber 263 f.

Wem diese in die ältesten Culturzeiten zurückweisende Vorstellung nicht zusagt, der kann *(σ)πέδον* sich auch zurechtlegen aus Sec.W. spand, W. spa mittels des Begriffs „sich ausdehnen", woher lat. pando, ausdehnen, spreiten, ausbreiten (vgl. spa-tium: spa), argiv. *σπάδ-ιον*, das nur begrifflich = *στάδιον* u. a. (vgl. Fick I 829, Vaniček EW. 198); oder mag auch *πέδ-ον* als „das sich Hinschwingende" auffassen. Wie nahe sich übrigens die Begriffe „spreiten" und „schwingen" berühren, zeigt eben unser *sprei-t-en*, engl. sprea-d, ags. spre-t-an, zu W. spar, spra, schwingen, gehörig: spreiten ist ein hinstrecken, hinwerfen, sternere (Bgr. schwingen); und so entsteht die Frage, ob nicht Wf. spand „spreiten", aus dem Bgr. schwingen abzuleiten ist. Die resp. Begriffe durchdringen sich hier, wie oft, so sehr, dass man im Zweifel sein kann, welcher Begriffsvermittelung der Vorzug zu geben ist; auf keinen Fall darf W. spad, spand, spreiten, von W. spad, spand, schwingen, getrennt werden, noch ist *(σ)πέδον*, *(σ)πεδ-ίον* wurzelhaft verschieden von argiv. *σπάδ-ιον*.

86. Πίπτω.

Wenn im Sanskrit neben W. pad, fallen, auch W. pat, fallen, besteht (Fick I 135), so beweist gerade dieses Nebeneinanderbestehen die secundäre Natur beider. Haben wir W. pad aus spa-d nach dem unter *ήπεδ-ανός* Gesagten mittels des Begriffs schwanken (schwingen) zu deuten, so auch sicher W. pat aus spa-t unter gleicher Begriffsvermittelung. Im Griechischen entspricht *πί-πτ-ω* st. *πι-πέτ-ω* St. *πετ*. Dass dieses urspr. sigmatisch anlautete, dafür spricht die Ersatzdehnung für *ι* in *πῖ-πτε* st. *πί-σπετ-ε* E 370, Θ 67, Λ 85 ö., *πῖπτον* M 156, Σ 552 ö. Dass in *πίπτω* Iota schon von Natur

lang sei, lehrten ausdrücklich schon die Alten; vgl. Drac. p. 73,
81; 79, 21; Hermann zu Eur. Herc. fur. 1371. Woher diese
„Naturlänge", hat u. W. noch Niemand aufgehellt. Lautete der
Stamm urspr. σπε-τ, spa-t, so ist das Räthsel gelöst; πῑ- hat
Ersatzdehnung für ausgefallenes Sigma.

II. Fick I 135 führt als ganz verschiedene Wurzel pat
„ausbreiten" auf, wozu er u. a.

$$πετ-άννυμι,$$

πέτ-ηλος, πέτ-αλος, lat. pat-ulus, ausgebreitet, rechnet. Haben
wir im vor. Abschnitte lat. (s)pand-ere und W. spa-d, spand
identificiren müssen, so gilt Gleiches von W. spa-t, fallen, und
W. spa-t, spreiten, ausbreiten, sternere. Die begriffliche Vermittelung ist dieselbe wie dort. Dass aber πετ-άννυμι urspr.
sigmatisch anlautete, geht noch hervor aus δα-σπέταλος,
dichtblätterig (Hes.); denn πέτ-αλον, Blatt, ist nur Neutrum
des Adj πέταλος. So bestätigt sich Ficks Vermuthung, dass
W. pat, ausbreiten, „wahrscheinlich von W. spá, span, dehnen"
herstamme. — Unser Blatt neben engl. blade, sammt unserem
platt, fla-ch, engl. plat neben engl. flat, flach, sammt πλατ-ύς
= πέτ-αλος erklären sich auf gleiche Weise aus Sec.W. spa-l,
in Metathese spla, mit T-Erweiterung: daher auch „die Unter-
lassung der Lautverschiebung" und b neben p neben f und π.
In unserem fla-ch liegt Guttural-Erweiterung von Wf. spla vor.
Auch die Erweichung von π zu β in sicil. βατ-άνη = πατ-άνη,
flache Schüssel, spricht für urspr. sigmatischen Anlaut von
πετ-άννυμι.

III. Die von Fick I 135 aufgestellte W. pat „bestreuen",
welche er in

$$πάσσω$$

„für πατ-jω" findet, kann unmöglich urwurzelhaft verschieden
sein; „streuen" lässt sich sowohl auf den Urbegriff der Wurzel
spa als „wehen machen", wie auf den abgeleiten Bgr. schwingen
als „hinwerfen" zurückführen. Daher zu W. σπαλ hom. παλ-
ύνω, streuen; daher zu W. σπαρ lat. spar-go, wie auch
σπείρω, streuen, säen. Der Umstand, dass unser säen, goth.
sai-an, ahd. sâh-an, sâ-an, ags. sáv-an, lat. W. sa in sä-tum,
sê-vi . . . ohne die Zwischenvorstellung des Schwingens direct

aus W. sa, wehen, als „wehen machen" sich entwickeln, möchte
der ersteren Begriffsvermittelung den Vorzug sichern.

IV. Wenn Fick a. a. O. πάσσω, bestreuen, und

$$\pi \alpha \tau\text{-}\acute{\varepsilon}o\mu\alpha\iota,$$

sich nähren, goth. *fôdjan*, nähren, identificirt, so mag ihm in
lautlicher Hinsicht beigestimmt werden, aber begrifflich
fallen doch „streuen" und „nähren", auch wenn man für jenes
den Bgr. „beschütten" einsetzt, wahrlich nicht zusammen, trotz
πάσσεται· ἐσθίει bei Hesychius. Πατέομαι wird wohl Denominativ von einem Nomen *πα-τή, Nahrung, aus W. pa,
nähren, sein, welche Wurzel wir S. 177 als aus W. spa hervorgegangen erkannt haben.

V. Was machen wir nun mit

$$\pi \acute{\alpha} \tau\text{-}o\varsigma,$$

πατ-έω, hom. κατα-πατέω? Dass πάτ-ος, Pfad, aus σπάτος
hervorgegangen sei, macht schon die unterbliebene Lautverschiebung in ags. päd, Pfad, engl. path mehr als wahrscheinlich.
Fick S. 135 fasst πάτ-ος als Ausgebreitetes von πετάννυμι.
Wir werden wohl auf eine Wf. spa-t bei gleicher Begriffsvermittelung, wie oben S. 262 spa-d, gehen, sich bewegen, zurückgreifen müssen. Dafür spricht auch, dass die unerweiterte W.
spa in der Erweichung zu σβα gleiche Bedeutung aufweist.
Denn dass

$$\beta\alpha\acute{\iota}\nu\omega$$

nicht aus Skr. gâ, gehen, entstammen kann (β = g!?), sondern der Stamm davon σβα gelautet habe, ist unschwer zu erweisen:

Ἀ-βδη-λα· ἄ-βα-τα (Hes.) mit βδ st. σβ, wie πτ st. σπ im
Anlaute: denn z. B. βδέω st. βδέϝ-ω, fiesten, wozu weitergebildet βδύλλω, ist nur andere Wurzelfärbung von σπυ
(ϙὔ-σα κτλ.) ‖ βδύ-ω in ἁλι-βδύω, ins Meer schütten, deckt
sich mit ἀ-ϙύω st. ἀ-σϙύω, schütten S. 131 ‖ βδάλλω, βδε-
λάζομαι = lat. fêlare S. 63 ‖ in ψι-βδεῖ· ὑπο-πτεῖ. βδεῖ
(Hes.) hat die eigenthümliche Reduplicationssilbe noch den
urspr. harten Anlaut ψ st. σπ gewahrt.

Ἐπί-βδα (ἡ), der Tag nach dem Feste, erklärt sich einfach

als der hinzukommende Tag, ἡ ἐπιοῦσα. Darnach können wir auch der wunderlichen Deutung aus ἐπί+διϝα, Tag (Curt. 575), entrathen: ἐπι-βαίνω im Sinne von „hinzutreten, hinzukommen" zu fassen, ist jedenfalls ebenso naturgemäss, als die lautliche Vermittelung aus ἐπί-διϝα oder eine Bildung = ἐφ-ημέρα mit angeblichem Begriff „Drauf-Tag", „Zutag" unerhört sein würde.

Ἀμφι-σβη-τέω weist die Formen auf ἠμφ-ε-σβή-τει, ἠμφ-ε-σβή-τησα, ἠμφ-ε-σβή-τηκα. Wie man hier das Sigma von der Wurzelsilbe (σβη, σβα) trennen und zu ἀμφι- beziehen konnte, ist unerfindlich.

Βαμβαίνω erklärt sich nach einem oft dagewesenen Lautgesetze als βα-σβαίνω und giebt in Folge der Reduplication eine Verstärkung des Grundbegriffs (schwingen, bewegen) = sich heftig bewegen: τρέμων τοῖς ποσίν, ἠ τοὺς ὀδόντας ... (Hes.). Vom „Stammeln" ist auch keine Spur K 375 zu entdecken; dieser Begriff wird vielmehr durch den ganzen Zusammenhang, insbes. die gleich auf βαμβαίνω folgenden Worte ἄραβος δὲ διὰ στόμα γίγνετ᾽ ὀδόντων, förmlich ausgeschlossen.

Παραιβάτης Ψ 132 erklärt sich st. παρα-σβά-της wie παραιβασία st. παρα-σβασία Hesiod. Th. 220. Vgl. παιπάλη st. πά-σπάλη. Dem entsprechend παραίβασις, παραιβαδόν, παραιβατέω κτλ. Mag Präpos. παραί auch gesondert vorkommen, z. B. O 175 παραὶ Διός, so ist es doch auffallend, dass nur solche Zusammensetzungen mit παραι- sich vorfinden, für deren Stammwort auch anderweitig sigmat. Anlaut zu erweisen ist, wie παραίφασις, παραίβολος. Jedenfalls aber ist eine Präpos. καταί bei Homer so gut wie später trotz Apoll. Dysc. de synt. 309 völlig unerweisbar.

Καταιβατός ν 110, κατάιβασις, καταιβάτης (Aesch.), καταιβάτις erklären sich daher nur als für κατα-σβα-τός κτλ. stehend.

Ἄ-βδης, Peitsche (Hipponax), stellt den Grundbegriff „schwingen" noch möglichst rein dar: βδ st. σβ wie πτ st. σπ.

Βί-σβη, Hippe (Hes.), mit verstümmelter Reduplication st. σβί-σβη erklärt sich aus demselben Begriffe wie vorhin.

Ἐϱυσί-βη st. ἐϱυσί-σβη, robigo, Mehlthau, erklärt sich als „Rothlauf", wenn nicht besser als „Rothhauch" = rother Anflug; jedenfalls gehört es zu W. σβα = W. σπα.

Ἀϱί-σβας, Gen. -σβαντος, Name eines Griechen P 345, lässt sich nebst Ἀϱί-σβη, Stadt in Troas B 836, Φ 43, und Θί-σβη B 502 eher auf W. σβα = W. σπα, als mit Pott auf σέβομαι zurückführen. Jenes könnte sein „stark anschreitend" oder auch „ungestüm", Θί-σβη „gottbeschritten", nach Maassgabe von A 37 ἀγυϱότοξ', ὃς Χϱύσην ἀμφιβέβηκας, oder auch „gottgehaucht", wie das nahgelegene Θε-σπι-αί (W. σπι S. 38, S. 82). Ἀϱί-σβη hat ständig das Epitheton δῖα bei sich, scheint also ein vielbesuchter heiliger Ort gewesen zu sein = „viel-beschritten". Der Flussname Ἀϱι-σβος (Strabo) kann „stark-gehend" oder stark-wehend, -rauschend sein.

Doch wie man auch über diese Eigennamen denken mag, βατέω sagten die Delphier nach Plut. Qu. Gr. 9 für πατέω; tarent. βάτας, liederlich (καταφερής Hes.), βάταλος, liederlich (ἔκλυτος Hes.), wie z. B. Demosthenes von Aeschines genannt wird, ist schwerlich von σπαταλός, üppig (S. 68) wesentlich verschieden; noch βάδ-ος, Weg (Aristoph.), sammt βαδ-ίζειν wesentlich verschieden von der früher besprochenen W. pad, gehen.

Kurz, wie die Unterbleibung der Lautverschiebung im engl. path, ags. päd = πάτος für urspr. sigmatischen Anlaut beweisend ist, so auch die Erweichung von π zu β, welche sich eben hinter σ vollzog: σπ wird zu σφ, aber auch zu σβ.

Merkwürdig ist, dass πάτ-ος nicht bloss 1) Pfad bedeutet, sondern auch 2) ἔνδυμα = pallium aus W. spal, πέ-πλον aus W. σπαλ = πεϱίβλημα: πάτος· καὶ ἔνδυμα τῆς Ἥϱας. Hes. (vgl. Callim. ap. Melet. de hom. 83); abermals Bgr. schwingen; 3) πάτος· καὶ κόπϱος Hes., also = σπατ-ίλη, Koth: Bgr. wehen = stinken. Alles erklärt sich beim Ausgehen von W. σπα.

VI. Dass φατ-ϱίς, eine Art Tanz (Hes.), mit φ st. σπ hieher gehört, ist mehr als wahrscheinlich. Sicher aber gehört hieher hom.

φάτ-νη.

Die Ableitung des Scholiasten zu *A* 464 aus πατέομαι, essen, erweist sich trotz Roscher in Curtius Studien I, 2 S. 102 als nicht stichhaltig. Denn φάτ-νη bedeutet nicht bloss 1) Trog bzhw. Krippe, wie auch lat. pat-ina, Schüssel und Krippe, sondern auch 2) lacunar, welche Bedeutung auch φιάλη hat; 3) τράπεζα (Hes.); und φατ-νόω bedeutet 1) aushöhlen, vertiefen, 2) mit lacunaribus versehen; φατνώματα 1) lacunaria, 2) Zahnhöhlen, 3) Schiessscharten.

So wenig φιάλη mit alten und neueren Etymologen von πίνω, so wenig ist φάτ-νη Angesichts dieser Begriffe von πατέομαι abzuleiten. Auch ist nicht zu ersehen, wie aus dem offenbaren Denominativ πα-τέ-ομαι unser φάτ-νη entstanden sein könnte. Die Nebenform πάθ-νη beweist nichts, indem diese sowohl direct aus W. σπα mit Abfall von σ hervorgegangen, als auch durch Umstellung der Aspiration von φάτνη entstanden sein kann. Aus dem Begriffe pandus, gebogen (urspr. geschwungen), weiterhin = unterwärts gebogen, getieft, vermitteln sich die meisten der angegebenen Bedeutungen. Der Bgr. τράπεζα aber lehnt sich an den Bgr. ausspreiten in πετάννυμι, in lat. pat-eo; vgl. α 138, δ 54 ö. ἐτάννσσε τράπεζαν. In φάτ-νη Schiessscharte (d. i. Oeffnung) tritt der abgeleitete Bgr. von pat-eo, offen sein, zu Tage, wie ja auch πετάννυμι „öffnen" bedeutet.

Es spricht also auch φάτ-νη wie einerseits für den urspr. sigmatischen Anlaut von Wf. πατ, so auch für die vorher dargelegte Zusammengehörigkeit von W. πατ, schwingen, W. πατ, spreiten, mit W. spad, schwingen etc. Der griech. W. (σ)πατ, schwingen, entspricht goth. fath- in fatha, Zaum d. i. Umschwungenes, wie σπατ-άλιον, Armband. Vgl. die Nebenwurzel (σ)παδ mit πέδη = ahd. fazz-il etc. S. 257.

Wie sich lat. pet-o mit seinen manigfachen Bedeutungen, als hauen, schlagen (to blow), trachten, streben (aspirare), hineilen (sich schwingen, bewegen) u. s. w. weit einfacher nach dem Gesagten aus W. spa-t erklärt, als bei unmittelbarer Zurückführung auf den Bgr. von πίπτω, mag nur angedeutet sein. Gleiches gilt natürlich von im-pet-us, Schwung (sinnlich und übertragen), Ungestüm, heftiges Verlangen etc., von im-pes, G. im-pet-is, Heftigkeit, aber auch = grosse Masse. Wie man namentlich bei diesen Substantiven mit „fallen" zurechtkommen will, ist gar nicht abzusehen, wogegen sich aus dem Grundbegriffe von W. spa alles ergiebt. Will man für peto einen einheitlichen Grundbegriff haben, so lassen sich alle Bedeutungen aus Bgr. „stümen" (S. 153 Anm.) unschwer gewinnen.

87. Σπόγγος,

att. σφόγγος, lat. fungus, ist seiner Bedeutung nach klar; aber hinsichts der Etymologie irrt man gewaltig, wenn man es aus *σϝόγγος entstehen lässt, welches zunächst zu σβόγγος, dann zu σφόγγος, endlich zu ˙σπόγγος geworden sein müsste!! Diese Etymologie beruht lediglich auf dem fernen Anklang an unser *Schwamm*, womit σπόγγος durchaus zusammengebracht werden sollte. Die älteste überlieferte Form ist σπόγγος; daraus konnte allerdings σφόγγος werden; aber nicht umgekehrt. Auch kann ϝ nicht zu π werden. Wie συ-ϝεός zu erklären ist, haben wir S. 177 gesehen; σπόγγος aber geht mit Nasalirung aus Wf. σπα-γ hervor, die uns in allen Schattirungen der W. σπα, hauchen, blasen, bereits so oft begegnet ist, und bedeutet Geblähtes, Aufgeblasenes, wie οἰδ-ϱον (Theophr.), Schwamm, essbarer Schwamm, Trüffel, zu W. ἰδ mit οἰδ-άϱω, οἰδ-μα κτλ. (vgl. S. 186), oder wie gleichbedeutiges ὕδ-ϱον zu Wf. ὑδ = W. ἀδ, ἰδ, ὑδ.*) Ueber Urwurzel ἀδ = W. ἀϝ = W. ἀς = W. ἀϝ = W. ἀλ u. s. w. später. Hier nur wenige Andeutungen ἀδ-ήϱ, Drüse: Bgr. blasen, blähen || ἄδ-ις· ἐσχάρα || ἀδ-ίας· βωμός = ϑυ-μ-έλη: W. ϑυ || maced. ἀδ-ῆ, Himmelsraum (Luft) || ἄδ-ας und ἀδάλας· πονηρός, Bgr. keuchend, schnaufend. S. 215 ff. || macedon. ἀδ-αλός, Rauch, Russ || Wf. ὀδ in ὄδ-ωδα κτλ., hauchen, duften, riechen || ἀδ-μ-ωλή, Ruhe, engl. breath || ἀδ-μαίνω· ζῆν d. i. athmen = leben || W. ἰδ s. ob. S. 186.

Nach gleicher Begriffsvermittelung geht unser *Schwamm*, goth. swamm-s, ahd. svam aus W. sva (svi, svu) hervor: die ganze Aehnlichkeit mit σπόγγος beruht lediglich auf dem anlautenden Sigma, und daraus konnte man Lautgesetze construiren

---

*) Anlautendes ϝ mit spir. len. verträgt die griech. Sprache (aeol. Dial. ausgen.) nicht, daher stets anlautendes ϝ stark aspirirt wird (ὑ).

wollen?! Aus W. sva bzw. swa, swi ist, um bloss bei der englischen Sprache zu bleiben, u. a. hervorgegangen mit dem Bgr.
blähen: swa-d, dicke Person, neben swa-d, Hülse ‖ swa-bby,
hülsig ‖ swa-sh, eirunde Figur, neben swa-sh, Lärm (Begriff
tönen), swa-sh, Guss (Bgr. ἐκφυσᾶν S. 136), swa-sh, faulig,
matschig ‖ mit anderen aus Grundbegriff wehen sich vermitteln-
den Begriffen u. a. swa-m-p, Morast, Sumpf: Bgr. dunsten
to swa-p, schwanken (schwingen), fallen ‖ the swap, der Schlag,
swa-ddle, (schwingen =) 1) wickeln, 2) wackeln d. i. abprügeln
swa-th, Schwaden, swath, Wickelband: Bgr. schwingen, schlingen ‖ to sway, schwingen, aus german. Wf. swa-g: y für g, wie
in lay = leg-en, say = sag-en etc. ‖ the sway, Schwung, Herrschaft, Gewalt ‖ swee-p, fegen etc. ‖ swa-le, swea-l, schwelen,
sengen, schmelzen, neben swa-le, schwinden machen, verzehren ‖
swe-ll, schwellen ‖ to swe-l-t, ohnmächtig werden = swoo-n, begriffl. sich deckend mit der Anwendung von W. καπ, hauchen,
in κε-καφ-η-ότα E 698, ε 468 ‖ swe-pe, swi-pe, swea-p, Wippe ‖
swi-ll, schwellen, neben swi-ll, saugen, swi-g, saugen, swallow,
schlucken, schlingen. Vgl. θάομαι S. 2 ‖ swi-ne, Schwein: Wf.
swi = κάπρος: W. καπ, hauchen, stinken, schmutzig sein. Vgl.
S. 216 ‖ swi-n-g, schwingen; swi-n-ge, hauen; swingle, schwingen;
swi-t-ch, hauen ‖ swa-g, nieder biegen, nieder drücken; hangen,
liegen ‖ swa-ge, beruhigen, παύειν ‖ swa-n, Schwan; Bgr. tönen.

Es würde zu weit führen, hier noch weitere Beispiele aus
den german. Sprachen zu bringen: nur sei erinnert an ags.
svâ-p-an, sveóp = flare (Fick III 366), woraus engl. to swee-p
hervorgegangen ist. Dazu vergleiche man bei Fick I 256 ff.*)
die Skr.Secundär-WW. sva-n, tönen ‖ sva-r (hauchen =) 1) tönen,
2) leuchten, glühen, 3) quälen d. i. jappen machen. S. 214 |
sva-p a) schnaufen = schlafen = ἀύειν: ἀϝ, b) verhauchen machen
= tödten ‖ sva-d, kosten, schmecken etc. mit der gleichen Begriffsentwickelung wie lat. sap-ere, welches neben „schmecken"
noch den urspr. Bgr. „πνεῖν, riechen, duften" gewahrt hat.
Auch unser schmecken, ags. smaeck-an, engl. smack folgte gleicher Begriffsvermittelung: vgl. ags. smeocan, engl. smoke, dampfen, rauchen, lett. smakkums, Dampf.

_____

*) Die einheitliche Begriffsvermittelung hat Fick nicht gefunden.

Genug, es existirt eine W. sva-svi-svu des Bgr. hauchen, wehen, blasen, aus welcher ahd. swa-m, Schwamm hervorgegangen ist, wie es eine W. spa-spi-spu giebt, zu welcher σπόγγος, σφόγγος, lat. fungus gehören. Wollte man zu σπόγγ-ος eine Vertretung aus den verwandten Sprachen haben, so hätte man engl. spunk, Feuerschwamm, Schwamm, Zunder, namhaft machen sollen, oder auch auf oberd. pünk-el, bauschige Masse (Diefenb. I 339), oder auf armen. phukh, Wind, Geschwulst (Dief.), weit eher hinweisen können als auf swam.

88. Πέπων,

das bei Homer nur im Vocativ als Anrede vorkommt, bald als Attribut κριὲ πέπον ι 447, Τεῦκρε πέπον Ο 437, Γλαῦκε πέπον Π 492 ö., bald — und zwar am häufigsten — selbständig für sich, mit und ohne ὦ, wie ὦ πέπον Ζ 55, Ι 252 ö., πέπον χ 233, oder in der Mehrheit ὦ πέπονες Ν 120, hat bei unserem Dichter stets die Bedeutung „traut, lieb". Diese ist auch Β 235, Ν 120 festzuhalten, wo ὦ πέπονες mit ironischem Anfluge steht, wie ja auch wir „o Trautester, Theuerster" u. dgl. oft genug solchen gegenüber gebrauchen, die uns zu Aerger Anlass geben. Nichts berechtigt dazu, für diese beiden Stellen die Bedeutung „Feigling" anzusetzen, wie denn auch nicht abzusehen ist, auf welche Weise „traut" zu „feige" werden könne.

Das homerische Anredewort soll, wie man uns glauben machen will, identisch sein mit dem späteren πέπων, gekocht, reif. Wie Bgr. „reif" selbst im übertragenen Sinne zu „traut" werden könne, bleibt unerfindlich; auch der Bgr. „weich" schlägt keine Brücke.

Sollte nicht πέ-πων Eines Ursprungs sein mit ahd. fun-s, ags. fús, altn. fúss „gewogen" bei Fick III 173? Dann läge in πε- Reduplication vor, und in -πων st. σπων wäre Stamm und Suffix-Ausgang verschmolzen, wie in ἑκατόμ-βη aus βοῦς, Πάτρο-κλος aus τὸ κλέος, ἀρτί-πος aus ποῖς, ἄργυ-φος und Ἄντι-φος aus φάος κτλ. Wir sahen bereits zum Oefteren, wie Bgr. hauchen zu Bgr. gewogen, günstig sein, ad-spirare wird, weshalb auch fav-eo zu W. spa gehört. S. 62.

Aus W. σπι = W. σπα ist nach gleicher Begriffsvermittelung *ϝί-λος* hervorgegangen, für dessen urspr. sigmatischen Anlaut noch *δϊί-ϝιλος* st. *δϊί-σϕιλος* zeugt A 74. 86, Z 318, Θ 517 ö.

Da nun fu-n-s sicher zu W. spu gehört, so hätten wir aus W. spa *πέ-πων*, aus W. spi *(σ)ϕί-λος*, aus W. spu funs, alle drei von gleicher Bedeutung „gewogen, freund, traut, lieb". Unser *Freund*, ahd. fri-unt, fri-ont sammt goth. fri-jôn und fri-ôn, Skr. prî, lieben, würden sich zur Sec.W. spa-r, spra und zum Grundbegriffe „fovere" fügen. Wie neben der Wf. spar, spra auch spri besteht, zeigt u. a. *ὅ-σπρι-ον*, Bohne (Begriff blähen) ‖ *σϕρι-αί* (Hes.) = *σπαρ-γ-αί* ‖ *σϕρι-γ-ᾶν* = *σπαρ-γ-ᾶν* (blähen, schwellen ‖ *πρί-εται· ϝυσοῦται* Hes. = *πρή-θω*. Und so hat die goth. Wf. fri im Griechischen neben sich Wf. *πρι* = *πρή-θω*, und, während *πρί-ομαι* die eine Bedeutung von *πρή-θω*, nämlich blasen, darstellt, giebt das Gothische fri-ôn die andere Bedeutung, nämlich brennen, glühen. Nichts spricht so sehr für diese Etymologie und Begriffsgewinnung aus urspr. Begriffe „hauchen", als das goth. fri-us, Kälte = *ψῦχος*: die vox media „hauchen" wird bald zu „warm-hauchen", bald zu „kalt-hauchen". So haben wir *αἴθω* „brennen", neben *αἴθ-ρος* „Frost"; der indifferenzirende Begriff ist hauchen, W. *ἰθ* gesteigert *αἰθ*. So steht aus der abgelauteten W. spar, spra (wozu auch *πί-μπρη-μι κτλ.*) lat. prû-na, Glühendes, Kohle, neben prû-na und prü-ina, Reif, Frost, neben prû-num, Pflaume (schwellendes). So aus W. skal neben engl. coal, Kohle, auch cool, kühl, und to keel, kühlen; neben unserem *Kohle* auch *kühl* und *kal-t*.

II. Aber was fangen wir nun mit dem späteren *πέπων* „reif, weich" an? Schon Comp. *πε-παί-τερος*, Superl. *πε-παί-τατος*, sowie gleichbedeutiges *πέ-πα-ρος* weisen mit einer gewissen Nothwendigkeit auf St. *πα* hin, nicht minder *πε-παίνω* (mit *πε-παν-θείς*), weich machen, reifen. So wenig wir in *πέ-πειρος* st. *πε-πέρ-ιος*, weich, reif, das Ztw. *πέπτω* zu suchen, vielmehr dieses Wort aus W. *σπαρ* (schwingen = biegen) herzuleiten haben, ebenso wenig sind *πέ-πα-ρος*, *πέπων* Bildungen aus *πέπτω*: *πέ-πειρος* ist urspr. biegsam d. i. weich; in *πέπειρα* (Anacr. fr. 87) = *γραῖα* haben wir noch die Grund-

bedeutung „gebogen" (altersgebückt); die Parallelwurzel σπαλ
giebt gleichbedeutiges πέ-μπελ-ος st. πέ-σπελ-ος ab; es ist
dichterisches Beiwort sehr alter Leute: πέμπελος χρόνῳ,
alters-gebeugt; τρι-πέμπελος Plutarch. adv. Stoic. 26.
Wie auch πρέσβυς, πρέσγυς, kret. πρεῖγυς, σπέργυς, Greis,
unter gleicher Begriffsvermittelung (gebogen) aus Sec.W. σπαρ
hervorgeht, werden wir später sehen.

Gerade nun wie sich mit Reduplication aus den Sec.WW.
σπαρ und σπαλ die Adjective πέ-πειρος, πέ-μπελ-ος, (geschwungen =) gebogen, biegsam, weich, entwickelt haben, so
aus der UrW. σπα sowohl πέ-πα-νος als πέ-πων. Die begriffliche Vermittelung aber wird anders zu gewinnen sein, und
zwar, wie bei dem hom. πέ-πων aus „hauchen = brennen", wie
in πᾱ-νός = φα-νός, Fackel, lat. pâ-nis, Gebranntes, Gebackenes,
Brod = messap. πα-νός, Brod, neben koischem τὰ παι-σά,
Kuchen, σπη-λός = σκληρός κτλ. Vgl. S. 168 ff., S. 75, 113.
So hätten wir die Zusammengehörigkeit des homerischen
πέ-πων = ahd. funs = φίλος mit dem späteren πέ-πων, gebrannt, gebacken, gekocht, reif, wiedergewonnen. Dort Bgr.
hold-, günstig sein, wie πνεῖν = adspirare, favere, hier Bgr.
brennen, kochen.

III. Aber auch homerisches

πέσσω

und späteres πέπτω sind verwandt, jedoch in anderer Weise,
als gewöhnlich angenommen wird. Verbalstamm πε-π steht für
σπε-π, σπα-π und ist π-Erweiterung aus W. σπα. Beweis
für urspr. sigmatischen Anlaut ist σπόπια· πέμμα Hes.
Und so wird SkrW. pak', kochen, eine Guttural-Erweiterung
derselben Wurzel sein, wogegen lat. coquo K-Erweiterung aus
W. ska, σκα ist: καίω st. σκαίω, κά-γκα-νος, κα-γκής st. κά-
σκα-νος, κα-σκής. S. 171.

Aus πέπτω soll unter Abwerfung von π und Umlautung

ὀπτός

entstanden sein. Fürwahr eine gar wunderliche Verbal-Adjectiv-
Bildung! Weit einfacher und lautrichtiger ist die Trennung
ὀ-πτός mit ὀ = sa und πτ = σπ, also con-coctus. Mit dem
Stamme πτα wäre Suffix -ός verschmolzen resp. davon der

Stammvocal abgefallen. Vgl. Πάτρο-κλος, ἑκατόμ-βη, ἄργυ-ρος κτλ.

Ἰπνός, Ofen, soll für πιπ-νός und dieses für πεπνός stehen?! Weit einfacheren Weg zeigt die Analogie von ἰ-πύα = σι-πύα, woneben mit gewichenem Stammvocale gleichbedeutiges σί-φρον und σί-φνις. Der Stammvocal α ist auch in σί-φων st. σι-σφ(ά)-ων gewichen, wie der Accent beweist, da sonst aus σι-σφάων sich σι-σφῶν hätte ergeben müssen. — Und so steht ἰ-πνός für σι-(σ)πα-νός aus W. σπα „hauchen = brennen". Für diese Herleitung spricht auch der Umstand, dass ἰπνός nicht bloss „Ofen" bedeutet, sondern auch Laterne = φα-νός (Aristoph.), und κοπρών (Aristoph. bei Hes.). Wir haben also vertreten Bgr. brennen — leuchten — dunsten. In ἴ-πνον, Sumpf-pflanze, wird wohl Bgr. blähen vorliegen, wie sicher in tarent. ἰ-πνα-σία, Wanst, γαστήρ.

IV. Ist die vorgetragene Ableitung von ὀ-πτός richtig, dann hätten wir in

$$ὄ-ψον,$$

welches eigentl. alles Gekochte bezeichnet, die Stammform ψα = σπα wie in ψῶ-σαι κτλ. S. 66. Und so erklärt sich

$$ἕ-ψω$$

statt σέ-ψω, gekürzt aus σε-ψάω st. σε-σπάω, welcher volle Stamm im Fut. ἑ-ψή-σω, in ἕ-ψη-μα, ἕ-ψη-σις, ἑ-ψη-τός, wie im ionischen ἑ-ψέ-ω st. ἑ-ψά-ω (Hdt.) κτλ. zu Tage tritt. Auf derselben Stufe mit ὀ-πτός steht ἑ-φθός st. σε-φθός, nur dass hier Reduplication vorliegt: φθ = πτ = σπ (S. 73). So wenig ὀ-πτός für πεπ-τός stehen kann, so wenig auch ἑ-φθός für angeblich πεφ-θός st. πεπ-τός. Derartige Bildungen von Verbal-Adjectiven kennt die Sprache nicht.

89. Ἀμφασίη.

Dieses Wort bedeutet bekanntlich Sprachlosigkeit. Es soll mit „epischer Freiheit" (Willkür, Regellosigkeit?) für ἀ-φασίη stehen. Hätte man erkannt, dass φη-μί sigmatisch anlautete (S. 61 ff.), so hätte man nicht mit Lobeck Path. El. I 192 μ des Wohl-lauts halber eingeschoben, noch ἀμφ. mit Döderlein N. 2197 aus *ἀνα-φασίη* mit angeblichem Praefix. neg. *ἀνα-* synkopirt, noch mit Thiersch und Christ aus angeblichem Praefix. neg. *ἀϝ-* zusammengesetzt sein lassen.

Ἀ-μφα-σίη (δ 704, P 695) steht einfach für *ἀ-σφα-σίη* mit Assimilation von σ zu μ, wie in *ἀ-μφαρ-ής*, ohne Kleid, nackt = *ἀ-φαρ-ής* (Hes.), indem *φᾶρ-ος* mit gleichbedeutigem *σπεῖρον* zu W. *σπαρ* gehört, oder wie in *ἄ-μμορ-ος* st. *ἄ-σμορ-ος* S. 26.

Anderweitige Beispiele solcher Wandlung auch anlautenden Sigma's haben wir bereits in Menge gehabt, besonders aber nach den Reduplicationssilben *πα, πο, πε, πι* für *σπα* . . . ., indem, wie Leo Meyer I 427 richtig bemerkt, die Reduplicationssilbe nicht auch noch den Zischlaut mit hinübernimmt*): seine Belege hierfür sind freilich bloss Skr. ta-stâna, Perf. zu stánati, er tönt, lat. qui-squiliae, *κο-σκυλμάτιον, κό-σκινον, κι-σκίον, πα-σπάλη* und *παιπάλη*.

Wir haben oben bereits den beregten Wandel von σ zu μ kennen gelernt in *πα-μπη-δόν, πα-μπή-δην, πα-μπη-σία* κτλ. S. 117 ff. || *πί-μπλη-μι* S. 72 || *πί-μπρη-μι* S. 172 || *πα-μφα-ής, πα-μγα-νά-ω, πα-μφαίνω* κτλ. S. 67 || *πε-μφρίς* und *πέ-μφιξ* S. 38 || *πέ-μπελ-ος* S. 275 || *πο-μφός, πο-μφόλ-υξ, πο-μφολ-ύζω* κτλ. S. 67 || *βα-μβαίνω* S. 268 || *ἀ-μπίτταρ, ἄ-μπαις* S. 184 || *ἀμπάζομαι, ἀμπάξαι* S. 175.

Dazu nehme man aus der Wurzel-Trias *σπα-σπι-σπυ* noch folgende:

Ἀ-μπα-δίην· φανερῶς Hes.

Ἀ-μφι-ελός, reichlich Hes. — Bgr. blähen, schwellen.

Ἀ-μφί-ων, der Sänger (Bgr. tönen). Der berühmteste Heros dieses Namens ist λ 262 Sohn des Zeus und der Antiope, *Ἀντι-ϝόπη* (entgegentönend), Bruder des *Ζῆ-θος* (= Wind, von W. *ζα* S. 5). Da wird denn *Ἀμφίων* nicht wohl füglich „Umwandler" sein können, zumal er nach der freilich erst bei Späteren auftretenden Sage, von Hermes oder Apollo oder der

---

*) Doch geschieht solches in äol. *Ἴα-πρώ* S. 280, in *ψι-βδεῖ* st. *σπι-σπεῖ* S. 267. Noch häufiger wird der blosse Zischlaut herübergenommen: si-sto, *ἴ-στη-μι* st. *σί-στημι, σι-πύη, σί-φων* κτλ.; zuweilen fällt dann σ sogar ab: *ἱ-πύα = σι-πύα* κτλ.

Muse mit einer Lyra beschenkt, im Gesange und Saitenspiel ausgezeichnet war. Der andere Amphion λ 283 ist Sohn des Ἰά-σιος, welcher Name sich an ἠή, Ton, anlehnt.

Aus den Secundär-Wurzeln σπαλ und σπαρ: Πέ-μφελ-ος· δύσκολος, τραχύς, βαθύς (Hes.), Grundbgr. tumidus, turgidus. Dazu das hom. δυσ-πέμφελος, worüber besonders. — W. σπαλ in der Gestalt von σφαλ und φαλ mit Bgr. blasen resp. blähen, schwellen u. a. in πο-μφόλ-υξ, Blase ‖ böot. σφαίλειν = πι-μπλά-ναι ‖ σφέλμα, Hervorgeblähtes = flos = Blüthe (der Steineiche) ‖ ἀ-σφαλ-τος = ἐκφύσημα, Erdpech ‖ ὀ-φέλλω st. ὀ-σφέλλω, mehren ‖ φαλλός und φάλ-ης, das Sinnbild der schwellenden Fruchtbarkeit ‖ ἀ-φελ-ής, nicht geschwollen = 1) flach, 2) nicht stolz ‖ φλέω, überströmen ‖ ἀ-φλε-τήρ· μαστός S. 36 u. v. a. W.

Ἄ-μπελ-ος, (sich schwingend, schlingend =) Ranke, Rebe. Begriff analog wie in σπάλιον, ψέλλιον κτλ., identisch wie in παρ-τ-άς, Rebe, aus W. σπαρ. Vgl. σπάρ-τος, vimen.

Σέ-μπαλα· ὑποδήματα (Hes.) d. i. gewissermassen ὑπο-βλήματα, mit Redupl. wie in σε-πνίς st. σε-σπνίς, ein hohles Gefäss.

Ἄ-μπλακ-ειν, oft auch ἀ-πλακ-ειν bei Dichtern, st. ἀ-σπλακ-ειν, aus derselben K-Erweiterung der W. σπαλ, σπλα, die in σπλεκ-όω, verflechten, verwickeln, vorliegt; daher ἀ-μπλακ-ειν, entweder = sich verstricken, im übertragenen Sinne = „fehlen", oder aus dem Grundbgr. von W. spal, schwingen = schwanken, straucheln, σφάλλειν = fallen. — Daneben mit Erweichung von σπ zu σβ bei Archilochus, Ibycus ἀ-μβλακ-ειν.

Ἄ-μπρα-κόν· μακρόθεν, weither (Hes.). Wf. σπρα st. σπαρ mit Bgr. schwingen, werfen. Vgl. unser fer-n, engl. far, ahd. ferrana = πόρρωθεν u. s. w.

Ἄ-μπερ-ής in ἀ-μπερ-ές und ἀ-μπερ-έως· διαμπάξ*) Hes. Von τὸ σπέρ-ας, später erst πέρ-ας, Rand (urspr. Runde), Gränze, woher auch περαίνω, zu Rande bringen, κτλ. Davon hom. δι-αμπερές, urspr. „bis zum Rande durch".

Πε-μφρη-δών, eine Wespenart. Wf. *σϛρα* st. *σφαρ, σπαρ,*
Bgr. schwingen oder schwirren.

Neben diesen und anderen Wörtern der WW. *σπα, σπαλ*
κτλ. beachte man aus WW. *σϳα-σβι-σβυ* resp. *σβαλ,* wie in
ἀ-μβλακ-εῖν = ἀ-μπλακ-εῖν, ausser *βα-μβαίνω* S. 268 noch
unter anderen: *βο-μβών,* Anschwellung; vgl. *βου-βών* S. 5
|| *βό-μβυξ,* fistula, Luftröhre, auch schwirrendes Insect, bom-
byx || *βο-μβύ-λη,* Summerin, Hummel || *βέ-μβιξ,* Brumm-
kreisel, Schnurrer || *βα-μβακ-ύζω = βα-μβαίνω* Plutarch || *βά-*
μβαλ-ον· ἱμάτιον Hes. d. i. *περίβλημα* || *βα-μβάλ-ειν,* zittern,
in heftiger Schwingung sein || *σα-μβύ-κη,* ein Saiteninstrument,
desgl. *σά-μβυ-ξ,* Bgr. tönen, schrillen || *σα-μβά· ὁ-σφῦς* Il.
Auch im Lateinischen giebt's hieher gehörige Bildungen,
z. B. a-mpulla 1) Aufblähung, Schwulst, 2) Aufgeblähtes,
bauchiges Gefäss. Vgl. a-plu-s-tre, a-plu-s-trum neben *ἄ-φλα-*
σ-τον (Abschn. 94). — Neuerdings wollte man ampulla als
„amp-olla von W. ukh „trocknen, dörren" herleiten trotz *πο-*
μϛόλ-υξ, Blase, trotz bulla, Blase, trotz unseres *Pulle,* engl.
bowl, bowle, trotz ahd. *bel-g-an,* schwellen, aufblähen, engl.
bell-ow,[*]) ahd. *bal-g,* alles Geblähte, engl. bill-ow, angeschwollene
Woge u. a. W. Die verschiedenen Anlaute erklären sich nur
aus urspr. Anlaute sp.

Dialectisch ist die Assimilation von *σ* zu *π,* wie z. B.
S. 138 in *ἀ-πϛύς* st. *ἀ-σϛύς = φύτωρ, ἀ-πϛία* st. *ἀ-σϛί-α,*
ἄππας st. *ἄ-σπας.* Dazu *ἀ-πφῶ· πατρός* (Hes.) st. *ἀ-σφῶ* von
einem Nom. *ἀ-πϛώς* || *ἀ-πϛοδ-έος**),* übelduftend S. 125 ||
πύπ-παξ st. *πύ-σπαξ,* neben *φύππαξ* (Hes.) = *βό-μβαξ,* auch
geschrieben (wahrscheinlich richtiger) *πυππάξ,* ein Ausruf der
Verwunderung, allerdings „onomatopoietisch"; aber ist W. *σπα-*
σπι-σπυ nicht selbst so, indem sie ursprünglich das explo-
sive Hauchen bezeichnete, während W. *ϝα* und *ἀϝ* das wehende,
W. *ἀς* und *σα* das säuselnde Hauchen bedeuteten? || *ποππύζω*
st. *πο-σπύζω,* pfeifen, schnalzen, schmatzen; dazu *πόππυσμα,*
ποππυσμός, ποππυλιάζω); daneben *παππυλιάζω* Eust. Doch
mag man immerhin *πυππάξ, ποππύζω* und ähnliche Wörter,

---

[*]) Aus bal-g gebildet, wie foll-ow aus folg-en, morr-ow aus morg-en,
sorr-ow aus sorg-en etc.

[**]) So der Wortfolge wegen st. *ἀποδέον* zu lesen.

wie παππάξ, πάππας, πάππος, ausnehmen, was freilich durch
Nebenform πό-μπνυσμα st. πό-σπνσμα = πό-ππνσμα (Hes.)
widerrathen wird: keinenfalls kann Σα-πφώ (ebenso wenig
als ά-πφύς, ά-πφοδ-έον κτλ.) anders als aus Assimilation von
σ zu π laut- und sinnrichtig gedeutet werden. Die äol.
Form Ψα-πφώ drängt uns förmlich auf W. σπα hin: σα-πφώ
st. σα-σφώ ist = πεπνυμένη, docta, sapiens, oder, wenn man
will, inspirata ‖ ά-ππαλλ-άζειν st. ά-σπαλλ-άζειν neben ά-πελλ-
άζειν von dem S. 34 aus ά-σπέλλη gedeuteten ά-πέλλη: W. σπαλ
lakon. ά-ππιρ st. ά-σπις, von Hesychius durch ύσπληξ erklärt d. i. Seil = σπάρ-τον, Gewundenes, Geschlungenes.

Doch genug der Belege dafür, dass auch anlautendes
Sigma assimilirt wird, also ά-μφα-σία aus Wf. σφα mittels ά
priv. gebildet ist.

90. Παιήων,

παι-άν, παι-ών, Preislied, bringen die Alten mit παύω zusammen, weil zufällig A 473 ein Pään beim Erlöschen der Pest
angestimmt wird. Weit correcter wäre Herleitung aus W. spa
mit dem Begriffe „tönen", wie in φημί, φθέγγομαι κτλ. S. 61 ff.

Eine Ableitung anderer Art wäre die, dass man direct von
παίω, schlagen, ausginge, das übrigens selbst (S. 73) zu W.
spa gehört. Auch wir sprechen vom „Schlage" der Nachtigall etc.
im Sinne von Gesang; überdiess wurden derartige Lieder mittels
Anschlags der Lyra angestimmt, von der mit dem Plectrum
geschlagenen Lyra begleitet. So bedeutet ja auch ψαλ-μός
„das zum Saitenspiel gesungene Lied" Aesch. frgm. 51; ψαλ-
μός aber entstammt von ψάλλω, urspr. schwingen, einer Spielart von W. σπαλ. Dazu nehme man παιητέον· πληκτέον bei
Hesychius, woraus sich auf ein παίω = παίω schliessen lässt.
So wäre denn auch das η in παι-ή-ων A 473, X 391 erklärt,
wohingegen παι-ών und παι-άν zu dem unerweiterten παίω
gehören.

Unzweifelhaft entstammt Einer Wurzel der Name des
Götterarztes

Παιήων.

Auch dieses Wort wird im Etym. M. von παίω abgeleitet
als „Beruhiger, Schmerzensstiller". Freilich ist mit dem Begriffe

von παίω hier nichts anzufangen. Wenn aber παίω und πταίω mittels des Begriffs „schwingen, to fan" auf W. spa zurückgehen; wenn ferner lat. faveo und foveo, wie unser *bähen* derselben Wurzel entsprossen sind, so liegt es näher, Παιήων und παι-ών (auch παί-ων accent.) = ἰατρός bei Aesch. Ag. 99 ö., Soph. Phil. 168. 832 auf den Bgr. von foveo, das bei Virgil Georg. II 135 sogar förmlich „heilen" bedeutet, zurückzuführen: aus Bgr. anhauchen ergiebt sich Bgr. bähen, erwärmen, hegen, pflegen. Vgl. παιώνια· φάρμακα ἰατρικά. ἢ θεραπεῖαι ‖ παιώνιον· ἴασιν. θεραπείαν. Wie übrigens παύω urwurzelhaft verwandt ist, haben wir S. 173 ff. gesehen.

Sollte nicht desselben Ursprungs

$$\acute{o}\text{-}π\bar{\acute{α}}\text{-}ων$$

st. ὀ-πάϝ-ων sein? Ὀ-πά-ονες sind bei Homer ebendieselben, welche sonst θεράποντες heissen: so heisst z. B. *II* 165, Θ 263, K 58, P 258 Meriones, derselbe θεράπων (Ἰδομενῆος) Ψ 113. 124. 528. 860. 888. Beiden Wörtern liegt derselbe Begriff zu Grunde; denn θερ-άπ-ων kann man nicht trennen von θέρω, wärmen, fovere. Θερ-άπ-ων, wie ὀ-πά-ων ist derjenige, welcher hegt, pflegt, qui fovet, welchen Begriff Döderlein Gloss. 1033 gewiss zutreffend dem θεράπων giebt. Bei Euripides Suppl. 762, Ion 94, in Anthol. gr. XII 229, bei Leon Tar. in Planudes' Anthol. 306 haben wir noch die kürzere Form θέρ-αψ, woraus zunächst ein Vb. θερ-άπω hervorging, zu welchem θεράπ-ων Particip ist. Bei den Kretern war θέρ-αψ die gewöhnliche Form (Hes.). Die Endung -αψ wird dieselbe sein, wie -οψ in κόλλ-οψ, σκόλ-οψ, Πέλ-οψ, Δόλ-οψ u. a., bei denen an kein ὄψ, Gesicht (Emped.), zu denken ist, oder wie -ηψ in κώλ-ηψ. — Die Ableitung von ὀπά-ων aus ἕπω stösst auf unüberwindliche Schwierigkeiten. — Ὀ-πηδ-ός mit ὀ-πηδ-έω, zusammen-gehn, gehört zu W. pad, gehen, worüber S. 262 gehandelt wurde. Das ὀ in ὀ-πά-ων erklärt sich nach S. 33 ff.

91. Ὀπώρη.

War ὀ-πά-ων = θέρ-αψ, θεράπων, so ist u. E. ὀ-πώ-ρη = θέρ-ος, Wärme, Hitze, und wurde, wie θέρος, zur Bezeichnung desjenigen Theiles der Sommerzeit bestimmt, welcher „vom

Aufgange des Hundssterns bis zum Aufgange des Arcturus
fällt, also der Zeit der Hundstage und des Frühherbstes."
Es ist gerade die Zeit, wo die Früchte „backen" und reifen.
Das Wort hängt hiernach allerdings mit ὀ-πτάω st. ὀ-σπάω,
mit pâ-nis aus spa-nis, mit Wf. σπα-π, σπε-π in πέ-πτω st.
σπέ-πτω in σπό-π-ια, Gebäck, mit SkrW. pa-k', kochen,
backen, st. spa-k' zusammen, wie nicht minder mit phrygischem*)
βέ-κ-ος, Gebäck, Brod (Hdt. II 2, Hes.), mit φώ-γ-ω κτλ. Vgl.
S. 75. — Gerade der Umstand, dass neben SkrW. pak' sich
phryg. βέκ-ος, ferner σφάκ-ελος, Brand, Hitze, κτλ. findet,
spricht für urspr. sigmatischen Anlaut. Auch unser backen
gehört als eigenartige Erweiterung von W. σπα, σφα als beweisend hieher; die lautliche Uebereinstimmung mit Backe (Geblähtes) erklärt sich aus der Urbedeutung des Wortes.

Vorstehende Herleitung von ὀ-πώ-ρη λ 192, μ 76, ξ 384
ist ebenso einfach und natürlich, wie die seitherigen Etymologi-
sirungsversuche u. E. lautwidrig und bedenklich sind, so die
aus ὀποῦ ὥρη als „Saftzeit", aus angebl. ὀπ = ὀπίσω+ὥρη als
„Spätzeit", als ob die Hundstage die späte Jahreszeit wären,
oder aus angebl. W. ὀπ, kochen, +ὥρη als „Kochzeit". Ὀ-πώ-ρη
st. ὀ-σπώ-ρη enthält denselben Begriff, den wir in W. σπα bereits so vielfach angetroffen haben.

Hier · einige weitere Beispiele von vorgeschlagenem ὀ zu
den S. 33 f. beigebrachten, zunächst aus Homer. Vgl. über
ὀ-πι-πεύω S. 104, über ὀ-πτάω und ὀ-πτός S. 275.

Ὀ-πυίω

st. ὀ-σπυ-ίω N 379. 429 ö. erklärt sich als Desiderativum zu
W. σπυ, Wf. (σ)φυ, φύ-ω und bedeutet urspr. zeugen wollen,
Vater werden wollen d. i. ein Weib nehmen, heirathen. Der
dabei stehende Accusativ ist ursprünglich Accusativ der Beziehung. Im lat. pu-er, pu-bes, pu-sus, pu-tus = φυ-τός, Er-
zeugter, ist s abgefallen, während ὀ-πυίω das vorschlagende ὀ
als Zeugen für ausgefallenes σ bewahrt hat. Die Herleitung
aus ὀπή (Lobeck Rhem. 41), aus Skr. vapâmi, webe, säe

---

*) Phrygisch ist auch βαλ-ήν, König = παλ-μύς und πάλ-μ-ες (Hippon.),
König, zu W. σπαλ, βαγ-αῖος = πηγ-ός (S. 226), weiterhin = „gross,
massenhaft".

(Christ 226 f.) haben mit Recht keinen Beifall finden können; von Digamma ist auch nicht die leiseste Spur zu entdecken; ebenso unhaltbar ist die Herleitung aus ὀπός, Saft. Eher hätte man auf Zusammensetzung aus ὀ = lat. con- und παίω st. παϝ-ιω, SkrW. pu, pav, schlagen, lat. puv-io in de-puvit verfallen können mit Bgr. copulare, compingere. Aber Zusammenhang mit pu-er, παῖς st. πάϝ-ις, ἀ-πϝύς st. ἀ-σϝύς, Vater, κτλ. drängt sich zu mächtig auf, so von lautlicher wie von begrifflicher Seite.

Ὄ-βρι-μος und ὄ-μβρι-μος

st. ὄ-σβρι-μος kann lautlich mit Skr. gur-us, goth. kaur-s, schwer, trotz Curtius S. 521 und 468 ebenso wenig zusammenfallen, wie mit unserem *schwer*. Wurzelform βρι deckt sich mit Wf. σϝρι in σϝρι-αί· ὀργαί (Hes.); die Grundbedeutung von σϝρι-ή ist tumor, Anschwellung, übertragen = Zorn. Σϕρῖ-γ-ος und ϕρῖ-γ-ος, tumor, σϕρι-γ-ᾶν, schwellen, gehören ebendahin; letzteres ist identisch mit σπαρ-γ-ᾶν, schwellen: W. σπαρ, wovon Wf. σϕρι nur eine andere Erscheinungsform ist. Es verhält sich Wf. βρι zu Wf. ϕρι st. σϕρι = βλύ-ω und βλύζω (ἀπο-βλύζω Il. I 491) zu ϕλύω st. σϕλύω, welche letzteren beiden Wörter Curtius S. 520 mit Recht zusammenbringt. Die begriffliche Vermittelung von τὸ βάρ-ος, Wucht, βρί-θω, wuchtig sein, ist keine andere als die von lat. pond-us, Gewicht, Schwere, Last, zu W. spand (Fick I 831), begrifflich = W. σπαρ.

Ὄ-βελ-ός,

Spiess *A* 465, *B* 428, *II* 317 ö., erklärt sich nach dem über die urspr. Gestalt von βάλλω st. σβάλλω S. 259 Gesagten neben τὸ βέλ-ος gerade so, wie ὀ-κιμβάζω neben κιμβάζω und ὀ-σκιμβάζω. — Ὄ-βολ-ός war den Alten zufolge ursprünglich dasselbe, wie ὀ-βελ-ός. S. die Lexica. — Ὄ-δελ-ός ist nur begrifflich = ὀ-βελ-ός. Es gehört lautlich zu Wf. σδαλ in δαί-δαλ-ον st. δά-σδαλ-ον, sculptura, opus dolatum ‖ δαι-δάλλω st. δα-σδαλ-ιω, sculpturas facere, dolare ‖ δόλ-ων, lat. dol-on, Dolch, deckt sich begrifflich fast ganz mit ὀ-δελ-ός, Spiess ‖ arkad. ζέλλω und δέλλω, hauen etc. ist nur begrifflich = βάλλω. Zu untersuchen bleibt, ob Wf. σδα-λ zu Wf. ζα-λ oder umgekehrt ζα-λ zu σδα-λ geworden ist und darauf später Sigma abgeworfen hat. Auch δοί-δυξ u. a. erklärt sich nur als δό-σδεξ. Zu berücksichtigen wäre auch u. a. ἀδδαλέον· ξηρόν, lakon. ἄδδανον· ξηρόν. Auf diese Weise kämen auch Präfix ζα- und δα- vielleicht wieder zusammen. Vgl. S. 5.

Ὀ-μί-χ-λη

und ἀ-μιχ-ϑ-αλ-όεις gehören zu derselben Wurzeltrias ὀμα-ὀμι-ὀμυ, welche auch ὀμύ-χ-ω, dampfen, ἀ-σμόσσειν· ἀναπνεῖν (Hes.) κτλ. erzeugt hat. S. 39 ff.

Ὀ-μόρ-γ-νυμι

mit dem Grundbegriffe fegen, wischen E 416, Σ 124 ö. ist Weiterbildung aus W. σμαρ S. 40. Dazu gehört auch in unabhängiger Bildung (da german. g nicht = griech. γ) unser Smer-g-el, Smirgel = σμῆρ-ις, σμίρ-ις (σμιρ-ίς), σμύρ-ις, Dinge, die zum Poliren dienen.

Ὅ-πλον,

urspr. jegliches Werkzeug, welches geschwungen wird, fügt sich sehr einfach zu W. σπαλ, πάλλω, mit Kürzung wie in πέ-πλον = lat. pallium, in ἔπλετο κτλ. Die scharfe Aspiration ist Nachwirkung des früheren Sigma, wie in Ἥρη, ἡμεῖς κτλ. S. 25 oder wie in ἁ-παλ-ός: W. σπαλ, geschwungen, rund, weiterhin biegsam.

Ὀ-φρύς,

urspr. Geschwungenes, Gebogenes, dann der Bogen über dem Auge, Braue, maced. ἀ-βροῦ-τες = ὀ-φρῦς, stammt von derselben Wf., welche in σπυρ-ίς, lat. spor-ta, Korb, σφῦρ-α, φυρ-δ-ήσκιον, Würmchen, πορ-φύρ-α, Schnecke, φρυ-άσσομαι = πτύρ-ομαι, sich bäumen, u. s. w. vorliegt (W. σπαρ).

Ὀ-κρυ-ό-εις

sammt ὀ-κρι-ό-εις gehört u. E. zu W. skar, schneiden etc., worüber später.

Von nachhomerischen Wörtern erklärt sich

ὄ-τλος, Last, Drangsal, ὀ-τλέω, ὀ-τλεύω, ertragen, dulden, aus derselben Wf. stla bzhw. stal, welche dem alt-lat. stla-tus, dem N. pr. Ἄ-τλας (S. 33) zu Grunde liegt.

Ὀ-κέλλω, zerschellen-, stranden-lassen, werden wir später als identisch mit unserem zer-schellen erkennen: W. skal; ebendahin gehören ὀ-κλάζω, ὀ-κέλλω st. ὀ-σκέλλω.

Ὀ-μί-χω, ὁ-μιχέω Hesiod. Op. 725 ist Einer Wurzel mit ὁ-μίχ-λη und stellt denselben Begriff dar wie φυσᾶν, ἐκφυσᾶν, ausströmen lassen, während ὁ-μίχ-λη den Bgr. von ἠήρ (aus der mit W. ομι und W. σπυ gleichbedeutigen W. ἀϝ) entwickelt hat. Daneben ἀ-μῖξαι· οὐρῆσαι Hes., lat. (s)mingo. Ὄ-τοβ-ος und ὄ-ττοβ-ος st. ὄ-στοβ-ος, Getöse, ist doch wohl Einer Wurzel mit στόβ-ος, Gekeife ǁ στοβ-άζω, schelten, mit Thema σταβ, schlagen (Getöse machen) in σταβ-ευς· κωπεών ǁ σταβ-ατίναι· κωπεῶνες Hes., Einer Urwurzel mit στυπ-ος· ὁ ψόφος τῆς βροντῆς ǁ στυπ-άζει· βροντᾷ. ψοφεῖ ǁ στυφ-ᾶν· βροντᾶν ǁ στυφ-ελ-ίζειν, schlagen, Getöse machen ǁ τύπ-τω st. στύπτω, κτλ.

92. Ἀ-φαυ-ρός und andere Wörter mit vorschlagendem ἀ.

Vorschlagendes ἀ als Zeichen für urspr. sigmatischen Anlaut gemäss dem S. 33 f. Gesagten ist uns bei der W. σπα-σπι-σπυ bzhw. den daraus hervorgegangenen Secundär-Wurzeln bereits öfter begegnet; so in ἀ-γα-τ-ῆλες ǁ ἀ-φλε-τῆρες ǁ ἀ-φά-κ-η ¦ ἀ-γα-μ-ιῶται = fa-m-uli ǁ ἀ-πά-τη ǁ ἀ-πή-νη ǁ ἀ-φυσγ-ετός ¦ ἀ-γ ύ-ω, ἀγ έσσω ǁ ἀ-γ ύ-η ǁ ἀ-γί-α ǁ ἀ-πέλλη, ἀ-πελλάζειν neben ἀ-σπαλλ-άζειν st. ἀ-σπ. ǁ ἀ-πελλ-ός ǁ Ἀ-πόλλ-ων κτλ.

Hätte man die Natur und das Wesen der s. g. Prothesen erkannt, so hätte auch ἀ-φαυ-ρός weniger verfehlte Etymologien hervorgerufen, wie z. B. die von ἀπό und αὔω, dörren, — vom angebl. Präfixe ἀϝα+γαῦρος, oder gar von φλαῦρος κτλ.

Das Etymologicum Magnum hatte bessere Fühlung, insofern es von γάω ausgeht, freilich von *φάω = φένω, welches indessen als „verhauchen-machen" nach Abschnitt 73 identisch ist mit γάω, hauchen, weiterhin = sprechen, leuchten.

Dass keine Zusammensetzung vorliegt, zeigt der Accent. Es ist daher ἀ-φαυ-ρός st. ἀ-σφαυ-ρός auf die so oft dagewesene Wf. φαϝ, φαυ st. σφαϝ zurückzuführen, ebenso gut wie φαῦ-σ-ιγξ, Blase ǁ φαῦ-σ-μα, Wurst ǁ φαύ-λιος, gedunsen*) ǁ

---

*) Auf Bgr. blähen ist oben S. 62 pav-o, pav-us, Pfau, zurückgeführt. Es ist u. E. nicht nöthig, das Wort mit Steph. Thes., Pott, Benfey, Vict. Hehn Hausth. 308 als phönizisch-karthagisch aufzufassen, ebenso wenig wie pa-pav-er. Hatte das Semitische ein ähnlich klingendes Wort, so

ϛαῦ-ϭις, Licht, Glanz ‖ äol. ϛαυ-ο-ϛόϱος, Fackelträgerin ‖ πι-
ϛαύ-ϭϰω ‖ ϛαῦ-νος· ϛαίνων ἑαυτόν ‖ ϛαυ-όν· ἀϰανϑῶδες ϛυτόν
‖ ψαυ-ϱός· ϰονιοϱτός ϰτλ.

Während in ϛαῦ-ϱος, ϛαῦ-λος ϰτλ., welche mit ἀ-ϛαυ-ϱό:
synonym sind, Sigma preisgegeben wurde, hat urspr. ἀ-ϭϛαυ-ϱός
sein Sigma erst nach Vorschlagung von ἀ weichen lassen.
Die Grundbedeutung ist entweder „hauchig, windig, vanus“,
oder noch besser „verhauchend, verschwindend = evanidus“,
welches letztere Wort ebenfalls die Bedeutung „schwach“ angenommen hat, die bei Homer ἀ-ϛαυ-ϱός durchweg aufweist
Il 235. 457, *M* 458, *O* 11, *v* 110. Vgl. παυ-ϱί = μιϰϱόν,*)
pau-cus, pau-lus, verschwindend d. i. winzig, gering. — Nach dem
behandelten Lautgesetze erklärt sich der *I* 83, *N* 541 vorkommende Eigenname

$$Ἀ\text{-}ϛαϱ\text{-}εύς$$

als „Schwinger“ aus Sec.W. ϭπαϱ, schwingen. Denn das Appellativ ἀ-ϛαϱ-εύς erklärt Hesychius durch τοῦ ϑήλεος ϑύννου
τὸ ὑπὸ τῇ γαϭτϱὶ πτεϱύγιον d. i. Schwinge, bei Vögeln =
Flügel, bei Fischen = Flosse. Vgl. Aristot. II. A. V 9. —
Gleichen Ursprungs ist das homer. Adverb

$$ἄ\text{-}ϛαϱ$$

= flugs, geschwind. Dasselbe ist Einer Wurzel wie Einer
Bedeutung mit ϭπεϱ-χ-ϱῶς von Adj. ϭπεϱ-χ-ϱός aus ϭπέϱ-χ-ω,
welches nur X-Eweiterung von W. ϭπαϱ ist, wie ϱή-χ-ομαι von
ϱέω, ϭμή-χ-ω von ϭμά-ω, ψή-χ-ω von ψά-ω, ψύ-χ-ω von W.
ϭπυ. Wir werden später sehen, dass πϱό-ϰ-α, schnell, sammt
πϱό-χ-ϱυ st. πϱόϰ-ϱυ, jählings**), einer K-Erweiterung der
W. ϭπαϱ mit Schwund von Sigma entstammt. — Die Her-

---

würde dieser Umstand nur ein neuer Beleg sein für die in neuerer Zeit
sich immer mehr aufdringende Erkenntniss von urspr. Zusammengehörigkeit des Semitischen mit dem Indo-Europäischen. Vgl. darüber die
fleissigen Arbeiten von E. Noeldechen, Semit. Glossen zu Fick und Curtius.
Magdeburg 1876 f. — Griech. τα-ώς, Pfau, kann lautlich nicht mit
pav-us zusammenfallen; es fügt sich unschwer zu W. τα, τείνω, dehnen.

*) Wenn nach Hesychius παυ-νί auch von Einigen im Sinne von μέγα
gebraucht wurde, so erklärt sich solches aus Bgr. „gebläht“.

**) Weder bedeutet πϱόχ-ϱυ bei Homer „knielings“, noch kann es
lautlich aus γόνυ entstammen.

leitungen von ἄ-φαρ aus ἅπτω+ἅρα, αἶψα+ἄρα, ἀπό+ἄρα, aus Skr. *áфa*, aus W. *ἀκ* u. s. w. sind alle ebenso unnatürlich, als die Herleitung aus W. σπαρ einfach und sinngemäss ist. Vgl. lat. pro-per-us, Adv. pro-per-e aus derselben Wurzel mit pro zusammengesetzt. — Ἄ-φαρ ist eine Adverbialbildung wie ὁ-δάξ st. ὁ-δάκ-ς von W. δακ, δάκ-νω, wie μῖξ st. μίγ-ς in ἐπι-μίξ κτλ. und steht für ἄ-φαρ-ς. — Auch
ἄ-φρός,
Schaum, erklärt sich aus W. σπαρ als Geschleudertes = Gespritztes. Unser spri-tz-en, engl. to spri-t etc. geht in letzter Instanz auf dieselbe Wurzel zurück. — Neben ἀ-φρός bestand gleichbedeutiges ἄ-φρί-ος oder ἄ-φρι-ος, woher ἀ-φρι-όεις, schäumend Anthol. VII 531, ἀ-φρι-άω, schäumen (Opp.), ἀ-φρι-τις, der Schaumfisch. Vgl. ἀ-φρί-ους· ἀθέρας d. i. Spreu = ahd. spriu, neben engl. spry, spray = the foam of the sea. Johnson Dict.

Das kretische ἀ-φρα-τ-ίας, schwungvoll = kräftig (Hes.), deckt sich begrifflich und urwurzelhaft mit engl. spri-te-ly, sprigh-t-ly, spry und spray, spru-n-t, spra-g, spri-n-g-y etc., alles = kräftig, prall, flink, lebhaft.

Ἄ-φραττος heisst bei den Tarentinern ἡ Ἑκάτη (Hes.). Es liegt nahe, an Guttural-Erweiterung von W. σπαρ in der Wf. σφρα-γ zu denken und Ἄ-φραττος st. ἀ-σφραγ-ιος zu fassen. Man denke an σφραγ-ίς, urspr. Geschwungenes, Rundes = Ring, Siegelring, runder Fleck. Dann wäre der tarentinische Name begrifflich identisch mit Ἑκάτη, Schwingerin, Schützin (S. 56) und analog dem Namen Ἀπόλλων aus W. σπαλ, schwingen, schleudern, schiessen (Abschn. 10).

Ἄ-φαία heisst ebenfalls die Artemis (Hes.), wohl ohne Zweifel als „Leuchtende" von Wf. σφα S. 61 ff.

Das kretische ἄ-φελ-μα· κάλλυντρον (Hes.) erklärt sich aus W. σπαλ unschwer als „Geschwungenes", als ein Ding, welches behufs Fegens geschwungen wird = Besen, Wischer (κάλλυντρον).

Ἄ-φύρ-ιος· θρασύς (Hes.) ist identisch mit φαρ-υμός· θρασύς, mit lat. fer-us. Dass lat. fer-o aus sigmat. Wurzel hervorgegangen ist, lässt schon das daneben gleichbedeutig stehende por-ta-re mit a-sportare (nicht für abs-p.) ahnen;

für griech. φέρω (wozu φώρ, lat. fur) folgt solches aus lakon. ἴ-σφωρ-ες, Diebe = φῶρ-ες, aus ἐω-σφόρος Ψ 226, worüber später, βουλη-φόρος st. βουλα-σφόρος, νικη-φόρος κτλ. Wir werden sehen, wie auch die Bedeutungen sich aus W. σπαρ entwickelten; schwingen = rasch bewegen etc.: ferri, stürmen, eilen, fer-us, fer-ox, wild, ungestüm etc.*) Ἀ-φρῖ-νος, Korb (ἀφρῖνον· τάλαρον Hes.) wird keiner anderen Wurzel sein als lat. spor-ta, Korb, σπυρ-ίς, σφυρ-ίς, φορμός, φορ-μ-ίον; φέρ-μ-ιον, φέρ-ν-ιον, φορ-μ-ίσκος von demselben Begriffe. Wf. σφρι zu W. σπαρ haben wir ja auch sonst vielfach: σφρι-αί = σπαρ-γ-αί, ὅ-σπρι-ον, ἄ-φρι-ος κτλ.

93. Ἀφροδίτη.

Ἀ-φροδ-ίτη haben die Alten so hartnäckig mit ἀ-φρός, Schaum, zusammengestellt, dass man sich kaum der Annahme erwehren kann, es liege dieser Ableitung wenigstens ein mächtiges Gefühl von wurzelhafter Zusammengehörigkeit zu Grunde. Natürlich ist's mit der Deutung „schaumgeborene" Nichts trotz Hesiod Theog. 197; aber ἀ-φρός und der nach Abschälung der Endung -ίτη verbleibende Wortstamm ἀ-φρο-δ können aus Einer Wurzel hervorgegangen sein. Die Wurzel σπαρ konnte in allen ihren möglichen Gestaltungen auch D-Erweiterung annehmen. Wir haben solche z. B. in ἀ-φόρδ-ιον (Nicand.) = σπόρ-θ-υγξ, σπορ-θ-ύγγιον ‖ ferner in σπυρδ-ανον = σπυρ-άς, σπύρ-αθος, ἀφόρδ-ιον κτλ. ‖ φυρδ-ήσκιον, Würmchen ‖ πορδ-ή = σπορτία· ἑορτὴ ἀγομένη (Hesych.), wozu M. Schmidt aus Fragm. com. anon. XXIa vol. IV 607 πυανέψια πορδὴν ἑορτὴν ἦγε citirt: Bgr. schwingen = tanzen**) ‖ πάρδ-αλις, πόρδ-

---

*) Dem hochverdienten Fick wollte es nicht gelingen, φέρω auf eine einfache vocalische Wurzel zurückzuführen; gehört φέρω zu W. σπα+ρ, so ist das Räthsel gelöst.

**) Die Pyanepsia fanden zu Ehren Apollo's statt, der auch sonst mit Tanz gefeiert wurde: Hymn. Ap. 149
Οἱ δέ σε πυγμαχίη τε καὶ ὀρχηθμῷ καὶ ἀοιδῇ
μνησάμενοι τέρπουσιν, ὅταν στήσωνται ἀγῶνα.
Lucian de saltat. 16: Ἐν Δήλῳ δέ γε οὐδὲ αἱ θυσίαι ἄνευ ὀρχήσεως, ἀλλὰ σὺν ταύτῃ κτλ. Diese und andere Stellen bei K. F. Hermann Gottesdienstl. Alterth. § 29, 24 und Anm. 11.

ἁλις, πάρδ-ος, Name wilder Thiere ‖ πέρδ-ιξ neben kret. πῆρ-ιξ, Springer = Rebhuhn S. 205 ‖ Ἀ-σπορδ-ηνὸν ὄρος Strabo 619 (Bgr. sich schwingend bzhw. emporspringend). Vgl. ἀ-σπαίρω. Dahin gehört denn auch (mit Nasalirung) lat. frons, Gen. frond-is, wie griech. φύλλον aus Wf. φυ; das Hervorgesprossene bedeutend, daher = Laub, belaubter Zweig. Mit dem Begriff des Hervorsprossens haben wir aus W. σπαρ gar manche Wörter: ἀ-σπάρ-αγος und ἀ-σφάρ-αγος, Spargel ‖ πτόρ-ϑ-ος und πόρ-ϑ-ος st. σπόρ-ϑος ‖ παρ-ϑ-ένος, urspr. = ἔρνος, φυτόν lat. fru-t-ex etc. Dazu im Germanischen die ganze Sippe der Wörter *sprossen* und *spriessen*. Man vergleiche bloss aus dem Englischen: spray, Reis ‖ spri-g, Spross, Reis ‖ to spri-t, spriessen ‖ to sprout, dass. ‖ spruce-wood, Reis-holz ‖ to spru-n-t, aufkeimen.

Ein mythischer Name von Venus ist im Lateinischen Fru-tis (Solin.), davon Frutinal (Fest.), Heiligthum der Venus. Man wird wohl nicht fehl gehen, gleichen Ursprung mit fru-t-ex anzunehmen. Natürlich ist auch frux, frug-i-s als Hervorgesprossenes derselben Wurzel, desgl. fru-mentum, Getreide, etc., aus einer gutturalen Erweiterung der Wurzel.

Nach allem dürfen wir getrost Ἀ-φροδ-ίτη auffassen als Fru-tis, als die Hervorsprossen-machende; sie ist „die personificirte Zeugungskraft der Natur" (Jacobs Myth.). Und wenn sie Hesiod Theog. 190 aus dem Meere hervorkommen lässt, so hängt das mit derselben kosmogonischen Ansicht zusammen, welche das Wasser bzhw. den Ὠκεανός zum Urquell aller Wesen macht: Ξ 201 Ὠκεανόν τε, θεῶν γένεσιν ‖ Vs 246 Ὠκεανοῦ, ὅς περ γένεσις πάντεσσι τέτυκται. — Aphrodite ist zufolge des nachhomerischen Mythus über ihre Herkunft „die aus dem Wasser emporgestiegene Mutter der Wesen". Der offenbar schon lange vor Homer entstandene Name Ἀφροδίτη weiss von dieser kosmogonischen Allegorie noch nichts. Es liegt in demselben ungefähr das ausgedrückt, was in den s. g. orphisch. Hymnen LV (εἰς Ἀφρ.) 2 mit γενέτειρα θεά, Vs 4 πάντα γὰρ ἐκ σέθεν ἐστίν, Vs 6 γεννᾷς δὲ τὰ πάντα | ὅσσα τ᾽ ἐν οὐρανῷ ἐστι καὶ ἐν γαίῃ πολυκάρπῳ | ἐν πόντου δὲ βυθῷ besagt wird.

Buttmann Myth. I 5 wollte dem so ächt griech. Worte

einen semitischen Ursprung geben, und noch neuerdings hat man dasselbe vom chaldäischen peridâ, Taube, herleiten wollen (Sepp Heidenth. u. Christenth.), was mit Recht Muys Griechenl. u. Orient S. 22 verwirft. Wenn aber Muys Aphrodite als die „vom befruchtenden Himmelswasser" (wie er ἀφρός deutet), „von dem Regen Benetzte, die pelasgische Genossin des pelasg. Zeus, Ζεὺς Νάιος" deutet, so kann ihm darin wohl Niemand folgen. Andere noch bedenklichere Etymologien mögen auf sich beruhen bleiben.

Den Ausgang des Wortes anlangend, so wäre vielleicht Bildung auf -ίτη mit kurzem ι oder in -άτη, -έτη natürlicher gewesen; vgl. ἀταρπ-ιτός, ἄλφ-ιτον, ἀ-ετός, ἐκ-άτη u. a. bei Leo Meyer II 92 ff. Aber einerseits mag das Streben, dem Göttinnen-Namen einen gewichtvolleren Klang zu geben, anderseits die Absicht, denselben für den Vers verwerthbar zu machen, bei der Wahl der Endung bestimmend gewesen sein. Findet sich doch auch neben den häufigeren Bildungen in -έτης, -έτα, wie νεφεληγερέτα κτλ., von der Verbal-Wf. θαρσ, Skr. dharsh, goth. daúrs und dars (vgl. engl. Impf. durs-t zu dare, wagen), ahd. gi-tar (Praet. gi-tors-ta) der Eigenname Θερσ-ίτης = ahd. gi-turstig, mhd. ge-turst d. i. audax, frech. Und aus φείδομαι bildete sich φειδ-ίτιον.

94. Ἄφλαστον, Ἀσπληδών, ἀφλοισμός.

Ἀ-φλα-σ-τον, neben lat. a-plu-s-trum und aplustre ist ein weiteres Beispiel von vorschlagendem ά. Aplustre ist das gebogene (geschwungene) Schiffshintertheil mit seinen Verzierungen, und ἄφλαστον nach Hesychius τὸ ἀκροστόλιον, τὸ ἄκρον τῆς πρύμνης, ἀποτεταμένον εἰς ὕψος, genauer nach Eustathius τὸ ἐπὶ πρύμνης ἀνατεταμένον εἰς ὕψος, ἐκ καμπυλίων πλατέων ἐπικεκαμμένον, also eigentlich der in die Höhe schweifartig gebogene Auslauf des Schiffshintertheils, der geschweifte Knauf. Wie so viele andere Wörter des Begriffs geschwungen = gebogen (σπάλ-ιον κτλ.) giebt W. σπαλ auch ἄ-φλαστον st. ἄ-σφλαστον ab. Nach dem Gesagten ist zu verstehen O 716

Ἕκτωρ δὲ πρύμνηθεν ἐπεὶ λάβεν, οὐχὶ μεθίει
ἄφλαστον μετὰ χερσὶν ἔχων, Τρωσὶν δὲ κέλευεν.

Döderlein's Deutung aus ἀναπλαστόν ist verfehlt; Benfey I 601
kommt dagegen der Wahrheit um so näher, insofern er auf St.
φλαδ aus φλάω, fla-re, zurückgreift. Dieser gehört nämlich
selbst, wie wir sehen werden, zu W. σπαλ, dessen Bedeutung
„schwingen" nur eine abgeleitete ist, wie (vgl. S. 96 f.) u. a.
σπέλ-ε-θος, πέλ-ε-θος zeigt. Wie im synonymen φολκός, in
lat. falc-s (falx), urspr. = gebogen, K-Erweiterung, so liegt in
Wf. σπλαδ, φλαδ D-Erweiterung vor. Zu derselben gehört auch
φλέδ-ων und φλεδ-ών, Sprudeler = Schwätzer ‖ φλαδ-ιᾶν· τύπτειν (to blow) ‖ φλασ-μός· τῦφος (mit Urbegriff) ‖ σπληδώ, bei
Nicander σπληδ-ός· σποδὸς λεπτή, κόνις. Ebenso die böot. Stadt

Ἀ-σπληδ-ών

B 511, die nach Strabo auch Σπληδ-ών hiess. Die Stadt war
nach demselben Schriftsteller 415 sonnig gelegen und führte
den Beinamen εὐδείελος*), aprica. Drum wird sie aber schwerlich als Staubstadt zu fassen sein, sondern eher ihren Namen
davon haben, dass sie sich an einem Hügel emporschwingt.
Das mit ἀγρός synonyme

ἀ-φλοι-σ-μός

gehört zu einer Wf. φλοιδ, φλιδ (Curt. N. 413), die sich ebenfalls aus W. σπαλ entwickelt hat.

95. Ἀ-ποι-να

nebst ποι-νή, lat. poe-na leitet Pott gewiss mit Recht aus W.
pu, reinigen, her. Die Grundbedeutung von ποι-νή st. ποϝ-ινή
ist Reinigung = Busse. Wir sahen aber S. 141, dass Wf. pu
zu W. spu, σπυ gehört, und ἄ-ποι-νον st. ἄ-σποινον ist neben
februus etc. ein neuer Beweis hierfür. Ἄποινον ist eigtl. das
Reinigende = Sühne. Wir bedürfen daher nicht zur Erklärung
des ἀ der unerweisbaren Erklärung Pott's aus ἀπό + ποινή, noch
der von Döderlein aus ἀνά + ποινή. — Einige weitere Beispiele
des vorschlagenden ἀ mögen hier Platz finden.

*) Aus εὐ-δία, heiteres, sonniges Wetter.

19*

Ἀπειλή,

Drohung etc., bedeutet nach Hesychius auch ὀργή d. i. urspr.
tumor. Bei Homer hat es auch die Bedeutung „Prahlerei" d. i.
fastus. Gehen wir von W. σπι, blasen, aus und nehmen wir
ἀ-πει-λή mit Vocalsteigerung für ἀ-σπει-λή, so ist Alles klar.
Zorn ist ein Aufwallen, Aufbrausen, wie auch ein tumescere;
Stolz ist Aufgeblasenheit. Will man ἀπειλή, u. E. minder einfach, aus Ablautung von W. σπαλ als ἀ-πελ-ιή erklären, so
würde sich nach dem S. 70 Gesagten die gleiche Begriffsvermittelung ergeben. — Hiernach können wir der mehr als
bedenklichen Ableitungen aus ἔπος (Buttm.), aus εἰλύω (Döderl.),
aus W. ϝελ „wahren" (Benfey) etc. völlig entrathen. — Auch

Ἀ-πισ-άων

wird wohl zu W. σπι gehören. Der eine Mann dieses Namens
Δ 578 ist Sohn des Φαύ-σ-ιος (W. σπα), welcher Name lebhaft an φαῦ-σ-ιγξ, Blase, erinnert und wohl soviel sein mag,
wie φύσκων. Will man lieber an πι-φαύ-σκω denken, so
könnte Φαύσιος identisch sein mit. Φήμιος. Geht man von
ϙάϝ-ος, ϙά-ος aus, so ergäbe sich Φαύσιος = Φαῖστος Ε 43.
Auf alle Fälle gehört Φαύσιος zu W. σπα, daher auch aller
Wahrscheinlichkeit nach sein Sohn Ἀ-πισ-άων st. Ἀ-σπι-σ-άων,
je nachdem wir den Vaternamen deuten = aufgebläht etc.

Ἄ-πι-ον geht u. E. ebenso gut als lat. pi-rum aus W.
σπι hervor. Ἄπιον bedeutet a) Eppich, b) Birne. Diese scheinbar so weit auseinander liegenden Begriffe vereinigen sich in
W. σπι. Denn mit ἄπιον, Eppich, bezeichnete man vornehm-
lich diejenige Eppich-, Sellerie-Art, welche Linné Apium graveolens nennt von wegen ihres starken Duftes. Auch die
Birne, namentlich in den südlicheren Gegenden, ist eine duftige Frucht. Indess könnte man auch wegen ihrer strotzenden Saftfülle auf Bgr. „blähen, schwellen" zurückgehen.
So wenigstens ist ὄγχ-νη, Birne, st. ὄγκ-νη η 120 zu erklären;
es gehört mit ὄγκ-ος· ϙύσημα Hes. zu einer K-Erweiterung der
W. ἀν, wie später erwiesen werden wird. — Ἄπιος bedeutet
ausser Birnbaum und Birne auch eine Art Wolfsmilch (Theophr.),
eine Pflanze von penetrantem Geruche. — Wie W. σπι ihr
ἄ-πι-ον und pi-rum abgegeben hat, so W. σπα, Wf. ϙα das

Wort φωκίς = ἄ-πιον, das mit φώκη (S. 232) gleichgebildet ist. Ἀντιφῶν δ' ἐν τῷ περὶ γεωργικῶν φωκίδας φησὶν εἶδος ἀπίων εἶναι Athen. XIV 650. — Auch lat. pô-mum gehört zu W. spa bzhw. spu (vgl. S. 62). — Die Ableitung von ἄπιον aus W. ἀπ = ἀκ (!) Kuhn'sche Ztschr. X 390 f. als „Spitzfrucht" war verfehlt schon in lautlicher Hinsicht.

Ἀ-παρ-ίνη ist ein Unkraut, das die Kichererbsen erstickt, daher auch ὀροβ-άγχη heisst. Es liegt daher nicht fern, an W. σπαρ „schwingen", weiterhin „schlingen" zu denken. Vgl. σπάρ-τον, Strick.

Nehmen wir gleich noch einige weitere homerische Wörter mit einem dem ursprüngl. σ vorgeschlagenen ἀ hier vor.

96. Ἀμαζόνες und andere Wörter mit ἀ proth.

Die Amazonen kennt weder Homer noch die griech. Bild-hauerkunst als ἄ-μαστοι, sondern nur als tapfere Kriege-rinnen, ἀντιάνειραι Γ 189. Ἀ-μαζ-όνες wird wohl die „Un-gestümen, die Stürmerinnen" bedeuten und Eines Stammes sein mit ἀ-μαι-μάκ-ετος st. ἀ-μα-σμάκ-ετος ‖ μαῖ-μαξ st. μά-σμαξ ‖ μαι-μάκ-της st. μα-σμάκ-της, der Stürmische ‖ μαι-μάσσ-ω st. μα-σμακ-ιω ‖ μαι-μάω st. μα-σμάω κτλ.

In letzterem Worte haben wir reduplicirt die W. σμα (S. 39 f.), wozu u. a. gehören σμώ-ς, σμό-νη, σμω-σή, Sturm-wind ‖ σμῶ-δ-ιξ, Blasen, Schwiele, Anschwellung, B 267, Ψ 716 ‖ ἄ-μω-μον st. ἀ-σμ., eine duftige Gewürzpflanze ἀ-μώον st. ἀ-σμώον (Sappho bei Hes.), die sonst ἀν-ε-μώνη ge-nannte Blume, „Windblume", κτλ. — Aus dieser W. hat sich eine K-Erweiterung gebildet, die in μαι-μάκ-της κτλ. vorliegt. Es konnte sich aber auch eine G-Erweiterung (vgl. τμή-γ-ω) bilden, die z. B. in cypr. σμογ-ερός, in μογ-ερός, hom. σμυγ-ερός urspr. keuchend = ἐπίπονος (Hes.) vorliegt. Und so steht ἀ-μαζ-όνες st. ἀ-σμαγ-ι-όνες wie ὀλίζων st. ὀλίγ-ιων κτλ. und bedeutet schnaubend, stürmend. An die Möglichkeit dieser Ableitung hat bereits gedacht Muys Griechenl. S. 12, aber zweifelnd, wie-wohl derselbe sonst mit den unmöglichsten Lautvertretungen operirt. Man halte neben diese einen so zutreffenden Begriff aufs Ungezwungenste abgebende Etymologie die Herleitungen aus ά priv. + μαζός (Schol. Γ 189; Apollodor), aus ά priv. und μάσσειν „berühren" (Göttling), aus ἀμάω, mähen (Döderl.), aus ά intens. und μαζός = mammosae (Hartung) u. a. —

Ἀ-μαλ-ός,

zart, schwach X 310, υ 14, deckt sich mit goth. smal-s, woher Superl. smal-ist-s, alts.ags. smal, engl. small, ebenfalls „zart" und „schwach" bedeutend, wie mit unserem schmal. Dass λ, l secundärer Natur ist, beweist u. a. gleichbedeutiges schmä-ch-tig (sma+ch in schma-ch-t-en, Schma-ch etc.). Schma-ch-ten = aspirare: UrW. sma, wie in μαι-μάω st. μα-σμάω κτλ. — Aus ebenderselben Wurzel ist auch ά-μαλ-δ-ύνω = to smel-t hervorgegangen, weshalb Ebel Kuhn'sche Ztschr. VII 227 mit Recht ἀμαλός und ἀμαλδύνω vergleicht; aber aus diesem selbst kann ἀμαλός nicht hervorgehen. Die Sec.W. smal mit dem Bgr. der Urwurzel sma stellt noch engl. to smell = πνεῖν, riechen, dar. Begrifflich verhält sich smal, ά-μαλ-ός zur Sec.W. sma-l bzw. Urw. sma, wie παυ-νί, pau-lus, ά-φαυ-ρός κτλ. zu W. σπα: verhauchend, verschwindend = klein, gering etc. — Den Bgr. „blasen = blähen, schwellen" dürften wir in

ά-μαλλα,

Garbe, urspr. Bund, Bündel zu suchen haben. Es ist nicht recht abzusehen, wie aus ἀμάω, mähen, lautlich ἄμαλλα sich bilden konnte; noch weniger ist aus Bgr. mähen der Bgr. Bündel zu gewinnen, desto leichter aus Bgr. schwellen: engl. bunch ist = Geschwulst, Beule, Höcker etc., aber auch = Bündel. Vgl. φάκ-ελος, Bündel, neben ά-φάκη, Geblähtes = eine Art Schotengewächs, φώκη, wulstiges Thier κτλ. — Im Germanischen lebt Sec.W. smal mit Bgr. blähen in schmollen, begriffl. = engl. pout (zu W. spu), hervorragen, dicke Lippen machen, schmollen. Die Wörter zur Bezeichnung des Zorns lehnen sich ja so gewöhnlich an Wörter des Bgr. blähen, wie z. B. lat. tumor, tumescere etc., und îra st. is-ra gehört u. E. zu W. is = W. as S. 25. — Schmollen ist ebenfalls ein Aufblähen, wenn auch bloss der Lippen und Backen. — Von ἄμαλλα das homer. ἀμαλλο-δετήρ Σ 554.

Häufiger als die Sec.W. smal ist Sec.W. smar. Sie leibt und lebt mit dem Grundbegriffe der W. sma z. B. in goth.

smar-na, Koth || im poln. smró-d, Gestank, Schmutz || russ.
smór-od, Brandgeruch || lett. smur-g-a, Schmutz etc. (bei Diefenb.
II 274 ff.), mit Bgr. glühen, glänzen in σμαϱ-ίλη, Kohle κτλ.
S. 40. — Dazu

$$ά\text{-}μέϱ\text{-}δω,$$

blenden *N* 340, τ 18 d. i. stark beglänzen, so dass in Folge
dessen Blendung eintritt; so ist engl. glare „glänzen“, aber
a glaring light „ein blendendes Licht“. Neben ά-μέϱδω st.
ά-σμέϱδω hatten nach Eustathius die Achäer ζμέϱδειν, blinken, blicken, mit ζ st. σ wie in ζμιχϱός st. σμιχϱός. Für die
begriffl. Bestimmung kann auch noch geltend gemacht werden
μαϱ-αυγία (Archyt. bei Stobaeus), Flimmern vor den Augen,
Blendung, μαϱ-αυγέω, Flimmern vor den Augen haben, ge-
blendet werden, zusammengesetzt aus W. σμαϱ und αύγή, wie
ja öfter synonyme Wurzeln zu Einem Worte verbunden werden
S. 97. — Den Bgr. hohlsein oder auch Bgr. to breathe, öffnen,
gähnen-, hauchen-machen stellt W. σμαϱ dar in

$$ά\text{-}μάϱ\text{-}α,$$

Graben Φ 259. Vgl. αύ-λών aus W. άϝ u. v. a. W. S. 126.

Den Bgr. duften haben wir in ά-μάϱ-αχ-ον, ein Zwiebel-
gewächs.

Ά-μέϱ-γω, streichen, streifen, erklärt sich begrifflich aus
dem Verhältnisse von ψάω zu W. σπα, von engl. to sweep,
fegen, streifen, zu ags. svâp-an, wehen und fegen, wischen etc.
S. ob. S. 284 ό-μόϱγ-νυμι. — Dagegen haben wir

$$ά\text{-}μαυ\text{-}ϱός,$$

dunkel δ 824, engl. reeky, ebenso wenig aus ά-μαϱ-ϝός zu
deuten, wie παῦ-ϱος aus lat. par-vus. Die Wurzeln des Begriffs hauchen, dampfen entwickeln so ganz gewöhnlich den Bgr.
dunkel bald aus Bgr. nebeln, bald aus Bgr. rauchen etc. Man
denke an ήήϱ, ήεϱόεις W. άϝ, an ζόφ-ος W. ζα+φ, an ψάφα,
ψέφας W. σπα+φ, an unser dü-s-t-er, du-n-k-el aus germ. W.
du = ϑυ u. a. Und so gehört auch ά-μαυ-ϱός st. ά-σμαυ-ϱός
zu W. σμα resp. σμα+ϝ. Vgl. engl. to smo-r-e, to smoo-r,
to smo-k-e und σμύ-χ-ω, dampfen, rauchen etc. Schon der
Umstand, dass W. σμαϱ, glänzen, so gewöhnlich mit s. g. prothet. ά unter Ausstossung des Sigma dahinter erscheint, wie in

ἁ-μέρ-δ-ω ‖ Ἀ-μαρ-υγκ-εύς ‖ ἁ-μαρ-υγή Hymn. Merc. 45 ‖ ἁ-μαρ-
ύσσω ib. 415. 278 ‖ ἁ-μάρ-υγ-μα (Hesiod.) ‖ ἁ-μάρ-υγγες, Strahlen, Augen ‖ ἁ-μαρ-ύττα, die Augen (Hes.) κτλ. widerstrebt der
Annahme eines ἁ priv., die Curtius S. 553 nicht ohne eigene
Bedenken aufstellt. Auch wird man ἁ-μαυ-ρός nicht trennen
dürfen von ἁ-μυδ-ρός st. ἀσμ.‚· dunkel (Thuc., Dem.): dort
Bildung aus W. σμα+ϝ, hier aus Wf. σμυ+δ. Vollens aber
beweist μαυ-ρός (u. μαῦ-ρος), dunkel, mit μαυρόω, verdunkeln
Hesiod Op. 323, Theogn. 192, Pind. Pyth. XII 13 ö., Aesch.
Pers. 219 etc., dass ἁ-μαυ-ρός kein ἁ priv. hat: μαυ-ρός steht
für σμαυρός, wie μικρός st. σμικρός, μοιός neben ὁμοιός κτλ.

97. Ἀμολγός.

Das „verzweifelte νυκτὸς ἀμολγῷ" (Curt. N. 150) ist als
„Melkzeit" von Buttmann Lex. II S. 39 ff. so gründlich abgefer-
tigt worden, dass man sich wundern muss, wie neuerdings diese
Deutung wieder vorgetragen·werden konnte. Und doch klingt
das homerische ἀμολγός mit ἀμολγεύς, Melkeimer, ἀμόλγιον
dass., so völlig zusammen, dass nur diejenige Etymologie stichhaltig sein kann, welche sowohl ἀμολγός als ἀμέλγω auf Einen
Ursprung zurückzuführen vermag.

Konnten ἁ-μέρ-γ-ω und ὁ-μόργ-νυμι als Weiterbildungen
der Sec.W. σμα-ρ den Bgr. streichen, wischen entwickeln (S. 295
u. S. 284), so auch Sec.W. σμα-λ in der G-Erweiterung. Daher
ἁ-μέλ-γ-ω st. ἁ-σμέλ-γ-ω, lat. mul-g-eo etc. urspr. = streichen,
weiterhin erst = melken. Gleichen Begriff hat auch die K-Erweiterung angenommen: lat. mul-c-eo st. smul-c-eo, streichen,
streicheln ‖ mulc-a-re, streichen = hauen, prügeln, to blow ‖·
mul-ta und mulc-ta, Prügelung, Strafe. Vor m fällt im Lateinischen s regelmässig ab, wie auch meistens im Griechischen.
Wf. μυκ bei Curtius N. 92 mit ἀπο-μύσσω, schnäuze, μυκ-τήρ,
Nase, μύξα, Schleim, lat. muc-or, muc-edo, muc-us, muc-ère
lautete in der That sigmatisch an: σμύσσεται· ἁπο-μύσσεται,
σμυκ-τήρ· μυκ-τήρ Hes. und ist sammt Wf. (σ)μυγ in μύζω st.
μυγ-ιω, schnauben, μυγ-μός, mug-io, und Wf. σμυχ in σμύχω
κτλ. nur gutturale Erweiterung von W. σμυ = W. σμα. Und
Wf. σμυδ liegt dem μύδ-ος, urspr. = Schmutz, zu Grunde.

So gut nun ferner Sec.W. σμαλ bei ihrer Herkunft aus
W. σμα auch Bgr. blähen entwickeln konnte (ἄμαλλα κτλ.),
so konnte solches auch die erweiterte Wf. σμαλ-γ mit gleichem
Rechte wie Wf. σμαλ-ϑ in Ἀ-μάλϑ-εια, die Fülle. Daher
μολγ-ός st. σμολγ-ός und (σ)μόλγης = Sack d. i. Geblähtes.
Der Urbegriff der Wurzel tritt noch möglichst nahe hervor in
μολγῷ· νέφος. παρὰ Βλαίσῳ Hes. Wenn für (σ)μολγῶ auch
ἀκόλουϑος angegeben wird, so ist das die gleiche Verwendung, welche auch σκιά oder lat. umbra gefunden hat, und ist
u. E. der sprechendste Beweis, dass man diese Glosse nicht hätte
verdächtigen sollen. Nur erfordert schon die alphabet. Reihenfolge des μολγῶ vor μολγός, dass die Endung ῶ in ός zu ver-
bessern ist.

Ἀ-μολ-γ-ός nun ist = Schwellung, Fülle: νυκτὸς ἀμολγῷ
= in der Fülle der Nacht, multa nocte.

Wenn Apion und Herodorus Schol. O 324 ἀμολγός als
ἀκμή erklären; wenn Eustathius zu dieser Stelle Homers bemerkt, dass die Achäer ἀμολγὸν τὴν ἀκμήν nennen; wenn das
Etymol. M. unter μάζα bemerkt τὸ γὰρ ἀμολγὸν ἐπὶ τοῦ
ἀκμαίου τίϑεται: so bezeichnet ἀκμή hier nichts anders, als
die Fülle gemäss solcher Verbindungen, wie ἦρος ἀκμᾷ, in der
Fülle des Frühlings Pind. Pyth. IV 114, ἀκμὴ ἥβης, die Fülle
der Jugendkraft Soph. Oed. R. 741. Natürlich wird mit der
Erklärung ἀκμή nur der abgeleitete Begriff, aber keine
Etymologie von den Alten vorgetragen.

Wenn Euripides in der Alkmene ἀμολγὸν νύκτα gesagt
hat, und solches Hesychius durch ζοφερὰν καὶ σκοτεινήν erklärt, so widerstrebt das keineswegs der Grundbedeutung; denn
die volle Nacht ist gewiss „dunkel".

Athenäus III 115 citirt aus Hesiod Op. 588

μᾶζά τ᾽ ἀμολγαίη, γάλα τ᾽ αἰγῶν σβεννυμενάων

und erklärt das Adjectiv durch ἀκμαία mit dem Zusatze ἀμολ-
γὸς γὰρ τὸ ἀκμαιότατον. Wir werden nicht fehl gehen, wenn
wir das Adj. ἀμολγαῖος hier gerade so erklären, wie es in der
Anthologie VII 657 von Leon. Tar. bei μαστός steht: das
schwellende, geschwellte Euter: ἀμ. μαστὸν ἀνασχόμενος.
Demnach ist μᾶζα ἀμολγαίη schwellendes Brod, gut auf-
gegangenes Gebäck.

Wenn Hesychius und Apollonius den homer. Ausdruck auch durch μεσονύκτιον erklären, so kommt dieses auf dasselbe hinaus, wie „die Fülle der Nacht", multa nox. Buttmann hat hiernach, freilich ohne die Entstehung des Wortes zu ahnen, wie so oft den Sinn der homerischen Stellen weit zutreffender, als all seine Nachfolger, herausgefühlt, wenn er der so stark beglaubigten alten Deutung durch ἀκμή das. Wort redet. Eine arge Verirrung aber und Misskennung der Begriffsvermittelungsweise des Sprachgeistes war es, wenn Buttmann mit Lachmann meinte (S. 46), dem Begriffe der Fülle in ἀμολγός liege vielleicht das Bild des strotzenden Euters (ἀμολγαῖος μαστός Leon Tar.) zu Grunde.

Kein Wunder, wenn solche Begriffsvermittelung allen Geschmack an seiner Deutung verleidete! Dagegen ist Buttmann wohl beizustimmen, wenn er meint, dass sich aus der einmal gangbar gewordenen Verbindung νυκτὸς ἀμολγός auch mit Weglassung von νυκτός der Bgr. tiefer Nacht habe festsetzen können; er hätte dazu aus Hesychius anführen können das dorisch-äol. ὀ-μολγῷ· ζόφῳ. Freilich wissen wir nicht, ob nicht vielleicht νυκτός in dem betr. Schriftsteller dabei gestanden hatte, in welchem Falle dieselbe Erklärung wie für νυκτὸς ἀμολγῷ Platz greifen müsste.

Dass ἀμολγός bei Homer nicht das „Dunkel" bedeutete, folgt aus Ο 324 μελαίνης νυκτὸς ἀμολγῷ, was keineswegs mit Döderlein als Tautologie zu fassen ist. Es ist dort von Raubthieren die Rede, die in der Fülle einer schwarzen Nacht den Heerden nachstellen. Die μέλαινα νύξ ist Gegensatz einer solchen Nacht, wie sie Θ 555 ff. beschrieben wird, wo „zur Freude des Hirten" alle Sterne um den Mond hell am Himmel leuchten, so dass alle Warten, Schluchten etc. hell da liegen. Eine solche Nacht taugt nicht für die Absichten der wilden Thiere, desto mehr eine finstere Nacht, μέλαινα νύξ, zumal die Fülle einer dunkelen Nacht.

Geht man die homer. Stellen von νυκτὸς ἀμολγῷ mit Buttmann durch (Δ 173, Ο 324, Χ 28. 317, δ 841, Hymn. Merc. 7), so wird man finden, wie gerade der gefundene Begriff überall zutrifft.

Nur bei der vorgetragenen Etymologie erklärt sich das

räthselhafte $\dot{\alpha}\mu o\lambda\gamma\dot{\alpha}\zeta\varepsilon\iota\nu$· $\mu\varepsilon\sigma\eta\mu\beta\varrho\dot{\iota}\zeta\varepsilon\iota\nu$ (Hes.), welches jeden
Gedanken an Dunkel noch mehr ausschliesst als $\dot{\alpha}\mu o\lambda$-
$\gamma\alpha\iota o\varsigma$ $\mu\alpha\sigma\tau\dot{o}\varsigma$ und $\mu\tilde{\alpha}\zeta\alpha$ $\dot{\alpha}\mu o\lambda\gamma\alpha\dot{\iota}\eta$. Bedeutet aber $\dot{\alpha}\mu o\lambda\gamma\dot{o}\varsigma$ das
Vollsein, so kann es auch von der Sättigung angewendet
werden, daher $\dot{\alpha}\mu o\lambda\gamma\dot{\alpha}\zeta\varepsilon\iota\nu$ eigtl. gesättigt sein, dann weiterhin
= post cibum meridianum conquiescere Suet. Oct. 78 oder
meridiari.

Ja, wie ist es mit lat. multus, dessen Ursprung noch Niemanden klar zu legen gelungen ist? Sollte es nicht für smul-
tus stehen und derselben Wurzelform, wie $\dot{\alpha}\mu o\lambda\gamma$-$\dot{o}\varsigma$ st. $\dot{\alpha}$-$\sigma\mu o\lambda\gamma$-
$\dot{o}\varsigma$, aus smul-g-tus hervorgegangen sein? Gebläht = voll. Dann
erklärt sich erst das Zusammenlauten mit mul-ta st. mulc-ta.
Der Comp. plus gehört sammt $\pi o\lambda$-$\dot{v}\varsigma$, $\pi\lambda\dot{\varepsilon}$-$o\varsigma$, $\pi\lambda\varepsilon\tilde{\iota}$-$o\varsigma$, $\pi\lambda\varepsilon\dot{\iota}$-$\omega\nu$
zur Wf. $\sigma\pi\lambda\alpha$ (aus W. $\sigma\pi\alpha\lambda$), $\pi\dot{\iota}$-$\mu\pi\lambda\eta$-$\mu\iota$ st. $\pi\iota$-$\sigma\pi\lambda$. = $\sigma\varphi\alpha\dot{\iota}\lambda\varepsilon\iota\nu$·
$\pi\lambda\tilde{\eta}\sigma\alpha\iota$.
Die der Sec.W. $\sigma\mu\alpha\lambda$ parallellaufende Sec.W. $\sigma\mu\alpha\varrho$ konnte
nach dem S. 70 Gesagten ebenfalls Bgr. blähen annehmen;
daher $\dot{\alpha}$-$\mu\alpha\varrho$-$\dot{v}\varsigma$ st. $\dot{\alpha}$-$\sigma\mu\alpha\varrho$-$\dot{v}\varsigma$ = $\pi o\lambda\dot{v}\varsigma$ Hes. — Die einfache
W. $\sigma\mu\iota$ = $\sigma\mu\alpha$ gab ab $\dot{\alpha}$-$\mu\mu\iota$-$\varrho\dot{o}\varsigma$ st. $\dot{\alpha}$-$\sigma\mu\iota$-$\varrho\dot{o}\varsigma$ = $\pi\varepsilon\pi\lambda\eta\varrho\omega$-
$\mu\dot{\varepsilon}\nu o\varsigma$ Hes. — Oder haben wir $\dot{\alpha}$-$\mu\mu\iota\varrho$-$\dot{o}\varsigma$ zu trennen und auf
Wf. $\sigma\mu\iota\varrho$ = $\sigma\mu\alpha\varrho$ zurückzugehen? Die Urwurzel bleibt drum
doch dieselbe.

Aus W. $\sigma\mu\nu$ = W. $\sigma\mu\alpha$ ging ebenfalls eine Reihe Wörter mit
Bgr. blähen, schwellen hervor. So $\sigma\mu\tilde{v}\varsigma$, $\mu\tilde{v}\varsigma$ (worüber S. 39)
mit $\mu\nu$-$\dot{o}\nu$, Muskelknoten (Anschwellung) ‖ $\mu\nu$-$\varepsilon\lambda\dot{o}\varsigma$, Fett,
Mark, Kraft, auch $\tau\varrho o\varphi\dot{\eta}$ Hes.

II. Sollte nicht dahin auch $\dot{\alpha}$-$\mu\dot{v}\varsigma$ (Hes.) und
$$\ddot{\alpha}\text{-}\mu\nu\text{-}\delta\iota\varsigma$$
mit der Grundbedeutung „zuhauf, haufenweise", cumulatim ge-
hören? Während sonst der Angriff der Troer als $\varphi\alpha\lambda\alpha\gamma\gamma\eta\delta\dot{o}\nu$
oder $\pi\nu\varrho\gamma\eta\delta\dot{o}\nu$ erfolgend geschildert wird O 360, N 152 ö.,
heisst es K 524 von den Troern $\ddot{\alpha}\sigma\pi\varepsilon\tau o\varsigma$ $\ddot{\omega}\varrho\tau o$ $\kappa\nu\delta o\iota\mu\dot{o}\varsigma$ $\vartheta\nu$-
$\nu\dot{o}\nu\tau\omega\nu$ $\ddot{\alpha}\mu\nu\delta\iota\varsigma$ „indem sie zuhauf heranstürmten". K 300
„zuhauf rief er die Fürsten all". Und ähnlich öfters. Daraus
ergab sich leicht die verallgemeinerte Bedeutung „zusammen".
Unser zu-sammen, goth. sama, geht ähnlich hervor aus W. sa,
wehen, blasen, blähen (vgl. S. 170). Ob $\ddot{\alpha}\mu\alpha$ (dor. $\dot{\alpha}\mu\tilde{\alpha}$), $\dot{o}\mu\dot{o}\varsigma$,
$\dot{o}\mu o\tilde{v}$, $\dot{o}\mu\alpha\lambda\dot{o}\varsigma$ zu W. $\sigma\alpha$ oder aber zu W. $\sigma\mu\alpha$ st. $\ddot{\alpha}$-$\sigma\mu\alpha$, $\dot{o}$-$\sigma\mu\dot{o}\varsigma$,

ὀ-ὀμα-λός gehöre, wäre noch zu untersuchen. Die Begriffsverwandtschaft von ὀμα-λός und ἁμα-λός ist jedenfalls grösser als die von ὁμαλός und ἅμα, und spätere Schriftsteller gebrauchen beide Adjectiva gleichbedeutig (s. Lex.); ὁμαλός, glatt, flach, würde sich aus W. ὀμα sehr leicht erklären lassen (s. oben πλατύς); aber kaum aus ὁμός, gemeinsam. Ueber die Bilduugen in -δις L. Meyer II 554.

III. Hieher möchte denn auch das verzweifelte

ἀ-μύ-μων

gehören, das dem homerischen ἀ-μώμητος M 109 weder lautlich noch begrifflich gleichgesetzt werden kann. Es ist gebläht, geschwollt = gewaltig, gross, erhaben, und hat gleiche Begriffsvermittelung erfahren wie Adj. ὄγκος, das ebenfalls urspr. geschwollen bedeutet, wie ἴ-φθι-μος u. a. Damit wäre denn auch der „untadelhafte" Aegisth glücklich beseitigt. — Begrifflich und lautlich gleich nahe steht das pindarische ἀ-μεύ-ομαι, übertreffen, superare. — Wie sich

ἀ-μείβομαι

zur Urwurzel ὀμα-ὀμι-ὀμυ fügt, sammt lat. mov-eo, ist aus der Glosse bei Hesych ἐν ἄμμαυιν· εἰς κρίσιν zu entnehmen. Das cypr. Subst. ἀ-μμαυ-ις st. ἀ-ὀμαυ-ις deckt sich mit lat. mô-mentum st. movi-mentum, der entscheidende Augenblick, eigentlich der Schwung, ῥοπή, Wendepunkt.

Da „schwingen" auch = „fliegen", so liesse sich μυῖα st. ὀμυῖα als „Fliege" auffassen. Die Form

κυν-ά-μυια

Φ 394. 421 begreift sich jedenfalls nur aus ἀ-μυια st. ἀ-ὀμυια. Aber wegen lak. μου-ία, Made in faulem Fleische etc., ist wohl besser vom Bgr. „übel-duften" auszugehen; hat ja W. ὀμυ vielfache Wörter des Bgr. „schmutzen, Schmutz" abgegeben.

98. Ἀ-ταρπ-ός.

Ἀ-ταρπ-ός und ἀ-ταρπ-ιτός, Pfad als sich Windendes, gehört allerdings zu τρέπω, beweist aber u. E., dass τρέπω urspr. στρέπω lautete und dass Wf. στραπ mit Wf. στραφ in στρέφω, wenden, mit Wf. στραϑ in στράϑ-η, στραϑ-αλός, στροβ-εύς, στρόβ-ιλος, στρεβ-λός κτλ. aus gemeinschaftlicher W. στρα st. σταρ hervorgegangen ist. Wie hier verschiedenartige Labial-Erweiterungen vorliegen, so gutturale in Wf. στρα-γ mit Nasalirung in στράγγω, στραγγ-ός (= στρεβ-λός), στραγγ-εύω, στραγγ-άλη, στρογγ-ύλος κτλ., ohne Nasalirung z. B. in ά-στράγαλος = στροφ-εύς, στρόφ-ιγξ, Wirbelknochen, in tor-qu-eo st. stor-qu-eo u. s. w. Dass weder Wf. στρα-γ, noch στραπ, στρα-φ, στρα-β primärer Natur sind, beweist u. a. ά-στρι-ς und ά-τρι-χ-ος = ά-στράγ-αλος = στρόφ-ιγξ, beweist unser Stra-n-g = engl. stra-p = στράβ-η (ποδο-στράβη) = lat. struppus, Riemen = τροπ-ός, woneben mit verwandtem Bgr. στόρ-νη (Gürtel), στρόφ-ος, Band, Gurt, lat. stroppus, Gewundenes (Kranz) u. s. w. — Die unendlich weit verzweigte W. sta-r, stra will aber besondere Behandlung; hier sei nur noch erwähnt, dass u. E. lat. tra-m-es st. stra-m-es, Pfad, derselben Urwurzel mit ά-ταρπ-ός ist.

Ἀ-τάλλω,

hüpfen, springen *N* 27, erinnert auffallend an ags. styllan, transilire, stellan, saltare (welche Diefenbach II 319 mit Unrecht als zusammengezogen ansieht und auf goth. steigan zurückführt), an engl. stallion, Springer, Hengst, stal-worth, muthig ‖ an sicil. ά-τταλ-ίζομαι st. ά-σταλ-ίζομαι, πλανῶμαι (Iles.), umhergeworfen werden ‖ ά-ττέλ-αβος und ά-ττέλ-εβος (Hdt.) st. ά-στελ., eine Art ungeflügelter Heuschrecke d. i. Hüpfer, Springer wie άκρίς S. 33 ‖ an τα-ρταλ-όω, schwingen (Soph.), τα-ρταλ-ίζω desgl., έ-τα-ρταλ-ίχ-θη· έσείσθη Hes., τα-ρταλ-εύω, schwingen, alle drei aus τά-ρταλ-ος st. τά-σταλ-ος hervorgegangen*), aber nicht durch „Umstellung aus τάλ-αντον" gebildet, sondern mit diesem selbst, wie mit Ἀ-τλας, ὄ-τλος, ὀ-τλέω zu derselben Wurzel gehörend, welche altlat. stlatus abgegeben hat. W. sta-l, schwingen, bewegen etc., ist übrigens ebenso secundär, wie W. spa-l, schwingen, und gehört zu Urwurzel sta, über deren urspr. Wesen S. 153 Anm. Andeutungen gegeben wurden. Die Bedeutung „stehen" ist nur eine aus Bgr. „ruhen = aufathmen" abgeleitete. Doch greifen wir hier nicht zu weit vor. Nur sei noch hingewiesen auf die merk-

---

*) Assimilation von σ zu ν.

würdigen Angaben: $\sigma\tau\alpha\lambda$-$\alpha\gamma$-$\epsilon\tilde{\iota}$· $\mu\alpha\varrho\mu\alpha\varrho\acute{v}\sigma\sigma\epsilon\iota$ neben $\sigma\tau\acute{\iota}\lambda$-$\beta\omega$, glänzen || $\tau\alpha\nu\tau\alpha\lambda\acute{\alpha}\sigma\sigma\epsilon\tau\alpha\iota$· $\sigma\tau\acute{\alpha}\zeta\epsilon\iota$ $\delta\acute{\alpha}\varkappa\varrho\upsilon\alpha$ neben $\sigma\tau\alpha\lambda$-$\acute{\alpha}\omega$, tröpfeln ($\delta\acute{\alpha}\varkappa\varrho\upsilon\alpha$ $\sigma\tau\alpha\lambda\tilde{\omega}\nu$ Anth. VII 552), von einem Nomen *$\sigma\tau\alpha\lambda\acute{\eta}$, Tropfen; $\sigma\tau\alpha\lambda$-$\acute{\alpha}\sigma\sigma\omega$, tröpfeln, $\varkappa\tau\lambda$. || $\sigma\tau\acute{\epsilon}\lambda$-$\mu\alpha$, Gürtel (Umgeschwungenes) || $\sigma\tau\sigma\lambda$-$\acute{\eta}$· $\varkappa\acute{\iota}\nu\eta\sigma\iota\varsigma$, $\varkappa\alpha\grave{\iota}$ $\pi\epsilon\varrho\iota\beta\acute{\sigma}\lambda\alpha\iota\sigma\nu$ (Umgeworfenes, Gewand || $\sigma\tau\acute{\iota}\lambda$-$\eta$· $\sigma\tau\alpha\lambda\alpha\gamma\mu\acute{\sigma}\varsigma$, lat. stilla. Man versuche, bei diesen und zahllosen anderen Wörtern, wie engl. stea-m, Rauch, $\sigma\tau\acute{\sigma}$-$\mu\alpha$, Mund (= Hauchendes) mit Begriff „stehen" fertig zu werden. — Uebrigens ist $\acute{\alpha}\tau\acute{\alpha}\lambda\lambda\omega$ selbt nur Denominativ von

$$\acute{\alpha}\text{-}\tau\alpha\lambda\text{-}\acute{\sigma}\varsigma,$$

das sich zu W. $\sigma\tau\alpha\lambda$ verhält, wie $\acute{\alpha}$-$\pi\alpha\lambda$-$\acute{\sigma}\varsigma$ zu W. $\sigma\pi\alpha\lambda$, nur dass hier noch weitere Nachwirkung von urspr. Sigma auch im Spiritus asper eingetreten ist. Neben $\acute{\alpha}$-$\tau\alpha\lambda$-$\acute{\sigma}\varsigma$ mit Wurzel-Ablaut $\acute{\alpha}$-$\tau\upsilon\lambda$-$\acute{\sigma}\varsigma$· $\mu\iota\varkappa\varrho\acute{\sigma}\varsigma$ Hes. — In $\acute{\alpha}$-$\tau\iota$-$\tau\acute{\alpha}\lambda\lambda\omega$ st. $\acute{\alpha}$-$\tau\iota$-$\sigma\tau\acute{\alpha}\lambda\lambda\omega$ liegt Reduplication vor, wie in $\acute{\sigma}$-$\pi\bar{\iota}$-$\pi\epsilon\acute{v}\omega$ $\varkappa\tau\lambda$.

$$\mathring{A}\text{-}\tau\acute{v}\zeta\sigma\mu\alpha\iota,$$

St. $\acute{\alpha}\tau\upsilon\gamma$ in $\acute{\alpha}\tau\upsilon\chi\vartheta\epsilon\acute{\iota}\varsigma$ fällt wurzelhaft zusammen mit $\sigma\tau\upsilon\gamma$-$\acute{\epsilon}\omega$, $\tau\grave{\sigma}$ $\sigma\tau\acute{v}\gamma$-$\sigma\varsigma$ (Aesch.), $\sigma\tau\upsilon\gamma$-$\epsilon\varrho\acute{\sigma}\varsigma$, $\sigma\tau\upsilon\gamma$-$\nu\acute{\sigma}\varsigma$ $\varkappa\tau\lambda$. $\mathring{A}\tau\upsilon\zeta\eta\lambda\acute{\sigma}\varsigma$· $\varphi\sigma\beta\epsilon\varrho\acute{\sigma}\varsigma$ (Hes.) deckt sich mit $\sigma\tau\upsilon\gamma$-$\epsilon\varrho\acute{\sigma}\varsigma$, $\varphi\sigma\beta\epsilon\varrho\acute{\sigma}\varsigma$ (Hes.). $\mathring{A}\tau\acute{v}\zeta\sigma\mu\alpha\iota$ hat bei Homer die beiden Bedeutungen a) scheuen = sich entsetzen, b) scheuen = gescheucht werden, erschrocken fliehen. $\varSigma\tau\acute{v}\gamma$-$\sigma\varsigma$ ist „Abscheu", $\sigma\tau\upsilon\gamma$-$\epsilon\varrho\acute{\sigma}\varsigma$ „abscheulich", $\sigma\tau\acute{v}\xi$ (Aesch. Choeph.) „Abscheu, Entsetzen", $\sigma\tau\upsilon\gamma$-$\epsilon\tilde{\iota}\nu$ „Abscheu, Entsetzen haben", verabscheuen, fürchten. — Ueber den Ursprung der Wf. $\sigma\tau\upsilon$-γ später.

$$\mathring{A}\text{-}\tau\acute{\epsilon}\mu\beta\omega$$

steht für $\acute{\alpha}$-$\sigma\tau\acute{\epsilon}\mu\beta\omega$ und fällt zusammen mit $\sigma\tau\acute{\epsilon}\mu\beta\omega$. Bei Apollonius Rhod. II 56, III 99 bedeutet $\acute{\alpha}$-$\tau\acute{\epsilon}\mu\beta\sigma\mu\alpha\iota$ „schelten"; denselben Bgr. hat auch $\sigma\tau\acute{\epsilon}\mu\beta\omega$ und $\sigma\tau\acute{\epsilon}\mu\beta\acute{\alpha}\zeta\epsilon\iota\nu$· $\lambda\sigma\iota\delta\sigma\varrho\epsilon\tilde{\iota}\nu$ (Hes.) || $\sigma\tau\acute{\epsilon}\mu\beta\alpha\sigma\iota\varsigma$· $\lambda\sigma\iota\delta\sigma\varrho\acute{\iota}\alpha$ || $\mathring{\alpha}$-$\sigma\tau\sigma\beta$-$\sigma\varsigma$· $\acute{\alpha}$-$\lambda\sigma\iota\delta\acute{\sigma}\varrho\eta\tau\sigma\varsigma$. Die Grundbedeutung aber von $\sigma\tau\acute{\epsilon}\mu\beta\omega$ bzw. Wf. $\sigma\tau\alpha\beta$, woraus $\sigma\tau\acute{\epsilon}$-$\mu$-$\beta\omega$ nur mit Nasalirung hervorgegangen, ist „stapfen, stampfen, stossen, schlagen". Beweis: $\sigma\tau\alpha\beta$-$\epsilon\acute{v}\varsigma$· $\varkappa\omega\pi\epsilon\acute{\omega}\nu$ (Hes.), Ruderer, eigentl. Schläger; vgl. $\mathring{\alpha}\lambda\alpha$ $\tau\acute{v}\pi\tau\sigma\nu$ $\acute{\epsilon}\varrho\epsilon\tau\mu\sigma\tilde{\iota}\varsigma$ δ 580, $\varkappa\acute{\omega}\pi\eta\sigma\iota\nu$ $\mathring{\alpha}\lambda\grave{\sigma}\varsigma$ $\acute{\varrho}\eta\gamma\mu\tilde{\iota}\nu\alpha$ .... $\tau\acute{v}\pi\tau\epsilon\tau\epsilon$ μ 214 ö. || $\sigma\tau\alpha\beta$-$\alpha\tau$-$\acute{\iota}\nu\alpha\iota$· $\varkappa\omega\pi\epsilon\tilde{\omega}$-$\nu\epsilon\varsigma$ (Hes.) || $\mathring{\sigma}$-$\tau\sigma\beta$-$\sigma\varsigma$ st. $\mathring{\sigma}$-$\sigma\tau\sigma\beta$-$\sigma\varsigma$, das Geschlage = Getöse, wie $\pi\acute{\alpha}\tau\alpha\gamma\sigma\varsigma$, $\varkappa\varrho\acute{\sigma}\tau\sigma\varsigma$ u. a.

Schelten ist ein Schlagen, Züchtigen, Misshandeln; daher
στόβ-ος· λοιδορία = στέμβασις || στοβ-άζειν· κακολογεῖν ||
στόβ-ασμα· λοιδορία.
Bei Homer hat ἀ-τέμβω Wf. σταβ aus Begriff schlagen
andere übertragene Bedeutungen entwickelt, und zwar ganz dieselben wie unser prellen, das ja auch ursprünglich „schwingen,
stossen, schlagen" ist: „einen Fuchs prellen" = engl. to beat
a fox; die „Fuchsprelle" = fox-beating; to beat aber =
schlagen; prallen = stossen, an-prallen = an-stossen.
Uebertragen ist prellen = betrügen, um etwas bringen,
welchen Sinn u. a. auch lat. percutere Cic. Flacc. XX 46, griech.
κρούω, παρακρούω, sowie andere Verba des Begriffs „schlagen,
stossen" entwickelt haben. Und so wird ἀ-τέμβω = στέμβω,
urspr. = stossen, zu „prellen, betrügen", um etwas bringen.
β 90: Es ist nun schon das dritte Jahr, bald wirds das vierte,
seit Penelope uns prellt, betrügt: ἀτέμβει θυμὸν ἐνὶ στήθεσσιν
Ἀχαιῶν. — v 294: der Fremdling soll seine Portion mit-
bekommen; denn es ist weder schön, noch gerecht, die Gäste
zu prellen: οὐ γὰρ καλὸν ἀτέμβειν, οὐδὲ δίκαιον ξείνους. —
Ebenso φ 312. — ι 42. 549 μή τίς μοι ἀτεμβόμενος κίοι ἴσης
„dass mir keiner um seinen Antheil geprellt abgehe". —
Ebenso Λ 705. — Ψ 834

— — οὐ μὲν γάρ οἱ ἀτεμβόμενός γε σιδήρου
ποιμὴν οὐδ᾽ ἀροτὴρ εἶσ᾽ ἐς πόλιν, ἀλλὰ παρέξει.

Der Siegespreis, eine grosse Eisenkugel, soll dem Gewinner auf
fünf Jahre seinen Eisenbedarf decken: „nicht der Hirt, nicht
der Pflüger soll ihm nöthig haben seinen Bedarf an Eisen aus
der Stadt zu holen", ἀτεμβόμενος σιδήρου „um's Eisen geprellt
= des Eisens beraubt, benöthigt". — Endlich Ψ 445 ἄμφω
γὰρ ἀτέμβονται νεότητος „denn beide sind um ihre Jugend
gebracht (geprellt)".
Interessant ist bei Hesychius ἀ-τήνειν· μοχθεῖν neben
ἀ-στην-ειν· ἀδυνατεῖν und ἀ-σταίνει· μοχθεῖ: Bgr. keuchen.
Hier noch der volle sigmatische Anlaut sammt stützendem Vorschlage von ἀ, dort Schwund des Sigma hinter diesem ἀ. Dass
W. στα+ν mit ursprüngl. Begriffe „athmen, hauchen" hier vorliegt, braucht kaum angedeutet zu werden.

99. Ἀ-τρεκ-ής

leiteten die Alten bald von δέρκω, bald von τρέχω, bald von
τρέω, bald von τρέπω ab. Von diesen Etymologien hat sowohl
die von τρέχω, als die von τρέπω auch unter den Neueren
ihre Vertheidiger gefunden, letztere unter lautlicher Gleichstellung des lat. torqueo mit τρέπω! Döderlein geht von ταράσσω, Benfey von Skr. tarka, Zweifel, aus. — Unser ἀ euph.
als Vorschlag vor urspr. Sigma führt lautlich wie begrifflich
einfacher zum Ziele.

Ἀ-τρεκ-ής st. ἀ-στρεκ-ής entstammt einer K-Erweiterung
der ungemein weit verzweigten Wurzel στρα bzhw. σταρ mit
der Grundbedeutung „strecken": ster-no, stra-vi, stra-tum, στορ-
έννυμι, στρώ-ννυμι, στρα-τός, στρῶ-μα κτλ. Indem sich nun
verschiedene Wurzeldeterminative an W. star bzhw. Wf. stra
ansetzen, geht eine ganze Legion von Wörtern daraus hervor, theils mit dem Grundbegriffe strecken, theils mit Schattirung desselben zu hinspreiten oder streuen, werfen, treffen,
strahlen etc., wie unser stra-mm, star-k, engl. stro-n-g, star-k
(= stramm), Stra-n-d (gebildet wie Sta-nd von W. sta), Strecke,
strecken, stracks, engl. straight, to strike = urspr. streichen, aber
auch = blitzen bedeutend, ἀ-στρά-πτω, στρά-πτω κτλ.

Die Wf. στρα+κ begegnet uns in ἀ-στραχ-λεῖν· ἀδυνατεῖν (Hes.) d. i. nicht-stramm sein. Das zu Grunde liegende
Adj. ἀ-στραχ-λός lässt nach Abschälung des ἀ priv. das Adj.
στραχ-λός übrig, welches mit engl. strong, mit unserem stramm,
stark bis auf die verschiedenartigen Wurzelerweiterungen identisch ist. In τὸ στρῆ-νος, Strammheit, Stärke, haben wir
noch die unerweiterte Wurzel mit gleichem Begriffe. — Wf.
στραχ haben wir auch in ἀ-στρεχ-ία· ἀστροφαρία (Hes.), eigtl.
Strahlung, mit gleichem Begriffe wie engl. to strike, strahlen;
aus unerweiterter Wurzel daneben ἀ-στήρ, Skr. star und târâ,
Ster-n, sammt Sippe, jedoch nicht mit Bgr. „streuen" (Kuhn),
sondern mit Bgr. strahlen, to stri-ke, wie ja auch unser Stra-l
zur selben Wurzel gehört. Stra-l ist auch = Pfeil. Und ἄ-τραχ-
τος st. ἄ-στραχ-τος ist ebenfalls = Pfeil (Aesch., Soph., Eur.)
und alles Pfeilartige; Grundbedeutung „Gestrecktes"; — ἀ-τραχ-
τ-υλ-ίς st. ἀ-στρ. ist ein Stachelkraut.

Ἄ-τρεκ-ής deckt sich hiernach begrifflich und wurzelhaft mit unserem *strack*, engl. straight, wenn auch die Wurzelausgänge verschieden sind, und bedeutet strack = richt, richtig, gerade, genau, synonym mit *ἰθύς* = gerade.

E 208 *ἀτρεκὲς αἷμ᾽ ἔσσευα βαλών* „richtig machte ich mit einem Schusse das Blut herausströmen". — *π* 245 *δεκάς ἀτρεκές* „richtig, gerade zehn". — Von *ἀτρεκής* das Subst. *ἡ ἀτρέκεια*, eigentl. Geradheit = Gerechtigkeit Pind. Ol. XI 13, wie denn Pindar auch Adj. *ἀτρεκής* in Verbindung mit *ἐλλανοδίκης* als „gerecht = gerade" gebraucht. Gegensatz ist *σκολιός*, krumm: *σκολιαὶ θέμιστες Π* 387, *σκολιαὶ δίκαι* Hesiod. Op. 219. 248. Vgl. *ἰθεῖα* (*δίκη*) *Ψ* 580, *ἰθύντατα εἰπεῖν δίκην Σ* 508.

Für das homerische Adverb

$$ἀτρεκέως$$

ist *O* 53 maassgebend, wo Zeus zu Here, welche ihn kurz vorher überlistet hatte, spricht:

ἀλλ᾽ εἰ δή ῥ᾽ ἐτεόν γε καὶ ἀτρεκέως ἀγορεύεις,
ἔρχεο νῦν μετὰ φῦλα θεῶν —

„wenn du denn Wahres sprichst und in aufrichtiger, gerader Weise (*μὴ σκολιῶς*, wie vorhin du thatest), so geh zu der Götter Schaaren".

Und so in dem formelhaften Verse (bisweilen mit Vocativ *ξεῖνε* an der Stelle des *ταῦτα*)

τοιγὰρ ἐγώ τοι ταῦτα μάλ᾽ ἀτρεκέως ἀγορεύσω:

„so will ich dir dieses denn ganz richtig (aufrichtig) sagen" *α* 179. 214, *δ* 383. 399, *ξ* 192, *ο* 266. 352, *π* 113, *ω* 303; vgl. Hymn. Merc. 459. Dieselbe Wendung, nur mit *καταλέξω* am Versschlusse *K* 413. 427; wieder etwas anders gefasst *ω* 123

σοὶ δ᾽ ἐγὼ εὖ μάλα πάντα καὶ ἀτρεκέως καταλέξω:

„so will ich dir denn Alles hübsch und in richtiger, aufrichtiger Weise mittheilen". — Nicht anders ist's mit der so häufigen Aufforderungsformel *εἰπὲ καὶ ἀτρεκέως κατάλεξον K* 384. 405, *Ω* 380. 656, *α* 169. 206. 224, *δ* 486, *ϑ* 572, *λ* 140. 170. 370. 457, *ο* 383, *π* 137, *ω* 256. 287.

In dem Verse *ρ* 154

ἀτρεκέως γάρ τοι μαντεύσομαι οὐδ᾽ ἐπικεύσω

20

wird unser Adverb durch den Zusatz οὐδ' ἐπικεύσω gewissermaassen erklärt: „ohne dir etwas zu verhehlen, will ich dir richtig, aufrichtig prophezeien", d. i. ohne Rückhalt, wie das synonyme ἰθύς sogar in Prosa gebraucht wird: Hdt. II 161, III 127 ἐκ τῆς ἰθέης.

Es erübrigt noch die merkwürdige Stelle *B* 10, wo Zeus dem Traumgotte den Auftrag giebt, zu den schnellen Schiffen der Achäer zu eilen, und, angekommen im Gezelte des Agamemnon,

πάντα μάλ' ἀτρεκέως ἀγορευέμεν, ὡς ἐπιτέλλω.

Wie widersinnig hier die gewöhnlichen, noch obendrein aus lautlich unmöglichen Etymologien gewonnenen Deutungen, wie „ohne Furcht", „ohne Schwanken", „der Wahrheit gemäss" in diesem Befehle des Zeus sind, bedarf keiner Ausführung. Desto besser passt die Grundbedeutung richtig, gerade d. i. genau: „Sage ihm Alles ganz richtig (gerade), wie ichs dir auftrage". Diesem Befehle gehorchend, wiederholt denn auch der Traumgott die ihm Vs 11—15 aufgegebene Botschaft in den Versen 28—32 Wort für Wort, genau und gerade so, wie sie Zeus formulirt hatte.

100. Ἀτειρής

von ἀτέραμνος zu trennen wird wohl nicht leicht Jemand wagen wollen. Ueber ἀτέραμνος aber war bereits Lobeck Path. Pr. 158 im Zweifel, ob es nicht, statt mit τείρω, vielmehr mit στερεός zusammenzubringen sei. Der Zweifel eines sonst so zäh an den Etymologien der alten Schule haftenden Gelehrten von Lobecks Gewicht fällt nicht leicht in die Wagschale zu Gunsten der etymologischen Identificirung von ἀ-τέρ-α-μνος mit στέρ-ε-μνος, στερ-ε-ός, στερ-ρός, στεῖρος, στέρ-ι-φος. Homer hat ἀτέραμνος nur ψ 167 in Verbindung mit κῆρ, wie ψ 103 στερεός mit κραδίη verbunden wird. Mit demselben Begriffe κραδίη verbindet der Dichter aber auch ἀτειρής *Γ* 60. Und der häufigeren Verbindung ἀτειρὴς φωνή *N* 45, *P* 555, *X* 227 lässt sich, wenn auch eine gewisse Bedeutungs-Nüance nicht zu verkennen ist, *M* 267 στερεοῖς ἐπέεσσιν (Gegensatz von μειλιχίοις) zur Seite stellen, wie nicht minder dem χαλκὸς ἀτειρής

E 292, II 247 (vom Speere), Ξ 25, T 233 (von der ganzen Rüstung, Panzer etc.) sich die βοέαι (Schilde) στερεαί P 493 vergleichen lassen. Hiernach würde sich verhalten ἀ-τειρ-ής: ἀ-τέρ-α-μνος = στεῖρ-ος: στερ-ε-ός, στερ-ρός, und ἀτειρής st. ἀ-στειρής würde ebenso gut wie στερεός κτλ. mit unserm starr bzhw. star-k Einer Wurzel sein und gleiche Begriffe darstellen. Ohnehin hat das homerische Ztw. τείρω nie die Bedeutung „reiben", sondern nur die übertragene „bedrängen, erschöpfen, entkräften" u. dgl. Aber dürfte man auch auf die Grundbedeutung „reiben" zurückgehen, sollte Homer wirklich die Speere, die Panzer etc. als „unzerreibbar" habe bezeichnen wollen und können? Was aus dem Bgr. reiben = τρίβω Homer macht, zeigen die χεῖρες ἄτριπτοι die ungeriebenen, nicht abgehärteten, weichlichen Hände φ 151 — gerade der entgegengesetzte Begriff, den man für ἀ-τειρής aus W. τερ (τείρω = τρίβω) glaubt herleiten zu können! Wir werden also wohl ἀτειρής = ἀτέραμνος = στερεός = starr bzhw. stark, hart etc. zu fassen haben.

Nur so erklärt sich auch ungezwungen Theocr. 23, 6

πάντα δὲ κὰν μύθοισι καὶ ἐν προσόδοισιν ἀτειρής:

starr, hart (lieblos) in Worten. Apoll. Rhod. Arg. II 375

τρηχείην Χάλυβες καὶ ἀτειρέα γαῖαν ἔχουσιν.

Id. I 26 ἀτειρέας πέτρας, IV 1375 ἀτειρέσιν ὤμοις.

Bezeichnend ist noch die homerische Stelle Σ 474, wo Hephästus in die Esse zum Schmelzen, Weichwerden hineinwirft χαλκὸν ἀτειρέα, hartes, starres Erz, ein sprechender Gegensatz.

Ἀ-τρέμ-α

und ἀ-τρέμ-ας hat nichts mit Furcht und Zittern bzhw. mit τρέω und τρέμω zu schaffen. Statt ἀ-στρέμ-α stehend, deckt es sich lautlich und begrifflich mit unserem stramm und bedeutet stramm, straff, starr, στερρῶς.

Ξ 352 lässt der Dichter so den Zeus schlafen. Der Vater der Götter und Menschen sollte sonst einen zitternden Schlaf haben, jetzt aber „furchtlos" schlafen?! Sein Schlaf war „starr, fest (strong), stark"; man könnte sagen „stramm", wenn das Wort nicht leider zu ordinär geworden wäre. — „Straff, starr hält Phöbus Apollo die Aegis in seinen Händen O 318. — So vom straffen Halten der Lanze N 557. — „Fest (stramm) schlief Odysseus, seiner Leiden vergessend" ν 92. — „Die Augen standen dem Odysseus starr zwischen den Wimpern wie Horn oder wie Eisen" τ 212. — „Sitze steif da und höre auf die Rede Anderer" B 200. So bei $\tilde{\eta}\sigma\vartheta\alpha\iota$ noch N 280, — bei $\sigma\tau\tilde{\eta}\nu\alpha\iota$ E 524, N 438. Ueberall deckt sich $\dot{\alpha}$-$\tau\varrho\dot{\epsilon}\mu\alpha\varsigma$ mit $\sigma\tau\epsilon\varrho\epsilon\tilde{\omega}\varsigma$, $\sigma\tau\epsilon\varrho\varrho\tilde{\omega}\varsigma$, auch bei den folgenden Schriftstellern.

Schliessen wir hier ein zwar nicht homerisches, aber desto häufiger bei späteren Schriftstellern (Thuc., Plato etc.) vorkommendes Adjectiv an, welches gleichfalls aus der vorgetragenen Auffassung von vorschlagendem $\dot{\alpha}$ seine etymologische Erklärung findet, nämlich

$$\dot{\alpha}\text{-}\varkappa\varrho\bar{\iota}\beta\text{-}\acute{\eta}\varsigma.$$

Gewiss mit Recht führen Fick, Corssen u. a. $\varkappa\varrho\acute{\iota}\nu\omega$, lat. cer-no auf W. skar, schneiden, scheiden bzhw. Wf. $\sigma\varkappa\varrho\iota$ st. $\sigma\varkappa\iota\varrho$ zurück. Auf eben dieselbe Wurzel weist $\dot{\alpha}$-$\varkappa\varrho\iota\beta$-$\acute{\eta}\varsigma$ st. $\dot{\alpha}$-$\sigma\varkappa\varrho\iota$-$\beta$-$\acute{\eta}\varsigma$. Wie aus W. $\tau\alpha\varrho$, $\tau\epsilon\varrho$ sich $\tau\varrho\acute{\iota}$-β-ω weiterbildete $=$ lat. ter-o, tri-vi, so Stamm $\sigma\varkappa\varrho\acute{\iota}$-$\beta$ aus W. $\sigma\varkappa\alpha\varrho$. Darnach ist $\dot{\alpha}\varkappa\varrho\iota$-$\beta$-$\acute{\eta}\varsigma =$ lat. cer-tus, entschieden, bestimmt, genau. Die gewöhnliche Herleitung aus $\ddot{\alpha}\varkappa\varrho\varsigma$ ist schon wegen der langen Mittelsilbe und wegen des β eine Unmöglichkeit.

101. $\dot{A}$-$\lambda\acute{\alpha}\sigma$-$\tau\omega\varrho$.

$\dot{A}$-$\lambda\acute{\alpha}\sigma$-$\tau\omega\varrho$, bei Homer nur als Eigenname vorkommend $\varDelta$ 295, E 677 ö., ist nach Hesychius $\dot{o}$ $\mu\iota\acute{\alpha}\sigma\mu\alpha\sigma\iota\nu$ $\dot{\epsilon}\nu\epsilon\chi\acute{o}\mu\epsilon\nu\sigma\varsigma$, welches in der That Aesch. Eum. 236, Soph. Ai. 374, Eur. Herc. fur. 1234 und sonst die geheischte Bedeutung ist. Nun vergleiche man engl. to slat und to slatter, schmutzig sein $\|$ slottery, kothig $\|$ slut, schmutziges Mensch $\|$ sluttish, schmutzig. Daneben halte man $\ddot{\alpha}$-$\lambda\alpha\zeta\sigma\varsigma$ st. $\dot{\alpha}$-$\sigma\lambda\alpha\vartheta$-$\iota\sigma\varsigma$ und $\lambda\acute{\alpha}\sigma\vartheta\sigma\varsigma$ st. $\sigma\lambda$., beide von Hesychius durch $\alpha\iota\sigma\chi\varrho\acute{o}\varsigma$ erklärt, was auf den Bgr. von engl. sluttish, slottery, schmutzig, hinauskommt. — Dazu $\dot{\eta}$ $\lambda\acute{\alpha}\sigma\vartheta\eta$ $\cdot$ $\alpha\iota\sigma\chi\acute{\nu}\nu\eta$, begrifflich und urwurzelhaft $=$ engl. slu-r, Vorwurf, Tadel, neben to slu-r, beschmutzen $\|$ $\lambda\alpha\sigma\vartheta\alpha\acute{\iota}$-$\nu\epsilon\iota\nu$ $\cdot$ $\varkappa\alpha\varkappa\sigma\lambda\sigma\gamma\epsilon\tilde{\iota}\nu =$ engl. to slander $\|$ $\lambda\acute{\alpha}\sigma\tau\eta$ $\cdot$ $\pi\acute{o}\varrho\nu\eta =$ engl.

slut, schmutziges Mensch, das Mensch ‖ λάττα· μυῖα. Πολυρ-
ρήνιοι (Hes.), wie μυῖα aus W. ὄμυ (S. 300) soviel als „be-
schmutzend".

Ἀ-λαζ-ών kann nicht füglich aus ἄλ-η, Irrfahrt, oder
ἀλ-ά-ομαι, umherirren, hervorgehen. Es steht für ἀ-σλαζ-ών
st. ἀ-σλαδ-ιων und deckt sich begrifflich und urwurzelhaft mit
engl. the slanderer, Verläumder; denn ἀλαζών ist begrifflich =
ψεύστης (Hes.). Mit Unrecht leitet man to sla(n)d-er vom lat.
scandalum ab, wie z. B. Johnson thut; es geht auf dieselbe
Grundbedeutung zurück, wie engl. to sla-bb-er, to slu-bb-er, to
slu-r, to sla-v-er, besudeln, to sla-t, to sla-tt-er, schmutzig sein,
to slo-th, faul sein, alles Weiterbildungen aus Urwurzel sla-sli-
slu, die auch u. a. ὅ-λυ-ν-ος, Koth st. ὅ-σλυ-ν-ος ‖ ἰ-λύ-ς,
Koth, st. σι-σλύ-ς ‖ lat. (s)lu-tum ‖ (s)li-mus ‖ unser Schlamm,
Schleim, engl. sli-me ‖ (σ)λῦ-μα, (σ)λύ-θρον, Besudelung κτλ.
abgegeben hat. Natürlich nehmen wir nicht griech. δ in ἀ-σλαδ-
ιων als identisch mit german. d; das griech. wie das german.
Wort hat jedes seine besondere Dental-Erweiterung, wie ja
auch die anderen Wörter gleichen Begriffs ihre besondere
Wurzel-Erweiterung haben. — Ausser den bereits angeführten
Wörtern vergleiche man noch engl. sla-b, Kothlache, Pfütze ‖
sla-v-er, Geifer ‖ slu-dge, Koth ‖ slou-gh, Kothlache ‖ slo-p,
Schmutzflecken, sloppy, schmutzig etc.

Und so ist ἀ-λάσ-τωρ (st. ἀ-σλάδ-τωρ), wie Hesychius so
zutreffend erklärt, begrifflich = μιάστωρ „Beflecker, der sich
und andere durch Vergehen befleckt". Den griechischen Tragikern sind demnach auch μιάστωρ und ἀλάστωρ unterschiedslos
von demselben Begriffe.

Aus ἀλ-ά-ομαι dagegen hat Homer seinen ἀλ-ή-της, Bettler
ρ 420. 483 ö., gebildet; aber der ist kein ἀλάστωρ trotz
Lobeck El. I 37 und Curtius S. 547.

II. Aus derselben Urwurzel sla-sli-slu entwickelten sich auch
die vielen Wörter des Begriffs gleiten, glitschen, schlüpfen, schleifen, schleichen, wie z. B. to sli-de, to sli-the, woher the slither
der Gleitende, der Schlittschuhläufer, to sli-p, to sli-ght, to
sli-n-g, to sli-n-k, the sle-d, Schlitten, unser Un-schlitt, Schlitten
u. s. w. — Ebendahin gehören ἀ-λιτ-αίνω, ὀ-λισθ-άνω, ὀ-λιβ-ρός,
ἀ-λαπ-άζω S. 33 f., und mit spurlosem Abfall von σ: λίς st.

λίτ-ς, λιτός, glatt, schlicht,*) *λισσός, λίσπος, λίσφος,* glatt,
κτλ. Weil man die Natur des vorschlagenden *ἀ, ὁ* nicht erkannte, liess man lieber *γ* abgefallen sein und brachte diese
und andere Wörter mit *γλιττός, γλοιός, γλίσχρος, γλία,* lat.
glus, gluten zusammen! So wenig unser *gleiten* (glitt), *glitscherig*
mit Un-*schlitt, Schlitten* zusammenhängt, ebenso wenig *γλιττός*
mit *λιτός.* Joh. Schmidt Voc. I 163 war auf weit richtigerer
Fährte, wenn er *ὁ-λιβ-ρός* mit ahd. slëffar, schlüpferig, verglich.
Dass wurzelhaftes *γ* abfallen könne, ist nicht zu erweisen, wogegen im Griechischen und Lateinischen *σλ,* sl als Anlaut nicht
bestehen konnten. Wenn unser *glitscherig,* glatt mit *γλιττός*
κτλ., lit. glitù-s, glatt, kleberig, u. a. W. zusammenklingen, so
hat das eben darin seinen Grund, dass hiervon die Urwurzel *σγαλ, σγλα* lautete.

Auf keinen Fall hat *λιτός, λίς* das Geringste mit *γλιττός*
zu schaffen.

III. Sogar

$$ἀλείτης$$

hat man von *ἀλ-ά-ομαι* ableiten wollen. Der *ἀλείτης* ist ein
ἀ-λιτ-ήμων Ω 157. 186, *ἀ-λιτ-ηρός* Soph. O. C. 371, ein *ἀ-λιτ-*
ήριος Thuc. I 126, aber kein *ἀλ-ή-της!* Paris ist *Γ* 28 ein *ἀλεί-*
της, aber er ist kein Vagabond, kein *ἀλήτης,* ebenso wenig
sind Vagabonden die Freier der Penelope, die *v* 121 *ἀλεῖται*
heissen. Man könnte also weit eher *ἀ-λείτης* von *ἀ-λιτ-αίνω*
herleiten. Allein diese Etymologie hat ihre gerechten Bedenken.
Ἀ-λιτ-αίνω ist selbst nur *T*-Erweiterung der W. *σλι,* gleiten. Die
einfache Wurzel liegt vor in *λί-μνη,* Gleitendes oder Geglittenes
= Wasser etc., st. *σλί-μνη* ‖ ferner in *λι-άζο-μαι* von einem Adjectiv *σλι-άς,* gleitend, glitscherig = *λῖ-τός* = *λεῖ-ος;* in *ἀ-λοι-*
μός, ἀ-λοι-μα, Salbe, Glitscheriges Soph. Darnach wäre *ἀ-λεί-*
της mit Vocalsteigerung wie in *(σ)λεῖ-ος* = einer, der gleitet
bzhw. geglitten, gefallen ist, lapsus, Sünder. Daneben gleichbedeutig *ἀ-λοι-τός* (Lykophr.), *ἀ-λοί-της* bei Empedokles.

Das homerische *λι-άζω* st. *σλ.* bedeutet durchweg „gleiten, entgleiten". Ω 96 *ἀμφὶ δ᾽ ἄρα σφι (θεαῖς) λιάζετο κῦμα*
θαλάσσης „entglitt die Woge des Meeres", „glitt herab". —

<hr>

*) Vgl. *ὀ-λίγ-ος,* urspr. schlicht, S. 34.

δ 838 σταθμοῖο παρὰ κληῖδα λιάσθη ἐς πνοιὰς ἀνέμων „das Traumbild entglitt in die Hauche der Winde". — Υ 418 ἔλαβ' ἔντερα χερσὶ λιασθείς „hingeglitten, ausgleitend (lapsus), nahm er" etc. Und so öfter λιασθείς, λιαζόμενος. Ο 520 und ähnlich öfter ἔπαιθα λιάσθη „er glitt hin zur Erde nieder".

Kurz, an sämmtlichen homerischen Stellen trifft „gleiten, ausgleiten, entgleiten" treffendst den gewollten Sinn, wogegen weder mit „beugen", noch weniger mit „celeriter agitari" (Damm-Duncan) das Geringste anzufangen ist.

IV. Eine besondere Weiterbildung von W. σλι ist λείβειν St. λι-β. Die Grundbedeutung ist gleiten, gleiten-lassen, aber nicht „schmelzen". „Gleiten-lassen" wird dann zu „fliessenlassen" u. dgl. Dass λεί-βω zu W. σλι gehört, folgt aus ἀ-λίβ-ας, auch ἀ-λιβ-άς accentuirt = a) ποταμός d. i. Gleitendes; b) βρόχος = Schleife, welches deutsche Wort selbst keines anderen Ursprungs ist; c) νεκρός d. i. der Hinabgeglittene; d) ὄρος d. i. engl. slope, Abhang (neben sloppy, schmutzig, glitscherig). Man vergleiche noch ἀ-λιβδ-ύειν· ἀφανίζειν d. i. entgleiten, entschlüpfen = λιάζειν ‖ ἀ-λιφθ-ερ-ῶσαι (Sophro fr. 63)· ἀφανίσαι, entschlüpfen.

Dass λίς, glatter Fels, St. λιτ nur weiterbildendes bzw. suffixales τ hat, folgt aus dem Umstande, dass daneben λίψ St. λιβ, λιβ-άς, Fels, besteht. Nach dem Vorgesagten verträgt sich damit die Deutung πέτρα, ἀφ' ἧς ὕδωρ στάζει. — Daneben ἀ-λιψ· πέτρα st. ἀ-σλιψ.

Wie λείβω, urspr. gleiten, aus W. σλι, so ist lat. labi eine B-Erweiterung aus W. sla.

V. Die Wurzelgestalt σλυ = σλαϝ erscheint in

ἀ-λύ-σκω und ἀ-λεύ-ομαι,

ἀ-λέϝ-ομαι, ἀ-λέ-ομαι st. ἀ-σλ., wozu weiterhin ἀ-λυ-σκ-άζω, ἀ-λυ-σκ-άνω κτλ. Die Grundbedeutung „schlüpfen, entschlüpfen kann noch überall in den betr. Stellen verwerthet werden; ja manchmal bringt die Anwendung des auch wurzelhaft identischen schlüpfen zutreffendere Färbung in den Sinn. Benfey leitet das Wort aus „ϝαλυ, sich krümmen", Döderlein aus εἴλειν, Curtius aus W. „ἀλ, ἀρ, ἐρ, ὀρ, ἐλ" her, obendrein Alles von weit schwierigerer Begriffsvermittelung!

VI. Hatten wir vorhin sophokleisches $\dot{\alpha}$-$\lambda o\iota$-$\mu\acute{o}\varsigma$ und $\ddot{\alpha}$-$\lambda o\iota$-$\mu\alpha$, Salbe (Glitscheriges, Schmieriges) aus W. $\ddot{o}\lambda\iota$, so haben wir T-Erweiterung in unserem Un-schlitt etc., und Labial-Erweiterungen in $\lambda\acute{\iota}\pi\alpha$, $\lambda\iota\pi\alpha\varrho\acute{o}\varsigma$ $\varkappa\tau\lambda.$, wie auch in

$$\dot{\alpha}\text{-}\lambda\epsilon\acute{\iota}\varphi\omega$$

st. $\dot{\alpha}$-$\sigma\lambda\epsilon\acute{\iota}\varphi\omega$ St. $\dot{\alpha}$-$\sigma\lambda\iota\varphi$. Daneben gleichbedeutig $\dot{\alpha}$-$\lambda\acute{\iota}$-ν-$\epsilon\iota\nu$, $\dot{\alpha}$-$\lambda\acute{\iota}\zeta$-$\epsilon\iota\nu$ (Hes.) mit anderer Ausgestaltung der Wurzel. Das davon abgeleitete $\dot{\alpha}$-$\lambda o\iota\varphi$-$\acute{\eta}$ P 390 ö. $= \dot{\alpha}$-$\lambda o\iota$-$\mu\acute{o}\varsigma$.

VII. Auf die unerweiterte W. $\sigma\lambda\iota$ mit Vocalsteigerung ist auch

$$\ddot{\alpha}\text{-}\lambda\epsilon\iota\text{-}\sigma o\nu$$

zurückzuführen. Ausgehend von der Annahme einiger Alten, dass hier Bildung aus $\dot{\alpha}$ priv. und $\lambda\epsilon\bar{\iota}$-$o\varsigma$ vorliegen müsse, hält man insgemein $\ddot{\alpha}\lambda\epsilon\iota\sigma o\nu$ für einen „Becher mit erhabener Arbeit". Das gerade Gegentheil freilich lehrt Asklepiades der Myrleaner bei Athenäus XI sect. 24: $\tau\grave{o}$ $\delta\grave{\epsilon}$ $\ddot{\alpha}\lambda\epsilon\iota\sigma o\nu$ $\mathring{\eta}\tau o\iota$ $\dot{\alpha}\pi\grave{o}$ $\tau o\tilde{v}$ $\ddot{\alpha}\gamma\alpha\nu$ $\lambda\epsilon\bar{\iota}o\nu$ $\epsilon\tilde{\iota}\nu\alpha\iota$, $\mathring{\eta}$ $\mathring{o}\tau\iota$ $\dot{\alpha}\lambda\acute{\iota}\zeta\epsilon\tau\alpha\iota$ $\dot{\epsilon}\nu$ $\alpha\dot{v}\tau\tilde{\omega}$ $\tau\grave{o}$ $\dot{v}\gamma\varrho\acute{o}\nu$.

An keiner einzigen Stelle Homers ist von erhabener Arbeit die Rede; die Epitheta $\varkappa\alpha\lambda\acute{o}\nu$, $\pi\epsilon\varrho\iota\varkappa\alpha\lambda\lambda\acute{\epsilon}\varsigma$, $\chi\varrho\acute{v}\sigma\epsilon o\nu$, $\dot{\alpha}\mu\varphi\iota\varkappa\acute{v}\pi\epsilon\lambda$-$\lambda o\nu$, $\ddot{\alpha}\mu\varphi\omega\tau o\nu$ besagen nichts davon. Auch kennt Homer keinen Unterschied zwischen $\delta\acute{\epsilon}\pi\alpha\varsigma$ und $\ddot{\alpha}\lambda\epsilon\iota\sigma o\nu$: derselbe Becher heisst γ 51. 63 $\delta\acute{\epsilon}\pi\alpha\varsigma$, aber Vs 50 und 53 $\ddot{\alpha}\lambda\epsilon\iota\sigma o\nu$, und was o 466 $\delta\acute{\epsilon}\pi\alpha$ heisst, ist o 469 $\ddot{\alpha}\lambda\epsilon\iota\sigma\alpha$. Und seit wann bilden sich Adjectiva aus Adjectiven mittels Suffixes $\sigma o\varsigma$, $\sigma o\nu$? Suffix $\sigma o\varsigma$, $\sigma\eta$ ($\sigma\alpha$), $\sigma o\nu = \tau o\varsigma$, $\tau\eta$, $\tau o\nu$ ist passiver Natur und fügt sich an Verbalstämme: $\delta\acute{o}\xi\alpha$ st. $\delta\acute{o}\varkappa$-$\sigma\alpha$, Gemeintes, Meinung, $\tau\acute{\epsilon}\lambda$-$\sigma o\nu = \tau\acute{\epsilon}\lambda$-$o\varsigma$, $\gamma\alpha\mu\psi\acute{o}\varsigma = \gamma\alpha\mu\pi$ $\tau\acute{o}\varsigma$, $\varkappa\alpha\mu\psi\acute{o}\varsigma = \varkappa\alpha\mu\pi$-$\tau\acute{o}\varsigma$, Subst. $\varkappa\acute{\alpha}\mu\psi\alpha$ st. $\varkappa\acute{\alpha}\mu\pi$-$\sigma\alpha$ $\varkappa\tau\lambda$. Wir werden hiernach auch $\ddot{\alpha}$-$\lambda\epsilon\iota$-$\sigma o\nu$ als eine Verbalbildung zu fassen haben, und es könnte „geglättet" bedeuten. Aber der glatten Dinge giebt es so unendlich viele, dass man nicht sieht, mit welchem Rechte gerade der Becher als das Glatte $\varkappa\alpha\tau'$ $\dot{\epsilon}\xi o\chi\acute{\eta}\nu$ sollte angesehen worden sein.

Dagegen diente das $\ddot{\alpha}\lambda\epsilon\iota\sigma o\nu$ zum Libiren $\varDelta$ 774

$\ddot{\epsilon}\chi\epsilon$ $\delta\grave{\epsilon}$ $\chi\varrho\acute{v}\sigma\epsilon\iota o\nu$ $\ddot{\alpha}\lambda\epsilon\iota\sigma o\nu$,
$\sigma\pi\acute{\epsilon}\nu\delta\omega\nu$ $\alpha\mathring{\iota}\vartheta o\pi\alpha$ $o\mathring{\iota}\nu o\nu$ $\dot{\epsilon}\pi'$ $\alpha\mathring{\iota}\vartheta o\mu\acute{\epsilon}\nu o\iota\varsigma$ $\dot{\iota}\epsilon\varrho o\tilde{\iota}\sigma\iota\nu$.

Vgl. γ 50 und 53 mit Vs 47. — δ 591

$\delta\acute{\omega}\sigma\omega$ $\varkappa\alpha\lambda\grave{o}\nu$ $\ddot{\alpha}\lambda\epsilon\iota\sigma o\nu$, $\mathring{\iota}\nu\alpha$ $\sigma\pi\acute{\epsilon}\nu\delta\eta\sigma\vartheta\alpha$ $\vartheta\epsilon o\tilde{\iota}\sigma\iota\nu$
$\dot{\alpha}\vartheta\alpha\nu\acute{\alpha}\tau o\iota\varsigma$ $\dot{\epsilon}\mu\acute{\epsilon}\vartheta\epsilon\nu$ $\mu\epsilon\mu\nu\eta\mu\acute{\epsilon}\nu o\varsigma$ $\mathring{\eta}\mu\alpha\tau\alpha$ $\pi\acute{\alpha}\nu\tau\alpha$.

ϑ 430

καί οἱ ἐγὼ τόδ' ἄλεισον ἐμὸν περικαλλὲς ὀπάσσω,
χρύσεον, ὄφρ' ἐμέθεν μεμνημένος ἤματα πάντα
σπένδῃ ἐνὶ μεγάρῳ Διί τ' ἄλλοισίν τε θεοῖσιν.

Neben σπένδω wird als term. techn. gleichbedeutig auch
λείβω gebraucht Ω 285

οἶνον ἔχουσ' ἐν χειρὶ μελίφρονα δεξιτερῆφιν,
χρυσέῳ ἐν δέπαϊ, ὄφρα λείψαντε κιοίτην.

Nicht unwahrscheinlich sogar, dass das ἄλεισον, welches
Priamus Ω 429 dem Hermes anbietet, dasselbe ist, welches
hier Hekabe darreichte. Häufiger steht λείβω mit οἶνον verbunden oder mit einem Dative der Person Z 266, K 579,
β 432, Λ 463 ö.
Ἄ-λει-σον fügt sich demnach zur Verbal-W. σλι „gleiten,
gleiten lassen" mit ἀ-λεί-της „der Ausgleiter", mit λί-μνη, das
Gleitende, κτλ., aus welcher Verbal-Wurzel Stamm λι-β, λεί-β-ω
selbst nur erweitert worden ist: „gleiten lassen = fliessen lassen,
libare", und ἄ-λει-σον ist ein *liba-trum. — Man beachte
auch die Vocal-Längung vor λείβω st. σλείβω Ω 285, ο 149.

102. Ἀλκή, ἀλέκω.

Die so weit verbreitete Wurzel sla hat auch Guttural-
Erweiterungen mit κ, γ, χ erfahren, denen im Gothischen der
Reihe nach entsprechen würden h (auch g), k, g, im Althoch-
deutschen h (g), k (ch), g (k).

Wir haben z. B. neben der Labial-Erweiterung ahd. slaph,
nhd. *schlaff*, altn. slak-r, ags. sleac, engl. slack, ahd. slach von
gleicher Bedeutung; dazu goth. slaih-ta-s, schlicht, eben, engl.
slight u. a.

Wie sich die Labialen in den Wurzelerweiterungen so oft
gegen einander gleichsam austauschen (κύπη, κύβος, κυφός),
so auch die Gutturalen (πυκ-νός, πύκα, πυγ-ών, πτυχή, πηγός
= παχύς, πυγών = πῆχυς κτλ.). Daher entspricht auch ὀ-λίγ-ος
unserem *schlich-t*, engl. slight, genauer freilich dem engl. slick
und sleek, ebenfalls = schlicht, aus welchem Begriffe sich weiterhin die Bedeutung „einfach, gering" entwickelte.

Dem gothischen slah-an, schlagen, müsste im Griechischen
entsprechen Wf. σλακ, σλεκ bzhw. ἀ-σλεκ, ἀ-λεκ oder Wf. λακ,

λεκ mit völligem Abfall von σ. Und siehe da, wir haben diese Wf. mehrfach. Der Batr. 191 vorkommende

$$ἀ-λέκ-τωρ,$$

Hahn, desgl. ἀ-λεκ-τρυ-ών st. ἀ-σλ., bedeutet'„Schläger" mit dem Bgr. Schreier, Kräher, wie schottisch slog-an, derselben Wurzel mit schlagen, = Geschrei, und wie wir vom „Schlage der Nachtigall", vom „Anschlag der Hunde" sprechen. Vielleicht ist diese Benennung auch gerade deshalb mit gewählt, weil der Hahn gewöhnlich zugleich auch mit den Flügeln schlägt. Wie die Begriffe schlagen und tönen auch bei den Griechen sich deckten, haben wir zum Oefteren gesehen: παταγεῖν, κρού-ειν, τύπτειν, κρέκειν. Wir überlassen es hiernach getrost den Freunden „unregelmässiger" d. i. meistentheils unmöglicher „Lautvertretung" ἀλέκ-τωρ von κρέκω abzuleiten, oder das stammverwandte λάξ st. σλάκ-ς, eigentl. schlagender Weise (λάξ ποδὶ κινήσας K 158, ο 45), sammt λακ-τ-ίζω, schlagen, stossen (ποσὶ γαῖαν σ 99) mit lat. calx zusammenzubringen, trotzdem es nirgends ein Subst. λάξ = calx giebt. Λάξ ist wie ἐπι-μίξ, ὀ-δάξ κτλ. direct vom Verbalstamme λακ st. σλακ gebildet, der so vielfach im Griechischen vertreten ist, auch in Anwendung von schlagendem Getöse: λακ-ειν· ψοφῆσαι Hes., vgl. λάσκω, St. λακ u. a. — So wenig λάξ mit lat. calx zu schaffen hat, ebenso wenig ist

$$ἀ-λέκ-ω,$$

urspr. schlagen = wegschlagen d. i. abwehren, identisch mit lat. arceo, noch ἀλκή st. ἀ-λεκ-ή identisch mit lat. arc-a, arx oder mit SkrW. raksh. — Der erste Theil von den homerischen Zusammensetzungen ἀλεξί-κακος, ἀλεξ-άνεμος, Ἀλέξ-ανδρος kann nicht anders gebildet sein, wie die S. 190 ff. behandelten ersten Theile der Zusammensetzung, nämlich mit Suff. σις = τις, wonach ἄ-λεξις, abwehrend, für ἄλεκ-σις stehen muss. — Das Zeitw. ἀλέκω st. ἀ-σλέκ-ω liegt auch dem homerischen Eigennamen

$$Ἀ-λέκ-τωρ$$

zu Grunde. Alektor (δ 10) ist Sohn des Πέλ-οψ (von W. σπαλ). Sein Name bedeutet Schläger bzhw. Abwehrer. Das N. pr. Ἀλεκτρυόν P 602 wird schwerlich „Hahn", sondern vielmehr mit urspr. Begriffe „Schläger" bedeuten.

Das Ztw. *ἀλέκω* begegnet uns auch noch unerweitert in der Anthologie VI 245. — Sollte *ἄλοξ*, Furche, Wunde, wirklich auch lautlich mit *αὔλαξ* zusammenfallen? Aus *schlagen* entwickelte sich auch *schlachten, Schlucht*, letzteres mit ähnlicher Vorstellung wie *ἄλοξ*, gleichsam der Einhau. Das neben *Schlucht* bestehende *Schluft* gehört zu ahd. slíof-an bzhw. slíf-an. Vgl. altn. *slôg* = callis, mhd. *slage* = vestigium. Das homerische

$$ἀλέξω,$$

urspr. wegschlagen, ist eine Weiterbildung aus *ἀ-λέκ-ω*, vielleicht für *ἀ-λεκ-τιω*. — Es ist weit natürlicher,

$$ἀλκή$$

als Kürzung für *ἀ-λεκ-ή* zu fassen, denn umgekehrt in *ἀ-λέκ-ω ἀ-λέξω κτλ.* „Einschub von *ε*" anzunehmen. Jedenfalls sind *ἀ-λέκ-τωρ, ἀ-λεκ-τρυ-όν κτλ.* nicht zu trennen, und nur eine Etymologie, welche diese Wörter mit erklärt, kann befriedigen. *Ἀλκή* bedeutet nicht bloss „Abwehr", sondern auch „Muth, Tapferkeit", „Stärke". Wie will man diese letzteren Begriffe aus lat. arc-eo gewinnen, abgesehen von der bedenklichen Vertauschung von r und l?

Aus Bgr. „Schwung = Schlag" hingegen sind beide gewonnen. Wenn die Tragiker so häufig *ἀλκή* im Sinne von „Kampf, Schlacht" gebrauchen, so spricht solches erst recht für unsere Etymologie.

Die Kürzung im Aorist zu *ἀλέξω*, nämlich *ἀλ-αλκ-εῖν* st. *ἀλ-αλεκ-εῖν* ist kaum so stark, wie in *ἔ-πε-φν-εν, πε-φν-έμεν κτλ.* zu *φένω, ἔ-πλ-ετο* von *πέλομαι* u. dgl. m., die von *ἀλκ-τήρ* st. *ἀ-λεκ-τήρ, ἄλκ-αρ* st. *ἀ-λεκ-αρ κτλ.* nicht stärker als in *πέ-πλ-ος* st. *πέ-παλ-ος = pallium* u. dgl. m.

103. *Ἄλγος, ἀ-λέγ-ω.*

Neben der voraufgehenden Wf. konnte sich aus W. *αλα* auch Wf. *αλα-γ, αλε-γ* bzw. *ἀ-λεγ* st. *ἀ-σλεγ* entwickeln, gleichbedeutig mit *ἀ-λεκ*. Es hat noch Niemanden gelingen wollen,

$$ἀ-λέγ-ω$$

etymologisch zurecht zu legen. Die Herleitung von *ἀ* priv. + *λέγω* ist mit Recht längst verworfen. Im Germanischen müsste

der Wf. *σλαγ* Wf. slak entsprechen: ags. slic-an, schlagen, slice
Hammer, engl. slack, Kohlengestübe d. i. das Abgeschlagene,
Abgeschwungene (cf. *παιπάλη*: W. *σπαλ*), nhd. *Schlacke*, das Abgeschlagene, Abgestossene. Es besteht also gleichbedeutig neben
einander german. Wf. *slah* und *slak*; nicht anders im Griechischen *σλακ* und *σλαγ* bzw. *ἀ-λεκ* und *ἀ-λεγ*.

U. E. ist *ἀ-λέγ-ω* schlagen = anschlagen: *οὐκ ἀλέγω* =
ich schlag' es nicht an, es verschlägt mir nichts d. i. ich
mache mir nichts draus. So bedeutet engl. to slo-t im nicht-
figürlichen Sinne „stark anschlagen, hart anstossen". Unseren
Ausdrücken „sich an etwas nicht stossen, keinen Anstoss nehmen" liegt ähnliche Vorstellung wie dem *ἀλέγω* zu Grunde.

II 388 *θεῶν ὄπιν οὐκ ἀλέγοντες* ist = „den Zorn der
Götter nicht anschlagend" d. i. nicht achtend. — Hatte sich
erst die übertragene Bedeutung „anschlagen = achten" festgesetzt, so konnte sie auch weitere Verwendung finden im
Sinne von achten, besorgen, wie z. B. *νηῶν ὅπλα ἀλέγειν* „das
Geräth der Schiffe besorgen", wenn man nicht hier, wie in den
Wendungen *δολοφροσύνην ἀλεγύνειν* Hymn. Merc. 361, *ἀγλαΐας
ἀλεγύνειν* ib. 476, *δαῖτας ἀλεγύνειν α* 374 ö., unser „sich mit
etwas herumschlagen" als Uebersetzung anwenden will.

Wenn Hesychius aus unbekanntem Schriftsteller *ἀλεγύ-
νεται = κακοῦται, ἐλαττοῦται* citirt, so erklärt sich das nur
als „wird geschlagen". So ist in unserem Ausdrucke „ein
geschlagener Mann sein" das Ztw. *schlagen* ebenfalls nichts
anderes als *κακοῦν, ἐλαττοῦν*. Keinenfalls aber darf man
ἀλέγειν, ἀλεγύνειν von *ἀλγύνειν*, kränken (Aesch. etc.), von
ἀλεγεινός, ἄλγος sammt Sippe trennen. Wie
ἀλέγω, so war auch

$$ἄλγος$$

von jeher das Kreuz der Etymologen. Man findet nirgends
eine Spur von Verwandten in den verwandten Sprachen; kein
Wunder, sobald man aufstellt, dass in *ἀλεγεινός*, in *ταν-ηλεγής*
κτλ. ein ε eingeschoben und *ἀλγ* Wurzelstamm sei. Findet man
umgekehrt in letzteren Wörtern die frühere Gestalt und in
ἄλγος Kürzung st. *ἄ-λεγ-ος* für *ἄ-σλεγ-ος*, so ist *ἄλγος* sammt
Sippe der indoeurop. Sprachfamilie als lebendiges Glied ein-
gereiht. — *Ἀ-λεγ-ος* st. *ἄ-σλεγ-ος* entspricht ganz genau dem

lith. slog-à, Bedrückung, Plage (lith. g = γ). Daneben hat das Gothische zu slah-an (= griech. ὀλεκ, ἀ-λεκ) das Subst. slah-s = Schlag, πληγή, Krankheit, Leiden; ags. slaege, slege = calamitas u. dgl. Unser *Schlag* hat ähnliche Bedeutungen entwickelt: „ein harter Schlag" u. dgl. Wie so oft, haben wir also einen mit κ und einen mit γ schliessenden Stamm gleichbedeutig neben einander, und es ist u. E. nicht nöthig, „Stamm-Erweichung" aufzustellen, zumal sich auch Stammform ὀλεχ findet in λέχ-ος st. ὀλέχ-ος = stratum ‖ λέχ-ρι-ος = πλάγ-ιος (πλήσσω, schlage) ‖ λόχ-ος, Ver-schlag zum Verstecken κτλ. Für sigmatischen Anlaut spricht das aus ἀ-ὀλοχος entstandene ἄλοχος· εὐνή (Hes.) = λέχος, stratum.

Doch wie man über λέχος, λόχος κτλ. denken mag, welche Wörter, wie Curtius richtig betont, mit λέγω nichts zu schaffen haben, das Stammwort von

$$\text{ἀ-λεγει-νός}$$

st. ἀ-λεγ-εσ-νός, nämlich τὸ ἄ-λεγ-ος fällt u. E. bis auf's Suffix lautlich und völlig begrifflich mit lith. slog-à zusammen, und die Grundbedeutung von ἄ-λεγ-ος bzw. ἄλγος ist Schlag. Nur dann erklären sich endlich auch die Composita ταν-ηλεγής, δυσ-ηλεγής, ἀπ-ηλεγέως, aber dann auch mit denjenigen Begriffen, welche vom Dichter unläugbar gefordert werden. — Zunächst

$$\text{ταν-ηλεγής,}$$

das Epitheton des Todes Θ 70, β 100 ö. Es bedeutet dem Gesagten zufolge ganz einfach „von langem, weitem Schlage" d. i. weithin treffend, mit synonymem Begriffe wie ὁμοί-ῑ-ος, das andere Epitheton des Todes, welches schon die Alten richtig als aus ἰέναι zusammengesetzt ansahen und von ὁμοῖος, ähnlich, trennten. Bedeutet ὁμοί-ῑος bei θάνατος, γῆρας „gemeinsam, allen Menschen herankommend", bei πόλεμος Ι 440 ö. „zusammen-kommend, -treffend" (congrediens), dsgl. bei νεῖκος Α 444: so ist ταν-ηλεγής st. τανα-ὀλεγ-ής (vgl. τανα-ήκης) = weithin, über die ganze Welt seine Schläge thuend. Die gewöhnliche Deutung „langhin bettend", weil der Tod die Menschen hinbettet oder gar, wie einige wollen, „länger streckt", ist etymologisch ebenso unhaltbar, wie begrifflich mehr als geschmacklos.

Auch

δυσ-ηλεγ-ής

geht auf die Grundbedeutung „Schlag" zurück und ist = von
schwerem Schlage, schwer-schlägig d. i. schwer-tref-
fend, wie gewiss mit Fug und Recht Krieg und Tod genannt
werden Y 154, χ 325, II. Ap. 367. — Mehr aber als Alles spricht
für unsere Etymologie die Möglichkeit, endlich das homerische

ἀπ-ηλεγ-έως

sinngemäss zu deuten. Es ist Adverb zum Adj. ἀπ-ηλεγ-ής, das
bei späteren Schriftstellern wieder Leben gewonnen hat.
Gewöhnlich wird ἀπηλεγής als = unbekümmert, rücksichts-
los gedeutet (ἀλέγω). In der That hat ἀπό zum Oefteren in
Zusammensetzungen negative Bedeutung: ἀπο-θύμιος ungemüth-
lich = unbehaglich etc. Hom. || ἀπό-θεος = ἄ-θεος Soph. || ἀπό-
μουσος = ἄ-μουσος Eur. || ἀπό-μορφος, ungestaltig, Soph.
ἀπό-τιμος = ἄ-τιμος Soph., Hdt. || ἀπο-φράς, ne-fastus || ἄφ-
υδρος, wasserlos, Hippokr. || ἀπό-ξενος, ungastlich, Soph. u. a.
Aber wie wenig unumstösslich diese Deutung sei, beweist der
Umstand, dass schon die Alten neben ihr noch eine Reihe anderer aufgestellt haben. Sind auch die von ihnen vorgeschlagenen Herleitungen bald aus ἀπο-λήγω, bald aus ἀπο-λέγω etc.
unhaltbar, so spricht sich doch in den aufgestellten Begriffen
eine gewisse Fühlung des Sinnes aus, welche Beachtung verdient. Wir begegnen noch den Deutungen ἀπο-τόμοις, συν-
τόμως = kurz und bündig || σκληρῶς, schroff || διαρρήδην,
ausdrücklich || κεκριμένως, mit Ueberlegung || ἀπαγορευτικῶς,
verbieterisch || ἀσυμπαθῶς, nicht übereinstimmend || ἀπηλγημέ-
νως, ohne Schmerz zu empfinden, oder auch hoffnungslos (οἱ
γὰρ λυπεῖν ἐθέλοντες τὰς χρηστὰς ἐκκόπτουσιν ἐλπίδας Schol.
I 309) || ἀπολελεγμένως entweder = ἀπαγορευτικῶς oder =
ἀποφαντικῶς, mit Nachdruck. Vgl. Eustath., Suid., Etym. M.,
Apoll. lex., Hesych. etc. und besonders Schol. I 309.

Unbedenklich abzuweisen sind alle diejenigen Deutungen,
welche nur aus ἀπο-λέγω oder aus ἀπο-λήγω zu gewinnen sind.
Sehen wir uns indessen zuvor die btr. homerischen Stellen
selbst an; es sind ihrer nur zwei. Die eine Stelle ist I 309,
wo Achilles zu Odysseus, welcher Vermittelungsvorschläge zur

Aussöhnung mit Agamemnon überbrachte, Eingangs seiner ablehnenden Erklärung die Worte sagt:

χρὴ μὲν δὴ τὸν μῦθον ἀπηλεγέως ἀποειπεῖν,
ᾗ περ δὴ φρονέω τε καὶ ὡς τετελεσμένον ἔσται,
ὡς μή μοι τρύζητε παρήμενοι ἄλλοθεν ἄλλος.
ἐχθρὸς γάρ μοι κεῖνος ὁμῶς Ἀίδαο πύλῃσιν κτλ.

Sowohl die freundliche Aufnahme der Botschafter, wie der Absichtssatz ὡς μή μοι κτλ. schliessen u. E. die Deutung σκληρῶς nicht minder aus, wie die Deutung ἀφροντίστως, unbekümmert, rücksichtslos. Desto zutreffender wäre der Begriff kurz und bündig, lat. praecise. Wie lat. prae-cisus von prae+caedo, schlagen, hauen, hervorgehen konnte, so von ἀπό + ἀλεγ = slah-an unser ἀπ-ηλεγ-ής = ἀπό-τομος; darnach ἀπ-ηλεγέως = ἀπο-τόμως = praecise, kurz und bündig, rund heraus.

Auch in der anderen Stelle α 373 passt dieser Begriff in vorzüglicher Weise. Telemach kündigt den Freiern an:

ἠῶθεν δ' ἀγορήνδε καθεζώμεσθα κιόντες
πάντες, ἵν' ὑμῖν μῦθον ἀπηλεγέως ἀποείπω,
ἐξιέναι μεγάρων.

Nicht „unbekümmert", nicht „rücksichtslos", nicht „schroff" . . ., sondern kurz und bündig, praecise, will Telemach in der Volksversammlung die Freier auffordern, aus seinem Hause herauszugehen. — Diejenigen Alten, welche, freilich ohne die Etymologie klar zu haben, in ἀπηλεγέως den Bgr. ἀποτόμως herausfühlten, wie Apollonius und Hesychius, waren also richtig geleitet. Das spätere νηλεγής, unbekümmert (Hes.), geht aus νη + ἀλέγω hervor und thut unserer Etymologie keinen Eintrag.

Wir brechen hier die Betrachtung der Wörter mit vorschlagendem ά ab; es werden uns solche noch viele begegnen. Welche Perspective sich aber für die Etymologie ergiebt, wenn man das vorschlagende ά als phonetische Stütze für leichtere Aussprache der ursprünglichen Anlaute σκ, σγ, σχ, σλ, σμ, σρ, στ, σθ, σδ, σπ, σβ, σφ erkannt hat, möge hier wenigstens noch kurz angedeutet werden.

Goth. skei-ra-s, klar, hell, alts. skî-ri, nhd. schier = ά-κι-ρί· καλόν Hes. Dazu ά-κι-ρίς und lak. κίρις oder κί-ρ-ις st. σκί-ρις = Leuchte, neben goth. skei-ma, Leuchte, das nur mit anderem Suffix gebildet ist: W. σκα-σκι-σκυ.

Cypr. *ἀ-κεύ-ει· τηρεῖ* deckt sich mit Wf. *σκοϝ* in *ϑυο-
σκό-ος*, das Curtius N. 64 so schön mit *ἔ-κο-μεν· ἠσϑόμεϑα*
(Hes.), *κο-έ-ω, κον-νέω*, merke, *Κό-ων*, goth. us-skav-jan, ahd.
scaw-ôn, goth. skau-u-s, schön, Skr. kav-is, â-kû-tis zusammenbringt. Auch *ἀ-κούω* und *κοᾷ* zieht Curtius einzig richtig
hieher, ohne freilich die wahre Natur des *ἁ* proth. zu erkennen.
Wurzel wie vor; die Begriffsvermittelungen, wie unter W. *σπα*
öfters dargelegt..

Ἀ-καρ-ής· βραχύς (Hes.) sammt lat. *cur-tus*, nhd. *kur-z*, engl.
shor-t (sh = *σκ*) gehören zur Sec.W. skar-skir-skur, schneiden. Daher auch keine Lautverschiebung in *kur-z*. ⸺

Ἄ-χερ-δ-ος st. *ἁ-σκερ-δ-ος*, ein stacheliger, dorniger Strauch
ξ 10, fügt sich zu derselben W. *σκαρ*. Vgl. *schar-f*, engl.
shar-p etc. Dort Erweiterung der Wurzel mit *δ*, hier mit
Labialen.

Ἄ-κυλ-ος, Eichel, soll „Essbares" bedeuten. Wenn die Eichel
κ 242 als Schweinefutter dient, soll sie dann als „Essbares
κατ' ἐξοχήν" gelten können? Die Eichel ist etwas Rundes.
W. *σκαλ-σκιλ-σκυλ* hat so viele Wörter des Begriffs „gebogen, rund" abgegeben, wie z. B. *σκελλός* st. *σκελ-ϝός*, krumm
σκαλ-ίς, Napf || *ὀ-κλάζω* (St. *σκλα-δ*), biegen || *κυλλός* st. *σκυλ-
ϝός* || *σκολ-ιός*, krumm || engl. scull, Hirnschale, Schädel ,
σκίλλα, Bolle = Zwiebel, Meerzwiebel, κτλ. Daher *ἄ-κυλ-ος*
st. *ἁ-σκυλ-ος* = Rundes.

Ἄ-κολ-ος, Brocken ρ 222, ist desselben Ursprungs; denn
brechen = biegen, und *κλά-ω* und *ὀ-κλάζω* sind ursprünglich
identisch.

Das berüchtigte *ἀ-λώπ-ηξ*, kürzer *ἀ-λωπ-ός*, *ἀ-λωπ-ά*
erklärt sich als Schleicher und ist nahverwandt mit ags.
slip-an, schleichen || ahd. slîf-an, gleiten || slëffar, lubricus.
Eines und desselben Ursprungs ist auch engl. slope, gleitend =
schief, Abhang, Ausbiegung, runder Ausschweif, to slope, einen
Abhang haben etc. — Daher ist *ἀλώπηξ* auch eine Art Tanz:
„Schleifer"; daher auch = die Hüfte (als glatte Ausbiegung,
engl. slope), und *ἀλωπέκεως* sammt *ἀλωπεκίς* ist eine (schlei-
chende, kriechende) Art von Weinstock. Vgl. auch Abschn. 110.

104. Ἐψιάομαι. Wurzel σπι.

Ἐ-ψί-α und das davon abgeleitete ἐ-ψι-άομαι bringt Curtius S. 713 unbedingt richtig mit lakon. ψιάδδειν (Aristoph. Lys. 1302) in Verbindung. Ueber das Etymon aber, meint er, sei schwer ins Reine zu kommen. Gleicher Ansicht war er S. 688 über den Ursprung von ἀ-ψίνθιον mit der Nebenform ἀ-σπί-θ-ιον (Diphilus bei Hesychius). Aus letzterem Worte allein wäre es unschwer gewesen, auf die W. σπι, hauchen, zu verfallen, da Wermuth etwas stark-duftendes ist. Die alten Grammatiker fordern die Schreibung ἐ-ψία. Ist diese die richtige bzw. ursprüngliche, dann ist ἐ euphonischer Vorschlag zur Erleichterung der Aussprache wie ἀ in ἀ-σπά-ραγος, ἀ-σπαίρω, ἀ-σκαίρω κτλ., wie ὀ in ὀ-στλιγξ, ὀ-στρυγξ, ὀ-σπρι-ον, ὀ-σφραίνομαι, ὀ-σφύς κτλ., wie ἐ in ἐ-σχάρη zu W. σχα, brennen, ἐ-σκόροδος = σκόρ-θ-ος. In diesem Falle wäre die scharfe Aspiration spätere Exuberanz. Ist aber die Schreibung mit Spir. asp. die richtigere, dann hätten wir in ἐ-Reduplication statt σι- aufzustellen, wie in σε-πυίς st. σε-σπυ-ίς ‖ in σέ-συφος· πανοῦργος ‖ in σέ-σιλος, σέ-σηλος κτλ.

Auf alle Fälle lautet der Stamm von ἐ-ψί-α nur ψι st. σπι. Hesychius erklärt das Wort durch γέλως, παιδιά, χλεύη, ausserdem auch noch durch ἔφοδος· und ὁμιλία, in welchem Sinne Sophokles im zweiten Athamas das Wort angewandt habe (Fr. 2). Offenbar hat hier ἔφοδος wie ὁμιλία die Bedeutung Unterhaltung, lautes Gespräch, wie so oft. Nun vergleiche man bei demselben Glossographen ψιά· χαρά, γελοίασμα, παίγνια ‖ ψίνθος· τέρψις ‖ ψιάδδειν· παίζειν. Das Alles führt auf den Grundbegriff wehen = tönen: ψιά = Getön, Jubel, laute Freude, wie χαρά.

Des Hesychius' Ableitung aus ἕπομαι ist ebenso unhaltbar wie Passow's Deutung „Spiel mit Steinchen" aus ψιά, Steinchen. Aber offenbar ist ψιά, Kiesel, kein verschiedenes Wort, so wenig als sich ψῆφος, Kiesel, von ψέφω, tönen, ψόφος, Ton, trennen lässt: ψιά so gut wie ψῆφος bedeutet urspr. Getön, dann aber auch die mit Getön im Bache rollenden Kiesel = Gerölle (als Rauschendes).

21

Neben ἐψία steht gleichbedeutig lak. ἀ-ψί-αι· ἑορταί, ursprüngl. Jubel, laute Freude.

Die homerischen Stellen von ἐψιάομαι sind ρ 530 und φ 429; an beiden wird das Wort vom lauten Getön und jubelnden Zecherwesen der Freier gebraucht. Auf dieses weist, wie der Zusammenhang mit Nothwendigkeit ergiebt, Penelope hin, wenn sie ρ 530 sagt

οὗτοι δ' ἠὲ θύρῃσι καθήμενοι ἐψιαάσθων,
ἢ αὐτοῦ κατὰ δώματ', ἐπεί σφισι θυμὸς ἐύφρων.

Auf Sang und Klang wird ausdrücklich hingewiesen φ 429

νῦν δ' ὥρη καὶ δόρπον Ἀχαιοῖσιν τετυκέσθαι
ἐν φάει, αὐτὰρ ἔπειτα καὶ ἄλλως ἐψιάασθαι
μολπῇ καὶ φόρμιγγι.

Die homerische Zusammensetzung ἐφ-εψιάομαι τ 331. 370 hat die Bedeutung „Einem Lärm, Geschrei machen", „Einem zu-uzen" d. i. Einen verspotten. — Das aus Sophokles citirte ἀφ-εψιασάμην (Fgm. 135) erklärt Hesychius durch ἀφ-ωμίλησα d. i. „ich entfernte aus der Gesellschaft"; genauer entspricht der Grundbedeutung unser „weg-uzen".

II. Die Bemerkungen von Curtius betreffs der angeblichen Schwierigkeit, über das Etymon von ἐψία wie von ἀ-ψίνθιον, ἀ-σπίθιον ins Reine zu kommen, laufen darauf hinaus, dass man seither eine W. σπι, hauchen, nicht erkannt hatte. Wir könnten uns darauf beschränken, auf S. 38 zu verweisen. Es verlohnt sich aber, hier eine wenigstens theilweise Zusammenstellung der zu W. σπι incl. Erweiterungen gehörigen Wörter zu geben, und zwar nach Begriffsrubriken. Wegen der Lautwandelungen von σπ zu σφ, ψ, πτ, φθ, φ, π sei auf S. 72 ff. verwiesen.

a. W. σπι = hauchen, wehen.

Spi-ra-re, spiritus ‖ θέ-σπις, gottgehaucht, Θε-σπι-αί κτλ. S. 38, S. 82 ‖ πε-μφίς st. πε-σφίς und πέ-μφιξ = Hauch, ψυχή ‖ ψί-μαρον, spiraculum, Luftloch ‖ ἀ-ψί-ον, os G. oris, Mund, Antlitz (pars pro toto) ‖ Σπίνθιος, inspiratus S. 38 ‖ με-μφίδες = πε-μφίδες· αἱ τῶν πτηνῶν ψυχαί H. ‖ φοῖ-τος, inspiratus, κτλ. S. 43 ‖ φοῖ-βος κτλ. S. 41 ff.

b. W. σπι = athmen, schnaufen bzw. keuchen und
keuchen-machen.

Spiritus ist öfters = Bemühung, Anstrengung = τὸ ποιπνύειν, σπονδή ‖ Σφίγξ, Φίξ (G. Φιγός und Φικός), schnaubendes Ungethüm; davon ἀνδρό-σφιγξ Hdt II 175 ‖ ἠπίαλος
st. ἀ-σπί-αλος, keuchen-machend = Alp ‖ Dasselbe bedeuten
ἠπιάλης st. ἀ-σπι-άλης, — ἰ-φί-αλος st. σι-σφί-αλος, — ἰ-πι-
άλης st. ἰ-σπ. und ἰ-φι-άλ-της st. ἰ-σφι-άλ-της. Ableitung von
ἰπί + ἄλλομαι ist unmöglich wenigstens für ἠπίαλος, ἰφίαλος,
wie erst vollers für äol. ἰ-φέλης aus W. σπα+λ (Sec.W. σπαλ).

c. W. σπι, hauchen = duften bzw. dunsten, dampfen,
rauchen.

Spirare: ambrosiaeque comae divinum vertice odorem |
spiravere. Aen. I 403. — Serpulla et graviter spirantis
copia thymbrae Georg. IV 31. — Spiritus = Duft, Dunst Lucr.,
Cels. — Σπί-ω = lat. fio in suffire etc.: ἔ-σπι-σε· ἔ-θυ-σε
Hes. ‖ ἰ-φί-της st. σι-σφί-της, Räucherer = fi-tor in suffitor:
ἰφίτην· ἀγνίτην H. ‖ ἀ-φί-ας st. ἀ-σφί-ας, Altar = θυμέλη ‖
ἄ-πι-ον st. ἄ-σπι-ον = apium graveolens S. 292 ‖ ἀ-σπί-
θ-ιον (Diphil.), ἀ-ψίνθιον, ἀ-σπίνθιον, Wermuth, starkduften-
des ‖ ψι-αρός· ἐυώδης ‖ σφει-δ-ρός· εὐώδης ‖ φιλ-υρός·
εὐώδης, davon wegen ihres starken Blüthenduftes ἡ φιλύρα,
die Linde ‖ φίδνα, Achilleswurzel, sonst auch ἰδαόν genannt:
ἰδ-αόν· τὸ ἡδύοσμον Hes.

Mit dem Bgr. übeldüften bzw. schmutzen etc.: lat. fimus ‖ σπί-λος, Schmutzfleck ‖ πί-νος, Schmutz ‖ ἀ-φιχ-τός
st. ἀ-σφιχ-τός, schmutzig H. ‖ Dasselbe ἀ-φιχ-τ-ρός H. ‖
σπιδ-όεις· μέλας, urspr. wohl russig, dann wie engl. reeky =
schwarz H.

Mit dem Bgr. dämpfen = ersticken, beklemmen, was dann
weiterhin zu „unterdrücken, beengen" wird, ganz wie engl. damp,
smother etc.: πνίγω aus σπι-ν+γ (S. 154), dämpfen, schmoren,
ersticken, würgen, quälen ‖ φι-μός, Dämpfer, Klemmer = Maul-
korb etc., φιμόω, festbinden, beengen ‖ σφίγγω = πνίγω, würgen, schnüren ‖ πιέζω = σφίγγω, πνίγω, φιμόω.

d. W. σπι, hauchen = hervorhauchen, hervorblasen, quellen-
lassen, erzeugen, φυσᾶν.

Spirare: fons spirat. Lucr. — Spirat e pectore flammas. Ovid.
Ἐκ-φινδ-άνω bei Galenus = ἐκ-φυσάω, ἐκ-φλυνδάνω |
πι-δή (in πιδήεις, πιδάω) = ἐκφύσημα, fons, Quelle ‖ dasselbe
πῑ-δ-αξ ‖ dass. πῑ-σος, gebildet wie ἄλ-σος, ἅψος st. ἄφ-σος u. a. ‖
πι-δά-ω = φυσάω, ἐκφυσάω, hervorquellen lassen ‖ πίσσα,
pix = ἐκφύσημα S. 231 ‖ πί-τυς, pi-nus, κτλ. S. 228 ‖ φι-
τρόν, φί-ν-αξ, φῑ-τυ, φι-τ-ύω κτλ., lat. fieri u. Sippe S. 180.

c. W. σπι, hauchen = blasen, blähen.

Spiritus = fastus, Aufgeblasenheit, Uebermuth.
Πέ-μφιξ· πομφόλυξ, Blase, weiterhin = Tropfen ‖ ψι-άς,
Bläschen = Tropfen II 459 ‖ dasselbe ψίς, G. ψιδός, ψί-αξ II.
σφίδη, Blase, Darm, dann das daraus Gemachte, fides ‖ daneben
σφίς, Plur. σφίδες Hes. ‖ σπί-λον = σφίδη: σπίλα· χορδαὶ ἐξ
ἐντέρων H. ‖ φί-σ-κος, fiscus, Beutel, Sack ‖ πι-σός und πί-
σος, πί-σον, lat. pi-sum, engl. pea, Geblähtes = Schotengewächs,
speciell „Erbse". Vgl. die anderen Benennungen von Schoten-
Gewächsen, wie πύ-ανος, φάσηλος, ἀφάκη st. ἀ-σφάκη, faba etc. ‖
fi-cus, Feige, eine schwellende, saftstrotzende Frucht ‖ φιβ-
αλέον st. φιϝ-αλέον, φιβ-άλις, φιβ-άλεως, Feige.
Unter Bgr. blähen fügen sich die zahlreichen Namen aller-
artiger bauchiger Gefässe, wie πίθος, lak. πίσορ, Krug |
φιδ-άκ-νη, lak. πισ-άκ-να = πιθ-άκ-νη, lat. fid-elia etc.
πισ-μός, Kufe (ληνός H.) ‖ φι-άλη und φι-έλη κτλ.
Zum Bgr. „blühen = schwellen" gehören namentlich auch
die Wörter des Bgr. feist, fett, voll, reichlich: δα-ψι-λός
und δα-ψι-λής, überreichlich, mit Präfix δα, wie in δα-φοινός,
δα-σπλῆ-τις κτλ. ‖ δα-ψίλεια, Ueberfluss ‖ ἀ-μφι-ελός st. ἀ-σφι-
ελός, reichlich ‖ φι-αρός, πι-αρός, πί-ων, πι-αλέος κτλ.,
feist, fett ‖ Ἐ-πί-ασσα· Δήμητρος ἐπώνυμον H. = πιαίνουσα |
ἴφιος st. σί-σφι-ος (λιπαρός Hes.), feist E 556, Θ 505. 545,
I 406, Ψ 166, λ 108 ö. ‖ φί-α· πιονία, ubertas (Hes.) ‖ Φθί-η
= ubertas, Name einer Landschaft von schwellender Fruchtbarkeit, fettem Boden, wie auch einer Stadt in derselben A 155.
169, B 683, I 363, T 323, λ 496 ‖ ψῑ-σαι, füttern, mästen
H. ‖ ψί-αι, ψει-αί, ψοί-α = ὁ-σφύς, Anschwellung ‖ ἀ-σπι-λος,

angeschwollener Bach: χείμαρρος ὑπὸ Μακεδόνων Hes. ‖ pinguis: W. (s)pi+g ‖ spissus = σπιδνός· πυκνός.

Nach des Apollonius' Bemerkung τὸ φυσώμενον μέγα γίνεται (Lex. Hom. unter ἄητον) fügen sich hieher: lak. ἀ-ψίορ· μέγα, πολύ, ἰσχυρόν ‖ σπι-δ-ής, ausgedehnt Λ 754 = ψίδιος, σπίδιος, σπιδνός, σπιδόεις κτλ. desselben Begriffs. Von ψία, Anschwellung: ψί-εις, ψί-εσσα, ψί-εν (Masc. dialectisch ψί-ης) = εὐδαίμων Hes., genauer = ὄλβιος, reich, wohllebig.

Begriff blähen = wölben bzw. hohlsein: σπί-λος· πέτρα πωρώδης H., hohler Felsen ‖ davon σπιλάς, hohler Felsen γ 298, ε 401. 405, später auch Höhle, Felsenhöhle ‖ daneben bei Hes. ψιλάς ‖ πί-να· ὀστρεῶδες κογχύλιον ‖ πινο-τήρης· πινοφύλαξ λεγόμενος· πίνα δὲ εἶδος ὀστρέου. Daneben, wie es scheint, minder gut beglaubigte Schreibweise πίννα. Ist letztere gut, so steht πίννα wohl für πίϝ-να.

f. W. σπι, wehen = tönen.

Spirare: „quibus nullae apud eos dulcius spirant" (von griech. Lautverbindungen) Quint. Inst. XII 10, 27. — Freta spirantia Virg. Georg. I 327. — Qua vada non spirant nec fracta remurmurat unda Aen. X 290. — Vom Zischen der Schlange: spiritibus rumpit fauces Virg. Cul. 180. — Spiritus = Ton, Klang bei Quintilian, = Seufzer bei Propert. I 16, 32, Hor. Epod. XI 10.

Fi-s-t-ula, Flöte ‖ φι-λ-ίς = σῦριγξ H. ‖ σπί-νος, σπίνα, σπίζα, ἔπιζα st. ἔ-σπιζα, σπινθίον, σπίγγος, πίγγας und andere Benennungen von Singvögeln = Fink ‖ πι-ππίζω st. πι-σπίζω, zwitschern, piepen ‖ ψί-αθος, Säuselndes = Schilf ‖ ψιθύρα, ein Musik-Instrument ‖ ἀ-σπίς, a-spis und ὄ-φις st. ὄ-σφις, die zischelnde Schlange ‖ ψιθυρός, zischelnd, flüsternd, verläumdend, ψιθυρίζω, zischeln, flüstern: ψί-θος, Gezischel, Ohrenbläserei, ψιθύζομαι, zischen, flüstern ‖ ψιδ-ών, ψιδ-νός, ψιγ-νός = ψιθυρός ‖ ψίδω (ἔψιδεν II.), ψίνδομαι, ψίζω, wimmern, jammern ‖ σφιγ-άω, sumsen ‖ ψιά, ἐ-ψί-α, ψίνθος und Sippe S. 321 ‖ lak. ἀ-ψίαι· ἐορταί, Jubel, Fest ‖ σπί-νος „ist bei Arist. Mirab. 41 und Theophr. eine Steinart, die sich durch Wasser entzündet, vielleicht Alaunschiefer". Da bei solcher Entzündung ein zischendes Geräusch entsteht, so wird wohl hichcr dieses Wort gehören, also mit σπίνος, zwitschernd, zusammenfallen ‖ ἰ-φιν-τάν· κρύφα λαλοῦσαν H. = flüsternd, zu Masc. ἰ-φιν-τός st. σι-σφιν-τός.

g. W. σπι, wehen = verwehen, zerwehen, verduften, verschwinden, bzw. verwehen-machen. Die btr. Begriffsvermittelung ist S. 216 ff. ausführlich dargelegt und mit zahlreichen Analogien erwiesen worden. Exspirare ‖ φθίω, *ψίω, *σφίω mit φθί-σις = ψί-σις und σφί-σις in σφισί-μολος, die Bewegung schwinden-machend ‖ ἐ-φθί-σ-θη neben ἐ-ψί-σ-θη (St. φθιδ, ψιδ) und ἐ-φθί-α (wie st. ἐφθιᾶ bei Hesychius zu lesen ist) = ἀπέθανεν ‖ ψιν-ἀς und φθιν-άς zu φθί-νω, *ψίνω ‖ σπι-νός, verschwindend = mager. Proclus ‖ dasselbe ist φθῖ-σος mit Fem. φθῖσα· ἡ λεπτὴ ἀπὸ φθίσεως H. ‖ φθίδ-ιος, schwindend, vergänglich = kurzlebend ‖ σπίκ-ανος = σπι-νός H. ‖ σπιγ-νός, verschwindend = klein, unbedeutend H. ‖ daneben ψίγ-νη, Haar, wohl = Dünnes = σπιγ-νή ‖ ψινύθιος· φαῦλος H. ‖ ψιά, Verschwindendes = Kleinigkeit ‖ ἀ-φθί-βορος· ὁ βορῶς ἐσθίων Hes., begrifflich gewiss richtig, aber etymologisch = Frass-, Speise (βορά) verschwinden-machend.

Ψι-λός und πτι-λός (H.), leer,·kahl, vacuus; vgl. va-nus: va. Auf Nbf. σπῖ-λος ist zu schliessen aus σπίλη· λεῖον H. Daneben ἄ-πτι-λος st. ἄσπιλος: ἀπτίλους· λείας H. Denn auch λεῖος ist „kahl" (s. Lex.) Die Erklärung von ψῖ-λός aus angebl. „zerreibbar" erklärt gar nichts. Auch ist das erst seit den Alexandrinern nachweisbare ψίω „zerreiben" für Homer, der ψι-λός so häufig gebraucht, unverwerthbar; ψίω selbst erklärt sich übrigens aus Bgr. zerwehen-, stieben-machen.

h. W. σπι, hauchen = schimmern, strahlen.

Πέ-μφιξ, πε-μφίς, Schimmer, Strahl ‖ σφει-δ-ρός· καθαρός ‖ φι-αρός· λαμπρός, καθαρός ‖ dass. φι-ερός ‖ φιδ-ρός, glänzend: φιδρόν· καθαρόν, λαμπρόν Hes. ‖ ψίθιος, roth ‖ ψί-μυ-θος, ψί-μι-θος, Blei-weiss; vgl. φιαρός, φιερός ‖ πίαλος· παράλευκος H. = φι-αρός ‖ φθί-να· ἡ ἐρυσίβη H. kann allerdings als „Verderbung" aufgefasst werden; aber die sonstigen Namen dafür, wie φοινιάς, ἐρυσίβη, robigo, rechtfertigen die

Frage, ob nicht auch hier, wie in ψίθιος und ψαιθός, der Bgr. „roth" bzw. urspr. „glänzend" vorliege || *l-φίς*, schön II. *Σπινθήρ, σπινθαρίς, σπινθάριγξ*, Funke. Der Bgr. des Leuchtens liegt näher als Bgr. d (S. 325) „hervorblasen", woraus sich „sprühen" ergeben könnte.

i. W. *σπι*, hauchen = favere, günstig-, hold-sein.

Spirare: Quod si tam facilis spiraret Cynthia nobis = faveret. Prop. III 24, 5. — Di maris, . . . spirate secundi Aen. III 529. — Adspirat primo fortuna labori Aen. II 384. *Φί-λος* st. *σφί-λος (Διΐ-φιλος* st. *Διΐ-σφιλος)* = gewogen, hold, lieb = *φώτιος· προσφιλής. ἡδύς* Hes. = *πέ-πων* aus W. *σπα*, neben *φιλίς*, fistula, *σῦριγξ* = *φολίς*, neben *φιλυρός*, duftig || *ἤπιος* st. *ἄ-σπι-ος*, dasselbe || lat. fido, urspr. gewogen sein = trauen. Daher auch die Uebereinstimmung von fĭdes, Gewogenheit = Treue etc. mit fĭdes = *σφίδη**).

k. W. *σπι*, athmen = aufathmen, ruhen.

Spiramentum, Pause Tac. Agr. 44 || fī-nis, Ende S. 176. *Ὀ-φιδ-εύειν· σχολάζειν, διατρίβειν, ὀκνεῖν* (H.) = *παύεσθαι* S. 173 ff. || dasselbe ist *ἐ-φιδ-ύειν* st. *ἐ-σφιδ-ύειν*.

Wie *παύεσθαι* die weitere Bedeutung „ablassen von etwas" entwickelt hat, so auch derselbe Stamm *(σ)φιδ* in *φείδομαι*, das so oft „ablassen" etc. bei Plato, Euripides etc. bedeutet. Ablassen von etwas wird weiterhin zu „schonen, sparen". So gut unser *spa-r-en* zu W. spa gehört, ebenso *φείδομαι* zu W. *σπι+δ*. Aus dem Gesagten ergiebt sich auch der Grund für die mediale Form, wie für die Genitiv-Construction. Vgl. hinsichtlich des Stammes in *φιδ-ός* = *φειδός*, in *πε-φιδ-όμην* unter e *φίδ-να*, Duftiges. Bgr. „athmen" = duften, „athmen" aber auch = aufathmen.

l. W. *σπι*, wehen = flattern, fliegen.**)

Πτι-λός st. *σπι-λός*, flatternd, fliegend; Hesychius verwendet

---

*) Sonst erklärt aus „binden"! Corssen Beitr. 227.
**) Vgl. S. 166 ff.

zur Erklärung des Insectennamens κνιπά das Femininum
πτι-λή, woraus folgt, dass πτι-λός ein ganz gewöhnliches und
allbekanntes Wort war, Einer Wurzel natürlich mit πτι-λός
= ψι-λός unter g ‖ ἄ-ψιλον· ἄ-πτερον, ἢ πολύπτερον ‖ ψι-
λός· πτέρινος Hes. ‖ ψιλίον· πτερόν ‖ ψίλαξ· πτερόν Hes.
unter ψίλακα ‖ ψι-λον dor. = πτί-λον Paus. III 19, 6; also
πτί-λον st. σπί-λον = ψί-λον ‖ φί-νις, eine Adlerart =
fliegender bzw. schwingender.

Nah verwandt ist Bgr. schwingen, be-wegen, eilen; dazu: ψί-
ναθος, die Gazelle, Gemse, ἀγρία αἴξ. Wie die Alten die
Gemse ansahen, besagt das homerische Beiwort von αἴξ ἄγριος
Δ 105, nämlich ἴξαλος, jach, flink, welches zu W. ἰκ (stossen,
schnellen, schiessen) gehört, wie auch ἴκ-ταρ· ταχέως, ἴκ-ταρ,
Fisch κτλ. ‖ lat. piscis, Fisch, begrifflich = ἴκ-ταρ ‖ σφει-
λός· εὐκίνητος H., schnell ‖ ἴφις· ταχύς II., st. ἴ-σφις, σί-σφις |
φοίβα, Wettlauf S. 42 ‖ fistuca, Schwengel, Schlägel.

Begriff „schwingen" wird so gewöhnlich zu Bgr. biegen
(S. 237 ö.); daher σπεί-ρα, lat. spi-ra, alles Gewundene, Gebogene: Netz, Haargeflecht, caestus, Schneckenlinie etc. ‖ fim-
bria, Gedrehtes, Fransen, krauses Haar.

Der Bgr. pandus (geschwungen = gebogen) erklärt auch
πίθ-ων, πίθ-ηξ, πίθ-ηκος, Affe = lat. simia von simus, gebogen, krumm (krummnasig).

Denselben Stamm πι-θ st. σπι+θ haben wir in πείθω,
ἔ-πιθ-ον: überreden = geneigt machen, inclinare, flectere, biegen.
Dass dies Wort aus W. σπι hervorgegangen ist, folgt aus lat.
fido = πείθομαι (f = σπ), nur dass sich fido näher dem Bgr. i
anschliesst. Wegen der urspr. sinnlichen Bedeutung „biegen,
flectere" setzt Homer noch gewöhnlich θυμόν, φρένας zu πείθω
„das Herz geneigt machen, biegen, beugen". Die Stellen sind
bei Fulda Unters. 158 gesammelt. Die Anstrengungen von
Corssen Beitr. 227, πείθω aus Bgr. „verbinden" zu erklären,
haben schon allein das gegen sich, dass damit nicht das Verhältniss von πείθω St. πιθ, πίθ-ων, πίθ-ος κτλ., nicht das
von fides, Vertrauen, Seite, fid-elia, Topf, fido, findo etc. zu
einander sich aufklärt. Lat. findo gehört zu m. — Die Grundbedeutung „biegen" liegt noch vor in πεῖσ-μα und πεισ-
τήρ, Gewundenes = Strick, σπάρ-τον: sie gehören zum Vb.

πείθω ebenso gut wie πεῖσ-μα, Ueberredung, πειστήριος, überredend.

Auch die unerweiterte W. σπι bzw. σφι hat den Begriff pandus entwickelt in σφει-λός· λοξός, dsgl. W. σπα, σφα in σφη-λός· λοξός, ursprügl. = pandus, geschwungen, gebogen, krumm, schief, aber auch = εὐκίνητος Hes.

III. W. σπι, hauchen = engl. to breathe, gähnen-, klaffenmachen, öffnen, spalten.

Spiramen, spiramentum, spiraculum, Luftloch, Oeffnung. Σπιθ-αμή, „die Weite (Oeffnung) zwischen dem ausgespannten Daumen und dem kleinen Finger Hdt II 106, wörtlich „die aufgeklaffte Hand" (χείρ) = Spanne, doch wohl urspr. Adjectiv-Bildung, wie χηρ-αμός, Kluft, Spalt, παλ-άμη, pal-ma, κύ-αμος, Bohne = Geblähtes, πλόκ-αμος, Geflochtenes = Haarflechte, Seil, κτλ. || σπίνθεος, Pflug = Spalter || σπινδεῖρα, dasselbe || findo, klaffen-machen, spalten, desselben Stammes wie σπινδ-ειρα || σπιθίαι· σανίδες νεώς*) || πτίσσω, abspalten, daher a) abhäuten: πτίσατε· ἀποδερματίσατε H. b) enthülsen, c) zerschroten, lat. pinso st. spinso || spi-nus, spi-na, klaffen-machend, ritzend = Dorn.

105. Πίναξ,

Brett, Tafel, soll von pinus, Fichte, herkommen und urspr. Fichtenes bedeuten. Aber die Griechen hatten kein πίνος oder πίνυς, Fichte, sondern πί-τυς. Buttmann lässt das Wort aus πλάξ entstehen! Andere gar gehen von πίνω, trinken, aus und setzen als Grundbegriff Trinkschale. U. E. steht πίναξ st. σπί-ν-αξ und bedeutet urspr. Gespaltenes nach der vorigen Nummer III, gerade wie goth. spilda „Tafel" auf Sec.W. spal weist und mit spal-t-en, spleissen, to split, näher noch mit ahd. spildan, dispergere (urspr. discindere), zusammenhängt. Vgl. Diefenbach II 296.

---

*) Da Hesychius σανίς durch θύρα erklärt, aber die unter σανίς in unseren Lexiken angegebene Bedeutung „Schiffsverdeck" nicht zu kennen scheint, so werden wir σανίδες in obiger Glosse auch nur als θύραι und σπιθίαι als die auf- und zu-klappbaren Schiffsthüren bzw. -luken zu fassen haben.

Wie nun spilda als „Schreibtafel" dient, so ist πίναξ Z 169 „Schreibtäfelchen". — Die κρειῶν πίνακας ὀπταλέων, welche der göttliche Sauhirt π 49 auftischt, sowie die κρειῶν πίνακας παντοίων, welche der Fleischvorschneider den Schmausenden α 141 hinlegt, werden wir nicht als „Bretter mit Fleisch", sondern mit Ameis als Fleischstücke, „Fleischschnitten" als „tranchirte Bratenscheiben" gemäss Vs 112 aufzufassen haben. — Von den Trümmern der durch die Πλαγκταί zersplitterten Schiffe heisst es μ 67

ἀλλά ϑ' ὁμοῦ πίνακάς τε νεῶν καὶ σώματα φωτῶν,
κύμαϑ' ἁλὸς φορέουσι πυρός τ' ὀλοοῖο ϑύελλαι.

Sollte hier nicht vielleicht noch die Grundbedeutung „Gespaltenes, Splitter" vorliegen? Verglichen mit der Beschreibung ε 370 (τῆς δούρατα μακρὰ διεσκέδασ'), muss πίνακας als „Bretterwerk" höchlich auffallen.

106. Φῐ-άλη

bedeutet in der nachhomerischen Zeit 1) Trinkschale Pind. Nem. X 43 ö.; 2) lacunar, tectum laqueatum Diod. Sic. III 47; 3) Schild Aristot. Rhet. III 11, Paus. (s. Lex.); 4) ein Gefäss für Salbe Xenoph. fr. I, 3. Schon hieraus folgt, dass es mit der beliebten Herleitung aus πίνω nichts ist. Auch bedeutet das Wort, wie Curtius S. 489 mit Recht gegen diese Etymologie geltend macht, „bei Homer durchaus kein Trinkgefäss", und „φιαλοῦν βόϑρον ist eine Grube gleichsam auskesseln, rund aushöhlen". Aber was ist φιάλη bei Homer? Curtius meint, es sei „eine Art Kessel", die man aufs Feuer setze. Sehen wir zu. Die φιάλη dient Ψ 243. 253 zur Aufnahme der Asche des Patroclus. Die Ψ 270 (616) vorkommende ἀμφίϑετος φιάλη ἀπύρωτος ist, wie das zweite Epitheton deutlichst voraussetzen lässt, ein Gefäss, das mit dem Feuer in gewöhnliche Berührung kommt. Das passt nicht zu „Trinkschale". Anderseits schliesst das Epitheton ἀμφίϑετος (auf beiden Seiten zu setzen) die Vorstellung aus, dass diese φιάλη aufs Feuer gesetzt zu werden pflegte wie ein Kessel; noch mehr spricht dagegen das Epitheton χρυσέη Ψ 243. 253. Daraus folgt u. E. mit Nothwendigkeit, dass wir hier nicht einen Kessel, der doch nur von einer Seite zu füllen und über's Feuer zu setzen ist, sondern ein Gefäss haben, in welchem Feuer gemacht wurde, und zwar, worauf der kostbare Stoff (Gold) hinweist, zu religiösen Zwecken, zu Räucheropfern. Die ἀμφίθετος φιάλη ist demnach ein Doppel-Kohlenbecken, das auf beiden Seiten zu Räucheropfern verwendet werden konnte. Die φιάλη ohne das Epitheton ἀμφίθετος ist ein einfaches Kohlenbecken. Ein zu religiösen Zwecken dienendes Doppelbecken der bezeichneten Art eignete sich passendst zur vorläufigen Aufnahme der Todtenasche. Es wäre Impietät gewesen, hierzu ein bloss Küchenzwecken dienendes Gefäss, wie „Kessel" zu wählen; noch weniger konnte eine „Trinkschale" dazu genommen werden.

Sowohl der homerische Begriff von φιάλη, wie die späteren Bedeutungen erklären sich aus W. σπι mit Bgr. c „blähen, wölben".

So ist auch u. a. die Bedeutungsentwickelung von φθό-ις und φθο-ίς, eigentl. Blähung, Blase (aus W. σπα) = 1) eine Art aufgedunsenen runden Kuchens, daher mit den Epitheton πιαλέος und τροχιά, 2) Pille bei den Aerzten (Gerundetes), 3) eine Art Schale (= πλατεῖα φιάλη ὀμφαλωτή) Eupolis bei Ath. XI sect. 106. Der φιάλη hat Athenäus ib. sect. 103—105 einen ganzen Abschnitt gewidmet.

Aus der Grundbedeutung von φι-άλη „Schwellung, Blähung" dürfte sich das noch unerklärte aristophanische φιάλλω erklären. Der Dichter selbst bringt es mit φιάλη in Zusammenhang, wenn er Pax 431 sagt

ἄγε δή, σὺ ταχέως ὕπεχε τὴν φιάλην, ὅπως
ἔργῳ φιαλοῦμεν, εὐξάμενοι τοῖσιν θεοῖς.

Vesp. 1348 steht es als Gegensatz von betrügen und höhnen (ἐγ-χαίνω):

ἀλλ' οὐκ ἀποδώσεις οἰδὲ φιαλεῖς, οἶδ' ὅτι,
ἀλλ' ἐξαπατήσεις κάγχανεῖ τούτῳ μέγα,

Wie ὀ-φέλλω st. ὀ-σφέλλω (W. σφαλ, schwellen) aus Bgr. „schwellen" den Bgr. „nützen, fördern" entwickelt hat, so auch φιάλλω, Denominativ von φι-άλη, den Bgr. zum Gedeihen sein. Vgl. bei Fick I 251 Skr. sphî-ti, Wachsthum, Förderung, Glück, neben W. sphâ, schwellen.

Wenn der Scholiast erklärt τὸ τῇ φιάλῃ πιεῖν oder ἐπι-
βαλεῖς, ἐπιβαλοῦμεν· φιαλεῖν γὰρ τὸ ἄρχεσθαι τοῦ πράγμα-
τος, so hat er das Wort weder begrifflich, noch grammatisch
verstanden; denn es liegt deutlich Futur vor, aber kein Präsens
φιαλέω. Wir übersetzen in den Wespen „damit wir dem Werke
zum Gedeihen, zum Nutzen sind", im Frieden „nicht wirst
du zum Gedeihen sein, nicht fördern, sondern arg betrügen
und diesem arg ins Gesicht gähnen, diesen verhöhnen."
Fälschlich leiteten die Alten und manche neuere Etymologen

$$\overset{\upsilon}{\upsilon}\pi\epsilon\rho\text{-}\varphi\overset{\upsilon}{\iota}\text{-}\alpha\lambda o\varsigma$$

von φῐ-άλη ab, als wäre φιάλη = μέτρον. Keineswegs. Aber
was wäre „über-schälig" oder „über-kohlenbeckig"?!
Ebenso wenig geht Ableitung aus φύω an, da υ nicht zu ι
werden kann. Nachdem wir aber W. σπι auch in der Form φι kennen
gelernt haben, ergiebt sich daraus eine weit natürlichere, lautrichtigere und auch begrifflicherseits weit zutreffendere Herleitung. Wie in ὑπερ-κύδας, überaus berühmt Δ 66. 71, in
ὑπερ-αής, ὑπερ-δεής κτλ. ist ὑπέρ verstärkende Partikel, und
ὑπερ-φί-αλος ist einfach = valde inflatus, sehr aufgeblasen
d. i. stolz, übermüthig. In allen Sprachen kehrt das gleiche
Bild zur Bezeichnung von „hochmüthig, Hochmuth" wieder; so
im lateinischen inflatus, tumidus etc., und aus W. spa in fa-s-
tus, fastosus. Auch spiritus ist oft „Hochmuth". Man vergleiche aus W. σπυ die Participia φυσιάων, πεφυσημένος =
gebläht, stolz.
Das Adverb ὑπέρ-φευ, übermässig (Aesch. Eur.), wird
Angesichts von ὑπερ-φυῶς = ὑπέρ-φευ allerdings nicht von
φύω zu trennen sein; aber man denke an die wurzelhafte Identität von φυσᾶν, φύσις und φύω Abschn. 49. Wir werden
daher nicht auf Bgr. „wachsen", sondern auf Bgr. „blasen",
ebenso gut wie φῦ-σα, auch ὑπέρ-φευ, ὑπερ-φυής zurückführen
und statt „übermüthig" lieber „überaus-gebläht, -gross", = ὑπερ-
πεφυσημένος deuten können. Vgl. ὑπερ-φυσᾶν „übermässig
aufblasen" Luc. Cont. 19.
Wenn die Alten so hartnäckig ὑπερ-φίαλος von φῐ-άλη
herleiteten, so lag diesem ein dunkles, aber mächtiges Gefühl

von dem Zusammenhange und gemeinschaftlichen Ursprunge beider Wörter zu Grunde. — Das Suffix -αλος anlangend, so bringt L. Meyer II S. 195 ff. genug derartige Bildungen aus Verbalstämmen, sowohl Adjectiva wie Substantiva: ά-στράγ-αλος, κε-κρύφ-αλος, πάσσ-αλος, αΐθ-αλος, ἴγκ-αλος, δάμ-αλος, διδάσκαλος, γύ-αλον, ῥόπ-αλον, πέτ-αλον, γνάφ-αλον κτλ., die urspr. doch auch Adjectiva waren, wie σί-αλος, fett, ἴξ-αλος κτλ.

107. Ἴ-φθι-μος

ist den Homer-Erklärern noch immer ein etymolog. Räthsel. Nachdem wir aber W. σπι in der Gestalt von φθι (S. 73) so massenhaft bereits kennen gelernt haben, ist das Räthsel gelöst: ἴ-φθι-μος gehört zu W. σπι „blähen, schwellen" S. 324. Ob in ἴ euphonischer Vorschlag wie ά, ἰ, ὀ, gemäss der S. 67 f. aufgeworfenen Frage, oder aber verstümmelte Reduplication st. σι (σί-σπι-μος, σί-φθι-μος, ἴ-φθι-μος) zu suchen sei, wie in ἰ-πύα neben σι-πύα st. σι-σπύ-α, könnte zweifelhaft erscheinen.

Aus Wurzeln mit dem Grundbegriffe blähen = schwellen entwickeln sich so häufig Wörter mit dem Begriffe riesig, gross, gewaltig. So aus Skr. vag, schwellen, wachsen machen: ug-ra, mächtig, gewaltig (Fick I 206, III 280) ‖ aus lat. augeo: aug-ustus ‖ aus Wf. κα = W. σκα: κῆ-τος, Seeungeheuer = lat. squat-ina ‖ aus W. spar: Φήρ, Hüne ‖ aus W. spal: πέλ-ωρ, Riese. Mehr Beispiele unter W. spar und spal. So aus unserer Wurzel altn. fifl, Riese, ags. fîfel, Riese (Fick III 185).

Die ursprüngliche sinnliche Bedeutung von ἴ-φθι-μος „geschwollen" liegt noch vor P 749

> ὅστε καὶ ἰφθίμων ποταμῶν ἀλεγεινὰ ῥέεθρα
> ἴσχει,

woselbst, wie der Zusammenhang lehrt, von überschwemmenden, angeschwollenen Strömen die Rede ist.

An die sinnlich natürliche Bedeutung mahnt auch noch die Verbindung βοῶν τ' ἴφθιμα κάρηνα Ψ 260, Hymn. Merc. 94. 302. 394. 402, indem hier das Epitheton minder auf das umschreibende Wort κάρηνα, als auf die umschriebenen Thiere selbst zu beziehen ist = feiste Rinder. Gehört doch feist selbst zur Wf. fi = Skr. pi, schwellen, aus W. spî (Fick III 169).

Auch die Beziehung von ἴφθιμος zu ὦμοι Σ 204 (des
Achilles), Hymn. Ap. 7 (die Schultern Apollo's) führt noch die
sinnliche Vorstellung vor: die muskulös gerundeten, mächtigen Schultern. — Wenn das Wort κ 119 von den riesigen
Lästrygonen, κ 106 von der lästrygonischen Riesentochter
steht, so ist es auch hier noch in möglichst natürlicher Anwendung, wie nicht minder als Epitheton des Meergottes Proteus δ 365.

So zu sagen im Wechsel mit πελώριος, riesig, wird ἴφθιμος
vom Hades κ 534, λ 47, von Aias M 410, von Achilles Υ 356
gebraucht, insofern nämlich die Genannten an anderen Stellen
das Epitheton πελώριος bei sich führen. Doch ist der Gebrauch des letzteren weit beschränkter, indem ἴφθιμος im ver-
allgemeinernden Sinne von „augustus, erhaben (= emporgehoben),
gewaltig, tüchtig" nicht bloss allen möglichen Helden, auch
solchen, die sonst nicht πελώριοι heissen, sondern auch Frauen
beigelegt wird, wie der Penelope π 332, ψ 92, der Phäaken-
Königin μ 452, der Tochter des Neleus Pero λ 287, der Gemahlin des Diomedes E 415, des Sthenelus T 116 u. a., sogar
ganzen Völkerschaften, wie den Danaern Λ 290, den Lykiern
M 417, Π 659, auch den Gefährten des Odysseus u. a.

In synonymer Häufung mit μέγας und ἀγανός steht ἴφθιμος Δ 534 (von Thoas), E 625 (von Aias ausgesagt)

οἵ ἑ μέγαν περ ἐόντα καὶ ἴφθιμον καὶ ἀγανὸν
ὦσαν ἀπὸ σφείων.

Noch verdient hervorgehoben zu werden der formelhafte Vers

κρατὶ δ᾽ ἐπ᾽ ἰφθίμῳ κυνέην εὔτυκτον ἔθηκεν,

wie Γ 336 von Paris, O 480 von Teucer, Π 137 von Patroclus,
χ 123 von Odysseus erzählt wird; endlich die Verbindung
πολλὰς δ᾽ ἰφθίμους ψυχὰς Ἄϊδι προΐαψεν Α 3 und (nur mit
κεφαλάς st. ψυχάς und Ztw. im Inf.) Λ 55.

108. Ἶφιος,

wovon ἴφια (μῆλα) ist von ἶφι, ϝῖφι = lat. vi vollständig zu
trennen. Letzteres ist mit dem Scholiasten zu A 151 als Instrumental-Dativ von ἴς, ϝίς = vis zu fassen, wonach ἴ-φι oder
vielmehr ϝῖ-φι (mit Endung φι wie in βίη-φι κτλ.) sich mit

lat. Abl. vi völlig deckt. Diese antike Erklärungsweise stimmt
weit besser zu ϝῖφι ἀνάσσειν, μάχεσθαι, δαμῆναι, ϝῖφι κτάμε-
νος, als die unbegründete Annahme, ἶφι sei Neutrum eines
Adjectivs ἶφις in adverbiellem Gebrauche.

Einen zwingenden Grund für digammatischen Anlaut von
ἴφιος kann man nicht vorbringen; denn solche Hiaten wie
βόας (βόες) καὶ ἴφια μῆλα oder πολλὰ δὲ ἴφια μῆλα, die beiden
einzigen Verbindungen, in denen das Wort bei Homer überhaupt vorkommt, sind auf Schritt und Tritt anzutreffen.

Letztere Verbindung steht nur Ψ 166 und μ 263 am Versanfange, also Hiatus nach dem ersten Versfusse, die andere
stets am Versschlusse, also Hiatus nach dem vierten Versfusse E 556, Θ 505. 545, I 406, λ 108, μ 128. 322, σ 278,
υ 51, ψ 304.

Hiaten nach dem ersten Versfusse: A 203 ἢ ἵνα ὕβριν || 393
ἀλλὰ σύ, εἰ || 532 εἰς ἅλα ἅλτο || B 209 ἠχῇ, ὡς ὅτε || 332 αὐτοῦ,
εἰς ὅ κεν || 345 ἄρχευ᾽ Ἀργείοισι || Γ 379 αὐτὰρ ὁ ἄψ || E 142
αὐτὰρ ὁ ἐμμεμαώς || 666 μηροῦ ἐξερύσαι || Z 46 ζώγρει, Ἀτρέος
|| 413 ἀλλ᾽ ἄχε᾽. οὐδέ || 518 ἤθει᾽, ἢ μάλα || Η 406 Ἰδαῖ᾽, ἤτοι
|| 439 ὄφρα δι᾽ αὐτάων || Θ 79 οὔτε δύ᾽ Αἴαντες || 209 Ἥρη
ἀπτοεπές || 271 αὐτὰρ ὁ αὖτις || 446 αὐτὰρ ὁ ἔγνω u. s. w.

Der Hiatus aber nach dem vierten Fusse in der s. g.
bukolischen Cäsur ist etwas so Gewöhnliches, dass er sogar in
den Handbüchern der homerischen Verslehre besondere Hervor-
hebung gefunden hat: A 578 Διί, ὄφρα μὴ αὖτε || B 3 φρένα,
ὡς Ἀχιλῆα || 218 συνοχωκότε· αὐτὰρ ὕπερθεν || 231 ἀγάγω ἢ
ἄλλος Ἀχαιῶν || 262 αἰδῶ ἀμφικαλύπτει || 589 δὲ ἵετο θυμῷ
|| Γ 24 ἢ ἄγριον αἶγα || Δ 138 διαπρὸ δὲ εἴσατο καὶ τῆς
(NB. drang hindurch) || 410 ὁμοίη ἔνθεο τιμῇ || E 221 ἐπι-
βήσεο, ὄφρα ἴδηαι || 434 ἄζετο, ἵετο δ᾽ ἀεί || 568 ἔγχεα ὀξυό-
εντα u. s. w.

Ist also digammatischer Anlaut für ἴφια unerweisbar, und
können wir das Wort beim Absehen von so haltloser Annahme
etymologisch zurecht legen, so dass gerade der beim Dichter
geforderte Begriff hervortritt, so spricht für solche Etymologie nicht weniger als Alles.

Dass Nom. Sing. ἴ-φι-ος gelautet habe, steht aus dem
Citate bei Hesychius fest: ἴφιον· λιπαρόν. Und diese be-

währte alte Erklärung ist auch die richtige. Ἴφιος steht zunächst für ἴ-σφι-ος, daher auch in ῖ-φιος die Längung des ι als Ersatzdehnung. Ob nun das ἰ für σι steht oder ἰ euph. ist, kann fraglich sein. Jedenfalls ist in φι der Wurzelstamm = σφι, σπι zu suchen, und es deckt sich ἴ-σφι-ος bzhw. σί-σφι-ος sowohl dem Ursprunge als dem Begriffe nach mit φιαρός, ἀ-μφι-ελός, πι-αρός κτλ. S. 324, wie mit unserem fei-s-t.

II. Um über die Natur des ἰ- in ἴ-φιος, ἴ-φθι-μος, ἰ-φίτης, suffitor, ἰ-φί-αλος, Alp, ἰ-φιν-τός, flüsternd, ἰ-φύα, eine Pflanze, ἰ-φίς, schön, ἰ-φις, schnell, ἰ-σφαίνω, ἴ-σφα-τον (S. 67) u. v. a. W. ins Reine zu kommen, müssen wir etwas weiter ausholen.

Dass sigmatisch anlautende Wurzeln bzhw. Stämme so häufig Bildungen mit der Reduplicationssilbe σι- abgeben, ist allbekannt: ἴ-στη-μι st. σί-στη-μι = si-sto ‖ Σί-συφος S. 156. So erklären sich aus WW. σα-σι-συ, wehen, duften etc. (S. 137): σί-σων, ein Gewürz Diosc. ‖ σί-συμβρον (gebildet wie θύμβρος, θύμβρα, θύμβρον aus gleichbedeutiger W. θυ+β), eine wohlriechende Pflanze ‖ σί-σα-ρον (neben σί-ον aus W. σι), desgl. ‖ σί-συβ-ος, Flatterndes = Troddel, Quaste, keineswegs mundartlich verändert aus gleichbedeutigem θύ-σα-νος (W. θυ), wie Eustathius anzunehmen scheint ‖ σι-σό-η, Locke, Haarflechte ‖ σι-σύ-ρα, Flaus, wolliger, flockiger Rock; σισύ-ρα: W. συ = ἄωτον: W. ἀϝ ‖ σί-συς, dasselbe Hes. ‖ σισίνδιος· γέρων (Hes.); Bgr. schwindend, abnehmend, schwach.

Nach der Reduplicationssilbe σι liess das Widerstreben gegen Häufung der Zischlaute bei den mit σ und weiterem Consonanten beginnenden·Wurzeln bzhw. Stämmen das wurzelhafte Sigma zumeist schwinden, oft mit Hinterlassung von Ersatzdehnung in der Reduplicationssilbe, oft ohne solche. — In anderen Wörtern hatte das gleiche Widerstreben unter Beibehaltung des wurzelhaften Sigma Verwandlung des Reduplications-Sigma in Spiritus asper bewirkt; daher ἴ-στη-μι st. σί-στη-μι. Zuweilen erfolgte auch dann noch Schwund des wurzelh. σ unter Zurücklassung von Ersatzdehnung: ῖ-μερ-ος st. σί-σμερ-ος zu W. σμαρ (S. 40) mit gleichem urspr. Begriffe wie θυ-μός: W. θυ, weiterhin = desiderium, was auch animus und θυμός oft bedeuten (Bgr. aspirare); — ἴ-λᾱ-ος st. σί-σλαϝoϛ aus W. σλα mit gleichem urspr. Begriffe wie ϙίλoϛ, ἤπιoϛ, ϙώτιoϛ, favens S. 349.

So erklärt sich σί-ϙωr st. σί-σϙωr (S. 276) ‖ σῑ-ϙάo- μαι st. σι-σϙά-oμαι, verhauchen, hinschwinden ‖ σῑ-ϕλόϛ st. σι-σϕα-λόϛ, hohl, leer etc. Ueber homer. σι-ϕλόω Ξ 142 Näheres im Abschn. 153 ‖ σί-παρ-oϛ (lat. sī-par-um, sī-parium, supparum) aus W. σπαρ, schwingen.

Σῑ-κανίη ω 307 stammt aus derselben Wurzel, woraus σκάroϛ, σκάrδαλoϛ, Anstoss, sowie Verbalstamm κεrτ, Aor. Inf. κέr- σαι Ψ 337, ἤκεστoϛ st. ἄ-σκεστoϛ, ungestossen, ungestachelt Ζ 94. 275. 309, κοr-τόϛ, Stange, κεr-τέω κτλ. sich weiter entwickelt hat. Sikanien ist eben eckig, dreispitzig.

Σῑ-κελ-όϛ υ 383, ω 211. 366. 389 mit Σι-κελ-ία gehört u. E. zu W. σκαλ mit dem Bgr. von κέλλω, schlagen, stossen (urspr. schwingen, hauen), für welches sigmatischer Anlaut aus ὀ-κέλλω st. ὀ-σκέλλω zu folgern ist. Vgl. σκόλ-oψ, Eingehauenes = Pfahl Il 441, Θ 343, Σ 177 -ö. ‖ σκαλ-μόϛ, Pflock, Eingehauenes Hymn. Hom. VJ 42 ‖ σκολ-ιόϛ, schief, krumm ι Il 387, das sich zu W. σκαλ verhält, wie πλάγιoϛ, schief, zu πλήσσω, schwingen, hauen, schlagen.

Σί-πυλoϛ st. σί-σπυλ-oϛ zu W. σπαλ, schwingen, mit Ablaut σπυλ, woher auch πύλ-η, Bogen = Thor (cf. pandus), πυλ-ώr, Geschwungenes, Rundes = Kranz κτλ. — Σί-πυλoϛ = Gebogenes, Emporgeschwungenes, hoher Berg Ω 615.

Σῑ-γαλ-όειϛ, glänzend Ε 226. 328 ö., gehört zu W. σγαλ, glänzen, wozu auch αἴγλη st. ἀ-σγάλη, ἀ-γάλλoμαι st. ἀ-σγ. u. a., worüber später. Wie W. σβαλ neben W. σπαλ, so steht W. σγαλ neben W. σκαλ (aus UrW. σκα+λ) in σκέλλω, dörren, in lat. (s)cal-eo etc. Neben σί-γλαι, Ohrenschmuck, glänzende Dinge, steht gleichbedeutig σί-κλαι Hes. Vgl. ἀ-σκάλ-αϑoϛ = γαλ-εόϛ Hes.

Σι-γύ-rη, σί-γυ-roϛ st. σί-σγ. gehört mit gleichbedeutigem αἰγαrέη st. ἀ-σγα-r-έη, Wurfspeer (Bgr. wegen, schwingen), zu WW. σγα-σγι-σγυ, wozu auch ἀ-γαίoμαι st. ἀ-σγ., κρα- ται-γύαλoϛ st. καρτα-σγύ-αλoϛ κτλ. nebst Σί-γειοr, Vorgebirge in Troas (= emporgeschwungen).

Σί-βυ-roϛ, σι-βύ-rη, σί-βε-ror und ὁ σι-βή-rηϛ können nicht

auch lautlich = σι-γύ-νη sein, sondern gehören zu W. σβυ
= W. σπυ mit dem Bgr. schwingen.

Σί-χιννος, σι-κίννη, σί-κιννις, ein heftig erregter Tanz, leitet
Ilesychius von σείω + κινέω ab! Es gehört zu W. σχι mit
dem Bgr. schwingen, mag auch der Erfinder *Σί-κιννος* geheissen haben. Vgl. Hes. σκινδάρειος, eine Art Tanz.
Σί-βλη-θρα· πόπανα τὰ περικεκνισμένα (Hes.) zu W. σβαλ:
urspr. Bgr. des Wortes ist „tüchtig herumgeworfen" behufs ·
Vornahme des περικνίζειν.
Σι-παλ-ός, nach Hesych. = ἀκάθαρτος, εἰδεχθέστατος d. i.
schmutzig, widrig, dann auch im übertragenen Sinne „widerwärtig", erklärt sich gemäss Abschn. 153 aus der Begriffsentwickelung von W. σπαλ. — Ueber σι-πύ-η st. σι-σπύ-η S. 127.

Σι-νό-η, Name einer Nymphe Paus. VIII 30, 2, erklärt sich
aus Wurzel σνα, fliessen, die aus Curtius N. 443 bekannt ist,
als gleichbedeutig mit *Ναίς*, *Νηίς*.

Σι-κυ-ών B 572, Ψ 299, eine hochgelegene Stadt, wird
doch wohl zu W. σχυ mit dem Begriffe „blähen, schwellen"
gehören, welcher so gewöhnlich Wörter der Begriffe „Anhöhe,
Hügel, Berg" abgiebt. — Dazu auch σι-κύη, eine saftstrotzende
Frucht, Melone etc.

Σί-βυλλα aus lak. σιόρ und βουλή abzuleiten, geht nicht an;
das Wort fügt sich lautlich zu Wf. σβυλ, später βυλ, bul in
bulla, Blase, Blase, bullire, Blasen werfen || βυλλός, gebläht (Hes.)
|| βλύω, ἀπο-βλύζω κτλ. Vgl. βυλλ-ίχ-ης, Tänzer (hier Bgr.
bewegen, schwingen) || lakon. βυλλ-ίχαι· χοροί τινες ὀρχηστῶν
παρὰ Λάκωσιν Hes. — Der frühere sigmatische Anlaut von
Wf. βυλ folgt aus βο-μβυλ-ίς, Blase Hes., st. βο-σβυλ-ίς ¦
βο-μβυλ-ιός, Sumserin (Bgr. wehen, blasen = tönen). Vgl.
βο-μβύλη, S. 279 || βο-μβυλ-ιάζω, Knurren im Bauche
haben in Folge von Blähungen (Aristot.) || *Bo-μβυλ-ια* =
bulliens, eine Quelle in Böotien || βο-μβύλ-η, ein bauchiges
Gefäss, λήκυθος Hes. — Nach Allem ist die Grundbedeutung
von Wf. σβυλ = fla-re, blasen. Daher ist *Σί-βυλλα* st. σι-
βυλ-ια = afflata, inspirata, inflata, die Prophetin. Man
denke an Virgils Worte von der cumäischen Sibylle Aen. VI 11

Vs 50

> magnam cui mentem animumque
> Delius inspirat vates aperitque futura.
>
> nec mortale sonans, adflata est numine quando
> jam propiore dei.

III. Vielleicht noch häufiger findet sich den Wörtern aus sigmatisch anlautenden Wurzeln bloss *ι* vorgesetzt. Ist dies aus *σι* verstümmelt oder ist es *ι* euphonicum? Neben *σι-πύ-α* st. *σι-σπύ-α* findet sich *ι-πύ-α*. Wie dieses aus W. *σπυ* entstammt, so das gleichbedeutige *σί-φν-ος*, *σί-φν-ον* st. *σίσφα-νος*, *σί-σφα-νον* nebst weitergebildetem *σίφνις* zu W. *σπα*, *σφα*. — Ein Wort, welches tiefen Einblick in die griech. Formationsweise thun lässt, ist *ἴ-σκλα*, die Drossel. Mit Recht vermuthet Curtius S. 698, dass sich hierin der ursprüngliche Laut noch vollständiger erhalten habe, als in den gleichbedeutigen Wörtern *ἴ-χλα* und *κί-χλη*. Uebersehen sind die identischen Wörter *ι-χάλη* (Hes.), *κιχήλα* (Epicharm., Aristoph.). Ein Etymon giebt C. nicht an. Es ist Sec.W. *σκαλ* aus W. *σκα*+*λ* mit Bgr. hauchen = tönen = *schallen*. Wie aus W. *σπα* Wf. *σφα* und *φα* entsteht, so aus W. *σκα* Wf. *σχα*, *χα*. In *κί-χλα* st. *κί-σχαλα* für *κί-σκαλα* und in *κι-χήλ-η* ist die gewöhnlichere Art der Reduplication ohne Mithinübernahme von Sigma vorgenommen worden, wie in *πῑ-φαύ-σκω*, *πα-σπάλη*, *πα-μφαίνω* st. *πα-σφαίνω*, *μαιμάω* st. *μα-σμάω* κτλ., pô-pulus st. po-spul-us, Skr. ta-stâna st. sta-stâna etc. Vgl. Leo Meyer I 427 und oben S. 279 f.

Wegfall von *κ* aus *κί-χλα* in *ἴ-χλα* aufzustellen, wäre völlig unwissenschaftlich. Alle fünf Wörter bedeuten *Schallerin*, Sängerin = Drossel.

Iota vor noch erhaltenem Sigma haben wir ausser in *ἴ-σκλα*, in *ἴ-σφαίνω*, *ἴ-σφα-τος*, *ἴ-σφωρ-ες*, *ἰ-σκάνδ-ιον*, *ἰ-σκανδ-ο-τόν* S. 67 f. noch in folgenden Wörtern: *Ἰ-σχύς*, *ἰ-σχύ-ω*, *ἰ-σχυ-ρός* und Sippe gehören zu Wf. *σχυ* == W. *σκυ* neben W. *σκα*, und sind Einer Wurzel und Eines Urbegriffs mit *σκυ-δ-μαίνω*, *σκύζομαι*, *σκύζα*, *σκυ-θ-ρός*, *σκύ-β-αλον*, *σκύ-μνος*, *σκύ-ρον* und *ἄ-σκυ-ρον* κτλ., in welchen sich all die Begriffsabstufungen von WW. *σπα*, *σπι*, *σπυ* wieder abspiegeln, wie wir später sehen werden. Herleitung von *ι-σχύ-ς* aus *ϝίς* oder aus *ἴσχω* st. *σι-σέχω* ist unmöglich.

Ἰ-ξύ-ς = ὀ-σφύς, wie Hesychius erklärt, gehört zu der Wf. ξυ st. σκυ, wie ψυ st. σπυ. Daneben aus Wf. σχι st. W. σκι das synonyme *ἰ-σχί-ον* und *ἴ-σχι* H.

Ἰ-σχα-λέος τ 233 und *ἰ-σχνός* st. *ἰ-σχα-νός* decken sich urwurzelhaft und begrifflich mit *κα-γκής* in *πολυ-καγκής* Λ 642, *κά-γκα-νος* st. -*κα-σκής*, *κά-σκα-νος* Φ 364, σ 308, dürre, trocken, aus W. σκα, hauchen, brennen etc.

Ἰ-στυ-άζω· ὀργίζομαι (Hes.) fügt sich von selbst zu W. στυ mit *στεῦ-μαι*, verlangen, aspirare etc. ‖ äol. *στύ-μα*, Mund ‖ *στυμνός· σκληρός* H. ‖ *στύ-γ-ος*, nebst Sippe ‖ *στύ-ρ-αξ*, wohlriechendes Harz ‖ *στυ-φ-άν· βροντᾶν* κτλ. Vgl. Un-ge-*stü*-m, *stü*-m-en etc. Die Verdächtigung des Wortes ist Angesichts der Abschn. 104 gegebenen Begriffsentwickelungen der gleichbedeutigen W. σπι haltlos.

Ἰ-στρίδες· ἐσθῆτές τινες οὕτω λεγόμεναι H. = *στρώ-ματα*. W. στρα hat auch W. στρι neben sich: *ἄ-στρι-ες* und *ἄ-στρι-χ-οι = ἀ-στρά-γ-αλοι* ‖ *στροι-βός· δῖνος* ‖ *στρι-φ-νός*, *σρι-γ-χ-ός* κτλ.

Ἴ-στραξ oder *ἴ-στραξ* ist Eines Ursprungs mit *ἀ-στρα-λός* (ὁ ψαρὸς ὑπὸ Θετταλῶν H.), lat. stur-nus, *Star*, die mit ψάρ nur begrifflich zusammenfallen.

Ἰ-στά-κη· δρέπανον. Βοιωτοί H. — Bgr. schwingen, W. στα.

Ἰ-σκός· κλέπτης = *κι-κκός* st. *κι-σκός· κλέπτης* (Hes.), begrifflich = engl. the lifter. In lautlicher Hinsicht ergiebt sich die Gleichung *ἰ-σκός*: *κι-κκός* = *ἴ-σκλη*: *κί-χλη*.

Ἰ-σμῆ-ναι· ἀκόλουθοι (H.) erklärt sich aus W. σμα als *ποιπνυ-οί*, Diener.

Ἰ-σμη-νός, Sohn des Apollo Paus. IX 10, 6, Sohn der *Αἴθρα* Eur. Suppl. 66 (W. *ἴθ*, αἴθω), der dem Apollo heilige Fluss bei Theben, — Alles rechtfertigt Herleitung von W. σμα S. 293, mögen wir vom Bgr. „hauchen, glänzen“ oder „tönen“ ausgehen.

Ἰ-σμαρ-ος ι 40. 198 zu W. σμαρ, welche Etymologie auch Homer nahe legt in den VV. 197 f.

.... *ὅν μοι ἔδωκε Μάρων, Εὐάνθεος υἱός,*
ἱρεὺς Ἀπόλλωνος, ὃς Ἴσμαρον ἀμφιβεβήκει.

N. pr. Μάρ-ων st. Σμάρ-ων: der *Glänzende*, Leuchtende, Sohn *Schönblums*, ist Priester des Strahlengottes zu *Lichtheim*. Für die Lautverhältnisse ist von Wichtigkeit, dass Ί-μμάρ-ᾱδος bei Apollodor III 15 Ίͅ-σμαρ-ος heisst; dort also Assimilation von σ zu μ, wie uns so oft begegnet ist. Zu WW. ζα-ζι-ζυ S. 5 fügt sich 1) ί-ζῶς· σχῆμα ὀρχή-σεως: Bgr. schwingen. 2) ί-ζί-ν-ες· οἰωνοί, ὄρνιθες: Bgr. flattern. 3) ί-ζί-ν-ες· προχόοι, λέβητες, τρίποδες, also bauchige Gefässe: Bgr. blähen. Zu W. ζι = ζα gehören z. B. auch: ζί-α Hes. und ζει-ά, mit dem Grundbegriffe Hervorgesprossenes (S. 137 ff.) ‖ thrac. ζί-λαι, Wein d. i. Gegohrenes ‖ ζι-ραί· χιτῶνες ἀνάκωλοι: Bgr. bauschen, hüllen ‖ ζι-τάν, Wollüstling ‖ ζί-εται· ζητεῖται: Bgr. „wittern, schnüffeln, spüren" oder Bgr. aspirare. 4) ί-ζοῦ-να (oder ί-ζου-να, wie M. Schmidt vorschlägt), Ochsenstall, zunächst wohl Stall oder Viehhof, Hof überhaupt = αὐ-λή: W. ἀϝ. — W. ζυ = W. ζα begegnet uns z. B. in ζό-η, die blasenartige Haut auf der Milch etc. st. ζόϝ-η ‖ ζέ-ω, ζέϝ-ω, sieden, gähren, bullire (Blasen werfen) ‖ ζύ-μη, Gährendes, Sauerteig ‖ ζύ-θος, Gegohrenes, κτλ.

Das macedonische ί-ζέλ-α· ἀγαθὴ τύχη und ί-ζέλ-ος, der Seescorpion, werden wohl mit arkad. ζέλλειν begrifflich = βάλλειν *) zusammenhangen. Mit gleichem Rechte, wie τύχη selbst aus Bgr. treffen (τυχὼν κατὰ δεξιὸν ὦμον E 98 ö.) hervorgegangen ist, konnte solches auch ί-ζέλ-α. Und wie ζάλ-αξ ein anderes treffendes, stechendes bzhw. stacheliges Thier, den Igel, bezeichnet (Hes.), so ί-ζέλ-ος den stechenden, mit Stachel versehenen Skorpion.

Da nun die Verbalstämme, welche mit ζ anlauten, nirgends die Reduplicationssilbe σι- aufweisen, sollen wir annehmen, dass ί- aus ζι verstümmelt sei, oder aber dass hier ί euphon. vorliege? Denn auch ζ gehört zu denjenigen Lauten, die als sigmatische empfunden wurden; daher dialectisch συρίσδω für συρίζω κτλ.

IV. Die Vorschlagssilbe ί- blieb aber auch dann, wenn das

---

*) Wozu soll dieses auch lautlich mit βάλλειν zusammenfallen? Aus der klar zu Tage liegenden Wurzel ζα, wehen, konnte sich ein ζάλλω, ζέλλω mit Bgr. schwingen sehr wohl ausgestalten: ζά-λη, Sturmwind, Unwetter, ζα-λά-ω, stürmen.

Anlauts-Sigma der Wurzel schwand, in welchem Falle oft Ersatzdehnung eintrat, und auch dann, wenn σπ, σκ anderweitige Wandelungen erfuhren, wie ἴ-σκλα zu ἴ-χλα. Von bereits dagewesenen Beispielen mögen hier in Erinnerung gebracht werden die kurz vorher S. 336 aus WW. σπα-σπι-σπυ aufgeführten; man beachte ausserdem folgende: ἰ-λ ύ-ς *) zu W. σλυ S. 309 ‖ ἰ-λυ-ός Callim. Jov. 25, Schlupf-winkel, erklärt sich lautlich wie begrifflich aus W. σλυ in ἀ-λύ-σκω st. ἀ-σλύ-σκω S. 311 ‖ ἰ-πνός st. ἰ-σπα-νός S. 276 ‖ tarent. ἰ-πνα-σία st. ἰ-σπα-ν(α)σία, Bauch, Geblähtes ‖ ἴ-φλη-μα· τραῖμα (Hes.) und cypr. ἴ-φλω-μα st. σί-φλω-μα gehören zu W. σπαλ, klaffen machen, spal-ten. Vgl. Abschn 159.

Ἴ-κνυ-ον· κονίαν Hes., also wohl Nom. ἴ-κνυ-ος. Κόν-ις und κον-ίη sind nicht zu trennen von κόν-υζα, das u. a. auch Kehricht (σαρώματα Hes.) bedeutet; neben κόν-υζα steht aber auch σκόν-υζα. Damit sind wir auch für κόν-ις, κον-ίη, wie schon durch ἴ-κνυ-ον nahe genug gelegt wird, auf sigmatischen Stamm hingewiesen, aber gleichzeitig auch für κνάω und κνύω. S. im folgenden Abschn. ἐ-σκνᾶ-σαι. Dieselben sind aus W. σκα+ν und W. σκυ+ν entstanden, wie Wf. πνυ aus W. σπυ+ν, germ. Wf. fna aus W. fa+n = σπα+ν S. 154. Damit ist denn auch Urverwandtschaft mit lat. scab-o, deutschem scha-b-en für κνάω st. σκά-ν-ω gewonnen. Κόν-ις und ἴ-κνυ-ον st. ἴ-σκυ-ν-ον bedeuten Wehendes, Stiebendes, Staub, desgl. κόν-υζα = σαρώματα, wogegen in κόνυζα und σκόν-υζα „eine starkriechende Pflanze" der Bgr „duften" obwaltet; κνάω und κνύω bedeuten ursprünglich wehen-, streuen-machen = fein abschaben, zerreiben, wie Δ 639 vom Streukäse. — Gleiches Lautverhältniss waltet ob zwischen σκνιπός, κνιπός und σκνιφός neben σκιπός und σκιφός.

Ἴ-κτίς, Wiesel, neben κτίς (Hes.) und κτιδέα, woher homer. Adj. κτίδεος in κτιδέη κυνέη, Sturmhaube vom Wieselfell

---

*) Das homer. ἅπ. λεγ. ἰλύς Φ 318 widersteht dem Digamma (ὑπ' ἰλύος), kann also auch lautlich nicht mit εἰλύω, W. ϝαλ zusammengebracht werden.

K 335. 458.*) Aus dem *l-* ist zu folgern, dass W. *κτι* in *l-κτίς* für W. *σκι* steht = W. *σκα* mit Begriff von W. *σπα* in *πέ-φα-μαι* S. 216 ff., von W. *σπι* in *φθίω*. Vgl. S. 326. Daher auch *κτί(ν)νυμι* St. *κτι* und *κτείνω* St. *κτα-ν* mit ursprünglicherem *κτά-μενος*, *ἔ-κτα-σαν* St. *κτα* = (σ)*καίρω* St. (σ)*κα-ν* mit (σ)*κον-αί· φόνοι* Hes. Aus W. *σκι* in der Form *ξι* ist gebildet *ξί-φ-ος*, woneben *σκί-φ-ος* bei den Doriern üblich war. Vgl. oben S. 338 *σί-κιννος*. S. Fick I 235 W. ska, tödten, = Wf. *κτα*.

Ί-κτῖ-νος, der Hühnergeier, hat neben sich *σκίλλος· ἰκτῖνος* Hes. Darnach werden wir auch jenes auf Wf. *κτι* st. W. *σκι* zurückzuführen haben, sei es als „Würger", wie das vorige, sei es, was weniger empfehlenswerth, als „Schwinger", in welch letzterem Falle es sich an *σί-κιννος* st. *σί-σκιννος*, anlehnen würde.

Doch genug der Zusammenstellungen. Nun erwäge man, wie beliebt überhaupt die Iota-Reduplication war: *βι-βάζω*, *βι-βάς* || *γι-γνώσκω*, *γί-γν-ομαι* st. *γι-γέν-ομαι*, *γί-γας*, *γί-γαρτον* || *δί-δω-μι*, *δι-δάσκω*, *δί-δυμος* || *τί-θη-μι* st. *θί-θη-μι*, *τι-θασός*, *τι-θήνη*, *τι-θύμαλος* || *ἵ-ημι* st. *ἵ-ή-μι* || *κι-κλή-σκω* || *λι-λαίομαι* || *μί-μνω* st. *μι-μένω*, *μι-μνήσκω* || *νι-νήατος*, *νι-νη-τός* || *πι-πρά-σκω*, *πι-πί-σκω*, *πί-μπλημι*, *πί-μπρημι* || *σί-συμβρον*, *σι-σύρα*, *σί-συς*, *σί-συβος*, *σί-σαρον*, *σι-σόη* || *τι-ταίνω*, *τι-τρώ-σκω*, *τι-τράω*, *τι-τύσκομαι* κτλ.

Sogar bei vocalisch anlautenden Wurzeln begegnet uns die gleiche Reduplication, wie Curtius N. 387 treffend bemerkt unter Hinweis auf *ἰ-άλλω*, *ἴ-ονθος*. Man nehme dazu z. B. *ἰ-αύω*: W. *ἀϝ* || *ἰ-άπτω*: W. *ἀπ*, treffen || *ἰ-άλ-εμος*, *ἰ-ήλ-εμος* neben *ἀλ-αλ-ά*: W. *ἀλ*, hauchen = tönen || *ἴ-ορ-κος*: Wf.

---

*) Schon diese Verbindung zeigt, wie lächerlich es ist, *κυνέη* aus *κύων* abzuleiten: „ein wieselfelliges Hundsfell"?! *Κυνέη αἰγείη* ω 231 „ein ziegenfelliges Hundsfell"?! *Κυνέη ταυρείη* K 258 „ein ochsenfelliges Hundsfell"?! — *Κυ-ν-έη* ist Einer Wurzel mit *κύ-αμος*, Geblähtes = Bohne, *κύ-αρ*, Hohles, Höhle, *κῦ-μα*, Geblähtes = Schwall, Woge, mit *κύ-μ-β-η*, *κύ-μ-β-ος*, *κύ-π-η* κτλ., lat. cav-us etc. und ist = lat. cu-d-o, Helm. Grundbedeutung ist Gewölbtes, Hohles; daher *κυνῆ* auch = *οἰκία* Hes. — * *Κύντος*: *κυ-νός*, cav-us, = *κή-λ-εος*: *κη-λύς* Hes.

ὀϱ || ἰ-ωϝ-ή = ἀυ-τή: W. ἀϝ || ἰ-ωϰ-ή, ἰ-ωχ-μός: W. ἀϰ, treffen, stossen, schlagen etc. || ἰ-αιβοῖ, αἰβοῖ (Interject.) stellt Aristophanes Vesp. 1338 neben einander. — Erwägt man dazu, wie sich ἰ-πύα neben σι-πύα, Ἴ-μυρα neben Σί-μυρα, ἴχλα und ἴ-σϰλη neben dem anderartig reduplicirten ϰί-χλη, cypr. ἴ-φλω-μα neben homer. σι-φλόω findet, so wird man sich geneigt finden, in dem vorschlagenden ἰ- lieber verstümmelte Reduplication für σι zu sehen, mag auch die ursprüngliche Reduplicationssilbe σι nicht immer selbst lebendig gewesen, sondern durch ἰ- nur „angedeutet" worden sein.

109. Bildungen mit prothetischem ἐ.

Eines der schlagendsten Beispiele für den Vorschlag von ἐ vor ursprünglich mit Sigma und folgendem Consonanten anlautenden Wörtern resp. Wurzeln bzw. für vorschlagendes ἐ als Zeichen für ursprüngl. sigmatischen Anlaut ist cypr. ἔ-πιζα = σπίζα Soph. fr. 382.‑ An weiteren Beispielen aus WW. σπα-σπι-σπυ sind uns begegnet Ἐ-φάμιος· Ζεύς S. 179 || ἐ-πι-άλ-ης, ἐ-φι-άλ-της, äol. ἐ-φέλης neben ἰ-φί-αλος, ἠπίαλος κτλ. || ἐ-πά-σιοι, ἔ-παισοι, ἐ-παί-μονες S. 178 || ἐ-φιδ-ύειν neben ὀ-φιδ-εύειν S. 327 κτλ.

Nehmen wir zunächst solche Wörter, in denen Sigma noch gewahrt ist:

Ἔ-σβη-ν-ες· εἶδος ποτηρίον. Ταραντίνοις Hes. Es ist wohl kein Zweifel, dass das Wort ein Plurale von ἔ-σβη-ν ist und mit dem Bgr. „blähen, bauchig sein" zu derselben Wurzel gehört wie ἀ-σβη-νοί = πτη-νοί mit Bgr. wehen = flattern.

Ἐ-σϰνᾶ-σαι· ξυρῆσαι (H.) wird schwerlich Zusammensetzung aus εἰς+ϰνάω sein, zumal solche auch sonst nicht vorkommt, sondern sich nach dem S. 342 über ϰνάω Gesagten erklären. M. Schmidt freilich hält das Wort für böotisch, da böotisch ἐς = ἐϰ ist; allein dann hätte Hesychius doch wohl den böot. Ursprung angegeben und auch das ἐϰ in der Erklärung angedeutet, wie er z. B. bei böot. ἐσ-μόνω· ἐξ-ελεύσομαι, ἐσ-σίει· ἐϰ-χέῃ thut. || Ἐ-σϰόϱ-οδοι neben σϰόϱ-οδ-οι und σϰόϱ-θοι Hes.

Ἐσχαλάᾳ· λυπεῖται (H.), also = ἀ-σχάλλει· λυπεῖται H. Daraus
folgt u. E., dass der Wurzelstamm auch von

$$ ἀ-σχάλλω, ἀ-σχαλ-άω $$

Wf. σχαλ ist. Δυσχαλής = χαλ-επός bei Hesychius und χαλ-
ε-π-ός selbst st. σχαλ. werden derselben Wurzel sein, wie
sie auch von gleichem Begriffe ausgehen: χαλ-επ-αίνω =
ἀ-σχαλ-ᾶν, zornig sein etc. Wie so oft, wird σχ für σκ
stehen: attisch σχελ-ίς = σκελ-ίς || σχίζω st. σχιδ-ιω = lat.
sci-n-d-o || σχῖνος-neben σκίλλα, nur durch die Suffixe ver-
schieden || (σ)χέζω, Pf. κέ-χοδ-α, St. (σ)χαδ = ahd. scizan,
ags. scîtan, altn. skîta, nur mit Ablautung, u. dgl. m. — Und
nun halte man neben ἀ-σχαλ-ᾶν, δυσχαλής st. δυσ-σχαλ-ής
und χαλ-επ-ός die hesychischen Glossen: ἀ-σκελ-ές· σκλη-
ρόν, χαλ-επόν || ἀ-σκαλ-εῶς· ἄγαν σκλη-ρῶς. Wir sind
damit bei Sec.W. σκαλ angelangt, worüber später. Wir sagen
Secundär-W.; denn man vergleiche ἀ-σκά-νη· ἀγανάκτησις
(H.) von gleichem Begriffe.

$$ Ἐ-σχά-ρη $$

soll zu Skr. ush, brennen, oder zu ἔσχ-ατος gehören? An der
ersten Herleitung zweifelte ihr eigener Urheber Benfey WL.
I 38. Was hom. ἐ-σχά-ρη mit ἐξ, wovon ἔσχατος „jedenfalls
eine Art Superlativ ist, wie extremus" (Curt. S. 387), irgend
zu schaffen hat, ist unerfindlich. Desto mehr hat ἐ-σχά-ρη mit
Bgr. brennen zu thun und fügt sich zu W. σκα mit dem Begriff
brennen, flammen, leuchten (S. 171), wie σχίνδα· θερμάστριον
zu Wf. σχι = σκι, wozu z. B. altn. skî-na, glänzen, scheinen,
goth. skei-ma = φανή, lat. sci-n-t-illa, Funken, u. a. W. gehören.
Vgl. ἰ-σχάς, gedörrt, die gedörrte Feige.

Ἐ-σκαμ-άνης, N. pr. auf einer erythräischen Münze, wird doch
wohl Eines Stammes sein, wie der erste Theil von Σκάμ-
ανδρος, — und karisches N. proprium

Ἐ-στιχ-ος, oder vielleicht Ἐ-στιχ-ος zu schreiben, mit N. pr.
Στιχίος N 195 gleichen Ursprung haben.

Häufiger aber ist σ nach erfolgter Vorschlagung von ἐ gewichen, wie schon aus den Beispielen S. 344 zu ersehen. Man
nehme dazu noch folgende Wörter:

$$ Ἐ-μέ, $$

ἐ-μοῦ, ἐ-μοί neben μέ, μοῦ, μοί wird doch wohl vom Plural
ἄ-μμες st. ἄ-σμε-ς, ἡ-μεῖς st. ἀ-σμέ-ες nicht zu trennen sein;
also wäre der Pronominalstamm σμε. Ob im ἀ des Plural das
copulative ἀ = zusammen („die Ich zusammen") oder ἀ proth·
vorliegt, mag dahin gestellt bleiben.

Ἐ-θέλω

neben θέλω weist auf dieselbe W. σθα hin, woraus σθένω,
σθένος gerade so hervorgegangen ist, wie μένω, μένος aus μα
(μέ-μα-α), *γένω, γένος aus γα (γέ-γα-α) κτλ. Die Formen
ἐ-θελ-ήσω, θελ-ήσ-ω, θελ-ή-σας κτλ. weisen auf Nominalbildung
aus (σ)θε-λή, Wille = θυμός, animus etc., die ja auch den Bgr.
„Wille" annehmen; daher θελ-έω = den Willen haben, und
Präs. θέλω wird gekürzte Form sein aus θελ-έω oder Nbf.
*θελ-ιω, θέλλω. Ein kürzerer Stamm entwickelte oder er-
härtete sich ja regelmässig aus Denominativen: ἱμείρω st.
ἱμερ-ιω von ἵμερος mit ἱμέρ-θη Hdt. VII 44, St. ἱμερ ‖ σφάζω
st. σφαγ-ιω, abkehlen, aber erhärteter St. σφαγ in σφαγ-είς
γαμέω, Hochzeit machen, von γά-μος, aber St. γαμ in Fut.
γαμ-ῶ, in ἔ-γημ-α ‖ γηθ-έω von γῆ-θος, aber Pf. γέ-γηθ-α. —
Ja, rationelle Sprachforschung wird zu dem Ergebnisse führen,
dass sämmtliche Secundär-Wurzeln urspr. Denominative sind,
gebildet von Substantiven auf δη, τη, λη, ρα κτλ., δος, τος, λος
ρος κτλ. So entsteht χαίρω st. χαρ-ιω aus χα-ρά, Jubel, laute
Freude (W. χα), aus χαίρω in ἐ-χάρ-ην κτλ. erst der Verbalstamm χαρ; aus Subst. *spo-ra, altn. spo-r, nhd. Spu-r erst
ahd. spur-jan, nhd. spüren. Die englische Sprache macht noch
kürzeren Prozess; sie kann im Nothfalle jedes Substantiv ver-
balisiren, unbekümmert um dessen Ursprung: chord, Saite, to
chord, besaiten ‖ crust, Kruste, to crust, bekrusten ‖ crutch,
Krücke, to crutch, mit Krücken stützen ‖ dirt, Schmutz, to dirt,
beschmutzen u. s. w. Im Deutschen haben wir dasselbe Verfahren, wenn auch nicht in so ausgiebigem Maasse: Kreuz,
kreuzen ‖ Krone, krönen ‖ jubel-n ‖ fürcht-en ‖ hauch-en etc.;
häufig unter Verwendung von Präfixen: be-lohn-en neben
lohn-en ‖ er-dolch-en ‖ er-list-en ‖ be-stern-en etc.
So ist nun Nomen *θε-λή = animus, θελ-έω (θελ-ή-σω)

animum habere*), und $\sigma\vartheta\acute{\epsilon}$-$\nu$-$\omega$, $\sigma\vartheta\acute{\epsilon}\nu o\varsigma$ entwickelten sich mit gleichem Begriffe aus W. $\sigma\vartheta\alpha$, hauchen, wie vi-s, $\digamma\acute{\iota}$-ς aus W. $\digamma\iota$ = W. $\digamma\alpha$, wie $(\sigma)\beta\acute{\iota}$-$\eta$ aus W. $\sigma\beta\iota$ u. dgl. m. mit Grundbegriff Heftigkeit = Gewalt, Kraft. — Zu W. $\sigma\vartheta\alpha$ u. a.. $T\bar{\iota}$-$\vartheta\omega$-$\nu\acute{o}\varsigma$ st. $\tau\iota$-$\sigma\vartheta\omega$-$\nu\acute{o}\varsigma$, hauchend oder strahlend, Gemahl der Morgenröthe || $\dot{A}$-$\vartheta\acute{\eta}$-$\nu\eta$ st. $\dot{A}$-$\sigma\vartheta\acute{\eta}$-$\nu\eta$, die starke, $\dot{\alpha}\tau\varrho\upsilon\tau\acute{\omega}\nu\eta$ B 157, $\dot{o}\beta\varrho\iota\mu o\pi\acute{\alpha}\tau\varrho\eta$ E 747, $\dot{\alpha}\lambda\varkappa\acute{\eta}\epsilon\sigma\sigma\alpha$ Hymn. Hom. XXVIII 3 || $\dot{I}$-$\vartheta\acute{\omega}$-$\mu\eta$ neben $\Theta\acute{\omega}$-$\mu\eta$ und $\Theta o\acute{\upsilon}$-μ-$\alpha\iota o\nu$, eine Festung = stark, fest || $\varSigma\iota$-$\vartheta\omega$-ν-$\acute{\iota}\alpha$, fette Landschaft in Thessalien.

$\dot{E}$-$\varkappa\epsilon\bar{\iota}$-$\nu o\varsigma$

und $\varkappa\epsilon\bar{\iota}$-$\nu o\varsigma$ entstammen zunächst von $\dot{\epsilon}$-$\varkappa\epsilon\bar{\iota}$ st. $\sigma\varkappa\epsilon\bar{\iota}$. Sollte $\sigma\varkappa\epsilon\bar{\iota}$ nicht als urspr. Imperativ für $\sigma\varkappa\acute{\epsilon}$-$\epsilon$ stehen und ursprünglichst „schau", voilà, $\mathring{\eta}\nu$, en, ecce bedeuten, also mit der erweiterten W. $\sigma\varkappa\alpha$+$\digamma$ bzw. $\sigma\varkappa\epsilon$+$\digamma$ in $\vartheta\upsilon o$-$\sigma\varkappa\acute{o}o\varsigma$ bei Curtius N. 64 zusammengehören? Dann wäre Begriff und Laut erklärt. Die Weiterbildung hätte sich dann gemacht ähnlich wie bei lat. ecce in ecc-os, ecc-um, ecc-a. Aus Skr. ka-s, wer?, lat quis? will sich weder Anlaut noch Begriff ergeben.

$\ddot{E}$-$\vartheta\epsilon\iota\varrho\alpha$

kann nicht anderer Abstammung sein, als $\vartheta\varrho\acute{\iota}\xi$. Da jenes bei Homer (nur im Plur.) bloss von der Mähne, dem Schweife der Pferde und dem rosshaarenen Helmbusche steht, so ergiebt sich als natürlicher Grundbegriff „Wehendes, Flatterndes"**) (vgl. S. 236). Darnach würde $\ddot{\epsilon}$-$\vartheta\epsilon\iota\varrho\alpha$ st. $\dot{\epsilon}$-$\sigma\vartheta\epsilon\varrho$-$\iota\alpha$ auf die erweiterte Wf. resp. Sec.W. $\sigma\vartheta\alpha$+ϱ gehen, deren Ursprungswurzel wir unter $\dot{\epsilon}\vartheta\acute{\epsilon}\lambda\omega$ kurz besprochen haben. Die begriffliche Entwickelung derselben deckt sich vollständig mit der von WW. $\sigma\pi\alpha$-$\sigma\pi\iota$-$\sigma\pi\upsilon$, wie auch von Sec.WW. $\sigma\pi\alpha\varrho$ und $\sigma\pi\alpha\lambda$· Man vergleiche unter einander $\ddot{\epsilon}$-$\vartheta\epsilon\iota\varrho\alpha$ = $\varphi\acute{o}\beta\eta$ S. 236 || $\dot{\epsilon}$-$\vartheta\epsilon\acute{\iota}$-$\varrho\omega$), pflegen Φ 347 = foveo S. 180 || $\dot{\alpha}$-$\vartheta\varrho\acute{\epsilon}$-$\omega$ = spec-i-o S. 96 || $\dot{\alpha}$-$\vartheta\varrho\acute{o}$-$o\varsigma$ und $\dot{\alpha}$-$\vartheta\varrho\acute{o}$-$o\varsigma$ = $\ddot{\alpha}$-$\pi\alpha\varsigma$ S. 118 || $\dot{\alpha}$-$\vartheta\alpha\varrho$-$\acute{\epsilon}\omega\varsigma$· $\dot{\alpha}\varkappa\varrho\iota\beta\tilde{\omega}\varsigma$ Hes. d. i. deutlich, hell; $\dot{\alpha}$-$\vartheta\alpha\varrho$-$\acute{\eta}\varsigma$, rein = unverdorben; der Grundbedeutung nach = $\varphi\alpha$-$\lambda\acute{o}\varsigma$, $\varphi\alpha\iota\delta\varrho\acute{o}\varsigma$ κτλ. || $\dot{\alpha}$-$\vartheta\acute{\alpha}\varrho$-$\iota o\varsigma$,

---

*) Vgl. $\varphi\alpha\nu\tilde{\alpha}\nu$· $\vartheta\acute{\epsilon}\lambda\epsilon\iota\nu$ Hes., falls die Glosse vollständig ist, offenbar aus W. $\sigma\pi\alpha$, Wf. $\varphi\alpha$.

**) „Und schleunig weht auf seinem Haupt des fremden Helmes Busch". Schiller.

reine Jungfrau || ἀ-ϑαρ-ίζω· προπηλακίζω (Hes.) d. i. besudeln, begeifern, verächtlich behandeln = engl. spe-ck, spo-t, lat. sputare, πτύω S. 146 || homer. ἀ-ϑ͜ερ-ίζω A 261, ψ 174 dasselbe || ἀ-ϑερ-ές· ἀνόητον, ἀνόσιον H. = ψαφαρός, ψεφαρός, ψεφαῖος, ψεφηνός in übertragenem Sinne S. 66 || ἀ-ϑύρω = ἐ-ψι-άομαι S. 321 || ἀ-ϑάρη· πτισάνη Hes. S. 329 || kret. ὄ-ϑρυς, Anhöhe, Berg (H.) = πτύξ (Anschwellung), Anhöhe, Kuppe S. 159 || ὀ-ϑρέ-ω, in Bewegung setzen = σφαδ-άζω κτλ. S. 256 ff. || mit gleichem Grundbegriffe rhodisches ἄ-ϑρας· ἅρμα. || ἴ-ϑρις = σπάδ-ων S. 127.

Die Eigennamen Ὄ-ϑρυς, thessal. Gebirge Hesiod. Th. 632 und Ὄ-ϑρυ-ονεύς N 363. 772 sammt sicil. Ortsnamen Ὄ-ϑρω-νος erklären sich wie kret. ὄ-ϑρυς, das man fälschlich mit ὀ-φρύς identificirt: die Kreter kennen nicht die äolische Aussprache von ϑ wie φ, geschweige denn dass sie umgekehrt φ wie ϑ ausgesprochen hätten. Sie haben z. B. (Hes. s. γλῶσσαι ἔϑν.) φαίκανον, φιλήτωρ, ὑφεττόν, ἀφ͜αμιῶται, ἄφελμα, ἀφρατίας, ἀμφινώτους, ἀμφενώτας, δίφατον, λαίφια, λίφητρα, μαστροφός, σεῖφα κτλ. Wenn sie ἐλαϑρός = ἐλαφρός haben, so doch auch ἐλαφρός, wie sie nämlich nach Hesychius den Zeus benennen. In ἐ-λαϑ-ρός steckt nur eine anderartige Ausgestaltung der W. σλα (σλι, σλυ), als in ἐ-λαφρός, wie in ἐ-λεύϑ-ερος eine andere, als in lat. (s)lib-er.

·110. Εἰλαπίνη

hat u. E. Döderlein N. 2267 sehr richtig mit λάπτειν, verschlingen, saufen, zusammengebracht; aber er sucht in εἰ- die Präposition ἐν! Vielmehr steht εἰλαπίνη für ἐ-σλαπ-ίνη, wie παιπάλη st. πασπάλη. Im äol. ἐ-λλαπ-ίνη ist σ assimilirt. Im engl. to slop, gierig trinken || to slab, schlingen, nhd. schlappen, gierig trinken || nnl. slemp-en, comissari || oberd. slufern, schlürfen; schluppern, schlucken || böhm. slup-nouti, schlucken; slopati, gierig trinken u. s. w. (bei Diefenb. II 106 f.) ist das Sigma der W. sla-sli-slu noch erhalten bei verschiedenartiger Labial-Erweiterung. In schlu-ck-en haben wir Guttural-Erweiterung.

In das scheinbare Chaos der german. Wörter und Weiterbildungen aus WW. sla-sli-slu kommt wunderbare Einheit, so-

bald wir von derselben Urbedeutung ausgehen, ·wie bei WW.
σπα-σπι-σπυ. Nur Ein Beispiel: goth. slep-an, nhd. *schlafen*,
engl. to sleep sind derselben Sec.Wurzel; sie erklären sich
wie *ἄϝω*, *l-αύω* aus W. *ἀϝ*, wie *παύω* aus W. *σπα*; dsgl. engl.
sloo-m und unser *Schlummer*. Vgl. to sla-b, to slo-p etc. sammt
schlucken aus Bgr. einathmen, wie *σπά-ω*, saugen, *πίνω*, trinken ‖ slo-p, Schmutz, wie *πί-ϝος*, *σπῖ-λος* ‖ slo-p-s, weite Hosen,
Gepäck, aus Bgr. blähen, bauschen ‖ to sla-p, schlagen, wie
πταίω u. s. w.

Ἐ-λά-ω, ἐ-λαύ-νω

ist u. E. derselben W. mit engl. to sla-m, to sla-sh, to sla-t, to
slo-t, to sla-p etc. = *schla-g-en*, derselben W. wie lat. a-la-p-a. —
Ἐ-λά-τη, Tanne, erklärt sich als celsa, emporgeschossen, -ge-
trieben, -geschwungen.

Ἐ-λαχ-ύς

und *λαχ-ύς* sind derselben UrW. wie *ὀ-λίγ-ος*, so gut wie engl.
sla-nk, sli-m, sly, sle-n-d-er, sli-gh-t „dünn“ derselben Wurzel-
Trias angehören.

Ἐ-λε-ός

I 215, § 432 wird wohl urspr. „Platte“ bedeutet haben, in
welchem Falle es gleicher Wurzel wäre mit *λεῖος*, lev-is S. 310,
mit engl. sla-te, *λᾶ-ας* S. 263 und mit sla-b, Platte, Brett.

Ἐ-λεύθ-ερος

will Curtius S. 488 gewiss mit Recht von *ἐλεύθω* nicht getrennt wissen. Aber soll *ἐ-λεύ-θω* aus „W. *ἀϝ*“ entstammen
können? Sollte es nicht mit Wf. *ἐ-λαϝ* in *ἐ-λαύ-νω* = in
Bewegung setzen, bzw. mit W. sla, sli, slu zusammenhangen?
Dann wäre auch lat. lib-er urwurzelhaft verwandt. Die W.
λιφ (Curt. N. 545), verlangen, aspirare, kann doch nur secundär
sein, so gut wie W. *σλι-φ* in *ά-λείφω* neben *ά-λοι-μός κτλ.*
S. 312. Die einfache Wurzel (σ)λι hätten wir in *λί-αν*,
heftig, in *ά-λι-νός*, begehrt, begehrlich = *ἐπαγρόδιτος* Hes.
— Steckt in Wf. (σ)λιφ von *ά-λείφω* der Bgr. glatt-sein, glatt-
machen bzw. fett-, glänzend machen (vgl. *λιπαρός*), so in W.
(σ)λιϝ, begehren, ein anderer, aus der Urbedeutung von W. σλα-
σλι-σλυ noch unmittelbarer sich entwickelnder Begriff. Und
lautlich verhält sich altlat. loeb-esus = liber zu Wf. λιϝ, lib in

lıb-ct wie ά-λοι-μός zu dem Stamme von ά-λί-ν-ειν· ἀλείφειν,
wie ά-λοιφ-ή zu Wf. λῖφ in ἀλήλιφα κτλ.

Ἔλφος, ein cyprisches Wort, bedeutet Butter (H.). Daneben
finden wir im Hesychius ἄ-λεπ-ος und ἔ-λπ-ος, Fett, und
aus ά-λεφ-ατ-ίζω, salben, ist mit Bestimmtheit auf ein τὸ
ἄ-λεφ-αρ, Salbe, Fett, zu schliessen. Wir werden daher
ἔ-λφ-ος für ἔ-λεφ-ος = ἄ-λεφ-αρ und ἔ-λπ-ος für ἔ-λεπ-ος
= ἄ-λεπ-ος zu nehmen und diese Wörter so wenig von einander zu trennen haben, wie ά-λείφ-ω und λίπ-ος, Fett.
Hier Weiterbildungen aus W. sli, dort aus W. sla. Engl.
sla-b bedeutet „klebrig", wäre also auch begrifflich verwandt.
Sollte goth. salb-on nicht für slab-on stehen?

Ἐ-λέφ-ας

und ἐ-λεφ-αίρομαι, trügen Ψ 388, hängen sicherlich zusammen; aber die Fabel vom elfenbeinernen Traumthore überlassen wir getrost den alten Scholiasten. In ἐ-λέφ-ας tritt
Bgr. „glatt bzw. glänzend" zu Tage*), in ἐ-λεφ-αίρομαι von
einem Nomen ἔ-λεφ-αρ = ἄ-λεφ-αρ = ἔλφος der Bgr. Fett,
„Schmier": einen anschmieren, einen einsalben = betrügen,
welche Bedeutung auch λιμφενύειν· ἀπατᾶν (Hes.) hat, welches
Curtius gewiss mit Recht zu ἀλείφω stellt und durch „anschmieren" erklärt. N. 340. — Es steht aber auch nichts im
Wege, vom Bgr. „Helle, Weisse, Glanz" auszugehen; denn die
Begriffe „glänzend, glatt und fett" stehen durchweg neben
einander und durchdringen sich gegenseitig. Wer es daher
vorziehen will, mag ἐλεφαίρομαι als „weiss machen" = „täu-
schen, vorspiegeln" auffassen im Hinblicke auf φέν-αξ, Betrüger, φεν-ακ-ίζω, betrügen S. 247. Vielleicht verdient diese
Auffassung mit Bezug auf die Würde der btr. Personen Ψ 388

---

*) Mögen auch die Griechen das Elfenbein durch die Phönizier be-
kommen haben, konnten sie darum nicht selber dem glatten, gleis-
senden Handelsartikel ebenso gut aus eigener Sprache den Namen
geben, wie dem aus Ostpreussen durch Phönizier eingeführten Bern-
stein, der wenigstens bei Herodot III 115, Plato Tim. 80 etc. sicherlich
unter ἤλεκτρον „Glänzendes" (ἠλέκτωρ) zu verstehen ist? Daher mögen
Andere Geschmack finden an der Herleitung aus semitischem al+ibhas.
Für uns spricht nicht wenig auch ά-λωφ-ός· λευκός, von gleichem
Stamm wie ἐ-λέφ-ας.

οὐδ' ἄρ' Ἀθηναίην ἐλεφηράμενος λάθ' Ἀπόλλων
Τυδείδην

den Vorzug vor jener. Der Herleitungen aus ϝέλπω (Passow),
aus Skr. i-prn (Benf.) können wir hiernach entrathen. — Haben
wir Erweiterungen von W. σλα mit π und φ, wie ἅ-λεπ-ος,
ἄ-λεφ-αρ, ἐ-λέφ-ας κτλ., so auch mit β in ἀ-λάβ-η· σποδός,
λιγνύς, cyprisch = μαρίλη, Kohle ‖ ἀ-λαβ-ῶδες· ἀνθρακῶδες.
κεκαπνισμένος ‖ ἀ-λάβ-αστος, bauchiges Gefäss, λήκυθος ‖
ἀ-λάβ-ασ-τρον ‖ ἀ-λάβ-ητοι· θόρυβοι ‖ Ἀ-λαβ-ών· ποταμός d. i. gleitend. Vgl. S. 311.

Ἐ-λαφ-ρός

erklärt sich aus dem Grundbegriffe der W. σλα mit Leichtigkeit als = „flink" (aus W. spal, in Metathesis spla, spli) =
engl. smar-t (aus Wurzel smar S. 40), = engl. spri-n-g und
spri-gh-t, spright-ly (aus W. spar, spra, spri) = engl. sli-gh-t,
(W. sli), das ebenfalls „flink, leicht" bedeutet bzw. κοῦφος, wie
Hesychius ἐλαφρός erklärt.

Ἔλεος,

Mitleid, sucht Pott I 122 aus lit. gaila, Benfey I 318 aus Skr.
ghṛna, II 350 aus ϝέλος, Fulda 256 aus angebl. W. ϝλυ „über-
quellen, weinen" zu deuten. Viel einfacher und lautrichtiger
aus W. sla, schlagen (vgl. ἐλάω) als „betroffen sein", sei es als
ἔ-σλε-ος oder ἔ-σλεϝ-ος. Begrifflich deckt sich das Wort mit
mhd. slê-te, Betrübniss, mit schwed. sli-t-a, perpeti (W. sli =
W. sla), bei Diefenbach II 267 unter goth. slei-tha, Schaden
= goth. sla-h-s, Schlag, das auch „Leiden" bedeutet. So wäre
auch der Zusammenklang mit ἐ-λε-ός, Platte, Brett, erklärt.

111. Ἐ-νῡ-ώ und Ἐ-νῡ-άλιος

neben Νav-αλέος (Hes.)*) gehören zur W. σνυ bzw. zur Wurzel-
Trias sna-sni-snu. Im Griechischen war der Anlaut σν missliebig, weshalb σ gänzlich abfiel, jedoch nicht, ohne noch oft

*) Νav-αλεῖ· ὁ 'Ἐννάλιος. Da der Glossator sehr oft das zu er-
klärende Wort im Casus obl. durch einen Nominativ beleuchtet, so
haben wir in Νav-αλεῖ einen Vocativ st. Νav-αλέε zu erkennen, also
Nominativ Νav-αλέος.

genug Spuren früheren Daseins zurückzulassen, wie Ἐννοσί-γαιος
st. ἐ-σν., εἰνοσί-φυλλος st. ἐ-σν. u. dgl. (S. 202). Eine solche
Spur ist auch ἐ proth. Im Germanischen war Anlaut sn (nhd.
schn) dagegen um so beliebter, desgl. im Sanskrit. Wes Geistes
Kind WW. sna-sni-snu ihrer Grundbedeutung nach gewesen,
ist aus den Ableitungen und Weiterbildungen leicht zu entnehmen: goth. snu-tr-s = πεπνυμένος, altn. sno-tr, sapiens,
ags. sno-tr, sagax || goth. sniv-an (snau) und sniu-m-jan =
σπεύδειν, ahd. Adj. sniu-mo = σφεδανός, ags. snio-me, sneo-
me, snû-d-c = σφο-δρῶς = sne-ll, schne-ll || goth. sna-g-a, Um-
geschwungenes = Mantel; ahd. sna-g-a = (panda) navis rostrata
goth. snai-v-s, Wehendes, Stümendes d. i. Schnee || nhd. *schnau-
b-en*, schnic-b-en, *schnau-f-en*, *schnü-ff-eln*, *schnu-pp-ern*, engl.
sni-ff, sni-f-t, snu-ff, snu-ff-le, snu-sh, sno-r-t u. s. w. = πνεῖν |
engl. to sna-g, sna-t-ch, sna-p, sna-bb-le, nhd. *schna-pp-en* etc.
= aspirare, jappen nach etwas, weiterhin = haschen || snou-t,
Schnau-z-e = Mund als Athmendes || to sno-r-c, *schnar-ch-en*
d. i. laut athmen; to sna-r, to sna-r-l, brummen; vgl. *schna-
rr-en* || to sne-b, sni-b, snu-b, snea-b, anschnauben, tadeln || to
snie, voll sein, überlaufen, schwimmen.

Doch genug; WW. sna-sni-snu mit ursprünglichem Begriffe
„hauchen, schnauben" sind nicht abzuläugnen. Griech. (σ)νάω
und (σ)νέω gehören dazu ebenso gut, wie flu-o mit fla-re urwurzelhaft zusammenhängt, mögen wir nun von dem Begriffe
eilen, bewegen, wallen (flu-i-ta-re) oder von Bgr. ἐκφυσᾶν, sprudeln etc. ausgehen. Vgl. über fluo und φλέω Curt. N. 412.
Hesychius bietet sogar noch ναύ-ει· βλύζει || νό-α· πηγή. Λά-
κωνες || ναῦν· πηγαῖον ὕδωρ.

Νέομαι, gehen, kommen (sich schwingen, bewegen) ist
wohl schwerlich von νέω, νάω, fliessen etc. zu trennen. Denn
Bgr. „thue mich zusammen mit Einem" von SkrW. nas liegt
ferner, als Bgr. „sich bewegen", goth. sniv-an, St. snau. Und
das hesychische ἡνόησεν· ἦλθεν hätte seine Erklärung gefunden: ἀ-νο-έω st. ἀ-σνο-έω für σνοϝ-έω würde sich mit goth.
snau, sniv-an, wie auch (σ)νέ-ομαι, vollständig decken. Denn
W. sna konnte so gut eine Sigma-, wie eine Vau-Erweiterung
erfahren. Ἀν-νεῖται ἠέλιος κ 192 lässt sich wörtlich übersetzen „die Sonne schwingt sich empor", aber nicht „thut sich

empor zusammen". *Ἀπο-νέομαι* „weg-eilen, sich weg-bewegen" und *ἐξ-απο-νέομαι* wollen sich auch nicht dem Grundbegriff von SkrW. nas fügen.

Giebt es aber eine Wurzel *συυ* = blasen, schnau-f-en, so ist *Ἐ-νῦ-ώ* st. *Ἐ-συῦ-ώ* = die Schnaufende, Schnaubende, Ungestüme, Stürmische, gewiss eine passende Bezeichnung der Kriegsgöttin *E* 333. 592, und *Ἐ-νῦ-άλιος, Ναυαλέος* = der Schnaufende, Ungestüme etc. — *P* 211 ist *ἐ-νυ-άλιος* Beiwort von Ares; an den übrigen Stellen steht das Wort selbständig zur Bezeichnung des Kriegsgottes *B* 651, *II* 166, *Θ* 264, *N* 519, *P* 259, *Σ* 309. Man halte neben das Epitheton *ἐννάλιος Y* 51 *Ἄρης* . . . *ἐρεμνῇ λαίλαπι ἶσος* oder die Epitheta *ἆτος πολέμοιο E* 388. 863, *λαοσσόος P* 398 u. a. — Der Eigenname *Ἐ-νυ-εύς I* 668 erklärt sich entsprechend.

Die Bildung anlangend, so ist *Ἐ-νῦ-ώ* von W. *συυ* gebildet, wie *Βρυ-ώ, Ἀρχ-ώ, Ἐνιπ-ώ, Κλωθ-ώ, Κριν-ώ, κτλ.* | *Ἐ-νῦ-εύς*, wie *Δαμν-εύς, Ἐπ-ειγ-εύς, Ὀ-τρ-εύς κτλ.* || *Ἐ-νῦ-άλιος*, wie *νηφ-άλιος, ἀ-ϝεικ-έλιος κτλ.* von ihren resp. Stämmen.

Ἐ-νόπ-η,

messen. Stadt *I* 150, und *ἐ-νοπ-ή*, Getöse, werden doch wohl zusammengehören. Wie aus *ἐν+ϝέπω, ἐννέπω* „ansagen", *ἐνοπή* sollte lautlich und begrifflich herkommen können, ist nicht abzusehen. Man halte sich nur folgende Stellen vor: *II* 246 *αὐτὰρ ἐπεί κ᾽ ἀπὸ ναῦφι μάχην ἐνοπήν τε δίηται* || *M* 35 *τότε δ᾽ ἀμφὶ μάχη ἐνοπή τε δεδήει* || *Π* 781 *ἐκ μὲν Κεβριόνην βελέων ἥρωα ἔρυσσαν* | *Τρώων ἐξ ἐνοπῆς* || *P* 714 *Τρώων ἐξ ἐνοπῆς θάνατον καὶ κῆρα φύγωμεν.* — Wenn *κ* 147 Odysseus auf eine hohe Warte steigt „*εἴ πως ἔργα ἴδοιμι βροτῶν ἐνοπήν τε πυθοίμην*", so kann doch von hohem Felsengipfel keine „Anrede" vernommen werden. — Wenn *Γ* 2 es heisst *Τρῶες μὲν κλαγγῇ τ᾽ ἐνοπῇ τ᾽ ἴσαν, ὄρνιθες ὥς,* oder *K* 12 *θαύμαζεν πυρὰ πολλά, τὰ καίετο Ἰλιόθι πρό,* | *αὐλῶν συρίγγων τ᾽ ἐνοπὴν ὅμαδόν τ᾽ ἀνθρώπων,* oder endlich *Ω* 160 *ἷξεν δ᾽ ἐς Πριάμοιο, κίχεν δ᾽ ἐνοπήν τε γόον τε* (nämlich über den Tod des Hektor): so ist auch hier überall der Bgr. „Anrede", „Anstimmung" ausgeschlossen. Ueberall drängt sich der Begriff Getöse, Lärm auf. Dieser Begriff aber ergiebt sich

mit Leichtigkeit aus der unter Ἐννώ besprochenen W. sna-sni-
sńu, die in ihren Erweiterungen auch vielfach den Bgr. tönen
aufweist. Ja schnaub-en (schnob), schnauf-en involvirt förmlich
diesen Begriff. Und es verhält sich der für ἐνοπή gefundene
Bgr. Getöse zu dem Bgr. von engl. to snea-p, sne-b, sni-b,
snu-b, schelten, wie ὄ-τοβ-ος und ὄ-ττοβ-ος, Getöse, zu στόβ-
ος, Geschelte, στοβ-άζειν, schelten S. 302 f. Daher stellen wir
getrost ἐ-νοπ-ή st. ἐ-σνοπ-ή mit unserem schnaufen, schnaub-en
(schnob), dialectisch auch schnof-en, sowie mit den aufgeführten
engl. Wörtern zusammen. Man denke noch an Bürger's „Und
immer höher schwoll die Flut, Und immer lauter schnob
der Wind". — „Laut wiehern und schnauben .... die
Rosse, die Farren". — Und die Stadt Ἐ-νόπ-η wird wohl ein
Ort sein, wo es schnaubt, wo der Wind tost.

112. Ἐναίρω

hat Batrach. 275 noch neben sich ἐνναίρειν: Ἐνναίρειν βατρά-
χους βλεμεαίνων. Das erklärt sich nur aus ἐ-σναίρειν. Das
Etymon von ἐ-ναίρω ist offenbar τὰ ἔ-ναρα st. ἔ-σναρα, spolia, wonach die Grundbedeutung spoliare ist. Nun beachte man,
wie W. sna allein im Englischen entwickelt hat: to sna-g, to
sna-p, to sna-tch, to sna-bb-le, alle urspr. schnappen bedeutend d. i. inhiare, hiante ore captare, aspirare, gieren. Daraus
entwickelte sich weiterhin Bgr. haschen, erhaschen ohne Bezugnahme auf Mund und Athem, wie auch unser schnappen,
wegschnappen = haschen, erhaschen, fangen, wegnehmen. Daher
ist engl. to sna-g = stehlen ‖ the sna-ck = das Erhaschte, der
Antheil ‖ the sna-tch-er = Räuber ‖ the sna-p, der Fang, to
sna-p = to catch suddenly, the snapp-er, der Wegfänger ‖
the sna-ffl-er (aus snaffle, dies aus to sna-ff = sna-p) =
Räuber ‖ to sna-bb-le (aus to sna-b = sna-p) = plündern,
rauben, ja sogar = tödten. Dass alle diese Wörter nur Weiterbildungen aus W. sna sind, liegt auf der Hand. Daraus auch
the sna-re = any thing set to catch an animal, also urspr.
die Fange, jedes Ding womit man fängt, wie Schlinge, Netz
u. dgl.; daraus to sna-re, fangen, verstricken, weiterhin nach
Erhärtung dieses Denominativs zu einem eigenen Verbalstamme

to snar-l, verstricken*). Wie nun the sna-re = die Fange,
so ist τὰ ἐ-σνα-ρα, ἔ-να-ρα = das Erhaschte, Erbeutete, spolia, und ἐ-σναίρω, ἐ-ρναίρω, ἐ-ναίρω = spoliare, weiterhin (wie to snabble) auch = tödten. — Wie leicht
sich Bgr. „tödten" an Bgr. „wegnehmen, rauben" anlehnt, zeigen
u. a. auch αἱρεῖν und ἑλεῖν, die so ganz gewöhnlich „erlegen,
tödten" bedeuten E 50, Δ 457, Z 35 etc. Da nun überdiess,
wie wir später sehen werden und zum Theil schon § 111 gesehen haben, die Wurzeltrias sna-sni-snu auch im Griechischen
übergrosse Vertretung hat, so können wir wohl die misslichen
Ableitungen aus ἔνω· τὸ φονεύω (Et. M.), aus αἴρω (Eustath.),
aus ἀναείρειν (Döderl.), aus ἔνεροι (Buttm.), aus αἴρω (Faesi),
aus Skr. ri, rish, tödten (Benf.), aus αἱρέω u. dgl. entbehren.
— Wer Bedenken haben möchte wegen unterlassener Längung
vor Suffix ρον, dem wäre zu entgegnen, dass sogar vor Adj.-
Suff. ρός solche öfters unterblieben ist: ξε-ρός neben ξη-ρός.
Vgl. ἐ-σχά-ρη S. 345 u. a. So auch Kürze vor νός in πλὔ-ρός,
vor μός in λἄ-μός, vor τός in στα-τός κτλ.

Dem oben erwähnten engl. sna-re, altn. und schwed. sna-ra,
dän. snac-re etc. entspricht aus W. snu = W. sna unser *Schnu-r*
a) = engl. sna-re. b) = νυ-ός st. σνυ-σός, Schwiegertochter,
als die Erhaschte, Gewonnene, αἱρετή. Man denke nur an die
alte Sitte, ja Form des Raubens bei der Heimführung, die sich
z. B. bei den Lacedämoniern bis in die späteste Zeit erhalten
hatte. Vgl. Plut. Lyc. 15 ἐγάμουν δι᾽ ἁρπαγῆς κτλ. u. a. St.
bei K. F. Hermann Privat-Alterth. § 31. Also

$$νυ-ός$$

urspr. = die Erhaschte, Erbeutete. Nur so erklärt sich auch
das neben νυ-ός gebräuchliche ἐν-νυός (Poll. III 32): es ist
urspr. = die Eingefangene. Dass dieses späte Wort st. ἐ-σνυ-ός
stehen sollte, ist nicht anzunehmen; und der Accent zwingt zu
dieser Annahme auch nicht, wie ἐν-εργός, ἐπ-αμοιβός u. v. a. W.
beweisen. Ja, das Ztw. (σ)νύ-ω = erhaschen, rauben, scheint
noch zu Hesychius' Zeit gelebt und gelebt zu haben. Die
Glosse ἔννον· ἔφορον ist absolut unerklärlich; lesen wir aber

---

*) Neben to snar-l, brummen, the sno-re, ags. sno-ra = „audible
respiration of sleepers through the nose; davon to sno-re, to snor-t etc.

ἔφερον (= ἥρπαζον), so ist geholfen. — Aus *ν υ ρ ε ῖ· νύσσει*,
aus *ν υ ρ ῶ ν· νύσσων* und *ν υ ρ ίζει· νύσσει* ist ein Subst. *νυ-ρός*
oder *νυ-ρά*, Schwung, Schlag, Stoss, zu erschliessen, das auf
Verbalstamm (σ)*νυ* führt, der ursprünglich blasen, schnaufen
(s. *Ἐ-νυ-ώ*), weiterhin schnappen; haschen, dann aber auch
schwingen, schlagen (to blow) bedeutet haben wird.

113. Ἐ-ρυ-ϑ-ρός

stammt bekanntlich von *ἐ-ρεύ-ϑω*, röthen. Aber dieses Zeitwort ist ebenso gut eine *ϑ*-Bildung aus kürzerer Wurzel; wie
πύ-ϑω, *πλή-ϑω*, *πρή-ϑω* κτλ. So gut man aus lat. rufus
neben *ἐρυϑ-ρός* folgern konnte, lat. f sei = *ϑ*, hätte man aus
altlat. robus, aus ruber, aus russus, rutilus auch Gleichheit von
ϑ mit b, mit t folgern können. Man muss eben die weiter-
bildenden Elemente scharf auseinander halten. Das vorschlagende *ἐ* weist auf sigmatischen Anlaut der Wurzel.

WW. *σρα-σρι-σρυ* haben ein gar grosses Gebiet eingenommen. Im Lateinischen und Germanischen war Anlaut sr
missliebig, weshalb s abfiel. Im Griechischen wurde der ur-
prüngl. Anlaut σ durch Spiritus asper repräsentirt: bei der
Augmentation der resp. Verba tritt σ in Assimilation zu ρ
wieder zu Tage: *ἔ-ρρεε* st. *ἔ-σρεϝ-ε*, *ἔ-ρρασσε* st. *ἔ-σρασσε*.
Nicht selten auch erfuhr der voraufgehende Vocal, wie wir
sehen werden, Ersatzdehnung. In gar vielen Fällen fand Vorschlag von *ἀ*, *ἐ*, *ὀ* statt unter Verdrängung des urspr. Sigma.
Wenn man bloss W. *σρυ*, fliessen, Skr. srav-â-mi = fluo
aufführt, so muss das wahrlich Wunder nehmen*). Es existirten
gleichbedeutig auch WW. *σρα* und *σρι*: *ῥά-ας· ῥεύματα* Hes.;
doch wohl Acc. Plur., also Nom. Sing. *ῥά-α* ‖ *Ῥῆ-νος*, Flussname, doch wohl aus *ῥη-νός*, fliessend, erst gebildet ‖ *περι-ρρη-
δ-ής*, circum-fusus χ 84 ‖ *ῥα-ν-ίς*, *ῥα-ϑά-μιγξ*, Tropfen, *ῥαίνω*,
triefen machen: *αἵματι δ᾽ ἐρράδαται τοῖχοι* υ 354 „die Mauern
triefen von Blut". Soll von *ἄρδω* herkommen!? ‖ *ῥα-ϑ-άσσω*,
ῥα-ϑ-μ-ίζω = *ῥαίνω* ‖ böot. und kret. *ῥί-αινα· πηγή*, λιβάς ‖
ῥί-γ-μα, Tropfen H. ‖ *ῥί-ϑρον· ῥεῦμα* H. ‖ lat. ri-vus etc.

---

*) Die deutschen Wörter mit schr, engl. shr stehen griech. Wörtern
bzw. Wurzeln mit σχρ gegenüber.

Dass aber die Urbedeutung nicht „fliessen" war, zeigt schon allein $\dot{\varrho}\dot{\omega}$-$\vartheta$-$\omega\nu$ und $\dot{\varrho}\dot{\iota}\varsigma$, Nase. Es ist doch nicht anzunehmen, dass die urkräftigen Schöpfer dieser Wörter so arg an fliessendem Schnupfen gelitten hätten, dass sie die Nase als „Fliessendes" (Curt. N. 517) unästhetischer Weise sollten benannt haben. Die Nase ist = $\pi\nu\acute{\epsilon}ov\sigma\alpha$, hauchende, riechende, schnaufende, und $\dot{\varrho}\acute{\iota}$-$\nu$-$\varsigma$ hängt mit rie-ch-en urwurzelhaft zusammen, wie $\dot{\varrho}\acute{\iota}$-$\alpha\iota\nu\alpha$ mit rie-s-eln etc. — Auch $\dot{\varrho}\acute{v}\gamma\chi$-$o\varsigma$ (Wf. $\dot{\varrho}v+\chi$ nasalirt), Schnauze, Rüssel, Schnabel, in grobem Tone auch = „Gesicht", wird nicht vom „Fliessen" benannt sein, noch böot. $\dot{\varrho}o\,\bar{v}\gamma\chi o\varsigma$· $\pi\varrho\acute{o}\sigma\omega\pi o\nu$ H., sondern vom Schnaufen bzw. Schnappen.

Aus dem Grundbegriffe blasen (hervorblasen, $\varphi v\sigma\tilde{\alpha}\nu$) erklärt sich nach dem S. 136 Gesagten auch der Bgr. von $\dot{\varrho}\acute{\epsilon}\omega$, fluo (: fla-re). Nur aus dem Bgr. hauchen wehen erklärt sich auch, dass

$$\acute{\epsilon}\text{-}\varrho\omega\text{-}\acute{\eta}$$

sowohl „Schwung, Heftigkeit", als „Ruhe" d. i. Erathmen, Verschnaufen, $\dot{\alpha}\nu\acute{\alpha}$-$\pi\nu\epsilon v\sigma\iota\varsigma$ bedeuten kann; dass $\acute{\epsilon}$-$\varrho\omega$-$\acute{\iota}\omega$ einerseits hervorströmen A 303, π 441, anderseits $\pi\alpha\acute{v}\epsilon\sigma\vartheta\alpha\acute{\iota}$ $\tau\iota\nu o\varsigma$ ($\pi o\lambda\acute{\epsilon}\mu o\iota o$ N 776 ö.) und scheuchen N 57 bedeuten kann*). Nur so erklärt sich auch Hesych. $\acute{\epsilon}$-$\varrho o\acute{v}$-α· $\dot{\alpha}\nu\alpha\pi\alpha\acute{v}ov \parallel \acute{\epsilon}$-$\varrho\omega$-$\acute{\alpha}\zeta\epsilon\iota$· $\acute{\eta}\sigma v\chi\acute{\alpha}\zeta\epsilon\iota \parallel \acute{\epsilon}$-$\varrho\omega$-$\varkappa$-$\epsilon$· $\varkappa\acute{\omega}\lambda v\epsilon$ d.i. $\pi\alpha\tilde{v}\epsilon$.

Nach den zum öfteren dargelegten Begriffsvermittelungen erklärt sich auch $\dot{\varrho}\acute{\omega}$-$o\mu\alpha\iota$ = $\vartheta\acute{v}\nu\omega$, $\pi o\iota\pi\nu\acute{v}\omega$, $\sigma\pi\epsilon\acute{v}\delta\omega \parallel \dot{\varrho}\omega$-$\varrho\acute{o}\varsigma$· $\sigma\varphi o\delta\varrho\acute{o}\varsigma \parallel \dot{\varrho}\acute{\omega}$-$\mu\eta$· $\delta\acute{v}\nu\alpha\mu\iota\varsigma$, $\dot{\iota}\sigma\chi\acute{v}\varsigma$, $\check{o}\gamma\chi o\varsigma$ („$\check{o}\gamma\chi o\varsigma$· $\varphi\acute{v}\sigma\eta\mu\alpha$" Hes.); daneben synonym bzhw. gleichbedeutig $\dot{\varrho}\acute{v}$-$\mu\eta$· $\dot{o}\varrho\mu\tilde{\eta}$. — $\dot{\varrho}\acute{v}\zeta\alpha$· $\beta\acute{\iota}\alpha$. — $\dot{\varrho}\acute{\alpha}$-$\gamma$-$\alpha$· $\beta\acute{\iota}\alpha$, $\dot{o}\varrho\mu\acute{\eta} \parallel$ maced. $\dot{\varrho}\acute{\alpha}$-$\mu\alpha\tau\alpha$· $\beta o\tau\varrho\acute{v}\delta\iota\alpha$, Beeren (Hes.): Bgr. schwellen; daneben aus W. $\dot{\varrho}\alpha+\gamma$: $\dot{\varrho}\acute{\alpha}\xi$, G. $\dot{\varrho}\alpha\gamma\acute{o}\varsigma$, und $\dot{\varrho}\alpha\gamma\acute{\eta}$, Beere $\parallel$ lat. ra-na, Frosch = $\pi\alpha\varrho\varphi v\sigma\acute{\iota}\varsigma$ st. $\pi\alpha$-$\sigma\varphi v\sigma\acute{\iota}\varsigma$ = inflata: „inflat se tanquam rana" Petr. 74, 13 | Aus $\dot{\varrho}\alpha+\chi$ mit Nasalirung $\dot{\varrho}\acute{\epsilon}\gamma\chi$-$\omega$, aus $\dot{\varrho}\alpha+\varkappa$ aber $\dot{\varrho}\acute{\epsilon}\gamma\varkappa\omega$, schnarchen; dazu $\dot{o}$ $\dot{\varrho}\acute{o}\gamma\chi o\varsigma$ und $\tau\dot{o}$ $\dot{\varrho}\acute{\epsilon}\gamma\chi o\varsigma$ = „audible respiration of sleepers through the nose". Vgl. S. 355 $\parallel$ äol. $\dot{\varrho}\acute{\epsilon}\mu$-$\varphi o\varsigma$· $\tau\dot{o}$ $\sigma\tau\acute{o}\mu\alpha$, $\dot{\varrho}\acute{\iota}\varsigma$ Hes., aus W. $\dot{\varrho}\alpha+\varphi$ mit Nasalirung $\parallel$ $\dot{\varrho}\acute{o}\varphi$-$o\varsigma$ mit $\dot{\varrho}o\varphi\acute{\epsilon}\omega$, schlürfen, d. i. einschnauben, mit Geräusch trinken.

---

*) Buttmann's Versuch Lexil. I 70 ff. aus Bgr. „strömen" das Alles zu erklären, ist fruchtlos.

Zahlreich sind die Wörter des Bgr. tönen, *rau-sch-en*, wie ῥό-ϑ-ος, ῥο-ϑ-έω, ῥόϑιος, ῥοῖζος, ῥοῖβδος, ῥοιβδέω κτλ. ‖ ῥέμβω, schwingen: W. ῥα+β ‖ ῥεμβ-ον-ᾶν σφενδόνας Hes. ‖ ῥῑ-π-ή, Schwung, aus W. ῥι+π, dazu ῥί-π-τ-ω, ῥιπτέω*) ‖ Mit dem Bgr. pandus, geschwungen = gebogen, *ru-nd (Ra-nd):* ῥαμφ-ός, ῥαι-βός, ῥοι-κός, ῥι-κ-νός, ῥυ-σός. Letzteres daher auch = *runzelig* I 503; davon ῥυσοῦται· γηράσκει H. Lat. ru-g-a aus W. sru+g ‖ ῥέ-ϑος = γυῖον als das sich biegende ‖ ῥῑ-γ-ος = ψῦ-χ-ος, aber nur begrifflich = lat. frigus ‖ ῥά-π-υς und ῥά-φ-υς, *Rü-b-e*, lat. rapum, rapa als gerundetes (γογγυλίς) ‖ dsgl. ῥαφ-άνη· κράμβη, Kohl ‖ lak. ῥώ-κ-ομαι = tumesco (ira) ‖ kret. ῥυ-σ-τόν· δόρυ: Bgr. schwingen ‖ ῥοί-αγξ· φά-ραγξ (Hes.) d. i. spiraculum, spiramen, wie auch lat. ri-ma sich erklärt = pac-men oder pae-mina etc. S. 63 ‖ ῥῶ-δ-ιγξ, Beule, blutige Anschwellung = σμῶ-δ-ιγξ S. 293 ‖ lat. ra-mus, ῥά-μνος und ὄ-ραμνος = φυ-τόν ‖ ῥάδ-αμος· καυλός, βλαστός d. i. πτόρ-ϑος, welches Hesychius sehr zutreffend als ἔκφυσις τοῦ δένδρου deutet ‖ ῥαδαμεῖν· βλαστάνειν ‖ Dazu ῥάδ-α-μνος und ὀ-ρόδ-αμνος, ῥόδ-αμνος, ῥάδ-ιξ von gleichem Begriffe.

---

*) Gewöhnlich bringt man ῥίπτειν mit goth. vaírp-a zusammen, sowie mit ῥέπω, ϝρέπω (καλα-ῦροψ) Curt. N. 513. Aber mehr als die Bedeutung spricht auch nichts für die Gleichheit von ῥίπτειν und *werfen*. Das synonyme ἐρείπω st. ἐ-σρείπ-ω, Stamm σρι-π (Labial-Erweiterung) legt früheren sigmatischen Anlaut nahe: ἔρριψε st. ἔ-σριψε. Und ῥι-π-ή ist begrifflich identisch mit ἐ-ρω-ή, mit ῥώ-μη, ῥύ-μη, ῥί'ζα, ῥά-γ-α. Man beachte ferner ῥιπίζειν = φυσᾶν, πνεῖν, πνοὴν πέμπειν, ἀνακαιειν II. ‖ ῥῖπος· μικρός ‖ 'Ρῖπαι· ὄρη Σκυϑικά d. i. celsitudines, Emporschwünge, Schwünge. — Die Wurzeltrias σρα-σρι-σρυ hat mit Bgr. schwingen auch sonst noch viele Bildungen mit den mannigfachsten Wurzel-Determinativen so im Germanischen wie im Griechischen getrieben: goth. raip, Riemen ‖ altn. reif-ar, fasciae ‖ nhd. *Reif* = σπάλ-ιον, ψάλ-ιον, altn. reip, dän. reep etc. ‖ ags. râp, engl. rope = σπάρ-τον ‖ engl. ribbon, frz. ruban, zum Umschwingen dienend u. v. a. bei Diefenb. II 103. Dazu aus unerweiterter Wurzel *Rie-men*. Will man diese auch mit vaírpa zusammenbringen? Vgl. noch aus dem Griechischen ῥί-σ-τρον, Futterschwinge (gleichbedeutiges λί-σ-τρον gehört zu W. λι = λα S. 5) neben ῥυ-σ-τόν = παλ-τόν. — Lat. rīpa ist völlig das griech. ῥῑπή ('Ρῖπαι N. pr.); nur bedeutet es Emporschwung, Erhöhung = Böschung, steiles Ufer, wie das aus unerweiterter Wurzel stammende ῥί-ον ebenfalls Erhöhung, Höhe = Berggipfel ist.

Begriffliche Vermittelung der zuletzt aufgeführten Wörter aus W. σρα Bgr. φύω, βλαστάνω ist jedenfalls einfacher, auch in lautlicher Hinsicht näher liegend, als aus goth. vaúrts, Wurzel (Curt. N. 515).

Doch genug der Andeutungen, um über die wahre Natur der Wurzeltrias σρα-σρι-σρυ aufzuklären. Nur muss noch betont werden, dass sie auch Bgr. brennen, strahlen entwickelt hat: ῥίζειν· καίειν Hes., rad-ius, Strahl, Skr. ruc, scheinen, leuchten lassen, roka, Licht, raj, roth sein, neben rajas, Dust, Dunst, bei Fick I 199. 189. Denn auch das Sanskrit liebt den Anlaut sr nicht.

Wie sich nun φοινός, φοίνιξ, puniceus (S. 113 ff.), πυ-ρός, πυ-τός (S. 168) κτλ., alle des Begriffs „roth", aus W. σπυ zurecht legen, so aus WW. σρα-σρι-σρυ die Wörter ῥαίνω, röthen (μιλτόω Hes.) ‖ Skr. raṅg (rag-â-mi), röthen, râgas, Röthe, bei Curt. N. 154 ‖ ῥῆγ-ευς, urspr. Röther, Purpurfärber, weiterhin erst Färber überhaupt ‖ ῥῆγ-ος, urspr. Purpur, dann purpurne Decke etc.: ῥήγεα σιγαλόεντα ζ 38, λ 189, ἰ 318. 337, ψ 180, πορφύρεα δ 297, η 336, x 353, Ω 645 ‖ ῥο-ά und bei Homer ῥο-ιά, der hochrothe Granatapfel η 115, λ 589; dazu Diminutivformen ῥού-διον, ῥο-ίδιον ‖ ῥυ-δ-ία = ῥοά, ἢ ῥοιά Hes. ‖ aus W. σρι: ῥί-μ-β-αι· ῥοιαὶ μεγάλαι Hes. ‖ ῥού-σιος, roth, mit ῥουσίζω, ῥουσιώδης ‖ ῥούσσαιος. Palaephat. ‖ ῥοῦς, der Sumach, welcher zum Rothbraunfärben diente ‖ ῥοι-άς, roth*) ‖ ἐ-ρευ-θω st. ἐ-σρευ-θω = ῥαίνω, röthen, mit ἐρυθρός, ἐρευθής, roth, τὸ ἔρευθος κτλ. ‖ ·ἐρυσί-πελας, Hautröthe ‖ ἐρυσί-βη, Rothhauch, robigo ‖ lat. ruber, rôbigo, rufus, rutilus, russus; raudus, rodus, rudus, rothes Erz, etc. ‖ altn. riotha, röthen, goth. raud-a-s, ahd. rôt, roth, mhd. rot, nhd. Rost u. s. w.

Es hält schwer, von dieser Familie die Rose, rosa, ῥόδον zu trennen, hat doch bei Homer ῥόδον so sehr den Begriff des Rothen, dass er die Morgenröthe als ῥοδο-δάκτυλος zeich-

---

*) Μήκων ῥοιάς, papaver rhoeas heisst der gemeine, in Getreidefeldern wuchernde Mohn von hochrother Farbe. Fälschlich deutet man ῥοιάς „wild", wahrscheinlich weil die Lateiner diese Pflanze auch papaver erraticum nennen. Hätte man sich doch erst Plinius H.. N. XX 77 näher angesehen: „rhoeam vocavimus et erraticum!"

nct. Aber die Aeoler sagen βϱόδον für ϱόδον. Sollte das wirklich ein Beweis dafür sein, dass ϱόδον aus ϝϱόδον entstanden? Inlautend wird β so gern zur Stütze der Aussprache von ϱ verwendet, wie in μεσημβϱία st. μεσημεϱία, ἤμβϱοτον zu ἁμαϱτάνω. Warum sollte Gleiches nicht auch im Anlaute zwischen σ und ϱ, wie dort zwischen μ und ϱ, haben geschehen können, so dass die ursprüngliche äol. Form σβϱόδον st. σϱόδον gelautet hätte, und dann nachmals bloss βϱόδον übrig geblieben wäre? Vgl. σάϱδ-ων st. σϱάδ-ων, röthlicher Stein.

Die Formationen aus ϱέω, reden, möchten diese Aufstellung nicht bloss begünstigen, sondern sogar gebieterisch fordern; denn Pf. εἴϱη-κα, εἴϱη-μαι erklärt sich nur aus ἔ-σϱη-κα,. ἔ-σϱη-μαι, ion. Aor. εἰϱέ-θην nur aus ἐ-σϱέ-θην. aber nimmer aus ἔ-ϝϱη-κα κτλ., da, um mit Curtius S. 564 zu sprechen, „ein phonetischer Uebergang von ϝ in ι nicht nachzuweisen ist, wie auch Ebel Jahn's Jbb. 83 S. 84 urtheilt". Und att. Aor. ἐ-ϱϱή-θην steht für ἐ-σϱή-θην, ἄ-ϱϱη-τος, ungesagt § 466, für ἄ-σϱη-τος. Die W. ϝαϱ, ϝεϱ, wozu lat. ver-bum, elisch ϝϱάτϱα κτλ., hat nichts damit gemein als gleiche Bedeutung, was zu dem heillosen Durcheinandermengen der wurzelhaft ganz verschiedenen Wörter und Formen Anlass gegeben hat.

Ztw. *ϱέ-ω, wozu ausser den genannten Formen auch ϱή-τωϱ, ϱῆ-μα, ϱῆ-σις κτλ. gehören, fällt wurzelhaft zusammen mit unserem reden (aber nicht mit Wort), mit Skr. râ, ra-n, ra-p, ra-m-bh, ra-s (bei Fick I 187 ff.), die alle „tönen" in den verschiedensten Begriffsabstufungen bedeuten.

Wenn demnach die Aeoler βϱή-τωϱ statt ϱή-τωϱ haben, so erklärt sich das aus σβϱή-τωϱ. Die Ansicht des späten Priscian (I 23) über βϱήτωϱ fällt nicht so schwer in die Wagschale, als die Formen εἴϱηκα, εἴϱημαι κτλ.

Gleiches gilt von äol. βϱαδ-ινός = ϱαδ-ινός, schwank, neben ϱοδ-ανός, schwank Σ 576, ϱαδ-αλός κτλ., und wir brauchen keine Trennung vorzunehmen von gleichwurzeligem Ῥόδανος, Fluss. ϱάδ-αμος, ϱάδ-αμνος, ὀ-ϱόδ-αμνος, ϱάδ-ιξ κτλ. — Legen wir gleiches Lautgesetz auch für äol. βϱα-ίδιον = ϱαίδιον an, so fügen sich ϱέ-α, ϱη-ίδιος κτλ. als Glieder einer grossen lebenden Wortfamilie ein und fristen nicht mehr ein verwaistes Dasein. Darnach würden sich nun auch $\beta\varrho\alpha\delta$-$\alpha\nu$-$i\zeta\epsilon\iota\nu$, schwingen, $\beta\varrho\acute{\alpha}x$-$\alpha\lambda o\nu\cdot$ $\dot\varrho\acute o\pi\alpha\lambda o\nu$ (Hes.) u. a. W. deuten lassen: st. $\sigma\varrho$ zur Erleichterung der Aussprache $\sigma\beta\varrho$, und daraus erst $\beta\varrho$ nach Schwund von wurzelhaftem σ.

114. Ἐρευνάω,

spüren, suchen, erklärt sich als „erwittern, erschnüffeln" (vgl. die Analoga S. 143 ff.). Das Wort ist offenbar Denominativ von $\dot\eta$ $\check\epsilon$-$\varrho\epsilon\upsilon$-$\nu\alpha = \pi\nu\epsilon\tilde\upsilon\mu\alpha$, Witterung, dieses aber gebildet aus $\dot\epsilon$-$\varrho\epsilon\acute\upsilon$-$\omega$, welches Verb leibte und lebte: $\check\epsilon$-$\varrho\epsilon\upsilon$-$\epsilon\cdot$ $\dot\epsilon\varrho\epsilon\acute\upsilon\nu\alpha$ || $\dot\epsilon\xi$-$\epsilon\varrho\epsilon\acute\upsilon\epsilon\iota\nu\cdot$ $\dot\epsilon\xi\epsilon\varrho\epsilon\upsilon\nu\epsilon\tilde\iota\nu$ || $\dot\epsilon\xi$-$\acute\epsilon\varrho\epsilon\upsilon x\alpha\cdot$ $\dot\epsilon\xi$-$\eta\varrho\epsilon\acute\upsilon\nu\eta x\alpha$ Hes.

Für diese Deutung sprechen laut die homerischen Stellen: $\check\iota\chi\nu\iota'$ $\dot\epsilon\varrho\epsilon\upsilon\nu\tilde\omega\nu\tau\epsilon\varsigma$ $x\acute\upsilon\nu\epsilon\varsigma$ $\check\eta\iota\sigma\alpha\nu$ τ 436 || $\mu\epsilon\tau'$ $\dot\alpha\nu\acute\epsilon\varrho o\varsigma$ $\check\iota\chi\nu\iota'$ $\dot\epsilon\varrho\epsilon\upsilon$-$\nu\tilde\omega\nu$ Σ 321 von einem Löwen || $\mu\upsilon\chi\grave o\nu$ $x\acute\alpha\tau\alpha$ $\tau\epsilon\acute\upsilon\chi\epsilon'$ $\dot\epsilon\varrho\epsilon\acute\upsilon\alpha$ χ 180 in Uebertragung auf einen Menschen.

II. Gewiss mit Recht trennt Curtius N. 493 von W. $\digamma\epsilon\varrho$ (wozu lat. ver-bum) sowohl $\dot\epsilon\varrho\epsilon\upsilon\nu\acute\alpha\omega$, als auch

$$\dot\epsilon\text{-}\varrho\acute\epsilon\text{-}\omega$$

und $\dot\epsilon$-$\varrho\omega$-$\tau\acute\alpha$-ω nebst $\epsilon\dot\iota\varrho\omega\tau\acute\alpha\omega$, nämlich $\dot\epsilon\varrho\acute\epsilon\omega$, suchen φ 31, fragen Λ 62. — Beide erklären sich begrifflich wie $\dot\epsilon\varrho\epsilon\upsilon\nu\acute\alpha\omega$. Εἰρωτάω st. $\dot\epsilon$-$\sigma\varrho\omega$-$\tau\acute\alpha$-ω weist auf ein Verbal-Adjectiv $\dot\epsilon$-$\varrho\omega$-$\tau\acute o\varsigma$ „erwittert" von einem Verbum *$\dot\epsilon\varrho\acute o\omega$ gleich dem bei Hesychius aufbewahrten Ztw. $\check\epsilon$-$\varrho\alpha$-$\mu\alpha\iota$: $\check\epsilon\varrho\omega\mu\alpha\acute\iota$ $\sigma\epsilon\cdot$ $\dot\epsilon\varrho\omega\tau\acute\eta\sigma\omega$ $\sigma\epsilon$. Denn $\check\epsilon\varrho\omega\mu\alpha\iota$ ist offenbar Conjunctiv. — Goth. ru-na, Geheimniss, wird wohl urspr. so viel sein, als „Errathung, das zu Errathende, Aufzuspürende". Merkwürdig: engl. to run bedeutet nicht bloss 1) $\dot\varrho\epsilon\omega$, fliessen, 2) $\dot\varrho\acute\omega o\mu\alpha\iota$, eilen, sondern auch 3) to conjecture, to prosecute in thought. Unser rau-nen, engl. to rou-n und to rou-nd erklären sich aus Bgr. wohen = tönen, engl. rou-nd und unser ru-nd gemäss $\dot\varrho\upsilon$-$\sigma\acute o\varsigma$ $x\tau\lambda$. Wie sich lat. re-or, ra-tus als „muthmassen", weiterhin als $o\check\iota o\mu\alpha\iota$ ($\dot o\digamma$-ι-$o\mu\alpha\iota$: W. $\dot\alpha\digamma$) zu unserer Wurzel fügt, bedarf keiner Ausführung.

III. Während Curtius N. 493 $\dot\epsilon\varrho\omega\tau\acute\alpha\omega$ und $\dot\epsilon\varrho\acute\epsilon\omega$ gewiss mit Recht, freilich ohne ein Etymon zu finden, von W. $\digamma\epsilon\varrho$ trennt, zieht er dazu

$$\epsilon\dot\iota\varrho\acute\eta\nu\eta,$$

Friede B 797, I 403, ω 486 als „Verabredung". Das Wort hat aber nirgends Digamma, und „Digamma kann nicht zu Iota werden".

Εἰρήνη steht für ἐ-σρή-νη und deckt sich wurzelhaft mit ἐ-ρω-ή, Ruhe, mit ἀ-ρά-μεναι· ἡσυχάζειν (Hes.) st. ἀ-σρά-μεναι, mit Skr. ra-ti, Ruhe, ra-m ruhen, mit unserem *Ra-s-t*, ahd. *ra-s-ta* u. s. w. Dazu aus den Nebenwurzeln sri, sru: goth. *ri-m-is*, Ruhe, altn. *rô*, ags. *rôv*, ahd. *ruowa*, nhd. *Ruhe* etc. — Die homerischen Stellen beweisen, dass εἰρήνη nur Gegensatz zu Unruhe, Krieg, und zwar zu beginnendem Kriege, aber nirgends „Vertrag" nach beendigtem Kriege ist.

B 796 sagt Iris zu Priamus

> ὦ γέρον, αἰεί τοι μῦθοι φίλοι ἄκριτοί εἰσιν,
> ὥς ποτ᾽ ἐπ᾽ εἰρήνης· πόλεμος δ᾽ ἀλίαστος ὄρωρεν.

I 401

> οὐδ᾽ ὅσα φασὶν
> Ἴλιον ἐκτῆσθαι, εὐναιόμενον πτολίεθρον,
> τὸ πρὶν ἐπ᾽ εἰρήνης, πρὶν ἐλθεῖν υἶας Ἀχαιῶν.

ω 485

> τοὶ δ᾽ ἀλλήλους φιλεόντων
> ὡς τὸ πάρος, πλοῦτος δὲ καὶ εἰρήνη ἅλις ἔστω.

X 156 = *I* 403. Damit sind die homerischen Stellen erschöpft.

IV. Für urspr. sigmatischen Anlaut spricht auch vernehmlich genug das Adverb ἠρέμα, ruhig, wenn anders die Etymologie des Wortes von Fick WB. I 736, Curtius N. 454, woran gewiss nicht zu zweifeln, die richtige ist. Sie bringen das Wort zusammen mit Skr.W. ram, ruhen. Da es kein vorschlagendes, kein verstärkendes ἠ giebt, so steht ἠρέμα für ἀ-σρέμα. Dass ein Adjectiv ἠρεμής existirt hat, geht aus ἠρεμέσ-τερος (Xen., Aristot., Theoph.) hervor. Hesychius bietet auch die Nebenform ἤρεμος. Ob wir aber von der Sec.W. σρα+μ (Skr. ra-m) oder von der Urwurzel σρα auszugehen haben, dürfte sehr die Frage sein. Denn 1) Wf. σραμ existirt sonst im Griechischen nicht; 2) Hesychius führt neben ἠρέμα auch noch gleichbedeutig auf ἠρέ-α, das man so leichten Kaufs über Bord zu werfen doch kein Recht hat, zumal W. σρα mit Bgr. „to breathe, ruhen" sonst so stark im Griechischen vertreten ist; 3) Adj. ἠρεμαῖος (Plato, Xen., Aristot.) weist auf ein Subst. ἠρέμη, welchem das Adj. ἤρεμος parallel steht. Wir werden also wohl von einem ἠρέ-μη st. ἀ-σρέ-μη mit Suff. μη, wie in οἴ-μη, βρώ-μη, φή-μη, ῥώ-μη, ἀκ-μή, ὀδ-μή κτλ. auszugehen haben. Die Längung unterblieb, wie auch z. B. in λᾰ-μός, λά-μ-ια der Fall ist. Dann wäre Adv. ἠρέμα, worauf auch der Accent hindeutet, eine Bildung wie λάθρα und λάθρᾳ, ἡσυχῇ und ἡσυχῆ, διχῆ und διχῇ κτλ. d. h. ein urspr. dorischer Dativ = „in Ruhe", der dann gerade wie λάθρα adverbialisirt wurde. Aus ἠρέ-μη, Ruhe, bildete sich einerseits ἠρεμαῖος, anderseits * ἠρεμ-ής, gerade wie καναχής (Aesch.) aus καναχή || wie ἀλεής (Soph.) aus ἀλέα || wie πυρ-αυγής, τηλ-αυγής (Hymn. Hom.) aus αὐγή || δυσ-μαρής, εὐ-μαρής (Pind., Aesch.) aus μάρη, Hand || ἀ-τεχνής, πολυ-τεχνής aus τέχνη || νε-ωρής (Soph.): ὥρα || ἁλι-δινής, βαθυ-δινής = hom. βαθυ-δίνης, ἐρι-δινής: δίνη || ἀ-μηχανής: μηχανή Hymn. Merc. 447 || εὐρυ-πυλής Ψ 74, λ 571: πύλη || μελαγ-χροιής π 175, εὐ-χροής ξ 24: χροιή || δυσ-ηχής B 686, Π 376 ö., πολυ-ηχής Δ 422, τ 521, ὑψ-ηχής E 772, Ψ 27 aus ἠχή u. dgl. m. Nichts ist nämlich lächerlicher, als alle Bildungen in ής auf Neutralsubstantiva in ος Gen. εος zurückführen zu wollen. Sie entstammen theils direct von Verben, theils von Substantiven aller möglichen Endungen, wie z. B. δυσ-χερής (Aesch.), εὐ-χερής (Batr. 62), ἀ-χερής (ib. 300) von χείρ || δυσ-ποιής ϝ 493 von ὁ πόνος || εὐ-εργής E 585, ϑ 567 ö. neben εὐ-εργός λ 434, ο 422, ω 202, λεπτουργής (Hymn. Hom. XXXI 14), ἀ-εργής κτλ. von ἔργον || Adv. εἰνά-νυχες (mit zurückgezogenem Accente) von νύξ || ἀ-γεννής (Aesch.) von γέννα || περι-οργής (Aesch.) von ὀργή || ἐμ-πεδής (Hes.) von πέδον, || ἀ-πτερής (Ap. Rh.) von πτερόν || ἑτερ-αλκής O 738 ö. von ἀλκή κτλ.*)

Für ursprüngl. sigmatischen Anlaut von W. σρα mit Bgr. „wehen = tönen" spricht auch ἠραίνω st. ἀ-σραίνω, schwätzen (ληρεῖν Hes.).

V. Wie Curtius mit ἠρέμα auch

ἐ-ρῆ-μος, att. ἔρημος,

öde E 140 ö. in Verbindung bringen konnte, ist nicht recht zu verstehen. Zweifelsohne geht auch ἐ-ρῆ-μος st. ἐ-σρῆ-μος auf W. σρα zurück; aber aus Bgr. „ruhig" in ἠρέμα kann nicht wohl Bgr. „öde" sich entwickeln. Dagegen geht aus dem Grundbegriffe der W. σρα der Bgr. „leer, öde" unschwer hervor.

---

*) Aus einer grösseren Abhandlung des Vf. über die Adjj. in ής.

Goth. *au-th-s*, öde, entwickelte sich ebenso aus W. av, wie lat. va-nus und va-s-tus sammt va-cu-us aus W. va, wie *lce-r*, ahd. *lâ-ri* aus W. la (S. 5), wie εὐ-νις, leer, beraubt, aus W. ϝα (vgl. Skr. û-na, Mangel), wie goth. va-na-s, mangelnd, leer, aus W. va, u. s. w. Die begriffliche Vermittelung ist in doppelter Weise möglich, entweder wie bei σπάνις, χῆ-τις, Mangel (S. 215) oder mittels Bgr. „windig, hohl". Bald tritt mehr der eine, bald mehr der andere Begriff in den Vordergrund, oder beide durchdringen sich auch gegenseitig.

115. Ἔ-ρα-μαι

ist noch immer ein etymol. Räthsel. Aus den Formen ἐρασ-τός, ἠράσσατο Υ 223, ἠράσσατ᾽ λ 238 κτλ. ergiebt sich bei Vergleichung mit ἐρατ-ει-νός, mit ἔρως Gen. ἔρωτ-ος u. a.W. als Thema ἐ-ρατ st. ἐ-σρατ. Ἔ-ρως ist daraus nicht anders gebildet, als wie ῥώξ St. ῥωγ aus W. ῥαγ (ἐῤῥάγην), σκόψ St. σκοπ aus W. σκαπ, σκεπ κτλ. Ἐ-ρατ-ει-νός weist auf ein durch ὁ ἔρως verdrängtes τὸ ἔ-ρατ-ος, Liebe, woraus ἐ-ρατ-εσ-νός, ἐ-ρατ-ει-νός ganz so gebildet ist, wie φαει-νός aus τὸ φάος. Der Grundbegriff von ἔ-ρα-μαι st. ἔ-ρατ-μαι ist aspiro, ἐπιθυμέω, der Grundbegriff von τὸ ἔ-ρατ-ος, ὁ ἔ-ρωτ-ς aber ist θυμός, ἐπιθυμία, Verlangen. Vgl. ῥύ-μη· ὁρμή ‖ ῥάγα· ὁρμή. — Thema σρατ ist einfach τ-Erweiterung von W. σρα, wie γ-Erweiterung in ῥάγα vorliegt.

II. Dasselbe Thema σρα+τ, ῥα+τ mit dem Bgr. „schwingen" liegt vor in

ἐ-ρετ-μόν,

Ruder = πηδόν S. 257. Dasselbe stammt natürlich von ἐρέσσω st. ἐ-ρετ-ιω. Im lat. rê-mus st. res-mus für ret-mus ist auch keine Spur mehr von urspr. sigmatischem Anlaute sichtbar; ebenso wenig in unserem *Ruder*, in engl. *rudder*, to *row*, rudern, welches letztere auf andersartige Ausgestaltung der Urwurzel schliessen lässt. Die betr. lat. und german. Wörter verbieten, ἐρέσσω mit Curtius auf W. ἀρ, ἐρ zurückzuführen. Sie sind mit ἐρέσσω nur auf Wf. σρατ zurückzuführen. Deutlicher noch als ἐρέσσω spricht für urspr. sigmatischen Anlaut

εἰρεσίη

st. ἐ-σρετ-σίη, das Rudern λ 640, μ 225. „Epische Dehnung"
muss nur zu oft als Verlegenheitsausweg herhalten.

III. Mit εἰρεσίη klingt

Εἰρεσιώνη

so völlig zusammen, dass es nicht verschiedenen Ursprungs sein
kann. In etymologischer Rathlosigkeit ging man von τὸ εἶρος,
Wolle, aus und deutete dem entsprechend „ein mit Wolle (!)
umwundener und mit Früchten behangener Oelzweig, eine Art
Erntekranz." Dass man ·mit „Wolle, Wollfäden" die Achren
und Früchte sollte angebunden haben, ist schon recht befremdlich; noch befremdlicher, dass diese angeblichen Wollfäden dem
„Kranze" selbst sollten den Namen gegeben haben. Bei Lykophron III 37 ist εἰρεσιώνη ein Todtenkranz, vielleicht auch
„mit Wolle umwickelt"?! Gehen wir von Wf. σρα+τ, schwingen,
aus, so ergiebt sich der geforderte Begriff pandum, Geschwungenes, Geschlungenes, Rundes, Kranz. Man denke an ψέλλιον,
σπάλιον κτλ. aus W. σπαλ S. 257, an πυλ-ών, Kranz, Abschn. 146.

IV. Die im Hymn. Ap. 32 vorkommende thessalische Stadt

Εἰρεσίαι

erklärt sich ebenfalls als begrifflich = pandae, vermuthlich als
Hügelstadt (sich emporschwingend). Ist aber die Insel Irrhesia
im thermaischen Meerbusen gemeint, wie einige Erklärer wollen,
so passt begrifflich wie lautlich auch darauf die gegebene Deutung: Ἰρρεσία st. Σι-σρετ- σία. — Εἰρεσία hiess auch ein
Fels bei Salamis, Εἰρεσίδαι und Εἰρεσιάδαι ein att. Demos
der akamanischen Phyle. — Der Stadtname

Εἰρέτρια

B 537 Stadt auf Euboea, sonst Ἐρέτρια genannt st. Ἐ-σρέτ-ρια,
dsgl. Stadt in Thessalien Strabo X 447, nebst Ἐρεσσός (und
Ἔρεσος) st. Ἐ-σρετ-σός, St. auf Lesbos Thuc. III 18, begreift
sich nach dem Gesagten ebenfalls, sei es als = sich emporschwingend (am Ufer, am Berge etc.) oder als „Ring". Bezeichnend ist, dass nach Strabo für Ἐρέτρια auch Ἀ-ρότ-ρια (st.
Ἀ-σρότ-ρια) gesagt wurde.

116. Ἔρῑθος,

Arbeiter, Diener Σ 550. 560, bisher eines der räthselhaftesten Wörter, erklärt sich bei Zugrundelegung unseres Lautgesetzes aus W. σρι = W. σρα auf die einfachste Weise von der Welt als ἔ-σρῑ-ϑ-ος = ποιπνυός, schnaufend, sich mühend = ϑεράπων (Hes.). Nach derselben Begriffsvermittelung entstanden die Synonyme ἀ-πτάς (Hesychius unter ἀπταντίτας) = πένης S. 215 ‖ ἀτ-μήν, Knecht, neben ἀτ-μός, Athem ‖ δοῦ-λος aus WW. δα-δι-δυ S. 5 ‖ ἄ-ε-σις st. ἄϝεσις· πόνος: W. ἀϝ ‖ ἀχ-ήν· πένης: W. ἀχ ‖ ἔγκ-ονος, lat. anc-us: W. ἀν+κ u. s. w. Sollte nicht lat. servus für sre-vus (W. sra = W. sri, W. sru) stehen? So ist ja auch nach Curtius N. 406 lat. sorb-eo (st. srob-eo) = ῥοφ-έω, das, wie wir gesehen, für σροφ-έω steht. Und lat. sirp-us (st. srip-us) deckt sich mit (σ)ρίψ. Fälschlich identificirt man auch lautlich scirpus und sirpus. Jenes gehört zu W. skar, wie ahd. scil-uf, nhd. Schil-f zu W. skal. — Das homer. (σ)ρίψ sammt sirp-us erklärt sich als Schwingendes, Biegendes, als = engl. bent-grass, bending grass, bent (S. 237), gehört somit zu derselben Familie wie ῥιπή κτλ. Neben ῥίψ besteht aus W. σρα+π das synonyme ῥώψ, vimen κ 166, ξ 49, π 47. Das lautliche Verhältniss von ῥίψ zu ῥώψ ist dasselbe, wie von ῥί-ν zu ῥώ-ϑ-ων. Wenn Curtius N. 516 ῥίψ aus σκρίψ, scirp-us entstehen lässt, so ist das jedenfalls weit „kühner“, als wenn wir einfaches urspr. Sigma durch den Spiritus asper ersetzt sein lassen. Wenn ebenderselbe auch Εὔ-ρῑπ-ος, ῥῑπ-ίς, Fächer, ῥιπ-ίζω, fächeln, aus σκριπ entstehen lässt und von ῥῑπ-ή, Schwung, wozu doch Laut- und Begriffsgleichheit sie gesellen, völlig trennt, so mag ihm darin folgen, wer kann.

117. Ἐ-ρωδ-ιός

hat gleichbedeutig neben sich ῥωδ-ιός (Hipponax), ἄ-ρα-μος und ἐ-ρωγ-άς Hes. Die Schreibweise mit Iota subscr. verwirft Curtius N. 498 gewiss mit Recht, da Herodian „wohl nur seiner Etymologie des Wortes von ῥοίζω zu Liebe so zu schrei-

ben gelehrt habe." Geht ῥωδ-ιός st. σρωδ-ιός und ἐ-ρωδ-ιός
st. ἐ-σρωδ-ιός auf die vielverbreitete Wf. σραδ in ῥαδ-ινός,
schwank, ῥοδ-ανός, ῥαδ-αλός κτλ. mit Bgr. schwingen, so ἄ-ρα-
μος st. ἄ-σρα-μος auf die unerweiterte Wurzel mit dem gleichen Begriffe (ῥώ-μη, ἐ-ρω-ή, Schwung), dagegen ἐ-ρωγ-άς st.
ἐ-σρωγ-άς auf die Guttural-Erweiterung σραγ, die mit Bgr.
schwingen in ῥάγ-α, Schwung (= ὁρμή Hes.) vorliegt. „Schwinger"
ist gewiss eine treffliche Bezeichnung für einen Vogel mit langen
Schwingen und mächtigem Flügelschlage, wie der *Reiher* ist,
welches Wort derselben Urwurzel entstammt. Lat. ardea,
Reiher, steht entweder für rad-ea oder für a-rad-ea. Sollte
sich nicht lat. ord-o zu ard-ea verhalten, wie unser *Reihe* zu
Reiher? Aus Bgr. „Schwung" konnte sich Bgr. Fluchtlinie,
Flucht („in Einer Flucht", „eine Flucht von Zimmern") recht
wohl entwickeln. Lat. ard-uus, steil, liesse sich als „emporschwingend, emporgeschwungen" fassen.

Die Sec.W. σραδ mit Bgr. schwingen werden wir auch zu
suchen haben in ὀρρωδέω st. ὁ-σρωδ-έω, entweder von einem
alten Subst. *ὅ-ρρωδ-ος, Schwung, Erregung, pavor, so dass
ὀρρωδεῖν bedeutet „Erregtheit haben", „sich ängstigen", wie
πτοιεῖσθαι, φοβεῖσθαι S. 235 ff., oder von einem Adj. ὁ-ρρωδ-ός,
erregt, woraus sich Bgr. „erregt sein" ergeben würde. — Synonym ist ἀ-ραδ-έω st. ἀ-σραδ-έω, nur mit activem Sinne „in
Erregung bringen", „Erregung bewirken": ἀραδήσει· θορυ-
βήσει, ταράξει ‖ ἀράδηται· κεκίνηται. συγκέχυται Hes. Das
zu Grunde liegende Subst. ἄ-ραδ-ος bedeutet 1) ἡ ἀπὸ τῶν
γυμνασίων τῆς καρδίας κίνησις, 2) πόλις (Phrynich. trag.
frgm. 10). Letztere Bedeutung entwickelt sich aus W. σραδ,
schwingen, gerade wie πτόλ-ις, πόλ-ις aus W. σπαλ S. 73.

Wie W. σπαλ und W. σπαρ den Begriff besprengen entwickelt haben, so auch W. σρα+δ in ἄρδω, zunächst st.
ἀ-σράδω, σράδω, mit ἄρδα, aspersio, ἄρδαλος dass. — Nur
bei dieser Etymologie begreift sich der Zusammenklang mit
ἄρδ-ις, Pfeil, urspr. = παλτόν: ἄρδιας· τὰ ἐκ χειρὸς ὅπλα
Hes. ‖ ἀρδ-ικός, Köcher, als Umgeschwungenes oder als Gerundetes, wie φαρ-έ-τρη aus W. σπαρ ‖ ἀρδαλωμένους· τα-
ρασσομένους Hes. neben ἠρδαλωμένος· μεμιασμένος (bespritzt).

II. Aus W. ορα+δ erklärt sich auch das räthselhafte
σαρδ-άνιος

st. σραδ-άνιος, mit der Nebenform σαρδ-όνιος: es bedeutet
u. E. ursprünglich einfach σφοδ-ρός, σφεδ-ανός, nach derselben
Begriffsvermittelung, wonach diese aus Sec.W. σφαδ, schwingen,
hervorgegangen sind. Σαρδόνιος γέλως· ὁ καθ᾽ ὑπόκρισιν ἢ
ἐπὶ κατάρᾳ ἐρριμμένος γέλως Hes. Die einzige homerische
Stelle ist v 302. Einer der Freier hatte mit einem Ochsen-
fusse nach Odysseus geworfen; dieser aber war mit einer Biegung des Kopfes dem Wurfe ausgewichen und lachte nun im
Herzen so recht wüthig (heftig), grimmig.

Die Herleitung des Wortes von Σαρδώ ist natürlich
albern; aber dieser Name wird gleicher Wurzel sein, so gut
wie Σάρδ-εις, Σάρδ-ιες u. τὸ Σάρδ-αιον, Berg am Asopus.
Aus Bgr. schwingen entwickelt sich Bgr. emporschwingen, celsus,
Höhe. Sardinien ist eine mit hohen Gebirgen sich aus dem
Meere emporschwingende Insel; Sardes war eine Hügelstadt, die
sich am Berge Tmolus emporschwang. — Am Jagdnetze heisst
der oberste Rand σαρδ-όν bzw. σαρδ-όν-ιον. Xen. Cyn. VI, 6,
also wiederum Bgr. schwingen bzw. biegen.

118. Ἔρεβος.

In diesem Worte soll β Vertreter eines urspr. γ sein, weil
im Skr. rag-as, Finsterniss, im Gothischen riquis, σκότος, besteht. Solche Lautverschiebung ist unstatthaft. Auch erregt
die Stelle v 356 ἱεμένων Ἐρεβόσδε ὑπὸ ζόφον grosse Bedenken dagegen, dass die Grundbedeutung von Ἔρεβος „Dunkel"
sei. Befriedigen kann nur eine Ableitung, welche auch das
anklingende ἐρέβ-ινθος N 589 und ὄροβος miterklärt, auch
das Verhältniss zu ἐρέφω, ἐρεμνός, ὄρφνη, ὀρφναῖος, ὀρφανός,
orbus etc. aufhellt. Das geschieht, wenn wir ἔ-ρεβ-ος st. ἔ-ορεβ-ος
nehmen und von W. ορα ausgehen. Diese hat, wie Dental-
und Guttural-, so auch Labial-Erweiterungen erfahren: ορα+π,
ορα+φ, ορα+β. Deswegen darf man aber nicht diese verschiedenartigen Determinative auch lautlich zusammenwerfen.
Mit gleichem Rechte wie man ἔρεβος und ragas lautlich identificirt, könnte man auch ἄραδος, Stadt, und lat. arx, arc-s,
ἔρεβος und Orcus lautlich zusammenwerfen.

Dem griech. ἄρπη, Sichel, steht gegenüber kslav. srup-u, Sichel (Curt. N. 322); bei Homer ist ἅρπη ein schnellfliegender Raubvogel *T* 350. Nehmen wir ἅρπη st. σρίπ-η, Wf. σρα+π = schwingen, so erklärt sich Alles: die Sichel ist „geschwungen, gebogen", panda; der Raubvogel ein „Schwinger". Mit Unrecht scheidet Curtius N. 332 u. 338 davon ἕρπ-ω, Skr. sarp, lat. serp-o und rêp-o; jedoch mit Recht deutet er rêp-o aus srep-o; aber nicht dieses ist metathesirt, sondern umgekehrt serp-o, ἕρπω st. srep-o, σρέπ-ω. Die Wörter bezeichnen eine schwingende, schlingende, sich windende Bewegung; daher serpens, Schlange ‖ ἕρπ-ης, Flechte auf der Haut ‖ ὅρπ-ηξ = vimen, ὁ-ρόδ-αμνος, ra-mus, σπάρ-τος ‖ Ὄρπα st. σρόπα = Ἐ-ρινύς aus W. σρι = W. σρα, urspr. Schwingerin = Ὀ-ριψα st. ὅ-σριπ-σα, Erinnye, aus Sec.W. σρι+π in ῥιπή, ῥίπτω κτλ. = maced. ἄ-ραν-τις st. ἄ-σραν-τις, die Erinnye, aus Wf. σρα+ν ‖ äol. ὅρπ-αξ st. σρόπ-αξ· θρασὺς ἄνεμος ‖ Σαρπ-ηδών st. Σραπ-ηδών, ein Vorgebirge in Cilicien, d. i. Schwingung, Emporschwingung: ἡ Σαρπηδονίη ἄκρη 1) in Thracien, 2) am Okeanos, Wohnsitz der Gorgonen, Σαρπηδόνιον χῶμα, Vorgebirg in Cilicien ‖ Σαρπ-ηδών und Σαρπ-ήδων, Schwinger, Name verschiedener Persönlichkeiten.

Für das Thema σρα+π spricht laut der Umstand, dass wir nicht, bloss W. σρα selbst, sondern auch bereits so viele anderartige Erweiterungen der Wurzel σρα mit gleichem Begriffe kennen gelernt haben: σρα+τ, σρα+θ, σρα+δ ‖ σρα+κ, σρα+γ, σρα+χ ‖ σρα+β, σρα+φ.

Guttural-Erweiterungen liegen z. B. vor in ῥάγ-α· ὁρμή ‖ ἁ-ράσσω, schwingen, hauen, to blow st. ἁ-σράσσω, neben ῥάσσω ‖ tyrrh. ἅ-ραx-ος· ἱέραξ d. i. der Schwinger ‖ ἁ-ράκ-τη neben ἁ-ρά-η, Trinkgeschirr, urspr. = panda, gebogen ‖ ἁ-ρραγίδ-ες· κρόκαι, Einschlagfäden; mit Erhaltung des σ in der Assimilation ‖ ἁ-ρραχ-θ-ές· ἀσύνετον d. i. urspr. βεβλαμμένον, βεβλημένον; doch wohl zu ἁ-ράσσω ‖ ἁ-ρράζει (st. ἁ-σράξει)· ἁράσσεται ‖ ῥέκ-ος st. σρέκ-ος· ζῶμα, ζώνη d. i. Umgeschlungenes, Umgeschwungenes ‖ ῥεκ-τός· χιτών, von gleichem Grundbegriffe ‖ ἕρκ-ος st. σρέκ-ος, das Umgeschwungene, Zaun; dass. ἕρκ-ατος, ὁρκ-άνη, ὅρκ-μον, ὅρκ-ος ‖ ὅρκ-ος st. σρόκ-ος, ursprüngl. dasselbe, Schranke; übertragen = Eid ‖ ἄρκ-υς neben

24

ἀ-ρά-νη, Wurfspeer = παλτόν, ‖ ἄρκ-υς, Geschlungenes, Geflochtenes = Strick (σπάρτον), Netz (ἄ-σπαλ-ος) ‖ ἀρκ-ής, schnell = σφεδ-ανός, σφοδ-ρός ‖ kret. ἄρκ-ηλα, Peitsche, Geschwungenes ‖ pergäisch ἄρκ-υμα, Heuschrecke = Schwinger, Springer, u. a. W. Dazu von einem Subst. ἄρκ-ος, Einfriedigung, περίβολος, Wehr, das Zeitwort ἀρκ-έω, wehren. — Auch lat. arc-us, Bogen (= pandus), arc-a = κυψέλη, orc-a, Tonne, arc-era, Deckelwagen, urc-eus, Krug, Orc-us, urspr. Wölbung, Höhlung, u. a. W. fügen sich hieher.

Wurzelform σρα+β, schwingen, haben wir in ἀ-ρράβ-αξ, Schwinger = Tänzer, st. ἀ-σράβ-αξ ‖ davon ἀ-ρραβ-άσσω, tanzen (st. ἀ-σρ.), neben ῥαβ-άσσω und ἀ-ραβ-άσσω mit Schwund von Sigma ‖ ὀ-ρρόβ-ηλος st. ὀ-σρ. = ἀταρπιτός, trames S. 300 ff., von Hesychius durch ὁδός erklärt ‖ ἀ-ραβ-ύλη und ἀρβύλη = πέδ-ιλον, Umgeschlungenes ‖ ἄρβηλος st. ἀ-ράβ-ηλος, rundes Messer ‖ ἀ-ραβ-ίδες· αἱ μετὰ κονιορτοῦ πνοαί H. ‖ ἀ-ρραβ-ών, Drangeld (schon bei Isaeus VIII, 23) erklärt sich neben ἀ-ρραβ-ών, Angel (ἄγκιστρον Hes.) als Hingeworfenes, καταβολή: τὰς καταβολὰς καταβάλλειν εἰς τὸ βουλευτήριον Demosth. (s. Pape)*) ‖ ἀ-ρράβ-η· θύρα. οἷον γέρρον, d. i. etwas, das sich schwingt, dreht ‖ ἀ-ραβ-ος, das Geschlage, Geklappe und das dabei sich ergebende Getön, Geklapper K 375**) ‖ in lat. rab-o, rab-ies, rab-idus wird der Bgr. „schwingen, heftig erregen" mehr ins geistige Gebiet verlegt. Daneben aus unerweiterter Wurzel ἀ-ρρη-νής st. ἀ-σρη-νής, wüthig, wild, u. a. W.

II. Hiernach kann Sec.W. σραβ mit Bgr. schwingen (bzw. biegen, winden, schlingen) nicht beanstandet werden. Dazu fügt sich

ἐ-ρέβ-ινθος

---

*) Die Herleitung aus hebräischem arab, bürgen, kann deshalb getrost ihrem Urheber, Freund (Lex.), überlassen bleiben, zumal Angesichts der Nebenformen ἀρυφή und ἄρφα (Hes.), gegenüber maced. ἀρφύς, Riemen d. i. Geschwungenes, lyd. ἀρφύ, Wurfscheibe, δίσκος. Lat. arra, arrha st. a-sra entstammt der unerweiterten Wurzel.

**) Nach Schol. K 375 und Φ 408 = ἡ ἐν τῷ ἄρει γινομένη βοή! Nicht viel besser ist Döderlein's Zusammenbringung des Wortes mit lat. verbum. Unser rasseln, ratteln, engl. to rattle gehen von einer Dental-Erweiterung der Urwurzel aus.

und ὄ-ροβ-ος, Kichererbse, mit Leichtigkeit. Bei Homer bedeutet ἐρέβινϑος die Frucht *N* 589, bei den Botanikern auch die Pflanze. Ist der Fruchtname der ursprüngliche, so haben wir von dem Bgr. „geschwungen, gebogen = rund" auszugehen: bezeichnete aber das Wort ursprünglich die Pflanze, so ist der Begriff „sich schwingen, schlingen, winden, ranken", zu Grunde zu legen; denn die Erbsengewächse sind sich rankende Pflanzen. — Wohl ohne Zweifel haben wir so die Namen ἄ-ραχ-ος, ἄ-ραχ-ος, ἀ-ράχ-ιδ-να (aus Guttural-Erweiterung der W. ὁρα) zu deuten; sie bezeichnen eine Hülsenfrucht, 'die unter den Linsen als Unkraut wuchert, eine Art Wicke.*) Nun begreift sich auch die lautliche Gleichheit der letztgenannten Wörter mit ἀ-ράχ-νη, Spinne d. i. Winderin. Lat. a-râ-nea dagegen erklärt sich aus der unerweiterten W. sra. Ervum = ἐρέβινϑος steht nicht für erbum, sondern entweder für a-ra-vum (W. sra) oder für a-rav-um (Wf. sra+v). Ahd. *araweiz*, mhd. areweiz, arweiz, erweiz, erbiz, nhd. *Erbse* ist doch wohl Lehnwort, wie auch der damit bezeichnete Gegenstand nicht deutscher Urwüchsigkeit, sondern etwas erst aus der Fremde Zugeführtes ist.

Aus Bgr. schwingen ergiebt sich so gewöhnlich auch Bgr. wölben (biegen); daher aus W. σπαλ neben ψαλ-ίς· ταχεῖα κίνησις auch ψαλ-ίς, Gewölbe, Schwibbogen ‖ σπαλ-ί-ων, plu-t-eus st. spul-t-eus, Schutzdach ‖ pal-atum, Gewölbtes = Gaumen, u. a. W.; aus W. σπαρ, spar: lat. for-n-ix, Gewölbe ‖ fro-n-t-s, Wölbung = Stirn ‖ φαρ-έ-τρα, gewölbtes Behältniss (ἀμφηρεφής *A* 45, κοίλη *φ* 417) κτλ. — Da dem Sprachgeiste aber Schwingung, Biegung nach oben, nach unten, nach seitwärts gleich gilt, so entwickeln die Wurzeln des Begriffs schwingen, biegen auch Wörter des Bgr. Einbiegung, Höhlung etc.; daher aus W. σπαρ: φωρ-ι-αμός, Truhe *Ω* 228, *o* 104 ‖ πορ-ύνη, Trog ‖ Σπάρ-τη = ἡ κοίλη, neben σπάρ-τος = vimen (vgl. spor-ta, σπυρ-ίς, σφυρ-ίς, φορ-μ-ίς, Korb) u. a.; aus

---

*) Lat. vic-ia hängt zusammen mit vi-n-c-io und vi-e-o (aus W. vi = W. va); die Verwandtschaft mit vag-us, vac-illo ist eine sehr ferne und beschränkt sich auf die Urwurzelschaft (W. va). In βιχ-ίον = vic-ia steht β, wie so oft, für ϝ. Aber nicht umgekehrt steht lat. v für β, wie Curtius N. 494 will.

W. σπαλ: σπάλ-αξ und ά-σπάλ-αξ, der Höhler = Maulwurf
πήλ-ηξ, Helm, vgl. κυνέη S. 343 || lak. πῆλ-υξ· φάραγξ d. i.
= σπήλαιον || πέλ-μα = κοῖλον τοῦ ποδός, vola || φωλ-εά,
φωλ-εός neben πωλ-εός (Hes. unter ἰλύαι), Höhle || πέλλα,
Gelte, Bütte Π 642 || πελ-ίνη, ein Hohlmaass || πελ-ίκη, tiefe
Schüssel, Becken, Becher || dass. πέλ-ιξ, πέλ-ις, πέλλ-ιξ,
pélvis κτλ. vom Grundbegriffe „eingebogen, hohl".
Darnach werden wir ἔ-ρεβ-ος als urspr. Höhle, Hölle
bzw. als Einbiegung in die Tiefe fassen dürfen, und wir sind
damit nicht nur der leidigen Tautologie, die sich bei der gewöhnlichen Deutung des Wortes für Ἔρεβόσδε ὑπὸ ζόφον v 356
ergiebt, glücklich los, sondern haben das Wort auch mit den
gleich- oder ähnlich klingenden Wörtern auf Eine Wurzel und
Einen Grundbegriff zurückgeführt und das lautliche Verhältniss
zu gleichbedeutigem Orcus (neben orca, Tonne), als aus Wf.
ορα+κ hervorgegangen, klar gelegt.

Lat. orb-is und urb-s von einander zu trennen und jenes
von W. karp, dieses von W. var abzuleiten, ist denn doch mehr
als bedenklich. Wie lat. ard-ea neben ῥωδ-ιός, ἐ-ρωδ-ιός steht,
so fügen sich orb-is und urb-s st. o-rob-is, u-rob-is bzw.
(s)rob-is und (s)rub-s zu Wf. srab, ορα,β, schwingen, nach derselben Begriffsvermittelung wie ἄ-ραδ-ος zu Wf. ορα,δ, πτόλ-ις
zu W. σπαλ S. 367.

III. Von ἔρεβος entstammt zweifelsohne ἐρεβεννός st.
ἐρεβεσ-νός, da sich an den Bgr. Höhle = Unterwelt sehr leicht
Bgr. dunkel anlehnt. Aber

ἐ-ρεμ-νός,

dunkel, ist lautlich nicht aus τὸ ἔρεβος zu construiren. Vielmehr
steht ἐ-ρεμ-νός für ἐ-ρεφ-νός von ἐρέφω, bedecken, und hat seine
Bedeutung gewonnen gerade wie ob-scu-rus, urspr. verdeckt,
verhüllt. Man vergleiche über diese Begriffsvermittelung von
„verhüllt, bedeckt = dunkel" Benfey I 614 ff. ö., Döderlein.
Der Lautwandel von φ zu μ ist kein anderer, als in ἔρραμμαι
st. ἔρραφ-μαι κτλ. vorliegt, oder in σεμ-νός st. σεβ-νός von
σέβομαι. Wie von W. σκυ mit Bgr. „hüllen, bedecken" einerseits
σκῦτος, cutis, Haut, Fell, Hülle, andrerseits ob-scu-rus, so von
ἐρέφω einerseits ἐρεμ-νός = ob-scu-rus, andrerseits τὸ ἔρφος

st. ἔρεφος = σκῦτος, cutis. Unbegreiflich ist lautliche Zusammenbringung mit στέρφος, τέρφος, als ob so harte Laute
wie τ, κ u. a. so nach Belieben abgeworfen würden. Aus W.
σπαλ gehen nach gleichen Begriffsverhältnissen hervor πέλλα,
πέλ-ας mit ἐρυσί-πελας st. ἐρυσί-σπελας, lat. pellis und
σπολ-ας, Fell, Haut (Hülle) = ἔρφος, σκῦτος, anderseits πελ-
ός, πελλός, πελιός = ἐρεμνός, obscurus.

IV. Von ἐρεμ-νός ist nicht verschieden *ὀρφ-νός, woher

ἡ ὀρφ-νη,

von Hesychius durch σκοτία und νὺξ μέλαινα erklärt, wonach
es als substantivirtes Feminin-Adjectiv (darum auch Zurückziehung des Accents) anzusehen ist. Das Lautverhältniss zu
ἐρέφω ist kein anderes wie das von ὀ-ροφ-ή zu ἐ-ρέφ-ω. Der
Vorschlagsvocal, ob ά, έ oder ό, richtet sich nach dem Wohl-
laute und wandelt sich häufigst mit dem Vocale des Stammes;
daher ἐ-ρεθ-ίζω, aber ὀ-ροθ-ύνω ‖ ἐ-ρέβ-ινθος, aber ὄ-ροβ-ος ‖
ἐ-ρέφω, aber ὀ-ροφ-ή κτλ. Gleiches findet ja auch bei den
Reduplicationen so gern statt: πο-μφόλ-υξ, aber πέ-μφελ-ος ‖
πα-μφαν-άω κτλ.

In ὀρφ-ρός bzw. ὄρφ-νη ist, wie in ardea, ervum etc.,
der Stammvocal entweder ausgestossen oder umgestellt.

V. Das Stammwort zum vorigen

ἐ-ρέφ-ω

st. ἐ-σρέφ-ω hat aus Bgr. schwingen den Bgr. „wölben" entwickelt. Es bedeutet aber nicht bloss „wölben" (θάλαμον
ψ 193, νηὸν ἐπερέφειν Λ 39), sondern auch noch „umschlingen,
umkränzen" (κρατῆρας Soph. Oed. C. 473, κισσῷ Eur. Bacch.
323). — Die Grundbedeutung von Wf. σραφ „schwingen" tritt
noch deutlich hervor in ῥάπτω, St. ῥαφ (ἐυ-ρραφ-ής st. ἐυ-
σραφ-ής). Denn was ist „nähen" anders als ein Hin- und Herwegen, als eine schwingende Bewegung? Daher fällt auch lat.
su-o, nähen, mit σεύ-ω St. συ zusammen.

VI. Wenn daher die Alten den Beinamen des Dionysos

εἰραφιώτης

Hymn. Hom. 26, 2 mit ῥάπτω zusammenbrachten, so leitete
sie ein richtiges Sprachgefühl; nur irrten sie, wenn sie den
Namen deuteten διὰ τὸ ἐρράφθαι ἐν τῷ μηρῷ τοῦ Διός. Der

Gott heisst εἰραφιώτης st. ἐ-σραφ-ι-ώτης· Hymn. Hom. XXVI 2,
oder äol. ἐ-ρραφ-ε-ώτης st. ἐ-σρ. (Alc. fr. 90) als „Schwinger,
Erschütterer". Synonyme Benennungen ebendesselben Gottes
sind σφάλ-της, Σαβάζιος (vgl. σοβάς· μαινομένη, σοβαρός,
σοβεῖν, in heftige Bewegung setzen), θυρσομανής Orph. Hymn.
50, 8, μαινόλης, σκιρτητής ib. H. 50 u. a. — Angesichts
dieser so einfachen und naturgemässen Deutung brauchen wir
uns wohl nicht aufzuhalten bei den Herleitungen aus ἔριφος,
Bock (Hes.), ἔρραος, Widder (Wieseler), aus ἔαρ + φύω „der
Lenzgeborene" (Welcker), Skr. vṛsh, irrigare (Legerlotz), aus
Skr. ṛsha-bha-s, Stier „Befruchter" (Sonne) u. s. w.

Mit dem Bgr. pandus (geschwungen = gebogen) haben wir
beits S. 258 mehrere Wörter des Thema ῥαφ st. σραφ kennen
gelernt. Dazu mit Nasalirung ῥαμφ-ίς 1) krummer Haken,
2) stark gebogenes Schiff ‖ ῥαμφός, ῥαμψός, krumm ‖ ῥαμφή,
krummes Schwert ‖ ῥάμφος, der krumme Schnabel der Raubvögel ‖ ῥαφ-ίς· ὑπόδημα Hes. — Ob ῥάφ-ος, eine Vogelart,
einfach als „Schwinger" zu deuten ist, oder als „Krummer"
bzw. Krummschnabel (ῥάμφος), kann dahin gestellt bleiben.

VII. Man thut Unrecht,

ὄ-ροφ-ος,

Rohr, Röhricht Ω 451 zu erklären als „das, womit man Häuser
deckt". Das Wort lehnt sich an den Grundbegriff von ἐρέφω
bzw. Wf. σραφ an als Schwingendes, Schwankendes, Sich-biegen-
des d. i. wie engl. bent, benting-grass. — Goth. raus, nhd.
Rohr ist nur eine andere Ausgestaltung derselben Urwurzel,
wie lat. ros-trum (Gebogenes, Schnabel) mit ῥά-μ-φ-ος urwurzelhaft zusammenhängt. Von den Tragikern ab wird ὄ-ροφ-ος
auch gleichbedeutig mit hom. ὀ-ροφ-ή gebraucht. Man darf
hiermit aber nicht vergleichen engl. roof, Gewölbe, Dach, weil
es aus ags. hrôf hervorgegangen ist (germ. hr = κρ), es sei
denn, dass man h als blosse exuberirende Aspiration und nicht
als wurzelhaft ansehen dürfte.

VIII. Gleichbedeutig mit ἐρέφω im Sinne von umbiegen,
umschlingen, kränzen gebraucht Pindar auch ἐ-ρέπ-τω St. ἐρεπ
st. ἐ-σρεπ. — Natürlich ist das homerische

ἐ-ρέπ-τ-ομαι

kein verschiedenes Wort. Die Ableitung der Alten von ἐπὶ τῇ
ἔρᾳ ἐσθίειν ist ebenso ungehörig, wie die aus carp-ere bzw.
Tertiär-W. σκαρπ (σκα+ρ+π). Die Secundär-Wurzel σρα+π,
welche auch in ἁρπ-άζω st. σραπ-άζω, lat. rap-io, raffen vorliegt, hat hier aus der Urbedeutung der W. σρα (S. 357) die
gleiche Bedeutung weiter entwickelt, die wir für die Weiterbildungen der W. sna in to sna-p, to sna-t-ch etc., the snatcher,
Räuber, the snaffler, Räuber u. a. W. oben S. 354 ff. glauben
nachgewiesen zu haben. Bezeichnend ist, dass hom. ἐρέπτομαι
(urspr. ich erschnappe mir, ich jappe, happe nach etwas)
noch in ausdrücklicher Beziehung zur Mundthätigkeit steht:
χῆνας πυρὸν ἐρεπτομένους τ 553 ‖ ἰχθύες δημὸν ἐρεπτόμενοι
Φ 204 ‖ ἵπποι λωτὸν ἐρεπτόμενοι Β 776.

IX. Keinen anderen Begriff weist auch die φ-Erweiterung
unserer Urwurzel auf in ὄρφος und ὀρφώς st. ὄ-ροφ-ος, ein
Raub-fisch (Aristoph., Aristot.), über den Athenaeus VII 315
ausführlich handelt, sowie in

$$ὀρφ-ανός,$$

urspr. beraubt, lat. orb-us, υ 68. Was diese Wörter mit
Erbe oder mit Skr. arbhas, proles, natus (Curt. N. 404) begrifflich zu schaffen haben, ist ohne Weiteres nicht abzusehen. Desto besser fügt sich lautlich und begrifflich Skr. rabh,
packen, nehmen, erhaschen, sobald wir nur den auch im Sanskrit so häufigen Abfall von s annehmen. Auch die übrigen
Begriffsentwickelungen dieser Sec.Wurzel, wie „wild-sein, wüthen"
etc. erklären sich nach dem Voraufgesagten mit Leichtigkeit.*)

---

*) Es könnte hier die interessante Frage aufgeworfen werden, mit
welchem Rechte man Skr. rag aus arg, glänzen ‖ rac aus arc ‖ i-rag =
ὀ-ρέγ-ω aus arg ‖ rad aus ardh ‖ ras, fliessen, aus ars u. s. w. umgestellt
sein lässt. Damit wird man nie zu einer einfachen Wurzel, welche alle
Lautübergänge und Begriffsvermittelungen auf's Natürlichste erwachsen
lässt, gelangen. Man versuche dagegen, nach den oben gegebenen Andeutungen, nach Anleitung von ardea, ὄρφος etc. zu operiren und von
Urwurzel sra auszugehen. Schaaren von anderen Wörtern, wie lat. ard-eo,
arb-os neben rob-ur wie ἄρδειν, ἄργ-ος κτλ., Skr. arbhas, Sohn, goth.
arb-ja, Erbe (Gewinner), ahd. arabeit, nhd. arbeit neben altslav. rab-ota,
pol. rob-ota (= πόνος) u s. f. werden dann nach oft dagewesenen Begriffsvermittelungen ohne Weiteres klar werden. Aber man halte aus einander
W. sra und W. sla, und lasse überhaupt das bedenkliche Spiel mit angebl. „λ = ρ".

Die einfachere Form ὀρφ-ός, beraubt, verwaist, in ὀρφο-
βόται, ὀρφο-βοτία (Hes.) stimmt mit ὄρς-ος, ὀρφ-ώς, Raub-
fisch, in auffallendster Weise überein.

X. Nun wird sich aber hoffentlich auch der Eigenname
Ὀρφ-εύς lautlich und begrifflich angemessen erklären lassen.
Das Suffixum personae agentis εύς verbietet, den Namen mit
Schwenck Andeutungen S. 151 als = „der Schwarze" (ὀρφναῖος)
zu fassen trotz Curtius' Zustimmung S. 473, ebenso aber auch
als = „der (der Gattin) Beraubte". Wir werden zu der Grundbedeutung von W. ορα+φ „schwingen" zurückzugreifen haben,
und zwar in dem Sinne, den die Nebenform von σπάλλω,
schwingen, nämlich ψάλλω darstellt, welches Verb ausser
„schnellen" (τόξου νευρὰν ψάλλειν Eur. Bacch. 783, βέλος ἐκ
κέραος ψ. Planud. Anth. 211, ἔθειραν ψ. Aesch. Pers. 1019,
das Haar raufen) so besonders gern das Schwingen der
Saiten bezeichnet, mit und ohne χορδήν, κιθάραν. Darnach
ist u. E. Ὀρφ-εύς = ψαλ-τήρ, ψαλ-τής = κιθαριστής.
Diese Benennung passt trefflich für den Sohn der Καλλι-
ρόπη d. i. Schönstimme. Wer lieber auf eine Sanskrit-
Wurzel zurückgehen will, mag zu SkrW. rabh, ra-m-bh „ertönen" (Fick I 188) greifen und „Sänger" deuten, welche Wurzel
als aus Urwurzel sra erweitert oben berührt wurde. — Ob wir
nun Ὀρφ-εύς als für ὀ-ροφ-εύς st. ὀ-σροφ-εύς oder für σροφ-
εύς stehend auffassen wollen, kommt auf Eins hinaus.
Nach dieser Begriffsvermittelung passt Ὀρφεύς besser zu
dem thrak. Sänger Θάμ-υρις (S. 2), besser zu seinem Bruder
Λί-νος, dessen Name ebenfalls nichts anderes bedeutet als
„Sänger" und zu der weitverzweigten Urwurzel-Trias λα-λι-λυ
„hauchen = tönen" etc. gehört, sammt goth. liu-th-on, singen,
nhd. Lie-d, λύ-ρα, λαί-ειν (= φθέγγεσθαι H.) κτλ.

119. Ἐ-ρεύγ-ω,

lat. rug-io, brüllen, ist wurzelhaft nicht verschieden von gleichbedeutigem ὀ-ρ ύγ-ω, ὀ-ρυγ-άνω ‖ ὀ-ρυγ-μός, Getöse ‖ ὠ-ρυγ-ή,
ὠ-ρυγ-μα, ὠ-ρυγ-μός, Gebrüll, Gebell etc. In der Längung des
Vorschlags zu ὠ ist noch die Einwirkung des urspr. Sigma
deutlich zu erkennen, wie in ἐρρύξει· κράξει (Hes.) das σ

assimilirt erscheint. Haben wir hier eine Sec.W. σρυ+γ, so daneben eine Sec.W. sru+d in lat. rud-o, Skr. rud, heulen. Die unerweiterte Wurzel σρυ im Sinne von tönen tritt hervor in ὠ-ρύ-ομαι (st. ὀ-σρ.), heulen, brüllen, rufen, brausen Skr. ru, tönen (aller Art), wozu bei Fick I 196 rav-a, Ton, Gebrüll, Gesang etc., lat. rû-mor, rav-is, rau-cus u. a. ‖ ὀ-ρυ-μαγδός, doch wohl zunächst von einem Vb. ὀ-ρυ-μάσσω, das ähnlich gebildet war, wie φαρ-μάσσω aus φάρ-μα-κον ‖ Ἐ-ρυ-μός· Ζεύς (Hes.) wird sich wohl begrifflich mit ἐριβρεμέτης, ἐρίγδουπος κτλ. decken ‖ ἀ-ρύ-ω, reden; ἀρύουσαι· λέγουσαι, syrak. ἀρύσασθαι· ἐπικαλέσασθαι. Welches aber die Urbedeutung auch von W. σρυ gewesen, lässt sich erschliessen u. a. aus ὄ-ρυ-μος, Altar (Hes.): Bgr. dampfen, wie in θυμέλη ‖ ὀ-ρύ-α und ὀ-ρού-α, Darm = ϙύσκη Epicharm. ‖ cypr. ἐ-ροὐα· ἀναπαύου d. i. athme auf ‖ ὀ-ροὐ-ω, stürmen = θύνω.

Wie man ὀ-ροὐ-ω, stürmen Ξ 401, O 635, Π 258 ö. aus ὄρ-νυμι construiren will, ist nicht abzusehen; es deckt sich mit ῥώ-ομαι, lat. ruo, die Curtius N. 517 mit Recht auf W. σρυ zurückführt, freilich ohne bis zur Grundbedeutung der Wurzel vorzudringen. Wie man z. B. die Begriffe von ῥύ-μη, ῥυ-θ-μός (= Schwung) erst vom Wasser soll herleiten müssen, ist rein unerfindlich. Es liegt nahe, auch ὁρ-μή, woher ὁρμάω = ὀ-ροὐ-ω, auf gleiche Wurzel mit ῥώ-μη, Schwung, zurückzuführen: ὁρ-μή steht für σορ-μή st. σρο-μή nach gleichem Lautverhältnisse wie ἕρπω st. σρέπ-ω = rep-o und serp-o (s. o.).

II. Ganz dasselbe Wort mit ἐ-ρεύγ-ω, brüllen, ist

ἐρεύγομαι,

lat. rug-o im Comp. e-rugo bei Festus, ruc-t-a-ri. Man kann zweifelhaft sein, ob man eine Specialisirug des Begriffs tönen oder den Bgr. πτύω, φυσᾶν, hervorströmen lassen (S. 145), zu Grunde legen soll. Letzteres ist das einfachere und natürlichere, zumal sich auch ἀ-ρύ-ω und ἀ-ρύσσω begrifflich ganz so wie ἀ-φύω und ἀ-ϙύσσω (S. 130 ff.) zurechtlegen. Man vergleiche auch ἐ-ρυγ-εία· στάχυς. βοτάνη (Hes.) = φυτόν. Ob ὄ-ρυζ-α, Reis, „sicherlich ein Fremdwort" (Curt. S. 561), ist denn doch fraglich, da es sich, für ὀ-ρυγ-ια stehend, sehr wohl wie das vorige als ϙντόν, Hervorgesprossenes, deuten lässt, ebenso wie auch ὄ-ρυγγ-ος (mit Nasalirung) und gleichwerthiges ἠρυγγος st. ἄ-σρυγγ-ος, Ziegenbart = Hervorgesprossenes, wie πώγ-ων zu W. σπα+γ, wie ἀνϑ-ήλη, Bart, neben ἀνϑ-έρ-ιξ (begrifflich = ἐρυγεία) aus W. ἀν. — Ὀ-ρύσσω, St. ὁ-ρυγ und ὁ-ρυχ erklärt sich aus Bgr. klaffen machen, spalten, öffnen, to breathe. Vgl., oben S. 209 lat. fodio. Doch wir haben uns schon zu lange bei Urw. σρα-σρι-σρυ und den daraus hervorgegangenen Secundärwurzeln aufgehalten; darum sei nur kurz angedeutet, wie sich nach oft dagewesenen Begriffsvermittelungen mit Leichtigkeit zurecht legen lassen auch ἐ-ρεἴκ-ω, spalten: W. σρι+κ ‖ lat. ring-or, den Mund klaffen lassen, hiare, to breathe: W. sri+g ‖ lat. ri-ma = spiraculum ‖ ἐ-ρέχ-ϑω und Ἐ-ρεχϑ-εύς d. i. Spalter, Pflüger, als Begründer des Ackerbaues in Attica, als welcher er auch Ἐρι-χϑόνιος, der Reichflurige, hiess ‖ ἐ-ρέϑ-ω, ἐ-ρεϑ-ίζω und ὀ-ροϑ-ύνω, in Schwingung, Unruhe versetzen: W. σρα+ϑ ‖ ἔ-ριφ-ος, Springer = Bock, neben ἔρρα-ος (st. ἔ-σρα-ος)· κριός u. a. homerische Wörter.

Wir haben aber noch Rechenschaft darüber zu geben, weshalb wir oben περιρρηδής durch circumfusus erklärten.

120. Περι-ρρη-δ-ής

wurde früher ausnahmslos mit ῥέω zusammengebracht. Da aber von ῥέω der Stamm σρυ lautet, so verwarf man diese Ableitung mit Recht. Aber wir haben S. 356 gesehen, dass auch W. σρα, fliessen, leibt und lebt in Ῥῆ-νος, Fluss, ῥά-α, Strömung κτλ., wozu man noch nehme Ῥή-νη, Flussnymphe ‖ Ῥῆ-σος 1) Fluss in Troas M 20, 2) in Bithynien Hesiod. Th. 340, 3) Sohn des Στρυμών = Strom. Auch die Wurzel-Erweiterung ῥα+δ haben wir kennen gelernt. Die einzige Stelle, in welcher περιρρηδής bei Homer vorkommt, χ 84, zwingt zu der Deutung circumfusus. Hören wir den Dichter selbst χ 83 ff.:

ἐκ δ' ἄρα χειρὸς
φάσγανον ἦκε χαμᾶζε, περιρρηδὴς δὲ τραπέζῃ
κάππεσε δινηθείς, ἀπὸ δ' εἴδατα χεῦεν ἔραζε
καὶ δέπας ἀμφικύπελλον. ὁ δὲ χϑόνα τύπτε μετώπῳ
θυμῷ ἀνιάζων, ποσὶ δὲ θρόνον ἀμφοτέροισιν
λακτίζων ἐτίνασσε.

Eurymachus hatte, hinter dem Tische aufspringend, das Schwert gegen Odysseus gezückt; dieser aber kam ihm zuvor und traf ihn mit tödtlichem Pfeile. Bei der vorwärts geneigten Angriffsstellung, worin Eurymachus sich befand, stürzte er, dem einfachsten physikalischen Gesetze gemäss, vorwärts (nicht rückwärts), über den Tisch vor ihm ($\pi\varepsilon\varrho\iota\varrho\varrho\eta\delta\grave{\eta}\varsigma$ $\tau\varrho\alpha\pi\acute{\varepsilon}\zeta\eta$, tabulae circumfusus), schüttet so natürlich Speise und Getränke zu Boden (85); mit dem Tische, um den er sich geklammert ($\pi\varepsilon\varrho\iota$-$\varrho\varrho\eta\delta\grave{\eta}\varsigma$), fällt er dann aber auch selbst umgewirbelt ($\delta\iota\nu\eta\vartheta\varepsilon\iota\varsigma$) nieder, schlägt mit der Stirne (86) den Boden, indessen die Fersen hinten ($\lambda\alpha\kappa\tau\iota\zeta\omega\nu$) den Sessel, der doch offenbar hinter ihm stand, zum Wanken brachten.

Nur bei dieser Erklärung und der Auffassung von $\pi\varepsilon\varrho\iota\varrho\varrho\eta\delta\grave{\eta}\varsigma$ als circumfusus ist die ganze Situation in allen ihren Einzelheiten ($\tau\varrho\alpha\pi\acute{\varepsilon}\zeta\eta$, $\vartheta\varrho\acute{o}\nu o\nu$, $\mu\varepsilon\tau\acute{\omega}\pi\varphi$, $\lambda\alpha\kappa\tau\iota\zeta\omega\nu$ $\kappa\tau\lambda$.) berücksichtigt und klar gelegt, ist das $\pi\varepsilon\varrho\iota$- in dem fraglichen Adjectiv gerechtfertigt.

Die allerneueste Erfindung, dass dieses Wort von Skr.W. vrad entstamme und „rückwärts überstürzend“ oder „taumelnd“ bedeute, fasst kaum das Wort ausserhalb alles Zusammenhangs genau ins Auge; denn $\pi\varepsilon\varrho\iota$-. kann doch nicht „rückwärts“, noch „seitwärts“ bedeuten. Und „rückwärts fallend“ schlägt man doch nicht mit der Stirn den Boden; „rückwärts fallend“ oder „taumelnd“ schlägt man nicht „mit beiden Fersen seinen Sessel“; in vorwärts geneigter, zum Schlage ausholender Stellung (Vs 80 $\breve{\alpha}\lambda\tau o$ δ' $\dot{\varepsilon}\pi$' $\alpha\dot{\upsilon}\tau\tilde{\varphi}$ $\sigma\mu\varepsilon\varrho\delta\alpha\lambda\acute{\varepsilon}\alpha$ $\dot{\iota}\acute{\alpha}\chi\omega\nu$) fällt man, aus der Nähe tödtlich getroffen, nicht „rückwärts“. Und was soll „taumelnd“ neben $\delta\iota\nu\eta\vartheta\varepsilon\iota\varsigma$? Kurz, $\pi\varepsilon\varrho\iota$-$\varrho\varrho\eta$-$\delta$-$\acute{\eta}\varsigma$ ist = circum-fusus.

121. $\dot{E}\pi\iota$-$\tau\acute{\alpha}\varrho\varrho o\vartheta o\varsigma$ und $\dot{\varepsilon}\pi\iota$-$\varrho\varrho o\vartheta o\varsigma$,

diese Schmerzenskinder der Etymologie, lassen sich jetzt, nach dem in dem voraufgehenden Paragraphen Gesagten, hoffentlich laut- und sinnrichtig zurechtlegen. Aus W. $\sigma\varrho\alpha$ bildete sich die Sec.W. $\sigma\varrho\alpha\vartheta$, die gemäss der Grundbedeutung jener sowohl die Bedeutung tönen, rauschen, als schwingen, als fliessen, benetzen etc. annehmen konnte: $\dot{\varrho}\acute{\alpha}\vartheta$-$\alpha\gamma$-$o\varsigma$ 1) $\mathring{\eta}\chi o\varsigma$, $\psi\acute{o}\varphi o\varsigma$,

2) τάραχος, θόρυβος ‖ ῥαϑ-αίνω· ῥαίνω, βρέχω ‖ ῥαϑ-άσσω
1) πλήσσω, 2) ῥαίνω ‖ ῥαϑ-ά-μιγξ 1) Tropfen, 2) Stäubchen
ῥαϑ-αμίζω: αἷμα ἀπὸ σπόγγων ῥαϑαμίζεται Opp. Hal. V
657 ‖ ἐ-ρέϑ-ω, ἐ-ρεϑ-ίζω und ὁ-ροϑ-ύνω, in aufregende
Bewegung setzen ॥ lykischer Beiname Apollos Ἐ-ρεϑ-ύμιος, den
man nicht mit dem rhod. ἐρυσίβιος Ἀπόλλων, Robigus, zusammenwerfen darf, sondern als Erweiterung aus ἐ-ρέϑ-υμος (mit Suffix
wie in φαρ-υμός = fer-us, ἔλ-υμος, Flöte, von W. ἀλ, hauchen,
tönen, νήδ-υμος aus νη + W. ἀδ, sättigen*]) als Sänger oder
als ψαλτήρ zu fassen haben wird ‖ ἀ-ρραϑ-αγ-εῖν· ψοφεῖν,
wo noch Assimilation von σ deutlich zu erkennen ist ‖ ῥόϑ-ος
1) Geräusch: Περσίδος γλώσσης ῥόϑος Aesch. Pers. 398;
2) Schwung, Schlag: ἐξ ἑνὸς ῥόϑου παίουσι Aesch. Pers. 454;
vgl. Hesiod. Op. 222; 3) jäher, schroffer Felsenpfad d. i. sich
emporschwingend. Proclus zu Hesiod Op. 222; 4) Bewegung,
Gang: αἰγός Nic. Ther. 672.

Ob im homer. παλιρρόϑιος vom Begriffe „rauschen" auszugehen, ist denn doch mehr als fraglich. Der Hinweis aufs
Rauschen, vollens aufs Zurück-rauschen der Woge ist ε 430
geradezu komisch; desto näher legt uns der Dichter selbst die
Vorstellung heftiger Bewegung bzhw. Bgr. schwingen, heran-
stürmen, θύνειν:

ἀμφοτέρῃσι δὲ χερσὶν ἐπεσσύμενος λάβε πέτρης,
τῆς ἔχετο στενάχων, εἵως μέγα κῦμα παρῆλϑεν.
καὶ τὸ μὲν ὣς ὑπάλυξε, παλιρρόϑιον δέ μιν αὖτις
πλῆξεν ἐπεσσύμενον, τηλοῖ δέ μιν ἔμβαλε πόντῳ.

Gleicherweise verhält es sich mit ι 485

τὴν δ᾽ ἂψ ἤπειρόνδε παλιρρόϑιον φέρε κῦμα,
πλημυρὶς ἐκ πόντοιο, θέμωσε δὲ χέρσον ἱκέσθαι.

Παλιρρόϑιος ist darnach offenbar „sich zurückschwingend",
zurückstürmend". Auch das einfache ῥόϑιος ist bei Homer
keineswegs „rauschend". ε 411

ἔκτοσθεν μὲν γὰρ πάγοι ὀξέες, ἀμφὶ δὲ κῦμα
βέβρυχεν ῥόϑιον, λισσὴ δ᾽ ἀναδέδρομε πέτρη.

Traut man wirklich dem Homer zu, dass er habe sagen
können „rauschend brüllte die Woge"? Nein, „anstürmend",
an die Felsen schlagend, brüllte die Woge.

---

*) Vgl. über νήδυμος = insatiabilis des Vfs. Abhandlung in Brl.
GZschr. XXIX S. 646 ff.

Oder wenn es in der Anthologie IX 338 heisst *ἄντρον ἔσω στείχοντες ὁμό-ῤῥοθοι* (st. *ὁμο-σροθοι*), wer mag da übersetzen „zusammenrauschend" und nicht vielmehr „zusammen sich bewegend", *ὁμοῦ θύνοντες?* Oder wenn Aeschylus Sept.

191 sagt *καὶ νῦν πολίταις τάσδε διαδρόμους φυγὰς | θεῖσαι διεῤῥοθήσατ' ἄψυχον κάκην*, so ist das auch kein Hindurch-rauschen, sondern ein *δια-σείειν*. — Auch die häufigen Anwendungen des Ztw. *ῥοθέω* inner- und ausserhalb der Zusammensetzung vom Ruderschlag werden weniger auf Bgr. tönen, als auf Bgr. „schwingen" (gerade wie Wf. *σρατ* in *ἐ-ρετ-μόν κτλ.*) zurückzuführen sein.

Daher ist *ἐπί-ῤῥοθος* st. *ἐπί-σροθος* urspr. einfach „hinzu-eilend", weiterhin = „helfend".

In gleichem Sinne existirt eine Zusammensetzung aus *ἀ* (= con): *ἄ-ῤῥοθος* st. *ἄ-σροθος· ἀρωγός. βοηθός* Hes.

II. Aber was ist *ἐπι-τάῤῥοθος?* Hesychius führt ein einfaches *τάῤῥοθος· βοηθός, ἀρωγός* an und erklärt den Plural *τάῤῥοθοι* durch *παρ-ορμῆται. βοηθοί*. Das Wort gebraucht Lykophron 360. 400. 1040. 1346. — Nun beachte man, dass *ἐπι-τάῤῥοθος* bei Homer völlig gleichbedeutig mit *ἐπί-ῤῥοθος* „hinzu-eilend", um zu helfen, daher = „Bundesgenosse" gebraucht wird, jedoch nur da, wo Götter als „Bundesgenossen, Helfer" erscheinen. Zweifelsohne hat diese Beschränkung der Verwendung ihren Grund in der feierlicheren Klangform und selteneren Bildungsform des Wortes.

E 808 und 828 bekennt sich Athene als *ἐπιτάῤῥοθος* von Diomedes. — *Φ* 289 giebt Poseidon sich und Pallas Athene als *ἐπιταῤῥόθω* des Peliden an. — *P* 339 bezeichnet Aeneas unter Berufung auf Apollo's Worte 327—332 Zeus als *μάχης ἐπιτάῤῥοθος* der Troer. — *Δ* 366 spricht Diomedes, *Υ* 453 Achilles die gleichen Worte:

εἴ πού τις καὶ ἔμοιγε θεῶν ἐπιτάῤῥοθός ἐστιν.

Endlich die Stelle *M* 180 (*θεοί*),

πάντες, ὅσοι Δαναοῖσι μάχης ἐπιτάῤῥοθοι ἦσαν.

Wie Homer ältere, seltenere, und theilweise auch, wie Düntzer zu *μ* 61 bemerkt, ihm unverständliche Wörter der Göttersprache zuschreibt *Λ* 403, *B* 814, *Ξ* 291, *κ* 305, *μ* 61, so hat er das seiner Bildung nach allerdings auffällige

und auch ihm dem Dichter etymologisch vielleicht nicht klar
gewordene Wort für die Götter reservirt. U. E. ist ἐπι-τά-
ρροϑος ein dialectisches Gebilde, und zwar einem Dialecte
angehörig, der τ für σ eintreten lassen konnte, wie z. B. τεῦ-
τλον = σεῦ-τλον (W. συ) ∥ τίλφη = σίλφη, ein fettig aus-
schendes, stinkendes Insect; daher wohl zu ἀλείφω St. ἀλιφ
aus ἀ-σλιφ, Wf. σλιφ S. 312 gehörig st. ὀλίφ-η ∥ τίφνον =
ἴ-φνον st. σί-σφν-ον ∥ ταργάνη = σαργ-άνη, Geflecht, aus W.
σαρ+γ, lat. sero, ser-tum ∥ dor. Τίφαι = Σίφαι, Hafen im thes-
pischen Gebiete: aus σί-σφαι W. σφα ∥ τί-φυς, der Alp, das
sich erklärt aus W. σπυ als σί-σφυς, der keuchen-machende.
Vgl. S. 259 ∥ dor. τί-φος, Sumpf Theokr. 25, 15, und τὰ τίφη,
Waldungen Lykophr. 268, liesse sich st. σί-σφος aus W. σφα
leichtlich erklären.

Demgemäss τά-ρροϑ-ος st. σά-ρροϑ-ος, und es ist zu
vermuthen, dass dieses Wort zur Zeit des troischen Krieges
unter dem einen und anderen der vielen griechisch redenden
Stämme geleibt und gelebt hat und von dort dem Sänger überkommen ist.

Lautete von ῥόϑος κτλ. das Wurzelthema σραϑ, so konnte
daraus behufs Verstärkung des Begriffs mit Reduplication σά-
ρροϑ-ος gebildet werden. Sonach unterscheidet sich ἐπι-τά-
ρροϑος st. ἐπι-σά-σροϑ-ος nur dadurch von ἐπί-ρροϑος st.
ἐπί-σροϑος, dass jenes ein Compositum mit dem reduplicirten,
dieses ein Compositum mit dem nicht-reduplicirten Stamme ist.

Reduplication mit dem Vocal α haben wir schon genugsam
kennen gelernt. Man vergleiche βα-βάζω, βα-βάκτης, πα-σπάλη,
βα-μβαίνω st. βα-σβ. (S. 268), πα-μφαίνω st. πα-σφ., κά-γκανος
st. κά-σκανος, λα-λαγή, λα-λάζω, λά-λαξ (W. λα, hauchen,
tönen), μαι-μάω st. μα-σμάω, μαιμάκτης st. μα-σμάκ-της, μαι-
μάσσω st. μα-σμάσσω κτλ.

Bei sigmatisch anlautenden Wurzeln ist es aber noch häufiger der Fall, dass statt des doppelconsonantischen Anlauts σπ,
σφ, σβ, σμ, σκ ... und mit Abfall von σ statt π, φ, β, μ, κ ...
das blosse Sigma zur Reduplication verwendet wird: si-sto etc.
(vgl. S. 277 und L. Meyer I 427), was dann zur weiteren Folge
hat, dass, um Missklang zu verhüten, in dem folgenden Stamme
das wurzelhafte Sigma entweder abfällt oder assimilirt oder

durch Dehnung des voraufgehenden Vocals ersetzt wird. So
hatten wir S. 280 Σα-πϙώ st. Σα-σϙώ. Andere Beispiele:

Σα-ϕην-ής, dor. σα-ϙαν-ής, hell, deutlich, kann nicht eine
Längung von σαϕής sein, sondern steht für σα-σϕην-ής und
gehört zu W. σϕα+ν.

Σα-ϕή-τωρ st. σα-σϕή-τωρ gehört ebenfalls direct zu W. σϕα
und deckt sich seiner Bedeutung nach mit ἀ-ϕή-τωρ S. 59.
Σα-ϕής, hell, klar, steht für σα-σϕής W. σϕα. Die Zusammenbringung mit lat. sap-iens, mit ὀπός, sucus, Saft, sapo, Seife,
σήπω, faulen-machen, σαπ-ρός, faul (Curt. N. 628) mag gefallen,
wem sie will; seit W. σϕα, leuchten, erwiesen ist, können wir
solcher Etymologie entrathen. In σο-ϕός hat sich die
Reduplicationssilbe, wie so oft (S. 373), dem folgenden Vocale
angelautet. Die Wurzelkürzung ist keine so grosse, wie in
Πάτρο-κλος, ἄργυ-ϕος, Ἄντι-ϕος κτλ. S. 238. — Das äol.
σύϕ-ος ist schon des Accents wegen zu erklären aus σϙύ-ος
= πεπνυμένος, welche Metathesis S. 156 f. auch für Σί-συ-
ϕος, σῦϕ-αρ κτλ. sich ergab.

Σᾱ-πέρδ-ης, Name eines gemeinen eingepökelten Fisches, erklärt sich als übelduftender, starkriechender aus σα-σπέρδ-ης.
Denn dass πέρ-δ-ω sigmatisch anlautete und Weiterbildung
aus W. σπαρ (σπα+ρ) mit dem Begriff stinken ist, dafür
sprechen ἀ-ϕόρ-δ-ιον, Koth, st. ἀ-σϕ. = ἀ-σπόρδιον || σπύρ-
δ-ανον, σπύρ-α-θος und πύρ-α-θος, σπυρ-άς und σϕυρ-άς,
σπόρ-θ-υγξ und πόρ-θ-υγξ, σπορ-θ-ύγγιον, alle = ἀ-ϕόρ-
δ-ιον.

Σᾱ-περδ-ίς, ein frischer Fisch Aristot. H. A. VIII 29, steht
ebenfalls für σα-σπερδ-ίς und ist Eines Ursprungs mit
Ἀ-σπορδ-ηνός, Berg bei Pergamus Strab. 616 d. i. ge-
schwungen, hoch || πορδ-ή = σπορ-τ-ία (ἑορτή Hes.); vgl.
πυανέψια πορδὴν ἑορτὴν ἦγε Frgm. com. anon. XXIᵃ vol.
IV 607: Bgr. schwingen (tanzen). — Nahverwandt ist engl.
sport || πέρδ-ιξ, Springer = Rebhuhn = πῆρ-ιξ || Πορδο-
σελήνη, ein Inselchen zwischen Lesbos und Mysien Strab.
c. 619, Hes., d. i. (geschwungen =) gebogen wie der Mond ||
πάρδ-ος πάρδ-αλ-ος, πάρδ-αλ-ις, πόρδ-αλ-ις, Pardel, Pan-
ther, so benannt vom bogenförmigen Sprunge, der den katzen-

artigen Thieren eigenthümlich ist ‖ $\pi o \varrho \delta$-$\alpha x \acute{o} v$ $\chi \omega \varrho \acute{\iota} o v$ = lacuna, eine sich einsenkende, niederwärts biegende Gegend; dass. $\pi \alpha \varrho \delta$-$\alpha x \grave{o} v$ $\chi \omega \varrho \acute{\iota} o v$ Aristoph. Pax 1148; $\pi o \varrho \delta$-$\alpha x \grave{\alpha}$ $\varepsilon \ddot{\iota} \mu \alpha \tau \alpha$ (Sim. Am.), Kleider, die sich anschmiegen, wie nasse Gewänder; also Adj. $\pi o \varrho \delta$-$\alpha x \acute{o} \varsigma$, $\pi \alpha \varrho \delta$-$\alpha x \acute{o} \varsigma$ = geschwungen, sich biegend etc. ‖ $\pi \acute{\alpha} \varrho \delta$-$\alpha \lambda$-$\iota \varsigma$ heisst auch ein Fisch des rothen Meeres Ael. H. A. XI, 24, ferner ein räuberisches Seethier (Haifisch?) Ael. H. A. IX 49 ö. — Darnach hat Wf. $(\sigma) \pi \alpha \varrho$-$\delta$, Weiterbildung aus $\acute{o} \pi \alpha + \varrho$ (Sec.W. $\sigma \pi \alpha \varrho$), neben Bgr. „dunsten, stinken" auch Bgr. „schwingen", was sich bei der Herkunft aus W. $\sigma \pi \alpha$ erklärlich findet. Auch wenn man $\pi \acute{\alpha} \varrho \delta$-$\alpha \lambda$-$o \varsigma$ $x \tau \lambda$. lieber als „gesprenkelt" fassen will, kommt man auf Bgr. „schwingen" als = springen, besprengen, spargere zurück. Aber die anderen Wörter empfehlen die vorher vorgetragene Auffassung. Wäre zu erweisen, dass der Pökelfisch $\sigma \bar{\alpha}$-$\pi \acute{\varepsilon} \varrho \delta$-$\eta \varsigma$ auch im Naturzustande diesen Namen hat, so könnte man auch ihn wie $\sigma \bar{\alpha}$-$\pi \varepsilon \varrho \delta$-$\acute{\iota} \varsigma$ als „Schneller" auffassen. Auf alle Fälle aber liegt in $\sigma \alpha$ Reduplicationssilbe vor.

$\Sigma \acute{\alpha}$-$\mu \beta \alpha \lambda$-$o v$ (Sappho 38 etc.) mit Diminutiv $\sigma \alpha$-$\mu \beta \alpha \lambda$-$\acute{\iota} \sigma x o v$ (Hipponax) sollte dialectisch für $\sigma \acute{\alpha} v \delta \alpha \lambda o v$ stehen und mit diesem persischen Ursprungs sein? Lautete $\beta \acute{\alpha} \lambda \lambda \omega$ ursprünglich sigmatisch an (S. 259), so erklärt sich $\sigma \acute{\alpha}$-$\mu \beta \alpha \lambda$-$o v$ st. $\sigma \acute{\alpha}$-$\sigma \beta \alpha \lambda$-$o v$, wie $\pi \acute{\iota} \delta$-$\iota \lambda o v$ als Umgeschwungenes, -geschlungenes (vgl. S. 256), wogegen $\sigma \acute{\alpha} v \delta \alpha \lambda o v$ st. $\sigma \acute{\alpha}$-$\sigma \delta \alpha \lambda$-$o v$ sich aus Wf. $\sigma \delta \alpha \lambda = \zeta \alpha \lambda$ (arkad. $\zeta \acute{\varepsilon} \lambda \lambda \varepsilon \iota v$ begrifflich = $\beta \acute{\alpha} \lambda \lambda \varepsilon \iota v$ S. 283) auf gleiche Weise erklärt. Darnach haben wir nicht einmal $\sigma \acute{\alpha} v \delta \alpha \lambda o v$, das bereits Hymn. Hom. Merc. 79. 83. 139 vorkommt, vom persischen „sandal, Schuh" als Fremdwort zu erklären, geschweige denn $\sigma \acute{\alpha}$-$\mu \beta \alpha \lambda$-$o v$, zumal beide schon in vorpersischer Zeit gebraucht werden.

$\Sigma \acute{\alpha}$-$\mu \beta v \xi$ und $\sigma \alpha$-$\mu \beta \acute{v} x \eta$ st. $\sigma \alpha$-$\sigma \beta$. gehören mit $\beta \acute{o}$-$\mu \beta v \xi$ st. $\beta \acute{o}$-$\sigma \beta v \xi$, $\beta \alpha \acute{\iota} \beta v x o \varsigma$ st. $\beta \acute{\alpha}$-$\sigma \beta v x o \varsigma$ zu W. $\sigma \beta v$ S. 279. Vgl. ebendas. $\sigma \alpha$-$\mu \beta \acute{\alpha} = \acute{o}$-$\sigma \varphi \bar{v} \varsigma$.

$\Sigma \acute{\alpha}$-$\mu o \varrho$-$v \alpha$ ist ein anderer Name für ΄Ε-$\varphi \varepsilon$-$\sigma o \varsigma$, die jonische Stadt in Kleinasien. Letztere Benennung ist u. E. identisch mit $\Phi \varepsilon$-$\alpha \acute{\iota}$ S. 238 und stammt, wie dieses, aus W. $\sigma \varphi \alpha$, leuchten, glänzen. Für diese Deutung spricht nicht wenig der

Umstand, dass Ephesus vorzugsweise der Lichtgöttin Artemis (Luna, Lucina) geweiht, und dass der Artemis-Cultus hier so stark ausgeprägt ist, dass ἡ Ἐφεσία geradè zu = Ἄρτεμις gebraucht wird. — Σά-μορ-να st. Σά-σμορ-να von W. σμαρ, glänzen, besagt nichts anderes als Ἔ-φε-σος. Will man lieber Ἔ-φεσ-ος trennen und von Wf. (σ)φα+σ (S. 62) ausgehen, so ändert das an der Sache nichts. — Wie Benennung eines Ortes und Verehrung der entsprechenden Gottheit in einem Causalnexus stehen, zeigt u. a. auch die Benennung der Artemis als Ἀ-μαρ-υσία, Ἀ-μαρ-υνθία und die ihr heilige Stadt Ἀ-μάρ-υνθος auf Euboea: Ἀ-μάρ-υνθος st. Ἀ-σμάρ-υνθος von W. σμαρ, glänzen. Auf Aegina heisst Artemis Ἀ-φαία st. Ἀ-σφαία von W. σφα, leuchten (S. 287). Nach Steph. Byz. ist ein anderer Beiname derselben Ἀ-φθαία und Ἄ-ϙθα-λα mit Wf. φθα = W. σπα, ebenfalls = Leuchtende.

Σά-τυρος erweist sich wegen des gleichbedeutigen dor. τίτυρος st. τί-στυ-ρος als zu W. στυ (S. 153 Anm.) gehörig = un-ge-stü-m, leidenschaftlich, libidinosus; daher bezeichnen beide Wörter auch eine Affenart, und τίτυρος bei den Lacedämoniern auch den Leitbock. Servius zu Virg. Ecl. 1.

Σά-σπειρες (Hdt. I 104) und Σά-πειρες (Ap. Rh. II 395) sind eine armenische Völkerschaft. Der Name, wenn auch fremdländisch, fügt sich zu der in allen verwandten Sprachen lebendigen Wurzel spar, worauf z. B. auch pers. σπαρα-βάραι (γερρο-φόροι Hes.) zurückgeht, indem pers. spara, Schild, aus W. spar, schwingen, sich gerade so in begrifflicher Hinsicht entwickelt hat, wie πέλ-τη, Schild, aus W. σπαλ, schwingen.

Σά-βυλλος, ein Mannsname Hdt. VII 154, Σα-βύλ-ινθος, desgl. Thuc. II 80, fügen sich zu derselben Wurzel, welche in σί-βυλλα st. σί-σβυλλα (S. 338), βο-μβύλ-ιος st. βο-σβύλ-ιος κτλ. vorliegt.

Σα-τράπ-ης. Hat es seine Richtigkeit mit dem, was S. 300 ff. zu ἀ-τραπ-ιτός und ἀ-ταρπ-ός über Wf. στρα+π gesagt worden ist, so liesse sich das persische Wort σα-τράπ-ης st. σα-στράπ-ης aus indogerm. Sec.W. strap), (σ)τρέπ-ω herleiten mit demselben Begriffe, den das griech. Compositum ἐπί-τροπος hat = Verwalter. Herodot gebraucht sogar ἐπίτροπος in ganz gleichem Sinne wie σατράπης, Statthalter:

τῆς Μέμφιος III 27, Μιλήτου V 30. Vgl. Herodian VII 4, 5 ὁ κατὰ τὴν Λιβύην ἐπίτροπος.

Genug, die Reduplicationssilbe σα vor urspr. sigmatisch anlautenden Wurzelstämmen ist eine ebenso natürliche, als die Reduplicationssilben σε S. 321 und σι S. 336 ff. Daher σά-ρροθ-ος st. σά-σροθ-ος und dafür dialectisch τά-ρροθος, und mit ἐπί zusammengesetzt ἐπι-τάρροθος.

Savelsberg Dig. p. 15 will freilich lehren, ῥόθος stehe für ϝρόθος, ungeachtet die Alten das Wort nur mit ῥέω d. i. W. σρυ in Zusammenhang brachten. Er bringt aber auch nicht die leiseste Spur eines Beweises für digammatischen Anlaut der Wf. ῥαθ, ῥοθ vor, ausser dass er ε 412 für βέβρυχεν ῥόθιον geschrieben haben will βέβρυχε ϝρόθιον.

Nach allem Dargelegten werden wir uns wohl nicht mit Widerlegung der seitherigen Ableitungen von ἐπι-τάρροθος aufzuhalten haben, wie da sind Pott's E. F. I 140 aus ἐπί + τά (= ἄττα) + ῥόθος, Düntzer's aus ταρ „stossen" (in ά-ταρτη-ρός!?), „verlängert um οθ"; L. Meyer's aus ταρ, überschreiten, ans Ende kommen, Skr. trâ-yatai „er rettet"; des Etymologic. M. aus ἐπίρροθος mit Einschub von Silbe ταρ u. dgl. m.

Wie man ἀταρτηρός mit ἐπι-τάρροθος in Verbindung bringen konnte, ist kaum zu begreifen. Aber was ist denn ἀταρτηρός? Darüber im folgenden Abschnitte.

122. Ἀταρτηρός

wäre längst erkannt worden, hätte man sich nur die wahre Natur der s. g. Vorschlagsvocale klar gemacht. W. σταρ, häufiger in Metathesi στρα = „strecken, hinschlagen", darf als bekannt vorausgesetzt werden. Daraus wurde gebildet Subst. σταρ-τή, Schlag = engl. strike, aus gleichbedeutiger W. stri = stra, star mit Guttural weiter entwickelt. Dieses Subst. leibt und lebt in ά-ταρτάται· βλάπτει. πονεῖ. λυπεῖ Hes., indem ά-ταρ-τά-ομαι für ά-σταρ-τά-ομαι steht. Davon denn ganz einfach ά-ταρ-τη-ρός = schädigend, verletzend, kränkend, verderblich st. ά-σταρ-τη-ρός.

Gegen die Ableitung von τείρω, tero, mit ά priv. spricht schon allein der Accent, wie ebenso gegen die aus τείρω und

ά intens. (Düntzer, La Roche, Döderlein); auch ist dabei der
Ausgang -τηρός nicht zu begreifen. Die Herleitung der Alten
und Lobeck's aus ἄτη bzhw. ἀτηρός spottet noch mehr aller
Lautgesetze; ebenso die aus ταράσσω oder aus Τάρταρος oder
L. Meyer's (Gramm. I 419) aus τρέω. Benfey II 253 geht
von einer W. τϝαρ aus, welche die griechische Sprache nicht
kennt, auch Fick WB. in keiner der verwandten Sprachen zu
entdecken vermocht hat. Wogegen W. star bzhw. stra ein so
ungemein grosses Gebiet eingenommen hat. Vgl. ob. S. 304 ff.,
wo auch zu ersehen, wie sich die stammverwandten Wörter
ά-τέρ-αμνος, τέρ-εμνος ἢ στέρ-εμνος (Hes.), στερρός, ά-τειρ-ής
κτλ. zu ά-ταρ-τη-ρός verhalten.

Hesychius erklärt unser Wort durch βλαβερός und ἀτηρός,
ebenso der Scholiast zu Α 223, Ω 18 durch ἀτηρός, schädlich,
dsgl. Apollonius durch βλαβερός. In der That ist dieses die
bei Homer geheischte Bedeutung. Α 223

> Πηλείδης δ' ἐξαῦτις ἀταρτηροῖς ἐπέεσσιν
> Ἀτρείδην προσέειπε, καὶ οὔπω λῆγε χόλοιο.

Wenn irgend Worte von verderblicher Wirkung gewesen
sind, so war es der Zornausbruch des Achilles, womit dieser
den Agamemnon anführt und schwört, am Kriege nicht ferner
Theil nehmen zu wollen.

Unheilvoll musste dem Freier Leiocritus Mentor mit
seiner Rede β 229—241 vorkommen, worin dieser die schlimmen Folgen der Gutherzigkeit eines Herrschers darlegt und
Angesichts des frevlen Treibens der Freier vom Könige fordert:
ἀλλ' αἰεὶ χαλεπός τ' εἴη καὶ αἴσυλα ῥέζοι, den Freiern ihre
Schandthaten vorhält und seiner inneren Empörung darüber,
dass das Volk trotz seiner Mehrheit dem Treiben dieser Wenigen
nicht Einhalt gebietet, Ausdruck giebt. Daher der Zornesausbruch Vs 243 Μέντορ ἀταρτηρέ!

In gleichem Sinne gebraucht das Wort Hesiod Theog. 610

> ὅς δέ κε τέτμῃ ἀταρτηροῖο γενέθλης,
> ζώει ἐνὶ στήθεσσιν ἔχων ἀλίαστον ἀνίην.

Vgl. Theokr. XXII 27

> Ἡ μὲν ἄρα προφυγοῦσα πέτρας εἰς ἓν ξυνιούσας
> Ἀργὼ καὶ νιφόεντος ἀταρτηρὸν στόμα πόντον.

123. *Ἀ-ψίς, ἀ-σπίς, ὄ-φις.*

I. *Ἀ-ψίς* soll E 487 in der Stelle *ἀψῖσι λίνου ἁλόντε παν-
άγρου* „Masche" bedeuten und von *ἅπτω* entstammen.
Dieser Etymologie zu Gefallen lehrt man denn weiterhin, *ἀψίς* sei
ionisch für *ἀψίς.*

Dass aus *ἅπτω* ein *ἅψις*, Berührung (Plato etc.) gebildet
werden konnte, begreift sich leicht, nicht aber, wie daraus ein
ἀψίς, ἀψίς hätte hervorgehen können. Trennen wir dagegen
ἀ-ψίς, ἀ-ψίς, so lässt sich das Wort nicht nur lautlich, sondern
auch begrifflich zurechtlegen, was beim Ausgehen von *ἅπτω*
a) „berühren", b) „anzünden" nimmer der Fall ist. Die W. ist
dieselbe wie in *ἀ-σπίς*, Schild, *ἀ-σπίς*, Schlange, nämlich W.
σπι (mit Bgr. blähen, wölben etc. oder Bgr. schwingen, biegen)
in der Gestalt von *ψι*, wie in *ψι-αρός, ψι-ά, ψί-αι, ἀ-ψί-αι,
ἀ-ψί-ον, ἀ-ψί-ορ κτλ.* S. 322 ff. Das *ἀ* und *ἀ* ist dasselbe,
welches in *ἀ-θρόος* und *ἀ-θρόος* vorliegt = Skr. sa-, sam (Curt.
N. 598), begrifflich = lat. con- z. B. in con-flare, con-vallis, con-
cavus, col-luceo etc. Für diese Etymologie sprechen laut die
Bedeutungen von *ἀ-ψίς* bzw. *ἀ-ψίς*: 1) Radfelge = Rundung:
Hesiod. Op. 424, Hdt. IV 72, Eur. Hipp. 1233 (*ἀψῖδα πέτρῳ
προσβαλὼν ὀχήματος*); 2) runde Scheibe: von der Sonnenscheibe
Eur. Ion. 88, von der Töpferscheibe Nikaenet. 2 (Planud. 191);
3) Gewölbe, insbes. Himmelsgewölbe Plat. Phaedr. p. 247, Anthol.
IX 208 ö.; 4) Bogen, Triumphbogen: *ἀψὶς τροπαιοφόρος* Dio
Cass. 49, 15. u. a. Der einheitliche Grundbegriff ist Bogen; daher
auch Hesychius *ἀψίδες* durch *τὰ κύκλα τῶν τροχῶν, αἱ περι-
φέρειαι, ἢ καμάραι* erklärt. Wenn Aristophanes Thesm. 53
unter Anspielung auf die Töpferei von dem Dichter Agathon
sagt: *κάμπτει δὲ νέας ἀψῖδας ἐπῶν. τὰ δὲ τορνεύει . . . .
καὶ γογγύλλει,* so kann das in dieser Auffassung nur bestärken.

Und nun soll an der einzigen Stelle E 487 *ἀ-ψίς* bedeuten
„die Masche", engl. mesh d. i. „the interstice of a net; the
space between the threads of a net"? Richtiger Schol. L. zur
Stelle *ἀψίδες· δικτύου αἱ καμπαί,* ganz in Uebereinstimmung
mit dem Ursprunge wie mit dem sonstigen Gebrauche des
Wortes. Wir werden also zu übersetzen haben „gefangen in

den Biegungen, Windungen, Schlingungen des Garns", — „in den Krümmen des Netzes".

II. Einerlei Ursprunges mit ἀ-ψίς, ἀ-ψίς ist

ἀ-σπίς,

Schild. In lautlicher Hinsicht verhalten sich beide Wörter zu einander wie ἀ-ψί-ν-ϑ-ιον und ἀ-σπί-ϑ-ιον, ein duftiges Kraut, Wermuth. Man könnte die Frage aufwerfen, ob die ἀ-σπίς als „Wölbung" oder als „Rundung" aufzufassen; denn die ἀ-σπί-δ-ες waren theils ovaler, theils kreisrunder Gestalt, weshalb E 453. 797, M 426, N 715, Ξ 428 für letztere Art das Epitheton εὔκυκλος zur Verwendung kommt. Dass man nicht das Epitheton πάντοσ᾽ ἐίση in gleichem Sinne zu fassen hat, sondern dass das homerische ἐ-ϝῑσος (aus W. ϝιδ) conspicuus bedeutet, und ἀσπὶς πάντοσ᾽ ἐίση synonym mit ἀ. φαεινή ist, glaubt Vf. in der Berl. GZtschr. XXX S. 349—357 nachgewiesen zu haben. Man könnte für die Deutung ἀ-σπίς = „Rundung" auch allenfalls auf französ. bouclier und rondache, Schild, hinweisen. Allein trotzdem ist die Deutung „Wölbung" vorzuziehen (blähen = wölben). Denn der Schild war nach aussen stark gewölbt mit einem Buckel als Mitte oder Spitze der Wölbung; daher ἀσπὶς ὀμφαλόεσσα Δ 448, Z 118, Θ 62, Λ 259. 424, M 161, N 264, Π 214, T 360, X 111, τ 32. Die Vorstellung der Wölbung (gleichsam Umbauschung) liegt auch dem Epith. ἀμφιβρότη, wie die grössere ovale Art von ἀσπίδες B 389, Λ 32, M 402, Y 281 zubenannt wird, zu Grunde.

Dazu kommt, dass auch φιάλη (S. 330) bei Aristoteles und Pausanias „Schild" bedeutet. Und die Kreter hatten κάδ-μος = ἀσπίς Hes., welches kretische Wort nicht zu trennen ist von κάδ-αλοι. κοιλώματα (Hes.), κάδ-ος, jedes bauchige Gefäss.

III. Man könnte die weitere Frage aufwerfen, ob ἀ-σπίς, Viper, Natter, nicht vom Winden und Krümmen benannt sei, da ja auch κάμπη (eigtl. Biegung, Krümmung) zur Bezeichnung eines Thieres dient, das sich durch Zusammenkrümmen fortschnellt, die Spannraupe (Hippokr., Aristot.). Allein mit dieser Deutung würde nicht die besondere Schlangenart gekennzeichnet sein, sondern jedes sich krümmende, windende Thier, während gerade der mit Zischen verbundene Giftbauch das

Charakteristische der aspis ist. Wir haben daher wie für ἀ-σπί-
ϑ-ιον, Wermuth, auf einen der Urbedeutung der W. σπι näher
liegenden Begriff zurückzugehen.

Auf alle Fälle aber ist

$$ \ddot{o}\text{-}\varphi\iota\varsigma $$

nur eine andere Gestalt für ἀ-σπίς, bzw. auf gleiche Wurzel
zurückzuführen und nicht aus *ὄπτω, sehen, oder gar aus
ὄκ-ϝις bzw. W. ἀκ (Curt. N. 627) zu deuten. Vorschlagendes
ὁ und ἀ werden ja durch einander gebraucht. Und dass
Homer noch ὄ-σφις oder ὄ-πφις (mit Assimilation von σ) gesprochen hat, folgt aus der einzigen Stelle, wo ὄ-φις bei ihm
vorkommt, M 208

Τρῶες δ᾽ ἐρρίγησαν, ὅπως ἴδον αἰόλον ὄφιν.

Auch andere alte Dichter, wie Hipponax (frg. 49, 6), gebrauch-
ten die erste Silbe noch lang. Vgl. Wolf Praef. H. p. LXXI,
Spitzner Vers. her. 78, Schaefer zu Theogn. 334.

124. Φαίδιμος

soll nach Curtius S. 641 sein δ aus ι entwickelt haben und
aus angebl. φαί-ι-μος entstanden sein, wie denn überhaupt aus
ι mit seinem Helfershelfer j alles Mögliche und Unmögliche
gemacht wird. Es giebt eine doppelte Weise, φαίδιμος, φαιδ-
ρός κτλ. lautrichtiger zu vermitteln.

Aus Wf. φα, glänzen, konnte sich ein Subst. φα-ίς, G. φα-
ίδ-ος gerade so entwickeln, wie aus den resp. Verbalstämmen
entstanden ἑλπ-ίς, αἰγ-ίς, γλυφ-ίς, κερκ-ίς, σκαρφ-ίς κτλ. und
namentlich δα-ίς. Das so gebildete φα-ίς St. φα-ιδ hätte
dann „Glanz" bedeutet und daraus sich weiterhin φαίδ-ιμος,
φαιδ-ρός „glänzend" gestalten können. Man könnte zur all-
fallsigen Unterstützung dieser Etymologie die Conjectur aufstellen, bei Hesychius sei statt „φαίδει· ὄψει" vielmehr φαίδες·
ὄψεις zu lesen.

Eine zweite Erklärung wäre die, dass von einer Δ-Erweiterung der W. σπι, Wf. φι ausgegangen wird. Wir haben Wf.
φι+δ (σπι+δ, ψι+δ, σφι+δ) in allen möglichen Schattirungen
des Grundbegriffs der Wurzel kennen gelernt: φίδ-να, eine

duftige Wurzel || ἐκ-φινδ-άνω = ἐκ-φυσᾶν || Verbalstamm φιδ
in φείδομαι S. 327 || φιδ-άκ-νη, bauchiges Gefäss, fid-elia ||
φίδ-ωλος (ἐπιθυμητής Hes.), aspirans || ψιδ-ών || ψίνδ-ομαι ||
Φιδ-ίς, ein Frauenname, Φιδ-άλ-εια dsgl. || Φείδ-ας N 691 ||
Φείδ-ων ξ 316 || Φειδ-ίας κτλ. || ψίδ-ιον, σπίδ-ιον, σπιδ-ής,
σπιδ-νός, σπιδ-ό-εις || σπίζα st. σπίδ-ια || ἐ-φιδ-ύειν, ὁ-φιδ-
εύειν u. v. a.

Wurzelweiterbildungen mittels δ erkennt ja doch auch
Curtius oft genug an, z. B. N. 230 ten-d-o zu W. τα, ταν, τεν,
N. 659 ἔλ-δ-ομαι, St. ϝελ-δ zu W. ϝαλ, volo und sonst.

Ob man daher wohl thut, die bei Hesychius trotz des früher
aufgeführtem φαιδ-ρός mehre Spalten weiter in richtiger alphabetischer Ordnung folgende Glosse φιδ-ρόν· καθαρόν, λαμπρόν, ἁγνόν, ἱλαρόν als „spuria" oder als „Hesychianae sordes"
mit M. Schmidt ohne Weiteres über Bord zu werfen, müsste denn
doch mehr als fraglich erscheinen; steht doch σφειδ-ρός· καθαρός unbeanstandet da, das doch Niemand anders denn als
aus Wf. σφιδ = W. σπι+δ hervorgegangen wird deuten wollen.

Auf alle Fälle steht auch Wf. φι+δ unangreifbar fest.
Und daraus konnte in gleicher Weise, wie z. B. Curtius aus
W. ἰγ (N. 140) αἴγ-ες, αἰγ-ίς κτλ. neben ἐπ-είγ-ω, aus W. ἰθ
(N. 302) αἴθ-ω, αἴθ-ος, αἰθ-ήρ κτλ. mittels Vocalsteigerung
gewiss mit vollstem Rechte hervorgehen lässt, auch der gesteigerte Stamm φαιδ, cypr. ψαιδ in ψαιδ-ρός = φαιδ-ρός sich
entwickeln. Es bedarf kaum der Erwähnung, dass diese Herleitung vor der ersteren vollauf den Vorzug verdient. Darnach
würde φαιδ-ις, Glanz, Auge (vgl. τὰ φάεα), nebst φαιδ-ρός,
φαίδ-ιμος κτλ. nur insoweit mit Wf. φα zusammengebracht
werden dürfen, als Wf. φι = Wf. φα ist.

Ist diese Etymologie richtig, dann würde auch φαισ-τός
und Φαῖσ-τος, leuchtend, st. φαιδ-τός, φαῖδ-τος nebst Ἠ-φαισ-
τος st. Ἀ-σφαιδ-τος, com-burens, con-flagrans, sich zum Stamme
φαιδ aus φιδ auf natürlicherem Wege fügen, als zu Wf. φα;
desgl. Φαίδ-ρη λ 321, Φαῖδ-ρος κτλ.

Ob φαι-κός, „glänzend", aber auch „leicht, schnell", aus
Steigerung der Wf. φι oder aus ϝα-ικός, W. ϝα zu deuten ist,
kann zweifelhaft erscheinen und kommt schliesslich auf Eins
hinaus. Gleiches gilt von ϝαιός.

II. Zu W. φι mit Steigerung dürfte aber jedenfalls

$$Φαί-ηκ-ες$$

zu nehmen sein, da lautliche Vermittelung aus W. φα ihre grosse Misslichkeit hat. Mit dem vagen Begriff „glänzend", welchen Wf. φι z. B. in φι-αρός etc. (S. 326) darstellt, ist u. E. nicht viel zu machen, da ein ganzes Volk kaum füglich als „die glänzenden" aufgefasst werden kann. Hartung freilich hält sie für „Licht-Elben", Welcker für „Dunkelmänner" (von φαιός „schummerig, dunkel") bzw. „Fahrmänner des Todes"; und andere deuten noch anders. Aber ist es nothwendig, mythologisch-kosmogonische Ideen, womit man u. E. ohnehin zu grosses Spiel getrieben hat und treibt, in diesen Namen, um einen Goethe'-schen Ausdruck zu gebrauchen, hineinzugeheimnissen? — W. φι hat so häufig auch Bgr. schwellen, blähen; daher φι-αρός „fett, feist". An Begriff „schwellen" lehnt sich so gewöhnlich der Bgr. der Fülle, des Reichthums, des Glückes; daher ψί-εις (ψί-ης), ψί-εσσα, ψί-εν = μακάριος, εὐδαίμων Hes. Und ὄλ-βος, ὄλ-βιος ist Einer Wurzel mit al-o, al-mus, ἀλ-δ-αίνω, ἄλ-ϑ-ω, ἄλϑος, ἄλ-σος κτλ. (W. ἀλ S. 170 f.). Vergegenwärtigt man sich nun das reiche, üppige, sorglose Leben der Phäaken, so liegt es so nahe, die Φαί-ηκ-ες als ψί-εντες = μακάριοι, als φιαροί im Sinne von ὄλβιοι, πλούσιοι aufzufassen.

125. Σβέννυμι.

Der Stamm von σβέν-νυμι st. σβέσ-νυμι ist anerkannter-maassen σβες d. i. W. σβα+σ. Eine W. σβα = σφα, σπα glauben wir mit massenhaften Belegen bereits S. 260, S. 267 ff. erwiesen zu haben. Nichts als eine Sigma-Erweiterung derselben ist σβες, σβας, wie solche z. B. für Wf. φας (Skr. bhâs) Curtius N. 407 unter W. φα aufstellt.

Die Grundbedeutung ist „verhauchen-machen, verdampfen-lassen, dämpfen", die Begriffsvermittelung analog der von πνίγω S. 154, κατα-(σ)φύξει· κατα-σβέσει Hes. S. 155, von παύω S. 175 f. mit den zahlreichen übrigen dort aufgeführten synonymen Wörtern, ähnlich der von φϑίω S. 217.

Goth. af-hvap-jan, ersticken (trans.), af-hvap-nan, ersticken (intrans.), aus germ. W. hvap, hauchen (vgl. lit. kvap-as, Hauch,

Athem) ist gleicher Vorstellung gefolgt; nicht minder unser *dämpfen*(: Dampf), engl. to *smother* 1) schwelen, dampfen; 2) ersticken machen, von the *smother*, Dampf, Rauch (W. sma). Engl. to sti-f-le, dämpfen, ersticken, unser *sti-ck-en*, lat. sti-n-guo sind nur verschiedenartige Weiterbildungen aus W. sti (= sta, stu S. 301 ff., S. 153 NB.).

Wir werden sehen, wie der angegebenen Bedeutungsentwickelung der homerische Gebrauch vollständig entspricht. Hätte man die. erschlossene W. σβα gekannt, so würde man wohl nicht verfallen sein auf die lautlich unmöglichen Zusammenstellungen mit σείω (Damm. Lex.), mit Skr. çvas (Präs. çvas-i-mi, spiro, bei Curtius S. 560), oder mit Skr. ǵas, erschöpft sein (L. Meyer), oder mit ζόασον· σβέσον Hes., ζείνυμεν· σβέννυμεν Hes., in welch' ersterem Worte nach M. Schmidt ζ für ς stehen und ο aus ϝ (mit Curtius' Billigung) hervorgegangen sein soll! Ζέί-νυμεν st. ζέσ-νυμεν gehört ganz einfach als Sigma-Erweiterung (ζα+ς, ζε+ς) zu W. ζα in ζά-ω, athmen = leben || ζά-ει· πνεῖ, ζα-έντες· πνέοντες (Hes.) κτλ. Vgl. S. 341. Und ζό-ασον· σβέσον || ζο-ᾷς· σβέσεις (Hes.) gehört sammt ζο-άσω· ζήσω || ζό-ης· ἰσχυρός ἢ σφοδρῶς πνέων || ζό-ες· ζῇ || ζό-η und ζο-ί-α, Blasenhaut auf der Milch || ζό-η Hdt. I 85, IV 112 = ζω-ή, auch ζο-ί-α, dass. || dor. ζο-ός = ζω-ός, athmend = lebend, κτλ. zu Wf. ζαϝ = W. ζα.

Der Imper. Aor. ζό-ασον und Fut. Att. ζο-ᾷς, wie für das handschriftl. ζο-ᾶς zu lesen ist, weisen auf ein Präsens ζο-άζω, das von einem Adj. ζο-άς = ζοός, hauchend, gebildet ist, sonach eigtl. „hauchend sein = hauchen" bedeutet. Die Begriffsvermittelung ist ganz dieselbe wie bei Wf. σβα+σ, σβέν-νυμι aus W. σβα = W. σφα, σπα.

I 678

κεῖνός γ' οὐκ ἐθέλει σβέσσαι χόλον, ἀλλ' ἔτι μᾶλλον πιμπλάνεται μένεος

liesse sich noch sogar geradezu übersetzen „jener will seinen Groll nicht verhauchen, verrauchen, verdampfen lassen".

II 620

Αἰνεία, χαλεπόν σε καὶ ἴφθιμόν περ ἐόντα πάντων ἀνθρώπων σβέσσαι μένος

= „es wäre denn doch zu schwer für dich, aller Menschen

394

Lebenskraft auszublasen (verhauchen-, verrauchen zu machen),
auszulöschen".

I 471

οἱ μὲν ἀμειβόμενοι φυλακὰς ἔχον, οὐδέ ποτ᾽ ἔσβη
πῦρ

d. i. und nicht verhauchte, verdampfte = erlosch das Feuer,
sondern wurde immer neu angefacht.

γ 182 οὐδέ ποτ᾽ ἔσβη | οὖρος, ἐπειδὴ πρῶτα θεὸς προ-
έηκεν ἀῆναι „noch war der Wind nicht verhaucht".
Das Compos. κατα-σβέννυμι deckt sich vollständig mit
κατα-παύω: *Ψ* 237 κατὰ πυρκαϊὴν σβέσατ᾽ αἴθοπι οἴνῳ ‖
Ω 791 κατὰ πυρκ. σβέσαν ‖ *Φ* 381 Ἡφαίστος δὲ κατέσβεσε
θεσπιδαὲς πῦρ und so öfter mit πῦρ „die Feuerglut ruhen
machen, verhauchen machen, löschen." — Das Adjectiv

ἄ-σβεστος

(= ἀ-κατάπαυστος, δυσκατάπαυστος Hes.) „unaufhörlich, un-
auslöschlich" bedarf keiner weiteren Erörterung; es steht bei
βοή *Λ* 50. 500. 530, *N* 169. 540, *II* 267 ‖ bei γέλως *A* 599,
θ 326, *υ* 346 ‖ bei κλέος *δ* 584, *η* 333 ‖ bei φλόξ *P* 89, *II* 123
(hier ἀσβέστη) ‖ bei μένος (Zorn) *X* 96.
Ein merkwürdiges Wort ist kret. ἄ-σβεσ-θε· διέφθειρε
Hes. Es erklärt sich aber ἀ-σβέσ-θω ganz einfach als θ-Er-
weiterung, wie πλή-θω, πρή-θω, βι-βάσ-θ-ων, ἐρέχθω, αἴσθω,
ἔσθω st. ἔδ-θω κτλ. mit vorschlagendem euphon. ἀ, wie in
ἀ-σπάλαξ neben σπάλαξ κτλ. Die Bedeutungsentwickelung ist
dieselbe, die wir S. 217 für φθίω, φθίνω u. a. W. dargelegt
haben, weshalb die Conjectur von Voretzsch ἀδιάφθορε unnöthig
und abzuweisen ist. — Euphonischen Vocalvorschlag erfuhr
W. σβα ja auch in dem tarent. ἔ-σβη-ν-ες· εἶδος ποτηρίου
(S. 344): Bgr. blähen, bauchig sein, welcher Begriff so zahllosen
Gefässnamen das Dasein gegeben hat.

126. Ἥβη.

Wie bei σβέν-νυμι st. σβέσ-νυμι (W. σβα+σ) hat man
auch bei ἥβη in seiner etymologischen „Verzweifelung" die
unmöglichsten Lautvertretungen zu Hülfe ·genommen, um nur

zu einem Etymon zu gelangen. Ungeachtet lat. j doch nur griechischem ζ entspricht (jug-um = ζυγ-όν), hat man seit und mit Pott E. F. I 113 ἥβη mit lat. juv-en-is, juv-en-tus bzw. mit Skr. juv-an (jav-an) identificirt, lässt also, abgesehen von anderen Bedenklichkeiten, den griech. Spiritus die Rolle von ζ, lat. j spielen. Wie ἡμεῖς aus ἄσμες (ἄμμες = ἄσμες), Ἥρη aus ἄσρη κτλ. (S. 26, S. 258 ff.) hervorgeht, so erklärt sich in lautrichtigerer Weise, als aus Wf. juv, ἥβη aus ἄ-σβη bzw. ἄ-σβη mit ἁ, ἁ = con- und W. σβα = W. σφα, σπα. Wie alle Wurzeln des Begriffs „hauchen, blasen", hat auch W. σβα den Bgr. „blähen, schwellen" bzw. „nähren, wachsen" entwickelt. Den Bgr. „blähen resp. bauchig sein" stellen die S. 260 behandelten Wörter σι-βαία st. σι-σβαία, σί-ββα st. σί-σβα, sowie auch das tarentin. ἔ-σβη-ν-ες dar. Und so ist ἥβη st. ἄ-σβη nichts anderes, als Schwellung, strotzende Fülle, Schwellkraft, übertr. ἀκμή, ist auch synonym mit lat. ad-ol-esc-entia von W. ἀλ, ὀλ, hauchen, weiterhin blähen, wachsen, wachsen machen, nähren (S. 216), synonym mit juv-en-tus, welches sammt juv-en-is nicht von juv-are (urspr. = schwellen-, gedeihen-machen), nicht von ζά-ω zu trennen ist, synonym mit lat. vig-or (aus W. vi+g, W. vi = W. va, ϝα). Juv-en-is deckt sich begrifflich mit veg-e-tus aus W. va+g (Skr. vaǵ, stärken, mehren).

Ἥβη und ἡβάω sammt Sippe decken sich in ihrer Anwendung so oft vollständig mit θηλέω und θάλλω sammt Sippe; diese aber sind auch keiner anderen Begriffsvermittelung gefolgt, als wir für ἥβη aus ἄ-σβη in Anspruch genommen haben. Beweis dessen θαλλ-ίς· μάρσιππος μακρός Hes., also begrifflich = σι-βαία, σί-ββα ‖ θάλλ-ικα· σάκκου εἶδος Hes.; dazu mit Bgr. wölben: θόλ-ος, Gewölbe ‖ θάλ-αμος, urspr. Gewölbe, wie καμ-άρα, cam-era, dann, wie dieses, = Gemach ‖ θάλ-ασσα = πλημυρίς, Schwellfluth, Wogenschwall, das grosse Wasser ‖ θαλ-άμη, Höhlung, Vertiefung, Schlupfwinkel.

Θη-λέ-ω ist offenbares Denominativ von einem Subst. θη-λή, Schwellung, Fülle, und bedeutet noch bei Homer ε 73 Schwellung-, Fülle haben = strotzen, schwellen:

ἀμφὶ δὲ λειμῶνες μαλακοὶ ἴου ἠδὲ σελίνου
θήλεον

d. i. „strotzten von Veilchen und Eppich". Θη-λή, mamma,
ist kein anderes Wort als jenes, und folgt mit den sonstigen
Bezeichnungen dieses Gegenstandes gleicher Vorstellung: ἀ-φα-
τ-ῆλες, φά-γ-υλοι, lat. fê-la, ags. spa-na aus W. spa, ἀ-φλε-
τῆρ-ες aus Wf. φλέω, schwellen, μαζός, μαστός, μασθός zu Wf.
μα = W. σμα u. s. w. Darum wird übrigens ϑη-λή nicht von
ϑάω getrennt, mag man hierfür ausgehen vom Begriffe „nähren",
alere (d. i. schwellen-, wachsen-machen) oder vom Bgr. „einathmen bzw. einathmen lassen", worüber zu vergleichen S. 181.
Denn W. ϑα-ϑι-ϑυ bedeutet urspr. hauchen, weiterhin blähen etc.
Man halte zu den S. 2 ff. beigebrachten Wörtern z. B. noch
folgende: mit Bgr. blähen, schwellen: εὐ-ϑη-ν-ία, Fülle, Ueberfluss; — ϑη-μών, ϑω-μός, ϑί-λα, ϑίς, alle = tumulus (W.
tu), cumulus (W. ku, κυ) ‖ mit Bgr. riechen, dunsten, πνεῖν:
ϑο-λός, Schmutz, Koth, ϑολερός, kothig ‖ mit Bgr. wehen
= wedeln: ϑαυ-λ-έα = οὐ-ρά: W. ἀϝ S. 241 ‖ mit Bgr. stürmen, ϑύνειν: ϑή-ρα, Jagd, urspr. = ϑῦ-νος, ϑή-ρ, wildes
Thier, ϑαῦ-νον· ϑηρίον ‖ mit Bgr. schwingen: ϑαι-ρός, Thür-
angel ‖ mit Bgr. aufathmen, ruhen: ϑάσσω, St. ϑᾱ+κ, ϑᾱ-
κ-ος, ϑῶκος ‖ mit Bgr. φύω, wachsen: ϑά-μνος = φυτόν;
ϑαι-μός· φυτεία Hes. ‖ mit Bgr. keuchen, sich quälen: ϑής,
G. ϑη-τ-ός = ποιπνυός, πένης κτλ. ‖ mit gleichem Bgr., wie
sich facio zu Wf. fa = W. spa, ποιέω zu W. σπυ, fügt sich
hieher τί-ϑη-μι u. s. w.

Als ein Denominativ der Wurzel ϑα ist auch ϑάλλω st.
ϑαλ-ιω anzusehen, aus einem Subst. ϑα-λή = ϑη-λή, Schwellung,
Wachsthum etc.

Geht hiernach ϑη-λέ-ω und ϑάλλω auf W. ϑα „hauchen,
blasen,. blähen" etc. zurück, so muss man sich fast wundern,
dass man noch nicht auf die Wunderlichkeit verfallen ist, ἥβη
aus angebl. σήβω mit dialectischem σ für ϑ zu erklären, unter
Hinweis auf σιός = ϑεός und auf Wurzelform ϑηβ (ϑαβ) in
ϑηβ-άνας· ἄνεμος. Es wäre diese Etymologie kaum minder
wunderlich gewesen, als die lautliche Zusammenbringung mit
juv-en-is. Aber solcher etymol. Kunststücke bedarf es glück-
licherweise nicht, seit W. σβα erschlossen ist. Die Etymologie
Damm-Duncan's aus ἥδομαι St. σϝαδ (W. σϝα+δ, sva+d) hat
man mit Fug und Recht längst aufgegeben.

Was im Griechischen dem lat. juv-en-is wurzelhaft entspricht, ist u. E.

$$αἰ-ζη-ός$$

B 660, *Δ* 280, *E* 92 ö. nebst der erweiterten Form αἰζήιος.
Da ein verstärkendes Präfix *al* nicht zu erweisen ist, so wird
man wohl verstümmelte Reduplication anzunehmen und αἰ-ζη-ός
(für σαι-ζη-ός st. ζαι-ζηϝ-ός) zu deuten haben aus W. ζα+ϝ,
worüber S. 300 und S. 393 zu vergleichen. Bezüglich verstümmelter
Reduplication auch vor ζ vgl. ἰ-ζῶς, ἰ-ζοῦνα, κτλ. S. 341.
Wie dem auch sei, ἥβη st. ἄ-σβη ist = (s. v. v.) con-turge-
scentia, Schwellkraft, schwellende, strotzende Fülle, Vollkraft, und ἡβᾶν ist = Vollkraft haben, in Vollkraft stehen.
Die Göttin

$$Ἥβη$$

ist einfach die Personification der jugendlichen Vollkraft. Und weil die Götter nie altern, vielmehr immer jung
und von Jugendfülle sind, so muss, wie der Scholiast zu *Δ* 2
treffend bemerkt, gerade Hebe alle Götter bedienen und ihnen
den Nektar eingiessen. — Hesiod Th. 952 nennt sie

παῖδα Διὸς μεγάλοιο καὶ Ἥρης χρυσοπεδίλου.

Dieser Vers steht auch λ 604, woselbst er freilich als unächt
angesehen wird, ob mit Recht, bleibe dahingestellt. Wie es
nach S. 27 ganz naturgemäss ist und mit der Grundbedeutung
der btr. Wörter in Uebereinstimmung sich befindet, dass Ἥφαιστος, Feuer, von Zeus und Here entstammt, so auch ist's mit
der Herkunft von Ἥβη: Schwellung, Aufblähung ist ein Erzeugniss, gleichsam die schöpferische Bethätigung der Luft. —
Ein tiefer Sinn liegt auch in dem Mythus, dass Herakles, der
gefeierte Repräsentant der Kraftfülle, nach seiner Er-
hebung in den Olymp, Gatte der Jugendfülle, Ἥβη, wird.
Auf die Herleitung des N. pr. Ἥβη aus ἅπτω beim Scholiasten zu *A* 600 uns einzulassen, ist überflüssig. — Benfey II
210 führt Ἥβη sammt juv-enis zurück auf SkrW. div, glänzen,
das doch nichts weiteres ist, als W. di+v (W. δα-δι-δυ). —
Muys Hell. 55 denkt an lat. uber, uber-tas und ὕβρις.
Um auf die Gleichstellung von ἥβη mit juv-en-tus zurückzukommen, so ist sie u. E., da dem lat. Thema juv, jav ein
griechisches ζοϝ, ζαϝ entsprechen müsste, nicht besser, als wenn

man $\beta\iota$-$\sigma\beta\eta$, Hippe (st. $\sigma\beta\iota$-$\sigma\beta\eta$ S. 268) mit $\zeta\acute{\alpha}\gamma\varkappa$-$\lambda\eta$ und $\zeta\acute{\alpha}\gamma\varkappa$-$\lambda o\nu$, Hippe, Sichel, identificiren wollte. Jenes weist auf W. $\sigma\beta\alpha$, dieses auf W. $\dot{\zeta}\alpha$+$\varkappa$ mit Nasalirung. Eine der lat. Sec.W. jac entsprechende griech. Sec.W. $\zeta\alpha\varkappa$ mit gleichem Begriffe „schwingen" haben wir ausser in $\zeta\acute{\alpha}$-γ-$\varkappa$-$\lambda\eta$, $\zeta\acute{\alpha}$-γ-$\varkappa$-$\lambda o\nu$ auch noch in $\zeta\alpha\gamma$-$\mu\acute{\alpha}\cdot$ $\eta\nu\acute{\iota}\alpha$ Hes. Zügel sind etwas, das geschwungen bzw. umgeworfen wird; daher auch $\psi\acute{\alpha}\lambda$-$\iota o\nu$ aus W. $\sigma\pi\alpha\lambda$ = Zaum. Oder ist der alphabet. Ordnung zu Liebe $\zeta\alpha\chi$-$\mu\acute{\alpha}$ (die Glosse des Hes. steht hinter $\zeta\alpha\varphi\acute{o}\varrho o\varsigma$) zu lesen? In diesem Falle hätte $\varkappa$ die gleiche Wandlung erfahren, wie $\pi\lambda o\chi$-$\mu\acute{o}\varsigma$ neben $\pi\lambda\acute{o}\varkappa$-$\alpha\mu o\varsigma$. Ist $\zeta\alpha\gamma$-$\mu\acute{\alpha}$ trotz der alphabet. Unordnung zu lesen, so läge die gleiche Wandlung von $\varkappa$ zu γ vor, wie in $\pi\acute{\epsilon}$-$\pi\lambda\epsilon\gamma$-$\mu\alpha\iota$. Auf keinen Fall ist $\zeta\alpha\gamma$-$\mu\acute{\alpha}$ bzw. $\zeta\alpha\chi$-$\mu\acute{\alpha}$ zu beanstanden. Sollte nicht zu Sec.W. $\zeta\alpha\varkappa$ = lat. jac auch $Z\alpha\gamma$-ϱ-$\epsilon\acute{v}\varsigma$ gehören? Dionysos, der die Menschen in Schwingung versetzende, erschütternde, heisst so. — Zu Sec.W. $\zeta\alpha\varkappa$ = jac fügt sich auch N. pr.

$$Z\acute{\alpha}\varkappa\text{-}\nu\nu\vartheta o\varsigma$$

mit Suffix $\nu\nu\vartheta o\varsigma$, wie in $\ddot{o}\lambda$-$\nu\dot{\nu}\vartheta o\varsigma$, Feige, von W. $\dot{\alpha}\lambda$, $\dot{o}\lambda$, hauchen, blasen (blähen, schwellen); denn die Feige ist eine Schwellfrucht (fi-cus von Wf. fi = $\sigma\pi\iota$). Die Insel Zakynthos hat eine gebogene, fast sichelförmige Gestalt, ist panda insula oder vielmehr selbst ein „Bogen" ($\zeta\acute{\alpha}\varkappa$-$\nu\nu\vartheta o\varsigma$). Ueber Suff. $\nu\nu$-$\vartheta o\varsigma$ neben $\alpha\nu\vartheta o\varsigma$, $o\nu\vartheta o\varsigma$, $\iota\nu\vartheta o\varsigma$ vgl. L. Meyer II 88 ff.

Curtius S. 602 deutet $Z\acute{\alpha}\varkappa\nu\nu\vartheta o\varsigma$ aus $\delta\iota$-$\acute{\alpha}\varkappa\alpha\nu\vartheta o\varsigma$ „durch und durch voll Bärenklau" ($\ddot{\alpha}\varkappa\alpha\nu\vartheta o\iota$), lautlich wie begrifflich gleich bedenklich. Die Insel war ausgezeichnet durch ihre Hochwälder, weshalb sie beständig das Epitheton „waldreich" führt α 246, ι 24, π 123, τ 131, Hymn. Ap. 429. „Bärenklau" (acanthus spinosa) pflegt aber sonst nicht im Hochwalde zu wachsen. Dazu kommt, dass die Lydier die Kürbisse $\zeta\alpha\varkappa\nu\nu\vartheta\acute{\iota}\delta\epsilon\varsigma$ nennen (Hes.). Was hat denn der Kürbis mit „Bärenklau, $\ddot{\alpha}\varkappa\alpha\nu\vartheta o\varsigma$" zu schaffen? Desto mehr mit dem Begriffe „gebogen, rund", wie auch seine sonstigen Namen besagen. So gut die Stadt $Z\acute{\alpha}\gamma\varkappa\lambda\eta$ von ihrer Sichel-, Bogen-form nach dem ausdrücklichen Zeugnisse des Thucydides VI 4*) den Namen hatte, so natür-

---

*) Thuc. VI 4 $Z\acute{\alpha}\gamma\varkappa\lambda\eta$ $\check{\eta}\nu$ $\dot{\upsilon}\pi o$ $\tau\check{\omega}\nu$ $\Sigma\iota\varkappa\epsilon\lambda\check{\omega}\nu$ $\varkappa\lambda\eta\vartheta\epsilon\~\iota\sigma\alpha$, $\ddot{o}\tau\iota$ $\delta\varrho\epsilon\pi\alpha\nu o$-$\epsilon\iota\delta\grave{\epsilon}\varsigma$ $\tau\grave{\eta}\nu$ $\iota\delta\acute{\epsilon}\alpha\nu$ $\tau\grave{o}$ $\chi\omega\varrho\acute{\iota}o\nu$ $\grave{\epsilon}\sigma\tau\acute{\iota}\cdot$ $\tau\grave{o}$ $\delta\grave{\epsilon}$ $\delta\varrho\acute{\epsilon}\pi\alpha\nu o\nu$ $o\acute{\iota}$ $\Sigma\iota\varkappa\epsilon\lambda o\grave{\iota}$ $\zeta\acute{\alpha}\gamma\varkappa\lambda o\nu$ $\varkappa\alpha\lambda o\~\iota\sigma\iota\nu$.

lich war auch die Benennung der Insel Z. nach ihrer gebogenen Gestalt. Der Deutung „durch und durch voll Bärenklau" wäre jedenfalls vorzuziehen gewesen die Etymologie von Muys Hell. 49 aus ζα+κεύθω „sehr dunkel". Aber ζακυνθίς „Kürbis" legt lauten Widerspruch ein.

127. Νήπιος und νηπύτιος

sind wahre „enfants terribles" der Etymologie. Die gewöhnliche Herleitung aus νη+ϝεπεῖν als in-fans richtet sich lautlich wie begrifflich. Die Wurzel ϝεπ (ϝέπος, ϝόψ) wahrt in Zusammensetzungen ihr Digamma: ἁμαρτο-ϝεπής, ἀπο-ϝεπής, ἀμετρο-ϝεπής, ἀρτι-ϝεπής, ἡδυ-ϝεπής, εὐρύ-ϝοψ, εὐρύ-ϝοπα, βαρύ-ϝόπης◆κτλ. Wie daher aus νη+ W. ϝιδ das Compos. νῆ-ϝις, unwissend, mit Beibehaltung von Digamma gebildet wurde, so hätte aus νη+ϝεπ mit dem Bgr. in-fans etwa ein νη-ϝεπής, νη-ϝέπιος, νῆ-ϝοψ, aber nimmer ein νήπιος, νηπύτιος hervorgehen können, trotzdem Curtius N. 330 unbegreiflicher Weise ἤπερ-οπ-εύς aus Skr. apara = goth. afar, später, anders, + W. ϝεπ als „anders redend" hervorgehen lässt. Vgl. S. 259.

Dem Begriffe infans widerstreitet auch der homer. Gebrauch von νήπιος.

Νήπιος heisst Ι 440 der Knabe Achilles, als er von Phönix im Waffenhandwerke und in der Redekunst unterrichtet wurde, — νηπίη Π 8 das Mädchen, welches neben der Mutter herlaufend, dieser zuruft, sie solle es doch auf den Arm nehmen, — νήπιος der junge Patroclus Ψ 88, wo er seinen Spielkameraden in Folge eines Wortstreites beim Würfelspiel tödtet, — νήπιος heisst ζ 301 ein Kind, das den Weg weiset und sagt.

Νήπιος heisst Β 38 Agamemnon, Β 873 der Heerführer Amphimachus, Π 46. 833 der Held Patroclus, Ε 406 der Tydide; und so wird gar häufig νήπιος von Menschen jeglichen Alters und jeglicher Stellung gebraucht, in welchen Fällen man freilich aus „nicht-redend" ein „unverständig" macht oder zu machen sich gezwungen sieht. Ja, man lässt unseren

Dichter sogar von „unmündigen" Jungen des Sperlings
B 311, des Hirsches *A* 113, des Löwen *P* 134 etc. reden,
so überflüssig es auch erscheinen mag, unvernünftige Thiere
noch ausdrücklich als „nicht-redende" einzuführen. Und nun
gar noch die Verbindung mit βάζειν, reden: νήπια βάζεις
δ 32!

. Gegen die Annahme einer Zusammensetzung aus νη+ἤπιος
würde sich in lautlicher Hinsicht nichts einwenden lassen; allein
die Bedeutung von ἤπιος „hold, gewogen, milde" lässt Zusammenbringung mit ap-tus (von W. ap, treffen) nicht zu; weshalb auch die Gleichung νη+ἤπιος (ap-tus), νήπιος = in-ep-
tus nicht aufgestellt werden darf. Sodann kommt man auf
diesem Wege nie und nimmer zu der gleichbedeutigen Form
νηπύτιος, die denn doch etwas anderes sein muss, als eine
vermeintliche „Deminutivform", da sich Deminutivformen in ὐτιο-
oder gar mit „eingeschobenem ντ" nirgends erweisen lassen.

Freunde exoterischer Herleitungen mögen allenfalls auf den
Einfall gerathen, in νήπιος das Skr.-Adj. „apya f. apyâ und
api, flüssig, wässerig, kräftig" (Fick indogerman. Grundspr.
S. 199) mit dem negativen Präfix νη im Sinne von „unkräftig,
kraftlos, schwach" zu finden. Wir müssten aber solche Etymologie als ungriechisch verwerfen.

Die Ableitung aus νη+βία im Sinne von a) körperlich
schwach, b) geistig schwach (Mützell's Ztschr. 1861 S. 72 ff.)
nennt sich in der Ueberschrift selbst ein Paradoxon. Abgesehen von allen anderen Bedenken, gelangen wir von hier aus
nie zu dem identischen νηπύτιος.

Zu letzterem Worte giebt der Scholiast *N* 292 die wunderliche Erklärung: νηπύτιοι· πνυτὸν γὰρ τὸν φρόνιμον ἔλεγον·
ὅθεν καὶ τοῦτο μετὰ τοῦ νη στερητικοῦ καὶ τῆς ἀποβολῆς
τοῦ ν. So unstatthaft diese Etymologie auch ist, zumal ein ν
nicht ohne Weiteres ausgestossen werden kann: so geeignet ist
sie anderseits, auf die richtige Fährte zu führen. Νήπιος
nämlich sowohl als νηπύτιος sind, wie gleich näher ausgeführt
werden soll, und wie der griechische Erklärer richtig erkannt
hat, das Gegentheil von πίνυτός, πνυτός, πεπνυμένος,
verständig. Zu diesem geheischten Begriffe gelangen wir auf
die einfachste Weise von der Welt bei der Herleitung von νή-

πιος st. νή-σπι-ος aus W. σπι, von νη-πύ-τ-ιος st. νη-σπύ-τ-ιος
aus W. σπυ.

Damit ist denn auch die Verwandtschaft mit ἤπιος st.
ἄ-σπι-ος „adspirans, favens" wieder gewonnen.

Die Begriffsvermittelung aus W. σπι und W. σπυ, hauchen,
ist dieselbe, wie für πε-πνυ-μένος κτλ. aus πνέω, hauchen.
Zweifelhaft kann es sein, ob wir direct von W. σπι, W.
σπυ auszugehen haben, in welchem Falle einfacher Abfall von
σ, wie hundertmal, stattgehabt hätte, oder ob erst ein ἄ-πιος
st. ἄ-σπιος = πινυτός, πε-πνυ-μένος zu constatiren wäre, in
welchem Falle νήπιος für νη + ἄπιος stände. Ein Neutrum
des Adj. ἄπιος „duftend" haben wir S. 292 kennen gelernt;
dasselbe hätte recht wohl auch den Bgr. sapiens, πινυτός darstellen können. Wie dem auch sei, auf alle Fälle ist νήπιος
und νηπύτιος völlig gleichbedeutig mit ἀ-πινύσσων O 10, zu
ἀπινύσσειν ε 342, ζ 258.

Dass in der That unverständig, unvernünftig die
Grundbedeutung von νήπιος, νηπύτιος sei, bedarf kaum eines
Nachweises; zum wenigsten wird diese Bedeutung als die durch-
greifendste und häufigste auch in allen Lexiken aner-
kannt.

Es giebt nicht wenige Stellen, wo der Dichter gewissermaassen selbst die Erklärung des Wortes giebt; z. B. B 38:
νήπιος, οὐδὲ τὰ ἤδη, ἅ ῥα Ζεὺς μήδετο ἔργα (von Agamemnon).
— E 406: νήπιος, οὐδὲ τὸ οἶδε κατὰ φρένα Τυδέος υἱός. —
Y 264 (vom Achilles): νήπιος, οὐδ' ἐνόησε κατὰ φρένα καὶ
κατὰ θυμόν, | ὡς οὐ ῥηίδι' ἐστὶ θεῶν ἐρικυδέα δῶρα | ἀνδράσι
γε θνητοῖσι δαμήμεναι. — ι 442 (vom Polyphem): τὸ δὲ νήπιος
οὐκ ἐνόησεν, ὥς οἱ ὑπ' εἰροπόκων ὀίων στέρνοισι δέδετο.
— P 32, Y 198 (in der Sentenz): ῥεχθὲν δέ τε νήπιος ἔγνω,
„Geschehenes kann auch der Unvernünftige erkennen" (des
Klugen Sache aber ist es, die Dinge vorher zu sehen). — I 440
(vom Jünglinge Achilles, als er, des Kriegs noch unkundig, dem
Agamemnon zum Kriege zugeschickt wurde): ὅτε σ' ἐκ Φθίης
Ἀγαμέμνονι πέμπεν | νήπιον, οὔπω εἰδόθ' ὁμοίου πολέμοιο |
οὐδ' ἀγορέων. — P 629: ἤδη μέν κε, καὶ ὃς μάλα νήπιός ἐστιν |
γνοίη ὅτι ... — H 401: γνωτὸν δέ, καὶ ὃς μάλα νήπιός
ἐστιν, | ὡς ἤδη Τρώεσσιν ὀλέθρου πείρατ' ἐφῆπται. — ι 419:

Polyphem tastete umher, ob er etwa einen von den Gefährten mit den Schafen hinausgehend fasse; „denn er hoffte, dass ich (Odysseus) so unvernünftig wäre; aber ich hatte überlegt, wie sich's am besten machen liesse etc." — *M* 113: Da gehorchten nun die übrigen Troer und Bundesgenossen dem Rathe des Polydamas; aber Asius wollte nicht Rosse und Wagenlenker zurücklassen, sondern näherte sich mit ihnen den Schiffen, der Unverständige: nicht sollte er den Keren entrinnen etc.

Doch genug der Stellen: wie hier, so steht oft *νήπιος* von allerartigen Menschen, die sich unbedacht zeigen, nicht überlegen, gutem Rathe nicht folgen, der Einsicht entbehren, kurz, sich unvernünftig zeigen.

Weit seltener, als von Erwachsenen (Helden etc.), steht *νήπιος* von unerwachsenen Menschen, Knaben, Mädchen. Wie in diesem Falle das Wort zu verstehen sei, deutet der Dichter mehrmals vernehmlich genug an. *X* 484 (Klage der Andromache): „Mich lässt du in jammervollem Leid als Wittwe zurück. Der Knabe aber, den du und ich, wir Unglückseligen, zeugten, ist noch ein unverständiges Kind; weder kannst du ihm hinfort eine Hülfe (*ὄνειαρ*) sein, o Hektor, noch er dir." — Ebenso in Andromache's Klage *Ω* 726 ff.

Die häufige Verbindung *ἄλοχοι καὶ νήπια τέκνα* findet ihre Beleuchtung u. a. *Ω* 730: „Hingesunken bist du (Hektor) der Obhüter, der du die Stadt schirmtest und die darin wohnenden ehrsamen Gattinnen und unverständigen Kinder." Man erkennt deutlich, wie hier *νήπια*, seiner Grundbedeutung entsprechend, darauf hinweist, dass ihnen noch der Verstand fehlt, um sich und anderen rathen und helfen, oder um selbständig auftreten zu können. Es liesse sich *νήπιος* hier fast mit hülflos übersetzen, nur dass damit nur die eine Seite des Begriffs wiedergegeben wird. Ueberall steht die Verbindung *ἄλοχοι καὶ νήπια τέκνα* im Hinweise auf die schirmenden, für sie zu sorgen berufenen Gatten. So *B* 134: „Neun Jahre (des Kriegs vor Troja) sind dahingegangen; es faulen die Balken der Schiffe ...; unsere Gattinnen aber und unverständigen (unerzogenen) Kinder sitzen daheim, auf uns wartend." Vgl. *Δ* 238, *Z* 95. 276. 310, *P* 223, *Σ* 514, *μ* 42 (*γυνὴ καὶ ν. τ.*),

§ 264 (γυναῖκας καὶ v. τ.) = ρ 433; dazu E 480, Z 366 ἄλοχον καὶ νήπιον υἱόν. Besonders beachtenswerth ist noch Z 400 (in der Abschiedsscene zwischen Hektor und Andromache) παῖδ᾽ ἐπὶ κόλπῳ ἔχουσ᾽ ἀταλάφρονα, νήπιον αὔτως. Denn ἀταλάφρων = ἀταλὰ φρονέων (Σ 567, Hesiod. Theog. 989), jugendlichen, kindlichen Sinnes, und νήπιος ergänzen sich begrifflich gegenseitig: der kleine Astyanax war noch unreifen Geistes, noch unverständig, hülflos, noch auf die Eltern angewiesen (vgl. oben Ω 730 ff.). Nachdem einmal die so gefügige Verbindung νήπια τέκνα gäng und gäbe, beliebt geworden war, lag es nahe genug, sie auch auf Thiere anzuwenden. B 311 heissen so die Jungen des Sperlings, die, weil sie noch nicht das Fliegen verstanden, dem Drachen zur Beute wurden. Wie I 440 der etwa 15jährige Achilles νήπιος heisst, weil οὔπω εἰδὼς ὁμοίου πολέμοιο οὐδ᾽ ἀγορέων, so heissen hier die Sperlingsjungen νήπια τέκνα, weil οὔπω εἰδότα ποτῆς. — P 134 stellt sich die Löwin zum Schutze ihrer noch hülflosen Jungen auf, die sich selbst zu vertheidigen und den Jäger anzugreifen noch nicht verstanden; sie sind νήπια τέκνα, weil οὔπω εἰδότα ἀλκῆς (vgl. O 527 εὖ εἰδότα θούριδος ἀλκῆς). — Λ 113 wer-die Jungen der schnellen Hindin so genannt, die der Löwe erfasst und zerfleischt, und denen die Hindin nichts helfen kann (οὐ δύναταί σφιν χραισμεῖν): ὡς δὲ λέων ἐλάφοιο ταχείης νήπια τέκνα | ῥηϊδίως συνέαξε λαβών. Man beachte den vielsagenden Gegensatz zwischen ταχείης u. νήπια in dieser drastischen Nebeneinanderstellung. Warum werden die Jungen der schnellen Hindin so leichten Kaufs dem Löwen zur Beute? Weil sie sich noch nicht, wie ihre Mutter, auf die Schnelligkeit verstehen (οὔπω εἰδότα ταχυτῆτος), noch unbeholfen sind.

Von anderweitigen Stellen seien nur noch hervorgehoben:
φ 85

νήπιοι ἀγροιῶται, ἐφημέρια φρονέοντες,

wo der Zusatz die förmliche Erklärung von νήπιοι bringt: die Bauern sind νήπιοι „unverständig", weil sie nie weiter denken, als auf den Einen Tag. Vgl. ι 442 (von Polyphem): τὸ δὲ νήπιος οὐκ ἐνόησε.

A 558: „Gleichwie ein träger Esel, auf dessen Rücken
man rings schon Knittel in Menge zerschlagen hat, an einem
Fruchtfelde hintrabend, den Führerknaben Trotz bietet, hineindringt und die tiefwogende Saat abweidet; die Knaben aber
hauen ihn fortwährend mit Knitteln; βίη δέ τε νηπίη αὐτῶν":
— — d. h. ihre Kraftanstrengung ist eine unvernünftige;
denn sie treibt den Esel dazu, statt am Rande des Fruchtfeldes zu naschen, in dieses selbst hineinzudringen; und
nebenbei zertreten die Knaben selber mit ihrem Verfolgen des
Thieres weit mehr, als dieses abfrisst.

Das abgeleitete Substantiv

νηπιέη

(Acc. Plur. *νηπιάας*) steht *Y* 411 von dem Unverstande des
Polydorus, der sich blindlings unter die Vorkämpfer gewagt
hatte, *ω* 469 von der Thorheit des Eupeithes, der die Männer
von Ithaka zum Kampfe wider Odysseus führen wollte, *O* 363
von der Einfalt eines spielenden Knaben, *I* 491 von dem
„sorgenbereitenden Ungeschick" eines kleinen Knaben (wie
Düntzer treffend übersetzt); endlich *α* 297

οὐδέ τί σε χρὴ
νηπιάας ὀχέειν, ἐπεὶ οὐκέτι τηλίκος ἐσσί —

d. i. du solltest keine Albernheiten (Thorheiten) mehr treiben,
da du in das gereiftere Alter getreten bist, wo man verständig
zu sein hat.

Das erweiterte Adjectiv

νη-πί-α-χος

findet seine Anwendung *II* 262 bei Knaben, die in ihrem
Unverstande zu ihrem eigenen und Anderer Schaden ein
Wespennest aufstöbern. — *B* 338 vergleicht Nestor die Achäer,
die, ihrer Eide uneingedenk, nach Griechenland zurückfliehen
wollten, unverständigen Knaben (παισὶν ἐοικότες νηπιάχοις). — *Z* 408 heisst Hektors noch unverständiger (hülfloser) Sohn *νηπίαχος*, wie ebenderselbe Vs 400 *νήπιος* genannt wird.

Von *νηπίαχος* ist weiter gebildet das Zeitwort

νηπιαχεύω,

nur X 502 vorkommend: αὐτὰρ ὅθ' ὕπνος ἕλοι, παύσαιτό τε

νηπιαχεύων, | *εὕδεσκ᾽ ἐν λέκτροισιν* — vom kindischen Spiel und Getändel des noch unvernünftigen Astyanax.

Νη-πύ-τ-ιος

erläutert seiner Bedeutung nach der Dichter selbst *Φ* 441

νηπύτι᾽, ὡς ἄνοον κραδίην ἔχες,

ebenso *Φ* 410: *νηπύτι᾽, οὐδέ νί πώ περ ἐπεγράσω, ὅσσον ἀρείων* | *εὔχομ᾽ ἐγὼν ἔμεναι, ὅτι μοι μένος ἰσοφαρίζεις.* An ersterer Stelle redet mit diesem Worte („O Unverständiger") Poseidon den Apollo, an zweiter Athene den Kriegsgott an; desgleichen Artemis den Apollo *Φ* 474: *νηπύτιε, τί νυ τόξον ἔχεις ἀνεμώλιον αὔτως*; — mit demselben Ausdrucke höhnt Vs 585 Agenor den Achilles: „Traun, sicher und gewiss hast du im Geiste verhofft, ruhmstrahlender Achilles, schon am heutigen Tage die Stadt der kühnherzigen Troer zu zerstören: du Thor (*νηπύτι᾽*); traun, das wird erst noch zahlreiche Noth kosten!" — Also überall der Begriff ·„Unverständiger, Thor"! In gleichem Sinne steht auch sonst das Wort. *Υ* 211: „Nimmermehr, denke ich, werden wir dergestalt mit thörichten Worten bloss unseren beiderseitigen Streit beilegen und aus dem Kampfgetümmel heimkehren." — *Ν* 292: „Doch wohlan, lass uns nicht länger darüber Worte machen, wie unverständige Tröpfe, damit uns nicht etwa Jemand deswegen übermüthig tadle." — *Υ* 244 stehen fast dieselben Worte. — *Υ* 431: „O Peleussohn, mit Worten verhoffe mich nimmermehr wie einen unverständigen Tropf in Schrecken zu setzen, da ich ebenfalls recht gut weiss sowohl Lästerungen als Frevelreden auszustossen." Dieselben Worte *Υ* 200.

Genug, der Begriff „unverständig, thöricht" springt überall so klar hervor, dass die Alten sich zu der unmöglichen Zusammensetzung aus *νη + πινυτός*, und Düntzer zu der ebenso unstatthaften Etymologie *νη + πυθ* (*πεύθομαι, πυνθάνομαι*) gedrängt sahen. Insofern auch *πεύθομαι* und *πυνθ-άν-ομαι* als ϑ-Erweiterung aus W. *σπυ* hervorgehen (Abschn. 51), hat Düntzer eine richtige Ahnung der Wurzel gehabt; aber ϑ kann nicht zu τ werden. Endung *-τιος* weist zunächst auf Suff. *τος*, so dass dem *νηπύ-τιος* ein *νήπυ-τος* (*οὐ πνυ-τός*) voraufgeht. Man hat auch Etymolgie aus *νη + ηπύω* vorgebracht. Aber ἠπύω bedeutet laut rufen (ἠπύτα κῆρυξ *Il* 384), ist also begrifflich nicht zu gebrauchen. Unsere Ableitung von νήπιο; aus W. σπι und ῥηπύτιος aus W. σπυ = πνέω trägt allen lautlichen wie begrifflichen Forderungen vollauf Rechnung.

128. Ἱπύω.

Die Herkunft von ἠπύω aus ἀ-σπύ-ω W. σπυ ist bereits S. 26 und 258 kurz angedeutet worden. Angesichts der eingewurzelten Vorurtheile aber über Herkunft und Grundbedeutung erfordert das Wort sammt Sippe nähere Erörterung, namentlich auch behufs Klarlegung des homerischen Gebrauchs. Zunächst muss Vf. seine frühere Herleitung aus W. ἀκ (Kuhnsche Ztschr. *X* 399) zurückziehen, seit er sich überzeugt hat, dass die Gleichstellung von κ und π ebenso eitel Trug ist, als die Gleichstellung von κ und τ, von π und τ u. dgl. Bald wirft man verschiedene Wurzeln, bald verschiedenartige Wurzeldeterminative durch einander und construirt daraus „Lautvertretungsgesetze". Wir haben im Voraufgehenden bereits Beispiele in Menge gehabt von derartiger ungerechtfertigter Vergleichung, wie σπεύ-δ-ω aus W. σπυ und stu-d-eo aus W. stu, σπόγγος aus W. σπα+γ und *Schwamm* aus W. sva etc. Um bei κ und π zu bleiben, so gehört z. B. σκέπ-τω zu einer π-Erweiterung der W. σκα, spec-io zu einer K-Erweiterung der W. spa, σπα ‖ ϝόπ-ς ist nur insofern = voc-s, als jenes zu einer π-, dieses zu einer κ-Erweiterung der Ur-W. ϝα, va (hauchen = tönen) gehört ‖ πέπ-τω mit σπόπ-ια gehört zu W. σπα+π, lat. coquo St. cok zu W. ska+k (S. 275). Und so wird es sich auch wohl selbst mit πέντε, äol. πέμπε, gegenüber dem lat. quinque verhalten: πέντε klingt vernehmlich genug an πᾶς St. παντ an und liesse sich erklären als „alle" (Finger der Hand); in äol. πέμπε könnte man Reduplication der Wurzel wiederfinden (πέ-μπε st. πέ-σπε) oder auch π-Erweiterung. Wir sahen S. 116 ff., wie πᾶς St. παντ aus Bgr. „blähen, schwellen" hervorgeht. Sicherlich ist es kein Zufall, dass goth. *fimf*, alts. ags. *fif*, fünf, mit altn. *fif-l* Riese, ags. *fif-el*, Riese, Seeungethüm (vgl. φώκη S. 232) zusammenklingt; letztere Wörter erklären sich aus Bgr. blähen, schwellen, wie denn Fick III 185 lit. pamp-ti, schwellen, pamp-ly-s, dicker Kerl, vergleicht. Wenn (Curt. N. 629) samnitisch *Πόμπτιες*, Pontius = Quintius ist, kann das etwas anderes als eine bloss begriffliche Gleichheit sein? Wie lat. ponto, puntex etc. aus dem Bgr. „blähen" hervorgegangen, haben wir S. 207 gesehen. Und sollte nicht Skr. pañk'-an, fünf, einer Guttural-Erweiterung. derselben Wurzel entstammen können? Da sich nun W. *σκα-σκι-σκυ* begrifflich mit W. *σπα-σπι-σπυ* deckt (S. 151), weshalb sollen wir lieber die unerhörtesten anorganischen Lautwandlungen annehmen, als lat. quinque auf eine bloss gleichbedeutige Wurzel zurückführen? Wenn im Keltischen cóic (altirisch) und pimp (cymrisch) für Bgr. „fünf" neben einander bestehen, ist da in der That mehr als bloss begriffliche Uebereinstimmung auch dem schärfsten Auge wahrnehmbar? — Die so beliebte Gleichstellung von *ἵππος*, *ἵκκος* und equus, Skr. aϛvas wird, beim Lichte betrachtet, sich wohl auch dahin aufklären, dass die resp. Wörter mit Labialen *ἵππος* st. *ἵπ-ϝος*, Ep-ona ... zu der W. *ἀπ*, *ἱπ* „treffen, stossen, schnellen", die Wörter mit Gutturalen *ἵκκος* st. *ἵκ-ϝος*, equus .. zu der gleichbedeutigen W. *ἀκ*, *ἱκ* zu ziehen sind. Ueber *Pferd*, das man weiland auch von *ἵππος* ableitete, vgl. V. Hehn S. 430. Kurz, das ganze Kapitel der „unregelmässigen Lautvertretung" bedarf gründlicher Revision und Aufräumung; gleiche Bedeutung beweist noch lange nicht gleiche Herkunft. — Dass homer. *πίσυρες* und *τέσσαρες*, um noch ein Beispiel anzuführen, auch lautlich und wurzelhaft sich decken, glaube, wer da mag. Sollte *πίσ-υρ-ες* nicht für *πίτ-υρ-ες* stehen und zu *πίτ-νημι* „spreiten, strecken", *τέσσαρ-ες*, dor. *τέτορες*, *τέττορες* nicht für *τέ-σταρ-ες* stehen und zu W. *σταρ*, *στρα* „strecken" (*τέ-ταρ-τος*, *τέ-τρα-τος*) gehören können? „Vier" könnten die „gestreckten" (Finger) sein. Goth. fid-vōr würde dem *πίτ-ρρ-ες* möglichst entsprechen. Merkwürdig, dass neben ahd. fiar (fěor, fior), vier, sich findet ahd. fiara, Seite, goth. féra, Seite, Gegend (= Strich, Strecke). Lat. quattuor klingt auffallend an quatio an, aus dessen Grundbedeutung „schwingen" sich die gleiche Begriffsvermittelung „gestreckt" gewinnen liesse.

Doch zur Sache. Das beliebte Vertauschen von *κ* und *π*, *γ* und *β*, *τ* und *π*, *τ* und *κ* etc., welches die Etymologen Mangels besserer Erkenntniss der resp. Wurzeln vor sich gehen lassen, ist

4

u. E. nicht auf Rechnung des Sprachgeistes zu schreiben.
Darum kann ἠπύω auch nichts mit W. ἀχ zu schaffen haben.
Ebenso wenig ist aber auch die gangbare Herleitung aus
εἰπεῖν St. ϝεπ trotz des Scholiasten zu *B* 413 und Döderlein
Gl. N. 507 zu vertheidigen. Denn weder ist ἠπύω sammt Sippe
jemals digammirt, noch stimmt die Bedeutung des Wortes. So
steht ἠπύω z. B. vom Winde Ξ 399

οὔτ᾽ ἄνεμος τόσσον γε ποτὶ δρυσὶν ὑψικόμοισιν
ἠπύει, ὅστε μάλιστα μέγα βρέμεται χαλεπαίνων.

Wie will man hier mit Bgr. εἰπεῖν fertig werden? — Von
der Phorminx steht das Wort ρ 271 ἐν δέ τε φόρμιγξ ἠπύει,
sonst gewöhnlich vom lauten Rufen: χ 83 ὅθι ποιμένα ποιμὴν
ἠπύει εἰσελάων ‖ ι 399 αὐτὰρ ὁ Κύκλωπας μεγάλ᾽ ἤπυεν.
Dagegen ergiebt sich aus ἁ + W. σπυ „hauchen, blasen"
die natürlichste Deutung von der Welt. Bekannt ist, „dass sich
aus der Grundvorstellung des Hauchens die des Rufens, Tönens
entwickelt", wie Curtius u. a. zu N. 587 treffend bemerkt. Beispiele dazu sind uns bereits in Menge begegnet. Nun tritt
Präfix ἁ = sa, begriffl. con, so gern den Begriff verstärkend
gerade vor Wörter des Bgr. tönen, schallen etc.: ἁ-βρομος,
laut brausend ‖ ἁ-ϝίαχος, αὐίαχος, laut rufend, con-clamans ∣
ἁ-μαιμάκετος, sehr stürmend ‖ Ἁ-βαρβαρέη, Name einer
Quellnymphe Ζ 22 = laut murmelnd, desselben Ursprungs wie
βορ-βορ-υγ-ή· ποιός τις ἦχος — βορ-βορ-ίζει· γογγύζει —
ἁ-βάρ-νου· στένε, βόα — ἁ-βαρ-λεῖται (ἁ-βαρ-λέ-ω)· κροτεῖ
— ἁ-βαρ-βαλαῖαι· νύμφαι — βάρ-βαρος, kollernd, brodelnden
Tons — βρέ-μ-ω — βρά-χ-ω — βρά-ζω κτλ. — βαρβαρό-
φωνος, von gleichsam brodelnder, kollernder d. i. undeutlich-
rauher Stimme *B* 867, wie solche den Gebirgsvölkern (z. B. auch
den Alpenbewohnern bezüglich der Aussprache des Deutschen)
eigenthümlich ist.*)

Darnach würde ἁ-σπύω ergeben die Bedeutungen „laut-,
stark-blasen" = brausen (vom Sturmwinde Ξ 399), = laut

---

*) Die Deutung „ungriechisch-redend" lässt sich weder lautlich,
noch sachlich rechtfertigen. Homer kennt noch nicht den Gegensatz
zwischen Griechen und „Barbaren"; und die *B* 867 ff. erwähnten Bewohner Milet's, der Strömungen des Maeander und der Höhen von Mykale und des „Fichtenberges" in Karien sprachen eben auch Griechisch.

tönen (von der Phorminx ρ 271) bzhw. = laut rufen. Für
ά-σπύω aber steht nach dem S. 258 behandelten Lautgesetze
ἠπύω. Das abgeleitete

$$\mathit{\mathring{\eta}\pi\acute{v}\text{-}\tau\alpha}$$

= ἠπύ-της ist Beiwort des Herolds II 384 und wird von dem
Scholiasten richtig durch μεγαλόφωνος erklärt. Der Name
Ἠπυτίδης ist sehr bezeichnend für einen troischen Herold bestimmt worden P 324. — Wie ἠπύω ι 399, vom Kyklopen
gebraucht, durch μεγάλα verstärkt ist, so erscheint als Epitheton des Kriegsgottes durch βρί (ἐπὶ τοῦ μεγάλου καὶ ἰσχυροῦ
καὶ χαλεποῦ τίθεται Hesych.) verstärkt

$$\mathit{\beta\rho\iota\text{-}\mathring{\eta}\pi vo\varsigma}$$

N 521: οὐδ' ἄρα πώ τι πέπυστο βριήπυος ὄβριμος Ἄρης.
Nach den Scholiasten läge diesem Worte zunächst ein Subst.
ἤπυς zu Grunde. Allein ein solches ist nirgends erweisbar und
kann aus ἠπύ-ω nicht gebildet werden. In den sonstigen
Femininalbildungen auf υς gehört υ zum Suffix, wie in γῆρ-υς,
woher γηρύ-ω, πλῆθ-υς κτλ. Aus ά-σπυ-, ἤπυ- hätte sich aber
nur bilden lassen ἠπύς, nach Analogie von ὀ-σφύς aus Wf.
σφυ, schwellen (Pott), von ἰ-λύς aus W. σλυ (st. σι-σλύς); in
ἠπύω aber und βρι-ήπυ-ος etc. ist υ kurz. Wie hunderte von
Adjectiven mittels Suff. ος ist auch ἤπυ-ος direct vom Ver-
bum ἠπύ-ω gebildet.

Lehrreich für die begriffliche Seite von ἠπύω sind noch
die Glossen des Hesychius: ἤπυσεν· ἤχησεν, ἐσάλπισεν ‖ ἤπυεν·
ἤχει, ἐκήρυσσεν ‖ ἠπύει· φωνεῖ.— Das abgeleitete ἠπύ-τα steht
recht bezeichnend bei Aelian. Hist. An. 13, 21 als Epitheton
des Τρίτων ‖ bei Oppian Cyn. II. 136 als Beiwort des πόντος
= laut tosend ‖ bei Quintus Smyrn. VI 170 als solches von
σῦριγξ = laut tönend. S. Lex. — Pindar gebraucht ἀπύω der
angegebenen Bedeutung gemäss: ἀπύων ἐν αὐλοῖς Ol. V 45 ‖
μὲ Πυθώ ἀπύει „me inclamat, scil. ut praedicem de se". Pyth.
X 5 ‖ σὲ παρθένος ἀπύει „te virgo celebrat sonora voce" Pyth.
II 36 etc. (S. Damm.). Genug: ἠπύω st. ά-σπύ-ω ist „laut
tönen". Dazu ἐπ-ηπύω, zujauchzen Σ 502.

129. Ἤπιος

kann lautlich ebensowenig wie ἠπύω aus W. ϝεπ, εἰπεῖν hergeleitet werden, da es nirgends digammirt erscheint; und, wenn es digammirt wäre, das η unaufgeklärt bleiben würde; da ferner ϝεπ- ebensowenig zu ϝηπ- werden konnte, wie W. γεν zu γην, W. λεγ zu ληγ, W. τεκ zu τηκ, W. στρεφ zu στρηφ κτλ. Auch begriffliche Bedenken stehen entgegen: denn aus dem angeblichen „affabilis" wird man nie ἤπια φάρμακα u. dgl. zurecht legen können. — Benfey's Herleitung aus Skr. „vap, schaben" passt ebenfalls weder lautlich, noch begrifflich. — Verwandtschaft mit ἤϊος klingt von vorn herein unannehmbar, ebenso Herleitung von Skr. jāpja-m, als „etwas was gemildert werden kann" (Christ. Griech. L. 154). — Viele Anhänger hat die Gleichung ἤπ-ιος = lat. ap-tus aus W. ap „treffen" gefunden (bei Kuhn X 399); schade nur, dass nirgends mit Bgr. ap-tus auszukommen ist, am wenigsten in ἠπιᾶν, lenire, κατ-ηπιᾶν, mitigare, lenire: ὀδύναι δὲ κατηπιόωντο βαρεῖαι E 417; πατὴρ δ᾽ ὣς ἤπιος ἦεν β 47 etc. Wie sollten vollens die Zusammensetzungen ἠπιό-δωρος, ἠπιο-δίρητος, ἠπιο-δότης, ἠπιό-θυμος, ἠπιό-μητις, ἠπιό-μοιρος, ἠπιό-μυθος, ἠπιό-φρων, ἠπιό-χειρ, das abgeleitete Subst. ἠπιότης, Milde, Freundlichkeit, ἠπιόω, Linderung fühlen (Hippokr.), aus ap-tus zu erklären sein? Sodann kann ἤπιος von den S. 259 ff. behandelten, so auffällig gleichanlautenden Wörtern, wie ἠπίαλος, Fieber, ἠπιαλεῖν, fiebern, ἠπιαλ-ώδης, fieberartig, ἠπίολος, Motte, u. s. w., unter keinen Umständen getrennt werden. Es bedarf aber kaum der Erwähnung, dass auch bei all diesen Wörtern mit W. ap, treffen, bzhw. mit ap-tus nicht das Mindeste anzufangen ist.

Desto weiter fördert uns W. σπι = W. σπυ, hauchen. Denn der Grundbegriff hauchen, anhauchen, behauchen wird im übertragenen Sinne = aspirare, afflare = günstig, hold, gewogen sein. So gehört zur W. an, hauchen: goth. an-st-s, altsächs. gi-onsta, nhd. G-unst ‖ προσ-ην-ής, freundlich, hold; — zur W. ἀϝ, hauchen: ἐν-ηϝ-ής, ἐν-η-ής, hold ‖ au-ra = favor ‖ Skr. av-as, Gunst (denn W. av „hauchen" und W. av „begünstigen" fallen zusammen). — So ist ventus (popularis) = aura, favor; ‖ πνεῦμα ist bei Aeschylus, Sophokles etc. oft nur durch favor zu übersetzen; || selbst πνέω wird = favere gebraucht, wie bei Kallimachus: ῷ̃ σὺ μὴ πνεύσῃς ἐνδέξιος, „wem du nicht günstig bist". || Lat. fav-eo nebst fov-eo gehen auf dieselbe Wurzel zurück wie der Windname Fav-onius, wie Fau-nus, der personificirte Frühlingshauch. || Afflare bedeutet oft genug „günstig, gewogen sein"; desgl. spirare, adspirare etc. Vgl. S. 273 ff. πέπων, ahd. fun-s, φίλος, ahd. fri-unt etc.

Demnach ist ἤπιος st. ἄ-σπι-ος· (ά intens. + W. σπι, hauchen) = adspirans, favens, günstig, gewogen, hold. Jetzt begreift sich auch, warum ἤπιος und νήπιος so nahe anklingen, nicht minder ἠπιάλης, ἠπίαλος κτλ.; sie sind eben alle aus derselben Wurzel hervorgegangen. Und es ist gerade nichts so sehr beweisend für die Richtigkeit der vorgebrachten Etymologie von ἤπιος, als die Erklärbarkeit aller dieser zusammenklingenden Wörter aus Einer Wurzel.

Den Gebrauch von ἤπιος anlangend, so sind zunächst die Verbindungen mit einem Dativ zu berücksichtigen. — Θ 40 und Χ 184 sagt Zeus zu Athene ἐθέλω δέ τοι ἤπιος εἶναι, „ich will dir gewogen sein". — κ 337 fragt Odysseus die Zauberin: „O Circe, wie kannst du doch fordern, dass ich dir gewogen (zu Willen) sei?" — Ω 775 klagt Helene bei Hektors Leiche: „Denn kein anderer im weiten Troja ist fernerhin mir gewogen (günstig gesinnt) oder freund, da alle sich vor mir entsetzen." — ν 314: „Wohl weiss ich (Odysseus), dass du (Athene) sonst mir gewogen warst." — λ 441 (Worte des Schattens Agamemnons): Τῷ νῦν μήποτε καὶ σὺ γυναικί περ ἤπιος εἶναι. — Nach der Stelle ο 152 ἥ γὰρ ἔμοιγε πατὴρ ὡς ἤπιος ἦεν erklärt sich auch die sonstige Verbindung πατὴρ δ' ὡς ἤπιος ἦεν ohne Dativ β 47. 234, ε 12, indem sich der Dativ der Person, welcher die Gewogenheit gilt, einfach aus dem Zusammenhange ergänzt und darum entbehrt werden kann. Gleiches trifft auch bei den β 230 und ε 8 sich wiederholenden Versen zu:

μή τις ἔτι πρόφρων ἀγανὸς καὶ ἤπιος ἔστω
σκηπτοῦχος βασιλεύς, μηδὲ φρεσὶν αἴσιμα εἰδώς,
ἀλλ' αἰεὶ χαλεπός τ' εἴη καὶ αἴσυλα ῥέζοι.

Sowohl die Synonyma wie die gegensätzlichen Ausdrücke zeigen deutlich, dass ἤπιος nicht etwa = aptus, sondern = favens ist.

— Ψ 281 wird Patroclus ausdrücklich deswegen, weil er die Rosse des Achilles so sorglich gepflegt, ἡνίοχος ἤπιος genannt. — Wenn Eumäus ξ 139 von Odysseus sagt: οὐ γὰρ ἔτ' ἄλλον ἤπιον ὧδε ἄνακτα κιχήσομαι, so ergänzt sich der Dativ μοι (mir gewogen, hold) von selber. — In gleichem Sinne steht ἤπιος von dem Verhältnisse des Odysseus zu Eumäus ο 490.

— Zum Oeftern ist der Plural ἤπια mit dem Zeitworte εἰδέναι, (εἰδώς) verbunden: ο 557 (von Eumäus) ἀνάκτεσιν ἤπια εἰδώς, von günstiger Gesinnung gegen seine Herrschaft. ν 405 = ο 39: ὁμῶς δέ τοι ἤπια οἶδεν = Eumäus ist von günstiger Gesinnung. gegen dich (Odysseus). Also sowohl von der Gesinnung des Herrn gegen seine Untergebenen, wie umgekehrt von der des Untergebenen gegen die Herrschaft wird ἤπιος gebraucht; aus letzterem folgt, dass die Deutung „milde" unzutreffend ist. — Il 73 bemerkt Achilles: „Schnell würden die Troer fliehend die Flussbette mit Leichen füllen, wenn Agamemnon mir gewogen (nicht feindlich) wäre." — Zum Odysseus sagt Δ 361 Agamemnon: „Ich weiss ja, wie dein Herz im wackeren Busen günstige Gesinnungen (Gewogenheit) gegen mich hegt," ἤπια δήνεα οἶδεν. Auch hier, wie sonst, lässt sich bei der gangbaren Uebersetzung „milde" nichts Rechtes denken. — Es erübrigt ausser der Verbindung ἤπια φάρμακα nur noch υ 327:

Τηλεμάχῳ δέ κε μῦθον ἐγὼ καὶ μητέρι φαίην
ἤπιον

d. i. „dem Telemach aber und seiner Mutter möchte ich einen gewogenen (wohlwollenden) Vorschlag machen", einen Vorschlag, der aus Gewogenheit, aus günstiger Gesinnung gegen sie hervorgeht.

Endlich ἤπια φάρμακα (πάσσειν) Δ 218, Λ 515. 830 bezeichnet nichts anders als günstig wirkende, wohlthuende Heilmittel.

Nach dem Gesagten erklärt sich auch

ἠπιό-δωρος,

das Beiwort von μήτηρ (Ἑκάβη) Ζ 251: ἤπια δῶρα würden gewogentliche, wohlwollende, gütige Geschenke sein, und ἠπιόδωρος bezeichnet eine Person, welche von solchen Geschenken ist d. i. solche spendet: ἤπια καὶ προσηνῆ δωρουμένη κατὰ τὴν. παιδοτροφίαν, wie Apollonius lex. erklärt.

Das von ἤπιος weiter gebildete Zeitwort ἠπιάω findet sich nur bei den Lexikographen, dagegen bei Homer die Zusammensetzung

κατ-ηπιάω,

und zwar nur in dem Verse E 417

ἄλθετο χείρ, ὀδύναι δὲ κατηπιόωντο βαρεῖαι.

Man könnte wörtlich übersetzen: „Die Schmerzen wurden begütigt".

130. Ἠπεροπεύς

und ἠπεροπεύω können nach keinerlei Bildungsgesetz weder von εἰπεῖν (W. ϝεπ), noch von ἠπύω (Passow), noch — wie Döderlein meint — von πρέπειν abgeleitet werden oder gar von ἥμερος + ὄψ „blandis vocibus uti" (Damm). G. Curtius No. 330 sucht daher in ἠπερ-οπ-εύω einen Wortstamm ἤπερο = Skr. ápara, goth. afar „später, anders, verschieden" und W. ϝεπ, woher ὄψ = vox, und giebt dem Ganzen den Bgr. „anders reden", im schlimmen Sinne = betrügen. Erregt schon die Vernachlässigung des Digamma von ϝόψ die grössten Bedenken, da alle homerischen Zusammensetzungen aus W. ϝεπ das Digamma gewahrt haben, so noch mehr die Annahme eines Adj. ἤπερος = afar. Nirgends zeigt sich sonst eine Spur dieses Adjectivs, das, wenn es existirt hätte, bei seiner bequemen Form gewiss nicht so leichten Kaufs preisgegeben worden wäre.

Wie sich ἠπερ-οπ-εύς weit einfacher aus dem Griechischen selbst erklären lässt, nämlich als Zusammensetzung mit Präf. ἀ vom Begriff con (worüber zu vgl. Curt. N. 598) + σπείρω „streuen" + ὄψ „Auge" als = oculos con-spergens, die Augen vollstreuend, ist S. 259 kurz angedeutet worden, woselbst auch analoge Ausdrucksweisen beigebracht wurden. Wie sehr der griech. Sprachgeist es liebt, für den Bgr. „bethören, betrügen" derbsinnliche Ausdrücke zu verwenden, zeigt u. a. ἀπατάω, ἀπαφίσκω, ἀάω, τυφόω S. 246 ff., ἀτέμβω S. 303. — Wir werden sogleich bei Durchnahme der homerischen Stellen sehen, wie gerade der gefundene Begriff „die Augen vollstreuen", „Sand in die Augen streuen", quasi pulverem ob oculos aspergere (Gellius), förmlich geheischt wird, während der Bgr. „anders reden", abgesehen von der unerhörten Wortformation, einen schiefen Sinn abgeben würde. Doch vorher noch Einiges über die Wortbildung.

Lautlich verhält sich das vorauszusetzende $\eta\pi\acute{\epsilon}\rho$-$o\psi$ zu $\eta\pi\epsilon\rho$-$o\pi$-$\epsilon\acute{v}\varsigma$, wie $A\iota\vartheta\acute{\iota}$-$o\psi$ zu $A\iota\vartheta\iota$-$o\pi\epsilon\acute{v}\varsigma$, beide bei Homer und von demselben $o\psi = o\psi\iota\varsigma$ bzw. aus W. $o\pi$ zusammengesetzt. Analoge Composita mit einem Verbalstamme im ersten, und einem Nomen als Object im zweiten Theile sind z. B. $\alpha\gamma\epsilon$-$\lambda\epsilon\acute{\iota}\eta$, Beute führend || $\epsilon\gamma\rho\epsilon$-$\mu\acute{\alpha}\chi\eta$, Schlacht erregend || $\epsilon\chi\acute{\epsilon}$-$\varphi\rho\omega\nu$ (zugleich adjectivirt aus $\varphi\rho\acute{\eta}\nu$), Verstand habend || $\mu\epsilon\nu\epsilon$-$\chi\acute{\alpha}\rho\mu\eta\varsigma$, $\mu\epsilon\nu\epsilon$-$\pi\tau\acute{o}\lambda\epsilon\mu o\varsigma$, Kampf begehrend, kampfgierig (vgl. die Bedeutung von $\mu\acute{\epsilon}\nu o\varsigma$, $\mu\acute{\epsilon}\mu o\nu\alpha$) || $\varphi\acute{\epsilon}\rho$-$\alpha\sigma\pi\iota\varsigma$, Schild tragend || $\varphi\acute{\epsilon}\rho\epsilon$-$\sigma\beta\iota o\varsigma$, Leben-, Unterhalt-, Nahrung tragend || $\epsilon\lambda\kappa\epsilon$-$\chi\acute{\iota}\tau\omega\nu$, Gewand schleppend || $\alpha\rho\chi\acute{\epsilon}$-$\kappa\alpha\kappa o\varsigma$, Unheil beginnend, -stiftend u. a. dgl. Und so wäre $\eta\pi\acute{\epsilon}\rho$-$o\psi = \alpha + \sigma\pi\epsilon\acute{\iota}\rho\omega\nu\ \tau\grave{\alpha}\varsigma\ o\pi\alpha\varsigma$, oculos conspergens.

Ueber die Anwendung und Bedeutung von $\eta\pi\epsilon\rho$-$o\pi$-$\epsilon\acute{v}\omega$ sind die Alten um so einiger, je deutlicher der btr. Begriff aus den homerischen Stellen hervorspringt. Apollonius hat die Glosse $\eta\pi\epsilon\rho o\pi\epsilon\acute{v}\epsilon\iota$· $\epsilon\xi\alpha\pi\alpha\tau\acute{\alpha}\ \tau\grave{\alpha}\varsigma\ \varphi\rho\acute{\epsilon}\nu\alpha\varsigma$, entsprechend Hesychius etc. Das Stammwort dieses Verbs, $\eta\pi\epsilon\rho o\pi\epsilon\acute{v}\varsigma$, erklärt sich selber aus der btr. homerischen Stelle λ 364:

> $\tilde{\omega}$ $'O\delta\upsilon\sigma\epsilon\tilde{v}$, $\tau\grave{o}$ $\mu\grave{\epsilon}\nu$ $o\check{v}$ $\tau\acute{\iota}$ σ' $\epsilon\acute{\iota}\sigma\kappa o\mu\epsilon\nu$ $\epsilon\acute{\iota}\sigma o\rho\acute{o}\omega\nu\tau\epsilon\varsigma$,
> $\eta\pi\epsilon\rho o\pi\tilde{\eta}\acute{\alpha}$ τ' $\acute{\epsilon}\mu\epsilon\nu$ $\kappa\alpha\grave{\iota}$ $\epsilon\pi\acute{\iota}\kappa\lambda o\pi o\nu$, $o\acute{\iota}\acute{\alpha}$ $\tau\epsilon$ $\pi o\lambda\lambda o\grave{\iota}\varsigma$
> $\beta\acute{o}\sigma\kappa\epsilon\iota$ $\gamma\alpha\tilde{\iota}\alpha$ $\mu\acute{\epsilon}\lambda\alpha\iota\nu\alpha$ $\pi o\lambda\upsilon\sigma\pi\epsilon\rho\acute{\epsilon}\alpha\varsigma$ $\alpha\nu\vartheta\rho\acute{\omega}\pi o\upsilon\varsigma$,
> $\psi\epsilon\acute{v}\delta\epsilon\acute{\alpha}$ τ' $\alpha\rho\tau\acute{v}\nu o\nu\tau\alpha\varsigma$, $o\vartheta\epsilon\nu$ $\kappa\acute{\epsilon}$ $\tau\iota\varsigma$ $o\acute{v}\delta\grave{\epsilon}$ $\check{\iota}\delta o\iota\tau o$.

Odysseus hatte seine wunderbaren Abenteuer erzählt und alle sassen da im Palaste des Alkinoos stumm und unter dem Banne ($\kappa\eta\lambda\eta\vartheta\mu\tilde{\omega}$ Vs 334) des Gehörten. Endlich bricht die Königin das Schweigen mit der Frage, was den Zuhörern dünke von dem stattlichen und verständigen Manne; sie fordert zu reichlichen Geschenken und Entsendung in die ersehnte Heimath auf. Der älteste der Phäaken stimmt dem Vorschlage aus vollem Herzen bei, wie auch Alkinoos. Wenn auf des Odysseus verständige Bemerkung der König mit obigen Worten die Erwiederung beginnt, so kann in dem ganzen Zusammenhange

ἠπεροπεύς nicht einfach = „Betrüger" sein, was durch ἐπίκλοπος hinlänglich besagt ist, sondern wird, unter Bezugnahme
auf die wunderbaren Erzählungen des Odysseus, noch etwas·
Besonderes zu bedeuten haben: der König erklärt Namens der
Anwesenden dem Odysseus, sie hielten ihn nicht für einen, der
mit seinen Erzählungen ihnen blauen Dunst vorgemacht, ihnen
mit Lügen Staub in die Augen gestreut habe, ὅϑεν κέ τις οὐ-
δὲν ἴδοιτο*), so dass man nicht sehen könne, was von
dem Gesagten wahr oder unwahr. — Als Epitheton von ὄνειροι
gebraucht Apollonius Rh. Arg. III 617 dieses Wort. — Das gleichbedeutige ἠπεροπευτής steht bezeichnend genug Γ 39 = N 769
in dem Verse

Δύσπαρι, εἶδος ἄριστε, γυναιμανές, ἠπεροπευτά,

wie auch ἠπεροπεύειν ο 419. 421, E 349, Apoll. Rhod. Arg.
III 563 in Bezug auf Weiber steht. — Im hom. Hymn. Merc.
282 sagt Apollo mit Beziehung auf die falschen Vorspiegelungen des Hermes:

ὦ πέπον, ἠπεροπευτά, δολοφραδές — — —.

Nachdem das zusammengesetzte Verb ἠπεροπεύειν einmal in
den einfachen Begriff verblenden, bethören etc. übergegangen
war, konnte es nicht fehlen, dass auch der Bestimmungs-
Accusativ φρένας ν 327, ο 421 oder νόον Hymn. Hom. 49, 7
dazu gesetzt wurde. Unerklärlich würde dieser Zusatz bleiben
bei der Grundbedeutung, welche G. Curtius aufstellt, „anders
reden". Die beiden einzigen noch übrigen homerischen Stellen
Ψ 605 (von den beirrenden Vorspiegelungen des Antilochus
gegenüber dem Menelaus) und ξ 400 (von verlogenem Vorschwindeln eines Bettlers) bedürfen keiner Erklärung; an ersterer Stelle wird das Verb durch das folgende παρέπεισεν gewissermassen erläutert. — Aristophanes bietet Zusammensetzungen
unseres Wortes mit ἐξ und σύν, Lysistr. 840

σὸν ἔργον εἴη τοῦτον ὀπτᾶν καὶ στρέφειν
κἀξηπεροπεύειν — —
843:
καὶ μὴν ἐγὼ
συνηπεροπεύσω παραμένουσά γ᾽ ἐνθαδί,
καὶ ξυσταθεύσω τοῦτον.

_____
*) Vgl. die deutsche Redensart: „Er lügt, dass Einem die Augen
übergehen".

Die Verbindungen der Wörter mit ὀπτᾶν, στρέφειν, συστα-
θεύειν (mitbraten) in drastisch-figürlichem Sinne erheischen
auch für unsere Composita Zugrundelegung eines derbnatür-
lichen Begriffs (die Augen vollstreuen).

Aus nachhomerischer Zeit sei noch erwähnt ἠπεροπηὶς
τέχνη „Täuschungskunst", die Kunst, anderen etwas vorzuspiegeln,
sie zu blenden und zu beirren, in einem Citat bei Strabo I 17:
„βουλῇ καὶ μύθοισι καὶ ἠπεροπηίδι τέχνῃ".

131. Ἤπειρος

erklärt sich am einfachsten aus ἀ-σπερ-ιος d. i. ἀ priv. und
Wf. σπερ, woraus später πείρω, περ-ᾶν, als = undurchfahrbar,
im Gegensatz zum fahrbaren Meere. Diese Bedeutung hat
schon richtig Bernhardt Progr. Wiesbaden 1862 aufgestellt,
freilich ohne die lautliche Möglichkeit seiner Herleitung aus
ἀ priv. + περᾶν zu erweisen; denn ein ἠ priv. giebt es nicht.
Wir haben aber schon zu wiederholten Malen unter Hinweis auf Βό-σπορος, Ochsenfurt, ὔ-σπορος, Schweinefurt, ὁδοι-
πόρος st. ὀδο-σπόρος κτλ. gesehen, dass περ-ᾶν (θάλασσαν
ζ 272, ι 129, πόντον ω 118 ö.) zu W. σπαρ gehört, ebenso gut
wie (s)por-t-are, hinüberschaffen, tragen, dessen s in a-sportare
erhalten ist; denn aus abs-portare hätte nie a-sportare werden
können; wie denn auch aspello nicht für abs-pello stehen kann,
sondern nur für a-spello (W. spal, woher pello, pôpulus st. po-
spul-us etc.). Vgl. a-spern-or: sper-no. Wie sich nun ἀ priv.
mit folgendem wurzelhaftem Sigma zu ἠ gestaltet, zeigt u. a.
ἤμορος neben ἄμμορος, beide st. ἄ-σμορ-ος. Vgl. S. 26, S. 258 ff.

Dass aber Homer ἤπειρος als „undurchschiffbar" fasst,
geht aus der Gebrauchsübersicht hervor.

Das Wort steht 1) im ausdrücklichen Gegensatze zum
Meere. α 162

γ 90

ξ 136

ἀνέρος, οἵ δή που λεύκ᾽ ὀστέα πύθεται ὄμβρῳ
κείμεν᾽ ἐπ᾽ ἠπείρου, ἢ εἰν ἁλὶ κῦμα κυλίνδει.

εἴθ᾽ ὅ γ᾽ ἐπ᾽ ἠπείρου δάμη ἀνδράσι δυσμενέεσσιν,
εἴτε καὶ ἐν πελάγει μετὰ κύμασιν Ἀμφιτρίτης.

ἢ τόν γ᾽ ἐν πόντῳ φάγον ἰχθύες, ὀστέα δ᾽ αὐτοῦ
κεῖται ἐπ᾽ ἠπείρου, ψαμάθῳ εἰλυμένα πολλῇ.

Vgl. ψ 236, Hymn. hom. in Ven. 5. Wenn auch nicht ausdrücklich, so tritt doch stillschweigend dieser Gegensatz überall da hervor, wo die Schiffe (aus dem Meere) ans Land geschafft werden: *ρῆα* ... *ἐπ' ἠπείροιο ἔρυσσαν*, wie *A* 485, *π* 325. 359 (und sonst). An der ersten dieser drei Stellen gilt das Wort von der troischen Küste, an den beiden anderen von der Insel Ithaka. — Von derselben Insel ist das Wort auch *π* 367, *ν* 114. 116 gemeint. — Von der Insel der Kalypso steht es *ε* 56, von der Insel der Circe *κ* 403. 423, der Phäaken *ε* 348. 350. 402. 438, von der Insel der Cyclopen *ι* 485. 496, von der des Aeolus *κ* 56, vom Lande der Lotophagen *ι* 85, von einer ungenannten Küste zwischen dem Lande der Kikonen und dem der Lotophagen *ι* 73. — Ueberall hier steht *ἤπειρος* als Gegensatz von Meer und zwar ohne Unterschied, ob Festland oder Insel; ja, häufiger sogar steht es von Inseln.

Unser Wort kommt 2) vor als Gegensatz von Inseln überhaupt, *ν* 235:

> *ἦ πού τις νήσων εὐδείελος, ἦέ τις ἀκτὴ*
> *κεῖθ' ἀλὶ κεκλιμένη ἐριβώλακος ἠπείροιο.*

Vgl. Hymn. in Ap. 21. 138. Als Gegensatz von Ithaka speciell steht es ξ 97:

> *οὔ τινι τόσση (ζωή)*
> *ἀνδρῶν ἡρώων, οὔτ' ἠπείροιο μελαίνης,*
> *οὔτ' αὐτῆς Ἰθάκης.*

Vgl. ξ 100. Ebenso *φ* 109.

Als Gegensatz von Ithaka sammt den dazu gehörigen Inseln erscheint *ἤπειρος B* 635, *σ* 84. 115, *ω* 377.

Vereinzelt steht endlich 3) *ἤπειρος* als Gegensatz zur Küste, und zwar des Landes der Kikonen *ι* 49: Odysseus hat die Stadt Ismarus zerstört; die entwichenen Besiegten rufen ihre Stammgenossen, die „das innere Land" bewohnen, wie Düntzer hier *ἤπειρος* richtig übersetzt. Da Ismarus an der Küste lag, da Odysseus mit seinen Schiffen die Küste beherrschte, so kann hier unter *ἤπειρος* offenbar nur das Binnenland gemeint sein, wie auch Herodot I 151, VII 109 *πόλιες ἠπειρώτιδες* als Gegensatz zu den Inseln und Küstenstädten gebraucht.

Die Verwendung des Wortes unter No. 3 zeigt deutlich,

dass die von Curtius angenommene Grundbedeutung „anfahrbar" begrifflich nicht zu halten ist. Auch erregt es gerechte Bedenken, ein so ächtgriechisches Wort wie ἤπειρος aus einer Sanskrit-Präposition â „an", für die es im Griechischen nirgends etwas Entsprechendes giebt, und περᾶν entstanden sein zu lassen.

Die so häufige Verwendung von Inseln zeigt auch, dass die Ableitung von πέραν „jenseits" nicht stichhaltig ist; auch lässt sich bei dieser Etymologie das ἠ nicht zurechtlegen.

Ebensowenig lässt sich Angesichts der vorhin unter 1 angegebenen Gebrauchsweise von ἤπειρος die gewöhnliche Herleitung aus ἀ priv. und πεῖραρ, Gränze, als „unbegränzt" verfechten. — Auch Herleitung aus „Skr. ápara = goth. afar, später, anders, verschieden" fördert nicht weiter, selbst wenn man, was eben nicht der Fall ist, im Griechischen ein dem ápara entsprechendes Wort auftreiben könnte. — Eher könnte man an Zusammensetzung aus ἀ priv. und σπείρω „säen" denken und „unbesäbar" deuten; aber dagegen legt lauten Widerspruch ein ν 235 κεκλιμένη ἐριβώλακος ἠπείροιο ‖ Hymn. Ap. 21 ἠμὲν ἀν' ἤπειρον πορτιτρόφον ἠδ' ἀνὰ νήσους ‖ ξ 97, φ 109 ἠπείροιο μελαίνης (von der Farbe des fetten Erdreichs).

Um so brauchbarer dagegen ist der Begriff undurchfahrbar, undurchschiffbar. Die Gebrauchsweise unter 1 als Gegensatz zum Meere erläutert sich selbst. Hatte sich aber einmal die Bedeutung „festes Land, fester Boden" im Gegensatze zum Meere entwickelt, so lag die Anwendung des Wortes auf's eigentliche Festland im Gegensatze zu den Inseln um so näher, als diese noch als Theile des Meeres im Verhältnisse zum grossen Ganzen des Festlandes aufgefasst werden können. Gleiches gilt von ἤπειρος = Binnenland im Gegensatze zur anfahrbaren Küste.

132. Ἧπαρ

soll auch lautlich identisch sein mit lat. jec-ur. Mit dieser Gleichstellung macht man nicht bloss π = κ, sondern auch Spir. asper = lat. j, während sonst dem lat. j griech. ζ entspricht. Lautrichtig würde dem lat. jec-ur ein griech. ζάχ-αϱ oder ζάχ-ωϱ entsprechen.

Wenn Bedeutungsgleichheit auch zu lautlicher Gleichstellung berechtigt, so würden sich auch lautlich decken σπαϱγαί und ὀϱγαί ‖ ἀ-σπαίϱω und ἀ-σκαίϱω ‖ πέλω, pello und κέλλω ‖ ψόφος und στόβος ‖ σπεύδω und studeo ‖ σκώϱ (engl. scar-n, ags. scear-n) und lat. stercus u. dgl. m. In der That sind die meisten dieser Wörter gleichgestellt, und darauf Lautvertretungsgesetze aufgebaut worden, u. E. mit keiner grösseren Berechtigung, als wenn man die WW. ἀν, ἀλ, ἀς, σα, χα, σπα, fla, ϝα, ἀϝ etc., die alle „hauchen" bedeuten, durch einander werfen, oder wenn man auch lautlich στοά = αἴϑουσα, στόμα = lat. os, ὄπτω = σκέπτω = specio, ἄνω, ἀνύω = finio, jacio = πάλλω setzen wollte etc.

Lat. jec-ur fügt sich unschwer zu jac-io, dessen Grundbegriff „schwingen, in Bewegung setzen, werfen" (πάλλειν) ist, als das Schwingende oder Geschwungene, als Bewegung, Sitz der Bewegung, wie denn ja in der That die Alten die „Leber" als den Sitz der inneren Bewegung, der Leidenschaften ansahen. Ganz den gleichen Begriff gewinnen wir für ἧπαϱ bei Ableitung aus W. σπαϱ, schwingen + Präfix ἁ = con: ἧπαϱ steht u. E. für ἁ-σπαϱ.

Konnte Homer das Herz κϱαδίη N 443 als ἀσπαίϱουσα bezeichnen, warum sollte nicht ἧπαϱ „Leber" als Sitz der Leidenschaften aus W. σπαϱ hervorgegangen sein können? Wozu aus der Ferne, aus Indien (Skr. yakṛt „Leber"), obendrein mit doppelter „unregelmässiger" Lautvertretung, herholen, was so nahe zu haben war, ohne dass es der geringsten Laut-Unregelmässigkeit zur Erklärung benöthigte? Hat doch auch das andere, den Sitz der Regungen bezeichnende Wort κῆϱ, καϱδία, κϱαδίη, paph. κόϱζα, lat. cor (St. cord) ganz analoge Begriffsvermittelung zur Voraussetzung aus Wurzel σκαϱ mit σκαίϱω, ἀ-σκαίϱω, schwingen, hüpfen, springen ‖ κϱαδ-αίϱω st. σκαϱ-δ-αίϱω, schwingen (vgl. Fick I 47) ‖ σκοϱ-δ-άζω (Hes.), zucken, κόϱ-δ-αξ, Tanz ‖ κοϱ-δ-ύλη und σκοϱ-δ-ύλη, Geschwungenes = Keule κτλ.

133. Ἡμέρα, ἥμερος, ἡμερίς.

I. Wie sich ἡμέρα und ἦμαρ, Tag, so einfach als natürlich aus W. σμαρ, glänzen, leuchten, mit Präf. ά erklärt, haben wir S. 26 gesehen; ἡμέρα ist nichts als con-lucens, substantivirt = Helle, Tag und Subst. ἦμαρ st. ἄ-σμαρ = φάος. Daher machen sich ganz überflüssig die mehr als kühnen Etymologien aus Skr. dyāus, Himmel (Ahrens), aus Skr. yāman, Gang (Kuhn, Pictet), aus Skr. vas, us, leuchten (Savelsberg, Ascoli), aus hebr. jôm, Tag (Muys), aus einer „alten Form Skr. dyăvan- = dívan = lat. dies" (L. Meyer II 129), aus ἀνα-μαίρω (Döderl.) u. s. w. Das Scholion zu Λ 1 ἡμέρα γάρ ἐστι πεφωτισμένος ἀὴρ ἡλίου ὑπὲρ γῆν ὄντος scheint fast von ἠήρ unser Wort ableiten zu wollen; denn mit Consonanten-Einschub sind die alten Scholiasten ebenso freigebig, wie die neueren Etymologen mit „unregelmässiger Lautvertretung".

Hinsichts der W. σμαρ, glänzen sei erinnert an σμαρ-ίλη und μαρ-ίλη, Kohle ‖ σμάρ-αγδος und μάρ-αγδος (glänzender) Edelstein ‖ achäisch ζμέρ-δ-ειν st. σμέρ-δ-ειν = μέρ-δ-ειν, leuchten, sehen ‖ σμαρ-κός, rein, hell (Hes.) ‖ ί-σμερα st. σί-σμερα· τὰ εἰς τοὺς καθαρμούς ‖ Ί-σμαρ-ος st. Σί-σμαρος S. 340 ‖ ά-μαρ-υγ-ή, Schimmer, ά-μαρ-ύσσω, funkeln ‖ ά-μέρ-δ-ω, blenden (durch Glanz) S. 295 ‖ Μαῖρα st. Σμ., die Funkelnde Σ 48 ‖ μαρ-μαίρω mit Sippe ‖ μέρη st. σμέρη· τὰ ὄμματα (vgl. φάεα) Hes. κτλ.

II. Nichts spricht so sehr für die Richtigkeit dieser Etymologie, als die Möglichkeit, auch die anklingenden Wörter ἥμερος und ἡμερίς aus gleicher Wurzel herzuleiten.

Um ἥμερος, zahm, auf ein Etymon zurückzuführen, construirte man, lediglich für dieses Wort, ein griech. Suffix -μερος. Vgl. Aufrecht Ztschr. I 480, L. Meyer Gr. II 273, Curtius N. 568. Indem man nun ἥ-μερος trennte, ging man bald von Wurzel ἁς, sitzen (Ebel, Curtius), bald von Skr. jam, zähmen (Bopp, Christ, Meyer), bald von W. ϝες, wohnen (Hainebach), aus, und deutete „sesshaft" oder „bezähmt, zahm" oder „wohnhaft, häuslich", und liess ἡμερίς „edler Weinstock" Femininum zu ἥμερος sein.

Mit Recht macht Curtius gegen die Ableitung aus SkrW.

jam (yam), geltend, dass die entsprechende griech. Wf., wie
ζημ-ία beweise, anders anlaute bzw. anlauten müsse; freilich
bei anderen Wörtern lässt ebenderselbe dem Skr. j (lat. j)
statt ζ den griech. Spiritus asper entsprechen. — Gegen das
Etymon ϝες, ϝας spricht ausser dem unerweisbaren Suffix -μερος
das völlige Fehlen von Digamma, welches W. ϝες in ϝέννυμι
sammt Sippe so hartnäckig bei Homer noch behauptet. — Aber
auch mit W. ἅς „sitzen" ist es nichts; dafür spricht, abgesehen
von angebl. Suff. μερος, mit mathematischer Beweiskraft,
dass neben ἡμερίς, welches allerdings nicht von ἥμερος getrennt
werden darf, μορία = ἡμερίς (Hes.) besteht.

Der Weinstock ἡμερίς st. ἁ-σμερ-ίς ist ein rankendes
Gewächs, ebenso gut wie der Epheu, der auch σμηρ-ία, σμῆρ-ις,
σμηρ-έα heisst. W. σμαρ mit dem Bgr. schwingen (schlingen,
biegen) liegt auch vor in σμαρ-άγ-να und μαρ-άγ-να,
Peitsche, flagellum ‖ σμῆρ-ιγξ und μῆρ-ιγξ· πόα, doch wohl
eine Schlingpflanze ‖ σμήρ-ιγγ-ες· πλεκταί, σειραί, βόστρυχοι ‖
σμήρ-ιν-θος, μήρ-ιν-θος, μέρ-μ-ις, Schnur, σπάρτον ‖ σμήρ-
ιν-θος, ὄρνις ποιός = Schwinger ‖ σμέρ-δ-ος· ῥώμη, ὄρμημα
(Hes.) d. i. Schwung, Ungestüm, mit εὐ-μέρδης· εὔρωστος Hes. ‖
σμέρ-δ-ος· ἰχθύος εἶδος, doch wohl zu erklären wie ἴκ-ταρ
S. 32 ‖ σμάρ-δ-ικος, der Vogel Strauss, mit σμαρδικο-πῶλαι
οἱ τοὺς στρουθοὺς πωλοῦντες Hes. Der Strauss schwingt
sich theils mit den Flügeln rudernd, theils mit seinen mächtigen Beinen vorwärts und verdient daher gewiss den Namen
„Schwinger" ‖ σμαρ-ίς, ein Fisch, der sonst μαινίς Hes., auch
μαίνη und μαινομένη (s. Lex.) hiess; vgl. dazu μορ-ιδ-ες·
μάντεις, — μάρ-γ-ος· μαινόμενος, — μαρ-γ-αίνων· μαινόμενος κτλ. ‖ ἡ μαρ-γ-άς· δεσμός (Hes. unter μαργαίνων), Bgr.
wie bei ψάλιον, πέδη S. 257 ‖ μάρ-αγοι· οἱ ἀπόκρημνοι τόποι
Hes. ‖ Μαράξας· μήν, ὁ Ἀπελλαῖος ‖ μόρ-γ-ος, Umschwingung
= Umzäunung, wie von W. σπαλ das gleichbedeutige ἀπέλλη
S. 34. — Doch alle zu W. σμαρ gehörigen Bildungen mit ab-
gefallenem σ durchzugehen, ist hier nicht Zeit noch Ort.
Zu den Wörtern mit σ gehört auch noch σμαρ-ίς· γραῦς bei
Epicharm. frgm. 10 (vgl. Hes.); man könnte als Grundbegriff
„weiss" (cana) ansetzen; aber die andere Bedeutung von σμαρ-ίς
= μαινίς empfiehlt, dieselbe Begriffsvermittelung anzusetzen,

welche aus W. σπαρ das Adj. πέπειρα· γραῖα (Anakr. fgm. 87), sowie σπέρ-γ-υς, πρέσγυς, πρεῖγυς κτλ. (S. 275), aus W. σπαλ Adj. πέμπελος· λίαν γηραλέος (ebendas.) hervorgehen liess: „geschwungen, pandus = gebogen, gebückt".

Genug, See.W. σμαρ mit Bgr. schwingen (schlingen, winden, biegen) ist nicht wegzuläugnen. Wie sich dieser Begriff neben dem von „glänzen" aus dem Urbegriffe „hauchen" (W. σμα) ergeben hat, ist u. a. S. 40, S. 295 hinlänglich angedeutet. Man vergleiche die Bedeutungsentwickelung von W. σπα, σφα S. 61 ff., insbes. von W. σπι S. 328 ff.

Darnach ist ἡμερίς st. ἀ-σμερ-ίς neben μορ-ία st. σμορ-ία begrifflich identisch mit ἄ-μπελ-ος st. ἄ-σπελ-ος von W. σπαλ || mit παρ-τ-άς st. σπαρ-τ-άς von W. σπαρ (παρτίιδες· ἄμπελοι Hes.) || mit vi-tis, ϝοί-νη von W. ϝι, vi (vi-e-o, winden Curtius N. 593 und 594) und bedeutet ursprünglich sich schwingend, „sich schmiegend, windend, rankend" = Ranke, Rebe*).

Und ἥμερος st. ἄ-σμερ-ος, das Stammwort von ἡμερίς ist urspr. „sich windend, sich schmiegend" bzw. „gebogen, gebeugt" d. i. zahm. Den anderen Ausdrücken für „zahm" χειρο-ήθης, an die Hand gewöhnt, und lat. man-suetus (dass.) liegt ziemlich ähnliche Vorstellung zu Grunde.

Unser zahm, ahd. zam, hängt bekanntlich mit δάμ-νη-μι, δαμ-ά-ω, δαμάζω, lat. domare zusammen (Curt. N. 260). Die W. δα-μ ist aber nur secundär, wie u. E. alle Wurzeln auf μ, und ist μ-Erweiterung zu δέ-ω, binden, Skr. dâ, binden, mit dâ-mâ, Band, und δάμ-νη-μι, dom-a-re ist = bändigen. Also auch in zahm, domitus etc. gleiche Begriffsvermittelung wie bei ἥμερος; denn der Begriff „binden, winden, schlingen" bzw. „biegen" geht aus Bgr. „schwingen" hervor. Skr. dâ-man „Band, Schnur" deckt sich begrifflich mit σπάρ-τον „Seil, Strick", mit σμῆρ-ινϑος, μῆρ-ινϑος, μέρμις, Band, Schnur || δε-σ-μός mit ψάλιον κτλ.

Lat. ci-cur „zahm" (suffixlose Bildung) fügt sich als

---

*) Dies und nicht „die zahme" ist der Bgr. von ἡμερίς. Man sieht nicht ab, warum gerade der Weinstock als „zahm" κατ᾽ ἐξοχήν sollte gelten können, warum diese Benennung nicht weit eher Kuh, Schaf, Huhn etc. verdient hätten.

reduplicirt zu derselben Wurzel, woraus cur-vus, gebogen ‖ car-d-o, Schwungpunct, Wendepunct, Angel (Schwingendes) ‖ cor, Gen. cor-d-is ‖ cor-usco, schwingen, zucken ‖ cor-t-ex, Rinde (die sich umschwingt) ‖ cor-b-is, Korb ‖ cu-cur-b-ita. Kürbiss ‖ cor-ona, cor-t-ina etc. theils ohne, theils mit Weiterbildungsdeterminativen (Wf. kard st. kar+d) hervorgegangen sind, nämlich zu W. kar st. skar, σκαρ. Vgl. σκαίρω, ἀ-σκαίρω, schwingen, springen ‖ σκάρ-της, dor. σκάρ-τας, der Schneller = ταχύς, schwunghaft, schnell ‖ σκαρ-ίζω, schwingen, zucken, coruscare ‖ σκιρ-τά-ω = σκαίρω, σκαρίζω ‖ σκορ·δ-ύλη und κορ-δ-ύλη, Keule ‖ κόρ-δ-αξ, Tanz ‖ σκυρ-άω u. σκυρ-όω = σκιρ-τά-ω, σκαίρω ‖ σκύρ-β-ιον, Bolle, Zwiebel (Rundes, wie cu-curbita auch urspr. Rundung) = κρό-μυ-ον st. σκόρ-μυ-ον ‖ σκύρ-θ-αξ, σκυρ-θ-άλιος neben' lak. κυρ-σ-άνιος urspr. schwunghaft, prall, drall oder auch so viel als σπάρ-τας, schnell = Jüngling; κυρ-σ-ιον· μειράκιον Hes. ‖ σκίρ-αφος, Würfelbecher (zum Schwingen; vgl. κλήρους ἐν κυνέῃ πάλλειν Γ'316 ö.) ‖ Σκιρ-άς, Beiname der Athene, mahnt sehr an Bgr. Παλλάς von πάλλω. Doch genug der Proben von Wurzel σκαρ-σκιρ-σκυρ „schwingen".

Τι-θα-σός, zahm, erweist sich von vorn herein als reduplicirt aus W. θα und gebildet mittels Suffixes σός = τός (vgl. S. 312). Die frühere Schreibweise τιθασσός ist mit Recht von Bekker beseitigt; denn Aeschylus misst Eum. 336 ⏑⏑⏑. Man hat das Wort von θάω „säugen" ableiten wollen, als ob die wilden Thiere nicht gesäugt würden. W. θα-θι-θυ hat wie alle Wurzeln des Grundbegriffs „wehen" auch die Bedeutung „wegen, in Bewegung setzen, schwingen" mit allen möglichen Begriffsschattirungen entwickelt. Man denke nur an θέω, θοός, θύρω, θύσανος, θύσθλα = κράδα (Hesychius), θῦ-νος = πόλεμος, θή-ρα, θήρ und θαῦ-νος, wildes Thier, θαυλέα, Wedel, und andere gelegentlich bereits dagewesene Wörter. — Dazu nehme man noch z. B. folgende: Θαῦ-μος ἢ Θαῦ-λος· Ἄρης Μακεδόνιος H. ‖ θούς, ein wildes Thier, neben πάρδαλις N 103 erwähnt und wie dieses begrifflich zu deuten S. 289 ‖ θω-ός· ὄρνις ποιός H. = Schwinger ‖ θω-ή, Züchtigung = Strafe, aber auch = Schaden; vom Grundbgr. schlagen, aber nicht mit dem vagen Bgr. „auferlegen" zu deuten ‖ θείνω und θένω,

schwingen, hauen, to blow; und es verhält sich ϑείνω: W. ϑα
= τείνω: W. τα = κτείνω: W. κτα ‖ ϑαίβειν· ἐλαύνειν II. ‖
ϑιάσαι· χορεῦσαι, tanzen ‖ ϑίασος· χοροῦ σύστασις: (Begriff
schwingen = tanzen) ‖ ϑίβη und ϑήβη = spor-ta, σπυρ-ίς aus
W. σπαρ, schwingen, schlingen, Rundes od. Geflochtenes = Korb ‖
cyprisch ϑίβηνος· κιβωτός ‖ ϑί-γ-ων· κιβωτός ‖ ϑῶ-μιγξ,
Schnur, Faden = ὅμηρ-ινϑος, μήρινϑος, μέρμις ‖ ϑω-μίζω mit
ϑωμιχϑείς, peitschen, aber auch = fesseln (s. Lex.) von einem
ϑῶ-μιξ, ϑῶ-μιγξ = a) Peitsche, b) Fessel, Band ‖ dazu auch
ϑωμίσσειν· δεσμεύειν II.

Zu den letztgenannten Wörtern verhält sich nun τι-ϑα-σός
begrifflich gerade so, wie ἥμερος st. ἁ-σμιρος zu σμήρ-ινϑος,
σμῆρ-ιγξ, σμαρ-άγ-να κτλ. Wollen wir auch noch die aus W.
ϑα hervorgegangene Sec.W. ϑαρ, ϑρα, ϑρι berücksichtigen, so
ist kret. ϑρι-ν-ία (ἄμπελος Hes.) = ἡμερίς.

134. Ἡμύω.

I. Eustathius und viele neuere Erklärer mit ihm leiten das
Wort von μύω her „mit pleonastischem Vorschlage von ἡ“.
Wie man aus μύω „schliessen" den für ἡμύω geheischten Begriff, auch wenn es ein ἡ intens. gäbe, glaubt gewinnen zu
können, ist ein Räthsel. Um so einfacher erklärt sich ἡμύω
als = ἁ-σμύ-ω, com-moveo nach dem S. 300 Gesagten aus W.
σμυ. Es bedeutet bei Homer überall to wave, genauer to waver, schwanken, welcher Begriff sich aus W. σμυ = W. σμα,
wehen (S. 39) nicht anders entwickelt hat, als der Bgr. des
engl. to waver aus to wave, urspr. „wehen", weiterhin „wogen,
wallen".

Von einem durch den Zephyr heftig durchwehten
hochstehenden Saatfelde heisst es B 148 ἐπί τ’ ἠμύει ἀστα-
χύεσσιν „es schwankt, wogt mit den Aehren"; — von einem
tödtlich getroffenen Krieger Θ 308 „es schwankte nach der
anderen Seite hin sein Haupt, vom Helme beschwert"; — von
einem Rosse T 405 „es schwankte (schwenkte), neigte mit
dem Haupte". — Demnächst malerisch von einer Stadt, die
dem Verderben geweiht ist, B 373 = Δ 290

τῷ κε τάχ’ ἡμύσειε πόλις Πριάμοιο ἄνακτος.

Man vergegenwärtige sich nur das Bild einer von Erdbeben
heimgesuchten Stadt mit ihren schwankenden Häusern und
Mauern, und man wird des Dichters Absicht und Vorstellung
klar haben.

II. Das Compositum

$$\dot{v}\pi\text{-}\eta\mu\acute{v}\omega$$

mit der wunderlichen Form $\dot{v}\pi\text{-}\varepsilon\mu\nu\acute{\eta}\mu\nu\varkappa\varepsilon$ X 491, wofür wohl
mit Recht Düntzer $\dot{v}\pi\text{-}\eta\mu\text{-}\acute{\eta}\mu\nu\varkappa\varepsilon$ zu schreiben empfiehlt, soll
„niederblicken" oder „weinen" oder „seufzen" und noch anderes
bedeuten. Die heillose Unsicherheit in der Erklärung schwindet
bei obiger Etymologie. — Die arme, von Allen verlassene Waise,
wovon X 491 gesagt wird

$$\pi\acute{a}\nu\tau\alpha\ \delta'\ \dot{v}\pi\eta\mu\acute{\eta}\mu\nu\varkappa\varepsilon,\ \delta\varepsilon\delta\acute{a}\varkappa\varrho\nu\nu\tau\alpha\iota\ \delta\grave{\varepsilon}\ \pi\alpha\varrho\varepsilon\iota\alpha\acute{\iota},$$

schwankt förmlich einher in ihrer trostlosen Verlassenheit
(ist ganz und gar, in allem schwankend). Die Präp. $\dot{v}\pi\acute{o}$ hat in
$\dot{v}\pi\text{-}\eta\mu\acute{v}\omega$ denselben Werth, wie z. B. in $\dot{v}\pi o\text{-}\varkappa\acute{a}\mu\pi\tau\omega$. Der
Gegensatz zu $\dot{v}\pi\text{-}\eta\mu\acute{v}\omega$ wäre das sichere Einherschreiten, das
feste Auftreten, wie es Glück, Selbstgefühl, Stolz oder Freudig-
keit mit sich bringt.

Wie sehr diese Deutung zutrifft, zeigt der ganze Zusammenhang: „Gegenwärtig steigst du denn in des Hades' Haus
unter die Tiefen der Erde, während du mich umfangen von
entsetzlicher Trauer daheim zurücklässest als Wittwe; dazu der
Sohn noch ein hülflos einfältiges Kind, den du und ich zeugten, wir Jammerseligen: weder du kannst ihm hinfort ein
Segenstrost sein, o Hektor, nachdem du gefallen bist, noch er
dir. Denn gesetzt auch, dass er dem thräneureichen Kriege ent-
rinnt, so wird seiner künftighin doch nur ewige Noth und Wehsal
harren; Fremde nämlich werden ihm seine Fluren entreissen!
Aller Jugendgespielen zugleich beraubt den Knaben der Tag
seiner Verwaisung; er schwankt förmlich einher, und seine
Wangen fliessen stets von Thränen über. Darbend muss das
Kind dann bei den befreundeten Gefährten des Vaters umher-
gehen . . . ., ein Loos, wie es meines Astyanax harrt,
welcher früher gewohnt war, auf dem Schoosse seines eigenen
Vaters speisend, nichts als das Mark des Fleisches zu geniessen . . . ., der ferner gewohnt war, wenn ihn der Schlummer
befiel, und wenn er seine Kinderspiele ermüdet einstellte, in

Betten zu schlafen, umfangen von den sanften Armen seiner Wärterin, auf ein weiches Lager hingestreckt, die Seele umgaukelt von wonnereichen Erinnerungen: nun aber wird Jammer und Schreck über ihn hereinbrechen ...."

135. Ἠλύσιον.

Kann man wirklich glauben, dass das elysische Gefilde, Ἠλύσιον πεδίον δ 563 ein Gefilde der Hinkunft" (ἔλευσις) oder, wie Böttcher Aehrenlese N. 25 deutet, ein „Wandelfeld" sei? dass eine Stätte von dieser Bedeutsamkeit ihren Namen von einem so vagen und allgemeinen Begriffe, wie „kommen", „Ankunft" („Wanderung"?!) erhalten habe? Hesychius will von solch vager Deutung denn auch nichts wissen; er erklärt οὐ λύσιον, ὅπου οὐ διαλύονται ἀπὸ τῶν σωμάτων αἱ ψυχαί. Aber auch diese Etymologie kann nicht verfangen, zumal es nirgends ein ἠ priv. giebt. — Ebenso wenig ist die des Scholiasten zu gebrauchen, der von λύω mit ἠ intens. ausgeht, das ebenso wenig als ἠ priv. existirt: λύονται γὰρ τῶν βιωτικῶν δεσμῶν οἱ ἀπελθόντες ἐκεῖ.

Die Ableitung der Alten von λύω hat Döderlein N. 2451 wieder aufgegriffen, indem er von dem Begriffe ἀνά-λυσις κακῶν ausgeht. Aber seit wann und wo wird ἀνά zu ἠ-, und wo ist das Geringste von dem Begriffe κακῶν zu sehen? — Apion meinte, das elysische Gefilde sei bei Aegypten zu suchen, und weil dieses ein Schlammland sei, hat man auch (Damm unter πέρας) Ἠλύσιον von ἰλύς, Schlamm, herleiten wollen. — Andere dachten an ἄλσος, Hain, das doch zu W. ἀλ, wachsen, gehört (Curt. N. 523. b) mit Suff. σος, wie in ἄψος st. ἄφ-σος, πί-σος, ἄρ-σος st. ἄρδ-σος, φάρ-σος = pars. — Eine andere Deutung geht aus von „ἀλύω i. e. λίαν χαίρειν" (Damm-Duncan s. v.).

Mit all diesen Deutungsversuchen ist nicht viel mehr anzufangen, als mit λύω als Etymon.

Das Ἠλύσιον πεδίον lag an den Grenzen der Erde δ 563, wo „Okeanos immerdar Hauche des Westwindes emporsendet, die Menschen zu erfrischen" (567), lag also im fernen Westen, allwo auch die „Inseln der Seligen" des Hesiod etc. zu suchen sind. Wofern es also gelänge, für Ἠλύσιον Bgr. „abendlich" oder „dunkel", d. i. gen Westen gelegen, zu gewinnen, so wäre mit Einem Male geholfen. Der Westen wird ja auch sonst durch „Abend, Dunkel" bezeichnet, wie ζόφος lehrt γ 335, ι 26, κ 190 ö. Nun begegnet uns eine Wf. σλυγ (W. σλυ+γ) mit dem Begriffe „dunkel-, finster-sein" im Subst. ἠλύγη st. ἀ-σλύγη, das Dunkel, Aristoph. || Adj. ἐπ-ῆλυξ Gen. γος, beschattet, dunkel (Eur.) || ἐπ-ηλυγάζομαι, überschatten, verdunkeln, ἐπ-ηλυγίζομαι || ἐπ-ηλυγαῖος, ἐπ-ηλυγισμός, ἠλυγάζω, ἠλυγίζω, ἠλυγαῖος κτλ. Daneben λύγη, Schatten, Dunkel, λυγαῖος, finster, dunkel (Soph., Eur.) || ὠλύγιος (st. ὀ-σλύγ-ιος)· σκοτεινός Hes. — Während in λύγη, λυγαῖος Sigma einfach abgefallen ist, hat ἀ cop. mit urspr. Sigma die beliebte Wandelung zu ἠ in ἠλύγη κτλ., hingegen in ὀλύγιος, ὀ+σ die Wandelung zu ὠ erfahren. Curtius N. 549 erkennt eine W. σλυγ in λύζω, λυγγάνο-μαι, schlucken und schluchzen, λυγ-μός, der Schlucken, und vergleicht mit Recht ahd. sluccan, deglutire, irisch. slugaim, I swallow, slug, a gulp, slugán, throat. Dass hier nur G-Erweiterung der W. slu vorliegt, beweist schon unser Schlu-n-d, neben ir. slu-g, slu-g-án, neben ahd. sluccan.

Nun sind's aber keine zwei verschiedene Secundärwurzeln σλυγ, sondern eine und dieselbe; die so verschiedenartig aussehenden Begriffe entwickeln sich alle aus dem Grundbegriffe der Wurzeltrias sla-sli-slu: slug-án, Kehle = fau-x aus Wf. spa-v, σπα-ϝ, slug-aim = φάγω*), ἀ-σλύγ-η = ψάφα, ψέφας. Der Bgr. „dunkel" kann aus Urbegriff „hauchen" auf doppelte Weise hervorgehen, entweder aus Begr. dunsten, rauchen, nebeln (vgl. ἠήρ, ἠερόεις zu W. ἀϝ) oder aus Bgr. dunsten, schmutzen. Wie nahe sich die Begriffe „dunkel, schwarz" und „schmutzig" stehen, zeigt, statt vieler Beispiele, Skr. malina-s „schmutzig, unrein, schwarz", μέλας und μολύνω, beschmutzen, bei Curtius N. 551 || engl. muddy, schmutzig (von mud, Schmutz), aber auch = trübe, dunkel || εὐρύς „Moder" mit εὐρ-ωπός· σκοτεινός, Εὐρ-ώπη· χώρα τῆς δύσεως, ἢ σκοτεινή Hes. Nun vergleiche man aus derselben Wurzel slu bloss aus dem Englischen slu-t, slu-d-ge, slou-gh, slu-sh etc., Schmutz, Koth

---

*) Vgl. auch S. 181 κάπτω, ἔγκαφος, engl. sup etc.

— to slu-r, to slu-m-p, to slu-bb-er, schmutzen, — sluttish, schmutzig; daneben *ἰ-λύς* st. *σι-σλύς*, *ὄ-λυ-νος* st. *ὄ-σλυ-νος*, Schmutz; lat. lu-tum, lu-s-trum etc. Slou-gh bedeutet aber ausser „Koth, Kothlache" auch „Dunst", „Balg, Haut", ferner „Schorf", *ψώρα* (Bgr. Blase), „Schwammiges" (d. i. Geblähtes); to slubber ist auch = *σπεύδειν*, hasten. Slow ist = faul, aber auch = Motte, *ψυχή*; — slug = faul, Faulenzer, aber auch = Klumpen (Geschwollenes, Bgr. blähen). Dazu slou-m, sloo-m, slu-m-b-er = *ἄω*, *ἰ-αύ-ω* (W. *ἀϝ*), schlafen (Bgr. schnaufen bzhw. sich verschnaufen, aufathmen, ruhen).

Hiernach wird man hoffentlich nichts dagegen einzuwenden haben, wenn wir *ἠλύσιος* st. *ἀ-σλύ-σι-ος* als „finster, dunkel, *ζοφερός*" fassen = abendlich, gen Westen gelegen, u. *Ἠλύ-σιον πεδίον* deuten als = *τὸ πεδίον τὸ πρὸς ζόφον*. Dem Adj. *ἠλύσιος* liegt zunächst ein Subst. *ἤλυσις* st. *ἄ-σλυ-σις*, Verfinsterung, zu Grunde. Das Präfix *ἀ* fassen wir als verstärkend, wie lat. con oder wie *σύν* in *σύν-νέφελος*, *σύν-νεφέω*, *σύν-νεφής* κτλ.

Aber dass für *ἠλύσιον* so wenig wie für *ἠλύγη* vom Bgr. schmutzen, Schmutz, vielmehr vom Bgr. hauchen = nebeln, rauchen (vgl. engl. reeky, rauchig und schwarz) auszugehen ist, folgt u. E. aus *ἐν-ηλύσια*, vom Blitze getroffene Orte, bidentalia (Aesch.). Die *ἐν-ηλύσια* sind nicht „Ankunftsorte", sondern *ψο-λόεντα χωρία*, *αἰθαλόεντα χωρία*. Vgl. die Glossen des Hesychius *ἐν-ηλύσιος· ἐμβρόντητος*, *κεραυνό-βλητος* ‖ *ψόλος· καπνός*, *αἰθάλη*, *φλόξ* ‖ *αἰθαλώδης· καπνώδης*, *σκοτώδης*. — Wenn Hesychius *ἐν-ηλύσιος* von *ἔλευσις* ableitet, so ist ihm das um so mehr zu Gute zu halten, als u. E. auch *ἰ-λεύ-θω* St. *ἰ-λυ-θ* sich eher aus W. *σλυ+θ* mit Bgr. „wegen" = *θύειν* (W. *θυ*) erklären lässt, als aus „W. *ἀρ*, *ἰρ*, *ἰλ*" mit der heillosen Vertauschung von *ρ* und *λ* und mit bedenklicher Weiterbildung in *-ύθω*, *-εύθω*, zumal sich auch das lautlich anklingende *ἰ-λεύθ-ερος* aus W. *σλυ* bequem erklären lässt. Vgl. S. 349.

Das in den hom. Hymnen auf Demeter 228. 230, auf Hermes 37 vorkommende

ἐπ-ηλυσίη

kann in der vorgetragenen Etymologie nur bestärken; denn der

geheischte Begriff „Behexung, Bezauberung" kann unmöglich
hervorgegangen sein aus Bgr. „Hinzukommen" oder „was Jemanden ankommt"; desto natürlicher aber ist Bgr. „Behauchung
bzhw. Beschreiung" oder auch Bgr. „Benebelung, Bedunstung".
Vgl. fa-s-ci-num mit fascinare, fascinatio aus Wf. fa+s st.
spa+s, $\beta\acute{a}$-σ-$\varkappa$-$a\nu o\varsigma$, $\beta a\sigma\varkappa a\acute{\iota}\nu\omega$ neben $\beta\acute{a}$-$\sigma\varkappa$-ω (hauchen bzw.
tönen, reden) aus Wf. $(\sigma)\beta a$ = Wf. $(\sigma)\varphi a$ S. 269.

136. $Ai\pi\acute{o}\lambda o\varsigma$

deutet man allgemein als „Ziegenhirt" und für $ai\gamma o$-$\pi\acute{o}\lambda o\varsigma$,
$ai\gamma$-$\pi\acute{o}\lambda o\varsigma$ stehend; aber mit Unrecht.

Denn so oft Homer von Ziegenhirten redet, setzt er zu
$ai\pi\acute{o}\lambda o\varsigma$ regelmässig den Genitiv $ai\gamma\tilde{\omega}\nu$ dazu ϱ 247. 369, υ 173,
φ 175, 265, χ 135. 142. 161. 182. Hätte Homer unter $ai\pi\acute{o}$-
$\lambda o\varsigma$ etwas anderes als den blossen Begriff „Hirt" verstanden,
und in der Silbe ai den Stamm $ai\gamma$ erkannt, so würde er zu
$ai\pi\acute{o}\lambda o\varsigma$ ebenso wenig $ai\gamma\tilde{\omega}\nu$ haben hinzusetzen können, als er
jemals zu $\beta o\upsilon$-$\varkappa\acute{o}\lambda o\varsigma$ den Gen. $\beta o\tilde{\omega}\nu$, zu $\mu\eta\lambda o$-$\beta o\tau\acute{\eta}\varrho$ den Gen.
$\mu\acute{\eta}\lambda\omega\nu$, zu $i\pi\pi o$-$\pi\acute{o}\lambda o\varsigma$ Gen. $i\pi\pi\omega\nu$ hinzufügt. Und steht auch
in dem Verse $\varLambda$ 679 = ξ 101 lediglich der Symmetrie wegen
$\tau\acute{o}\sigma\sigma a$ $\sigma\upsilon\tilde{\omega}\nu$ $\sigma\upsilon\beta\acute{o}\sigma\iota a$, $\tau\acute{o}\sigma$' $ai\pi\acute{o}\lambda\iota a$ $\pi\lambda a\tau\acute{e}$' $ai\gamma\tilde{\omega}\nu$, so wird doch
$\sigma\upsilon$-$\beta\acute{\omega}\tau\eta\varsigma$ an keiner der 66 homerischen Stellen, in denen es
vorkommt, noch auch das 18mal auftretende $\acute{\upsilon}$-$\varphi o\varrho\beta\acute{o}\varsigma$ jemals
vom Gen. $\sigma\upsilon\tilde{\omega}\nu$ oder $\acute{\upsilon}\tilde{\omega}\nu$ begleitet.

Auch das abgeleitete $ai\pi\acute{o}\lambda\iota a$, Heerde, steht regelmässig
mit $ai\gamma\tilde{\omega}\nu$ verbunden B 474, $\varLambda$ 679, ξ 101. 103; nur ϱ 213 =
υ 174 und φ 266 fehlt dieser Genitiv, weil in demselben Verse
$ai\gamma a\varsigma$ $\acute{a}\gamma\omega\nu$ voraufgeht: $ai\gamma a\varsigma$ $\acute{a}\gamma\omega\nu$, $a\grave{\iota}$ $\pi\tilde{a}\sigma\iota$ $\mu\varepsilon\tau\acute{\varepsilon}\pi\varrho\varepsilon\pi o\nu$ $ai\pi o$-
$\lambda\acute{\iota}o\iota\sigma\iota\nu$.

Die gewöhnliche Ableitung aus $ai\gamma o$-$\pi\acute{o}\lambda o\varsigma$ lässt zudem an
verschiedenen Stellen unseren Dichter eine Ungeheuerlichkeit
der Darstellung begehen, die einem Homer nicht zuzutrauen
ist. B 474 heisst es nämlich:

$$\tau o\grave{\upsilon}\varsigma\ \delta'\ \tilde{\omega}\sigma\tau'\ ai\pi\acute{o}\lambda\iota a\ \pi\lambda a\tau\acute{e}'\ ai\gamma\tilde{\omega}\nu\ ai\pi\acute{o}\lambda o\iota\ \check{a}\nu\delta\varrho\varepsilon\varsigma$$

und υ 174

$$ai\pi\acute{o}\lambda o\varsigma\ ai\gamma\tilde{\omega}\nu,$$
$$ai\gamma a\varsigma\ \check{a}\gamma\omega\nu,\ a\grave{\iota}\ \pi\tilde{a}\sigma\iota\ \mu\varepsilon\tau\acute{\varepsilon}\pi\varrho\varepsilon\pi o\nu\ ai\pi o\lambda\acute{\iota}o\iota\sigma\iota\nu.$$

Bei der gangbaren Deutung wäre da an erster Stelle der Begriff αἴγας, αἰγῶν in Einem Verse dreimal, an zweiter Stelle gar innerhalb weniger Worte viermal neben einander! Sodann, wo in aller Welt wäre solche Kürzung von αἰγο- zu αἰ erhört? Vergebens sieht man sich nach einem Analogon um.

Daher hat schon ein Theil der alten Griechen mit Recht an der volksetymologischen Deutung von αἰπόλος gezweifelt und zwar so sehr, dass man sogar Herleitung aus αἰπο-πόλος „auf den Höhen weidend" vorziehen zu müssen glaubte.

Plato im Cratylus stellt die Etymologie ἀεί+πολεῖν auf, indem er Pan αἰπόλος sein lässt, ὅτι τὸ πᾶν σημαίνει καὶ κυκλεῖ καὶ πολεῖ ἀεί.

Unseres Erachtens bedeutete daher αἰπόλος nichts anderes als „Hirt", und erst spätere Volks-Etymologie hat aus ursprünglichem ἀσπόλος ein αἰγ-πόλος, αἰ-πόλος gemacht und dann das Wort im Sinne von αἰγο-πόλος gebrauchen lassen, ähnlich wie man im Germanischen die Sint-flut (die Gesammt-flut) zur Sündflut machte.

Das Wort ist entstanden aus ἀ-σπόλος von πέλω, älter σπέλω, in Bewegung setzen = treiben, Med. πέλομαι, sich bewegen, eine andere Gestalt von W. σπαλ neben πάλλω, älterem σπάλλω, wozu πέλω sich verhält, wie βέλ-ος zu βάλλω. Es steht übrigens auch nichts im Wege, direct von σπάλλω, πάλλω in der verallgemeinerten Bedeutung „in Bewegung setzen" auszugehen. Während daher in ἱππο-πόλος κτλ. Zusammensetzung mit ἵππος κτλ. vorliegt, aus der späteren sigmalosen Form, haben wir in ἀ-σπόλος, woraus αἰπόλος wurde, wie παι-πάλη aus πα-σπάλη, Zusammensetzung aus Präfix ἀ = „zusammen" und der älteren noch sigmatischen Form, und es ist αἰπόλος = Zusammentreiber, qui com- pellit d. i. Hirt. Die Verbindung gerade dieses Wortes vorzugsweise mit αἰγῶν ist eine um so zutreffendere, als keine Viehart so schwer zusammen zu halten ist, als die Ziegen*).

Für früheren sigmatischen Anlaut von W. σπαλ, σπελ sprechen noch laute Zeugen genug: θυ-σπολίαι· θυη-πολίαι

---

*) Vgl. Sct. Petrus mit der Geis v. Hans Sachs.

Hes., ὑ-σπόλος, ὑ-σπολεῖν, δα-σπλῆ-τις, πα-σπάλη neben παι-πάλη, παίπαλος und Sippe st. πά-σπαλος, δικα-σπόλος, πτόλε-μος st. σπόλεμος, πτόλις st. σπόλις, ὀλιγη-πελέων st. ὀλιγα-σπελέων, σπλη-ϑ-ός = πα-σπάλη, παι-πάλη, ἁπαλός st. ἁ-σπα-λός u. a. Mehr Belege in der folgenden Nummer.

137. Δικα-σπόλος

ist = „mit dem Rechte verkehrend" (πέλομαι), Rechtswalter, Rechtspfleger A 238, λ 186 ὁ περὶ δίκας πολῶν. Vorfügung eines Nominalstammes erster Declination kann nimmer mit -ας erfolgen, wohl aber mit dem Ausgange α oder auch später ο. Von „Einschiebung eines σ wie in τελεσ-φόρος, κερας-βόλος" (Rost) zu reden, sollte heut zu Tage doch nicht mehr vor-kommen, wo jeder wohlunterrichtete Gymnasialschüler weiss, dass τϝλες- der Stamm von τὸ τέλος lautet, und dass aus Stamm κερατ- in obiger Zusammensetzung nur κερας- werden konnte. Ebenso wenig darf man in seiner etymologischen Ver-zweifelung, wie gleichfalls geschehen ist, in δικας- einen Accu-sativ Plur. oder gar einen Genitiv suchen wollen; σ kann nur zum zweiten Worttheile gehören: W. σπελ, σπαλ, wie in so vielen anderen Schösslingen dieser Wurzel, sogar im Lateinischen, wie pô-pulus st. po-spul-us, die Zitterpappel: ἣ πάλλεται, quae pellitur ‖ spol-ium, das Erschwungene, Errungene, vom Feinde Errungene (vgl. πάλη, Schwingen, Ringen, παλαίω, schwingen, ringen*) ‖ pello = πάλλω hat sein Sigma noch in a-spello, wegtreiben, das nicht für abs-pello stehen kann, so wenig a-sporto für abs-porto steht. Denn nirgends sonst steht as für abs, ab, a; kann man doch auch nicht ples für plebs, tras für trabs sagen. Weil man Ursprung und ursprüngliche Form von pello und porto nicht kannte, machte man ein neues Lautgesetz, aber ein unstatthaftes und — unnöthiges.

Σπαλ-ίς und ψαλ-ίς, Schwibbogen, Gewölbe, eigentlich Schwingung, Geschwungenes, Gebogenes ‖ σπαλ-ί-ων, Gewölbe, gewöhnlich = gewölbtes Schutzdach, vinca (Geschwungenes) ‖

---

*) In den Alpengegenden wird bekanntlich Ringen regelmässig mit „Schwingen" bezeichnet. — Daneben ist spol-ium = Umgeschwungenes, Hülle.

ἄ-σπαλ-ος, Netz, entweder das Geflecht, oder das, was ins
Wasser geschwungen, geschleudert wird || ἁ-σπαλ-ι-εύς, der Netz-
werfer, Fischer, ἁ-σπαλ-ι-εύω, ἁ-σπαλ-ι-ευ-τής (Plato etc.) |
σπάλ-αξ, ἁ-σπάλ-αξ und ἀ-σφάλ-αξ, der Maulwurf, entweder
weil er die Erde aushöhlt, oder weil er Erde emporschleudert
|| σπάλ-α-θρον und πάλ-α-θρον, Schaufel, Schüreisen als Mittel
zum Schwingen, Wegschleudern || σπέλ-ι-ον und ψέλ-ι-ον, ψέλλ-
ι-ον, Armband als Umgeschwungenes, Umgeschlungenes || σπάλ-
ι-ον und ψάλ-ι-ον, Fessel und Kette (Umgeschwungenes), gehören zweifelsohne zu W. σπαλ und sind ebenso viele Belege
für urspr. sigmatischen Anlaut von πάλλω und dessen Nebengestalt πέλω, wie nicht minder engl. to spla-sh, beschleudern,
bespritzen || ags. spillan, engl. to spill = spargere. — Aeolisch
σπολ-ά steht nicht etwa für στολή, sondern ist einfach das,
was umgeschwungen, umgeworfen wird, Ueberwurf, wie das der-
selben Wurzel entstammende pallium und πέ-πλος || σπλή-ν-
ιον, Verband, ist Umschwungenes, Umschlungenes || σφαλ-ός,
Fessel, von Hesychius unter ἰσφάλιξε angeführt, deckt sich mit
dem oben erwähnten σπάλιον, ψάλιον, Fessel. Eine eigenartige
Nebengestalt von *σπάλλω, πάλλω ist ψάλλω in schwingende
Bewegung setzen, schwingen lassen, von Bogensehnen, Saiten
u. dgl. zur Anwendung gebracht || dazu ψαλ-άσσω (von Hesych.
durch τινάσσω erklärt) st. ψαλ-αχ-ιω aus einem Subst. *ψάλ-αξ,
Schwinger, ψελλός lingua palpitans, stammelnd || auch ψύλλ-α,
ψύλλος = lat. pul-ex, Schwinger, Springer, und noch manche
andere Wörter gehören hieher, wie σφάλλω, schwingen-machen,
schwanken-machen, das ebenfalls nur eine andere Lautfärbung von W. σπαλ ist. Genug, W. σπαλ bzhw. ψαλ, σφαλ,
πταλ steht fest.

138. Δα-σπλῆ-τις

das Beiwort der Erinnys o 234 erklärt sich beim Ausgehen
von W. σπαλ, in Metathesis σπλα, auf die einfachste Weise
von der Welt. Es ist zunächst Femininum zu einem Masc.
δα-σπλή-της. Und das Simplex σπλή-της, σπλῆ-τις verhält
sich nicht anders zu σπάλλω, schwingen, erschüttern; als βλή-
μενος, βλη-τός zu βάλλω. In δα haben wir nichts anderes als
das verstärkende Präfix' δα, das z. B. in δα-φοινός, δά-σκιος

κτλ. vorliegt; und *δα-σπλῆ-τις* ist = valde concuticns, die heftig erschütternde, *μάλα πελεμίζουσα.* Denn *πελ-εμ-ίζω* ist ja nur Weiterbildung aus *(σ)πέλω* = pello, *(σ)πάλλω*, mittels eines Subst. ***πέλ-ε-μος**, das entweder wirklich vorgelegen hat oder in der Bildung übersprungen wurde.

Die gewöhnliche Herleitung aus *δα+πελάω* mit der angeblichen Deutung „die schwer nahende" = „mit schwerer Strafe nahende" schiebt dem Präfix *δα* als Wechselbalg einen Begriff unter, der aus der verstärkenden Bedeutung von *δα* auf logischem Wege nicht zu gewinnen ist. Aus Bgr. „sehr" kann nie und nimmer ein „schwer" in dem Sinne „mit schwerer Strafe", „mit Grausamkeit" hervorgehen. Auch lassen die betreffenden Erklärer das *σ* unerklärt, wiewohl sich erweisen lässt, dass auch *πέλας, πελάζω, πελάω* zu W. *σπαλ* gehört. — Die andere Deutung aus *δα+πλήσσω* begeht den Hauptfehler, dass Schwund des stammhaften *γ* von *πλαγ* aufgestellt wird, was durch nichts zu rechtfertigen ist. Haben auch diese Etymologen das Sigma unaufgehellt gelassen, da ja ein Präfix *δασ* = *δα* nicht existirt, so sind doch auch sie, wie die vorigen, der Wahrheit unbewusst von Ferne nahe gekommen, freilich ohne sie zu schauen, insofern nämlich Stamm *πλαγ* nur Weiterbildung aus W. *(σ)παλ*, *(σ)πλα* mittels *γ* ist, wie St. *τμαγ* in *τμήγ-ω, ἔ-τμαγ-ον* aus *ταμ, τμα (τέμνω).*

Eine andere alte Ableitung aus *δᾴς* Gen. *δᾳδός* „die mit der Fackel nahende" richtet sich von selbst: Homer kennt nur *δαΐς*, G. *δαΐδος*, Fackel, und selbst wenn wir auch für seine Zeit den contrahirten Stamm *δᾳδ* st. *δαΐδ* voraussetzen wollten, so dürften wir ihn doch daraus nimmermehr *δασ* machen lassen. Ebenso wenig lässt sich die Deutung „Haus-erschütterin" vertreten: *δα-σπλῆ-τις* ist ganz einfach „die heftig (sehr) erschütternde, *ἡ μάλα πελεμίζουσα, πάλλουσα.*

139. *Πολυ-παίπαλος*

mit dem Simplex *παίπαλος, τὰ παίπαλα*, sowie die Wörter *δυσπαίπαλος, παιπάλιμος, παιπαλώδης, παιπαλόεις*, sammt dem von Hesychius angeführten *παιπάλλω* st. *πασπάλλω* bieten die W. *σπαλ* mit Redupl. und *ι* statt *σ*. Aus dem Begriffe „ge-

schwungen" ergiebt sich ohne Weiteres Bgr. gekrümmt, gebogen, lat. pandus aus Wf. spand, schwingen (Fick WB. I 831);
vgl. oben *σπάλ-ι-ον*, *ψάλ-ι-ον*, *ψέλ-ι-ον* κτλ. Adj. *παίπαλος*
ist also = geschwungen d. i. gebogen, gewunden. Davon *τὰ
παίπαλα* = die Windungen, Krümmungen in Gebirgsgegenden,
Callim. Hymn. in Dian. 194: *ὁ δ' ἐννέα μῆνας ἐφοίτα παίπαλά
τε κρημνούς τε.* Das Zeitw. *ἐφοίτα* (eilte) lehrt, dass hier
nicht an „hohe zackige Felsen" zu denken ist. Wie hier die
κρημνοὶ überschreitbare Abhänge sind, so sind *τὰ παίπαλα*
Oerter, welche ebenfalls durchschreitbar sind, und zwar ist
an die Biegungen, Windungen, Krümmungen des Terrains
sowohl entlang der Abhänge, als jenseits derselben zu denken:
loca inflexa.

Die Zusammensetzung *δυσ-παίπαλος* steht bei späteren
Dichtern u. a. als Beiwort zu *βῆσσα*, Waldschlucht, zu *Ὄθρυς*,
zu *λάχνη*. Den Othrys mit den Nachbarbergen beschreibt Plinius Hist. Nat. IV 15 folgendermaassen: „omnes theatrali modo
inflexi caveatis ante eos septuaginta quinque urbibus", wozu .
die angebliche Bedeutung „sehr schroff, sehr steil" sicherlich
nicht stimmt, abgesehen davon, dass sie etymologisch nicht zu
gewinnen ist. Und was · sollen „sehr steile" Waldschluchten
sein? Was vollens „sehr steile, sehr schroffe" Wolle, Haare?
Dagegen „arg-verschlungene" (wild verworrene) Haare,
„wild-verschlungene" Thalschluchten, ein „arg-, wild-ver-
schlungenes Gebirge", das giebt einen so natürlichen wie
zutreffenden Begriff ab.

Darnach erklärt sich denn auch das vielbesprochene Epitheton der Phönizier *πολυ-παίπαλος*. Wie die Adjective
σκολιός, ἄγκυλος, ἀγκυλο-μήτης, στρεβλός u. v. a. aus dem Begriffe der Krümmung den Bgr. des hinterlistigen, ver-
schlagenen, ränkevollen Wesens entwickelt haben, so konnte
auch *παίπαλος* „geschwungen, gebogen, krumm" in die Bedeutung „verschlagen" überspringen, und es könnte somit die Zusammensetzung *πολυ-παίπαλος* bedeuten wörtlich „vielge-
schwungen, viel verschlungen" d. i. übertragen = verschlagen,
ränkevoll. Allein Angesichts des Verhältnisses von *πολυ-
παίπαλος: παιπαλ-ό-εις = πολύ-στονος: στον-ό-εις* empfiehlt es
sich vom substantivirten *τὰ παίπαλα*, Krümmungen, auszugehen

und zu deuten πολλὰ παίπαλα ἔχων, viele Krümmen, Schliche, Ränke habend d. i. ränkevoll. Unser „Rank, Ränke, ränkevoll" geht von gleicher Vorstellung aus, da ranken = sich schwingen, biegen, winden. Man beachte auch unsere Metapher „ver-schlagen", woraus es vielleicht Jemanden beifallen könnte, πολυ-παίπαλος zu deuten; wenn nur nicht die vielen gleichstämmigen Wörter im Wege ständen!

Wie nahe sich die Begriffe „schwingen, schlingen, winden" liegen, also auch die Begriffe „geschwungen, geschlungen, gewunden", geht aus den oben unter δικα-σπόλος zusammengestellten Beispielen hervor, wie aus πάλη, Ringen, schweizerisch „Schwingen", ganz besonders aber auch noch daraus, dass W. σπαλ, σπλα die Weiterbildung πλέ-κ-ω getrieben hat; denn dass dieses ursprünglich σπλέκ-ω lautete, geht zweifellos aus σπλεκ-ό-ω, amplecti, hervor, mit der Nebenform πλεκ-ό-ω; dazu κατα-σπλεκόω, δια-σπλεκ-ό-ω bei Aristophanes. Lat. plec-t-o, am-plec-t-or, flec-t-o sind nur Spielarten aus derselben Wurzel.

Wenn Homer die allgemein als ränkevoll, verschlagen, verschmitzt geltenden Phönizier o 419 als πολυ-παίπαλοι bezeichnet, so hat er nicht bloss der allgemeinen Vorstellung von ihnen, sondern auch seinen übrigen Worten Rechnung getragen: steht doch dabei das Ztw. ἠπερόπευον „bethörten", und geht doch unmittelbar vorauf das verächtliche Beiwort τρῶκται. Es ist also baarer Unsinn, hier ein ehrendes Beiwort suchen zu wollen. Aber selbst diejenigen Erklärer, welche trotz dem solches gethan haben, hätten mit W. σπαλ am ehesten zum Ziele kommen können mittels des Begriffs πολύ-τροπος, versutus.

Schuster hat unser Epitheton als = πολύτροπος in der anderen Auffassung „viel umhergeworfen" deuten wollen; der Zusammenhang der Stelle verbietet solches unbedingt. Facsi deutet richtig „ränkevoll"; aber seine Begriffsvermittelung tortuosus aus hastam torquere, crispare, wie die Lateiner für ἔγχος πάλλειν sagen können, ist eine erkünstelte und schiefe. — Noch schiefer ist Döderlein's Vermittelung aus παιπάλη, Mehl: weil Mehl etwas Feines ist, sei πολυ-παίπαλος = sehr fein d. i. schlau! Und wie kann aus Subst. παιπάλη ein Adj.

28*

παίπαλος hervorgehen? Das Einfachste und Natürlichste ‚hat
von vorn herein das Kriterium der Wahrheit für sich; daher
πολυ-παίπαλος = voll Krümmungen, im Sinne von verstärktem
ἄγκυλος, σκολιός κτλ.

Bei den alten Lexicographen wird auch *παιπάλιμος,*
παιπαλώδης = *πολυ-παίπαλος* angeführt; ferner Zeitwort
παιπαλάω, verschmitzt sein. Die Wörter erklären sich nach
dem Gesagten von selbst.

Als identisch mit *παιπαλάω* führt Hesychius auch *πα-μ-*
φαλάω an, welches hier deshalb hervorzuheben ist, weil es
die begriffliche; wie lautliche Zusammengehörigkeit von W. *σπαλ*
und *σφάλλω,* fallo, fallax, *φηλ-ό-ω* etc. darthut. Das *μ* ist
Assimilation des stammhaften Sigma, wie so oftmals.

140. *Παιπαλόεις*

verliert nach dem eben Gesagten gänzlich seine Schwierigkeit. Bedeutet *παίπαλος* „geschwungen = pandus, gebogen,
krumm", und ist *τὰ πάιπαλα* „Windungen, Krümmungen", so
ist *παιπαλόεις* „voll Biegungen, Windungen, Krümmungen", zu
welchem Begriffe bereits mehrere Erklärer gelangt sind, freilich
auf recht schiefen Wegen. Weil *πάλλω* auch vom Schleudern
des Blitzes steht, soll man an die Zickzackgänge des Blitzes
denken, die, nebenbei gesagt, doch nie „Krümmungen" bilden.
Oder weil der Lateiner *ἔγχος πάλλειν* mit hastam torquere
übersetzen kann, soll *παιπαλόεις* = tortuosus sein. Wunder-
same Logik!

Wenn der Sprachgeist „geschwungen" als „gebogen" verwendet, so denkt er so wenig an· die Blitze, wie an die
Speere; ebensowenig an die Arme, trotzdem wir oft genug
sagen: „er schwang die Arme um mich" = er schlang die
Arme um mich. Jedes Schwingen ist bogenförmige Bewegung und involvirt daher den Begriff des Biegens eo ipso
in sich; wenn also dieser in manchen Bildungen besonders
stark hervortritt, so ist das so einfach wie naturgemäss.

Mit *παιπαλόεις* (von *τὰ πάιπαλα,* die Schwingungen d. i.
Biegungen) will uns der Dichter bald Biegungen verticaler, bald
horizontaler Richtung malerisch vorführen.

Wenn der Dichter *P* 743 (in einem Vergleiche) Maulthiere mit grosser Kraftanstrengung, Ermüdung und unter Schweiss vom Gebirge herab einen grossen Baumstamm schleppen lässt κατὰ παιπαλόεσσαν ἀταρπόν, so wird damit auf die Biegungen aller Art, die der Weg auf solchem Terrain macht, hinauf und hinab, wie rechts und links, vernehmlich hingewiesen. — Solcher Gestalt ist auch ρ 204 der Weg (ὁδός), der von der Wohnung des Eumäus im Gebirge am Koraxfelsen nach der Stadt führt. Derselbe wird § 1 ff. in umgekehrter Richtung beschrieben:

αὐτὰρ ὁ ἐκ λιμένος προσέβη τρηχεῖαν ἀταρπὸν
χῶρον ἀν' ὑλήεντα δι' ἄκριας, ᾗ οἱ Ἀθήνη
πέφραδε δῖον ὑφορβόν.

Aehnlich *M* 168 bei ὁδός. — Wenn Chios, welches im Hymnus Apoll. 38 als höchst fett und fruchtbar geschildert wird (λιπαροωτάτη), auch παιπαλόεσσα heisst γ 170, Hymn. Ap. 172, so ist die Vorstellung des „Felsigen und Schroffen" ausgeschlossen und haben wir nur an die wellenförmigen Boden-Hebungen und -Senkungen, sowie an die Windungen der Höhenzüge und Thäler, an die hiermit zugleich gegebenen Biegungen und Windungen der Küste zu denken, aber nicht „klippenreich" zu übersetzen. — *N* 12 wird Samothrace als „waldreich" ὑλήεσσα geschildert; wenn also unmittelbar vorher (Vs 17) das Gebirge auf Samothrace unser Epitheton παιπαλόεις hat, so können dem Dichter unmöglich nackte, schroffe Klippen vorgeschwebt haben. — Der Weg zu der Warte mit weiter Rundschau (σκοπιή) κ 148. 194 geht durch dichtes Gehölz und durch Wald, διὰ δρυμὰ πυκνὰ καὶ ὕλην: wenn also diese σκοπιή selbst παιπαλόεσσα heisst κ 97 = 148 = 194, so werden mit diesem Epitheton sicherlich nicht „schroffe Klippen", „Felszacken" vorgeführt werden sollen. Wer jemals in hohen Waldgebirgen gewesen ist und das wellenförmige amphitheatralische Hinter- und Uebereinandergeschiebe der gewundenen Boden-Hebungen und -Senkungen beobachtet hat: der wird unser Epitheton im Sinne von „reich an Windungen, Krümmungen" bei Bergen ebenso naturgetreu als malerisch finden.

Darum hat Hymn. Ap. 141 auch der Cynthus, Vs 39 der Mimas dieses Epitheton.

Wenn Hesiod Theog. 860 von βήσσῃσιν ἀιδνῆς παιπα-
λοέσσῃς spricht, so ist es klar, dass nur an die Windungen der
Waldschluchten zu denken ist.

Wie *N* 17 παιπαλόεις von den Höhenzügen der waldreichen Insel Samothrace, γ 170 von der so fetten Insel
Chios zur Anwendung kommt, so von Imbros *N* 33, Ω 78, von
Samos bei Ithaka δ 671. 845, o 29, von Ithaka λ 480. Mag
es auf diesen Inseln auch Felsen und Klippen geben, so ist es .
doch nicht das, was mit παιπαλόεις vorgeführt werden soll;
es giebt ja darauf auch Quellen, Wälder, Höhlen, Bäche, Fluren,
Vieh und Menschen . . . .; mit gleichem Rechte, wie „klippenreich“, könnte man daher auch „quellenreich, waldreich“ etc.
deuten. Ja, „waldreich“ würde der Umgebung, wie wir gesehen, an manchen Stellen vorzüglich entsprechen. Aber τὰ
παίπαλα heisst eben nicht „Wald“, so wenig wie es „Felszacken“
bedeutet; und παιπαλ-ό-εις kann nur dasselbe bedeuten, was
ursprünglich πολυ-παίπαλος bezeichnet, wenn es der metapho-
rischen Anwendung entkleidet wird. Beide Wörter verhalten sich
zu einander, wie πολύ-στονος: στον-ό-εις ‖ ähnlich wie πολυ-
δένδρεος: δενδρ-ή-εις ‖ πολυ-ηχής: ἠχήεις ‖ πολυ-θαρσής: θαρσ-
ή-εις ‖ πολύ-δακρυς: δακρυ-ό-εις ‖ πολυ-ίχθυος: ἰχθυόεις κτλ.

Döderlein deutet wie πολυ-παίπαλος, so auch παιπαλόεις
von παιπάλη, Mehl; in jenem Worte entnimmt er daraus den
Bgr. der Feinheit, in diesem den Bgr. Staub. Kann das Epitheton der Phönizier, wie wir glauben erwiesen zu haben,
nicht bedeuten „viel-mehlig“ d. i. sehr fein, schlau, so kann
auch nicht παιπαλόεις „mehlreich“ d. i. „staubreich“ sein, abgesehen davon, dass es als zierendes Beiwort von fetten bzw.
waldreichen Inseln, waldreichen Gebirgen etc. überhaupt unpassend erscheint.

Und doch liegt die Verwandtschaft mit παιπάλη, woneben
auch πα-σπάλη noch gebräuchlich war, so sichtlich zu Tage,
dass die begrifflich so urkomische Etymologie in lautlicher
Hinsicht nicht auffallen kann. Denn auch παιπάλη st. πα-σπάλη
und πάλη gehört zu W. σπαλ als Stiebendes, Fliegendes bzw.
Wehendes, ebenso gut wie σπλη-δ-ός, Asche (= σποδ-ός aus
Sec.W. σπαδ, wie fav-illa aus Wf. fav = σπαϱ), wie lat. poll-en,
pul-vis etc.

141. Ἀπαλός.

Zur Erklärung dieses vielgebrauchten Adjectivs sind bis
dahin so in lautlicher wie in begrifflicher Hinsicht so vergeb-
liche Anstrengungen gemacht worden, dass die Bemerkung von
Curtius, die Wurzel sei noch nicht gefunden, vollauf berechtigt
erscheint. Weder die Herleitung von ἀφή, ἅπτω, noch von
SkrW. vap, schaben, noch von ὀπός, sucus, Saft, noch von πάλη,
Mehl, kann befriedigen. Die beiden Auffassungen aber, worein
sich die seitherigen Erklärer theilen a) „saftig, kräftig, voll,
frisch"; b) „zart" erweisen sich als gleich unhaltbar und die
ungelöstesten Widersprüche mit sich bringend.

Alle scheinbaren Widersprüche im Gebrauche des Wortes
lösen sich bei Ableitung aus W. σπαλ (πάλλω), schwingen:
ἁπαλός steht für ἁ-σπαλ-ός, indem als Nachwirkung bzw. Rest
des ursprünglichen Sigma die Aspiration des verstärkenden ἁ
(= con) erscheint. Die Grundbedeutung von ἁπαλός wäre
darnach „schwingend, geschwungen". Diese tritt in aller Ursprünglichkeit noch hervor in der Stelle Λ 115, wo ein Löwe
jungen Hirschkälbern den Garaus macht: ἁπαλόν τέ σφ᾽ ἦτορ
ἀπηύρα. Man vergleiche Batr. 71 ἦτορ πάλλεται, X 452 στή-
θεσι πάλλεται ἦτορ, X 461 παλλομένη κραδίην. Daher Λ 115
zu übersetzen „entriss ihnen das schwingende (zappelnde) Herz".

Das adverbiell gebrauchte Neutr. ἁπαλόν bei γελᾶν (von
heftigem, ausgelassenem Lachen) deckt sich begrifflich mit
σφόδρα, σφοδρῶς aus Wf. σφαδ, Skr. spand, schwingen, mit
engl. Adv. swingingly, gewaltiglich: to swing, schwingen. Dass
sowohl § 465, als Hymn. Merc. 281 von keinem „zarten", leisen
Lächeln die Rede sein kann, zeigt der Zusammenhang über-
deutlich:

> οἶνος γὰρ ἀνώγει
> ἠλεός, ὅστ᾽ ἐφέηκε πολύφρονά περ μάλ᾽ ἀεῖσαι,
> καὶ θ᾽ ἁπαλὸν γελάσαι καί τ᾽ ὀρχήσασθαι ἀνῆκεν,
> καί τι ἔπος προέηκεν, ὅ πέρ τ᾽ ἄρρητον ἄμεινον.

Wenn „der Wein tolle Leute macht" in dem Maasse, dass sie
laut aufsingen, albernes Zeug schwatzen, tanzen und springen,
dann kann sich ἁπαλὸν γελάσαι hier auch nicht mit dem in
ganz anderer Umgebung vorkommenden ἡδὺ γελᾶν decken;
§ 465 deutet sich durch engl. to laugh swingingly. Wir sprechen

in ähnlicher Weise von „erschütterndem Lachen", sagen auch
„sich werfen vor Lachen" u. dergl. — Im Hymnus Merc. 281 ist
die ganze Situation mit dem „zweitägigen Wickelkinde" (Mercur),
das jenem die Rinder gestohlen hat, und mit seinen Windeln etc.
sich so schlau ausredet und vertheidigt, in der That eine ✦so
urkomische, dass Apollo sich vor Lachen gleichsam werfen
musste: ἁπαλὸν γελάσας, laughing swingingly, σφοδρῶς. Ob
wir unser „schwingend, geschwungen, schwunghaft" nicht so zu
verwerthen pflegen, ist gleichgültig: der Grieche that's ausser
in ἁπαλόν auch noch in σφόδρα, σφεδανόν, σφοδρῶς κτλ. von
Sec. W. σφαδ, schwingen. — Aus dem Bgr. „geschwungen" ergiebt
sich aber auch der Bgr. flexilis a) gebogen, rund, b) biegsam,
geschmeidig. Lat. pandus zu W. spand, schwingen, hat ebenso
aus Bgr. „geschwungen" den Bgr. „gebogen, gekrümmt" entwickelt; und fle-c-t-o ist selbst nur K-Erweiterung aus W. spal
in der metathesirten Form spla, wofür fla, wie fundo = σπένδω,
funda = σφενδόνη u. s. w.

Mit dem Begriffe „geschwungen, schwingend" = a) in ursprünglicher Bedeutung, b) im Sinne von pandus, flexus, flexilis,
c) im Sinne von flexilis = „biegsam" erschöpft sich in der
That der Gebrauch des Wortes nicht bloss bei Homer, sondern
auch bei den späteren Schriftstellern in einer Weise, dass
überall Licht und ungeahnte Schönheit und Naturwahrheit in
die betr. Dichterstellen kommt.

Cratinus nennt nach Anecd. gr. ed. Bekker 13 einen Hafen
ἁπαλός. Was ist ein „saftiger (kräftiger)", was ein „mehliger",
was ein „geschlabter (zarter)" Hafen?! Das Characteristische
eines Hafens ist eben das, dass er von einer geschwungenen
Linie gebildet ist, eine Einbiegung bildet: portus ab curvo
fluctus curvatus in arcum Virg. Aen. III 533.

So naturgemäss ἁπαλός bei unserer Ableitung zu λιμήν
gesetzt ist, ebenso malerisch in der Verbindung στήθεσιν
ἀμφ' ἁπαλοῖσιν scil. Ἀφροδίτης Hymn. in Ven. 90: Bgr. gerundet, schön gewölbt. — Wenn in demselben Hymnus der
Hals (δειρή) der Göttin ἁπαλή genannt wird Vs 88, so entspricht solches wie der Natur, so auch der in der Plastik zum
Ausdrucke gelangten Anschauung der Alten, indem nach Hirt
die alten Bildhauer der Aphrodite stets einen runden flei-

schigen Schwanenhals gaben. Den Bgr. rund legen aber auch
die betr. Stellen selbst nahe genug: Vs 88 ὅϱμοι δ' ἀμφ'
ἁπαλῇ δειϱῇ πεϱικαλλέες ἦσαν. So im 2. homer.
Hymnus auf Aphrodite Vs 10 δειϱῇ δ' ἀμφ' ἁπαλῇ καὶ στήθεσιν ἀϱγυ-
ϱέοισιν ὅϱμοισι χϱυσέοισιν ἐκόσμεον. Homer legt derselben
Göttin πεϱικαλλέα δειϱήν bei; worin diese Schönheit besteht,
zeigt plastischer noch der Ausdruck ἁπαλή. Lucrez bietet mit
seinem tereti cervice I 35 keine andere Vorstellung als der
griechische Hymnendichter.

Homer legt nicht bloss der schönen Briseis T 285 einen
solchen Hals oder Nacken bei, ἁπαλὴν δειϱήν, sondern auch
wohlgebauten jugendlichen Kriegern, wie Γ 371 dem Paris,
N 202 dem Imbrius, Σ 177 dem Patroclus; ebenso einen ἁπαλὸν αὐχένα, teretem cervicem, dem Panthoiden P 49, dem
Hektor X 327, dem Freier Antinous χ 16. Nichts steht übrigens im Wege, auch die wörtliche Uebersetzung „geschwungen"
= „schön-geschwungen" sowohl bei δειϱή als bei αὐχήν
zur Anwendung zu bringen.

Welchen Werth auch bei Männern der Dichter auf die Wohl-
gestaltung des Nackens legt, mag unter anderem aus ζ 235 ersehen
werden, wo Athene dem Odysseus erhöhte Wohlgestalt verleiht:

ὣς ἄϱα τῷ κατέχευε χάϱιν κεφαλῇ τε καὶ ὤμοις.

Man denke an Goethe's Schilderung einer schönen Gestalt: „wie
edel gewendet die Glieder!" Statt mit „rund" oder „schön-
geschwungen" liesse sich unser Epitheton bei δειϱή, αὐχήν κτλ.
förmlich mit dem Goethe'schen Ausdrucke wiedergeben, da diesem die gleiche Vorstellung zu Grunde liegt.

In komischer Nachahmung lässt der Dichter der Batracho-
myomachie auch einen Frosch als Besitzer eines ἁπαλοῖο αὐχέ-
νος erscheinen. Noch komischer wirkt es, wenn derselbe Dichter
einen Frosch ein ἁπαλὸν γένειον besitzen lässt d. i. „un men-
ton rond, charnu", das nach einem französischen Schriftsteller
zu den Erfordernissen körperlicher Schönheit gehört. — Derselbe Schriftsteller rechnet zu diesen Erfordernissen auch „des
joues pleines d'embonpoint où il se rencontre une fermeté
délicate"; Goethe feiert zum Oefteren „die runden Wangen",
„liebrunden Wängelein" schöner Frauen.

Auch Homer hatte hierfür ein Auge: Σ 123 ἀμφοτέϱῃσιν

χερσὶ παρειάων ἀπαλάων | δάκρυ ὀμορξαμένην, wo die Wirkung des Epithetons um so grösser ist, als durch die Trauer die Schönheit abnimmt.

Denken wir an Goethe's Worte „wie edel gewendet die Glieder", so wird die anakreontische Verwendung unseres Epithetons zu Κύπρις μϑ' 6 ‖ zu δέμας ν' 16 ‖ zu παῖδες η' 8 ‖ zu μηροί κϑ' 34 ‖ zu μέτωπον κϑ' 9 und Aehnliches klar. Die Verbindungen ἀπαλοὶ παῖδες und teres puer (Horat. Epod. 11, 28) bringen Licht in die homerische Stelle ν 223

> — — σχεδόϑεν δέ οἱ ἦλϑεν Ἀϑήνη
> ἀνδρὶ δέμας ἐικυῖα νέῳ ἐπιβώτορι μήλων,
> παναπάλῳ, οἷοί τε ἀνάκτων παῖδες ἔασιν.

Dass der hier vorgeführte junge Mann nicht so „durch und durch zarten Aussehens" gewesen sei, ergiebt sich aus seinem ganzen Auftreten, wie aus seiner angeblichen Beschäftigung (ἐπιβώτορι μήλων), aus seiner Führung eines Speeres, aus dem Eindrucke, den er auf Odysseus machte, so zwar dass dieser zu ihm wie zu einem Gott flehte (Vs 231). Die andere Erklärung „ganz kräftig" bietet, auch wenn sie etymologisch gerechtfertigt wäre, ebenso wenig zutreffenden Sinn; denn „ganz kräftig" ist nicht gerade ein Charakteristikon von Fürstensöhnen; im Gegentheile sehen Bauernjungen oft weit kräftiger, mehr „voll Saft und Kraft" aus, als jene. Was dagegen die Fürstensöhne, zumal in den Tagen Homers, in der Regel auszeichnet, ist das Gegentheil eines vierschrötigen, steifen, tölpelhaften Wesens, ist eine einnehmende Wohlgeformtheit, ist die Eigenschaft, welche Goethe mit seinem „edel gewendet die Glieder" so schön ausgedrückt hat, oder Horaz mit seinem „teres puer" darstellt. Wollte man den Bgr. flexilis „schwank und schlank" = gracilis, der im Grunde genommen, auf dasselbe hinausläuft, vorziehen, so stände dem auch nichts entgegen. Was die Längung der ersten Silbe in πᾶν-άπαλος anbelangt, so ist sie keine andere, als in ἀϑάνατος κτλ.

Entsprechend dem Grundbegriffe „geschwungen", „schöngeschwungen", entsprechend der künstlerischen Anschauung von der Schönheitslinie, die im Goethe'schen „edel gewendet" einen so glücklichen Ausdruck gefunden hat, wird von den Alten die Zusammensetzung *ἁπαλό-χρως*

so gerne gebraucht. Es ist im homerischen Hymnus auf Aphrodite Vs 14 Beiwort schöner Jungfrauen. Wir haben es von dem „edelgewendeten", schöngeschwungenen Baue des ganzen Körpers zu verstehen, zumal Homer so gern *χρώς* vom Körper überhaupt gebraucht. Das Wort ist um so glücklicher gebildet, als die genannte Erscheinung gerade in der Gestaltung der Haut (*χρώς*) so recht eigentlich hervortritt. Kann auch für *ἁπαλός* aus der etymologisch so vollauf gerechtfertigten Bedeutung flexilis der Begriff „geschmeidig" gewonnen werden, so widerstrebt doch die Deutung „von geschmeidiger Haut" dem Wesen aller wahren Poesie. Der wahre Dichter stellt dar, was sich seiner unmittelbaren Anschauung darbietet, nicht das, was sich ihm erst durch künstliche oder vorwitzige Ueberlegung etc. ergiebt. Tritt der Dichter im Geiste in ein *γυναικεῖον* hinein, so ist es die bezeichnete Wohlgestalt, welche seine Aufmerksamkeit auf sich zieht; daher an unserer Stelle in dem angegebenen Sinne *ἁπαλό-χρως*:

> *ἥδε τε παρθενικὰς ἁπαλό-χροας ἐν μεγάροισιν*
> *ἀγλαὰ ἔργ' ἐδίδαξε, ἐπὶ φρεσὶ θεῖσα ἑκάστῃ.*

Nicht anders Hesiod Op. 517

> *(ἴς ἀνέμου Βορέου)*
> *καὶ διὰ παρθενικῆς ἁπαλό-χροος οὐ διάησιν,*
> *ἥτε δόμων ἔντοσθε φίλῃ παρὰ μητέρι μίμνει,*
> *οὔπω ἔργ' εἰδυῖα πολυχρύσου Ἀφροδίτης.*

Die Worte des Schlussverses deuten genugsam an, wie der Dichter *ἁπαλοχρ.* verstanden wissen will: noch nicht kennt diese Jungfrau die Einflüsse der Aphrodite, so wohlgeformt, so „edelgewendeten" Baues sie auch ist. Die „Zartheit der Haut" ist ja bei Säuglingen weit grösser, als bei erwachsenen Menschenkindern, abgesehen davon, dass „zart-häutig" durch keinerlei Etymologie gewonnen werden kann; noch weniger ist mit „kräftig-häutig" etwas Gescheidtes anzufangen.

Mehr aber als Alles spricht für unsere Ableitung und Deutung von *ἁπαλός* st. *ἁ-σπαλ-ός* aus W. *σπαλ* „schwingen" die bei allen seitherigen Erklärungen, so erzwungen und künstlich sie auch sein mögen, unaufgehellt gebliebene Stelle *T* 92 von der Ate, verglichen mit *I* 505. An letzterer Stelle sagt der Dichter:

ἡ δ' Ἄτη σθεναρή τε καὶ ἀρτίπος, οὕνεκα πάσας
πολλὸν ὑπεκπροθέει, φθάνει δέ τε πᾶσαν ἐπ' αἶαν
βλάπτουσ' ἀνθρώπους,

während es T 92 von derselben Göttin heisst:

... τῇ μέν θ' ἁπαλοὶ πόδες· οὐ γὰρ ἐπ' οὔδει
πίλναται, ἀλλ' ἄρα ἥ γε κατ' ἀνδρῶν κράατα βαίνει.

So „kräftig" (σθεναρή) und „flink" (ἀρτίπος) Ate auch ist, so
kann der Dichter drum doch nicht T 92 auf die „Kräftigkeit"
ihrer Füsse haben hinweisen wollen: das beweist der Be-
gründungssatz οὐ γὰρ κτλ. Denn beim· Schweben durch die
Luft kommt die „Kräftigkeit" der Füsse ebenso wenig zur Per-
ception, wie ihre angebliche „Zartheit". Wenn Ate mit ihren
Füssen den Boden nicht berührt, sondern über die Häupter
der Menschen hinschreitet, so müssen ihre Füsse als „geschwungene, schwingende" aufgefasst werden, und zwar
in ursprünglichster Bedeutung des Wortes ἁπαλοί. Als Uebersetzung möchte sich unser „schwank" empfehlen, welches —
mit „schwingen" zusammenhängend — ebenso wie ἁπαλοί sowohl den Begriff des Schwingenden, als den der raschen Be-
weglichkeit (ἀρτίπος) in sich schliesst.

Wenn hingegen Hymn. Hom. Merc. 273 der zweitägige
Hermes von sich sagt:

χθὲς γενόμην, ἁπαλοὶ δὲ πόδες, τρηχεῖα δ' ὑπὸ χθών,

so steht hier offenbar ἁπαλοί und τρηχεῖα im Gegensatze: die
Füsse des Götterkindes sind noch schwank, flexiles, biegsam,
und können deshalb die rauhe Erde noch nicht berühren, noch
nicht den Druck der harten Erde vertragen; sie sind dazu noch
zu geschmeidig und nachgiebig. Bei unserer Herleitung erklären
sich also sowohl die ἁπαλοὶ πόδες der kräftigen, flinken Ate,
als die des zweitägigen, sich selber als schwach schildernden
Götterkindes.

Die aus Bgr. flexilis sich ergebende Bedeutung „geschmeidig" hat bevorzugte Anwendung gefunden bei ἔθειραι Batr. 204
‖ τρίχες Anakr. 28, 7 ‖ πτερά ib. 7, 10 ‖ χαῖται ib. 22 u. s. w. Wie
leicht sich aus dem Bgr. „biegsam" = „dem Drucke nachgebend"
der Bgr. „weich" entwickeln konnte, liegt auf der Hand. Die
anakreontische Verbindung von ἁπ. mit κοῖται 23, 15 erinnert
an Goethe's „weichen Pfühl" oder „weicher Betten Flaumen-

schoos". Wenn Herodot II 92 unser Adjectiv von frischen Früchten im Gegensatze zu getrockneten (αὔα) aussagt, so passt ebenfalls der Begriff „geschmeidig, weich" ganz vortrefflich, wiewohl auch die Deutung „gerundet", weil noch von Saft strotzend, einen angemessenen Sinn abgeben würde. Aber darum „saftig" zu deuten und weiterhin „saftig" auf Häfen, Betten, Haare, Flügel etc. anwenden zu wollen, wäre lächerlich. Wenn spätere Schriftsteller ἁπαλός im Sinne von „weichlich" so gerne gebrauchen, ἁπαλύνω „verweichlichen" bedeutet, so wird das nach dem Gesagten erklärlich: flexilis ist biegsam = weich, weichlich.

Sollen wir diesen Begriff auch in der homerischen Stelle κάμε χεῖρας ἀτρίπτους, ἁπαλάς, wie es φ 151 von dem schweren Bogen des Odysseus bezüglich seiner Wirkung auf die Hände des Freiers Leiodes heisst, zu Grunde legen? Oder werden die Hände als „fleischlich-rund" geschildert, wie Wohlleben und Unthätigkeit die Hände macht? Oder durchdringen sich beide Vorstellungen? Die eine wie die andere Vorstellung geht aus dem Bgr. flexilis aufs Ungezwungenste hervor. Wir werden aber wohl am besten thun, bei der einfachen Uebersetzung „schwank" in demselben Sinne, wie die Füsse des zweitägigen Hermes ἁπαλοὶ πόδες heissen, stehen zu bleiben; „schwank" ist ja natürlicher Gegensatz von „steif, gehärtet"; darum erläutern sich gegenseitig die beiden Epitheta ἄτριπτοι, ἁπαλαί. Die aus dem Bgr. schwank (biegsam, nachgiebig) sich ergebende Vorstellung des Weichlichen drängt sich im Zusammenhange naturgemäss von selbst auf, darf aber nicht füglich in die Uebersetzung übernommen werden, weil anderswo bei Homer dieser Begriff noch nicht pure vorkommt. Denn ἁπαλοὶ πόδες heissen sowohl die Füsse der kräftigen Ate, wie die des zweitägigen Hermes, jene, weil sie thatsächlich nicht auftreten, sondern in den Lüften schwingen, diese, weil sie angeblich noch nicht auftreten können. Und so sind die Hände des Freiers, weil nicht gehärtet durch Arbeit (ἄτριπτοι), weil der Anspannung ungewohnt, schwank bzw. schlaff.

Φ 363 thut Homer eines ἁπαλο-τρεφέος σιάλοιο Erwähnung. Was wird das anders sein als „rund-gemästet", ein verstärktes εὐτρεφής?

142. Ὀλίγη-πελέω

würde weniger Schwierigkeiten bereitet haben, wenn man des urspr. sigmatischen Anlauts der W. σπαλ, wozu πέλω sogut wie πάλλω gehört, sich bewusst gewesen wäre. Wenn Döderlein Gloss. 347 meint, „die gewöhnliche Ableitung von πέλειν werde schon durch den unmotivirten Bindevocal zweifelhaft", so ist das gerade Gegentheil der Fall, nur dass wir η nicht als „Bindevocal" gelten lassen können: ὀλίγη-πελέω weist zunächst auf ein Adj. ὀλίγη-πελής, das sich noch bei Krinagoras in der Anthologie VII 380 gebraucht findet; ὀλίγη-πελ-ής aber steht für ὀλίγα-σπελ-ής, indem der ältere Stammausgang von ὀλίγο-, nämlich älteres α für späteres ο, unter dem Einflusse des schwindenden σ zu η wurde (Ersatzdehnung). Wie in ὀλίγη-πελής älterer Stammausgang α mit dem Sigma der Wurzel σπαλ zu η geworden ist, so auch in θαλαμη-πόλος, welches nicht aus θαλάμη, Lager, Höhle, Schlupfwinkel wilder Thiere ε 432, sondern aus θάλαμο-ς, Schlafgemach, Kammer, und (σ)πέλομαι, sich bewegen, zusammengesetzt ist.

Die Längung des η in ὀλίγη-πελέω ist eine organische, nicht eine aus „Versnoth" hervorgegangene; der Dichter hätte ja nur ὀλίγο-δρανέω dafür zu setzen brauchen. Letzteres hat ο, nicht η, weil W. δρα eben nicht sigmatischen Anlaut hatte. Das homerische ὀλίγο-δρανέειν von ὀλίγο-δράνής (Aristoph.), wozu auch das äschyleische ὀλίγο-δρανία „Unvermögen, Ohnmacht" gehört, widerlegt hinlänglich die unbedachte Behauptung, dass ὀλίγο- „nur bei Zusammensetzungen mit einem Substantiv zulässig" sei; denn ὀλίγο-δράνής kann nicht von τὸ δρᾶνος· bei Hesychius entstammen, sondern gehört zum homerischen δραίνω = δράω, wie die zahlreichen Bildungen in -ςᾶν-ής zu ςαίνω. Wie φαν-ής, ςραδ-ής, ζα-φλεγ-ής, ἀ-ελπ-ής und hunderte von anderen Adjectiven auf ής direct von ihrer resp. Verbalstämmen gebildet sind (vgl. Curtius Gr. Grammatik § 355), so auch ὀλίγη-πελής direct vom Verbalstamm σπελ, πελ, πέλω, bewegen, und es ist das Gegentheil von εὐ-πελ-ής „leicht beweglich, beweglich". Andere Bildungen aus ὀλίγος und Verbalstämmen sind ὀλιγο-μαθής, ὀλιγο-ςάγος, ὀλιγο-ςραδής, ὀλιγο-ποιεῖν, ὀλιγο-ςόρος u. v. a.

Da hiernach ὀλιγη-πελής mit seinem Denominativ ὀλιγη-
πελέω so lautrichtig aus (σ)πέλω herzuleiten ist, so werden
wir Döderlein's Ableitung aus ἁπαλός in dem unerwiesenen, ja
— wie wir gesehen — förmlich lächerlichen Sinne von „saftig"
ebenso wenig annehmbar finden können, als die Etymologie
Düntzer's aus einem angeblichen τὸ ἄπελος „Kraft".

„Wenig beweglich" ist gerade die an den homerischen
Stellen für das Particip ὀλιγη-πελέων geheischte Bedeutung.
Von der alten Dienerin Eurykleia heisst es τ 356

ἥ σε πόδας νίψει, ὀλιγηπελέουσά περ ἔμπης

d. i. obwohl sie „wenig beweglich", vielmehr schon steif und ·
schwerfällig vor Alter ist. Viel „Kraft" gehört doch wahrlich
nicht zum Fusswaschen und eine „ohnmächtige" Frau könnte
auch solches nicht einmal. Worauf es hier ankommt, das
ist die Flinkheit und rührige Geschicklichkeit, und diese eben
fehlt der Greisin.

Wenn O 24 Zeus zur nachdrücklichen Warnung an einen
früheren Vorgang erinnert, wo er von der Palastschwelle herab
jeden, den er ergreifen konnte, hinabschleuderte, bis er, auf die
Erde gelangend, da liegen blieb ὀλιγη-πελέων: so dürfte er in
diesem Worte wohl mehr als einen Anfall von „Ohnmacht"
vorführen und androhen wollen: unbeweglich, regungslos
lag der Herabgeschleuderte da. — Zum Oefteren springt ὀλιγο-
in Zusammensetzungen per meiosin in den Begriff „un-, ohne-"
über, welchen. man ja auch bei der schiefen Deutung „ohnmächtig" heranzieht; vgl. ὀλιγο-δρανής, ὀλιγο-δρανέων „ohnmächtig", ὀλιγο-δρανία „Ohn-macht".

·Hektor war Ξ 418 von einem Steinwurfe des Aias zu
Boden geschmettert worden; er hatte sich O 240 so weit wieder
erholt, dass er da sass und seine Gefährten wieder erkannte;
zugleich hörte die Athembeklemmung und der Schweiss auf,
weil „ihn der Wille des Zeus erfrischte", was Alles nicht auf
eine „Ohnmacht" passt. Den sò dasitzenden redet Vs 245
Apollo mit den Worten an

τίη δὲ σὺ νόσφιν ἀπ' ἄλλων ἧσ' ὀλιγηπελέων;

d. i. was sitzest du da so regungslos, so unbeweglich?

Odysseus, mit grosser Noth aus Land gerettet, bricht ε 453 ff.
förmlich zusammen:

ο δ' ἄρ' ἄμφω γούνατ' ἔκαμψεν
χεῖράς τε στιβαράς· ἀλλ γὰρ δέδμητο φίλον κῆρ.

Vs 456

ὁ δ' ἄρ' ἄπνευστος καὶ ἄναυδος
κεῖτ' ὀλιγηπελέων, κάματος δέ μιν αἰνὸς ἵκανεν

d. h. doch ganz einfach „er lag regungslos (wie eine Leiche)
da, ohne Athem, ohne Stimme". Und dieser Zustand der
Regungslosigkeit heisst ε 468 ὀλιγη-πελίη.

Ganz regelrecht ist nach dem Gesagten auch die spätere
Nachahmung κακη-πελ-έων sammt κακη-πελ-ία bei Nicander
gebildet; nur dass der Bgr. „sich befinden, dran sein" von
.πέλομαι zu Grunde gelegt ist.

Bei Hesychius begegnen uns noch folgende Bildungen:
εὐ-η-πελής, εὐ-η-πελ-ία (Callim. Cer. 136), ἀν-η-πελ-ίη, letzteres
durch ἀσθένεια erklärt. Daraus ein τὸ ἄπελος = τὸ σθένος
folgern zu wollen, hat keine Berechtigung. Lautete πέλω ursprünglich sigmatisch an, so konnte mit ἀ cop. (begrifflich =
con) ein ἀ-σπελ-ής und daraus ein ἠπελής, a) beweglich, b) sich
wohl befindend, entstehen, mit Verstärkung des Grundbegriffs von
= πέλομαι, a) sich bewegen, b) sich befinden. Davon ἀν-ηπελίη
Unbeweglichkeit, Ohnmacht, εὐ-ηπελία = Wohlbefinden. Man
könnte daher auch recht wohl bereits für Homer ein ἠπελής
st. ἀ-σπελ-ής = com-mobilis folgern, in welchem Falle ὀλιγ-
ηπελ-έων zu trennen wäre. Damit wäre dann vollkommene
Gleichmässigkeit in die ganze Wortsippe gebracht.

143. Πέλεκυς

gehört ohne Zweifel zu W. σπαλ mit Abfall von Sigma. Zweifelhaft kann es erscheinen, ob es wirklich Simplex sei oder Zusammensetzung aus Wf. πελ+W. ἀκ bzw. einem vorauszusetzenden Nomen ἔκ-υς st. ἄκ-υς = ἀκή, ἀκ-ωκή-, ac-ies, ac-us etc.
= Schneide, Schärfe oder auch = Axt, in welchem Falle πέλεκυς, πέλ-εκρα „Schwung-Axt, Hau-Axt" sein würde; Skr. par-
açu-s liesse sich in gleicher Weise aus W. spar, σπαρ, schwingen,
und W. aç = ἀκ deuten.

Ueber die Bedeutung von πέλεκυς waltet kein Zweifel ob;
desto mehr Schwierigkeit aber hat das Wort gemacht in der
vielbesprochenen Scene betreffend

das Axtschiessen in der Odyssee.

Für den denkenden Leser giebt es kaum eine schwierigere Stelle im ganzen Homer, als jene, die von dem berühmten Axtschiessen handelt, durch welches die Katastrophe in der Odyssee herbeigeführt wird, τ 572 ff. Wörtlich übersetzt lautet diese Stelle folgendermaassen: „Ich (Penelope) will nunmehr einen Wettkampf anordnen und jene Aexte dazu wählen, welche mein Gatte einst in seinem Palaste der Reihe nach hintereinander aufzustellen pflegte, wie Schiffskielhalter (δρυόχους ὥς), zwölf in der Gesammtzahl; darauf trat er dann eine weite Strecke davon weg und schnellte einen Pfeil hindurch. Nunmehr will ich also die Freier zu folgendem Wettkampf auffordern: (577) wer von ihnen am leichtesten den Bogen in seinen Händen spannt, und durch die sämmtlichen zwölf Aexte hindurchschiesst, dem will ich folgen" u. s. w. Die Verse 577—581 wiederholen sich φ 75 ff., und dem Verse καὶ διοϊστεύσῃ πελέκεων δυοκαίδεκα πάντων (τ 578, φ 76) entsprechen die Worte διοϊστεῦσαί τε σιδήρου τ 587, διοϊστεύσειν τε σιδήρου φ 97 und 127 (vgl. 114), διὰ δ' ἧκε σιδήρου φ 328, διὰ δ' ἀμπερὲς ἦλθε θύραζε ἰὸς χαλκοβαρής φ 422.

Wie waren nun diese Aexte aufgestellt? Wiedasch nach dem Vorgang alter Erklärer meint: „man muss sich diese Beile als etwas verlängerte Holz- oder Stichäxte ohne Stiel denken, die mit der Schneide so in den Boden gesteckt wurden, dass die offenen Oehre in gerader Linie hinter einander standen"; durch diese Oehre sei dann geschossen worden. Auch Düntzer, Ameis, Faesi u. a. lassen die Aexte mit der Schneide in den Boden gesteckt sein und den Schuss durch ihre Oehre gehen.

Wo in aller Welt ist gesagt oder auch nur angedeutet, dass diese Aexte keine Stiele gehabt hätten, dass sie blosse „Axtköpfe" (Faesi) gewesen seien? Aber, dieses angenommen, wie ist es möglich, durch die Oehre von Axtköpfen, die in dem Boden stecken, zu zielen und zu schiessen? Um das zielende Auge in gleiche Höhe mit den Axtlöchern zu bringen, hätte sich der Schütze mit gespanntem Bogen auf den Bauch legen müssen und zwar in dem grossen Saale des Odysseus. In dieser Lage aber war ein Schiessen rein unmöglich, selbst aus allernächster Nähe. Nun aber pflegte Odysseus aus recht weitem

29

Abstande stehend durch die Aexte zu schiessen τ 575; und
φ 420 schiesst Odysseus, um so recht seine Ueberlegenheit mit
einem gewissen Hohn den Freiern bemerklich zu machen, „gerade
vom Sessel aus, wo er sass". Wiedasch, das Missliche seiner
Aufstellungsweise der Aexte fühlend, lässt dieselben „etwas verlängert", Faesi desgleichen „vielleicht zwei Fuss lang" sein. In
der That wunderliche Aexte diese, von zweifüssigem Eisen!
Aber die Oehre — selbst von zweifüssigem Axteisen (ohne Stiel)
sind nicht in die Augen- oder Ziellinie eines sitzenden, geschweige denn eines stehenden Mannes zu bringen. Wo steht
übrigens eine Andeutung, dass diese Aexte so ganz absonder-
licher Art, Höhe und Länge gewesen seien? Vor allem über-
sehe man nicht die Art und Weise, wie Homer selbst diese
Aexte aufstellen lässt φ 120: „Alsdann stellte Telemach zu-
vörderst die Aexte auf, indem er einen für die ganze Anzahl hinreichend langen Graben ausstach, ihn nach der Richtschnur gleich-
machte und die Aexte ringsherum mit Erdreich eindämmte."
Wären die Aexte „mit der Schneide nach unten in die
Erde zu stecken" gewesen, wozu diese ganze Vorrichtung? wozu
der Graben? wozu die Eindämmung mit Erde? Einfach in die
feste Erde oder auch in Bretterbohlen gehauen, hätten die
„Schneiden" übrig fest gesessen. Durch die Vertiefung des
Grabens ging obendrein wieder ein grosser Theil der angeblichen Länge oder Höhe von zwei Fuss für die Zielhöhe des
Schützen verloren.

Die Unmöglichkeit eines Schiessens durch die Oehre der
zwölf Aexte, wenn diese mit der Schneide in der Erde gestanden hätten, richtig würdigend, verstanden einige alte Erklärer unter πελέκεις „auf Stäbe gesteckte Ringe": οἱ μὲν
κίρκους ἀκούουσί τινας μεγάλους ἐπ᾽ ὀβελίσκων κειμένους
(vgl. Crusius z. St.). Nur Schade, dass πελέκεις nie und nirgends = κίρκοι. Graf Caylus ist (nach Crusius) in der Schrift
„tableaux tirés d'Homère et de Virgile" (1787) der Meinung,
dass diese Aexte eine runde Oeffnung in der Mitte des Eisens
(vielleicht um sie daran aufzuhängen) hatten, und dass sie mit
dem Stiele auf den Boden gestellt wurden.

Für das Vorhandensein von Stielen spricht 1) der Umstand, dass πέλεκυς an und für sich nur eine vollständige

Axt, also mit Stiel bezeichnet, und dass nirgends gesagt ist, diese Aexte seien der Stiele beraubt gewesen; 2) die Art und Weise, wie Telemachos φ 120 ff. die Aexte in einem Graben aufstellt und mit Erde umdämmt. Nur wo die Holzenden der Axtstiele in die Erde zu graben und darin zu festigen waren, bedurfte es dieser Vorrichtung; 3) die Nothwendigkeit, eine Visirlinie bzw. Visirhöhe zu gewinnen, um die Möglichkeit des Zielens und Schiessens zu sichern; 4) wie sich sogleich zeigen wird, der Ausdruck δρυόχους ὥς. (Von den Aufhängelöchern des Grafen Caylus können wir wohl ohne Weiteres absehen.) Wodurch aber wurde denn geschossen? Auf diese Frage giebt uns der Vergleich δρυόχους ὥς τ 574 Antwort. Odysseus stellt die Aexte so auf, dass sie Schiffskielhaltern vergleichbar waren. Denn das, und nichts anderes, sind die δρύοχοι.

Timaeus im Platonischen Glossar erklärt δρύοχοι als στηρίγματα τῆς πηγνυμένης νηός. Die Scholien zu τ 574 sagen: κυρίως μὲν τοὺς πασσάλους, ἐφ᾽ ὧν τὴν τρόπιν ἱστᾶσι τῶν καινουργουμένων πλοίων· ἑξῆς δὲ μάλιστα οὗτοι τίθενται, ἕνεκα τοῦ ἴσην γενέσθαι τὴν ναῦν. Wenn sodann die Scholien hinzusetzen: νῦν δὲ ἐφ᾽ ὧν ἐτίθει τοὺς πελέκεας, so übersehen sie gänzlich, dass bei Homer ein Vergleich vorliegt. Der Zusatz ist aber in so fern beachtenswerth, als er zeigt, dass auch dieser Scholiast von dem Hineinstecken der Schneiden in die Erde nichts hat wissen wollen; er greift aber in seiner Verzweiflung, um Sinn in die homerische Stelle zu bringen, zu einem Auskunftsmittel, das nicht minder verunglückt ist, als die gewöhnliche Erklärungsweise. Noch verzweifelter ist die Erklärung des Apollonius, welcher δρυόχους auffasst als·τῶν σιδηρῶν πελέκεων αἱ ὀπαί, εἰς ἃς τὰ ξύλα ἐνιᾶσι, παρὰ τὸ τὰ ξύλα δρῦς λεγόμενα συνέχειν. Hier wird nicht nur der Vergleich übersehen, sondern auch wieder dem Aufstellen der Schneiden das Wort geredet.

Was nun die δρύοχοι als Schiffskielhalter oder -träger von anderen Holzpfählen unterscheidet und zu ihrer Bestimmung, den Kiel des neu zu bauenden Schiffes zu tragen, befähigt, ist die Gabelung an der Spitze, wie die Abbildung zeigt:

Nach ε 234 ff.

δῶκέν οἱ πέλεκυν μέγαν, αρμενον ἐν παλάμῃσιν,
χάλκεον, ἀμφοτέρωϑεν ἀκαχμένον· αὐτὰρ ἐν αὐτῷ
στειλειὸν περικαλλὲς ἐλάϊνον

haben wir uns unter πελέκεις grosse doppelschneidige Aexte
mit entsprechend langen Stielen vorzustellen. Diese doppel-
schneidigen grossen Aexte, welche zu Zeiten auch
eine gefürchtete Kriegswaffe abgaben, wie z. B. *O* 711

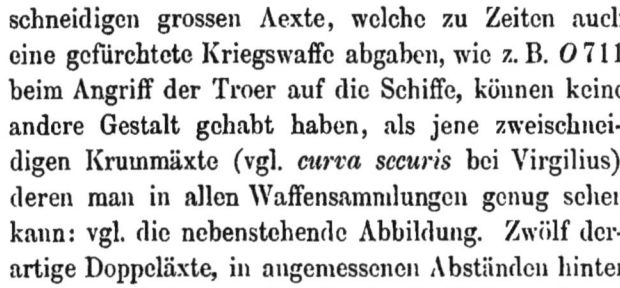

beim Angriff der Troer auf die Schiffe, können keine
andere Gestalt gehabt haben, als jene zweischnei-
digen Krummäxte (vgl. *curva securis* bei Virgilius),
deren man in allen Waffensammlungen genug sehen
kann: vgl. die nebenstehende Abbildung. Zwölf derartige Doppeläxte, in angemessenen Abständen hinter
einander, mit ihren Stielen senkrecht in die Erde gepflanzt,
ähneln allerdings auffällig einer Reihe ebenso aufgestellter
Schiffskielträger, und diese Aehnlichkeit musste sich einem
schifffahrttreibenden Volke sofort aufdrängen.

Das Kunststück des Schützen bestand nun, nachdem er
den gewaltigen Bogen des Odysseus erst gespannt hatte, darin,
dass er den Pfeil mitten durch die oberen Bogenrundungen
sämmtlicher zwölf Aexte der Art hindurchjagte, dass er weder
am oberen offenen Ende hinausflog, noch auch an die cher-
nen Seitenränder rechts oder links anschlug, überhaupt nirgends, auch nicht auf der Unterseite anprallte und so fluglahm
wurde. Zu dem Ende musste der Pfeil dicht über das in die
Rundung noch mit einem kurzen Stücke hineinragende obere
Ende des Stieles einer jeden Axt hinstreifen.

Des Odysseus Pfeil φ 422 machte glücklich diesen Weg,
ohne oben hinaus in die Luft zu gerathen, und ohne anzuprallen
und dann zur Erde zu fallen: διὰ δ' ἀμπερὲς ἦλϑε ϑύραζε ἰὸς
χαλκοβαρής.

Jetzt erklärt sich auch die missverstandene Stelle φ 421
πελέκεων δ' οὐκ ἤμβροτε πάντων πρώτης στειλειῆς. Von
der vorgefassten Meinung ausgehend, dass der Pfeilschuss durch
die Stiellöcher gegangen sei, begin man 1) den Fehler, στειλειή, aller Etymologie und dem lebendigen Gebrauche zum
Trotze, als ὀπὴ τοῦ στειλειοῦ aufzufassen; 2) für πρώτης στει-

λειῆς sah man sich genöthigt, einen „Genitiv des Anfangs"
ohne ein Zeitwort des Anfangens aufzustellen, und gelangte so
3) zu der auch an sich unlogischen Uebersetzung: „vom ersten
Stielende angefangen, verfehlte er keine von allen Aexten".
Denn was bedeutet in der Sprache logisch redender Menschen
der Ausdruck „er verfehlte keine von allen Aexten"? Doch
wohl nur: er traf alle Aexte. Nun steht aber da: πελέκεων δ᾽
οὐκ ἤμβροτε πάντων, das wäre bei dieser Auffassung eigentlich:
„er verfehlte nicht alle Aexte" — eine noch wunderlichere
Ausdrucksweise. Nach gewöhnlicher Satzfügung müsste πελέκεων πάντων von στειλειῆς πρώτης abhängen. Und diese
Construction ist nicht bloss die natürlichste, sondern vermittelt
auch den einzig brauchbaren Sinn.
Wie so oft, ist πρῶτος hier = oberst, äusserst, extremus.
Man vergleiche z. B. Z 40, Il 371 ἄξαντ᾽ ἐν πρώτῳ ῥυμῷ =
am Deichselende; Y 275 ἄντυγ᾽ ὑπὸ πρώτην, ᾗ λεπτότατον θέε
χαλκός, Achilleus traf den Schild des Aeneas am äussersten
Rande. Da nun, wie wir sofort erweisen werden, στειλειή =
στειλειόν, so ergäbe sich folgender Sinn in wörtlichster Uebersetzung: „und nicht verfehlte er sämmtlicher Aexte oberstes
Stielende", d. h. der Pfeil streifte bei sämmtlichen Aexten
oben den Stiel oder das Stielende, was eben, wie wir gezeigt
haben, nothwendig war, sollte anders der Pfeil durch alle
zwölf wie Schiffskielträger aufgestellte Doppeläxte glücklich hin-
durchgelangen: διὰ δ᾽ ἀμπερὲς ἦλθε θύραζε.
Was ist nun das ἅπαξ εἰρημένον στειλειή oder, wie die
prosaische und spätere Form lautet, στελεή? Nach Apollonius
Arg. IV 957 ist στελεή = στελεόν, στειλειόν. Denn es lässt
dieser Dichter den Hephaestus auf die στελεή seines gewaltigen
Hammers sich stützen: ὀρθὸς ἐπὶ στελεῇ τυπίδος βαρὺν ὦμον
ἐρείσας Ἥφαιστος θηεῖτο. Dieser Gebrauch Seitens des kun-
digen Homernachahmers wiegt alle aus Missverständniss unserer
Stelle φ 422 hervorgegangene Glosseme unseres nur einmal
vorkommenden στειλειή reichlich auf.
Da ferner στειλειόν (ε 236) oder στελεόν = Stiel, so ist
nicht zu begreifen, wie die Femininform στειλειή das Loch,
worein der Stiel gesteckt wird, bezeichnen könne. Umgekehrt
ist es etwas ganz Gewöhnliches, dass zur Bezeichnung eines

und desselben Gegenstandes Wörter verschiedener Endungen, aus demselben Stamme gebildet, zur Anwendung kommen. So finden sich z. B. neben einander κοίτη: κοῖτος, ὄχϑη: ὄχϑος, φονή: φόνος, γονή: γόνος, βιοτή: βίοτος sämmtlich bei Homer, φωλεά: φωλεός, ἄκανϑα: ἄκανϑος, βολή: βόλος u. s. w. Oder will man Feminina neben Neutris, so verhält sich στειλειή: στειλειόν = πλευρή: πλευρόν = ἄκρη: ἄκρον (Spitze) = δρεπάνη: δρέπανον = ἠλακάτη: ἠλάκατον = νευρή: νεῦρον (sämmtlich bei Homer) = φυλή: φῦλον = ἐρετμή: ἐρετμόν = ζυγή: ζυγόν = τρυπάνη: τρύπανον = σπάρτη: σπάρτον u. s. w.

Wie bei manchen dieser Doppelgänger, σπάρ-τη: σπάρ-τον (gewunden = Strick), ἄκ-ρη: ἄκ-ρον, πλευ-ρή: πλευ-ρόν u. a. die ursprünglich adjectivische Natur (Adj. auf -ος -η -ον) noch deutlich zu Tage tritt, so sind auch στελ-εή und στελ-εόν bzw. στειλ-ειή und στειλ-ειόν ursprünglich nichts weiter als die Feminin- und Neutralformen eines Adjectivs στελεός -ή -όν = gestellt, gesteckt, d. h. substantivirt = Stiel, Stock.

Gestützt auf dieses etymologische Gesetz, wie auf die Autorität des Apollonius von Rhodus, genöthigt überdies durch den Zusammenhang der Stelle, fassen wir das ἅπαξ εἰρημένον στειλειή = στειλειόν, und deuten den Vers φ 421 f. in der oben angegebenen Weise: „nicht verfehlte Odysseus das Stielende (στειλειῆς πρώτης) sämmtlicher Aexte."

144. *Πελασγοί* und Verwandtes.

I. Dieser Name hat eine ganze Litteratur der ungeheuerlichsten Etymologien hervorgerufen, trotzdem „das Gute so nahe lag". Weder sind die Pelasger" Störche" (πελαργοί), noch „die Ankömmlinge" (πελάζειν), noch „die Herumschweifenden" (πλάζω), noch „die Flachen, Platten d. i. die auf dem flachen Lande Wohnenden" (πλάγιος, πλαισός Muys Griechenl. 128), noch die semitischen „Pelishtîm" bzw. „Philister", noch „die Bewohner der Niederung" von der hebräischen Landschaft Shephêlâ (Redslob bei Muys), noch διαπελάγιοι (Doederl.) und was sonst an Unmöglichkeiten vorgebracht worden ist. — Pott Et. F. I 460 deutet πελασ-γοί als παλαι-γενεῖς, indem er πέλας = πάλαι sctzt. Von allen seither vorgebrachten Erklärungsversuchen ist dieser u. E. der einzige beachtenswerthe, zumal sich bei Hesychius die Glossen finden πελλᾶς· πρεσβύτης ‖ dor. πέλ-η-ος· γέρων. Diese Wörter decken sich mit πέ-μπελ-ος st. πέ-σπελ-ος, gebückt, victus, auf welchen Grundbegriff auch

παλαιός,

alt, zurückweist. Denn so wenig παλ-αίω und dessen Stammwort πάλη „das Schwingen = Ringen" von W. σπαλ zu trennen ist, so wenig auch παλαιός. Dasselbe ist aber zunächst von πάλαι gebildet bzw. von dem diesem Locativ zu Grunde liegenden Nomen πάλος oder παλός = πελλᾶς, πέληος, πέμπελος, urspr. = pandus, gebogen.

Um aber auf Πελασ-γοί zurückzukommen, so kennt Homer so wenig wie die Späteren ein πέλας = πάλαι. Darum kann auch das homerische Πελασ-γοί nicht = παλαι-γενείς sein. Dagegen hat Homer πέλας „nahe" κ 516, ο 257. Und Πελασ-γοί sind u. E. die in der Nähe Geborenen, die αὐτόχθονες, im Gegensatze zu den Eingewanderten, zu den in der Ferne Geborenen, den τηλεδαποί. Dass in -γοί die Verbalwurzel γα steckt, deutet vernehmlich genug der Accent an; der Stammvocal ist vor dem Suffix, wie so oft (Ἄντι-φος, ἄργυ-φος, Πά-τρο-κλος, ἑκατόμ-βη κτλ.), gewichen.

Aber was ist denn das Adverb

πέλας

selber eigentlich? Schon mittels des Begriffs „angebogen, angeschmiegt" liesse sich die begriffliche Verbindung mit W. σπαλ gewinnen, wofern es nicht eine noch zutreffendere Deutung gäbe. Πέλας ist urspr. nichts anderes als Accusativ eines neutralen Substantivs τὸ πέλας. Ein solches begegnet uns in ἐρυσί-πελας st. ἐρυσί-σπελας, Rothhaut, Rose (als Krankheit). Dieses τὸ (σ)πέλας deckt sich mit σπολ-άς „Fell" (Soph., Aristoph.) als das Umhüllende, Umgebogene, was sich umschwingt, was umgiebt, hüllt. Natürlich ist πέλλα, pellis, Fell etc. desselben Ursprungs.

Wie sich nun aus χρός, Haut, Ausdrücke zur Bezeichnung grosser Nähe entwickelt haben, so ist auch τὸ πέλας, Haut, hierzu verwendet worden; wird ja der Accusativ auch sonst so gern adverbieller Natur: χάριν, wegen ‖ δίκην, instar ‖ ἀκμήν, kaum ‖ προῖκα, umsonst ‖ ἀρχήν, ganz und gar ‖ πέραν, jenseits ‖ μακράν, weit ‖ πρῴην, vorlängst, κτλ.

Nun vergleiche man ἐν χρῷ, dicht an der Haut, in Wendungen wie κείρειν ἐν χροΐ ‖ ἐν χρῷ μάχεσθαι, Mann an Mann kämpfen, comminus pugnare, vom Nahkampfe ‖ ἐν χρῷ συνάπτειν μάχην ‖ sogar ἐν χρῷ παραπλέοντες, ganz in der Nähe vorbeifahrend Thuk. II 84 ‖ ἡ ἐν χρῷ συνουσία, nahe Bekanntschaft ‖ überhaupt ἐν χρῷ τινος = in unmittelbarer Nähe von etwas. — Aehnlich wird auch ἐγ-χυτί von χύτος, cutis, Haut, gebraucht.

Somit dürfen wir getrost den adverbiellen Accusativ πέλας als = ἐν χρῷ, „in unmittelbarer Nähe" auffassen. Wie sehr der Begriff unmittelbarster Nähe dem Worte innehaftet, zeigt κ 516 χριμφθεὶς πέλας, wo man fast noch übersetzen könnte „die Haut anstreifend", „mit deiner Haut anstreifend".

Darnach modificirt sich nun auch Πελασ-γοί als = die in unmittelbarster Nähe Geborenen.

II. Wenn sich neben dem von πέλας abgeleiteten πελάζω St. πελατ bei Homer auch

$$πίλ\text{-}νη\text{-}μι$$

findet, ausserdem auch zahlreiche Formen von der Wurzelgestalt πλα, wie πλῆ-το, πλῆ-ντο, πε-πλη-μένος, ἄ-πλη-τος, unnahbar, κτλ. mit dem Bgr. nähern, so können diese natürlich nicht vom Nomen πίλ-ας St. πελ-ατ (cf. ἐρυσί-πελατ-ώδης) herkommen, sondern gehen, wie πέλ-ας selber, unmittelbar aus der Wurzel hervor (Wf. πλα in πλῆ-το etc. aus der metathesirten Wf. σπλα), πίλ-νη-μι mit Ablautung, wie solche auch z. B. (σ)πῖλος st. (σ)πίλ-ϝος, Gekrümmtes, Gekrämpeltes = Filz (S. 264) aufweist. Der aus W. σπαλ sich ergebende Begriff „zubiegen, anschmiegen" lässt sich sogar noch selbst öfters verwerthen, wie denn ja „anschmiegen" = „nähern": Hesiod Th. 703 γαῖα καὶ οὐρανὸς πίλνατο „Erde und Himmel bogen sich einander zu". — Hesiod. Op. 508 βορέας δρῦς πιλνᾷ χθονί (von πιλ-νά-ω) „Boreas biegt die Eichen dem Boden zu". Vgl. Τ 93 οὐ γὰρ ἐπ' οὔδει πίλναται.

Für die Begriffsvermittelung ist lehrreich πῖλ-ημα· ζώνη.

μίτρα (Hes.) d. i. Umgewundenes, Umgeschwungenes. Aus dem Begriffe „umschwingen" entwickelt sich auf natürlichem Wege Bgr. „einschliessen, hüllen, wie bereits in πέλλα, σπολάς, pellis etc. und daraus Bgr. obscurus, verhüllt, dunkel; daher cypr. πιλ-νός = φαιός ‖ daher πελ-ιός· φαιός, μεμελανωμένος‘‖ dass. πελλός, πε-λιδνός ‖ πολ-ιό;, schwärzlich, grau. Den urspr. sigmatischen Anlaut beweist

μεσαιπόλιος,

mittelgrau N 361, das für μεσα-σπόλιος steht, wie πάιπαλος für πά-σπαλος, κραιπάλη st. κρα-σπάλη*), Kopftaumel = Rausch κτλ., ebenfalls von W. σπαλ. — In μεσαι- einen Locativ zu suchen, verbieten die anderen Zusammensetzungen, wie μεσόδμη, Mittelbau ‖ μέσ-αυλος, Binnenhof ‖ μεσο-παγής, μεσο-παλής κτλ. Wenn irgendwo, so hätte in μεσσο-παγής, in der Mitte haftend, bis zur Mitte festgesteckt, der angebl. Locativ gebraucht sein müssen, während für μεσαιπόλιος beim besten Willen kein „Locativbegriff" herauszudeuteln ist. Denn was wäre „in der Mitte grau"?!

Für den ursprünglich sigmatischen Anlaut spricht auch kret. φολύνει· μολύνει ‖ φόλυες κύνες (Antimach. fr. CXV)· οἳ πυρροὶ ὄντες μέλανα στόματα εἶχον.

Mit Ablaut u steht dem πελός, πελλός, πολιός lat. pullus gegenüber, sowie plu-m-bum, Blei, weil πολιός von Farbe; aber μόλ-ιβος, μόλ-υβδος gehört mit μολ-ύνω, μέλ-ας zusammen, wogegen Blei, bleich, blau etc. mit φόλ-υς, πολ-ιός, πελό; wurzelhaft zusammenfallen. Wie die Farben selber, sind auch die Begriffe der Farbwörter wechselhaft.

Aus πελ-ός, schwarz, +ἀργός, weiss, ist, wie bereits längst richtig erkannt wurde, πελ-αργός „der schwarz-weisse = Storch" benannt. Und πέλ-εια, die wilde Taube, deutet man wohl ebenso richtig von ihrer schwarzblauen Farbe her.

Lat. pullus entspricht aber nicht bloss dem πελλός, schwarz, sondern auch dem Worte πῶλ-ος, Füllen, Fohlen, nach den Alten so benannt διὰ τὸ σκιρτητικὸν εἶναι, was auf W. σπαλ führt und nicht wenig für die Richtigkeit der vorigen Etymo-

---

*) Richtig schon von den Alten erklärt aus κράς + πάλλειν Bekker, Anecd. Gr. 45.

logien spricht. Dass goth. *fula*, ahd. *folo*, engl. *foal* und πῶλ-ος
direct von „W. pu, zeugen" abzuleiten seien (Curt. N. 387), ist
Angesichts von lat. **pullus**, nhd. *Füllen* etc. schwer zu glauben.
Πῶλ-ος *Λ* 681 ö. weist dieselbe Lautwandlung von W. (σ)παλ,
Wf. (σ)πελ auf, wie πωλ-έ-ο μαι *β* 55 ö. κτλ.
Wie ungezwungen sich zu W. spal „schwingen, biegen" lat.
păl-atum, Gebogenes, Gewölbe = Gaumen (vgl. ψαλ-ίς und
σπαλ-ίς) ‖ păl-ear, die biegsame wellenförmige Wamme am
Halse des Stieres ‖ pul-v-inus, pulvinar, Polster (Gewölbtes)
‖ pĭl-a = πάλλα ‖ die deutschen Wörter *Ball*, ahd. *pallâ*,
ballâ ‖ ags. *bolla*, engl. *bowl* ‖ *Bolle* = Zwiebel, Gerundetes ‖
ags. *bolt*, nhd. *Bolz, Bolzen* = παλ-τόν u. v. a. W. trotz scheinbaren Fehlens der Lautverschiebung (was sich eben aus dem
urspr. Anlaute sp erklärt) fügen, mag nur im Vorbeigehen angedeutet sein.

145. Πτόλις, πόλ-ις und andere verwandte Wörter.

I. Um πτόλ-ις und andere mit πτ beginnende Wörter zu
erklären, lässt man ein schmarotzendes j hinter π in πόλις κτλ.
sich einschleichen und sagt, πτόλις stehe für πjόλις. Woher
diese Schmarotzerpflanze, hat noch Niemand entdecken können.
Wie in πτύω = spuo der Anlaut πτ für σπ steht (vgl. S. 72,
S. 145), so auch in πτόλ-ις st. σπόλ-ις (von W. σπαλ) = Ring,
περίβολος, nach gleicher Begriffsvermittelung wie bei σπάλ-ιον,
ψάλ-ιον, ψέλ-ιον, ψέλλιον κτλ. = urspr. Umgeschwungenes,
woraus sich die resp. Bedeutungen Fessel, Armband etc. ergeben. Πτό-λις und (mit Abfall von σ der Wurzel) πόλ-ις ist
„Umfriedigung, Umringung". Gerade wie deutsches *Ring* früher
(und vielfach noch jetzt) zur Bezeichnung von Ringmauer und
nach gewöhnlicher Figur auch von dem Umringten, von der
Stadt selbst, steht, nicht anders πτόλις, πόλις, nicht anders
urbs, das Schwesterwort von orbis, nicht anders πύρ-γ-ος,
Πέρ-γ-αμος aus einer γ-Erweiterung von W. σπαρ, schwingen,
bzw. Wf. σπυρ, nicht anders φύρ-κ-ος· τεῖχος (Hes.), oder
lakon. φούρ-κ-ορ, Befestigung (τεῖχος) aus W. σπαρ+κ. Verwandten Begriff aus W. σπαλ bietet ἀ-πέλλη st. ἀ-σπέλλη, Einfriedigung = Hürde.

Aus der Grundbedeutung von πτόλ-ις „Einfriedigung" geht ein Vb. *πτολ-ί-ειν „Einfriedigung machen, mit Einfriedigung versehen" hervor, gebildet wie z. B. κον-ί-ειν, μαστ-ί-ειν, μητ-ί-ειν, μην-ί-ειν. Aus diesem πτολ-ί-ειν „umringen, einfriedigen" geht hervor

$$\pi\tau o\lambda\text{-}\acute{\iota}\text{-}\varepsilon\text{-}\vartheta\rho o\nu$$

= Einfriedigung, Ring, Stadt, gebildet wie βά-θρον, ῥέ-ε-θρον, ἄρ-θρον, κλεῖ-θρον, ὄλ-ε-θρος κτλ. — Die Angabe, πτολίεθρον sei „eigentlich ein Diminutiv von πόλις, πτόλις, aber ohne verkleinernde Bedeutung" (Pape etc.), gehört ins Reich der etymolog. Wunderlichkeiten; richtiger bemerkt L. Meyer II 358, das Wort scheine wie von einem πτολίειν abgeleitet.

Es ist kein Zufall, dass sich nicht die Form πολ-ί-εθρον findet; weil *πτολ-ί-ειν wieder in die Bedeutung der Wurzel σπαλ umsprang, so widerstrebte es dem Sprachgeiste, die spätere sigmalose Form zur Anwendung zu bringen, und drängte es ihn, die ältere Wurzelform festzuhalten.

II. Der Bgr. „schwingen" in der begrifflichen Schattirung „tummeln" tritt zu Tage in

$$\pi\tau\acute{o}\lambda\text{-}\varepsilon\text{-}\mu o\varsigma$$

statt σπόλεμος, später erst πόλεμος, Getümmel, speciell = Schlachtgetümmel, Kriegsgetümmel. Dass πελ-εμ-ίζω „schwingen, in heftige Bewegung setzen", desselben Ursprungs ist, bedarf keines Nachweises. — Der Bgr. der geschwungenen Bewegung (= vertere etc.) liegt in πέλω st. σπέλ-ω, versare, πέλομαι, versari, volvi, mit πόλ-ος, Wendung, Drehung, Drehpunkt, Achse ‖ πολ-έω, umdrehen, mit πόλησις (περὶ τὸν οὐρανόν Plato) ‖ πολ-εύ-ω, πωλ-έ-ομαι, sich herumdrehen ‖ τρί-πολος, dreimal umgewendet, κτλ., lauter dem Grundbegriffe von πτόλις ganz nahverwandte Begriffe.

III. Bgr. „schwingen" mit der Schattirung zu „springen" (vgl. σφαλ-μά-ω = 1) σφαδ-άζω, 2) σκιρτάω Hes.) lässt aus W. σπαλ bzw. σπιλ hervorgehen πτέλ-ας st. σπέλ-ας, der Eber (Bespringer), mit der Nbf. πτέλ-ος. Dazu lak. πτελ-έα, Sau, worin doch wohl nur Fem. eines Adj. in εος zu suchen ist, als Weiterbildung von πτέλ-ος, wie λίθ-εος von λίθος, ῥόδ-εος von ῥόδον, τράγ-εος von τράγος κτλ. Daher πτέλ-

εος = zum Eber gehörig, wie τράγ-εος = zum Bocke gehörig.
Daher lak. πτελ-ία = Weibchen des Ebers. — Hingegen ist
πτΕλ-έη,
Ulme, Rüster Z 419 ö., ähnlichen Begriffs, wie aus W. σπαλ
lat. pôpulus st. po-spul-us, wie ά-πελλός st. ά-σπελλός (αἴγειρος
Hes.), wie aus Wf. σπαδ, σφαδ, σφένδ-αμνος und (Hes.) σπένδ-
αμνος, Rüster, Ahorn d. i. Schwingendes, Geschwungenes, insofern diese Bäume mehr als Eichen, Buchen und die Obst-
bäume vom Winde geschwungen werden.

IV. Lautlich wie begrifflich lehnt sich an πέλω, πέλομαι
auch an:
πλή-μνη,
die Nabe am Wagen E 726, Ψ 339. — Pictet und Curtius N. 366
deuten es als „le plein de la roue", also als „Füllsel" aus πί-
μπλη-μι, gewiss eine eigenthümliche Begriffsvermittelung, von
welcher schon das lat. Wort für denselben Begriff orbiculus
hätte abmahnen sollen. Nähere Beachtung Homer's hätte erst
vollens eines Besseren belehren sollen; denn E 726 ist zu lesen
πλῆμναι δ' ἀργύρου εἰσὶ περίδρομοι ἀμφοτέρωθεν.
Die Naben sind diejenigen Theile des Wagens, welche vorzugsweise sich drehen, περι-πέλονται, περίδρομοι sind. Daher
πλή-μνη mit Participial-Suffix -μνος soviel als πελομένη
„sich drehend". Die Kürzung der Wurzel ist dieselbe wie
in περι-πλόμενος, τά ἔπι-πλα, bewegliches Geräth, Mobiliar,
wie in πλ-έ-θρον st. πέλ-ε-θρον κτλ.

V. Es ist
πέλ-ε-θρον
oder πλέθρον nicht von πέλομαι zu trennen, ist nicht als
„spatium expletum" mit Curtius N. 366 zu deuten.
Vergegenwärtigen wir uns, wie ackerbautreibende Völker
so gern und so natürlich vom Ackerbau her Bilder und Ausdrucksweisen entlehnten (zur Zeit Homer's und vor Homer
waren die Griechen ja noch nichts weniger als ein Handels-
volk), und führen wir uns die Stelle Σ 544 ff. vor die Seele
οἱ δ' (ἀροτῆρες) ὁπότε στρέψαντες ἱκοίατο τέλσον ἀρούρης,
τοῖσι δ' ἔπειτ' ἐν χερσὶ δέπας μελιηδέος οἴνου
δόσκεν ἀνὴρ ἐπιών· τοὶ δὲ στρέψασκον ἀν' ὄγμους:
dann liegt es nicht fern, πέλ-ε-θρον als Wende zu fassen

d. i. (übertragen) eine Strecke, die von einer Wendung des Pfluges bis zur anderen Wendung reicht. Der Bildung nach sind vergleichbar ῥέ-ε-ϑρον, Strömung || βέρ-ε-ϑρον, Schlund || λύ-ϑρον, Besudelung || πτολ-ί-ε-ϑρον, Ring = Stadt u. a. Bezeichnete πέλ-ε-ϑρον nun zunächst ein bestimmtes Streckenoder Längenmaass, so war von da bis zur Bezeichnung einer Fläche von demselben Maasse im Gevierte nur Ein Schritt. Und so steht das Wort als Ackermaass Φ 407, λ 577. Dass aber jene Bedeutung die erstere war, macht das Adj.

$$ἀ\text{-}πέλεϑρος$$

gewiss, indem das Neutrum Δ 354 im Sinne von unermesslich = „eine sehr weite Strecke" gebraucht wird. Ἕκτωρ δ᾽ ὦκ᾽ ἀπέλεϑρον ἀνέδραμε. Sonst findet sich diese Zusammensetzung noch als Epitheton zu ἴς im Sinne von immensus E 245, H 269, ι 538. Dass ein bestimmtes Maass hier zur Bezeichnung von Maass überhaupt angewendet wird, kann nicht auffallen.

VI. Das S. 459 erwähnte

$$τρί\text{-}πολ\text{-}ος,$$

eigtl. „drei-wendig", steht von einem Acker, der dreimal umgewendet, gepflügt werden kann, also = dreimal pflügbar Σ 542, ε 127, Hesiod Th. 971. — Aeschylus gebrauchte das gerade so mit δίς gebildete δί-πολ-ος „zweiwendig" nach des Hesychius' ausdrücklichstem Zeugnisse für δι-πλό-ος. Daraus folgt mit mathematischer Gewissheit, dass die Numeralia in -πλό-ος, wie die in πλά-σιος, in gothisch fla- (twei-fl-a-s, Zwei-fel Fick III 181), lat. -plu-s von derselben Wurzel sind wie πέλω, πέλομαι, also von W. σπαλ, spal. Die Herleitung von πλό-ος, Schifffahrt, bedarf kaum der Widerlegung. — Die Numeralia in -plex (du-plex), -πλαξ, wie δί-πλαξ Γ 126, Χ 441 ö., τρί-πλαξ Σ 480 entstammen einer K-Erweiterung derselben Wurzel in Metathesi. — Unser fal-t-en sammt -fältig, goth. -fal-tha, engl. fol-d geht ebenfalls aus W. spal hervor. Man vergleiche nur engl. Subst. fol-d, Umschlag, Hürde (ἀπέλλη), Pferch, Falte; mhd. valde, Falte, Windung, Winkel, Einschlagtuch, an. falda, verhüllen (umwinden), — — lauter Begriffe, die aus Begriff „schwingen = biegen, winden, wenden" sich einfachst zurechtlegen.

Gehört aber -πλαξ in τρί-πλαξ κτλ. zu W. σπαλ, dann auch ἡ πλάξ St. πλακ, Fläche ||. πλακ-ερός = πλα-τ-ύς || πλακ-ό-εις, platt, flach || lat. plic-a mit plic-a-re u. a. W., wie selbstverständlich unser fla-ch. Unser pla-tt neben fla-ch, neben πλα-τ-ύς weist mit Nothwendigkeit auf früheren sigmatischen Anlaut. Die begriffliche Vermittelung für ἡ πλάξ (Wf. πλα+κ), wie für Fläche, flach, für lat. pla-nus st. plac-nus etc. ergiebt sich aus Bgr. sich hinschwingen, strecken: πλάξ = ursprüngl. gestreckt, Strecke. Dasselbe bezeichnet unser Fel-d. — Mit lat. pla-nus st. plac-nus ist derselben Secundär-Wurzel plăc-eo, plăc-are: Grundbedeutung inclinatum esse bzw. inclinatum facere, gebogen- d. i. geneigt-sein bzw. geneigt-machen.

VII. Ἡ πλά-τη bedeutet nicht bloss „Platte", sondern auch Rippenknochen (Gebogenes) und Hirtenstab (dsgl. pedum). Wir werden darnach nicht umhin können auch

$$πλα-τ-ύς,$$

ausgespreitet, platt, als besondere Weiterbildung von Wf. πλα st. σπλα aufzufassen. Unser spreiten erklärt sich aus W. spar, unser breit aus Wf. (s)bhra, (σ)φρα. Die αἰπόλια πλατέα bei Homer B 474, Λ 679, ξ 101. 103 sind noch förmlich greges palantes, dispersi (pal-ari: W. spal).

Es bedarf keiner Begründung, dass zu πλατύς auch

$$πλατάνιστος$$

B 307. 310 als Baum mit ausbiegenden, ausgespreiteten Aesten gehört, weshalb ihm Meleager in d. Anth. IV 1 das Epitheton βλαισός giebt in dem Sinne von ausgeschweift, ausgebreitet bezügl. der Aeste.

VIII. Wie πλά-νη, das Abbiegen, Ablenken, Abschweifen, weiterhin Umherschweifen, sammt dem davon entstammenden

$$πλανᾶσθαι$$

Ψ 321 = pal-a-ri st. spal-a-ri sich lautlich und begrifflich zu W. σπαλ fügt, braucht kaum angedeutet zu werden.

Gleichen Begriff hat das Passiv und Fut. Med. von

$$πλάζω$$

St. πλαγγ d. i. G-Erweiterung von W. σπαλ, πλα mit Nasalirung. Diese Bedeutung führt auch zu einer richtigeren Auffassung des Activs, für welches man irriger Weise die Bedeutung „schlagen, stossen" oder gar „zurück-schlagen, zurück-stossen" ansetzt. — *P* 749 heisst es von einem Bergvorsprunge

> ὅστε καὶ ἰφθίμων ποταμῶν ἀλεγεινὰ ῥέεθρα
> ἴσχει, ἄφαρ δέ τε πᾶσι ῥόον πεδίονδε τίθησιν
> πλάζων —

d. i. die Strömung abbiegend, ablenkend, bringt er diese nach der Ebene hin. — ω 306

> ἀλλά με δαίμων
> πλάγξ' ἀπὸ Σικανίης δεῦρ' ἐλθέμεν οὐκ ἐθέλοντα —

„lenkte, bog mich ab von S." — α 74

> ἐκ τοῦ δὴ Ὀδυσῆα Ποσειδάων ἐνοσίχθων
> οὔ τι κατακτείνει, πλάζει δ' ἀπὸ πατρίδος αἴης —

„(biegt), lenkt den O. ab". — Φ 269

> τοσσάκι μιν μέγα κῦμα διιπετέος ποταμοῖο
> πλάζ' ὤμους καθύπερθεν —

„umschwang die Schultern". — Im übertragenen Sinne „abbiegen, ablenken" (vom Ziele) *B* 132, wo Agamemnon klagt,

> οἵ με μέγα πλάζουσι καὶ οὐκ εἰῶσ' ἐθέλοντα
> Ἰλίου ἐκπέρσαι εὐναιόμενον πτολίεθρον —

„die mich gewaltig (vom Ziele) abschwingen, ablenken". — Dagegen können wir in β 396 (*Ἀθήνη*) πλάζε δὲ πίνοντας, χειρῶν δ' ἔκβαλλε κύπελλα noch die Grundbedeutung „schwingen, schwenken = schwanken machen" zur Anwendung bringen: „machte die Freier schwanken" oder, wie Minckwitz deutet, „taumeln". Die Deutung „verwirrt machen" war ein trauriger Nothbehelf. Vs 395 giesst Athene Schlaf über die Augenlider der Freier; in Folge dessen verlieren sie ihre feste Haltung (396), werden schwankend gemacht bzw. schwingen hin und her, und die Becher entfallen ihren Händen. — Nur so kommt Plastik in die Stelle. — Vergleiche übrigens πλαγκτός· καμπτός (Hes.), πλάγ-ιος, engl. splay und splai-t, schief. ·

IX. Dass auch πλήσσω St. πλα-γ mit Bgr. schwingen = hauen, schlagen etc. zu W. σπαλ gehört, liegt um so näher, als an zahlreichen Stellen für πλήσσειν geradezu πάλλειν eingesetzt werden kann. Nur aus dem Grundbegriffe „schwingen" erklärt's sich auch, dass πλάγ-ιος zu „schräg" (gebogen, seitwärts gebogen), im übertragenen Sinne zu $\delta\acute{o}\lambda\iota o\varsigma = \pi\alpha\acute{\iota}\pi\alpha\lambda o\varsigma$ st. $\pi\acute{\alpha}$-$\sigma\pi\alpha\lambda$-$o\varsigma$ (in $\pi o\lambda v$-$\pi\alpha\acute{\iota}\pi\alpha\lambda o\varsigma$) $= \pi\alpha\iota\pi\acute{\alpha}\lambda\iota\mu o\varsigma$ $\varkappa\tau\lambda$. (S. 433 ff.) werden konnte, dass das altdor. $\pi\lambda\tilde{\alpha}\gamma$-$o\varsigma_\lambda$ lat. plaga $= \pi\lambda\varepsilon v$-$\varrho\acute{\eta}$, $\pi\lambda\varepsilon v$-$\varrho\acute{o}v$ (Seite) ist.

X. Der Umstand, dass

$$\pi\lambda\varepsilon v\text{-}\varrho\acute{\eta}$$

Y 170 ö. neben $\pi\lambda\varepsilon v$-$\varrho\acute{o}v$ $\varLambda$ 468 besteht, weist auf ein zu Grunde liegendes Adj. $\pi\lambda\varepsilon v$-$\varrho\acute{o}\varsigma$, geschwungen $=$ gebogen, pandus, aus Wf. $(\sigma)\pi\lambda v = (\sigma)\pi\lambda\alpha$. Gleichbedeutig haben wir daneben aus W. $\sigma\pi\alpha\lambda + \varkappa$

$$\varphi o\lambda\text{-}\varkappa\text{-}\acute{o}\varsigma$$

gebogen, krumm, säbelbeinig B 217, welches Döderlein 2476 richtig mit lat. falx, falcatus, falco ($\dot{\alpha}\gamma\varkappa v\lambda o\chi\varepsilon\acute{\iota}\lambda\eta\varsigma$) zusammengebracht hat. Es gehören zu dieser K-Erweiterung unserer Wurzel aber auch noch u. a. $\varphi\acute{\alpha}\lambda\varkappa$-$\eta\varsigma$, $\varphi\acute{\alpha}\lambda\varkappa$-$\iota\varsigma$, $\varphi\acute{o}\lambda\varkappa$-$\iota\varsigma$, Schiffsrippe. Die Rippe ist etwas Gebogenes; daher $\pi\lambda\varepsilon v$-$\varrho\acute{\eta}$ und $\pi\lambda\varepsilon v$-$\varrho\acute{o}v =$ „Rippe" als Gebogenes, weiterhin erst „Seite".

Der Stadtname

$$\Pi\lambda\varepsilon v\varrho\acute{\omega}v$$

B 639, N 217 erklärt sich daraus, dass die Stadt in der Einbiegung zweier Berge $X\alpha\lambda\varkappa\acute{\iota}\alpha$ und $Ko\acute{v}\varrho\iota o v$ (Strabo p. 460 und 465), gelegen war.

XI. Mit $\pi\lambda\varepsilon v$-$\varrho\acute{\eta}$ ist gleicher Wurzel $\pi\lambda\varepsilon\acute{v}$-$\mu\omega v$ (Aesch.), die Lunge, das von W. $\sigma\pi\alpha\lambda$ zu trennen lat. pul-mo aus pello verbietet. Diese Benennung geht aus von der Vorstellung des Auf- und Niederschwingens der Lunge. Vgl. $\pi\acute{\alpha}\lambda\lambda\varepsilon\tau\alpha\iota$ $\mathring{\eta}\tau o\varrho$ X 452, Batr. 71, $\pi\alpha\lambda\lambda o\mu\acute{\varepsilon}\nu\eta$ $\varkappa\varrho\alpha\delta\acute{\iota}\eta v$ X 461 von Andromache. Wenn die Lunge als Athmungsorgan auch $\pi\nu\varepsilon\acute{v}\mu\omega v$ genannt wird $\varLambda$ 523, T 486, so berechtigt das nicht, $\pi\lambda\varepsilon\acute{v}\mu\omega v$ und pulmo in unstatthafter Lautverdrehung aus $\pi\nu\varepsilon\acute{v}\mu\omega v$ entstanden sein zu lassen. Auch das Herz hat verschiedene analoge Benennungen: $\varkappa\varrho\alpha\delta$-$\acute{\iota}\eta$ als Schwingendes (vgl. $\varkappa\varrho\alpha\delta$-$\alpha\acute{\iota}\nu\omega$), $\mathring{\eta}$-$\tau o\varrho$ als Hauchendes $= \vartheta v$-$\mu\acute{o}\varsigma$, $\psi v\chi\acute{\eta}$ $\varkappa\tau\lambda$. Denn $\mathring{\eta}$-$\tau o\varrho$ gehört zu Wurzel $\dot{\alpha}$ „hauchen", die z. B. in $\mathring{\eta}$-$\mu\acute{\iota}$, hauchen $=$ tönen, sprechen $\|$ $\mathring{\eta}$-$\tau\varrho o v$, Bauch (Bgr. blähen) $\|$ $\dot{\varepsilon}\pi$-η-$\tau\acute{\eta}\varsigma\cdot$ $\pi\varepsilon\pi\nu v$-$\mu\acute{\varepsilon}\nu o\varsigma$ $\|$ $\dot{\varepsilon}\pi$-η-$\tau\acute{v}\varsigma$, adspiratio, adflatus $=$ favor und sonst noch, wie sich später zeigen wird, vorliegt. Die Deutung von $\mathring{\eta}$-$\mu\acute{\iota}$

aus ἤχ-μί, ἄχ-μί ist ebenso unhaltbar, wie die von σπλήν, Gen. σπλην-ός aus σπλαγχ-ν (σπλάγχνον), welche angebliche Identität als einzige Stütze für ἤ-μί = ἤχ-μί vorgebracht wird.

146. Πλύνω, πλέω, πύλη und Verwandtes.

Die in den letztbehandelten Wörtern vorliegende Ablautung von W. σπαλ zu (σ)πυλ, (σ)πλυ liegt noch voll-lautig vor ausser in ψύλλα, Floh = Springer, pul-ex κτλ. auch in unserem *spülen*. Denn was ist spülen anders als schwingen, schwenken? Daher auch „ein Glas (aus)schwenken" = ein Gl. (aus)spülen. Griechisches

$$\pi\lambda\acute{v}\text{-}\nu\omega$$

ist nichts anderes als *spülen*: „Wäsche spülen" etc.; waschen = schwingen, schwenken. Ob *Spule*, engl. spool, als *Spu-le* zur Urwurzel oder als *Spul-e* zur Sec.Wurzel gehört, mag dahingestellt bleiben. Da engl. *quill* dasselbe bedeutet, so sollte es uns nicht Wunder nehmen, wenn nach Maassgabe so vieler anderer irriger Laut-Identificirungen auch Jemand spool und quill als lautlich identisch hinstellen würde, während doch quill und squill zu W. skal gehören; hat man doch sogar lat. lav-o aus πλύ-νω herleiten wollen! Desto sicherer ist die Verwandtschaft von lat. fluo und fluito. Der Begriff schwingender Bewegung giebt die Vermittelung ab. Daher ist fluito auch = schwanken (natürlich und figürlich); desgl. fluctuor etc. — Für die schwingende, schaukelnde Bewegung des Schiffs ist

$$\pi\lambda\acute{e}\omega$$

St. πλυ, nur eine andere Erscheinungsform unserer Wurzel, aufgespart. Kein Wunder, dass daher πλέω auch = schwanken, wie umgekehrt fluito auch = schiffen, schwimmen. — Lat. plu-o, regnen, vermittelt sich hieher durch den Bgr. besprengen, bespritzen, welchen Begriff die *A*-Lautung unserer Wurzel unter verschiedenen Weiterausgestaltungen darstellt in παλ-άσσω, besprengen (aber auch noch „schwingen" von Loosen, wie πάλλειν) || in παλ-ύνω, bestreuen, etc.

Ob man

$$\pi\lambda\breve{v}\text{-}\nu\acute{o}\varsigma$$

X 153, ζ 40. 86 von πλύνω bzw. dem kürzeren in πέ-πλυ-κα,

πλυ-τός κτλ. zu Tage tretenden Thema πλυ als „Spüle" herzuleiten oder wie πλευρή aus der Grundbedeutung der Sec.W.
(σ)πυλ, πλυ, schwingen, als „Gebogenes, Gerundetes" zu deuten
hat, ist sehr fraglich. Homer zwar etymologisirt aus πλύνω,
wenn er X 153 ff. sagt:

> ἔνϑα δ' ἐπ' αὐτάων πλυνοὶ εὐρέες ἐγγὺς ἔασιν
> καλοί, λαίνεοι, ὅϑι εἵματα σιγαλόεντα
> πλύνεσκον Τρώων ἄλοχοι καλαί τε ϑύγατρες. —

Aber da Suffix νός gewöhnlich passiver Natur ist, wie in ἐρεμ-
νός, obscurus, verdeckt = finster (ἐρέφω) ‖ ἀκιδνός st. ἀ-σκιδ-
νός, gespaltet = dünn, schwach ‖ στιλπ-νός, beglänzt ‖ στυγ-
νός, verhasst κτλ.: was wäre πλυ-νός = πλυ-τός „gewaschen"?
Und die active Bedeutung anlangend, was könnte man Brauch-
bares aus „spülend" gewinnen? Ort oder Mittel aber bezeichnet
Suff. νός niemals, weshalb man nicht „Spülort = Spüle" deuten
kann. Und nun das Epitheton λαίνεοι und καλοί! Unseres
Erachtens sind πλυ-νοί vielmehr „rundliche Einbiegungen" d. i.
Bassins; daher πλυ-νός auch = Wanne, Trog überhaupt, πύελος Hes.*)
Wie dem aber auch sei, jedenfalls ist

πύλη

mit dem Bgr. „Bogen = Thor" aus Wf. σπλυ st. σπυλ herzuleiten, wie por-ta, Gebogenes, aus W. spar. Dass Bgr. pandus,
geschwungen, gebogen zu Grunde liegt, ist zu folgern aus
πυλ-ών, Thor, aber auch = Kranz H. ‖ πυλ-εών, ebenfalls
a) Thor, b) Kranz ‖ πύλ-ιγξ, Geringeltes = Locke: πύλιγ-
γες· βόστρυχοι, κίκιννοι, ἴουλοι Hes. ‖ πύλ-αρον, Block,
runder Klotz H. ‖ maced. πυλλεῖ = ϑραύει. Denn „zerbrechen"
= biegen, wie κλάζω, ὀ-κλάζω (S. 320) zeigt und das zu W.
spar, schwingen etc., gehörige lat. frango, St. fra-g (gothisch
brik-an, ags. brëc-an), das man fälschlich aus ῥήγνυμι deutet.
Das N. propr.

Πύλος

ist für solche Städte aufgespart, die unmittelbar oder nahe an

---

*) Dass πύελος, hohles Behältniss aller Art, wie Trog, Badewanne,
Sarg etc., nebst πυελίς, die Höhlung worin der Stein am Siegelringe steckt,
nichts mit πλύνω zu schaffen hat und nicht für πλύελο; stehen kann,
zeigt die Nbf. πτύ-ελο;: es gehört zu W. σπυ (S. 127).

der Küste lagen; es ist zu deuten als „Bucht", als por-t-us
(von W. spar), als *Πειρ-αι-ευς*, Hafen = Bucht, gebogen
(ebenfalls von W. *σπαρ*). Die auffallende Erscheinung, dass
zu *Πύλος* Homer stets die Masculinform des Epithetons *ημα-*
θόεις α 93, β 214. 359 ö., niemals aber *ημαθόεσσα* hinzusetzt,
erklärt sich u. E. daraus, dass Homer das appellative Verhältniss von *πύλος* als „Bogen, Bucht" noch lebendig gefühlt hat.
— In

$$Σί-πυλ-ος$$

st. *Σί-σπυλ-ος* Ω 615 beweist die Reduplicationssilbe *σι* noch
ursprüngl. sigmatische Anlautung. Die Deutung als *θεόπυλος*
„Gottesthor" von lak. *σιός* ist nur eine „Etymologie der Verzweiflung". Dagegen ist Biegung, Krümmung, Wölbung bzw.
Emporschwung eine desto natürlichere Bezeichnung für Berg. So
geht aus W. *(σ)παλ* auch hervor *Πήλ-ιον* B 744 ö. und eine
Reihe anderer Bergbenennungen, von denen wir nur noch *Πε-*
λεκᾶς, einen Berg in Kleinasien Polyb. V 77, namhaft machen
wollen. Offenbar ist der Name identisch mit *πελ-εκ-ᾶς*, *πε-*
λεκάν. Wegen der Aehnlichkeit mit *πέλεκυς* deutet man
„Hacker, Baumhacker" — eine merkwürdige Etymologie! Neben
πελεκᾶς findet sich gleichbedeutig *σπέλεκ-τος* (Hes.), offenbar
aus W. *σπαλ+κ* mit Einschub von ε, wie z. B. von W. *ὁλ* sich
ὁλ-έ-κ-ω weitergebildet hat. Der Pelikan wird wohl seinen
Namen haben von der geschwungenen Gestalt, speciell des
schwanenartigen, sich biegenden Halses; daher *σπέλ-εκ-τος* ursprüngl. = geschwungen; nichts anderes ist *πελ-εκ-ᾶς*. Bei
Methathesis der W. *σπαλ* zu *(σ)πλα* bedurfte es bei der *K*-Er-
weiterung keines ε-Einschubs; daher *Πλάκ-ος*, ein Berg in
Mysien Z 396 von gleichem Begriffe. — Ob verticale, ob hori-
zontale Schwingung, Rundung, das ist dem Sprachgeiste einerlei;
daher neben *Σί-πυλος* auch *Πύλαιον* Name eines Berges (in
Lesbos), anderseits *Πυλ-ήρη*, Name einer Stadt *B* 639.
        Wenn *B* 842 als Heerführer der Pelasger ein *Πύλαιος*
erscheint, so werden wir diesen wohl nicht als einen am „Thore
befindlichen", sondern aus der Grundbedeutung von *πύλη*
„Schwingung = Rundung, Bogen" als einen „schwunghaften"
zu fassen haben, zeichnet ihn der Dichter doch aus als *ὄζος*
Ἄρηος. Und den Namen des Paphlagonen-Königs

Πυλαιμένης

B 851, *E* 576 wird man wohl nicht als einen „am Thore war-
tenden" deuten wollen. Da W. *μα* urspr. sigmatisch anlautete
(S. 264 und 293), so ist *Πυλαιμένης* st. *Πυλα-σμένης* u. E.
soviel als „Schwungkraft", „schwungkräftig", wie denn solcher
Name einem durch das Epitheton *ἀτάλαντος Ἄρηι* ausgezeich-
neten Heerführer wohl anstehen würde. — Auch der Troer

Πύλ-ων

M 187 wird weder ein „Thor" noch ein „Kranz", welche beiden
Bedeutungen das Appellativum *πυλ-ών* aufweist, sondern ein
„Schwinger" oder ein „Schwunghafter" gewesen sein.

147. *Πέλωρ, πελώριος.*

I. *Πέλωρ* soll sich nach Christ Gr. L. 125 mit Skr. karālas,
ungeheuer, decken. Zu derartiger Etymologie freilich kann
man kommen und darauf „Lautgesetze" aufbauen, wenn man
weder dem Gange der Begriffsvermittelungen Seitens des Sprachgeistes nachspürt, noch die resp. Wurzeln in ihrer Entwickelung
Schritt für Schritt verfolgt, sondern, was so vielfach der Fluch
der Etymologie geworden ist, einerseits sich von vorgefassten
Meinungen über angebliche Lautvertretungen ($π = κ$, $λ = ρ$!)
beherrschen lässt, anderseits nur sporadisch nach halbwegs
ähnlich klingenden Wörtern synonymen Begriffs herumsucht.

Πέλ-ωρ gehört ganz einfach zu *(σ)πέλω* bzw. W. *σπαλ*,
welche W. sich begrifflich mit engl. to swing, schwingen, deckt.
Wie nun engl. swing-ing = gross,· ungeheuer, Adverb swing-
ing-ly = ungeheuerlich, so ist *πέλ-ωρ* = swing-ing, ungeheuer,
gewaltig, substantivirt = das Ungeheuer, Ungethüm. In unserem Schwung, Aufschwung, schwunghaft liegt verwandte
Vorstellung vor.

Πέλωρ ist unserem Dichter sowohl der Cyklop *ι* 428, die
Scylla *μ* 87, als auch Hephästus. Im Hymn. Ap. heisst so ein
Delphin, Vs 374 der Drache Python. Das Wort bezeichnet
also überhaupt ein riesiges Wesen, wie noch überzeugender
aus der Verwendung von *πέλ-ωρ-ον*, von Adj. *πέλ-ωρ-ος* und
πελ-ώρ-ιος hervorgeht. Riesig (*πελώριος*) heisst Hades, Ares,

Achilles, Aias, Hektor, Orion, Periphas. *Ἀνὴρ πελώριος* heisst ι 187 Polyphem, der 190 θαῦμα πελώριον genannt wird, wozu die Erklärung — — οὐδὲ ἐῴκει

> ἀνδρί γε σιτοφάγῳ, ἀλλὰ ῥίῳ ὑλήεντι
> ὑψηλῶν ὀρέων, ὅτε φαίνεται οἶον ἀπ' ἄλλων.

Wie hiernach *πέλ-ωρ* mit *πέλω*, wenden (urspr. schwingen), so hängt *Wunder* mit *winden*, *wenden* zusammen. Aehnlicher Vorstellung verdankt sein Dasein *κάμπος*, Seeungeheuer, von *κάμπ-τω*, biegen, wölben ‖ *Wal*, Wal-fisch, altn. *hval-r* aus W. hval, biegen, wölben. Vgl. Benfey II 293 ‖ gleichbedeutig aus W. *σπαλ*: *φάλ-η*, *φάλ-αινα*, bal-ena ‖ goth. *hauh-s*, nhd. *hoch* aus germ. W. huh = Skr. kuc, biegen, krümmen, wölben Fick III 76. Und engl. *huge* ist im Unterschiede von *high*, hoch, begrifflich ganz dasselbe, was *πελώριος*.

II. Die mit W. *σπαλ* begrifflich und urwurzelhaft zusammenfallende Sec.W. *σπαρ* hat abgegeben das Wort

$$Φήρ,$$

Hüne, wie die thessalischen Hünen heissen, mit denen die Lapithen in Kampf geriethen *A* 268, *B* 743. Vergleicht man beide Stellen mit φ 295, so unterliegt es keinem Zweifel, dass mit *φῆρες* die Centauren gemeint sind. Diese sind zwar rauhbehaart, *λαχνήεντες B* 743, und wohnen auf Bergen bzw. in Berghöhlen (*ὀρεσκῷοι A* 268), sind aber nichts weniger als wilde Thiere (*θῆρες*): sie haben ihr geordnetes Gemeinwesen, wenigstens Gebietiger, wie andere Volksstämme (φ 295), sogar ihre Weisen und Seher, wie Cheiron, der berühmte Lehrmeister des Asclepius, des Achilles, einer ist. Die nachmalige Vorstellung der Centauren als Halbpferde ist unserem Dichter fremd. *Φήρ* ist hiernach begrifflich, aber nicht lautlich = *πέλ-ωρ*, fällt aber weder lautlich noch begrifflich mit *θήρ* zusammen.

Da der äolische Dialect bekanntlich auch in Thessalien gesprochen wurde, so liegt die Vermuthung nahe, dass die äolische Zunge jenes selbe *φήρ* aus W. *σπαρ* überhaupt auch zur Bezeichnung aller grösseren, weiterhin aller wilden Thiere verwandt und demnach kein Bedürfniss mehr gespürt habe, hierzu das gemeingriechische *θήρ* zu verwenden; haben doch die Aeoler ebenso gut wie die übrigen Griechen ihr *ϑυμός*, *ϑρόνος*, *ϑώραξ*, *ϑεός*, *ϑανεῖν*, *ϑαλίαι*, *ϑυγάτηρ* κτλ., nicht aber *φυμός*, *φεός* κτλ. Auf alle Fälle hat man *φήρ* und *ϑήρ* weit auseinander zu halten. Wenn nach Fick III 204 nhd. *Bär*, ags. bera, ahd. bëro mit *φήρ* identisch (Bgr. grosses Thier, Ungethüm), so kann das in der vorgetragenen Deutung des äol. *φήρ* nur bestärken. — Man vergleiche noch mit *Φήρ* das gleichwurzelige *τὰ φήρ-εα* (Sing. *φῆρ-ος*), Geschwülste, bei Hippokrates.

148. *Παλάμη*

haben die Alten durchweg zu *πάλλω* gezogen; neuere Etymologen verwerfen diese Etymologie. Das ist u. E. ebenso verkehrt, als die Deutung „flache Hand“. Bei Homer ist *παλ-άμη* dieses nirgends, sondern überall nur die gebogene Hand = *κυλλή* (curva) oder = lat. vola (W. val, *Fαλ*, krümmen) oder = *γύαλον*. Daher ist *παλ-άμη* zu erklären als die „gebogene“ aus W. *σπαλ*, schwingen, biegen, wozu ja auch *πάλλω* gehört. Vgl. die zahlreichen Wörter des Bgr. „gebogen“ Abschn. 137 ff.

Geben wir eine Uebersicht des homer. Gebrauchs von *παλάμη*, so haben wir: *α* 104 = *β* 10 den Speer in der Hand halten || *A* 238 das Scepter in Händen tragen || *Θ* 111, *Π* 74 der Speer rast in den Händen || *Γ* 368 (*ρ* 231) Geschosse fliegen aus den Händen || *E* 594, *O* 677 Waffen in den Händen schwingen || *τ* 577 = *φ* 75 die Bogensehne mit den Händen spannen || *Γ* 338, *ρ* 4, *Π* 139 die Lanze ist den Händen angepasst || *ε* 234 dasselbe bezüglich eines Beiles, *Σ*·600 bezüglich einer Töpferscheibe || *E* 558, *II* 105, *Ω* 738 unter den Händen der Helden getödtet werden; dsgl. Leiden erdulden *Γ* 128 || *Φ* 469 handgemein werden mit den Fäusten eines Kämpfers || *O* 411 von den Arbeiten der Hand eines kundigen Werkmeisters.

Nur Gedankenlosigkeit konnte aufstellen, dass man Scepter, Axt, Speere, Waffen etc. in der „flachen Hand“ trage, schwinge; dass man mit der „flachen Hand“ den Bogen spanne u. s. w.

Das entsprechende Wort vom Fusse lautet *πέλ-μα*, was der Lateiner gleichfalls durch vola ausdrückt. Lat. pla-n-ta ist desselben Ursprungs, wie *πέλ-μα*, *παλ-άμη*. — Wenn lat. pal-ma = *παλ-άμη* auch „Palme“ bedeutet, so dürfte hier

Entwicklung des Grundbegriffs „schwingen" zu „emporschwingen" vorliegen, während sich pal-ma „Ruderschaufel" wie $\pi\eta\delta\acute{o}\nu$ (Wf. $\delta\pi\alpha\delta$, schwingen) als Schwingendes, Geschwungenes, pal-ma und palmes „Rebe" wie $\ddot{\alpha}\mu\pi\epsilon\lambda o\varsigma$ als sich Biegendes, als Rankendes, pal-ma „Schild" wie $\pi\acute{\epsilon}\lambda$-$\tau\eta$ als Geschwungenes oder auch als Gebogenes erklärt, — lauter Nöthigungen, von W. $\delta\pi\alpha\lambda$ „schwingen" auszugehen.

II. Das Adverb

$$\pi\acute{\alpha}\lambda\text{-}\iota\nu$$

erklärt sich als urspr. Accusativ eines Subst. $\pi\acute{\alpha}\lambda$-$\iota\varsigma$, Biegung, Wendung, Umschwung, und deckt sich begrifflich mit rursum (re-versum), und $\ddot{\epsilon}\mu$-$\pi\alpha\lambda\iota\nu$ ist gleichsam in-versim. In $\dot{\alpha}\nu\acute{\alpha}$-$\pi\alpha\lambda\iota\nu$ ist $\dot{\alpha}\nu\acute{\alpha}$ = re-: re-versum, rursum.

149. $\Pi\acute{\eta}\lambda\text{-}\eta\xi$,

Helm, leiteten die Alten ebenfalls von $\pi\acute{\alpha}\lambda\lambda\omega$ ab, wie z. B. Schol. N 527. 805; lautlich unzweifelhaft richtig; aber die Begriffsvermittelung haben sie nicht gefunden. Weder heisst der Helm so, weil er einen schwingenden, wallenden Helmbusch hat, noch weil er zuweilen auch als „Loostopf" diente (Döderlein), sondern deswegen, weil er eine Wölbung bildet (vgl. $\psi\alpha\lambda$-$\acute{\iota}\varsigma$, Gewölbe, $\varkappa\tau\lambda$.). — Aus gleichem Grunde heisst er auch $\varkappa\acute{o}\varrho$-$\upsilon\varsigma$, welches Wort mit cur-vus, $\varkappa\acute{o}\varrho$-$\delta\eta$, Schläfe (urspr. Rundung), $\varkappa o\varrho$-$\delta\acute{\iota}\varsigma\cdot \pi\upsilon\gamma\acute{\eta}$ (dsgl.), $\varkappa o\varrho$-$\upsilon\varphi\acute{\eta}$, $\varkappa\acute{o}\varrho$-$\upsilon\mu\beta o\varsigma$, $\varkappa o\varrho$-δ-$\acute{\upsilon}\lambda\eta$ und $\delta\varkappa o\varrho$-δ-$\acute{\upsilon}\lambda\eta$ $\varkappa\tau\lambda$. zur W. $\delta\varkappa\alpha\varrho$, schwingen (S. 423) gehört. — Aus gleichem Grunde bedeutet gal-ea „Helm"; denn es hängt zusammen mit $\gamma\acute{\alpha}\lambda$-$\iota\nu\vartheta o\varsigma\cdot \dot{\epsilon}\varrho\acute{\epsilon}\beta\iota\nu\vartheta o\varsigma$ (Rundes), lat. gla-n(d)-s, Rundes = Eichel*) || glo-bus, Kugel || vgl. aus dem Skr. u. a. gul-i, Kugel || $\gamma\acute{\epsilon}\lambda$-$\gamma$-$\iota\alpha$, Kügelchen = Korallen: $\varkappa o\upsilon\varrho\acute{\alpha}\lambda\iota\alpha$ Hes.; den Grundbegr. „schwingen" hat gewahrt $\gamma\acute{\epsilon}\lambda$-$\gamma$-$\iota\alpha\cdot \delta\pi\acute{\alpha}\vartheta\eta$ || $\gamma\acute{\epsilon}\lambda$-$\gamma$-$\iota\vartheta$-$\epsilon\varsigma\cdot$ $\alpha\acute{\iota}$ $\tau\tilde{\omega}\nu$ $\delta\varkappa o\varrho\acute{o}\delta\omega\nu$ $\varkappa\epsilon\varphi\alpha\lambda\alpha\acute{\iota}$ II. || $\gamma o\gamma$-$\gamma\acute{\upsilon}\lambda$-$o\varsigma$, rund || $\gamma\lambda o\upsilon$-$\tau\acute{o}\varsigma\cdot \delta\varphi\alpha\acute{\iota}\varrho\omega\mu\alpha$, Gerundetes; daher auch $\gamma\lambda o\upsilon$-$\tau\acute{o}\varsigma$, Hinterbacke E 66 ö. Vgl. unseren Metzgerausdruck „Fleisch aus der Kugel" || $\gamma\lambda\acute{\alpha}$-$\varphi$-$\omega$, aushöhlen (Biegung nach unten

---

*) Die Identificirung mit $\beta\acute{\alpha}\lambda$-$\alpha\nu o\varsigma$ ist gerade so unmöglich, wie die von $\beta\alpha\acute{\iota}\nu\omega$ mit SkrW. gâ, mit goth. quiman, wie die von $\beta\acute{\alpha}\lambda\lambda\omega$ mit ahd. quillu etc. Curt. N. 636. 634. 637.

machen), ist nur φ-Erweiterung: Beweis γλα-ρ-ίς, Hohlmeissel ‖ γάλλια· ἔντερα (H.) erklärt sich wie σπλάγχνα aus Wf. σπλεκ in σπλεκ-όω κτλ. als „Geschlinge" ‖ γάλ-ας und γι-γαλ-ία· γῆ H., begrifflich = camp-us d. i. καμπ-τός ‖ γαλ-έη, Wiesel, Marder d. i. das sich biegende, windende Thier ‖ γλά-νος, Hyäne, von gleichem Grundbegriffe. — Aus dem Germanischen vergleicht sich mit Bgr. schwingen = springen, wie πόρ-ις, πόρ-τις aus W. σπαρ benannt wurden διὰ τό σκιρτητικὸν εἶναι: Kal-b, engl. cal-f ‖ engl. cal-f, Wade = Rundes ‖ col-t, Füllen; zu erklären, wie Kal-b: to col-t, herumspringen, kälbern ‖ Kol-be, Kolben, Kloben, Kelle u. s. w.

Gleichen Ursprungs mit πήλ-ηξ sind verschiedene Wörter des Begriffs Wölbung, Einbiegung nach unten, da dem Sprachgeiste ja convex und concav identische Begriffe sind. So ist πέλλιξ nicht bloss Schädel (κράνος Hes.), sondern auch Becher, tiefe Schüssel, und

πέλλα,

= Gelte, Milcheimer Π 642, später auch = Becher ‖ πελ-ίκη, Becher und tiefe Schüssel ‖ πελ-ίνη, ein att. Hohlmaass ‖ πέλ-ιξ, πέλλ-ιξ, πέλ-ις, pel-vis etc. Gleicher Begriffsvermittelung ist lat. pal-us, St. pal-ud als „Einbiegung, Loch, lacus, Lache" neben pal-ud-amentum als „Umschwingung, Hülle" = pallium = πέ-πλ-ος st. πέ-παλ-ος = φᾶρ-ος, σπεῖρον aus W. σπαρ. — Man könnte sich versucht fühlen, hieher auch πηλός als πηλ-ός zu ziehen; allein dass πη-λός zu trennen und vom Bgr. übelriechen (W. σπα, -σπά-τη etc.) auszugehen ist, zeigt Nbf. πάσ-κος aus (σ)πα+ς, wonach beide = Koth = -σπά-τη in οἰ-σπάτη.

Dagegen ist äol. πήλ-υι = τηλόσε (Ahrens 41, Curt. S. 482) mit πήλ-ηξ, wenn auch unter anderer Begriffsvermittelung, Eines Ursprungs aus W. σπαλ. Πήλυι ist Dativ eines Subst. *πῆλ-υς, urspr. = Schwung = Weite. Wie aus engl. to swing hervorgeht swing-ing „gross" etc., wie aus W. σπαρ hervorgeht πρό-σω (προ-σός = engl. swinging, swung), auch unser fer-n, engl. far, goth. fair-ra etc.; wie aus W. σπαλ (S. 462) πλα-τ-ύς „breit", aber auch = „weit", so *ἡ πῆλ-υς „Weite" aus W. σπαλ. — Christ identificirt πήλ-υι mit lat. -cul in pro-cul! Andere nehmen π = τ und identificiren τηλ-

ὅσε mit πήλ-υι! Mit Recht betont hier Curtius die Möglichkeit, dass „die verschiedenen griech. Mundarten denselben Begriff aus zwei verschiedenen Stämmen (Wurzeln) entwickelt haben". Warum ist er diesem Grundsatze
sonst so oft untreu geworden?

150. Πέλαγος.

Ist St. πλα-γ von πλήσσω selbst nur Weiterbildung aus
W. (σ)παλ in Metathesi, so kann πέλαγος nicht füglich aus
πλα-γ durch Einschub von ε gebildet sein. Gleiches steht der
Ableitung aus St. πλα-κ in πλάξ, Fläche, entgegen, abgesehen
davon, dass hier κ- und nicht γ-Erweiterung vorliegt. Vielmehr
ist πέλ-αγ-ος direct von W. (σ)παλ, (σ)πελ abzuleiten. Weiterbildungen mittels αγ kommen ja auch sonst oft genug vor:
ἁρπ-αγ-ή, Raub ‖ ἁρπ-άγ-η, Harke ‖ ἅρπ-αγ-ος, ἁρπ-άγ-ιον,
ἁρπ-άγ-ιμος κτλ. ‖ πάτ-αγ-ος, πατ-αγ-ή κτλ. ‖ σπάρ-αγ-ος,
ἀ-σπάρ-αγ-ος, ἀ-σφάρ-αγ-ος ‖ ἀλλ-άσσω St. ἀλλ-αγ, ἀλλ-αγ-ή
κτλ. Die sonst übliche γ-Erweiterung (τμή-γ-ω) wird eben
dort mit bindendem α angefügt, wo es der Wohllaut erfordert.
·L. Meyer II 47 erschliesst auch für ἀλαπάζω aus ἀλαπάξω den
Stamm ἀλαπ-αγ, dsgl. den St. ἀ-βροτ-αγ für ἀβροτάζω aus
ἀβροτάξομεν K 65, den St. ῥυστ-αγ für ῥυστάζω aus ῥυσταχ-
τύς, den St. ἑλκ-υστ-αγ für ἑλκυστάζειν, den St. βαστ-αγ
für βαστάζω aus βάσταγ-μα neben St. βασταδ in ἐβάστασε
φ 405.

Und so ist πέλ-αγ-ος aus Wf. πελ, W. σπαλ, mit dem
Bgr. der schwingenden, wogenden Bewegung (fluitare) hervorgegangen = Gewoge.

Nun erklärt sich auch die Verbindung ἁλὸς ἐν πελάγεσσι
„in den Wogen des Meeres" ε 335, Hymn. Ap. 73 ‖ ἐν πόντου πελάγει im Gewoge des Pontos Pind. fr. 259 ‖ ἐν πελάγει
ποντίῳ. Pind. Ol. VII 56 ‖ ὑγρῷ πελάγει „im nassen (d. i.
Wasser-) Gewoge" Pind. Pyth. IV 70 ‖ ἐν Ὠκεανοῦ πελάγεσσι
„in den Wogen des O. (Mittelmeeres)" P. Pyth. IV 447 ‖ ἅλιον
πέλαγος „das Meeresgewoge" Eur. Hec. 938 ‖ πέλαγος Αἰγαίας
ἁλός E. Troad. 88.

In der Verbindung γ 91 ἐν πελάγει μετὰ κύμασιν Ἀμφιτρίτης giebt der Dichter gleichsam selbst die Erklärung von πέλαγος an die Hand. — Bezeichnend ist auch die Verbindung mit μέγα = „das grosse Gewoge" d. i. das Meer Ξ 16, γ 179. 321.

151. Σπλάγχνα.

Erweiterung der W. σπαλ, σπλα mittelst κ ist uns im Voraufgehenden bereits mehrfach begegnet. Mit vollem urspr. Anlaute haben wir σπλεκ-όω (Aristoph.), δια-σπλεκ-όω Aristoph. Plut. 1082, in gleichem Sinne wie auch συμ-πλέκω, am-plec-ti gebraucht wird. Die Nebenform πλεκ-όω beweist, dass auch πλέκ-ω (lat. plec-to) für σπλέκω steht: schwingen = umschlingen, flechten. Lat. flec-to ist nur andere Lautbrechung: schwingen ist auch = umbiegen, biegen. Lat. plec-to, schlagen, aber steht für pleg-to = πλήσσω St. πλαγ und ist mit flig-o eine G-Erweiterung derselben Wurzel, letzteres mit Ablautung, wie solche auch in plico neben -plex vorliegt.

Mit ἁ cop. zusammengesetzt geht unter Assimilation von σ zu μ aus Wf. σπλα+κ hervor ἁ-μπλακ-εῖν, ἁ-μπλακ-ίσκω und mit Ausstossung von Sigma ἁ-πλακ-εῖν. Vgl. hierüber S. 278.

Aus dieser κ-Erweiterung der Wf. σπλα = W. σπαλ geht mit Nasalirung *τὸ σπλάγχ-νον, τὰ σπλάγχ-να hervor = Geschlungenes, Geschlinge, wie die Eingeweide, namentlich die zusammenhangenden edleren Innentheile Herz, Lunge, Leber und Milz, ja auch im Deutschen genannt werden. Und diese gerade sind es, welche Homer unter dem Worte versteht: σπλάγχν' ἐπάσαντο Α 464, Β 427, γ 9. 461, μ 364 ö.

Die Wandlung von κ zu χ vor der Liquida ist dieselbe, wie in τέχ-νη aus W. τεκ ‖ λύχ-νος aus W. λυκ ‖ πλοχ-μός neben πλόκ-αμος κτλ.

Gleichbedeutiges ἁ-κρῶ-α (st. ἁ-σκρῶ-α)· σπλάγχνα (Hes.) geht mit gleicher Begriffsvermittelung aus W. σκαρ, schwingen, hervor. Vgl. Ge-kröse.

Die Sprachvergleichung hat sich seither, ohne freilich Ursprung von σπλάγχ-να, so nahe solcher auch lag, zu erkennen, förmlich überboten, aus σπλάγχ-να das Unmöglichste zu machen. Nicht bloss soll σπλήν

für σπλαγχν oder σπλαχ-εν stehen, ˉsondern auch lat. lien, altn.
lungu, ahd. lungâ, nhd. Lunge sollen identisch sein (Curt. N.
390). Lu-n-ge als Athmendes ist gleicher Wurzel mit Lu-f-t
zu W. la-li-lu, wohin auch li-en als Drüse = Blase gehört;
denn die Milz ist eine Drüse: „Milzdrüse". Und das ist auch
die Bedeutung von σπλή-ν, sple-n aus dem Grundbegriffe von
W. σπα-λ, der in πο-μφόλ-υξ, Blase, φλυ-κ-τίς, φλύκταινα,
Blase, in lat. fla-re und zahlreichen anderen Wörtern, wie wir
später sehen werden, noch so unabweisbar vorliegt. Eine Blase
ist erst recht die Galle (Gallenblase), lat. fel, welches letztere
daher ebenfalls zur Sec.W. spa-l gehört, aber mit χολή und
χόλ-ος und Galle lautlich ebenso wenig gemein hat, wie χολ-
άδ-ες, Eingeweide, mit σπλάγχνα.

Curtius selbst bemerkt: „Der in σπλήν für σπλάχ-εν (!)
bemerkbare Wegfall des χ zwischen Vocalen hat höchstens in
ἠˉ „er sprach" ein Analogon". Wir können solchen Cirkelbeweis
in der Etymologie nicht gebrauchen. Denn auch ἠ-μί hat kein
χ ausgestossen (Abschn. 145 am Ende).

Ist unsere Deutung und Ableitung von σπλάγχ-να „Geschlinge" richtig, so passt auch begrifflich die lautlich unmögliche Erklärung von σπλήν als = σπλαχ-εν nicht. Denn eine
„Drüse" ist kein Geschlinge.

Bei Hippokrates ist σπλή-ν auch, gerade wie σπλή-ν-ιον,
„ein Verband". Soll auch dieses aus σπλαχ-εν gebildet sein?!
Es entwickelt sich aus der secundären Bedeutung der W. σπαλ,
nämlich aus schwingen = schlingen auf ebenso natürliche Weise
wie σπάλ-ιον, ψάλ-ιον, Fessel, κτλ.

152. Πλίσσομαι

ζ 318 ist noch immer ein unverstandenes Wort. Die betr.
Stelle lautet:

> ὡς ἄρα φωνήσασ' ἵμασεν μάστιγι φαεινῇ
> ἡμιόνους· αἱ δ' ὦκα λίπον ποταμοῖο ῥέεϑρα.
> αἱ δ' εὖ μὲν τρώχων, εὖ δὲ πλίσσοντο πόδεσσιν.

Nachdem gesagt ist, dass die Maulthiere rasch die Strömungen verliessen, dass sie wacker liefen, kann mit πλίσσοντο

nicht wohl noch nachträglich gesagt sein sollen, dass sie „gut ausschritten", wie insgemein gedeutet wird, und zwar „mit den Füssen", als ob das Ausschreiten noch anders geschehen könne. Es muss mit εὖ πλίσσοντο πόδεσσιν eine nähere Ausmalung von ὦκα λίπον und εὖ τρώχων beabsichtigt sein; aber welche? Die Scholiasten setzen πλίσσομαι = πλέκομαι und deuten „die Beine verflechten". Das könnte höchstens von schwerfälligen Ochsen gesagt sein bei ihrem eigenthümlichen Gange; aber Maulthiere „verflechten" die Beine nicht. Mit Recht verwirft daher Curtius N. 103 diese Gleichstellung. Wir haben bereits mehrfach W. σπαλ in der Ablautung σπιλ, metathesirt σπλι, πλι, φλι kennen gelernt. Wie plica, plicare dazu eine K-, fli-g-ere eine G-Erweiterung ist, so πλίσσομαι St. πλι-χ eine χ-Erweiterung. Halten wir an der Grundbedeutung der Wurzel fest, so ergäbe sich „schön schwangen sie sich mit den Füssen".

Damit würde eine ähnliche malerische Beschreibung der stattlichen Bewegung der edlen feurigen Maulthiere gegeben sein, wie das Epitheton μώνυχες (W. μα+ὄνυξ), strebehufig*), den Rossen beilegt. Lautlich wäre πλίσσομαι st. πλιχ-ιομαι aus einem πλίξ G. πλιχός oder *πλιχή, Schwung, zu erklären. Nur zu diesem Begriffe des Verbalstammes πλι-χ passt auch die Bedeutung von πλιχ-άς, interfeminium d. i. gebogen, panda, Einbiegung, wie ja Bgr. biegen so gewöhnlich aus Bgr. schwingen hervorgeht. — Πλίγμα ist ein Kunstgriff beim Ringen, supplantatio, bestehend in einer Umschwingung des eigenen Fusses, womit der Gegner zum Falle gebracht werden soll, und ἡ πλίξ ist den alten Grammatikern zufolge = πλίγμα. Wenn nach Suidas πλίξ auch = βῆμα, so steht das nicht im Wege, da ja das Gehen, Schreiten nur ein Schwingen der Beine ist (vgl. S. 268 über W. [σ]βα); und wenn πλίξ nach Suidas auch = τὸ ἀπὸ τῆς χειρὸς εἰς τὸν λιχανὸν δάκτυλον διάστημα, so erklärt sich das ebenfalls als Biegung, Ausbiegung bzw. Spannung, Spanne. Ἐκ-πλίσσω bedeutet bei Hippokrates „auseinanderfalten" d. i. auseinanderbiegen (vgl. oben plicare).

---

*) Vgl. darüber des Vfs. Artikel in der Berliner Ztschr. f. G. 1864 S. 403 ff.

Wenn Sophokles Fgm. 538 im Triptolemus den Vers hatte

δράκοντα θαιρὸν ἀμφιπλὶξ εἰληφότες,

so springt die Bedeutung „umschwingender, umschlingender Weise" sofort in die Augen. Auch περι-πλίσσεσθαι περί τι ist nicht einfach „umschreiten".

153. Σιφλόω,

das ἅπαξ λεγόμενον Ξ 142 harrt noch immer seiner etymolog. Erklärung. Wenn Poseidon über Achilles die Verwünschung ausstösst

ἀλλ᾽ ὁ μὲν ὥς ἀπόλοιτο, θεὸς δέ ἑ σιφλώσειεν,

so geht es nicht an, mit Düntzer, Fäsi etc. σιφλόω als = „verderben" zu deuten und so den Dichter eine müssige Wiederholung des voraufgegangenen Begriffs ἀπόλοιτο, etwa um den Vers auszufüllen, machen zu lassen. In σιφλώσειεν mus etwas Besonderes und Neues gesagt sein.

Offenbar entstammt σιφλόω von Adj. σιφλός. Nun giebt es aber ein doppeltes σιφλός, eines = σιφρός, ein anderes = σιπαλός. Σι-φ-ρός „leer, hohl" erklärt sich aus σι-σφα-ρός (S. 239), und ebenso gleichbedeutiges σι-φ-λός st. σι-σφα-λός. So gebraucht σιφλός Plato com. bei Ath. VIII 344, Opp. Hal. III 183. — Σιφλός = σι-παλ-ός st. σι-σπαλ-ός dagegen gehört za Scc.W. σπαλ, und bedeutet zunächst pandus, krumm, lahm: γενεήν γε μὲν Ἡφαίστοιο· τούνεκ᾽ ἔην πόδε σιφλός Ap. Rh. I 204. Hierzu passt die Glosse des Hesychius σιφλόν· πηρόν. Von diesem Begriffe ausgehend, übersetzt Minckwitz „möge ein Gott seinen Leib verkrüppeln lassen", jedenfalls weit plastischer und gerechtfertigter, als die Deutung „verderben". Allein wenn Jemand schon überhaupt zu Grunde gegangen, umgekommen ist (ἀπόλοιτο), so ist das Hinzukommen der Verkrüppelung doch mehr als irrelevant.

Es bedeutet aber σιφλός auch ἐπίμωμος, μωμητός, αἰσχρός, κακός (Hes.) und ὁ σίφλος „Spott, Tadel" (s. Lex. und Schol. Ξ 142) und σι-παλός auch ἀκάθαρτος, schmutzig Hes., ἐπίσιφλος· αἰ-σχρός. μωμητός ib. — Man vergleiche zu diesen Begriffen ausser σπέλ-ε-θος und πέλ-ε-θος, σπέλλ-ηξ und πελλ-ίον, engl. spla-sh, Koth, noch φολ-ύνω, besudeln || παλ-άσσω, bewerfen, bespritzen, besudeln || to spla-sh, bespritzen, besudeln || πάλ-κος, Koth, Hes.*)

Wie nahe sich die Begriffe „Tadel, Schande, Spott, Schmach" und „bespritzen" bzw. „besudeln" etc. stehen, haben wir zum Oefteren gesehen, z. B. S. 146.

Wenn hiernach ein Theil der Alten zufolge der Scholien zur Stelle ἐπίψογον ποιήσειε, μωμητὸν ποιήσειε erklärte, oder wenn Hesychius auch μωμήσειε glossirt, so waren sie auf richtigem Wege; zutreffender freilich ist die Uebersetzung „und möge ihn die Gottheit zu Schanden bzw. zum Spotte werden lassen".

Damit kommt Sinn in die Stelle und ein zusammenhängender Gedanke: Vs 139 ff., „Nun freut sich wohl des Achilles verderbliches Herz, wie er das Gemetzel und die Flucht der Achäer sieht, sintemal er keinen Verstand hat, auch nicht einen winzigen. Aber er möge zu Grunde gehen, und die Gottheit ihn zu Schanden, zum Spotte werden lassen" (mit seiner frevlen Schadenfreude etc.).

154. Φύλ-αξ

mit dem davon entstammenden φυλάσσω st. φυλ-ακ-ιω fristet noch immer ein verwaistes Dasein. Nun haben wir aber aus W. σπαλ bereits so viele Wörter des Begriffs „umfriedigen" kennen gelernt. Aus diesem Begriffe aber entwickelt sich so ganz gewöhnlich Bgr. schirmen, schützen; so auch z. B. bei φράσσω (φρα st. σπρα+κ) aus W. σπαρ, begrifflich = W. σπαλ, so zwar, dass Thucydides VIII 35 das Medium φράσσομαι sogar im Sinne von „sich hüten" gebrauchen konnte. Und goth. bairg-an (barg), ahd. bërg-an, përg-an, nhd. bergen ist urspr. umschliessen, einfriedigen, indem es eigenartige Weiterentwickelung derselben Wurzel ist, welche φράσσω St. φρα-κ erzeugt hat, wie denn auch goth. baurg-is, Burg, sich bis auf die selbständigen Weiterbildungselemente mit φύρ-κ-ος, Mauer (Einfriedigung), sowie mit πύρ-γ-ος, Πέρ-γ-αμος, lak. φούρ-κ-ορ· ὀχύρωμα etc. deckt. Die verschiedenartigen Anlautungen

---

*) Πη-λός dagegen erklärt sich besser direct aus W. σπα = -σπά-τη S. 70.

schreiben sich eben von dem sigmatischen Anlaute der Wurzel
σπαϱ her, woraus sowohl Wf. φαϱ, φϱα, als Wf. παϱ, πεϱ bzw.
mit Ablaut φυϱ, πυϱ hervorgehen konnte. Die Guttural-Erweiterung konnte sowohl mit κ, als mit γ oder χ vor sich gehen
(vgl. S. 313). Aus dem Grundbegriffe der W. σπαϱ „schwingen“
erklärt sich aber auch *Ber-g* nicht als „Schützendes“, sondern
als Emporschwingung, Wölbung, Kuppe, wie aus W. σπαλ der
Bergname Πλάκος Z 396. 425, altn. fjall „Berg“. Nun bedeutet
aber goth. bairg-an auch φυλάσσειν. — Zu ahd. *hel-an* = lat.
celare, das wieder mit cellere etc. auf Eine Wurzel geht (skal
= σκαλ, begrifflich mit σπαλ zusammenfallend), gehört nicht
bloss ahd. hol (nhd. *Höhle*), nhd. *hüllen*, sondern auch ags.
hel-m „Schützer“.

Hiernach dürfen wir keinen Anstand nehmen, die Gleichung
aufzustellen φυλ-άσσω: W. σπαλ, σπυλ = φϱάσσω: W. σπαϱ
= goth. bairga: W. spar (φαϱ = bar), und φύλ-αξ ist =
Hüter, φυλ-άσσω = hüten. Aber φυλάσσω und φϱάσσω auch
lautlich zu identificiren, wäre eine Sünde gegen die Etymologie. — Unser *hüten* verdankt ebenfalls gleicher Begriffsvermittelung sein Dasein, indem es mit Hut, Haut (cutis, κύτος,
σκῦτος), Hütte (σκη-νή) etc. auf Eine Wurzel zurückweist: W.
σκα-σκι-σκυ. Ebenso verhält es sich mit lat. cu-s-tos neben
cu-d-o, Helm. Doch darüber später.

155. Φάλαγξ und Verwandtes.

Φάλαγξ kommt nicht bloss im militärischen Sinne vor,
sondern auch in vielen anderen, scheinbar himmelweit auseinander liegenden Bedeutungen, zu deren Vereinigung uns
abermals nur die richtige Erkenntniss der Wurzel verhilft.
Φάλ-αγξ bedeutet a) ein rundes Stück Holz, einen runden
Block (Hdt III 97), besonders b) Rolle, Walze zum Fortrollen
von Lasten, wie φάλ-αγγ-α und φαλ-άγγ-ια = runde Balken,
Walzen; φαλαγγόω = auf Walzen fortrollen; φαλάγγωμα, Walze,
Rolle; c) Glied, Gelenk an den Füssen oder Händen, interpodium
(Bgr. Biegung) Aristot. H. A. I 157; d) die Spinne. — Nonius
lehrt unter Berufung auf Varro, dass phalanges (palangae) eigtl.
runde Klötze sind, mittels deren die Schiffe vom Lande ins

Meer oder umgekehrt bewegt werden. — Φαλ-άγγιον bedeutet
a) στρογγύλον ξύλον Hes.; b) Spinne, c) eine Pflanze. — Dazu
nehme man nun die Bedeutung von φάλαγξ „Heereshaufen" bei
Homer.

Alle diese Bedeutungen sind aus W. σπαλ, schwingen, zu
gewinnen. Der vermittelnde Begriff ist Rundung: φάλ-αγξ,
Heereshaufen, ist ein globus, Ballen, Knäuel: globi militum
Tac. So wird auch σπεῖρα aus W. σπαρ (urspr. Windung,
Rundung, auch Knäuel etc.) von einer Heeresabtheilung gebraucht,
speciell = manipulus Polyb. III 115, 12 ö. Und mani-pulus ist
schwerlich = hand-voll, sondern ein Hand-Bündel, -knäuel:
feni mani-pulus, Heu-Bündel. — Φάλ-αγξ, Block, deckt sich
mit σφαλ-ός· κορμός = Block (Hes.) und ist synonym mit
σφέλ-ας,
Schemel ϱ 231, σ 394 (urspr. wird ein Fussschemel wohl aus
einem runden Holzblocke bestanden haben), beide von derselben
Wurzel. — Φάλ-αγξ „Gelenk" erinnert lebhaft an σφόνδυλοι· αἱ
ἁρμογαὶ τῶν μελῶν und erklärt sich leicht aus Bgr. „schwingen"
= winden, drehen. Ob φάλ-αγξ „Spinne" als „Gliederthier"
oder als „Kugel, Kügelchen" von ihrer in die Augen fallenden
Hauptmasse oder als πλέκουσα „Flechterin" von wegen der
Netze gedeutet werden mag, jedenfalls fügt sich das Wort unschwer zu W. σπαλ, (σ)φαλ.

Der Scholiast zu Δ 254 deutet die φάλαγγες daher, dass
man in den ältesten Zeiten Hölzer (φάλαγγας) zum Kämpfen gebraucht hätte! Nicht besser ist die Etymologie aus φάλος Z 6.
Dass φάλαγξ bei Homer nicht eine bestimmte Art der
Aufstellung bezeichnet, sondern überhaupt nur globus (militum),
folgt daraus, dass Z 6 der gesammte Heereshaufen der Troer
so genannt wird: Αἴας δὲ πρῶτος ... Τρώων ῥῆξε φάλαγγα,
während sonst die einzelnen Heereshaufen φάλαγγες heissen.
Auch Stellen wie Δ 427 ἐπασσύτεραι Δαναῶν κίνυντο φάλαγγες ‖ Δ 281 πυκιναὶ κίνυντο φάλαγγες ‖ Ε 93 ὑπὸ Τυδείδῃ
πυκιναὶ κλονέοντο φάλαγγες‖ Ε 96 πρὸ ἕθεν κλονέοντα
φάλαγγας ‖ Ο 360 τῇ ῥ' οἵ γε προχέοντο φαλαγγηδόν sprechen
für den Begriff globus: der Massenkampf ist Gegensatz zu
dem Einzelkampfe, Zweikampfe der Führer. — Da φάλ-αγξ
später so gewöhnlich „Walze" bedeutet, die „Säule" aber eine

„Walze" bildet, so könnte vielleicht Jemand unser „Heeres-
säule" vergleichen wollen; aber die übrigen späteren Anwendungen von φάλαγξ (Gelenk = Biegung; Spinne) stehen im
Wege.

II. Offenbar gleichen Ursprungs ist am Helme der

$$φάλ\text{-}ος,$$

welches Wort trotz Schol. Γ 362, K 258, N 799 etc. nicht von
φα-λός, glänzend, licht, abgeleitet werden darf. Es deutet sich
aus W. σπαλ ganz einfach als Wölbung d. i. als ein gebogener
Vorsprung, Schirm, wie trotz verfehlter Etymologie die Scholien zu E 743, K 258 etc. richtig lehren. Ist nur schlechtweg
von φάλος die Rede, so ist der Schirm gemeint, welcher sich
über Stirn und Gesicht wölbt, wie deutlichst hervorgeht
aus Δ 459

τόν ῥ' ἔβαλε πρῶτος κόρυθος φάλον ἱπποδασείης,
ἐν δὲ μετώπῳ πῆξε, πέρησε δ' ἄρ' ὀστέον εἴσω
αἰχμὴ χαλκείη.

Aber schon das Gleichgewicht erforderte, dass dem Schirm
vorn auch ein Nackenschirm entsprach.

Fehlt der kriegerischen Kopfbedeckung jeglicher Schirm,
so heisst der Helm

$$ἄφαλος$$

K 258. Eine solche κυνέη ἄφαλος empfahl sich ausserhalb
des Kampfes besonders bei Kundschafter-Unternehmungen, wo
ein mit φάλοις versehener Helm hinderlich gewesen wäre; deshalb wird a. a. O. eine soche dem Tydiden aufgesetzt; auch die
κυνέη des Odysseus (Vs 261) wird so gewesen sein. — Von
den φάλοις ist natürlich wie der wichtigste, so auch der am
meisten in die Augen springende der sich über Stirn und Gesicht wölbende. Derselbe konnte länger oder kürzer sein.
Reichte er über das ganze Gesicht weg, so war es nothwendig,
dass er vor den Augen Löcher hatte, durchbohrt war.

III. Daher heisst ein Helm mit dieser Vorrichtung

$$τρυ\text{-}φάλ\text{-}εια$$

scil. κόρυς Γ 372. 376 ö. Es ist unbegreiflich, wie man das
Wort als „dreischirmig", als „mit drei φάλοις versehen" deuten
konnte. Weder kann τρεῖς, τρία zu τρυ- werden, noch ist ab-

zusehen, wo denn der dritte φάλος angebracht gewesen sein sollte. Was τρυφάλεια sei, deutet der Dichter selbst durch das Epitheton

αὐλῶπις,

welches nur mit τρυφάλεια verbunden wird, hinlänglich an E 182, Λ 353, N 530, Π 795. — Liegt aber schon in τρυφάλ-εια selbst ausgedrückt, dass solcher Helm Visirlöcher gehabt hat, so kann man αὐλῶπις nicht schlechtweg als „Visirlöcher habend" deuten; das Wort muss etwas mehr bedeuten und die Visirlöcher selbst näher beschreiben sollen. Wörtlich übersetzt ist αὐλ. „röhrenäugig". Der Helm hatte nicht einfache Löcher für die Augen (weshalb τρυ-φάλεια), sondern diese Löcher waren röhrenartig gestaltet; das Metall war um dieselben schirmartig vorspringend herumgezogen, so dass Aehnlichkeit mit wirklichen Röhren (αὐλοί) entstand. So wird die Verbindung τρυ-φάλεια αὐλῶπις bedeutungsvoll und plastisch.

IV. Hatte der Helm nicht bloss vorn und hinten, sondern auch noch zu beiden Seiten Schirme, so war er „vier-schirmig"

τετρά-φαλος,

wie X 315 des Achilles κόρυς, M 384 des lycischen Helden Epikles κυνέη heisst*).

Wenn nun daneben E 743 der Athene gewaltiger Helm (κυνέη) als

τετρα-φάλ-ηρος

und Λ 41 des Agamemnon Prachthelm (κυνέη) ebenso bezeichnet wird, sollen wir annehmen dürfen, dieses Epitheton sei etwas anderes als τετρά-φαλος? Bildungen in η-ρος sind doch etwas so Gewöhnliches: ἀνι-ηρός von ἀνίη || αἱματ-ηρός || κυματ-ηρός || οἰνηρός von οἶνος || ὀγκ-ηρός von ὄγκος || πον-ηρός von πόνος „mit Mühe versehen, Mühe habend" u. s. w. Und so *φαλ-ηρός „mit φάλοις versehen, φάλους habend". Freilich existirt φαλ-ηρός als Simplex nicht. Aber es existirt auch kein ἐτηρός, mit Jahren versehen, und doch hat Homer πεντα-ἐτηρος „fünf Jahre habend, fünfjährig" B 403, Η 315, ξ 419,

---

*) Schon diese Eine Stelle hätte vor der albernen Deutung „κυνέη = aus Hundsfellen gemacht" zurückschrecken sollen. Eine „Hundsfellhaube" mit vier Metallschirmen!? Vgl. über κυνέη S. 343.

τ 420 ncben πεντά-ετες γ 115. Vgl. δεκα-έτηρος (Plato) ncben δεκα-ετής (Hdt., Thuc.) ‖ δι-έτηρος (Inscr.) ncben δι-ετής (Hdt.) ‖ έκατοντα-έτηρος (Orph.) ncben έκατοντα-ετής (Pind.). Nicht anders steht τετρα-φάλ-ηρος gleichbcdeutig ncben τετρά-φαλ-ος.

V. Wenn daher ncben τετρα-φάλ-ηρος derselbe Helm auch das Epitheton

ἀμφί-φαλος

hat, so werden wir dieses anders deuten müssen, als gewöhnlich geschicht. „Zweischirmig" waren auch die gewöhnlichen Helme, aber nur E 743 = Λ 41 kommt, wie τετρα-φ., so auch ἀμφί-φαλος vor:

κρατὶ δ᾽ ἐπ᾽ ἀμφίφαλον κυνέην θέτο τετραφάληρον.

Der allgemeinere Ausdruck „ringsum-beschirmt" wird durch τετρα-φάληρον näher specialisirt: „aufs Haupt setzte sich Athene (Agamemnon) den nach allen Seiten (ἀμφί-φ.), nämlich vorn und hinten, rechts und links (τετρα-φ.) mit Schirmen versehenen Helm.

Die Ableitung des τετρα-φάλ-ηρος aus τὰ φάλαρα ist unthunlich. So wenig aus βλέφ-αρον ein βλεφ-ηρός, aus μέγ-αρον ein μεγ-ηρός, aus ἐσχάρη ein ἐσχηρός, aus λαπάρη ein λαπηρός, aus καμάρα ein καμηρός κτλ. in dem Sinne von „versehen mit βλεφάροις" κτλ. hervorgehen kann, ebenso wenig aus φάλ-αρον ein φαλ-ηρός „versehen mit φαλάροις".

VI. Das erwähnte

φάλ-αρον

ist aus Wf. φαλ st. σπαλ gebildet wie βλέφ-αρον, μέγ-αρον κτλ. aus ihren resp. Verbalstämmen. Es findet sich nur Η 106, wo nicht bloss kein Grund vorliegt, das Wort als verschiedenartig von φάλος aufzufassen, sondern umgekehrt nur bei Gleichstellung mit φάλος ein gesunder Sinn zu vermitteln ist. Aias steht allein auf dem Schiffsverdecke, in der Rechten seine Lanze (O 745), in der Linken seinen gewaltigen Schild (Η 106); lange hatte er Stand gehalten, abwehrend und tödtend, wer immer nahte. Endlich aber wurde er zum Weichen gebracht; denn alle Geschosse der Troer richteten sich gegen ihn. Der grosse Schild (σάκος 107) schützte den übrigen Körper; aber der glänzende Helm, fortwährend getroffen, dröhnte schrecklich um

die Schläfen; „denn er wurde stets wider die wohlgefertigten
φάλαρα getroffen":

> — — δεινὴν δὲ περὶ κροτάφοισι φαεινὴ
> πήληξ βαλλομένη καναχὴν ἔχε, βάλλετο δ᾽ αἰεὶ
> κὰπ φάλαρ᾽ εὐποίηϑ᾽.

Wie man hier an „Riemen" hat denken können, ob mit metall-
nen Schuppen belegte oder unbelegte, gleichviel: das ist wahrlich unbegreiflich. Mag auch φάλ-αρα in späterer Zeit bei
seiner Herkunft aus W. σπαλ, schwingen, den Bgr. „Zügel"
(χαλινοί Hes.) als „Geschwungenes" entwickelt haben: „fürchter-
liches Gedröhne um die Schläfen hatte der Helm", nicht, wenn
„der Riemen" getroffen wurde; und nun vollens „die Riemen"!
Sonst erscheint nur Ein Riemen und stets mit anderer Benennung Γ 371:

> ἄγχε δέ μιν πολύκεστος ἱμὰς ἁπαλὴν ὑπὸ δειρήν,
> ὅς οἱ ὑπ᾽ ἀνθερεῶνος ὀχεὺς τέτατο τρυφαλείης.

Vgl. 375 ἥ οἱ ῥῆξεν ἱμάντα βοὸς ἶφι κταμένοιο. Das Epitheton πολύκεστος von diesem Riemen am Helme des Paris
spricht auch nicht für die angeblichen „Schuppen". Freilich
hat man auch bei der verkehrten Etymologie von τετρα-φάληρος
an vier „Schuppenriemen" gedacht; wie man sich die vier
aber auch nur angebracht denken konnte!

Die von allen Seiten heranfliegenden Geschosse der Troer
prallten wider die φάλους = φάλ-αρα vorn, rechts und links,
und das bewirkte „das schreckliche Gedröhn um die
Schläfen". Die Stelle, wo der Riemen (ἱμάς) den Hals trifft,
wird Aias doch wohl mit seinem Schilde noch gedeckt haben
können; denn er trug ein gewaltiges σάκος, ἠΰτε πύργον
II 219, Δ 485, P 128, hinreichend gross, um zu Zeiten auch
noch seinen Bruder zu bedecken· Θ 267. 272. 331.

Andere haben φάλ-αρα als „Buckeln" gefasst. Aber was
sind, denn „Buckeln" am Helme? Etwa die Knöpfchen, womit
z. B. die Schirme befestigt waren? Nicht gegen die dem Feinde
in der Ferne kaum wahrnehmbaren Knöpfe waren die Geschosse
gerichtet, sondern wider die Schirme, welche Stirn, Schläfen
und Nacken — die tödtlichsten Stellen — umwölbten.

Für die Richtigkeit unserer Deutung von φάλ-ος, τετρα-
φάλ-ηρος, φάλ-αρα mit dem Grundbgr. Biegung, Wölbung aus

Bgr. „schwingen" W. ʊπαλ spricht auch lat. fal-ār-ica, ein gewaltiges Wurfgeschoss, neben (σ)παλ-τόν, Wurfspeer (Xen.); der Hafenname Φάλ-ηρον und Φαλ-ηρός d. i. (wie Πειραι-εύς, wie por-tus aus W. spar) = gebogen, Bucht i. e. Hafen. Lat. phal-ĕrae, fal-ĕrae wird als mit τὰ φάλ-ἀρα zusammenfallend angesehen, und mit Recht. Aber was sind phal-erae? Nicht „Riemen", nicht „Schuppen" etc., sondern gebogene, halbmondförmige, sich wölbende kleine Schilder als Brustschmuck der Krieger, Stirn- und Brustschmuck der Pferde, also von gleichem Begriffe als wir für φάλ-ος, φάλ-αρα in Anspruch genommen haben.

Wie sich vom Verbal-Adj. αὐστός weiterbildet αὐστ-ηρός, vom Adj. Ἀττικός ein ἀττικ-ηρός (Adv. ἀττικηρῶς Alexis), vom Adv. αἶψα (doch wohl Plur. Neutr. von einem Adj. αἶψος) ein αἰψ-ηρός κτλ., so vom nachhomerischen Adj. ϛα-λός, glänzend, ein Adj. φα-λη-ρός, dor. ϛα-λᾱ-ρός, hell, weiss (Theokr., Nic.). Mit diesen späten Bildungen hätte man weder φάλ-ἀρα noch τετρα-ϛάλ-ηρος zusammenwerfen sollen.

VII. Aber steckt nicht in

φαληριόωντα

als Stammwort ein Adj. ϛα-λη-ρός „weiss"? Nein; sondern φαλ-ηρ-ιάω gehört zu dem in τετρα-φάλ-ηρος steckenden, in dem Hafennamen zum Nom. pr. gewordenen Adj. ϛαλ-ηρός, gebogen, wölbig, und wir dürfen dem Homer keine Bildung aus dem so späten φα-λός, φα-λη-ρός „weiss" aufoctroyiren. Denn man lese nur aufmerksam die Stelle N 795—801, wo das Wogen der troischen Heeresmassen mit dem Gewoge des Meeres verglichen wird:

795 οἱ δ' ἴσαν ἀργαλέων ἀνέμων ἀτάλαντοι ἀέλλῃ,
    ἥ ῥά θ' ὑπὸ βροντῆς πατρὸς Διὸς εἶσι πέδονδε,
    θεσπεσίῳ δ' ὁμάδῳ ἀλὶ μίσγεται, ἐν δέ τε πολλὰ
    κύματα παφλάζοντα πολυφλοίσβοιο θαλάσσης,
    κυρτά, φαληριόωντα, πρὸ μέν τ' ἄλλ', αὐτὰρ ἐπ' ἄλλα·
800 ὣς Τρῶες πρὸ μὲν ἄλλοι ἀρηρότες, αὐτὰρ ἐπ' ἄλλοι,
    χαλκῷ μαρμαίροντες ἅμ' ἡγεμόνεσσιν ἕποντο.

Sobald die Windsbraut sich mit dem Meere mischt (797), fängt die vor dem ruhige Fläche an auf- und niederzuwogen; das Meer wird „vielwogig" (πολύ-φλοισβος); es entstehen darin „viele bogenförmig sich bewegende, wallende Wogen (κύματα παφλάζοντα); nach einer Weile heben sich diese anfänglich bloss wallenden Wogen immer mehr, werden hohlgebogene (κυρτά) und erreichen schliesslich den höchsten Grad der Aufregung, indem sie schirmartig sich wölbende (φαληριόωντα) werden; dann brechen sie zusammen, und indem sich dieses Schauspiel unablässig wiederholt, entsteht das, was die Worte πρὸ μέν τ᾽ ἄλλα, αὐτὰρ ἐπ᾽ ἄλλα besagen: „Wogen vor, Wogen über einander".

So ist der naturgemässe Hergang, wie jeder bezeugen kann, der jemals solches Schauspiel am Meere selbst beobachtet hat. So aufgefasst, gewinnen die von den Alten mit Recht so sehr bewunderten Verse einen erhöhten Glanz der Darstellung und, um mit Göthe zu reden, eine erschreckende Naturwahrheit. „Im Homer", sagt Winckelmann, „ist Alles gemalt und zur Malerei erdichtet und erschaffen." — Die Wortbildung φαλ-ηρ-ιάω anlangend, so vergleiche man ἀοιδ-ιάω zu ἀοιδός ‖ κελευτ-ιάω zu κελευτός st. κελευστός ‖ δειελ-ιάω zu δείελος, abendlich ‖ γλαυκ-ιάω zu γλαυκός ‖ ἀκρο-κελαιν-ιάω zu κελαινός κτλ.

VIII. Wenn der Scholiast N 798 bemerkt τὰ μὲν παφλάζοντα πρὸς τὸν ἦχον, τὰ δὲ κυρτὰ πρὸς τὸν ὄγκον, τὰ δὲ φαληριόωντα πρὸς τὸ χρῶμα, so hat er keine Ahnung von der Absicht des Dichters gehabt, noch auch richtige Deutung und Etymologie der Worte gefunden. Denn dass das homerische ἅπ. λεγ.

πα-φλάζω

kein Schallwort ist, lehrt der Zusammenhang unserer Stelle, zeigt auch der spätere Gebrauch des Wortes. So steht es vom Aufwallen des kochenden Breies Aristoph. fr. 423, übertragen vom Aufwallen bei leidenschaftlicher Erregtheit Eq. 919 ἀνὴρ παφλάζει, παῦε παῦ᾽ ὑπερζέων (cf. Pax 314); und so oft vom Wallen kochenden Wassers u. dgl., πά-φλασμα übertragen vom Ueberwallen in der Rede Aristoph. Av. 1243. Ziemlich zutreffend glossirt Hesychius παφλάζειν durch ἀνα-ζεῖν. — Dass πα-φλάζω redupl. St. φλα+δ zu W. σπαλ gehört, bedarf kaum der Bemerkung; dafür fällt es auch begrifflich zusammen mit den freilich in anderer Ausgestaltung ebenfalls daraus hervorgegangenen lat. Verben fluitare, fluctuari.

IX. Gleichbedeutig mit Wf. *φλα-δ* besteht Wf. *φλυ-δ* zu
dem unerweiterten *φλύ-ω* in *ἀνα-φλύω* auf-wallen, aufwogen *Φ* 361; dazu *φλύζειν· ἀναζεῖν*, aufwallen ‖ *φλυδ-
άιν*, überwallen und zerfliessen, *κτλ.*; — gleichbedeutig aber
auch Wf. *φλι-δ* und mit Vocalsteigerung *φλοι-δ*. Die unerweiterte Wf. *φλι* haben wir in

$$φλῑ-ή$$

aus *φλι-ιή*, wie *ῥοιή* aus *ῥο-ιή*, *χειή* aus *χε-ιή* (W. *χα*), *πιοιή*
aus *πιοϝ-ιή*, *ζειή* aus *ζε-ιή* (W. *ζα*), *σποδ-ιή* *κτλ.* Der ursprüngliche Begriff von *φλι-ή* deckt sich mit *φάλ-αγξ*, rundes
Holz, walzenförmiger Holzblock, woraus der Bgr. „Pfosten,
Thürpfeiler" sich naturgemäss ergab. Wie noch jetzt an
ländlichen Hütten, bestanden die Pfosten ursprünglich aus nichts
anderem, als aus abgesägten Baumstämmen, stellten also Walzen
(*φάλ-αγγ-ες*) dar. Lautlich verhält sich (*σ*)*φλιή* zu W. *σπαλ*,
wie *σφρι-ά* (= *σπαρ-γ-ή*) zu W. *σπαρ*. Homer hat das Wort
nur *ϱ* 221

> *ὃς πολλῇς φλιῇσι παραστὰς θλίψεται ὤμους,*
> *αἰτίζων ἀκόλους.*

Es scheint mit einer gewissen Absichtlichkeit gewählt zu sein,
um anzudeuten, dass der verächtliche Bettler, welcher, statt zu
arbeiten, es vorzieht, sich bei den Leuten herumduckend sein
Brod zu erbetteln (*πτώσσων κατὰ δῆμον βούλεται αἰτίζων
βόσκειν*), sich sonst in ärmeren Häusern (mit wirklichen *φλιῇσι*
in urspr. Sinne) herumtreibt.

X. Mit Lautsteigerung gehört hieher

$$φλοι-ός,$$

Rinde *Λ* 237 = *φελλός* (aus Wf. (*σ*)*φαλ* = W. *σπαλ*) als gewundene bzw. sich umschwingende Hülle. So ist lat. cor-t-ex
Einer Wurzel mit cur-vus, cor-ona (cf. *πυλών*, *πυλεών* S. 466),
mit unserem *Schale*, ahd. scala, ags. scell, engl. shell, Einer Wurzel
mit *σκολ-ιός*, *σκαλ-ηνός* *κτλ.* (W. *σκαλ* § 174), und unser
Bor-k-e, engl. *bar-k*, ist der W. spar entsprungen, entsprechend
der griechischen Wf. (*σ*)*φαρ* z. B. in *φᾶρ-ος* = *σπεῖρον*, um-
schlingende Hülle = Gewand, woneben W. *σπαλ* gleichbedeutiges *πέ-πλ-ος*, pallium, pal-ud-amentum etc. erzeugt hat. Man
vergleiche auch das mit *φλοιός* synonyme (*σ*)*πέλ-ας*, *σπολ-άς*,

Haut, Fell, bei Menschen und Thieren das, was φελλός, φλοιός bei Pflanzen. Cf. lat. spol-ium.

Die Wf. φλι+δ liegt vor in φλιδ-ά-ω, überwallen, überfliessen, von φλιδ-ή, Ueberfluss ‖ φλίδ-ω, φλιδ-άω, dass. ‖ φλιδ-όν-ες· σφυγμοί (Hes.) = Wallungen, — φλιδ-όν-ες· ὑτίδες (ἐν τοῖς ἱματίοις Hes.) = Biegungen d. i. Falten. Die gesteigerte Wf. haben wir u. a. in φλοιδ-όω, wallen machen, mit φλοιδούμενος (Lykophr. 35)· ταραττόμενος.

XI. Zu Wf. φλοι-δ gesellt sich auch

φλοῖσ-βος.

Φλοῖσ-βος st. φλοῖδ-βος, gebildet wie z. B. ὄλ-βος aus Wf. ὀλ = Wurzel ἀλ (andere Bildungen auf βος = ϝος, lat. vus bei L. Meyer II 244 ff.). Es bedeutet bei Homer „das Gewoge" (Auf- und Niederschwingen) und steht als Simplex stets vom Wogen des Kampfes E 322. 469, K 416, Y 377. Man vergleiche aus Schiller's „Schlacht" die Stellen: „Der Tod ist los, schon wogt der Kampf"; — „Hieher, dorther schwankt die Schlacht"; — „Durch die grüne Ebene schwankt der Marsch". — Hesychius deutet dem entsprechend, wenn auch weniger malerisch: φλοῖσβος· τάραχος, ταραχή.

XII. Dass das vielgebrauchte malerische Epitheton des Meeres

πολύ-φλοισβος

nichts anderes bedeuten kann als „viel-wogig", ist schon aus der oben angeführten Stelle N 798 zu folgern. Sehr bezeichnend ist auch ν 85, wo es von dem sicher und rasch über die Wogen dahingleitenden Schiffe der Phäaken heisst: „Wie in der Ebene ein Viergespann von Hengsten, alle gleichzeitig unter den Schlägen der Peitsche losstürzend, rasch den Weg vollendet, hoch sich emporhebend,

ὡς ἄρα τῆς πρύμνη μὲν ἀείρετο, κῦμα δ' ὄπισθεν
πορφύρεον μέγα θῦε πολυφλοίσβοιο θαλάσσης.
ἡ δὲ μάλ' ἀσφαλέως θέεν ἔμπεδον.

Für die angeblichen Begriffe des Brausens, Sprudelns oder Schäumens ist hier kein Platz: das auf hohem Meere befindliche Schiff wird von den Wellen des vielwogigen Meeres emporgehoben und vorwärts getrieben. — Lehrreich und beweisend ist auch B 209

ὡς ὅτε κῦμα πολυφλοίσβοιο θαλάσσης
αἰγιαλῷ μεγάλῳ βρέμεται, σμαραγεῖ δέ τε πόντος.

Wenn die Wellen des vielwogigen Meeres an's Gestade
anschlagen, dann erst entsteht das „Gebrause und das Getöse"; auf hoher See, fern vom Gestade, sind die Wellen laut-
los, es sei denn, dass sich ein Sturm erhoben hat. Daher
deutet Hesychius wiederum richtig, wenn auch weniger malerisch, πολυφλοίσβοιο· πολυκινήτου.

156. Ὀφθαλμός, ein Paradoxon.

Dieses Wort bietet bei der gangbaren Herleitung aus W.
ὀπ (ὄπτω) geradezu unerhörte Schwierigkeiten. Die „Vielheit
der Suffixe" bei dieser Ableitung ὀφ-θ-αλ-μός hat schon mehrfach Bedenken erregt, so zwar, dass Pott sogar Zusammensetzung aus W. ὀπ+θάλλω mit der wunderlichen Deutung „des
Antlitzes Blüthe" glaubte wagen zu dürfen. Damm-Duncan
lassen das Wort aus W. ὀπ und ἄλλειν, celeriter movere, entstehen! — Allen lautlichen Schwierigkeiten liesse sich aus dem
Wege gehen bei Herleitung aus W. σπαλ. Denn wir haben
S. 73 gesehen, dass für σπ nicht bloss πτ, sondern auch φθ
eintritt, so dass Wf. φθαλ = σπαλ nichts Auffälliges haben
kann. Aus Wf. φθαλ mit ὁ cop. (= con) hätte sich recht wohl
ergeben können ὁ-φθαλ-μός „Zusammengebogenes", Zusammen-
biegung = Kreis, κύκλος, orbis.

Ovid gebraucht recht oft orbis, Kreis = oculus, sowohl
mit als ohne den Zusatz luminis: fit luminis arctior orbis
Met. I 740 || inanis luminis òrbis XIV 200 || gemino lumen ab
orbe venit Am. I 8, 16. — Bei Sophokles haben wir ὀμμάτων
κύκλος = Auge Ant. 974 || Oed. Col. 704 κύκλος (ohne ὀμ-
μάτων) = Auge. — Und κόρη, Pupille, Auge, hängt mit κορ-
ώνη, κορ-ων-ίς, cor-ona, cur-vus etc. wurzelhaft zusammen und
bedeutet urspr. κύκλος, Rundung, Auge. Sonach wäre für die
Deutung ὁ-φθαλ-μός = con-curvitas (s. vb. v.), Rundung = cur-
vum, Analogie genug vorhanden, und die Etymologie brauchte
nicht solche Umwege zu machen, um zum Bgr. „Auge" (bzw.
Rundung) zu gelangen, wie bei der Herleitung aus „W. ὀπ"
nöthig wäre. Denn man müsste zunächst ein ὀφθάλλω „äugeln"

annehmen (Curtius), dessen Bildung selbst nichts weniger als klar sein würde; dieses ὀφϑάλλω könnte doch nur Denominativ aus einem ὄφϑαλος „Auge" sein. Aber dieses *ὄφϑ-αλος, wie sollte das aus W. ὀπ gebildet sein? Etwa aus einem Adj. verb. *ὀφϑός = ὀπτός?! Und auf den Trümmern all dieser bedenklichen Zwischenstufen soll erst die gangbarste Bezeichnung für „Auge" selbst entstanden sein?! Bei Plutarch, bei Stobäus in einem Citate, bei Gregor Cor. etc. kommt ein ὀ-πτίλ-ος „Auge" vor, das Plutarch Lykurg. XI als lakonisch bezeichnet. Soll auch dieses aus W. ὀπ + τ + Suff. ιλος entstanden sein? Ein zusätzliches τ im Präsens, wie τύπ-τ-ω, *ὄπ-τ-ω st. τύπ-jω, ὄπ-jω κτλ. ist erklärlich. Aber bei Bildungen aus dem Verbalstamme mittels Suff. ιλος (ποικίλος, τρόχ-ιλος) wäre für τ kein Platz, keine lautliche Begründung vorhanden. Dagegen haben wir oft genug Wf. σπιλ = W. σπαλ gehabt, und für. σπ tritt so oft πτ ein (S. 72). So liesse sich auch ὀ-πτίλ-ος als κύκλος, κόρη, orbis erklären.

Die lautliche Identificirung von ὀφϑαλμός und ὄσσε (st. ὄκ-ιε) und lat. oc-ulus erregt noch grössere Bedenken. Ὀπ-τ-ω mit ὄμ-μα st. ὄπ-μα gehört einfach zu W. ἀπ, treffen, zielen (ap-tus, trefflich, passend, ap-iscor etc.); oc-ulus, ac-i-es und ὄκ-ιε aber einfach zur gleichbedeutigen W. ἀκ. „Blicken" fasste auch in σκέπ-τ-ω der Sprachgeist als ein „Treffen = Zielen" auf. Denn σκέπ-αρ-νον = ἀξίνη (W. ἀκ), σπόπ-ελος σκοπ-ιή, scop-ulus = ἄκ-ρα, ἄκ-ρ-ις, Spitze, Bergspitze, Berggipfel, σκαπ-άνη, Hacke κτλ. und σκοπ-ός, Ziel, σκοπ-ιή, Beobachtung, σκέπ-τ-ω, zielen, präsentiren sich von vorn herein als zu Einem Stamme gehörig. Die Deutung σκόπ-ελος, scopulus, sei ein Ort, von dem aus man spähen könne, erweist sich als unhaltbar allein schon durch μ 73. 239, wo ersteres von den unersteigbaren Felsen der Scylla steht mit der eigenen Erklärung des Dichters:

Vs 77
οἱ δὲ δύω σκόπελοι ὁ μὲν οὐρανὸν εὐρὺν ἱκάνει
ὀξείῃ κορυφῇ, νεφέλη δέ μιν ἀμφιβέβηκεν — —
οὐδέ κεν ἀμβαίη βροτὸς ἀνήρ, οὐ καταβαίη,
οὐδ' εἰ οἱ χεῖρές τε ἐείκοσι καὶ πόδες εἶεν·
πέτρη γὰρ λίς ἐστι, περιξεστῇ ἐικυῖα.

Und gerade für diese unersteiglichen Felsen kommt fort-

während σκόπελος zur Verwendung Vs 80. 95. 108. 239 (ἄκροισι
σκοπέλοισιν). — Auch B 396 in einem Vergleiche (ἀκτῇ ἐφ᾽
ὑψηλῇ — — προβλῆτι σκοπέλῳ steht das Wort so, dass an
„Warte" Niemand denken kann. Wie sich zu den genannten
Wörtern σκέπ-ας, σκεπ-άω, σκῆπ-τρον, σκᾶπ-ος und σκηπ-τός
(Sturmwind) κτλ. verhalten, werden wir später sehen; hier nur
die vorläufige Bemerkung, dass sich aus Bgr. „schwingen" nicht
bloss Bgr. hauen (cf. engl. blow) = treffen, sondern auch Bgr.
umschwingen = schirmen (σκέπ-ας) entwickelt hat, wie wir
Gleiches bei W. σπαλ sahen.

Nur bei der vorgetragenen Begriffsvermittelung erklärt sich,
wie σκοπιή sein kann einerseits = ἄκ-ρις, anderseits = Beobachtung; wie ἐΰ-σκοπος als Beiwort der Artemis λ 198 =
„gut-treffend", als Epitheton von Hermes Ω 24. 109, α 38,
η 137 = „scharf-blickend"; wie ac-ies = Treffen (prima acie
„im ersten Treffen" Caes.), Schneide des Beiles etc., aber auch
= oc-ulus.

Wollte man also auch ὀφθαλμός lieber auf unerhörte
Weise aus W. ὀπ herleiten oder mit Pott aus W. ὀπ+θάλλω
zusammengesetzt sein lassen, mit oc-ulus, ὄκκος (Iles.), ὄσσε darf
man es doch nicht zusammenbringen, noch auch mit dem von
Arcadius 54 angeführten böot. ὄκταλλος, wofür man übrigens,
Angesichts von ὄκκος vielleicht mit Recht, ὄκκαλος zu schreiben
vorgeschlagen hat.

157. Παλλ-ακ-ίς,

Kebsweib § 203, I 449. 452, nebst παλλ-ακ-ί (Hdt.), πάλλ-αξ,
πάλλ-ηξ, lat. pael-ex, pel-ex, liesse sich erklären als σπλε-
κουμένη; nicht als ob παλλ-ακ-ίς von σπλεκ-όω, πλεκ-όω =
am-plector direct herstamme, sondern nach der gleichen Begriffsvermittelung, welche aus W. σπαλ, σπλα die K-Erweiterung
mit dem Bgr. „umschlingen" entstehen liess, welcher Begriff
übrigens ja auch in der unerweiterten W. σπαλ, παλ bereits
so massenhaft vertreten ist, wie in πί-πλ-ος, pall-ium, pal-ud-
a-mentum, ferner in den Wörtern, welche Fessel, Armband etc.
bedeuten S. 431 ff.

Wenn Hesychius παλλ-ακ-ός· ἐρρωμένος und πάλλ-ηξ·

βούπαις anführt; wenn nach anderen alten Lexicographen πάλλ-αξ auch „Jüngling, Mädchen" bedeutet, und dieses aus πάλλω als „schwunghaft" erklärt wird, da „im jugendlichen Alter der Körper die grösste Schwungkraft besitzt", so lässt sich dem gegenüber stellen engl. swing-ing, schwunghaft = gross, stark, aus to swing, unser *Schwunk* = grosser junger Mensch, aus schwingen, oder engl. spra-g, lebhaft, spri-n-g-y, spannkräftig, prall, drall, spru-n-t, jugendlich, kräftig, spry, rüstig etc. aus W. spar, schwingen (σπαρ). Nach gleicher Begriffsvermittelung ergiebt sich aus W. σμαρ, die ebenfalls den Bgr. „schwingen" entwickelt hat (S. 40), μειρ-αξ, μειρ-άκ-ιον κτλ., aus gleichbedeutiger Wurzel σμαλ (ebend.) μέλλ-αξ und μέλ-αξ, jugendlich.

Es entsteht daher die berechtigte Frage, ob wir πάλλ-ακ-ίς nicht lieber als „jugendliche", als „Mädchen, Dirne" zu deuten haben. Dann benöthigen wir nicht doppelter Begriffsvermittelung für πάλλ-α-κός und πάλλ-ακ-ίς, so nah verwandt sich auch die Bgr. „schwingen" und „schlingen, umschlingen" sein mögen. Mag man die eine oder die andere Deutung bevorzugen, auf jeden Fall gehört das Wort zu W. (σ)παλ.

158. Παλλὰς Ἀθήνη.

Dass Παλλ-άς von πάλλω (σπάλλω) enstamme, liegt lautlich ebenso nahe, als es einstimmig von den Alten behauptet wird. Der Begriffsvermittelungen aber giebt es eine ganze Reihe. Bald wird das Wort als Schwingerin (= Speerschwingerin, ἀπὸ τοῦ πάλλειν καὶ κραδαίνειν τὸ δόρυ [Schol. A 200]), bald als Sturmgöttin, bald als „geistigbewegliche (ὅτι εὐκίνητος ὁ νοῦς ὡσεὶ πτερὸν ἠὲ νόημα Schol. A 200) gedeutet, bald gedeutet ὅτι Πάλλαντα ἕνα τῶν γιγάντων ἀπέκτεινεν (ebendas.), oder als Emporgesprungene, ἀπὸ τοῦ ἀναπαλθῆναι αὐτὴν ἀπὸ τῆς κεφαλῆς τοῦ Διός oder gar διὰ τὸ παλλομένην τὴν καρδίαν τοῦ Διονύσου προσκομίσαι τῷ Διί oder παρὰ τὰς παλάμας (ebendas.). Wieder andere bringen es in Verbindung mit πάλλ-αξ, jugendlich: ἢ ἀπὸ τοῦ πάλλειν κατὰ τὴν ἡλικίαν· παρθένος γάρ ἐστιν, ὅθεν καὶ ὁ πάλλαξ ὠνόμασται (Apollon. lex.). Nach Apion soll Παλλάς entstanden sein ἀπὸ τοῦ παίειν τοὺς λαούς (ebendas.). Vgl. *Παλλάς· ἡ παίουσα τοὺς αὐλούς* Hesych.

Beachtenswerth sind von diesen Deutungen nur die als *Παλλ-άς* = Schwingerin und die von *Παλλ-άς* = *πάλλ-αξ*, jugendlich, Mädchen, Jungfrau (vgl. vor. Abschn.). Die eine wie die andere hat ihre Vertreter unter den Neueren gefunden. Schwenck Etymol. Andeutungen S. 230, Jacobs Mythol. u. A. entscheiden sich für den Bgr. Jungfrau; Preller fasst das Wort „im Sinne einer schwingenden Kraft, wie sich dieses bei den Palladien durch das alte Symbol der geschwungenen Lanze, welche den Blitz bedeute, von selbst näher bestimme"; Heffter deutet gar aus *πάλλω* den Namen als „Weberin"; andere noch anders. Auf alle Fälle gehört *Παλλ-άς* zu *πάλλω* W. *σπαλ*.

Sollen wir nun aber wirklich glauben, dass die bedeutsame Göttin Pallas Athene weiter nichts bezeichne, als entweder „Jungfrau" oder „Schwingerin" bzw. „Sturm", wie in allegorischem Sinne „die Schwingerin" ebenfalls aufgefasst worden ist?

Schon bei Homer erscheint Pallas Athene ebenso häufig und nachdrucksvoll, als geistige, wie als physische Macht; sie ist eben beides. Nach S. 347 ist der Ortsname *Ἀ-ϑή-νη*, *Ἀ-ϑῆ-ναι* soviel als *Ἰ-ϑώ-μη*, *Θώ-μη* und mit diesen von gleicher Wurzel und bedeutet „Veste". Nichts anderes besagt der Name der Göttin *Ἀ-ϑή-νη* = die Starke bzw. die Stärke, die Kraft. Und die bedeutsame Verbindung *Παλλὰς Ἀϑήνη* ist = die schwingende, die schwunghafte Kraft = die Schwung-Kraft sowohl des Körpers als des Geistes. Und dieser Begriff erschöpft wirklich das Wesen der hehren Göttin, die wir deshalb auffassen als die Personification so der physischen wie der geistigen Schwungkraft, Spannkraft, die da von Zeus ausgeht, d. i. den Menschen von der Gottheit verliehen wird.

In geistiger Hinsicht geht daher von ihr Alles aus, wozu geistige Spannkraft, Muth, List, Ueberlegung gehört, und zwar in dem Maasse, dass, wie Nitzsch Erkl. d. Od. II S. 137 treffend bemerkt, es „homerische Redeweise geworden ist, das, was der umsichtige und kluge Mann bei sich selbst überlegt, als ein Gespräch der Athene darzustellen", wie z. B. *ν* 287 ff., *o* 10 ff., *v* 33 ö. — Von Athene gehen aus die Schöpfungen geistiger Spannkraft, des denkenden Geistes, Erfindungen aller Art und Künste *E* 60 f. 735, *I* 390, *Ξ* 178 f., ζ 233 f., η 110 f., ψ 160 f. u. ö.; sie ist die Schirmerin und Erhalterin der Staaten, Begründerin und Erhalterin eines geordneten Staatswesens etc. Vgl. Preller Gr. Myth., Jacobs etc. Der äussere Ausdruck dieser geistigen Schwungkraft ist das feurige Auge, woher sie allein *γλαυκῶπις* heisst *A* 206 und weitere 90mal. Athene allein führt auch das Epitheton *πολύβουλος* bei Homer *E* 260, *π* 282.

Als geistige Spannkraft repräsentirt Athene auch den Muth; sie vorzugsweise verleiht den Sterblichen psychische Schwungkraft, Muth; z. B. *E* 1

> *Ἔνϑ' αὖ Τυδείδῃ Διομήδεϊ Παλλὰς Ἀϑήνη*
> *δῶκε μένος καὶ ϑάρσος.*

So legt sie *P* 570. 573 dem Menelaus, nachdem sie zuvor seine Körperkraft erhöht hatte (569), gewaltigen Muth in die Brust. Sie benimmt ζ 140 der Nausikaa die Furcht und legt ihr Muth in die Brust; sie verleiht dem Telemach *μένος καὶ ϑάρσος α* 320; ähnlich γ 76 u. ö. Ares schilt sie *Φ* 395 — als *ϑάρσος ἄητον ἔχουσα*.

In physischer Hinsicht ist Athene Repräsentantin der kriegerischen Schwungkraft; angerufen, verleiht sie nicht bloss Muth, sondern auch körperliche Spannkraft, wie *E* 122 dem Diomedes im Kampfe:

> *γυῖα δ' ἔϑηκεν ἐλαφρά, πόδας καὶ χεῖρας ὕπερϑεν.*

Dem Menelaus „legt sie Kraft in die Schultern und Kniee" *P* 569, und so erscheint sie öfter als Kraftverleiherin. — Aber auch ausserhalb des Kampfes giebt sie körperliche Kraftfülle und Schönheit, wie z. B. ζ 229 dem Odysseus:

> *τὸν μὲν Ἀϑηναίη ϑῆκεν, Διὸς ἐκγεγαυῖα,*
> *μείζονά τ' εἰσιδέειν καὶ πάσσονα κτλ.*

Aehnlich auch sonst noch. — In schwierigen und gefahrvollen Unternehmungen, wenn die Kraft zu erlahmen droht, ist sie es, die neue und erhöhte Schwungkraft verleiht. Ohne sie wäre Herakles dem Styx nicht entronnen *Θ* 369. Dem Zeus wirft sie *Θ* 362 bezüglich seines Sohnes Herakles vor:

οὐδέ τι τῶν μέμνηται, ὅ οἱ μάλα πολλάκις υἱὸν
τειρόμενον σώεσκον ὑπ' Εὐρυσθῆος ἀέθλων.

Als *v* 39 Odysscus kleinmuthig zweifelt, wie er allein es
denn wagen könne, gegen die Menge der Freier anzugehen, erklärt ihm Athene Vs 45 ff., sie sei doch da die Göttin, die
ihn in allen Mühen und Anstrengungen beschütze; mit ihr
würde er, auch wenn fünfzig Rotten von Menschen sie umständen in mörderischer Kampfeslust, die Rinder und fetten
Schafe derselben wegführen: wohlgemerkt, sie sagt ἐλάσαιο,
nicht ἐλασαίμεϑα.

Als die Personificirung aller Schwung- und Spannkraft ist
Athene

ἀ-τρυ-τ-ώνη,

das Hesychius richtig durch ἄ-τρυ-τος = „unaufreibbar, nicht zu
erschöpfen, zu ermüden" erklärt. Der Ausdruck kommt nur als
Anrede vor in der Verbindung αἰγιόχοιο Διὸς τέκος Ἀτρυτώνη.
Und nur da wird sie als ἀτρυτώνη von den Menschen angefleht, wo sie diesen helfen, Kraft bzw. Gelingen verleihen soll.
So *E* 115 von Diomedes (δὸς δέ τέ μ' ἄνδρα ἐλεῖν κτλ. 118),
dem sie dann „schwunghaft die Glieder machte, so Füsse wie
Hände". So von demselben *K* 285 σπεῖό μοι, ὡς ὅτε πατρὶ
ἅμ' ἕσπεο Τυδέι δίῳ. So von Penelope δ 762, deren Sohn sie
retten soll. So von Odysseus ζ 324. An den übrigen Stellen
geht die Anrede von Here aus *B* 157, *E* 714, *Φ* 420, aber in
welch' bezeichnenden Verbindungen!

An erster Stelle fordert Here die Athene auf, zu verhüten,
dass die Griechen, müde des ferneren Krieges, in die Heimath
fliehen. „Da wäre den Argivern wider das Schicksal die Rückkehr bereitet worden, wenn nicht zu Athene Here das Wort
gesprochen hätte etc." (155 f.), d. i. wenn nicht, der Aufforderung von Here folgend, Athene neuen Muth, neue Spannkraft
verliehen hätte. — *E* 714 ff. wird Athene aufgefordert zu verhüten, dass das dem Menelaus gegebene Versprechen, er solle
nur nach Ilions Zerstörung heimkehren, zu nichte werde, aufgefordert, den Griechen zu helfen gegen den rasenden Kriegsgott.
Sie eilt daher in den Kampf und verleiht zu tapferem Wider-
stande Kraft, rüstet besonders den Diomedes mit gewaltiger
Kraft aus. — Und so wird auch *Φ* 420 Athene von Here auf-

gefordert, den Griechen wider den Kriegsgott beizustehen, d. i.
den im Kampfe schon fast Erliegenden neue Kraft, neuen Aufschwung zu verleihen.

Mit dieser Auffassung von Παλλὰς Ἀθήνη vergleiche man
nun die nichtssagende Deutung von Ἀ-θή-νη als „nicht-gesäugt";
die nur Eine Seite ihres Wesens berücksichtigende Deutung als
„Stürmerin"; die gar Nichts erklärende Deutung als „Blühende",
welche noch obendrein etymologisch unmöglich ist. Denn in
ἄν-θος ist das ν wurzelhaft und keineswegs, wie Curtius N. 304
mit Lobeck Rhem. 300 annimmt, eingeschoben. Es gehört mit
ἐν-ήνοθεν S. 254 ‖ mit ὄν-θ-ος, fimus ‖ ἄν-τλος, Jauche ‖
ἄν-τρον, spiraculum ‖ ἰ-ονθος = ϥόβη; ἰ-ονθ-άς, zottig ‖
ἄν-θρ-αξ, Kohle ‖ ἄν-θρ-υσκον, duftiges Doldengewächs ‖
ἀν-θρ-ίσκιον, Anis, ἄνηϭον (starkduftend) ‖ ἦν-ις, feist, fett,
κτλ. zu der ungemein weit verbreiteten Wurzel ἀν „hauchen"
(duften, dunsten, blasen, blähen etc.), worüber später. Nur bei
dieser Ableitung erklären sich die verschiedenen Bedeutungen
von ἄν-θος: 1) βλάστησις (Hes.) = φῦμα; 2) flos (von flare);
3) Muschel (Hes. unter ὄστρεα) = Geblähtes, Gewölbtes; 4) Ausschlag = φῦμα; 5) Wein: in ἀνθο-πωλεῖν· οἰνο-πωλεῖν (Hes.)
= Duftiges oder = Gewächs, Crescenz; 6) Schimmer, Farben-
schimmer, Glanz = aura; ebenso aber auch die verschiedenen
Bedeutungen von Skr. an-dhas „Kraut, Rasen (= ϥῦμα), Soma-
trunk (Duftendes), Dunkelheit, Dämmerung" (ἠήρ). — Wenn es
daher einen Flecken Ἀνθ-ήνη im Peloponnese giebt (Thuc.
V 41), einen dsgl. Ἀνθ-ήλη in Phocis (Hdt. VII 176), eine
Stadt Ἀνθ-ηδών in Böotien B 508, eine dsgl. Ἀνθ-εμοῦς in
Macedonien etc., eine dsgl. Ἄνθ-εια in Messenien I 151: so
hätte man diese Namen nicht mit dem Namen der
Stadt Ἀ-θή-νη
η 80 und Ἀ-θῆ-ναι B 546, γ 278 zusammenwerfen sollen.
Hätte sich die homerische bzw. vorhomerische Welt unter diesem
Stadtnamen ein „Florentia" gedacht, so würde man auch sicherlich Ἀνθ-ήνη gesagt haben, so gut wie Ἀνθ-ηδών B 508, Ἄνθ-
εια I 151. Woher letzterer Ort seinen Namen habe, deutet
sein Epitheton βαθύλειμος bei Homer vernehmlich genug an.
Auf die Gegend von Athene passt aber der Bgr. Florentia mit
nichten. Was hingegen Athen characterisirte, war seine

Felsenburg; ja, der älteste Theil Athens war seine Burg, seine Veste, seine Κεκροπία. Und nach S. 347 bedeutet Ἀ-θή-νη, so gut wie Ἰ-θώ-μη und Θώ-μη, eben nichts anderes als „Veste".

Dafür spricht auch der synonyme Name Κε-κροπ-ία. Dass diese Burg ihren Namen habe von einem angeblichen Erbauer Κέ-κροψ, wird h. z. T. wohl Niemand mehr für wahr halten; umgekehrt wurde, wie in hundert anderen Fällen, erst aus dem vorhandenen Namen des Orts der Personen-Name nachträglich heraus- und hinein-gefabelt.

Κε-κροπ-ία ist Eines Ursprungs mit dem Namen der Felseninsel Κράπ-αθος B 676, Κάρπ-αθος, jetzt Scarp-anto, mit dem des attischen Demos Κρῶπ-αι, Κρωπ-ία, auch Κρωπ-ιά, Einer Wurzel mit lat. scrup-us, rauher Stein, Adj. scrup-eus, mit unserem schroff, scharf, führt hienach auf W. σκαρ+π, woher auch u. a. σκορπ-ίος. Darnach ist Κε-κροπ-ία = scrup-ea, begrifflich = ἄκ-ρη (ἀκρό-πολις). — Die unerweiterte Sec.W. σκαρ, καρ hat einer Menge felsiger, steiler Oertlichkeiten den Namen gegeben, wie Κόρ-ινθος B 570 (vgl. Ἀκρο-κόρινθος) ‖ Κρῶ-μνα, Kastell in Paphlagonien B 855 ‖ Κρα-νά-η Γ 445 (zu κραναός, felsig) ‖ Κρή-τη B 649 ‖ Κήρ-ινθος B 538 u. v. a. — Einer Labial-Erweiterung der W. σκαρ entstammt auch Σκάρφη B 532, St. bei Thermopylä. Vgl. Σκάρ-δ-ος, Gebirge Macedoniens.

Die völlige Uebereinstimmung des Begriffs in dem Namen der Stadt Ἀθήνη und dem der Göttin Ἀθήνη giebt in Verbindung mit dem Zutreffenden des ermittelten Begriffs der vorgetragenen Etymologie aus W. σθα (σθένω) u. E. fast mathematische Sicherheit. Für sigmatisch anlautende Wurzel spricht ausser dem vorschlagenden ἀ auch der Name Ἀ-τθίς st. Ἀ-σθίς mit Assimilation von σ zu τ und Ausstossung des wurzelhaften α vor vocalisch beginnendem Suffix, wie in Ὀ-τρ-εύς, in σί-φον st. σι-σφα-ον, ἄργυ-φος, Ἄντι-φος (aus Wf. φα), ἑκατόμ-βη (aus βοῦς) κτλ. Also Ἀ-τθ-ίς st. Ἀ-σθα-ίς, und begrifflich urspr. = Ἀ-θή-νη, weiterhin die betr. Landschaft bezeichnend. — Der Name Ἀττική aber hat lautlich gar nichts damit zu schaffen; ob er als = ἀκτ-ική von ἀκ-τή oder nach Curtius als = ἀστ-ική von ἄστυ herkomme, bleibe dahin ge-

stellt. Aber wenn Curtius S. 657 auch Ἀτθίς aus αστυ deuten
will, so ist das mehr als bedenklich. — Uebrigens vergleiche
man zu der griech. W. σθα, stark sein, bei Fick I 245 f. die
Sanskrit-Wörter sthâ-man, Kraft ‖ sthi-ra, fest ‖ sthû-ra,
sthû-la, sthâv-ara, fest.

Die lat. Benennung der Athene Min-er-va, Men⁻er-va
lässt gleiche Deutung zu, wie Ἀθήνη. Denn für Men-es-va
stehend, ist das Wort Eines Ursprungs mit τὸ μέν-ος, mens etc.,
und es wird doch wohl zu einer Zeit entstanden sein, wo auch
die sinnliche Bedeutung von μένος lat. mens noch leibte
und lebte, nämlich „Schwung, Kraft, Stärke"; in welchem Sinne
μένος noch so oft bei Homer anzutreffen ist, wie in der Verbindung μένος χειρῶν E 506 oder (mit Hendiadys) μένος καὶ
χεῖρες Z 502, μένος καὶ γυῖα Z 27, wie ferner in der Anwendung auf Lanze, Ströme, Feuer, Wind, Sonne (s. Seiler Lex.).
Statt der Erklärung „die Denkende" oder „die mit Weisheit
Begabte" ist daher die Deutung „die mit Schwung, mit Kraft
Versehene" vorzuziehen. Das Suffix va (vus, va, vum) hat den
gleichen Werth in Men-es-va, wie -vus in cer-vus, κερα-ϝός =
cornu-tus, in aesti-vus etc. — Auch dem Römer ist ja Minerva
nicht bloss die Göttin der geistigen Kraft, der Weisheit, sondern auch der physischen Kraft, Göttin des Kriegs.

159. Ὀφείλω, ὀφέλλω. W. σπαλ.

Ὀφείλω und ὀφέλλω sind der Etymologie noch immer un-
entwirrbare Räthsel. Man begreift nicht, wie ersteres schuldig
sein, das zweite aber 1) schuldig sein, 2) mehren, 3) fegen
bedeuten kann. Da ὀφέλλω auch begrifflich so oft = ὀφείλω,
so können beide nicht verschiedenen Ursprungs sein. Ebenso
wenig kann ὠφελέω (nützen = mehren) davon getrennt werden.
Zur Erhöhung der Verwirrung in begrifflicher Hinsicht kommen
noch hinzu die offenbar lautlich dazugehörigen Wörter: ὄφελμα
1) Vermehrung, 2) Hülle, κάλυμμα H., 3) Fegemittel, κάλλυντρον II., 4) Kehricht: ὀφέλμασι· σαρώμασι H. ‖ ὄφελτρον·
κάλλυντρον H. ‖ ὠφέλης = ὁ ἐφιάλτης = äol. ἐφέλης, Alp.
H. — Gleichbedeutig mit ὀφείλω haben wir ὀφλέω, ὀφλισκάνω, ὀφλάνω.

Alles erklärt sich lautlich wie begrifflich auf die einfachste Weise von der Welt beim Ausgehen von W. *σπαλ, σφαλ*. Um zunächst mit *ὀ-φείλω, ὀ-φλέω, ὀ-φλισκάνω* zu beginnen, so haben wir im Voraufgehenden W. *σπαλ* mit dem Bgr. „schwingen" bereits in massenhafter Vertretung gehabt, auch gesehen, wie sich daraus Bgr. „umschlingen, schlingen, winden" entwickelte, nicht etwa bloss in Wurzel-Erweiterungen, wie *σπλεκ-όω*, plec-to, flec-to, flechten etc., sondern auch in Bildungen aus der unerweiterten Wurzel, wie *ἄ-μπελ-ος* st. *ἄ-σπελ-ος*, Rankendes, Rebe (gleichsam con-volvolus) ‖ *σπέλλιον, ψέλλιόν*, Armband, *ψελιόω*, umwinden ‖ *ἀ-πέλλη*, Hürde ‖ *σφαλ-ός*, Fessel (S. 432) ‖ *σπλή-ν-ιον*, auch *σπλή-ν*, Verband, *σπλην-όω*, verbinden, *κτλ*. Ganz auf denselben Begriff gehen zurück *ὀ-φλέ-ω, ὀ-φλά-νω, ὀ-φλ-ισκ-άνω, ὀ-φείλω* st. *ὀ-φελ-ίω*, urspr. = verschlingen, ver-wirken, mit medialem bzw. passivem Sinne = sich verbinden, verbindlich machen, sich *verpflichten, verpflichtet* sein. Unser *Pflicht* ist derselben Wurzel: Wf. spli = Wf. spla, W. spal mit Guttural-Erweiterung, wie lat. plic-a-re, implicare, flec-to, plec-to. *Pflicht* ist = Verflechtung, obligatio, obstrictio. Engl. plc-dge, Unterpfand (Verpflichtung) neben plai-d, Umgeschwungenes = Mantel, Umwurf (pallium, *πέ-πλ-ος*), gehört gleichfalls zu W. spal. In begrifflicher Hinsicht vergleiche man zu *ὀ-φλέ-ω κτλ.* lat. ob-ligare, ob-stringere von gleicher Verwendung: *ὄ-φλη-μα* = obligatio.

'*Ὀ-φείλω* so gut wie gleichbedeutiges *ὀ-φέλλω* sind offenbare Denominative von einem Subst. *ὀ-φελ-ή st. *ὀ-σφελ-ή* = *ὀ-φειλή* st. *ὀ-σφελ-ίη*, und *ὀ-φλε-ή* und *ὀ-φελ-ιή* verhalten sich zu einander, wie *ζε-ά* zu *ζε-ιά, ζε-ιή*, wie *πνο-ή* zu *πνο-ιή κτλ.* — Mit Ausstossung des Stammvocals, wie in *πέ-πλ-ος*, bildete sich aus demselben Subst. *ὀ-φελ-ή* das Ztw. *ὀ-φλέ-ω* st. *ὀ-φελ-έ-ω*. Die späteren Bildungen *ὀφλισκάνω, ὀφλάνω* haben dutzendfache Analogien zur Seite.

II. Aus Wf. *σφαλ* = W. *σπαλ* „schwingen" lässt sich auch deuten *ὄ-φελ-μα* „Hülle" d. i. Umgeschwungenes, engl. plai-d; synonym mit lat. pall-ium, pal-ud-a-mentum, *πέ-πλ-ος κτλ.*

Aber *ὀ-φέλλω* „mehren" weist auf Grundbegriff „blähen, schwellen", wie denn Pott E. F. II 423 dieses *ὀ-φέλλω* mit Skr.W. phal, schwellen, vergleicht, die aus UrW. sphâ erst

hervorgegangen ist. Wenn Leo Reinisch (Der eigtl. Ursprung
der Sprachen der alten Welt. Wien 1874) I S. 356 das aus
$\dot{o}$-$\varphi\acute{\epsilon}\lambda\lambda\omega$ erst hervorgegangene $\tau\grave{o}$ $\ddot{o}$-$\varphi\epsilon\lambda$-$o\varsigma$, Mehrung = Nutzen,
als „$\ddot{o}\varphi\epsilon$-$\lambda o\varsigma$ mit $\ddot{\alpha}\varphi\epsilon$-$\nu o\varsigma$, mit Skr. ap-nas, lat. op-s", sogar
„mit $\dot{o}\beta o\lambda\acute{o}\varsigma$, obolus" für verwandt hält und daraus $\dot{o}\varphi\acute{\epsilon}\lambda\lambda\omega$
construirt, so kann das nur als eine „Etymologie der Ver-
zweifelung" gelten. Denn es existirt kein Neutral-Suffix $\lambda o\varsigma$
(Gen. $\lambda\epsilon o\varsigma$) = Suff. $\nu o\varsigma$. Wie $\ddot{\alpha}$-$\varphi\epsilon$-$\nu o\varsigma$, $\dot{o}$-$\beta\epsilon\lambda$-$\acute{o}\varsigma$, $\dot{o}$-$\beta o\lambda$-$\acute{o}\varsigma$
lautrichtiger zu deuten sind, haben wir früher gesehen. Die
wunderliche Etymologie von Reinisch nimmt überdies weder auf
$\dot{o}$-$\varphi\acute{\epsilon}\lambda\lambda\omega$ „verpflichtet sein, schulden", noch auf $\dot{o}$-$\varphi\acute{\epsilon}\lambda\lambda\omega$ „fegen"
$\varkappa\tau\lambda$. Rücksicht. — Letzteres weiset auf Bgr. „fachen, fächeln"
= wehen, ebenso gut wie Skr.W. pû st. spû (S. 41 f.), engl.
to fan etc. — $\underline{\Omega}$-$\varphi\acute{\epsilon}\lambda$-$\eta\varsigma$ und $\dot{\epsilon}$-$\varphi\acute{\epsilon}\lambda$-$\eta\varsigma$ „Alp" weisen mit den
übrigen Wörtern derselben Bedeutung auf den Grundbegriff
„keuchen" bzw. „keuchen-machen" (S. 323). — Mahnen schon
diese Wörter dazu, die Sec.W. $\sigma\pi\alpha\lambda$, $\sigma\varphi\alpha\lambda$ ihrem eigentlichen
Wesen nach näher ins Auge zu fassen, so vollens die S. 69
andeutungsweise beigebrachten Wörter $\sigma\pi\acute{\epsilon}\lambda$-$\epsilon\vartheta o\varsigma$, $\pi\acute{\epsilon}\lambda$-$\epsilon\vartheta o\varsigma$,
$\sigma\pi\acute{\epsilon}\lambda\lambda$-$\eta\xi$ $\varkappa\tau\lambda$.

Wie Curtius in Sec.W. $\sigma\tau\alpha$-λ eine Erweiterung der W. $\sigma\tau\alpha$
mit vollstem Rechte erkennt (N. 216), so haben wir auch in
Sec.W. $\sigma\pi\alpha\lambda$ eine solche von W. $\sigma\pi\alpha$ „hauchen, wehen, blasen"
zu erkennen, und der seither behandelte Begriff „schwingen"
von W. $\sigma\pi\alpha\lambda$ ist eben nur ein abgeleiteter.

Gleiche Erweiterung haben aber auch W. $\sigma\pi\iota$ und W. $\sigma\pi\upsilon$
erfahren; daher die Sec.WW. $\sigma\pi\iota\lambda$ und $\sigma\pi\upsilon\lambda$. Mit Abfall von
σ ergeben sich die drei Wurzelformen $\pi\alpha\lambda$, $\pi\iota\lambda$, $\pi\upsilon\lambda$; mit Meta-
thesis einerseits $\sigma\pi\lambda\alpha$, $\sigma\pi\lambda\iota$, $\sigma\pi\lambda\upsilon$, anderseits $\pi\lambda\alpha$, $\pi\lambda\iota$, $\pi\lambda\upsilon$.
Da weiterhin für $\sigma\pi$ so gern $\sigma\varphi$ eintritt, entstehen die Wff.
$\sigma\varphi\alpha\lambda$, $\sigma\varphi\iota\lambda$, $\sigma\varphi\upsilon\lambda$ bzw. $\sigma\varphi\lambda\alpha$, $\sigma\varphi\lambda\iota$, $\sigma\varphi\lambda\upsilon$ und mit Schwund
von Sigma $\varphi\alpha\lambda$, $\varphi\iota\lambda$, $\varphi\upsilon\lambda$ bzw. $\varphi\lambda\alpha$, $\varphi\lambda\iota$, $\varphi\lambda\upsilon$. Weiterhin kann
für $\sigma\pi$ auch eintreten ψ, $\pi\tau$, $\varphi\vartheta$, woraus wieder neue Erschei-
nungsformen derselben Wurzel hervorgehen. Vgl. S. 72 ff.,
S. 322 ff. Da sich nun neben WW. $\sigma\pi\alpha$-$\sigma\pi\iota$-$\sigma\pi\upsilon$ bzw. $\sigma\varphi\alpha$-
$\sigma\varphi\iota$-$\sigma\varphi\upsilon$ auch gleichbedeutig $\sigma\beta\alpha$-$\sigma\beta\iota$-$\sigma\beta\upsilon$ findet, so kann es
nicht Wunder nehmen, wenn sich ganz gleichbedeutig auch
Sec.W. $(\sigma)\beta\alpha\lambda$, $\beta\lambda\alpha$ bzw. $\beta\lambda\iota$, $(\sigma)\beta\upsilon\lambda$, $\beta\lambda\upsilon$ massenhaft vertreten

findet, wie z. B. σά-μβαλ-ον, βλαύ-τη und βλαῦδες (σαν-δάλια II.), auch βλύ-δ-ιον neben σέ-μπαλ-ον ‖ βλαδ-αρός = πλαδ-αρός und φλυδ-αρός ‖ lak. βέλλ-ιρ, Helm, neben πήληξ ‖ βλά-σκ-ειν, rauchen, neben φλα-σ-μός· τῦφος Hes. ‖ βλέννα, Schleim, neben πλέννα und φλέ-γ-μα, Schleim ‖ βο-μβυλ-ίς, bulla, neben πο-μφόλ-υξ ‖ βλύ-ω neben φλύω ‖ βά-μβαλ-ον neben πέ-πλ-ος, pallium ‖ βαλ-ήν, König, neben πάλ-μ-υς ‖ βαλ-ία neben ὀ-φθαλ-μ-ία ‖ βλᾶ-θρον, βλή-χ-ρα und βλα-χ-ρόν, Foder-, Farnkraut, neben ἀ-σπλή-ν-ιον, ἀ-σπλῆ-νις, neben lat. fil-ix; daneben Far-n und πτέρ-ις aus W. σπαρ ‖ βλαι-σός neben πλαισός, πλά-γ-ιος, σφηλός (λοξός Hes.) und engl. splay, schief, splai-t, lahm ‖ cypr. ἄ-βλαξ st. ἄ-σβλαξ, glänzend, neben φλέ-γ-ω, fla-g-ro, ful-g-eo, splc-nd-co, engl. to fla-re, schimmern, neben bla-n-k, blinken ‖ maced. ἀ-βλό-η· σπένδε (Hes.) neben den vielen Wörtern der Wff. φλα, φλε, φλυ mit Bgr. ausgiessen, neben ἄ-σφαλ-τος = ἐκφύσημα ‖ βλα-σ-τός, βλα-σ-τ-άνω neben fol-ium, φύλλον und so vielen anderen Wörtern des Begriffs hervorblasen, -sprossen, wie goth. blo-ma, lat. flos etc. ‖ *βλέ-μ-ος, Anschwellung, turgor, in βλε-μεαίνω, ἀ-βλεμής neben φλέω, φλάω, schwellen, in-flare ‖ (σ)βάλλω neben (σ)πάλλω κτλ. Doch W. σβαλ wollen wir einstweilen aus dem Spiele lassen.

Dass aber die Wff. φαλ, φιλ, φυλ bzw. φλα, φλι, φλυ sammt ihren Weiterbildungen mit σ, δ, γ etc. zu W. σπαλ gehören, folgt 1) aus dem Nebeneinanderbestehen gleichbedeutiger Wörter mit den Anlauten σπ, σφ, ψ, π etc., 2) aus dem öfteren Vorkommen sigmatischer Reduplication, 3) aus der Assimilation von σ zu μ oder π; πο-μφόλ-υξ st. πο-σφ., 4) aus dem häufigen Vorkommen der Vorschlagsvocale ἀ, ἐ, ὀ, 5) aus dem häufigen Unterbleiben der Lautverschiebung. Beispiele zu 1—4 werden in der folgenden Uebersicht genug vorkommen. Beispiele zu 5 sind u. a. engl. flaw, Wind, Sturm ‖ to flau-nt, sich blähen‖flaw-n, Aufgeblasenes, Auflauf, Fla-d-en‖flu-rr-y, Windstoss ‖ fla-me, Flamme ‖ fla-k-e, flea-k, Flocke, lat. floc-cus = ἄωτον: W. ἀϝ ‖ flee-ce, Vliess = ἄωτον ‖ to flee-t, to fli-t, to flu-tt-er, flattern ‖ fla-g, Flagge u. s. w. An Entlehnung ist hier so wenig zu denken, wie bei floo-d, Flu-t neben lat. flu-o ‖ bei engl. flow-er neben lat. flos = bloo-m, blossom etc. ‖ Fel-s neben ϙελλός, ϙελλεύς = πέλλα ‖ *Flie-d-er* (duftigblühender Strauch) neben ϙιλ-υϙός, duftig ‖ *fal-sch* neben lat. fal-sus, ϙῆλ-ος (cf. fallo, ϙαλ-όω, ϙηλ-όω, σϙάλλω) ‖ *fallen* (urspr. schwanken) neben lat. fallo = σϙάλλω ‖ engl. flaw = ϙλάω, spalten etc. ‖ *fla-ck-ern* neben flag-ra-re ‖ *Fle-ck* (Schmutzfleck) neben ϙολ-ίς, Fleck, ϕολ-ύνω, beflecken. In *Fleck* liegt Guttural-Erweiterung der gemeinschaftlichen Wurzel vor, wie auch in σπλα-χ-ϙός· μεμιασμένος Hes.; *)vgl. engl. spla-sh, Schmutz ‖ lat. fle-men und ple-men, Geschwulst, u. v. a. W.

Die durch Metathesis entstandenen Wurzelformen ϙλα, ϙλι, ϕλυ sind nun wiederum aller möglichen Erweiterungen fähig, mit ϝ, σ, mit γ, κ, χ etc., gerade wie die UrWW. σπα, σπι, σπυ. — Es würde zu weit führen, das ganze unendliche Gebiet der Sec.WW. σπα-λ, σπι-λ, σπυ-λ mit allen einzelnen Tertiär-Wurzeln auch nur annähernd vorzuführen. Worauf es uns hier ankommt, ist die Begriffsentwickelung in einzelnen Repräsentanten darzuthun.

a. Bgr. hauchen, wehen, blasen.

Πα-σπάλ-η, παιπάλη st. πα-σπ., πάλη, Staub, feines Mehl, d. i. Wehendes, Wehbares, Gewehtes, wie engl. du-s-t, Staub, aus germ. W. du = ϑυ; vgl. dust-box, Streubüchse. S. oben S. 69 ψάμμος κτλ. ‖ dass. ψαλ-ίϑιον und ψίλ-ω-ϑρον Hes. ‖ σπλη-δ-ός, Asche, fav-illa ‖ ϕλαῦ-ρος, windig, vanus etc. ‖ πο-μϕόλ-υξ st. πο-σϕ., Skr. pu-pphula st. pu-sphula, Blase ‖ σπλή-ν, sple-n, urspr. Blase = Drüse ‖ fel G. fellis, Blase, Gallenblase, Galle; daneben bil-is aus W. (s)bal ‖ πο-ππυλ-ιάζω, πα-ππυλ-ιάζω (st. πο-σπ., πα-σπ.), Blasen werfen, und blasen Theokr. V 89 ‖ ϕόλλις, ϕόλλιξ, lat. follis, Blase (Beutel, Schlauch) ‖ ϕλυ-κ-τίς, ϕλύ-κ-ταινα, Blase: Wf. ϕλυ+γ ‖ ϕλυ-άκιον, ϕλυζ-άκιον, Bläschen ‖ lat. fla-re etc.; *bla-s-en* ‖ ϕλάω, einathmen = schlürfen, verschlingen Aristoph.,

---

*) Interessant und von schlagender Beweiskraft für unsere Wurzelbehandlung sind folgende merkwürdige Parallelen: ost- und westpreuss. *Fleck* bedeutet auch Eingeweide; dasselbe τὰ σπλάγχ-να und τὰ σπίλα (Hes.); unserem *Fleck* (= Schmutzflecken) steht gegenüber Adj. σπλαχ-ϙός und Subst. ὁ σπίλος, neben ϕολ-ίς, Flecken, weiterhin Schuppe etc.

Plut. 694 ö.*) Vgl. engl. flaw, Wind, Sturm, flu-rr-y, Wind-stoss.

Wie lat. fla-re in fla-brum, fla-bellum, Wedel, Fächer, den Bgr. „fachen, fegen", to fan, annimmt, so W. σπαλ in ὀ-σφέλλω st. ὀ-σφέλλω, fegen, ὄ-φελ-τρον, kret. ἄ-φελ-μα = κάλλυντρον.

b. Bgr. athmen = schnaufen bzw. keuchen, keuchen-machen. Ἐ-φέλ-ης st. ἐ-σφέλ-ης, der keuchen-machende = Alp Hes. ‖ ὠ-φέλ-ης st. ὀ-σφέλ-ης, dass. ‖ οἰφόλης st. ὀ-σφόλ-ης, schnaubend = gierig, libidinosus; dazu Fem. οἰφόλις. Vgl. ad-spirare, begehren ‖ φαλ-ίζειν· θέλειν (Hes.) d. i. ad-spirare ‖ φλυσῶσα· μαινομένη (H.), schnaubend; von einem φλυ-σ-άω ‖ πλα-τύρ· δοῦλος (H.), begrifflich zu vermitteln, wie ποιπνυός, Diener, wie πένης κτλ. S. 215, wie unser *dienen* aus germ. W. da-di-du = W. θα-θι-θυ, wie δοῦ-λος aus W. δα-δι-δυ.

c. Bgr. hauchen = riechen, duften, dunsten; dampfen, rauchen.

Σπέλ-εθος, πέλ-εθος, σπέλλ-ηξ, πελλ-ίον (übel-riechendes =) Koth ‖ dass. πάλ-κος. Vgl. engl. spla-sh, Koth; — pla-sh und fla-sh, Pfütze; — pool, *Pfuhl;* lat. pal-us etc. ‖ φολ-ιά, Eppich, apium graveolens ‖ φλο-ν-ῖτις und φλο-μ-ῖτις, eine starkriechende Pflanze = ὄνοσμα (von W. ἄν) ‖ desgl. φλό-μος, φλῶ-μος, φλο-μίς, ‾φλό-νος und πλό-μος, verbascum ‖ lat. flo-c-es = fae-c-es, faex (übelriechend); vgl. sent-ina von sentio, riechen ‖ φιλ-υρός, duftig (Hes.) ‖ φιλ-ύρα, die Linde, wegen der wohlriechenden Blüthe S. 323**) ‖ πλαγγ-όνιον· μύρον (Hes.), wohlriechende Salbe: W. (σ)πλα+γ ‖ σι-παλ-ός, schmutzig: σιπαλόν· ἀκάθαρτον Hes. ‖ φολ-ύνω, beschmutzen ‖ φολ-ίς, Flecken ‖ παλ-αιός, faul, σαθρός (H.). Hoffentlich wird man diesen Begriff wohl nicht aus παλ-αιός

---

*) Die Grundbedeutung von φλά-ειν ist offenbar fla-re, to blow; wie engl. the blow auch = Schlag (schwingen), so auch φλάω Theokr. V 148. 150 = schlagen; in ἀνα-φλάω, schwellen-machen, ist es = blähen; in φλα-σ-μός (τῦφος Hes.) = rauchen, wie fla-re in fla-men, Priester, suffitor (Opferer, Räucherer); dazu φλάω = to breathe, klaffen-machen, spalten etc. Vgl. engl. flaw, rissig machen.

**) Vgl. *Flie-d-er* S. 502; engl. *fil-th*, Unflat, Schmutz, u. v. a. W.

„alt" vermitteln wollen, so wenig wie lakon. $\pi\alpha\lambda$-$\alpha\iota\acute{o}\varrho$ „dumm"
($\mu\omega\varrho\acute{o}\varsigma$ Hes.), lak. $\pi\alpha\lambda$-$\varepsilon\acute{o}\varrho$ Aristoph. Lys. 988, $\pi\alpha\lambda$-$\varepsilon\acute{o}\varsigma\cdot$
$\ddot{\alpha}\varphi\varrho\omega\nu$ H. Boide erklären sich aus Bgr. „dunsten" gerade wie
unser *du-mm*, *du-m-b* etc. aus germ. W. du = W. $\vartheta\upsilon$, wie $\tau\varepsilon$-
$\tau\upsilon\varphi\omega\mu\acute{\varepsilon}\nu o\varsigma$ „dumm" aus $\tau\acute{\upsilon}\varphi\omega$, dampfen, rauchen etc.
Den Bgr. „dampfen" etc. haben wir z. B. in lat. flâ-men,
Opferpriester = suf-fitor, l-$\varphi\acute{\iota}$-$\tau\eta\varsigma$ (neben flâ-men, Wind) $\|$ $\varphi\lambda\alpha$-
σ-$\mu\acute{o}\varsigma\cdot$ $\tau\tilde{\upsilon}\varphi o\varsigma$ Hes. $\|$ lat. ful-igo, Rauch, Russ $\|$ dass. $\psi\acute{o}\lambda o\varsigma$,
böot. $\psi\varepsilon\lambda\acute{o}\varsigma$, $\ddot{\alpha}$-$\sigma\beta o\lambda o\varsigma$ und $\acute{\alpha}$-$\sigma\beta o\lambda\acute{\eta}$, in denen übrigens λ auch
zum Suffixe gehören kann, wie ja W. $\sigma\pi\alpha$-λ aus W. $\sigma\pi\alpha$ selbst
weiter gebildet ist, W. $\sigma\beta\alpha$-λ aus W. $\sigma\beta\alpha$ $\|$ $\pi\lambda\alpha$-$\tau o\varrho$-$\acute{o}\alpha\cdot$
$\vartheta\upsilon\sigma\acute{\iota}\alpha$. $\varLambda\acute{\iota}\nu\delta\iota o\iota$ Hes.

Die vielen Wörter des Bgr. „dunkel, schwarz", wie $\varphi\acute{o}\lambda$-$\upsilon\varsigma$,
ful-vus, pull-us, $\pi\varepsilon\lambda$-$\iota\acute{o}\varsigma$, $\pi\varepsilon\lambda$-$\acute{o}\varsigma$, $\pi\varepsilon\lambda$-$\iota\delta$-$\nu\acute{o}\varsigma$, cypr. $\pi\iota\lambda$-$\nu\acute{o}\varsigma$ $\varkappa\tau\lambda$.
(S. 457) liessen sich ebenfalls als behaucht, beraucht, als engl.
reeky (= rauchig, schwarz), als = düster (von Du-s-t) auffassen.
Aber auch schmutzig und schwarz, auch verhüllt und schwarz
sind correlative Begriffe.

d. Bgr. hauchen, blasen = hervorblasen, quellen-machen etc.

$\varLambda$-$\sigma\varphi\alpha\lambda$-$\tau o\varsigma$ und $^{*}\sigma\varphi\alpha\lambda$-$\tau\acute{o}\varsigma$ in $\sigma\varphi\alpha\lambda\tau$-$o\acute{\iota}\delta\eta\varsigma$ = $\acute{\varepsilon}\varkappa\varphi\acute{\upsilon}$-
$\sigma\eta\mu\alpha$, Erdharz, Steinöl $\|$ $\pi\lambda\tilde{\eta}$-$\mu\nu o\varsigma$ st. $\sigma\pi\lambda\tilde{\eta}$-$\mu\nu o\varsigma$, Hervor-
geblasenes, Gespieenes = spu-ma (W. spu): $\pi\lambda\tilde{\eta}\mu\nu o\varsigma\cdot$ $\acute{\alpha}\varphi\varrho\acute{o}\varsigma$
Hes. $\|$ $\pi\acute{\varepsilon}\lambda$-$\alpha\nu o\varsigma\cdot$ $\acute{\alpha}\varphi\varrho\acute{o}\varsigma$ H. $\|$ dasselbe ist $\varphi\lambda o\tilde{\iota}$-$\sigma$-$\beta o\varsigma$ ($\acute{\alpha}\varphi\varrho\acute{o}\varsigma$
H.) st. $\varphi\lambda o\iota\delta$-$\beta o\varsigma$ aus Wf. $(\sigma)\varphi\lambda\iota$+$\delta$ $\|$ dass. $\acute{\alpha}$-$\varphi\lambda o\iota\sigma$-$\mu\acute{o}\varsigma$ st.
$\acute{\alpha}$-$\sigma\varphi\lambda o\iota\delta$-$\mu\acute{o}\varsigma$. Gleichbedeutiges $\acute{\alpha}$-$\varphi\varrho\acute{o}\varsigma$ st. $\acute{\alpha}$-$\sigma\varphi\varrho\acute{o}\varsigma$ aus Wurzel
$\sigma\pi\alpha\varrho$ $\|$ $\pi\lambda\acute{\varepsilon}\nu\nu\alpha\iota$, Herausfliessendes = Schleim (Hes.) neben
$\beta\lambda\acute{\varepsilon}\nu\nu\alpha$ (dieses aus W. $\sigma\beta\alpha\lambda$ = W. $\sigma\pi\alpha\lambda$) und $\varphi\lambda\acute{\varepsilon}\gamma$-$\mu\alpha$ (aus
Wf. $\varphi\lambda\alpha$+γ)*) $\|$ $\varphi\lambda\varepsilon\gamma$-$\mu\acute{o}\varsigma$, Blut als Fliessendes, Sprudelndes.
Hieher gehört die grosse Menge der zu den Wurzelformen
$\varphi\lambda\alpha$-$\varphi\lambda\iota$-$\varphi\lambda\upsilon$ nebst Erweiterungen (mit δ, γ u. s. w.) gehörigen
Wörter des Begriffs „sprudeln", welche bei Curtius N. 412
verzeichnet sind, wie $\acute{\varepsilon}\varkappa$-$\varphi\lambda\alpha\acute{\iota}\nu\omega$, hervorsprudeln (d. i. hervor-

---

*) Wf. $\varphi\lambda\alpha$+γ, lat. fla-g hat für sich fast die ganze Begriffsscala
der W. $\sigma\pi\alpha\lambda$ durchlaufen: Bgr. hervorfliessen in $\varphi\lambda\acute{\varepsilon}\gamma$-$\mu\alpha$, Schleim $\|$ Bgr.
schwellen in $\varphi\lambda\varepsilon\gamma\mu\alpha\acute{\iota}\nu\omega$ $\|$ Bgr. brennen in $\varphi\lambda\acute{\varepsilon}\gamma\omega$, flagrare $\|$ Bgr. schwingen,
hauen in flag-ellum, Peitsche $\|$ Bgr. schimmern, glänzen u. s. w.

blasen, ἐκφυσᾶν), aus Euripides bei Suidas || φλύζω, hervor-
blasen, -speien, erbrechen: φλύσει· ἐμέσει Hes. || ὑπερ-φλύζειν·
ἐκφυσᾶν Η. || ἐκ-φλυνδάνω St. φλυ-δ, dass. || ἐκ-φλύσσω,
Aor. ἐκ-φλύξαι, heraussprudeln, Luft machen || διᾰ-φλύξιες·
ὑπερφλοισμοὶ ὑγροί (Hippokr. und Hes.) || ἀπο-φλύω, ausspeien
(ἀπ-ερεύγεσθαι Η.) || φλύω, hervorfliessen, überfliessen, u. v. a. W.
In Uebertragung auf Worte ergiebt sich aus „hervorsprudeln"
der Bgr. plaudern etc.

Sogar lat. fla-re geht in den Bgr. hervorsprudeln-machen
etc. über; denn so erklärt sich am einfachsten fla-re vom Erzgusse, fla-tura, das Schmelzen: acris Vitruv. II 7, 4.

Neben den Wörtern mit φλα- giebt es auch gleichbedeutig
solche mit πλα-, wie πλά-δ-ος, Ueberfliessen, Nässe, πλαδ-ά-ω,
πλα-δ-αρός κτλ.

Dass lat. flu-o, fliessen, gleicher Urwurzel mit fla-re ist,
hat man längst erkannt. Hinsichts der Begriffsvermittelung
aber bieten sich der Wege mehre: Bgr. „fliessen" könnte weitere
Ausgestaltung des Begriffs „hervorsprudeln = sich ergiessen" sein,
wie lat. flare (flatura) vom Erzgusse steht; „fliessen" könnte
sein Dasein verdanken der Aehnlichkeit der Bewegung des
Wassers mit der der Luft, könnte hinweisen auf die schwan-
kende, schwingende Bewegung des Wassers. Das Wahre
wird sein, dass sich all diese Begriffe durchdringen; denn
der Sprachgeist operirt nicht nach mathematischen Schluss-
folgerungen, sondern lässt sich durch die freieste Phantasie,
wie durch's Gefühl leiten. Man denke an αἴγες 1) Stürme,
Winde, 2) Wogen, Wellen; an engl. to wave (W. ϝα) = 1) wehen,
2) wogen, wallen, 3) schwingen; an engl. flow, fliessen, fluten,
neben flow-n 1) entflogen, 2) aufgeblasen, neben flow-er,
Blume (d. i. Hervorgeblühtes, Gesprossenes), to flow-k, flou-
n-d-er, hin- und herbewegen; — to fleet 1) flattern, 2) fliehen,
3) schwimmen, the fleet, die Flotte; Adj. fleet, flüchtig, schnell,
the fleet, Bucht (Bgr. gebogen) etc. — Doch zurück zum Griechischen: πα-φλάζω und äol. πε-φλάζω bedeuten ausser
„wogen, wallen" auch hervorsprudeln, übertragen hervorsprudeln
mit Worten = plaudern, wie φλη-δ-άω, φλη-ν-αφ-άω, φλε-δ-
ον-έω, φλα-ν-ύσσω, lak. φλου-άζω, φλυ-άσσω, φλυ-αρ-έω κτλ.
Dazu πά-φλα-σ-μα, das Geschäume, übertragen das Geplauder.

Blühen, Sprossen ist nur eine besondere Art von Hervorblasen (S. 137 ff.); daher lat. flos von fla-re; und so fügen sich
hieher σφέλ-μα, Blüthe der Steineiche ‖ φύλλον, fol-ium ‖
lak. Φλοιά, die Hervorsprosserin, Persephone ‖ φλέως, φλοῦς,
eine Wasserpflanze ‖ φίλ-αξ· δρῦς Hes. Vgl. S. 111 ff. ‖ lat.
pla-n-ta, Pflanze ‖ ψαλλός, Wald (Hes.) = ἄλ-σος von W. ἀλ
‖ plu-ma, Flau-m. Vgl. engl. flow-er neben bloo-m, blossom,
to blow, blühen etc.

c. Bgr. blasen = blähen, schwellen, strotzen, füllen.
Σφαίλειν· πλῆσαι Hes. ‖ πί-μπλη-μι st. πί-σπλη-μι;
dazu das merkwürdige ἐ-μπλη-σ-μένην· πεπλησμένην bei Hesychius, doch wohl st. ἐ-σπλ. ‖ φελλεῦον· ἐπιπλέον Hes., doch
wohl Part. Neutr. zu φελλ-εύ-ω, füllen, vollsein ‖ φύλλες =
φοῦαι, ψυῖαι κτλ. (S. 2), Dickfleisch ‖ ὀ-φέλλω st. ὀ-σφέλλω,
schwellen machen, mehren ‖ ἀ-φλε-τήρ st. ἀ-σφλε-τήρ, mamma ‖
φλέω, φλοίω κτλ., schwellen, strotzen ‖ πέ-μφελ-ος st. πέ-
σφελ-ος = tumidus, übertr. = zornig: πέμφελα· δύσκολα II. ‖
dazu δυσ-πά-μφαλ-ος· δυστάραχος (Hesychius) = δυσ-πέ-
μφελ-ος II 748 ‖ lat. fle-men, Geschwulst, mit Nbf. ple-men ‖
φλε-γ-μαίνω, aufschwellen, aufblähen, nähren, während das
Stammwort φλέγ-μα, φλέγ-ω (Wf. φλα+γ) andere nahverwandte
Begriffe aufweist; s. unter d und h ‖ φλέψ, Beule, Geschwulst:
μώλωψ Hes. Die andere Bedeutung „Ader" ist doch wohl auf
Bgr. Schlauch (Blase) oder Bgr. Röhre, fistula, zurückzuführen ‖
πόλφυξ st. πλό-φ-υξ*) oder πό-φλυξ, Muschel (Geblähtes,
Gewölbtes) = πῖ-να und πι-λός (κοχλιός* II.) von W. σπι ‖
πλε-φ-ίς· σησαμίς, ein Schotengewächs ‖ πλοῦ-τος = ὄλ-
βος (W. ἀλ) ‖ φάλ-αινα, Walfisch, kann sowohl als geblähtes
= „grosses Ungethüm" gefasst werden, wie auch als φύσαλος,
Bläser, Spritzer; lat. bal-ena zu W. σβαλ = Wf. σφαλ, W. σπαλ.

Um von anderen Wörtern zu schweigen, so fügt sich hieher mit vollem urspr. Anlaute oberd. spil, Menge, nhd. -spiel
in Menschen-spiel, nordengl. spill, Menge, ghd. speil, Schaar,
Heerde, bei Diefenbach II 297. Dagegen gehört zu Bgr. f
(hauchen = tönen) ahd. spil, nhd. Spiel, Scherz etc., sowie
auch goth. spill, Sage, spill-on, verkündigen, erzählen, alts. ags.

---

*) So σπελκόω neben σπλεκ-όω.

spell, Rede etc., nhd. Bei-*spiel*, ahd. *bi-spilla*, ahd. *got-spell*,
ags. god-spell, engl. go-spel, Gotteswort, Evangelium etc. Hinwiederum deckt sich nhd. -*spiel* in Kirch-spiel, ahd. Kir-spil,
Kirch-sprengel, altfries. *ḗd-spil*, Amts-Bezirk, mit griech. W.
σπαλ in *ἁ-πέλλη*, Hürde, Einfriedigung, *ψάλ-ιον* κτλ. mit dem
Bgr. schwingen, umschlingen, umringen; wie *Sprengel* zu W.
spar gehört (spra+g). Der zweite Theil von altn. mann-spiöll,
clades hominum, gehört zu Bgr. g oder Bgr. n weiter unten.
Bedeutet alts. mud-spelli, altn. mu-spell, ahd. mu-spilli,
Welt-brand, so gehört dieses spelli, spilli zu Bgr. h (hauchen
= glühen, brennen); bedeutet aber das Wort Welt-Untergang,
-Zertrümmerung, so bietet sich Bgr. *spal-ten* (n) dar.

f. Bgr. wehen = tönen.

Vgl. im Vorigen goth. *spill-on* etc. Dazu engl. *splu-tt-er*,
Lärm, u. a. W. ‖ πι-φαλλίς = πί-φιγξ H. ‖ φυλλεῖν und πυλ-
λεῖν, schreien: διαβοᾶν Hes. ‖ dass. φηλ-όω: φηλώσωμεν·
βοήσωμεν II. ‖ φελ-γ-ύνει· ληρεῖ H. ‖ φυλ-ατός· ᾠδή II. ‖
φολ-ίς· σῦριγξ ‖ dass. φιλ-ίς H. ‖ πλα-τ-αγ-εῖν· κροτεῖν H.

Sollte nicht der Musen-name Πι-μπλη-ίδ-ες st. Πι-
σπλη-ίδ-ες als „Sängerinnen" hieher gehören? Man leitet ihn
freilich ab von der macedon. Stadt Πί-μπλε-ια, wo Orpheus
gelebt haben soll, bzw. von einer dort befindlichen, den Musen
heiligen Quelle und einem den Musen heiligen Berge gl. N.
Aber warum sind gerade Oertlichkeiten dieses Namens mit
den Musen, mit Orpheus zusammengebracht? Wie Causalnexus
zwischen den Benennungen der Gottheiten und der ihnen ge-
weihten Oerter obwaltet, sahen wir auch S. 385. Die Quelle
Πί-μπλε-ια so gut wie der Berg bzw. Hain gl. N. werden wohl
vom Rauschen ihren Namen haben. — Die Musen heissen
auch Πί-ερ-ίδ-ες, und Πί-ερ-ος ist ein den Musen heiliger
Berg. Wie oft W. σπι (πι), hauchen, auch = „tönen" ist, haben
wir S. 325 gesehen. — Sie heissen ferner Ἀρδ-αλ-ίδ-ες,
welches Wort sich zu Wf. σρα+δ, rauschen, tönen, fügt (vgl.
S. 357 ff.). — Ja Μοῦ-σα und Μῶ-σα selbst lässt sich gleichbedeutig erklären aus W. μα oder W. σμα, wehen.
Es lassen sich auch die zahlreichen Wörter des Bgr. plaudern, schwätzen, φλυαρεῖν κτλ. (S. 505) in so fern hieher

ziehen, als sich darin die Begriffe „sprudeln" und „tönen" so vollständig durchdringen, dass sie kaum aus einander zu halten sind.

g. Bgr. wehen = verwehen, verschwinden, verschwinden-machen, tödten.

Ἀ-φλά-σαι· ἀπολέσαι Hes. Das dazu gehörige Präsens *ἀ-φλάζω* st. *ἀ-σφλάζω* weist auf Wf. (σ)φλα+δ ‖ *φιλ-ύρ-ινος· ἀσθενής* H. ‖ Gehört hieher fel-es, fell-es, die Katze, als „Mörderin, Würgerin"? Vgl. *πέ-φα-μαι* S. 216 ff. ‖ engl. fil-ch und pil-f-er, heimlich stehlen, liesse sich erklären als „verschwinden-machen" ‖ engl. bli-gh-t, Mehlthau = *ψινάς, φθινάς* aus W. *σπι* ‖ engl. spill, Verschwindendes = Kleinigkeit ‖ to spill, verschwinden machen, tödten.

h. Bgr. hauchen = glühen, brennen; schimmern, strahlen.

Sigmatischen Anlaut hat W. spal „glänzen" u. a. noch im lat. sple-n-d-eo (Wf. spla+d), im engl. spal-t, spel-t, glänzender Stein ‖ *ψάλ-υξ*, Funke, neben *ψάλ-υξ*, Motte, *ψυχή* Hes. ‖ *φε-ψάλ-υξ, φέ-ψελ-ος· σπινθήρ. ἄνθραξ* Hes. *Περι-φλύω* (Aristoph.) und *περι-φλεύω* (Hdt.), ringsum verbrennen ‖ *φλοιδ-ι-ᾶν· πεπρῆσθαι* H. ‖ *φλοιδόω* dass. ‖ *φλέ-γ-ω*, fla-g-ra-re ‖ *φλι-αρός*, warm ‖ *φλύ-ον· καθαρόν* H. ‖ *φαλ-ύνω· λαμπρύνω*, — *φαλ-ίσσ-ομαι*, weiss werden; beide weisen allerdings auf *φα-λός*, weiss; aber in den abgeleiteten Zeitwörtern hat sich λ ebenso gut erhärtet, wie in W. *σπα*+λ, Wf. *φα-λ* selbst. ‖ Aus dem Germanischen; engl. fla-me, nhd. Flamme, flimmern, flackern ‖ to fla-re, schimmern ‖ to fla-sh (blitzen) neben fla-sh, Pfütze etc. ohne Lautverschiebung, was auf urspr. sp weist.

Aus Bgr. brennen, glänzen entwickelt sich Bgr. blinken, blicken: vgl. *τὰ φάεα, λεύσσω* zu *λευκός κτλ.* Daher sind hieher zu ziehen *πα-πταλ-ᾶν*, um sich blicken, mit *πτ* st. *σπ* ‖ *φάλαι· ὅρα* H. ‖ *πα-μφαλ-άω* (st. *πα-σφ.*), um sich blicken ‖ *ἐπι-πλέ-γ-ω*, hinsehen H.

i. Bgr. hauchen = lat. favere, fovere.

Wer trotz Allem es vorzieht, in *φίλος* (S. 327) das λ als nicht zum Suffixe, sondern zum Wurzelstamme gehörig anzu-

sehen, würde das Wort hieher zu ziehen haben, während sich
Skr. prî, lieben, πρα-ΰς, goth. frij-ôn, lieben, womit Einige φίλος haben zusammenbringen wollen, zu W. spa-r fügt. Wegen
der Begriffsvermittelung vergleiche man S. 274 f. Zu den dort
beigebrachten Analogien kann man auch noch ϝέ-της, Freund,
aus W. ϝα gesellen. Weist *Pflicht* als obligatio, obstrictio auf W. σπαλ (vgl.
σπλεκ-ό-ω, verschlingen, flecto, plecto), *Pflug* als *Spal-ter* desgleichen mittels der Begriffsvermittelung unter u, so fügt sich
pflegen (*pfla-g*) als = fovere hieher.

k. Bgr. hauchen = aufathmen, ruhen; ermatten.

Παλ-αχ-ή· λῆξις H. || engl. to bli-n, ags. blinnan, auf-
hören, innehalten, ruhen = finire. Vgl. S. 327 || fla-bb-y,
schlaff, nachlassend; vgl. χα-λά-ω neben lat. ha-la-re || dasselbe
ist lat. flac-cus, schlaff; flacceo, flaccesco, nachlassen, schlaff
werden. Es bedarf kaum der Andeutung, dass *schlaff* mit
schlafen = ruhen Einer Wurzel ist: W. sla S. 348 ff.

l. Bgr. wehen = flattern, fliegen.

Lat. pâ-pil-io statt pa-spil-io, Schmetterling || ψάλ-υξ·
ψυχή Hes. = Motte || dass. φάλλη· ἡ πετομένη ψυχή H. || lat.
fil-ix, Federkraut, wenn es niet als „Spaltiges" zu u gehört ||
Aus dem Germanischen gehört hieher eine ganze Legion von Wör-
tern, wie z. B. to flee-t, flattern, fliehen || to flee-t, to fli-t, to
flu-tt-er etc. *flattern* || *fliegen, fliehen* etc. || lat. floc-cus (Wf. fla+c),
Flocke = Wehendes, Flatterndes; vgl. engl. fla-ke, *Flocke*,
flee-ce, *Vlie-ss*, flo-ck (neben flo-ck, Schaar) etc. || engl. flu-sh,
Flug, neben to flu-sh, glühen, to flu-sh, strömen, flu-sh, Blüthe etc.

m. Bgr. hauen, schwingen, schnell bewegen.

Engl. to flourish, schwingen, neben to flourish, blühen || to
flo-g, hauen, peitschen || to fling, schlagen etc. || to fla-p, schla-
gen, u. s. w. || engl. *flo*, Pfeil = παλ-τόν, neben bol-t, Bol-z-en ||
lat. fli-go, ple-c-to, schlagen || σφάλλω, φηλ-ό-ω, schwanken,
schwankend machen etc.; παραι-φηλόω st. παρα-σφηλ-όω ||
ψαλ-ίττω = πολεμεῖν || ψαλ-άσσω· τινάσσω H. || ἀ-ψάλ-
ακ-τος, unbeweglich H. || πα-μφαλ-ύζω, schwingen = zittern;

vgl. παλ-μός, das Zittern ‖ φλα-δ-ι-ᾶν, hauen ‖ φλάω, hauen; φλάω, frangere, erklärt sich als schwingen = biegen = brechen; θλάω hat damit so wenig zu schaffen wie κλάω, ὀ-κλάζω: es gehört zur Sec.W. θα+λ. Auch φλί-β-ω ist nur begrifflich = θλί-β-ω ‖ lak. δια-φουλλαί· διακοπαί H. ‖ lak. φουλ-ίδ-ερ· παρθένων χορός: vgl. σφαλ-μά-ω, springen (schwingen), ἀπο-πηλ-ώσειν· ἀπο-πηδ-ώσειν H.*). Wir haben jedoch in den voraufgehenden Abschnitten S. 429 ff. W. σπαλ mit dem Bgr. „schwingen" in allen möglichen Schattirungen so massenhaft vertreten gefunden, dass es hier weiterer Beispiele nicht bedarf.

11. Bgr. to breathe = öffnen, gähnen-machen, klaffen, klaffen-machen, spalten, zertheilen.

Σφάλ-αξ, Stechdorn = spi-na S. 329 ‖ σφαλ-άσσω, ritzen, schneiden, stechen H. ‖ ἀ-σπάλ-αθος, Dornstrauch, spinus ‖ ψαλ-ίς, Scheere (Zertheilerin), ψαλ-ίσσω, zerschneiden: ψαλ-ίξαι· κεῖραι H. ‖ σπάλ-ακ-ες· ἵππων εἶδος H. = spadices, Verschnittene ‖ ἴ-φλη-μα st. σί-σφλη-μα· τραῦμα S. 342 ‖ φλάω, verwunden ‖ φλάζω, zerreissen und intr. aufklaffen, platzen, reissen: λακίδες ἔφλαδον Aesch. Choeph. 28 ‖ φαλ-ύσσω, dasselbe: φαλύσσεται· καταρρήσσει H. ‖ dass. φλιδ-άω: φλιδόωσα· ῥηγνυμένη. ἐφλίδων· διῄρουν ἱερεῖον H. ‖ dass. φλιδ-ι-άω: φλιδιόωντο· διεσπῶντο. ἐτέμνοντο ‖ dass. φλί-δ-ω: ἔφλιδεν· ἐρρήγνυεν H. ‖ σπαλ-ύσσω, zerreissen: σπαλ-ύσσεται· σπαράσσεται H. ‖ παλ-αχ-ή· ἀρχή H., Anfang = Eröffnung.

Gehört hieher als „Gespaltenes", „Abgespaltenes" maced. φελλός, Stein, mit den Nebenformen φελός, φέλα, φέλλα, πέλα, πέλλα? Unser Fels wird doch wohl „Geklüfte" sein (Klippe). Auch σπίλος, Felsen, und σπιλ-άς lassen sich als „Geklüfte, Klippe" auffassen.

Lat. spel-ta, Spel-t, Spel-z wird doch wohl von dem gespaltenen, splitterigen Aussehen der Aehre benannt sein. Gleichbedeutiges lat. far gehört zu W. spar. Unser Spel-ze = lat. pal-ea, Kaff, bezeichnet die abgespaltenen Theilchen des Ge-

---

*) Die Liebhaber des „Lambdacismus" werden auch hier λ für δ eintreten lassen, wie sie ja auch Wf. δδ (W. ἀδ) und Wf. ὀλ (W. ἀλ) κτλ. durch einander werfen!

treides. — Ist lat. N. pr. Spol-et-ium so viel als *Splü-g-en*, und beides soviel als „Oeffnung" im Gebirge? Besonders stark ist W. spal in allerartigen Erweiterungen, Ablautungen mit Bgr. „öffnen, klaffen machen" vertreten: engl. to spall, Abgespaltenes = Span, to spli-t, *spal-t-en, spleissen*, to spli-ce, *Splitter* etc.; to splee-t, ausgräten (einen Fisch spalten); goth. spil-da (Gespaltenes =) Brett, Tafel. — In *platzen* ist Sigma geschwunden; *Platz* = Oeffnung, freier Raum (= χῶ-ϱος von W. χα, hauchen) ist schwerlich aus lat. platea entstanden; vgl. goth. *pla-t-s, ἐπίβλημα* (Bgr. umschwingen, pallium, πέ-πλος). *Fle-ck* = Platz ist nur eine andere Erscheinungsform derselben Wurzel. Oder sollen auch *platzen, plätzen*, to pla-sh, to fla-sh exoterisch sein?

Doch es würde ein ganzes Buch erfordern, sollten die german. Wörter der Anlaute spl, pl, fl, bl, pfl, die sich zu W. σπαλ, Wff. σφαλ, σπλα, φλα κτλ. begrifflich und lautlich fügen, auch nur mit annähernder Vollständigkeit berücksichtigt werden. Selbst von einer Zusammenstellung der lat. Wörter muss Abstand genommen werden. Aber Licht und Luft kommt in das scheinbare Chaos irregulärer Anlautungen, sobald man urspr. sigmatischen Anlaut der Wurzel aufstellt.

160. Δυσ-πέμφελος.

Nachdem wir Wf. σφαλ in der Bedeutung „schwellen", wie auch „wogen" etc. erkannt und oft genug gesehen haben, dass σ sich vor Labialen zu μ assimilirt, wird man hoffentlich das homerische δυσ-πέμφελος, Prädicat zu πόντος II 748, nicht mehr von πέμπω, schicken, ableiten wollen.

Der Zusammenhang der Stelle erheischt den Begriff mare tumidum, mare tumultuosum. Ob wir für W. σφαλ den Bgr. „wallen, wogen" oder Bgr. „schwellen" zu Grunde legen, in beiden Fällen ergiebt sich die geheischte Bedeutung. Vs 745 „O je, fürwahr, ein sehr behender Mann! Mit welcher Leichtigkeit er den Springtaucher macht! Er sollte doch vielleicht auch einmal sein Heil auf der fischreichen See versuchen; da müsste dieser Mann sicherlich einen Austernfänger abgeben, der Vieler Gaumen sättigte, wenn er, ohne auf Wind und Wellen

zu achten, mit der nämlichen Leichtigkeit vom Schiffe herunter-
hüpfte, womit er gegenwärtig auf trockenem Boden den Springtaucher vom Rossgespann macht! Traun, auch im Troervolke
also giebt es treffliche Springtaucher!" — Man sieht, wie sich
Minckwitz an dem ominösen εἰ καὶ δυσπέμφελος εἴη vorbei-
macht; doch trifft er mit richtigem Tacte wenigstens den Sinn.
Wir übersetzen „auch wenn das Meer schlimm - aufgeschwollen,
wildwogend wäre". Das Schiff befindet sich auf hoher See;
was soll da „schwerbeschickbar"? „Beschickbar" vom Meere
ist überhaupt ein Unding; das Meer kann wohl befahren, aber
nicht „beschickt" werden. Auch ist nicht abzusehen, wie aus
πέμπω, Adj. πέμφελος und πάμφαλος hervorgehen könne.
Sicherlich darf δυσ-πέμφελος nicht von δυσ-πάμφαλος, παμφα-
λᾶν, παφλάζω κτλ. getrennt werden. Auch darf man das einfache πέμφελος in dem Citate πέμφελα· δύσκολα. τραχέα bei
Hesychius nicht so leichtlich über Bord werfen.

Bei Hesiod Th. 440 haben wir das Wort in gleichem Sinne
οἳ γλαυκὴν δυσπέμφελον ἐργάζονται, und Op. 611 als Epitheton
von ναυτιλίη:

εἰ δέ σε ναυτιλίης δυσπεμφέλου ἵμερος αἱρεῖ

= navigatio tumultuosa i. e. in mari tumultuoso.
Wie nun „geschwollen", tumidus, und wie auch „wogend,
wallend" von der Erregtheit des Herzens gebraucht wird, sei
es beim Zorne, sei es von Stolz, Aufgeblasenheit etc., so auch
δυσ-πέμφελος Hesiod Op. 720 (Tauchn.):

μηδὲ πολυξείνου δαιτὸς δυσπέμφελος εἶναι
ἐκ κοινοῦ· πλείστη δὲ χάρις δαπάνη τ᾽ ὀλιγίστη·

Wir haben hier zu übersetzen „erregt, ungehalten, mürrisch".

161. Ἐπι-ζάφελος, ἀ-ζηχής.

Es unterliegt keinem Zweifel, dass die Bildner des späteren, von Hesychius aufgeführten Adj. ζαφελής dieses Wort
aus Präf. ζα+ Wf. φελ st. σφαλ, schwellen, sich zurechtgelegt
haben = μεγάλως ηὐξημένος. Aber dass Homer sein ἐπι-ζάφελος aus ἐπί+ζα+ Wf. φελ gebildet habe, muss bezweifelt
werden. Präposition ἐπί als den Begriff verstärkend in Zusammensetzungen ist unerweisbar, vollens als abermalige Ver-

stärkungs-Partikel vor dem Präfix ζα „heftig, sehr". Wir werden daher wohl unbedingt zu trennen haben ἐπι-ζάφ-ε-λος; damit kämen wir auf eine φ-Erweiterung der W. ζα, wehen, wie solche auch in Ζέφ-υρος, Wind, ζόφ-ος, Nebel, Dunkel, ζάψ st. ζάφ-ς, Sturm, vorliegt. Wie so ganz gewöhnlich sich Bgr. heftig, stürmend aus Wurzeln des Bgr. „wehen, blasen" ergiebt, haben wir bereits wiederholt gesehen. Das einfache ζάφ-ελος würde hiernach „stürmisch, heftig" bedeuten, und das zusammengesetzte ἐπι-ζάφελος = ursprüngl. „an-stürmend", mit ἐπί, wie in ἐπι-σείω mit ἐπ-εσσυμένος, ἐπι-σπερχής (Arist.), heftig, κτλ. Wie nun neben Adjectiven in λος auch Formen in λής sich entwickelten, so bildete sich neben ἐπι-ζάφ-ε-λος auch ein ἐπι-ζαφ-ε-λής aus. Man denke an ὁμα-λής: ὁμα-λός ‖ θεο-φιλής: θεόφιλος ‖ πιμελής:~πιμελός ‖ ἀν-ωμαλής: ἀν-ώμαλος ‖ δαψιλής: δαψιλός ‖ νεο-γι-λής: νεο-γι-λός κτλ. Zu ἐπι-ζαφελής, das bei Hesychius als Adjectiv erhalten ist, gehört hom. Adverb ἐπιζαφελῶς, heftig.

Den Gebrauch anlangend, so begegnet uns letzteres Ι 516, ζ 330 beim Bgr. zürnen = „heftig zürnen"; das Adj. ἐπι-ζάφελος nur Ι 525 bei χόλος = „heftiger Zorn". Entweder haben daher die späteren Schriftsteller, welche zufolge Hesychius ζαφελής als „sehr gemehrt, geschwollen" angewandt haben sollen, das homerische Wort etymologisch nicht erkannt und eine ungerechtfertigte Bildung aus jenem abstrahirt, oder sie haben aus Wf. φελ (σφαλ), schwellen, eine selbständige Formation mittels Präf. ζα sich gestattet. Vielleicht aber liegt auch ungenaue Deutung Seitens des Hesychius vor; denn die anderen Begriffe, welche er noch für ζαφελές vorbringt, stimmen zu dem homerischen Worte: ἄγαν σκληρόν. ἄγριον. θυμῶδες. ἰσχυρόν.

Zu W. ζα — und das bestärkt in der vorgetragenen Etymologie — gehört noch ein anderes unaufgehelltes homerisches Adjectiv, nämlich

$$a\text{-}ζηχ\text{-}ής.$$

Dasselbe soll für ἀ-δι-εχής stehen. Allerdings begegnet uns bei Plutarch δι-εχής „aus einander gehalten, getrennt". Wie aber daraus ζηχής hätte werden können, ist unerfindlich. Mag auch im Aeolischen ζα-βάλλω st. δια-βάλλω vorkommen, Homer hat nie ζα für διά. Nicht einmal Präf. ζα ist aus διά entstanden

(S. 5). Die Zusammensetzung aus διά+ἔχω lautet bei Homer δι-έχω, aber nicht δια-έχω, noch weniger ζα-έχω. Gesetzt nun, es könnte bei Homer ζ aus δι werden, so hätte sich höchstens ζ-εχής entwickeln können, aber nimmer ζηχής. Wir können daher schon in lautlichem Betracht weder die Döderlein'sche Deutung als ἀ-δι-εχής = „ungetrennt, unaufhörlich", noch Düntzer's Deutung „sehr durchdringend" gebrauchen.

Ἀ-ζηχ-ής leitet sich weit einfacher und lautrichtiger ab aus ζάω, wehen, blasen (ζάει· πνεῖ, ζα-έντες· πνέοντες). Wie aus σμάω sich σμή-χ-ω, aus ψάω sich ψή-χ-ω, aus ράω, ρέω sich ρή-χ-ομαι, aus τρύω sich τρύ-χ-ω κτλ. bildete, so entstand aus ζάω ein ζή-χ-ω, wehen, stürmen. Den Bgr. stürmen weist W. ζα auch auf in ζά-λη, Sturm, ζάψ, dsgl.

Daher aus ζήχω = ζάω mit Präf. ἀ int. ἀ-ζηχ-ής = sehr stürmisch, heftig, gewaltig. Die Bildung ist die gleiche wie in ἀερο-νηχής, luftdurchschwimmend (Aristoph.), ἁλι-ρηχής (in d. Anthol.), ἀμφι-τρύχ-ής.

Die Umschreibung von ἀ-ζηχ-ής durch ἰσχυρός bei Hesychius zeigt, dass man auch im Alterthume die oben ermittelte Bedeutung aufgestellt hat. Jedenfalls aber ist sie die für Homer geforderte, wie eine genauere Betrachtung der bezüglichen Stellen zeigt.

O 25 steht das Wort bei ὀδύνη: „Ich (Zeus) packte und schleuderte jeden, den ich ergreifen konnte, von der Palastschwelle herab, bis er, auf die Erde gelangend, unbeweglich liegen blieb; demungeachtet aber liess der heftige Schmerz um die göttlichen Herakles meine Seele nicht los". Der Bgr. „unaufhörlich" ergäbe in diesem Zusammenhange den Unsinn „der (NB. damals) unaufhörliche Schmerz hörte trotz meiner Zornesausbrüche nicht auf"!!

P 741 ἀζηχὴς ὀρυμαγδός: „Um sie her aber raste der wilde Kriegsbraus, gleichwie eine Feuersbrunst, welche urplötzlichen Ausbruchs eine Stadt der Menschen stürmisch ergreift und leuchtend verzehrt, so dass die Häuser zusammenprasseln in der gewaltigen Glanzlohe, wobei zugleich die Gewalt des Windes die Flammenglut brausend schürt: ebenso umtobte auch die Achäer auf ihrem Rückzuge ein gewaltiges Getöse (ἀζηχὴς ὀρυμαγδός) von Seiten der Rosse sowohl als der wurfspeerschwingenden Männer." Der ganze Vergleich mit all seinen Einzelheiten weist zu vernehmlich auf das Gewaltige, Heftige des Kriegsbrauses hin. Das Neutr. *ἀϛηχές* steht dreimal adverbialisch: σ 1 ff. „Siehe, es nahte jetzt der Allerweltsbettler, welcher in der Stadt Ithaka sein Bettlerhandwerk trieb und durch seinen wüthigen Magen (*γαστέρι μάργῃ*) sich auszeichnete, gewaltig zu essen und zu trinken." — Δ 433 ff. „Die Troer dagegen verhielten sich wie eine unzählige Heerde von Schafen, die im Gehöfte eines reichbegüterten Mannes zusammengestellt sind und, während sie gemolken werden, mit heftigem, starkem Geblöke (*ἀϛηχὲς μεμακυῖαι*) auf den zu ihrem Ohre schallenden Ruf der Lämmer antworten; also tobte auch das Schlachtgeschrei der Troer durch das weite Lager hin." — Dass es hier auf die Stärke und Heftigkeit des Geschreies ankommt, zeigt schon die Betonung der Grösse der Schafheerde (*μυρίαι* 434), wie die der Grösse des Lagers. — O 653 ff. „Die Argiver wichen zwar von der vordersten Schiffsreihe zurück; allein sie hielten zur Stelle daneben bei den Gezelten dicht zusammengeschaart Stand und zerstreuten sich nicht durch das Zeltlager hin; denn Ehrgefühl und Furcht hielt sie ab; sie riefen sich nämlich einander gewaltig zu (*ἀϛηχὲς γὰρ ὁμόκλεον ἀλλήλοισιν*). Am eifrigsten aber erhob ... Nestor seine Stimme." — Die Heftigkeit des Zurufens war nöthig, weil tiefes Nachtdunkel über dem Kriegsschauplatze lag (Vs 668). *Μέγα ὁμόκλα* Σ 156, *δεινὰ ὁμοκλήσας* Ε 439 sind synonyme Verbindungen.

162. Φύλοπις

soll nach Curtius „Stammes-arbeit" sein, aus *φῦλον* und einer angebl. W. *ὀπ* „arbeiten", die aber im Griechischen nirgends existirt. Nach Anderen soll das Wort „schwarm-ähnlich" bedeuten; wieder nach Anderen „Haufen-geschrei", bei welch' letzterer Ableitung man freilich übersicht, dass *ϝόψ, ϝέπω* noch bei Homer stets digammirt ist, also gewiss in einem schon vor Homer entstandenen Worte des Digamma nicht verlustig geworden sein kann. Sieht man sich die homerischen Verwendungen von *φύλοπις* an, namentlich die häufige Zusammenstellung mit πόλεμος, μάχη, z. B. _Δ_ 15 πόλεμόν τε κακὸν καὶ φύλοπιν αἰνὴν | ὄρσομεν ‖ _N_ 789 ἔνθα μάλιστα μάχη καὶ φύλοπις ἦεν ‖ _ω_ 475 ἢ προτέρω πόλεμόν τε κακὸν καὶ φύλοπιν αἰνὴν | τεύξεις: so springt in die Augen, dass der Dichter zwischen πόλεμος bzw. μάχη und φύλοπις einen Unterschied macht. Welcher kann das sein?

Den obigen Verbindungen stehen völlig identisch parallel die Verbindungen von πόλεμος und αὐτή: _Ξ_ 96 πολέμοιο συνεσταότος καὶ αὐτῆς ‖ _Z_ 328 αὐτή τε πτόλεμός τε, und so öfter, wie _Ξ_ 37, _II_ 63, _A_ 492.

Noch bezeichnender ist die Verbindung von φύλοπις mit Genitiv πολέμοιο, wie _N_ 635, _λ_ 314. Dies Alles zwingt zu der bereits bei Damm-Duncan sich vorfindenden Auffassung, dass φύλοπις mit αὐτή, Geschrei, Kriegsgeschrei, Kriegsbraus, Kriegslärm, tumultus, begrifflich identisch ist. Wie nun αὐτή auch allein für „Kriegslärm = Krieg" steht, gerade so auch φύλοπις. Die im Abschn. 159 unter f beigebrachte Begriffsentwickelung der Wf. σπυ+λ in engl. splu-tt-er, Lärm, in φυλλ-ειν und πυλλειν, tönen, schreien etc., ermöglicht eine rationellere und lautrichtigere Deutung von φύλ-οπ-ις = αὐτή, als aus φῦλον + ῥόψ: φυλλ-ειν ist Denominativ von einem Nomen φυλλ-ή oder φυλλ-ός st. φυλ-ιή, φυλ-ιός = βοή. Der Stamm davon ist wurzelhaft nicht verschieden von φλυ in φλυ-αρ-ειν κτλ. 'Von dem Thema φυλ ist nun zunächst ein *φύλ-οψ bzw. φύλλ-οψ gebildet, wie κόλλ-οψ φ 407, σκόλ-οψ, σκάλ-οψ (W. σκαλ) κτλ., bei denen ebenfalls an eine Zusammensetzung mit W. ὀπ (ὄπ-τω) nicht zu denken ist; von diesem *φύλ-οψ (φύλλ-οψ) ist φύλ-οπ-ις nur femininale Ausgestaltung. Vielleicht war die urspr. Schreibweise φύλλοπις, und verdankt Schreibw. φύλ-οπις nur einem etymol. Missverständnisse den Ursprung.

Wie Düntzer aus φῦ-λον von W. φυ eine Weiterbildung mittels ·οψ vornehmen kann, ist nicht recht zu begreifen: es bedarf zu solcher einen Verbalstamm, wie bei Πέλ-οψ, σκάλ-οψ κτλ. Bei Ableitungen von Substantiven kommt man an W. ὀπ (-οψ aussehend = „-gleich, -lich") nicht vorbei. Ist nun *φύλ-οψ oder φύλλ-οψ = Schrei-er, so ist φύλ-οπ-ις = Schreier-ei d. i. Geschrei, Getöse, Kriegsgeschrei, Kriegslärm.

163. Ὅπλον, ὁπλή, ὁπλότερος.

Dass diese Wörter zusammengehören, weist der Gleichlaut aus. Ὁπλή darf man so wenig mit *Huf* zusammenbringen, wie ὅπλον mit *Waffe*, wie ὁπλότερος mit ϝέπω. Germanisches h entspricht niemals griech. Spiritus; und Digamma ist für keines der Wörter zu erweisen. Desto einfacher erklärt sich ὅ-πλον aus W. σπαλ als Geschwungenes d. i. Waffe und Werkzeug aller Art: ὀ+σπαλ. — Der Huf, ὁ-πλή, ist nichts anderes, als etwas, womit die Pferde etc. sich schwingen, springen. — Und der Positiv von ὁ-πλό-τερος, ὁ-πλό-τατος begegnet sich mit πάλλ-αξ, schwunghaft, kräftig, prall, drall etc. = jung. Vgl. S. 492. Man denke an μεῖρ-αξ, an κόρ-η κτλ., an engl. springy, spring-al u. s. w.

Die Deutungen der Alten (Schol. Γ 108, Κ 479 und sonst) „ὁ φέρειν μᾶλλον ὅπλον δυνάμενος" bedürfen ebenso wenig einer Widerlegung, wie die lautl. Gleichstellung mit lat. sec-undus, jene schon um dessentwillen nicht, weil ὁπλοτέρη auch von weiblichen Wesen gebraucht wird, z. B. Ξ 267. Ebenso wenig Berücksichtigung verdient u. E. die Herleitung von ὀπός, Saft, oder gar lat. sucus.

164. Ψηλαφάω,

jenes wunderliche hom. Wort, hat gewiss mit Recht Walter Kuhn'sche Ztschr. XII 406 zu ψάλλω gestellt, wie vor ihm bereits Damm-Duncan gethan: ψάλλω aber ist nur eine andere Lautfärbung der W. σπαλ. Während nun Damm-Duncan eine Zusammensetzung mit ἀφάω Ζ 322 (ἀμφ-αφάω δ 277, ϑ 196. 215, ο 462, τ 475, Χ 373) annehmen, trennt Walter ψηλ-α-φ-άω und vergleicht lat. pal-p-are.

Allerdings ist pal-pa-re von W. spal nicht zu trennen: aber wie ist es gebildet? Es ist ein Denominativ von pal-p-us oder pal-p-um = pal-ma, παλ-ά-μη, gebogene Hand: timidam palpo percutit; mihi obtrudere non potes palpum (Plaut.). Dieses Nomen aber wird einem verloren gegangenen pal-p-ĕre „schwingen" entstammen, das nur eine P-Erweiterung von W. (s)pal ist; davon auch palp-ebra, urspr. Biegung, Wölbung (= ψαλίς), speciell gewölbter Deckel = ἐπι-κυλ-ίς, ἐπι-κύλ-ιον*). — Palpa-re würde hiernach eigtl. bedeuten „eine gebogene Hand machen", um zu streicheln, zu schmeicheln. Daraus aber lässt sich palpitare nicht deuten. Dieses wird vielmehr direct aus dem Stammverb von palpus, aus palpere, schwingen, = πάλλειν hervorgegangen sein, wie agitare aus agere. Dafür sprechen die Bedeutungen, indem palpito gerade so gebraucht wird wie πάλλειν, πάλλεσθαι**): palpitat cor (Cic.); palpitantibus praecordiis (Sen.); agnus palpitat, von einem Opferthiere, das geschlachtet werden soll; bei Ovid auch von Menschen, die mit dem Tode ringen; vom lodernden hin und her schwankenden Feuer u. dgl. m.

Aus palpare werden wir hiernach ψηλαφάω nicht wohl erklären können. So ganz uneben ist die Annahme einer Zusammensetzung mit ἀφάω nun gerade nicht: es ergäbe sich dann der Begriff „schwing-tasten" d. i. in schwingender Weise tasten, tastend (die Hände) schwingen, wie der blinde Polyphem ι 416, um den Ausgang seiner Höhle zu finden, ja wirklich that: χερσὶ ψηλαφόων, ἀπὸ μὲν λίθον εἷλε θυράων κτλ. Zusammensetzungen synonymer Wörter sind auch nichts so Unerhörtes, wie στρεφε-δινέω „dreh-wirbeln" zeigt. Vgl. πυρι-φλεγέθων, obwohl Brennen ohne Feuer nicht erfolgt; und Pott II 798 deutet δνο-παλ-ίζω aus dem Primitiv von δονέω+πάλλω, und κέρ-τομος scheint doch auch aus κείρω+τέμ-νω zusammengesetzt zu sein.

Es ist aber trotzdem auch eine andere Deutung angänglich; Weiterbildungen mit den Labialen β, π, φ erfolgen bei consonantisch schliessenden Wurzeln so gern mittels verbindender Vocale: κόλλ-αβ-ος = κόλλ-οψ || κολ-οβή || χαλ-επ-ός, χαλ-έπ-τω || κρότ-αφ-ος, φλην-αφ-άω.

Und so könnte ψηλ-αφ-άω aus einem Subst. ψηλ-αφ-ή oder ψήλ-αφ-ος, Schwung, Schwingung, gebildet sein = Schwingungen machen. In der That besteht ja Polyphem's Vornahme in einem Hin-und-herschwingen der Hände. — Diese Deutung verdient ihrer Einfachheit wegen den Vorzug vor jener.

*) Wurzelhaft gehört damit zusammen auch lat. pul-p-a, Dickfleisch, das sich am einfachsten zum Bgr. blähen, schwellen der W. spal fügt, gerade wie ὀ-σφύς κτλ. von W. σπυ.

**) Beispiele S. 439.

165. Ά-σφάραγος, σφαραγέω, φάρυγξ und Verwandtes.

W. σπαρ.

Ά-σφάρ-αγ-ος „Luftröhre, Kehle" X 328, kann wurzelhaft nicht verschieden sein von gleichbedeutigem φάρ-υγξ τ 480, ι 373. — Gleichlautig ist attisch ά-σφάρ-αγ-ος = ά-σπάρ-αγ-ος „Spargel". Dazu nehme man ά-σφαρ-αγ-είν „rauschen, tosen" Theocr. XVII 94 neben hom. σφαρ-αγ-έο-μαι ι 390 „tönen = zischen", neben σφάρ-αγ-ος 1) τράχηλος, λαιμός, 2) ψόφος (Hes.), und zu σφάρ-αγ-ος in letzterem Sinne έρι-σφάραγος „lauttönend" Hymn. Merc. 187 || βαρυ-σφάρα-γος „schwer-dönnernd", Epitheton von Zeus, Pind. Isthm. 7, 23 || άνεμο-σφάραγος „wind-brausend" (Pind.) κτλ. — Die scheinbare Verwirrung vollzumachen, hat Homer auch ein σφαρ-αγ-έομαι „strotzen" ι 440 = σπαργάω, schwellen, strotzen = σφριγάω, dass., jenes von σπαρ-γ-ή mit Nebenf. σπορ-γ-ή, dieses von σφρί-γ-ος = σπαρ-γ-ή, woneben aus unerweiterter Wurzel σφρι-ή (σφρι-αί· όργαί Hes. = σπαργαί).

Wf. σπαρ+γ, wiederum in abweichender Bedeutung, liegt vor auch in lat. sparg-o „streuen" = σπείρω, — in σπάργ-ανον „Windel" Hymn. Merc. 151. 237, — in σπάργω „winden, wickeln" = σπαρ-γ-ανάω; daneben σπάρξαι = σπαράξαι „zerspalten" Hes., — in σπεργ-αν-ῆσαι· σπαράξαι „spalten" etc., — in σπέργ-υς· πρέσβυς, — in σπέργ-ουλος· όρνιθάριον άγριον (Hes.) κτλ.

Zu dem Eingangs erwähnten φάρ-υγξ = ά-σφάρ-αγ-ος gesellt sich synonym und gleichstämmig φάρ-αγξ „Kluft, Schlund"*).

Curtius bemerkt unter N. 156, schwierig sei im Griechischen das Verhältniss von σφάραγος „Geräusch" zu ά-σφάραγος „Luftröhre" und φάρυγξ „Luftröhre". — Hätte er die anderen anklingenden oder gleichtönigen Wörter noch in Betracht gezogen, so würden sich ihm noch mehr Schwierigkeiten aufgedrängt haben. Die Identität zumal von σφαρ-αγ-έομαι, strotzen, mit

---

*) Aus der Glosse bei Hesychius „σφορ-τάν· λιμόν", womit so nichts anzufangen ist, lässt sich durch die Verbesserung zu λαιμόν (λαιμός, Schlund, Kehle) ein ό σφορ-τάς, σφορ-τής oder auch ein ή σφορτά, σφορ-τή = ά-σφάραγος, σφάραγος, φάρυγξ gewinnen.

σπαρ-γ-ά-ω, strotzen, die Bedeutungsentwickelung von Wf. σπαργ, σπεργ scheint erst recht die Rathlosigkeit zu steigern. Und nun entspricht gar der griech. Wf. σπαρ-γ germ. spar-k, z. B. im engl. spark, Funken, to spark, sprühen, to spark-le, funken, funkeln etc. Aller Rathlosigkeit macht ein Ende die Erkenntniss der Secundär-Wurzel σπα-ρ (aus W. σπα+ρ), und zahllose weitere Wörter der griechischen Sprache wie der verwandten Sprachen legen sich lautlich und begrifflich auf die einfachste Weise zurecht. Welcher Veränderungen der Anlaut σπ fähig ist, wollen wir — unter Hinweisung auf S. 72 ff., wo gerade W. σπαρ etc. besonders stark berücksichtigt ist — hier nicht wiederholen, nur dieses bemerken, dass nicht bloss W. σπα, sondern auch W. σπι und W. σπυ die gleiche ρ-Erweiterung erfahren haben; wonach sich die neue Trias ergiebt σπα-ρ, σπι-ρ, σπυ-ρ als gleichbedeutige Secundärwurzeln. Ihrem Ursprunge gemäss haben diese denn auch die gleiche Begriffsscala durchlaufen, wie die WW. σπα-σπι-σπυ, wie die daraus hervorgegangene Sec.-W. σπα-δ etc. (S. 256 ff.), oder Sec.-W. σπα-λ etc. Selbstverständlich können wir nur einzelne Repräsentanten der bezüglichen Begriffe aufführen; denn das Gebiet unserer Sec.-Wurzel ist vielleicht noch grösser, als das der Sec.-W. σπαλ-σπιλ-σπυλ.

a. Bgr. hauchen, blasen, wehen.

Πι-μπράω st. πι-σπρά-ω: πιμπρᾶν· φυσᾶν H. ‖ πρή-θω, blasen ‖ πρη-σ-τήρ, Sturmwind, Blasebalg ‖ πρῆ-σ-τις = φύσαλος, φυσητήρ, Bläser = Walfisch ‖ πρί-ομαι, blasen: πρίεται· φυσιοῦται ‖ πρί-σ-τις = πρῆστις = φυσητήρ ‖ ψαίρω, wehen, fachen, fächeln, fegen: δια-ψαίρουσι· δια-πνέουσι. καὶ ψαίρειν λέγομεν τὸ ἱστίον, ὅταν ἐλαφρῶς διάπνέηται Hes. ‖ ἀ-σφάρ-αγ-ος, σφάρ-αγ-ος, φάρ-υγξ = lat. faux, engl. windpipe ‖ engl. brea-th, Athem, entsprechend griech. Wf. φαρ, φρα. Daneben nnd. fra-d-em, frâ-m, spiritus, vapor ‖ nhd. sprühen u. a.

„Streuen" ist = wehen-machen: σπείρω, streuen, säen ‖ dass. σφυράσσομαι: κα-σφυράσσεται (st. κατα-σφ.)· κατα-σπείρει H. ‖ lat. far-ina, Mehl, begrifflich = πα-σπάλη aus

W. *υπαλ* || *φορ-υ-τός· ἄχυρα* = *Spreu*, ahd. *spriu* (Wehendes, Stiebendes): *ἀπὸ γῆς ἀιρόμενος ὑπὸ ἀνέμου χόρτος* Hes.

„Sieden" = Blasen werfen, mit Hinüberspielung in Begriff f (tönen) und Begriff wallen: *φρύω*: *ἀπ-έφρυσεν· ἀπ-έζεσεν* H. dass. *φυρ-ᾶν*.

Σί-παρ-ος und *σί-φαρ-ος* (st. *σι-σπ.*, *σι-σφ.*), Bramsegel, lat. supparum st. su-spar-um, sī-par-ium st. si-spar-ium ist = Geblasenes oder = Geblähtes (Bgr. c) oder = Schwinge, Flügel (Bgr. l, m), oder es durchdringen sich die verwandten Begriffe derselben Wurzel.

b. Bgr. athmen, schnaufen, stürmen.

Πταίρω, πτάρ-νυμαι, niesen = pru-s-t-en || dass. *φυρμά-ομαι*: *φυρμᾶται· πτάρνυται* H. || *φρυ-άσσομαι*, schnaufen, schnauben; *φρύ-αγ-μα*, Geschnaube, von Pferden, Ebern etc., übertr. von Menschen = fastus; *φρυ-αγ-ματ-ίας*, ein schnaubendes, muthiges Ross || lat. fur-ere etc. sammt Sippe || lat. fre-tus, muthig etc. || *ἀ-φόρ-ιος* st. *ἀ-σφόρ-ιος*, muthig, wild |¦ *φαρ-υμός*, dass. || lat. fer-us, *φήρ*, S. 470 || *φρι-μάω, φριμάσσομαι*, schnauben, mit Nbgr. m || *δια-πρί-εται· μαίνεται* H. — Vgl. engl. spri-gh-t-ly, lebhaft, munter, dsgl. spri-te, sprite-ly etc., neben spright, Pfeil, to spright (S. 528), daher nicht vom lat. spiritus.

c. Bgr. riechen, duften, dunsten.

Ὀ-σφραίνομαι, riechen, wittern, spüren: mit *ὀ* euph. aus Wurzel. *σφρα* st. *σφαρ*, *σπαρ* gebildet || *ἡ ὄ-σφρα*, Geruch; *ὄ-σφρη-σις, ὄ-σφραν-σις* dass., *ὄ-σφρη-σις* auch = Nase als Geruchsorgan; *ὀ-σφρη-τός* = *ὀ-σφραν-τός* κτλ. |¦ lat. frâ-g-um, Duftendes = Erdbeere; frag-ra-re, duften || *σᾱ-πέρδ-ης* st. *σα-σπέρδ-ης*, Pökelfisch (übelduftend) || *πέρ-δ-ω*, stinken mit Nbgr. f (tönen) || *σπόρ-ϑ-υγξ* und *πορ-ϑ-υγγ-ίς, σπορ-ϑ-ύγγιον*, Koth H. || dass. *σπύρ-αϑος, σπυρ-άς, σφυρ-άς* | dass. *φῦρ-μα, φυρ-μός* von *φύρω· μολύνω* H. || dass. *σπύρ-δ-ανον* Pollux || dasselbe *ἀ-φόρδ-ιον* st. *ἀ-σφόρδ-ιον* Nic. | *φορ-ύνω, φορ-ύσσω, φύρω*, beschmutzen etc. || dass. lat. spurca-re von spur-cus, schmutzig || *ἀ-φόρ-τ-ιος*, schmutzig (Hes.) st. *ἀ-σφόρ-τ-ιος* || bei Hesychius ist für „*ἀφυρεῖν· ἀκαϑαρσία*" zweifelsohne zu lesen *ἀφύριον* st. *ἀ-σφύρ-ιον* || *ἀ-φρίς·*

μύρτον (H.) d. i. Duftiges ‖ lat. fra-c-es, Hefe, frac-esco, stinkig-, faul-werden. Hieher mit dem Bgr. erwittern (riechen, spüren) = πυνθάνομαι (S. 143) lat. *pario st. spario in comperio, re-perio etc.

d. Bgr. hervorblasen (φυσᾶρ), hervorströmen-lassen, speien, spritzen, sprudeln, sprossen.

Ἀ-σπάρ-αγ-ος, ἀ-σφάρ-αγ-ος, Spargel ‖ πτόρ-θ-ος, πόρ-θ-ος, Spross ‖ παρ-θ-ένος, urspr. Sprössling, ἔρνος, φυτόν ‖ ἀ-φρός st. ἀ-σφρός = engl. fro-th, dän. fraa-de, spu-ma ‖ ἀ-φρέω, schäumen Δ 282 ‖ Ἀ-φροδ-ίτη = Fru-tis S. 288 f. ‖ lat. frons, frondeo ‖ die zahlreichen germ. Wörter des Bgr. sprossen, spriessen S. 289 ‖ φρέ-αρ, Sprudel, Brunnen S. 172 ‖ vgl. πρήθω II 350: τὸ δ᾽ ἀνὰ στόμα καὶ κατὰ ῥῖνας πρῆσε χανών, besonders aber ἀνα-πρήθω in der Verbindung δάκρυ᾽ ἀναπρήσας β 81, Ι 433 d. i. hervorströmen-lassend ‖ ἄ-σπρις und ἄ-σπρος, dsgl. πρῖ-νος, eine Eichenart; vgl. Hinsichts der Begriffsvermittelung φηγός, φίναξ S. 111 ff. ‖ φρή-τρη, Geschlecht, φρά-τωρ, lat. fra-ter, Bruder fügen sich hieher nach der S. 178 gegebenen Darlegung, nicht minder aber auch lat. par-io, wie φύω zu W. σπυ S. 137 ff., und parare, wie ποιεῖν zu W. σπυ S. 140 ff. ‖ φέρω und fero bedeuten ebenfalls so oft hervorbringen, erzeugen.

e. Bgr. blasen, blähen, schwellen, füllen.

Σφαρ-αγ-έομαι, strotzen ι 440 ‖ σπαργ-ή, σποργ-ή, σφρῖγ-ος, σφρι-αί, Aufblähung, Strotzen; dazu σπαργᾶν, σφριγᾶν κτλ. ‖ τὰ φήρ-εα, Geschwülste ‖ φόρ-ιγξ = οἰδ-νον, Geblähtes, Pilz ‖ πέρ-περ-ος, grossprahlerisch ‖ πρά-σον, porrum, porrus, Lauch, homer. πρα-σιαί dsgl. ‖ ὄ-σπρι-ον, Hülsenfrucht; vgl. φακός, πύανος κτλ. ‖ φέρ-β-ω, schwellenmachen = füttern, nähren; φορβή, Futter, Nahrung ‖ lat. farc-io, füllen; frequens, gefüllt. Vgl. συμ-φρασθῆμεν· καταπληθῆναι H. ‖ πί-μπρη-μι st. πί-σπρ. in πε-πρη-μένος· πε-φυσημένος, in ἔπρησας· ἐκύρτωσας, in πρῆσεν· ἐκόλ-
πωσεν Hes.

Sollte ἀμφορεύς wirklich für ἀμφι-φορ-εύς stehen und nicht vielmehr für ἀ-σφορ-εύς als bauchiges Gefäss?

Πρί-αμος lässt sich weit sinngemässer als aus Skr. prî "lieben", aus *πρί-ομαι*, blasen, blähen, als = *Κῦρος* deuten, das ja Curtius N. 82 auf W. *κυ* "blähen, wachsen, schwellen" zurückführt, ebenso wie auch *κῦρος*, Macht, *κύριος*, mächtig, Herr etc. Die Begriffe von Grösse, Macht, Wachsthum gehen durchweg auf Bgr. "blähen, schwellen, wachsen" zurück. Daher *Πρί-αμος* = *Κῦρος* = *ὄρχ-αμος*.

Πρί-ᾱπ-ος, *Πρί-ηπος* liesse sich hieher ziehen als "Schwellsaft", Symbol der schwellenden Fruchtbarkeit. Das Wort enthielte dann in seinem zweiten Theile denselben Stamm, den Curtius S. 462 für *Μεσσ-ᾱπ-ιοι* "die zwischen zwei Wassern gelegenen" in Anspruch nimmt, nämlich einen St. âp, Saft, Wasser. Vgl. Fick WB. I 16 "indogerm. apa, Saft (Wasser)", wozu er *ὀπ-ός*, altn. afa, Saft, Fülle, opia in copia st. co-opia u. a. W. rechnet. — Statt "Schwellsaft" liesse sich *Πρί-ᾱπ-ος* übrigens auch aus Begriff d erklären als "Sprudelsaft, Saftsprudeler", was im Grunde auf dasselbe hinausläuft. Wir brauchen daher nicht mit Benfey, welcher "Fruchtvater" deutet, zu einer semitischen Wurzel Zuflucht zu nehmen.

Φρῦ-νος, *φρύ-νη*, Kröte, ist schwerlich als "braune" aufzufassen, sondern vom "Aufblähen" benannt; denn *φρῦνος* ist nach Hesychius auch = *παχύς*. Vgl. *φρύ-αττ-εται· ἐπαίρεται*. Auch aus Bgr. d (spritzen) könnte die Kröte ihren griech. Namen haben.

Πτέρ-να und *πέρ-να*, Schinken, wäre recht wohl zu deuten wie *ὀ-σφύς* als "Schwellung", Dickfleisch, aber auch aus m als "Rundung"; vgl. lat. pulpa aus W. spal. *Πτέρ-να*, Ferse, gehört aber jedenfalls zu m.

f. hauchen, wehen = tönen.

Σφάρ-αγ-ος, *σφαρ-αγ-εῖν* κτλ. = lat. fragor, Getöse, frag-osus, die man nicht von frango abzuleiten hat; dieses deckt sich vielmehr mit *σπεργ-αν-ῆσαι* und *σπάρξαι* = *σπαράξαι* ‖ *πε-μφρη-δών* st. *πε-σφρ.*, Schwirrerin, Sumserin, eine Wespenart ‖ *ψάρ*, *ψήρ*, *ψάρ-ις*, Sprehe, Staar, ein besonders lauter Vogel, wie auch lat. parra "der Specht" ein Schreivogel ist ‖ lat. fre-mo, fre-n-d-o ‖ spre-ch-en (spra-ch), alts. spre-k-an, ahd. spre-hh-an ‖ *φράζω*, st. *φραδ-ιω* Wf. *φρα* (st. *σπαρ*) + d

$=(\sigma)\varphi\eta$-$\mu\iota$: W. $\sigma\gamma\alpha = \dot{\eta}$-$\mu\iota$: W. $\dot{\alpha} = \digamma\acute{\epsilon}\pi\omega$: W. $\digamma\alpha$+$\pi =$ spill-on: W. spal $=$ sa-g-en: W. sa+g $=$ Stamm $\sigma\pi\epsilon$, $\sigma\pi\alpha$, sagen S. 85 ($\dot{\alpha}\varrho\acute{\iota}$-$\sigma\pi\eta\varsigma$) $= \lambda\acute{\epsilon}\gamma\omega$: W. $\sigma\lambda\alpha$+γ: $\delta\iota$-$\epsilon\acute{\iota}\lambda\epsilon\gamma\mu\alpha\iota$ st. $\delta\iota$-$\acute{\epsilon}$-$\sigma\lambda\epsilon\gamma$-$\mu\alpha\iota$), $\lambda\acute{\alpha}\sigma\varkappa\omega$ St. $\lambda\alpha$+$\varkappa$ u. s. w. $\parallel \varphi\acute{o}\varrho$-$\mu\iota\gamma\xi = \lambda\acute{v}\varrho\alpha =$ Laute $\parallel$ altlat. far-i-ari, sagen XII Tab. (Gell. N. A. 15, 13).

g. wchen $=$ zerwchen, verschwinden machen, vernichten, schädigen.

$\Phi\vartheta\epsilon\acute{\iota}\varrho\omega = \varphi\vartheta\acute{\iota}\omega$, $\varphi\vartheta\acute{\iota}\nu\omega$ S. 326 $\parallel$ dass. $\pi\acute{\epsilon}\varrho$-$\vartheta$-$\omega$, $\pi o\varrho$-ϑ-$\acute{\epsilon}\omega$ $\parallel$ dass. $\psi\epsilon\acute{\iota}\varrho\omega$: $\psi\epsilon\acute{\iota}\varrho\epsilon\iota\cdot$ $\varphi\vartheta\epsilon\acute{\iota}\varrho\epsilon\iota$ Hes.; vgl. $\delta\iota\alpha$-$\sigma\pi\epsilon\acute{\iota}\varrho\omega$, verschwenden, und dispersio urbis Cic. $\parallel \varphi\alpha\varrho$-$\varkappa$-$\acute{\alpha}\zeta\omega$, stehlen $=$ verschwinden machen H. $\parallel \varphi o\varrho$-$\gamma$-$\acute{\alpha}\nu\eta\cdot$ $\dot{\eta}$ $\dot{\alpha}\varrho\alpha\iota\acute{o}\tau\eta\varsigma$, vgl. die Begriffs-Analoga S. 326 $\parallel \varphi\vartheta\epsilon\acute{\iota}\varrho$, schädliches Insect ($=$ Laus) mit Nbgr. c „schmutzig sein". Dagegen gehört $\varphi\vartheta\epsilon\acute{\iota}\varrho = \sigma\tau\varrho\acute{o}$-$\beta\iota\lambda o\varsigma$ zu Bgr. m (schwingen, runden).

h. Bgr. hauchen $=$ schimmern, strahlen, glühen, brennen.

$\Pi\alpha$-$\sigma\pi\acute{\alpha}\varrho$-$\iota o\varsigma$, Strahler S. 31 $\parallel \Pi\acute{\alpha}\varrho$-$o\varsigma$, die Insel des weissen Marmors $\parallel$ engl. spar-k, spar-k-le s. o. $\parallel$ engl. to spru-g, to spru-ce, putzen, schmücken; vgl. *prunken*, *prangen* etc. $\parallel$ engl. pri-de, *Prunk*, *Pracht*, neben bri-gh-t, glänzend, *prächtig*, neben spri-gh-t, Erscheinung, Gespenst ($\varphi\acute{\alpha}\nu\tau\alpha\sigma\mu\alpha$) $\parallel$ $\pi\varrho\acute{\epsilon}$-$\pi$-$\omega$ und $\varphi\alpha\varrho$-$\acute{v}\nu\omega\cdot$ $\lambda\alpha\mu\pi\varrho\acute{v}\nu\omega$ H. $\parallel \varphi\alpha\varrho$-$\tilde{\omega}\sigma\alpha\iota\cdot$ $\lambda\alpha\mu\pi\varrho\nu\nu$-$\vartheta\tilde{\eta}\nu\alpha\iota$ $\parallel \varphi o\varrho$-$\varkappa$-$\acute{o}\varsigma\cdot$ $\lambda\epsilon\nu\varkappa\acute{o}\varsigma$ $\parallel$ lat. pâr-eo, ad-pâr-eo $=$ $\varphi\alpha\acute{\iota}\nu o\mu\alpha\iota$ $\parallel$ pru-ina, brennende Kohle $\parallel$ fur-nus, for-nus, Backofen, Ofen $\parallel$ fer-v-ere, glühen $\parallel$ fur-vus $=$ $\alpha\check{\iota}\vartheta o\psi$ $\parallel$ $\pi\acute{\iota}$-$\mu\pi\varrho\eta$-$\mu\iota$ st. $\pi\acute{\iota}$-$\sigma\pi\varrho\eta$-$\mu\iota$, brennen $\parallel \varphi\varrho\acute{v}$-$\gamma$-$\omega$, brennen $\parallel$ a-prî-cus, hell, sonnig (st. a-spri-cus); vgl. engl. bri-gh-t $\parallel$ ă-per-io st. a-sper-io $=$ 1) $\dot{\alpha}\pi o\varphi\alpha\acute{\iota}\nu\omega$, 2) öffnen (Bgr. n).*)

---

*) Auch die lat. Sprache hat vorschlagendes a, o mit Schwund (seltner mit Assimilation) von Anlautssigma der Wurzel, z. B. a-plu-da. Spreu $=$ palea $\parallel$ a-plu-s-trum $=$ $\check{\alpha}$-$\varphi\lambda\alpha$-σ-$\tau o\nu$, beide von W. spal $\parallel$ a-tâ-bulus, heisser Wind, Sirocco, von W. sta, wehen, *stü-men* $\parallel$ o-pî-mus von W. spi, blähen, schwellen $\parallel$ o-pâ-cus von W. spa, hauchen, nebeln (schatten) $\parallel$ ŏ-perio von W. spar, schwingen, umwinden ($=$ hüllen) $\parallel$ a-quil-o von W. skal $\parallel$ dsgl. a-quil-a $=$ $\dot{\alpha}$-$\varkappa v\lambda$-$\epsilon\acute{\eta}\varsigma\cdot$ $\dot{\alpha}\epsilon\tau\acute{o}\varsigma$ II. $\parallel$ dsgl. a-quil-us, dunkel. Vgl. S. 558 $\parallel$ o-ppid-um (Ring $=$ Stadt) steht für o-spid-um von W. spad, schwingen $\parallel$ oppido, heftig, sehr, st. o-spid-o, deckt sich wurzelhaft mit $\sigma\varphi\acute{o}\delta$-$\varrho\alpha$ $\parallel$ attegia st. a-stegia, Hütte; denn tego $=$ $\sigma\tau\acute{\epsilon}\gamma\omega$.

l. Bgr. hauchen = favere, fovere.

Πρη-ύς, πρα-ύς, hold, gewogen ‖ Skr. prî, lieben ‖ goth. *frij-on,* lieben.

k. Bgr. athmen = aufathmen, ruhen.

Engl. brea-th, Ruhe, Erholung, zu entsprechender griech. Wf. *φρα, φρε* st. *σφρα, σπαρ;* to brea-th-e, ruhen (neben Grundbedeutung „athmen", „duften" etc.; vgl. *ὀ-σφραίνομαι).* ‖ *Friede* ‖ *Frist* ‖ lat. feriae, Pause, Ruhe.

l. Bgr. wehen = flattern, fliegen, schnell bewegen etc.

Litth. spàr-na-s, Schwinge, Flügel, kirchenslav. per-o, Flügel, Skr. par-ná, Zd. par-ena, dass. = *πτερ-όν* ‖ *ἀγα-πτερ-έως* (Hesiod. fr.), sehr beschwingt = *ταχέως* (H.) = *σπερ-χ-νῶς* ‖ Hierher gehören auch verschiedene Vogelnamen, wie z. B. *σπέρ-γ-ουλος* und *πέρ-γ-ουλος,* altpr. spur-g-li-s, *Sper-ling,* engl. sparrow, *σπαρ-άσ-ιον· ὄρνεον, ἐμφερὲς στρουθῷ* H., maced. *παρ-αός,* Adler (st. *σπαρ-α-ϝός*) u. a. ‖ *ά-φαρ-ε ύς* st. *ά-σφαρ-εύς,* Schwinge, Flosse S. 286 ‖ *πτερ-όν· σκηνή,* pâpilio (dies von W. *σπαλ*) Hes.

Wenn *πτερ-ίς,* wie fil-ix (W. *σπι+λ*), *ά-σπλῆ-νις* (W. *σπαλ*) das „*Farn*-kraut" bedeutet, so könnte man allerdings an *gefiedertes* Kraut denken, ebenso gut aber auch auf Bgr. n (spalten, zerfetzen) ausgehen; der *Farre,* sicherlich derselben Wurzel wie *Far-n*(-kraut), weist hinwiederum auf Bgr. m hin (springen = schwingen) als „Bespringer" (*πρήν· ταῦρος* H.), und *πτέρ-να* „Ferse" dsgl. als „geschwungen, gerundet", wie sich auch *πέρ-να,* Schinken, deuten lässt. Nichts ist so beweisend für gleichen Ursprung, als das Hinüberspielen und gegenseitige Durchdringen der Bedeutungen. — Der Begriff l durchdringt sich mit dem folgenden m so durchgängig und innig, dass es schwer ist, sie völlig auseinander zu halten.

m. Bgr. schwingen.

Eine Menge hierher gehöriger Wörter haben wir bereits gelegentlich kennen gelernt, wie S. 284, 286 ff., 293, 183 etc. Das gerade hierher gehörige Wörtergebiet ist unübersehbar, zumal „schwingen" in die verwandten Begriffe rasch bewegen, springen, in Unruhe versetzen (ängstigen, fürchten), — schlingen, winden, biegen, krümmen etc. übergeht.

$\Sigma\pi\alpha i\varrho\omega$, $\dot{\alpha}$-$\sigma\pi\alpha i\varrho\omega$, $\sigma\pi\alpha\varrho$-$i\zeta\omega$, schwingen, sich winden, zucken, zappeln etc.: $\varkappa\varrho\alpha\delta i\eta$ $\dot{\alpha}\sigma\pi\alpha i\varrho\upsilon\upsilon\sigma\alpha$ N 443, gerade wie auch $\pi\dot{\alpha}\lambda\lambda\varepsilon\sigma\vartheta\alpha\iota$ gebraucht wird $\|$ $\sigma\pi\upsilon\varrho$-ϑ-$i\zeta\omega$, springen $\|$ $\sigma\pi\acute{\varepsilon}\varrho$-$\chi$-$\omega$, in schnelle Bewegung setzen, $\sigma\pi\acute{\varepsilon}\varrho$-$\chi$-$\upsilon\mu\alpha\iota$, laufen, eilen $\|$ $\sigma\pi\varepsilon\varrho$-$\chi$-$\upsilon\acute{\upsilon}\varsigma$, schnell, hastig, jäh $\|$ $\dot{\alpha}$-$\varphi\alpha\varrho$ st. $\dot{\alpha}$-$\sigma\varphi\alpha\varrho$, flugs, schnell $\|$ dass. $\pi\varrho\acute{o}\varkappa\alpha$ und $\pi\varrho\acute{o}\chi$-$\upsilon\upsilon$ $\|$ $\pi\acute{o}\varrho\varkappa$-$\alpha\varsigma$· $\dot{\varepsilon}\lambda\dot{\alpha}\varphi\upsilon\upsilon\varsigma$ $\mathring{\eta}$ $\tau\alpha\chi\varepsilon\tilde{\iota}\varsigma$ H.*) Hierher gehören auch die Wörter für hirschartige Thiere, wie $\pi\varrho\acute{o}\xi$, $\pi\varrho\upsilon\varkappa$-$\acute{\alpha}\varsigma$, $\pi\varrho\acute{\alpha}\varkappa$-$\varepsilon\varsigma$ $\varkappa\tau\lambda.$ = „Springer"; $\varphi\dot{\alpha}\varrho\varkappa$-$\varepsilon\varsigma$· $\upsilon\varepsilon\upsilon\sigma\sigma\upsilon\iota$, Springlinge. — Dieselbe $\varkappa$-Erweiterung der W. $\sigma\pi\alpha\varrho$ etc. mit Bgr. „winden, biegen" etc. in $\varphi\varrho\acute{o}\varkappa$-$\lambda\upsilon\varsigma$ und $\varphi\dot{\upsilon}\varrho\varkappa$-$\upsilon\varsigma$· $\pi\varepsilon\varrho i\beta\upsilon\lambda\upsilon\varsigma$ $\|$ $\varphi\upsilon\varrho\varkappa$-$\acute{o}\varsigma$, runzelig $\|$ $\varphi\alpha\varrho\varkappa$-$i\varsigma$, Runzel $\|$ $\pi\acute{o}\varrho\varkappa$-$\upsilon\varsigma$, Fischernetz $\|$ $\pi\varrho\dot{\alpha}\varkappa$-$\varepsilon\varsigma$· $\varkappa\lambda\dot{\alpha}\upsilon\iota\alpha$ (Hes.), Armbänder $\|$ $\pi\acute{\varepsilon}\varrho\varkappa$-$\alpha\varrho\alpha$· $\tau\dot{\alpha}$ $\dot{\iota}\sigma\tau\upsilon\tilde{\upsilon}$ $\pi\varepsilon\varrho\iota\pi\lambda\acute{\varepsilon}\gamma\mu\alpha\tau\alpha$ H. $\|$ $\pi\varrho\acute{\omega}\xi$, Tropfen, Rundes $\|$ $\pi\acute{o}\varrho\varkappa$-$\eta\varsigma$, Ring = Reif. — Dieselbe Wf. mit Bgr. „hüllen, überziehen" (urspr. umschlingen) in $\pi\varepsilon\varrho\varkappa$-$\upsilon\acute{o}\varsigma$ (o-per-tus, ob-scu-rus, verhüllt =) dunkel $\|$ $\pi\varrho\alpha\varkappa$-$\upsilon\acute{o}\varsigma$, $\pi\acute{\varepsilon}\varrho\varkappa$-$\upsilon\varsigma$ $\varkappa\tau\lambda.$ Dazu $\pi\acute{\varepsilon}\varrho\varkappa$-$\omega\mu\alpha$, Schminke (Hülle, Ueberzug) $\|$ $\pi\varepsilon\varrho\varkappa$-$\dot{\alpha}\zeta\omega$, sich überziehen (mit Farbe) etc. = sich färben, dunkeln (von Trauben u. dgl.) $\varkappa\tau\lambda.$ Vgl. die synonymen Wörter aus W. $\sigma\pi\alpha\lambda$ S. 457 $\|$ Lat. ŏ-per-io, verhüllen, gehört zur unerweiterten Wurzel spar, und ist keine „Zusammensetzung mit ob", sondern steht für o-sper-io. Vgl. S. 524 Anm.

Auch Wf. $\sigma\pi\alpha\varrho+\gamma$ hat die Bedeutung „umschwingen = umhüllen" in $\sigma\pi\dot{\alpha}\varrho\gamma$-$\alpha\upsilon\upsilon$, Windel, $\sigma\pi\alpha\varrho\gamma$-$\alpha\upsilon$-$\tilde{\alpha}\upsilon$, $\sigma\pi\alpha\varrho\gamma$-$\alpha\upsilon$-$\upsilon\tilde{\upsilon}\upsilon$, $\sigma\pi\alpha\varrho\gamma$-$\alpha\upsilon$-$i\zeta\varepsilon\iota\upsilon$ etc., einwindeln, alles von $\sigma\pi\dot{\alpha}\varrho\gamma\omega$ „wickeln, windeln" Hymn. Ap. 121. — Aus der unerweiterten W. $\sigma\pi\alpha\varrho$ liegen synonyme Wörter vor in $\sigma\pi\varepsilon\tilde{\iota}\varrho\upsilon\upsilon$, Umschlag aller Art, mit $\sigma\pi\varepsilon\iota\varrho$-$\dot{\alpha}\omega$, $\sigma\pi\varepsilon\iota\varrho$-$\acute{o}\omega$ = $\sigma\pi\dot{\alpha}\varrho\gamma\omega$, $\sigma\pi\alpha\varrho\gamma\alpha\upsilon\dot{\alpha}\omega$ $\tau\dot{o}$ $\sigma\pi\varepsilon\tilde{\iota}\varrho$-$\upsilon\varsigma$, Zwiebel-Haut $\|$ $\sigma\pi\varepsilon\dot{\iota}\varrho$-$\eta\mu\alpha$, Windung, $\varkappa\tau\lambda.$ $\|$ $\tau\dot{o}$ $\varphi\tilde{\alpha}\varrho$-$\upsilon\varsigma$ = $\sigma\pi\varepsilon\tilde{\iota}\varrho\upsilon\upsilon$, Umschlag, Hülle aller Art; auch = Wolke: $\varphi\dot{\alpha}\varrho\eta$· $\upsilon\varepsilon\varphi\acute{\varepsilon}\lambda\alpha\iota$ Hes., was für obige Begriffsvermittelung von $\pi\acute{\varepsilon}\varrho\varkappa$-$\omega\mu\alpha$ $\varkappa\tau\lambda.$ spricht $\|$ $\varphi\upsilon\varrho$-$i\upsilon\eta$ und $\pi\upsilon\varrho$-$i\upsilon\eta$, Schwarte d. i. Haut, Hülle, $\sigma\pi\upsilon\lambda\dot{\alpha}\varsigma$, $(\sigma)\pi\acute{\varepsilon}\lambda\alpha\varsigma$ $\sigma\pi\dot{\alpha}\varrho$-$\tau\upsilon\upsilon$, alles Gewundene, wie Tau

---

*) Musurus liest $\tau\alpha\chi\varepsilon\tilde{\iota}\varsigma$, nicht „$\tau\alpha\chi\acute{\upsilon}$".

‖ dass. σπεῖρα st. σπερ-ια, auch = Tau; dass. πεῖρ-αρ, Tau
‖ lat. for-ma, Wendung, Rundung = Gestalt.*)

Bgr. „rund" (pandus) in: σφαῖρ-ος st. σφαρ-ιος ‖ σφαῖρα
= πάλλα, Ball ‖ φόρ-υς (Ring): δακτύλιος ὁ κατὰ τὴν ἕδραν
H. ‖ φόρ-βυ (τὰ οὖλα. Ἠλεῖοι H.), kraus ‖ φυρ-δ-ήσκιον,
Würmchen = sich windend ‖ σπυρ-ίς und σφυρ-ίς, φορ-μός,
φορ-μίς, φέρ-μιον, φερ-ρίον κτλ., Korb, lat. spor-ta, Ge-
rundetes = corbis, Krummes ‖ dass. ά-φρῖ-νον st. ά-σφρῖ-ρον |
πεῖρ-ιγς, Wagenkorb, aber auch Kranzleiste = σπεῖρα (siehe
Hes. πίρινθα) ‖ σπέρ-γ-υς und πέρ-γ-υς, gekrümmt, gebückt
= Greis ‖ σφραγ-ίς = 1) χελώνη (Hes.), Schirmdach, Gewölbe, 2) Siegel, Verschluss ‖ Ganz nahverwandten Begriff bietet:
φράσσω, St. φραγ, umfriedigen, befestigen etc., dsgl. φράγ-
νυμι, dass., φάργ-νυμι, φάρκ-τω, φαρκ-τόω κτλ. ‖ πύργ-ος
st. σπ., πέργ-αμος st. σπ. neben φύρ-κ-ος, φρόκ-λος, φοῦρκορ
κτλ. S. 458. Vgl. unser Pferch, Berg, Burg etc. ‖ aus Wurzel
σπι+ρ: πρί-ω in ά-πρί-ξ, verschlungener Weise (τοῖν χε-
ροῖν λαβέσθαι Plat., ά-πρὶξ ἔχεν ἀμῶν Theokr.) ‖ πρί-ων, Fessel:
πρίονας· χερῶν τοὺς δεσμούς H. ‖ Vgl. unser frie-d-igen, um-,
ein-friedigen ‖ lat. fre-num, Zügel d. i. Umgeschlungenes ‖
par-i-es, Wand, als Einschliessendes = Sperre, englisch bar.
Gehört „sperren = schliessen" hierher, so „sperren = öffnen"
(cf. Maul-sperre) zu u. Ebenso verhält sichs mit sprengen =
σπέρχεσθαι und sprengen = σπαράσσειν.

Legion ist die Zahl der Wörter des Begriffs springen aus
W. spar, besonders in den germanischen Sprachen; aus dem
Griechischen verdient noch besondere Hervorhebung πρή-ν,
Ochs, Farre (Bespringer) Hes., neben πόρ-ις, πόρ-τις, πόρ-
τ-αξ. Nach dem Scholiasten zu P 4 rührt die Benennung von
πόρτις und πόρταξ her διὰ τὸ σκιρτητικὰ εἶναι (vgl. χ 412.
Hymn. Cer. 174) ‖ πρη-ών, πρε-ών, πρών = sal-tus von
salire, Empor-, bzw. Vor-springendes. Daneben massenhafte
Bergbenennungen, wie Πέρ-νη und Πτέρ-νη (bei Hesych.),
Πάρ-ν-ων, Παρ-ν-ασός κτλ., von Appellativis πάρ-ν-οψ,
Hüpfer, Heuschrecke.

Wie Wf. σπαρ-γ fast die ganze Leiter der Begriffsent-

---

wickelung von W. σπαρ durchgelaufen ist, so auch engl. the spring: 1) Sprung, das Springen; 2) Sprung = Spalt, Oeffnung; 3) Quelle, Sprudeln; 4) Gehölz, Gebüsch, saltus; 5) Bug bei Thieren; 6) Anfang, Ursprung, Eröffnung; daher 7) = Frühling; 8) Spring-, Spannkraft, Elasticität; 9) Feder, Sprungfeder. Fast noch bunter ist die Bedeutungstabelle von to spring, springen, woneben to springe, verstricken. — Ein höchst interessantes Wort ist noch engl. spright, kurzer Pfeil = παλτόν (W. σπαλ), neben to·spright, beunruhigen (in Aufregung versetzen), to fright, erschrecken (in Aufregung versetzen); ähnlichen Begriffs *Furcht, fürchten*, πτύρω, φρίσσω κτλ.

Aus Bgr. „schwingen" entwickelt sich Bgr. schlagen: lat. fer-io etc.

n. Bgr. to breathe = öffnen, klaffen machen, spalten, sprengen.

Σπαρ-άσσω, zerspalten, zerreissen, *sprengen*, von einem *Subst. σπάρ-αξ = φάρ-αγξ, Riss, Spalt, Kluft || σπάρ-γ-ω, dass.: σπάρξαι· σπαράξαι H. || σπερ-γ-αν-ῆσαι, dass. H. || φάρ-σος = lat. pars, Abgespaltenes || φάρ-αγξ, cypr. φόρξ, φρίξ in φρίχ-ες· χάρακες H. || lat. fur-ca = 1) Gabel d. i. Gespaltenes, 2) Kluft, Schlucht = φάραγξ, Engpass || nhd. *Fur-ch-e* = Spalt || φάρ-ος, Spalter = Pflug, φαρ-άω, φαρ-όω, pflügen || lat. far = Spelt S. 510; fur-fur, Kleie, pal-ea, Abgespaltenes || πῶρ-ος, Oeffnung, Pore, spiraculum || δι-φθέρα, δι-ψάρα, Ab-gespaltenes, abgezogene Haut || fre-tum, Oeffnung, Durchlass = Meerenge || φρίω, öffnen, to give vent, in δια-φρέω, durch-lassen, ἐκ-φρέω, heraus-lassen, εἰσ-φρέω, hinein-lassen etc. || ἄ-φαρβαν (doch wohl ἄ-φαρ-βον zu lesen)· ἐλεύθερον H. = *frei* (losgelassen) || πρί-ω, zerspalten = sägen, zerschneiden || lat. fora, Oeffnung = Thür; davon fora-re, Oeffnung-, Loch-machen = *bohren* || dasselbe πείρω st. (σ)περ-ιω || ahd. por-a, Bohrer, *por-ôn*, bohren || for-um, offener Raum, Platz || for-us, Oeffnung = 1) Durchlass, Gang, 2) Loch = Gefach, Zelle u. dgl.; dazu Deminutiv for-ulus, Gefach || γέφυρα, offener Feldraum, terrae spatium, wie so oft bei Homer = Zwischenraum. Dagegen fügt sich γέ-φυρα „Erd-wall" zu **m.** Vgl. S. 183. || lat. porca = Furche, Beet zwischen zwei Furchen.

Wir können nur wiederholen, dass bloss einzelne Begriffs-
und Laut-Repräsentanten vorgeführt werden sollten; denn
zahllos sind namentlich die germanischen Wörter der Anlaute
sp-r, p-r, spr-, pr, f-r, fr, b-r, br, oft mit, oft ohne Lautverschiebung. Wie sie sich lautlich fügen, sobald man von urspr.
Wurzel spar, spra etc. ausgeht, so lassen sie sich auch begrifflich unter eine der Rubriken a—n unterbringen. Gleiches gilt
von den resp. lateinischen etc. Wörtern. — Wir bedurften vorstehender Zusammenstellung, um Licht in verschiedene homerische Wörter zu bringen, und werden jetzt auch noch einige
weitere aufhellen können.

166. Πειραίνω und Verwandtes.

Man pflegt bei Homer ein dreifaches πειρ-αίνω zu unterscheiden: 1) vollenden = περαίνω, 2) durchbohren = πείρω,
3) binden. Es müsste wunderlich zugehen, wenn hier dreierlei
verschiedene Wurzeln so völlig gleichlautende Weiterbildungen
sollten hervorgebracht haben. Dem ist aber auch nicht so; die
gemeinsame W. ist σπαρ. Es weist πειρ-αίνω, περ-αίνω auf
ein Subst. in -ατ, wie ἀσθμαίνω auf ἀσθμα St. ἀσθματ, κυμαίνω
auf κῦμα, λυμαίνω auf λῦμα, θαυμαίνω auf θαῦμα, ὀνομαίνω
auf ὄνομα κτλ. So führt πειραίνω zurück auf Nominalstamm
πειρατ, wie uns ein solcher in

$$πεῖρ-αρ$$

Gen. πείρ-ατ-ος vorliegt. Betrachten wir daher zunächst dieses
Nomen, das angeblich wieder ein verschiedenartiges sein soll.
Τὰ πείρ-ατα als „Taue, Seile, Schlingen", deckt sich mit τὰ
σπάρ-τα, αἱ σπεῖρ-αι; τὰ πείρατα als „Wickelbänder"
Hymn. Ap. 129 nicht minder mit σπάρ-γ-ανα aus Wf. σπαρ+γ.
Diese Bedeutungen ergeben sich mit Einfachheit aus dem Bgr.
biegen, winden = W. spar. Aus derselben Wurzel und demselben Grundbegriffe ergiebt sich aber auch die scheinbar so
weit abliegende Bedeutung „Gränze, Ziel" mit gleicher Leichtigkeit: πείρ-αρ ist eben = Rand (Rundung); wie unser d.
Rand mit rund begrifflich und lautlich zusammenhängt (vgl.
Binde, Band, Bund), nicht anders hängt πείρ-αρ als Rand mit
σπεῖρα, σφαῖρος κτλ. zusammen.

Ja in mehr als einer Stelle des Homer haben wir diese
Grundbedeutung auch beim Uebersetzen festzuhalten, und
zwar noch sogar mit dem ursprünglichen Bilde der Rundung: so stets, wenn vom äussersten Rande der Erde, die sich
der Dichter als runde Scheibe vorstellt, Rede ist, wie Ξ 200
(301) in Juno's Worten

εἶμι γὰρ ὀψομένη πολυφόρβου πείρατα γαίης ...

Vgl. δ 563

ἀλλά σ' ἐς Ἠλύσιον πεδίον καὶ πείρατα γαίης
ἀθάνατοι πέμψουσιν, ὅθι ξανθὸς Ῥαδάμανθυς.

Θ 478 (Worte des Zeus)

σέθεν δ' ἐγὼ οὐκ ἀλεγίζω
χωομένης, οὐδ' εἴ κε τὰ νείατα πείραθ' ἵκηαι
γαίης καὶ πόντοιο —

d. i. die äussersten Ränder, der äusserste Rand des Erdenrunds.

Durch die verblasste Uebersetzung mit „Gränze" geht ganz
und gar das plastische Bild, welches der Dichter geben will,
verloren. Natürlich ist die spätere Form πέρ-ας G. πέρ-ατ-ος
mit πεῖρ-αρ völlig identisch, wie denn auch Thuc. I 69 ἐκ περά-
των γῆς ἐλθόντα sagt. Vom Begriffe Rand, ursprünglich soviel als Biegung, Rundung, bis zum Bgr. Gränze, Ende, ist
nur ein Schritt, jedenfalls ein weit kürzerer, als vom Bgr. jenseits. Auch lat. margo = 1) Rand, 2) Gränze. Umgekehrt entwickelt sich der Bgr. jenseits weit natürlicher aus dem Bgr. Rand.

Welch' plastische Malerei gewinnt die Stelle ψ 243 mittels
des Einen Wortes

περ-άτ-η

bei unserer Auffassung! Athene verlängert die Nacht dadurch,
dass sie dieselbe auf längere Zeit am Erdrande festbannt,
wie Minckwitz trefflich wiedergiebt. Statt die Nacht am gerundeten Horizonte, am Rande des Erdenrunds hinabgleiten
zu lassen, hält sie dieselbe zurück: ἡ περ-άτ-η sc. γαῖα ist die
gerundete Erde bzw. die Erde da, wo sie gerundet erscheint,
der Erdenrand, der Horizont. — Ganz entsprechend sagt demnach auch Apoll. Rhod. Arg. I 1281 ἠὼς ἐκ περάτης ἀνιοῦσα
und IV 54 vom Monde ἀνερχομένη περάτη-θεν. Vgl. II 1090
περάτης εἰς οὔρεα γαίης. Ueberall wo die Vorstellung des ge-

rundeten Horizontes naturgemäss ist, haben wir dieselbe auch festzuhalten sowohl bei ἡ περάτη, als bei τὰ πείρατα. Daher auch Apoll. Rh. Arg. II 1263 ἔσχατα πείρατα Πόντου, IV 280 πείρατα ὑγρῆς τε τραφερῆς τε (Umschreibung von Θ 478). Vgl. I 81 = IV 1227 Λιβύης ἐνὶ (ἐπὶ) πείρασι, III 680 ἐπὶ γαίης πείρασι ναιετάειν. Und so sicherlich auch λ 13

ἡ δ' ἐς πείραϑ' ἵκανε βαϑυρρόου Ὠκεανοῖο:

denken wir nur an die Gürtelgestalt des Okeanosstromes Σ 607 f., derentwegen er an dem Schilde Achills den Rand selbst bildet.

Wie wir sodann bildlich vom Rande des Verderbens, des Todes, des Abgrundes, reden, so auch Homer: ὥς κεν θᾶσσον ὀλέθρου πείραθ' ἵκηαι Z 143, Υ 429; vgl. Η 402, Μ 79, χ 33. 41. In den vier letztgenannten Stellen erscheint das Passiv von ἐφάπτω mit dem bildlichen Ausdrucke verbunden ὀλέθρου πείρατ' ἐφῆπται etc.: man könnte daher auch an „die Schlingen des Verderbens" denken, wie von mehren Erklärern geschehen ist; allein die zuerst aufgeführte Verbindung mahnt davon ab; auch wird ἐφῆπται, gerade wie unser „verhängt sein", einfach im Sinne von „ist bestimmt" gebraucht, so in κήδε' ἐφῆπται Β 15. 32. 69 (Z 241). In so fern ist indessen unser Ausdruck „am Rande des Verderbens" von dem griechischen Ausdrucke verschieden, als mit jenem der Beginn des Verderbens, gleichsam der diesseitige Rand, mit diesem aber das äusserste Ende gemeint ist.

Aus dem Bgr. Rand bzw. Gränze, Ende entwickelt sich einfach weiter der Bgr. Ziel, Vollendung, Entscheidung. Ohne daher mit Döderlein Gl. 629 das Bild vom „Seile" heranzuziehen, fassen wir mit Düntzer πεῖραρ ἐλέσθαι Σ 501

ἄμφω δ' ἱέσθην ἐπὶ ἴστορι πεῖραρ ἑλέσθαι

als „Entscheidung erlangen" (von einem Rechtsstreite zweier Parteien); ebenso Η 102

νίκης πείρατ' ἔχονται ἐν ἀθανάτοισι θεοῖσιν.

Dagegen ist ψ 248 ὦ γύναι, οὐ γάρ πω πάντων ἐπὶ πείρατ' ἀέθλων ἤλθομεν zu übersetzen: „noch sind wir nicht zu dem Endziel (Ende) aller Leidenskämpfe gelangt" (Minckw.), und Ψ 350 ἐπεὶ ὦ παιδὶ ἑκάστου πείρατ' ἔειπεν: „postquam filio

suo cuiusque rei summam et finem dixisset" (Damm), ähnlich
wie μύϑου τέλος Π 83.

Hiernach erübrigen nur noch die beiden Stellen ε 289
ἐκφυγέειν μέγα πεῖραρ ὀιζύος, wo die gleiche Umschreibung
wie ε 326 τέλος ϑανάτου obwaltet (Düntz.), und γ 433, wo
die Werkzeuge des Schmiedes, Amboss, Hammer und Zange
πείρατα τέχνης genannt werden, gleichsam die „Runder" der
Kunst d. i. die Vollender.

Somit fügen sich die scheinbar so unvereinbaren Bedeutungen von πεῖραρ bzw. πέρας, welche den Lexicographen und
Interpreten die unsäglichsten Schwierigkeiten bereitet und die
wunderlichsten Deutungen eingegeben haben, bei der Herleitung
von W. σπαρ zu Einem Grundbegriffe, der sich für πεῖρ-αρ in
die beiden Schattirungen spaltet 1) Tau, Band = σπάρ-τον,
σπεῖρ-α, 2) Rand, ursprünglich = Rundung, σπεῖρα.

Wir wir nun weiterhin sagen „zu Rande = zu Ende mit
etwas kommen", so hat auch der Grieche aus πεῖραρ sein
πειραίνω gebildet = zu Rande, zu Ende bringen, vollenden:
ταῦτα μὲν οὕτω πάντα πεπείρανται μ 37. Ganz analog von
τέλος das Ztw. τελέω, τελείω st. τελ-εσ-ιω (Aor. ἐ-τέλεσ-σα)
beendigen. Aus der sinnlichen Vorstellung „von einem Ende
(Rande) zum andern dringen" ergiebt sich auch der Bgr. „durchbohren" für πειραίνω: πειρήρας διὰ νῶτα κραταιρίνοιο χελώ-
νης Hymn. in Merc. 48.

Die dritte Gebrauchsweise von πειραίνω in dem Verse σει-
ρὴν δὲ πλεκτὴν ἐξ αὐτοῦ πειρήναντε χ 175. 192 erklärt sich
entweder durch den Bgr. an-enden, das Ende (hier des Stricks)
anbringen; oder, was mehr für sich hat, durch directe Ableitung
von πεῖραρ = σπάρτον als anseilen oder schlingen (eine Schlinge
machen).

Das spätere περαίνω 1) beendigen, 2) durchbohren,
3) intr. vordringen, bis wohin reichen (den Rand erreichen) weist
ebenso direct auf πέρας G. πέρατος = πεῖραρ.

Der Umstand, dass πειραίνω (von πεῖραρ) und περαίνω
(von τὸ πέρας) in der Bedeutung „durchbohren" mit

πείρω

(πε-παρ-μένος) völlig zusammenfallen, ist eine unabweisbare
Bestätigung für die oben ausgesprochene Ansicht, dass auch

πείρω zur W. σπαρ gehört. Desgleichen lat. forare, nach welcher Begriffsvermittelung, ist vorhin S. 528 gesagt.

Zu W. spar „schwingen, biegen" gehört auch lat. por-ta, Bogen, Thor, und por-tus, der Hafen als Bucht (von biegen). Por-ta verhält sich zu W. spar, wie πύλ-η zur Parallelwurzel spal. Sollten daher die Hafennamen Πείρ-αι-ον am korinth. Meerbusen Xen., Πειρ-αι-ός Thuc. VIII 10, ebenfalls im korinth. Gebiete (einige Herausgeber wollen Σπείρ-αι-ος lesen), der athenische Πειρ-αι-εύς nicht mit lat. por-t-us auf dieselbe Wurzel zurückgehen, und zwar mit demselben Begriffe des buchtgestaltigen? Wie Πειραιεύς sich aus dem Bgr. jenseits πέρ-α sollte entfalten können, ist nicht recht ersichtlich. — Doch kehren wir zu πείρω zurück. Es gehört dazu

$$\mathring{\alpha}κρο-πόρ-ος$$

γ 463 scharf durchbohrend, nicht aber = „oben gespitzt", indem dieser-Begriff sich aus dem Etymon nicht herleiten lässt, vielmehr der zweite Worttheil deutlich genug den Verbalstamm darstellt, wie ἐλαφη-βόλος, ξεινο-δόκος, ὀνειρο-πόλος κτλ. Homer nennt so die Bratspiesse, ὀβελοί. — Zur Bezeichnung von „Spitze" aus dem Ztw. πείρω haben wir

$$περ-όν-η,$$

besonders die Nadel an der Kleiderspange bezeichnend E 425 ö. Davon dann wieder das Zeitwort

$$περ-ον-ᾶν$$

durchstechen H 145, N 397, im Med. sich anstechen, anheften (mittels Kleiderspangen) K 133, Ξ 180.

Dass neben πεῖρ-αρ und πέρ-ας, Rand, Ende, auch eine kürzere Nominalform existirt hat, ist zu erschliessen aus

$$\mathring{\alpha}-πείρ-ι-τος$$

unbegränzt, unendlich (πόντος κ 195. Hes. Th. 109), sowie aus ἄ-πειρ-ος Adj. 2, ohne Ende (Aesch., Soph.), aus ἀ-πειρ-ία, Unendlichkeit (Plat.), sowie aus

$$\mathring{\alpha}-πείρ-ων$$

G. ἀπείρονος α 98 (γαῖα) ö., welchen Wörtern allen mit nichten der Stamm πειρατ- zu Grunde gelegt werden darf. Dagegen enthält ἀ-πειρ-έσ-ιος, ἀ-περ-είσιος

(*Y* 58 γαῖα, und sonst, auch im Sinne von „unendlich viel" gebraucht) sichtlich den Stamm πειρατ- mit jüngerem -εσ- für -ατ, ebenso auch ἀ-πέρ-αντ-ος und ἀ-πείρ-αντ-ος, ohne Gränzen (Pindar), ebenso gut wie πειρ-αίνω. Nach Leo Meyer Gr. II 70 stehen nämlich die Verba in -αίνω mit gegenüberstehendem Nomen in -ατ- zunächst für -ανjω, das aus älterem -αντjω hervorgegangen, indem bei Wörtern, wie ἆσϑμα Stamm ἀσϑματ, ältere Grundform in αντ, also Stamm ἀσϑμαντ etc. vorauszusetzen sei; so wäre auch πειραντ- ältere Grundform von Stamm πειρατ-, περατ-, Nom. πεῖρ-αρ, πέρ-ας. Stellt ἀ-πείρ-αντ-ος etc. diesen „alten Stammausgang" noch dar? Es scheint so. Denn als Adj. verb. von περαίνω es zu fassen, verbietet die Bedeutung, da jenes Wort weder unvollendbar, noch undurchbohrbar, sondern „ohne Gränzen seiend" bezeichnet.

Zu dem den Adjectiven ἄ-πειρ-ος, ἀ-πείρ-ι-τος etc. zu Grunde liegenden kürzeren Nomen mit dem Bgr. Rand, weiterhin Gränze, Ende (vgl. Skr. pâr-a-m, Ende, Curt. N. 357), fügt sich Präp. περ-ί, eigtl. im Rande (von etwas) = rings; ebenso Adv. πέρ-α und πέρ-ην, ursprüngliche Accusative, = nach dem Rande, nach der Gränze hin, über die Gränze hinaus = jenseits. Stellen wie Hesiod. Th. 215 Ἑσπερίδας ϑ', αἷς μῆλα πέρην κλυτοῦ Ὠκεανοῖο, χρύσεα καλὰ μέλουσι ... oder wie Pindar. Nem. V 40 καὶ πέραν πόντοιο πάλλοντ' ἀετοί oder Soph. Ant. 334 πολιοῦ πέραν πόντου χωρεῖ und zahlreiche ähnliche erinnern denn doch zu deutlich an λ 13 ἐς πείραϑ' ἵκανε βαϑυρρόου Ὠκεανοῖο bzw. Θ 478 εἴ κε τὰ νείατα πείραϑ' ἵκηαι γαίης καὶ πόντοιο, um nicht sofort Zusammengehörigkeit von πέραν und πέρας, πεῖραρ erkennen zu lassen.

Von der Stammform zu πέραν entwickelt sich περ-αῖ-ος, περ-α-ι-ος, davon περαιόω ω 437. Wie ferner περ-ά-ω, hindurchdringen etc., περ-ά-ω, hinüberschaffen (zum Verkaufe), πέρ-νη-μι, πι-πρά-σκω, πράσσω st. πραγ-ιω (G-Erweiterung wie τμή-γω), zu Ende führen, vollführen u. a. W. hierher gehören, darüber möge man G. Curtius Et. N. 356 ff. vergleichen.

167. *Διαμπερές, πολυ-σπερής.*

I. *Διαμπερές* soll von *διά+ἀνά+πείρω* gebildet sein: *ἀμπείρω* st. *ἀνα-πείρω* existirt allerdings bei Homer mit dem Bgr. aufspiessen *B* 426; auch existirt *δια-πείρω,* durchbohren. Und so würde das nicht existirende *δι-ανα-πείρω* allenfalls „durch und durch aufspiessen" bedeuten können. Mag man daraus auch „durch und durch dringen" machen wollen: auf ungekünstelte Weise kommt man nicht zu einem recht passenden, vollens nicht zu dem geheischten Begriffe für *διαμπερές.* Desto natürlicher gestaltet sich alles bei Herleitung von *τὸ πέρας,* welches, von W. *σπαρ,* biegen, entstammend, die Grundbedeutung Rand (Rund) hat: *περαίνω* = zu Rande bringen: *δια-μπερής* steht mit Assimilation von *σ* zu *μ,* die so ungemein häufig vorkommt, für *δια-σπερής,* wie *δια-μπάξ* st. *δια-σπάξ* (W. *σπα*), *πε-μφίς* st. *πε-σφίς* v. W. *σπι, πα-μφαίνω* st. *πα-σφαίνω, πέ-μφελος* st. *πέ-σφελος* u. s. w. *Δια-μπερής* also, von der Urform *τὸ σπέρας* „Rand" ausgehend, ist = durchrändig d. i. bis zum Rande durch, bis zur Gränze, zum Ende durch = 1) durch und durch, durchaus, durchgehends, 2) = *δια-τελής* (Soph.), fortwährend, beständig.

Wir haben kurz vorher nachgewiesen, dass auch *πείρειν, περᾶν* von W. *σπαρ* entstammen (vgl. *Βό-σπορος, ὕ-σπορος*), und so könnte man *δια-μπερής* st. *δια-σπερής* auch allenfalls vom Zeitworte *δια-πείρω* oder *δια-περᾶν* mit Wahrung des ursprünglichen Anlauts *σπ,* wofür *μπ,* herleiten, wie schon vor Alters geschehen ist, nur dass man willkürlichen Einschub von *μ* aufstellte. Allein die ganze Anwendung von *δια-μπερίς* empfiehlt die Herleitung von *τὸ (σ)πέρας,* Rand, Gränze, Ende, als die auch begrifflich zutreffendste. In recht vielen Fällen ist sogar die Uebersetzung „bis zum Ende" verwerthbar. *E* 112 *βέλος ὠκὺ διαμπερὲς ἐξέρυσ᾿ ὤμου* „zog den Pfeil bis zum Ende aus der Schulter heraus": *διαμπείρω* würde gerade die umgekehrte Richtung ausdrücken, also das hiervon hergeleitete *διαμπερές* hier sinnlos sein. — *M* 398: Sarpedon erfasste die Mauerzinne: *ἣ δ᾿ ἕσπετο πᾶσα διαμπερές* d. i. sie folgte ganz, fiel noch bis zum untersten Ende. Auch hier wäre mit dem Begriffe von *διαπείρειν, διαπερᾶν* nichts Rechtes anzufangen. — *Y* 362 στιχὸς εἶμι διαμπερές „bis zum Ende der Reihe". — *K* 325 ἐς στρατὸν εἶμι διαμπερές „ich werde in's Lager gehen bis zum Ende". Und so auch zeitlich ἤματα πάντα διαμπερές *II* 499 „alle Tage bis zum Ende" = δια-τελές. — διαμπερὲς ἤματα πάντα δ 209.

ε 256 φράξε δέ μιν (νῆα) ῥίπεσσι διαμπερὲς οἰσυΐνῃσιν „von Ende zu Ende".

Es würde zu weit führen, all die zahlreichen Stellen förmlich durchzugehen: in allen trifft entweder die Grundbedeutung oder eine der oben entwickelten Bedeutungen zu.

Zum Oeftern hat Homer das Wort getrennt διὰ δ' ἀμπερές, und Hesychius führt ἀμπερέως = διαμπάξ an. Allein auch hieraus kann nicht Zusammensetzung mit ἀνά unbedingt gefolgert werden. Aus σπέρας mit ἀ cuph. bzhw. prothet. ging ἀσπερής und daraus (mit μ für σ) ἀ-μπερής hervor, wie ἄ-μπελος aus W. σπαλ, winden, Ἀ-μφί-ων, Sänger, von W. σφι, hauchen = tönen, ἀ-μφι-κή, uterus (= φύσκη: σφυ) von W. σφι, blasen, u. a. W.

Also ist ἀ-μπερ-ής st. ἀσπερής „randlich, endlich, vollständig" kein Compositum: aus ἀνά+πέρας würde man vergeblich zu einem brauchbaren Begriffe zu gelangen suchen; ebenso wenig würde solches aus ἀναπείρω gelingen.

II. Nicht wenig spricht für die Herleitung aus τὸ (σ)πέρας, dass sich auch für

πολυ-σπερής

aus τὸ πέρας die passendste und die beim Dichter geradezu allein geforderte Bedeutung gewinnen lässt. Das nur zweimal bei Homer vorkommende Wort deckt sich nämlich vollständig mit dem im Hymn. Cer. 297 vorkommenden πολυ-πείρων = aus vielen Gränzen, Gegenden, Gebieten seiend, Epitheton von λαός. Auch Hesychius erklärt πολυ-σπερής durch πολυ-εθνής, vielstämmig, was ziemlich auf Eins mit πολυ-πείρων hinausläuft. Die homerischen Stellen lauten *B* 803

πολλοὶ γὰρ κατὰ ἄστυ μέγα Πριάμου ἐπίκουροι,
ἄλλη δ' ἄλλων γλῶσσα πολυσπερέων ἀνθρώπων,

endlich λ 364

— — οἷά τε πολλοὺς
βόσκει γαῖα μέλαινα πολυσπερέας ἀνθρώπους.

Bei der gewöhnlichen Ableitung von σπείρω, säen, „vielgesät = dicht, zahlreich" ergäbe sich an beiden Stellen neben πολλοί, πολλούς eine höchst müssige Tautologie. Derjenige Begriff aber, auf welchen es namentlich *B* 804 ankommt, ergiebt sich aus der ganzen Umgebung: es sind Hülfstruppen aus aller Herren Länder mit den manchfachsten Zungen und Sprachen. Diese Auffassung fordert auch die Parallelstelle *Δ* 436 ff., wo der gleiche Gedanke mit anderen Worten vorgetragen wird:

ὡς Τρώων ἀλαλητὸς ἀνὰ στρατὸν εὐρὺν ὀρώρει·
οὐ γὰρ πάντων ἦεν ὁμὸς θρόος, οὐδ᾽ ἴα γῆρυς,
ἀλλὰ γλῶσσ᾽ ἐμέμικτο, πολύκλητοι δ᾽ ἔσαν ἄνδρες

Vgl. *K* 420 (Τρώων) πολύκλητοι ἐπίκουροι.

Also πολυ-σπερής = πολυ-πείρων, vielgebietig, mancherlei Gränzen bzhw. Gebieten angehörig = dem schwächeren πολύκλητος = πολυ-εθνής nach Hesychius. Dass Hesychius seine Erklärung aus πέρας hergeleitet habe, ist kaum anzunehmen; er wird wohl von σπείρω ausgegangen sein; aber es existirt kein τὸ σπέρος = ἔθνος, wie auch weder σπέρμα, noch ὁ σπόρος diesen Begriff darstellen. Und wenn er auch zunächst die Stelle des Empedokles II 41

φῦλον ἄμουσον ἄγουσα πολυσπερέων καμασήνων

„der vielgeschlechtigen Fische Volk" im Auge gehabt haben mag, so steht nichts im Wege, auch dieses πολυσπερής durch πολυπείρων zu erklären; hat doch auch letzteres Wort die Bedeutung „manchfaltig" angenommen: Orph. Arg. 33

ἀμφὶ δὲ μαντείης ἐδάης πολυπείρονας οἴμους
θηρῶν τ᾽ οἰωνῶν τε, καὶ ἢ σπλάγχνων θέσις ἐστίν.

Hesiod Theog. 365 nennt Ὠκεανῖναι πολυσπερέες:

τρὶς γὰρ χίλιαί εἰσι τανύσφυροι Ὠκεανῖναι,
αἵ ῥα πολυσπερέες γαῖαν καὶ βένθεα λίμνης
πάντῃ ὁμῶς ἐφέπουσι, θεάων ἀγλαὰ τέκνα.

Dass auch hier der Begriff „vielgebietig" d. i. vielen Gebieten angehörig, in allen möglichen Gegenden befindlich — dem Zusammenhange entspricht, liegt auf der Hand; denn diese 3000 Nymphen sind in allen Theilen der Erde und des Meeres wohnhaft.

168. Πρηνής

soll angeblich entstanden sein aus πρό + Skr. âna-, Mund =
vormundig, vor-gesichtig, mit dem Gesichte vor, oder aber aus
*ἠν-ής, hauchend. Das angebliche τὸ ἦνος, Mund, oder St.
ἠνο-, Mund existirt im Griechischen eben nicht; auch verträgt
sich begrifflich schlecht genug damit Z 43 ἐξεκυλίσθη πρηνὴς
ἐν κονίῃσιν ἐπὶ στόμα. Denn hätte der Dichter in πρηνής
selbst ein Etymon = στόμα gefühlt oder zu Grunde gelegt, so
würde er eine unausstehliche Tautologie begangen haben. Auch
will sich die homer. Zusammensetzung προ-πρηνής nicht mit
Herleitung aus πρό + W. ἀν vertragen; denn „προ-προ-ηνής"
wird man doch wohl nicht mit homer. προ-προ-κυλινδόμενος
fort und fort sich vorwärtswälzend X 221 mundgerecht
machen wollen. Auch ἐπι-πρηνής, zugeneigt (ἰσθμὸς χέρσῳ
ἐπιπρηνής Ap. Rhod. I 939), sowie κατα-πρηνής (χειρὶ κατα-
πρηνεῖ ἐλάσας ν 164 ö.) von der niedergesenkten Hand, mit
der man zum Schlage ausholt, wollen sich nicht zu einer Herleitung aus âna-, Mund, oder W. an, hauchen, fügen.

Neuerdings betrachtet man, unter Verwerfung der Etymologie aus âna- bzhw. W. ἀν, πρηνής als eine einfache Weiterbildung aus Präpos. πρό. Dass sich auch hiermit προ-πρηνής
nicht recht reimen lässt, liegt auf der Hand. Und dann, wo
in aller Welt gäbe es ein Suffix -ηνής zur adjectivischen Umgestaltung von Präpositionen? Und Suffixe sind doch auch
keine ursprungslosen Dinge, sondern haben doch auch ihr
Dasein aus irgend einer Wurzel mit bestimmtem Begriffe gewonnen. Im Dorischen giebt es ein Adv. πρᾱν = πρώην, πρίν.
In diesen ist aber ν casuell und Accusativzeichen; soll an den
Accusativ πρᾱν, ion. πρήν, etwa Suffix ής angehängt worden
sein? Unerhört.

Gehen wir aber zurück auf W. σπαρ, winden, biegen, die
eine kaum übersehbare Menge Wörter mit anlautendem Sigma
und ohne solches abgegeben hat, so erklärt sich πρηνής statt
σπρη-νής auf die ungezwungenste Weise als = gebogen, geneigt,
κατα-πρη-νής als = abwärts gebogen, abwärts geneigt, προ-
πρη-νής = vorwärts geneigt (Γ 218 σκῆπτρον δ' οὔτ' ὀπίσω

οὔτε προπρηνὲς ἐνώμα), ἐπι-πρη-νής = ἐπι-κλινής zugeneigt, πρᾱ-νός· κατωφερής Hesych., πρηνίζειν = καταβάλλειν = πραθέειν, πέρθειν, πορθεῖν, κατα-πρηνίζω, κατα-πρηνόω, — πραινόω (böot.), bei Hesychius πραινοῖ· πρηνίζει, κατα-στρέψει (niederbeugen; umstürzen). Nach Hesychius' Glosse πρανῆ· κοῖλα bedeutet πρηνής auch = hohl. Aus W. σπαρ (Bgr. e blähen, Bgr. m runden = wölben) ergiebt sich auch dieser Begriff mit Leichtigkeit, aber nimmer aus der „Verlängerung von πρό", wie auch nimmer aus der Etymologie πρό + W. ἀν. Umgekehrt lässt sich Adv. und Präpos. πρό mit der Grundbedeutung „vorwärts" wie lautlich so auch begrifflich aus W. σπαρ recht wohl gewinnen.

Man könnte nun die bei Hesychius erhaltene Form πρᾱνός, ion. πρη-νός als die ursprüngliche ansehen und aufstellen, dass, wie in so vielen anderen Fällen sich neben Adjectiven in ος ein Adjectiv in ής entwickelt habe, solches auch hier geschehen sei: πρη-νής = πρη-νός. Parallelbeispiele wären u. a. εὔ-εργος: εὐ-εργής, αἱᾱνός: αἰᾱνής, γαληνός: γαληνής, ἀτηρός: ἀτηρής, ἄζυγος: ἀζυγής, ἀμβλ-ωπός: ἀμβλ-ωπής, ἀλλοδαπός: ἀλλοδαπής, ἄ-πηρος: ἀ-πηρής, *πληρός, woher πληρόω: πλήρης, δαψιλός: δαψιλής, πιμελός: πιμελής, ἔν-τεχνος: ἐν-τεχνής, ἔμ-πεδος: ἐμ-πεδής, εὐ-άερος: εὐ-αερής, φιλ-οργός: φιλ-οργής, εὔ-πηνος: εὐ-πηνής, εὔ-τυκος: εὐ-τυκής, κατ-ώρυχος: κατ-ωρυχής, νεό-θηλος: νεο-θηλής, ὁμό-ταχος: ὁμο-ταχής, δύσ-πονος: δυσ-πονής, ὁμό-στιχος: ὁμο-στιχής, πολύ-πλανος: πολυ-πλανής, ὑγηρός: ὑγιηρής und Dutzende von anderen Wörtern aus allen Zeitaltern. — Und so πρηνός: πρηνής.

Man könnte nun weiterhin aufstellen, aus πρη-νός habe sich zunächst ein Subst. πρη-νή = Biegung entwickelt, woraus πρη-νής = Biegung habend, gebogen. Allein wir bedürfen solcher Umwege nicht. Wie es ein Suffix νος Gen. εος zur Bildung neutraler Substantive giebt, so auch ein Suffix νής Gen. εος zur Bildung von· Adjectiven; Substantiva auf dieses Suffix νος sind z. B. τὸ ἔρ-νος, γλῆ-νος, δῆ-νος (W. δα: ἐ-δά-ην), δά-νος, Gabe (W. δα = δο: δί-δω-μι), γά-νος (W. γα: γαίω), ἴχ-νος, τέρχ-νος, τρέχ-νος (τρέχω) = ἔρ-νος, σκῆ-νος = σκη-νή, σμῆ-νος, δρᾱ-νος (δρᾶν, thun), κτῆ-νος, ἔθ-νος, vul-nus, pig-nus, fac-i-nus u. v. a. Das entsprechende Adjectiv-Suffix νής er-

scheint in: ἀ-ιϑ-νής = ἀ-ιϑ-νός ‖ ἀ-δαμ-νής Hesych., στρη-νής
(W. στρα), ἐν-στρη-νής neben τὸ στρῆ-νος = Strenge, Kraft ιτρᾱ-
νής, durchbohrend, scharf (Aesch., Soph.) von τράω, τι-τρά-ω;
von τι-τραίνω hätte τρἄνής, wie von φαίνω: -φἄνής, von χαίνω:
-χἄνής, von μαίνομαι: -μἄνής κτλ. entstehen müssen ‖ δρᾱ-νής,
ἀ-δρα-νής neben τὸ δρᾶ-νος von δράω: aus δραίνω hätte δρἄ-
νής hervorgehen müssen; dazu ὀλιγο-δρα-νής Aristoph., wozu
homerisches ὀλιγο-δρᾰνεῖν, λειπο-δρα-νής Aret. mit λειποδρα-
νεῖν ‖ ἀλη-νής Hes., irre, toll, von ἀλάομαι ‖ ἀ-δη-νής und ἀ-δα-
νής Hes. = unerfahren, von W. δα (ἐ-δά-ην) ‖ σκαρφ-νής Hes.
= stark ‖ αἰα-νής und αἰη-νής, ewig, zu αἰεί Aesch. ‖ αἰᾱ-νής,
schmerzhaft, zu αἰαῖ Aesch., δυσ-αιᾱ-νής ‖ εὐ-ϑη-νής und εὐ-
ϑε-νής, wohlsituirt, reich etc. u. a. m.

Genug πρη-νής und πρη-νός ist = gebogen, geneigt, und
gehört derselben Wurzel an wie πρη-ών (Hesiod), πρε-ών,
πρών, Vorsprung, clivus, locus declivis, die Bergnamen Πάρ-
να-σός, Πάρ-ν-ης, wie πρα-ν-ώ und πάρ-ν-οψ, Heuschrecke
(urspr. = Hüpfer, Springer), πέρ-ν-ης und πτέρ-ν-ις, ein Raubvogel (urspr. = Schwinger, beschwingt), πτέρ-να und πέρ-να,
Schinken (als Gerundetes), πτέρ-να, Ferse (dsgl.), σπάρ-τος
(biegsam =) vimen, σπάρ-τον, Tau u. s. w.

Wenn Döderlein πρηνής mit περαίνω zusammenbringt, so
ist er der Wurzel wenigstens nahe genug gekommen, insofern
περαίνω von τὸ πέρας stammt, dieses aber ebenfalls aus W.
σπαρ hervorgeht.

Die zahlreichen homerischen Stellen von πρηνής durchzugehen, dürfte überflüssig sein: der Begriff des Geneigtseins,
Gebeugtseins liegt überall so deutlich zu Tage, dass man vor
Alters sogar Herleitung aus παρά+νεύω aufzustellen sich veranlasst sah. Da das Gebeugtsein menschlicher Körper naturgemäss immer nach vorne geht, so lag es so nahe, dem Adj.
πρη-νής, πρη-νός = gebeugt, gebogen = vorwärts, niederwärts,
in der Anwendung auf Menschen die Nebenbeziehung „pronus
in faciem" zu geben; aber im Worte selbst steckt der Begriff
facies nicht, so wenig wie der Bgr. στόμα, weshalb auch die
bereits erwähnte Verbindung πρηνής .. ἐπὶ στόμα Z 43 möglich
war. Am häufigsten steht πρηνής mit den Zeitwörtern des

Fallens, Niederwerfens u. dgl. von Personen, aber auch von Sachen: *B* 414

$\pi\varrho i\nu$ $\mu\epsilon$ $\varkappa\alpha\tau\grave{\alpha}$ $\pi\varrho\eta\nu\grave{\epsilon}\varsigma$ $\beta\alpha\lambda\acute{\epsilon}\epsilon\iota\nu$ $H\varrho\iota\acute{\alpha}\mu o\iota o$ $\mu\acute{\epsilon}\lambda\alpha\vartheta\varrho o\nu.$

Die Zusammensetzung

$$\pi\varrho o\text{-}\pi\varrho\eta\nu\acute{\eta}\varsigma,$$

vorwärts gebogen, nach vorne gebeugt, sich neigend, hat den Grundbegriff noch sichtlich gewahrt. Die Stellen sind ausser *Γ* 218 $\sigma\varkappa\tilde{\eta}\pi\tau\varrho o\nu$ δ' $o\check{\nu}\tau$' $\dot{o}\pi\acute{\iota}\sigma\omega$ $o\check{\nu}\tau\epsilon$ $\pi\varrho o\pi\varrho\eta\nu\grave{\epsilon}\varsigma$ $\dot{\epsilon}\nu\acute{\omega}\mu\alpha$ noch χ 98 und *Ω* 18. An ersterer heisst es: „Denn er fürchtete, es möchte ihn Einer beim Herauszichen der Lanze zurücktreiben oder ihn, den Vorwärtsgebückten (d. i. wenn er sich, um die Lanze herauszuzichen, vorwärts beuge), verwunden: $\dot{\eta}\grave{\epsilon}$ $\pi\varrho o$-$\pi\varrho\eta\nu\acute{\epsilon}\alpha$ $\tau\acute{\epsilon}\psi\alpha\iota.$ — In *Ω* 18 $\tau\acute{o}\nu\delta\epsilon$ δ' $\check{\epsilon}\alpha\sigma\varkappa\epsilon\nu$ $\grave{\epsilon}\nu$ $\varkappa\acute{o}\nu\iota$ $\grave{\epsilon}\varkappa\tau\alpha\nu\acute{\upsilon}\sigma\alpha\varsigma$ $\pi\varrho o\pi\varrho\eta\nu\acute{\epsilon}\alpha$ ist allerdings der Bgr. gebückt weniger zu urgiren, aber, wenn man die in $\grave{\epsilon}\varkappa\tau\alpha\nu\acute{\upsilon}\sigma\alpha\varsigma$ liegende Handlung in's Auge fasst, wie nämlich Achill den Leichnam Hektors, nachdem er ihn sattsam geschleift hatte, vom Wagen wieder losband (vgl. Vs 15) und dann hinwarf, so wird man erkennen, dass sich $\pi\varrho o\pi\varrho\eta\nu\acute{\epsilon}\alpha$ auf die Bewegung des Leichnams beim Hinwerfen bezieht, also immerhin den Bgr. „vorwärts geneigt" darstellt. Man vergleiche auch *Δ* 544 $\pi o\lambda\lambda o\grave{\iota}$ ... $\pi\varrho\eta\nu\acute{\epsilon}\epsilon\varsigma$ $\grave{\epsilon}\nu$ $\varkappa o\nu\acute{\iota}\eta\sigma\iota$ $\pi\alpha\varrho$' $\dot{\alpha}\lambda\lambda\acute{\eta}\lambda o\iota\sigma\iota$ $\tau\acute{\epsilon}\tau\alpha\varrho\tau o,$ *E* 58, χ 296 $\check{\eta}\varrho\iota\pi\epsilon$ $\delta\grave{\epsilon}$ $\pi\varrho\eta\nu\acute{\eta}\varsigma,$ *Ψ* 25 $\pi\varrho\eta\nu\acute{\epsilon}\alpha$ $\pi\grave{\alpha}\varrho$ $\lambda\epsilon\chi\acute{\epsilon}\epsilon\sigma\sigma\iota$ $M\epsilon\nu o\iota\tau\iota\acute{\alpha}\delta\alpha o$ $\tau\alpha\nu\acute{\upsilon}\sigma\sigma\alpha\varsigma$ $\grave{\epsilon}\nu$ $\varkappa o\nu\acute{\iota}\eta\varsigma,$ *Π* 379 $\check{\epsilon}\pi\iota\pi\tau o\nu$ $\pi\varrho\eta\nu\acute{\epsilon}\epsilon\varsigma$ $\grave{\epsilon}\xi$ $\dot{o}\chi\acute{\epsilon}\omega\nu.$

Auch die Zusammensetzung

$$\varkappa\alpha\tau\alpha\text{-}\pi\varrho\eta\nu\acute{\eta}\varsigma$$

hat die Grundbedeutung bewahrt: nieder-geneigt, nieder-gesenkt, und steht nur in Verbindung mit $\chi\epsilon\acute{\iota}\varrho$: $\pi\epsilon\pi\lambda\acute{\eta}\gamma\epsilon\tau o$ $\mu\eta\varrho\grave{\omega}$ $\chi\epsilon\varrho\sigma\grave{\iota}$ $\varkappa\alpha\tau\alpha\pi\varrho\eta\nu\acute{\epsilon}\sigma\sigma\iota$ *O* 114. 398, *ν* 199, $\pi\lambda\tilde{\eta}\xi\epsilon\nu$ $\delta\grave{\epsilon}$ $\mu\epsilon\tau\acute{\alpha}\varphi\varrho\epsilon\nu o\nu$ $\epsilon\dot{\upsilon}\varrho\acute{\epsilon}\epsilon$ τ' $\check{\omega}\mu\omega$ $\chi\epsilon\iota\varrho\grave{\iota}$ $\varkappa\alpha\tau\alpha\pi\varrho\eta\nu\epsilon\tilde{\iota}$ (vom Phöbus) *Π* 792, $\chi\epsilon\iota\varrho\grave{\iota}$ $\varkappa\alpha\tau\alpha$-$\pi\varrho\eta\nu\epsilon\tilde{\iota}$ $\grave{\epsilon}\lambda\acute{\alpha}\sigma\alpha\varsigma$ (von Poseidon) *ν* 164, $\chi\epsilon\acute{\iota}\varrho\epsilon\sigma\sigma\iota$ $\varkappa\alpha\tau\alpha\pi\varrho\eta\nu\acute{\epsilon}\sigma\sigma\iota$ $\lambda\alpha\beta o\tilde{\upsilon}\sigma\alpha$ (von Euryklcia) *τ* 467.

Wie die Grundbedeutung geneigt = gebogen auch in dem bei Apollonius Rh. Arg. I 939 vorkommenden Compositum $\grave{\epsilon}\pi\iota$-$\pi\varrho\eta\nu\acute{\eta}\varsigma$ = hingeneigt, sich hinneigend, von einer Oertlichkeit ausgesagt, klar zum Vorscheine kommt, bedarf keines Nachweises.

Alles erwogen, wird man πρη-νής nebst Sippe als = gebogen bzw. geneigt, gebückt, aufzufassen und von W. σπαρ,
schwingen, biegen, abzuleiten haben.

169. Πρυλής

lautet nach Herodian (Schol. E 744) der Singular von πρυλέες.
Was aber die πρυλέες bei Homer sind, ist trotz der Untersuchung von G. Hermann Op. IV 287 f. und von Döderlein Gloss.
446 noch immer nicht ausgemacht. Die Alten erklären die
πρυλέες bald und zwar zumeist als πεζοὶ ὁπλῖται, bald als
πρόμαχοι, bald als ἀθρόοι.

Die bezeichnendste homerische Stelle ist M 77 ff. Polydamas
setzt dem Hektor und den übrigen Führern der Troer und der
Hülfsvölker auseinander, dass es unmöglich sei, mit den Rossen
über den Graben des griech. Lagers zu setzen, überhaupt zu
Wagen das Lager zu bestürmen und richtet dann an sie die
Aufforderung: „Die Wagendiener mögen mit den Rossen am
Rande des Grabens stehen bleiben; uns selbst dagegen lasst
als πρυλέες, gepanzert mit unserem Waffenschmuck, allesammt
dem Hektor folgen in geschlossenen Reihen (ἀολλέες)". Man
gehorchte dieser Aufforderung; man theilte sich, um sich in
fünf Haufen zu ordnen, welche ihre Glieder fest aneinander schlossen, und ihren Heerführern nachfolgten (Vs 86 ff.).
Jedem dieser fünf Haufen wurden je drei Anführer beigegeben:
dem ersten Hektor, Polydamas, Kebriones, dem zweiten Paris,
Alcathous und Agenor, dem dritten Helenus, Deiphobus, Asius,
dem vierten Aeneas, Archelochus und Akamas, dem fünften:
Sarpedon, Glaucus und Asteropäus. Wir haben also gleichsam
fünf Regimenter mit je 3 Bataillonen.

Hiernach sind die πρυλέες Krieger in geschlossenen
Phalangen und das ἀολλέες in Vs 78

αὐτοὶ δὲ πρυλέες σὺν τεύχεσι θωρηχθέντες
Ἕκτορι πάντες ἑπώμεθ' ἀολλέες

erläutert nur den Begriff von πρυλέες: „lasst uns selber insgesammt (nachdem wir die Streitwagen verlassen haben), gepanzert mit unserem Waffenschmucke, dem Hektor folgen als
Phalanx-Krieger (als „Linientruppen") in geschlossenen Reihen".

Das gleiche Manoeuvre findet $\varLambda$ 49 Seitens der Griechen statt: „Jeglicher befahl seinem Wagenlenker, die Rosse in wohlgeordneter Reihe an Ort und Stelle am Wallgraben anzuhalten, während sie selbst als πρυλέες mit ihrer Waffenrüstung gepanzert vorströmten; ein unauslöschliches Geschrei erscholl dem Frühroth entgegen. Weit zuvor kamen sie den Rosseführern und stellten sich am Wallgraben in Ordnung auf" (κοσμηθέντες). — Also auch nach dieser Stelle gehört geordnete Aufstellung (in Phalanx) zum Wesen der πρυλέες.

Die übrigen Stellen, wo πρυλέες vorkommt, sind wenigstens dieser Auffassung nicht entgegen: O 517 Λαοδάμαντα, ἡγεμόνα πρυλέων („Führer bei den Linientruppen"); E 744: unter dem Helme der Athene haben die πρυλέες von hundert Städten Platz; endlich $\varPhi$ 90: Polydorus fällt πρώτοισι μετὰ πρυλίεσσι. Wenn es Y 412 von Polydorus heisst θῦτε διὰ προμάχων, εἴως φίλον ὤλεσε θυμόν, so darf daraus nicht gefolgert werden, πρυλέες selbst sei so viel als πρόμαχοι. Abgesehen davon, dass der Gleichstellung mit πρόμαχοι die Ausführungen M 77 ff., $\varLambda$ 49 schnurstracks entgegentreten, findet das πρόμαχοι von Y 412 in dem zusätzlichen πρώτοισι $\varPhi$ 90 vollauf seine Erklärung und Rechtfertigung; es ist doch selbstverständlich, dass die vorderen Mannschaften unter den πρυλέες, die πρῶτοι πρυλέες, naturgemäss πρόμαχοι sind bzw. als solche bezeichnet werden können. Unter den πρόμαχοι und πρόμοι überhaupt etwas anderes sich vorzustellen, als vorderste Kämpfer (πρῶτοι), verbietet der homerische Gebrauch dieser Wörter z. B. $\varGamma$ 31, $\varDelta$ 253. 354 (προμάχοισι μιγέντα). 458. 495. 505, E 134. 562. 566, $\varLambda$ 744, N 291, $\varPi$ 588, $\varSigma$ 456 u. s. w. Es sind damit durchweg die vorderen Glieder der Schlachtlinie gemeint, aber keineswegs ausschwärmende Tirailleurs nach modernen Begriffen, mag es auch hier und da vorkommen, dass einzelne aus diesen Vordergliedern sich weiter vorwagen.

Genug, die Stellen M 77 ff., $\varLambda$ 49 ff. zwingen uns, unter πρυλέες nach moderner Bezeichnung die in Schlachtlinie aufgestellten, nach Regimentern etc. zusammengeordneten Linientruppen zu verstehen, mit anderen Worten, die phalanxartig aufgestellten Krieger. Nichts anderes sind bei den Lakoniern und Böotern die προυλέες· πεζοὶ ὁπλῖται Hesych.

Nach Feststellung des Begriffs wird es um so leichter, die Etymologie des Wortes zu finden. Weder begrifflich noch lautlich lässt sich die Herleitung aus πρό halten; ebenso wenig Döderlein's Deutung aus πρό+εἴλειν, oder die Etymologie aus angeblichem πФρύω (= περάω?!) des Scholiasten zu E 744, oder des Hesychius' Deutung ἀπὸ τῆς πορείας, τουτέστι πορείᾳ χρώμενοι (vgl. Apollon. lex. 136, 25).

Die W. σπαρ hat, wie unter dem btr. Artikel gezeigt ist, auch die Nebengestalt σπυρ (σφυρ) oder metathesirt σπρυ, und mit Verlust von Sigma πρυ (φρυ). Aus dieser Wurzelform πρυ st. σπρυ, σπυρ entwickelte sich u. E. ein Subst. πρυ-λή = globus, cohors, φάλαγξ. Letzteres Wort verdankt der gleichbedeutigen W. σπαλ seine Entstehung, und wie globus militum ein gangbarer Ausdruck ist, so ist φάλ-αγξ ein gleichsam abgerundeter, geordneter Haufen von Kriegern. Darnach πρυ-λή = φάλ-αγξ. Wie nun Adj. καταχής (Aesch.) von καταχή, ἀλεής (Soph.) von ἀλέη, γαλην׳ής (Aristot.) von γαλήνη κτλ. gebildet ist, so von *πρυ-λή das Adj. πρυλής = geschaart, phalanxartig, zur Phalanx gehörig.

Ein anderer ebenfalls möglicher Bildungsweg wäre aus der Analogie von ὀμ-α-λός und ὀμ-α-λής (Plat., Xen.), ἐπι-ζαφ-ε-λής: ἐπι-ζάφ-ε-λος, πιμε-λής: πιμελός, νεο-γιλής: νεο-γι-λός, νωχα-λής: νωχαλός κτλ. (s. o. unter ἐπιζαφελῶς) zu gewinnen: aus der Wf. (σ)πυρ, (σ)πρυ hätte nämlich zunächst ein *πρυ-λός (= gerundet) entstehen können, wozu *πρυ-λή, im Grunde genommen, nur Femininalbildung wäre. Mag nun die Bildung in -λός wirklich existirt haben oder auch nur in der Etymologie übersprungen worden sein, es ist etwas überaus Häufiges, dass neben Adjectiven in ος auch adjectivische Bildungen in ής zur Geltung gekommen sind, wie schon vorstehende Beispiele zeigen. Vgl. auch ἀ-ιδ-νής: ἀ-ιδ-νός, ἀλλοδαπής: ἀλλοδαπός etc., insbesondere die zahlreichen Adjective in ρής neben solchen in ρός S. 539.

Für diese etymologische Vermittelung scheint das Wort πρύ-λις, Waffentanz, zu sprechen, das offenbar gleichen Ursprungs mit πρυλής ist, insofern nämlich πρύ-λις sich zu *πρυ-λός verhalten würde, wie δάμαλις: δάμαλος, wie πάρδαλις: πάρδαλος κτλ. Πρύλις wird von den Alten einstimmig als ein

Waffentanz, als ein Tanz Bewaffneter erklärt. Es steht nichts im Wege, es ist im Gegentheile wahrscheinlich, dass es ein Schaaren-Tanz, ein Tanz ganzer Phalangen war, im Gegensatze zu sonstigen Tänzen Einzelner oder einzelner Reihen: daher auch die Benennung πρύλις. Wenn die Alten πρύλις durch πυρρίχη erklären, so steht solches dieser Auffassung nicht entgegen; im Gegentheil: πυρρίχη ist urspr. Feminin zu πύρριχος = πυρρός, roth, und πυρρίχη scil. ὄρχησις ist ein Tanz in Roth d. i. im rothen Kriegsmantel, in der πυρρίχα oder der rothen χλαμύς: πυρρίχα· χλαμύς Hesych. Darnach ist auch πυρρίχη ein Tanz von Kriegerschaaren.

Wie dem auch sei, mögen wir für πρυλής von einem Subst. πρυ-λή oder von einem Adj. πρυ-λός ausgehen, auf alle Fälle sehen wir uns auf Wurzelform (σ)πρυ = W. σπαρ hingewiesen.

170. Σπάρ-τη

gehört ohne Zweifel zu W. σπαρ, nur fragt sich, in welchem Sinne. Man hat diesen Stadtnamen aus σπείρω, spargo, als „zerstreute" deuten wollen, weil die Stadt ohne Mauern gewesen und darum „zerstreut-gebaut" gewesen sei. Dass das homerische Sparta „ohne Mauern" gewesen, ist nirgends zu erweisen, folgt wenigstens sicherlich nicht aus dem Epitheton εὐρείη λ 460; denn so heisst z. B. auch Κνωσός Σ 591 (in Abwechselung mit μεγάλη πόλις τ 178), Ἑλίκη B 575 u. a. Städte, die man doch wohl nicht als „offene" wird hinstellen wollen. — Andere Erklärer haben die lakonische Stadt aus σπάρ-τος, vimen, Strauch, als „Binsenstadt" deuten wollen, — in der That eine wunderliche Etymologie.

Beiden Etymologien liegt u. E. nur das richtige Gefühl zu Grunde, dass die gemeinsame Wurzel sowohl von σπείρω, als von σπάρ-τος, als von Σπάρ-τη W. σπαρ ist: ὁ, ἡ σπάρ-τος, vimen, erklärt sich als flexus = flexilis, gerade wie vi-men und ϝιτέα, Weide (Strauch) sich so aus W. ϝι, vi erklären. Das substantivirte Neutrum τὸ σπάρ-τον, Tau, Scil B 135, erklärt sich aus gleichem Begriffe (geschwungen, geschlungen); und das Fem. ἡ Σπάρ-τη (scil. πόλις) ist nichts anderes als flexa, inflexa, curva (Richtung nach unten). Denn die Landschaft Lakonien war *κοίλη, ὄρεσι περίδρομος, τραχεῖά τε δυσείσβολός τε πολεμίοις* Strab. 366. Nicht anders schildert Homer B 581 die Landschaft:

> οἳ δ' εἶχον κοίλην Λακεδαίμονα κητώεσσαν,
> Φᾶρίν τε Σπάρτην τε.

Haben wir hier schon wegen des folgenden *Σπάρτην* unter *Λακεδαίμονα* nur an die Landschaft, nicht an die Stadt zu denken, so auch offenbar trotz Strabo 367 in der Parallelstelle δ 1

> οἳ δ' ἷξον κοίλην Λακεδαίμονα κητώεσσαν.

Und in dieser so gearteten Landschaft lag die Stadt Sparta selbst an tiefster Stelle, in einem vollständigen Thalkessel: *ἔστι μὲν οὖν ἐν κοιλωτέρῳ χωρίῳ τὸ τῆς πόλεως ἔδαφος καίπερ ἀπολαμβάνον ὄρη μεταξύ* Strabo 363.

Diese ganze Bodengestaltung kann nicht besser bezeichnet werden, als durch *σπάρ-τη* „gebogen" geschieht.

Die unter gleichen oder ähnlichen Verhältnissen stehende lakonische Stadt

$$Φᾶρ-ις$$

B 582 ist weder anderer Wurzel noch anderer Bedeutung. Das Anlautsverhältniss von *Φᾶρ-ις* zu *Σπάρ-τη* ist dasselbe, wie von *φᾶρ-ος* zu *σπάρ-γ-ανον* oder *σπεῖρ-ον* (*σπέρ-ιον*), von *φάρ-ω* zu *σπαρ-άσσω*, von *φορ-μός* zu spor-ta, von *φάρ-υγξ, φάρ-αγξ* zu *σφάρ-αγ-ος, ἀ-σφάρ-αγ-ος*, von *φορ-ύνω* zu *σπερ-ύνω* und spar-g-o etc.

II. Das eben erwähnte

$$φᾶρ-ος$$

= *σπεῖρον* wird gewöhnlich auf *φέρω* als „Tracht" zurückgeführt. Aber diese Herleitung missfiel Döderlein so sehr, dass er sich sogar zu der Etymologie aus *ὑφαίνω* versteigen zu dürfen glaubte. So unmöglich diese Ableitung ist, so gerechtfertigt erscheint die Verwerfung von *φέρω* als unmittelbares Etymon. — Ist es schon bedenklich, das Staatskleid, den Königsmantel des Agamemnon (*φᾶρος* B 43, Θ 221) einfach als „Tracht" zu deuten, so noch weniger die Hüllen, womit die Leichname umwunden werden Σ 353, Ω 580. 588, β 97, ω 132. 147, τ 142 ö., oder die Tücher, woraus sich Odysseus Segel machen sollte ε 258, oder das Purpurgewand, welches

sich Odysseus über das Haupt zieht ϑ 84. 88 (vgl. 186) oder
gar die Hülle, worein ein **neugeborenes Kind gewickelt
wird**: ἐν φάρεϊ σπάργει Hymn. Ap. 121 = σπάρ-γ-ανον.
Erwägt man zudem, dass φᾶρ-ος mit σπεῖρον öfters geradezu wechselt, wie β 97 und 102, τ 142 und 147 ö.‚ und
zwar in der Anwendung auf Leichentücher: so wird man nicht
umhin können, φᾶρ-ος st. σφᾶρ-ος zu fassen und mit σπεῖρον
auf die gleiche Wurzel σπαρ „schwingen = umschlingen" zurückzuführen: περὶ δὲ μέγα βάλλετο φᾶρος Α 43. Φᾶρ-ος
ist wie σπεῖρον alles, was zum Umschwingen, Umwinden, Um-
hüllen dient. Nur aus dieser Etymologie erklärt sich auch τὰ
φάρη = νεφέλαι (Hesych.) d. i. Umhüllungen des Himmels. Zu
dem Singular φᾶρ-ος hat Hesychius die bezeichnende Glosse
ἱμάτιον, περιβόλαιον. Das Deminutiv φαρ-ίον bedeutet nach
Poll. VII 9 τὸν ἐρεοῦν κεκρύφαλον (Schleier = Umgeschlungenes). — Vergleichen wir hiermit noch kurz

σπεῖρον.

Odysseus bittet ζ 179 die Nausikaa um ein εἴλυμα σπεῖρων
d. h. um ein Laken, worin sie die Gegenstände ihrer Wasch-
arbeit gewickelt hatte; zum Waschen aber hatte sie nach Vs 64
εἵματα, Vs 74 ἐσθῆτα φαεινήν herausgeschafft, wonach τὰ
σπεῖρα = εἵματα „Gewandung" (winden). In gleichem Sinne
als εἵματα steht das Wort auch δ 245 σπεῖρα κάκ' ἀμφ'
ὤμοισι βαλών. — Auch das kostbare Gewand oder Tuch,
worein dereinst die Leiche des Laërtes gehüllt werden soll,
heisst σπεῖρον β 102, τ 147, ω 137; ebendasselbe heisst τ 142 ö.
φᾶρος. — Φάρεα bringt ε 258 Kalypso dem Odysseus, damit
er daraus Segel mache. Darnach heisst das daraus Gefertigte,
das Segel, auch selbst σπεῖρον ε 318; in gleicher Anwendung
τὰ σπεῖρα ζ 269.

Wenn Grashoff hom. Schiff. 28 zu meinen scheint, dass
σπεῖρον in letzterer Anwendung nur von „zusammengewickelten"
Segeln gebraucht werden könne, und dass σπεῖρον als Segel
eben nur vom „Zusammenwickeln" benannt worden sei, so legt
sowohl der Umstand, dass W. σπαρ nirgends „zusammenwickeln" bedeutet, als auch der Gebrauch von σπεῖρον = φᾶρος lauten Einspruch dagegen ein.

Noch weniger kann für ε 318 und ζ 269 die Deutung

35*

„Tau" Geltung haben, wie schon eine aufmerksame Betrachtung
der Stelle ι 316—318 zeigt: der Sturm bricht den Mast mitten
entzwei, und weithin in's Meer fallen σπεῖρον καὶ ἐπίκριον.
Aber in diesem Verse steckt noch eines der grössten
Räthsel der Homer-Interpretation. Darüber im folgenden Abschnitte.

171. Σπεῖρον καὶ ἐπίκριον und das homerische Schiff.

In dem Verse ε 318

τηλοῖ δὲ σπεῖρον καὶ ἐπίκριον ἔμπεσε πόντῳ —

soll ἐπίκριον durchaus „Segelstange" bedeuten, weil σπεῖρον
offenbar „Segel" ist. Nach gewöhnlichen Wortbildungsgesetzen
kann ἐπ-ίκριον nur das sein, was an den ἰκρίοις sich befindet,
τὸ ἐπὶ τοῖς ἰκρίοις ὄν. Um von da zur „Segelstange" zu
kommen, müsste τὸ ἴκριον bzw. τὰ ἴκρια entweder auch „Mastbaum" oder gar „Segel" bedeuten, was indessen nicht der· Fall
ist: τὰ ἴκρια bedeutet 1) Bordbalken, 2) Bord = Verdeck, 3) Ge-
rüst aller Art, wie hölzernes Schaugerüst (Aristoph.), hölzerner
Thurm (Strabo). Schon allein die Verwendung von ἴκρια Vs 252
hätte die Auffassung von ἐπ-ίκριον Vs 318 als Segelstange
widerrathen sollen. Aber freilich die ganze so überaus lichtvolle Stelle vom Baue des homerischen Schiffes ist durch die
Erklärer in heillosester Weise verdunkelt worden. Hätte
man einfach den Dichter selbst zu seinem Cicerone genommen,
so hätte es gar nicht so umständlicher Untersuchungen über
das homerische Schiff bedurft, und man wäre zu einem klareren
und befriedigenderen Resultate gelangt.

Unseres Erachtens giebt es im ganzen Homer kaum eine
lichtvollere und klarere Beschreibung, als die ε 243 ff. vom
Baue des Schiffs; sie gliedert sich in einfacher und naturgemässer Weise nach folgenden Gesichtspunkten ab:

1) Zimmerung der Aussentheile, des eigentlichen Schiffsrumpfes:

   a. des Schiffsbodens,

   b. des Bordes und der Seitenwände.

2) Zimmerung der inneren Theile:

   a. Mast, b. Verdeck.

3) Anbringung des Steuers und der Umfriedigung.
4) Ausrüstung mit Segel- und Takelwerk.

Ad 1. — Zwanzig Bäume behaut Odysseus zu Balken,
schlichtet sie kunstgerecht und richtet sie der Länge nach mit
der Richtschnur, dieses, damit er einen vollständig horizontalen Schiffsboden gewinnt. — Darauf bohrt er alle und passt
sie aneinander (247), klopft sie mit Pflöcken und Klammer-
hölzern fest aneinander (248), d. h. er bringt querlaufende
Klammerhölzer an, die er mit Pflöcken an die flach- und lang-
liegenden Balken befestigt.

Darauf zirkelt er die zwanzig bereits fest und eng mit
einander verbundenen Balken zu einem Schiffsboden (ἔδαφος)
ab von derselben Grösse, wie sie bei einem Frachtschiffe üblich
ist (249—251). Selbstverständlich ist dieser Schiffsboden nicht
von runder, sondern von ovaler, elliptischer Form, bei deren
Herstellung es ebenfalls des Abzirkelns (τορνώσεται 249) bedurfte.

Jetzt bringt Odysseus viele Ständer ringsum an (ἀραρὼν
θαμέσι σταμίνεσσιν) d. h. in die Höhe, aufrecht gehende
starke Rippenhölzer (von gleicher Grösse), welche Auffassung
so der Ursprung des Wortes στα-μίν von W. στα, stehen, wie
die Natur der Sache gebieterisch fordert. — Oben um diese
Ständer herum richtet nun Odysseus in wagerechter Lage die
Bordbalken (ἴκρια). — Dass die ἴκρια dieses und nichts
anderes sind, dass sie oben herlaufen, folgt auch aus Vs 163,
wo Kalypso vorschreibt ἀτὰρ ἴκρια πῆξαι ἐπ᾽ αὐτῆς ὑψοῦ.
Des Odysseus Schiff war kein „Floss", war nicht ohne Seitenwände, nicht ohne Bord. Die Bordbalken aber geben dem
ganzen Oberbau Halt und Stärke, und können nicht kräftig genug sein. — In dem Verse 252

ἴκρια δὲ στήσας, ἀραρὼν θαμέσι σταμίνεσσιν
ποίει —

entspricht das στήσας dem πῆξαι von Vs 163. — Die Darstellung anlangend, so liegt hier ganz einfach eine Art von
Hysteron-Proteron vor, welche Figur um so gerechtfertigter
ist, als ja der Bord (ἴκρια) die Hauptsache des ganzen Ober-
baues ist, welche die Rippenständer (σταμίνες) zu tragen haben:

„er macht jetzt den Bord, ihn aufstellend, indem er ihn zahlreichen Rippenständern einfügt“.

Nun bringt Odysseus dieses Ganze mit langen, herum-
laufenden, wagerecht liegenden Seitenbohlen, Planken,
zum Abschlusse: ἀτὰρ μακρῇσιν ἐπηγκενίδεσσι τελεύτα. Die
ἐπ-ηγκ-εν-ίδες sind nicht „hinzugetragene Hölzer“; denn ἐνεγκ-
εῖν kann nicht zu -ηγκ sich verstümmeln; und „Hinzugetragenes“
ist noch lange keine „Planke“, welcher Begriff doch gebieterisch
geheischt wird. Das zusammengetzte Wort gehört mit dem
Simplex ἐγκ-εν-ίδες· πλαγίαι σανίδες (Et. M.) zu der weitverbreiteten Sec.W. ἀγκ (ἐγκ, ὀγκ), welche in ἄγκ-ος, ἀγκ-ών,
ἀγκ-ύλος, ὄγκ-ος, unc-us etc. vorliegt und bedeutet „Angeboge-
nes“, wie denn ja in der That die Planken förmlich an-gebogen
werden, um die Rippenständer förmlich herumgelegt und so
gefestigt werden. — Der Schiffsrumpf ist fertig (cf. τελεύτα).

Ad 2. — Nun bringt drinnen Odysseus den Mastbaum
an (254):

ἐν δ’ ἱστὸν ποίει καὶ ἐπίκριον ἄρμενον αὐτῷ.

Dass auch das ἐπίκριον etwas sei, was innerhalb des
Schiffsrumpfes angebracht sein muss, liegt nahe genug, ebenso,
dass es etwas sei, was mit den ἴκρια (252) im Zusammenhange
steht. Gehen wir aber zunächst weiter mit dem Schiffsbaue
selbst.

Ad 3. — Nach Aufstellung des Mastbaums und des ἐπίκριον bringt Odysseus das Steuerruder an (255): πρὸς δ’ ἄρα
πηδάλιον ποιήσατο. Nicht zu übersehen ist das markirte πρός
im Gegensatze zu dem ἐν des vorigen Verses. — Demnächst
umwehrte Odysseus sein Schiff mit dichtem Weidengeflecht,
natürlich über dem Borde. Dieses Flechtwerk gehört weder
zum Schiffsrumpfe, noch zu den Innentheilen des Schiffes,
sondern ist, wie das Steuerruder, etwas äusserlich Anzubringen-
des; daher hier die passendste Stelle für diese Angabe.

Ad 4. — Es folgt nun ganz naturgemäss und in richtiger
Reihenfolge die Angabe der loseren Theile, welche zur Aus-
rüstung des Schiffskörpers gehören, Segel und Takelwerk (258 ff.).
— Dass Segel nicht ohne Segelstangen sind, versteht sich

von selbst; daher war diese Angabe reinweg überflüssig. Wollte
der Dichter aber auch der Segelstange Erwähnung thun, so
wäre hier der einzig geeignete Platz gewesen. Wer dagegen
die zum Segel- und Takelwerke gehörige Segelstange bereits
Vs 254 in ἐπίκριον sucht, der stört, abgesehen von allem
Uebrigen, in unverantwortlicher Weise den so wundervoll-lichten
Gang der homerischen Beschreibung. Auch könnte man fragen,
was denn der Zusatz ἄρμενον αὐτῷ, nämlich ἱστῷ, von der
angeblichen „Segelstange" eigentlich bedeuten solle: „eine Segelstange, dem Mastbaume angepasst"? Die Segelstange muss
dem Segel angepasst sein. Doch das sind Nebenrücksichten.

Ἐπ-ίκριον, zusammengesetzt aus ἐπί und ἴκριον (ἴκρια),
kann und darf auch begrifflich nicht von ἴκρια getrennt werden. Bedeutet ἴκρια „Bord", so ist ἐπ-ίκριον das „An-gebordete",
das an die Bordbalken hüben und drüben Anstossende d. i. die
von einem Borde zum anderen laufende Bretterlage oder, wie
der Scholiast zu Apollonius Rh. II 1264 richtig angiebt,
τὰ τῆς νηὸς σανιδώματα. Diese Bretterlage umschliesst
dicht den Mastbaum, ist dem Mastbaume eng angepasst (254);
sie konnte erst angebracht werden, nachdem der Mast eingefügt
war; daher die Reihenfolge der Darstellung Vs 254.

Sonst gebraucht Homer für „Verdeck" das einfache ἴκρια
„Bord", gerade wie auch wir „Bord" gebrauchen, wo das Verdeck oder gar das ganze Schiff gemeint ist: „sich an Bord befinden". So steht ἴκρια O 676

ἀλλ᾽ ὅ γε νηῶν ἴκρι᾽ ἐπῴχετο μακρὰ βιβάσθων.

In gleichem Sinne O 685. 729, γ 353, μ 229. 414, ν 74,
ο 283. 552. — Dieser unabweisbare Gebrauch von ἴκρια nöthigt,
das gleiche Wort auch ε 163 und 252 als „Bord" zu fassen,
nur dass an diesen beiden Stellen der ursprüngliche engere
Begriff, an den übrigen der erweiterte Begriff „Bord = Verdeck" (pars pro toto) obwaltet. Damit fallen alle von den Erklärern selbst geschaffenen „Schwierigkeiten" fort.

Da ε 163 und 252 der urspr. engere Begriff von ἴκρια vom
Dichter selbst so stark markirt wurde, so war es unthunlich,
im weiteren Verlaufe der Schiffsbeschreibung dasselbe Wort auch
als „Verdeck" zu verwerthen, weshalb der feinfühlende Dichter
hierfür ἐπ-ίκριον verwandte.

Was die Erkenntniss dieser so natürlichen Sachlage hinter-
trieb, war kurzsichtige Auffassung der Stelle ε 315—318:

τῆλε δ' ἀπὸ σχεδίης αὐτὸς πέσε, πηδάλιον δὲ
ἐκ χειρῶν προέηκε. μέσον δέ οἱ ἱστὸν ἔαξεν
δεινὴ μισγομένων ἀνέμων ἐλθοῦσα θύελλα,
τηλοῦ δὲ σπεῖρον καὶ ἐπίκριον ἔμπεσε πόντῳ.

Man sagte sich: „wenn der Mast in der Mitte zerbrochen,
der obere Theil mitsammt dem Segel weitab ins Meer geschleudert wird, was könnte da *ἐπίκριον* anders sein, als die
Segelstange?" Nur gemach! — Die Taue des Segels, die Taue
ferner, welche von der Mastspitze aufs Schiff herablaufen, um
den Mast in der Richtung zu halten etc., sind an dem Verdecke befestigt; vgl. 260

ἐν δ' ὑπέρας τε κάλους τε πόδας τ' ἐνέδησεν ἐν αὐτῇ.

Wenn daher nach Zerbrechung des Mastes der furchtbare Sturmwind in das Segel blies; wenn dieses, nicht mehr
am Mastrumpfe festgehalten, mit aller Macht des Sturmes
aufgebläht und hingerissen wurde, so musste das dünnere
Bretterwerk des Verdecks, in welchem die Halttaue des
Segels und der Mastspitze festsassen, losgerissen und von
der Gewalt des luftballonartig hingerissenen Segels mit fort-
geschleudert werden weithin ins Meer.

So war das Schiff jetzt ohne Verdeck, und es konnte
sich Odysseus, als er, der ebenfalls ins Meer geschleuderte (315),
später sein Schiff wieder erreicht hatte, mitten in dasselbe
hineinsetzen (vorher war sein Sitz am Steuer [270] auf dem
Verdecke). Vs 326:

ἐν μέσσῃ δὲ καθῖζε τέλος θανάτου ἀλεείνων.

Bei dieser Auffassung kommt Zusammenhang und Licht
in die lichtvolle, nur durch die Erklärer verdunkelte, homerische
Beschreibung und Darstellung.

Die Etymologie von *ἴκ-ριον* anlangend, so gehört es zu
W. *ἰκ* = W. *ἀκ* (woher *ἄκ-ρος, ἄκ-ρη, ἄκ-ρις* κτλ.) und bedeutet ursprünglich Oberstes, Aeusserstes = Rand, Bord. Die
Angabe, dass es „Balken, Bohle" überhaupt bedeute, lässt sich
etymologisch nicht rechtfertigen, entspricht auch nicht dem Gebrauche des Wortes. Der Bgr. *ἄκ-ρος* liegt nicht bloss in der
Verwendung als Bord, oberster Schiffsrand, vor, sondern auch

in der Verwendung als „Schaugerüst" und „hölzerner Thurm",
indem in beiden Fällen sich Begriff „hochragend" bzw. „auf-
gerichtet" von selbst aufdrängt. Von anderartigem Gebälke,
wie der Dielung u. dgl., ist ἴκριον nirgends nachweisbar.

172. Πρόχνυ.

Allgemein wird πρόχνυ aufgefasst als aus πρό + γόνυ entstanden. Weder lässt sich diese Etymologie in lautlicher
Hinsicht rechtfertigen, noch auch bedeutet das Wort jemals
„knielings, auf den Knien". Φ 458 sagt Poseidon zu Apollo:

Τοῦ δὴ νῦν λαοῖσι φέρεις χάριν, οὐδὲ μεθ' ἡμέων
πειρᾷ, ὥς κε Τρῶες ὑπερφίαλοι ἀπόλωνται
πρόχνυ κακῶς, σὺν παᾶσὶ καὶ αἰδοίης ἀλόχοισιν.

Was soll da bedeuten: „dass die Troer auf ihren Knieen
jämmerlich umkommen sammt ihren Kindern und Gattinnen"?
Oder was soll ξ 68

ὡς ὤφελλ' Ἑλένης ἀπὸ φῦλον ὀλέσθαι
πρόχνν, ἐπεὶ πολλῶν ἀνδρῶν ὑπὸ γούνατ' ἔλυσεν —

das für ein Gedanke sein: „Möchte der Helene Stamm auf den
Knieen umkommen"? — Mag auch der Dichter den göttlichen
Sauhirten mit dem Zusatze ἐπεὶ ... γούνατ' ἔλυσεν sich in
der Etymologie von πρόχνυ versuchen lassen, seine Auctorität
in diesen Dingen dürfen wir in Zweifel ziehen. Dass κ vor ν
gern zu χ wird, ist bekannt (τέχ-νη, λύχ-νος κτλ.), aber dass
γ jemals vor ν gleiche Wandelung erfahren könne, dafür ist
auch nicht ein einziges Beispiel aufzutreiben. Sodann wird
vor ν auch nur ausgehendes κ des Stammes (λυκ, τεκ), aber
nie anlautendes κ zu χ, und nun soll gar anlautendes γ zu χ
werden, wo nicht einmal auslautendes γ zu χ werden kann?!

Der in obigen Stellen geheischte Begriff ist „jählings";
diesen gewinnen wir bei der Trennung πρόχ-νυ. Herodot hat
öfters Adv. πρόκ-α „jählings, plötzlich" Hdt. I 111, VI 134,
VIII 65. 135. Auch Apollonius Rhodius hat dasselbe I 688
im Sinn von „sofort". Von dem in πρόκ-α vorliegenden Stamme
προκ ist πρόχ-νυ Weiterbildung, wie τα-νύς „ausgedehnt" aus
W. τα (τείνω, τέ-τα-μαι, τε-τα-νός κτλ.), wie μι-νύς aus W.
μι (σμι), wie λιγ-νύς „Qualm" aus Wf. λιγ, wie ἰγ-νύς st.

ἰγγ-ρύς (cf. ahd. einkâ O. Schade WB. 20) aus Wf. ἰγγ = ἀγγ*), wie ähnlich ·die Verbalbildungen ὄμ-νυ-μι, ὄλλυμι st. ὄλ-νυ-μι, ὀρ-νύ-ω, φθι-νύ-ω κτλ.

Aus dem Stamme προκ in πρόκα wäre nun ein Adj. προχνύς gerade wie obige Nomina gebildet; davon mit Accentveränderung (vielleicht in Folge der Volksetymologie aus γόνυ) das Neutrum als Adverb πρόχ-νυ = praeceps, repentino. Das Adverb πρόκα aber ist nichts weniger als Weiterbildung aus Präpos. πρό, wie Lobeck zu Phryn. S. 51 glauben machen will, sondern gehört zu dem weitverbreiteten Stamme πρακ aus W. σπαρ in Metathesis σπρα+κ, wozu die früher erwähnten Benennungen rascher Thiere, wie πράκ-ες· ἔλαφοι || πρόκ-ες, dass. (Sing. πρόξ) || προκ-άς, dass. κτλ. Dazu lat. pröc-ax, pröc-ella (nicht prŏ-cella) etc. Vgl. mit vollem Anlaut engl. spright „Pfeil" (= παλτόν, Geschwungenes), sprightly, lebhaft, flink.

Die Wf. (σ)παρκ, (σ)πρακ „schwingen" ist keine andere, als vorliegt mit der Begrifsnüancirung „umschwingen, umschlingen, umbiegen" in πόρκ-ης, Ring, Reif Z 320, Θ 495 || πόρκ-ος, Netz || πέρκ-ανα· τὰ ἱστοῦ περιπλέγματα H. || πράκ-ες, Armbänder H. || φορκός, gebogen (pandus) = runzelig H. || φαρκ-ίς, Runzel || φρόκ-λος H., wenn περίπολος und nicht περίβολος richtig, = Pröc-ulus || lat. porc-eo, wehren, umwehren, übertr. abhalten.**)

Aus dem Begriffe „jählings", der in der Verbindung πρόχνυ ἀπολέσθαι sowohl Φ 460, als § 69 so deutlich in die Augen springt („jählings umkommen"), konnte sich in späterer Zeit sehr wohl der Bgr. vehementer, valde (Apoll. Rh. I 1118) entwickeln, aus dem auch lautlich unmöglichen Begriffe „knielings" aber nimmermehr. Gleiches gilt von dem Bgr. „gänzlich" (Ap. Rh. II 249) oder, wie Hesychius angiebt, πρόρριζον, παντελῶς: streifen doch sogar die beiden erwähnten Homer-Stellen schon dicht an diesen Begriff heran. — Kann in diesen der Bgr.

---

*) Die Guttural-Erweiterungen aus W. ἀν resp. die Secundärwurzeln ἀγγ (germ. ank), ἀγκ (germ. anch), ἀγχ (germ. ang) werden später besonders behandelt werden.

**) Por-cus, Fem. por-ca und spur-cus dagegen erklären sich als urspr. „bespritzt, beschmutzt, schmutzig"; über porca, Furche S. 528.

„knielings" durchaus nicht gebraucht werden, so dürfen wir ihn
auch nicht in der letzten noch übrigen Stelle *I* 570 heran-
ziehen, wo es von Meleager's Mutter heisst (566)

ἥ ῥα θεοῖσιν
πόλλ' ἀχέουσ' ἠρᾶτο κασιγνήτοιο φόνοιο,
πολλὰ δὲ καὶ γαῖαν πολυφόρβην χερσὶν ἀλοία·
κικλήσκουσ' Ἀίδην καὶ ἐπαινὴν Περσεφόνειαν,
πρόχνυ καθεζομένη.

Wir haben auch hier zu deuten „jählings niedergesunken",
„mit Heftigkeit sich niederlassend"; nur dazu passt auch die
Schilderung, dass „sie vielfach mit ihren Händen die Erde
drasch". Wer in leidenschaftlicher Erregtheit die Erde mit
seinen Händen drischt, der sitzt nicht, der hockt nicht ge-
müthlich „in den Knieen", sondern hat sich jach, heftig zur
Erde niedergeworfen.

173. Θε-σπρω-τοί

heisst eine Völkerschaft, welche um das gottgeweihte Dodona
herumwohnte § 315. 316. 335, π 65. 427, ρ 526, τ 271. Man
hat das Wort ebenso wie θέ-σφα-τος für den Uebergang von
ϝ zu σ geltend machen wollen, was mit Recht Curtius S. 505
verwirft; ebenso wenig aber kann man in θεσ eine Kürzung
aus θεοῖσι, wie Pott will, aufstellen. Wie in θέ-σφα-τος, θεσπέσιος, θέ-σπις, θέ-σκελος, so gehört auch in Θε-σπρω-τοί
das Sigma zum zweiten Theile und ist beweisend für urspr.
sigmatischen Anlaut der zu Grunde liegenden Wurzelform. Dass
in einem so uralten schon vorhomerischen Eigennamen sich
Sigma noch vorfindet, kann nicht auffallen. Lautlich stellt sich
dem zweiten Theile unseres Wortes πέ-πρω-ται, πε-πρω-μένος
zu Wf. (σ)πορ, ἔ-πορ-ον am nächsten. Mit Recht vermuthet
Curtius N. 376 Zusammenhang von ἔ-πορ-ον mit περ-ά-ω,
πόρ-ος, πορ-θ-μός, πορ-εύω, πορ-ίζω, πεῖρα, Erfahrung, Versuch, lat. por-ta, por-tus, ex-per-ior, per-itus, par-a-re. So
sicher diese Wörter Einer Wurzel (σπαρ) sind, so wenig ersieht
man aus Curtius, wie sie eigentlich zusammenhangen. Aus
περ-ά-ω kann unmöglich πόρ-ος κτλ. hervorgehen; was περάω
sei, glauben wir S. 529 ff. gezeigt zu haben. Πόρος, Durchlass,
Oeffnung, Furt etc. fügt sich allerdings zu πείρω: wenn Curtius

wegen περ-όνη, πόρπη, πειρά „Schneide", ksl. por-ją (Inf. pra-ti) „σχίζω" die Begriffsvermittelung (s. oben S. 528) nicht gefunden hat und`meint, „die Bedeutung liege weit ab", so ist das seine Sache. Aber wie weit liegt die Bedeutung von dem von ihm herangezogenen πεῖρα „Versuch, Erfahrung", oder von porta, portus, experior, peritus ab! Und doch gehören diese alle zu derselben Wurzel. — Πεῖρα erklärt sich nimmer aus περ-ᾶν, aber desto besser aus Begriff c S. 521; es ist urspr. Erwitterung, Erkundung; auf Bgr. „wittern" geht auch re-perio „finden", ex-per-ior; per-itus ist = πεπνυμένος. Por-ta und por tus erklären sich aus Begriff m S. 525 als „geschwungen = gebogen". — Wenn ferner Curtius N. 376 mit ἔ-πορ-ον auch lat. par-(t-)s zusammenbringt, so erklärt sich dieses als = φάρσος aus Begriff n S. 528; das ebenfalls angezogene par-io aber als = φύω aus Begriff d S. 522. — Auch die anderen von Curtius N. 376 angezogenen Wörter, wie ahd. far, nhd. Farre = πρή-ν (H.), wie παρ-θένος κτλ. glauben wir auf begrifflich ungezwungenere Weise bereits zurecht gelegt zu haben.

Wenn Corssen Beitr. 78 o-portet „für ob-portet" aus portio deutet als = „es trifft mich als Antheil", so ist weder die lautliche Bildung, noch die Begriffsvermittelung klar: aus Praep. ob kann nicht o`entstehen. Gerade wie im Griechischen ὁ so oft als euphonischer Vorschlag Zeuge für urspr. anlautendes Sigma ist, so steht auch o-por-t-et für o-sportet, und es fällt das Wort zusammen mit (s)portare in neutralem Sinne „es bringt mit sich" = es ist nöthig. Andere Beispiele solches o euphon. im Lateinischen sind z. B. o-pi-nor st. o-spi-nor (urspr. angeweht werden), das sich zu W. spi, ὅπι verhält, wie ὀϝ-ίω zu W. ἀϝ, wie schwanen zu W. swa, σϝα, hauchen, wehen, etc. ‖ o-pā-cus S. 524 ‖ o-per-io S. 526 ‖ o-pi-mus von W. spi = πιαρός, φιαρός, δα-ψι-λός, ἴ-φι-ος st. ὅί-σφι-ος, ψί-εις κτλ. S 324 f.

Dass lat. por-ta-re ein Iterativ vom griechischen ἔ-πορ-ον sei und mit Curtius von por-ta und por-tus getrennt werden müsse, ist nicht einleuchtend. Ist (s)por-tus, mittels Suff. -tus = -τύς gebildet = Schwingung, Biegung, Bucht = Hafen; ist (s)por-ta eigtl. Fem. zu einem Partic. (s)por-tus, a, um „geschwungen, gebogen" = Bogen: so erklärt sich (s)por-ta-re, ein Denominativ aus diesem Particip, als urspr. „geschwungen machen,

schwingend machen, in Schwingung bringen" = fortbewegen,
fortschaffen, fahren etc. Vgl. a-sportare S. 416. Wie letzteres
Wort beweisend ist für urspr. sigmatischen Anlaut von portare,
so hat sich uns auch für die übrigen von Curtius mit ἔ-πορ-ον
zusammengebrachten Wörter urspr. sigmatischer Anlaut bereits
ergeben, so für περ-ά-ω S. 529 ff., für πόρ-ος S. 35.
Hängt nun ἔ-πορ-ον hiermit zusammen, so liesse es sich
deuten als urspr. „zu Wege bringen", woraus sich zunächst Bgr.
„verschaffen" mit Leichtigkeit entwickeln konnte, wie ja auch
πορ-ίζω = verschaffen = dem gleichwurzeligen par-a-re. Nichts
anders ist auch urspr. πορ-σ-ύνω, welches dann ebenfalls in
Bgr. „darbieten" überspringt. Und so können die Θε-σπρω-τοί
die „Gott-beschiedenen" sein. Bei der Entwickelung der W.
σπαρ, wozu ja auch par-io gehört (S. 522 litt. d), stände aber
auch nichts im Wege, den Namen als „Gott-entstammte" zu
deuten.

Schliessen wir hier gleich das noch unaufgehellte θέ-
σκελ-ος an.

174. Θέ-σκελ-ος. W. σκαλ.

Wie dieses Wort aus θεο-ϝείκελος (ϝείκω, ϝέ-ϝοικα), aus
θεός + ἔσκω, aus θεός + ἴκελος κτλ. hervorgegangen sein
könne, ist gar nicht abzusehen. Es gehört zu der unglaublich
weit verbreiteten Sec.W. σκαλ, welche ganz dieselben Begriffsphasen durchgemacht hat, wie Sec.W. σπαλ, Sec.W. σπαρ.

Hier aus dem grossen Gebiete der W. σκαλ nach Maassgabe der früher (z. B. S. 322—329) aufgestellten Rubriken
einige vorläufige Belege.

a. (hauchen, wehen, blasen, fachen etc.): αἰκάλλω st. ά-σκαλ-ιω,
fächeln, wedeln; αἴκαλος st. ά-σκαλ-ος = κόλ-αξ, Wedeler,
Schmeichler ‖ lat. a-quil-o st. a-squil-o, Wind, Nordwind,
nicht ohne Beziehung zu a-quil-us, dunkel ‖ N. pr. A-quil-o,
Vater des Κάλ-α-ϊς st. Σκάλ-αϊς, Wind, und des Ζή-της,
Weher, Wind (W. ζα S. 5 ö.) ‖ engl. squall, heftiger Wind,
squally, windig ‖ altn. skiöll, Blase = innere Eihaut ‖ engl.
skeel und skiel = ψυχ-τήρ, Kühle, Kühlschiff, neben keel,
cool, kühl = ψυχρός. Vgl. κάλ-αθος· ψυκτήρ Hes.

b. (schnaufen, keuchen): $\dot{\alpha}$-$\sigma\chi\dot{\alpha}\lambda\lambda\omega$, schnauben, aufgeregt sein, zürnen || $\dot{\alpha}$-$\sigma\chi\alpha\lambda$-$\tilde{\alpha}\nu$ und $\dot{\epsilon}$-$\sigma\chi\alpha\lambda$-$\tilde{\alpha}\nu$ (S. 345), dass. || goth. skal-k-s = $\pi o\iota\pi\nu\acute{o}\varsigma$ $\varkappa\tau\lambda$., Knecht (keuchender); dass. ahd. scul-ta, sculla; vgl. lat. cal-o, Trossknecht || nhd. Qual = $\pi\acute{o}\nu o\varsigma$ S. 215.

c. (duften, in malem partem dinsen, dunsten, schmutzen; rauchen): $\dot{\alpha}$-$\varkappa\alpha$-$\varkappa\alpha\lambda\lambda$-$\acute{\iota}\varsigma$, duftige Blume, Narcisse; dass. $\varkappa\alpha$-$\varkappa\alpha\lambda$-$\acute{\iota}\varsigma$ | lat. squal-or, Schmutz || $\chi\lambda\tilde{\eta}$-δ-$o\varsigma$ und $\chi\lambda\eta$-δ-$\acute{o}\varsigma$, dass. $\alpha\check{\iota}\varkappa o\lambda o\varsigma$ st. $\check{\alpha}$-$\sigma\varkappa o\lambda$-$o\varsigma$, schmutzig || lat. scel-us, Schmutz = Schande, schandbare Handlung || $\varkappa\epsilon\lambda$-$\alpha\iota$-$r\acute{o}\varsigma$ st. $\sigma\varkappa\epsilon\lambda$-$\alpha\sigma$-$r\acute{o}\varsigma$, dunkel, schwarz, engl. reeky S. 8 || $\alpha\check{\iota}\varkappa\lambda o\varsigma$ st. $\check{\alpha}$-$\sigma\varkappa\alpha\lambda$-$o\varsigma$ oder $\check{\alpha}$-$\sigma\varkappa\lambda$-$o\varsigma$, dunkel, abendlich; $\tau\grave{o}$ $\alpha\check{\iota}\varkappa\lambda o\nu$, das Abendbrod; dass. $\epsilon\check{\iota}\varkappa\lambda o\nu$. Vgl. lak. $\sigma\upsilon\nu$-$\alpha\iota\varkappa\lambda\epsilon\acute{\iota}\alpha$ = $\sigma\acute{\upsilon}\nu$-$\delta\epsilon\iota\pi\nu o\nu$ bei Alkman '| $\dot{\alpha}$-$\chi\lambda\acute{\upsilon}\varsigma$, Nebel, Dunkel || lat. a-quil-us, dunkel; vgl. caligo etc. || $\dot{\alpha}$-$\sigma\varkappa\dot{\alpha}\lambda$-$\alpha\varphi$-$o\varsigma$, ein Nachtvogel |† nhd. Qual-m | $\dot{\alpha}\sigma\varkappa\epsilon\lambda$-$\acute{\eta}\varsigma$, kret. $\dot{\alpha}$-$\sigma\chi\acute{\iota}\lambda$-$\iota o\varsigma$, düster, finster (Abschn. 175).

d. (hervorblasen, $\dot{\epsilon}\varkappa\varphi\upsilon\sigma\tilde{\alpha}\nu$): Quell, quellen, ahd. quillu (Praet. qual) neben lat. sca-t-eo, sca-t-urio aus der Urwurzel ska. $\sigma\varkappa\alpha$, neben griech. $\varkappa\eta\varkappa\acute{\iota}\omega$ st. $\varkappa\alpha$-$\sigma\varkappa\acute{\iota}$-$\omega$ aus W. $\sigma\varkappa\iota$ = W. $\sigma\varkappa\alpha$. S. 258. Curtius bringt quillu etc. mit $\beta\acute{\alpha}\lambda\lambda\omega$ zusammen!

e. (blasen, blähen, bauschen, wölben etc.): altn. skûl-k-a, tumere || engl. skul-k, Haufe, Trupp (von Füchsen); scull, Schwarm, Masse (von Fischen) || engl. scull, (Wölbung =) Hirnschale, Schädel; Boot, Kahn |† to scul-k, verhüllt-, versteckt-sein || altn. skŷla, umbra, velum; als Ztw. velare; altn. skiol, umbra, latebra, u. a. W. bei Diefenb. II 226 || ahd. scala, tegimen, concha etc., nhd. *Schale* || engl. shale, Hülse, scale, Schaale, shell, Schale, Rinde; scall-ion und shal-ot, Lauch, etc. || $\chi\acute{\epsilon}\lambda$-$\upsilon\varsigma$ a) Schale, Schild der Schildkröte und diese selbst, b) Gewölbe, Brusthöhle || $\chi\epsilon\lambda$-$\acute{\upsilon}r\eta$, Wulst = Lippe; äol. auch = $\chi\acute{\epsilon}\lambda\upsilon\varsigma$, $\chi\epsilon\lambda\acute{\omega}r\eta$ '' $\sigma\chi\epsilon\lambda$-$\bar{\upsilon}r$-$\acute{\alpha}\zeta\omega$, $\chi\epsilon\lambda\bar{\upsilon}r$-$\acute{\alpha}\zeta\omega$, dicke Lippen machen, verspotten, übermüthig behandeln || $\chi\epsilon\tilde{\iota}\lambda o\varsigma$ = $(\sigma)\chi\epsilon\lambda$-$\acute{\upsilon}\nu\eta$ || $\chi\lambda\epsilon\acute{\upsilon}\eta$, fastus; $\chi\lambda\epsilon\upsilon\acute{\alpha}\zeta\omega$, fastuosus sum etc., wird identisch mit $\sigma\chi\epsilon\lambda$-$\upsilon r$-$\acute{\alpha}\zeta\omega$ gebraucht || $\sigma\varkappa\acute{\alpha}\lambda$-$\iota\alpha\varsigma$, Kopf der Artischocke | goth. skil-d-us, altn. skiöll-d-r, ags. scel-d, nhd. *Schild* = $\dot{\alpha}$-$\sigma\pi\acute{\iota}\varsigma$ aus W. $\sigma\pi\iota$ = scu-tum aus W. $\sigma\varkappa\upsilon$, sku || $\sigma\varkappa\alpha\lambda$-$\acute{\iota}\varsigma$, Napf, Schaale H. || $\sigma\varkappa\alpha\lambda\lambda$-$\acute{\iota}o\nu$

und σκαλλ-όν, Näpfchen, kleiner Becher; und andere Benennungen hohler, bauchiger Gefässe || engl. skill-et, kleiner Kessel || altn. skâl-k-r, Helm || engl. shel-t-er, Obdach, u. v. a.

f. (hauchen = tönen): ἴ-σκλα, ἴ-χλα, κί-χλη, κι-χήλα, ἰ-χάλη, Drossel S. 339 || κι-χλή-σκω, κι-χλίζω, kichern || Σκύλλα, Bellerin, Heulerin || σκύλ-αξ, Kläffer, junger Hund; vgl. altn. skolli, Beller = Fuchs || χελ-ιδ-ών, Zwitscherin = Schwalbe; aber χελ-ιδ-ών, Höhlung im Hufe, rana (Xen.), im Fusse des Hundes etc., gehört zu c || Skal-de = Sänger || schallen, schellen, altn. skella, ahd. scëllan etc. || engl. to squall, schreien; to squeal, winseln || to scol-d, schel-t-en || altn. skval, skvol, Geräusch; vgl. engl. the squall, Aufschrei || κα-γχαλ-άω st. κα-σχαλ-άω, jubeln K 565; dass. κα-γχλάζω, κα-γχαλ-ίζομαι.

g. (verwehen, verschwinden, verwehen-machen, φθίνω, πέφαμαι): to skale, verwehen, zerstreuen || scël-mo, pestis (W. spa+s), φθίσις, mit scël-m-ic, morticinus Diefenb. II 254, 249, nhd. Schel-m, engl. skell-um, morticinus (verreckt, Luder)*) || ags. cveal-m, pestis, φθίσις || ags. cvellan, engl. to kill = φθίνω, *φένω || σκίλλος· ἰκτῖνος (H.), Würger = Hühnerweihe.

h. (glühen, brennen, schimmern, strahlen): σκέλλω, torreo to scal-d, brühen || lat. cal-eo st. scal-eo; ital. (aus dem Plattlateinischen) noch scal-d-are, erwärmen || goth. scal-ja, Backstein || σί-σκλαι st. σί-σκλαι, glänzende Dinge, Schmuck S. 337 || σκαλ-τω-μίζειν· λαμπυρίζειν H.

i. (favere, fovere): Ἀ-σκλή-π-ι-ος, begriffl. = Παιήων, fovens, Arzt.

k. (aufathmen, ruhen): ἠκαλός st. ἀ-σκαλ-ός und ἀ-καλός st. ἀ-σκαλ-ός, ruhig || σχολ-ή, Ruhe, Musse || χαλ-ία· ἡσυχία H.

l. (flattern, fliegen): a-quila || ἀ-κυλ-ε-ής· ἀετός H.

m. (schwingen etc.): κι-γκλ-ίζω st. κι-σκαλ-ίζω· κινέω || κί-γκαλ-ος und κί-γκλ-ος st. κί-σκ., beweglich, schwingend

---

*) Diese Wörter liessen sich auch mit lat. scel-us zu litt. c fügen, wie denn überhaupt mehrfache Begriffsdurchdringungen und -Hinüberspielungen bei gleichwurzeligen Wörtern etwas gar Gewöhnliches.

= „ein Wasservogel, der den Schwanz unaufhörlich hin und
her bewegt, wie die Bachstelze" || *ἀ-σκάλ-αβος* 1) eine
Eidechsenart, 2) Haifisch: Bgr. rasch bewegend || *σκέλ-ος*,
Schenkel, als Mittel der Bewegung (Schwengel): *σκελ-ίζω*,
laufen; *σκέλ-ισμα· δρόμημα* H.; *σκελ-ίς* und *σχελ-ίς*,
Hinterfuss || *Σι-κελ-ός* und *κέλλω* S. 337 || *σκάλλω* sammt
Sippe = hauen, hacken, schüren, kratzen, mit dem Nbgr.
krummer Bewegung und oft hinüberspielend in Begriff n
σκαλ-εύ-ειν· κινεῖν, ἀναστρέφειν, ὀρύσσειν II. || *σκαλ-ίς*
und *καλ-ίς*, Haue, Hacke; *σκαλ-ίζω* und *ἀ-σκαλ-ίζω*,
behauen || *σκαλ-μός*, Pflock, Eingehauenes || engl. skel-p,
Streich || to skel-d-er, hauen, prellen = betrügen, *ἀτέμβειν*
S. 303 || besonders häufig ist Bgr. pandus, geschwungen =
gebogen, krumm, schief, sowohl im natürlichen als im figürlichen Sinne: *σκαλ-ηνός, σκελλός* st. *σκελ-ιός* oder *σκελ-
ϝός, σκολ-ιός*, ahd. scel-ach 1) obliquus, 2) vafer; *schlau;
scheel* u. s. w. || *τὰ κά-καλ-α*, die Mauern, bei Aesch. Niob.
fr. 161 (Hes., Phot.) erklärt sich als Umgeschwungenes, als
περίβολοι. Vgl. oben *φύρκος, πύργος κτλ.*

n. (to breathe, öffnen, klaffen-machen, spalten): *σκόλ-οψ*,
Splitter, Holzscheit, Pfahl etc.; *σκολ-οπ-ίζω*, spiessen, einen
Splitter einstechen || *σκολ-οπ-ένδριον*, Kraut mit vielen
Einschnitten || *σκολ-όπ-ενδρα*, Tausendfuss || *σκολ-ύπτω*,
beschneiden || *σκάλ-μη*, Messer || *σχαλ-ίς*, furca || *σκύλλω*,
zerreissen, schinden etc.; *σκῦλον* und *σκύλον, σκυλ-όν*, ab-
gezogenes Fell etc. || lat. scal-p-o, scul-p-o || englisch to
scall-op, to scoll-op, auszacken | the skil-t, der Unterschied
(Scheidung) | the skill, discrimen, weiterhin Unterscheidungs-
vermögen || poln. skała, Spalte || *ὀ-κέλλω*, zer-*schellen, κτλ.*

Hiernach werden wir wohl vollauf berechtigt sein, *θέ-σκελ-ος*
auf W. *σκαλ* zurückzuführen, sei es mit dem Begriffe ad a als
„gott-gehaucht", *θέ-σπις*, sei es mit dem Bgr. d als „gott-
entquollen", „gott-entstammt" = göttlich, gottvoll, wunderbar,
erstaunlich. Homer hat die Verbindung *θέσκελα ἔργα Γ* 130,
λ 374. 610, ausserdem adverbiell *ἔικτο δὲ θέσκελον αὐτῷ*
d. i., um eine Berliner Ausdrucksweise zu gebrauchen, „er glich
ihm gottvoll" = wunderbar. — Schon diese Verbindung mit

ἕικτο hätte von der auch lautlich so unmöglichen Herleitung aus ϝείκελος (εἴκω) zurückschrecken sollen; „er ähnelte
ihm in gottähnlicher Weise" kann mit gesunder Logik nicht
wohl gesagt werden.

175. Ἀ-σκελ-ής

haben wir vorhin unter litt. c ganz abweichend von den seitherigen Erklärungsversuchen gedeutet. Das Wort ist u. E. bis-
lang eine Klippe der Etymologie und Interpretation gewesen.
Einige Erklärer haben — incredibile dictu — als Etymon τὸ
σκέλος,' Schenkel, aufgestellt. Allerdings giebt es genug Adjective in -σκελής aus τὸ σκέλος, wie ἀ-σκελής, ohne Schenkel
(Pind.) ‖ ἀ-σκελής, mit gleichen Schenkeln (Nic.) ‖ βραδυ-σκελής,
mit langsamen Schenkeln (Anthol.) ‖ δι-σκελής = δί-κωλος, εὐ-,
ἰσο-, κακο-, λεπτο-, μικρο-, χαλκο-, πολυ-, ὑπερ-σκελής κτλ. ‖
τὰ περι-σκελῆ, Beinkleider (Plut.).

Auch von σκέλλω, dörren, giebt es Adjj. in -σκελής, wie
περι-σκελής = περί-σκληρος, ringsumdörrt, sehr dürre (Soph.) ‖
κατα-σκελής = κατά-σκληρος, niedergedörrt, ausgedörrt, mager
(Dion. Hal.).

Aber weder mit τὸ σκέλος, noch mit σκέλλω ist für das
homerische ἀ-σκελ-ής etwas anzufangen, da weder „ohne Schenkel", noch „gleich-schenkelig", noch „stark-schenkelig", noch
auch „zusammen-gedörrt" einen auch nur halbwegs brauchbaren
Sinn an den betr. Stellen abgiebt.

Bei der noch immer gangbaren Herleitung aus σκέλλω
sieht man sich genöthigt, aus dem Begriffe „gedörrt" zu machen
1) „kraftlos", 2) „hart, starr, unerbittlich", 3) „beständig", ein
Kunststück der Logik oder Unlogik, das sich nicht vertreten lässt.
Wir müssen uns nach einem einheitlichen Begriffe umsehen,
der allen homerischen Stellen gleichmässig gerecht wird.

Wenn κ 456 ff. Circe die Gefährten des Odysseus, welche
laut weinten und jammerten (454), auffordert, die Wehklagen
zu lassen, da sie ja selber wisse, was Alles sie auf dem Meere
und von bösen Menschen auf dem Festlande erduldet hätten,
sich vielmehr mit Speise und Wein zu kräftigen, und wenn sie
dann fortfahrend schliesst

— — νῦν δ' ἀσκελέες καὶ ἄθυμοι
αἰὲν ἀλης χαλεπῆς μεμνημένοι· οὐδέ ποθ' ὑμῖν
θυμὸς ἐν εὐφροσύνῃ, ἐπεὶ μάλα πολλὰ πέποσθε:

so legt uns der Dichter selbst nahe, wie er sein ἀσκελέες verstanden wissen will, insofern er ἐν εὐφροσύνῃ in offenbaren
Gegensatz zu jenem bringt: trübselig, trübsinnig, trübe,
düster, finster ist der geheischte Begriff. — Wie dieser
Begriff aus ebenderselben Wurzel, welche auch σκέλλω und
τὸ σκέλος erzeugt hat, hervorgeht, zeigt sich oben unter litt. c.
Unser *finster* gehört zu W. spi, hauchen, unser *düster, dunkel*
zur germ. W. du = griech. θυ, hauchen, und so sahen wir
bereits dutzendfach Wörter gleichen Begriffs aus Wurzeln des
Grundbegriffs hauchen (rauchen, dunsten, nebeln etc.) hervorgehen. „Düster (finster) und muthlos" sitzen die Gefährten
des Odysseus κ 463 im Palaste der Circe, ohne Heiterkeit,
ohne εὐφροσύνη.

Sonst gebraucht Homer das Neutr. ἀσκελές adverbialisch
bei κεχόλωται α 68 vom finsteren Grolle des Poseidon,
ebenso das Adv. ἀσκελέως bei μενεαίνειν T 68 vom finsteren
Grolle des Achilles; endlich δ 543 in den Worten des Meer-
greises an Menelaus

μηκέτι, Ἀτρέος υἱέ, πολὺν χρόνον ἀσκελὲς οὕτως
κλαῖ', ἐπεὶ οὐκ ἄνυσίν τινα δήομεν.

Diese Worte stehen in ausdrücklicher Beziehung zu der unmittelbar voraufgehenden Beschreibung (538 ff.): „Aber mir
brach das liebe Herz, und ich weinte auf den Sanddünen
sitzend, und nicht wollte mein Herz mir noch länger leben
noch das Licht der Sonne schauen". Menelaus war hiernach
dem finstersten Trübsinne verfallen; der Meeresgott aber
fordert ihn auf, nicht so finster, nicht so trübsinnig zu
weinen. Die Deutung „beständig", die sich auch etymologisch
nicht gewinnen lässt, wird durch πολὺν χρόνον ausgeschlossen, nicht minder α 68 durch das dabei stehende αἰεί:

dsgl. T 68

ἀλλὰ Ποσειδάων γαιήοχος ἀσκελὲς αἰεὶ
Κύκλωπος κεχόλωται,

οὐδέ τί με χρὴ
ἀσκελέως αἰεὶ μενεαινέμεν.

Wie zutreffend aber gerade zum Bgr. „zürnen" der Bgr.

finster sich gesellt, zeigt z. B. σχυθρωπός „finsteren Blicks" = zornig, σχυθράζω, zornig sein; und ὁ χότος, Groll, wird man nicht von τὸ σχότος, Finsterniss, trennen dürfen; daher auch ἐχοτεσσάμην, χοτέσσομαι κτλ. von *τὸ χότος = τὸ σχότος als Etymon, weshalb es vielleicht nicht nöthig ist, Pind. Nem. VII 61 σχοτεινὸν ἀπέχων ψόγον mit Böckh in χοτεινόν abzuändern, trotzdem der Bgr. „zornig" (finster) geheischt wird.

176. Φορ-ύνω, ϛορ-ύσσω, φύρω, πορφύρω und Verwandtes.

I. Wie sich παλάσσω „bespritzen" zu W. σπαλ fügt, so ϛορ-ύνω χ 21 und ϛορ-ύσσω σ 336 von ganz gleicher Bedeutung zu W. σπαρ. Aus Begriff „schwingen = schleudern, werfen" ergiebt sich ohne Weiteres „bewerfen, beschleudern" d. i. bespritzen: hat doch παλάσσω auch noch geradezu die Bedeutung „schwingen, schleudern" vom Loosen Π 171, ι 331. Mit vollem Anlaute, nur durch g weitergebildet, steht daneben lat. spar-g-o, bespritzen. Nichts anderes ist auch das homerische φύρω st. ϛυρ-ιω aus Wf. σπυρ = σπαρ. — So steht der Stelle σ 336 ϛορύξας αἵματι πολλῷ zur Seite σ 21 und zwar bezüglich desselben Irus: μή σε γέρων περ ἐὼν στῆθος καὶ χείλεα φύρσω αἵματος. — Wie παλάσσω zeigt, wird „bespritzen" sehr leicht zu „besudeln"; daher ist lat. spur-cus, besudelt, gleicher Wurzel mit φύρω. Aber wir haben drum nirgends bei Homer φύρω durch „besudeln" zu übersetzen. — Um die glühende Stange im Auge des Kyklopen sprudelte Blut empor ι 388; darum war sie (397) „mit vielem Blute bespritzt", πεϛυρμένον αἵματι πολλῷ. Vgl. σ 336 ϛορύξας αἵματι πολλῷ. — Häufiger ist die Verbindung „mit Thränen bespritzen" Ω 162, ρ 103, σ 173, τ 596, wo die Uebersetzung „besudeln" unschön wirkt, „benetzen" aber alles Malerische benimmt; man denke an sonstige Beschreibungen heftigen Thränenvergiessens, wie z. B. Β 266 θαλερὸν δέ οἱ ἔχπεσε δάχρυ || Γ 142 τέρεν κατὰ δάχρυ χέουσα, vgl. Ζ 459. 496 ö. || τῆς δ' ἄρ' ἀχουούσης ῥέε δάχρυα τ 204.

Wenn in späterer Zeit φύρω im Sinne von umrühren, umdrehen, heftig bewegen, perturbare etc. vorkommt, so erklärt sich das leicht bei der Herkunft des Worts und seiner Grundbedeutung.

II. Vergegenwärtigt man sich den homerischen Gebrauch von φύρω, so kann durchaus nicht der vielerseits mit solcher Zuversicht vorgetragenen Behauptung,

πορ-φύρω

sei nur eine Reduplication von φύρω, beigetreten werden; eher liesse sich noch der Bedeutung wegen aufstellen, es entspreche reduplicirt dem lat. fur-o, fur-io, oder auch fer-v-eo etc. Keines von beiden. Πορ-φύρω ist eine Denominativ-Bildung, wie κινύρομαι st. κινύρ-ιομαι aus κινυρός, μαρτύρομαι aus St. μαρτύρ (μάρτυς Gen. μάρτυρος), μαρμαίρω st. μαρμαριω aus μάρμαρος κτλ., und zwar aus πορφύρα. Das begriffliche Verhältniss von πορφύρω zu πορφύρα ist ganz dasselbe, wie von καλχαίνω zu κάλχη = πορφύρα 1) Muschel, Purpurmuschel, 2) Purpur; beide Zeitwörter bedeuten purpurasco, zunächst vom Meere: ὅτε πορφύρῃ πέλαγος μέγα κύματι Ξ 16, insofern das aufgeregte Meer wirklich purpurascit; weiterhin in Uebertragung von der bewegten Seele Φ 551, δ 427. 572, κ 309 ö. Aus dem Umstande, dass Homer nirgends die Purpurmuschel oder den Purpur selbst nennt bzw. nirgends das Subst. πορφύρα aufweist, folgern zu wollen, seine Zeit habe jene auch wirklich nicht gekannt, das ist keine bessere Schlussfolgerung, als wenn man der homerischen Zeit die Bekanntschaft mit der Rose absprechen wollte, weil Homer nirgends ῥόδον selbst aufweist. Wie man aber aus ῥοδ-ό-εις, ῥοδ-ο-δάκτυλος das Gegentheil erschliessen kann, so folgt ein Gleiches für πορφύρα aus

πορ-φύρ-εος,

das nicht anders aus jenem gebildet ist, als wie ῥόδ-εος aus ῥόδον, χρύσ-εος: χρυσός, χάλκ-εος: χαλκός, κυάν-εος: κύανος, λίθ-εος: λίθος κτλ.

Aber πορ-φύρα ist gleicher Wurzel mit φύρω, mit σπυρ-ίς und σφυρ-ίς, Korb etc. Die Muschel ist etwas Geschwungenes = Gewundenes, Gewölbtes, Gerundetes, wie auch σφυρίς κτλ. Vgl. φύρ-κος = περίβολος, φυρ-δ-ήσκιον, Würmchen u. a. W. Die Bezeichnungen für Muscheln gehen durchweg bald aus Bgr. blähen, bald aus Bgr. „schwingen, wölben, winden" hervor.

Man denke nur an σπεῖρα „Schneckenlinie" und lese die Beschreibung der Purpurmuscheln bei Plinius H. N. IX 61.
Man hat auch πορφύρεος als urspr. „heftig bewegt" deuten
wollen; aber wie man von da zu dem Begriffe „purpurfarben,
roth", den das Wort so hartnäckig bei Homer behauptet, gelangen will, ist nicht abzusehen. Umgekehrt ist nichts einfacher, als dass πορφύρα auch das Erzeugniss der btr. Muschel
„die Purpurfarbe" bezeichnet. Nur derjenige, welcher das
Mittelmeer in seinem wunderbaren Farbenspiele nie gesehen
hat, kann aufstellen, ἅλς πορφυρέη, κῦμα πορφύρεον sei weiter
nichts als „das aufgeregte Wasser". Solche, die wirklich das
Mittelmeer befahren haben, wissen besser, dass dasselbe unter
gewissen Verhältnissen auch alle Schattirungen von Roth annimmt. Man höre z. B. H. Noë, Dalmatien und sein Inselvolk
1870 S. 443:

> „Es ist kein Zufall, keine mit der Wirklichkeit im Widerspruche
> stehende rednerische Uebertreibung, wenn von manchen griech. Dich-
> tern, insbesondere von Homer, das Meer als purpurn geschildert
> wird. Sei es durch jene Wirkung, welche man in der Optik den Reiz
> der completirenden Farben nennt, oder geschehe es nur aus irgend
> einer anderen Ursache, unter dem heiteren Himmel des Südens er-
> scheinen die Farben des Meeres, besonders dort, wo es gegen eine
> Felsenwand wallt, gar häufig von einem tiefen Roth gesättigt....
> Das Alles, so schwierig es zu erklären sein mag, ist etwas Gewöhn-
> liches und kann an jedem der zahlreichen Sonnentage dieser hellen
> Länder gesehen werden." — S. 444: „Zerreisst und zerfetzt ein solch
> schneidender Sturm (Bora bei wolkenlosem Himmel) die Oberfläche des
> Wassers, so erscheint dem Auge des Beobachters ein dunkelrothes
> sprühendes Wirrsal, als ob es nicht Wellen, sondern Flammen wären,
> welche der Sturm peitscht. Der Schaum glänzt in der Farbe glühen-
> der Kohlen."

Wattenbach, Algier (Berl. 1847) S. 8:

> „Aber schön ist auch dann das mittelländische Meer, schön ist
> selbst sein Zorn, sein grimmiges Toben. Ich möchte es nicht missen
> in der Erinnerung, dieses bunte wechselvolle Farbenspiel,
> welches alle Farben des Regenbogens durchmisst, schön über alle
> Maassen, wenn die sinkende Sonne die Wellen vergoldet, schön auch,
> wenn unter dem schweren Wolkenhimmel die gewaltig heranrollende
> Woge in dunkelstem Purpur gefärbt erscheint."

Mor. Busch, Wallfahrt nach Jerusalem (Lpz. 1863) I S. 23
(Panorama von Korfu):

„... endlich das in der Nähe dunkelblaue, weiterhin weinroth-
schimmernde Meer" (i. e. oἶνοψ). — S. 30 „... und aus welchem
eine Menge schöner blauer Flüsse und Ströme sich in ein weinroth-
schimmerndes Meer ergossen." — S. 49 „In der Ferne tauchen aus
dem weinfarbenen Meere das vielgipfelige Aegina, das breithin-
gelagerte Salamis." — S. 52 (Bai von Smyrna): „Grüne Strandebenen
.... bilden einen anmuthreichen Saum um die bald dunkelblau, bald
röthlich und an den seichten Stellen apfelgrün schimmernde Fläche
der Meerfluth."

Vict. Hehn, Italienische Skizzen und Streiflichter (Petersburg
1867) S. 51 ff.:

„Mit reinerem Glanze als die Nord- und Ostsee leuchtet auch das
Meer, nach Farbe und Ansehn unendlich variirt, bald röthlich
angehaucht mit silbernen Rändern, bald wallend wie schwerer Seiden-
stoff, in Höhlen oder im Schatten der Uferfelsen wie flüssiger Ultra-
marin oder Smaragd" etc.

Lassen wir uns also den Genuss an den so naturwahren
Schilderungen Homer's durch die aller Poesie baren, aller
poetischen Anschauung, selbst der einfachsten Naturbeobachtung
unzugänglichen „eisendärmigen Didymi", denen alle und jede
Färbung des Meeres schwarz oder grau ist, nicht verkümmern.*)
Besser als sie verstand seinen Homer Virgil Georg. IV 372,
wenn er sagt:

Eridanus, quo non alius per pinguia culta
In mare purpureum violentior effluit amnis.

Purpurn allerdings ist das Meer, wenn es aufgeregt ist, aber
darum ist ἅλς πορφυρέη II 391 doch nicht anders als durch
mare purpureum zu deuten. Und wenn πορφύρειν vom Meere
gebraucht wird, so dürfen wir von dem Bgr. purpurascere nicht
abgehen. Die hochpoetische· Uebertragung auf die Seele hat
ausser in καλχαίνω auch in der homerischen Verbindung

φρένες ἀμφιμέλαιναι

ein Analogon. Aus dem effectus ist auf das efficiens zu schliessen,
hüben wie drüben. Wie das Meer unter bestimmten physicalischen Bedingungen, wenn es erregt ist, purpurascit, so auch
erscheint das Wasser überhaupt unter anderen physicalischen

---

*) Vgl. des Verf. Abhandlungen in der Berl. Ztschr. f. GW. XVIII
S. 490 ff., IX S. 526 ff.

Bedingungen, wenn es unruhig ist, tiefdunkel (*μέλας*).*) Und wie *μέλας* vom Wasser mit Naturnothwendigkeit die Vorstellung des Unruhigen mit sich bringt, so ist auch bei *φρένες ἀμφι-μέλαιναι* an das unruhige Wogen des Herzens zu denken. „Dunkel" ist's immer in der Bauchhöhle um das Zwerchfell herum; daher kann das der Dichter nicht sagen wollen, sondern etwas Besonderes. Für die angegebene Auffassung spricht laut der Zusammenhang der btr. Stellen:

A 103 — — *μένεος δὲ μέγα φρένες ἀμφιμέλαιναι*
πίμπλαντ', ὄσσε δέ οἱ πυρὶ λαμπετόωντι ἐΐκτην.

P 83 *Ἕκτορα δ' αἰνὸν ἄχος πύκασε φρένας ἀμφιμελαίνας.*

Ibid. 498 — — *ὁ δ' εὐξάμενος Διὶ πατρὶ*
ἀλκῆς καὶ σθένεος πλῆτο φρένας ἀμφιμελαίνας.

Ibid. 573 *τοῖον μιν θάρσευς πλῆσε φρένας ἀμφιμελαίνας.*

Ob das Aufwogen des Herzens durch Zorn, Kummer, muthvolle Zuversicht, Kraftgefühl oder Kampfbegier bewirkt werde, bleibt sich durchaus gleich.

III. Zu W. *σπυρ* = *σπαρ* „schwingen" gehört unseres Erachtens auch

$$Ε\text{-}φύρ\text{-}η$$

st. Έ-*σφύρ-η* = arx, Burg, *πύρ-γ-ος, φύρ-κος*. So heissen viele Städte: bei Homer Z 152. 210 das nachmalige *Κόρ-ινθος*, welches mit ganz synonymem Begriffe zu W. *σκαρ* gehört; so eine pelasgische Stadt am Selleis B 659 ö. So auch eine andere thessalische Stadt, die nach Strabo später *Κραννών* = *Κόρ-ινθος* hiess, und deren Einwohner nach den alten Scholien,* nach Strabo etc. die N 301 erwähnten *Έ-φυρ-οι* sind. Und so noch eine Reihe von anderen Städten.

IV. Vielleicht thut man am besten, statt von der Primär-Wurzel *σπυ, σφυ* (als *σφῦ-ρα*), ebenfalls von Sec.-W. *σπυρ, σφυρ*

$$σφῦρ\text{-}α$$

st. *σφυρ-ια*, Schwüngel = Hammer, abzuleiten. Ueber *ὁ-φρύ-ς*
st. *ὁ-σφρύ-ς* 1) Schwingung = Bogen, speciell der Bogen über dem Auge = Braue, 2) Rand (Hügelrand, Uferrand), Saum,

---

*) Näheres darüber in des Vf. Abhandlung, Berliner Ztschr. f. GW. XVIII S. 625 ff.

vgl. S. 284. Identisch ist Skr. bhrû, ahd. brâwa, prâwa etc.
Curt. N. 405, Fick vergleicht auch an. brûn, Rand, mhd. brûne,
lit. brauna, dass. — Als Wölbung lässt sich fassen *brünne*, goth.
brunjô, Panzer; ferner *Bru-s-t*, pectus; wogegen mhd. *bru-st*,
Bruch, engl. to burst, *bersten* etc. sich zu litt. u S. 528 gesellen.

177. *Φρήν, πραπίδες.*

I. Beide Wörter bedeuten urspr. dasselbe, was man von Plato
ab *διά-φραγμα*, Scheidewand = Zwerchfell, nannte. Letzteres
Wort gehört selbstverständlich zu *φράγ-νυμι* (und *φάργ-νυμι*
II.), *φράσσω*, umschwingen, umfriedigen, pferchen, umwehren.
Wf. *φρα-γ, φαρ-γ* so gut wie Wf. *φρα-κ (φρόκ-λος = περίπολος*)
ist Guttural-Erweiterung aus Wf. *φαρ* = W. *σπαρ.* Ebendazu
gehört auch unser *pfer-ch-en*, während *frie-d-igen* zu Wf. *σπρι*
gehört. Mit vollem Anlaute ohne Weiterbildung gehört dahin
unser *sperren*, urspr. = umwehren, pferchen und dadurch ab-
schliessen, mit Verlust von s lat. par-ies = Wand (zu winden),
urspr. = *Pferch*, Umfriedigung, *φράγμα, φραγμός, φύρκος κτλ.*
Gleichbedeutig ist ahd. *para*, mhd. *bar*, frz. *barre* etc., Schranke.
Die wechselnden Anlautungen „ohne Lautverschiebung" erklären
sich nur aus sp der Wurzel spar. In *πρα-π-ίς* st. (*σ*)*πρα-
π-ίς* liegt Labial-Erweiterung vor. Dasselbe verhält sich sammt
paries zu *φρή-ν* (Wf. *φρα*), wie *πρέ-π-ω* „prangen" (pra-g
G-Erweiterung aus derselben W.) zu *φαρ-ύνω· λαμπρύνω*,
wie *πόρκ-ης* „Ring" zu *φύρκ-ος*, wie *πυρ-ίνη* zu *φορ-ίνη*
(II.), wie par-(t)-s zu *φάρ-σος κτλ.* ◂

Φρή-ν, φρένες sowohl als *πραπίδες* kommen noch öfters
in rein körperlichem Sinne vor, z. B. *βάλε . . ἦπαρ ὑπὸ πρα-
πίδων Δ* 579, *N* 412, *P* 349 „feriit hepar sub diaphragmate"
(Damm); — *ἀλλ᾽ ἔβαλ᾽, ἔνθ᾽ ἄρα τε φρένες ἔρχαται ἀμφ᾽
ἀδινὸν κῆρ, Π* 481; — *οὐτάμεναι πρὸς στῆθος, ὅθι φρένες
ἦπαρ ἔχουσιν, ι* 301; — *ἐκ χροὸς ἕλκε δόρυ· προτὶ δὲ φρένες αὐτῷ ἕποντο, Π* 504. Auch bei Verbindungen wie *ἐν
φρεσὶ θυμός Θ* 202, *N* 280, *Ω* 321 etc., *ἦτορ ἐνὶ φρεσίν T* 169,
Π 242 etc., *κραδίη μέμονε φρεσίν Π* 435 etc.; *ἐς φρένα θυμὸς
ἀγέρθη ε* 458, *X* 475 und ähnlichen tritt der Begriff des
Körperlichen noch in den Vordergrund, weshalb auch die An-

wendung auf Thiere so natürlich ist: τοῦ (λέοντος) δ᾽ ἐν φρεσὶν ἄλκιμον ἦτορ παχνοῦται P 111 und sonst. Die Uebertragung von φρήν, φρένες auf's seelische Leben bedarf keiner
Rechtfertigung.

II. Derselben Wurzel, aber keineswegs aus φρήν, φρένες
selbst, entstammen die zahlreichen Zusammensetzungen in -φρων,
wie ἄ-φρων, περί-φρων, πολύ-φρων κτλ., φρον-έω, φρόν-ις,
φρον-τίς und die ganze Sippe. Sie gehören zu einer Wf. φραν,
φρα+ν, welche noch deutlich vorliegt in φραν-ίζειν· σωφρο-
νίζειν ‖ ἀ-φραίνω st. ἀ-φραν-ιω, unverständig sein B 258 ö. ‖
εὐ-φραίνω st. εὐ-φραν-ιω E 688 ö. κτλ.
Dieselbe Wurzel noch mit sigm. Anlaute haben wir in
ὁ-σφραίνομαι st. ὁ-σφαν-ιομαι, wozu die kürzeren Formen
ohne die N-Erweiterung ὁ-σφρή-σομαι, ὠ-σφρόμην, ὠ-σφράμην
κτλ. Sowohl Wf. σφρα, φρα, als Wf. σφρα-ν, φρα-ν deckt sich
begrifflich mit πνέω und hat, wie diese in πεπνυμένος, πνυ-
τός, πινυτός, πινυτή κτλ., gleichfalls die übertragene Bedeutung
von klug-sein (urspr. geistig-angehaucht sein, inspiratum esse)
angenommen. Aus dem Germanischen gehört hieher (ohne
Lautverschiebung wegen urspr. sp) goth. frô-th-s, ahd. frô-t,
verständig, goth. frathjan, verständig sein u. a. W.

III. Die kürzere Wf. φρα mit δ-Erweiterung haben wir in

φράζω,

St. φρα-δ, zunächst mit Bgr. hauchen = tönen: πνόος = φθόγγος
Ilos. Es war eine unbegründete Aufstellung von Aristarch, dass
φράζω bei Homer nirgends „sagen" bedeute. Um diese wunderliche Ansicht aufrecht zu erhalten, musste z. B. Ξ 500

πέφραδέ τε Τρώεσσι καὶ εὐχόμενος ἔπος ηὔδα

mit einem Obelos verdächtigt werden, musste man an anderen
Stellen, wie α 273

μῦθον πέφραδε πᾶσι, θεοὶ δ᾽ ἐπὶ μάρτυροι ἔστων   .

sich in wunderlicher Weise winden und drehen, um nur an dem
Ausdrucke „sagen" vorbeizukommen. Nach Aristarch soll φρά-
ζειν bei Homer stets „indicare, anzeigen, angeben" bedeuten,
als ob das nicht ebenfalls auf Begriff sagen, sprechen
schliesslich hinausliefe. Auf alle Fälle bedeutet bei nachhomerischen Schriftstellern φράζω ganz unbeanstandet „sagen".

— Im Altlateinischen existirte nach Gellius' Citat aus den Zwölf-tafel-Gesetzen XV 13 Ztw. far-i-ari (tönen =) sprechen, sagen, also mit Wf. far, φαρ nicht-metathesirt, wie auch in φόρ-μιγξ, die Laute: φόρμ. λίγεια ϑ 67. 105. 254. 261. 537, χ 332, ψ 133, I 186, Σ 569. Die Deutung φόρ-μιγξ = „Getragenes" ist nichtssagend; denn tausenderlei Dinge werden getragen, ohne darum zur Laute zu werden. — Unser sprechen, sprach ist nur Guttural-Erweiterung aus W. spra = spar. Mit Abfall von Sigma existirt, jedoch ohne Erweiterung, dieselbe Wurzel in inter-pre-(t)s, inter-pre-t-or, mit K-Erweiterung und geringer Begriffsschattirung (bitten) in prec-s, prex, prec-or; proc-us, Forderer, Bitter, Bewerber = Freier. Vgl. S. 523 f. unter litt. f.

178. Φαρ-έ-τρα, φωρ-ι-αμός und Verwandtes.

Wie man irriger Weise φόρ-μιγξ aus φέρω hergeleitet hat, so auch φαρ-έ-τρα, Köcher. Freilich wird der Köcher getragen, aber das geschieht ebenfalls mit tausend anderen Dingen, die darum doch nicht zu Köchern werden. · Als Mittel zum Tragen bildet aus φέρω Homer sein φέρ-τρον = Tragbahre, aber nimmer φάρ-τρον. Wie Homer sein φαρ-έ-τρη verstanden wissen will, deuten die Epitheta ἀμφηρεφής Δ 45 und κοίλη φ 417 (Scut. Herc. 129) an: der Köcher ist ein hohles bzw. gebogenes Behältniss; sowohl aus Bgr. blähen, bauschen, hohl-sein, wie aus Bgr. schwingen, wölben lässt sich φ. zurecht legen. Für erstere Begriffsvermittelung könnte man geltend machen die Glosse des Hesychius zu φῦσα, Blase: φῦσα· φαρέτρα. ἀσκός. πνεῦμα. Dutzende von anderen Behältnissnamen haben wir ja aus Wurzeln des Begriffs „blasen" etc. hervorgehen sehen. Zu W. σπαρ gehört auch noch πορ-ύνη, Trog, Backtrog (Hes.), und

φωρ-ι-αμός,

Truhe Ω 228, ο 104. Die φωριαμοί bilden die Ausstattung der Kleiderkammern, Schatzkammern in fürstlichen Häusern. Dahinein wird Alles gelegt, was an Gewandungen, Teppichen, Decken etc. vorhanden ist und fortwährend durch Arbeit der Herrin mit ihren zahlreichen Dienerinnen hinzukommt. Erstaunlich ist, was Alles Hekabe Ω 228 ff. daraus fortnehmen kann, ohne dass an Entleerung zu denken ist. Solche inhaltreiche φωριαμοί sind sicherlich nicht zum „Hin- und Hertragen". Auch der Zweck derselben, die Prachtwerke der Frauen-Schatz-kammer zu sichern, verbietet, sie als „tragbar" aufzufassen; sie werden recht wuchtig, massig und unverrückbar gewesen sein. Lächerlich ist des Apollonius' Ableitung von φώρ, Dieb.

179. Πάρις.

Das N. pr. *Πάρις* bringt Curtius N. 367 mit *πόλ-εμος*, *πελ-εμ-ίζω*, Wf. *πελ* bzw. Wurzel *σπαλ* zusammen und deutet „Kämpfer". Dass W. *σπαλ* und W. *σπαρ*, wenn auch aus der-selben Primärwurzel *σπα* hervorgegangen, lautlich weit aus einander zu halten sind, wird aus dem Voraufgegangenen klar genug geworden sein; mit gleichem Rechte, wie man diese bei-den selbständigen Secundärwurzeln vertauscht, könnte man mit WW. *σπαλ*, *σπαρ* auch Sec.-W. *σπαδ*, *σφαδ* identificiren, welche ganz dieselbe Begriffsscala durchlaufen hat, wie jene, vom Bgr. „hauchen, duften" etc. angefangen bis zu „gähnen-, klaffen-machen, spalten". Vgl. S. 124 f., 252 f., 256 f.

Πάρ-ις gehört zu W. *σπαρ* ebenso gut wie lat. par-ies S. 568, und zwar mit dem aus Begriff „umfriedigen" sich er-gebenden übertragenen Begriffe „wehren, schützen", den ja auch *φράσσω*, *φράγ-νυμι* so häufig darstellt. Dann deckt sich der Name *Πάρ-ις* vollständig mit dem anderen Namen desselben Mannes, *Ἀλέξ-ανδρος* = der Wehr-mann, der Schützer, der Vertheidiger, welcher Bgr. der Deutung „Männer schützend" vorzuziehen ist. Denn in gar vielfachen Zusammen-setzungen gleicher Art ist der substantivische zweite Theil Sub-ject; so in *Λειχ-ήνωρ*, Leck-mann, Lecker Batrach. 205. 219 ‖ *Εὐχ-ήνωρ*, Sohn eines Priesters *N* 663, daher = Betmann, Beter ‖ *μισγ-άγκεια*, Mischschlucht (aber nicht „Schluchten mischend") *Δ* 453 ‖ *Ἐλπ-ήνωρ*, gehoffter oder hoffender Mann *κ* 552 ‖ *Μαί-ανδρος*, Jage-mann ‖ *Οἰδί-πους*, Schwell-fuss *κτλ.*

Bei unserer Deutung *Πάρ-ις* = *Ἀλέξ-ανδρος* gewinnt auch erst der Scheltruf

$$Δύσ-παρι$$

Γ 39, *Ν* 769 im Munde Hektors seine volle Bedeutung, und der Vers

Λύσ-παρι, εἶδος ἄριστε, γυναιμανές, ἠπεροπευτά

besagt nichts mehr und nichts weniger als „du Gegentheil
von einem Schützer und Vertheidiger, du, eine blosse
Zierpuppe, ein Weibertoll, ein Mädchenberücker!" Der Gebrauch von *δυσ-* ist kein anderer, als z. B. in *δυσ-μήτηρ* „Gegentheil von einer Mutter" *ψ* 97; die Deutung „Unglücks-Paris"
will nicht viel besagen.

180. *Πράμνειος* und Verwandtes.

I. Zu W. *σπαρ* gehört *παρ-τ-άς*, Rebe, als Rankendes,
sich Schwingendes, Schlingendes, nach gleicher Begriffsvermittelung wie *ἄμπελος* zu W. *σπαλ*, wie *ἡμερίς* zu W. *σμαρ* S. 421,
wie *οἶνος* zu W. *ϝι*, vi-eo. Gleicher Wurzel mit *παρ-τ-άς* (*παρ-
τάδες· ἄμπελοι* Hes.) ist u. E. das Stammwort zu dem viel-
umstrittenen homerischen Adjectiv

$$\pi\rho\acute{\alpha}\mu\nu\epsilon\iota\text{os},$$

wie *κ* 235 und *Λ* 639 ein bestimmter Wein genannt wird.
Wenn der Dichter Circe auf ihrer von allem Handelsverkehre
ausgeschlossenen Insel einen Mischtrank aus *οἴνῳ πρα-
μνείῳ* bereiten lässt, so ist es geradezu widersinnig, hier an
einen Wein zu denken, der von einer berühmten Weinlage her
à la Johannisberger seinen Namen haben sollte; auch würde
man solchen Wein nicht mit Käse, Mehl und Honig vermischen,
wie an beiden Stellen geschieht. Die Bezugnahme daher auf
einen angeblichen oder wirklichen Berg Namens Pramne auf der
Insel Ikaria oder in Karien etc., oder auf eine sonstige Oertlichkeit ist rundweg zu verwerfen und Düntzer beizupflichten,
der von einem auf St. *πρα* (*πρή-θω*) zurückweisenden Nomen
πράμνος oder *πράμνη* oder *πράμνον* ausgeht. Ob aber dieses
Nomen die Bedeutung „Herbe", Herbigkeit, gehabt habe, ist
mehr als fraglich, obwohl sich dieser Begriff aus Wf. *πρα*
nach Analogie von *αὐστηρός* zu *αὔω* allenfalls vermitteln lässt.
Es liegt aber nirgends auch nur die leiseste Spur für diesen
Begriff in etwaigen anderen Wörtern vor. Lächerlich ist die
Ableitung Apion's aus *πραΰνειν τὸ μένος*. Auch für die Deutung einiger Alten „*πράμνειος = μέλας*" fehlt jeglicher Anhalt.

Erwägt man dagegen die Analogie anderer mit dem passiven Participial-Suffix *μνος* (*μνη, μνον*) gebildeter Nomina,
wie *ῥάδα-μνος, ῥά-μνος, θά-μνος, ὀρόδα-μνος, ὅρα-μνος, προῦ-*
μνος u. a., so sieht man sich veranlasst, ein Nomen *πρά-μνη* =
παρ-τ-άς mit dem Bgr. Gewundenes, Geranktes, Ranke, Rebe,
speciell Wildrebe, anzunehmen. Dafür spricht (vgl. M. Schmidt
zu Hesych. Vol. III S. 368) die Stelle aus Pollux VII, 150
p. 310 Bekker: *τὸ μέντοι τῆς πραμνίας ἀμπέλου κλῆμα πρά-*
μνημα καλεῖται; dafür die so bestimmt lautende Glosse bei
Hesychius *πράμνη· ἄμπελος.*

Wenn ferner die Scholien zu *Λ* 639 bemerken, dass einige
Erklärer *οἶνος πράμνειος* als Wildrebenwein (*τὸν ἀπὸ τῶν*
ἀναδενδράδων) aufgefasst haben, so legen auch diese ein
Subst. *ἡ πράμνη* = *παρ-τ-άς* zu Grunde.

Und in der That, wenn wir diesen Alten folgen, so genügen wir nicht bloss allen Anforderungen der Etymologie,
sondern tragen auch allen thatsächlichen Verhältnissen vollauf
Rechnung. In ersterer Hinsicht denke man an *ὁ, ἡ σπάρ-τος*
= vimen, *σπάρ-τον*, Gewundenes (Tau etc.) u. a. W., von denen
sich die bei Hesychius etc. erhaltenen Wörter *παρ-τ-άς*, Weiterbildung aus **παρ-τός* st. *σπαρ-τός*, und *πρά-μνη*, Femin. zu
einem Verbal-Adj. *πρά-μνος*, weder begrifflich noch lautlich
wesentlich scheiden: denn Abfall von Sigma kommt hundertfach
vor: *πέργ-υς* neben *σπέργ-υς* ‖ *πέργ-ουλος* neben *σπέργ-ουλος* ‖
πόρθ-υγξ neben *σπόρθ-υγξ* ‖ *πορθ-ή* neben *σπορτία* ‖ *πεῖραρ* =
σπεῖρα, σπάρτον ‖ *πάρ-μη* = *σπάρα-* in pers. *σπαρα-βάραι* ‖
πόρθος = *πτόρθος* st. *σπόρθος* u. s. w.

Οἶνος πράμνειος wäre darnach ein Wein, der von Reben
gewonnen wird, die in einer Art von Wildheit auf dem Boden
oder an Felsen oder auch an Bäumen (*ἀναδενδράδες*) ihre
Sprösslinge frei ranken lassen, ähnlich unserem „Riesslingswein". Der Gegensatz wäre Wein, der in sorgfältig angelegten
und gepflegten Weingärten oder Weinbergen und von Wein-
stöcken gewonnen wird, die gemäss der Beschreibung *Σ* 563
an Pfählen (*κάμακες* = *ὑποβαστάζοντα τὰς ἀμπέλους ξύλα*
Hes.) oder an Spalieren und sonst kunstgerecht gezogen werden, wie *η* 121 ff., *I* 579, *α* 193, *ω* 246.

Sicherlich kann auf der Insel der Circe nur Wildschösslings-Wein vorhanden gewesen sein; an Betreibung geregelten Weinbaus ist dort.so wenig zu denken, wie auf der Insel der Kalypso, von welcher wir ε 68 lesen

ἡ δ' αὐτοῦ τετάνυστο περὶ σπείους γλαφυροῖο
ἡμερὶς ἡβώωσα, τεθήλει δὲ σταφυλῇσιν.

Solcher Wildschösslings-Wein ist seiner Natur gemäss stärker und herber, als der von kunstgerecht gezogenen und gepflegten Reben, welche letztere stets Trauben mit grösseren und saftigeren Beeren tragen. · Je kleiner aber die Beeren, desto mehr Gerbstoff aus dem ungleichen Verhältniss von Schalen und Kernen einerseits und von Saft anderseits. Ein solcher Wein wird daher regelmässig nur zu Mischungen verwandt, wie sie der Dichter κ 235 und Δ 639 beschreibt. Zur Uebersetzung des Ausdrucks οἶνος πράμνειος empfiehlt sich der Ausdruck: Wildrebenwein, oder, wenn man lieber will, Rankenwein, Riesslingswein.

Wenn eine spätere Zeit einen in der Gegend von Samos gewonnenen, von einer dortigen Oertlichkeit Pramnus oder Pramnum her benannten Wein zu den vorzüglicheren Sorten rechnet, und demgemäss Plinius H. N. XIV, 6 sagt „et Pramnio, quod idem Homerus celebravit, etiamnunc honos durat": so darf uns solches zufällige Zusammentreffen des Ausdrucks für die Homer-Erklärung ebenso wenig beirren, als der Umstand, dass Plinius H. N. XXXVII, 63 einen Edelstein, „quae nigerrimo colore translucet", Namens Pramnion, namhaft macht. Letztere Beziehung kann recht wohl daher entstanden sein, dass die Trauben der hier in Betracht kommenden Rebe, wie der daraus erzielte Wein selbst, von dunkelster Farbe waren; es liegt also dieser Benennung nur ein Vergleich zu Grunde, wie nicht minder der anderen Benennung ebendesselben Edelsteins, Morio, ·indem dieses Wort auf μόρον, die schwarze Maulbeere, zurückzuführen ist. — Der Bergname Πράμνος aber erklärt sich aus derselben Wurzel, wie παρ-τ-άς, πρά-μνη als „geschwungen, gebogen".

II. Verwandt ist offenbar

πρέ-μνον,

im hom. Hymnus auf Merkur 238 Baumstumpf, Holzblock, auch

sonst (Aristoph. Lys. 267) das unterste Stammende, nach Hesychius στέλεχος, πᾶν ῥίζωμα δένδρου τὸ γηράσκον bezeichnend; und

$$πρύ\text{-}μνη$$

nebst πρυ-μνός bringt G. Curtius S. 705 vermuthungsweise
mit πέρας zusammen, welches wir bereits oben für W. spar in
Anspruch genommen haben. Es scheint indessen nicht, dass
vom Begriffe „Rand" = „Ende" auszugehen ist, sondern vielmehr von dem Grundbegriffe schwingen = biegen, runden:
πρέμ-νον ist eigentlich so viel als Knorren, Gerundetes, und
πρύμνη bezeichnet nicht so wohl das Ende des Schiffs, als vielmehr den gerundeten Hintertheil desselben, den Schiffs-
spiegel, und das Adjectiv

$$πρυ\text{-}μνός$$

bezeichnet bei Homer regelmässig den gerundeten dickeren
Theil von etwas. Zu πρυμνὸν σκέλος Π 314 fügt der Dichter
selbst die Erklärung hinzu: ἔνθα πάχιστος μυῶν ἀνθρώπου
πέλεται. So ist πρυμνὸς βραχίων Ν 532 ö. der gerundete
Theil des Armes an der Einfügung in die Schulter, πρυμνὸν
θέναρος Ε 339 der gerundete Theil der Hand an der Hand-
wurzel; entsprechend γλῶσσα πρυμνή, der dickere gerundete
Theil der Zunge, und in ὕλην πρυμνὴν ἐκτάμνοντες Μ 149
haben wir an die rundliche, knorrig gebogene Vereinigung
von Stamm und Wurzel zu denken. Die gleiche Vorstellung
der Rundung liegt nahe bei πρυμνοῖσιν κεράεσσι Ν 705, πρυμνὸν βάλε δεξιὸν ὦμον ϱ 504, πρυμνότατον κατὰ νῶτον ϱ 463.
Da nun das Gerundetsein vorzugsweise an der Wurzel der betr.
Dinge in die Erscheinung tritt, wie umgekehrt das Spitzige
nach der entgegengesetzten Richtung hin: so konnte recht wohl,
wie sich das Adj. ἄκρος, spitz, zu dem Begriffe „oben befindlich, oben, hoch" gestaltet hat (vgl. ἄκρη, Berggipfel, ἄκρον
Ἴδης der Gipfel des Ida, ἀκρό-πολις, Oberstadt, ἀκρ-ώρεια,
Berggipfel u. a.), so auch umgekehrt πρυμνός „gerundet"
zu dem Bgr. „unten befindlich", an der Wurzel befindlich etc.,
also zur Bezeichnung des Gegentheils von ἄκρος, verwendet
werden. Daher πρυμν-ώρεια Ξ 307 einfach Gegensatz von
ἀκρ-ώρεια. Demgemäss wird auch die Stelle Μ 445

Ἕκτωρ δ' ἁρπάξας λᾶαν φέρεν, ὅς ῥα πυλάων
ἑστήκει πρόσθε, πρυμνὸς παχύς, αὐτὰρ ὕπερθεν
ὀξὺς ἔην
keinen eigentlichen Einspruch mehr, gegen die vorgetragene
Erklärung begründen können. Das passive Participial-Suffix
-μνος aber stimmt nur zu dieser Erklärung. Wie πρυμν-ώρεια
Gegensatz zu ἀκρ-ώρεια, so ist πρυμνὸν θέναρος E 339 Gegensatz zu ἄκρη χείρ drei Verse vorher 336; und ὦμον ... ἄκρον
P 599 ist, wie βλῆτο ἐπιλίγδην beweist, ganz verschieden
von πρυμνὸν .. ὦμον ρ 504: jenes bezeichnet die Oberfläche
der Schulter, dieses den fleischigen Theil derselben.

181. Φόρκυς,

den Namen eines Seegottes, leiten O. Müller und Welcker von
Orcus her; Schömann und Preller stellen ihn mit ὄρκυνες,
grosse Seefische, ital. orca, Seeungeheuer, zusammen. Bei der
lautlichen Unmöglichkeit dieser Etymologie brauchen wir uns
wohl nicht aufzuhalten. Darnach wird auch die Namensdeutung
„Herr und Herrscher über die Meerungeheuer" bzw. die Auffassung als „Personification des Meeres als Heimath aller Ungeheuer" (Preller) nicht so unbedingt hinzunehmen sein. Φόρκυς ist Bruder und Gemahl der Κητώ, welche ebenfalls das
Meer als „die Heimath aller Ungeheuer" bedeuten soll. Man
beruft sich auf μεγακήτεα πόντον γ 158. Allein μεγακήτης
kann nicht wohl bedeuten „voll von grossen Seeungethümen";
denn es ist auch Beiwort von νηῦς Θ 222, Λ 5. 600, von δελ-
φίς Φ 22. Vielmehr bedeutet hierin κῆ-τ-ος urspr. Höhlung,
Bauschung (nicht verschieden von τὸ κῆ-τ-ος, squa-t-ina S. 333
= κάμπος [κα+π], Blähung = Ungeheuer) aus Wf. κα, W. σκα,
woraus auch (κα+ϝ) lat. cav-um etc. Vgl. Curt. 45 b. Darnach ist κητώεις = schlund-, schluchtenreich bzw. reich an Ver-
tiefungen, Bodensenkungen, wie in der That nach Strabo etc.
die Natur Laconiens ist, für welches allein dies Epitheton von
Homer gebraucht wird B 581, δ 1. Dem entsprechend ist
μεγα-κήτης = von grosser Höhlung, grossem Bauche (κοιλία)
d. i. „grossbauchig" vom Schiffe, vom Delphine, „grossschlundig"
vom Meere. Und Κητώ wird demnach Personification der Meeres-
schlünde und Meereshöhlungen sein.

Etwas Aehnliches wird denn auch der Name ihres Ge-
mahls Φόρκυς sein. Nach ihm ist eine Hafenbucht auf Ithaka
benannt ν 96

Φόρκυνος δέ τις ἔστι λιμήν, ἁλίοιο γέροντος.

Vgl. ν 345

Φόρκυνος μὲν ὅδ᾽ ἐστὶ λιμήν, ἁλίοιο γέροντος.

Ja, die eigenthümliche Wendung mit Appositions-Genitiv
giebt an, dass diese Hafenbucht als eine Aufenthaltsstätte von
Phorkys gilt. Auch aus α 73 ist zu erschliessen, dass er in
felsigen Buchten wohnt. Nehmen wir dazu die häufige Verwendung der K-Erweiterung von W. σπαρ· im Sinne von
schwingen == biegen (πόρκ-ης, φρόκ-λος, φύρκος, φαρκίς, φορ-
κός == ῥυσός κτλ.): so liegt es nahe genug, Φόρκυς als Buch-
tengott, Hafengott, als Portunus, Portumnus aufzufassen.
Dafür spricht auch seine Abstammung; denn er ist Sohn des
Pontus und der Gäa, entsteht also aus einer Verbindung von
Meer und Land. Haben uns demnach bei Κητώ vorzugsweise
die Biegungen nach unten hin, die κοιλώματα πόντου vorzu-
schweben, so bei Φόρκυς die horizontalen Meereseinbiegungen
an der Küste, die Buchten.

Nach Hesychius bezeichnete · Alkman mit Πόρκος den
Nereus, der ebenfalls Sohn von Pontus und Gäa ist. Der Name
wird dasselbe wie Φόρκυς bedeuten und kann von πόρκ-ης,
Ring, Reif || πράκες, Armbänder || πρώξ, Tropfen (urspr. Run-
des, Kügelchen, wie στράγξ, Tropfen, in seinem Verhältnisse zu
στραγγός, rund) von πόρκος, Netz' von πέρκανα κτλ. nicht
getrennt werden. Vgl. πόρκος· κυρτός Hes.

Φόρκυς ist auch der Name eines Phrygers B 862 ö. Dass
dieser Mann kein „Seeungeheuer" gewesen ist, liegt auf der
Hand; auch sein Name ist == Schwingung, Schwung, jedoch
ohne die Weiterentwickelung des Begriffs zu portus.

II. Mit dem eben aufgeführten πόρκ-ης ist synonym

πόρ-π-η,

welches „Bug, Ring" bedeutet, aber nicht „Nadel", daher auch
nicht „gebrochene Reduplication von πείρω, durchbohren" sein
kann. Es entstammt einer π-Erweiterung der W. (σ)παρ, wie
wir eine solche auch in πραπ-ίς urspr. Umschwingung ==

Pferch S. 568 kennen gelernt haben. *Πόρπ-η* erscheint weitergebildet zu *πόρπ-αξ* d. i. der Bügel auf der Innenseite des
Schildes, wodurch der Arm gesteckt wird: *ἐμβαλὼν πόρπακι
χέρα* Eur. Hel. 1376. Nach Hesychius bedeutet auch *πόρπη*
ganz dasselbe: *ὁ ἀνοχεὺς τῆς ἀσπίδος, εἰς ὃν ὁ πῆχυς
ἀνίεται.* Dass ein Grund vorliege, diese ausdrückliche Angabe
zu bezweifeln und mit Tilgung von *πόρπη* zu *πόρπαξ* zu ver-
schieben, will nicht einleuchten. Auf alle Fälle verbietet *πόρπαξ*, das Stammwort *πόρπη* anders denn als „Bug, Bügel, Ring“,
worin sich erst die *περόνη* der Schnalle bewegt, aufzufassen;
mittels der Figur pars principalis pro toto wird dann *πόρπη* zu
„Schnalle“. Diese *πόρπαι* dienen zum Befestigen, wie zum
Zierat; davon *πορπάω* und *πορπάζω*, mit einer Schnalle befestigen, *πόρπαμα* (Eur.), ein mittels einer Schnalle ange-
festigtes Kleid. Auch die homerische Aufzählung von weiblichen
Schmucksachen *Σ* 401 (Hymn. Ven. 164):

*χάλκεον δαίδαλα πολλά,
πόρπας τε γναμπτάς θ᾽ ἕλικας κάλυκάς τε καὶ ὅρμους —*

erheischt die vorgetragene Auffassung. — Lat. forp-ex, (Krüm-
mer =) Zange, fügt sich ungezwungen hieher, wie gleichbedeutiges forc-eps zu Wf. (σ)παρ-κ. Man hat diese Wörter von
SkrW. ghar „schmelzen, brennen“ herleiten wollen! Curtius
fasst *πόρπη* als „gebrochene Reduplication“ von *πείρω*, durchbohren, mit dem irrigen Bgr. „Nadel“.

182. *Δια-πρύ-σιος*

bietet sichtlich dieselbe Wurzelform dar, wie *πρυ-μνός, πρύ-
μνη* etc. Entwickelte in dieser die so vielfach uns begegnende
W. *σπυρ*, (σ)*πρυ* = W. *σπαρ* aus Bgr. „schwingen“ die Bedeutung pandus, so behauptet sich in *δια-πρύ-σιος* die Grundbedeutung „schwingen“ mit der Begriffsschattirung „gross, weit“,
wie engl. swinging, gross, wie gleichbedeutiges *σπιδ-ής*, ausgedehnt, aus W. *σπι+δ* = W. *σπα+δ*, *ἀ-μπρα-κός* aus W. *σπαρ*:
ἀμπρακόν· μακρόθεν Hes.

Wir haben das Neutrum als Adverb *P* 748 *πρὸν ὑλήεις,
πεδίοιο διαπρύσιον τετυχηκός* „sich weithin in die Ebene

erstreckend". — Nichts anderes bedeutet es in·dem formelhaften Verse:

ἦσεν δὲ διαπρύσιον, Δαναοῖσι γεγωνώς .

d. i. „er schrie, rief weithin", liess weithin seine Stimme erschallen. So Θ 227, Λ 275. 586, P 247, und mit Τρώεσσι
statt Δαναοῖσι M 439, N 149. — Etwas freier heisst es Hymn.
Ven. 19 διαπρύσιοί τ' ὀλολυγαί „weithinreichendes Geschrei",
„grosses Geschrei". — Ibid. 80 διαπρύσιον κιθαρίζων „weithin die Cither ertönen lassend". — Hymn. Merc. 336

παῖδά τιν' εὗρον τόνδε διαπρύσιον κεραϊστὴν
Κυλλήνης ἐν ὄρεσσι

d. i. einen gewaltigen Dieb, einen Erz-Dieb.

Hiernach werden wir der schon lautlich unmöglichen Herleitungen aus δια-πορεύσιμος (Schol. Θ 227), aus πῦρ, als
wäre es = διαφανής (Schol. M 439), aus πέρας (ibid. und
Schol. N 149), aus περᾶν als = δια-περάσιμος (Schol. N 149),
aus πυρσός (διαφανής, τουτέστι τῇ φωνῇ ὡς πυρσῷ ibid.), aus
πρό (Schneidewin zu Hymn. Merc. 336), aus πέραν, jenseits,
u. dgl. wohl entrathen können.

183. Φάρμακον

hat mit φέρω so viel und so wenig zu schaffen, wie φάρ,
lat. far ‖ wie far-ina, Mehl ‖ φάρ-αγξ ‖ φάρω, φαρόω, pflügen ‖
φάρ-ος, φάρ-σος ‖ φάρ-γ-νυμι ‖ φαρ-έ-τρα ‖ φαρ-κ-ίς ‖ φάρ-υγξ
‖ φαρ-υμός, φαρ-βός = ferus, ἀ-φόρ-ιος ‖ φῦρ-ος = σπεῖρον ‖
φαρ-ύνω, beglänzen κτλ.; — mit φορ-έω, φορ-βή*) so viel und so
wenig, wie φόρ-β-υς, kraus ‖ φορ-ίνη = πυρ-ίνη, Haut ‖ φόρ-
ιγξ, Pilz ‖ φύρ-ξ = φάρ-αγξ ‖ φόρ-μιγξ, Laute ‖ φορ-μός =
σπυρ-ίς, spor-ta ‖ φορ-ύνω, φορ-ύσσω, φύρω = σπερ-ύνω,
spar-g-o ‖ φόρ-υς· δακτύλιος ὁ κατὰ τὴν ἕδραν, anus ‖ φορ-
κός (= φαρύνων)· λευκός ‖ for-n-ix, Wölbung ‖ for-ma, Wendung, Bildung, Gestalt ‖ for-m-ica, bewegliches Thierchen, Ameise
‖ for-mus, warm ‖ for-nus, Ofen ‖ for-m-ido, Unruhe, Angst |

---

*) Diesem Worte soll angeblich lat. her-ba entsprechen, das sich
doch mit χόρ-τος regelrecht zu Wf. χαρ, Skr. ghar, fügt, ebenso gut wie
altlat. hor-c-tus, hor-d-a etc.

for-um, for-es, for-a-re ‖ for-tis, altlat. for-c-tus*), schwunghaft, stark = dem Positiv von $\varphi\acute{\epsilon}\varrho$-$\tau\epsilon\varrho o\varsigma$, $\varphi\acute{\epsilon}\varrho$-$\iota\sigma\tau o\varsigma$ ‖ lat. fer-io, hauen; Skr. bhara, Kampf etc. etc.

Der Zusammenklang dieser und vieler anderer Wörter erklärt sich eben aus dem gemeinschaftlichen Ursprung aus derselben Wurzel $\sigma\pi\alpha\varrho$, $(\sigma)\varphi\alpha\varrho$, und sie rubriciren sich alle mit Leichtigkeit unter die oben a bis n gegebenen Begriffsphasen der W. $\sigma\pi\alpha\varrho$, wozu auch $\varphi\acute{\epsilon}\varrho\omega$, fero und porto gehört (§ 184).

Ein Theil der Alten leitete $\varphi\acute{\alpha}\varrho\mu\alpha\varkappa o\nu$ ab aus $\varphi\acute{\epsilon}\varrho\epsilon\iota\nu$ $\ddot{\alpha}\varkappa o\varsigma$, Heilung bringen Schol. $\varDelta$ 191. Nicht viel besser ist Doederlein's Herleitung aus selbstgemachtem $\varphi\upsilon\varrho\alpha\mu\iota\varkappa\acute{o}\nu$ von $\varphi\acute{\upsilon}\varrho\omega$ mit der angeblichen Bedeutung „Saft". — Nach anderen soll $\varphi\acute{\alpha}\varrho\mu\alpha\varkappa o\nu$ aus $\varphi\acute{\epsilon}\varrho\omega$ hervorgehen mit dem Bgr. „Mittel zur Hervorbringung physischer Veränderungen", als ob der Sprachgeist so erkünstelte Begriffsvermittelungen vornähme; und dann gehen aus $\varphi\acute{\epsilon}\varrho\omega$ selbst wohl Bildungen hervor wie $\varphi\acute{\epsilon}\varrho$-$\tau\varrho o\nu$, $\varphi\acute{\epsilon}\varrho$-$\mu\alpha$, $\varphi\epsilon\varrho$-$\nu\acute{\eta}$ $\varkappa\tau\lambda.$, aber keine mit α, da $\varphi\bar{\alpha}\varrho$-$o\varsigma$, $\varphi\alpha\varrho$-$\acute{\epsilon}$-$\tau\varrho\alpha$, $\Phi\bar{\alpha}\varrho$-$\iota\varsigma$, $\varphi\acute{\alpha}\varrho$-$\upsilon\gamma\xi$, $\varphi\acute{\alpha}\varrho$-$\alpha\gamma\xi$ $\varkappa\tau\lambda.$ nichts direct mit $\varphi\acute{\epsilon}\varrho\omega$ zu schaffen haben. — Wieder andere fassen $\varphi\acute{\alpha}\varrho\mu\alpha\varkappa o\nu$ = $\varphi o\varrho\beta\acute{\eta}$ als „Kraut". Aber $\varphi o\varrho\beta\acute{\eta}$ kommt doch erst von $\varphi\acute{\epsilon}\varrho\beta\omega$, mästen, füttern, wonach $\varphi o\varrho\beta\acute{\eta}$ zunächst = „Mast, Futter", aber nicht an und für sich = Gras, Kraut. Und gesetzt, $\varphi o\varrho\beta\acute{\eta}$ wäre urspr. „Kraut", wie will man von da ohne unerhörte Begriffsvergewaltigungen zu den gewöhnlichen Bedeutungen von $\varphi\acute{\alpha}\varrho\mu\alpha\varkappa o\nu$, $\varphi\alpha\varrho\mu\acute{\alpha}\sigma\sigma\omega$ etc. gelangen? Streut man vielleicht „Kräuter" auf frische Wunden ($\varphi\acute{\alpha}\varrho\mu\alpha\varkappa\alpha$ $\pi\acute{\alpha}\sigma\sigma\epsilon$ $\varDelta$ 218 ö.)? Bestreicht man mit „Kräutern" die Pfeile, um sie tödtlich zu machen (α 261)? Salbte Circe mit „Kräutern" behufs der Entzauberung die Gefährten·des Odysseus ($\varkappa$ 392)? Sind „Kräuter" = Schminke, Malerfarbe, welche Bedeutungen $\varphi\acute{\alpha}\varrho\mu\alpha\varkappa o\nu$ von Herodot ab so häufig aufweist? — „Bekräutert" der Schmied behufs Härtung des Eisens das frischgeschmiedete Beil (ι 393)? Weit eher könnte man daher auf Bgr. g der W. $\sigma\pi\alpha\varrho$ zurückgehen und $\varphi\acute{\alpha}\varrho\mu\alpha\varkappa o\nu$ als Tödtendes = Gift auffassen; man·könnte dafür geltend machen $\tau\grave{o}$ $\varphi\bar{\alpha}\varrho$-$\iota\varkappa\acute{o}\nu$, tödtliches

---

*) Soll zu SkrW. dhar gehören?!

Gift, lat. fēr-alis, zum Tode gehörig, Subst. *fēra od. fĕrum =-
letum, mors. Dann verhielte sich φάρμακον zu W. σπαρ, wie
engl. ba-ne, Gift, zu W. σπα, Wf. φα in πέ-φα-μαι κτλ. S. 216.
Allein 1) das Stamm-Nomen von fē-ra-lis, wie von φᾱ-ρι-κόν
(fē-ra, φᾱ-ρά) fügt sich weit einfacher zur Urwurzelform φα
st. σφα in πέ-φα-μαι, als zur Sec.W. σπαρ, 2) ist aus Bgr.
„Gift" ohne Kopfsprünge weder φαρμάσσω ι 393, noch φάρμακα
= χρώματα κτλ. zu gewinnen. Desto leichter aber fügt sich
alles zu dem Begriffe von spar-g-o, σπείρω, σπερ-ίνω (II.),
φορ-ύνω, φορ-ύσσω, φύρω, die sowohl von trockenen Dingen
(streuen), als von flüssigen Dingen (bespritzen) gebraucht werden.
Φάρ-μα-κον wäre hiernach urspr. = adspergo (G. inis),
adspersio; zweifelsohne ist es substantivirtes Neutrum eines Adj.
φαρ-μα-κός*), dessen Stammwort φαρ-μή oder φαρ-μός = Subst.
adspergo, wonach φαρ-μα-κός = zum Besprengen gehörig, und
τὸ φάρ-μα-κον (mit Zurückziehung des Accents) = alles, was
gestreut bzw. gesprengt wird.

Dann ist φαρμάσσω = aspergine utor: das „Härten" des
Eisens geschieht ja eben dadurch, dass man die noch glühende
Masse über und über mit Wasser bespritzen, benetzen lässt
(natürlich durch Eintauchen). — Und φάρ-μα-κον = Schminke,
Farbe, erklärt sich nach Maassgabe von Cic. de Div. I 13, 23:
Aspersa temere pigmenta in tabula oris lineamenta effingere
possunt; num etiam Veneris Coae pulchritudinem effingi posse
aspersione fortuita putas? Unser Farbe, ahd. far-awa, far-wa,
lit. párwas, Farbe, sind gleichen Ursprungs (W. spar, Wf. far);
dsgl. franz. far-d, Schminke, das Oscar Schade WB. S. 162 gewiss mit Recht als aus dem Partizip von ahd. farawen (gi-fara-
wit) hervorgegangen ansieht, wie franz. teinte aus lat. tincta.
Gleichen Ursprungs (W. σπαρ+κ) ist περ-κ-ώματα· τὰ ἐπὶ
τοῦ προσώπου ποικίλματα || περ-κ-αίν-ειν· διαποικίλλεσθαι,
περ-κ-άζειν· ποικίλλειν || περκ-νός· ποικίλος (II.).

Nun erklärt sich auch die häufige Verbindung von φάρμακα πάσσειν bzw. ἐπι-πάσσειν Δ 218, Ε 401. 900, Λ 515.

---

*) Merkwürdig, aber bei unserer Etymologie sehr einfach erklärlich,
ist's, dass es zufolge Hesychius auch ein φαρμακίς, Heuschrecke (ά-κρίς,
Springerin), giebt neben gleichbedeutigem und gleichwurzeligem πάρ-ν-οψ.

830, O 394; denn auch πάσσω wird sowohl von trockenen, als flüssigen Dingen gebraucht. Wir werden wohl nicht fehlgehen, wenn wir in all diesen Stellen an Pulver denken, welches auf die Wunden gestreut wird = far-ina von W. spar (Mehl = Pulver) = πα-σπάλη, ταιπάλη von W. σπαλ = pul-vis, ebenfalls von W. σπαλ = W. σπαρ. Die φάρμακα, welche Machaon Δ 218 auf die Wunde streut, waren einst seinem Vater von Cheiron gegeben worden. Gewisslich schleppte er nicht Säcke voll „Kräuter" mit sich. — Als Pulver ist doch wohl auch jenes φάρμακον aufzufassen, welches β 329 nach der Meinung der Freier Telemach angeblich aus Ephyra herbeiholt, um es (natürlich ohne dass die Freier etwas davon sehen sollen) in den Mischkrug zu werfen und sie zu vergiften. — Nichts anderes als Pulver wirft Circe in den Mischtrank κ 317, wirft sie in die Speisen κ 290, mischt sie in die Speisen κ 236; vgl. 326. 327. 394. — Pulver ist auch das φάρμακον, welches δ 220 Helene zur Verscheuchung der Traurigkeit in den Wein wirft (εἰς οἶνον βάλε φάρμακον). — In all diesen Stellen, namentlich da, wo es sich um Heimlichkeit handelt, wäre es geradezu widersinnig, an „Kräuter" zu denken. — Wenn Odysseus α 261 φάρμακον ἀνδροφόνον zum Bestreichen der Pfeile suchen will, und wenn Circe κ 392 behufs Entzauberung jedem der Gefährten des Odysseus ein anderes φάρμακον aufstreicht (προσάλειφεν), so steht nichts im Wege, auch hier an Pulver zu denken, mag es auch vor jedesmaligem Gebrauche erst angefeuchtet worden sein.

In weiterer Begriffsentwickelung werden die φάρμακα (adspergines) zu Heilmitteln aller Art, wie denn die späteren Griechen unterscheiden φάρμακα παστά und ἐπίπαστα, χριστά und πλαστά.

Bei unserer Herleitung erklärt sich auch auf ungezwungenste Weise, wie φάρμακον als vox media bald im guten, bald im schlimmen Sinne vorkommen kann, und weshalb so gern unterscheidende Epitheta zu φάρμακα hinzutreten: in ersterem Sinne ἐσθλά δ 228. 230, ἤπια Δ 218, Λ 515. 830 ö., ὀδυνήφατα E 401. 900, im zweiten λυγρά δ 230, κακά κ 213, θυμοφθόρα β 329, (φάρμακον) ἀνδροφόνον α 261. Wenn κ 287. 292. 302 die Pflanze μῶλυ als φάρμακον bezeichnet wird, so berechtigt das nicht zu der Uebersetzung „Kraut"; φάρμακον ist hier nichts weiter als „Heilmittel" in verallgemeinertem Sinne, wie vorhin angegeben. Gleiches gilt von δ 230 τῇ πλεῖστα φέρει ζείδωρος ἄρουρα | φάρμακα, πολλὰ μὲν ἐσθλὰ μεμιγμένα, πολλὰ δὲ λυγρά. Denn die Stelle erläutert nur δ 220 εἰς οἶνον βάλε φάρμακον und giebt an, woher Helene ihre φάρμακα habe. So auch ist φάρμακα Λ 741 aufzufassen ἢ τόσα φάρμακα ᾔδη, ὅσα τρέφει εὐρεῖα χθών und X 94 (von einem Drachen) βεβρωκὼς κακὰ φάρμακα. Wer trotz Allem an der Uebersetzung „Kräuter" hier nicht glaubt vorbeikommen zu können, der kann sich φάρμακα hier als dasjenige zurechtlegen, woraus die φάρμακα, gute wie böse, gemacht werden.

Schliesslich vergleiche man noch mit φάρ-μα-κον als urspr. = adspergo σπάρ-ν-ιοι· ἐνθαλάττιοι πέτραι (H.) = aspersae, neben σπαρ-νός (Aesch.), spar-sus, verstreut, einzeln, selten (σπαρ-νάς· διεσπαρμένας Hes.), und σπορ-άς.

184. Φέρω,

lat. fero, erweist sich schon nach dem Eingangs des vorigen Abschnitts Beigebrachten als eine besondere Gestaltung der W. σπαρ. Dafür spricht ferner die Gleichheit von lat. fero und por-to bzw. älteren spor-to in a-sporto, worüber zu vergleichen S. 287 f. Lautlich erweisen sich als zusammenfallend ferax, fruchtbar, und fer-ox, fer-us, wild etc. Letztere beiden fallen wiederum zusammen mit φαρ-υμός· θρασύς, φαρ-βός, dsgl.; diese wiederum decken sich mit ἀ-φόρ-ιος (st. ἀ-σφόρ-ιος)· θρασύς (H.), woneben synonym kret. ἀ-φρα-τ-ίας (st. ἀ-σφρ.)· ἰσχυρός. Zusammensetzung mit φαρ-υμός ist ἀ-φάρ-υμος· ἄ-τολμος H.

Beweisend für urspr. sigmatischen Anlaut von φέρω ist überdiess lak. ἴ-σφωρες st. σί-σφορ-ες (κλέπται Hes.) = φῶρ-ες, fur-es, insofern φώρ mit φέρω zusammenhängt, noch mehr das alte Wort

ἐω-σφόρ-ος,

Morgen bringend, Morgenstern Ψ 226. Nimmt man auch von ἠώς als Stamm ἠ-όσ, von ἕ-ως St. ἕ-οσ an, so kann dieser

nimmer zu ἕ-ωσ in der Zusammensetzung werden. Die Nomi-
nativform ἠώς, ἕως erklärt sich nur dadurch, dass vor dem
Nominativ-Zeichen ς das stammhafte σ ausgefallen ist und
Ersatzdehnung von ο zu ω bewirkt hat (L. Meyer, Lattmann
Gr. etc.). Mit dem Nominativ ἕως aber kann keine Zusammensetzung gebildet werden: ἐω-σφόρος kann daher nur
für ἐοσ-σφόρος stehen. Wollte man aber auch trotz äol. αὔως
st. ἄϝ-ως und lak. ἀβώ st. ἀϝ-ώ (W. ἀϝ) mit Curtius N. 613
ἠώς aus W. us, brennen, leuchten, für aus-os deuten, dieses
Mittel-Sigma kann nicht in -σφόρος gesucht werden.

Βουληφόρος ferner erklärt sich (vgl. S. 26) aus βουλα-
σφόρος, νικηφόρος aus νικα-σφόρος κτλ. Und wie sieht es
aus mit

τελεσφόρος,

ἐγχεσφόρος κτλ.?

Es ist doch auffallend, dass Homer von τὸ μένος nicht
μενεσ-εικής, sondern μενο-ϝεικής, von τὸ ψεῦδος nicht ψευδεσ-
άγγελος, sondern ψευδ-άγγελος, Lügen verkündend, von τὸ κῆτος
nur κητώ-εις st. κητόσ-ϝεις, von τὸ κῆος nur κηώ-εις st. κηόσ-
ϝεις κτλ., von τὸ εἶρος aber εἰρο-κόμος Γ 387, nicht εἰρεσ-
κόμος κτλ. bildet. Die Neutra in ος erscheinen in den Zusammensetzungen der älteren Dichter nur da mit dem Ausgange εσ, wo auch der zweite Worttheil urspr. sigmatischen
Anlaut hatte, und dieser als solcher noch deutlich gefühlt wurde.
Daher ἐγχέσπαλος (aus W. σπαλ) st. ἐγχέσ-σπαλος ‖ σακέσπαλος st. σακέσ-σπαλος ‖ ἐπεσβόλος (W. σβαλ) st. ἐπεσ-
σβόλος ‖ ὀρεσκῷος st. ὀρεσ-σκῷ-ος zu W. σκα-σκι-σκι, woher
σκη-νή, σκῆ-νος, σκιά, σκοιός κτλ. ‖ ὀρέσκοος (Aesch. Eur.)
st. ὀρέσ-σκοος ‖ ὀρέσκιος st. ὀρέσ-σκιος von σκιά ‖ ὀρέσβιος
(Opp.) nach Analogie von φερέ-σβιος: W. σβι = W. σϥι, W. σπι.

Und hiernach steht auch τελεσφόρος für τελεσ-σφόρος
δ 86 ö. ‖ ἐγχεσφόρος (Pind.) st. ἐγχεσ-σφόρος ‖ ἀνθεσφόρος
(Eur.) st. ἀνθεσ-σφ. ‖ ἀκεσφόρος (Eur.) st. ἀκεσ-σφ. ‖ φαεσφό-
ρος (Aesch.) st. φαεσ-σφόρος.

Lat. fors St. fort(i) kommt sicherlich von fero = φέρω
her; ihm steht gleichbedeutig gegenüber τὸ πε-προ-μένον
St. πορ st. σπορ in Θε-σπρω-τοί, — abermaliger Hinweis auf
W. σπαρ.

Dem $\varphi\acute{\epsilon}\varrho$-$\omega$, lat. fer-o, steht gegenüber goth. Wurzel bar, welche nicht bloss dem lat. fero, sondern auch dem lat. par-io in ihren Weiterbildungen entspricht: z. B. goth. ga-baur-th-s, *Ge-bur-t* = par-tus (G. us) || bar-n, Kind = par-tus (Gen. i)*), ahd. par-n, ags. bear-n etc. || ge-*bär-en*, engl. to bear etc. = par-io. — Es ist u. E. eitel Selbsttäuschung, diese so weitreichende Begriffssphäre der germ. W. bar mit lat. terra fruges ferre potest (Cic.) deuten zu wollen. Germ. W. bar, ge-*bären*, verhält sich vielmehr zu lat. par-io st. spar-io, wie mhd. bar, *barre*, ahd. *par-a*, Schranke, zu lat. par-ies, das mit griech. $\varphi\acute{\alpha}\varrho$-$\gamma$-$\mu\alpha$, $\varphi\varrho\alpha$-γ-$\mu\acute{o}\varsigma$ (hier natürlich mit Guttural-Erweiterung), mit *Par-k*, engl. par-k, mit *Pfer-ch*, mit *Sperre*, mit engl. *fri-th*, ahd. fri-du, fri-thu, fri-dhu, fri-da, mhd. vri-de, Ein-*fried*-igung (= Umschwingung), mit engl. to parry, abwehren etc. zu W. spar gehört S. 568. — Ebenso wenig ist altn. bor-dh, ahd. bor-t, ags. bor-d, engl. boar-d, altn. bar-m-r, Rand, auf germ. Wurzel bar, tragen, zurückzuführen: die Wörter decken sich wurzelhaft und begrifflich mit $(\sigma)\pi\acute{\epsilon}\varrho$-$\alpha\varsigma$, Rand S. 530 f. — Engl. to bar-k, bellen, ags. beor-c-an, dsgl., altn. ber-k-ja, prahlen, neben to pra-te, to prattle, plaudern, lat. Wf. pre, pra in inter-pre-t-s, etc. stehen mit dem gemeinsamen Bgr. tönen neben $\sigma\varphi\alpha\varrho$-$\alpha\gamma$-$\epsilon\tilde{\iota}\nu$ aus W. $\sigma\pi\alpha\varrho$; das mit to bar-k gleichlautige engl. the bar-k, *Bar-ke* (cymba), fügt sich mittels Bgr. blähen, hohlsein, the bar-k, *Bor-ke*, mittels Bgr. umschwingen zu W. $\sigma\pi\alpha\varrho$. — Altn. byrr, Wind (neben altn. byr-dh, par-tus), mhd. bur, engl. pirry, Wind, Sturmwind, ist nicht mit Fick III 205 auf W. bar = $\varphi\acute{\epsilon}\varrho\omega$ zurückzuführen, sondern auf W. spar a. — To bore, bohren (neben I bore, ich trug) fällt zusammen mit $\pi\epsilon\acute{\iota}\varrho\omega$, $\varphi\acute{\alpha}\varrho\omega$, $\sigma\pi\alpha\varrho\acute{\alpha}\sigma\sigma\omega$, lat. foro (forare) etc. — Und so giebt es hunderte von germ. Wörtern, welche aussehen, als gehörten sie zu germ. W. bar, tragen, und doch davon zu trennen sind, vielmehr mit dieser unter verschiedenartigen Begriffsvermittelungen aus W. spar erklärlich werden, wie z. B., um bloss beim Englischen zu bleiben: bear-d, *Bar-t* = $\mathring{\alpha}\nu\vartheta\epsilon\varrho\epsilon\acute{\omega}\nu$ (W. $\mathring{\alpha}\nu$), Hervorgesprossenes || bar-n, Scheune = $\varphi\alpha\varrho$-$\varkappa$-$\tau\acute{o}\nu$ || bar-th,

---

*) Natürlich entspricht -n nur begrifflich dem Participial-Suffix $\tau\acute{o}\varsigma$, tus, lautlich dem gleichbedeutigen Suff. $\nu\acute{o}\varsigma$ in $\sigma\pi\alpha\varrho$-$\nu\acute{o}\varsigma$ $\varkappa\tau\lambda$.

Verschlag für junges Vieh || berry, berie = spiraculum, ἄτρον
' berry, *Beere*: Bgr. blähen, schwellen || bur-y, begraben; ur-
sprüngl. *bergen*, φράσσω || bare, *bar*, hohl, leer, vanus || barren,
leer, öde = unfruchtbar || barrel, Fass (Bauchiges) || bir-d,
'Vogel || barrow, *Bor-g*, verschnittener Eber (vgl. σπαρ-άσσω),
neben barrow, *Bar-y-e*, Bahre (to bear) || bread, *Bro-d*, ahd.
brô-t, prô-t, gehört mit *bra-t-en*, ahd. prâ-t-an, brâ-t-an etc.
zu πί-μπρη-μι st. πί-σπρη-μι, Wf. σπρα. Vgl. engl. to par-ch,
rösten, φρύ-γ-ειν || brea-th (ags. brac-dh, ahd. prâ-d-em, nhd.
Bro-d-em) = 1) Hauch, 2) Ruhe, Erholung || dazu to brea-
th-e, athmen, duften, blasen, lüften, öffnen; cf. πρή-ϑ-ω =
πί-μπρη-μι || brea-st, *Bru-st*, Sitz des Athems. Dazu nehme
man u. a. goth. bair-h-t-s, hell, ags. beor-h-t, glänzend, engl.
bri-ght neben engl. spar-k, Funken, neben φαρ-ύνω, beglänzen. — Müssen wir darauf verzichten, diese und zahllose andere
Wörter aus goth. baíra, φέρω, deuten zu wollen, so gebe man
es auch auf, ge-*bären*, ga-baurths, Ge-burt, bar-n, Kind, und
die ganze mit lat. pario zusammenfallende Sippe der Begriffe
γεννᾶν, γίγνεσϑαι, γένος direct mit φέρω zusammenbringen
zu wollen. Dagegen ist diese Sippe nicht zu trennen von der
bloss metathesirten Wurzelform φρα st. φαρ in

$$\varphi\varrho\acute{\eta}\text{-}\tau\varrho\eta, \ \acute{\alpha}\text{-}\varphi\varrho\acute{\eta}\text{-}\tau\omega\varrho.$$

Denn φρή-τρη *B* 362. 363 ist begrifflich = γένος || ά-φρή-
τωρ *I* 63 = ἄνευ γένους, aus dem Geschlechte ausgestossen ||
φρά-τωρ, lat. fra-ter, *Bru-der* = γεννήτης, stammverwandt,
συγγενής. Vgl. engl. bra-t, Abkömmling, *Bru-t* etc.

Sonderbar! Dem φρή-τρη steht wiederum ganz gleichbedeutig gegenüber longobard. far-a = γένος, parentela, das
man in seiner Verzweifelung aus goth. faran, fahren, zu deuten
versucht, nicht bedenkend, dass auch goth. fra-st-s, Kind =
bar-n || altn. frac || goth. fraiv, an. frio, = φρή-τρη, γένος
existirt.

Die „Unterbleibung der Lautverschiebung" hat ihren Grund
in dem urspr. Anlaute sp; der Zusammenklang mit far-an etc.
erklärt sich aus der gemeinschaftlichen Wurzel spar, (σ)παρ,
(σ)φαρ, die überhaupt den Ariadne-Faden abgiebt für die bald
sp-r, bald p-r, bald pf-r, bald f-r, bald b-r aufweisenden germ.
Wörter, wie gleicher Weise W. spal Licht in die germ. Wörter

mit sp-l, p-l, pf-l, f-l, b-l bringt. — Nur noch ein paar Beispiele zu W. spar. Diefenbach I 361 fragt: „Wohin gehört ags. fer-dh, spiritus, animus?" Ebendahin, wohin ags. brac-dh, ahd. prâ-d-em, Athem, nämlich zu W. σπαρ ꞕ, wohin sich auch die Guttural-Weiterbildungen alts. ahd. fër-ah, ags. fer-h, Seele, Leben, πνεῦμα, alts. fër-ah-t, fër-h-t, πεπνυμένος, fügen. Zu W. σπαρ auch goth. fra-st, animus, Muth, goth. fra-thi, Gemüth, Verstand (cf. φρα-ν-ίζω, ἀ-φραίνω κτλ. S. 569). Daneben ags. fir-as (Plur.), altn. fir-ar (Pl.), animantes, homines, ahd. (zu *fir-ih) „mit firahim", unter den Menschen, virhô, hominum, firëô, dsgl., etc.; — goth. fair-h-vus, Welt, φύσις, natura. — Ahd. fîra, fîrra, altfries. fîra, Ruhe, Feier (Pause), soll angeblich aus lat. fêria entlehnt sein; auch vielleicht altn. frë-st, isländ. frë-st-r, ags. fier-st, fyr-st, ahd. fri-st, vri-st, nhd. Fri-st (urspr. = Ruhe)?! Sie erklären sich alle aus Bgr. „aufathmen", ἀναπνέω, παύομαι S. 525 litt. k. — Mhd. vër-nîz, fir-nîs, fir-nës, Schminke, mtllat. fer-nisium, frz. ver-nis etc. erklären sich sammt ahd. farawa, Farbe, aus gleicher Wurzel mit φάρ-μα-κον, Schminke. — Doch genug der Andeutungen.

Wie erklärt sich nun begrifflich Wf. φρα in φρή-τρη κτλ., germ. W. bar, γεννᾶν, lat. Wf. par in par-io? Man könnte denken an σπείρω, säen, mit σπέρμα, Same, Sprössling, Kind, σπορά, Zeugung, σπόρ-ος, Kind, κτλ. Aber da W. σπαρ für den Bgr. „säen" sonst hartnäckig den Anlaut σπ gewahrt hat, so empfiehlt es sich, auf Bgr. d S. 522 (hervorhauchen, -quellen, hervorsprossen etc.) zurückzugehen, wohin u. a. auch τὸ φρεί-αρ, Brunnen Φ· 197, gehört. Für den Bgr. „Born, Quelle" haben wir aber auch Spring, Sprudel etc. Mit Recht zieht Curtius N. 389 unser springen zu W. spar, deren Begriffsphasen zum grossen Theile auch die nasalirte Guttural-Erweiterung (Praet. spra-n-g) ihrerseits wiederum durchlaufen hat; so bedeutet z. B. engl. the spring 1) Sprung = Schwung (saltus), 2) Sprung = σπάρ-αγ-μα, Spalte, Riss; 3) Schnellkraft, Spannkraft; 4) Quell, Ur-sprung; 5) Beginn, Eröffnung; 6) Frühling, Jahreseröffnung; 7) Gebüsch, Gehölz (ἄλσος); 8) Bug, Vorderblatt.

Wie aber φέρω, fero, baíra („trago") sich begrifflicherseits aus W. σπαρ erklären, das geben an die Hand unter andern die davon unzertrennlichen Wörter fĕr-us, fĕr-ox, *ἀ-φόρ-τος*, ungestüm, fĕr-io, hauen, ahd. ber-jan, per-jan, mhd. ber-n, ags. ber-jan, hauen, schlagen, frz. ber-n-er, prellen, wippen, die alle auf den Grundbegriff „schwingen" zurückweisen. Auf Grundbgr. „schwingen" laufen hinaus auch alle Hauptbedeutungen von *φέρω*, fero: 1) schwingen = in rasche Bewegung setzen = *σπέρ-χ-ω* (W. *σπαρ+χ*): *ὡς τὴν ἅμ πέλαγος ἄνεμοι φέρον ἔνθα καὶ ἔνθα* ε 330. Besonders häufig im Passiv *φέρεσθαι*, ferri = *σπέρχεσθαι*, geschwungen werden, fliegen, stürmen, stürzen etc.: *ὁπότε σπερχοίατ᾽ ἄελλαι* γ 283. Dahin fügen sich auch Verbindungen wie *ἅρμα φέρειν* Λ 533 ö. Vgl. die gleichwurzeligen Wörter *πορεύειν*, goth. faran. — 2) schwingen = heben = tragen; *φέρειν ἄχθος* = eine Last schwingen = to heave a burden. Engl. to heave bedeutet auch „schwingen, schleudern, werfen". Vgl. to carry a burden, womit wir begrifflicherseits wieder an faran, *πορεύειν* erinnert werden. — 3) bringen = in Bewegung setzen zum Redenden hin. — 4) fortschaffen, stehlen, rauben = to heave, to lift: lat. fur, *φώρ* = the lifter; lak. *ἰ-σφωρες* = the lifters. Alle anderen Verwendungen sind nur Specialisirungen eines dieser Begriffe. Bei Zugrundelegung des Bgr. „schwingen" für *φέρω*, fero, ist denn auch die begriffliche Identität von lat. fero und porto (spor-ta-re) gewonnen, welches letzteres wir als offenbares Denominativ aus (s)por-tus-a-um, geschwungen, und gleichstämmig mit por-ta, (geschwungen, gebogen =) Thor, mit por-tus G. us, Bogen, Bucht, bereits S. 556 erkannt haben; gewonnen ist auch der lautliche wie begriffliche Zusammenhang mit (*σ*)*πόρ-ος*, Schwung, Bewegung etc., *πορ-εύω*, in Gang bringen etc., mit goth. far-an etc.

Interessant sind die von Diefenbach I 261 zu goth. bairan beigebrachten albanischen Wörter: mparéiñ, tragen ‖ mpars, empfangen ‖ mpar, Korn (cf. lat. far) ‖ barë und barrë, Gras, Heu, Saat, *φορβή* ‖ pér-në, Frucht ‖ barre, Last ‖ praet. pruva, führte, brachte etc. Auch hier wegen des urspr. sp der Wurzel verschiedener Anlaut: in dem Anlaute mp könnte doch wohl Assimilation von s zu m vorliegen, wie in *πί-μπλη-μι, πί-μπρημι* κτλ.

185. Περσε-φόνεια

ist bei Homer nirgends eine schreckhafte Gottheit. Das Epitheton ἐπαινή bedeutet, wie Vf. im Philologus XXXVI S. 61 ff. glaubt nachgewiesen zu haben, nichts weniger als „sehr schrecklich", sondern ist = inclita, indem ἐπαινός direct aus ἐπ-αἴω gebildet ist, wie ὁ αἶνος, Lob, aus ἄιω: ἐπ-αι-νός: ἐπ-αἴω = κλυ-τός: κλύω. Und in dem Verse κ 534 = λ 47

ἰφθίμῳ τ' Ἀίδῃ καὶ ἐπαινῇ Περσεφονείῃ

stehen sich die Epitheta ἴφθιμος, erhaben, und ἐπαινός, inclitus, hehr, nicht entgegen, sondern als synonym parallel; ἐπαινὴ Περσεφόνεια ist synonym der anderen Bezeichnung ἀγανὴ Π. λ 213. 226. 635, ἀγνὴ Π. λ 386.

Gewiss mit Recht fasst man Persephone als „Symbol der im Frühlinge hervorsprossenden, fruchtbaren Erdvegetation" (Welcker, Jacobs, Preller etc.); nach Plutarch bedeutet P. den Frühling, nach Cicero de Nat. Deor. II 26 den Samen der Feldfrüchte, was, obgleich weniger bezeichnend, im Grunde genommen, auf gleiche Vorstellung hinausläuft. Im orph. Hymnus XXIX hat sie daher die Epitheta βιοδῶτις Vs 3 ‖ κόρη καρποῖσι βρύουσα Vs 10 ‖ λειμωνιάσιν χαίρουσα πνοῇσιν 12 ‖ sie wird angefleht mit den Worten καρποὺς δ' ἀνάπεμπ' ἀπὸ γαίης 17.

Derselbe Hymnendichter deutet den Namen aus φέρειν + φονεύειν (Vs 16):

Φερσε-φόνεια, φέρεις γὰρ ἀεὶ καὶ πάντα φονεύεις.

Diese Etymologie ist ebenso wenig zu gebrauchen, wie die gewöhnliche aus φέρειν + φόνος als „Todbringerin". Dawider sprechen schon allein die anderen Benennungen der Περσεφόνεια oder Περσε-φόνη (Hesiod. Th. 913, Hymn. Cer. 56), wie Περσέ-φασσα, Περσέ-φαττα, Φερσέ-φασσα, Φερσέ-φαττα, Φερρέφασσα, Φερρέ-φαττα.

Der Worttheil -φασσα erinnert lebhaft an παι-φάσσω st. πα-σφάσσω, an δια-φάσσειν· δια-φαίνειν (Il.) und weist uns hin auf Wf. φα, W. σφα, hauchen, glänzen, woraus -φασσα mit ganz gleicher Erweiterung hervorgegangen sein wird (vgl. S. 100). Der Worttheil -φόνεια, -φόνη erklärt sich aus derselben Wurzel, gerade wie der zweite Theil von Ἀργει-φόν-της

(S. 220), sei es dass spätere Volksetymologie aus ursprünglichem -φάνεια, -φάνη behufs Anklingung an φόνος die Formen -φόνεια, -φόνη umgestaltet hat, oder dass Aeolismus vorliegt, wie ja die Aeoler -φόντης statt -φάντης sprachen. Aber was ist der erste Theil von Περσε-φόνεια? Wie aus W. σπαρ ein πόρ-θος, πτόρ-θος = Spross (βλαστός H.) hervorgehen konnte, so auch ein (σ)περ-σός, hervorgesprossen, (σ)πέρ-ση oder (σ)περ-σή, Hervorspriessung = βλάστη, βλάστημα. Adjectiv-Bildungen mit dem Passiv-Suffix σός, σή, σόν = τός, τή, τόν haben wir bereits genugsam kennen gelernt, wie ῥυ-σός, γαμψός st. γαμπ-σός κτλ. Daraus entstehen dann, meist unter Zurückziehung des Accents, Substantive in σος, ση, σα, σον, wie z. B. νοῦ-σος aus W. σνυ ‖ κύρ-ση, urspr. Rundung, aus W. (σ)καρ ‖ φῦ-σα, Aufblasung, Aufgeblasenes, Blase etc. aus W. σπυ ‖ δόξα st. δόκ-σα, Gemeintes, Meinung | τέλ-σον, ἄλει-σον S. 312.

Für diese Herleitung des ersten Worttheils aus (σ)περ-σός bzw. ἡ (σ)πέρ-ση, τὸ (σ)πέρ-σον spricht die Aehnlichkeit der Bildung von

ἀ-κερ-σε-κόμης,

dem Epitheton von Apollo. Dasselbe hat zur Voraussetzung ein ἄ-κερ-σος, ungeschoren, das selbst ebenso wenig sonst nachweisbar ist, wie das Simplex κερ-σός = καρ-τός, cur-tus (vgl. κορ-σός = κορ-μός).

Darnach würde sich Περσέ-φασσα, Περσε-φόνεια, der wahren Natur der Göttin entsprechend, ganz einfach deuten als ἡ τοὺς βλαστοὺς, τὰ βλαστήματα φαίνουσα, die Sprossung, Wachsthum zum Vorschein bringende. — Für diese Deutung spricht auch laut die lakonische Benennung der Göttin Φλοιά, Hervorsprosserin S. 506.

Wie lat. Proserpina aus Περσεφόνη verdreht sein sollte, ist nicht recht abzusehen trotz Cicero Nat. Deor. II 26. Haben zudem doch auch die meisten übrigen Namen griechischer Gottheiten, wie Zeus, Here, Athene, Poseidon, Hephästus, Hermes, Aphrodite, Demeter etc. im Italischen besondere Namen sich gegenüberstehen. Zudem lässt sich Pro-serp-ina nach bereits alter Etymologie recht wohl aus dem Lateinischen deuten als „Hervorsprossende", wörtlich „Hervor-windende" (vgl. S. 369).

Denn lat. serp-o gehört zu W. sra+p und lautete früher sarpo, woher nach Festus sar-mentum st. sarp-mentum, begrifflich = πτόρ-θος, lautlich und begrifflich = ὄρπ-ηξ st. σρόπ-ηξ, vimen. Wenn Festus für sarpo den Bgr. schneiden bzw. hauen angiebt, so ist das nur ein abgeleiteter Begriff.

II. Mit dem ersten Worttheile von Περσε-φόνεια steht sichtlich in wurzelhaftem Zusammenhange der homer. Eigenname

Πέρ-ση.

Das Wort könnte bedeuten „die entsprossene". Aber das wäre doch ein zu vager Begriff und gäbe keinen brauchbaren Sinn in dem Mythus der Perse ab. Desto weiter würde uns der Bgr. „Schwingung" verhelfen. Perse ist Tochter des Okeanos, jenes um die Erde sich schwingenden Weltstromes; sie ist Gemahlin des Sonnengottes und von ihm Mutter der *Κίρκη* und des *Αἰήτης*, jenes Herrschers im Morgenlande und Hüters des goldenen Vliesses. *Κίρκη* ist doch wohl unzertrennlich von κίρκος, κρίκος, circus, und *Αἰήτης* nicht verschieden von ἀήτης, Wind, Morgenwind. Man könnte daher deuten: indem sich das Licht, der Helios, mit schwingender Bewegung, Perse, verbindet, d. i. sich in schwingende Bewegung setzt, wird dadurch erzeugt zunächst das goldene Morgenwehen (Aeetes) und dann die Kreisbahn der Sonne (Circe). — Doch, wie dem auch sei, jedenfalls passt der Name „Schwingerin" bestens auf Artemis; diese heisst daher auch Περσία (θεὰ ἡ Ἄρτεμις Hes.), wie ja ihr Bruder auch Πα-σπάριος heisst d. i. Schwinger bzw. Strahler (S. 31).

Aus ἡ πέρση, Schwung, deutet sich auch als „schwunghafter" bzw. „Schwinger" der Eigenname

Περσαῖος

im hom. Hymnus auf Demeter 24. Dieser Persaeus ist Sohn des Titanen *Κρῖ-ος* (Stösser) und der *Εὐρυ-βία* (= Weitkraft), ist Vater der *Ἑκάτη* (Schleuderin).

Bei Hesiod lautet der Name *Πέρσης* (Theog. 377. 409); die Verwandtschaftsverhältnisse sind auch nach ihm dieselben; nur erfahren wir auch noch den Namen seiner Gemahlin, *Ἀστερία*, welcher Name in der vorgetragenen Etymologie nur bestärken kann. — Auch der Name

Περ-σ-ενς

liesse sich als der mit Schwung versehene oder beschwingte fassen. Man denke an die geflügelten Sohlen und den unsichtbar machenden Helm des Hades, womit er sich über die weitesten Länderstrecken schwingt. — Es stände freilich auch nichts` im Wege, sowohl Perseus, als Perse, als Persaeus direct als Lichtgottheiten zu fassen, indem ja W. σπαρ auch den Bgr. strahlen darstellt, wiewohl auch „schwingen, schleudern, schiessen", zumal in mythologischen Beziehungen, so gern auf Bgr. „strahlen" hinausläuft, wie wir bereits S. 31 ö. gesehen haben. Jedoch in mythologische Dinge wollen wir uns hier nicht weiter .einlassen.

Wenn Aeschylus περσέ-πτολις, Aristophanes περσέ-πολις, Städte zerstörend, gebildet haben, so wird auch hiervon der erste Worttheil auf ein Nomen περ-σός „zerstörend" zurückführen, das ganz regelrecht von dem aus W. σπαρ gleichfalls hervorgegangenen πέρ-θω gebildet ist: haben doch auch die Verbaladjective in τός so oft active Bedeutung (L. Meyer II 306 ff.). Die Verbindung der beiden Worttheile ist dieselbe wie in ἀκερσε-κόμης von ἄ-κερ-σος „ungeschoren".

186. *Φρίξ, φρίσσω, Φρίξος.*

Neben σφρίγος findet sich auch φρίγος, das Schwellen, Strotzen (= σπαργή, σφριγᾶν = σπαργᾶν) mit Abfall von Sigma. Wf. σπρι und σφρι = W. σπαρ haben wir unerweitert auch sonst vielfach kennen gelernt, z.B. in σφρι-ή = σπαρ-γ-ή ¦ ὅ-σπρι-ον = κύ-αμος (: W. κυ), sich Blähendes = Schotengewächs ἀ-φρί-νος = φέρ-νιον, φορ-μός, spor-ta etc. S. 288. Und so geht auch φρί-ξ aus Wf. σπρι, σφρι hervor mit dem aus Bgr. „schwingen" sich ergebenden Begriffe unruhiger Bewegung = Schauern. Bei Homer findet sich φρίξ nur in Anwendung auf's Meer, wenn die Oberfläche desselben unruhig wird, aufschauert. *Il 63 f.*

οἵη δὲ Ζεφύροιο ἐχεύατο πόντον ἔπι φρίξ
ὀρνυμένοιο νέον, μελάνει δέ τε πόντος ὑπ' αὐτῇ,
τοῖαι ἄρα στίχες εἴατ' Ἀχαιῶν τε Τρώων τε.

Die so in wallende Unruhe versetzte Meeresfläche heisst

dann auch selbst φρίξ δ 402, Φ 126, Ψ 692. Erst späte Schriftsteller, wie Oppian, gebrauchen das Wort auch vom sturmartigen Aufwallen des Meeres. Von Menschen und Thieren angewandt, bedeutet φρίξ nebst φρίκη, φρῖκος den Zustand der Erregtheit, welchen wir „Schauer, Schauder" nennen; derselbe tritt besonders auch bei Kälte und Fieber ein; daher ist φρίκη auch „Fieberfrost". Lat. fri-g-eo entstammt nach dieser Begriffsvermittelung gleicher Wurzel mit G-Erweiterung; unser frie-r-en st. frie-s-en, ags. frýsan, engl. freese, altn. frjósa (mit fraus, frusum) etc. bieten S-Erweiterung der Wf. σπρι bzw. σπρυ. Auch engl. fri-gh-t, Fur-ch-t, alts. for-h-t, goth. faúr-h-t-s, lat. for-m-ido etc. gehen auf WW. σπαρ-σπιρ-σπυρ zurück als „Erregtheit, Schauder". Und dieses Nebeneinanderbestehen der gleichbedeutigen Wörter „ohne Lautverschiebung" weist gerade auf W. σπαρ-σπιρ-σπυρ hin. — Von φρίξ ist

φρίσσω

statt φρικ-ιω nur Denominativ. Wie Homer dies Zeitwort verstanden haben will, und dass es nicht = „starren" ist, geht aus dem vorhin aus Ⅱ 63 beigebrachten Vergleiche hervor; denn Homer erläutert damit den Ausdruck

τῶν δὲ στίχες εἵατο πυκναί,
ἀσπίσι καὶ κορύθεσσι καὶ ἔγχεσι πεφρικυῖαι.

Die Schilde, Helme und Lanzen der dasitzenden Kriegerreihen sind in fortwährender Bewegung und bieten eine bewegte, wogende, aufschauernde Oberfläche dar, bilden aber keine „starre" Masse. — Von sich bewegenden, im Marsche befindlichen Heereshaufen steht Δ 281

δήιον ἐς πόλεμον πυκιναὶ κίνυντο φάλαγγες
κυάνεαι, σάκεσίν τε καὶ ἔγχεσι πεφρικυῖαι.

Vgl. N 339 ff. — Von auf- und niederwogenden Saatfeldern ist das vom Meere entlehnte Bild angewendet Ψ 597 ff.

τοῖο δὲ θυμός
ἰάνθη, ὡς εἴ τε περὶ σταχύεσσιν ἐέρση
ληΐου ἀλδήσκοντος, ὅτε φρίσσουσιν ἄρουραι —

d. i. „wenn die Saatfelder aufschauern", in wogende Bewegung gerathen. Das vom Thaue erfrischte auf- und niederwogende Saatfeld vergleicht sich passend dem freudig erregten Herzen, aber nimmer ein „starrendes" oder gar „mit Halmen starrendes

Saatfeld". Man übersetzt daher ganz falsch „wenn die Saat-
fluren von Halmen starren"; zudem steht von „Halmen" nichts
bei φρίσσουσι.

Auch *N* 473, *τ* 446, wo das Wort vom zornigen Eber gebraucht wird, haben wir nicht an ein unbewegliches Starren
der Borsten zu denken, sondern an ein wechselndes Auf- und
Niederheben, -wogen derselben, wie es naturgemäss ist. *Δ* 383
und *Ω* 775 steht φρίσσω mit einem Accusativ der Person: vor
Jemandem schauern, schaudern. Auch hier haben wir die ge-
kennzeichnete Bewegung, wenn auch in übertragener Anwendung, zu erkennen; an eine „Gänsehaut" zu denken erscheint
denn doch allzu unpoetisch.

Nach dem Vorgange Homers gebraucht Hesiod φρίσσω
öfters vom Emporsträuben der Haare Scut. 171, Op. 538, Scut.
391, wie auch vom Frostschauer Op. 510.

In welchem Sinne sich hieher Φρίξος fügt, haben wir
S. 204 gesehen.

187. Ἄρτεμις.

möge diesen Band beschliessen. Wir haben diese Göttin S. 56
als Ἑκά-τη „Schützin", S. 287 als Ἀ-φραττος, S. 591 als
Περσία (beides v. W. σπαρ) = „Schwingerin, Schleuderin,
Schützin" kennen gelernt, wie ihren Zwillingsbruder S. 31 als
Ἀ-πόλλων (σπαλ), S. 56 als Ἑκ-ατος, beides = „Schütz".
Analogen Begriff gewinnen wir für Ἄρτεμις, sobald wir von
Sec.-W. σρα-τ, ρα-τ „schwingen" (S. 364 ff.) ausgehen. Man
vergleiche ἄρτ-αμος, Schwinger, Schläger = Schlächter, Mörder,
neben ρατ-ών· σφαγεύς H. ‖ ἀρτ-έμων a)= σί-παρ-ος (σπαρ)
S. 337, b) = Schwängel, Kolben; cf. ρατ-άνη· τορύνη H. ‖
ἀρτ-ηρ-ία sc. φλέψ, Schlag-ader ‖ ἀρτ-άνη, Schlinge ‖ ἀρτ-
εμ-ής, schwunghaft, kräftig *E* 515 ö. ‖ ἀρτάω = lat. pendere
(: W. spand, schwingen, Fick I 253 „schwingen lassen = wägen,
aufhängen") κτλ. Ἄρτ-εμ-ις könnte hiernach stehen für Ἀ-ράτ-
εμ-ις st. Ἀ-σράτ-εμ-ις oder metathesirt sein aus Ῥάτ-εμ-ις st.
Σράτ-εμ-ις. In beiden Fällen ergiebt sich „Schwingerin, Schleuderin, Schützin." Die Pfeile Apollo's (cf. παλ-τόν, missile) symbolisiren die Strahlen der Sonne, die Pfeile der Artemis die
Strahlen des Mondes. Fort daher mit der Deutung Ἄρτεμις
= ἀέρα τέμνουσα!

Indices.

I. Verzeichniss von Lautregeln.*)

ἀ euph. vor ϝ 31.

ἀ euph. vor sigmatisch-anlautenden Consonantengruppen (σπ, σφ, σβ, σκ etc.) 32 f. 60. 303. 321. 323 ff. 389. 502 ff. 519 ff. 557 ff.

ἀ euph. Zeuge für dahinter ausgefallenes σ bzw. für urspr. sigmatischen Anlaut der Wurzel 31 f. 59. 62 f. 131 ff. 150. 179. 285—320. 303. 309. 323 ff. 340. 347 f. 502 ff. 519 ff. 557 ff. ö.

ᾱ für ασ 32. 383. (509) ö.; lat. ā st. as 509 ö.

αι Ersatzdehnung für ασ 64. 100. 218. 262 ff. 268. 429 f. 433 f. 457. 468 ö.

β im Anlaute neben σπ, φ, π 96. 207. 209. 260. 282. 283. 500 ff. lat. b neben (σ)π 182.

β im Anlaute st. σβ 260. 267 ö.

βδ im Anlaute = σβ, wie πτ st. σπ 36. 267 ff. ö.

γ im Anlaute st. σγ 337 ö. (neben σκ).

δι in Compp. = διο, zer- 95 f.

Digamma vor σ ausgefallen 3.

ἐ euph. vor ϝ 31.

ἐ euph. vor σπ, σκ etc. 321. 344 ff.

ἐ euph. Zeuge für früheren sigmatischen Anlaut der Wurzel 31. 34.

38. 60. 178. 202. 344—378. 322 ff. 327 ff. 502 ff. 519 ff. 557 ff.

ἐ st. σε, Reduplication 276. 321 f.

ει Ersatzdehnung für εσ 100. 183. 202. 218. 220. 348. 360 f. 364 ff. 373 ö.

ζ bei Homer nicht = δι- 4 f.

ῃ Längung von anlautendem ἀ 53.

η st. ασ 26. 64. 75. 105—108. 218. 254. 258—261. 263. 395. 446 f. 406—428 (besonders auch im Anlaute ῃ st. ἀ-σ)

ϑ im Anlaute st. σϑ 347. 497.

ϑ nie = lat. f 35 ff. ö.

ι Reduplication vor vocalisch anlautenden Stämmen 343 f.

ι Reduplication st. σι 336.

ι desgl. st. σι Red. 67. 127. 138. 276. 323 ff. 333 ff. 336 ff. 339—344. 493.

ῑ st. ισ 64. 65. 93. 95. 104. 265 f. 269. 336. 337. 342. 347. 455 ö.

κ im Anlaute st. σκ 171. 248. 264. 320. 342 f. 497 ö. (s. das hom. Wörterverzeichniss unter κ).

κτ im Anlaute st. σκ 215. 217. 342. 343 ö.

λ im Anlaute st. σλ 263. 349 ö.

*) Allgemein bekannte Lautregeln, soweit solche unanfechtbar, sind hier nicht verzeichnet.

(s. Buchst. λ im hom. Wörterverzeichnisse).

μ im Anlaute st. σμ 39. 264. 293 f.
420 ff. ö. (s. μ im hom. Wörterverzeichnisse).

ν im Anlaute st. σν 202 ff. 338 ff. ö.
(s. ν im hom. Wörterverzeichuisse).

ξ im Anlaute st. σχ 340. 343 ö.

ὁ euph. vor σπ, σχ etc. 2. 32 f.
38. 274. 321. 521 ö.

ὁ euph. Zeuge für früheren sigmatischen Anlaut der Wurzel 33.
60. 138. 281—285. 309. 327. 331.
390 f. 498. 503 ff. 519 ff. 556 ff.

ō st. οσ 32. 390; lat. ō st. os 33 ö.

οι st. οσ 131. 138 ö. 503.

οι aus οϝι 143. 115. 291.

π im Anlaute st. σπ 74 ff. 143.
168. 213 ff. 223. 249 ö. (s. π im
hom. Wörterverzeichnisse).

πτ im Anlaute regelmässig st. σπ
36. 72 f. 101 f. 145. 158. 166 f.
235. 322 ff. 502 ff. 519 ff.

ῥ im Anlaute st. σρ 356 ff. (s. ῥ
im hom. Wörterverzeichnisse).

Reduplicationsweisen der sigmatisch anlautenden Stämme bzw.
Wurzeln 277. 279. 321. 337. 382.

Secundärwurzeln; ihre Entstehung 346.

σ durch Ersatzdehnung vertreten:
s. ā, η, ι, ō ω, αι, ει, οι.

σ assimilirt zu β 260.
„   γ 171. 559 ö.
„   χ 176. 284 ö.
„   λ 348 ö.
„   μ 38. 67. 117 ff. 176.
        179. 184. 268. 275.

277—279. 283. 338.
340. 384.°436. 508 ff.
535. 536 ö.

σ assimilirt zu ν 202. 252. 355.
384 ö.
„   π 67. 125. 134. 138.
        180. 184. 279 f. 325.
        383 ö.
„   ρ 356 ff. 360 ff.
        367 ff. 369 ff. 381 ff.
„   τ 285. 301 ff. 354.
        497.

σα Reduplicationssilbe bei sigmatisch anlautenden Stämmen bzw.
Wurzeln 383—386.

σε- desgl.: 321.

σι- desgl.: 337—339. 65. 127. 260.
336. 467. 477 ö.

Stammkürzung, Stammvocal ausgestossen 106. 220. 238. 239.
273 f. 455. 497 ö.

σφ im Anlaute st. σπ: 72 ö. (s.
homer. Wörterverzeichniss).

τ im Anlaute für σ 382 ff.

τ im Anlaute für στ 301. 33 ö. (s.
homer. Wörterverzeichniss).

τα Reduplication st. σα 379 f.

ū st. ϝσ 97 f.

Umstellung 147. 151 f. 156 f. 224.
367. 375 ö.

φ im Anlaute st. σπ: 41 f. 62 f. 73 f.
96. 223. 322—329; 502—511.
519—529 ö. — lat. f = φ = σπ:
35. 62. 323 ff. 502 ff. 519 ff.
579 ff. ö.

χ im Anlaute st. σχ: 339. 557—560 ö.

ψ im Anlaute stets f. σπ: 36. 72 ö.
322 ff. 502 ff. 519 ff.

ὠ st. ὀσ 498. 503. 584 ö.

II. Begriffsvermittelungstabelle.*)

Abend = Dunkel, ζόφος etc. 426 ff.
558.

all s. ganz.

alt a) = herangewachsen, b) = greis,
grau, c) = gebückt, gebogen 274 f.
422. 455 ö.

Anfang = Eröffnung 6. 510; s.
Oeffnung.

arbeiten = sich mühen, keuchen
213 ff. 303 ö.

arm (215) = darbend, s. darben,
bedürfen.

aufhören = respirare, erathmen
173 ff.

Auge a) = Leuchte 105. 296. 420.
b) = Kreis, Rundung 489.

backen = brennen 75. 282. 586 ö.

bauen (5) = wohnen machen, s.
wohnen.

Baum = Gewachsenes 111 f.

bedürfen = begehren, aspirare
etc. 6. 215 etc.

berühren = streifen, fegen, fachen
250. 295 ö.

beten = sprechen, tönen 3. 570.

biegen, beugen a) = bauschen,
b) = schwingen (cf. pandus) 34.
40. 162. 163. 164 ff. 237. 272.
274 f. 295. 328. 421 f. 435 ff. ö.

binden = biegen, schlingen, schwingen, winden 422 ö.

Bissen a) = Happen, snap (cf.
schnappen, jappen, aspirare) 181.
252. b) = Brocken 320. 560.

blähen = aufblasen 324 f. 506.
522 f. 558. ö.

blass = weiss, hell 132 ö.

blicken a) = blinken, leuchten
95. 102 f. 105. 244. 295. 508.
b) = zielen, treffen 490.

blühen s. sprossen (506 ö.).

bohren = Oeffnung machen (forare) 528.

brennen, glühen 5. 38. 40. 63.
75. 135. 169—173. 228. 229 ff. 248.
274 f. 282. 359. 508. 524. 559 ö.

Brust (mamma) = Wölbung, Schwellung 36. 63. 70. 396 ö.

Diener = ποιπνύος, ἅτ-μενος, ἁτμήν, δοῖλος, ἁ-πτάς, πέν-ης, θής etc.
(keuchend) 215. 271. 340. 366. 396.
503. 558 ö.

dumm, thöricht = fatuus, τετυφωμένος, umnebelt, beduselt etc.
63. 155. 504 ö.

dunkel, düster a) = ἠερόεις,
engl. dusty, b) = rauchig, recky etc.
oder c) = schmutzig, μέλας, d) bedeckt, verhüllt, obscurus. S. 8.
295. 427. 504. 524. 526. 558 ö.

eilen, hasten = schnaufen, ποιπνύειν, σπείδειν etc. 63. 152 ff. ö.

*) Es handelt sich hier nur darum, dem Leser die Möglichkeit zu verschaffen, einige öfter herangezogene Begriffe bezüglich ihrer Vermittelung zu verfolgen, soweit solche in dem Lexilogus gegeben wird. An den resp. Stellen wird man weitere Analoga finden. Auch wolle man im Wörterverzeichnisse die Wörter der bezügl. Begriffe nachsehen. Im Allgemeinen sei übrigens auf die Begriffsscalen 322—329 (W. σπι), 502—511 (W. σπαλ), 520—529 (W. σπαρ), 557—560 (W. σκαλ) verwiesen. Vielleicht findet sich später Gelegenheit und Raum, ein förmliches Begriffsverzeichniss mit Angabe der betr. Wörter aus den verschiedenen Wurzeln (wie z. B. unter „Diener" angedeutet ist) zu liefern.

Ende = Rast, Ruhe, Aufathmen
176. 327 ö.

fachen, fächeln = wehen 39. 66.
128. 236 ö.

fallen = schwankend werden,
(schwingen) 262. 265. 272. 278 ö.

fangen = haschen, schnappen (jappen) 354 ff.

faulen = dunsten, stinken 36 ö.

fegen = fachen, wehen 41. 42. 141.
250. 272. 500. 503 ö.

Fenster = Oeffnung, spiramen 99 ö.

Feuer, Flamme = πεμφίς etc.
168 ff.

finster s. dunkel.

flattern, fliegen, fliehen 167 ff.
241. 327 f. 509. 525. 559 ö.

fliessen 352. 505 etc.

fördern, helfen, nützen = gedeihen-machen, blähen, schwellen
6. 331 ö. (vgl. 5. 34. 278. 498 ff.
506.)

fressen, essen = schnappen, jappen 375. S. schlucken.

Friede s. Ruhe; Frist, desgl.

füllen = blähen, schwellen 297.
506 ö.

fürchten, schrecken, scheuen, beben etc. = erschüttert-, bestürmtwerden, erregt sein, to flutter etc.
7. 40. 235. 236. 528 etc. cf. fliehen.

füttern, nähren = füllen, mästen,
blähen 52. 324. 392. 522 ö.

ganz = voll, gebläht 118 ö.

gebären s. zeugen, sprossen. Vgl.
587. 183 etc.

gehen, eilen = sich schwingen,
sich bewegen etc. 267. 352 ö.

giessen = ἐκφυσᾶν, φυσᾶν 36.
132 ff. 503 ö.

Glanz = aura, πεμφίς, halitus etc.;
glänzen, schimmern 5. 6. 38. 40.
61. 63. 70. 76. 100. 113. 132. 153.
173. 206. 223 f. 228 f. 326. 501.
508. 524. 559 ö.

Glut = (warmer) Hauch; s. brennen; vgl. Kälte = (kalter) Hauch.

gross a) = gedehnt, gebläht 5. 38.
73. 131 300. 325. 333 ö., b) = geschwungen, gewaltig, engl. swinging 468. 492 ö.

günstig-, gewogen-sein = spirare, πνεῖν etc. 62. 273 f. 327.
337. 410. 509 ö.

Haar, Mähne = Flatterndes, Wehendes 236. 241. 347 ö.

hauen = to blast, to fan, blow etc.
2. 36. 39. 40. 63. 69. 163. 291.
296. 337. 369. 509 f. 559 f. etc.

Haufen = Schwellung 2. 63. 116 f.
299. 396 ö.

häufig = viel, völlig - gebläht
2. 299. 522 ö.

Haus s. Wohnung.

hohl = bauschig, bauchig, gebläht, windig etc. 63. 116 f. 129.
136. 325 ö.

hüllen a) = bauschen 225 ö., b) umschwingen 455. 457. 461. 479 ö.

Hunger 63. 215.

jung a) = wachsend, ad-ol-escens
170, b) = prall, drall, schwunghaft 423. 491 f. 517, c) = lebhaft, lebendig, frisch 6 f. ö.

Kälte a) = (kalter) Hauch 134.
174. 252. 274. 358 ö, b) = Schauer
etc. 260. 593 ö.

klaffen = to breathe, hiare, gähnen, athmen 65. 329. 510. 560 ö.

klein = verhauchend, verschwindend 39. 40. 73. 135. 326 ö.

kochen = brennen 75. 282 ö.

Kraft a) Schwung 315. 357, b) Macht,
Grösse, Fülle, Schwellung 299 ö.

laufen = stürmen, stümen, θένω
etc. 42 ö.

leben = hauchen, athmen (6.
260 etc.).

leer = öde, windig, hohl etc. 6.
174. 326. 363 f. ö.

Loch ⚹ Oeffnung, spiraculum etc.

lösen = lüften, öffnen 349. 528 ö.

Mangel, Noth s. darben, bedürfen.

matten, ermatten = keuchen, jappen 63 ö.

mehren = schwellen, blähen 499 ö.

merken = erwittern etc. 143 ff. 522 etc.

Mühe s. Arbeit; sich mühen = keuchen 40. 214. 215. 303. 323 ö.

nähren = füllen, wachsen-, schwellen-machen (blähen) 52. 186. 396. 506 ö.

nützen = gedeihen-, wachsen-machen, schwellen 6. 331. 498 ff. ö.

Oeffnung = spiraculum 6. 35. 39. 63. 71. 153. 175. 219. 295. 322. 524. 528 ö.

Qual = Mühe, Keuchen 215 ö.

quellen = hervorströmen, hervorblasen, φυσᾶν 136. 157. 222. 228. 263. 324. 504 f. 522. 558.

Raum, Platz = Oeffnung 511. 528 ö.

reden = tönen 2. 5. 40. 46. 48. 48. 61. 67. 360. 376. 377 ö.

Reichthum = Fülle, Blähung, Wachsthum 116 f. 238. 324. 392. 506.

reissen, zerreissen = spalten, öffnen etc. 128. 345. 510. 560 ö.

Ritze = Spalt; Oeffnung, spiraculum 63. 358 ö.

roth = feurig, glühend 113 f. 326. 356 ff.

Ruhe, Rast = Aufathmen 5. 25. 173—176. 271 ff. 357. 361 f. 509. 525. 559 etc.

sättigen = füllen, blähen 52 ö.

saugen = einathmen 2. 128. 181. 272. 348 f. 396 ö.

schädigen, bald = verderben, bald = schlagen.

scheiden, schneiden = spalten 127. 308. 528. 560 ö.

scheuen, schaudern, schrek-

ken, fürchten 7. 40. 235—237. 268. 279. 302. 367. 378. 593 ö.

schimmern s. glänzen.

schlagen, to blast 158. 221. 227. 235. 241. 272. 314 ff. (s. hauen und schwingen).

schlucken = einathmen 2. 128. 181. 348 f. 357. 396. 427. 502.

schlürfen = einathmen 357. 502 ö.

Schmutz, Koth = Stinkendes 33. 39. 296. 308. 323. 503. 521. 558 ö.

schön = glänzend.

schütten ἐκφυσᾶν 130. 131 ff. 136.

schwarz s. dunkel.

schwellen = blähen, aufblasen.

schwinden = verhauchen, verduften 216 ff. 326. 508. 524. 559 ö.

schwingen = fachen etc. 2. 5. 39. 68—70. 125. 128. 131. 155. 158. 221. 222. 250 f. 256 ff. 268 f. 272 f. 278. 301. 337. 358. 419. 421. 423 f. 431. 459. 503. 509. 525 f. 559 f. 588 ö.

sehen 95. 101. 105. s. blicken.

singen = tönen.

sitzen = ruhen 25 ö.

Spalt = Oeffnung.

spalten = öffnen, to breathe etc. 36. 39. 71. 127. 133. 220. 329. 378. 510. 528. 560.

sperren 527.

sprechen = tönen, hauchen 61 ff. 77 ö.

springen 526. 528 ö.

sprossen = ἐκφυσᾶν, hervorquellen, hervorblasen 138 ff. 289. 358. 496. 506 ö.

Stärke s. Kraft.

stechen = öffnen, spalten 226 ö.

stehen = ruhen 301; s. Ruhe.

sterben = verhauchen 2. 38. 216. 217. 218. 272 ö.

sticken, ersticken = dämpfen 154. 323. 392 ff. ö.

stolz = aufgeblasen 36. 332 ö.

streben = anhelare, aspirare etc.

streichen, streifen s. berühren.

suchen = erwittern, erschnüffeln etc. 95. 143 ff. 341. 352. 361 ö.

Tag = Helle 26. 206. 420 ö. (vgl. 4).

theilen = spalten, öffnen 5. 40. 510 ö.

Thür = Oeffnung, spiraculum 6. 99. 175. 227. 329. 528 ö.

tödten = verhauchen machen 216. 217. 218. 508 ö.

tönen (in allen Nüancirungen) = wehen, hauchen 2. 3. 26. 38. 40. 46. 47. 60. 61. 63. 65. 67. 68. 70. 71. 73. 90. 201. 206. 221. 222. 227. 248. 272. 277 ff. 325 f. 339. 358. 507 f. 523 f. 559 ö.

tragen = to heave, schwingen etc. 588 ö.

trinken = saugen, schlucken, schlürfen, einathmen 181. 348 f.

verderben, vernichten=schwinden machen 73. 217. 326. 524 ö.

viel = gehäuft, gebläht 2. 299. 522 ö. (s. Haufen, füllen).

wachsen a) sprossen, b) blähen, schwellen, mehren 139. 170. 392 ö.

wegen, bewegen == schwingen etc. 100. 125. 158. 235 ff. 328. 352. 588 ö.

wehren = umfriedigen, umschwingen 585 ö.

weiss s. glänzend.

winden == schwingen (s. biegen) 237. 328 ö.

wogen 424 ö.

wohnen = leben, athmen 5. 63 ö.

Wohnung 5.

Wunde = Spalt, Oeffnung 219 f. 342. 510 etc.

zähmen 422.

zerstören s. vernichten.

zeugen, erzeugen = hervorquellenmachen, hervorblasen; $\varphi v\sigma\tilde{a}\varrho$ 112. 137 ff. 139. 140 ff. 171 f. 178. 324. 504 ff. 522. ö. S. sprossen.

zittern 268. 279. 509 ö. s. scheuen, schaudern, fürchten.

Zorn a) == Aufwallen, b) = tumor 292. 506. 558 ö.

III. Verzeichniss einiger Primärwurzeln von besonderer Wichtigkeit.*)

† $\dot{a}$-$\dot{\iota}$-$\dot{v}$, hauchen etc. p. IV. 474.

† $\dot{a}\delta$-$\dot{\iota}\delta$-$\dot{v}\delta$, hauchen, duften, blähen etc. [a—n]. Bildungen aus $\dot{a}\delta$ 271. 380 ‖ aus Wf. $\delta\delta$ 145 aus $\dot{\iota}\delta$ 186. 323 c ‖ aus $\dot{v}\delta$ 271.

† $\dot{a}_F$-$\dot{\iota}_F$ [a—n] 46. Bildungen aus $\dot{a}_F$ bzw. $\dot{\iota}_F$, $\dot{v}_F$ s. in Tabelle IV die Wörter mit den Anlauten

$a\dot{v}$, $\varepsilon\dot{v}$, $o\dot{v}$, $\dot{o}_F$, desgl. mit der Redupl. $\dot{\iota}$ ‖ Bildungen aus $\dot{\iota}_F$ 46.

† $\dot{a}\vartheta$-$\dot{\iota}\vartheta$-$\dot{v}\vartheta$, hauchen, blasen, blähen etc. [a—n] 170. 204. Bildungen aus $\dot{a}\vartheta$ 204 ‖ aus $\dot{\iota}\vartheta$ 170. 271. 391 ö. ‖ aus $\dot{v}\vartheta$: $o\dot{v}\vartheta$-$a\varrho$ $\varkappa\tau\lambda$.

† $\dot{a}\varkappa$-$\dot{\iota}\varkappa$, schwingen, treffen etc. 407. 552. Bildungen aus $\dot{a}\varkappa$ 448. 552 ö.

---

*) Das Zeichen † bedeutet „nähere Behandlung folgt im 2. Bande"; das Zeichen [a—n] besagt, dass die Wurzel in ihren Schösslingen die ganze Scala der Begriffe von a bis n, wie z. B. W. $\sigma\pi a\varrho$ S. 520—529 durchläuft.

aus Wf. *ὀκ* 490 ‖ Wf. *ὠκ* 95 f.
344. ‖ *ἰκ* 32. 328 407. 552 ö.

† *ἀλ*, hauchen, duften, tönen, blähen
etc. [a—n] 48. 52. 118. 171. 216.
309. 343. 392. 395. 426 ö. ‖ aus
Wf. *ἐλ* 380 ‖ aus Wf. *ὀλ* 170 f.
216. 395. 398 ö. ‖ *ὠλ* 226.

† *ἀν-ἰν*, hauchen, duften, blasen,
blähen etc. [a—n]. Bildungen
aus *ἀν* 1. 6. 62. 137. 139. 170.
176. 244. 410. 496 ö. ‖ aus Wf.
ἐν 200 f. 217. 220 ‖ aus Wf. *ὀν*
33. 201. 503 ö. ‖ aus *ἰν* 206 ‖
Guttural-Erweiterungen 172. 214.
292. 550. 553. 554 N. ö. ‖ Labial-
Erw. 248 ‖ Dental-Erw. 33. 206.
254. 496 ö.

† *ἀπ-ἰπ*, schwingen, treffen etc.
104. 407. Bildungen aus *ἀπ* 104.
410. 490 ‖ aus Wf. *ὀπ* 490 ö. ‖
aus *ἰπ* 86. 104. 407 ö.

† *ἀσ-ἰσ-ῐ́σ*, hauchen, athmen,
blähen etc. [a—n] 25. 87. 137.
Bildungen aus *ἀσ* noch 33. 237.
251 ö. ‖ aus Wf. *ἐσ* 25 ‖ aus *ἰσ* 25.
87. 294 ‖ aus *ῠσ*: *ὕσ-τρος*, *ὑσ-
τέρη*, û-terus etc.

† *ἀχ*, hauchen etc. [a—n] 7. (*ἰχ-ὐχ*)

† *δα-δι-δυ*, hauchen [a—n] etc. 5.
171. 183. 503. Bildungen aus *δα*
5. 7. 85. 183 ö. ‖ aus Wf. *δε* 5.
7. 422 ö. ‖ aus *δι* 4 ö. ‖ aus *δυ*
503 ‖ Wurzel-Erw. mit *ϝ* 4. 5 f.
171 ö. ‖ mit *μ* 5. 171 ‖ mit *ν* 248.

† *ϝα-ϝι*, hauchen, athmen (leben),
duften etc. [a—n] 137. 220. Bildungen aus *ϝα* 3. 6. 57. 132 ö. ‖
aus Wf. *ϝε* 509 ‖ aus *ϝι* 347, *ϝί-
ον*, vi-ola, Duftiges *κτλ*. ‖ Erweiterung mit *σ* 137. 172. 217 ö. ‖
mit Gutturalen 12. 21. 139. 196.
406. 371 ö. ‖ mit Labialen 12. 139 ‖
mit *λ* 98 ‖ mit *ρ* 57 etc.

† *ζα-ζι-ζυ*, wehen, athmen (leben),
duften, blasen, blähen etc. [a—n]

5. 6. 165. 341. 393. 397. 487 ö. ‖
Wf. *ζα-ϝ* 393. 397 ‖ Guttural-
Erweiterungen 6. 398. 514 ‖ La-
bia -Erw. 248. 295. 513 ö. ‖ Erw.
mit *σ* 393 ‖ mit *λ* 283. 341. 384 ‖
Bildungen aus *ζι* 341 ‖ aus *ζυ*
341 ö.

† *θα-θι-θυ*, hauchen, duften, blähen etc. [a—n] 1 f. 396. 423.
424. Bildungen aus *θα* 36. 396.
423 ö. ‖ aus *θι* 1. 396. 424. 503 ö. ‖
aus *θυ* 1 f. 6. 69. 125. 144. 170.
247. 251. 336. 396. 423. 504 ö ‖
Erweiterung mit *μ* 1 f. ‖ mit *ν*
2. 217. 423 f. ‖ mit *λ* 139. 395 ff. ‖
mit *ρ* 281. 424 ‖ mit *ϝ* 1. 2. 38. ·
396. 423 ö. ‖ mit *σ* 3 ‖ mit Labialen 34. 248. 336 ö. ‖ mit Gutturalen 396. 424 ö. .

† *σα-σι-συ*, hauchen, athmen(leben)
[a—n] 137. 336. Bildungen aus *σα*
6. 7. 25. 52. 137. 170. 241. 251. 266.
336 ö. ‖ aus *σι* 137. 333. 336 ö. ‖
aus *συ* 137. 336 ö. ‖ Labial-Erw.
144. 181 ‖ Guttural-Erw. 181. 371
‖ Erw. mit *λ* (*σα-λ*, *σί-λ*) 205.

† *σβα-σβι-σβυ*, wehen etc. [a—n]
(= *σφα-σφι-σφυ* = *σπα-σπι-σπυ*)
209. 260. 267—269. 279. 384.
500 ff. ‖ Bildungen aus *σβα* 36. 64.
72. 96. 115. 166. 260. 267 ff. 279.
314. 384. 385 etc. ‖ aus *σβι* 260.
347 ö. ‖ aus *σβυ* 209. 267. 279.
337 f. 384 ö. ‖ Sigma-Erw. 392 ff.
429 ‖ Erw. mit Liquiden 259. 263.
279. 283. 338. 384 ff. 500 f. 504.

† *σγα-σγι-σγυ*, blasen, blähen etc.
= (*σκα-σκι-σκυ*) [a—n] 263 ff.
337 f. ‖ Erw. mit *λ* (*σγα-λ κτλ*.)
310. 337 ö.

† *σϝα-σϝι-σϝυ*, blasen, blähen,
duften etc. [a—n] 217. 272 f.
556. Dazu Sec. WW. *σϝα-δ*, *σϝα-ν*,
σϝα-ρ κτλ.

† *σθα-σθι-σθυ*, wehen etc. [a—n]

18. 346 f. 497 f. ‖ Erw. mit λ
346 ‖ mit ρ 347 f.

† σκα-σκι-σκυ (σχα-σχι-σχυ) [a
—n] 151. 171. 258. 340. 343. 479 ö.
‖ Bildungen aus σκα 171. 217.
258. 333. 340. 345. 479 ö. ‖ aus
σκι 151 N. 258. 319. 340. 343.
345 ö. ‖ aus σκυ 139. 151 N. 338.
339. 340. 479 ö. ‖ Erw. mit ϝ 171.
320. 347 ö. ‖ mit Dentalen 33. 95.
171. 339. 345 ö. ‖ mit Labialen
490 f. ‖ mit ν 217. 337. 338. 342 f.
344 ö ‖ mit λ: σκαλ-σκιλ-σκυλ
557—563 ‖ mit ρ: σκαρ-σκιρ-σκυρ
423. 33. 284. 320. 419. 474. 497 ö.

· † σλα-σλι-σλυ, wehen, duften,
gleissen etc. [a—n], mit allen
möglichen Erweiterungen etc.
308—319. 348—351. 426—429.
Vgl. 20. 33 f. 509 ö.

† σμα-σμι-σμυ, hauchen, blasen,
blähen etc. [a—n] 39 f. 293—300.
Bildungen aus σμα 39 f. 293 ff.
299 ö. ‖ aus σμι 39. 40. 299 ö. ‖
aus σμυ ebendas. u. 300. 424 ff.
‖ Erweiterungen aller Art mit ϝ
(295 f.), mit Gutturalen, Dentalen
etc. 39 f.293—300. ‖ speciell σμα-λ
40. 294 ff. 492 ö. ‖ σμα-ρ 26. 33.
40. 294 f. 336. 340. 351. 384.
420—424. 492 ö. σμαρ-σμιρ-σμυρ
neben einander 39. 284.

† σνα-σνι-σνυ, schnaufen, hauchen, hervorblasen etc. [a—n]
mit allerartigen Erweiterungen etc.
351—356. Vgl. 202. 338.

σπα-σπι-σπυ [a—n] mit allerartigen Erweiterungen (σπα-δ,
σπι-δ, σπυ-δ; σπα-τ, σπι-τ,
σπυ-τ; σπα-ϑ, σπι-ϑ, σπυ-ϑ ‖
σπα-γ, σπι-γ, σπυ-γ; σπα-κ,
σπι-κ, σπυ-κ; σπα-χ, σπι-χ,
σπυ-χ. ‖ Desgl. labiale Erweiterungen etc. etc. incl. Umgestal-
tungen im Anlaute (σφ, πτ, ψ κτλ.)
S. 35—37. 38 f. 41—46 59—192.
204—293. 321—339. 388—392.
399—419. u. sonst gelegtl. ö. ‖
Speciell W. σπι 321—329 ‖ dsgl.
Sec. W. σπα-λ, σπι-λ, σπυ-λ
429—512. 515—518 ö. ‖ dsgl. Sec.
W. σπα-ρ, σπι-ρ, σπυ-ρ 519—557.
563—594 ö.

† σρα-σρι-σρυ, hauchen, riechen,
hervorblasen etc. [a—n], mit
allerartigen Erweiterungen durch
Gutturale, Dentale etc. 356—379.

† στα-στι-στυ, stümen, dampfen,
blasen, athmen, aufathmen (ruhen),
schwingen etc. [a—n]66.69.153 N.
258. 301 ff. 340. 385. 393. 524 N.
‖ Guttural-Erw. 33. 524. ‖ Labial-
Erw. 66. 285. 302. 303. ‖ Erw.
mit λ 33. 301 f. 284. 300. 301.
302 etc. ‖ mit ρ 33. 300 ff. 306 ff.
340. 386 ff. 407. 540 ‖ mit ν 303.

† χα [a—n] 6. 7. 60. 118. 133 N.
143 N. 219. 264. 487. 511 ö. (χι-χυ).

IV.

Verzeichniss der behandelten bzw. gedeuteten Wörter aus Homer und den Homeriden.*)

A.

ἀάω, ἀϝ-άω, benebeln, bethören 247.
Ἀ-βαρ-βαρ-έη, die lautmurmelnde 408.
ἄ-βρομος 408.
ἀ-βροτάζω 473.
ἀ-γαίομαι (W. σγα) 337.
ἀ-γάλλομαι (σγα-λ) 337; s. σῖγαλόεις st. σι-σγ.
ἀγά-ρροος 205.
ἀγε-λείη 414.
ἄγκ-ος, ἀγκ-ύλος, ἀγκ-ων 226. 550.
ἀ-γλα-ός, ἀγλα-ίη 337.
ἀ-γυιά (W. σγυ) 263; vgl. 337.
ἀ-ελπής 446.
ἀ-έξω, ἀ-ϝέξω 139.
ἀερσί-πους 190 f.
ἀερσί-φρων 136. 191.
ἀετός, ἀϝ-ετός 46. 93. 296.
ἀ-ζηχ-ής (ζα-χ), heftig 513 ff.
ἀ-θερ-ίζω 348.
ἀ-θέ-σφατος 78 ff.
Ἀ-θῆ-ναι, Ἀ-θή-νη (σθα), Veste 496. 347.
Ἀ-θή-νη, Ἀ-θη-ναίη, die starke, die Kraft 347. 493 ff.
ἀ-θρέ-ω 347.
ἀ-θρό-ος 347.
ἀ-θύρω 348.
Ἀθ-ως 204.
Αἴγ-αι, Αἰγ-αῖον, Αἰγ-αίων, Αἴγι-σθος κτλ. 17 ff.
αἰγανέη, st. ἀ-σγανέη (σγα) = σιγύ-νη (σγυ) 337.
αἰγι-αλός (σα-λ) 20 f.

αἰγί-λιψ, ventis petitus 18 ff.
αἰγί-οχος, der in den Wettern fahrende 21 ff.
αἰγ-ίς 17. 22.
αἴγλη st. ἀ-σγάλη, s. σῖγαλόεις st. σι-σγ. 337.
αἰ-ζήιος, αἰ-ζη-ός (ζα-ϝ) 7. 397.
Αἰήτης 591.
αἴητος, feurig 255 N.
αἰθ-ήρ (ιθ) 170. 391.
Αἰθί-οψ 116. 414.
αἰθ-ός (ιθ), αἴθ-ων κτλ. 113. 170.
αἴθ-ρος 274.
αἴθ-ω (ιθ) 170. 274. 391.
αἶνος (ἀίω, hören) 589.
αἰπόλος st. ἀ-σπόλ-ος (σπα-λ), Zusammentreiber, Hirt etc. 429 ff.
ἀίσθω, ἀίω(ἀϝ), aushauchen, sterben 143. 216.
ἀίσσω 20.
ἀίω (ἀϝ), to smell etc. 143 f.
ἀ-καλ-ός st. ἀσκαλός 559.
ἀ-κερσε-κόμης 45. 590.
ἀ-κιδ-νός (σκι-δ) 33. 466.
ἄ-κολ-ος (σκα-λ) 320. 560.
ἀ-κούω (σκα-ϝ) 320.
ἄκ-ρα, ἄκ-ρος, ἄκ-ρ-ις (ἀκ) 490.
ἀκρ-αής 64.
ἀ-κρίς(σκι-ρ),Hüpferin,Heuschrecke 33. 581 N.; s. σκιρ-τά-ω.
ἀκρο-πόρος, scharf durchbohrend 533.
ἄ-κυλ-ος (σκυ-λ), Rundes, Eichel 320.
ἀλ-αλ-ά (ἀλ) 48.
ἀλ-αλκεῖν 315.

*) Das Trennungszeichen bei Angabe der Wurzeln in den Parenthesen (σπα-λ) soll bloss die secundäre Natur der betreffenden Wurzel zur Anschauung bringen.

αλ-ά-ομαι (ἄλ-η) 309.
ἀ-λαπ-άζω (σλα-π) 33. 309. 473.
Ἀ-λάσ-τωρ, ἀ-λαζ-ών (σλα-δ) 308.
ἄλγος st. ἄ-λεγ-ος (σλα-γ), lit. slog-à 316 f.
ἀλ-δ-αίνω (ἀλ) 392.
ἀ-λέγ-ω, ἀ-λεγ-ίζω, ἀ-λεγ-ύνω (σλα-γ) 315 ff.
ἀλ-έη (ἀλ) 171.
ἄ-λει-σον (σλι), libatrum etc. 312.
ἀ-λεί-της (σλι) 310. 313.
ἀ-λείφω (σλι-φ) 312. 349 f.
Ἀ-λεχ-τρυ-ών (σλα-χ, goth. slah-an) 314.
ἀ-λέχ-τωρ (σλα-χ) 314.
ἀ-λέχ-ω (σλα-χ) 313. 314 f.
Ἀλέξ-ανδρος 314.
ἀλεξ-άνεμος 190. 314.
ἀλεξί-χαχος 190. 314.
ἀλέξω 315.
ἀλ-ή-της (ἀλάομαι) 309 f.
ἀ-λεύ-ομαι (σλυ), entschlüpfen etc. 311.
ἄλ-θω 392.
ἀ-λιτ-αίνω (σλι-τ), to slide 33. 309 f.
ἀ-λιτ-ή-μων 310.
ἄλχ-αρ (ἀ-λέχ-ω) 315.
ἀλχή (ἀ-λέχ-ω) 313 f.
Ἀλχ-μά-ων 192.
ἀ-λοιφή(ἀ-λείφω), ἀ-λοι-μός(σλι)312.
ἄλ-σος 392. 426. 506.
ἀ-λύ-σχω (σλυ) 311. 342.
ἀλφεσί-βοιος 191.
ἅμα 299.
Ἀ-μάζονες (σμα-γ) 293 ff.
ἀ-μαιμάχετος st. ἀ-μα-σμάχ-ετος 293. 408.
ἀ-μαλδ-ύνω (σμαλ-δ), to smelt 294.
ἄ-μαλλα (σμα-λ) 294.
ἀ-μαλ-ός, smal 294.
ἀ-μάρ-η (σμα-ρ) 295.
ἀ-μαρ-υγ-ή (σμα-ρ) 33. 296. 420.
Ἀ-μάρ-υνθος (σμα-ρ) 385.
Ἀ-μαρ-υγχ-εύς (σμα-ρ) 296.
ἀ-μαρ-ύσσω (ἀμαρυγή) 33. 296.

ἀ-μαυ-ρός und μαυ-ρός (σμα-ϝ) = ἀ-μνδ-ρός (σμυ-δ) 295.
ἀ-μείβω (σμι-ϝ) 300.
ἀ-μέρ-δ-ω (σμα-ρ) 295. 420
ἀ-μηχαν-ής 363.
ἀ-μιχ-θ-αλ-όεις 284.
ἄμμες st. ἄσμες 25. 346.
ἄμμορος st. ἄ-σμορος (σμα-ρ) 258.
ἄμμος st. ἄσ-μος (ἀσ) 69. 251.
ἀ-μολ-γ-ός (σμαλ-γ), Fülle 296 ff.
Ἀ-μοπάων 192.
ἄ-μπελ-ος st. ἄ-σπελ-ος (σπα-λ). Ranke etc. 278. 422. 499.
ἀ-μπερ-ής (σπα-ρ) 278. 536.
ἄ-μυ-δις (σμυ), zuhauf 299.
ἀ-μύ-μων (σμυ), gross, gewaltig 300.
ἀ-μφα-σίη st. ἀ-σφα-σίη (σφα, σπα) 276 ff.
Ἀμφι-τρίτη 49.
ἀμφι-μέλαιναι [φρένες] 566 f.
ἀμφί-ϥαλος 483.
Ἀ-μφί-ων (σφι, σπι), Sänger 277. 536.
Ἀναβησί-νεως 191.
ἀν-αίμων 4.
ἀνά-παλιν (σπα-λ 471.
ἀνα-παύομαι(σπα-ϝ), aufathmen 175
ἀνά-πνευσις 174.
ἀνα-πρήθω 522.
ἀνα-ϥλύω 487 s. ϥλύω.
ἀνδρειφόντης st. ἀνερε-σϥ όν-της 218.
ἀνδρο-ϥάγος 110.
ἀν-εϥ (ἀν), betäubt, τετυϥωμένος χτλ. 2.
Ἄνθ-εια (ἀν-θ) 496.
Ἀνθ-ηδών (ἀν-θ) 496.
ἄν-θ-ος (ἀν) 496. 139.
ἄν-θ-ρ-αξ (ἀν) 496.
Ἀντι-ϝόπη 277.
Ἄντι-φος = ἀντι-ϥανής 106. 238.
ἄν-τλος (ἀν), sentina 496.
ἄν-τρον (ἀν), spiraculum 65. 109. 244. 496.
ἄν-ω (ἀν), fördern etc. 6.
ἀξίνη (ἀχ) 490.
ἀπαλός st. ἀ-σπαλ-ός (σπα-λ), ge-

schwungen; flexus, flexilis, rund
etc. 439 ff.
ἀπαλο-τρεφής, rund-gemästet 445.
ἀπαλό-χρως 443.
ἅ-πας 118 ff.
ἀ-πά-τη (σπα) 33. 245 ff
ἀ-παφ-ίσκω (σπα-φ) 247 ff.
ἀ-πει-λή (σπι), tumor, ira 292.
ἀ-πειρέσιος 534.
ἀ-πείριτος 533.
ἀ-πείρων 533.
ἀ-πέλεθρος 461.
ἀπ-ηλεγέως (σλα-γ), praecise 318 f.
ἀ-πή-νη (σπα), Ge-spann 33.
Ἀ-πισ-άων 192. 292.
ἄ-πλη-τος, unnahbar 456.
ἀ-πλόος 461.
ἀπο-βλύω = ἀποφλύω 505.
ἄ-ποι-νον st. ἄ-σποι-νον (σπι) 291.
Ἀ-πόλλων (σπα-λ), Schütz, Strahler
31 ff.
ἀπο-παπταίνω 103 f.
ἀπο-φώ-λ-ιος (σπα) 253.
ἀπτο-επής, verba serens etc. 29.
ἄ-ραβ-ος (σρα-β) 370.
ἀ-ράσσω u. ἀ-ρράσσω (σρα-κ) 369.
ἀ-ράχ-νη st. ἀ-σράκ-νη 371.
Ἀργειφόντης st. ἀργε-σφόν-της 220.
ἄργος 238. 375 N.
ἀργυρό-τοξος 8.
ἄργυ-φος, ἀργύ-φεος 106. 237 ff.
ἄρδω (σρα-δ) 367. 375 N.
Ἀρετάων 192.
ἀ-ρήγω, ἀ-ρωγ-ός (σρα-γ) 381.
ἀρηΐ-φατος 220.
Ἀρί-σβας (σβα) 269.
Ἀρί-σβη (σβα) 269.
Ἀρκεσί-λαος 191.
ἀρκ-έω (σρα-κ) 370.
ἁρπ-άζω (σρα-π) 375. 473.
ἅρπ-η (σρα-π) 369.
ἄ-ρρη-τος st. ἄ-σρη-τος 360.
ἀρτ-εμής, schwunghaft, kräftig 594.
Ἄρτ-εμις, Schwingerin, Schützin, zu
W.σρα-τ, schwingen, 594, S. 364 ff.

ἄρτι — in Compp. 30.
ἀρτι-επής, frischwortig, frisch drauf
losschwatzend 30.
ἀρτί-πους, ἀρτί-πος 106. 262.
ἀ-ρύ-ω (σρυ) 377.
ἀρχέ-κακος 414.
ἄσ-ις (ἀσ), Stinkiges, Schlamm 25.
33.
ἀ-σκαίρω, σκαίρω 33. 419. (cf. σκιρ-
τα-ω, σκυρ-άω 423).
ἀ-σκελ-ής (σκα-λ), finster 345. 558.
561 ff.
Ἀ-σκλήπ-ιος, Pfleger, Arzt 559.
ἀ-σπαίρω u. σπαίρω (σπα-ρ) 419.
526.
ἄ-σπε-τος 86.
ἀ-σπίς (σπι) 159. 389.
Ἀ-σπλη-δ-ών (σπα-λ) 291.
ἀ-στήρ (στα-ρ) 304.
ἀ-στράγ-αλος (στρα-γ), ἄ-στρι-ς, ἄ-
στρι-χ-ος 301. 340.
ἀ-στράπ-τω (στρα-π) 304.
ἀ-σύφ-ηλος st. ἀ-σφύ-ηλος (σπι),
re-spu-endus 147 ff.
ἀ-σφαλ-ής 262.
ἀ-σφάρ-αγ-ος, φάρ-υγξ 519.
ἀ-σφοδ-ελός (σφα-δ, σπα-δ), duftig
124 ff.
ἀ-σχαλ-άω, ἀ-σχάλλω (σκα-λ) 345.
558.
ἀταλά-φρων 403.
ἀ-ταλ-ός (στα-λ), ἀ-τιλ-ός (στι-λ)
302.
ἀ-τάλλω 301 f.
ἀ-ταρπ-ιτός, ἀ-ταρπ-ός (στρα-π)
300 ff.
ἀ-ταρ-τη-ρός (στα-ρ) 386.
ἀ-τειρ-ής (στα-ρ) 306 ff. 387.
ἀ-τέμβω (στα-β) 302.
ἀ-τέρ-α-μνος (στα-ρ) 33. 306. 387.
ἄτη st. ἀϝ-άτη, Umnebelung, Bethörung 247.
ἀτη-ρός 387.
ἀ-τι-τάλλω (στα-λ) 302.
Ἀ-τλας (στλα, στα-λ) 33. 301.

ἀ-τρεκ-ής (στρα-κ), strack, richt, gerade 304 ff.

ἀ-τρέμ-α (στρα-μ), stramm 307 ff.

ἄ-τριπτος (τρίβω) 307. 445.

ἀ-τρυ-τ-ώνη 495.

ἀ-τύζομαι (στυ-γ) 33. 302.

αὐίαχος st. ἀ-ϝίαχος 408.

αὐλή (ἀϝ) 221.

αὐ-λός, αὐλών, αὖλαξ (ἀϝ) 126. 295.

αἴλ-ῶπις 482.

αὔ-ρη, au-ra 25.

ἀντή (ἀϝ) 46. 516.

ἀντμή 170.

αὐτό-ματος 56.

αὔω (ἀϝ) 46. 172. 272.

ἄ-φαλος 481.

ἄ-φαρ (σπα-ρ) = σπερ-χ-νῶς 286. 526.

Ἀ-φαρ-εύς (σπα-ρ) 286.

ἀ-φαυ-ρός 253. 285 ff.

ἀφάω = ψαύω (σπα) 518.

ἄ-φε-νος (σπα, σφα), Fülle, Reichthum 238.

ἀ-φή-τωρ (σφα, σπα) 59 ff.

α-φλασ-τον (σπα-λ) 279. 290 f.

ἀ-φλοισ-μός (φλι-δ) 291. 504.

ἀ-ρνειός (ἄφενος) 239.

ἀ-φραίνω (φρα-ν st. σφρα-ν) 569. 587.

ἀ-φρή-τωρ (φρα, σπρα) 586 f.

ἀ-φρός, ἀ-φρέω (σπα-ρ) 287 f. 522.

Ἀ-φροδ-ίτη, die Hervorsprosserin, Fru-tis 288 ff. 522.

ἀ-φυσγετός st. ἀ-σφυγ-ετός, ejectamentum 150 f.

ἀ-φύσσω, ἀ-φύ-ω (σπυ) 130 ff.

ἄ-χερδ-ος (σκαρ-δ) 320.

ἀ-χερ-ής 363.

ἀ-χλύς st. ἀ-σκαλ-ύς, cal-igo 558.

ἀ-ψίς (σπι), Biegung, Krümmung 388.

ἄψος 426.

B.

βαδ-ίζω 269.

βάθος, βένθος 209.

βαίνω (σβα) 267 ff.

βάλλω (σβα-λ) 259. 283. 501 ö.

βα-μβαίνω st. βα-σβ. (σ,βα) 268. 279.

βαρβαρό-φωνος 408.

βάρος 283.

βαστάζω 473.

βίη st. σβίη (σβι) 347.

βιός (= σφίδη) 260 (W. σβι).

βί-ος (σβι: φερέ-σβιος) 260.

βλαι-σός, πλαι-σός, σφη-λός 501.

βλεμεαίνω 501.

βλύω = φλύω 338. 501.

βόρβορος, βορβορο-κοίτης 408.

βό-σκω 177.

βου Präfix (βυ) 5.

βουβών 5.

βούς (W. βυ) 5.

βρά-χ-ω 408.

βρέ-μ-ω 408.

βρι-ήπυος 409 (s. ἠπύω).

βρί-θω 283.

βρό-τος = βόρ-βορ-ος, Schlamm, Schmutz 408.

βυθός, βυσσός 209.

βύκτης (βυ-κ) 5.

βύω 5.

βωτι-άνειρα, Nahrung-, Weide-hervorsprossend, hervorhauchend (ἀν) 137.

Γ.

γα-, Erde, in Compp. 182 f.

γαιή-οχος, γαιή-ϝοχος, über die Erde dahin fahrend 192 ff.

γαλ-έη 472.

γαμ-έω 346.

γαμψ-ῶνυξ 190.

γε-, Erde, in Compp. 183.

γέ-φυρα 183. 528.

γηθέω 316.

γλακτο-φάγος 110.

γλά-νος 472.

γλαυκ-ῶπις 494.

γλάφω 471.

γλῆ-νος 173. 539.

γλου-τός, Gerundetes etc. 471.

γύ-αλον 263. 265. 337.

γυῖον 263. 265.

γυιός 264 f.
γυ-ρός, scau-rus 264.

Δ.

δα Präfix 5. 432 ö.
δᾰ, δῆ, Erde 183 f.
δα-, δε-, δη- in Compp. = Erde 183.
δαίδαλος st. δά-σδαλ-ος 283.
δαιδάλλω (σδα-λ) 283.
δαί-μων, Geist, genius 7.
δαίω 1) brennen, 2) theilen 5. 171.
δαμ-ά-ω κτλ. (δα-μ) 422.
δά-πεδον, Erd-boden 183.
δα-σπλῆ-τις (σπα-λ), valde concutiens 432 f.
δα-τέ-ομαι (δα) 5.
δα-φοι-νός, sehr roth 114. 324.
δε- in Compp. = δᾰ, δῆ 183.
δέ-μ-ω (δα-μ) 5.
δέ-ομαι 6.
δε-σ-μός 422.
δέ-σποι-να st. δέ-σποσ-να 184.
δε-σπό-της, land-lord 182 ff.
δέω, binden (W. δα) 422.
Δῆ = the tec-m-er 183.
Δη-μήτηρ, Mutter Erde 183.
δῆ-νος (δα) 173. 539.
Δη-ώ, Erzeugerin, the tec-m-er 183.
δι-άκ-ονος (ἀκ) 96.
δι-άκ-τωρ (ἀκ), Betreiber, Beförderer etc. 96.
δι-αμπερής 535 f.
δια-πρύ-σιος, weit, gewaltig 578 ff.
δι-αφύσσω 133.
δι-δρά-σκω 1.
δί-ζη-μαι (ζα) 95.
δῖῖ-πετής st. δι-σπέ-της, divinitus inflatus etc. 93 ff.
διΐφιλος st. δι-σφι-λος (σφι, σπι) 93. 274. 327.
δικα-σπόλος (σπα-λ, σπελ) 431.
Διο-κλῆς 27.
δί-πλαξ 162. 461.
δι-πλόος (πέλω, σπα-λ) 461.

δί-πτιχος, δί-πτυξ, doppelt gebauscht etc. 161 ff.
δῑφάω (σφα, σπα) 64. 95 ff. u. sonst.
δί-ψα (σπα) 64 f.
δι-ώκ-ω (ἀκ), abschnellen etc. 95 f.
δνέφας (δνα+φ, δα-ν) 248.
δνοπαλίζω 518.
δνοφ-ερός 248.
δόξα (δοκ-σα) 312. 590.
δρέ-μ-ω (δρα) 1.
δρύ-οχος 451.
δρῦς, Baum etc. 112.
δυσ-ηλεγής (σλα-γ), schwerschlagend etc. 318.
δυσ-ηχής 363.
δυσ-μήτηρ, Gegentheil von einer Mutter 572.
Δύσ-παρις, Gegentheil von einem Vertheidiger (σπα-ρ) 571 f.
δυσ-πέμφελος 511 ff. 506. 278.
δυσ-πονής 363.
δῶ, δῶ-μα (δα) 5.

E.

ἔγκ-ονος = ancus (ἀν+κ) 214.
ἐγρε-μάχη 414.
ἐγχέσπαλος st. ἐγχέσ-σπαλος 584.
ἔ-θειρα, θρίξ 347.
ἐ-θείρω (σθα-ρ) 347.
ἐ-θέλω (σθα-λ) 346.
εἶδαρ, böot. ἴδ-αρ (W. ἰδ) 186.
Εἰδο-θέη = Θεο-νόη 185.
εἰλαπίνη, äol. ἔλλ. st. ἐ-σλαπ-ίνη 348.
εἰλυ-φάω, εἰλυ-φάζω 97 ff.
εἰνά-νυχες 363.
εἰνοσί-φυλλος, feuchtlaubig, frischlaubig 201 ff.
Ἐιραφιώτης, äol. Ἐ-ρραφ. (σρα-φ), der Erschütterer 373 f.
εἰρεσίη st. ἐ-σρετ-σίη (σρα-τ) 364.
Εἰρεσίαι 365 (Ἰρρεσίαι st. Σι-σρετ-σία).
εἰρεσιώνη (σρα-τ) 365.
Ἐιρέτρια (auch Ἀ-ρύτ-ρια) st. Ἐ-σρ. 365.
εἴρηκα κτλ. st. ἔ-σρη-κα 360.

εἰρήνη (σρα), Ruhe, Friede = ἐ-ρω-ή
361 f.
ἐιρο-κόμος 584.
ἐ-ῖσος st. ἐ-ϝιδ-σος, conspicuus 389.
'Εκά-εργος 54 ff.
"Εκ-ατος, 'Εκ-άτη, ἑκατη-βόλος κτλ.
54 ff.
ἑκατόμ-βη 106.
ἐ-κεῖ-νος 347.
ἐκη-βόλος κτλ. 55 ff.
ἐκ-παιφάσσω 101.
ἐ-λά-τη (σλα) 349.
ἐ-λά-ω, ἐ-λαύ-νω 349.
ἔλ-αφ-ος, ἑλλός (σα-λ) 205.
ἐλαφρός 348. 351.
ἐ-λαχ-ύς, λαχ-ύς (σλα-χ) 349.
ἐ-λε-ός ὁ, engl. sla-te (Platte) 349.
ἔ-λε-ος, τὸ (σλα), nnl. slê-te, Betrof-
fen-sein, Mitleid 351.
ἐ-λεύθ-ερος, ἐ-λεύθω (σλυ-θ) 348 f.
428.
ἐ-λεφ-αίρομαι 350.
ἐ-λέφ-ας 350.
'Ελικάων 192.
'Ελικώνιος 187.
ἑλκεσί-πεπλος 191.
ἑλκε-χίτων 414.
'Ελλή-σποντος, Meer der (Strom-)
Schnellen 204 ff.
ἑλλός (ἄλλομαι, σα-λ) 205.
'Ελπ-ήνωρ, Hoffer, Hoff-mann 571.
ἐ-μέ, ἐ-μοῦ κτλ. 346.
ἔμπαλιν 119. 471.
ἔμ-πης 116 ff.
ἔμ-πλειος 119.
ἔμ-πλην 119.
ἐ-ναίρω, ἐ-νναίρω (ἐ-ναρ-α) 354 f.
ἔ-ναρα (σνα-ρ), das Erhaschte, Erbeutete 354.
ἐν-αργής 238.
ἔν-εροι (ἀν), dieVerhauchten = Tod-
ten 217.
ἐν-η-ής (ἀϝ), gewogen, adspirans 410.
ἐν-ήνοθε (ἀν-θ) 254.
ἐν-ίπτω (ἱπ = ἀπ) 86. 104.

ἐνι-σπεῖν (σπε) 86.
ἐν-ίψω fut. v. ἐν-ίπτω 86.
ἔννεπε st. ἔν-ϝεπε 86.
ἔννεον v. (σ)νέω st. ἔ-σνε-ον 202.
'Εννοσί-γαιος st. ἐ-σνοσί-γ., der
Erdnässer 192 ff. 352.
'Ε-νόπ-η N. pr. 353 f.
ἐ-νοπ-ή (σνα-π), Geschnaufe, Getöse
353 f.
'Ε-νοσί-χθων 192 ff.
ἐ-νυ-άλιος (συν), schnaubend, ungestüm 351 ff.
'Ε-νυ-άλιος u. Ναυ-αλέος (σνϝ) 351 ff.
'Ε-νυ-εύς 353.
'Ε-νυ-ώ (σνϝ), die Schnaubende,
Tosende 351 ff.
ἐξ-αφύσσω, ἐξ-αφύω 131.
ἐπ-αιγ-ίζω 17. 22.
ἐπ-αινός (ἐπ-αΐω), inclitus 589.
ἐπεσβόλος st. ἐπεσ-σβόλος 584. 29.
ἐπ-ήβολος (σβα-λ) 259.
ἐπ-ηγχ-εν-ίδες (ἀγχ) 550.
ἐπ-ηλυσίη (σλυ), Bezauberung 428.
ἐπ-ηπύω 409.
ἐπι-ή-της (W. ἀ), ἐπ-η-τύς 464.
ἐπι-άλμενος (σα-λ) 21.
ἐπι-ζάφ-ελος (ζα-φ), heftig 512 ff.
ἐπ-ίκριον (ἱκ = ἀκ), Verdeck 551 ff.
ἐπί-ρροθος (σρα-θ) 379 ff.
ἐπι-σμυγ-ερός, mühsam etc. (σμυ-γ)
40. 293.
ἐπι-τάρροθος 379 ff.
ἔ-ρα-μαι (σρα-τ) 364.
ἐρατεινός 364.
'Ε-ρεβ-ος, Hölle 368—372.
ἐ-ρέβ-ινθος (ὄ-ροβ-ος) 368. 371.
ἐ-ρέθ-ω, ἐ-ρεθ-ίζω, ὀ-ροθ-ύνω 373.
378. 380.
ἐ-ρείκω (σρι-κ) 378.
ἐ-ρείπω (σρι-π) 358.
ἐρεμνός st. ἐρεφ-νός (ἐρέφω), bedeckt, obscurus 372. 466.
ἐ-ρέπ-τω (σρα-π) 374 f.
ἐ-ρέσσω (σρε-τ, σρα-τ) 364. 381.
ἐ-ρετ-μόν (σρα-τ) 364. 381.

ἐ-ρεύγω (σρυ-γ) 376 f.
ἐ-ρεύθω (σρυ-θ) 359.
ἐ-ρευ-νά-ω (ἔ-ρετ-να: σρυ), erwittern etc. 361.
ἐ-ρέφω (σρα-φ), schwingen = wölben
etc. 372 f.
Ἐ-ρεχ-θεύς 378.
ἐ-ρέχ-θω 378.
ἐρέω (σρα), suchen etc. 361.
ἐ-ρῆ-μος (σρα) 363.
ἔ-ρῑθος (ἔ-σριθος), servus 366.
Ἐ-ρι-νύς (Ἀ-ραν-τις, Ὀ-ριψα, Ὄρπα),
Schwingerin, Erschütterin etc. 369.
ἐρι-σφάραγ-ος (σπα-ρ) 519.
ἔ-ριφ-ος 378.
ἕρκος 369.
Ἑρμάων 192.
ἔρ-νος 539.
ἕρπω (σρα-π) 369.
ἐ-ρυθ-ρός (ἐ-ρεύθω) 356 ff.
ἐρυσ-άρματος 191.
ἐρυσί-πτολις 191.
ἐ-ρωδ-ιός, ῥωδ-ιός (ἐ-ρωγ-άς, ἄ-ρα-
μος) 366.
ἐ-ρω-ή a) Schwung, b) Ruhe; ἐ-ρω-
έω a) hervorströmen, b) ruhen,
c) scheuchen 357 f.
ἔ-ρως (σρα-τ) 364.
ἐ-ρω-τά-ω (σρα) 361.
ἔ-σπε-τε 65. 84 ff.
ἐ-σχά-ρη (σκα) 321. 345.
ἑτερ-αλκής 363.
ἔ-της, ϝέ-της (ϝα), gewogen, hold,
freund 509.
εὐ-δείελος (εὐ-δία), sonnig, apricus
291 N.
εὐ-εργής 363.
εὖ-νις (ἀϝ), vanus, vacuus 364.
Εὔ-ριπ-ος 366.
εὐ-ρραφ-ής (σρα-φ) 373.
εὐρύ-οπα 9 ff.
εὐρυ-πυλής 363.
Εὐρυ-φάεσσα 238.
Εὐρ-ώπη, Abendland 427.
εὐρώς 427.

εὐ-φραίνω (φρα-ν) 569.
εὐ-χερής 363.
Εὐχ-ήνωρ, Beter, Betmann 571.
Ἐ-φύρ-η = φύρ-κος, πύρ-γ-ος 567.
Ἔ-φυρ-οι 567.
ἐχε-πευκ-ής, ardorem habens, ardens
229.
ἐχέ-φρων 242.
ἐ-ψι-ά-ομαι (σπι) 321 ff.
ἔ-ψω, ἐ-ψή-σω (σπα) 276.
ἑω-σφόρ-ος (σπα-ρ) 288. 583 f.

Z.

ζα Präf. (nicht aus διά) 5.
Ζάκ-υνθος = Ζά-γ-κ-λη (ζα-κ) 398.
ζα-φλεγ-ής 446.
ζά-ω (ζα) 6.
ζε-ιή (ζα) u. ζί-α (ζι) 341. 487.
Ζεύς (ζα-ϝ) 4 ff.
ζέω 341. 393.
Ζέφ-υρος (ζα-φ) 513. 248.
Ζῆ-θος (ζα), Weber, Wind 277.
ζη-τέ-ω (ζα) u. ζίω (ζι), erwittern,
suchen 95. 341.
ζόφ-ος (ζα-φ) 513. 427. 248; ζοφ-
ερός ibid.
ζω-ή, ζώ-ω (ζα) 393. 6.

H.

ἠβαιός st.ἀ-σβ (σβα) 260.
ἥβη (σβα), ἡβάω 394 ff.
Ἥβη (σβα), jugendl. Vollkraft 397.
ἤια (τά), Speise, Frass (ἀϝ) 51 ff.
ἤιος (ἀϝ), canorus 46 ff.
ἠιόεις, rauschend 48 ff.
ἠιών, Rauschort, Gestade 48 ff.
Ἠιόνες N. pr. = Rauschen 49.
ἤκεστος st. ἄ-σκεσ-τος 337, zu
(σ)κεντ (σκα).
ἠλακάτη, colus 56.
ἤλεκτρον 350 N.
Ἠλύσιον (πεδίον) v. ἠλύσιος (σλυ),
dunkel, abendlich, westlich 426 ff.

39

ἤ-μαι (ἀσ) 25.
ἦμαρ st. ἀ-σμαρ, Helle, Licht 420.
ἡμεῖς st. ἀ-σμέ-ες 25. 346.
ἡμέρη st. ἀ-σμέρ-η (σμα-ρ) 26. 420.
ἡμερίς, μορ-ία (σμα-ρ), Ranke, Rebe 420.
ἥμερος st. α-σμερ-ος (σμα-ρ), schmiegsam 420.
ἤ-μί (W. ἀ), hauche, spreche 524. 464.
ἡμύω st. ἀ-σμύ-ω, schwanken 424.
ἦν-ις (ἀν), gebläht, feist 496.
ἦπαρ st. ἀ-σπαρ (σπα-ρ) 419.
ἠπάω st. ἀ-σπά-ω = συ-σπάω 258, ἠπη-τής ibid.
ἠπεδ-ανός st. ἀ-σπεδ-ανός (σπα-δ), wackelig, lahm 254 ff.
ἤπειρος st. ἀ-σπερ-ιος (σπα-ρ), undurchfahrbar 259. 416.
ἠπεροπεύω (ἀ+σπερ+ὄψ), oculos conspergens etc. 259. 413 f.
ἠπη-τής st. ἀ-σπη-τής, consutor 258.
ἤπιος st. ἀ-σπιος (σπι) 410 ff. 400 f. 327. 260.
Ἡπυτίδης, Name eines Herolds 409.
ἠπύω st. ἀ-σπύ-ω, laut tönen 406 f. 26. 258.
Ἡρα-κλέης 27 f.
Ἥρη st. ἀσ-ρη (ἀσ), Luft 24 ff.
=Πύννα (σπυ) 26.
ἤ-τορ (W. ἀ) 464.
Ἥφαιστος st. ἀ-σφ., conflagrans 75. 391.
ἠώς 583 f.

Θ.

θαι-ρός (θι = θα) 396.
θᾶκ-ος, θάσσω κτλ. (θα-κ) 396.
θαλ-άμη, θάλ-αμος (θα-λ) 395.
θαλαμηπόλος st. θαλαμα-σπ. (θάλαμος) 196. 446.
θάλ-ασσα (θα-λ), Schwall, Wogenschwall 395.
θάλλω (θα-λ) 139. 395.
θαμ-ής (θα-μ) 2.

θά-μνος 396.
θάμ-νρ-ις (θα-μ) = Sänger 2.
θαν-εῖν (θα-ν), verhauchen, sterben 2. 217.
θά-ομαι (θα), in sich einathmen = saugen 2.
θά-ομαι (θα-ϝ), angewcht (angemuthet) werden, stauuen 2.
θάσσω 396.
θαῦ-μα (θα-ϝ) 1 f.
θά-ω 396.
θείνω (θα-ν) 2. 36. 423 f.
θεῖον st. θεϝ-ιον (θϝ), Schwefel 3.
θεῖος st. θεϝ-ιος (θϝ), göttlich 3.
θέμ-ις (θα-μ), Tönerin, Botin 2.
θέμ-ις, fas 2.
θε-ός, θεϝ-ός (θϝ) 1 ff.
θερ-άπ-ων, θέρ-αψ, θέρω 281.
Θερσίτης 290.
θέ-σκελ-ος (σκα-λ) 92. 557 ff.
θε-σπέ-σιος 87 ff.
θέ-σπει-α, θε-σπι-αί (σπι) 38.
θεσπι-δαής, von gottgefachter Flamme 82 f.
θέ-σπις (σπι), gottgehaucht 82 ff.
θε-σπρω-τοί (σπα-ρ) 92. 555 ff. 584.
θέ-σφα-τος (σπα), gottgehaucht 77.
θέω (θϝ) 423.
Θήβη, Θῆβαι (θα-ϝ) 38.
θη-λέ-ω (θη-λή Schwellung, θα) 396.
θη-μών (θα), Schwellung = Haufen 396.
θή-ρ (θα) = θαῦ-νος (θα-ϝ) 396. 423.
θή-ρη (θα) 396. cf. θῖ-νος 42.
θή-ς (θα) 396.
θίς (θι = θα), θη-μών 396.
θί-σβη (σβα) 269.
θλά-ω, θλί-β-ω 510.
θόλ-ος (θα-λ) 395.
θοός, θοϝ-ός (θϝ) 423.
θρίξ = ἔ-θειρα 347.
θύ-ελλα 3. 125.
θυ-ί-ω 42.
Θύμβρη (θυ-β) 37. 336.

611

θυ-μός (θυ) 3.
θύ-νω 42. 125. 396.
θύ-ος, θυ-ή-εις, θυ-ό-εις 3. 125.
cf. 423.
θυο-σκόος 320.
θύ-ρη (θυ), spiraculum 6. 99. 227.
θύσανος 44. 423.
θύ-σ-θλον 423.
θυ-ώδης (ὄζω), opferduftig 125.
θω-ή (θα) 423.
θῶκ-ος (θα-κ) 396.
θώς (θα) 423. ·

I.

ἰ-άλλω 343.
ἰ-άπ-τω (ἀπ) 343.
Ἰά-σιος 278.
ἰ-αύω (ἀϝ) 343. 428.
ἰγνύη (ἰγνύς) st. ἰγγ-νύ-η, ahd. ciuk-â
(ἰν-γ) 553 f.
Ἴδη, εἴδη (ἰδ), Anschwellung, Höhe
186 f.
ἰδ-νό-ω (ἰδ-νός) 186.
ἰθυ-πτί-ων (σπι) 167 ff.
ἰθύς (ἰθ) = εὐθ-ύς (ϝθ) 305.
Ἰ-θώ-μη, Θώ-μη (σθα), Veste 497.
347.
ἴκ-ρ-ιον (ἰκ = ἀκ) 548. 552.
ἰ-κτίς, κτίς (σκι), Würger 342.
ἴ-λα-ος st. σί-σλα-ος 336 f.
ἴ-λύς st. σι-σλύς, ὅ-λυ-νος, (s)lu-tum
309. 342. 409. 428.
ἰ-μείρω st. σι-σμ. (ἵμερος) 346.
ἵ-μερ-ος st. σι-σμ. (σμα-ρ) 346.
Ἰν-ώ (ἰν = ἀν), Glanz, Heitre =
Λευκο-θέη 206.
ἴξαλος (ἰκ =ἀκ), jach, flink 328.
ἰ-ξύς = ἰ-σχύς (σκυ) 340.
ἰο-δνεϝής (δνέϝαϛ) 248.
ἴ-ον, ϝί-ον, viola (ϝι), Duftiges VI.
ἴ-ον-θος (ἀν) 343, ἰ-ονθάς 496.
ἰο-χέαιρα (χέω) 54.
ἱππό-κομος 8.
ἵ-πτα-μαι 72. 166 f.
ἵππος st. ἴπ-ϝος (ἰπ = ἀπ) 407.
ἴπ-τ-ομαι (ἰπ) 104.

ἴς, ϝίς (ϝι = ϝα) 347.
ἰσ-θμ-ιον (ἰσ-θμός, windpipe, Hals:
ἰς = ἀς) 25.
Ἴ-σμαρ-ος st. Σι-σμ. 340. 420.
ἰ-σχα-λέος st. σι-σχ. (σκα) 340.
ἰ-σχί-ον st. σι-σχί-ον (σκι) = ἰ-ξύς
(σκυ) 340.
ἰ-σχύς (σκυ) 339.
ἴ-σχω st. σι-σέχ-ω 339.
ἴ-φθι-μος (σπι), erhaben, gross 333 ff.
73.
ἴ-ϝι, ϝί-ϝι, vi 334 f.
ἴ-ϝι-ος st. σί-σϝι-ος (σπι), feist 334 ff.
324.
ἰχ-θ-ύς, ἰκ-τάρ-ον (ἰκ), daherschies-
send, Schneller = Fisch 32. 328.
ἰ-ω-ή st. ἰ-ωϝ-ή (ἀϝ) 344.
ἰ-ωκ-ή (ἀκ) 344.
ἰ-ωχ-μός (ἀκ) 344.

K.

κά-γκα-νος st. κά-σκα-νος (σκα)
171. 275. 340.
κα-γκής (in πολυ-κ.) st. κα-σκής
(σκα) 171. 275. 340.
κα-γχαλ-άω st. κα-σχαλ-άω (σκα-λ)
559.
Κάδ-μος 389.
καίνω (σκα) 217. 343.
καίω (σκα-ϝ) 171. 275.
καλαῦροψ 358 N.
Καλλι-όπη (-ϝόπη), Schönstimme,
Mutter des Ὀρφ-εύς begrifflich
= ψαλτής 376.
καπ-νός 33. 216.
κάπ-ρος 272.
καρδ-ίη, κραδ-ίη (σκαρ-δ) 419.
κάσις 190.
καταιβατος st. κατα-σβ. 268.
κατ-αιγίζω 23.
κατα-πατέω 267.
κατα-πρηνής 541.
κατα-πτήσσω niederducken 164 f.
κατα-σβέννυμι (σβα-σ) 394.
κατ-ηπιάω (ἤπιος) 410. 413.

39*

κατηφής st. κατα-σφής (σφα, σπα)
105 ff. 64. 258.
κατηγών 107.
κε-καφ-η-ώς, verhaucht 216. 272.
κελαινεφής st. κελασ-νεφής (σκέλ-
ας, squalor) 8. 558. κελαινός st.
κελασ-νός ibid.
κέλλω (σκα-λ) 337. 560.
κεντεῖν st. σκ. 337.
κέρτομος (κείρω + τέμνω) 518.
κηκίω st. κα-σκί-ω 258. 558.
κῆρ (σκα-ρ), palpitans 419.
Κήρ-ινθος 497.
κῆτος, squatina (σκα) 333. 576.
κητώεις 576. 584.
κηώεις 584.
Κίρκη 591.
κλάω, ὀ-κλάζω (σκα-λ) 466. 510.
Κλυμένη 49.
κνάω (σκα-ν) 342. 344.
κνέφ-ας (σκα-ν, σκνα-φ) 248.
κύλλοψ = σκαλ-μός (σκα-λ) 337.
κόν-ις (σκα-ν) 342.
κοντός st. σκ. 337.
κόπ-ρος 33.
κορ-έω (σκα-ρ) 263.
Κόρ-ινθος (σκα-ρ) 497. 567.
κορ-μός (σκα-ρ) 590.
κόρ-ση, Rundung etc. 471. 590.
κόρ-υμβος κτλ. 471.
κόρ-υς 471, κορ-υφ-ή ibid.
κότ-ος, σκότ-ος 563.
Κό-ων (σκό-ων) 320.
κραδ-αίνω, κραδ-άω (σκαρ-δ) 419.
κραδ-ίη 419. 464.
Κρανάη, κραναός 497.
κραναήπεδος st. κρανα-σπ. 263.
Κράπ-αθος, Κάρπ-αθος, Scarpanto
(σκαρ-π) 497.
κράτα st. κάρτα in Compp. 262 ff.
κραταιγύαλος st. καρτα-σγ. (σγυ)
263.
κραταίλεως st. καρτά-σλ. (σλα) 263.
κραταίπεδος st. καρτά-σπ. (σπα-δ)
263.

κραταίπους st. καρτά-σπ. (σπα-δ)
263.
Κρή-τη (σκα-ρ) 497.
κρόμνον (σκα-ρ) 423 = σκύρβιον
(σκυ-ρ)
κρότ-αφ-ος 518.
κρύ-ος 8.
Κρῶ-μνα (σκα-ρ) 497.
κτείνω (κτα = σκα) 217. 343.
Κτήσ-ιππος 191.
κτίδεος v. κτίς s. ἰ-κτίς 342.
κύ-αμος (κυ, σκυ) 63. 135 N.
κυανο-χαίτης 189 f.
κυλλός (σκυ-λ) = σκολ-ιός (σκα-λ),
κυλλοποδίων 264. 320.
κυν-ά-μυια (σμυῖα, μυῖα, W. σμυ)
300.
κυνέη, cü-d-o (κυ, σκυ) 127. 343.
482.

Λ.

λᾶ-ας (σλα), engl. sla-te 263. 349.
λάθρῃ 363.
λαι- Präf. v. W. λα, λι = λί-ην 5.
λαι-μός 5. 111.
λακ-εῖν, λάσκω (σλα-κ) 314. 524.
λακτίζω 314.
λάξ (σλα-κ, slah-an) 314. 524.
λέγω 524.
λείβω (σλι-β) 313.
λεῖος (σλι) 310. 349.
Λειχ-ήνωρ, Leckmann, Lecker 571.
λεπτουργής 363.
λεύσσω (λευκός) 244.
λέχ-ος (σλα-χ) 317.
λή-γ-ω (λα, σλα), ἄλληκτος st. ἀ-σλ.
176.
λιάζομαι (σλι) 310 f.
λί-ην (σλι) 349.
λί-μνη (σλι) 310. 313.
λινο-θώρηξ 8.
Λί-νος = Sänger 376.
λίπα, λίπος, λιπ-αρός (σλι-π) κτλ.
312. 350.
λίς, λιτός, λισσός κτλ. (σλι) 309 f.
311. 263.

λόχ-ος st. σλ. 317.
λύ-θρον (σλυ) = ἰ-λυς (σι-σλύς) 309.
Λυκάων 192.
λυκη-γενής 34. 196.
λῦ-μα (σλυ) 309.
λύ-ρη, Laute 376.
Λύσ-ανδρος 191.
λυσι-μελής 191.
Λωτο-φάγοι 110.

M.

Μαί-ανδρος, Jagemann, Eiler, rasch-
fliessend 571.
μαιμάω st. μα-σμά-ω (σμα) 264.
293 f.
Μαῖρα (σμα-ρ) 420.
μάν-τις 190.
μάρ-γ-ος, μαρ-γ-αίνω (σμαρ-γ) 421.
μάρ-μαρος, μαρμαίρω (σμα-ρ) 420.
Μάρ-ων (σμα-ρ) 340.
Μαχάων (μάχη) 192.
μεγα-κήτης, grossschlundig, grossbauchig 576.
μείρομαι (σμα-ρ) s. ἄμμορος u. ἤ-
μορος st. ἀ-σμ. 40.
μελαγχροιής 363.
μέλ-ας 427. 567.
μελι-ηδής 8.
μενε-χάρμης, μενε-πτόλεμος, kampf-
begierig 414.
μενο-εικής 584.
μένος 264. 498.
μέρμις = μήρ-ινθος, σμήρ-ινθος
(σμα-ρ) 40. 421.
μέρος (σμα-ρ) 40.
μεσαιπόλιος st. μεσα-σπ. 457.
μέσ-αυλος 457.
μεσό-δμη, Mittelbau 457.
μεσσο-παγής 457.
μετα-παυσωλή 175.
μήρ-ινθος u. σμήρ-ινθος (σμα-ρ)
40. 421.
μιαίνω (σμι) 39. 218.
μιαιφόνος st. μια-σφόνος 218.
μιαρός (σμι) 218.

μικρός, σμικ-ρός (σμι-κ) 39.
μί-μνω 239.
μι-νύς, μινύω, μινύθω κτλ. (σμι) 553.
μόγ-ος, μογ-ερός (σμα-γ) 293 =
σμυγ-ερός (σμυ-γ) 40.
μοιρη-γενής 196.
μόλιβος, μόλυβδος 457.
μολ-ύνω 427. 457.
Μοῦ-σα 507.
μυ-ελός (σμυ) 299.
μυῖα (σμυ) 300. 309.
μυλήφατος st. μυλα-σφ., auf der
Mühle geschroten etc. 219.
μῦς, σμῦ-ς 39. 299.
μυ-ών 39. 299.
μῶννξ (μα + ὄνυξ), strebe-, rasch-
hufig 476.

N.

νεήφατος st. νεα-σφ. 108.
νέομαι (σνα) 352.
νέος 7. νεο-γι-λός V.
νεφ-έλη, νέφ-ος (να-φ, σνα-φ) 248.
νέω (σνα-ϝ) 352. 202.
Νηιάς 202.
νη-ις, Σι-νό-η (σνα-ϝ) 338.
νῆ-ις, νῆ-ϝις (ϝι-δ) 399.
νήπιος κτλ. (σπι) = ἀ-πινύσσων
399 ff.
νη-πύτιος (σπυ) 405 ff.
Νη-ρ-εύς 202.
νή-χ-ομαι 158. 286. 514.
νόος 1.
νότος, νότιος st. σν. 201.
νοῦσος 590.
νυ-ός (σνυ), die Erbeutete = Schnur
355.

Ξ.

ξεστός = εὔξεστος 47.
ξίφος und σκίφος (σκι-φ) 343.

O.

ὀ-βελ-ός (σβα-λ) 259. 283.
ὄ-βρι-μος, ὄ-μβρι-μος (σβρι) 283.

ὄγκ-ος (ἀν-κ) 550.
ὄγχ-νη st. ὄγκ-νη, Schwellfrucht 115. 292.
ὀ-δάξ 118.
ὀδυνήφατος st. ὀδυνα-σφ. 218 f.
ὁδοιπόρος st. ὁδο-σπόρος 35. 259.
ὄζω (ὀδ = ἀδ) 271.
Ὄ-θρυς, Anhöhe, Ὀ-θρυ-ον-ευς 348.
οἰδ-ά-ω, οἰδ-μα (ἰδ) 186. 271.
Οἰδί-πους 571.
οἴ-μη IV.
οἶ-νος (ϝι) κτλ. 422.
οἶν-οψ, weinfarben 566.
οἴομαι, ὀϝ-ίω (ἀϝ) 361. 556.
οἶ-τος (ἰ) 41. οἴ-σομαι IV.
ὀ-κρι-ό-εις 284.
ὀ-κρυ-ό-εις 284.
ὄλ-βος, ὄλβιος κτλ. (ἀλ) 392. 488. 506.
ὀλ-έκ-ω (ὀλ = ἀλ) 467.
ὀλιγηπελεῖν (πέλομαι: σπα-λ), unbeweglich sein 259. 446 ff.
ὀλιγηπελίη, Unbeweglichkeit 448.
ὀλιγο-δρανέω 446. 540.
ὀ-λίγ-ος (σλι-γ) 34. 310. 313. 349.
ὀ-λίζων st. ὀ-λιγ-ιων 293.
ὀ-λισ-θ-άνω st. ὀ-σλιτ-θ-άνω (σλι-τ), to slide 34. 309.
ὄλλυμι, ὄλ-νυμι (ὀλ = ἀλ) 170. 217.
ὀλο-φώ-ιος 98 ff.
ὁμαλός 299 f.
ὀ-μίχ-λη (σμι-χ) 284.
ὁμοί-ιος (W. ἰ), congrediens etc. 317.
ὀ-μόργ-νυμι (σμαρ-γ), ἀ-μέργ-ω 284. 295.
ὁμοῦ 299.
ὄμφαξ 249.
ὀμφή 248.
ὄν-θ-ος (ἀν) 33. 496.
ὀν-ίν-ημι (ἀν), blähen, schwellen, gedeihen-machen etc. 6.
ὄν-ο-μα (ἀν), Ton, Name 201.
ὄν-ο-μαι (ἀν), tönen etc. 201.
ὀν-ο-τά-ζω, ὀν-ο-τός (ἀν), tönen 201.
ὀξύς 232.

ὀ-πά-ων 281.
ὀ-πηδ-ός (σπα-δ) 281.
ὀ-πι-πτεύω (σπυ) 104 ff.
ὁ-πλή (σπα-λ) 517.
ὅ-πλον (σπα-λ) 284. 517.
ὁ-πλό-τερος κτλ. (σπα-λ) 517.
ὀ-πτός, ὀ-πτά-ω 275.
* ὄπ-τω (ὀπ = ἀπ) 490.
ὀ-πυίω (σπυ) 138. 282.
ὀ-πώ-ρη (σπα) 281.
ὀ-ρέγ-ω 375. cf. 369.
ὀρεσκῷος st. ὀρεσ-σκῷος 584.
Ὀρέστης 18.
ὅρκος 369.
ὁρμή, ὁρμάω 377.
ὀ-ροθ-ύνω, ἐ-ρέθ-ω (ὀρα-θ) 373. 380.
ὀ-ρούω, ῥώ-ομαι, ruo (σρυ) 377.
ὀ-ροφ-ή (ἐ-ρέφ-ω) 373 f.
ὄ-ροφ-ος (σρα-φ), Schwingendes, Rohr 374.
ὄρπ-ηξ (σρα-π), sar-mentum 369. 591.
ὀ-ρρωδ-έω st. ὀ-σρωδ-έω = ἀ-ραδ-έω (σρα-δ) 367.
Ὀρσί-λοχος 191.
ὀ-ρυμ-αγ-δός (σρυ-μ) 377.
ὀ-ρύσσω (σρυ-γ) 378.
ὀρφανός 375, Ὀρφ-ευς 376.
ὄρφ-νη (ἐ-ρέφ-ω), obscuritas ὀρφ-ναῖος κτλ. 373.
ὄσσε, ὄκ-ιε (ὀκ = ἀκ) 490.
ὀ-σφ̓ς (σπυ), Anschwellung etc. 2.
ὀ-τρη-ρός = στρη-νός 34.
ὀ-τρύ-νω st. ὀ-στρύ-νω 34.
οὐ-λή (ἀϝ), spiramen etc. 219.
οὖθ-αρ IV.
οὐ-ρή (ἀϝ), Wedel 219. 241.
οὐ-ρός = αὐ-λ-ών (ἀϝ) 220.
οὖ-ρος (ἀϝ), Wind 219.
οὐ-τά-ω (οὐ-τή, spiramen: ἀϝ) 220.
ὀ-φείλω, ὀ-φλέ-ω, ὀ-φλισκ-άνω 498.
ὄ-φελ-ος, ὀ-φέλλω κτλ. (σφα-λ) 498 ff. 278. 34. 506.
ὀφθαλμός 489 ff.

ο-φις, ὄ-σφις (σπι) 32. 390.
ὀ-φρύς 284. 567.
ὄχ-ος, ϝόχος κτλ. 196.
ὄψ, ϝόψ 11. 406. 413.
-οψ Compp. auf -οψ, -οπεύς, -οπή
    κτλ. 10.
ὄψον 276.

II.

πάγ-ος 226.
πά-γ-χυ 121.
πάθος, πένθος 215.
Παιήων 280.
παιπάλη st. πα-σπάλη 438. 502.
παιπαλόεις, voll von Krümmungen
    (παίπαλα: σπα-λ) 436 ff.
παιφάσσω st. πα-σφάσσω (σφα-κ)
    64. 100. 589.
παίω, πταίω (σπα) 73. 257.
πάλαι (σπα-λ) 455.
παλαιός (σπα-λ), gebückt = alt 455.
παλαίω (πάλη: σπα-λ) 431. 455.
παλ-άμη (σπα-λ), gebogene Hand
    470 f.
παλ-άσσω 465.
πάλη 431. cf. 502.
πάλιν (σπα-λ) 471.
παλιρρόθιος, zurückspringend 380 f.
παλλ-ακ-ίς (σπα-λ) 491.
Παλλ-άς (σπα-λ) 492.
Παλλὰς Ἀθήνη, die schwingende
    Kraft, Schwungkraft 493 ff.
πάλλω st. σπ. 431.
Πάλ-μυς (σπα-λ), Schwinger, Herr-
    scher 184 = βαλ-ήν st. σβαλ-ήν
    501.
παλ-ύνω 266. 465.
πά-μπαν st. πά-σπαν (σπα) 118 f.
πα-μφαίνω st. πα-σφ.(σφα, σπα) 67.
Πάν 179.
πᾶν in Compp. 124.
παν-άπαλος 442.
πά-ρν (σπα) 117 ff.
πα-πταίνω (πτα = σπα), spähen
    101 ff.

παραιβάτης st. παρα-σβ. 268.
παραίβολος st. παρά-σβ. 259.
πάρδ-αλος κτλ. (σπαρ-δ) 288 f. 383.
παρθενοπίπης 104 f.
παρθένος, Spross etc. (σπα-ρ) 289.
Πάρ-ις, Wehrer, begriffl. = Ἀλέξ-
    ανδρος 571 f.
Παρνησός 527.
Πάρ-ος (Πα-σπάρ-ιος) 524.
πᾶς 116 ff.
πάσσαλος (σπα-γ) = ἀ-σπά-νιον
    (σπα) 227.
πάσσω 266.
πάτ-αγ-ος 473.
πάτ-ος (σπα-τ), πατέω, κατα-πατέω
    267.
πα-τέ-ομαι (πα-τή), nähren 267.
πα-τήρ 176 ff., πά-τρη 177.
Πάτρο-κλος 106.
παῦ-ρος 253.
παυσωλή 175.
παύω, aufathmen lassen etc. 173 ff.
πα-φλάζω, wallen, wogen 486. 505.
Πάφ-ος st. σπά-φ-ος, Duftort 249.
πάχ-ετος, πάχ-νη 121. 228.
πάχ-ος, παχ-ύς 118. 121.
πέδ-η (σπα-δ) 257.
πεδ-ίον, argiv. σπάδ-ιον (σπα-δ) 265.
πέδ-ον, poln. spód (σπα-δ) 261 ff. 264.
πείθω (σπι-θ), biegen etc. 328.
πείνη, πεῖνα = σπάνις κτλ. 215.
πεῖρα 556.
πειραίνω (πεῖραρ), zu Rande brin-
    gen 529 ff.
πεῖρ-αρ (σπα-ρ), Rand etc. 529 ff.
πείρ-ινς (σπα-ρ) 527.
πείρω, foro 528. 532. 35.
πεῖσμα (σπι-θ), Tau 328.
πέλ-αγ-ος, Gewoge (σπα-λ) 473 ff.
πελ-άζω (σπέλ-ας) 456.
πέλ-ας (σπέλ-ας), begriffl. = ἐν χρῷ
    455.
Πελασ-γοί, die in unmittelbarster
    Nähe Geborenen, Autochthonen
    454 f.

πέλ-ε-θρον, Wendung etc. 460.
πέλ-εια 457.
πέλ-εκ-υς 448 ff.
πελ-ε-μ-ίζω (σπα-λ) 433. 459. = ψαλάσσω 509 = πα-μφαλ-ίζω 509.
πέλλα 372. 472.
Πέλ-οψ 18. cf. 516.
πέλ-ω (σπα-λ) 430. 459.
πέλ-ωρ, πέλ-ωρον κτλ. 333. 468.
πέμπε 406.
(πέν-ης = σπανός, ά-πτάς 215.)
πένομαι, πόνος κτλ. (σπα-ν) 213 ff.
πεντα-έτηρος 482.
πέντε 406.
πε-παίνω (σπα) 274 f.
πέ-πλος, pallium (σπα-λ) 239. 432. 499.
πε-πτη-ώς (σπα), geduckt 164. 166.
πέπ-τω (σπε-π) 275. 406.
πε-πνυ-μένος 143, 156. 401.
πε-πρω-μένον (σπα-ρ) 555. 584.
πέ-πων, traut etc. 273 ff.
περαιόω 534.
πέραν 534.
περ-άτη (σπα-ρ) 530.
περ-άω 534.
Πέργ-αμος 458. 478. 527.
πέρ-θω 524.
περί, in der Runde 534.
περι-πευκής, arg-brennend 230.
περι-ρρηδής (σρα-δ), circumfusus 356. 378 ff.
περί-φρων 242.
περκ-άζω in ὑπο-π., überziehen etc.; περκ-νός κτλ. 526. 581.
περ-όνη, περονάω 533.
Περσαῖος 591.
Περσεύς 592.
Πέρσῃ 591.
πέσσω 275.
πέτ-αλον st. σπέτ-αλον 266.
πετ-άννυμι (σπα-τ) 266.
πεύθομαι, πυνθάνομαι, erwittern (σπυ) 143 ff. 405.
πεύκη (σπυ-κ) 228 ff.

πευκ-άλ-ιμος, hell, glänzend 230 f.
πευκ-έδανος, ardens 229 f.
πε-φά-σθαι κτλ. (σπα), verhaucht sein etc. 216 ff.
πηγ-ή (σπα-γ) 221 ff.
πηγ-ός a) gebläht, feist, b) weiss 222 f.
πήγ-νυ-μι 227.
πηγ-υλ-ίς 227.
πηδ-ᾶν (σπα-δ) 257.
Πήδ-ασος 189.
πηδ-άω 189. 257.
πηδ-όν (σπα-δ) 257. 471.
πήλ-ηξ (σπα-λ) 372. 471.
Πήλ-ιον (σπα-λ) 467.
πη-λός (σπα) 240. 472.
πῆ-μα (σπα), πά-θ-ος, πέ-ν-θ-ος 215 f.
Πηνειός = geschwollen 242.
Πηνέλεως 243.
Πηνελόπεια, listige 239 ff.
πηνίον, πή-νη, πῆ-νος 240 f.
πη-ός 177 ff.
πή-ρη, φθη-ρά 127. 67. 241.
πῆχ-υς 226.
πῖδ-αξ, πιδ-ή-εις, πιδ-ά-ω κτλ. (σπι-δ) 228. 324.
πιέζω, σφίγγω (σπι) 323.
Πιερίη, Πιερίδες (σπι) 507.
πίθος (σπι) 127. 324.
πικ-ρός, brennend etc. 231.
πίλ-νη-μι (σπι-λ) 456.
πῖλ-ος (σπι-λ) 264. 456.
πί-μπλη-μι st. πι-σπλ. (σπα-λ) 67. 506.
πί-μπρη-μι st. πί-σπρη-μι 67. 70. 172. 520. 522. 524.
πίν-αξ (σπι) 329 f.
πίνω (σπι) 182. 349.
πίσσα (σπι-κ) 228. 324.
πῖ-σος 228. 324.
πίσυρες 497.
πί-τυς (σπι) 228. 324.
πι-φαύ-σκω 62. 64. 286.
πί-ων, πι-αρός κτλ. 324.

πλάγ-ιος (σπλα-γ); vgl. engl. splay 337. 463. 501.

πλαγκ-τός (σπλα-κ); vgl. engl. splait 463.

πλάζω 462.

Πλάκ-ος 467. 479.

πλάνη, πλανάομαι 462.

πλατάνιστος 462.

πλέθρον 460.

πλέκω (cf. σπλε-κ-όω) 435. 474. 74.

πλευ-ρή, πλευ-ρόν, Πλευ-ρ-ών 464.

πλέω 465.

πλη-θ-ύς 409.

πλή-μνη (πέλω, σπαλ), orbiculus 460.

πλήσσω (σπλα-γ) 433. 463. 474.

πλῆτο κτλ,, näherte sich 456.

πλίσσομαι, sich schwingen 475.

πλοῖ-τος, Schwellung, Fülle 506.

πλοχ-μός = πλόκ-αμος 474.

πλυ-νός, Becken, Bassin 465.

πλύ-νω = spülen 155. 465.

πνεύ-μων (πνέω), πλεύ-μων, pulmo (σπυ-λ) 155. 464. Cf. p. V.

πνέω (σπυ-ν in Metathesis) 154 ff.

πνί-γ-ω (σπι-ν in Metathesis + γ) 154. 323.

πόα, ποίη 142.

ποιέω 140 ff.

ποιητός = εὐ-ποίητος 47.

ποι-μήν 177.

ποινή 116 s. ἄ-ποινον.

ποιπνύω st. πο-σπνύω (σπυ-ν metath.) 63. 154 ff.

πόλ-εμος st. σπ. 459.

πολ-εύω 459.

πολ-ιός (σπα-λ) 457; s. μεσαιπόλιος.

πόλ-ις, πτόλ-ις (σπα-λ) 458 f.

Πόλυ-βος (βοῖς), cf. 106, 5.

πολύ-βουλος 494.

πολυ-ηχής 363.

πολυ-καγκής 171; s. καγκής.

πολυ-παίπαλος (σπα-λ), voll von Krümmungen, Schlichen 433 ff.

πολυ-πείρων 536.

πολύ-πτυχος, kuppenreich 160.

πολ-ύς, πλέ-ος κτλ. (σπα-λ) 299.

πολυ-σπερ-ής, aus vielen Gebieten 536 f.

πολύ-φλοισβος, vielwogig 485. 488.

πόντος, Tiefe 207 ff.

πορ-, ἔ-πορ-ον 555.

πόρος, πορ-εύω, πορ-θ-μός κτλ. 555. 558. 35. 259.

πορθέω, πέρθω, φθείρω, ψείρω (σπα-ρ) 524.

πόρ-ις, πόρ-τις κτλ. (σπα-ρ) 472. 527.

πόρ-κ-ης 526. 554. 568.

πόρπη, πόρπ-αξ 577.

πόρρωθεν 278.

πορσύνω 557.

πορ-φύρα, πορφύρ-εος 564 f.

πορφύρω, purpurasco 564 f.

Ποσειδάων, Herrscher der Höhen 185 ff.

πό-σις, Trank 181. 202.

πό-σις, potens 181 ff.

πόσις Ἥρης 26.

πότ-να, πότ-νια 181 ff.

πούς (σπα-δ), Schwengel etc. 261 ff.

πράμνειος (οἶνος), von Wildreben (πρά-μνη, σπα-ρ) 572 ff.

πραπ-ίδ-ες (σπαρ-π), διά-φραγ-μα 568 ff. 577.

πρασιή (πρά-σον, porrum: σπα-ρ) 522, urspr. Lauch-beet u. drgl.

πράσσω (σπρα-γ) 534.

πρέ-μνον (σπα-ρ) 574 f.

πρέπω (σπαρ+π) 524. 568.

πρέσβυς 275. 422 = σπέρ-γυς, πέργυς.

πρή-θω (σπα-ρ) 70. 143. 170. 522. 586.

πρη-νής (σπα-ρ), gebeugt, geneigt etc. 538 ff.

πρη-ύς, geneigt etc. 509. 525.

Πρί-αμος (σπρι = σπα-ρ), Herrscher 523.

πρίω 528.

πρό 539.

προ-αλής st. προ-σαλ-ής 21.
προκ-άς, πρόξ 526. 554.
πρό-πας 123 f.
προ-πρη-νής 541.
προσ-ην-ής (άν), adspirans, fovens 410.
προσ-πτίσσομαι, sich anschmiegen 163.
πρό-σφα-τος, hervorglänzend, recens 3. 64. 76 f.
πρό-σω 472.
πρόχ-rv = πρόκα, jach, jählings 286. 526. 553 f.
πρυλής, Liniensoldat, Phalanxkrieger 542 ff.
πρυ-μνός, πρύ-μνη 575 ff.
πρυμν-ώρεια 575.
πρών 527.
πταίρω, πτάρ-νυμι (σπα-ρ) 70. 521.
πταίω, παίω (σπα-ϝ) 73. 235.
πτελ-έη (σπα-λ) 460.
πτέρ-να (σπα-ρ) 73. 523. 525.
πτερ-όν (σπα-ρ) 72. 166. 525.
πτῆ-ναι κτλ. 166 ff.
πτη-νός, ά-σβη-νός(σπα)72.166.177.
πτήσσω, sich ducken (σπα-κ) 164.
πτοιέω (st. σπ.), sich ducken 28. 235 f.
πτόλ-εμος (σπα-λ) 459, πτολ-εμ-ίζω = ψαλ-ίττω 509.
πτόλ-ις (σπα-λ), Ring etc. 458 f.
πτολ-ί-ε-θρον 459.
πτόρ-θ-ος, Spross, 70. 143. 289. 522. 590.
πτύγ-μα (σπυ-γ), Bauschung etc. 161.
πτύ-ξ (σπυ), Bauschung, Wölbung, Kuppe 158 ff. 127.
πτύ-ον (σπυ) 157 f.
πτίσσω (πτύξ) 162.
πτύω, spuo 139. 145 f.
πτώξ, πτώσσω, πτωσκάζω, πτωχός κτλ. 165.
(πύ-ανος (σπυ) 62. 135. 141. 225.)
πυγ-μή, πύξ 225.

πυγ-ούσιος, πυγ-ών 226.
πύ-ελος, πτυ-ελός (σπυ) 127. 131. 135. 466 N.
Πύθιος (σπυ-θ), inspiratus 35 ff.
πυθμήν, Höhlung, Becken, Mulde 210 ff.
πύθω (σπυ-θ) 35 ff.
Πυθ-ώ, Hauchingen 37.
(Πύθ-ων, Schnauber, Drache 37.)
πύκα 224.
πυκ-άζω, πτοκ-άζω 225.
πυκι-μηδής 224.
πυκ-ινός, πυκ-νός 224 ff.
πυκινό-φρων 224.
Πυλαιμένης 468.
Πύλαιος 467.
πύλη (σπυ-λ), Bogen, Thor 466.
Πυλ-ήνη 467.
Πύλ-ος, Bucht, Hafen 466.
Πύλ-ων 468.
πυνθ-άν-ομαι (σπυ-θ) 143 ff.
πῖ-ρ (σπυ) 168.
πυ-ρή κτλ., fu-nus (σπυ) 173.
πύρ-γ-ος, φύρ-κος, φοῦρ-κορ κτλ. 458. 478. 527.
Πυριφλεγέθων 518.
πυ-ρός, syrak. σπυ-ρός (σπυ), (fructus) flavus 168.
πωλ-έ-ομαι 458.
πῶλ-ος 457 f. Πῶλ-ος N. pr. 458.
πῶ-μα, Deckel 181.

P.
ῥαδ-αλός, ῥοδ-αλός (σρα-δ) 360.
ῥαδ-ινός 360. 367.
ῥαθ-ά-μιγξ (σρα-θ) 356. 380.
ῥαίνω 356.
ῥάπτω (σρα-ϝ) 373.
ῥαφ-άνη (σρα-ϝ) 358.
ῥέα, ῥηίδιος κτλ. 360.
ῥέθ-ος (σρα-θ) 358.
ῥέκ-ος (σρα-κ) 369.
ῥέω, ῥύος κτλ. (σρα-ϝ) 356 ff.
ῥέω, ῥη-τός, ά-ρρη-τος st. ά-σρη-τος 360.

619

ῥηγ-μίν 21.
ῥῆγ-ος (σρα-γ) 359.
ῥηΐδιος 360.
'Ρή-νη, 'Ρῆ-νος, 'Ρῆ-σος κτλ. (σρα) 378. 356.
ῥῖγ-ος 8. 358.
ῥικ-νός 358.
ῥινός 264.
ῥί-ον 358 N.
ῥιπ-ή, ῥίπ-τω, ῥιπ-ίζω, ἐ-ρείπω κτλ. (σρι-π) 358. 366. 369.
ῥίς (σρι), ῥώ-θ-ων (σρα-θ), ῥύ-γ-χ-ος (σρυ-χ), Riechendes 357.
ῥίψ (st. σριψ) 366.
ῥοδ-ανός 360. 367.
ῥόδ-ον, ῥοδο-δάκτυλος 359 f.
ῥόθ-ος, ῥοθ-έω κτλ. (σρα-θ) 358. 380 f.
ῥοιά 359.
ῥοῖβδος 358.
ῥοῖζος 358.
ῥυ-σός (σρυ) 358.
ῥώ-ομαι 357.
ῥώψ st. σρώψ 366.

Σ.
σαίνω (σα-ν), fachen, wedeln etc. 7. 170.
σακέσπαλος st. σακέσ-σπαλος 584.
σάλ-ος (σα-λ) 205.
σαν-ίς (σα-ν), spiraculum = Thür 6.
σαρδ-άν-ιος (σρα-δ), heftig, wüthig 368.
Σαρπ-ηδών 369.
σα-φής, σα-φηνής (σφα, σπα) 383.
σβέννυμι (σβα-σ), dämpfen etc. 392.
Σελλ-ή-εις (σα-λ), reich an Stromschnellen 205.
Σελλοί, Salii 205.
σεμ-νός st. σεβ-νός 372.
σήπω (σα-π) 144.
σθένω, σθέν-ος (σθα-ν) 18. 346 f.
σιγαλόεις st. σι-σγαλ-ό-εις (σγα-λ) 337.
Σῑκανίη st. Σι-σκαν-ίη 337.

Σι-κελ-ός st. Σι-σκ. (σκα-λ) 337. 560.
Σι-κι-ών st. Σισκ. (σκυ) 338.
σίν-της, Σίν-τι-ες 190.
Σί-συφος st. Σί-σφυ-ος (σπυ) 156.
σι-φλόω, zu Schanden machen 337. 477 f.
σκαιός 264.
σκαίρω, ἀ-σκαίρω (σκα-ρ), σκιρ-τά-ω (σκι-ρ), σκιρ-άω (σκυ-ρ) 423. 33.
σκαλ-μός 560.
Σκάρ-φ-η 497.
σκέλλω (σκα-λ) 171. 559.
σκέλ-ος (σκα-λ) 560.
σκέπ-αρ-νον (σκα-π) 490.
σκέπ-ας (σκα-π) 491.
σκέπ-τω (σκα-π) 96. 406. 490 f.
σκῆπ-τρον 491.
σκι-ό-εις 50.
σκιρ-τά-ω 33. 423. s. σκαίρω.
σκολ-ιός (σκα-λ) = (σ)κυλλός (σκυ-λ) 337. 560.
σκόλ-οψ (σκα-λ) = σκαλ-μός 560. 337.
σκόπ-ελος, σκοπ-ιή 490 f.
σκοπ-ός 490 f.
σκυδ-μαίνω (σκύδ-μα), σκύζομαι (σκυ-δ) 339.
σκύλ-αξ (σκυ-λ=σκα-λ), Beller 559.
Σκύλλα, Bellerin, Heulerin 49. 559.
σκύ-μνος (σκυ) 339.
σκῦτος u. σκύτος (σκυ) 263. 372.
σμαρ-αγ-έω, σμάρ-αγ-ος (σμα-ρ) 40.
σμερδ-αλέος, σμερδ-νός, σμέρδ-ω, σμέρδ-ος κτλ. (σμαρ-δ) 40. 420 f.
σμή-χ-ω 158. 286. 514.
σμικ-ρός (σμι-κ) 39.
Σμιν-θ-εύς (σμι-θ), inspiratus 39 ff.
σμύγ-ερός (σμυ-γ) 40. 293.
σμύ-χ-ω 40. 296.
σμῶ-δ-ιξ (σμα-δ), Schwulst, Beule 40. 293.
σόλ-ος (σα-λ) 205.
σοφός 383.

σπάρ-γ-ω, σπάρ-γ-ανον 519. 526.
Σπάρ-τη 545 f.
σπάρ-τον 526. 545.
σπάω 127 f.
σπεῖν 86. 93.
σπεῖρον (σπα-ρ) 526. 547 f.
σπείρω (σπα-ρ) 266. 520. 524.
σπένδω (σπα-δ), fundo 129.
σπέ-ος 65. 243 f.
σπέρ-χ-ω, σπερ-χ-νός κτλ. 286. 526.
588.
σπεύδω (σπυ-δ) 63. 152 f. 406.
σπιδ-ής(σπι-δ),weit,gedehnt325.578.
σπιλ-άς 325. 510.
σπινθ-ήρ (σπι-θ) 38. 327.
σπλάγχ-να, τά (σπλα-κ), Geschlinge
474.
σπλήν (σπα-λ metath.), Blase, Drüse
475. 502. 465.
σπόγγος, σφόγγος (σπα-γ), fungus
271. 406 f.
σποδ-ός (σπα-δ) 63. 69. 125. 251.
σπονδή (σπένδω) 130.
στα-μίν, Ständer (στα) 549.
στειλειή, στειλειόν, Stiel 453 f.
στέμβω (στα-β) 302. στέμφω (στα-φ)
66.
στερ-εός (στα-ρ) 306.
στεῦ-μαι (στυ = στα) 340. cf. V.
στιλ-β-ω (στι-λ) = σταλ-αγ-έω
(στα-λ) 302.
στιλπ-νός 466.
Στίχιος 345, στίξ V.
στό-μα (στα, hauchen) 302. 340.
στορ-έν-νυμι, στρώννυμικτλ. (στα-ρ)
304.
στρα-τός 304.
στρεβ-λός, στρόμβος κτλ. 300 ff.
στρεφε-δινέω 97. 518.
στρέφω, στρόφος 300 f.
στυγ-νός 466.
στύγ-ος, στυγ-εῖν κτλ. (στυ-γ) 302.
340. 33.
Στύξ 302.
στιφ-ελ-ίζω, στύ-φ-ω 285. 340.

συ-φεός, συ-φειός 177. 238.
σφαδ-άζω (σφα-δ, σπα-δ) 69. 125.
σφάζω (σφα-γ) 68. 108 f. 346.
σφαῖρα (σπα-ρ) 527.
σφάλλω (σπα-λ) 262. 432. 436. 502.
509.
σφαρ-αγ-έομαι, σφάρ-αγ-ος (σπα-ρ)
519. 522. 585.
σφεδ-ανός (σφα-δ, σπα-δ) 69.
σφέλ-ας (σπα-λ) 480.
σφενδ-όνη (σπα-δ), funda 69. 126 ff.
σφή-ξ, ψή-ν (σπα) 64.
σφίγγω (σπι-γ), dämpfen, ersticken
etc. 323.
σφοδ-ρός (σπα-δ) 69.
σφονδ-ύλ-ιος (σπα-δ) 72. 129 f.
σφῦρα 567.
σφυρόν 237.
σχίζω (σκι-δ) 345.

T.

ταλασί-φρων 191.
ταμεσί-χρως 190.
ταν-ηλεγ-ής (σλα-γ), von langem,
weitem Schlage etc. 317.
Τάνταλος st. τά-σταλ-ος 301.
τα-νύς 553.
τανυσί-πτερος 190.
τάφος (θα-φ), τάφ-ρος κτλ. 248.
τείρω 307.
τειχ-ι-ό-εις 50.
τελεσφόρος st. τελεσ-σφόρος 584.
τέλ-σον 312.
τέσσαρες 407.
Τήλε-φος = τηλε-φανής 238.
(τι-θα-σός 423.)
τί-θη-μι 141. 396.
Τι-θω-νός st. τι-σθω-νός (σθα) 347.
τλάω, ταλ-ά-ω, stla-tus (στα-λ
metath.) 33. 301.
τλη-πόλεμος 195.
τμή-γ-ω (τα-μ) 433. 473.
τρέ-μ-ω 1.
τρέπω (στρα-π) 300 ff. 385.
τρί-β-ω 307 f.

τρί-πλαξ, τρι-πλόος 461.
τρί-πολος 459. 461.
τρί-πτυχος, dreiwölbig 161.
τρυ-ϛάλ-εια 481.
τρύ-ϛ-ος 66.
τρύ-χ-ω 514.
τυκ-τός = εὔ-τυκτος 47.
τύπ-τω (στυ-π) 285.
Τυϛάων 192.
τυϛ-λός 248.
τύφω st. ϑύ-φ-ω 66.
Τύφ-ω-εύς 248.

Υ.

ὑλήεις 50.
ὔ-μνος IV.
ὑπερ-αυής 332.
ὑπερ-δεής 332.
ὑπερηφανεῖν (ὑπερήφανος) st. ὑπερ-α-σφ. 107 f.
ὑπερ-φί-αλος (σπι), valde inflatus 332 f.
ὑπ-ημύω 425.
ὑπο-περκάζω 526. 581.
ὑπο-πτήσσω 165.
ὑψ-ηχής (ἠχή) 363.

Φ.

ϛαγ-εῖν 109 ff.
ϛάϝα, τά, 95. 105.
ϛαίδιμος, φαιδιμόεις κτλ. 105. 390.
Φαίδρη 391.
Φαί-ηκ-ες (σφι, σπι) begriffl. = ὄλβιοι 392.
φαίνω κτλ. 61 ff. (σπα).
Φαῖστος, Φαιστός 75. 391.
φάλ-αγξ (σπα-λ), globus 479 f.
ϛάλ-αρ-ον = φάλος (σπα-λ), Wölbung, Schirm 483 ff.
ϛαλ-ηρ-ιάω, schirmartig sich wölben 485 f.
φάλ-ος, Wölbung, Schirm 481'ff.
ϛαρ-έ-τρη (σπα-ρ) 371. 570.
Φᾶρ-ις = Σπάρ-τη 546.
φάρ-μα-κον (σπα-ρ), adspersio 579 ff.

ϛαρμάσσω, adspergine uti 581.
ϛᾶρ-ος = σπεῖρον (σπα-ρ) 526. 546 f. 579.
ϛάρ-υγξ, ἀ-σϛάρ-αγ-ος 32 f. 73. 519.
φάσγανον 73 f. 150.
φάσσα 236.
ϛάτ-νη 127. 269 f.
Φαύ-σιος 292.
ϛάω 61 ff.
Φεαί u. Ἔ-φε-σος, begriffl. = Argi, Ἄργος 238. 384.
ϛέβομαι, φόβος, φοβέω κτλ. 7. 236.
ϛέγγος (σπα-γ) 70. 223.
Φείδας, Φείδων 391.
φείδομαι (σφι-δ, σπι-δ) 327.
φέρ-ασπις 414.
φέρβω, φορβή 522. 580.
φερέ-σβιος (σβι) 260. 414.
φέρω, (s)porto, fero (σπα-ρ) 583 ff.
φέρ-τερος, φέρ-ιστος, for-tis, schwunghaft, stark 580.
φέρ-τρον 570.
φεύγω (σπυ-γ) 236 ff.
φηγ-ός (σπα-γ), Baum, φι-τρός (σπι) 111 ff.
φηλ-έω, φηλ-όω, πα-μφαλ-άω, σφάλλω 74. 436.
φη-μί (σφα, σπα) 61 ff.
Φήμιος 292.
φή-νη (σπα) = φί-νις (σπι) 236.
φήρ 333. 469.
ϛϑά-ν-ω, ψα-τά-ω κτλ. (σπα) 67. 73.
φϑέγγομαι, φϑόγγος κτλ. (σπα-γ) 67. 73.
φϑείρ 524.
φϑείρω, πέρ-ϑ-ω, ψείρω κτλ. (σπα-ρ) 67. 72 f. 524.
Φϑίη (σπι), ubertas 324.
φϑίω, φϑίνω (σπι) 72 f. 217. 326.
φϑόνος, φϑονέω, respuo 146 ff.
φι-άλη (σπι), Becken etc. 127. 270. 324. 330.
φίλος st. σφίλος (σπι); s. διίφιλος 274. 327. 411. 508 f.
φι-τρός (σπι), Baum 112. 180. 324 d.

ϙλέγω (ϙλα-γ aus σπλα-γ, σπα-λ),
splendeo (sple-d) 172. 508.

ϙλέψ 506.

ϙλιά, Walze etc. 487.

ϙλοιός 487.

ϙλοῖσβος, Gewoge 488. 504.

ϙλέω 487. 501. 505.

(ϙόβη, Flatterndes = Mähne 7. 236.
241.)

Φοῖβος, inspiratus 41 ff. 322.

Φοῖβος Ἀπόλλων 45.

ϙοινήεις, brandfarbig, roth 114.

Φοίνικες, die brandfarbigen, dunkel-
farbigen 115 ff.

φοίνιξ, φοίνισσα, roth 113 ff.

φοίνιξ, Purpur, φοινικόεις κτλ. 113 ff.
116.

φοινός, φοίνιος = πυρρός (σπυ)
113 ff.

ϙοι-τά-ω, stürmen, eilen 43 ff. 322.

ϙοιτίζω, rasen 43.

ϙολκός 291. 464.

ϙοξός, gedunsen 232 ff.

Φόρκυς, Portunus 576 ff.

ϙόρ-μιγξ (σπα-ρ), die Laute 524.
570. 579.

ϙορ-ύνω, ϙορ-ύσσω = σπείρω,
σπερύνω 563 ff.

ϙράζω, far-i-ari 523 f. 569 f.

ϙραδ-ής 446.

φράσσω 478 f. 527. 568.

φρέ-αρ, φρεῖ-αρ, Bor-n 172. 178.
522. 587.

φρένες ἀμφιμέλαιναι 566 f.

φρήν, πραπίς 568 ff.

φρή-τρη, Hervorsprossung, Geschlecht 178. 522. 586 f.

ϙρίξ, ϙρίσσω, Φρίξος 592 ff. 204.

ϙρονέω, φρόνις, φρον-τίς κτλ.
(ϙρα-ν) 569.

ϙρύγω 524.

ϙῖκος (σπυ-κ), ejectamentum 151,
ϙυκιόεις ibid.

ϙύλ-αξ, φυλ-άσσω 478 ff.

φύλλον 289. 501. 506.

ϙύλ-οπ-ις, Lärm, Kriegslärm 515 ff.

ϙύρω = ϙορ-ύνω κτλ., 521. 563.

ϙῖ-σα (σπυ) 62 ff. 127. 135. 590.

φυσάω 62 ff. 134 ff. φυσιάω 134.

ϙυσί-γναθος 134.

ϙυσί-ζοος (σπυ) 137.

φύ-σις 137.

ϙυ-τ-εί·ω (σπυ), ϙι-τύ-ω (σπι), ϙω-
τ-εύω (σπα) 137 ff. 180.

ϙύω (σπυ) 137 ff.

ϙώκη (σπα-κ), wulstige Masse etc.
232. 293. 406.

ϙω-νή, ψώ-δ-η (σπα) 100.

ϙώρ, lak. ἴ-σϙωρ st. σί-σϙωρ 288.
588.

ϙωρ-ι-αμός 371. 570 f.

X.

χαίρω (χα-ρ) 60. 346.

χαίτη (χα) 6. 241.

χα-λά-ω (χα) 509.

χαλ.-επ-ός, χαλεπαίνω, χαλέπτω κτλ.
345. 518.

χαλκο-βατής 8.

χα-μαί, χαμᾶζε κτλ. v. χα-μός 264.

χάρ-μη, Getöse, Kriegsgetöse 60.

χα-τέ-ω, χατίζω κτλ. 215.

χειή (χα), spiraculum etc. 487.

χεῖλος (σχα-λ, σκα-λ), Wulst = Lippe
558.

χελ-ιδ-ών, Zwitscherin (σκα-λ) 559.

χέλ-υς, χελ-ώνη, Wölbung etc. 558.

χέω (χυ) 133 N.

χῆ-τος 215. 364.

χλεύη 558.

χόλ-ος, χολ-ή (σκα-λ), Blase, Gallenblase 475.

χράω, χρηστής, χρηστήριον κτλ.
(χα- ρ) 60.

χρυσ-άορος 8.

χρυσό-θρονος 8.

χῶ-ρος (χα) 511.

Ψ.

ψαλ-ίς (σπα-λ) 431. 517.

ψάλλω (σπα-λ), schwingen etc. 376.
517. 432. 280. 256.
ψάμμος, ψάμαθος (σπα-σ) 69. 251.
ψαίω (σπα-ϝ), fegen, streifen etc. 250.
ψαϝ-αρός (σπα-ϝ) 66.
ψεδ-νός (σπα-δ) 252.
ψευδ-άγγελος 584.
ψεύδω, ψεῦδος, ψευδής κτλ. (σπυ-δ)
68. 134.
ψηλ-αφ-άω 517 ff.
ψήρ (σπα-ρ), Spre-he 523.
ψηφ-ίς, ψῆφ-ος (σπα-ϝ), ψι-ά (σπι),
Rauschendes, Gerölle etc. 321.248.
ψή-χ-ω 514.
ψι-άς (σπι), Bläschen = Tropfen,
πεμφίς 38. 66. 324.

ψι-λός und σπῖ-λος (σπι) 326.
ψόλος 67. 504.
ψόϝος (σπα-ϝ) 67. 248. 251.
ψύ-χ-ω (σπυ) 134. 158. 174. 252.
ψω-μός (σπα), Happen = Bissen
249 ff.

Ω.

ὠκύ-αλος(σα-λ), schnellspringend 21.
ὠλ-ένη, ul-na (ἀλ) 226.
ὠμο-ϝάγος 110.
ὠτώεις 50.
(ὠφελέω st. ὀ-σϝ. (σπα-λ) 498.)
-ωψ in Compp.; dsgl. -ῶπις, -ωπός
κτλ. 10.